무 중 풍 경

霧 中 風 景

ⓒ 北京大學出版社 2006年2月(第二版)

原著作權歸北京大學出版社所有

原作者 : 戴錦華

霧中風景 : 中國電影文化1978-1998(第二版)

在韓國出版并世界範圍內銷售

Korean Translation Copyright ⓒ 2007 by Sanzini Books
Korean edition is published by arrangement with 北京大學出版社
through Carrot Korea Agency, Seoul.

이 도서의 국립중앙도서관 출판시도서목록(CIP)은
e-CIP 홈페이지(http://www.nl.go.kr/cip.php)에서
이용하실 수 있습니다.(CIP 제어번호 : CIP 2007001529)

* 이 책은 2006년 영화진흥위원회가 실시한 학술연구지원사업
  출판지원부문의 지원대상으로 선정되어 지원받았음.

무 중 풍 경

霧 中 風 景

중국영화문화　1978-1998

다이진화(戴錦華) 지음 ● 이현복·성옥례 옮김

산지니

한국 독자들에게

>>

　이른 봄, 아직 겨울이 떠나길 주저하고 있는 이때 필자는 홍콩의 손님이 되어 있다. 『무중풍경』이 한국어로 세상과 만난다는 소식은 필자의 마음 깊은 곳에서 온기와 희열을 불러왔다. 또 다른 아시아의 문자로 이 책에 담겨 있는 필자의 삶의 기쁨, 고통 그리고 사상을 한국의 독자들에게 전해줄 역자에게 감사드린다. 이는 분명 행운이다. 창밖 나무 한가득 꽃들이 뿌연 하늘 아래에서 꽃망울을 터뜨리고 있다. 한기는 여전하지만, 봄과 여름에 대한 희망이 필자에게는 허락되었다.

　필자의 글쟁이 생애 중 『무중풍경』은 가장 아끼는 책이다. 혹여 하찮게 보일지라도 말이다. 이는 이 책이 전문 저작이기 때문만이 아니다(필자는 본래 특정 학과에 얽매이기를 원치는 않는다). 사실 이 책은 필자의 삶에서 가장 중요한 10년, 그리고 격변하던 중국 사회 10년의 결과물이다. 책에 담긴 논문들을 통해 필자는 신시기 20년간의 중국 영화 변천을 묘사하고 분석하고자 했다. 아울러 이들 글 속에는 1989년에서 1999년 사이에, 필자가 영화를 통해 중국 사회의 사상의 흔적을 만나고, 파악하고, 사고하고자한 노력이 담겨 있다. 일찍부터 힘에 부치지만 이렇게 자임했었다. 이 책이 역사의 급변기에 불행인지 다행인지는 몰라도 증인이자 기록이 될 수 있을 것이라고. 필자는 힘을 다했다 생각한다.

진즉부터 글쓰기는 역사와 현실의 폭력에 맞서는 무기였다. 문자
자체의 창백함과 한계를 가슴 절절이 깨닫고 있었지만, 그래도 포기할
수는 없었다. 그러나 글쟁이 자신이 종이인 법, 문자 사이에는 다양한
폭력의 흔적이 새겨져 있다. 이 10년간의 문자는 주류의 폭력에 대한
저항이자 육박전의 기록이고, 벗어나려다 다시 그물에 걸린 상황에 대
한 기록이며, 다른 길을 찾는 와중에 추락하고 만 것에 대한 기록이다.
구미 이론과 표현을 타산지석으로 삼아, '관변의 말'을 하지 않으려,
'관변의 문장'을 짓지 않으려, 그리고 사회를 정면으로 바라보고자,
필자는 새로운 이야기를 말해왔다. 그래서 만나게 된 것이 '타인의 언
어'와 '자신의 이야기' 사이의 곤경이었고, 제3세계 학자의 마음에 내
재하는 '숙명'이었다. 다시 한 번 발버둥치고, 반항하고, 공격하고 도
망을 쳤다. 우리는 자신의 언어와 자신의 이야기를 가질 수 있을 것인
가? 그것을 세계에서 공동의 운명을 지고 있는 사람들이 함께 나눌 수
있을 것인가?

이 책을 끝마친 후 오래지 않아, 의식적으로 필자는 시선을 다른 곳
으로 돌렸다. 필자는 사랑과 한으로 엮은 시선을 구미 세계와 구미 이
론을 넘어 이제 제3세계, 아시아, 그리고 드넓고 다양한 중국으로 보냈
던 것이다. 필자는 아시아의 독자와 마음을 나눌 수 있기를 바래왔다.
이때 언어는 영어, 그 패권의 언어가 아니어야 했다. 이것이 필자의 시
종한 바람이자 꿈이었다. 필자의 꿈을 현실로 만들어 줄 역자에게 감
사한다. 21세기에 들어서서 필자 역시 번역을 시작했다. 그동안 경시
되어왔던 제3세계 사상의 자원들을 다시 들여오는 작업을 시작했던
것이다. 이것이 우리가 계속 건설 중인 바벨탑이다. 인류라는 이름으
로서만이 아니라 제3세계와 아시아라는 이름으로 말이다.

비록 과학의 레테르를 거부했지만, 영화는 시종 필자의 지극한 사

랑의 대상이었다. 영화는 우리를 머나먼 곳, 다른 세계와 다른 문화와 다른 삶으로 이끈다. 이번 기회를 빌려 『무중풍경』에 담긴 중국 영화에 관한 문자가 우리를 이러한 사상의 여정으로 이끌 수 있기를 바란다. 다시 한 번 우리가 아시아의 하늘에서 사고하고, 역사, 식민, 전지구화의 패권 바깥에서 대안(alternative)의 가능성을 찾을 수 있기를 바란다.

이제 한국 독자들의 비평과 회답을 기대해본다.

2007년 3월 9일 홍콩, 위엔롱(元朗)에서

다이진화

무중풍경을 번역하며

>>

　　번역이라는 작업은 다른 공간과 시간 사이에 다리를 놓는 과
정이자, 역자 스스로 그 다리를 오가는 행위이기도 하다. 역자는 한편
으로는 길이 되어야 했고, 한편으로는 소통의 주인이 되어야 했다. 둘
사이를 이어주는 가교이자 다리를 건너는 사람. 그것이 함께 혼재된
자가 우리였다. 우리는 이 문제를 늘 짐으로 가지고 있어야 했고, 해결
하지 않으면 안 되었다. 다리를 놓는 작업과 다리를 건너는 행위에서
우리는 다리 양쪽을, 다리의 의미를, 그리고 그 위를 걷고 있는 우리의
의미를 제대로 '이해'하고 '실천'하고 있는 것일까? 이 질문은 우리가
작업을 행하던 과거에 남겨진 질문이 아니다. 실은 현재의 질문이기도
하다. 문제는 다리를 놓는 것으로 혹은 그저 그 위를 걸어다니는 것만
으로는 완성되지 않는다는 것이다. 다리를 놓으려는 의도가 무엇인지
그 위를 걷는 내가 어떤 의지를 갖고 있는 것인지가 관건이 된다. 번역
역시 하나의 소통이라고 했을 때, 그것은 아와 비아를 이해하려는 의
지가 함께해야 비로소 제 모습을 갖출 수 있다. 그렇지 않으면 그것은
오늘날 범람하는 '이해'의 의지라고는 상실한 죽어버린 커뮤니케이
션과 다를 바 없다. 인터넷에 넘쳐나는 닫혀버린 댓글 놀이처럼.

　　저자의 글은 일견 소통의 문제를 담고 있다고 생각한다. 중국이라
는 공간이 압도해버린 세대 간 혹은 집단 간의 단절이 책에 오롯이 담

겨 있다. 그 속에서 역자는 서로간의 닫아버린 혹은 닫혀버린 대화를 보기도 했고, 열어보고자 하는 의지를 보기도 했다. 영화를 통해 새로이 발견한 중국의 모습 보다 역자를 들뜨게 했던 것은 역자가 '대화'와 '이해' 라는 의미를 다시 곱씹을 수 있는 기회를 가졌다는 데 있었다.

그리고 거기에서 '안개' 가 다른 무엇이 아닌 역자 자신의 것임을 발견할 수 있었던 것이다. 그래서 질문을 던져야 했던 것이고, 그를 통해 지금도 계속해서 질문을 던지고 있는 것이다. 이 안개가 누구의 것인지를.

중국이라는 공간과 시간, 그리고 한국이라는 공간과 시간 이 양자를 바라보는 시야를 가리는 '안개' 는 나와는 무관한 다른 것이 아니라 사실 나의 문제였다. 문장 하나하나를 바꾸어 가면서, 그 안에 담겨 있는 내용이 역자에게 다가오는 것을 어렵게 한 것은 다른 것이 아니라 역자의 마음에 가로 놓여 있는 '안개', 즉 '이해' 에 대한 의지 부족이었던 것이다. 번역 작업이 소통이라면 역자도 그 대화에 뛰어드는 일원이고 대화는 일방의 이야기를 던져버리고 끝나는 그런 행위일 수는 없다. 역자에게 '이해' 에 대한 의지 부족이 그것에 다가가려는 걸음을 늦추어 놓았고, 또 역자의 '할 말 없음', 혹은 '할 말 다했음' 이라는 무지한 태도를 만들어 놓았다. 역자 자신은 번역 작업을 지나서 이제 나름으로는 이러한 안개를 걷으려는 노력을 이어가고자 한다. 그래서 언젠가는 역자도 '할 말 있음' 으로 누군가에게 역자의 말을 걸어볼 수 있을 것이라 생각한다.

마지막으로 본서의 번역 작업을 통해 역자 개인적으로 행복한 시간을 갖게 해준 저자 다이진화 선생님에게 감사의 뜻을 표하고 싶다. 또 역자를 기다려주고 도움 준 산지니 출판사 측에도 감사드리며, 번역

작업을 시작했을 때, 용기를 북돋아 주시고 영화와 관련된 자료로 도움을 주신 고려대학교 장동천 선생님과 백영길 선생님께도 감사드린다. 역시 영화자료에 도움을 주신 조득창 선생님과 먼 중국에서 영화자료를 보내준 김윤수 동학 및 격려를 아끼지 않은 지인들에게도 감사드린다. 마지막으로 번역의 기회를 준 영화진흥위원회에도 소소한 감사의 뜻을 표한다.

2007년 4월

이현복 · 성옥례

차례

제1부 기울어진 탑에서 바라보다

>>
제2부 막이 내리고 막이 열리다

제3부 거울성의 한 귀퉁이

기울어진 탑에서 바라보다

기울어진 탑(斜塔) :
4세대를 다시 읽다

>>

    4세대 영화인[1]은 신화의 비호를 잃어버린 세대다. 그들은 신시기의 장엄한 막이 오를 때 나타났다. 당시 예술은 시대의 번잡함과 고통스러운 현실/정치를 벗어나 영화 예술의 순수함과 예술의 영원성이라는 몽환적 모티브를 찾아야 했다. 그들은 이것을 처음 시도한 세대였다. 그들은 근심과 기쁨이 함께 넘쳐나는 예술적 분위기를 창출했고, 이를 통해 영화계에 공헌했다. 그들은 고개 숙인 채 떠나려는 '문혁'(문화대혁명. 이하 문혁과 문화대혁명 혼용) 시대, 지나간 사회적 재난과 영혼의 폐허에 마지막으로 동정 어린 긴 시선을 보냈던 세대였다. 그들은 기대했던 '에덴의 문'으로 달려가고자 갈망하면서도, 차마 걸음을 옮기지 못하고 배회했다. 4세대 감독의 영화는 의도적으로 현실을 도피하는 가운데 오히려 현실과 만났다. 그들은 근심과 기쁨이라는 예술적 분위기를 방패막이로 하여 재난의 세월이 지나간 뒤, 아직 '죽은 자의 아른거리는 도영倒影'이 가득 찬 하늘 아래서 갈라진 틈과 작은 정토를 찾고자 했다. 이로 인해 어떤 의미에서 그들은 역사, 현실,

그리고 대중과 등지는 태도를 취하게 되었으며, 그들의 예술은 사탑 같은 예술이 되었다고 할 수 있다. 사회와 자아에 대한 그들의 관심과 응시는 역사적인 의미에서 '사탑에서 바라보기'가 되었던 것이다.

4세대 감독들의 데뷔작과 대표작은 전위 예술식의 반역사적 · 반질서적 · 반대중적인 단절이 아니었다. 오히려 그것은 그들이 느꼈던 운명에 대한 난감함과 사회적인 현안이었다. 그들이 선택해 세웠던 사탑의 다리는 뿌리는 대지에 두었고 머리는 하늘을 향해 있었다. 그들은 사회적 현실이라는 땅에서 벗어나지 못했다. 현실은 여전히 유일한 기반이면서도 의지하기 어려운 기반이었다. 그들은 예술이라는 하늘로 달려 나가려 한 것이 아니었다. 예술은 어느 곳으로도 통할 수 없는 하나의 길에 불과했다. 게다가 70년대와 80년대의 교체기에 일어났던 변혁이 야기한 '지진'은 사탑을 더욱 기울어지게 만들었다. 사탑은 결국 무너질 운명이었고, 4세대 감독들도 결국은 무너질 현실 속에서 낯선 막연함과 당황스러움을 겪고 있었던 것이다. '사탑에서 바라보았기' 때문에 4세대 감독의 영화 예술은 우아함과 나약한 청순함이라는 특징을 지녔다. 데뷔시기, 4세대 감독들은 현실 정치와 혁명에 대한 고전적인 영화 예술의 규범과 문예 도구론 등을 벗어났긴 했지만, 결코 역사적 단절을 이루진 못했다. 그저 시대라는 관 뚜껑에 한두 줄기의 긁힌 자국을 남겼을 뿐이었다. 그것은 빙하 위를 흘러가는 표석에 새겨진 신비한 기호와 같은, 깊고 깊은 자국이었다.

탈주와 체포

　4세대 영화 예술가는 1978년과 1979년 사이에 처음 모습을 드러냈다. 1979년은 사회정치사적으로나 문화사적으로나 매우 중요한 해였다. 황혼과 여명이 교차하는 지점이었고, 구세력이 아직 목숨을 부지하고 있는 상황에서 신진 세력이 막 모습을 드러내던 시기였다. '3중전회3中全會', '실사구시', "실천은 진리를 검증하는 유일한 기준이다"* 등이 전체 사회의 분위기를 말해 주던 때, 개혁개방의 흥분 속에서 사람들은 전혀 경험하지 못했던 리듬을 느끼고 있었다. 사람들은 그것을 낯설어하면서도 동경해왔던 미래라고 기대했다. '망령으로 인해' '금홍빛'을 띠던 하늘에 갑자기 한 줄기 초록빛 희망이 나타난 것이다. 그러나 역사와 재난의 그림자는 그렇게 쉽사리 모습을 감추지 않았다. 기대했고 예상했던 아름다운 미래는 멀리서 빛을 발하는 피안과 같았다. 7 · 80년대 교체기의 중국 문화는 '문혁'이라는 재난의 역사로부터 벗어나려는 시도에 그쳤다. 그것은 직접적인 구원이 아니었다. 그래서 이 시기에 밝게만 보였던 미래는 재난으로 점철된 과거를 마치 스크린처럼 너무나도 또렷이 현상해냈다. 유치했지만 이상하리만치 진실했던 '민주화 운동'의 부침 속에서 '상흔문학'**이 홍수처럼 쏟아져 나왔다. 희극 예술은 공전의 담력과 식견을 가지고 금단의 영역으로 돌진했고, 몽롱시***와 모더니즘 조형 예술도 잇달아 '수면 위로 부상하기'

---

* 『電影藝術參考資料』, 1982년 3기 참고.
** 傷痕文學. 문혁이 종결 된 후 루신화(盧新華)의 단편소설 「상흔(傷痕)」 등과 같이 문혁 기간의 상처를 담아낸 작품이 출현했다. 이를 상흔문학이라 칭한다.
*** 朦朧詩. 70년대 초부터 베이다오(北島) 등은 반항적 정서를 담은 모더니즘 시들을 창작했는데, 이들의 시를 몽롱시라고 칭한다.

시작했다. 짧은 1년 동안 상흔문학은 전 중국을 울음바다로 만들었다. 그리고 즉시 상흔에서 정치적인 회고와 반성으로 이어졌다. 재난의 그림자가 다시 확장되고 퍼지면서 자신의 창백한 혈색을 드러냈다. 아직 사회적 지평선 아래에 처해 있던 청년 시인 무리와 예술가 무리의 글쓰기를 제외하고, 이 시기 문화적 현실은 여전히 전통적 담론으로 충만해 있었으며, 기존의 사회주의 현실주의의 기호 질서는 여전히 예술가와 그가 표현하는 역사 · 현실 사이에 가로 놓여 있었다.

정치적 격정과 정치적 박해에 관한 무거운 기억이 1979년 중국의 문화적 표상과 담론에 텍스트 속에서는 서술된 적 없는 사회적 콘텍스트를 제공하였다. 예술은 사회 기능적 의미에서 이미 과부하 상태였다. 폭넓고 복잡한 사회적 콘텍스트는 이 시기 예술적 표상을 해석하는 데 있어 필요충분조건이었다. 유래 없던 현실주의의 공세 속에서 중국의 문화 예술은 보이지 않는 전통적 기호 질서의 가면 아래에서 질식당한 채 발버둥을 치고 있었다. 비범한 용기(시구와 자간, 행간, 그리고 예술가의 정치적 잠재의식을 가득 채우고 있던, 당당하게 형벌을 받아들이고자 하는 형상)와 부실하고 조잡한 예술적 표현(담론의 진부함과 가식, 허위적 수식, 지지부진한 예술적 자각과 소생)은 임계점臨界點에 이른 시대의 문화적 특징이 되었다. 거대한 사회적 콘텍스트 속에서 4세대 감독은 천천히 다가오다가 어느 순간 갑자기 역사의 지평선 위로 모습을 드러냈다. 만약 장난신(張暖忻)과 리퉈(李陀)의 「영화언어의 현대화론(論電影語言的現代化)」[2]이 4세대 예술을 역사적으로 선언했다면, 1978년~1979년 사이의 4세대 감독의 데뷔작인 『고뇌하는 인간의 미소(苦惱人的笑)』(양옌진(楊延晉)), 『생활의 떨림(生活的顫音)』(텅원지(滕文驥)), 『앵두(櫻)』(잔샹츠(詹相持)), 『봄비가 보슬보슬(春雨瀟瀟)』(딩인난(丁蔭楠)), 『파산야우(巴山夜雨)』(우이궁(吳貽弓)), 『샤오화(小花)』

(황젠중(黃健中)) 등은 분명 새로운 예술적 현실을 형성했다. 영화는 드디어 (정치뿐만 아니라) 중국 문화생활에 있어서 대사건이 되었다.

「영화언어의 현대화론」은 '현대화'에 관한 서술 중 4세대 예술의 기치였던 바쟁(Andre Bazin)의 실화미학을 널리 알렸다. 그러나 이는 역사적 오독에 불과했으며,[3] 또한 특정한 콘텍스트 하에서 의도적으로 선택된 문화적 전략이기도 했다. 당시 4세대의 창시자는 바쟁의 '완전한 영화의 신화', 혹은 '현실의 점근선漸近線'이 아니라 그의 안티테제와 기교론을 제창했다. 즉 형식미학 및 롱 숏, 그리고 신scene 배치에 관한 이론 등이었다. 그들은 은막을 거대하고 투명한 창으로 보려 하지 않았다. 그들은 그것을 정교하고 아름다운 액자로 바꾸고 싶어 했다. 바쟁의 실화 미학의 담론에는 풍격, 조형 의식, 이미지에 대한 추구와 갈증이 숨어 있었다. 풍격—개인 풍격과 조형 풍격—을 열정적으로 추구한 4세대 감독에게는 스크린이란 현실을 방해 없이 직접적으로 드러내는 공간이 아니라, 현실의 표현을 방해하는, 재구성된 방해물이라는 관념이 있었다. 그리고 역시 풍격의 추구로 인해 그들은 '물질세계의 복원'[4]이 아닌 정신적 현실의 연장, 영혼과 자아의 구원에 주목했다.

바쟁 미학의 역사적 오독 속에는 영화 매체에 대한 공전의 자각과 '영화로서의 영화', '예술로서의 영화'[5]를 향한 추구가 담겨 있다. 이런 자각과 추구를 '바쟁'적인 것이라 명할 수 있는지는 중요하지 않다. 왜냐하면 그것은 "타인의 술잔을 빌어 자신의 분노를 푸는 것"임에 틀림없었기 때문이다. 이와 함께 이 오독에는 심각한 정치적 잠재의식이라는 동기도 포함되어 있다. (루돌프 아른하임(Rudolf Arnheim)이 아닌) 바쟁을 선택한 데는 절대적 필연성이 있었다. 우선 그것은 바쟁의 실화 이론에서 비롯한다. 실화 이론은 일종의 담론 형태로, 당시 주류 이데올로기의 구성 부분인 '현실주의 창작 원칙'과 꽤나 상통하는 점을 지닌, 가장 안전하고 가장 이질적이지 않은 외관을 갖고 있었다. 게다가, 진정한 바쟁 식의 '창窓'의 예술은 그것이 현실과 격렬한 투쟁을 하고서 정치적 박해를 받았다는 기억을 잠재의식 속에서 억눌렀다. 명제는 반드시 제기되어야 했으며 제기되었다면 또한 오독을 통해 도치되어야 했다. 형식을 내용의 상위에 두고, 풍격을 서술의 상위에 둠으로써 4세대 감독들은 안전하게 탈출할 수 있었다. 그들은 규정된 사회 정치적 역할로부터 벗어났고, '도구론'의 질곡을 벗어버렸으며, 대합창大合唱 식의 표준화된 예술 규범을 버릴 수 있었다. 이를 통해 4세대의 창작과 전통적 예술 형태 및 1979년 중국 문화의 주요 흐름은 추구에 있어 전도를 만들어냈다.

4세대의 다른 기치는 실화 미학처럼 그렇게 널리 퍼지지도 않았고, 선명하지도 않았지만, 더욱 본질적이었으며 더욱 오래 지속되었다. 그것은 일종의 통속 버전의 인도주의라는 사회적 이상이었다. '문혁' ─ '비인간적이고 반인간적인 역사적 재난' ─ 즉, 인류를 죽이고 해쳤던 악마의 춤판을 접하고 난 후, 인도주의의 기치는 4세대 영화 예술가의 시야에서 몽롱하면서 따뜻한 빛이 되었고 사회를 구할 수 있는 출로이자 잠재력이 되었다. 재난의 시대에 청춘기 전체를 황폐하게 보냈던 이들 세대보다 '역사와 개인'이라는 명제를 더 깊이 이해할 수 있는 세대는 없을 것이다. 베르톨루치(Bernardo Bertolucci)의 절망에 가까운, 그리고 웅변에 가까운 명언 "개인은 역사의 인질이다"에 이들보다 더 잘 공명할 수 있는 이는 없을 것이다. 그렇기에 4세대 영화에는 개인, 역사 속의 개인의 운명이라는 인간에 대한 유래 없던 관심이 드러났다. 그러나 4세대에게 인도주의의 이상과 기치는 사회를 구할 수 있다는 기대감 그 이상이었다. 인도주의는 그들에게 있어서 번쩍번쩍 빛을 발하는 호심경護心鏡이었다. 그 안에는 영혼의 속죄와 자기변호에 대한 갈망

『톈윈산전기』　　　　　　　　　　『고뇌하는 인간의 미소』

이 잠재되어 있었다. 마치 상흔문학이 끊임없는 사회고발과 분출하는 눈물로 나약한 왕샤오화(王小華, 『상처(傷痕)』)와 송웨이(宋薇, 『톈윈산전기(天雲山傳奇)』)[6]의 참회를 가려버렸던 것과 흡사하다. 4세대 감독의 영화는 인도주의적 온정으로 인성, 이해, 양지良知를 선양함으로써, 타자의 피로 물든 '개인'의 옷을 감추려 했다. 그들은 『파산야우』와 『고뇌하는 인간의 미소』에서 온정, 곤궁함, 각성 등을 표현함으로써 타자와 자신 모두가 갖고 있던 굴욕과 인면수심의 기억을 상징적으로 떨쳐버리고자 했다. 또한 4세대 감독들은 역사로부터 인질을 구출하고자 했고, 역사의 피바다로부터 개인을 건져내 깨끗이 씻기려 했다. 그것은 자기 자신에 대한 구원과 정화이기도 했다. 다수의 '개인'을 사면하기만 한다면, 분명 '역사'는 이처럼 수많고 무거운 원혼들을 짊어지지 않아도 될 것 같았다. 전성기(1979~1982)의 4세대 예술은 역사에 관한 예술이자, 반역사적인 예술이었다. 그것은 기억의 복구이자, 기억의 침몰이기도 했다. 그들은 구름 사이로 보이는 작고 미약한 별들 사이의 상호 위안을 통해 칠흑 같은, 피로 얼룩진 하늘을 가리고 대체하려 했다. 그리하여 4세대는 다음과 같은 진퇴양난의 논리에 역사적으로 빠져들게 되었다. 즉 역사의 고발이자 역사의 은둔이면서, 진실에 대한 책임이자 책임질 수 없는(또 표현이 금지된) 진실이라는 진퇴양난 말이다. 이것이 4세대의 예술이 태생적으로 지니고 있던 섬약함과 조작이라는 특징을 결정지었다.

이는 4세대의 이론적 추구와 예술적 창작이 필연적으로 전체 전선으로부터의 탈출이자 돌파일 수밖에 없다는 사실도 결정했다. 그들은 정치적 부속물이라는 중국 영화의 역사적 지위를 변화시키는 데 성공했으며, 새로운 예술 현실, 새로운 예술적 출발점을 창조하는 데 성공했다. 만약 풍격이라는 것이 시간에 대한 공간의 우위를 체현하며 공간 구조에서는 현실에 대한 재구再構를 체현한다고 한다면, 4세대 감독이 왜 이처럼 풍격이라는 요소와 공간 조형이라는 요소를 중시했는지를 쉽게 이해할 수 있다. 그들은 풍격과 조형을 빌어 마음과 영혼의 배회 속으로 시간과 역사를 끌어넣은 것이다. 그들은 풍경과 조형을 빌어 새로운 담론과 새로운 기호 질서를 만들었으며 이를 통해 3세대 감독의 '대시대大時代의 자식', '전화戰火 속의 청춘'과는 다른 '자아'의 이야기를 할 수 있었다.

그러나 '역사의 모략'이 다시금 모습을 드러냈다. 4세대는 개인의 풍격을 추구하며 '자기의' 이야기를 풀어내기를 갈망했다. 그러나 한 세대의 일원으로서 4세대는 오히려 동심원 식의 밀폐된 사회 형태와 역사적 시대의 아들이었다. 그들은 3세대 감독이 갖고 있던 '혁명전쟁의 시대' ─ '정신적 황금시대'에 대한 공통된 기억을 갖고 있지 않았고 그처럼 진실하고 순수한 이상과 분투에 대한 공통의 기억을 지니고 있지 않았다. 그러나 3세대처럼 그들의 생활과 생명은 사회 역사적 대사건으로 가득 차 있었다. 그들의 '개성'은 획일화된 사회 배열구조에서 두드러질 수 없었다. 그들의 운명은 시대의 규정으로부터 벗어날 수 없었으며 그들의 조우는 역사적 조우일 뿐이었다. 그들은 자기에 대해 이야기하기를 갈망했지만 자기가 살아가는 시대에 대해 이야기할 수 있을 뿐이었다. 기이하게 변해버린 개인의 운명에 대해 서술하기를 바랐지만, 기이하게 변해버린 역사에 대해 꾸밈없이 표현할 수 있을 뿐이었다. 4세대 감독들은 예술적 자아와 예술적 개성을 선양하였으나 두 가지의 공통된 서사 모델을 만드는 것으로 끝나야 했다. 그들의 예술은 아직도 시대의 예술이었고, '사회적 상징 행위'로서의 예술이었다. 그들은 탈주 중 붙잡힌 것이었다.

청춘제 – 대시대의 작은 이야기(1979~1982)

4세대의 첫 창작 고조기에 발표된 그들의 처녀작은 늘 그렇듯 따뜻하고 환상적인 작은 이야기였다. 사랑과 지혜로움과 이해와 담력과 식견에 대한 선량한 사람의 이야기였다. 영화의 서사적 콘텍스트에서 공간적 원소는 닫혀 있는 공간에 또 닫혀 있는 공간이었다. 한 척의 기선(우이궁의『파산야우』)이거나, 뗏목(우톈밍(吳天明)의『항로 없는 강(沒有航標的河流)』)이거나, 기차(텅원지의『봄비가 보슬보슬』)이거나, 아니면 정감과 분투와 반역과 같은 일련의 '반복적으로 소생'하는 심리적 과정이었다. 이 유치한 서사 모델은 곧 더 개인화된 서사로 바뀌었으며 더 성숙되고 안정된 예술형태로 대체되었다. 여전히 재난의 세월에 관한 이야기였지만 서술되는 기본 사건은 더 이상 박해와 반역, 타락과 지혜에 관한 것이 아니라, 개인 생명의 비극적인 경험이었으며, 이별과 돌이킬 수 없는 그러한 상실이었다. 그것은 사랑하는 젊은 커플이 갑자기 영원히 헤어져야 하는 상황을 맞는 비극이었다. 영화 속 주인공에게 이는 박탈과 같았다. 지독스레 잔혹하며 지독스레 비참

「항로 없는 강」

한 박탈. 그러나 박탈자는(반反행위자와 반反수용자) 텍스트 속에서
부재한 채, 서사적 콘텍스트 속에서 미친 듯 가혹한 폭력을 행사하는,
무명의 사회 세력이나 심지어 비인격적인 혹은 초인적인 어떤 힘으로
나타났다. 그것은 『작은 골목(小街)』(양옌진)과 『북경 이야기(城南舊
事)』(우이궁)에서는 행위자와 마찬가지로 정체불명에다 행위자에 반
하는 어두운 사회세력과 우매한 민중으로 표현된다. 『사어우(沙鷗)』
(장놘신) 속의 눈사태, 『청춘제(青春祭)』(장놘신)의 진흙탕, 『뜻대로(如
意)』(황젠중)의 익명의 어두운 힘, 역사적 변란과 심장병 등이 그렇다.
사회의 어두운 세력, 변란, 자연재해 이 모든 것이 서사의 표층구조에
서 비인격적이며 이질적인 파괴력을 구성한다. 이것들은 냉정하게 박
탈하기 때문에 주인공은 반항이나 다른 행동을 취할 겨를이 없다. 이
들 영화에서 인물의 일인칭 서사는 객관적인 삼인칭 서사(전지적 서
사)로 대체된다. 서사의 거리는 더할 수 없이 가까워져 거의 제로 상태
에 이른다. 이 영화들은 자서전적 형식으로 변란 속의 청춘, 상처 입은
청춘의 이야기를 들려준다. 서술되는 사건은 '탈 수 있는 것은 모두 타

버리고 커다란 바위만 남았다' (『사어우』)라든가, '모든 것이 나를 떠나가 버렸다' (『북경 이야기』)라든가, 혹은 '다들 뜻대로 되길 간절히 원하지만 뜻대로 되지 않는다' (『뜻대로』) 같은 것들이다. 서사의 어조는 순진하고 처량하며 고통스런 방황 상태에 처한 청춘의 분위기를 물씬 풍긴다.

4세대 감독 대부분은 좌절의 경험을 지니고 있었다. 그것은 그들 작품에 보이는 생명이라는 병 속 청춘이 잠시 병마개로 갇힌 것과 같은 체험을 말하는 것이 아니다. 그것은 출구도 없이 사방이 높은 벽에 둘러싸인 채 영혼과 생명이 구금되었던 기억이었다. 60년대에서 70년대 중반까지가 그들이 청춘을 보낸 시기였다. 이 시기는 중국의 사회 정치적 상황이 폐쇄적이어서 봉쇄의 상황까지 악화되었던 시기였다. 역사의 추악하고 잔혹한 순간이 4세대 감독들에겐 너무나도 긴 세월로 다가왔다. 이 속에서 그들과 사회 사이에 존재했던 나약하기 그지없던 정체감과 동일의식이 와해되었다. 대신 어떤 이질감과 정치적인 박해가 주는 커다란 공포가 생겨났다.

방해받은 생명의 경험은 4세대 감독들의 심리 속에서 '청춘기의 감정으로 뿌리 박혔다.' 4세대 감독의 예술은 다른 이들보다 더 청춘의 경험과 관련이 있다. 마치 무슨 주문처럼 4세대는 청춘의 유감과 유감스런 청춘에 꽁꽁 묶여버렸다. 그것은 자학에 가까운 응시였으며 곤혹과 절망에 대한 불평이었으며 저주와 미망이었다. 청춘의 경험은 4세대 감독의 첫 창작 시기에 표

『뜻대로』

층적 서사 구조를 이루면서 그들의 거의 모든 작품을 작동시키는 동기를 이루었다.

그러나 영화 서사의 심층적인 구조에서 보자면 이는 상실과 박탈에 그치지 않고 욕망을 억누르는 잠재된 억압이 된다. 즉 반인간적인 사회가 욕망에 내린 금지령인 것이다. 이는 욕망 대상을 박탈함으로써 사회화를 완성하려는 거세 행위다. 이 행위는 텍스트 속에서 항상 소리 없이 신속하게 한 점의 흔적도 남기지 않으면서 존재한다. 욕망과 대상의 부재, 욕념의 목마름과 거세의 공포가 4세대 영화에서 '청춘의 감정이 뿌리박히게' 만든 참된 원인이었다.

그러나 결국은 지나간 청춘이었다. 4세대 감독은 중년을 바라볼 때나 중년이 되었을 때 창작을 시작했다. 그리하여 그들은 청춘의 분위기로 충만한 서사 어조에 쇠퇴라는 의미를 덧붙였고 어찌할 바 모를 나약함과 슬픔을 덧붙였던 것이다.

그렇다. 4세대 감독의 첫 창작은 청춘제 한 마당이었다. 그것은 그들 자신의 이야기이며 심리적인 측면에서도 꽤 진실한 자서전이었다. 그들은 대 시대 속의 작은 이야기로 그들의 시대를 기술했고, 청춘의 유감을 담은 이야기로 사소하지만 분명한 그들 세대의 시대적 글을 남겼다. 그러나 다른 예술 작품과 마찬가지로 4세대의 청춘제 역시 '진실'의 표현이면서 동시에 '진실'에 대한 은폐이기도 했다. 그들의 작품은 개인의 비극에 초점을 둠으로써 역사적 비극에 대한 질문과 반성을 회피했다. 그리고 박탈과 훼멸의 힘의 부재와 초인화로, 변란을 겪은 개인들이 해야 했던 영혼의 고문과 참회를 외면했다. 이들 청춘의 이야기가 텍스트에서 '역사의 인질'을 구해낸 것은 확실하다. 그러나 그것은 자기기만의 의미를 지닌 속죄였으며 나아가 서사 텍스트에서 균열을 조장했고 균형을 잃게 했다.

『북경이야기』

　그러므로 이런 서사 모델로 이루어진 4세대 영화 가운데 뛰어난 작품은 '청춘제' 식의 사랑 이야기가 아니라, 어린 시절을 그린 영화『북경 이야기』라 할 수 있다. 영화에서 이별과 상실은 서술된 사건에 그치지 않고 서사 동기와 서사 구조를 이룬다. '그녀(그)가 나를 떠나가버렸을' 뿐 아니라 '모든 것이 나를 떠나가버렸다.' 매번 반복되는 이별과 상실의 기저는 이질적이고 사회적인 소멸의 위협을 강화한다.

　이야기 속 인물로 설정된 화자는 샤오잉쯔(小英子)이다. 그녀는 미성년의 어린 아이이다. 이는 그녀가 역사 속 개인/주체로서 자신의 행위를 책임질 필요가 없다는 걸 의미한다. 동시에 심층 구조에서 욕망 대상이 부재한다는 상징적 의미의 문제를 해결한다. 텍스트의 진정한 화자(우이궁/린하이인)와 서술된 이야기 사이에 존재하는 시간적인 차이는 서사 거리를 벌려 서사 어조에 슬픔과 미련을 더해준다. 이야기도 변란의 세월이 아니라 구중국의 어느 시기에 일어난다. 영화 창작자는 이 덕에 정치적 박해를 피할 수 있었고, 반복되고 순환을 거듭하는 저승사자의 환무와 같은 비극적인 분위기를 자유로이 만들어낼 수 있었다. 담담하며 결코 험상궂지 않지만 도망칠 곳 없는 그런 분위

『북경이야기』

기를 말이다. 성문 누각 아래 깊이 가라앉은 어둠과 자욱한 안개 속으로 낙타 무리가 천천히 나아간다. 단조롭게 반복되는 우물가의 집들, 고요함 속에서 골목 안에는 비 소리 같은 귀뚜라미 울음소리가 들린다. 비극적인 분위기 속에서 섬세하고 아름다운 상념과 시의가 넘쳐난다. 이미 신시기 영화의 '고전'이 된, 일곱 차례 단풍잎이 겹쳐지는 영화의 결말부분으로 인해 영화는 완전하고 균형 잡힌 구조를 이룬다. 사탑식의 정교함은 새로운 소박함에 다다른다. 그러므로 『북경이야기』를 처음으로 4세대의 관례에서 성공적으로 탈출한 작품으로 봐도 무방할 것이다.

　시대와 사회적 예술 규범에서 벗어나는 것이 현실적 전략의 하나에 불과했다면 4세대 감독은 도망치려다 다시 잡혀버린 꼴이었다. '사탑' 역시 결국은 현실이라는 기반 위에 세워진 것이었다. 4세대 감독은 확실히 시대의 아들이었다. 사회적 책임감과 사명감이 강하진 않았지만 스스로 이를 포기하지도 못했다. 그래서 4세대는 그들의 창작 전성기(1982년)에 시대와 사회성에 관한 새로운 주제를 다루었다. 『역광(逆光)』(딩인난), 『도시 속의 마을(都市里的村庄)』(텅원지)이 그중 돋보

『역광』

였으며, 『이웃(隣居)』 역시 4세대의 창작 관례를 깬 또 다른 예외가 되었다. 전자의 두 편은 역시 청춘의 경험을 주로 다루었지만 시간적 배경은 현재로 처리하였고 더욱 젊은 세대의 이야기를 들려주었다. 이 작품에도 일인칭 화자와 이별과 상실에 관한 슬픈 이야기가 있지만 그것은 서술되는 사건의 배경으로 물러난다. 『역광』 타이틀 부분의 롱숏 장면처럼 말이다. 이 장면에서 카메라는 방백을 따라서 보슬비 내리는 짙은 갈색의 좁은 골목으로 들어간다. 이는 방관적인 서사(방백)가 이미 개인의 주관적 서사 구조를 대체했음을 의미한다. 그리고 이야기는 상실과 이별에 관한 틀에 박힌 이야기를 풍자하는 듯한 느낌으로 끝난다. 이는 다른 텍스트에는 없는 고전적인 '재회' 장면으로, 카메라는 한 쌍의 옛 연인을 향한다. 화자 쑤핑(蘇平)과 그의 옛 연인인 '사촌누이(表姐)'는 여러 차례의 이별 뒤, 서로 고개를 숙인 채 뒤도 돌아보지 않고 떠나간다. 이들 숏에 보이는, 서로 마주하고 선 한 쌍의 남녀는 더 이상 옛 연인이 아니라 배반당한 자와 배반한 자일 뿐이다. 그리고 사회적으로 성공한 자와 실패한 자일 뿐이다. 영화는 가치 객체(즉 욕망 대상)의 가치를 상실하게 함으로써 주체가 '철저한' 해탈을 얻도록 만들었다. 이것은 '역사' 의 문화적 구조이며 텍스트의 또 다른 전략이었다. 가치 객체에 대한 부정은 욕망 대상의 결핍을 결코 채울 수 없기 때문이다. 결핍은 여전히 존재한다.

뒤로 기울어지다 – 문명과 우매(1983~)

1982년을 경계로(1987년 『청춘제』가 출품된 것을 제외하고) 4세대 감독은 '거대한 시대의 사랑에 대한 작은 이야기' 에 싫증을 느낀 것 같았다. 여기에는 어떤 의미에서 세 가지의 외재적 요소가 있다고 할 수 있다. 첫째, 개혁의 거대한 흐름이 도래함으로써 사회에 나타나는 지진의 '진폭' 이 커지고 주기는 점차 짧아졌다. 그리하여 사탑은 날이 갈수록 더 기울어졌다. 4세대 감독은 사회생활의 거친 파랑으로 눈을 돌려 당대 사회현실을 마주해야 했다. 둘째, 문화 반사反思* 운동이 더 심각한 역사 · 문화적 콘텍스트를 만들어냈고 문학에서 심근파尋根派**가 문화적으로 강력한 참고 기준이 되었다. 셋째, 5세대 감독이 영화계에 나타나 새롭고 강력한 충격을 주었다. 『역광』에는 '내 마음 속에 옛 중국과 현대 중국이 중첩되어 새겨져 있다' 같은 어떤 언어적 이미지가 제시되는데 이러한 이미지는 실상 4세대 감독의 두 번째 시기의 창작주제를 예시한 것이었다. 이 '중첩된' 신구新舊 세계는 1982년

---

* 문혁의 근원을 돌아보는 과정에서 중국 현대사 및 역사적 사건을 재인식하고 재평가하게 되는데, 이와 같은 사고 혹은 행위를 반사라고 한다. 이는 되돌아보기라고 해석될 수 있겠다. 여기서는 반사라는 말을 직접 사용하도록 하겠다.
** 1980년대 중 · 후반 일부 작가들이 고향의 풍습이나 전설 등 그들의 뿌리라 할 수 있는 것에서 제재를 취하여 소설을 창작하였고 이들을 심근파라 칭한다.

부터 4세대 영화의 주된 주제가 되었다. 이는 곧 '문명과 우매의 충돌' 이라는 서사 모형으로, 문명(현대/공업 문명, 사회진보)과 우매(농업 경제, 전통사회의 가치관과 생존방식)의 충돌이 이들 영화의 서사 동 기였다. 그리고 이는 영화 서사의 표층구조로서 감상 측면에서 두 가 지 대립된 형상체계를 이루었다. '공간 형상의 전체 계보' 속에서 이 특징은 이미『역광』과『도시 속의 마을』의 주제의식을 표현하는 서로 다른 조형체계로 표현된다. 비좁지만 온정이 남아 있는, '닭 우는 소리 와 개 짖는 소리가 서로 들리는' 노동자들의 쪽방 지역인 도시 속 촌락 과 부유하고 깨끗하지만 딱딱하고 차가운, 직선적인 거대한 현대 공업 공간인 조선소가 그것이다.『역광』에 나오는 난징루의 번화함과 쪽방 지구의 빈곤 사이의 대비가 전통적 의미에서 단지 빈부 대립으로 표현 된다면,『도시 속의 마을』에 나오는 조선소의 넓고 거대한 공업공간과 쪽방지구의 협소하고 복작거리는 생활공간의 대조에는 문명과 우매 의 충돌이라는 담론이 내포되어 있다. 그러나 이러한 '문명과 우매'의 대치된 구조를 잇고 있는『해변(海灘)』을 제외한 이후의 창작, 즉 기타 4세대의 가작이라고 할 만한『고향의 소리(鄕音)』(후빙류(胡柄榴)), 『양가집 아녀자(良家婦女)』(황젠중),『상지방 처녀 샤오샤오(湘女瀟 瀟)』(셰페이(謝飛)),『오래된 우물(老井)』(우톈밍) 등은 '뒤로 기우'는 문화적 흐름을 보여주었다. 4세대 감독은 점점, 사탑식으로 현실생활 을 조망하는 태도와 교묘하게 회피하면서 현실을 살짝 건드리는 태도 로부터 낙담하여 고개를 돌리는 태도로 바꾸었다.

　　7 · 80년대 교체기에 행해진 '문혁'의 역사에 대한 청산은 '소리 높 여 맹진하는 현대화 발전 과정'으로 신속하게 대체되었다. 여기서 흥 미로운 사실은 4세대가 이 시기 중국 예술가들과 함께 시선을 '옛 중 국'으로, 충돌의 음극에 자리하던 '우매'의 세계로 던졌다는 점이다.

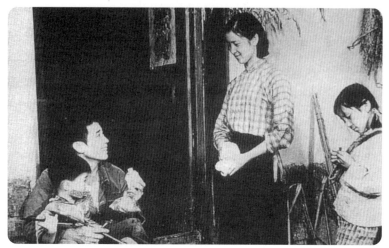

『고향의 소리』

4세대 감독인 후빙류는 대표작 『고향의 소리』의 창작 동기를 언급할 때 다음과 같은 시간에 대해 말한 적 있다. 석양 아래 구불구불한 철로가 첩첩산중을 향해 뻗어있고 두 줄의 레일이 석양빛을 받아 빛나고 있다. 그는 갑자기 철로 저 끝을 표현하고 싶다는 갈망이 생겼다. 첩첩산중, '문명' 세계 밖의 사람들과 그들의 생활, 그런 것들을 말이다. 그러므로 그는 이 영화를 어느 깊은 산에 있는 작은 마을의 이야기로 촬영했다.[7] 이들 작품은 5세대의 데뷔작 『황토지(黃土地)』(천카이거(陳凱歌), 1983년), 『말도둑(盜馬賊)』(톈좡좡(田壯壯), 1984년) 등의 문화적 이해가 깊은 작품과 나란히 4세대가 새롭게 처한 진퇴양난의 곤경을 무형 중에 보여주었다. 이는 이성과 정감의 분열에 대한 심각한 가치판단이며 심리/지식 틀 속에 존재하는 균열이다. 이성이라는 측면은 문명과 진보에 대한 갈망과 외침이며, 감정이라는 측면은 옛 중국식 생존이 지니는 독특한 운치와 두터운 인정, 견실함과 소박함에 대한 미련이다. 전통사회와 그 도덕 체계를 저주하고 증오하는 한편, 현대화와 상품화의 진보에 대해 당혹감과 경멸을 느낀다. 문화적 반사와 역사적인 뿌리 찾기에 대한 사명감이 존재하는 한편, '5·4'의 문화적 단절과 반서구화된 교육이 만든 민족문화의 파괴, 나아가 민족문화가 사라진 현실이 존재했다. 이는 전진하면서 뒤로 기우는 태도이고, 가치평가상의 전도현상이라 할 수 있다. 그것은 4세대 감독들로 하여금 '우매'의 추악함과 부조리를 파헤치게 하는 동시에 옛 생활이 지닌 유장한 의취 속에서 방향을 잃게 했다. 이로 인해 4세대 감독의 두 번째 창작기의 작품은 모순과 주저가 그 주된 서사기조가 되었던 것이다.

이런 어려움과 뒤로 기우는 경향은 『고향의 소리』에 잘 나타나있다. 많은 사람들이 예로 드는 마지막 부분은 평화롭고 고요한 논밭 사이를 남편 무성(木生)이 손수레를 잡고 아내 타오춘(陶春)을 끌면서 '기차를 보러' 가는 장면이다. 그것은 임종이 가까워진 어린 아내의 몇 가지 '소원' 중 하나다. 길면서 단조로운 손수레의 드르륵 구르는 소리와 먼 곳에서 들려오는 기차의 기적 소리 그리고 덜커덩거리는 소리가 함께 뒤섞인다. 영화에서 기차소리는 감상의 입장에서 보자면 유일하게 현대문명을 상징하는 소리 기호다. 그러나 시각적 형상으로는 시종 부재한다.

화면은 산야와 시골 마을의 단조롭고 평화로운 농가 생활로 가득하다. 작은 오두막 앞에는 나지막한 푸른 울타리와 넝쿨이 햇살 아래 놓여 있고, 황혼 무렵에는 화롯불의 붉은 색이 따뜻한 분위기를 이룬다. 어머니는 아이를 안고서 낮고 부드러운 목소리로 정위조精衛鳥*의 이야기를 시작한다. 강을 건너려는 이는 사공과 시끌벅적 담소를 나누고 오래된 기름집에서는 무거우면서 리듬감이 풍부한 기름 짜는 나무통

---

* 염제의 딸인 여와가 익사하여 화했다는 새 정위가 바다를 메우려 했다는 옛이야기.

소리가 묵직하게 울려 퍼진다. 이 가운데 여주인공인 타오춘('우매'의 희생자)의 부드러움과 아름다움은 더욱 인상적이다. 의미 구조에서 '문명'의 사자를 상징하는, 붉은 옷을 입은 소녀의 갑작스런 등장은 시종 사람들을 괴롭히는 소음처럼, 끝없이 낮게 반복되던 조화를 끊어 버린다. 전통사회의 우매함이 타오춘을 죽인다는 이성적 결론은 단순한 지시적 기호—암 '치료'에 쓰이는 약(人丹)—에서 나온 것이다. 그러나 텍스트 속에서 우리가 얻을 수 있는 결론은 다르다. 즉, 우매와의 단절은 타오춘의 비극(죽음이라는 것)을 막을 수 있을지는 몰라도 타오춘에 대한 구원을 이루지는 못한다는 것이다. 왜냐하면 문명이란 운명적으로 타오춘의 아름다움과 옛 생활의 아름다움을 희생하고서 얻게 되는 대가이기 때문이다. 그러므로 타오춘의 죽음은 우매에서 비롯된 것이 아니라 문명을 위한 필수적인 희생제의라 할 수 있다.

똑같은 진퇴양난이 『양가집 아녀자』와 『오래된 우물』에서도 나타난다. 영화는 역사적 타성의 거대함을 표현하는 동시에 '에셔(M.C. Escher)*식'[8]의 동일한 구조 반복이라는 이상한 고리를 따른다. 『오래된 우물』에서는 마치 우매한 방식으로 우매에 반항할 수 있는 것처럼 보인다. 우매에 대한(영화는 우매를 텍스트 속에서 항상 빈궁으로 치환하며 나아가 수자원의 결핍으로 치환한다) 선전포고는 본질적으로는 우매에 대한 굴복이다. 극단적으로 말하자면 작품에서 반복적으로 나타나는 이별/상실의 주제 역시 의식적인 희생으로 '우매'에 필요한 봉헌을 완성한다는 것이다.

이런 의미에서 셰페이의 『상지방 처녀 샤오샤오』는 더 단호하고 더

＊ 모리츠 코르넬리스 에셔(M.C. Escher 1898~1972). 네덜란드 판화가. 수학과 미술을 결합시킨 것으로 유명한 그의 작품 세계는 공간적인 착시와 불가능한 장면의 사실적 묘사, 정다면체를 소재로 한 작품을 주로 한다.

『상지방 처녀
샤오샤오』

철저한 것 같다. 영화 전체를 통틀어 우리가 하늘을 대할 수 있는 기회
는 드물다. 화면을 가득 채우는 것은 즐비하게 늘어선 푸른 기와지붕
이며 카메라에 잡히는 것은 약간의 논과 갈색 돌이 점점이 보이는 강
변이다. 무겁고 오래된 쌀 찧는 나무방아와 거대한 연자매는 텍스트
속에서 선명한 성적 상징 의미를 지니는 한편, 옛 문명/우매의 쇠퇴를
독특하게 전달한다. 샤오샤오의 생활과 그녀의 인간관계는 조화롭다
기보다는 동물처럼 자족적이고 무감각하다. 그리고 '무의미한 살인집
단' 처럼 냉정하다. 설령 오프닝 타이틀에서 소설 원작자인 선총원(沈
從文)의 글을 인용함으로써 '인성을 받드는' '희랍의 성전'에 기대보
려 하지만, 영화는 결코 인도주의 담론을 완성하고자 역사의 엄숙함
을 희생하지 않는다. 영화의 마지막은 절망 속에 미쳐버린 젊은이의
망연자실한 표정 위에 멈춘다. 분명 이 신은 『400번의 구타(Les
Quatre cents coups)』[9]의 유명한 신을 차용한 것이지만, 영화의 배경
과 80년대라는 특정한 문화적 콘텍스트 속에서 독특한 조화를 이루고
있다.

　그렇지만 4세대 감독의 두 번째 창작기는 결국 새로운 측면과 역

「야산」

사 · 현실 · 사회가 새롭게 조우하고 있으며, 이것들이 함께 어우러져 있었다. 그중 『야산(野山)』(옌쉐수(顔學恕), 1986년)은 바로 그 지점에 서 두드러졌다. 이 작품 역시 '문명과 우매'의 명제를 표현하고 있지 만 생동적인 농촌현실 생활이라는 내용과 줄거리 위주의 사건 전개, 폐쇄된 배경의 마지막 실현, 소박하고 장황하지 않은 언어로 인해 4세 대의 관례를 깨는 또 하나의 예외가 되었다.

이 모든 것은 이미 어제가 되고 역사가 되어버린 것 같다.

오늘의 현실은 문명의 폭풍 속에 휩싸여 있다. 소비주의의 흐름이 박탈자와 파괴자의 모습으로 모든 것을 훑고 지나가버려, 사탑은 이미 무너진 폐허가 되었다. 4세대의 예술적 추구는 실험에 집착하는 5세대 의 특징과 마찬가지로 햄릿식 선택의 순간에 직면해 있다. 죽느냐 사 느냐 그것이 문제로다.

우리는 예언가 카산드라가 아니다. 우리는 사탑의 붕괴를 예언한 적이 없으며 사탑이 붕괴된 뒤의 미래를 예언하지도 않는다.

그러나 우리는 첫 장황함과 망연자실에 이어 행해질 예술가들의 선택과 행동을 기대하고 있다.

초고 1987년 7월

재고 1998년 11월

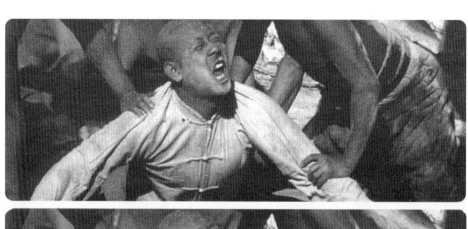

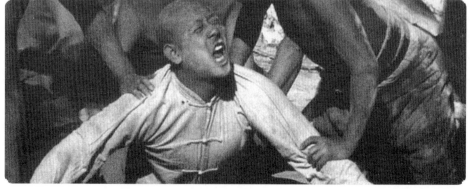

끊어진 다리:
아들 세대의 예술

>>

    5세대[10]의 영화 예술은 그 자신의 성공과 몰락을 통해 적의를 띤 역사적 함정이 존재함을 보여주었고 절망적 정신이 이를 어떻게 뚫고 나가는지를 보여주었다. 4세대 영화 예술가들은 정치와 일체화된 구조와 주류 예술의 허위적 모델 속에서 개인적 기억을 찾고 예술/생명의 형식을 창조함으로써 결과적으로 주변부 담론을 중심으로 재배치할 수 있었다. 이와 달리, 5세대 예술가는 역사와 문화가 단절된 지대를 넘어 개인적 트라우마라는 '놀라운' 체험을 상징화함으로써 중국의 역사적 생명과 새로이 만나려 했고, 새로운 영화 문법과 미학적 원칙을 완성하려 했다. 그러나 그들은 단절된 계곡을 건너자마자 새로이 놀라운 경험에 직면해야 했고, 그로 인해 추락하고 말았다. 그들의 예술은 단절된 계곡에 가로놓인 끊어진 다리가 되었던 것이다. 4세대는 역사로부터 인질을 되찾으려 하였고, 신화의 폐허로부터 개인적 프라이버시와 보물을 되찾으려 했지만, 오히려 집단적으로 '인질이 된 상황'을 보여주는 예술, 낡고 조작된 고전적 역사 담론을 결합한 예술을 만들어냈다. 그에 비해 5세대는 역사를 넘어서려는 시도를 하면서 개인의 체험을 통해 역사적 경험을 표현하려 했으나 결과적으로 역사의 '무물의 진(無物之陣)'*과 문화 및 언어의 공백으로 인해 언어 및 표현이 만든 미궁 속으로 빠져들고 말았다.

그러나 80년대 중국 영화 예술과 중국 사회생활의 주된 상관성은 경제/생산·재생산이라는 사실이 아닌, 그들이 공유하고 있는, 가위가 되어버린 기억과 심리적 매개변수에서 찾을 수 있다. 그것은 바로 '문화대혁명'이라는 역사적 사실과 이것의 역사적 표현이었다. 5세대의 예술에서 '문화대혁명'의 역사는 부재한 등장인물로 표현된다. 4세대는 그들의 첫 창작기의 작품(1979~1981)에서 '문혁'이라는 10년 동안의 역사적 경험을 직시하였지만, '고착화된' 심리적 경향으로 인해 이 역사적 액운을 고전적인 애정의 청춘 비극 혹은 애상적이고 진부한 인도주의적 호소로 표현했다. '문화대혁명'의 직접적인 참여자였던 그들은 개인의 생명사生命史에서 경험할 수 있는 청춘 비극의 눈물로, 주범이 없는 무의식적인 살인 집단에 참여했던 역사를 지우려했다. 그리고 인도, 인성, 문명 및 야만 등의 일반적 명제로 황당한 역사적 재난이 지닌 독특한 내함을 해체하거나 설명하려고 했다. 그러나 5세대의 예술에서 '문화대혁명'은 어느 곳에나 있는 부재하는 등장인물로 존재했다. 오늘날까지도 '문혁'은 5세대 예술가들이 시종 회피하려고 했던 명제이지만[11] 그들의 예술은 (4세대가 아니라) 그들이

---

* 루쉰(魯迅)은 『야초(野草)』, 「이런 전사(這樣的戰士)」에서 이들을 언급한다. 무물의 진은 전사가 싸우는 대상으로 갖가지 명칭과 갖가지 장식으로 화려하게 장식한 이들이다. 전사는 그들에게 창을 던지지만 쓰러지는 것은 무물의 진의 외피일 뿐이다. 그 안에는 아무것도 없다. 전사는 다시 무물의 진으로 들어가고 또 창을 던진다. 역시 쓰러지는 것은 외피일 뿐이다. 이 싸움은 무한히 반복된다. 이처럼 이들은 역사에 숨어 있으며 유형의 적들 속에 숨어 있다. 여기서 역사는 진보하는 역사가 아니라 순환하거나 윤회하는 역사이다.

'문화대혁명' 정신의 아들이었다는 멍에를 벗어던질 수 없음을 보여준다. 그들은 '문혁'이 만든 역사적이고 문화적인 단절의 정신을 계승한 자들이었고, 무언의 역사적 잠재의식을 짊어진 자들이었다. 그들은 역사적 성격을 띠는 아비살해의 행위를 마친 후, 낡은 동방 문명의 무거움과 서구 문명의 충격이 나란히 담겨있는 역사적인 거세의 힘을 마주한 채, 상상적 질서의 주변에서 절망적으로 발버둥쳤지만 상징 질서에는 들어갈 수 없었던 세대였다. 5세대의 예술은 아들 세대의 예술이었고, 5세대는 '문화대혁명'으로 인해 전혀 흔들림 없는 부자父子 질서와 '아비' 없는 문화 사이에서 고통스럽게 발버둥쳐야 했다. 그러므로 80년대 중국 5세대의 예술은 역사와 문화를 가르는 협곡을 건너 연결되었지만 결국은 다시 떨어져버린, 끊어진 다리였다고 할 수 있다. 그리고 완전히 새로운 언어와 역사적 표현을 창조하려던 그들의 노력은 아들 세대가 겪은 정신 유랑을 담은 전기가 되었다.

'카니발'의 바깥

'문화대혁명'에는 중국 역사의 온갖 황당한 이미지가 집중되어 있다. 그래서 그것은 중국적 재난으로 가득한 기이한 볼거리가 되었다. 이 역사적 비극의 블랙코미디식 실연實演은 비장하게 역사적 책무를 청산하고 타파하는 데 그 본의가 있었으나 결국 중국 역사의 순환적 표상 속에서 암흑의 일막이 되어버렸다.

그러나 이러한 중앙집권정치(통상적으로 봉건적 파시즘 독재라고 한다)의 절대적인 부권父權은 스펙터클한 아비살해 행위를 통해 확립되었다. '문혁'은 처음에 '아비의 이름'으로 부여받은 아비살해 행위에서 시작되었으며, 제어할 힘이 사라진 상황에서 기존 질서를 파괴하는 행위로부터 비롯되었다. 황당한 점은 '문화대혁명'이 중국의 '아들살해 문화'를 집중적으로 드러냈고, 결국은 이로부터 '아들'의 카니발이 시작되었다는 사실이다. 그것은 곧 세상을 놀라게 했던 홍위병 운동이었다.

그것은 한편으로는 '3개 충성(三忠於: 마오쩌둥에 대한 충성, 마오쩌둥 사상에 대한 충성, 마오쩌둥 혁명 사상에 대한 충성)', '4개 무한 (四無限: 마오쩌둥에 대한 무한한 열애, 무한한 충성, 무한한 신앙, 무한한 숭배)'을 표방하면서 권력에 굴복했고, 다른 한편으로는 '조반유리(마오 주석 어록: 마르크스주의의 원리는 수천수만 가닥으로 얽혀있을지라도 결국 하나로 귀결된다. 즉 반란은 정당하다)'*의 기치를 내걸고 대규모의 파괴와 학살을 자행했다. 한편으로는 의심을 허용치않는 권위자, 육신의 한계를 넘어선 권위자의 형상(마오 주석과 마오쩌둥 사상의 절대적 권위를 크고 특별하게 세우자)**을 모시면서 다른한편으로는 당권자黨權者, 권위자, 연장자─'육신'의 아비─를 유린하고 모욕했다. 그들에게 당권자는 주자파走資派***이자 새로운 역사환경에서의 적이었다. 권위자는 자산계급의 대변인이자 역사의 쓰레기였다. 연장자는 낙오자이자 혁명의 장애물이었다. 그리하여 질서를넘어선 권위를 가진 아비의 허락(마오쩌둥 『사령부를 파괴하라─나의대자보(炮打司令部─我的一張大字報)』) 아래 중국은 일순간 반反질서적인 혁명과 무질서한 혼란과 혼돈 속으로 빠져들었다.

사회, 정치, 문화, 언어에서 명실상부한 역사적 아비살해였던 '5・

---

* 　造反有理. 馬克思主義的道理千頭萬緖, 歸根結蒂, 就是一句話:造反有理.
** 　大樹特樹毛主席, 毛澤東思想的絶對權威.
*** 자본가의 주구를 지칭한다.

4' 시대와 비교하자면, '문화대혁명'은 분방함에 중독된 '아들'의 카니발이었다. '5·4' 시대에 새로 태어난 나약한 '소년중국'의 아들들은 너무나 무거운 역사적 운명과 명령을 짊어졌었다. 그들의 정신적 기조는 고양되어 있었고 기쁨으로 가득했으나 거기에는 지나치게 이성적이고 역사적인 숙고와 원죄적이고 절망적인 슬픔이 뒤섞여 있었다. 그것은 『광인일기(狂人日記)』식의 투쟁의 외침과 『홀로 초췌해(斯人獨憔悴)』식의 방황이었다.[12] 그러나 '문화대혁명' 시대에 이루어진 아비살해는 초경험적인 '아비의 이름'으로 미리 용서와 허가를 얻어 자행되었으며, 아울러 이 행위의 주요한 정신적 기조는 비이성적인 격정과 광적인 기쁨이었다. 역사의 황당하고 기이한 풍경이었던 '문화대혁명'의 첫 막에서 주된 행위는 아비를 살해한 아들의 광희였다. 그것은 '문혁' 이전의 주류 이데올로기인 혁명전쟁 신화의 역사 서사 모델을 답습한 것이었다.

홍위병 운동의 골간은 이와 같은 이데올로기 형성 과정에서 그들이 교육 받고 '소환'* 받는 과정을 완성하는가 미완성하는가에 있었다. 이 역사 서사 모델에서 반란(造反)은 유일하게 인정받을 수 있는 '성인식'이었다. '문화대혁명'은 그들에게 이러한 기회와 인연을 제공해주었다. 그러나 이러한 역사 신화를 답습하기 위해서는 본래 아비 세대에 관한 것이었던 이 신화의 주체를 반드시 도치시켜야 했다. '아버지'는 바로 혁명 역사 신화에서 용감하고 위대한 영웅이었다. 홍위병

---

* 알튀세르의 소환이론에서 언급되었다. 이데올로기가 인간 개체에게 주체로서의 정체성을 배정하는 중심 작용을 가리킨다. 이데올로기가 부르는 데 따라 응함으로써 그는 자신의 정체성을 받아들이는 것이다. 즉, 누군가에게 A라고 불릴 때 이 부름에 대답한다면 그는 스스로를 A로 인식하고 받아들인다는 것이다. 홍위병들은 당시의 주류 이데올로기로부터 소환당한 것이고, 이에 응함으로써 스스로 이데올로기가 정한 정체성을 받아들여, 스스로를 주체로 인식했다는 의미이다.

운동이 이 신화를 반복하려면 끊임없는 혁명 모델 속에서 영웅/아버지를 다시금 적으로 명명해야만 했다. 그래서 아들 세대는 영웅/아버지의 신화가 옮겨지는 과정에서 이상적인 아비가 붕괴되는 것을 목도하게 되었다. 이러한 상황은 참혹하다기보다 모욕적이었고 환멸적이었다. '5·4' 운동이 '봉황열반鳳凰涅槃'*식 사망/신생의 과정이었고, 역사적 문화의 청산을 통해 문화의 본체를 재건하는 과정이었다면, '문화대혁명'은 불요불굴의 정신으로 밀어붙인 문화 파괴였다.

이러한 아들의 카니발은 아비를 살해한 후 결코 아들의 동맹과 질서를 확립할 수 없었다. 왜냐하면 초경험적 기표— '아비 이름'의 존재는 넘어설 수 없었기 때문이다. '문화대혁명'은 역사적으로 해체의 힘을 가지고 있었지만 반면에 거세의 힘도 가지고 있었다. 그래서 영원한 듯했지만 짧았던 카니발이 끝난 후, '홍위병 운동'이라는 거대한 힘은 농촌과 변경으로 확산되어 홍위병 운동 마냥 소리가 드높았던 '지식청년 하방 운동'을 촉발시켰다. 홍위병 운동의 주요 세력에게 그것은 유배와 강등이 아닌, 카니발의 연속이었고 그들은 '광활한 천지'에서 그들의 성인식을 완성할 수 있었다. 그러나 무심하게도 이 '출정'은 카니발 최후의 일막이 되었고 그들의 성인식은 기약 없이 미루어졌다. 그들은 고되고 무거운 중국의 생존 현실을 경험하면서 정치화된 부자父子 질서의 삼엄함을 의식하게 되었으며, 자신들이 상징질서 밖으로 내쳐진, 문화적, 심리적으로 아비 없는 아들이라는 사실을 깨닫게 되었다. 그들은 기나긴 정신적 유랑을 해야 할 운명에 처해졌다.

그러나 '문화대혁명'을 80년대 중국 사회와 5세대의 중요한 심리

---

* 『봉황열반』 궈모뤄(郭沫若)의 시. 지나간 시대, 낡은 중국의 종말과 새로운 시대, 신생 중국의 희망을 노래한 시로 문학사에서 평가받고 있다.

적 매개변수 및 콘텍스트로 이해한다면, 5세대 예술가 대부분이 결코 홍위병 운동의 중견은 아니었다는 사실을 반드시 짚고 넘어가야 한다.[13] 홍위병 운동은 결코 '아들'들 모두에게 한결같은 기쁨이 된 것은 아니었다. 아들은 결코 중성적인 집단이 아니었다. 그들은 지나치게 엄격한 부자 질서가 정한 '홍오류'(紅五類: 노동자, 빈곤농민, 혁명군인, 혁명 간부, 혁명 열사의 자제)의 무리였다. 5세대 영화 예술가의 주력(대부분 혁명 간부의 가정에서 성장하였다)은 혁명전쟁 신화의 주체가 도치되는 와중에 동심원의 중심에서 쫓겨나 아들 세대 속의 이질적 집단이 되었다. 그들에게도 '명확한 경계선'—아비살해의 권력과 의무—이 있었지만, 그것이 아비의 신분에 의해 결정된 이질자로서의 지위를 바꿀 수는 없었다. '교육될 수 있는 자녀'로 보았기에, 주류 이데올로기는 그들에게 '소환'의 태도와 허락의 여지를 남겼다. 그러나 그것은 '고도를 기다리며' 같은 것으로, 영원히 실현될 수 없는 것이었다. '지식청년운동(知靑運動)'의 시작은 아들의 카니발의 마지막 일막이었지만, 5세대 예술가의 주력에게 있어 그것은 명실상부한 추방이었다. 그것은 소위 '흑오류'(黑五類: 지주, 부농, 반혁명분자, 악질분자, 우파의 자제)인 이질적인 아들들에게는 참담한 만우절 같은 것이었다. 이로 인해 5세대 예술가들은 '문혁' 동안의 경험을, 하나로 이어진 놀라운 경험이자 내면의 커다란 상처 그리고 격정에 휩싸인 채 나아갔던 끝없는 굴욕을 향한 추락으로 표현하게 되었던 것이다.

홍위병이 일찍이 '문화대혁명'을 역사의 성인식으로 오해했다면(천하는 우리의 천하고 사회는 우리의 사회다), 이질적인 아들들은 前 언어적 단계로의 추락을 경험했다고 할 수 있다. 왜냐하면 그들은 카니발 바깥에 처해 있었고, 국외자 신분으로 이 웅장한 역사적 블랙 코미디가 실연되는 것을 방관하고 있었기 때문이다. 이 세대 사람들에게 기나긴 정신적 유랑을 경험해야 한다는 운명이 주어졌다면, 기존의 상징 질서는 그들과 현실적 생존간의 상상적 관계를 부여할 수도 없었고, 그들의 놀라운 체험을 조직하고 전달할 수도 없었다. 이질적인 아들의 유랑은 카니발과 동시에 시작한 것처럼 보였기 때문이다. 방관자이며 이질자이자, 사회적 의미에서 영원한 '준주체'인 그들은 '아비'들에게 동정을 던지지 않을 수 없었다. 동시에 그들은 신화 속 영웅적 아비의 형상이 굴욕적으로 붕괴되는 것을 '홍위병들'보다 더 분명하고, 더 고통스러운 마음으로 목도했으며, 아울러 이러한 붕괴의 공포 속에서 한 시대의 몰락을 인식했다. 그들 내면의 정통한 초경험적인 '경험' 세계는 엄혹한 현실이 조성한 놀라운 경험 속에서 산산이 부서졌다. 그리고 이러한 특정한 놀라운 경험으로 인해 5세대는 사유 모델과 정감 모델에 있어 화해할 수 없는 이중성을 갖게 되었다. 즉, 그들은 한편으로는 주류에 굴복하면서 유랑을 끝낼 목적으로 상징질서에 들어가고자 갈망했던 것이다. 이는 그들로 하여금 주류 담론의 힘을 빌려, 그들의 정신적 유랑의 시대인 1976년에서 1979년까지의 사회적 콘텍스트 속에서 도치된 역사 신화를 다시 한 번 도치시키도록 만들었다. 그들은 반드시 '아비'의 이름을 바로잡아야 했고, 혁명전쟁의 역사 신화를 다시금 서술해야 했다. 그것은 감추고 인내해야 하는 거대한 격정이었다. 그러나 다른 한편으로는, 카니발의 바깥에 놓인 방관자의 이성적 숙고가 있었다. 이 '고독한 유랑자'의 숙고는 그들로 하여금 초경험적인 아비, 부자 질서와 역사서사 신화에 대해 질문하는 태도를 가지도록 했으며, 역사순환·문화단절과 언어공백이 주는 고통에 대해 자각하고 깨어나도록 했다. 그리고 그들로 하여금 반드시 새로운 언어를 창조하여 무언無言, 무명無名의 상태를 벗어나 내면의 놀라운 체험을 통해 상징화의 길을 찾도록 만들었다. 그들은 자기 동

『하나와 여덟』

정과 자기 연민을 거두어들여야 했고, 자신들을 아비 없는 아들로 만든 현실을 받아들이고 자기 명명을 요구해야 했다. 그리고 1979년 이후의 사회적 콘텍스트는 그들에게 현실의 가능성을 제공했다.

그러므로 5세대 영화 예술가들이 『하나와 여덟(一個和八個)』[14]을 그들의 데뷔작으로 삼는 것은 당연한 일이다. 이 작품은 고전적인 혁명 전쟁 신화에 대한 서사였다. 원작자는 60년대 주류시인 궈샤오촨(郭小川)인데, 원작은 '영웅은 고난을 겪고 나서야' 진가를 발휘하게 된다는 따위의 신화의 내핵을 담고 있다. 작품은 오해받고 억울한 일을 당하는 영웅이 굴욕과 죽음을 자신에게 가해진 시험으로 여기고 자신의 무한한 충성을 드러낸다는 서사 모델을 취했다. 아울러 공산당원의 강한 정신적 호소력이나 위기의 상황에서 용감히 나서는 영웅적 모습, 그리고 그 속에서 일어나는 영웅주의적 격정이 담겨 있다. 이것은 고전적 영웅 신화 다시쓰기이자 70년대 말에서 80년대 초까지의 질서 다

시 세우기였으며 아비의 집단이 귀환하는 사회 현실의 구조적 현현이
자 '이질자'인 5세대 예술가를 위한 자기변명, 자기지적이었다. 이는
복종의 표시였으며, 동시에 (데리다(Jacques Derrida)의 개념을 차용해
도 무방하다면) '파괴적인 다시쓰기'였다. 그것은 사람들에게 익숙해
진 스크린의 신화적 세계를 새로운 관념과 형식 미학으로 파괴했다.
비약적인 서사 단락, 다량의 정지 컷, 부감과 앙각 파노라마의 선택,
서사 경계의 밖으로 빠져 나가는 자주적인 카메라의 움직임, 평범하지
않은 조형 이미지의 운용, 인물을 잘라버리거나 구석으로 밀어내는 화
면 구도 등을 통해 역사 신화의 '낯설게 하기 과정'을 완성했으며 아
울러 과도한 표현으로 역사를 시대의 구석지고 은밀한 배경으로까지
밀어내버렸다.

　　그리하여 이성적인 서사적 거리가 만들어졌다. 과도한 표현은 '초
경험적 주체'와 카메라의 존재를 드러냈으며, 역사 신화의 이데올로
기 효과 및 영화 서사의 초이데올로기적 전략을 보여주었다. 그들은
재서술 과정에서 영웅/아비에 대한 정명正名(동시에 그들 자신, 즉 정
통 영웅의 아들을 위한 정명이기도 하다)을 완성하려 했으며, 서사적
자아를 해체하는 가운데 아비의 신화를 아비에게 그리고 이미 몰락
해버린 시대와 역사에 돌려주려 했다. 과도한 표현이 만들어낸 일탈
과 카메라(인물이 아니다) 쪽에 자리 잡은 창작 주체의 위치 그리고
'과감하고 거칠게 사용된' 다량의 부감과 앙각 컷으로 그들은 아비
세대에게 보내는 아들 세대의 주목의 예*와 고별식을 완성하였다.
『하나와 여덟』 마지막 시퀀스의 서사적 문법은 이것과 직접적으로 관
계가 있다.

---

　　* 군대에서 지휘관에게 주목하는 예.

『하나와 여덟』

　운 좋게 살아남은 자가 마침내 생사의 골짜기를 벗어난 뒤에 화면의 왼쪽 구석에서 갑자기 땅에 무릎을 꿇고 총을 들어올려 결연한 의지를 표하고 떠나는 추메이마오(粗眉毛)가 부감으로 촬영된다. 카메라는 앙각으로 바뀌어 왼쪽 아래에 왕진(王金)의 친근한 얼굴을 클로즈업하고 이를 통해 역사의 고별식은 영웅/아비가 내려다보는 형식으로 화면에서 펼쳐진다. 이어서 추메이마오가 앙각으로 클로즈업되는데 받들어총 상태로 고별의 예를 표하는 그의 양 손이 화면을 상호대칭의 안정된 삼각형으로 분할한다. 바로 이 순간 주체와 서사 시점이 반전한다. 추메이마오는 복종의 태도로 자신이 떠날 것을 알리고, 권위를 인정하고 역사의 운명을 짊어지겠다는 뜻을 표시한다. 그러나 그는 권위의 '규칙'을 받아들이지는 않는다. 화면이 파노라마로 바뀌면서, 왕진이 추메이마오의 총을 받아들고 추메이마오는 잠시 고개를 숙인 뒤 의연히 몸을 일으켜 흐릿한 배경을 향해 큰 걸음으로 나아가는 장면이 나온다. 이후 목송目送하는 왕진과 쉬(徐)과장(텍스트 속의 권위자)을 클로즈업한 장면과 추메이마오가 고개를 숙인 채 가는 파노라마가 반복적으로 교차되다가 갑자기 급히 걸어가는 추메이마오의 등이 클로즈업된다. 그가 천천히 고개를 돌리자 화면은 바뀌어 흐릿한 배경을 파노라마로 잡아내면서 서로를 부축하고 있는 왕진과 쉬과장의 모습을 보여준다. 약간 상승하던 카메라의 움직임이 멈추고 영웅은 초점 바깥의 흐릿한 배경에 남겨진다. 은막은 광활한 지평선, 먹구름이 갓 걷힌 하늘과 화면 위쪽 가장자리에서 가물거리는 태양빛으로 가득 찬다. 그리고 초점 바깥에 있는 영웅은 지평선상의 몽롱한 화환으로 변화한다. 이러한 색다른 배경과 시점의 반전을 통해 담론 권력의 전이가 선언된다. 그것은 5세대 예술의 주지가 복종하면서도 반항하려는 데에, 구원을 구하면서도 스스로를 도려내려는 데에 있음을 직접적으로 보여준다.

사실, 오해받고 억울하게 쫓겨난 주체가 시험을 통과해서 다시 인정을 받는다는 이야기는 과도하게 표현된, 서사 경계의 바깥을 떠도는 영상 체계와 함께 5세대 초기 창작의 주요 모델이었다. 충성과 그러한 충성을 표했지만 결국 쫓겨나고 마는 말도둑에 관한 이야기인 『말도둑』은 그 대표적 예라 할 수 있다. 그 속에는 '자주적인' 카메라 운용이 보여주는, 의식을 위한, 우뚝 솟은 공간/경관이 억누르고 끊어버린 시간 체험이 담겨 있다. 또한, 끝이 없는 반란/귀의의 여정 역시 담겨

『말도둑』

있다. 이 서사 모델은 신전대神箭臺가 하늘에 의해 불타버리고(권위가 흔들리고 훼손되는 것을 의미한다), 제물이 도살(스스로를 파괴하는 반역적 행위이자 상징적인 아비살해 행위이다)된 후, 뤄얼부(羅爾布)가 천장대天葬臺로 올라가는 도중에 마침내 죽는 것으로 끝을 맺는다. 그는 끝내 도달하지 못했던 것이다.

이는 『흑포사건(黑砲事件)』과 『끊어진 소리(絶響)』[15]에도 나타난다. 이러한 서사 모델의 구조적 특성을 시간의 흐름에 따른 배열이라고 한다면, 이 신화 다시쓰기와 중심에서 벗어난 서사문체 속에서 우리는 주체가 하강하면서, '현재진행시제'와 멀어지고 있다는 것을 어렵지 않게 발견할 수 있다. 『하나와 여덟』과 『말도둑』에서 주체가 여전히 주된 이야기 진행 인물로서 '소통하고' '참여하겠다'는 바람을 실천하고 있다면, 즉 그들의 희망 없는 충성을 드러내고 서술하고 있다면, 게다가 정확하게 텍스트 속의 주체와 영웅이 된다고 한다면, 『흑포사건』과 『끊어진 소리』의 평민화된 주체는 단지 형체 없고 황당한, 불공평한 운명의 소극적 계승자일 뿐으로, 이야기를 이끌어가는 텍스트 속의 다른 인물과 서로 호혜성을 갖지도 못했다. 게다가 그들은 제물과 제사장(질서·권위)이 되어 그들 사이의 조화로운 상호 보완관계를 조금씩 보여준다. 앞의 두 영화가 서술된 사건으로서의 격정과 충성, 그리고 서술 행위로서의 상징화한 과도한 표현으로 여전히 텍스트의 위험한 장력을 드러내게 했다고 한다면, 뒤의 두 작품은 관용적이고 아이러니한 서사 어조와 연민이 어려 있으면서도 냉담한 수사 격식으로 이러한 장력을 대체했다고 할 수 있다.

그들은 아비의 이야기를 아비들의 세계로 돌려주고 있는 중인데, 다시 돌아온 아비들은 텍스트 속에서 이미 이상적인 아비의 아우라를 상실하고 말았다. 『끊어진 소리』에서 별다른 빛을 보지 못했던 아비는 일생동안 정력을 기울였던 악보를 태워버린 후 조용히 죽어갔다. 그러나 그가 죽은 뒤, 아들 관쯔(冠仔)는 단호히 아비의 사업을 버리고 아비가 남긴 악보를 벽지—침묵의 요소이자 공간적 장식품—로 만들어버렸다. 피아노를 치는 소녀 윈즈(韻芝)는 그녀의 피아노 협주곡으로 다시 한 번 낡은 음악의 혼을 찢어발기고 태워버렸다. 협주곡이 연주되는 도중 갑자기 삽입된, 귀를 찢는 관쯔의 대패질 소리는 이러한 철저한 파괴와 적막을 더욱 강조한다. 적막하고 쇠락한 골목만 남았으며 세상이 어찌 변하더라도 그저 멍청히 웃으며 이리저리 뛰어다니는 바보만 남았을 뿐이다. 문화는 이미 단절되었고, 역사 감각은 역사적 분위기가 흩어져 사라지는 가운데 모습을 드러내고 있었다.

역사와 끊어진 다리

아비 없는 아들 세대로서 5세대가 겪었던 역사적 곤경 혹은 양난의 추론은 결코 아비를 찾는 행위와 아비를 심사하는 행위 사이에 있지도 않았고, 귀의와 반항, 감성과 이성 사이에 있지도 않았다. 이는 다만 그들의 심리적 창고 속에 남아있는 기의記意일 뿐이었다. 개인의 놀라운 체험을 통해 역사적 경험에 대한 표현을 찾았지만, 이 체험은 오히려 역사적 경험에 대한 담론을 파열시키고 해체한 끝에 얻었다는 데에서 그들의 전형적인 역사적 곤경을 찾을 수 있었다. 역사를 초월해야(정확히 말해 역사에 관한 담론을 초월해야)만 그들은 자신의 상처 입은 체험을 조직해서 역사 속의 유기적 경험으로 표현할 수 있었다. 그러나 역사를 초월하려는 시도로 인해 그들은 표현과 언어의 진공 속으로 빠져버렸다. 역사적 담론을 넘어 역사의 본체를 접하려 했기 때문에 역사―텍스트 속 영원한 타자는 부재하게 되었고, 5세대는 상징질서 바깥으로 격리되었다. 5세대의 성인식이 다시 한 번 연기된 것이었다.

5세대의 예술적 실천과 역사적 곤경 그 자체가 포스트 '5·4' 중국 지식인의 주체가 결핍되어 있음을 폭로했다. 중국 문화―고전적 역사 담론(혹은 봉건 문화로 일컬어진다)의 포기는 언어/상징 질서의 상실을 불러왔다. 역사적 '진실' 을 건드리려는 시도는 늘 원元언어의 허구 속에서 계속 실패했다. 역사적 진실 혹은 역사적 무의식의 서술은 본질적으로 말해 언어로 비언어적 현상을 서술하는 것이었으며 '표현할 수 없는 것을 표현' 하는 것이었다. 그러나 언어/상징 질서에 굴복하는 것은 부자상계, 역사순환의 비극에 굴복하는 것이었다.

80년대 중국의 새로운 아들 세대인 5세대는 다시 한 번 도래한, 희붐한 '소년 중국' 의 여명 속에서 재차 정신적 돌파를 시도하려 노력했다. 그들은 반드시 5천 년의 역사에 관한 담론인 죽은 자의 유령으로 가득한 언어공간에서 신세계를 열어젖혀야 했다. 그 신세계에서 아들 세대는 생존하고 창조할 수 있었으며 자유로이 그들 자신을 표현할 수 있었다. 그들은 그들 앞에 오직 광활하고 척박한 지평선만이 펼쳐지더라도 추메이마오처럼 역사에 지극한 경의를 표하고 고개를 숙인 채 가 버려야만 했다. 그들은 이러한 시공 속에서만 겨우 자기의 시야 안에 추모의 화한을 놓을 수 있었다. 동일한 시각적 동기가 『황토지』[16]에서 한한(憨憨)에 의해 중복되었다. 세 차례 인파를 거슬러 달려가는 한한은 대각선을 따라 화면 밖으로 돌진하고 있다. 이것은 5세대가 행한 정신적 돌파에 대한 시각적 상유*로 볼 수 있다. 그러나 거대한 폭발력을

---

* 象喩. 형상 비유, 혹은 상징 비유로 해석할 수 있다. 영화에서의 비유가 화면에 투사되는 형상이나 이미지를 통해 비유한다는 뜻으로 필자는 이 단어를 쓰고 있다. 이 비유는 문자에 의해 중개되는 것이 아니라 이미지 혹은 형상을 통해 인식 주체에게 직접적인 의미를

『황토지』

담고 있는 돌진은 결코 한한의 '무언'의 상황을 변화시키지 못한다.
'오줌싸개 노래(尿床歌)'의 유희적인 모독과 '혁명가'의 공허한 격앙
사이에서 한한은 시종 자신—아들 세대—의 언어를 획득하지 못했다.
천카이거의 작품은 바로 이러한 비장한 정신적 돌파를 담은 예술적 명
문銘文이라 할 수 있다.

천카이거와 장이머우(張藝謀)(5세대 영화 언어의 주요 창시자)는
각각 『황토지』의 감독 및 촬영감독으로서 영화에 대해 설명했었다. 이
때 그들은 『노자(老子)』의 '큰 소리는 오히려 소리가 없고, 큰 상은 오
히려 형체가 없다'[17]*는 구절을 인용하여 직접적으로 자신들의 뜻을
표했다. 그들은 여전히 표현과 (역사 담론의) 반표현 가운데서 표현할
수 없는 것을 표현하려 했던 것이다. 영화에서 진정한 서술 객체는 팔
로군 전사 구칭(顧青)이 민요를 수집하는 이야기도 아니었고 농민의
딸 추이차오(翠巧)가 부모가 배필을 정해주는 봉건적 결혼에 반대하는

전달한다는 데 있어 언어에 의한 비유와는 다른 특성이 있다고 생각되어 이를 비유라 하지
않고 상유라는 말을 그대로 사용하여 번역했다.
*   '大音希聲' '大象無形'.

이야기도 아니었으며, 심지어는 옛 역사 비극 그 자체도 아니었다. 반면 그것은 역사에 관한 담론이자, 원元역사, 원元언어였다. 그리하여 '황하를 멀리 바라보다'*(천카이거), '천지의 광막함'**, '땅의 심후함'[18]***(장이머우)과 황토지, 황하의 물, 땅굴, 유등, 추이차오의 아비, 추이차오, 한한 등은 고정 신, 롱 포커스, 초점을 흐트러뜨리는 투시, 프레임 논자들의 회화적 구도, 단일색조 등과 함께 동일구조의 비시간적(반反역사적) 체험을 만들었고, 그 모두(황토지상의 사람을 포함하여)는 공간(비언어)적 존재가 되었다. 공간적 형상(토굴 속 유등 아래에서 추이차오 아버지의 클로즈업된 얼굴과 문 옆에서 점점 퇴색하여 부서지는 글자 없는 대련)에 남겨진 흔적과 그 쇠락만이 시간이 흘러갔다는 것을 알려줄 뿐이었다. 공간과 시간의 대립은 영상과 언어의 대립이고 변화 없는 역사적 무의식과 변화하는 역사적 표상 간의 대립이었다. 영화에서 유일하게 움직이는 것은 오고 가고를 반복하는 구칭이었다. 시간적 형상이자 언어의 소유자인 그는 결코 이 공간적 존재를 건드릴 수 없었다. 그가 하는 행위의 '언어'적 동기는 민가를 수집하고 그것들을 혁명가로 고치는 것이었다. 이러한 바람이 실패한 것은 5세대(특히 천카이거) 자신의 실패를 의미했다. 언어(구칭에게는 '혁명가'이고 『황토지』에서는 어디에나 존재하는 자아폭로적인 카메라이다)는 황토지 앞에서 해결되지 않은 문제였다. 언어적 현실이 '참된 현실'을 '괄호'에 넣는 것을 의미한다면, 5세대(특히 천카이거와 톈좡좡)의 창작에 있어 그것은 바로 도치된 갈망이었다. 설령 가독성 및 경험 세계와 관련된 언어를 상징질서로 진입시키고자 하는 바람이 이로

---

    *   黃河遠望.

    **   天之廣漠.

    *** 地之深厚.

인해 실패하더라도 말이다. 그러나 천카이거식 패러독스는 그들의 스크린 세계가 두 층을 이루고 있다는 것에서 비롯된다. 하나는 중국 영화사상 유래 없는 진실함과 풍부한 질감을 갖고 있는 영상들이고, 다른 하나는 이 '진실'한 영상이 유래 없이 사람의 주목을 끄는 프레임 속에서 나타났다는 것이다. 프레임과 프레임 사이, 상징과 상징 사이에 영화의 작품적 콘텍스트의 자기 연관이 존재한다. 그리하여 반反언어적인 진실은 언어가 거대한 힘으로 임하면서 종말을 고했다. 그리고 '진실'과 '역사'는 오히려 이로 인해 사라졌다.

『아이들의 왕』

『아이들의 왕(孩子王)』에서 천카이거는 이 패러독스와 곤경을 직시하였다. 그는 오랜 정신적 유랑을 겪은, 고독한 이성적 숙려자熟慮者의 자각으로 마침내 그(그들) 자신의 이야기를 써낼 수 있었다. 그것은 붉은 토지(紅土地)에 관한 이야기이자 지식 청년의 이야기였다. 이 영화에서 5세대는 '과감하게 등장했다'. 이것은 '5세대 사람이라는 증명(정둥톈(鄭洞天))' [19] 이었다.

그러나 『아이들의 왕』에서도 '문혁'은 여전히 부재하는 등장인물이었다. 영화에서 주인공은 지식 청년 라오간(老杆)이 아니라 5세대 감독 천카이거라 할 수 있다. 영화에서 서술되는 사건은 지식 청년이 '문혁' 기간 중 겪은 평범하면서도 흥미로운 경험이 아니라 창작의 역사적 곤경에 대한 5세대의 자기 확인과 자기 진술이라 할 수 있다. 영화에서 지식 청년 라오간이 잠시 몸담았던 교직생활은 마음대로 끌어다 쓴 기표일 뿐이었다. 그리고 역사와 언어, 언어와 비언어, 표현가능한 물物과 표현불가능한 물 등은 기의였다. 이는 진정한 자기 지시적 영화였다.

영화에서는 네 차례 고정된 정면 앵글로 라오간(천카이거)을 창문틀—이것은 프레임 속의 프레임이다—에 가두어 보여주는데 이는 영화의 자기 지시적 성격을 보여준다. 『하나와 여덟』에서 서술자는 왕진의 위치에서, 서로 마주하고 있는 상처에서 비롯된 5세대들의 놀라운 체험을 서술했었다. 한쪽은 왜놈들이 떠난 후 남겨진 불타버린 마을, 노인과 어린이 부녀자들의 시신이 널려 있는 도살장으로, 인류의 야만적 행위와 폭력에서 비롯되는 놀라움이었다. 다른 한쪽은 대문자 타자/주체/집단의 무조건적이고 권위적인 고발이었다. "넌 뭔데 그렇게 뻔뻔한데? 모두 너희가 쪽발이를 도와서 한 거잖아!" 그(그들)는 결국 이 폭력으로 인해 처벌을 받을 수밖에 없었다. 마찬가지로 『아이들의 왕』에서 라오간에 대한 괴롭힘과 억압 역시 서로를 향하는 쌍방에서 기인한다고 할 수 있다. 그 한쪽은 대나무집 교실 벽 너머로 들려오는, 교과서 문장('늙은 노동자가 연단에 오르다')을 읽는 맑고 낭랑한 여성의 목소리이다. 그것은 정치/권력/역사의 담론으로 언어의 존재와 표현방식을 의미한다. 다른 한쪽은 푸른 하늘과 붉은 토지 위에서 끊이지 않고 귓가에 맴도는 맑고 깨끗한 소방울 소리와

『아이들의 왕』

소리 지르며 뛰어가는, 흰옷 입은 어린 목동이다. 그것은 비언어적 사물이고 진실 혹은 역사적 무의식을 짊어진 자이다. 그리고 그것은 표현할 방법 없는 존재이자, 표현되는 것을 거부하는 존재이다.

다음과 같이 동일한 주제와 동기가 다시 나타나고 강화된다. 불빛 아래 창문틀에 끼워진 라오간이 클로즈업된 후 화면은 야밤의 밝은 달(영원하고 말없는 자연, 비언어적 사물을 지칭)로 바뀐다. 그리고 동시에 화면 바깥에서 사람들 소리가 소란스럽게 들려오는데 그것은 여러 사람이 여러 가지 방언으로 낭독한 '백가성百家姓'과 '구구단'이다. 이 소리에는 절의 종고 소리와 산골 사람의 들노래가 뒤섞여 있다.[20] 화면은 다시 바뀌어 등불 아래서 자전(언어의 근원, 상징질서를 가리킨다)을 뒤적이는 라오간의 두 손을 클로즈업한다. 뒤섞인 소리는 점점 강해지고 거친 호흡 소리가 끼어든다. 그것은 언어적 공간이자, 언어와 역사의 언어로 가득 채워진 공간이며, 역사적 억압의 힘과 거세의 힘이 모습을 드러내는 순간이기도 하다. 갑자기 뒤섞인 소리가 멈추고 잠시 고요해진 뒤, 라오간이 등을 들고 오른쪽으로 가 프레임을 벗어나는 장면이 나온다. 화면 바깥에서 문 여는 소리가 들린 후 근경 속에서 우리는 유등을 들어올리는 손과 함께 상승하는 카메라 앞에서 무관심하며 피곤에 지친 라오간의 얼굴을 보게 된다. 그리고 반대쪽을 카메라가 비추면서 문 앞에 서 있는 송아지의 모습이 보인다. 송아지는 화면 왼쪽으로 빠져나간다. 이 장면은 언어, 역사적 담론과 영원한, 무언의 존재 사이에서 숨 쉴 틈조차 없이 억눌려 있는 라오간(천카이거)의 모습을 보여준다.

5세대 및 전체 80년대에 중국의 문화적 반사가 붐을 이뤘던 진정한 동기는 아비와 아들이 서로를 잇는 중국의 역사순환이라는 비극의 심층구조를 밝히는 데 있었으며, 이울러 이 순환을 끝내고, 심층구조를 해체시킬 수 있는 현실적 가능성을 탐색하는 데 있었다. 그러나 이 역사적 존재와 연속은 아이들의 왕(천카이거)들이 건드리거나 고칠 수 없는 것이었다. 영화는 결코 크다 할 수 없는 돌절구로 역사적 존재를 상유하고 있는데, 라오간은 여러 차례 돌절구와 힘을 겨루듯이 이를 굴려보고자 시도했었다. 그러나 나무축이 이따금 발악에 가까운 날카로운 비명을 내지를 뿐, 돌절구는 꿈쩍도 하지 않았다. 결국은 마을을 떠나게 될(쫓겨날) 때, 라오간은 자학적이고 유희적인 모습으로 돌절구를 밟고 올라섰다 미끄러져 떨어지는 행위밖에는 할 수 없었다. 그러나 라오간의 비극은 그들이 역사 그 자체를 건드릴 방법이 없다는 데 있지 않고, 그들이 역사의 담론/아비의, '아비' 에 관한 담론을 변화시킬 수조차 없었다는 데 있었다. 순환을 끝내고자 하는 그들의 갈망은 우선 역사 담론의 순환적 표현 위에서 부서졌다. "옛날에 산이 있었고, 산에는 절이 있었고, 절에는 노화상이 있었지, 그 화상이 이야기를 했단다. 무엇을 이야기한고 하니, 옛날에 산이 있었고……."

라오간(천카이거)들은 잘 알고 있었다. 역사적 진실/심층구조/무의식은 결코 그들 쪽에도, 교과서 본문('억만 명의 인민, 억만 개의 붉은 마음' 에 관한 초경험적인 아비의 권력담론과 '평온함 속의 평온하지 않음' 에 관한 계급투쟁이라는 이데올로기 담론) 가운데에도 있지 않다는 것을.

역사적 진실은 면면히 이어져온, 고요하며 만고에 우뚝 솟은 홍토지(『아이들의 왕』에서 천카이거는 두 번 정지화면으로 여명에서 황혼에 이르는 홍토지를 표현하였다)와 황토지 가운데 있었으며, 왕푸(王富)의 아비, 왕치퉁(王七桶) 쪽에 있었으며, 맑고 은은한 소방울, 소리를 내는 돌절구, 나무 등걸의 연륜에 있었다. 흰옷 입은 어린 목동은 이 무언의 진실을 상유적으로 가리킨다. 그래서 『아이들의 왕』에서 5세대의 자기 지시는 자기 존중적이면서 또 자기 혐오적이다. 그들은 등불을 밝혀 역사의 진실/역사의 무의식을 간파하려고 했다. 라오간의 시각으로 바라보는 카메라 속에 그는 유등을 들고 가르치고 있고 학생들 역시 모두들 유등 아래에서 베껴쓰기를 하고 있다. '공자가 없었다면 만고의 세월은 기나긴 밤과 같았을 것이다.'* 그는 공자가 되었던 것이다. 그러나 이어진 장면에서 라오간은 유등을 들고서 담벼락에 걸린 거울 속의 자신을 멍하니 주시하고 있다. 두 조각난 거울은 결코 라오간을 대칭적으로 보여주지 않는다. 라오간은 잠시 거울에 비친 자신의 모습을 바라보다 거울 속 그─깨어진 거울상이자 정신분열적인 자아─에게 침을 뱉는다. 한편으로, 그것은 언어적 표현을 창조해 진실을 보여주려는 사명감과 갈망이면서, 한편으로는 실어와 무언의 현실이다.

미디엄 숏에서 황혼녘 진홍색 빛을 받으며 라오간과 어린 목동이 서 있다. 라오간이 지도자로서 언어/표현을 그에게 전수하려고 하자 ("나는 글을 아니까 너에게 가르쳐 줄게, 알았지"), 어린 목동은 오히려 고개를 숙인 채 가버린다. 클로즈업된 어린 목동은 파노라마 속 라오간으로 교차되고, 카메라가 천천히 하강하면서 기복이 있는 붉은 토지가 점차 상승하여 침묵하는 토지 뒤로 라오간을 감추어버린다. 5세대들은 이 토지와 역사를 주시하는 데 집착했다. 진실에 대한 역사적 시야는 단지 토지에 의해서만 차단되지 않는다. 그들은 중국적 세계에 충만한 역사의 메두사적 시선에 의해 무언의 순환 속으로 가라앉고 매장되었다. 그들은 역사의 진실을 표현하려 노력했지만 결국은 그들 자신만을 표현했을 뿐이었으며, 최후에는 표현할 수 없는 역사적 진실에

---

* 天不生仲尼, 萬古長如夜.

『아이들의 왕』

잡아먹히고 말았다. 라오간, 어린 목동과 등변의 대척점에 있는 형상은 텍스트 속의 '아들'—왕치퉁의 아들 왕푸. 그는 꿋꿋이 글자를 배우려 하고 아비를 대신해(무언의 역사적 진실을 짊어지는 자이자 표현할 수 없는 물物이다) 말을 하려 한다. "아버지는 말을 못해요. 저는 공부해서 아버지를 대신해 말할 겁니다." 그러나 그가 유일하게 할 수 있는 것은 반복적으로 자전을 베껴서 역사 담론의 순환에 참여하는 것뿐이다. 왕푸(그는 앞서 정면에서 고정 촬영된 신에서 보이는, 프레임 속의 프레임에 있던 라오간을 대체했다)와 라오간은 다시 순환을 구성한다. 그리고 그것은 찢어질 듯 고통스러운 절망적 순환이다. 왜냐하면 결국 순환을 표현하는 것과 순환을 넘어서는 것, 이 양자를 돌파해야 하기 때문이다.

5세대의 가장 빛나는 노력은 새로운 영화언어를 창조함으로써 옛 중국의 역사라는 수수께끼를 보여준 것이었고 아울러 마침내 역사순환의 담론을 해체했다는 것이다. 결과적으로 라오간은 '牛' 자를 창조했을 뿐이다. 이 글자는 어린 목동의 진실을 상형한 것이다. 그것은 그저 잘못 쓴 글자일 뿐이고 아무도 알아볼 수 없고 또 아무에게도 인정받을 수 없는 그림일 뿐이다. 라오간이 마지막에 한 말은 "왕푸, 오늘 이후로는 아무 것도 베끼지 마. 자전조차도 베끼지 않는 거야"로, 이 말은 방 가운데 있는 커다란 나무 등걸 위에 쓰여 있다. 이는 문자 역시 빽빽한 나이테의 깊이 파인 균열처럼 무언(비어)의 진실을 보여주는 무늬가 되었음을 의미한다. 그들은 끝내 상징질서로부터 배척되었고 끝내 '아들'의 지위를 차지할 수 없었다. 그들의 예술은 여전히 '아들 세대'의 예술이었고 갈라진 틈을 넘어서려는 노력은 단지 끊어진 다리를 만드는 것일 뿐이었다. 그리고 끊어진 다리는 역사적 진실에 영원히 도달할 길 없는 자신을 가리키는 이미지일 뿐이었다. 영화의 결말에서 어린 목동이 클로즈업되고 휘어진 사람 모습 같은 나무말뚝과 라오간의 컷이 18차례 교차한다. 이어 라오간이 클로즈업되고 롱 테이크로 제방을 태우는 장면이 나온다. 세찬 화염과 짙은 연기가 산마루를 온통 뒤덮어버린다. 『봉황열반(鳳凰涅槃)』처럼 천카이거는 다시 한 번 훼멸에서 희망을 찾았다. 훼멸이 다가왔지만 그것은 결코 5세대가 기대한 형식이 아니었다. 그리하여 그들은 다시 한 번 놀라움을 경험할 것이었다.

영웅의 출현과 종결

『아이들의 왕』이 반反영웅/반아비/반역사에 대한 예술적 명문銘文을 통해 영웅/반역자의 이미지를 만들어 5세대의 역사적 곤경/언어적 곤경을 역사의 비극으로 표현했다면, 『붉은 수수밭(紅高粱)』[21]은 영웅/아비/역사를 출현시킴으로써 굴복을 표했으며 5세대의 역사적 곤경/언어적 곤경을 익살극식으로 해소함으로써 오랫동안 미루어 두었던 성인식을 치렀다. 이와 함께 '5세대의 영웅시대'[22]는 끝을 맺었다. 『붉은 수수밭』은 5세대의 추락을 상징한다. 그것이 빛나는 추락이었을지라도 말이다.

『황토지』와 『아이들의 왕』이 구원 중의 추락에 관한 것이었던 반면, 『붉은 수수밭』은 추락 중의 구원에 관한 것이었다. 전자가 벤야민(Walter Benjamin)이 말한 '우언', 역사의 소산과 파괴로 '대지의 무거운 유언'을 비어있는 미래에 건네주었다면, 후자는 서사/표상으로 허위와 역사의 완성과 이어짐을 우리에게 보여주었다. 전자가 영웅/아비 신화를 해체함으로써 거듭해서 자신들이 아들의 신분임을 천명하고 이를 통해 자아를 확인했다면, 후자는 영웅/아비에 대해 서술(다시 말하기가 아니다)함으로써 반역자 이마 위의 '하늘이 형벌로 새긴 흔적'을 지워버렸다. 이것은 사회로 회귀하는 역사적 행위였고 '상상적 관계'를 빌어 5세대의 사면식과 성인식을 성공적으로 완성한 것이었다. 그리고 단지 개체의 생명사와 의식사의 회귀와 굴복일 뿐 아니라 성공적으로 이데올로기를 추모하고 실천한 사회적 상징행위였다.

『아이들의 왕』에서 천카이거는 고독한 산보자의 자각으로써, 절망적으로 역사에 관한 서술을 구원함으로써 자신을 구원하려 했고 아비의 담론이 충만한 공간으로부터 아들 세대의 언어 공간을 개척하려 했다. 그래서 그의 표현은 표현에 대한 표현이 되었고 그의 언어는 언어 그 자신에 대한 기대가 되었다. 역사를 마주한, 언어에 대한 기대는 '고도를 기다리다' 식의 발악이 되어버렸다. 그러나 『붉은 수수밭』에서 장이머우는 "짓궂은 장난 같은 달관적 태도로 무겁기 그지없는 소재를 처리했고"[23], 역사의 주변 담론의 파편을 나뉘게 함으로써 욕망과 관련된 언어로 언어의 욕망을 대체했다. 그것은 메츠(Christian

Metz)가 말한 서사의 '역사식' 표현으로 역사/타자를 끌어들였고 아비의 '규율'을 인가했는데 이는 추메이마오의 태도와는 반대되는 것이었다. 그래서 『아이들의 왕』과 『붉은 수수밭』은 각각 5세대 역사의 양극이 되었다.

사실 넓은 뜻에서 '문혁' 정신의 아들들인 '5세대'는 문화/역사 반사 운동의 발기자이자 참여자였다. 그러나 문화적 반사는 무한 확산, 무한 해석되는 기표로서(이 때문에 기의의 창고, 혹은 기표의 사슬까지도 만들어질 수 있다), '문혁'이라는 문화적 황무지를 뚫고 나가 아들 세대의 곤란한 무명의 상태를 벗어날 것을 요구하였을 뿐 아니라, '5·4'의 문화적 열곡裂谷의 폭을 넓히는 동시에 그 위에 다리를 놓으려고도 하였다. 문화 반사 운동은 애매모호하고 복잡다단하였을 뿐 아니라, 전란·구망救亡·사회개혁의 좁은 틈에 존재하는 포스트 '5·4'의 여하한 문화운동처럼 패러독스 혹은 이중의 난관 위에 세워졌다. 그중 하나는 심근, 즉 민족문화, 민족전통과 민족정신을 부흥시키는 것이었고 다른 하나는 계몽, 즉 민족문화와 전통을 비판하고, 나아가 부정하면서 '열악한 근성'을 찾아내어 '침묵하는 국민 영혼'을 묘사하는 것이었다. 단도직입적으로 표현하자면, 하나는 열곡 차안에서 어려움 속에서 완만하게 다리를 세우는 것이었고 다른 하나는 똑같은 고통과 곡절 속에서 막 쌓아 올린 역사적 건축물을 무너뜨리는 것이었다. 그리하여 문화 반사 운동 역시 포스트 '5·4'의 여하한 문화운동이 그랬던 것처럼, 그 찬란한 창조물을, 낮에는 짰다가 밤에는 풀어버리는, 오디세우스의 처가 짜는 관 덮개로 만들었던 것이다. 그것은 계속해서 역사적으로 끊어진 다리가 될 운명에 처한 것 같았으며 영원히 미래에 기탁되는 유언과 같았다. 5세대가 처한 난관은 바로 현·당대 중국문화사, 문화운동의 축소판이었다. 중국의 역사/문화적 피안을 다시 찾기는 요원했기에 그들은 늘 역사라는 무물의 진과 역사 담론의 거대함으로 가로막혔고 늘 아들의 이름 없음과 아비의 이름이라는 환무 사이에서 무언과 픽션 중 무엇을 선택할 것인가라는 문제를 마주했던 것이다. 그들은 천카이거처럼 주름지고 필적이 모호한 양피지로 된 역사서 위에 아무도 알 수 없는 글자 모양을 만들어내거나, 장이머우처럼 역사에 관한 신화를 날조하여 오래되고 갈라진 누런 종이 위에 거짓되지만 선명한 그림을 그려 넣었다.

'문혁'과 포스트 '문혁'의 기억—아비살해 행위, 아들의 카니발, 질서 내의 반질서적 혁명, 부자 질서의 역사적 거세의 힘, 경험 있는 아비 쓰러뜨리기와 다시 세우기—이 5세대의 역사 이전의 역사 및 사회적 콘텍스트였다면『붉은 수수밭』에서 장이머우는 분명 '역사 이전의' 시대를 만들었고("내가 내 할아버지와 할머니가 겪었던 일을 말해 줄게"), 질서 내에 자리한 법외法外세계—스바리포(十八里坡)/칭사커우(青殺口)—를 배치했으며, 서사 영역에 아비살해 행위를 안배했다('내 할아버지'는 리다터우(李大頭)—텍스트에서 유일한 연장자이자 권력의 상징(소주독 위의 진정한 '주인')—를 죽였고 아울러 그의 여자까지 차지하였다). 그리하여 모두가 통쾌하기 그지없어 하는 이야기를 만들었고 중국인 및 중국역사와 관련된 정교한 신화를 창조했던 것이다.

1987년 5세대의 양극을 차지했던(또한 당대 중국 영화사상 중요작품이었던)『아이들의 왕』과『붉은 수수밭』은 동시에 발표되어 세계 영화제에서 대상을 두고 각축을 벌였다. 이 대결은『아이들의 왕』이 칸에서 좌절을 맛보고『붉은 수수밭』이 베를린에서 정상에 오르는 것으로 끝을 맺었다. 이 결말 속에는 우연, 기회, 공교로움 등이 개입되어 있었지만, '역사'라는 최종 심급의 시야 속에서는 필연적인 측면도 있는 것 같았다. 『붉은 수수밭』은 특히 그러했다. 그것은 역사에 관한 신화를 가지고 5세대—천카이거, 톈좡좡—식의 역사적 현안을 끝내버렸다. 상상적인 아비살해와 굴복으로 5세대 성인식의 무한한 연기에 종지부를 찍은 것이다. 바로 역사의 신화였기에 '신화를 강술하는 연대'가 가장 중요했다. 바로 아들의 이야기였기에 그것은 필연적으로 욕망, 반란, 질서, 굴복과 관련이 있었다. 신화를 서술하는 행위로서 그것이 만들어진 연대, 즉 1987년은 신중국 역사에서 중요한 해였음에 틀림없다. 그 해는 역사적 사건과 공전의 역사적 계기로 충만해 있었다. 신시기 10년의 축적과 준비를 통하여 개혁은 공전의 속도로 추진되었다. 중국은 유래 없이 개방적인 모습으로 세계경제와 일체화를 하기 위해 큰 걸음을 내딛었다. 도시화, 공업화가 가속되면서 상업화라는 큰 물결이 파죽지세로 밀려들어왔다. 서구/이민족/상업문명이 갑작스럽게 등장해, 갑자기 '아름다운 신세계'로 내던져진 중국 인민들에게 엄청난 놀라움을 안겨주었다. 아울러 그것은 낯설지만 유력한 형식을 통해 완전히 새로운 역사적 거세의 힘으로 나타났다. 민족문화는 완전히 새로운 상업문명 앞에서 다시금 전면적인 충격에 휩싸였고, 민족역사는 역사 감각이 사라지는 와중에 다시금 해빙기에 무너져 내리는 빙하와 같은 모습을 보여주었다. 당 중앙은 경제체제 개혁의 구체적 일정을 제시하는 동시에 정치체제 개혁에 관한 초보적 구상도 제시했다. 중화민족은 이 전대미문의 역사적 계기 앞에서 좁은 문을 뚫고서 세계로 들어서려 했다. 상업화라는 큰 물결 앞에서 이상스레 좁아보이는 역사의 문은 『아이들의 왕』을 배제함으로써 5세대 및 그 예술적 주지를 시야의 바깥에 가두어두었지만(혹은 머나먼 미래인 '21세기를 위한 영상' [24]으로 추방했지만?) 『붉은 수수밭』은 교묘히 몸을 모로 해 재빨리 안으로 들어갔다. 이로써 중국/5세대영화는 세계 영화계에 영광스럽게 등장할 수 있었는데 이는 1987년 중국 역사/현실의 절묘한 상유라 할 수 있다.

1987년은 '신화를 서술하는 연대' 이자 『붉은 수수밭』의 사회적 콘텍스트가 되었는데 그 기본적 모순은 동심원 구조의 재배치와 사회생활의 다중심화에 있었다. 이는 서구/이민족 문명의 전면적 유입으로 만들어진 엄청난 놀라움이자 상품이 지닌 이데올로기로서의 거대한 역사적 해체의 힘과 역사적 제거의 힘이었다. 전자는 신시기 10년이 만들어낸 중요한 성취였다. 지속적으로 '문혁' 을 철저히 부정함으로써 아비 집단을 돌아오게 할 수 있었으며, 초경험적인 아비에 대해 질문을 던질 수 있었고 신질서를 재건할 수 있었던 것이다. 그러나 5세대의 정신적 전기인 『아이들의 왕』은 끝없는 정교함과 복잡함으로 아들 세대가 역사와 문화의 멍에 아래 전전하고 있던 시지푸스적인 상황을 펼쳐 보였다. 그것은 반면에, 5세대가 반드시 '아비' 의 이미지를 찾아야 하고 비어있는 지평선으로부터 고개를 돌려야 함을, 그리고 '표현상의 초조함' 을 끝내야 하고 이야기를 획득함으로써 자신을 표현해야 함을 증명했다.

이와 달리 후자는 거대한 개혁의 충격파 아래 완전히 새로운 질서가 출현했고 상품경제/이민족 문명이 모든 것을 씻어낼 기세로 옛 중국의 낡고 취약한 공간화한 생존을 뒤흔들고 있음을 보여주었다. 5세대뿐만 아니라 전체 중국 문화를 다른 문명이 가진 의기양양한 역사적 거세의 힘 아래 놓이게 함으로써 그것은 한순간에 '오직 하나뿐인 태양 [25)]'이 되었다. 문화 반사 운동은 그 끊어진 다리 위에서 다시 한 번 '지진' 을 겪었고 다시 한 번 역사와 문화의 단절을 경험했다. 이번의 지진과 단절은 역사/문화적 반사가 터무니없는 것은 아니라고 선언하는 것 같았을 뿐 아니라, 역사 자신이 사라질 것임을 선고한 것 같았다.

민족의 역사는 반드시 구원을 얻어야 하고 민족의 문화는 반드시 부활해야 했다(설령 허구 속에서 부활되는 것이라 하더라도). 중국은 다시한 번 '영웅을 요구하는 국가'가 되었고 다시 한 번 '영웅을 요구하는 시대'를 마주하게 되었다. 그리하여 『붉은 수수밭』이 시운을 타고서 탄생했다. 아마 그저 우연의 일치였겠지만, 영화는 완벽한 답안처럼국가와 시대가 '요구'하는 모두를 주었다. 영화가 아들에서 아비가 된민족 영웅을 출현시키고, 거칠 것 없는 아비살해 이야기를 펼침으로써, 5세대는 성인식과 상징 단계로 진입을 완성할 수 있었다. 영화는거세자/이민족 침입자에 대한 거세의식을 통해 초조함에 휩싸인, 기억을 잃어가는 민족을 위로하였다. 그것은 사람들에게 역사가 연속한다는 것을 보여주었다. 그것은 새로운 역사/문화의 단절 지대를 뛰어넘으려 했으며, '문혁'이라는 문화의 황무지를 한 걸음에 건너 뛰려했다. 또 평지를 밟듯이 '5·4' 문화의 열곡을 건너 5세대, 더 나아가민족의 성인식을 '역사 이전' 시대, 애매모호한 연대, 원사회 바깥의황야까지 밀고 가고자 했다.

5세대의 예술은 아들 세대의 예술로, 욕망에 대한 서사가 아닌, 금지에 대한 서사였다. 5세대의 고전적 작품에서는 여성의 표상 역시 욕망의 대상이 아니라 금지의 대상이었다. 『하나와 여덟』에서 유일한 여성은 어린 간호사로 그녀는 섬약한 미성년자였다(그러나 극본 초고에서는 왕진의 연인이었다). 악당이나 일본 침략자 혹은 짐승 같은 녀석들만 이 어린 처녀에게 욕망을 품을 수 있었다. 그녀는 백의를 입은 채총을 맞고 거룩하고 깨끗한 민족혼의 제단 위에 쓰러졌는데,[26] 이때그녀 몸에 난 총알구멍은 순결하기까지 하다. 『황토지』의 추이차오의경우, '관리의 규율'과 '농민의 규율'에 의해 온통 금지에 둘러싸여있는 인물로 나온다. 그저 예의 '검은 손'[27]만이 그녀를 더럽힐 수 있

『말도둑』

을 뿐이었다. 게다가 갑자기 끊어진 노랫소리 속에서, 얼어붙은 것 같은 황하의 탁류가 그녀를 집어삼켜버림으로써 그녀는 하백/역사의 또하나의 신부가 되었다. 『말도둑』에서 뤄얼부(羅爾布)는 그의 '죄행' 때문에 아들을 잃고 마지막에 가서는 부락(원시사회)에 아내/아들을 돌려주고서 홀로 죽음으로 속죄한다. 『끊어진 소리』의 마지막 시퀀스에서 관쯔와 윈즈는 사람들로부터 연인으로 오해받지만, 사실 윈즈는 의붓여동생으로 남성의 욕망의 시선 속 '여인'이 될 수 없었다. 『흑포 사건』의 마지막 시퀀스 역시 딩동 소리를 내는 붉은 벽돌로 배열된 도미노패를 등장시켜 자오수신(趙書信)과 뚱뚱한 어린 사내아이를 하나로 맺어주는 시각상의 연속선으로 삼고 있다.

여성 표상의 금지와 욕망 표현의 결핍은 5세대의 신분과 그들이 상징질서의 바깥에서 분투하는 데서 겪는 어려움과 초조함을 보여준다. 그런데 상황이 반전하여 『붉은 수수밭』의 첫 시퀀스에서는 여인이 남성 욕망의 시야 속으로 들어온다. 오프닝 타이틀 후 주얼(九兒)의 정면 클로즈업이 페이드 인 되면서 욕망의 시선인양 화면 틀은 안정되고 탐욕적으로 여인의 얼굴에 고정된다. 꽃 꽂기, 얼굴 제모, 팔찌 착용, 매

둡 묶기, 흔들거리는 귀걸이 등과 같은 단장 장면이 클로즈업된 후 화면은 다시 첫 번째 신을 반복하면서 붉은색 얼굴가리개를 쓴 젊은 여인의 얼굴을 보여준다. 가마 안을 찍은 신은 여전히 주얼을 정면 클로즈업하면서 그녀를 고전적인 욕망의 기표로 나타낸다. 붉은 색—붉은 가마걸이, 붉은 옷, 붉은 바지, 붉은 신발, 붉은 얼굴가리개—은 순수한 시각적 의지 표현으로서 일군의 거친 남성들에 포위된 여인을 욕망의 시각 안에서 표현한다. 반대쪽을 향하는 카메라는 욕망의 이동—주얼이 가마의 주렴을 통해 남자('내 할아버지')의 벌거벗은, 튼튼한 등을 바라보는 시선—을 통해 여인의 욕망이 이후 아비살해 행위를 암묵적으로 허락하고 부추길 것임을 예시하고 있다. 클로즈업(기대감이 서려 있고 유혹적이며 암묵적인 동의를 보내는 눈빛)된 주얼과 미디엄숏에서 클로즈업(아쉬움과 의혹으로부터 확고해지는 것을 표현한다)으로 바뀌는 '내 할아버지'의 모습이 네 차례 교차된 후, '내 할아버지'가 가마꾼을 죽인 노상강도에게 달려든다. 이는 욕망으로 인해 발생하는 영화의 첫 번째 폭력 장면으로, 바로 아비살해 행위에 대한 첫 번째 암시이기도 하다. 피살자는 '신의 총, 산파오(神槍三炮)'라는 권위자(적어도 거세의 힘을 가지고 있는 위협자이다)를 사칭한 좀도둑에 불과했다. 진정한 아비살해 행위(리다터우를 죽인 것)는 아니었지만, 이 행위로 인해 '내 할아버지'는 주얼—연장자의 여자, 어미의 신분을 점유한 자—을 얻을 수 있었다.

영화의 두 번째 시퀀스는 야합 장면이다. 화면으로 쏟아지는 어지러운 태양빛, 미친 듯이 변화하는 컷, 수수를 밟아 눕혀서 만든 원형 제단, 부감식 파노라마 안에서 붉은 옷을 입고 누운 채 위를 올려다보고 있는 여인과 무릎을 꿇고 앉아있는 남자, 장렬하리만치 우렁차게 들리는 태평소 소리, 요괴같이 미친 듯 춤을 추는 붉은 수수, 이 모든 것이

『붉은 수수밭』

아들 세대가 심취했던 축하잔치를 구성한다. 이 장면은 슬픔에 가까운
광적인 기쁨으로 흘러넘치고 있다. 그것은 5세대에게 있어 성인식이
자 명명식이었다. 그리고 욕망의 충족이자 표현의 획득을 의미했다.
그러나 중국 영화사상 일찍이 없었던 개인/참사람(眞人)에 관한 새로
운 이 이야기는 결코 모든 개개인 생명사의 기이한 풍경은 아니었다.
그것은 아들의 축하잔치라기보다 이데올로기의 축전이었다 할 수 있
다. 법외세계인 칭사커우 수수밭에서 야합한 남자와 여자는 낭만주의
시대의, 세상을 등진 채 고고하게 홀로 있던 개인이 아니라, 재구성된

민족 신화의 중국적인 아담과 이브였다.

그것은 은막의 기이한 풍경이었으며 또한 민족문화(적어도 중국 민간 풍속)의 기이한 풍경이기도 했다. 게다가 이 장면은 단지 욕망과 욕망의 만족뿐만 아니라 영웅적 위용과 민족적 원시생명력의 용맹함도 서술했다. 관객은 이 장면을 통해 훔쳐보기의 쾌감만이 아니라 '위로의 성격을 지닌, 총체에 대한 이상적인 그림'을 얻을 수도 있었던 것이다. 그리하여 이어지는 세 번째, 네 번째 시퀀스에서 이 남녀의 욕망 이야기는 더 이상 야합―일종의 비질서적 행위― 이야기에 그칠 수는 없었다. '내 할아버지'는 반질서적 행위인 아비살해/리다터우(아비 이름의 점유자이자 주얼의 합법적 소유자이고 스바리포의 진정한 주인이다)살해를 통해, 그리고 『수호전』류의 투산파오(禿三炮, 참칭자가 아닌)와 정면대결을 통해 주얼('아비'의 여자)에 대한 독점권('네가 내 여자를 망쳐놓았다')을 확인한다. 게다가 원시적인 모독 행위―술통에 오줌을 싸는 것―를 행함으로써 스바리포의 소주 증류 솥 위의 사람들(고고한 독립을 유지하는 원사회)을 향해 주얼에 대한 합법적 소유를 천명했다. 이것은 모독의 의식이며, 텍스트의 서사적 표현에서는 대중/원사회를 향해 펠러스(Phellos)를 드러내 보이는 행위로 나타난다. 그는 아비살해를 한 아들일 뿐만 아니라 아비 이름을 점유한 자이자, 아비의 법을 다시 펼치는 자인 것이다. 이것은 선고이자 확인이며 낡은 방식의 위협, 즉 일종의 아비식 거세 위협이다. 그는 성인식을 완성하려 했을 뿐만 아니라 원사회가 이 성인식을 인정하도록 강요하려 했다. 이 때문에 '내 할아버지'는 뭇사람 앞에서 세 차례나 밭에서 파를 뽑는 자세(꽤 의미 있는 기표이다)로 주얼을 안아들고서 당당하게 집으로 들어간다. 다섯 번째 시퀀스에 출현하는 아들 더우관(豆官)은 아무런 의심 없이 '내 할아버지'를 '아비의 이름'을 점유한 자로 지칭한다. 그리하여 영화에서 서사의 객체—비질서, 반질서로부터 신질서가 다시 수립되는 것—는 완전한 서사의 연쇄를 구성하게 된다. 이것은 5세대의 역사적 상황에 대한 수정과 그 자신이 처한 역사적/언어적 곤경에 대한 상상적 해체를 의미했다. 게다가 5세대가 당당하게 상징질서로 들어섰던 이때에, 역사라는 영구불변하는 '부재자'의 등장은 신시기 10년의 사회현실과 '역사적인 아비살해 행위'[28]를 상유적으로 지칭하는 것이었다.

그러나 더 재미있는 사실은 아들의 예술로서 그리고 아들의 신분과 아들 예술의 종결로서『붉은 수수밭』이 핵심적으로 서술하는 사건(아비살해 행위 그 자체)은 서사적 콘텍스트에서 아직 드러나지 않고, 아직 확인받지도 않은 단어적인 존재일 뿐이라는 것이다. 그것은 아직 풀리지 않은 수수께끼 같은 기호일 뿐이다. '바로 내 할머니가 할머니의 아버지를 욕했던 그때에, 스바리포에는 벌써 일이 일어나고야 말았다. 리다터우가 살해당한 것이다. 도대체 누가 그랬을까? 아직까지도 누가 그랬는지 모른다. 나는 늘 이 일이 아버지가 한 일이 아닌가 생각해왔다. 하지만 돌아가실 때까지 여쭈어보지 못했다." 이 밖에 작품은 텍스트 전략의 하나로 서사적 콘텍스트의 '아비'인 리다터우를 줄곧 시청각 세계(텍스트)에서 부재자로 설정했다. 신혼 초야 장면에서 그는 '검은 손'(『황토지』)으로도 등장하지 않았다. 주얼이 두려움에 움츠러들 때, 그녀가 화면 밖을 향해 참혹한 비명을 지를 때, 그는 메아리 같은 존재인 소리로 '모습을 드러냈을 뿐이다'.

그러므로『붉은 수수밭』의 텍스트 구조에서 아비/리다터우의 존재는 명실상부한 빈자리, 즉 자리를 비워두고 기다리는 것을 의미한다. 그 자리는 '내 할아버지'/아들의 이름으로 점유되기를 기다리는 존재 같았다. 텍스트에 분명히 드러나는 야합이라는 행위는 즉, 아비의 여자를 점유하는 행위는 리다터우가 실제로는 결코 주얼을 점유할 수 없기 때문에 일어난 것이었다. 이 사실이 죄와 처벌의 규정에 대한 저촉이라는 아비의 법을 잠재적으로 해체시켰다. 이는 '아비살해' /반질서의 이야기인 동시에 '부자상계'라는 질서의 언어와 칭호('내 할아버지', '내 할머니', '내 아버지')이기도 하다. '내 할머니'는 '주얼'로도 불리고, '내 아버지'는 '더우관'으로도 불렸지만, 유독 '내 할아버지'만 이외의 다른 (예컨대 원작 중의 위잔아오(余占鰲) 같은) 호칭으로 불리지 않았다. 그래서 텍스트 속 서사인인 '나'의 시점에서만 그는 당연하고 합법적인 부친, 유일한 '아비의 이름'을 소유한 자로 확인될 수 있다. 바로 여기에 미묘한 텍스트의 장력이 있다. 바로 이 행위가 아비살해 행위를 텍스트에 의해 미리 사면된 월권행위이자, 질서(신질서)에 의해 인가된 반질서(구질서)행위로 보이게 했던 것이다. 이 행위는 단지 서사적 콘텍스트 속의 하나의 사실로서 아비의 거세 위협과 아들의 이름 없음에 대한 초조함을 성공적으로 제거할 수 있었다. 이 때문에 『붉은 수수밭』은 성공적으로 이데올로기를 실천할 수 있는 수수께끼 같은 힘을 가질 수 있었던 것이다.

이 외에 『붉은 수수밭』의 텍스트 서사에서 '내 할아버지'가 리다터우를 대체한 것 역시 질서 파괴행위가 아니었다. 텍스트의 서사적 콘텍스트에서 그것은 젊고 장래성 있는 아비('내 할아버지')로 늙고 무능한 아비— "리다터우는 고름에, 똥물에, 쓸모없는 영감탱이라고"— 를 대체한 것일 뿐이다. 게다가 원작과 달리 리다터우를 죽인(?) 후에 '내 할아버지'는 위잔아오처럼 총을 멘 비적두목/철저한 무법자가 되지 않고 리다터우/아비의 사업(스바리포의 술도가)을 이어받는다. 심지어 원시적인 모독과 위협으로 술통에 오줌을 눈 그의 행위는 신기한 창조의 힘을 갖기까지 했다. 그 술통에 들어있던 술은 얻기 힘든 술이

『붉은 수수밭』 (이하 동일)

되었고 더불어 '스바리포홍(十八里坡紅)' 이라는 이름도 얻게 되었으며, 이로 인해 술도가 사업('아비'의 사업)도 이상하리만치 흥성하기 시작했다. 대대로 인적이 드물고 황량했던 스바리포는 비정상적으로 번성하게 되었다.

영화의 다섯 번째 시퀀스는 고성 같이 솟은 대문동大門洞* 위 한쪽에서 술도가를 알리는 깃발이 나부끼는 모습으로 시작한다. 나부끼는 깃발에는 '스바리포홍'이라고 쓰여 있다. 앞쪽에 거대한 술독이 가득 쌓여 있는 파노라마 속에 꼬리에 꼬리를 물고 늘어선 차량, 술통을 가득 실은 크고 작은 트레일러, 친절하게 서로 인사를 나누는 술장사들, 바삐 뛰어다니는 술도가의 일꾼들이 나온다. 술독 사이에서 놀고 있는 더우관은 '내 할머니'와 숨바꼭질하고 있다. 황량하고 흉악한 법외세계였던 스바리포는 유래 없는, 질서 속의 상서로운 화목, 흥성과 기쁨으로 가득 차 있다. 그리고 '내 할아버지'의 신분은 텍스트의 서사 기제 속에서, 불법적인 아비살해를 저지른 아들로부터 빈자리를 채우고

---

* 중국 저택의 대문에서 집안으로 통하는 지붕이 있는 통로. 굴처럼 생겨서 洞을 씀

강화시킨, 젊고 전도유망한 아비로 탈바꿈했고, 질서의 계승자이자 창조자로 바뀌었다. 바로 그가, 무섭고 사악한 칭사커우에 의해 격리되었고 리다터우의 악질과 불결로 오염되었던 스바리포를 원사회 속의 생기발랄한 구성성분으로 거듭나게 했던 것이다. 그것은 텍스트를 실연實演함으로써 이데올로기의 모략과 실천을 완수하였다. 그것은 부자의 질서를 참조하여 잠재적 텍스트의 사면 의식을 통해 늙은 아비의 사망을 인가했으며, 새로운 아비의 즉위도 인가했다. 그러나 이는 5세

대가 처했던 상황에 관한 상징적인 이상적 그림이긴 했으나, 서사적 콘텍스트 속에서는 결국 욕망의 언어로 진술된 가상의 영웅/개체 생명의 역사일 뿐이었다. 그는 단지 준주체로서, 또 한 차례 이데올로기 제전의 소환을 받아들여 찬란한 영웅 전기 같은 이 판을 사회의 정체성에 관한 신기루 속으로 완전무결하게 이어 맞추었다. 그것은 반드시 다시 한 번 역사라는 최종 심급의 시야를 참고해 역사 이전 이야기의 '개인/개체와 그 실존적 조건 간의 상상적 관계'를 재현해야 했다.

『붉은 수수밭』은 틈이 있는 텍스트임에 분명하다. 작품은 서로 독립된 두 개의 서사적 서열로 이루어져 있다. 작품은 서로 다른 두 개의 서술된 사건으로 나뉘며 그 각각은 텍스트의 실연 속에서 두 가지 서

로 다른 서사적 콘텍스트를 지닌다. 사실 이 작품은 두 개의 이야기를 조합하여 완성한 텍스트라 할 수 있다.

그중 하나는 '내 할아버지와 할머니의 이야기'로 각 시퀀스는 모두 그레마스(A.J. Greimas)식[20]의 고전적인 세 개의 서사 단락인 대항, 승리, 전이를 포괄하고 있다. 각각에는 모두 '내 할아버지'(영웅)가 적수와 맞서고, 적수를 이기며, 거기에 더해 가치의 객체('내 할머니')를 얻어 객체의 전이를 완성하는 과정이 담겨 있다. 완전한 서사적 서열

로서, 매번의 대항이 모두 내 할아버지와 가상의 적수 간에 벌어졌을 뿐이라는 사실은 자못 흥미롭다. 첫 번째 대항은 칭사커우에서 산도둑과 벌이는 싸움으로 내 할아버지와 부딪힌 자는 이름을 사칭한 자였다. 두 번째 대결은 리다터우와 대결한 것으로, 내 할아버지는 부재자의 빈자리와 마주하게 된다. 야합 장면의 경우, 그 적수는 사실상 '내 할머니의 아버지'였으며 진정한 대결은 이루어지지도 않았다('내 할아버지'가 '내 할머니'를 점유한 행위는 '아비'의 여인을 뺏는 것에서 아비로부터 여자를 얻는 것으로 바뀌었다. 이것은 다른 형식의 사면이라 할 수 있다). 세 번째 대결은 투산파오와 대결한 것인데, 그것은 결코 납치범 산파오에게서 주얼을 되찾아온 것이 아닌, 그가 '내 여자를

망친 적이' 없었다는 사실을 증명하려 한 것일 뿐이다. 네 번째 대결은 술도가 사람들과의 충돌이지만 그들 역시 진정한 위협과 적수가 되지 못한다. 그의 잠재적 적수는 뤄한(羅漢)—모종의 원사회 질서를 유지하고 비호하는 자—밖에 없다. 단지 소유권을 공개하고 확인함으로써, 그리고 뤄한이 떠남으로써 그는 승리한다.

바람에 나부끼는 술도가 깃발을 중첩시킴으로써 9년의 세월을 축약해 보여주는 영화의 다섯 번째 시퀀스에서는 더우관(아들)의 형상으로 아비살해 이야기의 흔적을 모두 지우고 있다. '내 할머니'는 아무것도 생각지 않고, 돌아오는 뤄한을 쫓아가다가 '내 할아버지'와 다시 칭사(靑殺)교 위에서 만난다. 이 지점에서 상호해체적인 두 서사적 서열이 맞닿는다. 뤄한(앞서 '내 할아버지'가 유일하게 진정으로 승리하지 못했고, 유일하게 적수이자 질서의 비호자로 인정받은 이)이 귀향하고, '내 할머니'는 그런 뤄한을 쫓고 '내 할아버지'는 또 그런 '내 할머니'를 쫓는다. 서사 장면은 다시 칭사교로 옮겨간다. 파노라마 속에서 애매한 얼굴로 다리 어귀에 쭈그려 앉은 '내 할아버지'의 모습이 '내 할머니'의 반신 미디엄 숏으로 교차된다. 그녀는 완전히 지친 채 약간 겸연쩍은 듯 웃음 짓는다. "뤄한 오라버니예요." 갑자기 파노라마 속에서 '내 할아버지'는 놀란 듯 걸음을 멈춰 돌아보고, 카메라는 의심에 찬 눈초리로 신비한 기운이 도는 수수밭을 멍하니 주시하고 있는 그의 모습을 클로즈업한다. 이어서 무인칭의 다리 아래에서의 앙각 파노라마 뒤에 화면 밖의 내레이션이 들려온다. "일본 사람들이 온다고 하더니 진짜 왔다. 그해 7월 일본인들은 도로를 수리하면서 칭사커우에 도착했다." 파노라마 가운데 욱일승천기를 건 일본 군용차가 '내 할아버지'의 시선 속 먼 배경으로부터 칭사교에 이른다.

영화는 바로 이렇게 두 개의 서로 다른 서술된 사건을 '내 할아버지'의 회상적 시선 속에다 봉합하고 있다. 이는 텍스트 속에서 '실제(眞實)' 역사가 모습을 드러내는 순간이다. 이를 통해 이야기는 갑자기 첫 번째 서사적 서열과, 서술되던 시간이 모호하고 분명치 않은 역사 이전 시대를 끝맺고, 구체적으로 분별이 가능한 역사적 연대와 역사적 사건 속으로 한 번에 옮겨간다. 이와 동시에 스바리포는 세상과의 단절을 끝내고 일본인에 쫓겨 홀연히 나타난, 수천수만의 수수를 밟는 백성의 모습에 의해 민족의 원사회적 존재가 되어버렸다.

『붉은 수수밭』은 텍스트의 수사적 전략으로 '아들'의 성인식을 '역사 이전' 시대로 밀어 넣었고, 이 성인식이 일단 완수되자 곧바로 실제(眞實) 역사를 틈입해 들어오게 했다. 두 가지 다른 서사체의 조합이 갑자기 나타나 1987년, 상업의 물결/이족문명이 갑자기 도달한 순간 인간들이 겪어야 했던 놀라운 체험과 당황스러운 느낌을 상유적으로 전해주고 있다. 이후 영화는 사람 가죽을 벗겨내는(거세), 피로 물든 장면으로 새로운 역사의 거세의 힘이 잔혹한 얼굴로 도래함을 상유적으로 표현했다. 게다가 바로 이러한 서사 단락 가운데서 영화는 후얼(胡二)과 투산파오의 관계와 후얼이 휘두르는 피로 물든 칼과 일본인에 대한 욕설로, 그리고 "살갗이 벗겨지고 잘렸지만 조금도 두려워하는 기색 없이 쉴 새 없이 욕을 퍼붓다 죽어서야 그것을 멈추었던" 뤄한이 죽는 장면으로 민족 영웅의 충성스러움과 용맹함, 강건한 의기, 민족혼의 고양을 새로운 가치질서로서 서사적 콘텍스트 속에 표현했다. 그리고 바로 이 단락에서 뤄한은 화면 밖에서 들리는 방백에 의해 공산당원으로 명명되는데 이로 인해 그는 원사회의 낡은 질서를 옹호하는 사람에서 새로운 질서를 소유한 사람으로 바뀌게 된다. 아울러 참혹하면서 장렬한 죽음으로 인해 그의 육신은 초경험적인 기표이자 새로운 '아비 이름'의 점유자 그리고 이데올로기적 상징에서의 권위의 형상으로 상승하게 된다.

그의 죽음으로 이 자리는 다시 빈자리가 되었다. 그러나 이번에는 위협감과 호소력을 갖춘 '부재자의 출현'이라 할 수 있다. 이후에 나오는 복수의 맹세, 달빛 아래 매복, 정오의 기다림과 일본인/이민족 침입자와 동귀어진식 육박전은, 서사의 표층구조 속에서 보자면 민간고사에 흔히 있는, 친족을 위한 복수이야기라 할 수 있다. 그러나 서사의 심층구조에서 이것은 곧 민족정신의 개선가이자 상상적인 거세를 집행하는 거세자의 제전이라 할 것이다. 동시에 그것은 '아들'의 개인적 성인식/욕망에 관한 이야기를 뒤잇는 사회적 성인식이라 할 수 있다. 또한 소환 받은 개체가 권위의 기표에 굴복하고 아울러 초경험적인 아비에게 '아비의 여인'을 돌려주는 이데올로기적 의식이라 할 수 있다. 영화에서 첫 번째로 서술된 사건이, 중심이 한쪽으로 치우친 이야기로, 역사의 주변 담론으로 만든 '아들/아비'의 영웅전기라 한다면, 두 번째로 서술된 사건은, 바로 중심을 다시 두는 과정이자 고전적인 역사의 핵심 담론으로 구성한 민족/정치적 신화라 할 것이다. 첫 번째 서사적 콘텍스트 속에서 인물의 기본 관계를 도식화하면 다음과 같다.

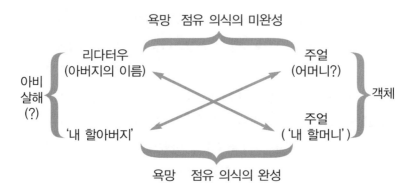

두 번째 서사적 콘텍스트 속 인물의 기본 관계 도식에 근본적인 역전이 일어났다. 그 다음의 서사 시퀀스/뤄한의 제전에서 큰 그릇에 담겨 제사상에 올려진 스바리포홍은 뤄한이라는 초경험적인 이상적 아비를 가리킨다. 그리고 엄숙하게 홀로 머리를 조아리고 술을 먹은 후 제사상 한쪽에 선 주얼은 이 제전의 주지자로서 뤄한이라는 부재한 등장인물의 육신을 현현하고 있다. 그녀는 아비의 직분을 대행하는 어미이다. 그녀가 '매서운' 눈빛으로 휘둘러보자 '내 할아버지' 와 더우관, 뭇 일꾼들이 함께 제상 앞에 선다. 더우관에게 '꿇어!', '절!', '음복!'을 명한 후에 '내 할머니' 와 '내 할아버지' 의 눈빛이 사람을 압박하듯 교차되고, 그녀는 위엄 있는 목소리로 지시를 내린다. "사내라면 이 술을 마시고 날 밝을 때 일본놈들 차를 폭파해서 뤄한 오라버니의 복수를 해라!" 이 말은 그녀를 텍스트 속에서 발신자로 만든다. 그런데 재미있는 것은 이 지령에 대한 반응이다. '내 할아버지' 는 뤄한이 이름붙인 그 고량주에 불을 붙여서 일꾼들을 이끌고 제상 앞에 꿇어앉아 술잔을 받든 채 「주신곡(酒神曲)」을 부른다. 이렇게 그는 행동상으로 '내 할머니' 가 아들 더우관에게 내린 지령을 접수할 뿐만 아니라 시각적으로도 더우관의 공간적 위치를 접수하게 된다. 첫 번째 서술된 사건에서 더우관이 아들로서 '내 할아버지' 를 부르는 것이 아비의 이름을 점유하는 것이고, 두 번째 서술된 사건에서 더우관이 아들로서 '내 할아버지' 를 부르는 것은 굴복하는 태도다. 이는 영화 속의 두 번째 「주신곡」으로 첫 번째는 뤄한의 주재 아래 새 술이 술독에서 나올 때 불리었다. 반대쪽을 향해 상승하면서 흔들리는 카메라를 통해 나오는 파손되어 위엄을 잃어버린 주신 상을 제외하고, 전체 화면을 점유하고 있는 것은 수평적인 카메라 위치에서 보이는, 제사상 앞에 서 있는 일꾼들이다. 노래는 끝나고 전체 화면은 '사람' 으로, 즐거운 기분에 흠뻑 젖어들어 넘쳐흐르는 원시적 생명력으로 가득 찬다. 그런데 이번 주신제는 달랐다. 활활 타오르는 고량주가 앙각으로 클로즈업되는 가운데, 그 아래 꿇어앉은 '내 할아버지'와 일꾼들은 복종하는 모습을 보여준다. 「주신곡」은 승낙과 혈맹을 표현하는 내용으로 이루어져 있다. 그리고 그것은 가치 질서에 굴복하는 또 다른 인물이자 사회적 의미의 주체인 '내 할아버지'로 하여금 상당히 이데올로기적 의미를 담고 있는 아들 세대의 사회적 성인식을 완성하도록 했다.

그러나 이것만으로는 부족하다. 완전한 사회적 성인식을 이루고 첫 번째 서사를 봉합하려면, 그는 '아비의 여자'를 돌려보내야 했고 여인/여성의 표상을 역사의 제단에 바쳐야 했다. 그리고 이로써 그의 완전한 복종과 봉공을 표해야 했다. 그래서 일본인과의 사투 속에서, 거세자/이민족 침입자에 대한 상상적인 이 거세의식 속에서, 주얼은 시각언어에 의해 세심하고 과장되게 표현된 첫 희생자가 되었다. 그녀는 다시 한 번 현란한 빛으로 가득한 화면 속에 위를 향한 채 쓰러져 있다. 첫 번째 경우, 주얼은 붉은 옷(욕망의 기표)을 입고 클로즈업된 화면에서 뜨거운 눈물을 머금은 채 쓰러져 있었다. 이때 그녀는 남성적 욕망의 제단에 쓰러짐으로써 남성의 개인적 성인식의 찬란한 일막을 장식했었다. 그리고 이번에 그녀는 흰옷(헌상의 기표)을 입고 상승하는 카메라의 미디엄 숏 가운데 천천히 양 어깨를 들썩이며 춤추며 노래하듯이 위를 향한 채 쓰러진다. 즉 역사의 제단에 누워 남성의 사회적 성인식에서 아름다운 제물이 된 것이다.

영화의 마지막 시퀀스는 영화의 기본적 특징이 이데올로기 제전과 상상적 거세의식임을 충분히 보여준다. 일본군 군용차가 기관총소리를 울리며 고속으로 달려오고 왕싸오(王嫂), 주얼, 왕원이(王文義)가 연이어 쓰러진다. 이어서 다좡(大壯), 얼좡(二壯)은 목이 쉬어라 외치는

'내 할아버지' 명령을 받고 도화선에 불을 붙인다. 그러나 작렬한 포신은 다창, 얼쩡을 흔적도 없이 날려버렸을 뿐이다. '내 할아버지'는 미친 듯 선을 잡아당기지만, 도화선은 끊어져 아무런 소식도 없었다. 그러나 상승하는 카메라 속에서, '내 할아버지'와 일꾼들은 불을 내뿜는 폭탄을 들고, 화염병을 품고서 큰 칼을 휘두르며 일본군 군용차를 향해 뛰어든다. 굉음이 울리고 폭발로 인한 불꽃이 은막을 덮어버린다. 초연이 흩어지는 가운데 거대한 포탄 구덩이 밖으로 보이는 것은 멈춰서버린 일본군 군용차와 널브러진 사람들 시신뿐이다. 그리고 '내 할아버지'만이 온몸에 진창을 묻힌 채, 온몸에 석양을 맞으며 앙각 카메라 속에서 민족영웅상처럼 서 있을 뿐이다. 상유적인 일식 후 검붉은 색에 가까운 핏빛을 띤 수수가 미친 듯이 출렁인다. 류다하오(劉大號)의 처절한 울부짖음이 울릴 때 스크린에는 경축을 표하는 듯한 민족 전통음악이 흘러나온다. 이와 동시에 일본군 군용차의 기관총 소리, 자동차 엔진소리는 갑자기 사라져버린다. 이 장면은 동귀어진식의 피 튀기는 육박전 장면이라기보다 민족/민족문화와 이족문명 간의 대결 장면이라 할 수 있다. 이는 한 마당의 문화 정복 의식인 것이다. 작품은 거세자를 거세하는 장면으로 이족문명의 또 한 번의 충격 앞에서 중국인이 느끼고 겪어야 했던 현실적 초조함과 놀라운 체험을 해체시켜버렸다. 5세대 창작의 화려한 카덴차인 이 작품은 아주 높은 고음으로 영웅/주체를 돋보이게 한 동시에 5세대의 절망적인 정신의 돌파가 마지막으로 몰락했음을 선고했다. 여전히 '아들'의 예술이었지만 이미 굴복한 아들이었다. 더는 끊어진 다리는 아닌 것 같았다. 그러나 낡은(주변이라 하더라도) 담론의 무지개를 통해서는 결코 피안으로 넘어갈 수 없었다. 5세대는 역사적인 종결을 마주하고 있었다.

결론 – 혼란, 구원 그리고 헌상

1987년에 발표된 5세대의 창작을 공시적으로 늘어놓는다면 이 1년 동안 중요 작품으로 다음과 같은 네 편을 꼽을 수 있다. 『커피에 설탕 약간(給咖啡点糖)』(쑨저우(孫周)), 『태양우(太陽雨)』(장쩌밍(張澤鳴)), 『저녁종(晩鍾)』(우쯔뉴(吳子牛)), 『최후의 실성(最後的瘋狂)』(저우샤오원(周曉文)). 우리는 아들의 예술인 이들 작품의 공통된 특징을 끊어진 다리 한쪽에서 놀라움에 가득 찬 채, 고독하게 느릿느릿 걸어가는 것으로 비유할 수 있다. 그리고 끊어진 다리 끄트머리에서 나약하게 절망적으로 돌아보는 것이라고 말할 수 있다.

『커피에 설탕 약간』과 『태양우』는 5세대 도시 영화의 선구적인 작품이었다. 이들 작품은 대도시의 표상을 세워 고독한 산보자의 놀라운 체험을 전달하면서, 개혁의 큰 파도와 공업화의 진전이 아들 세대를 역사와 전통문화 바깥으로 격리시켰음을 묘사했다. 그들은 여전히 아들 세대였지만 더 이상 아비 잃은 세대는 아니었다. 그들은 아비 없는 세대가 되었으며 심지어 부자 질서 그 자체로서 '타인이 인도하는' 신질서에 의해 대체되는 중인 것 같았다. 그러나 5세대의 불완전한 정신적 자서전의 한 장으로서 이 작품들은 과도하게 표현되어 지나치게 많은 의미를 담은, 무한히 자아를 확장하는 기표로 다시금 충만해졌다. 하지만 이는 이미 역사순환의 콘텍스트에 대한 반항과 배척에 의한 것이 아니었다. 오히려 새로운, 혹은 더 거대하고 심각한 놀라운 경험 속에서 언어라는 경험의 표현을 얻지 못한 것이었다. 그리고 그것은 더 이상 민족 역사와 민족의 공간적 생존 이미지를 손에 넣으려는 것이 아니었다. 완전히 새로운 낯선 공간 세계와 시간 체험에 의해 겪게 된 혼란이었다.

롱 포커스로 납작하게 눌린 공간에 겹겹이 겹쳐지는 대도시의 인파, 브레이크 댄스를 추는 아이와 태극권을 하는 노인의 모습이 비친다. 그리고 사람을 개미처럼 보이게 하는 말보로의 거대한 광고판이 비친다. 더 어린 세대는 대양 저쪽에서 비행기가 떨어졌다는 소식에 눈물짓는다. 필경 '문혁'의 정신적 아들인 5세대의 도시 영화 역시 그들 자신을 '고독한 대중' 속의 하나로 만들 수 없었을 것이다. 그들은 여전히 절망적으로 집으로 돌아가는 길을 찾고 있었다. 그들은 '지난 세기의 여자'인 농촌에서 온 여자 구두수선공으로부터 '비장한' 고전적인 사랑과 역사와 진실로 인도하는 문을 찾을 수 있을 것 같았다(『커피에 설탕 약간』). 그러나 그들은 그저 『태양우』 속 여주인공처럼 홀로 야밤의 도시 거리를 걸으면서 상점 쇼윈도의 명멸하는 일루미네이션 아래 흔들리는 아득함을 투사할 수 있을 뿐이었다. 화면 오른쪽 상단의 네온사인에 쓰인 '집(家)' 자는 그들이 이미 "영원히 다시는 집으로 돌아갈 수 없다"는 사실을 보여주고 있었다.

역사는 다시 한 번 막히고 끊어졌으며, 한 시대―아마도 5세대가 하늘의 응석받이였던 시대―는 빠르게 추락하고 있는 중이었다. 다시금 밝아오는 여명 속에서 5세대는 또 한 번 구원을 찾고 있었다. 그들 자신의 구원뿐만 아니라 기억, 역사, 민족문화와 생존의 구원까지도 찾고자 했다. 『저녁종』에서 기본적으로 서술된 행위는 전쟁―이미 끝난 전쟁이 남겨놓은 시체―을 묻어버리는 것이었다. 그것은 종말을 고한 참혹한 시대를 묻어버리는 것을 의미했다. 그러나 영화의 진정한 서술 행위는 오히려 『붉은 수수밭』의 주제를 다시 반복하고 있었다. 즉 상상 속에서 이민족 문명의 위협을 물리치고 옛 문명의 우세함으로 거세자를 거세하는 것이었다. 하지만 『저녁종』 속의 혹은 5세대의 과도하게 표현된 형식은 새로운 거세에 대한 초조함 앞에서 일찍이 없던 공허함과 나약함 그리고 파편난 조각을 이미 드러내고 있었다. 그것은 침입자의 영상에 부쳐질 때만 특유의 장력과 생기를 드러내었다. 상상적인 거세의식마저도 완성되지 않았고 구원자는 구원을 찾는 가운데 더 깊이 추락해버렸다.

그러나 5세대 최초의 성공적 상업 영화 『최후의 실성』은 유달리 성숙하고 소탈한 모습으로 5세대의 역사적 운명을 펼쳐 보였다. 『최후의 실성』 마지막 시퀀스에서 영웅과 악당(텍스트 속에서 쌍을 이루는 동일 구조의 아들 형상)의 모습은 고르게 반복적으로 교차된다. 그리고

『최후의 실성』

마침내 서로 맞잡으며 껴안은 채 싸우다가 길가의 비탈로 굴러 떨어진다. 악당이 허리에 두른 작약이 큰 소리를 내며 폭발한 후 화면은 흩날리는 연기 속에서 갑자기 정적으로 빠져든다. 화면은 부드러운, 우윳빛 안개로 가득 찬 장면으로 바뀐다. 차분하고 고요한 분위기 속에 기차가 정면으로 달려오다 화면을 가로질러 지나가버린다. 깊은 정감과 애상 어린 노랫소리가 들리기 시작하고, 순백의 자막이 깔린 위로 방울방울 진홍빛 피가 흘러내리면서 화면은 핏빛으로 물든다. 이것은 아마도 5세대의 역사적 생존이 처량하지만 소탈하게 이별을 고하는 모습이라 할 수 있다. 아들 세대가 자기를 제물로 삼아야지만 원사회는 평화와 구원을 얻을 수 있으며, 역사의 수레바퀴가 고요함 속에서 안정되게 움직일 수 있을 것이다. 그리고 아마도, 이 끊어진 다리는 여전히 5세대 예술의 '인간의 힘으로는 세울 수 없는 기념비' 일 것이다.

타자他者와 만나다:
제3세계 비평 독서기록

>>

전제

프레드릭 제임슨(Fredric Jameson)이 제창한 '제3세계 비평'은 우리에게 흥미로운 통찰을 주는 동시에 우리의 상상력도 자극한다. '우언寓言' 텍스트에 관한 그의 해석 유형은 제3세계와 제1세계 사이에 교전으로도 볼 수 있는 대화의 가능성을 열어주었다.

그는 "제3세계 텍스트의 경우 개인과 리비도에 관한 것처럼 보이는 텍스트라 할지라도 모두 민족 우언의 형식으로 정치를 투사하며, 개인의 운명에 관한 이야기 역시 제3세계 대중문화가 받은 충격이 내포된 우언 텍스트라 할 수 있다"고 말했다. 게다가 이 우언은 잠재의식의 문제가 아니며 '해석 기제를 통해서 해독되어야 하는' 심층 구조적인 존재도 아니다. 제3세계의 민족 우언은 '의식적이며 공개적'이기 때문이다.[30)]

나는 제임슨의 '제3세계 비평'이 안정적인 이등변삼각형 위에 세워진 것이라 생각한다. 이등변의 양 꼭짓점은 제3세계 국가의 '민족'과 정치를 의미한다. 등변이 만나는 꼭대기의 꼭짓점은 상호적 의미에서 '이질적인 독자'로 타자의 시점이 된다. 여기서 핵심적인 개념은 '민족주의'라 일컬어지는 '민족'이라 할 수 있다. 이는 일개 인종학이나 지역적 의미에서 말하는 민족이 아니라, 어떤 문화적·정치적 구분 기준이다. 제1세계의 시야에서 이는 자본주의 세계의 정치, 경제, 문화를 병치하고, 그에 반항하고, 투쟁하고, 그리고 그 가운데를 전전하는 와중에 탄생한 개념이다. 제임슨의 말을 빌자면 "모든 제3세계의 문화는 인류학에서 말하는 독립적이거나 자주적인 문화로 여겨져서는 안 된다. 오히려 이들 문화는 아주 많은 경우 제1세계의 문화제국주의와 생사를 건 투쟁을 하고 있다. 이러한 문화 투쟁이야 말로 이들 지역의 경제가 서로 다른 정도로 간혹 완만하게 행해지는, 현대화라 표현되는 자본주의의 침투를 받았음을 반영한다."[31]

제임슨이 '제3세계 비평' 속에서 잠재적으로 행한 시대 구분(界定)은 서구 학자들이 말하는 자본주의 세 번째 단계다. 이 단계는 초국적 자본주의 시대로, 푸코는 이를 '초국적 기업과 기술 전문의 시대'라고 표현했다. 이 시대는 제3세계에 있어 '현대화'와 '탈식민'의 시대다. 그러므로 '제3세계 비평'은 일종의 이데올로기 담론이고 그 기본적 이항 대립, 즉 제1세계와 제3세계는 제1세계의 부유함과 제3세계의 빈곤을 가리킨다. 그리고 이는 미국의 후기 공업 사회, 포스트모더니즘 문화와, 제3세계 국가의 전前산업이 산업화 사회로 나아가는 현대화 과정 속에 존재하는 옛 문화 전통과 풍습도 가리킨다. 제1세계의 글로벌 경제 침투, 문화 침략과 제3세계 민족정치의 전략과 민족문화의 반항과 반사反思도 가리킨다. 이 모두가 세계경제가 일체화되는 구조 속에 나타난다. 이런 특정한 시대가 되어서야 제1세계의 학자는 '제3세계 비평'을 제기할 수 있으며 대화(아마도 충돌과 교전의 양상이겠지만)의 가능성을 시험할 수 있다. 마찬가지로 이런 시대가 되어서야 비로소 제3세계의 지식인들도 '민족'적이고 본토적인 문화의 입장으로, 시종 담론적 주체의 위치를 차지하고 있던 제1세계의 문화에 대해 발언할 수 있다.

　'대화' 또는 '교전'은 두 층위에서 발생한다. 하나는 텍스트 속에 숨어있는 다성적 대화로 텍스트 속의 '생사를 건 투쟁'의 표현이다. 다른 하나는 '다른 텍스트'에 대한 해석 방식으로, 이질적이며 본래적 해석 방식 사이의 차이와 충돌이다. 전자의 의미에서 보면 고전적 신중국 영화('17년 시기'* 영화나 '3세대' 감독의 창작물)는 '제3세계 비평'의 시야 속에서 아직 '우언식의 텍스트'가 되지 못했다. 토론 대상의 하나로 우리가 그것을 우언식 해독으로 대하더라도 말이다. 3세대 감독의 서사행위는 주류 이데올로기 담론에 의해 규범화된, 충분히 자각적인 정치·사회적 상징행위였다. 그것은 고도로 정치화된 것이었으며 주류 이데올로기 담론에 의해 '민족화'로 규정된 것이었다. 그러나 이 민족화의 '민족'은 '제3세계 비평' 시야 속의 '민족'이 지닌 내함과는 거리가 멀다. 당시의 특정한 사회·정치적 콘텍스트 속에서 '민족화'란 '인민성'을 띤 전통 문화로, 영화에서는 희곡/그림자극이라는 전통으로 구체화되기도 했다. 동시에 그것은 이를 '즐기고 환영하는' 군중인 중국사회 최대의 사회집단인 농민의 감상 습관과 수용 능력에 의해 규정되었다. 이 시기 '민족화'란 '문예는 프롤레타리아의 정치를 위해 복무'해야 한다는 명제에 대한 추가적 요구였다. '민족화'는 '서구화'를 잠재적 참고 대상과 대립물로 삼아야 했다.

＊　1949년 이후 문화대혁명이 일어나기 직전까지의 시기를 일컫는 말이다.

이와 동시에 '17년 시기 영화' 예술이 생산된 시대는 중국사회가 처음에는 사회주의 진영과 자본주의 진영의 첨예한 대립이 일어난 냉전시대의 영향을 받던 시대였고, 이어서는 소련 및 동구와의 단절로 인해 폐쇄되고 고립된 봉쇄의 상황에 처한 시대였다. 적대세력(구중국에게 그것은 '세 개의 거대한 산(三座大山)'*의 하나로 핏빛 선명한 백년 기억을 만든 이들이며, 신중국에게 있어서는 정치적 침략과 전복의 잠재적인 위협 세력이었다)인 자본주의 세계, 제국주의 세력이 주류 이데올로기 담론의 중심이었다. 그러나 국외세력과 대항하는 사회적 상황에서 '17년 시기'의 사회·문화적 텍스트에서의 제1세계, 즉 자본주의 세계는 단지 크리스티앙 메츠의 '상상적 기표imaginary signifier'일 뿐이었다. 그것은 신화처럼 존재하면서도 부재하는 그런 것이었다. 그러므로 '17년 시기'의 영화 텍스트에는 내재적으로 타자, 다른 관점의 응시가 있을 수 없었다. 그것은 다성적 대화일 수 없는 '중화민족'의 독백에 불과했다. '독립자주, 자력갱생'이라는 내향적이고 자족적인 경제체제와 상응하여 이 시기 중국문화 역시 독립적이고 자족적인 문화였다. 정치를 원심력으로 하는 동심원 구조의 사회 현실 구조로 인해 이 시기 사회주의 현실주의 예술은 연속성과 전체성을 드러냈다. 이 또한 제임슨이 말한 '우언 정신'과는 차이를 보인다. 제임슨이 보기에 "우언 정신이란 극도로 단속적斷續的이며, 분열과 이질로 충만해 있고 환상처럼 여러 가지 해석이 가능한 것으로 기호에 대한 단일한 서술이 아니다."[32] 그러나 '17년 시기'의 사회주의 예술은 전체적이고 고전적인 기호 시스템과 권위적 서술을 지니고 있다. 그것은 유일한 콘텍스트인 당대 중국의 현실 정치 생활 속에서만 해석

---

* 은유적 표현으로 제국주의, 봉건주의, 관료 자본주의를 말한다.

이 가능했고 그러해야만 했다. 현실 정치와 민족 전통문화라는 두 고전적 코드가 서로 엮여 교체 사용되는 가운데 미세한 틈과 모순이 발생하기도 했지만, 주류 이데올로기인 당/역사와 인민/역사에 대한 권위적 담론 속에서 충분히 메워지고 해소되었다. 그리하여 '17년 시기'의 사회주의 예술 텍스트는 제임슨의 '우언 텍스트'가 아닌 롤랑 바르트(Roland Gérard Barthes)의 '정치적 신화'에 더 근접하고 있다고 할 것이다.

사실, 좁은 의미의 '제3세계 비평'의 범주 가운데 우언 텍스트와 텍스트 속의 다성적 대화는 1979년 이후의 중국에서나 출현할 수 있었다. 1978년 5월의 '진리표준'에 관한 대토론,* 12월의 중국공산당 11기 3중전회**의 개회 및 1979년 4월 11일의 「4개 현대화의 실현은 최대의 정치(實現四個現代化是最大的政治)」라는 제목의 『인민일보(人民日報)』특별초청 논설위원의 글은 80년대 중국사회 현실의 핵심적 명제가 정치에서 경제로 바뀌고 있음을 분명하게 보여줬다. 경제 건설이 중국사회 현실의 가장 중대하고 유일한 중심이 되었으며 '개혁개방'은 돌이킬 수 없는 추세가 되었다. 수십 년 동안 혼자서 고립하여 자급자족하던 중국이 공전의 열정과 규모로 세계경제의 일체화된 구조 속으로 들어가 글로벌 정치, 경제, 문화에서 중요한 위치를 두고 각축을 벌이게 되었다. 1982년, 농촌의 체제개혁이 완성되고 큰 성공을 거두자 중국사회는 다시 현대화 과정의 어느 임계점에 도달하게 되었다. 1987년에는 글로벌리즘과 상품화가 중국사회 곳곳을 휩쓸었다. 문명의 태풍이

---

* 「關于眞理標準問題的討論」, 진리를 검증하는 유일한 것은 실천이라는 것을 주 내용으로 하여 신시기 중국 초기에 사상해방운동 및 11기 3중 전회의 사상적 기반을 다져주었던 대규모 사상투쟁.
** 중국 공산당 제11기 중앙위원회 3차 전체회의.

몰아쳤고 제1세계의 물질문명과 문화충격 역시 거대한 역사적 거세의 힘과 타자의 모습으로 당대 중국의 앞을 가로막았다. 당대 중국 영화는 이 속에서 도약하고 탈바꿈하고 발전했다. 그러면서 또 점점 균열되고 이질화되었다. 중국 영화는 전前공업, 공업화 사회라는 현실과 포스트모더니즘 문화의 충격과 침투 사이에서, 역사적 잠재의식의 무거운 멍에와 타자의 응시 속에서 분투하고 있었다.

두 유토피아 사이에서

70년대 말과 80년대 초, '현대화'라는 명제가 다시 제기될 때 중국의 대중문화 콘텍스트 속에서 현대화란 '문혁'이라는 악몽의 관에 못을 박아 이를 흙구덩이에 묻어버리는 것을 의미했다. 그리고 엄청난 재난 이후 밝아오는 핏빛 새벽을 의미하기도 했다. 그러나 그것은 무엇보다도 부강한 국가로 나아가는 것을 의미했다. 그러했기에 현대화는 공전의 응집력과 감화력을 지닌 기치가 될 수 있었을 것이다. 당시 현대화란 마치 전능한 역사적 구원의 힘, 총체성이라는 고루한 몽상 같았다. 현대화는 부유하고 행복한 생활, 건전하고 합리적인 사회를 의미했으며 정치적인 압박과 편견, 우매와 금지로부터 영원한 탈출을 의미했다. 그래서 현대화는 멀지 않아 다가올 해인 2000년과 마찬가지로 이상왕국, 황금시대라는 알리바바의 동굴을 여는 신비한 주문처럼 여겨졌다. 주도적 이데올로기의 언술 속에서 현대화는 이성, 과학, 진보, 공업화, 도시화된 미래를 의미했다. 그리고 멈추지 않는 역사적 순환이라는 죽음의 환무와도 같았던 옛 중국의 마감을 의미했다. 또한 사회주의의 우월성과 고도로 발달한 서구 물질문명의 결합을 의미했다. 그러나 동일한 시기 혹은 더 이른 시기 제1세계 담론에서 현대화는 이미 하나의 악몽이 되었으며 안토니오니(Michelangelo Antonioni)가 말한 '인류의 해골로 가득한 피비린내 나는 사막'이 되어버렸다. 현대 도시는 '인류보다 더 오래 살아남을 현대문명의 금자탑'이 되어 있었다.[33) 설령 제3세계 국가에 있어서 현대화가 유럽 신화 · 전설 속 인물인 파르치발(Parzival)의 성창聖槍과 같다고 하더라도 결국 이 창이 뽑히면 상처는 다시 피를 흘리게 마련이었다. 현대화가 제1세계의 정치 · 경제 · 문화와 전면적으로 조우함을 의미하는 것은 분명했다. 그러나 1979년에 사람들은 격정과 열망과 광분 속에서 이 점을 인식할 수도 없었고 인식하기를 원하지도 않았다.

현대화 과정이 격화되면서 현대문명이 점차 사람들의 생활로 접근했다. 인류가 만들어낸 프랑켄슈타인인 현대문명이 지닌 거대한 역사적 거세의 힘과 해체의 힘이 현대화라는 맑고 아름다운 동화 같은 세계에 그림자를 드리우기 시작했다. 80년대에는 중국의 사회생활과 문화 콘텍스트 가운데 규칙처럼 되어버린 변혁과 수구, 문명과 우매라는 명제가 '역사와 문화에 대한 반사 운동' 속에 직접적으로 표현되었다. 문학사 다시쓰기, 심근 소설의 창작 그리고 4세대 감독의 두 번째 창작 고조기와 5세대 감독의 출현은 전 사회적인 주목을 받았던 '문화열'과 직접적인 연관이 있었다. 역사와 문화에 대한 반사 운동은 양날의 비수를 휘두르며 제3세계의 곤경을 드러냈다. 역사와 문화에 대한 반사는, 처음에는 아마도 중국 전통문화의 '오래된 장부'와 '구식 처방전'을 청산하고 역사적 멍에를 벗겨 현대화가 나아갈 길을 닦아주고자 했을 것이다. 그러나 잠재적으로 사람들은 익숙한 세계가 침몰하고 있거나 적어도 고쳐 쓰이고 있는 와중에 낯설고도 기세등등한 이질적인 힘이 다가오고 있음을 고통스럽게 인식했을 것이다. 자신이 '아름

『양가집 아녀자』

다운 신세계' 앞에 발가벗겨져 있음을 깨달았을 때, 사람들은 황혼이
지는 세계에서 자신을 비호할 한점의 하늘을 찾으려 했다. 이 무렵 4세
대의 걸작이 차례로 모습을 보였다. 『역광』, 『도시 속의 마을』, 『고향
의 소리』, 『인생(人生)』[34]의 뒤를 이어 『해변』, 『양가집 아녀자』, 『야
산』, 『상지방 처녀 샤오샤오』, 『오래된 우물』, 『원앙루(鴛鴦樓)』가 모
습을 보였다. 이들 작품은 마지막에 발표된 『황하의 노래(黃河謠)』[35]와
함께 당시의 특정 콘텍스트 속에서 일련의 서열을 이루었다.

이들 작품 서열 속에서 변혁과 수구, 문명과 우매라는 사회적 명제
는 4세대의 도시 대 농촌이라는 이항대립을 이루었다. 4세대 대부분의
작품에서 도시는 문명, 변혁, 미래라는 한 극 즉, 개방, 과학, 교육, 공
업화를 의미했는데 거기에는 역사적 구원이 존재했다. 농촌은 우매,
수구 그리고 과거의 한 극으로 폐쇄, 전통, 훼멸, 반인류적인 생활을
의미했는데 이는 역사적 타성의 근원이었다. 4세대 감독들은 그들의

영화에서 도시를 외쳤으며 작품 속 인물들은 도시로 향했다. 당대 중
국문화에 있어 이것은 새로운 공식이나 명제가 아니었다. 4세대의 서
사적 콘텍스트에서 도시는 판도라의 상자나 인류의 집합장이 아니라
행복과 아름다움이 넘쳐나는 옛 몽상 속의 공간에 가까웠다. 마치 산
베이(陝北) 지역의 농민/'고통 받는 이'들이 대대로 '황하의 저쪽'을
바라보며 '황하를 건너' '잘 살러' 가기를 꿈꾸었듯이 말이다. 제3세
계의 우언식 텍스트에는 메울 수 없는 틈이 존재했다. 반인간적이고
사라져야만 하는 농촌이 은막 위에선 항상 따뜻하고 아름답게 표현되
었던 것이다. 농촌은 옛 가곡처럼 사람을 매료시키는 소박함과 따뜻함
그리고 조화로움으로 충만했다. 반면 구원의 힘을 지닌 도시는 은막
위에서 차갑고 건조하며 나약하고 위선적인 것으로 표현되었다.

사실 4세대 감독들은 '겹쳐지는' '옛 중국과 현대 중국'[36)]을 표현
할 때, 텍스트 속으로 두 가지 역사관과 두 가지 관점을 끌어들이고 있
었다. 하나는 결정론적이고 단계론적인 선형 역사관으로, 인류의 진보
와 인성, 과학 그리고 공업문명에 대한 신뢰가 그 핵심 담론이었다. 현
대화와 공업화의 과정은 구식 농업사회에 대한 구원이었다. 이 입장에
서 보자면 그들은 옛 중국의 생존방식과 가치체계, 낡은 규칙과 관습
에 대한 혐오와 원망을 지니고 있었다. 그러나 다른 하나인 민족의 오
래된 자연적 역사관의 경우, 끊임없이 이어지고 대대로 전해지는 생
존, '날 밝으면 일하고 해 지면 쉬는' 조화로움과 작고 소박하고 두터
운 인정에 눈길을 보냈다. 만약 역사의 순환 역시 해의 뜨고 짐, 사계의
순환과 같다면 그것이 더 합리적인 구조인 듯 했다. 그리하여 도시―
공업 문명은 더 비인간적이거나 적어도 비자연적인 존재인 듯했다. 만
약 전자의 입장에서 보았을 때 도시문명과 현대화가 사회적 진보와 역
사적 구원, 속죄를 의미했다면, 후자의 입장에서 보자면 농촌―오래되

고 소박한 민족의 생존은 심령의 귀속과 생명의 의탁을 의미했다.

사실 4세대가 제공한 것은 분열된 텍스트였다. 텍스트 속에 병치되고 대립하고 충돌하는 도시와 농촌은 다른 관점에서 보자면 서로가 상실한 유토피아로 각각 구원과 귀속을 지칭했다. 그러나 귀속이라는 것은 구원의 거절을 의미하며 구원의 강림이라는 것은 마음 속 고향이 몰락함을 의미했다. 사실 이는 두 담론의 충돌이라 할 수 있다. 하나는 인류적인, 진보와 현대화에 관한 것이고 다른 하나는 민족적이고 자연적이며 전통적인 것이었다. 4세대 텍스트 속에서 전자는 '오래된' 제1세계의 담론으로, 상상된 타자의 현상이었다. 후자는 그리움의 정조와 만가의 의미로 충만한 민족주의의 미약한 항의였다. 4세대 감독의 영화 텍스트에서 역사적 구원이 과학・문명・진보와 인도주의라는 구미세계로부터 수입된 담론과 구분된다는 점은 흥미롭다. 그리고 그것들이 문예부흥부터 19세기 서구 산업화 시대까지의 몽상에 속한다는 사실도 흥미롭다.

이처럼 '19세기와 고별'[37]하고자 갈망한 4세대 예술가들은 고별할 수 없는 '19세기'에 꽉 붙들려 있었다. 4세대의 텍스트가 옛 중국, 오래된 농촌, 민족의 고향을 필연적으로 몰락할 세계로 표현했다면, 19세기 서구 담론은 구원을 제공했다. 그러나 과학의 진보와 인도주의 역시 이미 몰락한 세계라면, 서구 담론은 일찍이 아우슈비츠 강제수용소 화장터의 아궁이에서 피어오르던 회색빛 짙은 서구에 대한 몽상에 불과했다. 그렇기에 이것은 이중침몰 속의 구원이며 부재하는 구원이었다. 4세대 대부분의 영화 텍스트는 19세기 서구가 정치・경제적 침투로서든 문화관점으로서든 제1세계가 중국사회 현실 속에서 존재한 적 없으며 여전히 상상된 타자로 남아있음을 알려준다. 제1세계란 농촌과 마찬가지로 4세대 영화 속에서 기억과 몽상과 동화로 짜깁기된

『해변』

조각들일 뿐이었다. 이는 프레드릭 제임슨의 민족 우언에 다가가고 있지만 아직은 민족 우언이 아님을 의미한다. 그것은 두 개의 '상상적 기표' 사이를 배회하며 새로운 현대화 과정 속에서 민족문화가 발붙이지 못하고 있는 참된 정황을 시사했다.

4세대 대표 중 한 명인 텅원지 감독의 『해변』은 창작 연대와 과도한 기호화의 특징으로 인해 같은 부류의 영화 텍스트 중에서도 매우 흥미로운 일례다. 『해변』에서 문명과 우매, 도시와 농촌은 서사 구조와 시청각 구조 속에서 진정한 병치를 이루었다. 이는 더 이상 상징적 의미에서의 '도시 속의 농촌'이 아니다. 그것은 도시—거대한 화공기업 연합체인 위성도시로 둘러싸인 오래된 어촌이다. 그리고 도시는 결코 정태적인 '둘러싼 성'이 아닌 동태적인 침탈과 침범을 의미한다. 해변은 침탈당하고 바다는 오염되었으며 어촌은 사라지고 있다. 마을의 젊은 이들은 공장― '도시'로 물밀듯 몰려든다. 어촌이 결국 사라질 것이라는 사실은 너무나 자명하다.

이곳이 비록 해변가의 어촌이긴 하지만 마을 사람들이 바다로 직접 나가 고기를 잡는 어민이 아니라는 사실은 더욱 의미심장하다. 그들의 포획 방식은 해변에서 그물을 쳐 고기를 잡는 것이다. 이는 어민들이 땅에 기대어 살아가며 하늘에 운명을 내맡기는 중국 농민과 더 비슷하게 보이게 한다. 어촌의 젊은이들은 공장의 부름에 응해 미친 듯 공장―도시화된 생활로 나아간다. 서사적 콘텍스트 속의 수많은 젊은 아가씨들은 추악하기 짝이 없는 진건(金根)에게 몸을 팔아 얻기 힘든 '공장에 취직할 수 있는 명의'를 얻고자 혈안이 되어 있다. 공업/도시/문명은 어촌에서는 '사회적 진보'를 의미한다. 그것은 역사적 속죄이자 현실적 구원이며, 농촌/어촌의 젊은 세대가 땅에 얽매인, 대대로 이어지던 운명에서 벗어나, 행복하다고 할 수는 없지만 다른 생활을 누릴 수 있는 유일한 가능성이다.

그러나 영화의 시청각 구조에서 도시/공장은 줄곧 차가운 은회색 분위기 속에 표현된다. 철근 콘크리트 건물, 괴물 같은 오일탱크, 높이 솟은 굴뚝, 쏟아져 나오는 폐수로 말이다.(감독의 말에 의하면 공장 즉, 화학공장의 도처에서 볼 수 있는 해골표지를 보여주지 못한 게 유감이라고 한다[38]) 이는 죽음의 형상은 아니지만 적어도 비인간화된 장소라 할 수 있다. 도시/공장이라는 현대세계에서 인간과 인간 사이의 관계는 얄팍하고 거짓되고 억압적이며 편협하다. 이와 달리 농촌/어촌의 경우, 여덟 차례에 걸쳐 일출과 일몰시 따뜻한 빛에 둘러싸인 해변과 해변을 거니는 세 노인 그리고 머저리 청년 무건(木根)과 두 마리 개가 이루는 아름다운 실루엣을 보여준다. 감독이 따뜻함으로 충만한 해변의 자연/인물을 하나의 '기호'로 삼아 '바다와 인간과 천고불변의 진리에 대해 쓰고 있으며, 시간과 과정 그리고 인간과 자연 사이에 대대로 이어지는 항쟁을 쓰고 있음'[39])을 분명히 알 수 있다.

사실 해변에 대한 서사를 시작하면서 감독은 시의가 풍부한 '언어'를 아낌없이 운용하였다. 그 언어는 원시적인 생존이며 원초적인 생명이다. 그리고 자연에 항쟁하면서 자연과 조화를 이루는 것이다. 구원자/문명이 비인간화와 죽음만을 지니는 반면 피구원자/우매는 인간/자연/생명을 품는다. 이때, 『해변』은 자아분열식의 도치로써 그가 온 힘을 다해 불러들이던 현대화 과정과 대립한다. 이로 인해 영화 텍스트가 내포한 제3세계 우언성과 민족 생존 그리고 문화적 곤경이 드러난다. 게다가 자아분열은 농촌을 표현하는 데까지 미친다. 따뜻한 분위기의 '오래되고 소박한' 해변 한켠에 어두운 밤의 '미궁과 같은' 풀더미가 존재한다. 그것은 흔들거리는 도깨비불마냥 개 짓는 소리와 함께 괴이하고 으스스한 분위기를 조성한다. 이 모습은 80년대라는 특정한 문화적 규약 속에서 우매의 기표로 인식되던 농촌의 모습이다. 그것은 농촌의 남성들이 초야권을 행사한 곳이면서 몽상이 깨어져 추악한 모습이 드러나는 장소이기 때문이다.

일출과 석양 아래를 거닐던 노인과 머저리 무건과 개를 통해 감독은 옛 문명과 옛 생존방식에 대한 애수 어린 마지막 작별을 보여주고자 했다.(감독은 이렇게 말한다. '소박한 우매가 비장한 분위기 속에서 사라지고 있을 때 당연히 만가 한 수는 바쳐야 하지 않는가?'[40]) 그러나 해변과 화학공장이 병치되는 가운데 맞이하는 해변의 최후는 그렇지 못했다. 공업문명의 대대적 침범으로 '십 마일에 이르던 해변은 일 마일만 남게' 되어 비자연적인 과정이 인간/바다(인간/토지) 사이의 조화를 파괴했던 것이다. 그러나 해변과 해변의 한켠에 존재하던 풀더미가 병치될 때 해변의 최후는 내재적으로 운명지어진 오래된 생존방식 그 자체를 의미하는 듯했다. 낡은 규칙과 관습이 강제하는 근친간의 통혼과 대 잇기는 느리게 진행되지만 결코 피할 수는 없는 파멸의 과정을 예시한다. 위성도시의 건설이라는 공업문명의 침투는 이러한 비극적인 과정을 중단시켰거나 구원하였음에 틀림없다. 그리하여 파멸에 대한 항거가 파멸을 정해진 것으로 만들 것이며 파멸을 구원하는 것은 오히려 파멸 그 자체일 것이다.

영화의 '클라이맥스'에서는 다음과 같은 장면이 나온다. 숭어가 뭍에서 모습을 드러내고(그것은 모래밭에 있는 커다란 물고기 입술모양—상상적 기표—일 뿐이다), 어왕魚王이라 불리는 라오만리(老鰻鱺)와 다른 두 노인이 천천히 모래사장에 꿇어 엎드리며 애달픈 옛 노래 한 곡을 부르기 시작한다. 그리고 '바다가 우리에게 보여준 하늘의 뜻'에 감사한다. 그러나 문명세계의 사자인 쉬옌(許彦)은 어망이 연결된 나무울타리를 미친 듯 뽑아버린다. 그는 자연의 어왕인 숭어를 놓아줌으로써 이 불리한 반증을 없애야 했으며, 법률(문명)의 형식으로 공업으로 인한 오염이 어민들의 생계를 철저하게 파괴하고 있음을 증명해야 했다. 그래야 노인들이 '매달' '30위안의 양로금'(새로운 생존이며 문명이 희사하고 부양하는 생존)을 가질 수 있기 때문이다. 이때 농촌의 오랜 습속 때문에 망가지지만 결국 우매를 이기고 문명으로 나아가는, 그리고 옛 세계의 순진함과 사랑스러움과 소박함을 지니고 있는 소녀 샤오메이가 고속으로 움직이는 숏 속에서 '뽑으면 안 돼'라고 외치며 달려온다. 파노라마에서 꿇어 엎드린 채 슬프게 탄식하는 노인은 옛 방식으로 대자연에 감사를 드리는 의식을 행하는데, 이는 문명에 대한 단호한 저항과 거절이기도 하다. 파노라마 속에서 쉬옌은 문명세계의 이성이자 파괴이자 위선이고, 샤오메이는 여인(자연?)이자 이해이자 고충이며 구원과 속죄다. 이 장면 속의 모든 요소가 서로 연결되어 서사적 상상이 풀 수 없는 고리를 이룬다. 이 순간, 바다가 소리 내며 물러가고, 핏빛 석양이 드리운, 뜨겁고도 붉게 빛나는 모래사장 위에 모든 것이 모인다. 그리고 최후의 순간 우매한 생활, 근친통혼의 증거인 머저리 무건이 갑자기 고속촬영된 숏 속에서 표범처럼 민첩하고 아름답게 해변으로 내닫는다. 도망쳐 멀어지는 고기떼를 잡으려고 소리치며 뛰어다니다 결국은 바다에 집어삼켜진다. 문명은 그것이 우매에게 요구하던 희생을 얻게 된 것이다. 무건이라는 기표는 이중적 역사관 속의 이중적 희생이다. 근친통혼이 낳은 머저리인 그는 틀림없는 우매의 희생이다. 그러나 그가 하늘이 내려준 기적인 뭍에 오른 숭어를 구하고자 대해에 몸을 내던질 때, 그는 문명의 시대에 바쳐지는 희생이 되었다. 이것은 옭매듭을 그리 완전치 못하게 서사적/상상적으로 풀어버린 것이다. 바다는 그의 시체를 돌려주지 않는다. 이는 옛 문명이 자신의 시의와 추악함과 함께 떠나 돌아오지 않는다는 것을 의미하는 걸까? 아니면 바다/자연이 자신의 아들을 영원히 거둬들이고 쉐엔과 같은 나약한 문명의 아들만 남겨놓았음을 뜻하는 걸까? 영화의 마지막 시퀀스에서 샤오메이는 쉐엔의 품속에 쓰러진다. 이는 문명의 남자가 짓밟히고 망가진 결혼에서 여인을 구해낸 걸까? 아니면 구식의 사랑스러움과 생명력 가득한 여인이 문명의 거세로부터 남자를 구해낸 걸까? 이는 구원을 얻은 무리를 의미할까? 아니면 구원을 얻은 것은 두 사람뿐임을 의미할까? 그렇지도 않다면 실패한 두 사람이 서로를 위로하는 것에 불과할까? 이 장면 뒤 여덟 번째로 동틀 무렵의 해변과 노인과 개가 등장한다. 마치 병치가 계속되는 것 같이 두 유토피아의 사이에서, 이중적인 파멸 사이에서, 영화의 서사는 해결을 갈망하는 사회적 난제를 풀지 못하는 것 같다.

우언寓言−잃어버린 구원과 리비도화

80년대 내내 중국의 현대화는 점차적으로 가속화되었고 문명의 태풍은 점차적으로 다가왔다. 『해변』과 병치되는 5세대 초기작인 『황토지』, 『사냥터 자싸(獵場札撒)』, 『말도둑』은 태풍이 도래하기 전 마지막 순간에 과거를 되돌아보는 것 같았다. 5세대 작품이 지니는 서사 구조의 개방성은 80년대 중기의 개방적이고 생기발랄하며 희망으로 충만한 현실 정치에 대한 시각을 직접적으로 투사했다. 그것은 중국 영화 예술의 도약이며 자각적인 민족우언이기도 했다. 이들 영화의 서사 언어와 기표의 구조는 외재적 관찰자의 시점을 통해 민족문화와 민족생존을 글로벌한 개방적 관점에 두고 보았다. 텐좡좡의 작품은 아예 타성적인 문화―소수민족의 이야기를 영화 텍스트의 서술대상으로 삼았다. 이것은 말 없는 듯하면서도 교만하게 대화를 요구하는 태도이기도 했다. 영화 서사 속에서 '상상적인 해결'을 거부했을 때, 그들은 효과적인 어떤 문화적인 구원도 거절하고 있는 것이었다. 영화 『황토지』의 유명한 마지막 시퀀스를 보자.

화면 가득 낮고 왜소한 지평선이 펼쳐진다. 땅과 한 몸처럼 보이는 사람들이 그을린 등을 드러낸 채 황토 위에 부복해 있다. 그리고 고루한 배례의식과 민요가 등장한다. 로우 앵글 속에는, 황토를 밟으며 푸른 하늘을 등에 이고 큰 보폭으로 걸어오는 팔로군 전사 구칭(顧靑)이 기울어진 지평선 위를 걷고 있다. 그리고 맹목적으로 미친 듯 기뻐하며 환호하는 인파가 있고, 인파를 거슬러 구칭에게로 달려오는 한한이 보인다. 그러나 한한이 인파를 뚫고 모습을 드러낼 때 카메라는 오히려 한한의 눈에 들어오는, 평형으로 놓인 드넓은 지평선을 보여준다. 거기에는 구칭이 없다. 영웅도 정해진 구원도 없다. 카메라는 서서히 아래로 향하며 하늘 대신 가뭄에 메마른 황토를 보여준다. 그리고 끝내지 못한 채 황하에 삼켜진 추이차오의 '혁명가'가 들려온다. "갈대꽃은 휘날리고 닭이 날아오른다. 만백성 구해줄 이는 공산당뿐"* 땅과 하늘에 기대어 생계를 이어 연명하는 고루한 민족의 생존, 단순한 정치적 해결의 무효함, 맹목적인 역사적 잠재의식의 거대한 잠재능력, 젊은 세대의 새로운 생활과 구원에 대한 기탁, 이 모두가 오래되고 빈곤한 황무지의 울퉁불퉁한 지평선 상에 모여 있다.

한때를 풍미한 텔레비전 다큐멘터리 『허상(河殤)』이 표현한 비참 혹은 낙관과는 달리, 쪽빛 바다와 완만하게 뻗은 만리장성은 더 이상 민족의 시야를 가로막지 못했다. 민족의 생존이 더 이상 담론이나 상상이 아닌 진실한 타자의 앞에 선명히 본모습을 드러낼 때, 세계경제의 일체화된 구조 속에서 주인 노릇을 하던 제1세계는 제3세계의 민족문화를 일종의 주변 담론과 주변적 경험으로 만들어버렸다. 신시기 중국 영화의 민족 우언은 자각적인 반성이자, 목숨 건 싸움이며, 어찌할 도리 없는 곤혹이었다. 4세대 텍스트에서 문명이라는 한 극―담론적 유토피아는 땅에 떨어지고 사라져버렸다. 그들은 농촌이라는 민족문화와 생존의 진술 속으로 도피하기를 더욱더 원했다. 그들은 약간의 씁쓸함과 비애를 더하고 약간의 환상과 따뜻함을 줄이는 정도에서 멈추지 않았다. 그들은 구원을 텍스트 속에 부재하는 것으로 표현했다. 『고향의 소리』가 보여준 따뜻한 화로 곁의 '바다'와 '정위가 바다를 메우다'**라는 옛이야기처럼, 『황토지』의 결말이 용왕에 대한 부복과 기도로 끝나는 것처럼 말이다. 잠재하는 '타자'의 시점 가운데 4세대

---

* 蘆花子公鷄飛上墻, 救萬民靠的是共産黨.
** 精衛塡海.

『오래된 우물』

의 영화 텍스트들은 물 없는 메마른 땅과 있을 것 같지만 결코 존재하지 않는 물줄기를 그 땅 위에서 고집스레 찾는 사람들을 다시 보여주었다. 척박하나 우리를 낳고 기른 땅 위에서 사람들은 목숨 걸고 싸우고 전전하면서 살아나갔던 것이다. 그러나 우톈밍의 명작 『오래된 우물』에서 문명(현대/공업문명)은 이미 요원한 잠꼬대가 되어버렸다. 그것은 무건처럼 희생의 제물이었지만 결코 아름답지는 않은 '량공자(亮公子)' (왕차이(旺才))의 관 속에 놓인 학교배지 하나, 만년필 한 자루, 통속 영화 잡지 등으로 표현되었다. 비록 영화 텍스트가 주는 최후의 구원이 문명에서 비롯한다 하더라도 이 구원 즉, 우물을 파서 물을 얻는 것과 매우 성대하고 열광적인 축제는 오히려 영화 텍스트 속에서는 영원히 시각적으로 부재해 있었다. 작품에서 우리는 결국 구원을 얻게 되는 중화(한?)민족의 원元사회를 볼 수 없다. 오래된 비석과 새로 새긴 비석 위의 자구만 볼 수 있을 뿐이다. "1983년 1월 9일, 시원

(西汶) 언덕에 처음으로 기계로 판 우물로, 시간당 50톤의 물이 나옴."

　더욱 심각한 4세대식의 모순인 뒤로 기울기는 다음과 같은 사실에 있었다. 부재하는 현대화의 구원은 노인의 옛 문명에서 희생의 귀의처인 관을 팔아버리는 데 그치지 않는다. 왕취안(旺泉)이 도시/문명 세계에 대한 동경을 바치고 자신과 차오잉(巧英) 서로의 마음에 새겨진 사랑을 희생하고, 아들/손자로서만이 아니라 한 남자로서 가지는 선택과 존엄을 희생하는 데까지 나아간다. 그리고 차오잉들은 '산이 높아' '제대로 보이지 않는' 텔레비전—의미심장한 현대도시문명의 기표—을 바쳤다. 그들은 문명을 희생한다는 몽상으로 문명/진보를 대신해야 했다.

　그러나 작품에서 가장 감동적인 것은 아들 잃은(혹은 아들을 바친다고 말한다) 어머니다. 왕차이의 어머니는 악귀를 물리치는 붉은 천을 말없이 우물에 묶는다. 카메라는 붉은 천이 가득 나부끼는 옛 우물을 느린 롱 숏으로 잡아낸다. 어머니의 행동은 무한한 애정이 담긴 의식儀式적 행위다. 우물을 파고 라오징(老井) 마을의 생존 양태를 바꾸는 것이 영화에서 현대문명의 과정으로 표현되었다고 한다면 말이다. 그러나 사실 이는 라오징 마을이 대대로 지녀온 몽상과 분투에 그치지 않는다. 왕차이 어머니의 이 장면은 서사 배경 속의 모든 동력과 바람이 전통 혹은 우매라는 다른 한 극에서 나옴을 의미한다. 영화는 현대문명에 기대어 자연을 정복하고 자연을 개조하는 이야기를 끌고 나가지 않았다. 이것은, 새로운 판본의 '우공이산'이었던 것이다. 영화를 통해 우리는 라오징 마을의 물 부족 현상이 물이 없는 지질구조를 지닌 땅에서 생활하는 데서 비롯한 것임을 알고 있기 때문이다. 확실히 이는 과학적인 탐사나 기계로 우물을 파는 행위로는 바꿀 수 없는 사실임이 분명하다. 그래서 시각적으로 부재하는 '기계로 물줄기를 찾는 데 성공한다'는 사실은 '제신을 감동' 시키는 것에 가깝지 '인간이 하늘을 이기는' 결말이 되지는 못한다. 영화 속에는 정이(鄭義)의 원작에 있는 '작은 흰 용' 이라든가 '여우 구슬' 같은 신화적 구조는 없다. 그럼에도 불구하고 작품은 여전히 민족 우언식의 현대 신화라는 하나의 신화였다. 영화는 다음과 같은 사실에서 또 다른 의미를 갖는다. '대단원' 에서는 옛 비석에 새겨진 비문이 보인다. 이 비석을 '다시 세울' 때 덧새긴 '비문' 은 왕취안쯔(旺泉子)가 여러 사람들을 이끌고 마침내 우물 파기에 성공한다는 내용을 담고 있다. 이것은 꽤 상유적이다. 역사란 곧 오래된 양피지 위에 부단히 덧칠해지고 다시 쓰인 모호한 흔적이긴 하지만 현대/서구 문명에 의해 철저히 고쳐 쓰이고 난 뒤의 역사의 장은 결코 아니라는 것이다. 원본은 '민족' 의 역사적 서사 속의 친숙한 한 페이지인 것이다. 영화의 마지막에서 화면은 '새로이 세운' 옛 비석에 새겨진 '천고에 전한다' 라는 글귀 위에서 정지한다. 이로써 4세대의 뒤로 기울기가 마지막 완성을 이루었다. 그들은 힘들고도 애매하게 민족문화와 민족생존을 다시금 인정했다. 왜냐하면 타자의 시점으로 내려다보는 관찰 속에서 자기 민족을 위한 자아확인과 생존근거를 마련해야 하기 때문이다.

1990년에 모습을 보인 『황하의 노래』는 4세대의 일련의 영화 중 마지막 작품으로, 감독은 자각적으로 제1세계를 향한 대화를 시도했다.[41] 황하의 옛길 형상이 『오래된 우물』처럼 '물 없는 황하의 노래' 가 되었지만 넓은 스크린과 멀티 음향 형식과는 달리 영화는 반복적으로 주인공을 스크린 중앙에서 클로즈업한다. 이는 타자 시점 속에서 민족의 '주변 경험' 이라는 중심의 재배치였다. 그리고 반항인 동시에 복종의 표현이기도 했다. 『황하의 노래』는 힘겹지만 별스러운 조화가 있는 황토지에서의 생활을 보여준다. 그것은 강도와 양민이 상호의존하면서 이루는 조화다. "말몰이꾼을 죽이면, 누굴 털어?그러면 굶어죽기밖에 더해!"『황토지』에서 중국역사는 시간에 대한 공간의 승리, 하늘과 물에 대한 토지의 승리, '문자'와 '노래'에 대한 '형상(象)'의 승리이자 인간과 생명에 대한 역사의 승리로 표현되었다. 공간은 역사에 대한 상징인 동시에 역사의 기억에 대한 조롱이었다. 반면『황하의 노래』에서는 노랫소리가 흐르는 물을 대신하여 공간과 땅에 대한 저항의 의미를 지녔다. 이것은 '황하의 노래'이지만 영화 속에는 오히려 메마른 황하의 옛길이 보일 뿐이다. 그것은 흐르는 물이자 강의 형상이고 승리한 공간의 형상이지만 '말몰이꾼'의 끊임없이 이어지는 정감 깊은 노랫소리가 생명이 흐르는 물의 솟구침이 되었다. 작품에는 여전히 배우자 없이 폭력에 의해 욕망의 대상을 박탈당한 남자가 등장한다. 그러나 타인의 혈육, 타인의 아이를 키운다는 고사가 여기서는 다시 생명의 완강한 이어짐을 이룬다.『황하의 노래』에는 심지어 드러나지 않는 상상 속 문명의 구원도 더 이상 존재하지 않았다. 구원은 상상의 천국인 황하 저편에서 오는 것이었다.

중국 현대화 과정의 새로운 임계점인 1987년 전후의 당대 영화 텍스트에 공통된 특징은 서사 구조의 리비도화였다. 민족적, 사회적, 정치적 문제의 성적 해결(혹은 비해결)인 것이다. 사실 유사한 표현이 비교적 단순한 영화『야산』속에 잠재해 있었다. 이 이야기의 결말 부분에서 허허(禾禾)와 구이란(桂蘭)이 현대문명을 지칭하는 전등과 전기 제분기 옆에서 환호할 때, 류쟈(六甲)를 안은 구이란은 하나의 기표로 구실한다. 작품은 현대문명과 신식 농민, 새로운 생존방식과 성적 해결을 함께 병치시킬 뿐 아니라, 부자상속과 자손이 있어야 한다는 중국적인 가치판단으로 영화가 내세우는 주제를 잠재적으로 해체시켰다.『옛 우물』,『황하의 노래』는 해결할 수 없는 성性문제로 표층구조

아래로 축출된 민족문화에 대한 재질의를 이어갔다. 『황하의 노래』 결말에서 황하를 건너 시집가는 여인의 모습은 다시는 이룰 수 없는 성적 충만과 자손 유지를 의미할 뿐 아니라 미래를 맡겨야 하는 미지의 피안을 의미하기도 했다.

타자 시점 속의 민족문화의 중심이 서사의 리비도화와 함께 배치됨으로써 8 · 90년대 교체기의 중국 영화는 더욱 선명한 민족 우언의 특징을 지니게 되었던 것이다.

결말

제3세계 비평과 우언 텍스트의 해석 방식에 주의를 기울이려면 다음과 같은 사실을 먼저 정시해야 한다. 첫째, 제1세계, 더 정확히 말하자면 미국문화 내부에서 제3세계 비평이란 주변이론의 하나이다. 이처럼 영원히 중심이 되지 못하는 주변이론은 어떤 의미에 있어서는 백인중심문화에 대한 해체를 의미한다. 그러나 푸코는 다음과 같이 지적했다. 어떠한 주변의 설정이라 하더라도 모두 중심을 다시 세우는 과정이라고. 그러므로 이 비평이 우리에게 계시를 주고 대화와 교전의 가능성과 방법을 제공하더라도, 제3세계 지식인의 입장에서 그것은 여전히 제1세계에서 출발한 타자 담론이며 타성他性 문화의 유기적인 조성부분이라 할 것이다. 그 목적도 아마 제1세계의 '인문적 빈곤'을 벗어나기 위한 것이리라. 둘째, 제3세계 비평의 관점으로 텍스트 문화 명제를 연구할 때 다음과 같은 가설은 배제해야만 한다. 완전하고 영구불변하는, 접촉한 적 없는 '민족'과 '민족문화 본체'가 존재한다는 가설 말이다. 어떤 유사한 가설이라도 그것은 일방적 복종과 같은 상상이다. 제3세계의 민족은 항상 제1세계의 경제적 침투, 문화적 침투와 투쟁 속에서 존재하기 때문이다. 사실 아편전쟁을 시작으로 제국주의와 자본주의 세력이 중국을 침략한 이래, 쇠락하고 퇴폐한 '거대한 동양의 제국'으로서 중국 민족의 기억과 민족의 문화는 더 이상 폐쇄적이고 중심화된 본체가 아닌, 늘 침략당하고 짓밟힌 민족의 상처, 반항하고 투쟁 중인 민족의 기억이자, 독립과 자강과 현대화 과정에 대한 새로운 확인이었다. 정해진 민족의 범례란 존재하지 않는다. 민족 생존의 경험과 놀라운 체험에 관한 모든 표현은 민족 서술의 유기적인 조성 부분이 될 것이다.

마지막으로 제3세계의 지식인에게 제3세계의 민족 우언은 주변담론의 하나임이 분명하다. 그러나 마침 이 민족 우언은 담론 주체가 거하는 중심 위치에 놓여 있다. 제3세계 비평의 운용에 있어 그것은 '민족'에 대한 내적 응시와 자기성찰이 되어야 한다. 그러므로 충분히 통찰적인 독자적 견해를 가져야 할 뿐 아니라 재비판 속에서 스스로 새로워져야 하는 과정도 갖춰야 한다.

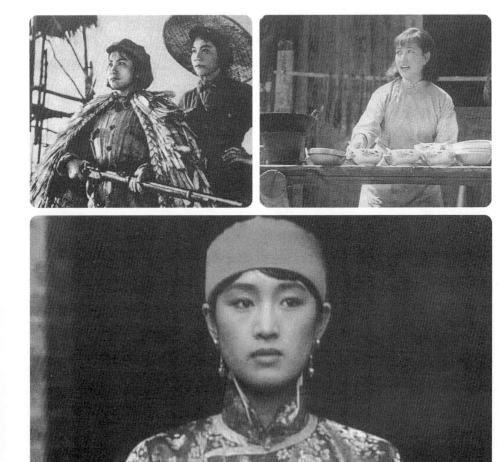

성별과 서사 : 당대當代 중국 영화 속의 여성

>>

천지개벽

1949년 신중국 건립은 중국 여성에게는 공전의 역사적 기회가 도래했음을 알리는 지표였다. 한 세대의 고난의 선택으로서, 반세기의 피와 칼의 기록으로서, 사회주의 제도가 중국에서 확립되었다. 이것은 중국 여성의 운명에 가늠할 수 없는 변화를 가져왔다.

신중국 건립 초기에 가장 완전한 형태로 반포하고 시행한 법률이 바로 『중화인민공화국결혼법(中華人民共和國婚姻法)』[42]이다. 이와 더불어 신중국 건립 초기부터 중국공산당은 여성해방과 관련된 일련의 사회 변혁 조치를 추진했다. 강제결혼과 매매혼을 금지하고, 기원妓院도 폐쇄하였다. 기생은 재교육을 통해 직업을 바꾸어야 했다. 여성은 가정으로부터 사회로 진출해 일을 가질 수 있었다. 중국 공산당은 아울러 갖가지 성적 멸시와 성적 금기도 없앴다. 또 모든 영역과 모든 직업으로 여성이 진출할 수 있도록 계획하고 이를 대규모로 선전했다.

특히 전통적으로 남성에게 특권이 있다고 여겨졌던 영역[43]으로 진출하는 것을 독려했다. 정부는 일련의 법률을 제정, 반포하여 현실 사회에서, 현실적 의미를 지닌 남녀평등이 이루어지도록 했다. 당대의 중국 여성은 남성과 평등한 공민권, 선거권을 누리게 되었다. 남녀는 동일 노동에 동일 임금을 받는다는 정책을 전면적으로 시행하였다. 여성들은 결혼과 이혼의 권리, 자녀 부양의 권리, 낙태의 권리 및 남성에 대한 상대적인 우선권을 누렸다. 중국여성연합회(中國婦女聯合會, 줄여서 '婦聯')는 방대한 규모를 가진 조직이자 전국 도시와 향촌에 걸쳐 퍼져 있는 반半관변 기구의 하나로서 여성 문제의 대변인이자 여성 권익의 수호신이 되었다. 이것은 분명 천지개벽 같은 변화였으며 여성에 대한 전례 없는 혜택이었다. "시대가 변했다. 남녀는 동등하다. 남성 동지가 할 수 있는 일은 여성 동지도 할 수 있다."[44] "여성은 세상의 반이다."[45] 당대 중국 여성이 해방되었다는 것은 의심할 수 없는 사실이다. 게다가 아직까지도 중국은 여성해방의 수준이 가장 높고 여성이 가장 많은 권력과 자유를 누리는 국가 가운데 하나다.

그러나 매우 재미있게도, 당대 중국 여성이 '세상의 반'으로 불리고 또 그러한 모습으로 신중국 사회의 현실 풍경에 나타났지만, 그래서 남성과 '맑은 하늘'을 함께 누리고 있지만, 적어도 1949년에서 1979년에 이르는 요란하고 사나운 기운이 넘쳐나던 폭풍취우의 시기에 여성 문화와 여성 서사는 소리 없이 사라져버렸다. 1949년 이래 여성 작가가 끊임없이 모습을 드러내었고, 여성 감독들은 영화제작―이것은 성별에 따라 멸시받던 직업이었다―에 전면적으로 뛰어들어 훌륭한 성과를 냈으며, 아울러 중심 및 주류 문화의 지위를 점유했다. 그러나 1949년에서 1979년까지, 이 특정한 역사적 시기에 '여성의 이야기'는 오히려 글쓰기와 수용의 의미에서 점점 아득해지는 '안개 속 풍경(霧中風景)'이 되었다. 어떤 의미에서 당대 중국 여성이 만난 현실과 문화적 곤경은 논리상 오류이자 매우 황당한 기현상이자 역설이었다. '5·4' 문화 혁명 후 성별의 문제가 어렵사리 역사의 표면에 모습을 드러냈다. 여성들이 드디어 남성과 공동으로 드넓은 하늘과 널리 펼쳐진 지평선을 소유하게 되었지만, 오히려 자신의 성별을 확인하고 표현하고 질문할 수 있는 권리와 가능성은 상실하고 말았다. 여성들은 해방된 여성으로서 역사 과정에 뛰어들었으나 그와 동시에 하나의 성별로서의 집단은 역사의 시야 바깥으로 조용히 밀려나버렸던 것이다. 현실에서 해방이 도래했다. 그러나 그것은 여성이 담론 및 역사의 주체가 되는 것을 다시 한 번 터무니없는 일로 만들어버렸다.

역사 담론 속의 여성

그래서 다음과 같은 황당한 사실이 만들어졌다. 당대 중국 여성은 정치·법률·경제상으로 상당히 많은 권리를 누리지만 이에 상응하는 여성의식과 성별로서의 집단의식은 오히려 결핍되고 혼란되고, 갈피를 잡을 수 없는 지경까지 이른 것이다. 이 시기는 극히 특수한 역사적 시기였다. 민주혁명과 '개성해방'에 수반되는 여성해방이라는 명제는 '5·4' 문화운동이 시작되었을 때부터, 중국 사회 변혁의 주요 명제이자 필요 명제로 인식되었다. 그러나 웅장한 기세와 늘 새로운 사건으로 가득 찼던 20세기 중국의 웅대한 역사적 풍경 속에, 성숙하고 독립적이며 어느 정도 규모를 갖춘 여성해방 운동은 좀처럼 나타나지 않았다. 그것은 대혁명 역사의 삽입곡이나,[46] 무의식중 여성 작가의 펜 끝에서 나온 서술이나,[47] 혹은 영화사에서 다양한 색깔과 모습을 지닌 여성 형상과 여성 담론의 시리즈가 되어 때때로 모습을 드러내었다. 이 때문에 1949년 이래, 여성 지위에 있어서 천지개벽할 변화는 상당 부분 외부적 힘에 의한 것이었다고 할 수 있다. 바꿔 말해 그것은 중국 여성에게 주어진 천재일우의 기회이자 행운이었다. 사회주의 실천과 50년대 중국의 공업 혁명에 있어서의 수요가 이 시기를 '자매들이 일어나는' 위대한 시기로 만들었다. 중국 여성은 공전의 규모와 깊이를 가지고 당대 중국 역사에 뛰어들었다. 여러 역사적 문헌과 통계 도표가 이러한 사실을 보여준다.[48]

그러나 외적인 힘이 여성해방 운동에 있어 주요하고 심지어 유일한 동력이었기 때문에, 여성의 자아와 집단의식이 저하되어 현실 혁명과 부조화를 이루게 되는 당연한 상황이 발생하게 됐다. 문제는 역사 단계론적 '합법화' 과정이 필수적인가 아닌가가 아니라 현실 속 여성해방에 근본적으로 수반되어야 하는 여성의 문화적 혁명이 결핍되었다는 데 있었다. 일단 여성의 노동력을 해방시키고 여성의 정치·경제적 지위를 개선하자, 법률적 형식이 이러한 변혁적 현실을 확인하고 보호했다. 당대 중국의 주류 담론 시스템에 있어 여성해방이란 바로 완료 시제로 방금 완성된 문서가 되어버렸다. 특정한 정치적 세대구분법을 통해 권위적 역사 담론이 여성 서사를 흑백이 분명한 물과 기름 같은 역사의 시간적 단락 속에 나누어서 배치해버렸던 것이다('신사회와 구사회의 다른 하늘', '구사회는 인간을 귀신으로 만들고, 신사회는 귀신을 인간으로 만든다'). 1949년에서 1979년까지라는 특정한 역사적 단락에서 여성에 관한 유일한 서사는 다음과 같았다. 암흑천지 구중국(1949년 이전)에서 여성은 노역에 처해지고, 유린되며, 모욕당하고, 피해만 보는 비참한 운명을 살아야 하고, 고통스럽고 아득하며, 도와줄 이라고는 없는 절망적 상황을 맞아야 한다는 것이었다. 게다가

『바이마오뉘』

이것은 결코 여성만의 특수한 운명이 아니라 피억압계급이라면 공히 만나야 할 운명이었다. 5·60년대 광범위하게 유전된 「여성해방가(女性解放歌)」는 그 좋은 예였다. "구사회는 칠흑같이 어두운, 만 길의 낡은 우물. 그 안, 고통 받는 우리가 있나니, 그중에서도 가장 미천한 자, 여성이어라." 그래서 여성의 운명에 대한 묘사는 구중국 노동대중 모두의 운명을 말하는 것이자 그것을 적절하고 깊이 있게 상유한 것이었다. 공산당원의 빛이 그녀(그)들의 하늘을 비추고 신중국이 건립되면서, 고난에 찬 운명은 영원히 지나가버린 역사 속의 한 페이지가 되었다. 신중국 초기의 고전 『바이마오뉘(白毛女)』[49]는 분명 이에 가장 적합한 예다. 소작인의 딸은 빚 대신 노비로 팔려갔다가, 지주의 욕정에서 벗어나기 위해, 그리고 다시 팔려가는 운명을 피하기 위해, 깊은 산으로 도망가 야인이 된다. 공산당 군대가 오자 비로소 그녀는 햇빛을 다시 볼 수 있고 인간으로서의 삶을 회복할 수 있게 된다.

신중국 초기 여성해방 담론에 있어 신중국의 건립은 여성이 노예의 역사로부터 벗어나게 되었음을 의미했고, 이와 동시에 부권父權과 남성권력 사회에서 영원한 '제2의 성'이었던 여성의 역사와 수천 년 동안 이어져온 남존여비의 역사적 인습과 타성이 하루아침에 전복되었음을 의미했다. 이러한 역사적 세대구분법은 두 시대를 분명히 그리고 완전히 가르는 담이었다. 그것은 신중국 여성인 해방된 여성이 처한 새로운 사회 · 문화 · 심리적 문제를 은폐했으며 미약하게나마 유지되던 전근대의 여성 문화와 '5 · 4' 문화 혁명 이래의 여성 문화 전통을 당대 중국 여성의 문화적 시야 밖으로 단절시켰다. 계급 담론은 여성의 역사적 조우와 운명을 두드러지게 보여주었지만 반대로 해방된 여성이 대면한 새로운 생존과 문화적 현실을 은폐했던 것이다.

남성권력 · 부권父權과 욕망의 언어

특정한 문화적 실천으로서 신중국 영화 혹은 '17년' 영화는 효과적이고 정확하게 여성의 현실과 문화상의 역설을 표현했다. 필자가 일찍이 지적했듯이 1949년을 기점으로 중국 현대영화사와 당대영화사를 나누는 것은 분명 정확하고 타당하다. 1949년 대륙에 발생한 것은 정치적 격변과 정권의 교체뿐만 아니었다. 일련의 사회적 격변의 결과로 중국 영화사에는 선명한 단절의 선이 그어졌다.[50] "소위 백지가 새롭고 아름다운 그림을 그리기에 가장 좋고, 새롭고 아름다운 문장을 쓰는 데 가장 좋았던" 것이다.[51] 어떤 의미에서는 3 · 40년대 이미 성숙한 서사 형태를 갖춘 중국 영화가 시작되었고, 적어도 4 · 50년대 교체기에 단절의 징조가 보였다고 할 수 있다. 영화 제작 체제 및 영화 제작 '대오'의 극적인 변화, 중국 영화 전통의 단절, 헐리웃 영화와의 이데올로기적 대치, 사회주의 소련 영화 문화 및 영화 전통과의 단절 등으로 인해, 당대 중국 영화가 시작되었을 때 영화 제작에 참고할 수 있는 것이라곤 신정권의 영화에 대한 정치적 자리매김과 강력하게 구축 중이던 주류 이데올로기뿐이었다. 1949~1955년의 중국 영화는 대부분 소박하고 유치한 예술 언어로 완성된 것으로 새로운 이데올로기의 표현을 영화적으로 재확인한 것이었다. 그러나 1959년 후, 무에서 유로, 조금씩 완전한 모습을 띠어가던 신영화는 중국 좌익 영화 전통과 융합하면서 점차 혁명 고전 영화의 성숙한 형태를 만들어갔다.

중국 사회 변화에 발맞추어, 영화 기제 사이에 내재하던 성별 질서와 성별 서사의 본질적인 변화가 새로운 고전적 영화 형태에 일어났다. 이 시기 작품들의 골간을 보면, 내재적으로 남성 욕망의 시야와 연결시켜 여성을 표현하던 방식이 점차 사라졌으며, 욕망에 관한 서사와 영화의 카메라 언어에 '필수적인' 욕망의 시선이, 이데올로기 담론을 참고하여 만들어진, 엄밀한 영화 서사의 정치적 수사학에서 점차 지워졌음을 알 수 있다. 욕망의 서사와 욕망의 언어가 사라짐으로써 헐리웃식의 고전적인 영화 서사 기제에 내재하던 특정한 남성권력의 이데올로기 담론(즉, 남성 욕망/여성 형상, 보는 남성/보이는 여성이라는 카메라 언어 모델)은 성공적으로 제거되었지만, 이것이 당대 중국의 영화적 실천에 있어 혁명 고전 영화 모델이 철저하게 남성권력의 질서와 서사를 전복시켰다는 것을 의미한 것은 아니었다. 그것은 분명 남성 중심적인 영화 형태를 흔들어 놓았지만 그것을 대체한 것은 강력한 부권 이데올로기를 바탕으로 수정된 영화 서사였다. 이 새로운 고전 영화는 우선 여성 스스로의 진술이 아닌, 거의 예외 없이 권위적 시선(당연히 남성적인 시선이지만, 결코 남성적 욕망의 시선은 아니다)을 통해 서술되는 여성을 보여주었다. 그리고 여성 형상은 더 이상 남성 욕망과 시선의 객체는 아니었지만, 아직은 남성으로부터 독립한 성별적 집단도 아니었다. 게다가 핵심적인 시점을 점유하거나 발할 수 있는 존재는 더더욱 되지 못했다. 당대 중국의 사회 조직 구조처럼, 영화 서사에서 욕망의 언어와 인물의 욕망적 시선이 사라짐으로써 스크린 속의 인물 형상은 '비성별화' 된 모습으로 나타났다. 남성, 여성 간의 성별 대립과 차이는 상당 정도 약화되었고 인물과 스토리상의 계급적·정치적 대립과 차이가 이를 대체했다. 동일 계급 간의 남성과 여성은 친밀하고 순결한 형제자매였다. 그들은 당과 인민이라는 동일한 비육신적 아비를 두게 되었다. 그들은 동일한 서사적 형상 혹은 공간적 형상으로 존재했다. 이렇게 성별 차이를 모호하게 하는 서사는 욕망을 미해결 과제로 남겼으며, 욕망을 공석인 비육신적 아비(공산당, 사회주의 제도와 공산주의 사업)에 정확히 대위시키고 투사했다. 그것은 알튀세르(Louis Althusser)가 말한 이데올로기의 '소환' 과 구원자가 피구원자에게 요구하는 절대적 충성을 성공적으로 실현했다. 게다가 비성별화한 인물 형상과 서사는 개인 욕망 및 개인주의를 부정하고 잠재적으로 억눌렀다. 이러한 혁명의 고전적 서사 형태에서 개인의 사적 욕망은 모두가 수치스럽고 불결한 것이었다. 물욕과 정욕에서 벗어나지 않는 이 사적 욕망의 전형적인 양식은 절대적인 충성에 손상을 가하는 것이었다.

진향련(秦香蓮)과 화목란(花木蘭)

어떤 의미에서, 현·당대 중국 사상사와 문화사에 나타난 여성과 여성해방에 관한 담론은 두 여성의 거울상(鏡像)* 사이에서 배회하고 있다고 할 수 있다. 모욕당하고 피해만 보는 구식 여성이자 약자인 진

---

* 라캉(Jacques Lacan)의 거울단계 이론에 나오는 거울에 비치는 이미지의 역어이다.

『진향련』

향련과 남권 사회에서 여성의 규범을 넘어섰으며 남성처럼 대大시대에 투신하여 함께 국난에 대처하고 국가에 보답하는 여성 영웅인 화목란이 바로 그들이었다. 노라의 형상과 봉건가정을 거부하여 '가출' 한 그녀의 행동을 제외하면, 현·당대 중국 여성은 진향련 같은 구식 여성으로 상해를 입고 '매장' 당하거나 화목란식 신여성으로 남성의 모습을 하고 남성의 규범과 방식대로 사회생활에 투신해야 했다. 그리고 신중국의 권위적인 세대구분법이 이러한 두 여성의 거울상을 확정하고 여성 규범을 강화했다는 것은 의심의 여지가 없다. 아마 지금까지도 당시의 권위 있는 지령과 담론인 "시대가 변했다. 남녀는 동등하다"라는 말이 어떻게 중국 여성해방에 거대하고 본질적인 영향을 끼쳤는지를 평가하는 것에 여전히 어려움을 느낄 것이다. 다만 1949년에서 1979년까지라는 특정한 시기에 그것이 확실히 강력한 국가 권력을 바탕으로 여성해방의 실현을 지지하고 보장했다는 사실만은 논쟁의 여지가 없다. 지금까지도 그것은 여전히 가늠하기 어려운 거대한 역사적 유산이다.

그러나 다시 돌아보면 이와 다른 측면이 점차 분명하게 모습을 드러낸다. 그것은 "남녀는 동등하다"는 담론 및 그 사회적 실천이 성별로 차별하는 사회 체제와 문화적 전통을 전복함과 동시에, 여성이 평등하고 독립된 성별 집단이라는 것도 부인했다는 사실이다. "남녀는 동등하다"는 서술은 남녀평등의 현실을 강력히 추동하고 보장했으나 동시에 역사가 만든, 남성과 여성 사이의 심각한 문화적 대립과 수천 년간 남성 역사가 써 놓은 성별에 따른 문화적 차이를 은폐했다. 그리하여 여성이 남권 문화의 여성에 대한 규범 때문에 더 이상 전전긍긍하거나 침묵하지 않게 되자, 남성 규범(남성의 여성에 대한 것이 아닌 남성 규범 자체)이 오히려 절대적 규범이라는 문화와 사회 현실의 또 다른 이상한 고리가 나타났다. "남성 동지가 할 수 있는 일은 여성 동지도 똑같이 할 수 있다." 어떤 의미에서 필자는 1949년에서 1979년까지 성별 문화의 기본 특징을 '무성화無性化'보다는 극히 특수한 '남성화'라고 보는 것이 더 진실에 가깝다고 생각한다. 그래서 이 공전의 여성해방 운동은 여성이 정신적인 성별에 구속받지 않도록 했고 자신에게 부과되었던 육체적 노역을 없애는 동시에 '여성'을 일종의 허구적 존재로 만들어버렸던 것이다. 여성은 역사적 멍에를 벗어버리는 동시에 자신의 정신적 성별을 잃어버렸다. 여성, 여성의 담론과 여성의 자기 진술과 탐구는 주류 이데올로기 담론에서 성별 차이가 사라짐으로 인해, 불필요한 것, 불가능한 것이 되었다. 고통 받고 악운을 만나고 치욕을 겪은 구식 여성과 준 남성적인 전사이자 영웅이라는 두 주류 이데올로기의 거울상 사이에서, '신여성'인 '해방된 여성'은 존재하지 않는 역사적 틈과 순간 사이로 사라져버렸다. 정치, 경제, 법률적 의미에서의 여성해방은 새로운 문화적 억압 형식을 만들어냈다. 해방된 중국 여성은 자신들의 해방에 환호했지만, 동시에 자유의 멍에를 짊어져야 했다. 당연히 그리고 반드시 여성해방이라는 사회 변혁에 수반되어야 하는 여성의 문화 혁명은 말살되거나 무기한 미루어졌다. 모든 여성의 고난, 여성의 반항, 분투, 여성의 자각과 내적 성찰은 과거 시제이자 구중국, 구세계의 특수한 존재가 되어버렸다. 역사적 서사의 성별에 대한 모든 토론과 여성 문제의 제기는 정치 및 문화에서 '반동'적인 행위와 다르지 않았다. 이전의 여성이 자신의 언어를 갖지 못한 채 시종 남권 문화 및 언어의 멍에 아래에서 전전해야 하는 존재였다고 한다면, 당대 중국의 여성은 심지어 여성과 관련된 담론마저도 조금씩 잃어간 존재였다고 할 수 있다. '화목란식의 경우'가 현대 여성이 공통으로 직면하고 있는 성별, 자아의 곤경이라 한다면, 당대 중국의 여성, 즉 '화목란'처럼 남성으로 분해 남성의 신분으로 영웅이 된 여성은 주류 이데올로기에서 무성적이고 (만약 유일하다고 하지 않는다면) 가장 중요한 거울상이 되었다고 할 수 있다. '중화의 여성은 참으로 이상해, 화장은 싫어요, 무장이 좋아요'[52]라는 노래는 바로 이 사실을 말해주고 있다.

　노라와 '가출'의 그림자가 '5·4'의 여성으로 하여금 부권父權의 집과 부권夫權의 집 사이의 갈라진 틈, 역사에서 부유하는 무대를 배회하도록 했다면,[53] 신중국의 권위적인 여성 서사― '여성 노예'에서 '여성 전사'로―는 아주 잠깐 또 다른 역사적 순간을 만들어냈다. 그녀들이 자유롭고 해방된 여성 신분을 쟁취할 수 있는 그 순간은 바로 '만 길 우물'로부터 신중국(해방구 혹은 공산당과 인민의 군대)의 따뜻한 품을 향해 달려갈 때, 청량한 하늘로 달려 갈 때뿐이었다. 신중국의 고전적 영화『홍색낭자군(紅色娘子軍)』에는 충화(瓊花)와 홍롄(紅蓮)이 국민당과 악질 지주 난바톈(南霸天) 통치 하의 예린자이(椰林寨)에서 탈출하여 홍군이 주둔하고 있는 홍스샹(紅石鄉)으로 들어서는 순

『홍색낭자군』 포스터

간, 어둡고 비 오는 밤이 붉은 안개로 가득 한 새벽으로 바뀌는 장면이 나온다. 이때 홍롄이 입고 있던 남장 역시 신기하게도 여장으로 바뀌지만 다음 순간 낭자군의 회색 군복이 여성적 옷차림을 대체한다.[54] 이 권위적 서사에는 성별의 확인을 계급과 계급투쟁에 관한 담론과 연계시키는 특정한 수사 방식이 사용되었다. 착취 계급과 적대 계급만이 성별을 구분하는 시점을 소유하고 사용할 수 있었다. 그러한 시점을 통해 여성을 천시하는 차별이 확인되고 그녀들을 바라보는 사악하고 저급한 욕망의 시선이 제시되며 여성에게 가해진 권력과 폭력이 전달되었다.[55] 이 때문에 낭자군의 여전사가 된 후 충화는 딱 두 번 여장을 한다. 하나는 적진에 정탐을 갈 때이고 다른 하나는 홍창칭(洪常靑)(첩이자 하녀)을 따라 예린자이로 들어갈 때다. 바꿔 말해 적 앞에서만 여성으로 '꾸며' 여인의 신분과 섹시함을 표현해야 했던 것이다. 그러므로 어떤 의미에서 당대 중국의 여성은 사회와 담론의 권력을 남성들과 나눠 누릴 수 있도록 허가 받은 동시에 자신들의 성별 신분 및 그 담론의 성별 신분은 잃어버렸다고 할 수 있다. 그녀들은 진실로 역사에 참여했지만, 그와 동시에 비성별화한(정확히 말해 남성적인) 가면을 씀으로써 여성의 주체적 신분을 잃어버렸다. 새로운 법률과 체제를 통해 중국 여성은 '진향련'의 비극적 운명과는 상당한 거리를 두게 되었지만, '화목란' 식의 여성 생존상의 곤경은 다른 방식으로 더욱 심화되었다.

가정 · 국가 안에서

화목란 전기를 조금만 고찰하고 추수해본다면, 성별질서를 참월僭越하는 이 이야기가 중국 문화 질서 속에서 특별한 허가를 받았다는 것을, 그리고 가정과 국가에 대한 여성의 동일시와 그에 대한 지극한 정성, 지극한 충성을 의미한다는 것을 쉽사리 알아차릴 수 있을 것이다. '목란이 종군하다(木蘭從軍)'라는 이야기의 완전한 제목은 '목란이 아비를 대신해 종군하다(木蘭代父從軍)'가 되어야 한다. 이야기의 첫 부분에서 독자는 여성의 지위에 만족해하는 목란을 만나게 된다. "덜거덕, 덜거덕. 목란은 방에서 베를 짠다."* 목란이 종군하게 된 동기는 다른 것이 아니라 어쩔 수 없기 때문이다. "어제 본 군첩, 임금이 병사를 부른다. 명부 열두 권, 보고 또 보아도 아비의 이름. 아비는 아들 없고, 목란은 오라비 없더라."56)** 사실 중국 고대 민간 문화 특유의 '도마단(刀馬旦)'57) 형상은 다소간, 어쩔 수 없이 아비나 지아비를 대신해 종군한 이들이라는 특징을 지닌다. 그래서 중국인이라면 누구나 알고 있는 구전되는 『양가장(楊家將)』58)의 유명한 레퍼토리도 『백세 원수가 되다(百歲掛帥)』와 『목계영 원수가 되다(穆桂英掛帥)』(그러나 이들 레퍼토리는 60년대에 비로소 경극으로 유행했다)이다. 둘 다 외

---

* 喞喞復喞喞, 木蘭當戶織.
** 昨日見軍帖, 可汗大点兵, 軍書十二卷, 卷卷有爺名. 阿爺無大兒, 木蘭無長兄.

적의 침입으로 인한 국가적 위기 상황에, 집안의 남자가 모두 전사하여 여성이 부득이하게 출정하게 된다는 여성 영웅 전기이다. '양홍옥 북을 치며 금산을 지키다(梁紅玉搐鼓鎭金山)' [59]라는 레퍼토리는 마찬가지로 전쟁과 역사적 장면 속의 여성을 다루고 있지만, 이 여성 영웅은 북을 두드려 전쟁을 독려하는, 더욱 '단정한' 위치를 지닌다. 그러나 『양가장』의 또 다른 '여자, 남자가 되다(雌了男兒)'의 단락인 '목가채 데릴사위 삼다(穆柯寨招親)', '군영에서 아들을 베려하다(轅門斬子)' [60]와 같은 이야기는 희극적인 여홍의 레퍼토리에 불과하다. 이러한 여홍의 레퍼토리는 성별질서를 바로잡고 결코 그것을 참월하지 않는 희극 레퍼토리인 『타금지(打金枝)』 [61]와는 달리 사람들에게 더 큰 즐거움과 자유를 느끼게 해준다.

절대적이고 참월을 용납지 않는 성별질서라는 의미에서, 화목란의 이야기를 프랑스 영웅 잔다르크(Jeanne d' Arc) 이야기와 비교한다면, 중국의 봉건문화(혹은 유교문화)가 유럽의 중세 기독교문화보다 좀 더 관용적이며 느슨하다는 것을 알 수 있다. 중국에서 여성이 남장을 하는 것은 '임금을 속이는 죄' 였다. 그러나 민간 고사에선 이들 여성이 '임금과 나라에 충성한다(忠君報國)' 라는 명목으로 자주 사면 받았다. 역사 다시쓰기 속에서 점차 권력 질서적인 의의를 부여받은 '음양 관이 어떤 의미에서는 중국 문화의 보편적 의미에서 남존여비의 성별질서에 대응한다고 할 수 있다. 그러나 그것은 계급 및 등급 질서를 강조―존귀한 자는 양이고 비천한 자는 음, 주인은 양, 노예는 음―하는 데 있어 상당히 취약한 측면을 지녔으며, 적어도 월권을 용납하지 않는 분명한 경계를 모호하게 만들었다. 그래서 소위 '군신, 부자, 부부' 라는 권력 구조에서 여성은 당연히 최하층에 놓여야 하지만(夫婦), 신하나 아들일 경우 남성 역시 '음' /여성의 문화적 위치(君臣, 父子)에 놓이게 된다. 전근대의 중국 문인이 글을 쓸 때 간혹 자신을 '향초미인香草美人' 으로 비유하는 문학 전통은 간혹 여기에서 비롯되기도 했었다. 화목란과 잔다르크의 비교를 통해, 우리는 화목란이든 양홍옥이든 목계영이든 아니면 '오를레앙' 의 잔다르크든, 그녀들이 '운좋게' 역사의 지평선을 뛰어넘을 기회를 잡았음을 알 수 있다. 그리고 역사적 기록에서든 전기적인 허구에서든 그 배경이 모두 전운이 감돌고 적이 국경을 넘보던 부권父權이 쇠락한 시절이었음을 알 수 있다. 바꾸어 말해 여성이 달기(妲己)와 포사(褒姒)[62] 같은 경국지색이 아닌 영웅으로 역사에 출현할 수 있는 유일한 길이란 부권父權과 남권男權이 쇠퇴하고 붕괴했을 때만 가능했던 것이다. 때문에 현대 문학사에서 여성의 글쓰기가 '5·4' 신문화 운동 이후 40년대 일본 점령지에서 또 한 차례 일어난 까닭을 아마 쉬이 이해할 수 있을 것이다.

한편, 중국 민간 문화 속의 '도마단' 전통은 또 다른 재미있는 정보를 알려준다. 그것은 전근대 중국 여성 역시 군주의 나라에 대한 어느 정도의 유효한 동일시를 통해 조직된다는 것이다. 당연히 전근대에 '수신, 제가, 치국, 평천하修身, 齊家, 治國, 平天下' 는 좋은 남자의 삶의 기준이었다. 그리고 여성이 우연히 '역사의 지표로 떠올라' 나라에 충성을 다한다는 전제는 동시에 가정을 위해 효를 다하는 것이었다. 그래서 목란의 참월은 '아비를 대신하였다(代父)'는 말 한 마디로 사면 받을 수 있었고, 목계영이 '스스로 남편을 택한'* 일탈은 산적패인 목가채의 무리를 이끌고 송에 귀의하여 "'양씨 문중' 여장군"의 이름을 천고에 빛냄으로써 용서 받을 수 있었던 것이다. '국가의 흥망'에 '필부匹夫'와 '필부匹婦' 모두 '책임이 있는' 것으로 간주되었던 것이다. 하지만 가장 천박한 '비교문화'적 의미로 본다 하더라도, 이 '가정'은 저 '가정'과 달랐다. 즉, 전근대 중국의 '가정'은 부자상계의 부권제 봉건가족이지 근대사회의 남성권력 중심 핵가족이 아니었다. 또 이 '나라'이지 저 '나라'는 아니었으니, 이 '나라'란 봉건 왕조를 지칭하는 것이지 근대적 의미의 민족국가를 말하는 것은 아니었다. 『공작동남비(孔雀東南飛)』, 『차두봉(釵頭鳳)』과 『부생육기(浮生六記)』[63] 같은 비극적 절창은 간혹 부권父權가정의 여성이 남성에 의지하고 예속되어 있지만은 않다는 것을, 그리고 그 속의 남성(신하이자 아들)이 아비(혹은 아비의 일을 대행하는 어미)의 권력에 도전할 때 무력하다는 것을 보여주었다. 그들은 '스스로 동남쪽 가지에 목을 매는' 죽음으로 저항하거나 '첩을 증여 받아 춘몽으로 다시 빠져들어' '망각과 거짓말을 따라' 구차한 삶을 이어갈 수밖에 없었다.

이로 인해 중국 민주혁명의 중요한 구성 성분이자 '5·4' 시대 가장 유명한 문화적 거울상의 하나인 노라(Nora)가, 그 수용과 해석의 측면에서, '인형의 집' —현대 핵가족—으로부터 탈출한 아내라는 신분에서 봉건 가정에 반항하는 딸/아들의 신분으로 고쳐 쓰인 것은 그리

---

*   自擇其壻.

이상한 일이 아니었다. 그러나 아비의 가정에서 남편의 가정으로 전향한 '가출한 노라'는 아직 그 모습을 중국 스크린에 비추지 않았다. 중국 영화 초기에 스크린에 비춰진 여성은 전근대적 애정 비극에서 온갖 고난을 겪는 현명한 여성이나 원앙호접파(鴛鴦胡蝶派)*의 치정에 얽힌 억울한 여성, 혹은 지붕과 담벼락을 날아다녀 그 종적을 쫓을 수 없는 협녀俠女뿐이었다. 협녀의 '형상'이 간혹 성별질서를 넘어서긴 했지만 영화의 서사 논리에서 그녀들은 본시 사회 질서 바깥에서 살아가는 존재였다. 헐리웃 서부영화의 총잡이와 다소 흡사한 그녀들은 질서와 월권 사이, 질서에 의한 교정과 추방 사이에서 살아갔다(『홍협(紅俠)』, 『황강의 협녀(荒江俠女)』[64] 등).

'5 · 4 신문화 혁명의 보충수업'으로 기능했던 30년대 '국산 영화 부흥 운동' 및 '좌익 영화 운동'이 일어나자 스크린상의 여성은 비로소 도시를 배경으로 한 '선험적으로 돌아갈 집이 없는' 자로 정의되었다. 딸과 '가정'/아비의 집과의 연결은 이미 단절되거나 방임되었을 뿐만 아니라 그녀의 계급적 신분 역시 그녀의 성별적 신분보다 앞서 확인되고 변별되었다(『들장미(野玫瑰)』, 『신녀(神女)』, 『교차로(十字假頭)』, 『길거리 천사(馬路天使)』[65] 등). '노라가 아비의 집을 탈출하는' 장면이 간혹 나타났다 사라지면 그것은 작품이 분명 비극적으로 끝날 것이라는 암시가 되었다(『신여성(新女性)』[66]). 이들 작품에서 여성의 비극적 운명은 부권사회와 남성권력 사회의 중압감을 폭로하는 데 그치지 않고 현대 중국의 개인주의가 향할 수밖에 없는 비극적 귀결도 표현했다. 사실, 입센의 노라에 가장 근접한 이야기와 형상은 전후의

＊　鴛鴦胡蝶派. 청말과 민국 초기에 재자가인才子佳人의 사랑 이야기나 남녀상열지사 등을 내용으로 하는 통속소설과 이를 창작했던 사람들을 지칭하는 말이다.

『길거리 천사』　　　　『신녀』

40년대가 되어서야 중국 은막에 출현했었다(『머나먼 사랑(遙遠的愛)』, 『가둘 수 없는 봄빛(關不住的春光)』, 『약자, 그대의 이름은 여자(弱者, 你的名字是女人)』[67] 등). 이 작품들에 나타난 결단력 있는 여성은 확실히 현대 핵가족이라는 '인형의 집'과 문명사회 부권夫權의 질서를 벗어났다. 그러나 다시 한 번 여성은 탈출과 동시에 귀속되어버리는데, 비록 그녀들이 의연히 '인형의 집'을 벗어났지만 결코 미지의 세계 혹은 비어 있는 세계로 들어가지 않고 '집체', '인민' 혹은 '혁명'이라는 이름이 부여된 집단으로 투신했기 때문이었다. 다시 한 번 여성해방이라는 명제에 대한 표현은 일종의 상유가 되어 부르주아, 소부르주아인 지식인을 지칭하는 방식으로 소환되거나 정합되어버렸다.

혹은 이렇게 말할 수도 있을 것이다. 현대 중국 문화사에서 여성적인/여성해방의 주제란 끊임없이 대大시대에 의해 표현되면서 대시대에 의해 은폐된 사회 문화적 명제였다고 말이다. 만약 우리가 우선 '계몽과 구망救亡'[68]이라는 중심어로 중국 현대사를 적당히 서술한다면, 여성이 처한 상황에 대한 재미있는 문화적 역설을 발견할 수 있을 것이다. 표면적으로 본다면 '계몽'이라는 명제는 통상 여성해방이라는 역사적 사명을 분명 드러냈었다. 그러나 봉건적인 부권父權에 대한 항의와 저항 이면에는 의식적으로든 무의식적으로든 현대 남성권력 문화와 봉건적 부권에 내재하는 연속과 계승이 은폐되었다. 유사 영화적·문학적 표현은 여성이라는 희생자와 반역자를 늘 무의식적으로 비어 있는 기표로 그리고 봉건 사회의 암흑, 몽매함 혹은 하층 사회의 고난을 상유하는 존재로 묘사했다. 이와 더불어 '구여성'은 사자死者 즉, 역사적 시야에서 희생과 제물로 묘사하면서, 동시에 여성의 처지와 체험은 심도 있게 탐구하지 못하도록 가로막았으며, 여성의 경험, 체험 및 문화 전통이 연속되고 이어진다는 사실은 가려버렸다. 그리고 '구망'이라는 명제 역시 민족적 위기, 피(血)와 불(火)이라는 명제를 통해 여성적 명제가 부상하지 못하도록 막으면서 다시 한 번 여성을 강력한 민족 국가에 대한 서술과 인식에 정합하게 했다. 그러나 다른 면에서 본다면, 이러한 남성권력적인 사회 질서가 외래의 폭력적 위협 앞에서 취약해질 때, 문학 속의 여성의 글쓰기는 매우 분명한 방식으로 여성의 체험과 곤경을 표현할 기회를 찾을 수 있었다고 할 수 있다.[69] 하지만 그렇더라도 민주 혁명을 겪은 중국 여성은 여전히 가정과 국가의 테두리 안에 위치할 수 있을 뿐이었다. 이전과 다른 점은 애정, 분업, 책임 및 의무라는 담론을 기반으로 탄생하기 시작한 핵가족이 부권제父權制 봉건 가정을 대체했다는 것이고, 강대한 민족 국가의 소환이 더욱 자주 그리고 유력하게 여성의 주체 의식에 작용했다는 것이었다.

여성과 개인의 하늘

개인과 개인주의 담론이 곤경에 처하고 결핍되었다는 사실을 어떤 의미에서는 현대 중국 여성의 문화적 곤경 중 하나로 볼 수도 있다. 비록 '5·4' 문화 운동이 중국 역사상 위대한 계몽운동이기는 했지만 근대성 담론이 중국에 전파되고 확장되기 위해서는 시종 중국 역사 발전 과정에 대한 특정한 고쳐 쓰기가 이루어져야 했다. 소위 전통 중국 사회의 '초안정적 구조' 혹은 '역사적 타성'[70]과 같은 여전히 위력을 발하고 있는 봉건문화뿐만 아니라, 외부 제국주의 세력의 강력한 위협, 중국의 운명과 현대 중국의 사회 성질에 대한 수세대에 걸친 중국 지식인의 사고 및 미래 중국에 대한 선택이 '자유·평등·박애'가 아닌 '과학과 민주'—강대한 민족 국가에 대한 동경과 구상—를 중국 계몽 문화와 인문 정신의 정수로 만들었다. 이로 인해, 현대 문화사 속에서 고독한 개인은 시종 어떠한 의미에서도 문화적 영웅이 되지 못했다. 그들은 갈림길에서 배회하는 겁쟁이 아니면 대시대의 풍운에 휩쓸린 어릿광대일 뿐이었다. 여성은 성별적 집단으로 부상하여 시종 남성권력과 부권父權 담론의 연합 공격을 마주해야 했다. 그래서 중국 문화 내부의 개인주의 문화의 애매함과 취약함 때문에, 여성 서사가 이따금 채택했던 개인 담론과의 공모 전략은 유효하지만 유한한 가능성이 될 수밖에 없었던 것이다.

이로 인해 자서전식의 글쓰기가 여성 문학 서사의 중요 방식 가운데 하나가 되었다. 그러나 그것은 심지어 주변적인 것으로도 인식되지 못한 목소리였다. 그것은 더 자주 어떤 시대의 징후 혹은 사회적 상징으로 인식되었다. 현대 중국의 사상 문화사에서 '여성'과 '개인'은 똑같이 분명한 울림이 있던 이름이었지만, 동시에 애매하게 생존을 유지하는 존재였다. 『경성지련(傾城之戀)』[71]이 여성 서사에 있어 역사와 여성에 관한 색다른 우언이 되었다고 한다면, 출산이 임박했을 때 전란 속 우한(武漢) 부두에서 홀로 분투하고, 적군이 닥쳐오는 홍콩에서 무언과 고독 속에 초연히 죽어간 여성 작가 쑤훙(蕭紅)의 전기적이고 굴곡진 인생은 여성의 계시록72)이 되었다. '개인'이 가혹한 현대 중국사에서 갓 태어난 존재의 나약함과 '데모크라시(德先生)', '사이언스(賽先生)'*라는 기치 하의 특정한 비어있음과 막연함을 드러냈다면, 여성은 '딸'이라는 신분 바깥에 존재하는 담론의 미궁을 다시 한 번 도드라지게 보여주었다고 할 수 있다. 그러므로 여성과 개인에 관한 유사담론 및 그 문화적 곤경에 대한 표현은 시종 좌익적이고 엘리트 지식인적인 담론의 한 구석을 차지할 뿐, 중국 영화에 성공적으로 진입한적은 거의 없었다고 할 수도 있다. 도시/상업/대중문화는 성공적이며 유효한 영화적 표현이 되지 못했던 것이다.

그 수가 매우 적었던 여성 시나리오 작가 중 한명인 아이샤(艾霞)는 중국 영화사의 맥락에서 재미있으면서도 복잡성을 띤 예라고 할 수 있다. 그녀는 여성 스스로 진술하는 듯한 영화 이야기를 만들었지만 자신은 오히려 생존과 정신이 가한 이중의 압력으로 인해 자살했다. 그녀의 비극적 운명의 메이크업 버전으로는 한 시대를 풍미했던 명배우 롼링위(阮玲玉)가 주연을 맡고 남성 감독 차이추성(蔡楚生)이 메가폰을 잡은 명작 『신여성』이 있었다. 이야기의 여자 주인공이 어둡고 억압적인 부권父權 가정에서 도망 나와 스스로 운명을 결정하고, 다시금 현대판 '인형의 집'과도 절연하여 독립된 인생을 추구하다 자전체 소설 『애정의 무덤(愛情的墳墓)』을 펴내지만, 끝내 남성 욕망의 노리개가 되거나 출판업계의 상업적 의도에 따라 '보이기'/관음의 대상이 되는 운명에서 벗어나지 못하고 자살한다는 내용이었다. 남성권력 사회에

＊　중국 현대화의 중심어였다. '德선생'은 '德謨克拉西(democracy)', '賽선생'은 '賽恩斯(science)'에서 맨 앞 자를 성으로 취하는 독특한 중국어 조어 방식의 하나로 각각 '민주'와 '과학'을 일컫는다.

큰 파문을 불러온데다 결국은 롼링위의 죽음을 초래했기 때문에[73] 이 영화는 공개되지는 못했다. 여성 서사의 '액자식(套層)' 이야기 즉, 반항적 신여성의 메아리 같은 파멸/자기파멸의 기록은 상당히 분명하게 여성과 '개인' 간의 취약한 공모 및 이 공모의 파산을 보여주는 듯했다. 영화사와 대중문화 연구의 맥락에서 롼링위의 죽음은 상업과 스타 제도 하의 여성 비극이자 신여성과 부권父權/남성권력 문화 사이의 비극적 충돌로 간주된다. 이와 동시에 그것은 30년대 좌익 영화와 우익 언론 사업 사이의 충돌로 인식되기도 한다. 그런데 이 충돌이 영화의 감독 차이추성을 희생시키지 않고 끝내 여배우 롼링위를 희생시켰다는 사실은 상당히 의미심장하다고 할 수 있다. 게다가 당대 중국 여성 작가 쑤쑤(素素)의 혜안이 발견한 것처럼, '롼링위의 죽음' 은 추상적인 의미에서의 신여성과 부권父權/남성권력 문화 간의 충돌이 아닌, '5 · 4' 기에 역사의 표면으로 떠오른 신여성과 근대 중국의 유민으로서 구문인 사이에 일어난 충돌을 더 정확히 표현하고 있다.[74] 왜냐하면 '매우 새로운' 이들 신여성은 역사적 장면에서, '그녀' 가 (심지어 그녀들 자신의) 담론에서 표현되는 것보다 더 과감하고 용감한 모습을 띠었기 때문이다.

단어적 존재로서 '신여성' 이 필연적으로 문화와 담론의 극단적인 결핍을 마주하고 있다면, 이러한 결핍은 간혹 규범과 억압이 일시적으로 사라짐으로 인해 자유의 기회를 얻을 수 있다는 것을 의미하기도 했다. 이와는 반대로 사회, 문화적으로 아직 죽지 않고 살아나려 발버둥치고 있던 개인(남성)—구문인/신청년들—은 '신여성' 보다도 어수선하고 나약한 모습을 보여주었다. 아마도 이것이 장아이링(張愛玲)과 후란청(胡蘭成)의 '전기傳奇' 가 갖는 별스런 함의일 것이다. 장아이링이 대륙에서 보낸 영화 인생인 『부인만세(太太萬歲)』, 『끝 모를 정(不了

情)』의 각본은 그녀 특유의 유머와 원만함으로 적당히 타협하며 살아가는 여성을 서사했다. 그러나 전후 중국이라는 특수한 언어 환경에서 국·공 양당의 주류 서사는 모두 전통 혈연 가정과 핵가족의 파괴라는 이야기를 사회 정치적인 동원과 정합을 가능하게 하는 '설자(楔子)'*로 삼았다. 하지만 소위 '중간노선을 걸었던' 원화공사(文化公司)의 영화는 온갖 치욕을 참아가면서 핵가족을 보전함으로써 개인의 '하늘'을 고수했다. 그러나 이 '개인'의 고수가 여성의 '자기희생'을 대가로 지불해야 한다는 사실은 의심의 여지가 없다. 재미있는 사실은 장아이링이 여성의 타협적인 태도에 관한 이야기 두 편으로 벌어들인 인세를 후란청과의 이혼을 위한 '위자료'로 물어야 했다는 것이었다. 통상적으로 '사랑에 빠진 여자와 배신자'에 관한 것으로 해석되는 이 이야기에서 성별 역할은 흥미로운 도치를 보여주었다.[75]

　어떤 의미에서 개인적/남성적이자 비여성적인 문화 서사전략인 신여성 이야기는 다시 한 번 가면 쓴 남성의 고백으로 서사될 뿐만 아니라, 수시로 개인의 새로운 귀속처인 계급적이거나 민족국가적인 혹은 부르주아적인 개인이라는 윤리적 서술에 필수적인 희생이 되었다고 할 수 있다. 여성에 관한 남성의 서사에서 여성―신여성―은 일격에 무너지는 개인에 대한 지칭으로 반역적 태도를 완성한 동시에 자발적으로가 아니라 사회 문화에 의해 추방당하는 자가 되었다. 여성에 관한 글쓰기는 사회 문화적인 징후로 더 많이 독해되어 약자나 고독자, 길 잃은 손님을 지칭하는 데 사용되었다. 동시에 필연적으로 민족 혹은 계급적 운명을 가리키는 데 사용되었다. 화장을 통해 여성이 되는 이야기는 마치 우언이자 낮은 하늘인 것 같았다.

＊　중국 전통극에서 극중 사건전개를 위해 따로 설명하는 단락을 가리킨다.

가정과 국가 사이에서

신중국의 탄생으로 여성 집단은 오랜 동안 거부되고 쫓겨났던 사회 무대에 전면적으로 등장할 수 있었으며 애매하고 이름 없던(無名) 역사적 지위에서 벗어날 수 있었다. 수세대에 걸친 꿈이 실현되어 사회주의 중국이 공전의 강대함과 통일된 민족 국가의 형상으로 세상에 모습을 드러냈다. 지지부진했던 사회와 문화 사상 교육 운동은 사회주의 이데올로기가 수립되자 '애국주의'라는 유래 없이 강력한 문화 정치적 동일시를 확립하기 시작했다. 국제적 환경은 중국을 고립시키고 난관에 봉착하게 했지만, 이는 오히려 이 특정한 민족 국가의 응집력을 강화시켰다. 그것은 분명 중국 근대사 이래 민족국가의 이름으로 실현된, 공전의 힘과 효과를 보여준 문화와 정치의 결합이었다. 당대 여성 문화사에서 처음으로 여성이 국가로부터 소환 받았고 이에 응하는 것이 가정에 예속되고 귀속되는 것보다 더 중요한 문제로 다가왔다. 그러나 이번 해방의 도래는 새로 태어난 여성인 그녀들이 자유와 행복을 충분히 누릴 것이라는 것을 의미하지도, 적어도 그러한 의미에 그치지도 않았다. 대신 그것은 그녀들이 자유로운 마음과 자유로운 신체를 그녀들을 구원한 자이자 그녀들을 해방시킨 자인 공산당원과 사회주의·공산주의 사업에 주저 없이 바쳐야 함을 의미했다. 그녀들이 가야 할 유일하고 필연적인 길은 노예에서 인간(여성)이 되고 노예에서 전사가 되는 길뿐이었다. 그녀들은 여성이 아닌 전사로서 남성과 함께 평등을 누리고 차별받지 않을 수 있었다.

이것이 아마 여성인 화목란의 상황을 상유하는 또 다른 결절점일 것이다. 『목란시(木蘭詩)』에서 목란의 12년에 걸친 군역은 다음과 같이 몇 줄의 간결하나 화려한 시구로만 표현된다. "만 리 밖 전쟁터로 달려가 나는 듯 산을 넘었다. 삭풍은 쇠종을 울리고 찬 빛은 갑옷을 비추었다. 장군은 백전에 명이 다했고 장사는 십 년 만에 집으로 왔다."* 시가

예극(豫劇) 『화목란』 장면사진

간결하고 이야기가 압축되었기 때문에, 더 정확하게는 지나치게 익숙한 이야기이기 때문에, 이미 무수한 남성의 전쟁에 인용되었다. 그러나 이 시구가 생략한 것은 바로 이 사이에서 여성 참월자가 맞닥뜨려야 했던 현실이었을 것이다. 그것은 낯선 남성의 세계, 그리고 그곳에 존재하는 질서와 규범, 유희의 규칙이었다. 남성의 세계로 '무모하게 들어간' 여성, 남성으로 분한 여인은 갖가지 고난과 곤경, 그리고 난처함과 불편함을 겪어야 했을 것이다. 그러나 이러한 상황과는 반대로 『목란시』는 목란의 귀향은 풍부한 어조로 상세히 서술하고 있다. "……동쪽 규방문을 열어 들어, 서쪽 규방 침상에 앉아, 군복을 벗고 옛 치마를 입어본다. 창가에서 귀밑머리 다듬고 거울 보며 화장을 한다. 문을 나와 전우를 만나니 놀라지 않는 이 하나 없다. 같이 하길 12년, 목란이 여자임을 아무도 몰랐더라."** 그래서 목란에게 있어 남장을 하고 종군하는 것과 여장을 하고 규방에 있는 것은 확연히 나뉘는 두 세계와 두 시공이었다. 동쪽 규방의 문은 남성의 사회적 무대와 여성의 가정이라는 내적 배경을 분명하게 갈라놓는다.

---

* 萬里赴戎機, 關山度若飛, 朔氣傳金柝, 寒光照鐵衣, 將軍百戰死, 壯士十年歸.
** 開我東閣門, 坐我西閣床, 脫我戰時袍, 著我舊時裳. 當窗理雲鬢, 對鏡帖花黃. 出門看火伴, 火伴皆驚忙: 同行十二年, 不知木蘭是女郎.

그러나 신중국의 여성들은 목란과 같은 '행운' 조차 누릴 수 없었다. 강력한 사회의 소환과 결합은 여성이라는 성별 집단을 사회의 무대에 올려놓고 그녀들에게 남성과 같은 공민의 의무와 책임을 질 것을 요구했으며, 남성 사회 집단의 모든 행위 준칙을 받아들일 것을 강요했다. 그리고 계급적인 차별 없는 사회에서 남성과 '어깨를 나란히 하고 싸울 것'을 요구했다. 그러나 다른 한편으로 이는 이데올로기화된 도덕 질서(숭고한 무산계급의 정서와 부패하고 몰락한 자산계급의 생활방식)의 강화였으며, 가정을 사회 조직의 기본 단위로 제시하고 환원하는 동시에 혼인을 기초로 하는 가정의 가치에 대한 또 한 번의 강조였다. 참월이 불가능한 계급적, 정치적 준칙 하에 혼인과 가정에는 결코 신성하지는 않지만 비교할 바 없이 강력한 실용적 가치가 부여되었다. 그리하여 여성은 가정에서 여전히 지극히 고전적이고 전통적인 역할을 맡아야 했다. 노인과 아기를 돌보고, 아이들을 낳아 기르고, 남편과 함께 아이를 교육하고, 심지어는 온갖 고생을 참고, 모욕을 받아들이고 무거운 부담을 짊어지는 그 모든 것이 그녀들의 책임이었다. 매우 귀에 익은 "雙肩挑(양 어깨로 짊어지다)"[76]라는 말이 바로 새로운 세대의 중국 여성의 형상과 부담을 정확하게 묘사하고 있다.

여성의 사회적 해방에 당연히 수반되어야 하는 문화 혁명이 역사적으로 결핍되었기 때문에 신여성은 자신의 사회적 역할에 대해 막연한 곤혹을 느껴야 했다. 게다가 성별의 이중적 기준이 여전히 익명으로 합법적인 역사적 지위를 차지할 수 있었다. 성별에 따른 차이를 간단하게 부정하고 계급을 사회 집단을 확정하는 유일한 표준으로 삼았던 이러한 역사적 시기에 여성의 계급적 신분은 여전히 아비와 지아비를 통해서만 확인받을 수 있었다. 그러나 이보다 더 큰 문제는 남성을 유일한 규범으로 하는 사회·담론적 구조에서 해방된 여성이 다시 무언과 실어의 상황에 처해졌다는 것이다. 통상적으로 접두어 혹은 괄호로 표시되는 생리적 성별 이외에, 그녀들은 자신이 맡은 사회적 역할을 확인할 길도, 자신이 신생활에서 겪었던 특정한 체험, 경험과 곤혹을 표현할 길도 없었다. 이로 인해 그녀들은 필연적으로 상호 분열된 시공간을 경험해야 했고 분열된 생활과 분열된 자아를 받아들일 수밖에 없었다. 그녀들은 한편으로는 남성과 같은 '사람'으로서 사회에 복무하고 헌신하며, 힘을 다해, 때로는 힘이 부칠 정도로 그녀들의 '하늘의 반'을 지탱해야 했다. 또 한편으로는 당연하다는 듯 여성의 전통적 역할을 이어받아야 했다. '철의 여성(鐵姑娘)'과 '현명한 내조(賢內助)' 사이에서 그녀들은 이중적이며 무겁고도 거짓된 사회적 역할을 짊어져야 했다. 이러한 이중적인 역할은 모두 전통 문화에 의해 지탱되었고, 그것으로부터 유력하고 합법적인 서술을 얻을 수 있었다.

가족과 국가 사이에서, 남성과 마찬가지로 여성에게도 '국가'—공산당, 무산계급, 공산주의 사업—에 대한 헌신과 충성이 가장 중요한 과제였으며 선결해야 할 과제였다. 그러나 남성과 달리, 무언 중 여성은 여전히 옛 그대로의 경시할 수 없는 가족에 대한 의무를 지고 있었다. 현실 생활에서 '爲國盡忠(나라를 위해 충성을 다하다)'이 사실상 여성 생명의 본질적인 부분을 차지했다면, 담론 구조와 행위 준칙인, 공개적이고 잠재적인 성별의 이중적 기준으로 인해 여성은 여전히 분열되어 충돌하는 내적 체험을 해야 했고, 내적 양심에 의한 죄책감으로 심리적 부담을 느껴야 했다. 이들이 바로 '가정의 뜰을 벗어난 적이 없는 여성 영웅'[77]이었다. 어떤 의미에서 혁명 진영 내부에 존재하는 '계급의 형제자매'라는 식의 조화롭고 평등한 사회적 풍경과 담론 구조는 이중적 기준의 존재를 은폐한 동시에 문화 내부에 잠재하는 욕망의 추동력과 언어를 사회의 응집력과 결집력으로 전화시키는 데 유력하게 작용했다고 할 것이다. 바꿔 말해 민족 국가의 이름으로 출현한 부권父權 형상이, 흩어졌으나 무소부재하는 남성권력을 대체했으며, 여성에게는 지고무상한 권위가 되었던 것이다.

성별적 글쓰기

'17년' 문학에 대한 심도 깊고 상세한 연구를 통해 천순신(陳順馨)은 다음과 같이 지적하고 있다. 우리가 이 시기 문학의 "서사 담론을 고찰할 때, 주도적 서사 담론은 '여성적'을 '남성적'으로 변화시켰을 뿐이며, '성별이 없는' 사회와 문화적 분위기가 성별 그 자체가 아닌 단지 '여성'만을 억압하고 있다는 것을 쉽게 알 수 있다. 아울러, 두드러져 보이거나 남아 있는 '남성' 역시 배후의 '당', '아비'의 이름을 한 몸에 모은, 더 높은 권위의 지지를 받아 유일하게 인가된 성별의 레테르가 되었음을 알 수 있다. 남성이 정치의 유형적인 표기가 되었을 때, 권력을 쥔 남성 담론은 성적 차별의 기능만이 아닌 이데올로기적 기능도 함께 발휘한다. 즉 전통적 남/녀의 지배/종속 관계가 사실은 사라지지 않고 더 깊이 더 광범위하게 당/인민의 절대적 권위/복종 관계와 상호 영향을 주고받으며, 정치, 사회, 문화, 심리적 측면에서 더욱 유효하게 작용하고 있다는 것이다."[78] 이로 인해 서사 작품(소설, 영화, 서사시) 속 남성 영웅 형상은 여전히 선구자이자 인도자로 다음과 같이 그려지고 있다. 『바이마오뉘』에서 공산당 팔로군 전사가 된 옛 연인 다춘(大春)은 시얼(喜兒)을 어둡고 습기 찬 동굴에서 끌고 나와 광명과 행복이 가득한 새로운 삶으로 이끈다. 또 『홍색낭자군』에서 공산당원 홍창칭은 여자 노비 충화를 수옥水獄에서 구출하여 혁명으로

나아가는 길을 일러주고, 아울러 그녀를 영웅으로 길러낸다.

　이뿐만이 아니다. 공·농·병工農兵 문예의 서사 작품에서 '여성'
은 버려지거나 고쳐 쓰여야만 하는 '품성'과 특징이었으며, 본질주의
적이고 질문이 허용되지 않는 '수사'였다. 이러한 '여성'은 민족과 국
가의 서사를 가득 채웠고 아울러 필수적이고 유효한 모종의 '신화'적
기호로 자리 잡기 시작했다. 인물의 성별적 신분으로서 그것은 혁명의
'전사前史'를 표현하는 데, 인민·'개인'이 당·공산당원의 역사와
만나기 전 암흑세월을 상유하는 데, 그리고 피억압 계급의 역사적 운
명을 가리키는 데 사용되었다. 혁명 장면에서 여전히 '합법적'으로 여
성의 신분을 지닐 수 있는 자는 온갖 고초를 겪으면서도 끊임없이 봉
사하는 어머니─신화 속 대지大地로서의 어머니, 젊은 병사의 어머니
(인민, 조국, 토지의 어머니이자 대의를 깊이 깨닫고 있던 악비(岳飛)
의 모母 같은 어머니)─였으며, 모욕 받고 해를 입으면서도 도움 받을
길 없는 여성이자 순결하고 무고한 희생과 제물인 딸이었다. 그녀들은
활력과 동경으로 충만하고, 가능성과 미지로 충만해 있었다. 그녀들을
지키려는 아비와 오빠의 보호나 음탕하고 사악한 욕망, 애정과 행복에

『전투 속의 청춘』

대한 그녀들의 추구를 돕거나 방해하는 것이 광명의 왕국과 암흑의 왕국 간의 사투를 구성했고, 권위적 계급과 역사적 담론에 대한 재인증을 구성했다. 그리하여 그녀들이 선택하는 남성과 인생의 길은, 어떤 상징과 사회적 우언이 될 가능성이 있었다. 동시에 이야기에서 변별가능한 다른 종류의 여성 역할은 탕부蕩婦와 무당의 특징을 한 몸에 지닌 적이거나, 적어도 구세력과 구습의 화신이자 앞잡이였다.

　이중 가장 활기로 넘치는 역할은 아마도 딸/소녀(확실하게 말해 농가의 소녀)들의 형상일 것이다. 시얼(가극·영화『바이마오뉘』)에서 얼메이쯔(二妹子)(『류바오 이야기(柳堡的故事)』)에 이르기까지, 춘란(春蘭)(장편소설·영화『홍기보(紅旗譜)』)에서 충화(영화『홍색낭자군』), 가오산(高山)(영화『전투 속의 청춘(戰火中的青春)』[79])에 이르기까지, 소녀의 형상은 여전히 상징적 의미에서 '주인 없는 꽃(名花無主)'이자 '과년한 처녀(待字閨中)'—미지의, 그리고 미해결 상태인 위치—로 모종의 사회적, 역사적, 시대적 서사를 짊어지고 있었다. 재미있는 것은 유사한 소녀 형상이 서사 환경에서 여성 신분을 연기할 때, 여전히 그녀들은 고전적인 객체의 위치에 놓여 타인의 행위의 대상,

의미의 대상이 되었다는 사실이다. 그녀들이 유일하게 선택할 수 있는 것은 애정과 행복한 결혼을 추구하는 것이었다(사실상 이것은 여성의 생명에 있어서 극히 드물게 가질 수 있는 가장 중요한 권한이자 어떤 청춘의 특권이다. 심지어 봉건 문화에서, 그것은 '재자가인才子佳人' 이야기로부터 빠져나갈 구멍을 열어줄 수도 있다. 『서상기(西廂記)』, 『목단정(牧丹亭)』 등이 그 예가 될 것이다). 그러나 여성이 주체의 지위를 얻는다는 것은 '여성'의 신분을 초월하거나 방기함을 의미했다. 이 때문에 현대판 화목란인 가오산의 이야기는 매우 의미심장하다.

　어떤 의미에서 문화적 억압 행위는 구조를 만드는 가장 힘있는 수단의 하나에 그치지 않고 나아가 추방 행위 그 자체가 되어, 추방당하는 자를 이 문화의 중요한 내재적 요소로 만든다고 할 수 있다. 당대 중국 문화가 '여성'을 억압하자 '여성'은 모종의 빈자리, 모종의 유효한 사회적 상징이 되었다. '당―어머니', '조국―어머니'식의 이데올로기적 수사 방식은 '아비의 이름'이 갖는 신성함을 돋보이게 했다. 또한 '엄부자모'식의 인물 구조는 혁명전쟁 서사에서 혁명 대가족의 표상을 만들어내는 데 중요한 역할을 했다. 그래서 모종의 본질주의적인 여성의 서술이 불가결한 문화적 기능인 남성 · 여성 혹은 상징물이 균등하게 차지할 수 있는 빈자리를 만들어냈다. 그것은 한편으로는 여성 노비―여성―전사로 이어지는 서사 모델로 이 '여성'은 점차 사라져서 결국 은닉되어야 하는 특징적 표식이었으며, 또 한편으로는 어디에나 있는 여성 · 어머니로 그녀들의 빛은 혁명 고전 서사를 더욱 윤택하게 만들었다. '그녀'는 당 · 조국 · 인민 · 토지만도 아니었다. 그녀들은 '공산당이 없으면 신중국도 없다'*, '인민, 단지 인민만이 세계의

---

*　沒有共産黨就沒有新中國.

역사를 창조할 동력이다'[80]라는 이중적인 권위적 담론 속에서, 그리고 당·군대/인민—구원자/피구원자의 동태적 모델 속에서 풍부하고 매력적인 기능을 발휘하지만도 않았다. 그녀들은 인내심, 세밀함, 충만한 애국심과 가호를 지닌 혁명 대가족 표상 속의 정치 지도자에게 어김없이 자신의 그림자를 드리웠다. '여성의 본질'을 표현하는 수많은 긍정적·부정적 표현과 서술은 다중적 의미에서 신중국의 정치·문화의 영향을 받았던 것이다.

비어 있는 기표

혁명 고전 영화 중 여성 작가 양모(楊沫)의 동명 장편소설을 각색한 『청춘의 노래(青春之歌)』[81]가 가장 재미있고 중요한 작품 중 하나라는 사실에 이의를 달 사람은 없을 것이다. 추이웨이(崔巍)가 감독한 영화 『청춘의 노래』는 분명 사회주의 리얼리즘 영화의 모범이었다. 만일 작품이 만들어진 역사적 콘텍스트를 한 꺼풀 벗겨낸다면 아마도 이 이야기는 여성의 성장 이야기가 될 것이다(사실 작자의 자전적 요소가 소설 원작에 상당히 많이 녹아 있다). 그러나 이러한 특징은 작품이 창작 출판된 시대에는 시종 감춰져 있었다. 수용의 측면에서 본다면 여성의 자전적 요소는 분명 영화나 소설이 중국 도시 관객이나 독자에게 지속적이고 열렬한 환영을 받을 수 있는 요소 중 하나였다. 그러나 담론적 측면에서 '여성'이란 보이지 않고 억눌린 신분으로, 중요하지만 분명 '비어있는 기표'였다. 여기에서 '여성'은 '지식인'이라는 특정한 사회적 신분의 은유로 확인되고 표현되었다.[82] 이는 분명 재미있는 정치역사적 수사방식이었다(이 수사방식이 결코 시종 유효한 것은 아니라도 말이다).

　사실상, 마오쩌둥 시대의 주류 이데올로기 중 지식인에 대한 담론과 전통 이데올로기 중 여성에 대한 담론 사이에는 시종 미묘한 대위와 등치가 존재했다. 만약 여성의 지위와 의의가 그녀가 종속되어 있는 남성인 아비, 지아비, 아들에 의해 결정되었다면 지식인의 지위와 의의는 그가 '따르는' 계급에 의해 정의되었다고 할 수 있다.[83] 여성이 남성권력 문화에 내재하면서 또 외재하는 존재였다면, 그리고 불가결하면서도 의심스럽고 위험한 힘이었다면, 지식인이 사회 현실에서 맡은 역할도 바로 그러했다.[84] 고전적 이데올로기에서 여성의 가치가 여리고 무지하며 쉽게 변하는 극히 경망스러운 것으로 그려졌다면, 이것은 바로 '전형적'인 지식인의 특징이기도 했다.[85] 그래서 여인의 이야기와 운명을 통해 지식인의 삶을 상유하는 것은 지극히 타당한 선택이었다.

　『청춘의 노래』에서는 여성의 운명과 지식인의 삶이 의미면에서 부단히 상징적으로 치환됨으로 인해 영화의 가장 중요한 텍스트 전략이 되었다. 작품이 만들어진 그 시대에는 『청춘의 노래』는 결코 여성의 운명 혹은 여성해방과 관련된 작품도, 이야기 층위에서 표현된 린다오징(林道靜)의 청춘의 여정도 아니었다. 작품의 여성 표상은 다시 한 번 완전하고 적절한 '비어 있는 기표'가 되었다. 역사가 확인하는 시야 속에서 소설이 진정으로 서술한 대상은 자산계급과 소자산계급 지식인의 삶, 혹은 사상 개조의 역정이었다. 이로 인해 『청춘의 노래』는 공·농·병 문예 작품에 있어 매우 중요한 우언식 텍스트가 되었다. 그것은 개인주의, 민주주의, 자유주의 지식인이 한 명의 공산주의자로 개조되고 성장하는 과정을 보여주었으며, 다음과 같은 특정한 권위적 담론을 지고 있었다. 그것은 자산계급과 소자산계급 지식인(여성)은

『청춘의 노래』

공산당의 영도 하에서 (혁명의 길을-옮긴이)추구하고, 고통받고 개조되고 시험을 겪고, 당에 투신하고 인민에 헌신해야 비로소 진정한 생존과 출로(진정한 해방)를 얻을 수 있다는 것이었다. 이는 결코 정치적 잠재의식을 드러낸 것이 아니라 매우 자각적인 이데올로기 실천이었다. 감독 추이웨이가 말한 것처럼 "『청춘의 노래』는 린다오징의 전형적 형상을 통해, 그리고 그녀의 경력을 통해 지식인이 반드시 가야할 길을 가르쳐주고, 소자산계급 지식인이 당의 영도 하에서 개인적 운명과 대중적 운명을 결합해야만 그 길을 찾을 수 있다는 것을 알려주었다."[86]

사실상 '17년' 주류 예술의 수많은 '역사교과서' 중 『청춘의 노래』는 특수한 독본—지식인의 사상 개조를 위한 수첩—으로 기능했다. 양모의 『청춘의 노래』가 '17년' 문학의 주류 글쓰기 모델의 하나로 지식인의 문화와 사회적 실천에 관한 모범을 보여주었다면, 이 특정한 정치적 수사 방식이 뜻밖에도 여성과 지식인이 비슷하게 사회 주변에 위치해 있음을 폭로하였다고 할 수 있다. 바꾸어 말하면, 『청춘의 노래』는 우리에게 중심 구조에 성공적으로 만들어진 어떤 주변 서사를 펼쳐

보였다고, 혹은 그것은 어떤 주변에 놓인 중심 서사였다고 할 것이다.

욕망을 부정하는 '욕망의 동력학'

사실 고전적 사회주의 이데올로기에서 계급적 차이란 모든 차이를 대체하고 해석하고 측정하는 유일한 사회적 존재였다. 이 때문에 공·농·병 문예에서 계급의 서사는 끊임없이 특정한 성별적 장면을 부정하거나 또 그것을 만들기도 했다. 이때 자명한 규정이라고도 할 중요한 이데올로기 담론이 욕망, 욕망의 시선, 신체 언어 및 성별 인식을 '계급의 적'(무산자, 혁명가, 공산당원에 상대적인)의 특징과 지표로 확정했다. 혁명 진영 혹은 인민 진영 내에서는 동일 계급 간의 동지적 정만이 존재했다. 이로 이해 공·농·병 문예에서 욕망과 '애정'의 서사는 지옥의 대문이자 죄악의 온상이었으며 속임수와 함정이거나 적어도 그물이자 타락과 유혹이었다. 『청춘의 노래』에서 봉건적인 매매혼, 악독한 국민당 세력, 남성의 음탕한 욕망 등 악이란 악은 모두 가지고 있는 것 같은 후멍(胡夢)이 부끄러운 줄 모르고 여자 주인공 린다오징을 고의로 박해하는 사실이 이를 보여준다. 또 지주의 아들이자 '후스(胡適)의 수제자'(그 당시 역사적 콘텍스트에서 이는 '국민당 주구문인'을 가리키는 말이었다) 위융쩌(余永澤)가 말한 매혹적인 사랑의 언어로 숨긴 비열한 점유욕("너는 내 거야!")도 그렇다. 이러한 애정의 가장 좋은 결말이라 해봤자 무미건조하고 평범한('밀전병을 굽고 계란을 지지는' 식의) 가정주부로서 살아가는 것이었다.

어떤 의미에서 소설 『청춘의 노래』가 보여주는 여성 서술의 익명성은 신중국 여성 문화의 미묘한 상황을 징후적으로 드러낸다고 할 수 있다. '시대가 달라졌다. 남녀는 동등하다'는 말이 새로운 사회적 평등을 창도하고 실천함과 동시에 여성의 사회적 성별을 은폐하고서 여성의 생존이란 단지 생리적 성별의 층면에서만 존재함을 표현한 것이라면, 갖가지 유효한 이데올로기 담론의 중요한 구성성분인 여성에 관한 여성적인 서사는 끊임없이 여성의 사회적 성별에 관한 담론의 영향을 받았을 뿐만 아니라 신체적이며 욕망적인 성별 서사와 언어를 몰아내기도 해야 했다.

그러나 추방이 늘 유효한 명명행위였듯이, 공·농·병에게 욕망과 신체에 관한 모든 서사가 반동적이고 부패하고 몰락한 자산계급 문화, 적어도 금지된 '자연주의'의 열악한 흔적이 아니라고 한다면, 사실상 무소부재하는 '순결한' 성별적 서술에서 욕망이란 여전히 잠재적으로 서사를 보조하고 추진하는 힘이었다고 할 수 있다. 여성─남성이라는 고전적 관계식은 여전히 서사적인 그리고 이데올로기 작용적인 '경제' 모델을 선험적으로 제공하고 있었고, 남성 간의 여성 '교환'과 이동으로 시대와 역사를 '진실하게 재현하는 것'은 여전히 공·농·병 문예의 서사 모티브 가운데 하나였다. 그것은 곧 공·농·병에게는 어울리지 않지만 여전히 유혹적인 '사랑이야기'였다. 『청춘의 노래』에서 여주인공은 애정, 아니 차라리 사적인 욕망이라 할 정애(情愛)를 버림으로써 혁명을 향해 일보를 내딛는다. 분명 소설 『청춘의 노래』에서 진정한 애정고사는 '애정'으로 인정받지 못한 린다오징과 위융쩌의 '낭만적인 사랑'이 아니라 린다오징과 공산당원 루자촨(盧嘉川) 사이의 연정이었다. 표명되지 않고 그들이 짝으로 맺어지지 않기 때문에 이들의 연정은 극히 순결한 감정이 될 수 있었다. 두 사람이 함께 있을 때에도 그것은 확인조차 되지 못한다. 왜냐하면 그 때 그 곳에서, 그것은 아름다운 애정고사가 아니라 하나의 우언이었기 때문이다. 즉 여인이 그녀의 마음을 흔드는 남자를 만나는 이야기가 아니라, 혼란에 빠진 지식인이 공산당원, 혁명적 계몽가와 영도자를 만난다는 우언이었던 것이다.

그러나 공·농·병 문예의 혁명 고전 영화『홍색낭자군』같은 작품에서는 잠재적인 성별질서(남성/여성, 존/비, 고/하, 계몽자/피계몽자, 영도자/추수자)가 여전히 당연하다는 듯 서사의 합법성과 수용의 합법성을 부여했으며, 은폐되고 깊이 숨겨진 욕망이 여전히 여주인공 행동의 동력이 되었다.[87] 이로 인해 이 '애정 없는 애정고사'가 일단 만들어지고 그것을 통해 서술된 이데올로기 담론 또한 재차 인증을 받은 후, 그것은 역사적 폭력이 박탈한 표상으로 '애정'과 욕망의 대상에 대한 추방을 완성해야 했다. 루자찬이 "위화대(雨花臺)에 묻힌 후에야", 린다오징은 루자찬에게 품었던 사랑을 말할 수 있었고(옥중시), 루자찬의 유일한 연애편지(유서)를 읽을 수 있었다. 그리고 우충화(吳瓊花)에게 있어 가장 큰 시험은 적군의 포화 속에 애인이 묻히는 것을 보는 것이었다. 이로써 추방되는 것은 '애정' 그 자체가 아니라 '신체'가 되었다. 욕망과 '신체'의 추방은 극기와 금욕을 표현하기 위한 것만이 아니라 애정과 애정 담론에 담겨 있을지도 모를 전복성과 개인성을 추방하기 위한 것이었다. 욕망과 연애의 대상이 희생(소실)됨으로 인해 욕망은 미해결 과제로 남아 혁명 사업에 투신하는 구동력이 되었다. 유사 애정고사는 이로 인해 순결한 여인의 몸을 위대한 혁명 사업에 바친다는 중요한 문화적 정합 방식이 되었다. 어떤 의미에서는 유사 서사가 '5·4' 신문화 운동 이래, 여성과 '개인', 여성과 '신체' 간의 유한하나 유효한 문화적 공모를 효과적으로 분쇄했다고 할 수 있다. 비록 특정한 역사적 시기에 있어 수용의 상황은 더욱 복잡해졌지만 말이다.

공·농·병 문예 특유의 역사적 세대구분법(공산당원의 출현과 인민해방군의 도래가 유일하고 절대적인 '창세기' 라는)인 '애정고사'는 '민주혁명의 역사적 단계'에 여전히 상대적인 현실적 합법성을 갖추었으며 여전히 사회주의 리얼리즘 문학이 요구하는 복잡한 플롯의 필수 요소였다. 그러나 주요한 플롯이 아닌 유사 '애정고사'는 마찬가지로 '신체'를 추방하거나(사실상 이것은 바로 공·농·병 문예의 근원인 민간 문화의 중요한 개작 중 하나였다), 혹은 결혼 장면과 전경前景에 구속되어야만 했다. 영화『바이마오뉘』에서 시얼과 다춘은 일찍이 부모의 허락 하에 약혼한 것으로 되어있으며 해방구에서 잘 살아간다는 행복한 결말은 시얼과 다춘이 함께 밭에서 일하는 것으로 표현되었다. 이때 시얼의 백발은 결혼한 여자의 쪽진 머리로 바뀌었다. 계급 및 정치와의 정합이라는 요구가 가정과 혼인 제도에 대한 강화를 다시

『리솽솽』

금 이루었다. 이로 인해 60년대의 가장 유명한 영화『리솽솽(李雙雙)』에 나온 '결혼 먼저, 연애는 나중'이라는 농담이 널리 유행하여 오랫동안 전해졌다. 심지어 공·농·병 문예의 극단적인 형태인 '문혁' '모범극(樣板戲)'*의 환과고독鰥寡孤獨 같은 주요 영웅 형상 중 성년의 여성은 문미門楣에 붙은 '光榮人家(영광스런 집안)' 라는 문구로 여전히 혼인에 구속되어 있는 것으로 표현되어야 했다.[88] '17년' 및 '문혁' 문학 속에서 우리가 만난 것은 분

---

* 문혁 시기 경극을 개편하는 과정에서 나온 극의 형태.

명, '가정의 뜰을 벗어나지 못한 여성 영웅'이었다 할 것이다.

여성을 다시 쓰다

당대 중국 여성이 역사와 만난 것은 하나의 아이러니였다. 그것은 해방되었기에 역사적 시야 바깥으로 은폐될 수밖에 없다는 아이러니였다. 그런데 우리는 또 다른 역사적 아이러니와 이상한 고리가 있음을 알 수 있다. 즉 그녀들은 자신의 성별 신분과 제한된 표현의 공간을 다시 얻었지만 이와 동시에 역사적 후퇴의 과정을 겪었다는 사실이다. 1976년, 특히 1978년 이후 중국 대륙을 뒤흔든 '사상 해방 운동'과 일련의 사회적 변혁을 따라, 문학 형태(상흔문학, 정치적 반사문학)로 출현한 주요한 역사 청산과 규탄 속에서 여성은 아무 말 없이 차별받는 형상인 약자의 신분으로, 재난의 세월이라는 시야 속에 출현하였다. 그리고 역사의 재난을 계승하고 역사의 치욕을 감내하는 자가 되었다. 그녀는 남성 규범 속에서 더 이상 정의될 수 없는 해방된 여성이 아니었다. 오히려 남성권력 문화 속의 전통적인 여성 규범이 다시 돌아와 다시 쓰였다. 당대 중국의 역사가 여성 형상의 '복위'를 빌어 질서를 중건하고 '난을 평정'하려 했던 것 같았다. 감내하기 어려운 역사적 기억과 현실의 무거운 책임 앞에서 여성 형상은 역사의 순국자, 영혼의 순결을 잃은 자, 질서의 중건을 위한 제물이 되어 고난과 참회를 짊어졌다. 심지어 장즈신(張志新)[89]— '문혁' 10년 동안, 10억 인구 가운데 유일하게 용기 있는 자였으며 유일하게 항의한 자로 여성 영웅이었다—의 서사 담론도 그러했다. "진흙 구렁에 떨어진 꽃나비 하나, 너로써 시인에게 세상은 암흑이 아니게 되었다."[90]

이 기간 동안, 공·농·병 문예의 중요한 형태인 혁명극영화를 시작하고 집대성했던 셰진(謝晉)의 영화 시리즈는 상당한 의미를 갖는다. 1978년 셰진의 신작 『아, 요람(啊, 搖籃)』은 여성을 '다시쓰기' 한다는 면에서 재미있고 중요한 지표로 읽힐 만하다. 특정 시대의 성별 문화의 역전인 혹은 역사적, 문화적 서술의 도치인 『아, 요람』과 셰진의 1960년 고전적 작품 『홍색낭자군』(후자는 '문혁' 시대 '혁명 모범극'의 두 가지 판본인 무용극과 경극이었다)은 서사 서열, 성별 문화와 의미를 상호 역전시키는 참조 텍스트가 되었다. 동일한 여자배우(주시쥐안(祝希娟))가 여 주인공을 맡았기 때문에 그러한 성별 역할의 전환과 다시쓰기, 그리고 심지어는 여성 문화의 '윤회'의 의미가 두드러질 수 있었다. 영화 『홍색낭자군』이 신중국 여성에 관한 고전적 담론의 영화 버전―여성노예/여성에서 (여성)전사/(여성)영웅에 이르는―을 완성한 것이었다면, 『아, 요람』은 '진리'와 '규율'에 관한 서사를 특정한 시대의 '역사적' 서사로 환원하고 아울러 유사 서술을 도치한 버전이 되었다고 할 수 있다. 이야기가 시작될 때, 영화의 여자 주인공은 남성 전투 부대의 지휘관으로 전쟁터에서 과감하고 용감하며 거친 인물로 나온다. 군영에 있는 유아원을 옮기는 '임무'를 계기로, 영화는 셰진식 온정을 선양함으로써 전쟁과 고난 속에서 '이질화된' 여인의 모성이 싹트고 여성성이 회복되는 것을 표현한다. 그래서 영화가 끝날 무렵, 아이를 끌어안은 이 여성은 가슴 가득 정을 품고서 조금의 부끄러움도 없이 전쟁터로 뛰어드는 남성을 목송한다. 이는 분명 '그녀'/여성이 후방에 남아 어머니와 아내로서 아이들 곁에 있을 것임을 의미한다. 작품은 다음과 같은 우언과 선언으로 보아도 무방한 듯하다. 즉 마오쩌둥 시대에 혁명/계급 해방의 이름으로 여성이 사회 역사의 주무대에 등장했다면, 신시기가 시작되면서 '역사'는 다시 한 번 인성/해

『아, 요람』

방의 이름으로 여성을 사회역사의 무대 앞/은막의 전경으로부터 후경으로 후퇴시켰다고 말이다.

이렇듯 매우 상징적인 후퇴를 통해 사회생활의 광활한 전경前景, 역사의 공간은 다시 한 번 남성에게 돌아갔다. 영화 결미에 출현하는 핵가족 양식이 여전히 혁명 고전 영화 속의 이성異姓적이고 비혈연적인 가족이긴 하지만, 그것은 '17년' 서사 모델의 반전이었다. 여성은 더 이상 역사적 폭력으로 찢긴 가정 때문에 전통의 궤도에서 벗어나 역사의 진보 과정으로 들어서지 않았다. 그녀는 가정의 재구성을 통하여 궤도로 돌아왔다. 신시기 주류 영화의 재구성인 여성 표상의 복위는 새로운 주류 이데올로기의 요구를 실천하였다.

그 뒤를 이어 셰진은 1979년 '사회적으로 큰 반향을 일으킨' 영화 『톈윈산전기』에서 '신시기' 중국 주류 영화의 성별적 서사 모델과 정치적 서사 모델을 대략적으로 완성했다. 영화는 한 남성과 세 여성의 이야기였다. 사실 영화의 남성 주인공은 공산당 열사의 아들(홍색 혈연관계가 있음을 말해준다)이자 지식인 유형 공산당원, 1957년 공산당 반우파 운동의 희생물로, 그는 영화에서 재난의 역사 가운데 재난을 겪는 성도이자 신문화 건설 속의 영웅의 역할을 맡고 있다. 세 명의 여인 중 펑칭란(馮晴嵐)은 그의 처, 즉 일부종사하고 인내하며 책임을 다한, 고난을 함께한 아내이다. 여성적이며 '전통 중국적인 미덕'을 보여주는 사람으로 역사적 폭력을 실제로 감수하는 사람이다. 이로 인해 그녀는 '그녀의 남자'를 위해 비바람을 막는 벽이자 우산이 되었다. 영화의 '대단원'에서 그녀는 '여명의 시간'인 신시기가 시작될 무렵, 편안히 죽음을 맞이하여 우리에게 새로 만들어진 묘를 남긴다. 역사의 폭력에 생명을 잃은 '좋은 여인'인 그녀는 '문화대혁명' 더 나아가 1955년[91] 이래 마오쩌둥 시대의 권위적 결론과 정치적 암시어를 철저하게 부정하는 역할을 맡고 있다. 시체와 묘로 제시되는 그녀는 경계를 가르는 절대적 지표로 기능하여 '문혁'과 '신시기', 혹은 마오쩌둥 시대와 덩샤오핑(鄧小平) 시대라는 이질적인 단계를 확연히 구분함으로 인해 우리가 역사를 추궁할 수 있는 시야를 막아버린다. 하지만 남자 주인공의 수난과 복귀는 '사회주의' 역사 및 그 정권의 논리적 연속을 전달한다.

두 번째 여성은 영화의 첫 번째 여성 주인공인 쑹웨이(宋薇)다. 그의 옛 연인인 그녀는 이 '역사 이야기'에서 꾐에 빠져 무고한 반역자와 역사적 폭력의 공범자가 된 인물로, 7·80년대 교체기의 역사적 참회와 반사라는 주제를 대표하는 사람이다. 그러나 그녀의 행위는 애정에 의한 것이기에 그녀에게서 '대역사'에 대한 참회를 기대하기는 힘들다. 하지만 바로 이 인물이 영화에서 사회적 동일시를 환기하고 이를 정합하는 형상이 되었다. 바로 이 인물 위에다 세진 영화 그리고 신시기 중국 사회의 주류 문화는 성적/정치적 서술의 논리/규칙을 고쳐 썼다. 혁명 고전영화/혁명 플롯극에서 욕망/성/성별이 잠재적이고 드러나지 않는 서사적 동력학의 근거였다면, 신시기 주류 영화에서 욕망/성/성별의 이야기는 정치, 역사 서술을 담고 있는 그릇이자 포장이었다. 그래서 특정한 가치의 드러남이나 징계의 수단은 '정의로운 자'의 가정이 완성되거나 욕망이 달성되는 것으로, 그리고 정의롭지 못한 자는 가정이 파괴되거나 외톨이가 되는 것으로 표현되었다.[92]

　　유사한 서사 모델의 고쳐 쓰기의 의도가 '17년', '문혁' 그리고 신시기의 시대적 단절(이데올로기 및 체제)과 이어짐(정권, 정당) 사이에 존재하는 심각한 모순을 교묘하게 회피하는 데 있었다면, 그것은 다시 쓰기/성별적 질서를 재규범화하는 과정이기도 했다. 이 사실은 세 번째 여성 인물을 통해 분명하게 표현된다. 중년 인물을 다룬 이야기에서 유일한 젊은 여성 저우위전(周瑜貞)은, 처음에는 고전적 서사에 등장하는, 편지를 전해주는 사람이자 영화의 의미망에서 '신시대의 봄을 알리는 전령'의 역할을 맡고 있다. 그런데 재미있게도 일단 주요(정치적이고 애정적인) 서사가 완성되자 그녀는 곧바로 개성이 분명하고 독립적인 '새로운' 신여성의 색채를 벗어버리고 조형, 서사 및 화면 공간에 있어 희생자로, 새로운 묘에 묻히는 아내의 위치, 현명하고 사리에 밝은 구식 신부의 역할을 받아들인다. 영화에서 여성이 '텍스트 내의 서사인' 역할을 하고 있지만 그녀들의 의미와 가치는 분명 남성/사회정치와 상대적인 기능에 의해 확정된 경계를 참조한 것이었다. 그녀들은 고난을 겪었으며 심판을 받았고, 짐을 짊어졌으며, 조난당하고, 징벌을 받았다. 이 모든 것은 역사 속에서 남성을 구원하고 사면시키기 위한 것이었다. 여성으로 역사의 시야에 나타난 것은 다시 한 번 역사 밖으로 쫓겨나기 위함이었다. 이러한 추방의식을 통해 사람들(남성)은 역사의 유령을 몰아낼 수 있었고, 상상 속에서 재난 시대의 유해를 묻어버릴 수 있었다. 여자 세 명의 힘을 빌어 역사 속 영웅/주체인 남성 주인공은 터럭 하나도 다치지 않고 역사의 폭풍을 넘어서 계속해서 새로운 역사의 진보를 주도할 수 있었던 것이다.

역사의 이상한 고리

어떤 의미에서 성공적으로 이데올로기적 단절을 넘어서고 결합시킨 주류영화인 셰진 영화는 때맞춰 '신시기' 중국의 여성 문화를 드러내고, 전체 신시기 문화의 중요한 징후를 보여주었다고 할 수 있다. 즉, 소위 진보/후퇴, 해방/억압 간의 서사적 불합리를 드러냈다고 할 수 있다. 1979년은 '사상 해방 운동' 이 중국 사회를 휩쓸고 그 면모를 일신한 해로, 새로운 '현대화' 와 '진보' 가 추진된 한 해였다. 적어도 이는 여성에게 있어(동시에 노동계급에게는) 감추어졌던 자에서 드러난 자로의 탈바꿈이었고, 문화에서 현실로 라는 역사의 '후퇴' 에 대한 요구였으며, 차이/여성/타자/객체에서 '제2의 성', '이등공민' 으로 그리고 나아가 '전업주부' 와 '하강* 여공' [93]까지의 부활을 의미했다.

그러나 다시 추진된 현대화 과정이 소위 '계몽 담론' 의 균열을 두드러지게 했다면, 당대 중국에 있어 문제는 결코 이처럼 '간단명료하지는' 않았다고 할 수 있다. 사실상 당대 중국의 여성 문화의 불합리는

---

* 하강下崗. 중국의 사회체제와 고용 상황에 따른 특이한 실업 상태를 지칭한다. 하강은 완전한 실업이 아니고, 여전히 전적 회사나 국영기업에 적은 두고 있으나 작업라인 혹은 일자리에서는 물러난 사람을 뜻한다. 실질적인 실업자로서 회사로 다시 돌아가기가 쉽지는 않다.

시종 계급과 성별(이것은 각각 도시—농촌과 지역에 상응한다)이 관련된 현실 및 그 담론의 이상한 고리였다. 신시기의 (남성 지식인의)성별 담론은 1949~1955년의 사회적인 여성해방에 담긴 사회의 폭력적 요소('유한' 노동력으로서의 여성에 대한 '강제적' 징발 조치)와 여성 문화 공간에 대한 성별적 차이를 간단히 부정해버리는 억압과 제거를 폭로했다. 그리고 도시의 여성 집단(특히 사회의 상층에 속한 여성)이 그와 유사한 공공연한 '후퇴' 에 대해 무언의 승낙 심지어 긍정했다는 것이 그것의 유력하고 자연적인 근거가 되었다. 성적 차별이 재차 제기되고 강화됨에 따라, 여성문화(우선 여성 작가군과 여성 감독군)가 빠른 속도로 일어나 번영을 구가했다는 것이 그 근거가 되었다. 유사 서술이 당대 중국 역사의 구석진 부분과 진실을 부분적으로 드러내는 동시에 거대 역사와 현실 은폐도 조성하였다.

　마오쩌둥 시대 공전의 규모로 전개되었던 여성해방 운동 속에 여성에게 가해진 역사적 폭력의 요소가 확실히 포함되어 있다면, 바로 이 동일한 폭력적 요소가 예로부터 존재했던 부권父權과 부권夫權 체계를 철저하게 파괴했으며, 이로 인해 여성 집단이 전면적으로 사회 무대에 등장할 수 있었다고 할 수 있다. 만약 이 폭력 요소를 가슴 깊이 통절하게 체득한 사람이 분명 존재했다면, '그녀' 는 아마도 당시의 현실과 '신시기' 남성의 상상 속에 존재했던 중산계급 혹은 부르주아 지식 여성일 것이다.[94]

　그러나 1949~1979년의 중국에서, 여성이 짊어질 수 없었던 것은 그녀들의 새로운 사회적 역할과 사회적 의무만은 (만약 '아니다(不是)' 라는, 이와 같은 단순한 부정을 사용하지 않는다면)아니었다. 말할 필요도 없이, 각 민족 국가는 공업화 과정 속에 다들 폭력적이고 잔인한 여러 요소를 갖게 되는데 그것이 여성에게만 가해졌던 것은 아니기 때문이다. 여기에는 일찍부터 (위에서 말한 바대로) 사회적 공민과 현명한 주부라는 역할의 중첩에 의해 요구되는 이중적인 지출이 존재했다. 가사 노동이 사회화된 생산의 중요 구성 성분임을 직시하거나 승인하는 것을 거부하고 오히려 그것을 여성의 내적인 역할로 당연하다고 정해버렸던 것이다. '남녀는 똑같다' 는 문화에 의해 차별의 사실이 은폐되었을 뿐만 아니라, 여성에게 부과되는, 오직 여성에게만 부과되는 국가적 폭력도 은폐되었던 것이다. 신시기 '여성문화' 가 일어난 것은 확실히 새로운 해방이 도래했음을 증명하는 징표였다. 하지만 그것은 의심할 나위 없이 옛 여성해방의 정신적 유산의 현상現像이기도 했다. 이로 인해 그것은 즉시 "여자는 달이 아니야. 남자에 의지해 자신을 빛내지 않아."[95]라는 반항의 형상이자 목소리가 되었다. 하지만 소위 '여성 문화' 라는 명의 하에 차이론을 합법적 전제로 삼은, 여성에 대한 갖가지 멸시적이고 억압적인 담론이 앞을 다투어 쏟아져 나왔다.

1976년에서 1979년 사이에 중국 사회의 신질서가 재건되었다고 한다면, 이러한 신질서의 내용 중 하나로 남성권력이 재차 전면적으로 확인된 사실을 포함시킬 수 있을 것이다. 그러나 개혁 개방 및 상업화 과정이 가속화됨에 따라 남성권력과 성적 차별 역시 부단히 강화되었다. 여성의 사회적, 문화적 지위는 천천히, 그러다가 급격하게 추락했다. 이 때, 마오쩌둥 시대에 계급 문화로 성별 문화가 대체되고 계급 문화가 성별 문화를 이용한 사실은 끊임없이 은폐되거나 의도적으로 무시되었다. 그것은 중요한 정치, 문화적 전략이었다. 반면 신시기에는 성별(혹은 여성) 문화가 부상함으로써 오히려 즉각적으로 새로운 계급 구조와 계급 분화가 은폐되었다.

다시 은폐되는 성별 담론

엘리트 지식인 담론에서 7·80년대 교체기의 중국이 '5·4' 시대의 짝으로 서술되었다는 점은 흥미롭다. 여성 집단(비록 이것이 그 사이의 계급적 차별을 은폐하는 서술임이 분명하지만)의 문화가 나타남으로써, 중국은 다시 세계/서방을 향한 개방이라는 역사적 과정에 발을 들여놓을 수 있었다. 그러나 동일 담론 시스템에서 남성과 여성은 똑같이, '무산계급 문화대혁명' 이라는 부권父權과 절대 권력 시대의 희생물과 반항자로 묘사되었으며, '신시기' 의 '역사적 아비살해 행위' 의 참여자로 묘사되었다. 그럼에도 불구하고 분명한 것은 이번에는 적어도 엘리트 지식인 집단에서 남성과 여성은 결코 '소년 중국의 아들' 이나 '5·4의 딸' 과 같은 전방위적 동료이자 공모자로 맺어질 수 없다는 점이었다. 7·80년대 사회와 사회문화를 재건하는 과정에서, 여성(지식인)의 주체적 서술은 파괴와 단절을 드러냈다. '지식인' 으로서 그녀들은 남성 지식인의 사회적 선택을 동일시했다. 뿐만 아니라, 신시기 초기 중국 문단에서 가장 주목을 끈 여성 작가군은 실제로 80년대 엘리트 지식인 담론을 강력하고 효과적으로 만든 장본인이었다. 이 담론 서열의 골간이 당대 중국판 계몽 담론이고, 인도주의, '사랑(愛)' 의 서술 하에 '인권' 이라는 글자와 '인간 해방' 이라는 명제를 감추고 있었다면, 이 역사가 서술하는 '인간' 에는 이미 선험적으로 남성의 형상이 부여되어 있었다고 할 수 있다. 남성(심지어 여성)적 서사에서 '재난의 역사' 의 주체와 영웅은 명확하게 남성으로 서술되었을 뿐 아니라, 유효한 전략으로서 유사한 서사의 주지와 진의는 '혁명과 이별하는 것' 이거나 더 솔직하게 표현하자면 '마오쩌둥 시대를 끝내는' 데 있었다. 그리하여 그 시대는 청산되고 이별을 고해야 하는 대상이 되었으며, '여성해방' 과 남녀평등 같은 어느 정도 중요한 사회적 조치는 이러한 청산 과정 속에서 역사와 문화의 합법성을 박탈당해야 했다.

이제 이데올로기적 단절을 넘어서거나 봉합함으로써 정권의 연속을 강조하는 전략이 채택될 필요가 있었다. 이때 당대 중국의 역사적 청산에 관해, 통속적이며 사회적으로 공통된 인식을 얻을 수 있다고 판단되어 선택된 관점이 바로 소위 '대가론代價論' (혹은 '학비설學費說')이었다. 주류 담론으로서 그것은, 당대 중국 역사에서 저질러진 실책과 상처를 황금의 피안에 이르기 위해 지불해야만 하는 '대가' , 혹은 의미 있는 '학비' 로 지칭했다. 그래서 '대가' 는 '착오' 를 완곡하게 일컫는 대명사, 깊이 따질 필요도 없는 가벼운 역사적 판결이 되었다. 이 동안 '사상해방' 과 '반란평정' 이라는 '순풍에 돛단 배' 에 몰래 올라탄 남성권력 문화가 처음에는 은밀히 그러다 나중에는 공개적으로 '대가' 를 주제로 당대 중국 여성해방을 토론하기 시작했다.[96] 여성해방과 여성 평등 권리의 획득 그리고 도시 여성의 보편적인 취업은 대약진식 '역사적 착오' 이자 심지어 블랙코미디가 되었으며, 적어도 '정정' 될 필요가 있었다.

이 기간 동안 '지식인 윤리' 에 관한 토론이 익명으로 그리고 조금은 편파적으로 진행되었다. 이 토론을 통해 소위 '지식인의 품성' , '다른 것에 구애받지 않고 홀로 가는 형상' 과 '독립적 인격' 을 이루기 위해 필요한, 단일하면서도 모호한 기준이 제시되었다. 즉, '관변' 에 상대적인 위치와 관계를 가질 것이 요구되었던 것이다. 그래서 '관변과의 결탁' 은 지식인에게는 치욕적인 일로 받아들여졌고 심지어 용서받지 못할 죄로 여겨졌다. '관변' 에는 정권, 정당, 체제가 포함되었고 정치권력의 중심이 포함되었으나 이데올로기 국가 기계와 사회 기구에 대한 사고는 포함되지 않았다. 더 많은 경우 소위 이 '관변' 이란 상상 속의, 난공불락의 폭력/권력의 기계일 뿐이었다. 80년대 전 기간 동안 다양한 입장을 가진 지식인 집단들은 거의 예외 없이 국가 체제에 예속되었고 국가의 정치/학술/교육 기구 내에 적을 두게 되었다. 그리고 1979년 이래 소위 관변인 국가권력과 주류 이데올로기 그자신은 끊임 없는 변화와 자아분열을 겪었다. 유사 엘리트 지식인의 담론 구조와 자아 '신화' 가 여성 지식인의 주체적 표현을 어렵게 만들었음이 분명 했다. 이는 중국 여성해방이 확실히 '관변' 에 의해 추동되고 완성되었 기 때문이었고, 여성의 권리도 여전히 관변 체제(전국적인 '여성연합' 및 관련 시스템)에 의해 보호받을 수 있었기 때문이었다. 그래서 여성 해방 혹은 남녀평등을 견지하자는 주제는 '관변과 공모했을' 가능성 이 짙었으며, 여성의 성별적 입장과 남성 지식인이 공유한 '고별혁명' 이라는 입장의 선택 사이에서, 중국 혁명과 중국 여성해방의 역사적 과정에 대한 다른 판단을 분리해내기가 어려웠던 것이다. 소위 '계몽 담론의 다중성' 을 보여주는 전형적 예로서 직선적 역사관에서의 '진 보' 적 서술, 역사 단계론 및 인도주의자의 '인류' 적 시야 및 정도가 여 성 주체의 발현과 표현 사이의 곤경을 더욱 가속화시켰다는 점을 들 수 있다. 상당히 통속적인 몇 가지 유행했던 논조가 바로 중국 여성해 방이 '시대를 앞섰다' 는 것이었다. "중국 인권 문제가 아직 해결되지 않았는데, 어떻게 여성의 권리*를 논할 수 있는가?" "정체된 중국 역사 및 그 현실에서 서구 페미니즘은 국가의 상황에 부합하지 않는다는 것 은 분명하다." "여성의 입장은 편협하고 병적이다—우리는 왜 '인류'

---

* 여기에서 女權은 여성의 권리이다. 그러나 앞서 나왔던 男權은 남성의 권리가 아니라 남성권력을 가리킨다.

의 높이와 시야에서 인류/중국/중국인의 고난을 사고할 수 없는가?” 등이 그 예였다. 그래서 소위 지식인의 입장은 여성의 입장 심지어 성별 신분 및 그 화제를 그 바깥으로 제거해야 하는 초월적인 표현이 되었다. 그런데 ‘보편적 의의’를 갖춘 해석을 얻을 수 없다면, 여성적 서술은 필연적으로 중국의 ‘사상계’와 ‘지식계’의 보편적 경시와 심각한 적의를 마주할 수밖에 없었다. 80년대 이래 모더니즘 혹은 계몽 담론이라는 절대적 가리개로 인해 페미니스트는 현대성 및 계몽 담론의 다양한 문화에 의지하고, 검사하고, 해체할 수 있는 가능성과 계기를 잃어버렸던 것이다.

‘무성’적인 서술과 성별 장면

만약 7·80년대의 교체기에 셰진이 주류 영화양식을 고쳐 써서 중국 영화계의 맹주라는 지위를 이어갔다면, 조용히 나타난 예술 영화의 싹, 즉 이후 ‘4세대’, ‘5세대’로 지칭된 영화는 조금씩 중국 영화 서사 및 영화 문화의 또 다른 주류를 형성했다고 할 수 있다.

‘4세대’ 감독들은 1979년 전후 창작 활동을 시작하면서 중국을 뒤흔들어 놓았고, 사실상 ‘사상 해방 운동’을 촉발시켰던 ‘상흔문학’의 영화적 목소리가 되었다. 그러나 재미있게도, 영화에 대한 이데올로기적 제어가 문학보다 심했기 때문에, 그리고 4세대의 서사 방식이 직접적으로 60년대 소련의 예술 영화를 빌려왔기 때문에, 또 ‘상흔문학’에 담긴 사회에 대한 고발 외에 4세대 감독들이 ‘인도주의’적 서사를 드러냈기 때문에, 그들은 문단의 여성 작가군과 매우 비슷한 서사 방식을 채택했다. 그것은 약자가 간청하고 호소하는 태도였으며, 부드럽고 완곡하며 감성적인 어조였다. 현·당대 중국 문학사에서 여성 작가의 서사는 늘 무의식적으로 중국에 있어 상당히 취약하고 애매한 개인주의 문화의 '개인'과 공모하는 전략을 채택했다. 이들처럼 4세대 감독들도 '여성'의 모습을 빌어 '대역사' 중 개인 경험—소위 '대시대의 작은 이야기'[97]—을 새겨 넣으려는 문화적 시도를 실천했다. 재미있는 것은 4세대 감독이 상당히 '여성화된' 서술 어조와 풍격을 사용했지만, 그들의 대역사/소이야기의 풍경에 두드러지게 나타난 '역사의 인질'로서의 개인은, 오히려 남성적 주체의 모습을 띠고 있다는 것이다. 4세대 감독들이 열중했던 '체념' 식의 애정 이야기에서 여성은 남성 욕망의 객체가 아닌, 폭력에 의해 갑자기 파괴된 성인成人의 문과 같은 역할을 맡았다. 영화의 여인은 아름다운 여신과 아름다운 제물 사이에 놓여져 잔혹한 역사/'문혁'의 장면에서 사악함에 의해 빼앗긴 돌아오지 못하는 환영이 되었다. 어떤 의미에서 그것은 여전히 '무성'적인, 적어도 비성별화된 이야기였다. 이들 슬픈, 정감의 유토피아 혹은 플라토닉 연애의 장면 속에서 여성에게 지워진 이상적인 의미는 욕망과 신체의 표현을 씻어버렸다.

영화 『작은 골목(小街)』(양옌진, 1980년)의 여자 주인공은 성별적 신분이 확인조차 되지 않는다. 그러나 그것은 혁명 고전 영화의 성별 서사와는 분명 달랐다. 그것은 남성/개인의 성장에 관한 이야기로 그 속에는 반드시 성/신체/욕망의 서술이 잠재적으로 포함되어 있어야 했다. 뿐만 아니라 이처럼 남성이 서술 주체인 이야기에서, 남성은 극히 보기 힘든 역사의 주체가 되어야 했다. 즉 '그'는 정치적 폭력의 재난을 담당하면서 또 폭력적 역사를 규탄하고 항의하는 역할을 맡았던 것이다. 4세대가 자신의 처녀작에서 택한 문화적 수사 방식 역시 신시기 초기에 수면으로 부상하기 시작한 엘리트 지식인 담론이 취했던 정

『작은 골목』

치적/문화적 전략이었다고 할 수 있다. 이 전략에서 남성은 역사의 장면에서 유일하지만 결코 그다지 뚜렷하지 않은 주체였고, 여성은 절대적 의미에서의 객체였다. 그녀는 남성 욕망의 객체일 뿐 아니라 더 중요하게는 역사/무명의 폭력을 직접적으로 감내해야 하는 자였다. 그리하여 감춰진 욕망, 신체 심지어 성별의 서사 속에서 남성의 욕망과 여성의 신체는 역사, 정치 그리고 사회에 관한 우언이 되었다. 이로 인해 정치적 표현과 성적 표현 간의 등치等値가 '신시기' 중국 문화를 이해하는 특이한 단서가 되었다. 이 등치는 결코 '성/정치' 간 수사적 전환을 의미하지 않는다. 그것은 성적 표현이 곧 정치적 표현이었으며, 적어도 다수의 성 서사가 성공적으로 정치(항의)적 태도로 인식되고 읽혀졌다는 것을 의미했다.

상흔문학과 정치적 반사의 글쓰기가 갑자기 중단되면서 신시기 중국에 있어 가장 심각한 이데올로기적 모순과 간극이 드러났다. 신속하게 이를 이어 나온 역사 문화적 반사 운동은 현대성 담론을 재확대하고 신정권을 위해 충분한 합법적 논증을 제공했으며, 동시에 '신시기' 중국 현대성 담론의 모순도 드러냈다. 그 뒤, 중국 영화를 들고 '세계로 나아갔던'ㅡ유럽 예술 영화제에서 인정과 찬사를 받았던ㅡ 유명한 '5세대' 영화인들은 바로 이러한 문화적 콘텍스트 속에서 등장했다. 역사적 청산과 문화적 뿌리 찾기라는 아이러니컬한 시도가 의도와 무관하게 세계화 과정 속에서 '중국문화'가 처한 곤경을 보여주었다면, 이 시기 문학과 영화 등의 서사적 작품에서 쏟아져 나온 여러 여성 형상의 서열은 '성/정치' 표현의 '신' 판본을 만들어냈다고 할 수 있다. 5세대 영화인들이 중국 영화계로 신속하게 들어가 사실상 '영화 언어 혁명'을 촉발했고 아울러 이전의 중국 영화와 분명한 선을 그었다. 적어도 성별 문화 및 그 표현의 측면에서 4세대와 5세대는 문화적인 공유와 논리적인 연속의 측면을 지니고 있었다. 5세대 영화인들이 등장하여 상당히 강건한 스타일로 남성적 서사와 역사적 주체에게 그에 '상응하는' 서사 언어와 어조를 부여했지만, 역사 문화의 반사적 주제를 영화화함으로 인해 영화는 본질적으로 남성 주체가 억압당하고 강탈당했다는 이야기가 될 뿐이었다. 아마 이렇게도 표현할 수 있을 것이다. 4세대 초기 영화는 개체 생명의 역사라는 측면에서 청춘(혹은 청춘기) 고사의 특징으로 표현된 남성의 성장 이야기이지만, 5세대의 영화는 중국 역사와 우언의 장면과 상징 질서를 세우는 과정 속에서 반항자인 아들이 처한 곤경에 대한 이야기라고 말이다. 재미있게도, 5세대가 등장한 후 4세대는 여성 주인공의 이야기, 게다가 여성이 성적 욕망의 주체가 되는 이야기로 창작 방향을 전환했다. 이 수사방식은 장이머우의 『홍등(大紅燈籠高高掛)』을 통해 5세대 영화인들에게로 이어져 다른 콘텍스트와 다른 주제를 표현하는 데 사용되었다. 80년대 중국 영화의 여성 욕망에 대한 '발견'은 사실상 낡은(적어도 중국 문인이 '향초 미인을 자신과 비교'했던 전통적인) 남성적 수사 방식에서 유래한 것으로, 벗어날 수 없는 남성의 현실적, 문화적 곤경을 여성 주인공의 신체에다 옮겨놓은 것이었다. 여성의 욕망과 갈증에 대한 이야기는 단지 남성의 현실적 곤경을 감추는 가면무도회일 뿐이었다.

조금도 의심할 여지없이, 역사 문화적 반사운동 과정에 출현한 '새로운' 여성 형상의 서열은 대부분 여성 생존과는 관계없는, 오히려 남성의 상상과 관계있는 '비어 있는 기표'였다. 그리고 '그녀'를 다중 코드화한 방식은 당대 중국의 정치 문화와 성별 문화의 자가당착과 본질적인 모순을 전가하고 벗어버리는 데 사용되었다. 80년대 전기와 중기 '엘리트 문화'의 공동 주제인 '문명과 우매'의 충돌에서 여성 형상은 우매의 희생물이자 문명의 제물이었고, 정치와 역사적 폭력의 수용자였으며, 역사적 진보의 흔적이자 어렴풋한 구원의 소재지였다. 적어도 '심근(뿌리 찾기)' 텍스트의 두 주요 서열에서 여성 형상의 다른 쓰임새는 남성 서술 주체가 여성 인물의 본질화한 그리고 기능화한 표현 속에서 (남성의)역사적 채무를 배상하고 (남성의)현실적 곤경에서 벗어나려는 시도를 보여주었다. 그것은 심근 작품의 기본적 모티브 중 하나로, 메말라 물 없는 토지와 목마른 짝 없는 남성으로 표현되었다. 그것은 유사한 텍스트의 이중적 주인공이었다. 수원水源을 찾는 것과 여성을 뺏는 것은 민족(남성) 우언에 있어 플롯의 골간이었다.[98] 연장자이며 권세 있으나 생식력을 상실한 남성/'아비'가 여성을 독점하는 이야기는 '동방'의 '아들살해 문화' 이야기와 연결되었다. 이로 인해 유사한 서술이 '뿌리 파내기(掘根)'의 창작을 이루었다. 그것은 전형적인 80년대 중국의 종족적 자아 파괴에 관한 우언으로, 너무나 유명한 대형 텔레비전 테마극 『허상』과 작품만 다를 뿐 기법은 동일한 작품들이었다고 할 수 있다. 심근 작품의 또 다른 모티브와 서열은 자연과 문화의 대립, 상징(그림)과 글자(문자)의 대립, 생명과 권력의 대립을 우언적으로 표현하는 것이었다. 그것들은 문자, 언어, 역사의 바깥을 표현했고, 만고에 우뚝 선 자연과 공간을 표현했다. 그중 여성— '가슴과 엉덩이가 풍만한' 여성—은 자연을 가리켰고 원초적 생명력을 상징했으며, 파괴적인 (중국)역사의 바깥에 존재하는 인류(종족) 구원의 힘을 보여주었다.

여기에서 문화적 표현상의 반전을 지적할 필요가 있는데 그것은 '5·4' 신문화 운동이 시작되자, 전근대 중국의 (구)여성이 구하려 해도 구할 수 없는 '죽은 사람'으로 서술되기 시작했으며, 1949년 이후의 문화적 서술에서 다시 한 번 '구중국의 고난'과 함께 묻혀버렸지만, 80년대 중국이라는 세계화의 현대화가 다시 한 번 추진되던 때에 '그녀'가 '부활했다'는 사실이다. 이는 상당히 의미심장한 일이다. 유사한 서술 속에서 옛 여성, 원시적인 어미는 인류/중국사회에 내재하는 그리고 문화/중국역사와 전통에 외재하는 생명과 구원의 담당자가 되었다. 그러나 '신여성'(한 세기를 거쳐 이미 소실된 칭호)/현대사회의 여인은 현대 남성보다 못한 복제품이자 모사본일 수밖에 없었다. 일종의 문화적 징후로도 볼 수 있는 이 사실은 중국 현대성 담론의 재확대 속에 존재하는 거대한 문화적 장력을 무의식중에 드러냈다.

사회 변화와 성별 서사

아마 유사한 '무성'적 서술과 성별 장면에서 4세대와 5세대 영화인들의 성별 서사의 태도는 다음과 같이 구별될 수 있을 것이다. 4세대의 경우 대부분의 작품에서 욕망 대상이 박탈되는 형식을 취했고, 이로 인해 주인공은 끝없이 이어지는 청춘기에 던져졌다면, 5세대 영화인들은 거부하는 태도를 선택하여, 여성을 거부하고 플롯을 거부('시간'

표현을 거부하는 동시에 남성과 여성의 이야기를 거부)했다고 말이다. 그들은 왕왕 질서에 의해 '금지된 여성'을 거부했지만 문화/상징 질서에 진입하는 것도 거부함으로써 권력 질서와 주류문화에 굴복하고 타협하는 것을 거부했다. 그러나 아마 바로 이러한 거부의 태도로 인해 5세대 및 전체 '역사 문화 반사 운동'의 아이러니컬한 상황은 두드러졌을 것이다.[99] 말할 필요도 없이, 80년대 중국의 소위 '역사 문화의 반사 운동'에서 '역사', '전통', '문화'란 현실정치 혹은 직접적으로 말해 마오쩌둥 시대의 대명사였다. '봉건 파시스트 전제'는 '문혁'의 대명사가 되었는데 그중 '파시스트'라는 글자는 단지 잔혹함의 정도를 수식하고 비유하는 말에 불과했다.

그러나 순환하고 반복된, 온갖 어려움과 변모를 지닌 중국 역사는 서사 표현 속에서 오랜 옛날부터 존재했던 자연적 공간으로 나타났다. 척박하고 메마른 이 공간이 정치/사회주의적 해결 방법이 무효했음을 증명한다면, 현대화의 발걸음은 어떻게 이 공간의 숙명을 건드릴 수 있을 것인가? 여성을 거부하는 것—그 질서에 내재하는 코드를 취하는 것—이 남성 사회에서 '유통 수단'으로, 굴복의 태도와 질서의 거부를 의미할 뿐만 아니라 문화적 성인식의 연기延期를 의미하고 유창한 표현과 확정적인 가치의 부정을 의미한다면, 여성을 거부하는 것—그 비질서적이고 비문화적인 코드를 취하는 것—은 생명 자연을 지칭하는 동시에 문화/역사의 '바깥'에 존재하는 구원의 힘을 거부하는 것을 의미했다. 그러나 '여성'/문명 바깥의 '원시적 여성'이 초역사적인 해결의 길을 제공한다면, '그녀'의 존재는 또한 의심의 여지없이 직선적 역사관과 '발전', '진보'라는 계몽의 담론에 의해 거부되었다고 할 수 있다. 어떤 의미에서 천카이거의 작품 『아이들의 왕』은 이러한 문화적 모순의 표현을 극한까지 밀고 나간 동시에 자신의 영화 표현의 절망적

『붉은 수수밭』

상태를 남김없이 폭로한 작품이라 할 수 있다. 그래서 거의 동시에 제작된 5세대의 또 다른 작품 『붉은 수수밭』에서 여성은 북소리가 요란한 가운데 남성적 욕망의 장면에 다시 등장하여 남성의 욕망을 만족시켜줌으로써 (남성)주체와 질서—신질서의 화해—를 완성했던 것이다.

여러 측면에서, 1987년은 당대 중국사와 영화문화사 모두에 중요한 해였다. 이 해에, 중국 사회 체제 개혁은 매우 중요한 시기(소위 제1차 '闖關(관문 돌파)'의 시기)로 접어들었다. 시장경제—중국 특색의 사회주의—가 중국에서 비교적 안정적으로 확립되었으며, 완만했던 다국적 자본의 삼투와 진입은 급격해지기 시작했다. 사회의 파노라마 속에서 상업화와 소비주의의 파도가 사람들의 일상생활에 충격을 주었고 일상생활은 이로 인해 다시 쓰이기 시작했다. 아울러 대중문화 시스템이 소리 없이 중국 사회로 들어오기 시작했다. 문화의 시장화 과정에서 가장 먼저 재난을 당한 것은 영화였다. 이때 영화 생산은 이미 공·농·병 문예식 주류 영화와 4세대, 5세대식 예술 영화로 양분된 상황에서 '주선율主旋律' 영화(관변의 선전영화), 탐색 영화(예술 영화), 오락영화(상업영화)를 정립하는 국면으로 바뀌었다. 이 해에 천카이거의 『아이들의 왕』은 칸에서 고배를 마셨지만, 장이머우의 『붉은 수수밭』은 베를린에서 수상의 영광을 안았다. 급격한 사회 변화와 시장 충격으로 인해, 공통된 사회적 · 예술적 요구를 함께 했던 집단인 4세대와 5세대는 해체되기 시작했고, 동시에 약속이나 한 듯 그들의 성별 서사 전략을 바꾸기 시작했다. 성별 서사 혹은 여성 형상은 남성적 표현이 사회 전변기의 현실적 압력과 문화적 신분상의 곤경을 편안히 건너갈 수 있도록 돕는 부교가 되었다.

국가가 점진적으로 개방되고 글로벌 자본과 서구 문화의 유입과 함께 장이머우의 '기적'이 중국 영화를 세계화된 문화 시장으로 이끌었다. 1987년은 당대 중국이 다시금 전면적으로 '(유럽의)타자와 만남'해라고 말할 수 있다. 재미있는 것은 바로 1987년 전후로 중국 대륙의 여성 작가 집단이 소설 텍스트에서 세계화의 콘텍스트 속에 나타나는 성별/종족의 미묘한 유희를 언급하기 시작했다는 것이다.

80년대를 대표하는 여성 작가 장제(張潔)의 『태양은 오직 하나(只有一個太陽)』와 신시기 가장 우수한 여성 작가 왕안이(王安億)의 『삼촌 이야기(叔叔的故事)』는 다들 강세/약세, 중심/주변이라는 소위 동/서 문화 구조 속에 중국 남성 지식인이 처한 곤경과 성별 역할의 전도를 언급했다. 당시에는 여성 작가의 붓끝을 통해 성별/종족의 '유희규칙'을 발견하고 서사하는 것이 주류와 남성 문화를 해체하는 유력한 방식이었다(똑같이 약간의 혼란과 '착란'이 있다 하더라도). 반면 중국 영화인은 '1987 · 『아이들의 왕』, 『붉은 수수밭』 계시록'을 통해 전혀 판이한 깨달음과 실천 방법을 얻게 된다. 해외 투자를 얻기 위해, 그리고 유럽 국제영화제에서 입상하기 위해—사실상 이것은 대부분 제3세계 국가의 예술 영화의 유일한 출로다— 그들은 유럽 예술 영화의 전통, 기준과 취미를 내재화하고 구미 세계의 '중국에 대한 상상'을 내재화

『홍등』

해야 했다. 이는 그들이 본토의 역사, 경험과 체험을 객체화하면서 그들의 영화에 다른 양상과 이국적인 정조를 담아야 했음을 의미했다. 그러나 또한 그것은 구미의 문화적 맥락에서 읽히고 해석될 수 있어야만 했다. 우리는 아마 이것을 문화적 굴복이자 본토 문화의 자기 추방이라고 부를 수 있을 것이다. 그래서 일찍이 4세대 영화인이 능숙하게 구사했던 여성 욕망의 이야기가 다시 '발굴' 되었다. 필자가 '철방 속의 여인' 이라 부른 이야기가 구미 세계에 동방의 풍정을 보여주는 체제가 되었던 것이다. 만약 장이머우의 『국두(菊豆)』를 시작으로, 허핑(何平)의 『붉은 폭죽, 푸른 폭죽(炮打雙燈)』, 천카이거의 『풍월(風月)』 등이 그를 따른 작품으로 본다면, 장이머우의 『홍등』은 그 가운데서도 가장 재미있는 텍스트라고 할 수 있다. '필수적인' 고건축물은 중국의 감옥 같은 공간을 '이질적인 정취로' 상유하고 있고, 역사 문화의 반사 운동이 제공한 우언식 글쓰기, 즉 하렘에서 처첩 사이에 일어나는 다툼은 중국 사회에서 벌어지는 끊임없는 권력 투쟁과 권력 교체를 상징했다. 남자 주인공 시점의 부재는 영화에서 가장 주목을 끄는 점이다. 화면 밖의 소리로 나타나거나 등과 옆모습만을 보이는 남자 주인공은 우리가 볼 수 없는 형상이다. 게다가 매우 풍격화된 카메라 언어는 남자 주인공의 욕망적 시점을 장면에서 몰아냈다. 그래서 아름답지만 조금은 괴상한 여성 주인공들은 숨김없이 '무인칭' 시점의 카메라에 몸을 드러냈다. 이 우미한 '동방의 화려한' 병풍이 '서구' 세계에 '펼쳐질' 때, 남자 주인공의 시각의 부재는 욕망의 주체, 즉 욕망의 시선을 보내는 자의 부재를 의미했다. 구미(남성) 관객에게 이러한 '무인칭'의 카메라는 그들이 차지할 수 있는 빈자리였다. 그래서 '동방' 식 공간, '동방'의 이야기, '동방'의 아름다움이 모두 서구적 시야에서 '기이한 볼거리'가 되었던 것이다. '보기'/보이기, '남성'/여성, 주체/객체의 고전적 모델에서 '5세대' 영화인들은 굴복하는 태도로 이 성별/종족의 문화적/권력적 유희에서의 '여성'의 지위를 스스로 받아들였다.

다른 한편, 전변기 중국의 급격한 사회 변화를 마주한 채, 배금, 욕망과 생존 및 신분상 불안을 접하면서 중국 남성 작가 및 영화인들은 약속이나 한 듯이 또 다른 서사 전략을 채택했다. 그들은 다시 한 번 자아와 사회성의 위기와 불안을 여성 인물에 전가했다. 30년대 중국의 도시 문학에서 한때를 풍미했던 '신' 여성 형상이 당대 중국 문화에서 부활한 것이었다. 히스테리적이고 말이 통하지 않는 여성은 남성에게 고난과 불안을 가중시키는 악의 근원이었다. 이때 만들어진 5세대 감독 저우샤오원의 상업 영화

『실성의 대가』

『실성의 대가(瘋狂的代價)』는 선례가 된 작품이었다. 영화는 남성의 훔쳐보기와 폭력적 행위로 시작해 여성의 편집증과 모살 행위로 끝을 맺었다. 소위 서사적인 '죄의 전이'로 남성 사회의 위기를 상상적으로 해결한 것이었다.

여성 감독들과 그들의 창작

만약 우리가 영화의 여성 창작자 시각으로 당대 문화 속 성별 서사를 고찰한다면, 우리는 텍스트에서 다른, 혹은 더 심도 있는 결론(문학―소설과 시가의 창작에서 상황은 상당히 다르지만)을 얻기는 매우 힘들 것이다. 여성 창작자의 영화 서사 방식은 더 많은 경우 아마도 어떤 문화적 징후의 의미에 관한 표현을 제공할 것이다. 상당히 단순하게 수량화된 방식인 중국 영화인(연기자는 제외하고)의 여성 종사자 수의 비례를 통해 모종의 사회적 변화의 맥락을 읽어낼 수 있다. 1949년 이전, 중국 영화계에서 영화감독들이 마주해야 했던 세계는 늘 남성 중심의 세계였다. '신중국 영화' 창작의 주력인 3세대 영화인 가운데 유일한, 그래서 일거수일투족이 전체에 영향을 미쳤던 여성 감독 왕핑(王蘋)은 1949년이 지나서야 나타났다. 이어서 소위 3세대와 4세대 영화인의 구분을 넘어선, 혹은 4세대 감독 집단에 몸을 담아 중국 영화계로 진입한 여성 감독들이 이미 진용을 갖추었다. 그리고 마침내 중국 영화에 대한 구미 세계의 주목을 끌어낸 5세대 감독 중 여성 감독이 장이머우, 천카이거들과 영화계를 양분할 정도는 되지 못하지만 상당히 볼만한 성취를 거두게 된다. 그러나 5세대 영화인의 뒤를 이은 더 젊은 여성 영화감독들은 오히려 중국 영화계에서 자취를 감춰버렸다.

만약 1979년 이후 중국 사회가 지속적으로 남성권력을 회복하고 남성 권력 중심 사회를 재건하려 했다면, 이 과정은 전통적으로 남성의 특권 영역이었던 영화 제작업에서 빠른 효과를 얻었다고 말할 수 있을 것이다.

대규모의 제작소/주류 영화 제작 체계를 통해 본다면, 당대 중국은 분명 전 세계에서 가장 강력하고 다채로운 여성 감독 진용을 갖추고 있다. 주류 영화 체제 내에서 두 편 이상의 표준 길이 영화를 만들었고, 지금까지도 여전히 창작을 하고 있는 여성 감독은 30여 명 정도가 된다. 그리고 사회주의 영화 체제인 국영 영화제작소에서 지주적 역할을 하고 있는 여성 감독은 20여 명에 이른다. 게다가 각종 국제영화제에서 입상하고 '국제적 지명도'를 갖춘 여성 감독 또한 5~6명 남짓(황수친(黃蜀芹), 장난신, 리사오홍(李少紅), 후메이(胡玫), 닝잉(寧瀛), 류먀오먀오(劉苗苗) 등) 된다. 그러나 근 50년의 신중국 영화사에서 '여성 영화'라는 꼬리표를 붙일 수 있는 영화는 극히 드물었다. 대부분 여성 작가의 작품에서 제작자의 성별 요소는 자신의 입장과 시점을 보여줄 기회를 거의 얻지 못했으며, 영화의 소재 선택, 이야기, 인물 서사 방식, 카메라 언어 구조를 통해 인식될 수 없었다. 당대 여성 작가의 문학적 글쓰기와 달리 여성 감독의 절대 다수의 작품에서 창작 주체의 성별 신분은 영화의 풍격 형성에 있어 아주 미미한 요인이었다.

사실 근 50년간의 '신중국' 영화 속 여성 서사의 궤적을 돌이켜 보면, 당대 여성해방의 노정과 여성문화가 경험한 여러 아이러니한 정경이 더 분명하게 드러날 것이다. 여성 감독의 영화 서사는 바로 다중적인 역사의 궤적과 문화적 맥락을 드러낸다. 여성 작가들의 창작이 활기를 띠던 때를 즈음해, 당대 중국 여성 감독들도 신시기에 '역사의 지표로 부상했다.' 그러나 여성 작가들의 8·90년대 창작은 다른 시기 여성 작가들의 창작과는 다른 역사적 궤적을 보여주었다. 그것은 바로 사회주의의 문화적 맥락과 '5·4' 이래 여성 서사 전통 간의 부단한 만남과 지속적 단절이다. 반면 후자—여성 감독들의 창작—는 시종 사회주의 중국의 역사와 매우 밀접한 관계가 있었다. 오늘에 이르기까지 당대 중국 영화 종사자들 사이에 보편적이고 깊이 새겨진 상식 혹은 편견은 여성 감독—남성 중심의 왕국에 운 좋게 발을 디딘 여성—의 성공을 판단하는 지표를 다음과 같은 사실로 여기는 것이었다. 그녀들은 '남성과 같은' 영화를 제작할 수 있는가, 남성이 제어하고 있으며 제어하기를 갈망하는 제재를 그녀들이 제어할 수 있는가였다. 그러나 이것은 어떤 특정 시대/마오쩌둥 시대의 특정한 문화적 유산이 아니라, 당대 중국 지식 여성의 문화적 전략 가운데 하나였고 여성 집단의 특수한 공통 인식이었으며, 당대 중국 여성문화와 여성주의의 본질적인 역설적 정경 가운데 하나였다. 그것은 분명한 반항의식으로, 결코 '제2의 성'에 만족할 수 없다는 태도였다. 그러나 그것은 분명한 오류와 굴복이기도 했다. 그것은 여전히 남성 문화의 모델을 잠재적으로 수용하여 문화와 사회적 등급 논리를 내재화했을 뿐만 아니라, 다시 한 번 여성 생존의 현실을 필연적으로 무시하고 은폐했기 때문이다. 바꾸어 말하면 여성 감독이란 화목란식의 특정한 사회적 역할이었고, 성공적으로 남성으로 분한 여성들이었다. 그녀들이 자신의 성별적 특징과 성별적 입장을 더욱 깊숙이 숨길수록 더욱 두각을 내고 성공할 수 있었다. 반대로 자신의 성별적 신분을 '밝히거나' 어떤 특정한 제재를 선택하고 어떤 특정한 성별적 입장을 표현할 경우, 뒤쳐진 '2류, 3류' 역할을 감수해야 했다. 그리하여 대부분의 여성 감독이 자신의 영화에서 선택하고 다룬 것은 '중요한' 사회적, 정치적, 역사적 제재였다. 거의 예외 없이 당대 여성 감독은 주류영화 혹은 예술영화의 제

『화이수좡』

『네온등 아래의 초병』

작자였지 주변적인 혹은 반反영화적인 실험자나 도전자는 아니었다.

상술한 바와 같이 신중국 여성 감독의 창작은 왕핑에게서 시작되었다. 심지어 동시대 사람(남성)과 비교하여도 왕핑의 영화들은 공·농·병 문예의 영화적 특징을 더욱 분명하게 보여주었다. 그녀 자신 또한 마오쩌둥 시대 주류 영화의 대표적 인물이 되기에 손색이 없었다. 심지어 그 대표작을 시대에 따라 훑어보기만 해도 당대 중국 사회 문화 환경 속의 주류 문화의 기본적인 맥락을 알 수 있을 정도다(『류바오 이야기』(1956년), 『사라지지 않는 전파(永不消失的電波)』(1958년), 『화이수좡(槐樹莊)』(1962년), 『네온등 아래의 초병(霓紅燈下的哨兵)』(1964년), 및 그녀가 연출에 참여한 '대형 뮤지컬 서사시'『동방홍(東方紅)』(1965년), 『청춘(青春)』(1978년), 대형 뮤지컬 무대 기록 영화『중국혁명의 노래(中國革命之歌)』(1990년)). 소위 '17년' 중국의 유일한 여성 감독인 그녀는 이른바 '여성 제재'에 대하여, 그것이 사회적 변천을 보여주는 정치적 우언이 될 수 있었다는 것을 제외하고는 별다른 관심을 주지 않았다. 소위 여성적 표현 혹은 성별적 입장은 닿을 수 없는 머나먼 존재였다. 그것은 남성 창작자가 만든 작품 속의 여성 영웅 형상에 대한 정확한 대위였다. 영화 제작과 표현이라는 관점에서 보자면 왕핑의 영화적 동일시는 계급과 민족 국가에 기반한 것이었고, 그녀의 신분 및 표현은 분명 가정과 국가의 안에 한정된 것이었다. 그러나 재미있게도 영화적 표현에서 그녀는 성공한, 그리고 일찍이 간과되지 못하고 인식되지 못한 '화목란'이었지만, 영화평론가들은 여전히 창작자의 성별을 참조하여 거짓말 같은 '풍격 요소'의 묘사로 미묘한 성별적 요구와 질서를 표현해야 했다. "예술 풍격이 자연적이고, 섬세하며, 서정적인 것으로 유명하다. 명랑한 분위기, 완곡하고 우아한 정취를 보여주었고 정교함을 잃지 않았다"[100] 등이 그러한 평론의 예이다.

어떤 의미에서 왕핑의 영화 창작은 비 '여성'적 '여성영화'의 전통을 창출했다고 할 수 있다. '신시기' 이래 여러 주요 여성 감독 및 그들의 창작은 사실상 왕핑식 창작의 유력한 후계자였다. 그런데 유사한 여성 감독의 창작이 이 지점에서 신시기 여성 문화의 또 다른 징후를 드러냈다. 그것은 만약 8·90년대의 중국 영화가 주류 영화/공·농·병 문예와 예술 영화의 대립 및 저항으로부터 소위 주선율, 탐색영화, 오락영화의 삼분천하로 점차적으로 전화되었다면, 왕핑의 후계자들은 주류 영화/주선율의 창작 맥락을 이어갔을 뿐만 아니라, 거의 성공적으로 셰진식 주류 서사 모델의 전환이 보여주는 역사/문화적 장력을 제거했다는 것이었다.

예를 들어, 여성 감독 왕하오웨이(王好爲)가 80년대 초반에 만든 작품 『사람을 매혹시키는 악대(迷人的樂隊)』(1982년)와 『신뢰를 잃어버린 마을(失信的村莊)』(1984년)은 부유해지기 시작한 농민이 어떻게 사회주의 정신문명을 건설했는가와 공산당원이 어떻게 개혁의 시대에 다시금 대중의 신뢰와 명예를 회복할 수 있었는가를 각각 주제로 택하고 있다. 두 작품 모두 문화부가 수여하는 영화상을 수상했고, 후자는 공산당의 당내 정화를 위한 학습의 참고자료로 지정되기도 했다. 사실 비슷한 영화에서 왕하오웨이는 동시대 남성 감독보다 더 능숙하게 사회주의 고전 영화의 서사 모델을 구사했으며 성공적으로 혁명극의 서사 모델을 계승했다. 희극성 가득한 사건의 연속, 상대적으로 무대화된 장면 배치와 카메라 언어, 건강함과 낙관을 기조로 한 희극 양식은 신시기 '주선율 영화'의 대표적 모델 가운데 하나가 되었다. 그것들은 간혹 어떤 모델이 되어, 마오쩌둥 시대에 성장한 일부 여성 지식인이 사회주의 체제와 본질적으로 동일시하고 사회주의 이데올로기를 충분히 내재화하는 정도를 설명하는 데 사용되기도 했다. 이는 분명 그녀들이 사회 비판적 입장을 확인하고 자기의 성별적 경험을 인식하고 표현하는 데 있어서 거대한 장벽이었다. 그러나 다른 각도에서 본다면 유사한 입장의 선택, 그녀들의 창작과 80년대 점차 주류로 자리 잡은 엘리트 지식인 문화('혁명과 고별'하는 복잡한 스펙트럼) 간의 유리遊離는 간혹 여성 창작자가 현존 체제와 중국 여성해방 현실 간의 의존 관계를 자각하거나 반半자각하는 데서 기인한 것이었다.

이러한 여성 감독 집단의 창작 경향보다 더 주목을 끄는 것은 4세대와 5세대 창작 집단에 몸담았던 예술 영화 혹은 '탐색영화'의 여성 창작자들이다. 그녀들과 주선율 영화를 창작한 여성 감독들은 똑같이 의식적으로 작품에서 자신의 성별적 특징을 제거했다는 공통점을 지녔다. 반면에 4세대, 5세대의 여성 창작자들은 거의 초월적 예술 영화(정확히 말해, 유럽 예술 영화)의 심미 기준과 예술적 추구로 공·농·병 문예 속의 정치적 기준과 사회적 원칙을 대체했다는 점에서 달랐다. 이 시기에 가장 우수한 중국 여성 감독 리사오훙은 그녀의 『붉은 가마(血色淸晨)』(1990년)—콜롬비아 작가 가브리엘 가르시아 마르케스(Gabriel Garcia Marquez)의 소설 『예고된 죽음의 기록(Crónica de una muerte anunciada)』을 개작한 것—로 중국 사회 및 중국 농촌 생활 속의 잔혹함과 황당함을 언급했다. 닝잉은 그녀의 작품『즐거움을 찾아서(找樂)』(1993년),『경찰 이야기(民警故事)』(1995년) 등에서 대도시 하층 평민의 일상생활에 존재하는 미시 정치와 희극적 장면을 펼쳐 보였다. 이들 작품보다 영화 예술적 구성이 매우 정교하고 원숙한 리사오훙의『붉은 연지(紅紛)』(1995년)는 '초월'적인 예술 원칙에 기반을 두고 창작된 유사한 작품이 담을 수 있거나 혹은 담아야 하는 성별적 표현의 불합리함을 폭로했다. 바람둥이 공자와 정 많은 기녀라는 상투적인 이야기는 49년 이후 기원 폐쇄와 기녀 재교육 작업이라는 배경 속에 매우 풍부한 의미를 담아내었다. 그러나 남성 작가 쑤퉁(蘇童)의 원작에 바탕을 둔 영화『붉은 연지』는 남성에게 지배받고 상처받는 여성이 잔혹한 대시대에 구차하게 삶을 이어가는 이야기가 되었다. 작품에서 여성은 결코 서사의 시점을 발하는 자가 아니었다. 그녀들이 변화하는 역사와 정면으로 연결되는 경우는 극히 드물었다. 화면의 시점을 점유하거나 '보지만' '보이지' 않는 중심이 되는 경우도 역시 찾아보기 어려웠다. 남성이 특권화된 세계에서 남성 감독과 어깨를 나란히 하는 것은 분명 성별적인 교만함과 반항인 동시에 성별적인 자아 부정과 자아 파괴도 포함하고 있었다. 아마도 이 불합리한 문화적 현실 자체가 마오쩌둥 시대의 중요하고 기본적인 현실이자 문화적인 유산이었을 것이다. 그러나 그것은 무의식적으로 이 유산을 계승하고 남용하고 방치했다.

영화 속의 여성 서사

1987년 전후, 때로는 '개혁이 심화' 됨에 따라, 때로는 자본주의 요소가 당대 중국 사회를 고쳐 씀에 따라, 여성 감독들의 창작에도 변화가 나타났다. 우리는 어떤 때는 그것을 여성 감독의 창작으로, 다른 역사적 언어 환경에서 이루어진 선택이라면 어떤 때는 그것을 다른 여성 영화 창작 유형으로도 볼 수 있을 것이다. 이 시기에 여성 감독들은 약속이나 한 듯 동시에 이전에는 그녀들이 무시하고 경시했던 여성에 관한 영화적 제재를 선택하기 시작했고, 남성적 서술과는 다른 여성 시점을 얻으려 열정적으로 시도했다. 이 시도는 영화의 힘을 빌어 여성에게 독특한 경험과 세계를 전달했다. 대량으로 '여성영화' 가 등장함으로써 장편掌篇 영화가 유행하기도 했다.[101] 유사한 '여성영화' 의 등장이 여성 의식이 다시 싹트거나 각성했음을 의미하지는 않았다. 그것은 단지 여성의 사회 및 문화적 지위의 하강이 간과할 수 없는 지경에 이르렀음을 간접적으로 말해줄 뿐이었다. 여성 감독들이 뚜렷한 성별적 입장과 자각을 가지고 반항할 필요를 깨달은 것은 아니었다. 그녀들은 단지 어떤 사회적인 민감한 감각을 통해, 혹은 사회 현실을 암시하는 방식으로, 자신이 체험하고 아울러 타인 역시 불안감을 느끼는 현실을 포착하려고 시도했을 뿐이었다. 그러나 이런 종류의 영화는 창작자의 성별적 신분을 초월하거나 은폐하는 영화에 비해 더욱 분명히 당대 중국 여성 문화의 곤경과 불합리를 드러냈다. 필자가 선호하는 논조로 말한다면, 이는 전형적인 '도망치다 그물에 걸린 꼴' 이었다.

여성 감독들이 펼쳤던 여성의 이야기는 약속이나 한 듯이 명확한 반反도덕주의적 입장을 견지했다. 그러나 이들 반反도덕적 혹은 비도덕적 이야기는 시종 명확한 가치적 혹은 도덕적 방향성을 갖고 있었

다. 바꾸어 말해 이들 영화가 표현하고자 시도한 반反도덕주의의 의미
는 80년대 중국의 특정한 '계몽 담론' 위에 그 합법성을 두고, 어떤
'인성에 부합하는 도덕'을 상상하고 소환하는 데 사용되었다. 이로 인
해 이들 성별적이고 성애적인 이야기는 늘 '애정 없는 결혼'을 비난하
는 것으로 시작했고, '애정적 결합'/결혼으로 끝을 맺었다. 사실상 이
는 7·80년대 교체기 여성 작가가 공히 택했던 주제 중 하나였다. 비록
유사한 여성 텍스트가 담고 있던 복잡다단한 여성적 표현 역시 수시로
남성 집단의 '존엄성'을 범했지만, 어떤 의미에서 보자면 그것은 '신
시기' 이래, 남성과 여성의 표현이 공통된 인식을 이룰 수 있었던 거의
유일한 주제였다. 유사한 주제가 내포했던 '개성해방'과 금기시된
'성해방'이라는 주제 때문에 그것은 '신시기' 계몽 담론의 골간이 되
었을 뿐 아니라, '애정 없는 결혼'에 대해 비판적인 태도를 취했기 때
문에 '혁명과의 고별'이라는 은유적 의미가 더해졌던 것이다.

재미있는 것은 이들 여성 감독이 촬영했던 '자각적 여성 의식'을
가지고 있는 여성을 주인공으로 한 영화 대부분에서, 고전 영화와 동
일한 서사 모델 및 서술 언어가 사용되었고 영화 서사자의 성별, 신분,
시점, 입장 또한 혼란스러웠다는 것이다. 여성의 생존 및 문화적 현실
을 보여주고자 시도했던 영화들에서 '여성'은 오히려 담론의 안개와
수수께끼 속으로 더욱 깊이 빠져들었다. 그녀들의 영화는 늘 '규범'을
따르지 않는 반질서적인 여성 형상과 여성의 이야기로 시작하여 고전
적이고 규범적인 질서/도덕/결혼이라는 상황으로 끝을 맺었다. 그래
서 이들 영화는 반란 혹은 이분자異分者의 입장이 아닌 귀순과 항복을
표현했다. 그것은 어떤 유약하고 혼란스러운 여성적 표현을 만들어냈
지만 여전히 곳곳에서 남성권력 문화의 규범이 갖는 힘을 보여주었다
고 할 수 있다.

유사한 영화의 표현은 늘 어떤 남성 담론, 남성권력 규범에서 벗어
남과 동시에 또 다른 남성적 담론을 채택했고, 이로 인해 다른 규범 속
으로 사라져버렸다. 서사적 상투성이 여성 표현에 관한 상투성이 되어
버렸다. 영화는 어떤 여성 문화의, 혹은 현실의 곤경을 드러내지 못했
다. 영화 그 자체가 여성 문화와 현실적 곤경의 징후를 보여준 텍스트
가 되었다. 왕쥔정(王君正)의 『산림 속의 여인(山林中頭一個女人)』과 바
오즈팡(鮑芝芳)의 『금빛 손톱(金色的指甲)』 등이 이러한 영화의 대표작
이라 할 만하다. 『산림 속의 여인』에서 여성의 문화적 표현의 취약함
은 우선 서사 시점의 혼란을 통해 드러났다. 영화에는 1인칭 서술자가
등장하는데 현재 여대생인 그녀는 졸업 작품을 위해 대삼림 지역으로
소재를 수집하러 간다. 그러나 이야기의 첫 번째 시퀀스에는 남성인
늙은 벌목공이 등장하여 자신의 젊은 날 연인이었던 '하얀 신발(小白
鞋)'로 불린, 아름다웠으나 요절한 기생에 대한 기억―여성이 모욕 받
고 해를 입는다는 익숙한 이야기―을 그녀에게 이야기해준다. 그리고
영화의 시각적 표현에 있어 여대생이 '하얀 신발'로 분하고 있다. 영
화가 채택한 고전적 시각 언어에서 남자 주인공이 여전히 시점을 발하
는 자이자 시점의 중심이다. 이야기를 하는 '나'와 이야기 속 '나'는
늙은 벌목공이지 여대생이 아니다. 그래서 여성적 서술자는 형식과 의
미에 있어 가설적 존재일 뿐만 아니라 사실상 남성 욕망의 객체적 존
재가 되어버린다. 동일한 연기자가 여대생과 기녀로 분한다는 시각적
전략이 전달할 수 있는 동일시와 자처의 의미는 이로 인해 전해지지
않는다.
　그러나 영화의 후반부에서는 전반의 서사 시점 구조를 벗어나 '객
관'적 서사 시점으로 다른 여인, '대력신大力神'으로 불렸던 기녀를
서술한다. 그녀는 분명 감독이 많은 애정을 기울인 인물로 체력과 의

『산림 속의
여인』

지에 있어서 남성과 경쟁할 수 있는 여인이었다. 그러나 그녀의 이야
기는 고전적 모성애와 여성이 비분강개해 자아를 희생한다는 식의 상
투적 길로 빠르게 바뀐다. 그녀는 남자를 사랑하게 되고 이 때문에 희
망도 없이 그의 요구와 박탈을 감내해야 한다. 영화의 결미에서는 앙
각의 카메라를 통해 낭떠러지에서 사랑하는 남자의 옆에 무릎 꿇고 하
늘에 맹세하는 그녀가 보인다. "저는 그가 가업을 이루도록 아이들을
낳아 키울 것입니다!" 그녀가 바로 '산림 속의 여인' 이었다. 그것은 너
무나 익숙한 형상, 곧 대지의 어머니의 모습이었다. 그녀는 모든 의미
와 가치를 봉공과 희생에 둠으로써 남성의 생명과 가치가 이루어지도
록 도왔다. 만약 감독의 본의가 강한 여성과 약한 남성의 이야기를 말
하는 데 있었다면, 영화에서 강한 여인은 아이 같은 남자를 통해서 비
로소 그녀의 생명의 전부이자 유일한 의미―그가 가업을 이루도록 아
이를 낳아 키우는 것―를 얻고 실현할 수 있었던 것이다. 『금빛 손톱』
은 현대 생활에서 소재를 취했고 '부도덕' 적 색채를 띠었다는 이유로
관변으로부터 상영금지를 당했기에 더욱 복잡하고 재미있다. 영화는
여성 작가 샹야(向婭)의 보고문학 『여자 십인담(女十人談)』에서 소재를

취하였다. 이들 10여 명의 여인들은 평범하지도, 규범적이지도, '도덕적'이지도 않은 결혼생활 · 가정생활 · 성생활 등을 경험한다. 영화는 이들의 입을 통해 그러한 사실을 기록하고 있다. 원작에 이미 상업적 조작—남성 독자의 훔쳐보기 욕망을 만족시키는 것—의 흔적이 있지만, 구술적인 기술 방식은 여전히 담론 규범에 들어가기는 다소 어려운 여성의 진실을 보여주었다. 그와 달리 작품의 구조는 영화로 하여금 고전적인 플롯극이 되게 했다. 영화의 편명이 보여주듯 이 '여성영화'에서 여성은 여전히 어떤 색정적인 관음의 가치를 지닌 은막의 표상이지만, 성애적인 서술은 오히려 도덕적인 이야기, 즉 규범적이지는 않지만 소박하고 '인성에 부합하는' 도덕적 이야기로 바뀌어 있다. 그중 여인의 사업과 분투는 억압당하는 성적 욕망에 대한 여성의 병적 표출이자 변형된 요구가 되었다. 여인 간의 정의情誼는 다른 여인의 자태에 대한 이용과 질투가 되었으며, 개방적인 결혼은 여성이 남성을 묶어두는 전략이 되었다. 영화는 지나치게 고전적인 대단원식 결말인 결혼식에서 규범적이지 않은 여인이 규범적인 위치를 얻는다는 것으로 끝난다. 영화에서 유일하게 결혼으로 구속되지 않은 여인은 결말에서 영화 속의 이름 없는 남성과 짝이 되어 어깨를 나란히 하고 떠나간다. 영화의 마지막 신에서 이 한 쌍의 남녀는 함께 붉은 우산을 받치고 거리를 지나간다. 부감 카메라 속에 횡단보도의 줄무늬(분명히 질서의 기표이다)가 화면을 가득 채우고, 우산 아래의 남녀가 보인다.

더 구체적으로 유사한 여성 표현의 문화적 형성 요인을 살펴보면, 남녀평등 의식과 본질주의적 성별이론이 병존하고 있으며, 페미니즘에 대한 거부와 오독으로 인해 여성 표현의 자가당착과 구조적 충돌이 조성되었다는 사실을 알 수 있다. 80년대 전체와 90년대 초, 중국에는 '현대성을 반성한다'라는 문화적 주제가 부재했기에 여성 지식인은 계몽 담론의 다중성과 잠재적 남성권력 중심화에 대해 경계하지 않았다. 이로 인해 대부분 여성 감독의 작품은 대다수 '정면적인 여성 형상'을 만들어내는 데 멈추었고, 문화와 담론을 자각적으로 전복하는 경우는 극히 드물었다. 고전적 서사 모델과 카메라의 언어 모델을 선별적으로 사용함으로써 그녀들의 탈주와 돌파란 또 하나의 그물이 될 수밖에 없다는 사실이 선험적으로 결정되어 있었다. 그리고 영화 제작 시스템의 중요 요소가 이러한 영화 표현의 곤경을 결정하고 심화시켰다. 대부분 여성 감독은 남성과 각본·촬영을 함께하며 영화를 제작했다(당대 중국에 많은 여성 감독은 있었지만 여성 촬영기사는 극히 적었다는 것은 이상하면서도 재미있는 현상이었다. 그중 뛰어난 자를 찾는 것은 사막에서 바늘 찾기였다). 그래서 남성이 제공한 극본은 영화의 이야기 구조, 주제 표현 및 그 가치 혹은 도덕적 판단을 선험적으로 결정해버렸다. 그리고 촬영기사는 화면—영화의 진정한 텍스트—의 창조자이자 제공자였다. 따라서 그의 성별 신분이 영화의 관람 방식과 관람 시각을 결정했다. 이로 인해 이들 여성영화의 어떤 화면 혹은 신들은 영화의 줄거리 및 감독의 의도에 대한 역설이 되었으며 적어도 일정 정도 표현에 있어서의 전도를 만들어냈다. 이로 인해 이들 여성 감독들의 영화는 시종 갖가지 주류 영화의 장식품과 보충물이 될 뿐이었다.

여성 표현

결코 자각적인 '여성영화'가 아닌, 다른 여성 감독의 부분적 창작이 어떤 의미에서 여성적 표현의 분명한 흔적과 또 다른 가능성을 보

장뉜신 감독

여주었다고 할 수 있다. 여성 감독 장뉜신, 황수친, 후메이 등의 작품, 예를 들어 『사어우(沙鷗)』(장뉜신 1981년), 『여간호병(女兒樓)』(후메이 1984년), 『죽마고우(童年的朋友)』(황수친 1985년), 『청춘제(青春祭)』(장뉜신 1986년)에서 여성은 작품의 주인공이었을 뿐 아니라 서사 시점을 발하는 자였다. 동시에 유장하고 애처로운 영화 서사의 어조를 영화의 중요한 풍격 요소로 삼았다. 만약 당대 문단에서 많은 여성 작가 작품의 '여성적 풍격'에 대한 추구와 창조가 간혹 고심에 의한 혹은 부득이하게 채택한 여성 전략이었다고 한다면, 영화계에서 여성적 풍격이 출현한 것은 역사적 행진의 흔적이었고 '보이지 않는 여성'이 고난 중에 내딛은 일보였다. 재미있게도, 그녀들의 영화는 대부분 동시대 남성 감독과 공통된 문화적, 사회적 주제를 갖고 있었지만, 여성 이야기를 선택하였기에, 그리고 무의식중에 여성 생명 경험에 발을 디디고 그것을 드러냈기에, 그 주제를 여성의 '판본'으로 '번역'하고 다시 쓸 수 있었다. 4세대의 대표적 인물 중 하나인 장뉜신은 『사어우』에서 4세대의 공통된 주제인 역사의 박탈, 상실, '모든 것이 나를 떠나가 버렸다'

『청춘제』

를 "나는 명예를 생명보다 소중히 여긴다"라고 말하는 여인의 생명 고사로 번역했다. 영화에서 여성 주인공 사어우는 주류 문화 속 여성에 관한 이항대립 혹은, 양난의 상황―사업/가정, '강한 여자'/현모양처―에서 선택의 기회조차 갖지 못했다. 역사와 재난은 선험적으로 그리고 영원히 모든 것을 앗아갔다. 모든 것은 그저 실현될 길 없는 '가능성' 일 뿐이었다―"탈 수 있는 것은 모두 탔고, 큰 돌덩이만 남았다."[102] 그녀의 두 번째 작품 『청춘제』(1986년)에서는 여성이 역사적 조우와 민족 문화의 차이에서 자신의 성별을 깨닫게 되지만 그 깨달음이 가져온 것이란 그저 더 많은 고난 더 큰 곤경일 뿐이었음을 보여주었다.

필자가 보기에 당대 중국 영화계에서 '여성영화'라는 이름에 부끄럽지 않은 유일한 작품은 여성 감독 황수친의 『인간·귀신·사랑(人·鬼·情)』(1987년)이다. 그것은 결코 급진적인 영화, 쾌락을 파괴하는 영화가 아니었다. 그것은 소재의 결정과 우연에 의해서 창작되었을 뿐이었으며, 특수한 여성 예술가―남성으로 분한 여성 경극 연기자―의 생활을 빌어 현대 여성의 생존과 문화적 곤경을 상유적으로 제

『인간 · 귀신 · 사랑』

시하고 보여주었을 뿐이었다. 여성 예술가 추원(秋囊)의 생활은 여성의 운명과 비극에서 탈출하려는 절망적 시도로 채워져 있다. 그러나 그녀의 탈주는 모두 이 성별적 숙명과 조우하고 직면하는 것으로 끝날 뿐이다. 그녀는 여성의 운명에서 벗어나고자 '남성을 연기하는 것' 을 선택한다. 그것은 현대 여성 생존의 곤경을 가리키고 상유할 뿐 아니라, 고전적 남성권력 문화와 남성 담론을 더욱 미묘하게 드러내고 전복했다. 추원이 무대에서 연출하는 것은 시종 전통 중국 문화 중의 고전적 남성 표상, 즉 영웅이었다. 그러나 여성이 연기하는 남성이기에 여성 연기자의 자각적 혹은 부자각적인 성별 인식에 있어서의 곤혹은 심화된다. 여전히 인물과 그 연기자가 함께 할 수 없기 때문에 여성적 욕망/남성적 대상, 여성적 피구원자/남성적 구원자는 차례대로 부재하게 된다. 고전적 문화의 정경은 이로 인해 영원히 결손 상태에 처하고, 영원히 이루지 못할 여성의 꿈이 된다. 추원은 남성을 연기하는 것을 통해 구원받을 수 없었다. 왜냐하면 구원의 힘을 갖춘 남성은 단지 그녀의 연기 속에서만 생존할 수 있기 때문이었다. 남성과 여성 간의 고전적인 역사적 상황은 이로 인해 거짓말이 되고 복원될 수 없는 파편이 될 뿐이었다.

결말과 시작

80년대 중·후기 중국 영화의 찬란함이 그랬던 것처럼, 사회주의 중국의 역사와 연관되면서 여성 감독의 창작 열풍은 간혹 끊어진 소리가 되고는 했다. 여성들은 한걸음씩 그러나 매우 효과적으로 주류 영화 제작 산업에서 쫓겨나기 시작했고, 헐리웃의 거침없는 침입과 구태의연한 국산 영화의 검열제도로 인해 중국 영화 산업 자체도 자력구조가 불가능한 위기와 붕궤로 빠져들었다. 그러나 이 시기에 여성은 오히려 대중 매체, 특히 텔레비전 제작업에서 무시 못 할 존재가 되었다. 중국이 '세계와 발걸음을 같이 하는' 풍경이지만 중국 여성영화의 희망적 서광이기도 한 여성적 표현이, 기록 영화의 영역 속에 점차 그 단초를 드러냈다. 그러나 또한 이러한 소위 역사적 진보의 과정 가운데 여성의 사회적, 문화적 지위는 끊임없이 가속화된 비극적 타락을 경험했다. 급격한 계급 분화 과정 속에서 여성, 특히 하층 사회의 여성은 다시 한 번 대수롭지 않은 희생양과 증표가 되어버렸다. 마치 중국의 역사적 진보가 여성문화의 후퇴를 통해 완성된 것 같았다. 아마도 공공연한 억압과 후퇴는 더욱 자각적이고 본질적인 여성의 반항을 불러올 것이다. 그 사이에서 여성은 진정으로 '볼 수 있는 인류'의 한 부분이 될 수 있을 것인가? 여성의 영화와 텔레비전은 주변 문화로 태어날 수 있을 것인가? 필자는 그럴 수 있길 바라지만 그러나 아직 과감하게 낙관적인 답을 내릴 수는 없다.

『인간·귀신·사랑』: 한 여인의 곤경

>>

감독 : 황수친

편집 : 황수친

리쯔위(李子羽)

송궈쉰(宋國勳)

촬영 : 샤리싱(夏力行)

지훙성(計鴻生)

배우 : 쉬서우리(徐守莉)(추윈)

페이옌링(裴艷玲)(종규(鐘逵))

리바오톈(李保田)(추윈의 아버지)

드라마물, 컬러 와이드스크린, 110분

상하이영화제작소(上海電影制片廠) 1988년 출품

여성이라는 주제

여성이라는 주제는 우선은 침묵에 관한 주제인 것 같다. 그것은 항상 상유적이다. '다락방의 미친 여자' 이며, 감금되고 침묵을 강요당한 여인이다. 그녀의 유일한 행동은 복수의 불길로 자신의 감옥을 폐허로 만드는 것이다. 그녀에 관한 모든 것과 그녀에 대한 설명은 로체스터(남성)들이 부여한 것이다. 그녀는 미친 사람으로 명명된다. 그리하여 자신의 담론을 만들 권리와 자아 진술의 가능성을 영원히 박탈당한다.[103] 그것은 민간 전설과 민간 희곡 '붉은 비단을 풀다(背解紅羅)'[104]에 등장하는 무명의 소녀이다. 그녀는 국운이 쇠락하고 전쟁이 빈번한, 황제마저 타락한 시대에, 황가의 비 간택을 피하고자 이름도 호적에 올리지 못해 무명인이 된다. 그러나 황제의 위협으로부터 연로한 부친을 구하려고 궁전의 뭇사람들 앞에서 수천 개로 매듭지어진 붉은 비단 보따리를 푼다. 그것은 힘센 적국이 보낸 '예물' 로 풀지 못할 경우, 선전포고를 받아들임을 의미하는 것이다. 결국 소녀는 '전화戰火로부터 만민을 구해낸' 공적으로 입궁하게 되며 정비로 책봉된다. 그렇지만 여전히 이름도 말도 없다. 남성의 역사에 잠시 출현함으로써 자신이 벗어나고자 했던 여성의 비참한 운명 속으로 영원히 묻혀버렸다. 그녀의 공적과 이야기는 역사의 '배후' 에서 화려한 남성들 이야기의 구색을 맞추는 요원하고도 투미한 배경이다. 그것은 남자들의 꿈속에서 벌거벗은 채 도망치는 여인의 뒷모습이다. 그리고 소리도 말도 없다. 그녀는 존재한 적도 없으며 더 이상 모습을 드러내지도 않는다. 이태리 작가 칼비노에게 있어 인류 문명이라는 성城은 여인 때문에, 여인을 감금하기 위해 만들어진 것이나, 여인은 성 속에 영원히 부재하는 도시(城市)로 운명지어진다.[105] 세계 역사와 문명 속에 여성의 표

황수친 감독

상과 여성에 관한 담론이 아무리 많다하더라도 여성의 참모습과 담론은 영원히 '존재하면서도 부재하는 자' 이다. 중국 당대 여성작가인 왕안이의 장편소설 『사실과 허구(紀實與虛構)』[106]는 산 자의 기억과 구두로 전해지던 전설이 사라질 때, 모계에 대한 추구 역시 같이 끝날 것임을 보여준다. 문명의 끊어진 조각과 남겨진 조각인 문자 속에서 찾을 수 있는 것은 남성이라는 선조의 그림자에 불과하다.

그러므로 여인이라는 주제는 표현에 관한 주제도 된다. 만약 역사/남성 담론이 가로막고 없앤 여성의 기억이 존재하고 있다면, 여성의 문화적 분투는 소리 없는 이 기억을 담론으로, 표현으로 시도하는 것이 될 터이다. 중국 남방의 높고 험준한 산에는 분명 '여서女書' ─자매집단(sisterhood)의 문자─가 존재했었다. 고증되지 못한 전설 속의 여서라는 것은 '운 좋게' 간택되어 입궁한 '귀' 비가 구중궁궐과 엄중한 금령을 넘어 여인의 갖가지 고통에 관한 말들을 궁 밖의 자매에게 전하려고 만들어낸 것으로, 여성이 아닌 자는 쓸 수도 읽을 수도 없는 문자이다.[107] 그러나 정사나 야사와 같은 남성 역사의 밖에서 오랫동안 전해지던 이 문자는 결국 당대 중국에서 '발견' 되어 금지된다. 여서

쓰기가 가능했으며 몇 편을 읊조릴 수 있던 마지막 늙은 아낙들이 세상을 떠나면서 여서 역시 여성 세계의 기억 속에서, 문인·학자의 문서 속에서 기적처럼 근근이 존재하게 되었다. 전설 속 여성 단체인 '금상자(金嗓子)'와 여성 특유의 언술 방식들이 그것이다. 문명사회에 존재하는 여성이 여성 담론을 쟁취하고자 하는 노력은 늘 '화목란식의 상황'에 맞닥뜨린다.[108] 남권 문화 아래서는 다른 피난처나 다른 언어 시스템을 찾을 수 없기 때문이다.[109] 이것이 여성 담론과 표현의 어려움이며 여성 생존의 어려움이기도 하다.

문명은 여성을 '거울성' 속에 가두어두는데 그 속에서 '여성', 여성되기, 여성이기는 영원한 미망이자 고통이자 곤경이다. 이 거울성에서 여성의 '참모습'이라는 것은 남성의 모습을 하고서 표현하거나 행동하는 것에 지나지 않는다. 아니면 '내 딸의 모습으로 돌아가'* 영원히 침묵하는 것이다. 표현의 의미에서 보자면 여인에 관한 '진실'이라는 것은 존재하지 않는다. 여인에 관한 진실이란 페니스 중심적이며 로고스 중심적인 남성 담론으로 표현할 수 없는 것이기 때문이다. 그리고 여성의 진실이란 본질론적이거나 규범적이거나 단순할 수 없기 때문이다. 여성의 곤경은 언어의 감금과 규범의 감금으로부터 기원하며, 자아 확인의 어려움에서 기원한다. 그리고 겹겹이 거울에 둘러싸여 있다는 곤경과 미망에서 기원한다. 여성의 생존은 늘 거울식의 생존이다. 그것은 나르시시즘적 유혹도, 비극적인 영혼의 경험도 아니다. 그것은 일종의 협박이자 압박이며 피와 살이 있는 여성의 육신을 박제된 나비로 만드는 문명의 폭행이다.

황수친의 『인간·귀신·사랑』은 이런 의미에서 매우 흥미로운 여

---

* 還我女兒身.

『인간·귀신·사랑』 (이하 동일)

성 텍스트이다. 어떤 의미에서 보자면 그것은 중국 최초의, 유일한 '여성영화'라 할 수 있다. 이 작품은 표현에 관한 것이자 침묵에 관한 것이기도 하다. 그것은 참된 여성의 이야기와 운명에 관한 것이며[110] 특히 현대여성의 역사와 운명에 대한 상유이기도 하다. 여성의 운명을 거부하고 탈출을 시도하는 한 여인, 남자로 살아감으로써 성공을 이룬 한 여인이 결국 여성으로서는 구원을 얻지 못한다는 이야기다. 감독 황수친은 '다른 종류'의 영화를 무의식중에 만들어냈음에 분명하다. 그녀는 영화를 제작하는 동안 이 작품이 여성주의 영화라는 명확한 자각도 없었다. 만고불변의 '상식'인 본질주의적 성별관을 지닌 황은 여인의 행복은 이성과의 사랑과 그로 인해 '자연스럽게 이루어지는' 결혼을 통해 가능하다고 생각했다. 그러나 여성의 체험 속에 존재하는 뼈에 사무치는 고통과 여성 예술가 페이옌링의 참된 운명에 대해 감동하고 깊이 공감[111]했기 때문에 황은 영화의 여러 신이나 디테일 속에서 본질주의적 성별 표현에 직관적으로 질의를 던진다. 그리고 위선적이고 나약한 남권사회의 성별 양상에 회의한다. 그것은 자의식적인 주변인과 반항자의 태도가 아니었다. 그것은 닫으려고 하는 벽 위의 창이었고, 그 창으로부터 또 다른 풍경인 여성의 풍경이 드러났던 것이다.[112] 주인공 추원(秋龔)은 분명 반항적인 여성이 아니며 '다락방의 미친 여자'가 되지도 못하고, 될 수도 없다. 그녀는 단지 자신이 추구하는 바를 이루고자 애쓸 뿐이다. 그것은 광분하여 질러대는 외침이 아닌, 희미하고 처량한 미소였다. 자신의 운명을 원망하여 늘어놓는 한탄이 아니라 소리 없는 비련이었다. 당대 중국 여성이 처한 상황이고, 인내하며 기다리는 동경과 몽상이다. 구원을 갈망하지만 구원이 얼마나 힘든지 너무도 잘 안다. 그러므로 어떤 의미에서 보자면 이는 재서술되고 재구성된 화목란 이야기이다.

스스로 도려내기와 상실

영화 『인간 · 귀신 · 사랑』의 오프닝 타이틀은 매우 매혹적이면서도 악몽 같은 느낌이다. 첫 화면이 페이드인한 뒤 카메라는 홍 · 백 · 흑의 삼색물감이 담긴 화장그릇을 클로즈업한다. 분장실 거울을 통해 우리는 아름답고 청초한 젊은 여인(추원)을 보게 된다. 그녀는 우윳빛 상의를 벗고 검은 머리를 묶고서 화장 붓으로 능숙하게 분장을 하기 시작한다. 붓이 움직일 때마다 여인의 얼굴은 다소 과장된, 용감무쌍한 남성으로 변한다. 분장된 얼굴은 신기하고도 그로테스크한 느낌을 일으킨다. 의상담당자가 겹겹이 걸쳐주는 붉은 도포 속으로 여인의 섬세한 몸매는 사라진다. 관을 쓰고 수염을 붙인 뒤에는 더 이상 여인은 존재하지 않는다. 거기에는 기이하며 못생겼지만 매우 남성적인 모습의 종규(鐘逵)가 서있다. 흉측하고 강렬한, 그러나 위풍당당한 모습 아래에는 소리 없는 슬픔이 숨겨져 있다. 종규가 거울 앞에 앉는 순간 우리는 여러 개의 거울 속에 비친 여러 명의 종규를 보게 된다. 거울의 모습에 현혹된 듯 종규가 거울 쪽으로 몸을 숙여 자세히 들여다보자 거울 속에는 우윳빛 겉옷을 입은 여러 개의 추원이 비친다. 천천히 멀어지는 카메라 속에서 추원은 홀로 거울 앞에 앉아 거울 속의 종규를 보고 있다. 그러다 순간 종규가 거울 밖에 앉아서 거울 속의 추원을 들여다보고 있다. 거울 앞에서 추원과 종규는 서로 바뀐다. 거울 속에는 추원과 종규가 함께 존재한다. 거울 벽으로 이루어진 회랑을 걸어 들어가듯, 악몽의 세계로 떨어지듯. 여자인가? 남자인가? 본모습인가? 배역인가? 사람인가? 아니면 사람이 아닌 귀신인가? 이 순간 우리는 거울의 미혹으로 빠져든다. 이는 예술가가 처한 '주화입마'의 상황이면서 분장할 수밖에 없는, 분장만이 가능한 현대여성이 처한 곤경이기도 하다. 이 순간 '나는 누구인가?'라는 비극적인 질문에 사로잡힌다. 그러나 언술과 질문을 행하는 나/주체는 자신의 성별과 신분 그리고 사회적 역할을 힘겹게 확인하고자 하는 여인으로 한계지어진다. 이는 영혼과 인격의 정신병적 분열도, 자기 연민과 자아 포기의 감정으로 가득차 어찌할 바 몰라 혼란스러워하는 착란상태도 아니다. 놀람이 아니라 당황스러움이며, 미친 것이 아니라 오랫동안 지속된 숨겨진 고통일 뿐이다. 『인간·귀신·사랑』의 서막은 악몽 같은 정경을 보여준다. 그것은 현대여성의 생존 상태에 대한 상유적인 진술이다. 영화의 첫 순간을 통해 명확한 성별 구분과 성별의 양상이라는 것에 이미 존재하는 얼기설기한 균열이 노출된다.

이야기의 표층만 보자면 『인간·귀신·사랑』은 성장영화이며 여성예술가의 생애를 그린 작품이다. 추원은 멈출 수 없는 갈망에 사로

잡혀 무대에 투신했고, 자기 생활을 포기해야 했으며, 하나의 배역을
완성하기 위해 온통 그것만 생각해야 했고, 스스로가 그 '배역'이 되
어야 했다. 심층적 의미에서 보자면 이는 여성에 관한 이야기, '진실'
되고 '정상'적인 한 여인의 이야기이다. 추원의 일생은 남권 성별질서
에 대한 월권과 침범이기보다는 절망적인 복종이자 수정이라 할 것이
다. 그렇기에 그녀는 성공한 여성이 되었고 불행하지만 결코 애원하지
않는 여성이 되었다. 추원 이야기의 서사와 해석에 있어 황수친은 당
대 중국의 일반적인 '관점'을 따르지 않았다. 일반적으로 여인은 일과
생활(더 직접적으로 말하자면 합법적인 혼인) 중 하나만 선택할 운명
을 갖고 있다. 그리고 그것은 일과 행복이 서로 대립되는, 여성이 처한
진퇴양난의 상황을 의미한다. '여성은 달이 아니다. 남성의 빛을 빌려
빛나는 존재가 아니다'[113]고 할 수 있다면, 추원의 삶에 있어 찬란하게
빛나는 남성의 태양이란 존재한 적이 없다고 할 수 있다. 추원의 이야
기는 도피와 거부에 관한 이야기이다. '좋은 여인'이라는 거짓투성이
의 말을 위해 일반적인 여인의 운명을 벗어나고자 하지만 오히려 그것
은 전통적인 여인의 길을 거부하는 것이었다. 그리하여 그녀는 심지어
무대에서조차도 여성의 역할을 거부한다.

영화에는 전형적인 프로이드의 '최초의 정경'이 분명 포함되어 있다. 그것은 어린 추원의 첫 '도피'에서 나타난다. 제멋대로인 어린 추원은 '시집보내기' 놀이를 멈추고 '난 너희의 신부가 아니야. 누구에게도 시집 안가!'라고 선언한 뒤, 남자아이들의 추격으로부터 도망친다. 그러나 풀숲에서 어머니와 '아버지'가 아닌 다른 남자(사실 이 사람이야 말로 추원의 생부이다)의 애정행각을 목격한다. 그녀는 다시 미친 듯 도망친다. 그러나 소박한 여성의 진술/자술로서 구성된 인생의 놀라운 경험은 영화의 이 장면이 아니다. 설령 이 장면이 추원이 가지고 있던 행복한 작은 가족의 이상적 표상을 깨뜨렸을지라도 말이다. 그 경험은 이후에 이 장면에 대한 사회적 주석으로 기능한다. 최초의 정경이 여성의 비극적 삶의 시작을 이루었다고 한다면, 이 비극은 개인적 의미가 아닌 전적으로 사회적 의미의 비극이다. 이는 추원 생명 속의 첫 만남이자 첫 도피이다. 여성의 진실로부터 벗어나고자 갈망하는 것이자 여성의 진실과 조우하는 것이다. 게다가 그녀는 이때 처음으로 한 여인, 즉 어머니의 딸로 확인된다. 이는 한 개의 못이 되고, 역사와 사회의 십자가가 될 것이며, 치욕을 수반한, 언제든 원元사회로부터 추방당할 수 있는 운명이 될 것이다.

사회적 의미의 여성으로서 추원의 놀라운 경험을 이루는 것은 어머니의 성애 장면이 아니라 그녀와 남자아이들 사이의 충돌 장면이다. 항상 그녀를 맴돌며 그녀를 아끼던 남자아이들이 갑자기 악마로 돌변했을 때, 그녀는 본능적으로 남성에게 도움을 청한다. 그는 그녀의 생활에서 시종 보호자를 담당하던, 힘 있는 '어린 사내' 얼와(二娃)이다. 얼와는 그녀의 소꿉친구이자 오랜 반려자였다. 그러나 잠시 주저하다가 얼와는 '적'들과 한 편이 되고, 이 때문에 추원은 뼈아픈 상처를 입고 만다. 추원에게 있어 그것은 상처에 그치지 않고 추방을 의미하기도 했다. 추원은 절망하여 반항하지만 실패는 '당연한' 일이다. 그녀가 처음으로 '여성'을 인식하는 동시에 '남성'을 알게 되는 순간이다. 이 순간은 잔인한 유희의 순간이면서 이상적 세계의 이미지가 깨어지는 순간이다. '상식'적으로 남성이 힘을 의미한다면, 여성에게 있어 그것은 보호를 의미할 수도 학대와 상처를 의미할 수도 있다. 이는 사회와 역사가 규정하는 양상에 달려 있다. 한 여인으로서 여성이라는 성별을 위해 사회에 반항하려 한다면, 남성과 연맹을 맺는 것은 기대하기 힘들다. 이는 한 여자아이의 눈앞에, 그리고 전통적 진술의 배후에 드러나는 진실이다.

추원이 처음에는 놀람과 공포로부터 도망치고자 했다면 그 다음에는 여성의 운명을 거부하고자 스스로 여성 존재를 도려내버리고 여성 역할을 거부했다고 할 것이다. 고집스레 무대를 선택할 때 추원은 아버지의 완강한 반대에 부딪힌다. 그것은 배우라는 직업에 대한 우려이자 여자아이, 여성으로서의 운명에 대한 경종이다. "결혼도 안한 여자아이가 무슨 연극이냐, 연극쟁이 여자가 끝이 어떤지나 알아? 나쁜 놈들 꾐에 넘어가거나 네 엄마 꼴 나겠지." 여인에게는 예지 가능한 두 가지 운명만이 존재하는 듯하다. '좋은 여자'가 되어 모욕과 상처를 받게 되거나, '타락'하여 '나쁜 여자'가 되어 굴욕을 받고 버림과 추방을 당하거나 말이다. 여기서 여성이란 도망칠 곳 없는 비극적 배역을 의미한다. 여성에 대한 동정도 결국은 여성에 대한 또 다른 전통적 서술이다. 거기에는 행복, 구원 그리고 진퇴양난의 상황 외에 또 다른 가능성은 생략되어 있다. 그리하여 추원이 받아들이고 행한 선택은 이러하다. "그렇다면 난 여자 역할은 맡지 않을 거야. 남자 역할을 맡겠어." 연습으로 기력이 다한 추원이 보릿단 위에 쓰러지는 이 신에는 붉은색 배두렁이만 걸친 어린 남자아이가 등장한다. 아이는 쓰러져 엎드린 추원을 주시하는데 이 신은 꽤 의미심장하다. 이때 아이의 상반신은 화면을 벗어나고 벗은 하반신만 카메라에 잡혀 아이의 성별을 알려준다. 이 장면은 프로이드적 의미에서의 '남근 숭배'나 여성의 '남근 결핍'이 아니라 단순한 사실적 진술만을 전달한다. 즉 여성의 운명을 피하기 위해 여성의 역할을 거부할 수는 있어도 추원의 성별을 변화시키진 못한다는 것이다. 그녀의 선택은 단지 더 힘겨운 여인의 가시밭길을 의미할 뿐이다. 게다가 이는 '절대로 그리고 영원히 돌이킬 수 없는' 돌아오지 못할 길을 의미한다. 여성의 운명은 한 여인이 피할 수 없는 사회적 의미의 '숙명'이다.

여인에 대한 전통적 서사의 절묘한 점은(혹은 텍스트의 전략은) 아주 적절한 곳에서 이야기를 마친다는 것이다. 모든 애정 이야기는 결혼으로 끝난다. '부부는 서로 절하고 신방으로 드시오!' 북소리가 요란한 가운데 무대의 막이 천천히 내려온다. '왕자와 백설공주(신데렐라, 엄지공주 등등)는 성대한 결혼식을 올리고 함께 백년해로한다.' 가능한 결혼 장면은 영원히 서사적 콘텍스트 밖의 아득한 곳에 머문다. 그리고 변신에 관한 이야기는 늘 '전시의 복장을 벗고 옛 치마를 두르는'[114] 것으로 끝난다. 그래서 남자(진짜 남자든 남자로 분장했든)의 세계는 여자의 세계와 확실히 구분되어 두 개의 시공 속으로 배치된다. 서술, 수많은 화목란의 이야기 속에는 고통도 곤혹스러움도 없다. 그러나 여성영화인 『인간·귀신·사랑』이 보여주는 세계는 이처럼 분명하지도 가볍지도 않다. 영화에서 어린 추원은 여성의 배역을 거부하고 여인의 옷차림까지 던져버린 채 강인한 남자의 모습으로 유랑 예술인의 길로 뛰어든다. 끊임없는 굴욕적인 오해(화장실 앞에서 남자로 오인 받아 당하는 굴욕적 순간)를 제외하고는 그녀는 성장할 것이고 소녀가 될 것이며 사랑할 것이고 사랑받기를 갈망할 것이다. 자신의 갈망을 확인하면서 한 여성으로서 정체성이 확인되는 이 순간, 여성의 생명과 가치(황수친은 명확하고 변화 불가능한 애정과 결혼에 대한 이해를 지니고 있다)는 긍정된다. 추원이 장 선생(추원의 아버지 외에 그녀를 빛나게 하진 못하더라도 그녀의 성별을 '발견'하고 그녀를 따뜻하게 대한 유일한 남성)으로부터 여성으로 확인('너는 아름답고 참 여성스러운 아가씨야')받고자 할 때, 그녀는 세 번째 거부와 도피를 실행한다. 이 확인이란 사랑/성애도 의미했기 때문이다. "난 너를 보는 것만으론 만족할 수 없어." 장면은 다시 한밤중 풀 더미로 돌아가고 거기에서 추원은 놀람과 공포 속에 도망친다. 그녀의 눈에 풀 더미는 흔들거리는 도깨비불이 되어 그녀를 덮쳐온다. 그녀는 거부한다. 어머니의 사회적 운명을 되풀이할까 두렵고 증오스러웠다. 하지만 이 순간, 추원은 어머니(여인)의 치욕적인 '주홍 글씨'[115] 이면에 여인의 삶과 행복이 숨어있음을 깨닫는다. '정상'적 여인으로서 여인의 운명을 거부한다는 것은 동시에 여성적 생명의 상실이라는 상황을 받아들임을 의미한다.

『인간·귀신·사랑』에서 분장행위는 무대 밖의 대가를 요구한다. 더욱이 여기서 그치지 않는다. 그녀는 거부할 수는 있지만 도피할 수

는 없다. 여인으로서 그녀는 자신이 한 일뿐 아니라 한 적도 없는 일로 인해 사회적 처벌을 받게 된다. 그녀는 다시 한 여인, 즉 어머니의 딸이자 순결하지 못하고 수치스러운 여성으로 확인된다. 그리하여 그녀는 '돌아갈 집이 없다.' 무대의 화려한 조명은 무대 아래의 적막과 침묵 속의 추방을 대가로 한 것이다. 그리고 무대 아래 원사회의 처벌은 심지어 무대에서 연출되기까지 한다. 북소리 드높은 가운데 추원이 자신을 잊고 『세 갈래길(三岔口)』[116]을 연기하고 장 선생은 적막한 밤중에 가족을 거느리고 그녀를 영원히 떠나는 장면이 수평적 몽타주 기법으로 제시된다. 카메라는 무대 탁자 위에 놓인 못 하나를 클로즈업한다. 무대세계와 현실세계의 중간지대인 분장실에서 분장으로 얼굴을 가린 수많은 (남자들의) 얼굴이 이를 기대어린 눈빛으로 바라본다. 영화언어는 이 못을 공모 중인 원사회의 징벌이라 정의 내린다. 못은 결국 추원의 손바닥을 파고든다. 그녀가 고통을 참고서 자신의 역할을 완성할 때 수많은 무대 인물들이 그녀를 둘러싸는데, 그것은 그녀에 대한 관심이라기보다 징벌에 대한 감상이며 검증이라 할 것이다. 카메라는 분장된 얼굴 이마에 또 한 인물을 그려 넣은 이상하리만치 생동적이며 사악한 분위기를 풍기는 한 인물을 클로즈업한다. 잠시 후 목적을 달성한 '무대 인물'들이 갑자기 사라지고 추원은 잔혹한 징계와 무언의 추방 속에 남겨진다. 그녀는 미친 듯 홍색과 흑색의 물감을 움켜쥐고서 자신의 얼굴에다 마구 문지르고서 울음을 삼킨 채 탁자 위에 서서 이상하게 낮은 천정을 향해 소리 지르며 절망적으로 두 손을 휘젓는다. 흔들리는 등이 전체 신 속에다 혼란스럽고도 처량한 분위기를 드리운다. 이것이 사회적으로 성공한 현대여성의 생존이 처한 또 다른 일면이다. 징벌은 여전히 존재하지만 이미 치명적인 재난에 이르지는 않는다. 조리돌림이나 구덩이에 묻히는 것이 아닌 못 하나에 불과할 뿐이다. 하지만 그것은 당신의 피부를 꿰뚫는 데 그치지 않고 당신의 영혼을 꿰뚫는다.

텍스트의 수사적 전략의 하나로 황수친은 추원이 비극적 상황을 맞이할 때마다 바보를 출현시켜 목격자가 되게 했다. 추원과 얼와가 충돌할 때에도, 추원이 여자화장실에서 끌려나올 때에도, 장 선생이 이별하는 기차역에 처량하게 앉아있을 때에도, 그리고 추원이 금의환향할 때에도 말이다. 그것은 남성의 형상이면서 역사적 잠재의식의 상유(어떤 의미에서 보자면 이는 80년대 중국의 '심근 소설'과 '4세대', '5세대' 영화의 공통된 수사 전략이기도 하다[117])이기도 하다. 그는 항상 헤헤 웃으며 사람들에게 이리저리 밀려다니는데, 추원에게 발생한 '작은' 비극에 대해서는 전혀 무관심하다.

추원은 성공했다. 신비로운 남성의 형상을 취했기에 크게 성공할 수 있었다. 그러나 그녀의 아버지가 꿈꾸던 '인기만 얻으면, 성공한 연기자가 되면, 모든 것이 순조로울 거야'라는 희망과는 달랐다. 성공의 대가로 그녀가 바친 것은 여성으로서의 생명을 영원히 잃어버리는 것이었다. 영화 속 이야기의 측면에서 추원은 누군가의 아내가 되고 누군가의 어머니가 된다. 그러나 영화의 담론적 측면에서는 텍스트 속에 '정상'적인 여성의 생명에 있어 중요한 남자인 아버지와 남편이 부재하고 있음을 알 수 있다. '추원의 아버지'라는 사람은 추원의 생부가 아니며 그녀의 생부는 화면 속에서 '뒤통수(后腦勺)'[118]로 보일 뿐이다. 그는 관객이나 추원의 앞에 정면으로 등장하지 않으며 아버지라 인식되거나 확인되지도 않는다. 추원의 남편은 결혼사진의 가장자리나 영상 속의 영상 속으로 쫓겨나 있다. 그것은 완전한 의미에서의 상상적 기표이며 부재하는 인물로, '추원의 행복한 가정'에 관한 기사를 서술하는데 필요한 담론적 인물에 불과하다. 화면 속에 모습을 드러내지 않는 관계로 마치 추원의 생활 속에도 '존재' 한 적이 없는 것 같다. 다만 장애물이나 고난의 역할을 맡고서 끊임없이 도박을 하고 빚을 질 뿐이다. 하지만 그는 추원이 낳은 두 아이의 아버지이다. 여인으로서의 배역을 맡는다는 것은 스스로 그 배역이 된다는 것을 의미한다. 그녀는 생활이라는 무대 위에서 여인으로 분장함으로써 생활은 무대의 연장이 된다. 그녀는 성공한 여성으로 분장함과 동시에 여인의 행복과 충만도 연기해야 했다. 비록 스스로 모든 무거운 책임과 부재를 짊어지게 될지라도 말이다. 영화는 바로 이런 의미에서 화목란 이야기의 재구이자 해체다.

구원의 연기演技와 소멸

추원은 다중적 의미에서 성공한 여성이자 실패한 여성이다. 그녀는 진술하면서 동시에 침묵한다. 무대 위의 인생과 연기는 언어행위임에 틀림없다. 그녀는 남자로 분하여 자신을 진술하고 이를 근거로 성공을 얻는다. 그러나 남자로 분장할 때, 그녀는 남성 형상의 등장으로써 여성 인물인 그녀의 부재를 이끌어냈던 것이다. 추원은 여인으로서 진술하지만 여성 담론 주체의 부재를 그 대가로 지불했다. 텍스트 전략의 하나로서 추원은 일반적인 의미의 남자로 분장한 것은 아니다. 그녀는 옛 중국의 전통적 세계에서 이상적으로 간주하는 남성 이미지로 분장했다. 그녀가 분장한 첫 남성 배역은 『장판파(長坂坡)』[119]에 등장하는 조운(趙雲)이다. 조운은 군사 만 명 가운데 일당백 힘을 지닌 영웅이고, 고전적 담론 속의 약자인 여인과 아이, 즉 미(糜)부인과 아두(阿斗)의 보호자이자 구원자다. 동시에 은빛 투구와 갑옷을 입고 무대 위에 선 조운은 늘 중국 전통 문화 속의 젊은 우상이었다. 이후 추원은 남성의 지혜와 병법의 상징인 제갈량(諸葛亮), 남성의 지고한 미덕인 인의예지신을 체현한 관공(關羽) 역을 맡는다.[120] 그것은 고전적 남성 담론에 대한 재진술로, 여성의 욕망에 대한 완곡한 진술인 동시에 남권 담론에 대한 미묘한 조롱이다. 왜냐하면 이들은 여성주체가 연출한 남성 형상이며, 여성 욕망의 객체로 존재하는 형상이기 때문이다. 이러한 추원의 배역은 하나의 역설이자 황당한 아이러니였다. 주객체가 구분되어 공존하는 것이 불가능하기에 부재의 상황은 필연적이다. 『인간·귀신·사랑』에서 유일한 한 가지 예외는 장 선생이 조운과 마찬가지로 옛 중국의 젊은 우상인 『도골차(挑滑車)』[121]의 고총(高寵)을 연기할 때다. 그때 추원과 채단* 역을 맡은 소녀들이 함께 무대 한쪽에서 그를 주시한다. 그가 무대에서 내려와 여전히 소녀들에게 둘러싸여 있을 때 추원은 처음으로 실의에 빠진 모습을 보여준다. 그녀는 몰

---

* 彩旦-연극에서 여자로 분장한 어릿광대.

래 소은(蕭恩)[122]의 회백색 긴 수염을 벗어버리고 분장실에서 거울을 마주한다. 그리고 머리에 꽃을 꽂으며 채단으로 분장한다. 이는 고총의 형상과 짝을 이루는 여성의 형상이다. 그러나 그것은 환상 속의 사랑만이 아니라 수치를 당한 생명이 '꽃이 피는 시절'에 내린 단념이기도 하다.

그러나 『인간・귀신・사랑』은 욕망에 대해 서술하고 있지 않다. 진짜 주제는 여인과 구원에 관한 것이다. 영화는 액자식 구성으로 이루어져 있다. 작품 속 작품으로 경극 무대 『종규 누이 시집보내기(鍾馗嫁妹)』가 자리 잡고 있다. 이 경극은 추원 인생에 있어 각각의 중요한 순간을 표현한다. 배역과 배우로서 종규와 추원은 서로 혼재되어 있고, 그래서 오인되기 십상이다. 이들은 한 쌍의 주체로 존재하지 않는다. 배역과 배우는 함께 존재할 수 없는, 영원히 서로 부재하는 주체/객체 관계이다. 전설 속 종규는 옛 중국의 세속적 신화 계보 속의 작은 신이다. 그는 재능이 출중하여 장원급제했지만 못생긴 얼굴로 인해 파면되자 그 자리에서 목을 잘라(혹은 계단에 머리를 부딪쳐) 자살한 인물이다. 죽은 뒤 옥황상제로부터 '참숭(斬崇)장군'으로 봉해져 삼천의 병사를 끌고 인간계의 귀신과 괴물을 참하는 임무를 맡는다.[123] 그는 경외와 금기를 그다지 중시하지 않는 중국의 민족으로부터 꽤 환영받는 인물로, 민간고사와 신령계보 사이의 매개자 같은 존재이다. 종규에 관한 그림, 유희, 소설에는 예외 없이 귀신잡기와 누이 시집보내기라는 이야기가 중심에 놓여있다. 누이 시집보내기는 생전에 누이를 서생 두평(杜平)에게 주기로 했던 종규가 죽어 귀신이 되어서도 누이의 삶을 걱정한다는 내용이다. 봉건시대에는 부모형제 없는 여인은 늙어 죽을 때까지 규중에서 지낼 수밖에 없었다. 그렇기에 종규는 피리 소리와 북소리를 준비해두고 해가 진 밤에 인간계로 돌아와 누이를 두평에게 시집보낸다. 영화 『인간·귀신·사랑』의 의미 구조에서 종규는 여성의 이상적인 구원자와 보호자이다. 영화의 서술자이기도 한 추원 역시 이렇게 말한다. "어릴 때부터 당신을 기다렸어요. 당신이 귀신을 때려잡고 나를 구해주러 오기를 기다렸어요." "내 연극에서 모든 종규는 한 가지 일 즉, 매파 역할만 하지요. 종규의 귀신 모습만 신경 쓰지 않는다면, 누이에게 좋은 상대를 찾아줘야만 하는 여인의 운명에 관한 내용이라는 게 가장 마음에 들어요."

영화의 서사는 『종규 누이 시집보내기』라는 극에 영화의 신기하고 환상적인 색채만 더하지 않는다. 나아가 이 오래된 이야기에 원본이 지니지 못했던 비애와 처량함을 더해준다. 영화 서사는 종규를 요란한 종소리와 북소리, 풍부한 색, 춤추고 노래하는 듯한 연출 속에서 홀로 남다른 고독과 적막을 되씹는 인물로 표현한다. 이는 80년대 중국 예술 영화가 공유하던 우언적 주제로서, 민족 생존의 상황에 대한 모종의 비유임이 분명하다. 그리고 당대의 '해방된 여성' 혹은 성공한 여성의 생존 상황에 대한 상유이다.

그러나 영화의 의미 구조에서 종규는 추원/여성이 꿈을 기탁하는 대상일 뿐, 욕망의 대상은 아니다. 『종규 누이 시집보내기』에서 남녀 주인공은 오빠와 누이다. 오빠라는 신분이기 때문에 종규는 금지된 형상이자 비욕망적인 형상이다. 그의 추한 외모 역시 여성의 욕망의 대상이 될 가능성이 별로 없음을 보여준다. 게다가 그는 유명한 귀신으로 인간(남자)이 아니다. 만약 그가 남성의 형상으로 나타난다 하더라도 그것은 불완전한 남자이다. 그러나 『인간·귀신·사랑』에서 종규는 여인의 이야기에서 오히려 이상적 남성으로 표현된다. '가장 좋은 최고의 남자' [124)로, 추원의 일생의 꿈과 함께 한다. 텍스트의 의미망에서 그는 전통적 중국 여성의 이상적 남성의 표상이며 '최고 중의 최고의 남자'이다. 하지만 결코 '백마 탄 왕자'가 아니라 아버지와 오빠일 뿐이다. 종규는 위험과 속임으로부터 누이를 보호하고 누이의 행복에 힘쓰며 그녀가 행복해지도록 만든다. 이는 낭만적인 사랑이 아닌, 따뜻한 인정과 혈육의 정이다. 그리고 이것은 안전과 귀속 그리고 구원에 대한 중국 여인의 동경이다. 여기서 우리는 이렇게 해석할 수 있을 것이다. 『인간 · 귀신 · 사랑』이 폭로하는 현대여성의 곤경은, 설령 자유와 해방으로 명명된 여인이라 하더라도, 추원 자신의 무명의 고통으로 인한 명명은 결국은 임대옥(林戴玉)식의 비애라는 사실이다. 그녀는 불쌍하게도 어려서 부모를 잃고 돌봐줄 이 하나 없는 어린 소녀다.[125] 여기서 분명히 짚고 넘어가야 할 사실은 추원이 태도가 단호한 반역자의 것은 아니라 하더라도 '부모의 명과 중매쟁이의 소개'를 갈망하지도 않는다는 점이다. 중국 여성의 문화적 잠재의식 가운데 존재하는 부모 · 형제 · 자매를 중시하는 상하방향의 가족애 외에, 종규가 의미하는 것은 추원/여성의 꿈, 절망이라 이름 부를 수밖에 없는, 구원에 관한 모호한 유토피아일 뿐이다.("사실 난 마음속으로는 여자는 좋은 남자에게 시집보내야 한다고 생각해.") 남성 형상으로서 종규는 빈 기표일 뿐이다. 그 속에는 당대 여성의 이름 없는 고통과 정의내리기 힘든 상황, 돌아갈 곳 없다는 망연함과 행복과 구조에 대한 지향이 기탁되어 있다. 그는 여성의 구원자로서 다만 오빠 유령과 사람(남자)이 아닌 귀신의 역할을 맡을 수 있을 뿐이다. 더욱이 인간(남자)이 아닌 이 구원자가 한 여성에 의해 연기될 때, 남권 질서의 이상적 상황에는 이미 균열이 생겼을 뿐 아니라, 플랫처럼 입체감을 잃고 취약해졌다.

『종규 누이 시집보내기』의 무대 상연이 처음으로 영화 속에 나타나는 것은 서막 다음의 첫 시퀀스에서다. 이때 연극은 당시 추원을 둘러싼 이상적이고 조화로운 가정의 이미지를 이루는 일부였다. 그것은 설

달 그믐날 밤, 시골의 야외무대를 배경으로 한다. 무대 위에서 『종규 누이 시집보내기』를 연기하고 있는 이들은 추원의 부모다. 무대 옆에는 넋 놓고 연극을 바라보는 추원과 얼와가 있다. 이들 남녀는 각각 조화를 이룬다. 모든 게 즐겁고 화목한 순간이다. 이때 카메라는 무대 기둥 위에 있는 옛 대련을 클로즈업하는데, 거기에는 "부부란 원래 거짓된 혼인 관계이다"라고 쓰여 있다. 이는 구세계의 이상적 상황에 금이 가고 있음을 암시한다. 『종규 누이 시집보내기』의 두 번째 상연에서는 즐겁고 부드럽던 분위기가 사라지고 파괴된다. 추원의 아버지가 분한 종규가 인간계로 돌아와 '문'을 두드리며 "누이야, 문을 열어다오"라고 외칠 때, 무대 위에서 대답소리는 들리지 않고, 무대 뒤는 엉망진창이 된다. 블랙코미디같이, 오빠이자 구원자가 도착했는데 구원받을 객체가 부재하는 상황이 발생한 것이다. '누이'인 추원의 어머니는 정부와 몰래 도망쳐버렸다. 무대에 있는 추원의 아버지/종규는 관객석에서 날아오는 과자와 과일껍질, 신발을 막으며 혼자서 절망적으로 무대를 지킨다. 무대 옆에서 아버지의 참담함을 목격한 어린 추원은 큰소리로 울어댄다. 추원의 어머니/누이의 행방은 묘연하고, 얼와의 종적 역시 알 수 없다. 『종규 누이 시집보내기』가 세 번째 연출된 곳은 무대가 아니다. 어린 추원과 그녀의 동무였던 남자아이들이 맞닥뜨리는 작은 다리다. 이번에는 『종규 누이 시집보내기』의 장면에 대한 꽤 잔인한 골계적 모방이 행해진다. 남자아이들은 어린 추원을 나무다리 위로 몰아서 나무다리를 흔들고 물을 뿌리며 입을 맞춰 외쳐댄다. "누이야 문 열어라, 네 오빠 종규가 돌아왔다." 추원이 겁을 먹고 얼와에게 구원을 청하자 남자아이들은 일제히 "누이야 문을 열어라, 네 오빠 얼와가 돌아왔다"라고 외친다. 이 소리를 들은 얼와는 "누가 네 오빠냐? 넌 네 친아빠나 찾으러 가!"라고 대답한다. 그러자 남자아이들은 다시 "네 도망친 아빠나 찾으러 가!"라고 입 맞추어 소리 지른다. 이때 부재하는 것은 구원과 안전과 사랑을 가져올 수 있는 오빠/종규이다. 그리고 바로 이 장면에서 어린 추원은 얼와에 의해 땅바닥에 넘어진다. 그녀의 절망 가득한, 도움을 바라는 눈빛이 이름 없는 먼 곳을 향한다. 추원의 시각을 대신한 카메라 속에 처음으로 극중의 극, 신기한 종규극(鐘馗戱)의 장면이 등장한다. 어둠 속 화염이 이글대는 가운데, 종규가 검을 들고 불을 뿜으며 악귀 무리를 베는 모습이다. 이는 종규가 처음으로 추원의 상상 속에서 구원자의 모습으로 나타나는 순간이기도 하다.

영화에서 매우 흥미로운 서사적 수사 전략은 극중극인 『종규 누이 시집보내기』에 늘 누이가 부재한다는 사실이다. 오빠와 누이가 상봉할 때도, 시집가는 장면에서도 모습을 보이지 않는다. 그래서 경사스러운 혼례와 시집가는 누이의 모습은 서사적 콘텍스트 밖으로 영원히 밀려난다. 이는 구원이 결국 나타날 수도 완성될 수도 없다는 사실을 의미한다. 종규는 추원이 『세 갈래길』을 연기할 때 처음 추원에게 그 모습을 보인다. 음모와 징벌의 못이 손바닥에 박힌 뒤 눈물마저 말라버린 절망 속에서 추원이 절규할 때, 한 줄기 밝고 신비한 빛 속에서 종규가 나타난다. 그는 한걸음 한걸음 반쯤 가려진 분장실로 향한다. 그리고 문 옆에 서서 안을 들여다보며 슬픈 목소리로 노래한다. "문 앞에 왔는데 집안은 너무도 쓸쓸하구나. 문을 두드리고 싶지만 누이가 놀라지나 않을런지. 말보다 눈물이 앞서 흐르니 숨죽여 소리를 삼킨다." 클로즈업한 카메라 속에서 종규는 뜨거운 눈물을 쏟고 있다. 이때 분장실 안의 추원은 마치 종규의 누이인 듯하다. 그러나 몸에 걸친 남자의 복장과 붉고 검은 색으로 분장한 얼굴은 그녀가 종규의 화신임을 보여주고 있고 종규의 누이이자 종규라는 이중적 확인 속에 그녀는 소리를 지른다. 구원 대상인 누이가 현실에 부재한다는 사실은 오래된 성별역할과 구원 장면에 훼손이 갔음을 암시한다.

영화 속의 추원에게 있어 종규의 형상과 대위 지점에는 추원의 아버지와 장 선생이 자리 잡고 있다. 그들은 추원의 아버지와 오빠의 형상을 맡고 있지만 텍스트의 서사 구조에서는 어떤 의미에서 불구의 남성으로 표현된다. 추원의 어머니가 도망치기 훨씬 전부터 추원의 아버지와 어머니는 '가짜 혼인' 관계였다. 아버지는 추원의 생부가 아니다. 추원이 풀숲에서 어머니와 '뒤통수'의 통정을 목격한 뒤, 극단 숙소인 낡은 묘당으로 뛰어 들어왔을 때, 추원 아버지가 홀로 벽을 향해 누워있는 모습이 클로즈업된다. 추원 아버지의 시점을 대신해 카메라는 낡은 벽화 속의 여성미 가득한, 벗은 팔뚝을 잡아낸다. 그것은 분명 좌절당한 남성 욕망의 표현이다. 그는 추원을 다독거리다 결국 '내버려두는' 데 그것이 그녀를 '완성' 시키는 유일한 선택이기 때문이다. 장 선생은 추원 아버지의 행동을 반복하는 것 같다. 원사회가 행한 성별의 오인 앞에서 두 번이나 추원이 여성임을 확인시켜 '여자가 될' 권리를 지켜주지만 결국 추원을 버려야 했다. 추원의 앞길을 위해 아버지는 자신의 유일한 혈육을 버렸고, 장 선생은 '최고의 무생(武生)'이라는 지위를 버리고 그 빈자리를 추원에게 선물로 남겼다. 그리고 아버지와 마찬가지로 장 선생은 자신의 모든 감정을 쏟아 부은 대상을 버렸다. 그러나 그들은 그녀의 행복이 아닌 그녀의 사업적 성공만 도왔을 뿐이다.

고전적인 성별 역할에서 구원자이자 주체인 남성이 부재하게 되자, 전통적인 여성의 세계도 파괴된다. 이 파괴된 도상을 수선하기 위해 여성은 이상적 남성의 형상으로 분장할 수밖에 없었다. 그러나 분장(역할 맡기)은 여성이 여성주체로서 개인적 위치를 점유할 수 없다는 것을 의미하기도 한다. 스스로를 구원해야 하나 구원할 수 없는 현대 여성은 분장과 자아의 부재, 여성의 진술(表達)과 침묵, 비어 있는 신세계와 철저하게 파괴된 구세계 사이에서 존재하지만 존재하지 않는 협곡 속으로 빠져든다. 추원/여성과 종규/남성 구원자는 프롤로그에서처럼 거울 안과 밖에서 서로를 바라볼 수 있을 뿐이다. 영화의 마지막 시퀀스에서 추원과 '아버지'는 한 곳에 모인다. 수많은 촛불들이 풍부하고 따뜻한 색채를 이루고 있다. 추원은 마치 행복에 빠져든 듯 생각한다. "내일 연극에서 아버진 종규를 맡으세요. 전 종규 누이 역을 맡을게요. 아버지께서 저를 시집보내주세요." 이는 추원이 마지막으

로 성별 역할에 대한 이상적 그림을 복원하고자 하는 갈망이다. 그녀는 스스로 누이 역을 맡음으로써 늘 부재하던 자리를 메우고자 한 것이다. 아버지의 도움을 받아 무대에서 자신이 행복한 여성임을 확인하고자 한 것이다. 그러나 이 확인은 곧 다른 방식 즉, 원사회의 확인이 되어버린다. 원사회는 기대에 대한 실망을, 그리고 여인은 결코 변할 수 없는 '제2의 성'이라는 위치에 머문다는 사실을 인식시킨다. 추원 부녀가 행복에 젖어 있을 때 어두운 그림자가 화면 왼쪽에서 차츰 다가와 결국 추원을 덮어버리는데 이 그림자는 추원이 태어날 때 그녀를 받아준 산파 왕 할머니이다. "그래, 넌 태어날 때 커다란 입만 보였지. 우렁차게 울어대는 게 마치 노래 부르는 것 같았어. 네 아빠는 사내아인 줄 알고 눈이 빠져라 기다렸지. 어릴 적 그 재롱둥이가 이젠 아줌마가 됐구나." 원사회의 확인 속에서 여성은 여전히 불구의 성별이다. 그래서 현대여성이자 성공한 여성인 추원 역시 소박하지만 유토피아 같은 꿈만 지닐 뿐이다. "사실 속으로는 여자는 좋은 남자에게 시집가야 한다고 늘 생각했어요." 구원의 희망은 여전히 남자에게 맡겨진다. 설령 불구인 준準 남자일지라도 말이다. 담론은 여전히 고전적 담론이며, 여자는 '돌아가다(歸)'라는 말에 묶여 있다.[126] 영화는 현대여성의 곤경을 보여주면서 동시에 고전적 담론인 성별 역할에 관한 고전적 이미지를 해체하였다.

영화의 에필로그에서 내레이터는 종규의 등장과 추원을 대비시키며 "일부러 너를 시집보내러 왔다"라고 말한다. 추원이 "전 이미 시집갔어요, 무대에게 시집갔어요"라고 답하자 종규는 묻는다. "후회하지 않아?" "아뇨." 이는 전통적 성별 역할에 만족하지 않는 현대여성, 돌이킬 수 없는 길에 오른 여성의 대답이다. 후회하지 않는가? 그렇다. 그러나 아무렇지 않을 수는 없다. 종규의 마지막 등장에서 결국 (준)남성적인 구원자와 여성이라는 피구원자가 시각적으로 함께 존재하게 되었지만 은막 위에서 서로 얼굴을 마주하는 이들은 두 명의 여자일 뿐이라는 사실은 흥미롭다. 그들은 추원으로 분한 쉬서우리(徐守莉)와 극중 종규를 맡은 추원 이야기의 모델인 페이옌링(裴艷玲)이다. 무의식중에 그것은 여인의 이야기를 완성하였으며 완성할 길 없던 여인의 진술을 완성하였던 것이다.

『인간·귀신·사랑』은 급진적인, 쾌락을 무시한 여성영화가 아니다. 그것은 장아이링(張愛玲)의 표현에 따르자면 중국식의 소박함과 화려함으로 여인을 서술한 이야기일 뿐이다. 게다가 진퇴양난에 처한 여성의 곤경을 표현한 영화이다. 고전 세계의 표상에 나타난 파괴와 균열, 그리고 벽에 뚫린 구멍인 창은 여성 시점 속의 세계와 인생을 보여준다. 영화 텍스트 속에서 여성에 대한 타인의 구원은 도래하지 않았으며 도래할 수도 없다. 진정한 여성의 자아구원은 아마도 역사 담론을 찢어버리고 진실한 여성 기억을 표현하는 과정 속에 있지 않을까.

초고 1991년 3월
두 번째 원고 1997년 5월

고요한 소란 : 도시의 표상 아래에서

>>

도시의 지평선

폐쇄적이면서 개방적인 당대當代 중국 문화의 시야 속에서 도시의 지평선은 시종 흐릿하고 애매한 모습이었다. 이러한 현대 도시의 형상은 강대하고 부유한 미래의 중국으로 나아가기를 바라는 사람들의 기대 속에서는 필수적인 경관이었지만, 문화적 현실과 담론적 현실로서는 결여된 존재였다. '역사로 하여금 미래를 고하게 하다' 라는 주류 이데올로기 담론에서 오늘, 즉 현실은 줄곧 부재한 존재였던 것이다. 그리고 차안에서 피안에 이르는 사이에 우리는 간략하고 공허한 담론의 결핍을 건너가야 했다. 도시 문화는 줄곧 당대 대륙 문화의 오류의 공간이자 맹점이었다. 도시는 거의 늘 중국의 광대한 시골이 확대되고 이화된 공간이었고, 영화가 아닌 다른 유형의 서사 작품에서는 척박하고 황량한 정감을 띠거나 혹은 그것을 내포하는 시골로 표현되고 환원되었다.

도시와 비교하여 시골은 힘차고 풍부한 담론의 표현이자 이데올로 기적 경관이라는 특성을 가졌다. 시골은 역사가 지닌 구원의 힘의 근원이고, 아름다움과 추함이라는 양면성을 지닌 중국 문화의 저장고이며, 정감과 마음의 에덴동산이자 부활의 공간이었다. 또한 낙관적인 희극과 비극의 역정이 연출되는 무대이기도 했다. 당대 대륙 문화에서 도시는 수시로 현대 공업의 대명사가 되었으며 도시 문화는 수시로 ‘공업적 제재’로 치환되었다. 노동자 계급은 주류 이데올로기 담론에 있어 역사적 창조력과 원동력이었기에, 당대 문화에서 유일하게 자신의 모습을 드러낼 수 있던 도시인이 되었으며 공업적 공간은 갖가지 정치적 상황이 연출되는 고전적 공간 중 하나가 되었다. 신시기 (1979~) 이래 공업적 제재는 다시 한 번 개혁을 정면으로 표현하는 ‘주요 제재’가 되었고, 공업적 공간은 변동기에 주류 이데올로기 담론의 집산지가 되어 현대화 과정에 있는 당대 도시와 당대 중국을 비유하였다. 그중 『차오 공장장 취임기(喬廠長上任記)』, 『당대인(當代人)』, 『피는 언제나 뜨겁다(血, 總是熱的)』, 『공화국은 잊지 않는다(共和國不會忘記)』[127]가 정치 논설식 스타일과 현실 정치 담론을 두드러지게 드러낸 덕에 도시와 공업은 다시금 역사의 부유浮游하는 무대이자 공허한 기표가 되었다.

　　80년대 초기, ‘문명과 우매의 충돌’[128]은 역사 문화적 반사 운동에 있어 핵심 담론이자 기본 명제였다. ‘현대화’라는 특정 콘텍스트에서 ‘문명’이란 의심할 여지없이 도시/공업의 대명사였고 ‘우매’란 향촌/농업의 대명사였다. 이때 도시 형태의 문화가 처음 단초를 드러낸 것 같지만 ‘도시 속의 시골’[129]이라는 영화의 제목이야말로 이 신흥 문화의 진정한 의미를 폭로하고 있었다. 여기에서 도시는 시골식의 생존을 재발견하고 재확인하는 공간이었다. 난징로(南京路)의 모습과 대도시에서 이리저리 휩쓸려 가는 인파를 통해 사람들은 회개와 뉘우침이라는 형식으로 펑후구(棚戸區)의 따스함을 다시금 떠올릴 뿐이었다. 조선소의 광활한 대공업 공간은 단지 시골 같은 사회적 공동체로부터 쫓겨난 소녀의 행복을 표현하기 위해 배치되었을 뿐이다. 그래서 이 왕성하게 싹트고 있던 도시 문화는 결국 거리의『야마하 어물전(雅馬哈魚檔)』[130]이 보여준 떠들썩함으로부터 석양빛 찬란하고, 온정이 가득한『이웃』[131]으로 돌아왔던 것이다. 비록 역사 문화 반사 운동 및 '문명과 우매'에 관한 담론이 1979년 이후 시종 대륙의 경제와 정치 개혁 혹은 현대화 과정을 현실적 콘텍스트로 삼아왔지만, 문명의 한 극인 도시 및 도시 문화는 여전히 표현되기에는 뭔가 취약하고 비어있었으며, 여전히 미래시제, 혹은 아주 간혹 진행시제로 표현되는 경우가 더 많았다. 도시·도시 문화는 단지 '협소한 생존 및 마음의 공간'에서 움츠러드는 보잘 것 없는 도시인의 몽상 속에 놓여 있는 '입체 교차교'[132]이거나 언젠가는 비상할 것이라 기대하지만 지금은 지쳐서 '접혀 있는 날개'일 뿐이었다.『대교 아래(大橋下面)』[133]에서라도 사람들은, 늙고 더럽혀졌지만 그래도 여전히 아름다운 여성을 찾았고, 도시의 소란과 추함 가운데서 사람들은 아직은 전통의 미덕으로 가득 찬『전전의 미장원(珍珍的髪屋)』[134]을 찾았다.

이 시기의 서사에서 도시는 이루어질 수 없는 꿈을 쫓는 약해빠지고 지쳐 있는 남성과 같은 존재로 묘사됐다. 반면 시골은 충성과 정절의 미덕이 살아있는 건강하며 유순한 여인이었다. 그녀는 유랑자나 여행자가 돌아오기를 언제나 기다리고 있을 것 같은, 넓고 따뜻한 마음을 가진 존재였다. 도시로 진입한다는 것은 영전을 의미하는 동시에 추방도 의미하였으며 이제 무언가를 영원히 잃어버렸다는 것도 의미했다. 소녀가 붉은 옷을 입고 눈물을 머금은 채 떠난 후, 눈에 익은 마

『인생』

을 입구는 텅 빈 공간이 되어 버렸다(『인생(人生)』).[135] 반면 농촌으로 추락한다면 지모신地母神 같은 여인을 얻어, 구원받고 영원히 귀의할 수 있을 것 같았다(『녹화수(綠化樹)』, 『남자의 반은 여자(男人的一半是女人)』, 『말치는 사람(牧馬人)』, 『야인(野人)』[136]). 주류 이데올로기 담론에서는 현대화의 풍경과 진보의 풍경조차도 단지 속이 빈 신화일 뿐이었다. 그 속에서 도시─현대화한 중국의 비유─란 단지 타자/서구의 담론으로 만든 유토피아 혹은 미래일 뿐이며, 시골 혹은 '향토 중국'이란 대륙 중국, 중국 문화의 현실이 되었던 것이다. 현대화의 실현이 부강한 민족을 도모할 수 있는 유일한 길로 언급되는 반면 '향토 중국'은 민족 문화에서 있어 영원히 회복할 길 없는 침륜으로 받아들여졌다. 강하고 힘 있는 일련의 서구 문화를 바라보면서, 사람들은 이항 대립─서구/중국, 도시/시골, 현대/전통, 세계/민족의 담론 및 명명 시스템─ 내에서 언급되는 낡은 중국 도시─아직 죽지 않고 다시 살아나려는 실존─를 확인하고 표현하는 데 어려움을 겪었다.

그중 『흑포사건』[137]은 눈에 띄는 작품으로, 성공적으로 그리고 분명하게 이데올로기적 기능을 실천한 동시에 당대 대륙 도시 문화의 모범이 되었다. 영화가 여전히 '문명과 우매'라는 서사 구조와 주제를 언급하고 있지만 서사의 희극화戲劇化된 충돌은 인물 간의 갈등과 플롯의 기복이 아닌 영화 속의 조형 공간과 공간적인, 조화로운 집단으

『흑포사건』

로서의 인물에 의해 만들어진다. 다만 '도시 안의 시골'은 여전했다.
홍색, 흑색, 백색, 황색, 남색 같은 포화되고 간결한 색깔 덩어리와 개
방적이고 밝은 공간이 현대 대공업의 조형 환경을 구성하였으며 낡은
사회의 정치구조, 사람 사이의 관계, 가치 관념 등에 의하여 조직된 인
간 집단이 그것을 포위하고 있었다. '흑포사건'을 진심으로 믿고서 이
를 집행하는 당위원회 서기 저우위전(周玉珍)과 그 피해자 자오수신
(趙書信) 사이에는 어떤 의미상의 충돌과 대립이 아닌 다른 의미의 조
화와 묵계가 놓여 있다. 한쪽이 시기심 많고 독단적이며 고집불통인,
가장적家長的인 관리자라면, 다른 한쪽은 겸손하고 복종적이며 굴욕
을 시험으로 여기는, 어린아이 같이 충성스럽고 순종적인 사람이다.
영화의 황당한 의미는 조형 공간과 인간들 사이라는 공간에서 두 가지
현실/담론 구조가 충돌하는 와중에, 그리고 그것을 참고하는 과정에
서 만들어졌다. 영화의 이러한 특정 담론 구조는 80년대 중반 대륙 엘
리트 문화의 기본적인 징후를 보여주었다. 그것은 먼저 현실주의적이
며, 계몽적인, 그리고 인본적인 주제—인간 존중, 기본적 인권과 개성
존중, 개성적 공간과 사적인 공간의 용인—로 이는 틀림없이 진보와

문명과 고전에 관한 서구 담론이었다.

영화의 전반부에서는 '17년' (1949~1966)간 대륙의 방첩 영화에서 정형화된 표현을 사용하여 이를 표현하고 있다. 비 오는 밤, 깜박이는 불빛 아래, 우체국에서 '흑포(黑炮) 유실, 301호 수색 중'이라는 '비밀스런' 전문을 보내는 '비밀스런' 남자가 있다. 여성 우체국원은 이것을 보고 눈이 휘둥그레진다. '흑포사건'은 이렇게 시작되었다. 약간은 아이들 장난 같고 편집증적이기는 하지만 영화는 전개과정 속에서 이 사건을 장기애호가와 그 친구 사이의 극히 개인적이고 일상적인 접촉과 관계로 환원하려 했다. 그래서 대륙의 '17년' 간 만들어진 수사극의 담론 형식 및 콘텍스트는 골계와 모방을 통해 해체되었다. 흑포사건의 진정한 결말—서구에서 도입한 WD공정은 폐기되어 쓰레기가 되고 수백만 위안에 달하는 국가적 투자금도 하루아침에 휴지 조각이 되었다—은 지식인을 신임하고 중시하는 것이 사회 생산력을 발전시키고 현대화를 실현시킬 수 있는 기반이며 '지식은 곧 권력'이라는 서구식 담론을 서사적으로 표현한 것이었다. 게다가, 그것은 80년대 중·후반기 엘리트 문화의 핵심 담론(혹은 담론의 유토피아와 진보 신화)과 연

『흑포사건』

결되어 있었다. 중국이 세기 교체기에 '세계로 나아간다'는 것은 중국이 앞으로 '제3의 물결'이 도래했을 때 후기 공업 사회로 일거에 넘어갈 것이라는 것을 의미했다. 이때가 되면 필연적으로 권력 이동이 일어난다. 즉, '흰색 가운을 입은 새로운 신(新神)'(과학자/지식인)이 제위에 올라 왕위를 이어갈 것이다.[138] 지식인이 도시/공업 공간에서 출현하는 것은 다른 의미에서의 변화다. 그러나 영화에서 엔지니어 자오수신은 사랑을 받을 수 있는 상당히 유형화된 중국 지식인의 대명사이지만, 결코 '새로운 신'의 자리를 이을 만한 자는 아니다. 서구 현대 사회의 콘텍스트에 잠재되어 있는 것을 참조해서, 영화는 고전적인 대륙 사회, 정치 구조, 특히 전통 중국 문화가 소위 '자오수신의 성격'[139]―일종의 불완전한 인격―을 만들어냈다는 것을 보여주었다. 결말에는 멋진 도미노 장면이 나오는데, 이것은 피해자 자오수신이 '흑포사건'이라는 연쇄 반응에서 유기적인 고리의 하나라는 것을 암시한다. 또 이 장면은 분명히 시각적으로 자오수신과 포동포동 살찐, 어린 사내아이를 연결시키는데, 이는 현대 사회와 문화적 의미에서 자오수신이 아직 '성년'이 되지 않았음을 의미한다. 기대 속에서 존재하는 권력의 전이는 '새로운 인간(新人)'의 출현을 호소하고 있었다. 그래서 영화 『흑포사건』은 두말할 것 없이 제일 먼저 그람시(Antonio Gramsci)가 말한 '문화혁명'에 참여하였던 것이다. 즉 '경제적·정치적 혁명이 촉발되기 위해서는 반드시 문화혁명에 의해 완성되는 사회혁명이 필요했다.' '문화 혁명은 사람을 새로이 배치하는 과정이고, 사람들은 이를 통해 새로운 상황·조건·요구에 적응해야 했다.'[140] 도시/현대 공간과 인물들로 이루어진 조화로운 집단 간의 충돌은 현대화된 중국을 '비어 있는 성'으로 표현했다. 그람시는 현대문명 및 인류가 파괴되고 사라질 황량한 성을 예언하고 있는 것이 아니었다. 그는 새로운 인간을 불러내려 했던 것이고, 도시적 현대 생활의 주인 및 거주자의 신세계를 만들어내려 했던 것이다. 그러나 『흑포사건』에 이어서 일어났던 '도시 황당극'의 창작 열풍은 컬러 비눗방울처럼 나타났다 금방 사라져버렸다. 『도시의 가면무도회(城市假面舞會)』[141], 『가면(假臉)』, 『이상한 고리(怪圈)』, 『예청 이야기(椰城故事)』에서 도시는 다시 한 번 '시골마을식' 인간관계와 정감의 이야기가 진행되는 무대가 되었고, 황당한 풍격으로 인해 유치한 색깔의 나무 블록 같은 모습이 되었다. 전도와 실어증은 시종 대륙 문화의 도시에 관한 담론에 존재했다. 그것은 한편으로는 '진보와 발전'에 관한 이성적 신념이자 직선적 역사 진보에 개입하고 참여하고자 하는 의식이었고, 다른 한편으로는 이데올로기와 담론의 오류이고 언어와 정감 체험의 결핍이고 배제였다. 도시 문화는 만고에 우뚝 솟은 황토지 혹은 미친 듯이 흔들려 눈을 어지럽히는 붉은 수수의 창백한 바탕이 될 수 있을 뿐이었다.

왕쒀(王朔)의 문제아들

80년대 후기, 역사 문화 반사 운동으로 의론이 분분하던 시기를 거친 후 중국 대륙 사회는 또렷하면서도 윤곽은 그리 분명치 않은 종결을 갑작스레 맞이하였다. 마치 하룻밤 사이에 옛 중국과 현대 중국이 서로 등을 돌리고 헤어진 것만 같았다. 짐 때문에 힘겨워 했지만 오랜 시간 흔들림 없던 황토지는 갑자기 '쪽빛 문명'에 포위되고, 침습되고, 휩쓸린, 거대한 '표류하는 섬'이 된 듯 보였다. 이 끝났다는 느낌은 오랫동안 미루어져왔던 민족의 신생과 시작이 이미 가까워졌음을 예시하고 있었다. 그래서 대륙 문화는 다시 한 번 과다한 담론에 의해 만들어지고 얽힌, 그래서 그것으로 인해 결국은 무명의 상태가 된 기대를 담아내고 있었다. 세기말을 가득 채우고 있던 것은 결코 침륜과 실망이 아니라 우환에 젖은 광희였고, 막 떠오르면서 끌려가는, 그래서 위태위태한 열기구 같은 기대였다. 신세기는 권위적 담론이 예정한 구원의 날이었고, 갑작스런 개방으로 인해 손이 닿기도 전에 닫힐 것 같은 에덴의 문이었으며, 중국 대륙이 결국은 지구에 등적될지 아니면 완전히 제적될지가 결정될 날이었다. 백 년 동안 계속해서 제기되어 왔으면서도, 늘 새로운 느낌을 주는 이러한 기대는, 명확한 현실의 정치적 의도와 주류 이데올로기의 발전 방향이 되어, 언어의 의미 시스템을 흡수하거나 쥐어짜듯 만들어냈다. 또 그것은 자신을 유일하고 비할 바 없이 거대한 기의가 되게 만들었고 이를 통해 기표의 성대한 잔치를 열 수 있었다. 웅변적이고 우환적인 엘리트 문화는 비어 있고 거대한 계몽적 명제 앞에서 배회했다. 문학에 있어 심근파尋根派와 영화계의 5세대는 그들의 물욕의 대상을 잃어버렸기 때문에 쥐 죽은 듯이 입을 다물었던 것이다.

그래서 1988년, 형형색색의 담론적 유토피아와 애매한 과도적 색채에 둘러싸여 있던 이 해는 소란 속의 고요함으로 가득 차 있었다. 세기의 종말과 시작 사이에 붐비고 소란스러운 공백이 남겨진 것 같았다. 새로운 시작이 도래하기 전, 역사는 마치 다시는 이어지지 않을 것처럼 보였다. 이때 추이젠(崔健)의 『일무소유(一無所有)』가 전국에 울려 퍼졌다. 그것은 중국 대륙에 '도시적 록(rock)'이 탄생했음을 알리는 것이었고, 동시에 초조와 결핍의 심리 상태를 드러낸 것이었다.

말은 많았지만 사실은 말을 잃어버렸던 이 해에, '향토 중국'을 잃어버린 문화 예술계는 어쩔 수 없이 도시로 눈을 돌려야 했다. 이 시기 확실히 도시만이 기표의 성대한 잔치를 벌일 수 있는 무대가 될 수 있었고, 또 되어 있었다. 낡은 중국 역사의 순환이라는 레퍼토리는 황토지 혹은 홍토지紅土地 위에서 펼쳐져야만 했다. 반면에 현대 중국은 이제 세계성을 띤 대도시에서 그의 가면무도회를 열려 했다. 사실 80년대 중·후반 대륙의 도시는 이미 확장과 건설을 통해 조용히 일어서고 있었다. 도시 문화와 형형색색의 도시 통속 예술은 생각지도 않은 사이에 도시 공간을 장악하고 있었고, 수용한도를 넘어선 철도, 고속도로와 공공 교통노선은 도시로 밀려들어오거나 도시 사이를 전전하는 사람들로 가득 차 있었다. '필수적인' 기표는 이미 나타나 있었다. 80년대 후반, 현대 도시의 문화적 의미를 갖춘 첫 번째 영화들이 대륙의 열렬하면서도 망연한 기대 속에서 물 끓듯 시끄럽게 그러나 유달리 적막한 모습으로 출현하였다. 공업 공간은 더 이상 현대 도시의 제유가 아니었고, 노동자─지식인의 도움을 받는 계급─는 더 이상 유일하게 확인된 도시인이 아니었다. 시자오가(夕照街)나 펑후구 같은 도시 안 촌락은 일순간에 대륙 문화의 지평선에서 모습을 감추었다. 그것을 대신하여 나타난 것은 입체교차로 옆의 로큰롤음악(『로큰롤 청년(搖滾靑年)』)[142], 거대한 말보로 광고판 아래에서 개미처럼 빠른 속도로 움직이는 '후기 공업 사회의' 인류, 교차로에서 겪은 놀라운 경험(『커피에 설탕 약간(給咖啡加點糖)』)[143], 전통적 가정 모델의 유실, 명멸하는 불빛 사이를 배회하는 고독한 개인(『태양우』)[144] 그리고 도시의 어둠 속에서 피어나는 죄행(『최후의 실성』, 『실성의 대가』)[145] 등이었다. 이것은 확인되는 과정 중 오인되는 것을 의미한다. '중국'은 이미 식별되기 어려웠다. 하룻밤 사이에 대륙의 도시는 세계 대도시가 이미 겪은 익명화 과정을 완성하고 '고독한 군중'이 이 대도시를 채운 것 같았다. 중국 대륙은 이미, 완벽하지만 슬픈 '타자가 인도하는 사회'가 되어 있었다. 낡은 중국은 이미 잃어버린 옛 꿈이었다. 종이배를 태우는 것은 결코 역사의 유령을 송별하는 의식이 아니다. 그것은 광희로 가득 찬 회상에 더 가깝다. 이 시기에 나온 도시 영화는 사회성 짙은 집단 환각을 만들거나 그것에 취하는 데 더 힘을 쏟고 있었다. 중국은 이러한 세계 일체화의 구조에 뛰어들려하거나 혹은 이미 뛰어든 상태였고, 세기말의 역사적 도약으로 이 역사적 진보의 과정은 이제 막 완성되려 하고 있었다. 이 확인/오인에 대한 확인/오인은 더욱 뚜렷이 그리고 힘 있게 '아름다운 신세계'의 도래를 논증하고 있었다.

그러나 집단 환각에 의해 은폐된 것, 확인하는 자에 의해 경시된 것은 이러한 중국의 세계 대도시적 표상이 이미 더 이상 아름다운 풍경이 되지 못하고, 호화로운 빈방, 빈 무대에 더 가까워졌다는 사실이다. 이 기표의 성대한 잔치는 결코 완전한 도시적 경관이 아니었다. 그 속에서 현대 대도시는 분명 영화의 진정한 주인공이 되었지만 도시 풍경의 하나인, 익명화된 사람들의 흐름 외에, 영화 속 인물—도시인—은 여전히 미묘한, 부재한 등장인물로 나타날 뿐이었다. 비록 그들이 현대 도시 문화의 기표의 지위—그들은 로큰롤 댄서이고 사영 광고제작자이고 유행 의상의 모델이다—를 누리고 있었지만, 도시에서 이질화된 무리로서 '어울리지 않는' 현대적 환경에서 생존하고 있을 뿐이었다. 그들은 완전히 지쳐 있고, 초조해 하며, 방황을 끝내지 못하는 탐색자였다. 그들은 옛 중국의 유복자로서, 하릴없이 익숙한 전통세계에서 쫓겨났다. 그들은 절망적으로 집으로 돌아갈 길을 찾고 있거나, 혹은 시골에서 온 여자 구두수선공('지난 세기의 여인')에게서 지난날의 따스함을 찾는 꿈을 꾸고 있었다. 이들 영화에서 현대 세계, 현대 도시는 여전히 미래시제로서 영화 속 젊은 세대의 것이었지만 주인공은 그런 사정을 모른 채 부러움의 시선을 던질 뿐이었다. 『커피에 설탕 약간』에서 샤오디(小弟)는 텔레비전 앞에 단정히 앉아서 대양 저쪽 미국에

『태양우』

서 우주왕복선 챌린저호가 추락했다는 뉴스에 소리 없이 눈물을 흘리지만, 주인공 강쯔(剛仔)는 어두운 배경에서 코를 골며 자고 있었다. 『태양우』에서 우아하지만 심신이 모두 지친 야시(亞義)는 큰길 반대편에서 쾌활하게 길을 가고 있는, 생기발랄한 쿵링(孔슈)에게 거의 적의에 가까운 시선을 던지고 있었다. 현대 사회, 모더니즘은 단지 거리의 소녀가 무의식중에 룽샹(龍翔)표 바지의 바짓단에 흩뿌린 포스터컬러에 지나지 않았다(『로큰롤 청년』). 그들의 연기는 현대 도시의 공간을 채우지 못하고, 반대로 이 공간과 문화의 적막함을 돋보이게 할 뿐이었다. 그래서 1987년의 도시 영화는 집단 환각에 핍진한 표상을 제공하는 동시에 이러한 풍경에서 종횡으로 난 틈을 보여주었다.

'황량한' 현대 도시는 여전히 '새로운 인간(新人)'을 부르고 있었고, 당대 중국 문화는 '내재적으로 약간의 마귀를 요구하고 있었다.' 그리하여 이 시기가 왕쉮에게는 이름을 얻을 수 있는 너무나 좋은 시간이었다. 사실 왕쉮 소설은 80년대 중기에는 명명되지 못했을 뿐이지 이미 유행이 되어 있었다. 그러나 지식계는 시종 이 낯설고 의심 가는 작자와 작품에 대해 딴에는 긍지어린 침묵을 유지하고 있었다. 80년대 말 무거움과 초조함이 서려 있는 카니발에 필수적인 어릿광대로서 나타난 왕쉬의 문제아들은 물 만난 고기처럼 이 적막하고 비어 있는 무대를 점거했고, 언어학대식 소란을 피웠으며, 소동을 일으키는 모독을 가했다. 그래서 중국의 '히피' / '부랑자'로서 왕쉬는 중국이 세계로 나아가고 있거나 이미 나아갔다는 것, 혹은 서구의 화기애애함과 보조를 맞추어가고 있거나 이미 보조를 맞추었다는 사실을 보충적으로 보여주었으며, 아름다운 신세계가 눈앞에 다가왔다는 이데올로기적 환각을 강화했다.

그러나 적어도 80년대 후기 왕쉬 '현상'은 이러한 문화/이데올로기적 환각을 만들었다기보다는 이 환각으로부터 오히려 이득을 얻었다고 하는 것이 더 적절했다. 세계와 보조를 같이한다는 환각은 현대 서구를 유일한 모델, 즉 참조와 유비를 통해 언어와 명명을 얻어야 하는 콘텍스트로 만들었다. 이 때문에 오독식의 명명은 (격한 성토와 광적인 칭찬의 형식으로써) 왕쉬를 대륙의 세기말의 '다다'—사회와 문화의 반역—로 만들었다. 사회적인 명명과 그에 대한 저항이 난무하는 상황에서 왕쉬는 세상에 냉소적인 유행이 되었다. 그 반문화적인 냉소와 권력 담론을 쓰레기로 만들어버리는 서사/반反서사의 에너지로 인해 왕쉬는 일종의 '현상', 당대 중국 대륙 도시 문화의 중요한 기표가 될 수 있었다. 왕쉬의 유행은 분명히 충야오(瓊瑤), 진융(金庸)이 대륙에서 유행했던 것과는 다른 양상을 띠었다. 만약 왕쉬의 공헌이 결국 위로라면 여기서 위로는 상처 입은 혹은 피학식의 위로였다. 왕쉬는 반역도라고 할 수 있지만 전위적인 예술을 하지는 않았다. 해학이든 순정이든, 억지스런 연애든 진지한 연애든, 조소든 '보잘것없는 집안의 애정고사'든[146] 모두 결국은 남녀노소 누구나 좋아하는 통속성을 만들어냈을 뿐이었다. 크리스마스트리 같이 화려한 색채를 자랑하지만 무일푼인 열렬함 같은 것 말이다. 왕쉬 현상의 출현은 세상을 놀라게 했고 문화적으로 단절의 시기가 도래했음을 알렸다. 현대 예술 전람회에서처럼 행위예술가의 총격 사건은 이 낯설고 사악한 현대적 풍경에 낙관적 인증의 낙인을 찍었다. 역사 감각은 용해되었다. 글쟁이 개체호個體戶(사영 상인)가 된 왕쉬는 그의 작품에 대한 성공적 판촉을 통해 손쉽게 고정적 이데올로기의 종언을 선언할 수 있었다. 왕쉬의 악명 높은 문제아들은 익명의 대도시에서 자유자재로 빈둥빈둥 노니는 자들을 가리키는 것 같았다.

사실 80년대 후기 '왕쉬 현상'의 출현은 상상이 아닌 현실의 '문화혁명'적 명제를 수반하고 있었다. 다른 점은, 그가 황젠신(黃建新)의 『흑포사건』과는 판이한 각도를 취했다는 것이다. 사람들은 왕쉬가 '절대로 나를 사람으로 여기지 말라'*라고 선언한 것에서 그의 히피 혹은 다다적인 취향을 발견한다. 비록 아Q(阿Q)와는 다르지만 이것은 분명히 극도의 자기 경멸 속에서 떠벌리는 별스러운 자존감과 나르시시즘이었다. 여기서 후자가 바로 왕쉬의 진의였다. 소위 '절대로 나를 사람으로 여기지 말라'는 당연히, 스스로 인류와 절연하고 짐승이 되는 것을 의미하지 않는다. 또 그것은 스스로 현대문명에서 쫓거나 자학적으로 도시의 주변을 유랑하는 것을 의미하지도 않는다. 왕쉬의 소위 '사람'은 특정한 문화 코드가 규정한 '사람'이고 '사람노릇을 하는' 것에 관한 전통적인 생존방식과 가치 체계였다. '절대로 나를 사람으로 여기지 말라'는 그의 문제아들이 일종의 새로운 인간(新人) 즉, 전통 가치 체계에 의해 수용되지 않고 모욕당하지 않는 새로운 인간이라는 것을 표방한다. 그 모욕의 초점은 '사람'에 있지 '나'에 있지 않

---

* 千萬別拿我當人.

다. 왕쉬가 말하는 '조소적' 혹은 '순정적' 작품에서처럼, 문제아들은 부단히 타인, 특히 작품 중 순정한 여인에게서 '진짜 사람(眞人)' 심지어는 '세상으로 나온 신선(散仙)'이라는 칭호를 얻었다. 질서를 거스르는 반反영웅으로 왕쉬를 바라보는 것보다는 다른 질서—배금의 질서—를 실천하는 자 혹은 그것을 부르짖는 자로 보는 것이 타당하다. 그는 주변인인 된, '세상으로 나온 신선', '진짜 사람'이 아니라 유물론의 반신半神적 존재, 상품사회에서 성공한 사람, 즉 대신大神 브라운에 가깝다.[147] 사실 왕쉬 현상은 폭넓고 조금은 지저분해 보이는 혼재된 색깔이었고, 당대 중국 대륙의 문화/반反문화의 증후군이었다.

80년대 말 중국 대륙에서 왕쉬는 제일 먼저 유행 아이템이 되었다. 그러나 분명히 그는 그에 앞서 시대를 풍미했던 충야오, 산마오(三毛) 혹은 진융과는 달랐다. 왕쉬가 그들과 같이 위안을 준 존재였다 하더라도, 그 위안은 가학/피학식의 위로였다. 왕쉬의 매력은 우선 표현, 즉 일종의 모욕을 주는 표현에 있다. 이것은 결코 '표현할 수 없는 사물을 표현'한 것이 아니었다. 대신 고도로 정식화된, 특정한 권력 담론이 그의 문제아들의 입을 거쳐 가학적으로 쏟아져 나오도록 만들었고, 특정한 기의와 콘텍스트를 갖춘 담론과 왕쉬의 서사적 콘텍스트와 담론의 주체 사이에 역사적 충돌을 조성했다. 바로 이 충돌을 통해 본래의 콘텍스트에 담겨 있던 신성한 담론이 보잘 것 없는 쓰레기와 진부한 말로 변하였다. 왕쉬의 다다적 의미와 시정市井의 분위기가 짙은 광희는 바로 말과 모욕의 광희다. 그러나 왕쉬는 결코 많은 사람들이 지적하는 것처럼 주류 이데올로기에 대한 자각적 항의자가 아니었으며 이와 같이 '스스로를 사람으로 여기지' 않았던 사람도 아니었다. 그는 그런 사람이기를 거부했던 사람이었다. 그는 이데올로기적 국가기구가 아닌 지난날의 권력 담론 시스템에 의지하고 있는, 신성한 상식적 표현을 마주하고 있었다. 왕쉬 현상은 그 반역자의 거역적 태도로 표출된 사회의 주변 혹은 하위문화가 아니라 단지 사회적 변천과 이데올로기의 경질 사이에 놓여 있던 어릿광대와 기형적인 배아였고 조금은 절망적으로 주인의 자리를 차지하려는 그들의 노력이었다. 왕쉬 현상은 고전적 이데올로기가 끝났음을 의미하지 않았다. 그보다는 (적어도 80년대의) 고전적 이데올로기 실천이 오히려 더 합당했다는 것을 의미했다. 왕쉬가 유행하고 왕쉬 현상이 만들어진 것은 새로운 상식 시스템이 탄생했음을, 그리고 그것이 중심과 주류를 넘보기 시작했음을 의미했다.

왕쉬가 중국의 다다가 된 데 있어 이상한 점은 왕쉬 소설의 형식이 결코 여하한 전위 혹은 반란의 형태를 띠고 있지 않다는 것이다. 그와 반대로 왕쉬 소설의 형식은 꽤 유창하고 세밀하며 정제되어 있다. 바꾸어 말해 그는 시종 매우 전통적인 폐쇄적 서사 형식("나는 소설 중의 플롯의 논리를 따라감으로써, 독자에게 이해할 수 있는 어떤 것을 줄 수 있기를 희망한다"[148])을 따랐다. 왕쉬 유희의 특징은 신중국의 정치적·문화적 전통과 다른 의미 구조를 틀에 꼭 맞도록 전통적 서사 형태에 상감하는 것이었다. 만약 그레마스(A.J. Greimas)의 행동소 모델을 빌어서 본다면 더욱 쉽게 그 작품의 이데올로기적 내함을 식별할 수 있을 것이다. 왕쉬의 80년대 대부분 작품에서, 행위 주체 대다수는 '깨끗한 얼굴로 살아가고 있는' 문제아들이었다. 그들은 어떠한 가정 혹은 사회망에도 속하지 않고 거리를 빈둥거리며 돌아다녔다. 그중 대륙 소설에서 불가결한 요소였던 원元사회의 발신자—권위의 지령자—는 사라졌고 행위 주체는 전적으로 본인의 욕망과 바람에 의지해 행동했다. 더 나아가 행위 주체는 수용자로 분했다. 모든 것이 그들 자신을 위해서 있고, 모든 것이 그들 자신에게 귀속되어 있었다. 서사적 콘텍스트 가운데 여성 및 그와 관련된 '애정' 고사는 우군 혹은 적군 진영에 있는 심부름꾼이 될 수 있을 뿐이고, 괄호 속 시퀀스를 구성할 수 있을 뿐이지, (비록 그의 '순정純情을 다룬 작품 중 명작' 축에 끼는 『물 위의 연가(浮出海面)』*가 그렇기는 하지만) 욕망의 객체가 될 수는 없었다. 왕쒀 소설의 서사적 콘텍스트 가운데 진정한, 그리고 유일한 욕망의 객체는 금전일 뿐이었다. 이때 금전은 횡재로 얻은 것으로, 합법과 비합법을 넘나들며 얻어낸 것이었다. 텍스트에서 적수는 보이기도 하고 안 보이기도 하는, 사회의 어두운 곳에 도사리고 있는 악의 세력이었다. 왕쒀의 문제아들과 달리(그들은 "약탈이나 밀수 혹은 절도범 집단 같은 부류가 아니다. 그저 먹고 마실 뿐이고, 종종 너무나 대담해서 오히려 영원히 실행할 엄두도 내지 못할 계획과 구상만 하고 있을 뿐인 존재들이다. ……그리고 단지 제 구실을 못하는 나약한 사람들일 뿐이다. 비록 몸은 다 컸지만 영원히 어린아이와 같아서, 놀이 속에서 선역과 악역을 맡을 수 있을 뿐인 그런 사람들이다"[149]), 그 적수들은 비로소 진짜 살인과 약탈을 저지를 수 있는 악당들이었다. 바로 이 특정한 운동소 모델을 조합하고 옛 사회적 콘텍스트를 참고하여, 반反영웅, 결코 새롭지 않은 '신인', 즉 대륙의 도시화, 상업화 과정을 따라 나타난 개인주의의 숭배자들로서 왕쒀의 문제아들이 정의된 것이다.

  왕쒀의 80년대 소설은 욕망에 관한 이야기들이었다. 그러나 그것들은 물욕에 관한 이야기일 뿐이었다. 그들은 리비도를 상품과 금전에 대한 물신숭배에 쏟아버린 고독자였다. 또 이 운동소 모델에서 적수—진정한 악당, 진정한 무법자들은 왕쒀의 문제아들을 반反사회, 반反질

---

  * 왕쒀 『물 위의 연가』, 박재연 역, 도서출판 빛샘, 서울, 1992년 10월

서의 무리 바깥으로 몰아냈다. 왕쉮 소설의 언어의 범람과 가학, 시정 분위기 가득한 광희에 반反질서적인 특징이 있다 하더라도 이것은 한계가 있고, 전제가 있는 반란에 지나지 않았다. 그것은 중국 대륙의 정치색 짙은 전통, 도덕, 가치질서, 상식 시스템 따위를 향한 짓궂은 장난 같은 모욕이었다. 소위 '가슴 졸이며 한바탕 놀았다'[150]가 바로 그것이었다. 그러나 그 진정한 의의는 질서화 행위에 있었다. 즉, 상품사회의 행위의 가치 체계를 합법화하고 상식화하는 것이었다. 이로 인해 왕쉮의 문제아들은 극히 드문 경우지만 진정한 적수를 격파하고 횡재를 차지할 수 있었던 것이다.(『고무인형(橡皮人)』[151]이 아마 적합한 예일 것이다.) 사실 1987~1988년 거침없이 밀려오는 상업화의 파도를 마주하면서, 그리고 서구 세계 물질문명의 표상과 경제, 문화가 삼투하는 현실을 접하며 왕쉮의 문제아들은 결코 이러한 압력에 저항하지 않았다. 오히려 그들은 익살극식의 소란 속에서 압력의 일부분이 되어 있었다. 왕쉮의 주변은 결코 주변에 있는 사람이 자처하거나 그에 반항하는 것으로 형성된 것이 아니라 그저 현실적으로 어쩔 수 없이 그렇게 탄생된 것이었다. 사실, 상품경제가 아직도 중국 대륙의 주도적 경제가 되지 못했던 상황이라면 문제아들은 주변을 참고 견뎌야 할 뿐 다른 도리는 없었을 것이다. 확실히 왕쉮의 문제아들은 시기를 맞추어 나타났고, 아울러 이름도 얻었으며, 결국 그 비어 있고 적막한 도시라는 무대를 차지했다. '중국이 큰 걸음으로 세계를 향해 나아가는' 집단적 환상을 만족시키면서, 왕쉮 문제아의 진면목, 즉 옛 중국의 불초자, 문화대혁명의 유복자는 무의식중에 기묘하기 이를 데 없는 현대적 풍경, 죽지 않고 다시 살아나려는 중국, 그리고 도시를 해체했던 것이다. 왕쉮 소설은 여전히 그다지 쓸모 있는 '현실주의' 작품이라고 할 수는 없다. 그는 조금은 '겸손한 어조로' 이것을 인정한다. "나는 시대의 비서에 불과할 뿐이다"[152]

　　그러나 사실 왕쒀 현상이라는 이름을 부여했던 '왕쒀 영화' (1988년은 영화에 있어 왕쒀의 해라고도 지칭된다)는 결코 왕쒀의 소설만큼 그렇게 단순하지는 않았다. 1988년 많은 사람의 주목을 끈 네 편의 왕쒀 영화[153]에서 왕쒀 소설과 가장 어울리는 것은 미자산(米家山)의 『문제아(頑主)』이다. 영화의 오프닝 타이틀에서는 유행가수 왕디(王迪)의 조롱조 유행가를 따라 시끄럽고 소란스러운 대도시 거리 풍경이 나온다. 이 생기발랄하고 볼거리로 넘쳐나는 대도시의 해학곡은 다른 중국 대륙 도시 영화와는 달리 단지 부유浮游하고, 비어 있는 무대와 진짜처럼 보이는 현대적 플랫을 제공했을 뿐이고 서사적 콘텍스트에서 한 편의 익살극(喜鬧劇)―3T공사가 만들어낸 낙토樂土―이 됐을 뿐이다. 이것은 '원작에 충실한 각색본'이 아니라 '왕쒀의 영화 버전'이었다. 소설 『문제아』를 각색한 부분에서 왕쒀의 이데올로기적 진의가 두드러지게 나타난다.

　　영화에는 소설에서 생략되었던 '3T문학상' 수상 의식이 담겨 있다. 이 장면은 중국 대륙에 혼재되어 있는 주류 담론의 바겐세일이자

『문제아』

선전극(活報劇) 같은 것이었다. 익살극의 구조에서 영화 담론 형태를 통해 왕쉬식의 언어적 모독과 언어적 가학이 표현되고 있다. 상당히 낮은 톤의 음악을 따라 비키니를 입은 여자의 에어로빅 시범과 유행복 모델 행렬이 나오고 여기에 다른 역사적 시기의, 역사에 관한, 혁명 고전 서사의 원형적 형태가 교차해서 나타난다. 변발을 늘어뜨린, 청대의 유물 같은 노인네가 민국 초기의 요염한 유행복을 입고 있는 여자를 잡아끌고 있다(민주혁명과 '복벽' 세력). 머리에 흰 두건을 두르고 총을 쥔 농민은 일본 군관을 잡아두고 있다(공산당 영도하의 항일전쟁 승리). 무명 군복을 입은 해방군 전사가 모직 장교 군복을 입고 있는 국민당 군인을 압송하고 있다(1949년 공산당원이 대륙에서 필연적으로 승리함). 양뿔 모양 머리에 옛날 군복을 입은 어린 홍위병이 대자보를 흔들며 늙은 지주에게 소리를 지르고 있다('무산계급문화대혁명'의 고전적 정경). 그래서 비키니를 입은 무리는 신성한 '관변화법'과 같은 무대에 병치된 것이다. 그리고 나아가, 음악 리듬에 따라 점점 빨라지고 점점 가벼워지면서 이 잡탕식의 공연은 결국 즐거움에 흠뻑 취한 디스코 춤이 되어버렸다. 청대의 유로遺老와 비키니가 손을 잡고 공산당과 국민당 군인 역시 손을 맞잡은 채 즐거이 이야기를 나누며 홍위병과 늙은 지주는 같이 어울려 춤을 춘다. 이 장면의 이데올로기적 의도는 너무나 분명하다. 그것은 조롱과 모욕을 통해 권력 담론의 신성함과 역사적인 심도를 지닌 모델을 해체하고 동시에 권력이 이제 바야흐로 금전으로 옮겨가고 있음을 알리고자 한 것이다. 나이트클럽에서 죽치고 마작을 하는 원작의 장면을 대신해 영화 플롯의 연쇄고리는 '3T공사'의 비가치적 소란극(鬧劇)을 희극적 가치 행위로 확대했다. 당위관(當于觀) 양중(楊重), 마칭(馬靑)은 방수포 앞치마를 두르고 병원에서 자식으로서 책임을 다하지만 환자 일가 수십 명은 3T공사에 앉아 먹고 마시려 한다. 당위관은 '굳은 의지로' 스턴트맨을 해서 돈을 벌어 위난에 처한 회사를 구하기로 의연히 결심한다. 서사적 콘텍스트 속의 사회적으로 선한 사람들, 즉 엄숙한 도덕을 가르치는 교수, 노혁명가인 부친, 『돌격보(挺進報)』의 아들, 도덕군자인 양 점을 빼는 항문외과 의사, 가두 거주민위원회의 노부인과 비교해, 왕숴의 문제아들은 확실히 더 진지하고 더 도덕적인 무리가 되었다. 영화 텍스트는 반反질서─온갖 사기와 기만, 빈둥거림─로 시작해, 새로운 질서화─'직업적' 도덕감, 개인적 분투, '성실'한 노동─로 끝맺고 있다. 영화에서 원래 사회의 부정적 가치가 문제아들에게는 '새로운' 가치체계 속의 긍정적 가치로 받아들여졌다. 영화의 결미에는 문제아들의 시점으로 바라보는 장면이 나오는데 여기에서는 폐업조치가 취해진 3T공사의 대문과 문 앞에서 줄을 서서 기다리는 고객이 나온다. 이것은 분명 원 사회를 확인하는 장면이다. 그것을 통해 서사적 콘텍스트 중 현실에서 실현되기 어려운 가치 체계의 전환이 이루어진 것이다. 그리고 영화 텍스트 구조를 완성하는 과정에서, 미자산은 왕숴 소설이 갖추지 못한 상상성을 완성했고, 사람들이 억지로 왕숴에 가져다붙인 집단 환각을 영화의 텍스트적 무늬로 표현했다.

기타 세 편의 '왕숴 영화'가 드러낸 문화적 증후군은 『문제아』보다 더 복잡하다. 그중 가장 전형적인 것은 황젠신이 감독한 『윤회(輪回)』이다. 사실 5세대 감독 가운데 황젠신도 사회적 사명감으로 아주 충만했던 감독 중 하나였다. 그러나 사명감에 빠져 있던 전체 중국 지식인/예술가로서 본다면, 그의 사회 '진보'에 대한 신념과 사회적 비판을 행해야 한다는 책임감은 다른 선택의 여지는 없는 것이었다. 이러한 입장과 위치가 선험적으로 존재하고 있었기에 이미 그와 왕숴 문제아들 사이에는 상당한 거리가 있었다. 그러나 황젠신 같은 이들은 세기

가 교차하는 때의 중국, 개혁/변혁의 기운으로 넘쳐나는 대륙 사회와 '세기의 전쟁'의 집단 환각과 담론망에 사로잡혀 있는 상황에 처해서, 사회/인류 진보에 대한 신념으로 인해 '반드시' 왕쒀에게서 동일성을 발견할 수밖에 없다는 곤혹감을 느껴야 했다. 왜냐하면 후자는 의심할 나위 없이 현대 중국, 현대 도시에 관한 중요하고 유력한 기표였기 때문이다. 문제아들은 그 빈 성을 채웠고 중국이 세계와 보조를 같이 하는 기묘한 풍경을 완전하게 하였다. 그러나 황젠신들은 사회 비판적 입장과 책임 때문에, 현대/상품사회를 그것을 가득 채우고 있는 개인주의의 고독, 소회, 익명성, 아무런 도움도 받지 못하는 상황, 배금주의에 필연적으로 수반되는 폭력 및 죄악을 간과할 수 없었다. '5·4 문화 정신—과학과 민주, 혹은 진보 신념—의 자각적 계승자로서 황젠신들은 의심으로 인해 '세기의 문을 부딪쳐 여는' 실천과 행동이 흔들리는 것을 거부했다. 그래서 황젠신은 왕쒀를 선택했으나 오히려 이로 인해 갈라진 틈과 구조적 자가 당착으로 가득 찬 영화 텍스트를 만들었다.

먼저 그는 왕쒀 스스로가 상당히 만족해했던, '순정'에 대한 이야기인 『물 위의 연가』에 윤색을 가했다. 주인공 스바(石巴)가 공문 암거래와 거금을 사취하려는 시도 때문에 사기를 당하는 이야기를 주요 플롯으로 덧붙였고 이 문제아의 세계에 절망적인 고통과 음험한 색채를 더했다. 그리고 이 음험함은 바로 문제아들이 총애한 무대—현대 사회의 공간에서 유래한 것이었다. 영화에서 가장 훌륭한 장면은 지하철역에서 스바와 위징(于晶)이 했던 놀이와 미술관에서 일어난 스바와 사기꾼 간의 공방이다. 두 장면에서는 교묘한 위치 선택 및 능숙한 주관적 시점의 카메라 운용을 통하여 아름답고 견고하지만 차가운 현대 건축공간이 상당히 공포스러운 미궁으로 묘사되었고, 또 도시에서 사람들의 흐름과 보이지 않는 구석 곳곳에는 위험이 도사리고 있다는 사실이 표현되었다. 후반부에 사기꾼은 검은 가죽 옷을 입고 검은색 오토바이 헬멧을 착용하고 나오는데 내려놓은 짙은 색 마스크에는 사물을 구별할 수 없을 정도로 번쩍이는 태양빛이 어른거린다. 이것은 그가 탄, 빠른 움직임을 자랑하는 검은색 고급 오토바이와 함께 일군의 악당들을 현대적 색채를 지닌 비인간적인 형상으로 보이게 만들었다. 이것은 사악한 세력이 조종하는 기계인간 혹은 모방생물 같았다. 그래서 영화가 드러내는 세계화되고 익명화된 현대 대도시는 문제아들이 물만난 고기처럼 마음껏 놀 수 있는, 아직 죽지 않고 살아나려는 옛 중국의 공간과 전도됐다. 그것은 집단 환상을 성취하고 완성하는 동시에 광희와 낙관을 분해해버렸다. 그 다음으로, 어찌 보면 이것이 더 중요한 것이기도 한데, 황젠신은 원작에서 스바가 차사고로 불구가 된 장면을 사기꾼이 전기드릴로 다리뼈를 뚫어 보복하는 장면으로 바꾸었다. 드릴로 인해 스바 다리의 피와 살이 사방으로 튀는 장면을 기점으로 영화의 서사와 의미 구조는 사실상 두 단락으로 나뉜다. 어떤 의미에서 황젠신은 역사 감각이 흩어져 사라지는 것을 거부했고 작품이 내재적으로 역사 감각에 의존해야 한다고 생각했다. 동태적 역사 과정을 참고했을 때만 황젠신은 자유자재로 그의 시대를 인식하고, 그의 인물의 위치를 확정하고, 영화의 서술을 구성할 수 있었다. 그는 이로 인해 '누구누구를 사랑하는' 식으로 이야기를 풀어가는 왕쒀와는 진정 동일시될 수 없었다. 일종의 '문화적 숙명' 같은, 심각한 인문적 감정 때문에, 그는 『물 위의 연가』에 전기 드릴을 더했던 것이고, 아울러 번쩍이는 드릴 머리와 피와 살로 이루어진 인체가 접촉하는 그 순간에 왕쒀 문제아들의 세계로부터 벗어났던 것이다. 그는 역사의 그물을 모독하고 그것에서 도망치려 하는 일탈자를 반드시 잡아와야만 했고 문제아들에게 영혼의 대수롭지 않은 고통을 주입해야만 했으며 이 물 만난 고기처럼 날뛰는 무리를 '환경과 어울리지 못하는' 자로 만들어야만 했던 것이다. 이 장면 다음부터 영화의 서사적 콘텍스트는 갑자기 닫혀버린다. 스바와 위징은 결혼하고, 사기범들은 사형을 받는다. 스바와 위징은 커튼이 가볍게 흩날리는 새집에서 일대일의 합법적인 혼인 관계를 누리고, 스바는 혐오와 논리와 엄숙함을 가지고 지난날 자기와 같은 부류였던 사람들을 비난한다. 그러나 이것으로는 스바가 영혼의 구원을 받았다고 보기에도 부족하고, 황젠신이 아름다운 신세계에서 맛본 고통과 의혹을 표현하기에도 부족하다. 그는 이것으로부터 영화 『윤회』에 쓰일, 상징적 의미로 가득한 구조를 설계했다. 이 장면에서 스바는 자기혐오에 빠져서 거울 속 자신의 얼굴을 마주보다가 지팡이를 휘둘러 거울을 깬다. 그는 스탠드를 쓰러뜨리고 자기의 그림자를 칠흑같이 어두운 담벼락에 투사하는데, 그 몽롱한 그림자는 분명히 그 마음대로 할 수 없는 것이었다. 그래서 그는 지팡이로 담벼락에 크고 거친 인간의 형상을 그려낸다. 그런데 그 장사처럼 보이는 그림자는 공교롭게, 현실의 나약한 스바와 아이러니한 대위를 이룬다. 잠시 자세히 살펴본 후 스바는 발코니로 올라가 뛰어내린다. 영화에서 스바가 빌딩에서 뛰어내리는 장면은 등불이 번쩍이는 밤거리로 떨어지는 것이라기보다 절망적 감정에 휩싸여 하늘의 붉은 달빛을 향해 돌진하는 것처럼 보인다. 약속이나 한 듯, 예다잉(葉大鷹)도 '고무인형'에 상상적인 자살을 결말로 설정했다. 이와 같은 상유적인 죽음을 통해 황젠신은 문제아에게 구원의 기회를 주었고, 그 사명감을 완성하는 동시에 영화 서사에 역사 감각을 부여하였다.

그러나 진실한 역사 감각은 본래 그것이 부상하는 방식이 있기 마련이다. 1989년 4세대 감독 셰페이의 『운명의 해(本命年)』[154]는 의도적이지는 않았지만 80년대의 커튼콜이 되었다. 도시 영화가 짊어지고 있는 우환과 광희의 담론 유토피아는 리후이취안(李慧泉)이 낙담해 넘어지는 그림자와 함께 역사의 시야 바깥으로 사라졌다.

『운명의 해』

차안(此岸)

90년대 초 중국 영화 문화는 넓으면서 좁은 역사적 시공을 대면했다. 80년대 후기 급격한 현대화 과정 중 갑자기 흩어진 역사 감각은 80년대 말의 새로운 놀라운 경험 속에서 다시 한 번 부상했다. 그러나 다시 나타난 역사는 지난날과 연결되어 있지만 동시에 이미 새로운 단절을 만들어냈다. 그래서 한편으로는 혁명 역사 제재에서 고전적인 역사적 표상을 얻었고, 스크린에 나타난 광대한 역사적 장을 통해 역사와 현실 사이의 확대를 이야기했지만, 또 한편으로는 문명이라는 태풍에 휩쓸린 것들이 쌓여 만들어진 벽이 역사적 회고와 반사가 이루어지는 시야를 막아섰던 것이다. 그것은 한편으로는 현대화의 전망 가운데서 찾은 미래를 향한 사통팔달의 도로였지만 또 한편으로는 문화적 곤경에 처한 상황에서 내일을 향한 보류였던 것이다. 이 넓으면서도 좁은 문화적 공간에서 역사적 사고는 역사에 관한 우언과 선명하고 아름다운, 감동적인 그림이 되었고 그리하여 역사를 단절시키는 요소가 되었다. 휘황찬란하고 아름다운 과거와 미래 사이에서 형언하기 어려운 '오늘'은 사라져버렸다.

그러나 이 오늘은 형언돼야 했다. 그것은 '천당은 이미 만원이고 지옥도 이미 정원을 넘어선 상황에서', 그리고 역사는 이미 단절되었으며 내일도 아직 도래하지 않은 때에 우리에게 남은 유일한 문화적 소유물이었다. 그래서 90년대 대륙 도시 문화를 가장 먼저 채운 것은 헛소리 중의 실어였다. 왕쉮의 문제아들은 그들의 블랙코미디 무대를 잃은 후 소비적 성격의 유행어 제조자가 되었다. 『조금도 단정하지 않다(一點正經也沒有)』, 『너는 속물이 아니다(你不是個俗人)』, 『편집부 이야기(編輯部的故事)』[155] 등에서 우리는 그 예를 볼 수 있다. 이것들은 소비의 이데올로기가 아니라 이데올로기에 대한 소비였다. 사실 90년대 초 대륙에서 처음 소프 드라마가 탄생했을 때, 왕쒀는 대륙 본토에서 최초의 베스트셀러 작가가 되었다. 1988년의 '왕쒀 영화의 해' 가 비록 사람들을 들끓게 했고, 그 열기가 순식간에 달아올랐지만, 대부분의 왕쒀 영화에서 보이는 엘리트주의적인 문화 경향으로 인해 '노는 것으로 가슴이 뛰었던'* 문제아들은 '고통스러워하며 노는'** 상황에 처해야 했고, 사실상 시장과 대중으로부터 격리되어야 했다. 이 시기 높은 시청률을 보였던 대륙의 소프 드라마와 함께 왕쒀는 진정한 유행이 되었다. 왕쒀의 유행과 '문화적 마오쩌둥 붐'이 나란히 나타났던 것은 어떤 의미에서 90년대 중국 대륙의 첫 번째 문화적 기현상이었다고 할 수 있다. 그리고 왕쒀를 '광고' 수단으로 삼은 '하이마창작센터(海馬創作中心)[156]'의 출현은 90년대 대륙 도시 문화와 텔레비전·영화 문화에 충격을 주었고, 또 그 문화 자체를 만들어냈다.

이와 동시에 대륙과 대만 양안兩岸 간의 새로운 영화 교류를 통해 타이완과 홍콩의 신영화는 대륙 영화계에 새로운 계시를 주었고 활기를 불어넣었다. 5세대식의 5세대 영화는 심후하고 웅장하기도 했지만, 반면에 부유浮游하였으며 유치하기도 했다. 정치적 요구와 경제적 압박으로 인해 영화에서 상류 문화는 자리 잡을 수 없었고 자성과 '내재적으로 유배당한 체험'이 엘리트적 의미의 귀족적 분위기를 지워버렸다. 그래서 새로이 영화화된 서사적 추구와 함께 모습을 드러낸 것은 밑바닥에서 흐르고 있는, 사람에 대한 '마지막 관심'이었다. 평범한 사람의 작은 이야기, 젊은 날 꿈같은 여행, 생로병사, 윤리와 인정은 우언화되지 않은 형식을 통해 새로이 대륙 영화 문화 안으로 들어왔

---

* 玩的是心跳.　 ** 玩得是心碎.

다. 80년대의 커튼콜은, 그리 오래되지 않은 도시 영화에서 나타났던 중국 대륙의 '포스트모던한 도시' 혹은 '익명의 대도시'를 상상적이고 시대를 앞선 플랫으로 표현했다. 그래서 90년대의 도시적 표상은 처음으로 옛 도시의 해학곡으로 처음 모습을 나타냈다. 역사와 미래에 관한 담론을 직조하는 과정에 줄곧 내걸려 있던 문화적 차안은 조용히 모습을 드러내기 시작했다. 역사가 다시금, 비어서 아무것도 없는, 격벽이 되고, 내일 역시 비어 있어 알 수 없는 미지의 세계가 되자, 오늘, 인생의 차안이 예술 영화가 깃들 수밖에 없는 정박지가 되었던 것이다.

이들 슬픔과 기쁨이 함께 있는, 위엄과 익살이 어우러져 있는 옛 도시의 해학은 우선 특정한 '무대舞臺식 인생'을 표현했다. 한 발 앞서 여기에 발을 디딘 것은 샤강(夏鋼)의 『격정을 만나다(遭遇激情)』[157]였다. 영화는 상당히 눈에 익은 갱영화의 상투적 방식으로 시작한다. 이 상투적 방식은 빠르게 코미디의 익살로 바뀐다. 오프닝 타이틀 후 그림자가 어른거리는 복도가 페이드 인 속에 점점 모습을 드러내고, 이어서 공포스러운 음악과 소리가 흘러나온다. 그리고 길게 끌리는 위협적인 검은 그림자가 살며시 다가온다. 카메라는 곧바로 위를 향하고 구식 목조 구조로 된 계단이 보이면서 희미한 빛을 투사하는 작은 창문으로 이동한다. 이때 근경에서 나일론 스타킹을 뒤집어 쓴 사람이 나와서 허리에서 권총을 꺼내든다. 화면은 반대쪽을 향하고 등이 켜진 문이 보인다. 숨어든 사람이 문을 부수고 들어가고 이어서 격렬한 싸움 소리가 들린다. 문이 다시 열렸을 때는 한 사내가 침입자의 허리띠를 집어들어 그를 건물 아래로 내던진다. 익명의 강도는 계단을 따라 굴러 떨어진다. 바닥에 다다랐을 때 그는 갑자기 크게 소리친다. '어떻게 아무것도 깔지 않고 굴리냐?' 조명이 더 밝아지고 계단에 숨어 있는 촬영팀이 드러난다. 상당히 훌륭한 익살이다.

『격정을 만나다』는 이처럼 약간의 비참함과 모욕적인 의미를 지닌 가벼운 코미디로 시작한다. 그러나 이 영화의 재미는 영화의 폭로식 오프닝 타이틀 단락에서 제시된 희극적 감각과 조롱이 갱영화와 오락 영화의 상투적인 방법일 뿐만 아니라 어떤 진실관, 즉 진실을 짊어지고, 전달하며 만들어야 한다는 사명감이 녹아있다는 점에 있다. 영화가 진실을 환각, 상투, 허위로 보여주는 것은 진실을 두드러지게 하거나, 혹은 진실의 효과를 만들기 위한 것이 아니다. 반대로『격정을 만나다』는 충분한 가정적假定的 서사 위에서 완성되었고, 결코 영화 전체의 여러 가정적 요소를 숨기려 하지 않았다. 영화제작자가 주목하는 것은 서사의 유창함과 완전성이지 진짜처럼 보이기에 충분한 '진실감' 혹은 사회적 진실의 위조품을 만드는 것이 아니었다. 이와 반대로 충분한 가정성에 영화의 총체적 서사 스타일이 소재하고 영화의 매력이 숨어 있다. 모든 가능하고 필수적인 사회적 요소를 제하고, 현실주의의 생존의 조목을 벗어버린 채, 영화는 죽음의 그림자가 드리운 상황에서 우연히 격정을 만나게 된 청춘 남녀를 묘사했다. 정화되고 몽환화된 공간에서, 그리고 가벼운 조롱과 소소한 생활의 신산함 속에서 죽음이 갑자기 찾아온다. 량샤오칭(梁小靑)이 '잠들고', 류허(劉禾)가 그녀의 집을 나섰을 때, 카메라는 앙각으로 류허를 보여준다. 그 뒤에는 회색 벽이 있고 반대쪽으로 화면이 옮겨가면서 그의 시야에 따뜻한 색조의 하늘과 겨울날의 시든 나뭇가지가 들어온다. 이것은 결국은 사람 사이에 가로놓인 회색 담장 그리고 하늘일 터이다. 이렇게 현실을 버린 가정적假定的인 이야기는 약간의 진정성을 담고 있고, 량샤오칭은 이를 통해 약간의 위안을 얻었다. "난 지금 죽어도 여한이 없을 거야" 류허는 얼마 후 조롱받는 것과 살아가는 것 이외의 작은 목표를 얻었다. 그것은 보통사람/속인에 대한 일말의 애정이다. 그는 조롱하지도 않고, 설교하지도 않고 내려다보지도 않는다. 더 이상 무엇을 상징하거나 의미하지 않는 평범한 세속인과 그들의 이야기가 전경前景에서 확연히 드러나고 그들은 생존에 대한 '가치' 와 '합법성' 을 얻은 것이다.

얼마 후 저우샤오원은 『청춘은 후회 없다(青春無悔)』[158]를 내놓았다. 이것은 『격정을 만나다』보다 더 정치하고 복잡한 영화이다. 죽음을 눈앞에 둔 청춘의 이야기이고 보통사람이 소소한 생활을 벗어난 격정에 관한 이야기라는 것에서는 같다. 단, 덜 조롱적이고, 조금은 더 씁쓸하고 온정적이라는 것이 다르다. 청춘의 꿈은 이루어지고, 소년기의 숙원도 갚았다. 이것은 옮겨지는, 소녀의 분홍색 보금자리에서 일어난 이야기이다. 그러나 결코 초월적이고 가정적假定的이지는 않다. 이 꿈, 이 숙원은 범속한 생활 속에서 이미 흩어져 사라졌거나 가라앉은 역사적 기억과 연결되어 있다. 마이췬(麥群)이 가진 소녀의 꿈은 체념적인 전장 낭만곡이고 영웅의 꿈이다. 정자눙(鄭加農)에게, 이 영웅적 역사의 기억은 심한 두통 속에서 사라져버리고 곤궁한 생활 바깥의 빈 공간에 숨어버린 공백일 뿐이다. 역사가 드러나는 곳은 기억과 언어가 아니라 두개골강 속에서 막 악화되고 있는 병변과 폭력으로 진화하고 있는 가위였다. 그래서 이 몽환적인 청춘 이야기는 잠재적으로 이미 잃어버린 기억/역사를 소환하거나 부활시켰거나 일차원적 허구로 보충했다.

저우샤오원은 욕망의 언어와 욕망의 방식으로 그의 영화를 구성하였다. 그는 영화를 이야기와 꿈으로 만들었지 역사적 혹은 현실적 우언으로 만들지는 않았다. 현실 혹은 진실과 멀어진 이야기는 특정하고, 상당히 의미 있는 공간에서 발생했다. 그곳은 고층 건축물에 둘러

『청춘은 후회 없다』

싸여 있고 이미 이전이 결정된 구식 주택 지역이다. 마이췬의 핑크빛 둥지는 그중 쓰허위안(四合院)이었다. 서사의 진행을 따라 이 소녀의 집은 점점 쓸모없는 폐허 속에서 고립되어갔다. 확실히 이것은 현대에 의해 포위되어 파괴되고 있는 역사의 생존 형식이다. 마이췬은 그녀의 옛집을 고수한다. 이것은 이미 역사가 되어버린 과거를 고수하는 것이자, 청춘의 꿈을 고수하는 것이고 역사로 인해 후회를 안고 있는 청춘이 얻을 보상의 가능성을 고수하는 것을 의미한다. 소녀는 이를 빌어 소녀의 세월을 끝맺는 것을 미루려고 했으며, 주저하지 않고 세속적인 생활로 뛰어드는 시간을 미루려고 했다. 왜냐하면 이사는 분홍 둥지를 버리고 미혼부―따뜻하지만 평범한 남자의 집으로 옮겨가는 것을 의미했기 때문이다. 그러나 정자능의 공격이 그녀의 고집을 꺾어 놓았다. 그는 한밤중에 폭력적으로 지게차를 운전해 쓰허위안의 벽을 부수어 마이췬의 작은 집을 폐허로 만들어 밤의 정경 속에 벌거벗겨 놓았다. 그녀는 결국 포기했다. 그녀가 분홍색의 덮개를 끌어내리자 낡고 오래된, 얼룩얼룩한 담벼락이 드러났다. 그런 다음 정자눙과 함께 그녀의 옛 보금자리를 평탄하게 만든다. 역사는 그 유적과 함께 평지가 되었고 잠시 동안 비어 있는 시야 속에 남겨졌다. 마이췬은 버렸기 때문에 얻었다. 정자눙이 그녀를 인식한 것이다. 그의 확인은 역사와 기억의 인증이다. 동시에 마이췬은 얻었기 때문에 버려졌다. 정자눙이 그의 차갑고, 단순하며, 상당히 비인간적인 아파트 방에 소녀의 분홍색 둥지를 복원했을 때, 마이췬은 오히려 벽을 정자눙의 확대사진으로 꾸몄다. 거기에는 위장복을 입고서 돌격용 자동 소총을 쥐고 있는 군인/영웅이 서 있다. 이 영상은 식별할 수 있는 상태지만, 노출된 거친 필름의 입자는 그것을 더욱 장식화처럼 보이게 만들었다. 역사와 기억이 보충되고 확인될 때, 그것은 사진, 표상으로 환원되어 고착화되었고 역사와 기억 자신으로 돌아갔다.

『격정을 만나다』와 달리 『청춘은 후회 없다』는 정자눙의 죽음에서 끝나지 않고, 대신 다음과 같은 결말로 끝난다. 이미 임신 중인 마이췬과 현재 그녀의 남편(원래 미혼부)이 슈퍼마켓에서 물건을 사다가 그의 딸과 전처를 만난다. 역사를 소환하고 보충하는 것은 그저 후회 없이 평범한 사람이 되기 위함이고 평범한 생활을 누리기 위함이다. 그것은 기억/몽상 속에서 살아남는 것이다.

만약 『격정을 만나다』, 『청춘은 후회 없다』에서 '진실'을 방임하는 것이 영화가 지닌 비우언적 서사의 특징 중 하나이고, 그에 더해 무대/몽환식 인생의 표현 중 영화제작자가 진실/진리를 해석할 수 있는 권리에 대한 무력감과 포기를 선언하는 것이라면, 쑨저우의 『마음의 향기(心香)』[159]에서 무대와 무대식 인생은 다른 목적으로 응용된다. 앞의 두 편과 달리 쑨저우의 무대인생은 영화제작자가 결코 진실을 장악하고 해석하는 특권을 누릴 수 없다는 것을 드러내는 데 사용되지도 않았고, 진실/세계 모델을 만들어내야 하는 의무를 짊어지지도 않았다. 영화제작자는 단지 마술사이자 이야기꾼이다. 『마음의 향기』에서 무대, 무대인생은 영화의 조형, 서사와 상징 계통에서 핵심적인 요소이다. 무대인생을 만들고 표현하는 것은 영화적 서사를 서사로 확인하는 것, 즉 진실의 부재를 부재로 확인하는 것이 아니라, 진실을 만들고 전달하는 것에 사용하기 위한 것이다. 그것은 영웅화되지 않은 보통사람과 같고, 인지상정을 표현하는 장면과 같다. 그러나 『마음의 향기』에서 그것은 차안을 재확인하는 것이 아니라 차안으로부터 피안으로 건너가는 것이다. 출발점과 귀결점, 어제와 내일, 역사와 미래는 이 차안의 이야기에 의해 포용되고 이어진다. 그래서 우리/징징(京京)은 다시금 차안의, 무거운 책임을 짊어지고 바삐 걸어가는 과객이 되지만 이미 더는 역사, 미래와 관계없는 보통 백성은 아니다.

『마음의 향기』는 의심할 여지없이 90년대 초의 중요 영화이다. 이 영화가 훌륭한 이유는 단지 그것이 정교하고 우수하며 섬세하고 완전한 예술 영화이기 때문만이 아니라 사실상 소위 5세대식의 5세대 영화의 때늦은 작품이자, 동시에 그 의미가 도치된 작품이기 때문이다. 그것은 일련의 앞선 영화들이 형성한 문화적 구조를 완성하였고 종결지었으며 부정의 부정으로써 문화 구조 속의 양난으로부터 상상적으로 벗어났고 이를 통해 영화 서사 속에서 5세대 문화의 '끊어진 다리' 와 '아들 세대의 예술' 의 난처한 상황에 대한 후경과 초월을 완성했다. 『마음의 향기』는 다중으로 주변화되는 서사와 의미를 구축하는 과정을 통해 역사와 전통을 재해석하고 재확인하는 것을 완성할 수 있었다. 그것은 도시/현대생활의 주변이고 인생의 주변이다. 인생의 저물녘에 이미 죽었거나 앞으로 죽을 노인들, 그들이 전통문화를 계승하고 있는 매개는 이미 주류에서 주변으로 바뀐 예술 형식—경극이다. 그리고 전통 자체 또한 주변화된 전통—감정(情)적인 질서이지 이성(理)적인 질서는 아니다—즉, 사랑하는 마음, 짊어짐, 관용과 '대자대비, 제도중생'의 관음觀音이 바로 그것이다. 조숙하고 제멋대로인 징징이, 외할아버지와 렌구(蓮姑)가 상유하는, 따뜻한 색을 입힌, 무너져 내릴 전통 세계에 의해 굴복당하고 아울러 최종적으로 동일시될 때, 역사와 미래는, 몹시 지쳐 있고 사소한 것에 구애받는 징징 부모의 차안을 벗어나 따뜻하고 평안한 만남을 가졌다. 영화의 서사적 콘텍스트를 통해 구원을 얻은 것은 도시, 파괴된 가정, 광채 없는 차안이 추방한 징징이다. 그러나 사회적 콘텍스트에서는 징징으로 인해 전통이 구원을 받는다. 징징이 더 이상 관객으로서가 아니라 배우로서 무대에 올라 낡고 우미한 극에 참여했을 때 그는 이미 전통의 전수자가 되어 있었다. 역사/전통은 다시는 노인들의 죽음을 따라 사라지거나 가라앉지 않을 것이다. 그리하여 쏜저우는 바로 이 반전적인 결말로써 문화적 문단을 만들어냈던 것이다.

다음으로 이들 낡은 도시적 해학은 성숙 중에 있는 서사적 자각을 표현해냈다. 역사의 우연한 일치처럼 개혁개방의 파고가 다시금 대륙을 강타했을 때 신경제의 전경前景은 새로운 생기, 활력, 희망을 불어넣었고 장이머우의 『귀주이야기(秋菊打官司)』[160]와 리사오훙의 『사십불혹(四十不惑)』[161]은 영화계에 새로운, 그래서 사람들을 흥분시킬 만한 예술적 시야를 제공했다. 두 편의 영화는 실제로는 매우 큰 차이를 지니고 있다. 영화는 공통적으로 중국 영화가 문화적 차안에 착륙하는 것을 표현했다. 이것은 성공적이자 기술적으로 성숙한 착륙이다. 다른 시기, 다른 방식으로 그것이 지닌 중요한 의의를 보여준 이들 두 5세대 감독은 그들의 신작을 통해 뒤늦게 깨달은 서사에 관한 자각과 차안, 오늘, 보통 사람의 현세 생활에 대한 관심을 표현했다. 리사오훙의 화법을 빌자면 '더욱 전문화된 방식으로 찍었던 것'이고, 장이머우의 말을 빌자면 '보충수업'인 셈이었다. 그들은 소재에서 출발해 발견과 창조에 들어맞는 형식을 시험하는 가운데 '대륙 영화의 인문적 우수성을 이야기의 배후에 놓아두었다.' (장이머우의 말)[162] 그래서 영화 언어의 자각으로부터 서사적 자각으로, '유의미적 형식'에서 합당한 형식으로, 떠벌림에서 질박함으로, 역사에서 오늘로 돌아온 것이다. 예술 영화는 역사적 시야가 단절되고 끝없이 방황하는 차안에서 표류한 후에, 자아의 갱신과 차안의 생존의 완강한 활력을 인증하기 시작했다.

어떤 의미에서 『사십불혹』은 지금까지 당대 도시 생활을 보여준 영화 중 가장 눈에 띄는 작품이다. 80년대 후기 도시 영화의 물결 속에 나왔던 대부분의 작품과 달리 리사오홍은 이 신작에서 이미 대도시의 놀라운 경험에 더 이상 얽매이지 않았고 이전의 경험 세계와는 더 이상 연결되지 않는 과도적 표현을 찾아내었다. 또한 더는 '새로운 인간(新人)'의 자각적 혹은 부자각적 '문화혁명'/이데올로기 행위를 표현하지 않았다. 대신 평범한 사람과 평범함을 찾지 않지만 결국은 평범함으로 귀결되는 것에 관해 이야기했다. 도시는 그저 생존환경이고 현대적 생존의 조건일 뿐이다. 사람의 거주지와 비슷하고 여행준비로 바쁜 집산지와 비슷하다. 부자간의 정은 어쩌면 무정無情일 수도 있다. 한 가정은 찻잔 속의 태풍으로도 산산이 부서질 수 있다. 이것은 단지 경험세계의 일부분일 뿐이지 결코 오천 년의 유령을 짊어지고 있지는 않다. 이것은 일상적인 상태가 균형을 잃은 것이거나 혹은 계시일 뿐일 수도 있다. 그러나 결코 천명에 따라 우언이 된 것은 아니다. 영화는 흥미진진한 이야기 속에서 현대문명의 곤경과 취약함을 다루었다. 이미 불혹의 나이에 접어든 촬영기자 차오더페이(曹德培)는 현재는 힘든 상태지만 결국은 성공하게 될 일에 종사하고 있으며 상당히 완전한 가정과 안정적이고 영원할 것 같은 지위를 누리고 있다. 그러나 '숲에서 온 아이'로 인해 이 모든 것은 일격에 깨져버리는 '온실'이 될 수 있다. 영화는 아마도, 진실이 가득하지만 공허하고 취약한 현대 생활의 삽입곡 가운데서, 이미 비어 있는 공간에서 흩어진 역사와 조우했을 것이다. 필자는 여전히, '문혁'은 5세대 작품에서 떠나지 못하고 맴돌고 있는 역사/문화의 유령이라고 생각한다. 그것은 『사십불혹』 속에서는, 역사적 세월의 메아리일 뿐이고 심지어 메아리의 메아리일 뿐이다. 샤오린(小林)은 필경 '문혁'이라는 결혼이 만들어낸 '유복자'이다. 그러나 그의 출현도 현대인의 초과적재되어 취약한 도시 생활을 건드리고 파괴하는 것 이외에는 결코 다중적인 단절에 의해 중단된 역사와 개인의 기억을 이어주거나 채워줄 수 없다. 역사는 이미 지나간 세월일 뿐이고 초점이 흐릿한 환등기가 투사하는 퇴색한 사진일 뿐이다. 그 위에 지식 청년, 베이다황(北大荒) 사람, 옛 연인의 '듀엣곡' 혹은 모범극의 조형이 있다. 하나는 역사적 담론에 의해 '헛된 낭비'로 정의되는

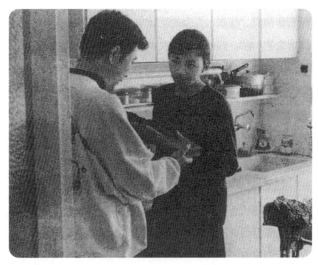

『사십불혹』

청춘이며 또 하나는 영화의 중요한 장면과 조형 공간―지하실 좁은 창을 통해 보이는 현대적 거리 풍경―에 의해 해체되고 구멍 나는, (아마도 잃어버렸다고 하는 편이 나은) 무가치한 기억이다. 그래서 샤오린은 사람을 불쾌하게 하는 메아리가 되었다. 차오더페이가 언급할 수 없는 짐은 단지 현대인의 난처함, 곤경과 하릴없음일 뿐이다. 이리저리 굴러도 몸 둘 곳 없는 협소한 생존과 심령의 공간에는 조금의 진정성도 들어설 틈이 없다. 그저 조금은 실망스러운, 조금은 무가치하다고 여겨지고, 망각된 역사적 기억을 참고하는 것만큼이나 무가치한, 그러나 다른 선택의 여지라고는 없는 현실생활만이 남아 있을 뿐이다. '익명의 대도시'로부터 아직은 다시 살아나려하는 옛 도시로 떨어져 내리는 와중에 현대문명과 현대인의 생존에 대한 진실한 질문이 시작되었다.

문화의 차안은 점차 분명해진다. 그러나 새로운 문화 구조는 아직 철저하게 역사적 유령을 쫓아낼 수 있다고는 말할 수 없다. 오늘과 어제 사이에 우리는 현실의 괴로움과 난처함을 겪고 있다.

1994년 8월

『마음의 향기(心香)』:
의의, 무대 그리고 서사

>>

감독 : 쑨저우

극본 : 먀오위에(苗月)

개작 : 쑨저우

촬영 : 야오리(姚力)

주연 : 주쉬(朱旭)-외할아버지

　　　왕위메이(王玉梅)-렌구

　　　페이양(費洋)-징징

주쟝영화공사(珠江電影公司) 1992년 출품

컬러영화

콘텍스트와 의미

쑨저우의 창작은 『오늘밤 눈보라(今夜有暴風雪)』(텔레비전 연속극, 1984)를 시작으로 『커피에 설탕 약간』(1987), 『피 묻은 황혼(滴血黃昏)』(1990)을 거쳐 『마음의 향기』(1992)에 이른다. 이 중 세 편의 창작 궤적은 80년대 말에서 90년대 초의 어떤 시대정신의 궤적을 모호하게나마 묘사했다. 쑨저우의 첫 영화 『커피에 설탕 약간』은 80년대 말 중국 '도시 영화'[163] 중 하나이다. 이 작품은 상업화의 큰 물결이 갑자기 도래한 시기, 남국의 대도시와 도시 공간에 가득한 후기 공업 사회의 군상을 매우 아름답고 유창한 영화언어로 표현해냈다. 정확하고 명료한 대도시 이미지 속에서 쑨저우는 강쯔라는 사영 광고제작자와 고향에서 일어나는 '자매교환(換頭親)'*을 피해 도시로 흘러든 신발수선공 린샤(林霞)의 '사랑' 이야기를 만들어냈다. 그들 사이에는 '한 세기'라는

『커피에 설탕 약간』

생존방식의 차이와 문화적 간극(샤오디는 이렇게 말한다 "우리 형은 한 세기 전의 여자와 연애하느라 바빠. 아주 비장하게 연애를 하지")이 존재한다. 가물거리면서 반면에 약동하는 조급함과 미망, 그리고 어찌할 바 모르는 심정이 영화를 가득 채우고 있고 쑨저우는 그 속에서 강쯔와 영화 내레이터가 처한 심리적 곤경을 무의식중에 드러낸다. 현대화 과정의 주체이자 실천자로서, 또한 현대화의 대상으로서, 어떤 문화적 · 이데올로기적 혁명의 계승자가 처한 상황을 말이다. 사업의 성공과 수선공 린샤에 대한 사랑이라는, 강쯔의 상호모순적인 추구는 광고제작자로서 그가 현실과 영혼의 모순을 짊어지고 있음을 보여준다. 광고로 번 돈의 액수로 성공 여부를 재고 현실적 성공을 이루고자 하면서도, 린샤의 사랑을 얻음으로써 영혼의 휴식처를 찾아 경쟁 속에 지친 마음을 위로받고자 한다. 영화의 콘텍스트 속에서 린샤는 또한 '집'으로 돌아가는 길을 의미한다. 그녀는 환경과 맞지 않는 꽃의 이미지로, 강쯔(아마도 쑨저우에게도 연결되는 것인)의 현대 공간과 전통, 역사, 석양 아래의 그리운 옛 세계를 연결시키는 좁은 길 혹은 가느다란 선을 표현해냈다. 그래서 린샤에 대한 강쯔의 사랑이 사라진다는 것은 '집'으로 돌아가는 길이 영원히 단절되는 것을 의미한다. 계속해서 쑨저우는 일부러 혹은 어쩔 수 없이 『피 묻은 황혼』에서도 '강쯔'라는 상업적 이미지의 제작자 역할을 만들어냈다. 약간 어리둥절하고 우아한 '불화'를 제외하면, 쑨저우는 더 이상 다른 감독들과 다르지 않았다.[164]

강쯔 혹은 쑨저우의 모순과 강쯔와 린샤 사이의 대위對位는 동시에

---

* 혼인법의 한가지로서 아내를 맞이할 돈이 없을 경우 집안에 있는 여자 자매와 다른 집안의 여자 자매를 교환해서 혼인을 성사시키는 것.

텍스트 밖으로까지 확장되는 구조적 간극을 만들어냈다. 그것은 포스트모더니즘 문화와 전前 산업사회적 현실 사이의 전도이다. 작품은 이와 함께 『커피에 설탕 약간』과 80년대 말의 모든 도시 영화가 함께 짊어졌던 특정한 문화적 환각을 구성했다. 문명의 태풍은 전통과 현실을 철저하게 갈라놓았고, 현대화 과정은 중국 역사라는 마법의 순환을 파괴했으며, 새로운 역사적 단절을 형성하였다. 옛 중국은 더 이상 추구하거나 되돌

쑨저우 감독

아갈 대상이 될 수 없었다. 현실은 특유의 강력한 방법으로 이러한 환각을 가루로 만들었다. 그래서 도시 영화의 창작열은 끊어진 음(斷音)이 되었다. 짙은 안개로 가려진 역사와 매개를 잃어버린 현실은 다시 영화제작자들이 사고하고 관조하는 대상이 되었다. 쑨저우의 『마음의 향기』는 나아감과 뒤돌아봄 사이에서 후자를 선택했다.

동시대인의 작품 서열 가운데 처음으로 소박하고 구슬픈 작은 이야기가 출현하였다. 그것은 슬픈 애도와 유수처럼 흘러가버리는 분위기 속에 출현한 일종의 회귀(回潮)이다. 쑨저우는 더 이상 두 문명이 교체하는 지점에 서서 전전하고 망연자실해 하는 강쯔와 린샤의 세대에 주목하지 않는다. 오히려 샤오디에게 눈을 돌려, 도시 영화의 텍스트 속에서 사라져버린 조부에게로, 전통에게로 그를 인도한다. 그는 전통

속에서 새롭게 태어나 전통으로 인해 구원받을 것이다. 그리고 전통 역시 앳되고 활력 넘치는 이 생명에 기대어 구원되고 다시 살아날 것이다. 『마음의 향기』는 이중적 모순으로, 독특한 문화적 어의語義를 드러낸다. 한편으로 그것은 도시화·상업화에 대한 모순으로, 문명의 태풍이 막아버린 '집'으로 가는 길 앞에 놓인 '귀향' 길이다. 또 한편으로는 동시대의 의지 표명의 실천―문화적·역사적 반사―에 대한 모순이다. 쑨저우는 그 야누스/양면신[165]의 가면을 찢어버리고 기원과 역사와 전통으로 시선을 투사한다. 그리하여 『마음의 향기』는 현실이 처한 곤경에 『지계화(遲桂花)』[166]식의 전통적 구원을 제공했다. 이는 아직도 사람들이 기대하고 있는 것 같은 이야기이다. 한 아이의 시점과 무대 식의 인생, '끝날 듯하면서 계속 이어지는(了猶未了)' 끝없는 정이 이를 보여준다. 도시의 소란, 혼잡을 가라앉혀 여과시키고 마음의 여정의 미망과 피곤을 가라앉혀 여과시킨 뒤, 쑨저우는 마음 깊은 곳에 감춰둔 편안한 세계를 드러냈다. 그것은 노인과 노인, 노인과 아이의 소박하지만 우수어린 이야기이며 영혼과 전통의 정토였다.

『마음의 향기』가 정교하고 아름답게 만들어진 영화임은 의심할 여지가 없다. 영화에서 쑨저우는 도시 주변부 세계에 황혼 무렵의 빛과 오래된 도자기의 우아한 광택을 부여했다. 그것은 슬프지만 송별의 정은 아니다. 그것은 흘러가지 가라앉지는 않는다. 늘그막의 노인이 부여잡고 체현하는, 우아한 전통의 생존과 신념은 인생이라는 무대 위에서 향기롭고도 상심어린 일막을 구성한다. 그것은 도시로부터 추방된 아이 징징에 의해 표현되지 않고 상처받고 회의적이며 호기심 어린 그의 시야 속에서 표현된다. 흘러가버린다는 것의 의미를 아이가 마음으로 느낄 때, 이 비애어린 정감을 아이가 짊어질 때, 영화에서 전통-세계는 더 이상 노인의 죽음을 따라 파괴되거나 파묻히지 않는다.

주변과 중심

전통의 재확립 과정을 완성하기 위해 쑨저우는 주변화된 세계를 만들어 그곳을 마음의 귀의처로 삼았다. 소란하고 혼란스러우며 피곤에 지쳐 광분하는 도시는 프롤로그 속에 남겨져 영화의 뒤 배경으로 밀려난다. 이야기가 전개되는 공간은 도시의 주변부인 외할아버지가 사는 곳이다. 그곳은 현대문명에 충격을 받고 오염되었지만 여전히 고풍스러운, 혈육의 정이 넘치는 작은 마을이다. 그리고 물 맑고 산수 좋은 고색창연한 렌구의 고향과 강 하나를 사이에 두고 이어져 있다. 렌구의 고향 역시 현대문명의 주변이다. 외할아버지의 고택뿐 아니라 렌구가 관세음을 모시는 거실에도 소위 '타인이 인도하는 사회'의 중요한 기표인 텔레비전은 존재하지 않는다. 여기서 사람들은 옛 방식 그대로 수세대 적어도 수십 년 동안 서로 교류하고 안면을 익히며 살아왔다. 동종, 동족, 동향이기에 그들은 이심전심하며 관계를 맺고 생활해온 것이다.

서사적 콘텍스트 속에서 경극은 전통의 중요한 체현물이다. 경극은 현대화의 원심력이 작동하는 가운데 중심에서 주변으로 밀려난 예술 형식으로 표현된다. 경극은 외할아버지와 렌구를 함께 연결시키는 '역사'이자 고독한 생활 속에서 외할아버지가 집착하는 '시류에 맞지 않은' 마음의 공간이다. 그리고 외할아버지의 기억이자 전통이며, 그의 독특한 자존심이자 영예이다. 프롤로그 이후 첫 신에서 가장 먼저 등장하는 것은 대나무 의자 등받이에 걸려, 경극 프로그램을 방송하고 있는 작은 라디오다. 로우 앵글의 카메라가 천천히 위로 향하면서 대나무 의자에 기대어 방송을 따라 평화로이 읊조리는 외할아버지의 모습을 보여준다. 잠시 뒤, 귀가 떨어져나갈 것 같은, 월뾰어로 된 유행가가 위층에서 흘러나오면서 경극의 소리 공간을 방해하다가 결국은 그마저 삼켜버린다. 경극은 외할아버지 자신만의 언어방식으로서 외할아버지와 현대세계 사이에 존재하는 불화와 거리를 묘사한다. 유행가의 방해와 의미상 대위를 이루는 것은 징징이 올 것을 알리는 '도제'의 출현이다. 그는 전니(珍妮-서구적 분위기가 짙은 이름*)라는 이름의 여자친구를 데려온다. 외할아버지는 "여주인공(旦角) 감이야. 분장을 하면 그만이겠는 걸"이라고 여자친구를 칭찬한다. 이것을 도제는 "널 칭찬하시는 거야"라고 '번역'을 해야 한다. 그렇지 않으면 이 진심어린 칭찬이 여자친구에게는 모욕적인 언사로 받아들여질 수도 있다. 그의 도제가 더 이상 전통극을 공연하지 않고 '노래방을 전전하고 있는' 데다 예명까지 버렸다는 사실을 외할아버지가 알게 되었을 때, 아주 '당연한' 이 사실은 외할아버지에 대한 무례와 모욕으로 바뀐다. 로우 앵글의 정면 카메라는 장방형 탁자 양 끝에 앉은, 분노한 주인과 당황한 손님을 비춘다. 경극은 영화에서 주요한 서사적 사건이다. 그것은 (외)손자가 (외)할아버지에게 공감하게 되는 이야기에서 중요한 매개이다. 징징이 외할아버지의 언어를 싫어해 이러한 언어를 이해하고 사용하는 능력을 숨기는 것으로부터 이런 언어와 이런 언어적 방식 배후의 가치세계와 자신을 동일시하고, 그것을 자신의 행동방식으로 삼음으로써 외할아버지와 전통의 승인을 받는 것으로 바뀌는 데서 서사적 전이가 일어난다고 할 수 있다. 징징은 깨진 가정 때문에 고통 받던 아이에서, 혈연과 전통의 하늘 아래에서 비호를 받는 계승자로 바뀐다.

이 작품은 손자와 할아버지에 관한 이야기이다. 그러나 쑨저우는

---

* 전니는 영어명 제니의 음역이다.

동시대인과 다른 방식으로 유사한 제재를 처리했다. 나약하고 미약한 아버지를 건너뛰어 용감하고 힘 있는 할아버지에게로 향하는 이야기[167]가 아니다. 후자의 입장에서 보자면 그것은 전통의 중건이 아니라 전통 부수기이다. '심근파' 작품에서 통상적으로 '아비살해와 할아버지 찾기'라 정의되는 서사 모티브는 사실상 상징적 '아비살해'라는 주제의 중국적 실연實演이었다.

『마음의 향기』는 전통과 질서의 파괴와 단절을 넘어 전통의 품으로 돌아가 다시 부자父子의 질서를 잇는 이야기이다. 이런 혈연의 사슬에서 떨어져 나온 고리로서 불효자(녀)인 징징의 어머니는 이번만큼은 징징이 돌아가서 다시 사슬을 잇도록 계기와 가능성을 만들어준다. 비록 자신은 아버지의 허락을 얻지 못한 채 결혼하여 10년 동안 집으로 돌아가지 못했지만, 자신의 아이에게는 아버지의 사업이자 생명이자 보물인 경극을 이을 것을 강요한다. 도시를 떠돌던 이 불효녀는 징징이 '전통극을 배우는 것'으로 아버지에 대한 자신의 그리운 마음을 바친다. 그녀는 일찍이 아버지를 배신했었지만 자신의 아들을 돌려보냈다. 전통적 질서에 반항했었지만 자신이 선택한 핵가족을 깨뜨림으로써 그녀는 그 대가를 치렀다고 할 수 있다. 징징이 어머니가 보낸 선물이라는 구실로 마침내 외할아버지와 공감하고 소통하고 대화하는 방식과 언어를 획득하게 되었을 때, 징징은 할아버지뿐 아니라 끊어진 혈연과 질서의 연결고리를 잇게 된다. 렌구의 '부모의 소중함을 자주 생각하거라'라는 가르침을 가슴에 새길 때, 더 이상 자신의 그리움과 생각을 드러내는 걸 부끄러워하지 않고 어머니에게 "아빠의 좋은 점을 자주 생각해"라고 호소할 때, 그리고 "네 엄마에게 일러주거라. 아무리 허름하다 하더라도 이곳이 결국 네 엄마의 집이란다"라는 외할아버지의 부탁을 받고 갈 때, 징징의 마음속에서 외할아버

『마음의 향기』

지와 어머니와 징징은 혈육의 정과 사랑이라는 의미로 다시 끊임없이 이어지는 지류가 되어 생명이라 이름 할 수 있는, 전통 문화와 생존의 도도한 강으로 모여들었던 것이다. 죽음은 더 이상 영원한 최후가 되지 못했다.

『마음의 향기』에서 경극이 전통 문화의 중요한 담지체이며 역사와 현실을 연결시키는 중요한 매개라 한다면, 렌구는 아름답고 따뜻한 전통세계를 드러내는 중요 인물이라 할 수 있다. 그녀는 자신만의 고요함과 맑고 우아함, 신념과 고통으로써 현대세계의 강렬한 빛을 옛 생존이 드리우는 짙은 그림자로 물들이거나 부드럽게 만들면서, 주변화되고 다시 쓰인 전통적 서술을 자신의 것으로 삼았다. 그것은 인가하는 것이자 짊어지는 태도이며 이해하는 것이자 용서하는 태도이다. 그리고 결코 남에게 강요하지 않고 자신에게 내적으로 요구하는 고집이자 절개이다. 그녀는 구도덕의 옹호자가 아니었다(그녀는 '세밑 제사'를 원유회로 바꾸고 난 뒤, 외할아버지를 이렇게 위로한다. "어른 세대

의 일을 우리 또래는 잘 몰라요"). 그리고 그녀는 제의에 바쳐지는 희
생도 아니었다(떠난 지 40년이 된 남편이 예전에 딴 사람을 아내로 맞
아 아이를 낳았음을 알게 되었을 때도 그녀는 '그다지 괴로워하지 않'
고 외할아버지와 함께 만년을 보낼 준비를 한다). 영화는 그녀를 중심
으로 정이 넘쳐흐르고 정으로 엮인 원사회를 만들어내어 징징의 시야
속에 끝날 듯 끝나지 않는 정을 펼쳐 보인다. 그리고 이때에는 '이치
(理)'나 '예의(禮)'가 아닌 바로 '정(情)'이 전통사회가 갖고 있는 옥토
임을 드러내 보인다. 텍스트에서 '정'은 현대 도시의 '금전숭배'나 비
정함과 대립을 이룬다. 렌구가 남편에 대한 못 이룬 바람과 외할아버
지에 대한 끊을 수 없는 정을 안고서 조용히 숨을 거둘 때, 외할아버지
가 밤새 지키는 렌구의 모습이 위쪽의 네모난 감실 위에 놓인 관세음
과 함께 수직선을 이루며 화면에 나타난다. 이로써 서사적 콘텍스트에
서 렌구와 관세음보살의 어의적 대위가 완성된다. 렌구의 형상은 전통
적 미덕 혹은 문화적 표현에 그치지 않고 현실적 고난을 옮기고 짊어
지는 형상인 것이다.

쑨저우는 다중적인 주변화를 통해 전통적 담론과 전통에 관한 담론
을 다시 썼다. 당연히 이는 원심의 과정 혹은 '파괴적인 중복서술'이
아니라, 중심이 기묘하게 재배치되는 과정이다. 외할아버지는 가슴 가
득히 고통스러운, 끝나지 않는 정을 품고서 이미 망자가 된 두 사람의
유언—법회를 열어 영혼을 제도하는 것—을 어기고, 고통을 참으며
생명처럼 여기던, 조상에게서 물려받은 호금(胡琴-전통 문화의 기표이
다)을 팔아버렸다. 이 때 서사적 콘텍스트는 슬픔의 정조로 물든다. 이
것은 또 한 번의 이별이다. 이는 모든 전통적 의식의 완성을 의미하는
동시에 전통의 흐름이 이들 늘그막의 노인을 따라 현대문명의 흐름 속
에서 사라질 것임을 의미한다. 그러나 외할아버지가 이젠 사라지게 될

과문過門*을 호금으로 탈 때, 징징의 또렷하고 부드러운 노랫소리가 공간을 뛰어넘어 천지를 울리며 전해온다. 영화 『끊어진 소리(絕響)』에서처럼 전통의 소리는 더 이상 젊은 세대 윈즈(韻芝)의 피아노 위에서처럼 훼손되거나 표절되지 않을 뿐 아니라, 더 젊은 세대에게 완전히 원형 그대로의 모습으로 이어진다. 여기에 이르면 보완되고 구원되는 것은 전통적 의식이니, 전통적 예술양식인 경극이니, 혹은 차갑고 혼란스러우며 파괴된 도시 생활에서 더럽혀진 징징의 심신이니 하는 것만이 아니다. 이제는 전통 문화 자신이 보완 받고 구원을 얻게 되는 것이다. 정신과 신념의 하나인 전통문화가 징징이라는 젊은 세대의 깨달음과 그(그들)의 마음속에 뿌리를 내릴 때, 전통의 계승 여부나 경극에 종사하느냐의 여부는 그다지 중요하지도 심지어 전혀 중요하지도 않게 된다. 전통문화가 정신적으로 계승되고 발양되었다는 사실이 중요하지 전통문화가 어떠한 외재적 형식을 유지하느냐는 중요하지 않다. 이것이 바로 이 영화의 진정한 의미다.

전통, 무대 그리고 삶

영화의 구조적 요소로, 『마음의 향기』는 징징을 일인칭 관찰자적이며 작중 인물화한 서술자로 설정했다. 징징은 서사적 콘텍스트 속에서 목격자이자 시점의 발화자이자 '텍스트 속 관찰자'이다. 그리하여 그는 텍스트의 이데올로기적 실천의 계승자이자 참여자가 된다. 이러한 구조적 요소에 대응하여 영화는 악단지휘자 앵글(로우 앵글 혹은, 정

---

* 전통극에서 啯 앞 뒤의 연주 혹은 啯과 啯 사이의 대사를 일컫는 말이다.

면 수평 앵글)과 빛과 그림자가 정해진 특정한 '연출구역'이 구성하는 무대 같은 공간을 설정했다. 그것은 마치 영화의 모든 시퀀스의 표현 방식인 듯하다. 영화는 징징의 눈을 대신하는 카메라와 악단지휘자 앵글로 잡히는 무대장면이 교차하는 가운데 우수에 젖은, 담담하면서 우아한 삶에 관한 이야기를 펼쳐 보인다. 『마음의 향기』는 시점의 전이 그리고 '무대' 상하의 '연기자'와 '관찰자'의 교차 속에서 의미의 확립과 서사체의 폐쇄를 완성한다.

우리는 영화의 첫 장면에서 앙각의 흔들리는 카메라를 통해 실제 무대 천정의 조명을 볼 수 있다. 이어서 단조로운 북소리와 징징의 방백 속에 경극 무대 뒤에 있는 분장실이 비춰진다. 분장 중인 징징이 가까이 다가온 카메라를 옆 눈으로 쳐다보자 카메라는 얼른 분장 중인 어린 여배우의 옆모습을 클로즈업한다. 잠시 후, 무생(武生)으로 분장한 남자아이 하나가 화면 속에 나타나 징징과 여자아이 가운데에 서면서 징징의 시야가 가려진다. 흥미로운 이 욕망의 장면(그것은 공간 위치상 징징이 외할아버지에게 언급했던 자신과 같은 반 여학생 리훙위(李紅宇)의 이야기와 정확하게 매치된다)은 텍스트 의미의 또 다른 층위를 암시한다. 그것은 사전에 설정된 징징의 성인식이라는 주제다. 이어서 관객의 시점과 같은 로우 앵글의 카메라 속에 투구와 갑옷을 입고 긴 창을 손에 든 징징이 실제 무대에 등장해 전통극에서 그다지 원치 않던 배역을 연기하는 장면이 나온다.

정거장의 이별 장면에서는 전통적 역할이 전도된다. 이 장면에서 우리는 갑자기 먼 길을 떠나게 된 아이를 위로하며 조심하라고 당부하는 어머니의 모습이 아닌, 오히려 부모를 위로하는 징징의 모습을 보게 된다. 징징은 일부러 아무렇지 않은 듯 차문을 향해 걸어가며, 울먹이는 어머니와 한쪽에 숨은 아버지를 향해 큰소리로 외친다. "엄마, 울지 마세요! 영화에도 행복한 이별이 얼마나 많은데요(동일한 대사가 프롤로그에서 두 번 나오는데, 이는 대중적 전파 매체 속의 현대적 표상을 전통적 표상에 잠재적으로 매치시키고 있으며 징징의 눈앞에 놓인 '무대' 위에서 연기하는 노인의 '레퍼토리(劇目)'와도 매치된다)! 괜찮아요. 돌아가세요!" 뒤바뀐 인물 역할은 파괴된 질서와 혼란스런 문화를 의미한다. 집을 나서 먼 길을 떠나는 어린 소년의 표상에는 아이의 상처와 두려움과 의심이 숨어 있다. 바로 이러한 의혹과 호기심 어린 시야 속에서『마음의 향기』는 무대 식의 구조적 형식으로 또 다른 삶을 펼쳐 보인다. 그것은 아이와 관객의 마음을 위로하고 현대 생활의 상처를 치유할 것이고 현대 생활로 인한 주름을 펴게 해줄 것이다. 그럼으로써 그것은 당신에게 마음의 뜰을 보여줄 것이다.

징징의 시야에 보이는 무대 위 인생의 첫 막은 무대 위, 천창을 통한 징징 시점의 카메라와 무대 아래의 악단지휘자 앵글의 교차 속에 펼쳐진다. 낮은 각도의 정면 앵글과 높이 매달린 따스한 조명이 비추는 영역과 배경에서, 상감된 거대한 유리창이 이 은막의 무대를 이루고 있다. 등장인물인 외할아버지와 렌구는 수평 배치와 같은 방식으로 조명 속으로 들어온다. 그리고 이 무대에 '올라' 카메라를 마주하고서(직시直視가 아니다) '연기'에 몰입한다. 정면 풀 숏에서 렌구가 탁자에 반듯이 앉아서는 느릿느릿 힘겹게 입을 연다. "그이가 편지를 보냈어요." 외할아버지가 "누구?"라고 묻자 렌구는 "……그이요. 아직 살아있네요"라고 답한다. "타이완에서?"라고 다시 묻는 외할아버지를 카메라는 정면에서 클로즈업한다. 그리고 외할아버지의 말이 들린다. "40년 동안 못 잊더니 하늘이 도왔나보오!" "울지 마시오. 옛날이라면 열녀문감도 아니라는 말도 있지 않소." 여기에서 분명 외할아버지는 모순된 심리를 드러내지만 마음에서 우러나온 감탄과 도덕적 판단은 잃지 않고 있다. 영화는 이런 방식으로 징징의 시점 속에 '예의'와 '명분'에 관한 것이 아닌, 끊을 수 없는 정에 관한 이야기를 끌어들이고 있다.

잠시 후 이어지는 장면에서는 징징이 이 무대에 올려진다. 그러나 그는 여전히 '따뜻한 충고'에 감화된 이이자 무대의 관찰자이다. 외할 아버지와 함께 교본을 공부하는 이 장면에서는 높고 거대한 구식 문틀 아래 드리운 밝은 햇빛과 선명한 그림자가 다시 한 번 '무대'를 만들 어준다. 외할아버지는 천천히 걸으며 낭독하고 있고 징징은 한쪽에 기대 앉아있다. 건성건성 잡담을 하면서 징징은 외할아버지가 불안과 초조 속에 기다리는 모습을 관찰한다. 이후 비슷한 형식의 두 장면에서 징징은 외할아버지의 혈육의 정 속에 스며있는 따스함을 느끼게 된다. 그러나 그의 마음은 여전히 긴장으로 위축되어 있으며 두려움으로 가득 차 있다. 프롤로그에서처럼, 희극학교 선생님에게 애원하는 엄마를 본 뒤 그는 홀로 무대 뒤의 구석진 곳으로 걸어간다. 그는 렌구가 말한 문제를 마주하고 있다. "아빠와 엄마는 네가 선택하는 게 아니지. 그렇지만 이번에는 너 스스로 가야 한단다." "징징, 남아서 렌구와 함께 사는 게 어떻겠니?" 그는 소 한 마리를 쫓아서 비가 올 것 같은 화면의 아득한 뒤편으로 걸어간다. 아직 너무 어린 징징은 이러한 선택이 주는 중압감을 견딜 수가 없다.

이어지는 장면에서는 정면의 수평 앵글 속에 강가에 혼자 쪼그리고 앉아있는 징징이 보인다. 그는 걱정스러운 표정으로 눈앞의 잡초를 그 냥 잡아 뜯고 있다. 롱 숏 속에 압축된 공간과 배경음이 소거된 사운드 트랙 그리고 무거운 분위기 속에 울리는 희미한 천둥소리 같은 진동들이 이 장면에 억눌림과 답답함을 더해준다. 화면 바깥으로 밀려났던 아이들이 갑자기 급하게 징징에게로 뛰어오는데 그들이 내지르는 고함소리는 먼 곳에서 들려오는 것처럼 희미하다. 그리고 징징은 아무런 움직임 없이 그대로 앉아있는다. 점점 아이들이 많아지자 징징은 마침내 궁금한 듯 몸을 일으켜 바라본다. 이때 고금古琴의 우렁찬 소리를 따라 수평 앵글의 카메라 속에 고색창연하게 깃발을 나부끼며 용선龍船 세 척이 나타난다. 배경음이 소거된 사운드 트랙과 롱 숏의 운용은 용선시합을 화려한 경극 무대 장면처럼 보이게 만든다. 처음엔 미소를 짓던 징징은 이어서 소리 내어 웃기 시작하다가 마침내 오열하듯 고함을 질러댄다. 이때 카메라는 표준 앵글로 옮겨지고 배경음도 다시 들려온다. 화려한 이 무대 장면은 돌연 실제 시공 속에서 윤기 있고 호쾌한 옛 생명력을 보여준다. 질서정연하게 움직이는 노와 휘날리는 깃발, 북치는 사람의 건장한 신체가 몽타주 기법으로 표현된다. 징징은 마침내 아이들 속으로 뛰어 들어가 함께 소리치고 뛴다. 구식 경기이자 의식인 용선시합은 영혼의 세례처럼 옛 문명의 혈맥을 징징의 마음 속에 흘러들게 한다.

이후 렌구와 이별하는 장면이 나온다. 징징이 바라보는 가운데, 외할아버지와 렌구의 시동생 타이완 노인이 죽은 자와 죽을 자를 위해 서로 의기투합한다. 이때 카메라는 정면의 로우 앵글로 배경에 자리 잡은 플랫 같은 문루의 처마를 비춘다. 문루 위쪽에 있는 어두운 밤하늘과 그 아래에 있는 따뜻한 노란 등불 속에서 두 노인은 서로 부축하고 인사를 나누며 아름다운 실루엣을 이룬다. 이어서 렌구가 세상을 떠난다. 이는 마치 '완전한 한 세계의 추락' [168]이며 '한 세기의 종결' [169]인 것 같다. 외할아버지는 갑자기 노쇠해졌다. 예정된 듯한 갑작스런 죽음으로 인해 징징은 더 이상 행위 없이 관찰만 하는 존재로 머무를 수 없다. 그는 "어른들의 일은 우리 아이들이 어떻게 할 수 없는 거야"라는 주주(珠珠)의 말로 빠져나갈 수 없다. 그는 더 이상 아이일 수도 없고 그렇게 되기를 원하지도 않는다. 그래서 그는 무대에 올라가 행동한다. 외할아버지가 팔아버릴 호금을 끌고서 문을 나서자 징징의 기세 높은 노랫소리(唱腔)가 들려온다. 일정한 속도로 황혼 무렵 작은 성 상공을 평행으로 이동하며 카메라는 소리를 찾는 외할아버지의 초조한 발걸음을 보여준다. 강가에 도착한 외할아버지는 징징이 렌구의 영혼을 제도하려 결심하고서 능숙하고 용감하게 죽간을 들고 바람처럼 춤을 추며 '모금' 하고 있는 것을 발견한다. 이것은 의미의 반전과 가치의 전이가 일어나는 중요한 지점이다. 외할아버지가 '무대 아래 관객이 되면서 징징은 기꺼이 부여된 역할을 책임지는 전통 무대 위 배우가 된다. 더 이상 격식이나 상투적 형식이 아닌, 그 형식 뒤에 숨겨진 크고 깊은 영혼의 의미를 깨달은 것이다. 징징이 무대 위 행동 주체가 되었다는 사실은 영화의 숨겨진 주제인 성인식이 완성되었음을 의미하기도 한다. 그는 더 이상 모호한 소동과 가치와 질서의 혼란 속에서 상처 입고 좌절하는 아이가 아니다. 이것은 또한 시점의 반전이 일어난 순간이기도 하다. 동시대인이 시작함을 알렸던 『하나와 여덟』에서 나타난 의미도치의 재반전처럼, 카메라는 미디엄 숏의 핸드 헬드 기법으로 외할아버지의 정면을 찍다가 갑자기 외할아버지의 시점으로 바뀐다. 정면에서 로우 앵글로 진행되는 미디엄 숏 속에서 반짝반짝 빛나는 강물을 찍던 카메라는 점점 위로 향하면서 짧은 치마와 조끼를 걸치고 죽간을 든 징징을, 은빛 갑옷과 투구로 무장하고 은색 창을 든 채 등 뒤로 깃발을 휘날리는 고전 속 소년 영웅의 모습으로 보여준다. 여기서 아이/손자에서 노인/조부로 시점이 반전된다. 외할아버지의 시점을 대신한 카메라를 통해 징징의 형상은 수정되고 다시 쓰인다. 이는 다시 만들어진 형상이다. 그리하여 징징이라는 젊은 세대의 성인식은 동시에 고전에서 신하로 책봉되는 의식이기도 하다. 징징은 '성인' 이라는 자각적인 행위의 주체가 되는 동시에 외할아버지의 시점 속에 아이로 돌아온다. 이때 징징은 전통과 질서와 혈연과 가족애 속에서 비호받고 교육받은, 자신의 위치와 정체성을 확인받은 아이가 된다. 기차 소리와 함께 외할아버지의 마음속 이미지는 사라지고 땀범벅인 징징은 노인을 마주보며 앳되고 수줍은 미소를 짓는다. 이때 정감 깊은 음악소리가 점점 크게 들려온다. 『하나와 여덟』의 결말이 왕진의 시점에서 추메이마오의 시점으로 반전되면서 시점의 권력/담론의 권력을 다투고 있음을 의미했다면, 『마음의 향기』에서는 또 한 번의 반전이 일어난다 할 수 있다. 그것은 신하로서 굴복하는 가운데 시점의 권력을 다시 돌려주는 것이라 할 수 있다.

이후에 나오는 두 장면은 처음에 있었던 부족함을 보충하고 서사체의 폐쇄를 다시 강화하려 한다. 앞 장면에 바로 이어져 악대지휘자 앵글이 다시 풀 숏으로 나타난다. 낡았지만 튼튼히 물속 깊이 뿌리를 내린 잔교의 양 끝에 흰옷을 입은 외할아버지와 징징이 나란히 서 있다. 몇 척의 낡은 범선이 여전히 돛 가득 바람을 안고 마치 역사의 시공을 지나가듯 오른쪽에서 왼쪽으로 달려간다. 카메라는 방향을 틀어 정면에서 외할아버지와 징징을 앙각의 미디엄 숏으로 비춘다. 외할아버지의 옷소매가 바람에 나부끼는 가운데 징징이 한 손을 들어 외할아버지의 옷자락을 잡고서 존경과 신뢰 어린 표정으로 올려다본다. 은막의 공간에 나이가 배어있지만 힘있는 노인의 대사가 울려 퍼진다. "도道는 삼황오제요, 공명하면 하후상주라. 천하를 다투었던 춘추春秋의 영웅들 일순에 먼지가 되어버렸구나. 청사에 남겨진 이름도 헛되이 사라질 것을. 전인은 심고 후인은 거둘 뿐……."* 이때 징징의 청량하면서

---

* 道者三皇五帝, 功名夏候商周, 七雄五覇鬧春秋, 頃刻星化灰收, 青史幾行名姓, 白茫茫 一片荒丘, 前人田地后人收,……

기세 어린 목소리가 이어진다. "용과 범의 싸움이란 애초에 부질없는 것을!" 스크린을 가득 매우는 격렬한 음악과 함께 외할아버지는 매우 기뻐하며 징징을 품에 끌어안는다. 징징 역시 믿음직스러운 듯 다정하게 노인의 몸에 기댄다. 대사에서 전해지는 역사의 황량함과 무상함이 조부와 손자의 다시 시작된 응답, 그리고 징징의 어린 목소리와 함께 병치되면서 출가와 환속, 역사적 비애와 현실적 계승이라는 영화의 주제를 분명하게 보여준다.

이별의 마지막 장면은 하이 앵글 속에 찻잔과 한꺼번에 차를 들이키는 징징의 모습이 보이는데 이는 술이 아닌 차로 대신하는 환송의 의식을 암시한다. 전통과 혈육의 정의 세례 속에 징징은 새로 태어났다. 그는 또한 장년의 세대들도 기대를 거는 젊은 세대이다. 렌구가 남긴, 수정으로 만든 벽옥관음이 외할아버지의 손에서 징징에게로 넘어가는 장면이 클로즈업되면서 전통의 계승식은 원만한 마침표를 찍게 된다. 서막의 전도는 여기서 반전된다. 이번에는 나이 많은 이가 상대를 교화시키며 다독이고, 이에 징징이 눈물을 흘리고 말을 잇지 못한다. 외할아버지의 비탄 어린 노랫소리에 호응하여 마지막으로 징징은 눈물을 흘리며 길게 소리 지른다. "조운이 왔도다!" 여기서 사람들의 관심을 불러일으키는 것은 민족 문화의 순례이다. 영혼을 제도濟度하는 장면은 영화 속에 나오지 않고 부재의 방식으로 서사적 의미를 완성한다. 이 제도가 렌구에 대한 제사이자 외할아버지의 자신에 대한 제사이기 때문에, 영화의 의미적 층위에서 그것은 전통문화에 대한 애도가 된다. 그러나 징징이 이 특정한 무대에 등장함으로써 그것의 원래적 의미는 다시 쓰였다. 만약 전통이 젊은 세대의 핏줄 속으로 흘러들어가고 그들에 의해 계승되고 발양된다고 한다면 제도라는 것은 단지 죽은 자에 대한 제도와 위로일 뿐일 것이다.

쑨저우는 바로 이런 방식으로 기울어진 역사와 현실을 텍스트 속에서 바로잡았다. 징징과 외할아버지의 세 번에 걸친 응답과 화답 속에서 역사와 현실, 전통과 현대는 편안하고 따뜻한 만남을 완성하였다. 징징과 전통이 구원받았으며 나아가 현실 역시 역사의 구원을 얻었다. 『마음의 향기』는 또한 쑨저우와 동시대인의 정신적 여정에서 정착역이 된 듯하다. 역사와 현실의 연기 속에 쑨저우는 자신의 마음의 향기를 바쳤다. 이 우아하고 아름다운 이야기를 따라서 우리는 잘못된 길에서 돌아오거나 혹은 함께 전통이라는 성지로 돌아갈 수 있을 것이다.

> 제2부 >

막 막
이 이
열 내
리 리
다 고

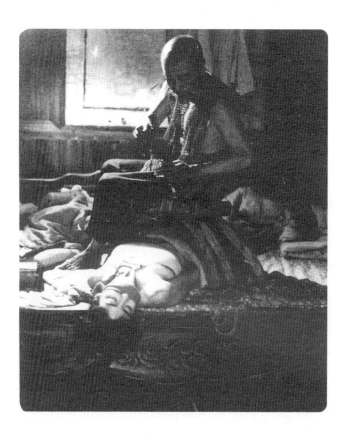

열곡 : 포스트 89
예술영화의 휘황과 몰락

>>

문화적 곤경과 '제우스의 황금비'

사실 80년대 후기, 중국 대륙 예술 영화의 창작은 이미 곤경에 처해 있었고 정체에 빠져 있었다. 1987년 천카이거의 『아이들의 왕』과 장이머우의 『붉은 수수밭』이 칸과 베를린 영화제에 각각 출품되었고, 장이머우는 대상을 거머쥐었다. 그 후 대륙 영화계의 5세대는 세계와 중국 대륙에 의기양양하게 등장했고 휘황찬란한 시기를 맞이하였다. 그러나 사람들이 처음 생각한 것과는 달리 5세대는 이 화려한 악장에서 갑자기 연주를 멈춰버렸다. 1988년부터 중국 현대화가 갑자기 가속화되기 시작해서 전 사회에 걸쳐 정치체제의 개혁을 요구하는 대중의 목소리가 들끓었고 이것이 이상주의와 희망의 열기구를 띄워올렸기 때문이었다. 광희狂喜가 스며든 '우환의식' 속에서 역사 감각은 희박해지고 사방으로 흩어지기 시작했다. 5세대가 유독 좋아했던, 중후하고 건실한 황토지는 하룻밤 사이에 쪽빛의 문명/서구문명에 흽

쓸린, 거대한, 표류하는 섬이 되었다. 그래서 5세대식의 역사 서사는 오늘이 아닌 어제와 관련있는, 낡은 이야기로 변했던 것이다. 그러나 이보다 더 중요한 것은, 1988년은 1949년 이래 중국 대륙이 처음으로 상업화의 큰 물결에 침식당하고 휩쓸린 해였다는 사실이다. 대륙 문화는 빠르게 시장화 과정을 밟기 시작했다. 문화가 그 시장화 과정을 시작한 후 시장이 즉각 문화, 정확히 말해 엘리트 문화에 문을 닫아걸었다는 것은 그리 신기한 일도 아니다. 고상하고 훌륭한, 그래서 사람들에게 환영 받지 못한, 5세대식의 창작은 확실히 생존 가능성과 근거를 잃어버렸다. 대륙에서 예술 제작자는 이제 처음으로, 대륙의 영화 제작과 심사제도의 영향력 외에 금전/자유의 족쇄 아래에도 놓이게 된 것이다. 그래서 1988년부터 5세대 감독들은 조국을 등지든지 혹은 너도나도 스타일을 바꾸든지(상업 영화의 창작) 해야 했다.[170] 그러나 1989년 중국 사회의 정치적 격변은 갑자기 내려온 장막같이 역사와 현실의 기대 시야를 차단해버렸다. 5세대의 작품은 늘 역사 서사를 현실에 대한 그들의 발언 방식으로 삼아왔기 때문에 그리고 언어의 낯설게 하기 방식으로 시종하였기 때문에, 주도적인 권력 담론을 전복시킬 수 있었고, 특정하고 일시적인 역사적 계기가 성취한 문화적 기적이 될 수 있었다. 90년대 역사 감각은 다시 한 번 분명하면서 정체된 상태로 그 흔적을 드러냈다. 그러나 오히려 동일시할 수 있는 현실의 좌표를 잃어버렸기 때문에 또 한 번 '역사의 무물의 진'(루쉰(魯迅)의 말)으로 드러났다.

좁은 문

8·90년대 교체기 대륙 예술 영화/5세대는 확실히 '죽느냐 사느

냐' 라는 햄릿식 문제를 마주하고 있었다. 살아남기 위해서 즉, 계속해서 영화를 찍을 수 있는 기회를 쟁취하기 위해서는 반항자의 입장과 자세를 철저히 포기하고 관변의 화법과 권력 담론을 동일시하고 '주선율' 영화의 제작자가 되어야 했다. 혹은 대륙 영화 시장의 수요에 굴복하고, 대륙의 수억에 달하는 일반 관객의 감상 취미와 애호에 자신을 동일시하며, 일상생활의 이데올로기 및 전통 도덕의 평판과 화해해야 했다. 그것이 아니면 소멸될 운명만 남아 있을 뿐이었다. 즉, 영원히 창작을 접어야 했던 것이다. 그러나 다른 선택의 여지가 없던 바로 그때 갑자기 구원의 손길이 다가왔다. 해외 예술 영화의 제작자와 투자자가 대륙의 이 생기 왕성한 예술가들을 주목하기 시작했던 것이다. 마치 '제우스가 황금비로 변해서 창을 뚫고 뛰어든 것' 같았다(왕이촨(王一川)의 말). 풍부한 해외 자금을 빌어 그들은 예술 창작을 지속할 수 있었을 뿐만 아니라 예술적이고 문화적인 품질과 맛의 '순정상태' 를 유지할 수 있었다. 5세대 중 출중한 자는 다시 한 번 운좋게 탈주로를 찾았고, 구사일생으로 이를 향해 돌진해 들어갔다. 이 기회를 틈타 그들은 정치적 억압과 시장을 직접 마주해야 하는 곤경에서 벗어날 수 있었다. 그러나 이것은 분명 탈주를 시도하다가 그물에 걸린 꼴이었다. 영화는 필경 예술/상업/공업/이데올로기의 접속점이자 '지나치게 값이 오른 담론' 이었던 것이다. 해외에서 얻어낸 투자는, 대륙 예술가가 일찍이 기대했던 진정한 투자가 아니라, 그 옛날 예술상의 페이트런이 예술가에게 주었던 후원금 같은 것이었다.[171] 그것은 그저 약간의 선의를 가장한, 아주 영리한 투자일 뿐이었다. 5세대는 여전히 시장화로부터 도망칠 수 없었고 투자자가 요구하는 투자 원금 회수와 이윤 획득을 위해 서구, 특히 유럽의 예술 영화 시장과 마주해야 했다. 그러나 1987년 이전, 유럽 예술 영화 시장에 이르는 문은 아직은 서구에 많이 알려지지 않은 중국 대륙 영화에게 활짝 열려 있지 않았다. 자격을 심사해서 결정하고 출입을 허락하는 것은 결국은 소수로 한정될 서구의 대규모 국제 예술 영화제였다. 유럽 3대 영화제인 칸, 베니스, 베를린에서의 수상은 틀림없이 권위 있는 통행증이었다. 해외 투자와 세계 영화제에서의 수상은 대륙 예술 영화가 '구원을 얻기 위해서' 반드시 통과해야 할 좁은 문이었다.

『붉은 수수밭』, 『아이들의 왕』 계시록

1987년, 『붉은 수수밭』, 『아이들의 왕』이 유럽 영화제에 모습을 드러낸 것은 90년대 대륙 예술 영화의 창작에 있어 분명 진지한 '계시록'이었다. 『아이들의 왕』은 천카이거가 『황토지』, 『대열병(大閱兵)』의 뒤를 이어 만든 3부작 가운데 하나다. 당시 중국 영화 평론가들은 작품에 나타난 그의 예술적 조예나 문화 품격뿐 아니라 모든 것에 있어서 장이머우의 처녀작 『붉은 수수밭』을 능가했다고 보았다. 사람들은 천카이거가 5세대 영화에서 또 하나의 거대한 산임을 인정했다. 영화에서 천카이거는 80년대 대륙의 역사적 반사 운동이 처한 문화적 곤경을 심각히 드러냈고, 아울러 5세대 특유의 '공간이 시간을 압도하는' 표현 방식을 극한까지 밀고 갔다. 그러나 장이머우가 『붉은 수수밭』에서 5세대의 언어 풍격을 유지하기는 했지만 5세대의 역사/문화의 비판적 입장은 민족 신화의 허구로 변모하였다. 그것은 '선사'의 미개지에서 생활하는 사람들을 다루었다. 그들은 '쾌활하고', '통쾌하게', 그리고 기쁨에 흠뻑 젖어 생활했다. 『붉은 수수밭』에는 민족 영웅이 등장하는데, 이는 대륙의 문화적 영웅주의 시대가 작별을 고함을 암시하는 듯했다. 그런데 베를린에서 황금곰상을 가지고 온 것은 『아이들의 왕』이 아니라 『붉은 수수밭』이었다. 이것은 중국 대륙 영화가 서구 세계에서 만들어낸 '창세기'였다. 이 사건으로 인해 처음으로 서구 세계는 중국 대륙에도 '영화가 있다'(베를린영화제 심사위원회의 말)는 것을 알게 되었던 것이다.[172] 이 황금곰상은 장차 90년대 휘황찬란한 대륙 예술 영화가 사람을 끌어들이는 희망의 별이 될 것이라는 것을 보여주었다. 그러나 『아이들의 왕』은 영화제 외곽에서 기자들이 선정한 조롱조의 상, 즉 황금자명종(가장 지루하고, 무미건조한 영화) '상'을 수상했다. 그리고 뜻하지 않게 유네스코에서 발표한 교육장려상을 수상했다. 이것은 분명 이 반문화적이고 반교육적인 영화에 대한 아이러니였고, 동서 문화 간의 심각한 단절과 오독이 '필연'적임을 확인케 한 사건이었다. 황금곰과 황금자명종은 90년대 서구 영화제를 명확한 목표로 삼은 대륙 예술 영화가 반드시 생각하고 깨달아야 하는 계시록이었다.

내재적 유배

'계시록'은 사람들에게 중국 영화가 '세계로 나아가는 데' 있어 필요충분조건이 무엇인가를 알려주었다. 그것은 성질도 다르고 방식도 다르고 느낌도 다른 '동방'적 경관이어야 했다. 서구는 자기 문화의 복제품을 원하지 않았다. 또 동방의 현대문명에 관한 어떠한 표현도 원하지 않았다. 그것은 이질화된 자기나 자기 지시적인 것이어서는 안 되고 반드시 문화 논리와 상식 시스템을 모방하는 과정에서 독해 가능한 것이어야 했고 서구 문화에 의해 포용될 수 있는 것이어야 했다. 그것은 반드시 본토적인 중국, 즉 '향토 중국'을 표현하는 것이어야 했다. 그러나 반면에 본토 문화와 동일시되어서는 안 되었다. 그것은 신기한 볼거리를 만들어내야 했고 쇠락한 서구 문화의 상황을 진작시킴으로써 서구 문화에 존재하는 약간의 결핍을 보충해야 했다.

『붉은 수수밭』, 『아이들의 왕』을 통해 나타난 계시록은 제3세계의, 그리고 동방의 지식인/예술가가 벗어날 수 없는 문화적 '숙명', 탈식민주의 문화의 잔혹한 현실을 보여주었다. 성공적으로 '세계로 향하는' 좁은 문을 통과하려면 그들은 반드시 서구 예술 영화제 심사위원들의 심사와 선택의 기준에 맞추어야 했다. 그들은 서구 예술 영화제 심사위원의 예술 영화에 대한 표준과 척도를 자신의 것을 만들어야 했고, 동방에 대한 서구의 문화적 기대 시야에 부합해야 했으며, 오독과 독촉을 전제를 삼는 서구인의 마음속에 그려진 동방의 상에 맞추어야 했다. 이 동일시는 깊이 있게 내재화하는 과정이었다. 이것은 '5·4' 시대 중국 지식인이 경험한 것보다 더욱 절망적이고 부득이한 내재적 유배의 과정이었다. 중국 대륙 예술 영화의 감독들은 구원을 얻고 생존을 도모하기 위해 반드시 동일화 과정을 통해 자신들의 민족 문화와 민족적 경험을 관조의 대상으로 내몰아야 했고 그 구원을 타자의 담론과 표상의 화려함과 아름다움 속에 묻어두어야 했다. 영화 작가들은 결국 이로 인해 '민족' 및 문화 주체의 확인을 얻을 수 없었다. 그들을 부르고 그들을 기다리는 것은 서구/유럽 문화라는 중심의 대對가 되는 주변이었고, 민족 문화의 굴복이라는 대가를 지불하고 얻은 영예였다. 그것은 문화적 주체의 위치를 차지하고 있지만, 외려 서구 문화의 거울성 속에 투사된 주체였다.

이중적 정체성 가운데 역사적 경관

'복장福將' 장이머우

90년대의 대륙 영화계에서 『붉은 수수밭』, 『아이들의 왕』의 계시가 더욱 본질적이고 직접적이 된 이유는 장이머우가 가진, 기적과도 같은 유혹과 매력 때문일 것이다. 장이머우는 영화계의 '복장福將'이라 할 수 있다. 5세대의 시작을 알리는 작품이었고, 그가 촬영기사로 참여했던 『황토지』, 『대열병』은 영화제에서 촬영상을 수상했다. 그리고 그는 감독으로서는 처녀작인 『붉은 수수밭』을 통해 일거에 베를린 영화제 황금곰상을 수상했다. 이어서 그가 주연한 영화 『오래된 우물』(감독 우톈밍, 1987년)은 도쿄영화제에서 최우수 남우주연상을 그에게 안겨 주었다. 장이머우는 빠르게 영화계의 천자이자 거성이 되었다. 유일한 오점은 그도 1988년에 시장의 유혹에 굴복하여 중국 대륙에서 '오락편(娛樂片)'이라고 불리는 상업 영화 『암호명 '재규어'(代號"美洲豹")』를 찍었다는 것이다. 이 영화로 인해 그는 평론계에서는 조소를 받고, 박스오피스에서는 참패를 맛봐야 했다. 그러나 장이머우의 평론자가 차라리 풍격을 갖고 침묵하길 원했던 오점은, 이러한 무언 가운데 더욱 의미 깊은 암시로 채워져 있는 것 같았다. 5세대 예술가에게, 문화적 동일시와 위치에 관한 선택에서 이것이 왜 휘황하고 영광스러운 길이 되었으며, 왜 그는 스스로 타락을 감내하고 스스로를 욕되게 하는 길에 들어섰는가.

1990년 장이머우가 감독한 『국두(菊豆)』는 비록 칸에서는 좌절을 맛보았지만 유럽 대륙을 풍미했을 뿐만 아니라 미국 아카데미영화제에서 '최우수 외국어영화상'에 노미네이트되어 중국 영화가 아카데

황금사자상과 여우주연상을 수상한 『귀주이야기』

미영화제의 경쟁에 뛰어든 선례를 남겼다. 1991년 그의 『홍등』이 다시 아카데미에 노미네이트되었고 아울러 베니스영화제에서 은사자상을 수상하였다. 미국—세계영화/상업영화의 맹주—으로 '진군' 한 것은 중국, 더 나아가 세계 영화제작자들의 영광과 몽상의 페이지 위에 단언하기는 어려운 화려한 흔적을 남겼음이 분명하다. 1992년 장이머우는 『귀주이야기』로 다시 베니스 경쟁부분에 뛰어들어 금사자상을 획득하였다. 유럽은 다시 한 번 장이머우에 흥분하고 갈채를 보냈으며 평론계는 열광에 가까운 칭찬을 아끼지 않았다. "장이머우는 베니스 영화제를 구원했다." 장이머우가 『붉은 수수밭』에서 원초적 생명력으로 충만한, 미개하고 황량하며, 치열함이 가득한 중국으로 '퇴폐적인 유럽' 을 흥분시키고 격동시켰다고 한다면, 이번에는 부드러움, 완곡함, 그리고 소박함을 지닌 중국, 남을 돕는 중국으로 포스트 공업사회의 분절화된 공간에서 신음하고 있던 서구를 적셨다. 장이머우의 영화는 90년대 대륙 영화계에서는 보잘것없는 주변과 구석이었지만 서구의 문화적 시야와 동일시하는 과정을 통해 오히려 빠른 속도로 천카이거와 『황토지』를 대체했고, '중국 영화' 의 대명사가 되었다. 장이머우와 장이머우 영화를 통해 서구 세계는 중국을 확인했고 중국 문화, 중국의 역사와 현실을 인지했으며, 중국 영화를 알게 되었다.

이중의 문화적 시야

장이머우는 성공적으로 서구의 중국에 대한 문화와 은막의 동일시를 이루었다. 그러나 분명한 것은 장이머우의 영화는 서구로 향하는 중국 대륙의 창이라기보다는 시야를 가리는 거울이라는 사실이다. 이는 동일시/오독의 동일시이다. 서구문화/유럽영화제 심사위원들의 취미가 장이머우 영화의 선결 과제였다. 서구의 동방에 대한 문화적 기대는 장이머우가 성공적으로 비행하는 데 필요한 정확한 목적지이자 계류장이었다. 『국두』, 『홍등』에서 보여준 동방/중국의 역사적 경관은 여전히 서구 방식의 역사/시간의 발전과정 바깥에 외재하는 공간이다. 이번에 공간화한 역사는 아득하면서 역사 속에 우뚝 솟은 황토지가 아니고, 처량한 아름다움을 지닌 나비 표본이었다. 그것은 처연하지만 결국은 아름다운 경관이었다. 장이머우의 성공은 동방 문화의 표상을 가지고 서구 문화에 아첨한 끝에 총애를 얻은 것처럼 보인다. 그러나 사실은 결코 그렇게 단순하고 천박한 것만은 아니다. 장이머우의 전방위적 성공이 가능했던 것은 그가 주체의 위치를 고착시키지 않고 끊임없이 이동하는 방법을 취했기 때문이었고 아울러 이를 빌어 이중의 문화적 동일시를 통해 역사적 경관을 성취했기 때문이었다. 장이머우의 영화는 '종횡으로 교착하는 시선' 이 모이는 곳이다. 그는 교묘하게 이중의 동일시와 이중의 독해 사이에서 동방과 서구, 본토와 세계를 봉합했다.

본토의 문화적 정체성

대륙 작가 류헝(劉恒)의 소설 『복희, 복희(伏羲伏羲)』를 각색한 『국두』는 대륙 본토의 문화적 시야에 대륙의 역사 문화 반사 운동이라는 주제를 부활시켰다. 이는 여전히 역사적 규탄과 문화적 비판이라는 주제가 확대된 것이다. 영화의 주요 플롯은 여전히 '좋은 남자는 좋은 처를 얻지 못하고 무뢰한이 미인을 얻는다' 라는 심근 문학의 전형적 서사 모티브를 취하고 있다. 본토 문화 시야의 정체성을 통해 영화가 드러내는 것은 여전히 역사 순환의 죽음의 춤이고 동방 문화의 잔혹한 아들 살해이다. 이러한 본토 문화에 대한 정체성의 표현으로서, 영화 속의 주요 플롯 · 장면 · 정경 등은 둘이 짝을 이루는 탁본의 형식으로 나타났다. 먼저 모습을 드러내는 것은 노쇠하고 무능한 '아비' 의 형상이다. 양진산(楊金山)은 권력과 재산을 빌어 여인을 강점한다. 비록 이것이 확실히 이름뿐인 점유라 하더라도 말이다. 그러나 '아비' 의 형상이 정말로 부재하게 되자, 오히려 부자父子의 질서에 충실한 아들, 반역자의 핏줄인 아들이 더욱 젊고 강인한 생명을 바탕으로 '아비' 의 사업을 이어받는다. 그래서 상당히 아이러니한 의미를 지닌 '관을 막는' 장면은 일곱 번 곡을 하며 먼지를 털어내는 톈칭(天靑), 쥐더우(菊豆)와 여섯 차례에 걸쳐 방향을 바꿔 위를 올려다보는 카메라 앵글, 눈을 어지럽히는 햇빛 아래에서 갑자기 보이는, 관 위에 단정히 앉아 사자의 위패를 손으로 받치고 있는 어린아이 톈바이(天白) 등과 교체되면서 비극과 순환의 느낌을 더하고 있다. 영화에 두 번 출현하는 '딸랑딸랑 종소리(鈴兒鈴兒蒼啷啷)' 라는 동요는 부권父權과 질서의 최후의 승리를 순환적으로 증명했다. 처음 동요가 나올 때는 참월한 자가 승리를 얻은 것 같다. 이때 톈칭과 쥐더우는 강보에 싸인 톈바이를 안고 있고 나풀거리는 염색천 사이로 염색 기계가 쟁쟁거리는 소리와 함께 동요가 즐겁게 울리기 시작한다. 쥐더우의 피임시도가 비인간적인 혹형이 되어버리고, 그들이 '음란' 한 일을 벌이고 있는 방 앞에 어린 톈바이가 고집스레 서 있을 때 두 번째로 동요가 들려온다. 이때 들보 위에 매달린 나무통에 숨어 있던 양진산이 동요를 부르기 시작한다. 야밤에 아무도 없는 음산한 지붕 위로 카메라가 흔들리며 올라감에 따라 나이와 악독함이 묻어나는, 쾌감에 젖은 소리가 울려 퍼진다. 영화에는 두 번의 '아비살해' 장면도 나오는데, 첫 번째는 단지 우연한 실수로 어린 톈바이가 양진산의 나무통을 끌어당겨 뒤집는 바람에 그가 붉은 색 염료가 가득한 못에 빠지는 장면이다. 두 번째는 계획된 모살로 어른이 된 톈바이가 톈칭, 쥐더우가 '간통하던' 동굴에서 톈칭을 업고 나와 그를 핏빛 염료 속에 던져버리는 장면이다. 쥐더우가 애걸하지만, 톈바이는 냉혹하고 정확하게 염색 기계 바퀴를 기어오르는 톈칭의 두 손을 쳐서 떨어뜨려버린다. 본토의 문화적 정체성에서 이것은 아비살해 장면이라기보다는 아들살해 정경이라 할 수 있다. 노쇠한 '아비' 가 젊고 원기왕성한 손을 빌어 그로서는 실행할 힘이 없던 징벌―톈바이가 양진산의 이름으로 부자父子의 질서를 참월했던 불초자를 죽인 것―을 완수했던 것이다. 조형 요소로서의 탁본은 진홍색 염색천이 휘날리듯 쏟아져 내리는 장면이다. 먼저 톈칭과 쥐더우가 처음 정을 통하는 장면에서 붉은 천이 흩날리듯 내려오면서 쥐더우의 살쩍과 볼을 스친다. 붉은 천은 미친 듯이 한들거렸던 붉은 수수의 대체물이라고 할 수 있다. 이것은 미친 듯이 한들거리는 붉은 수수를 대신한 것이다. 두 번째는 톈바이가 염색기계의 바퀴차를 기어오르는 톈칭의 두 손을 쳐서 떨어뜨리는 장면으로 여기서도 역시 붉은 천이 떨어진다. 이 천들은 염료에 빠진 톈칭의 머리 위로 떨어져 그의 몸을 묻는 봉분이 된다. 원작은 본래 다음과 같이 끝을 맺는다. 톈칭이 겸

「국두」

허하게 자진한 후 쥐더우는 달이 채 차지 않은 아이를 안고 마을에 돌아와 텐칭, 텐바이의 항렬을 따라 텐황이라는 이름을 준다. 이러한 원작의 결말은 '철방'에서의 세월이 끝이 없음을 무언과 절망으로 표현한 것이다. 반면 장이머우는 원작을 이렇게 바꾼다. 떨어지는 붉은 천은 천천히 포개져서, 위를 향하는 앵글 속에서 염색공장의 천정과 아래로 드리운 염색천으로 변한다. 이어 타닥타닥 맹렬한 불길이 타오르는 소리가 전해져오고 상당히 긴 컷으로 반쯤 미친 쥐더우가 횃불로 염색공장 전체를 태우는 장면이 나온다. 이러한 결말은 앞에서 나온 양진산의 희극적인 방화에 대한 비극적 반복이다. 그것은 시각적인 고조를 불러일으킴과 동시에 서사를 가두며 텍스트 속에 담겨있는 역사적 시야가 확대되는 것도 가로막는다. 그래서 서사가 짊어진 역사적 반사는 서사가 끝나는 지점에서 더 이상 지속되지 않는다. 그래서 영화『국두』는 8·90년대 교체기에 중국 대륙의 역사와 현실을 우언적으로 서술하는 유력한 수단이 될 수 있었다.

서구적 시야 속의 동방의 거울상

그러나 이 본토 문화의 동일시 위에 세워진 역사와 현실의 우언은 오히려 동방의 기이한 정경 속에 새겨져 있었다. 장이머우는 이 동방의 아들살해 이야기를 위해 고적『천공개물(天工開物)』*을 참조하여 낡은 염색공장을 만들어냈다. 그리하여 정욕과 잔혹함에 관한 이 이야기는 옛 분위기가 물씬 풍기는 조형 공간으로 옮겨져 연출되었다. 대부분의 대낮 장면에서 염색공장 전체는 황금색 빛을 발하고 있고 폭포같이 떨어지는 염색천은 고풍 짙은 염색 도구에 가벼운 운동감을 더하고 있다. 부감식 앵글을 통해 반복적으로 나오는, 감옥 같은 사합원의 천정도 늘어져 하늘거리는 홍황색 염색천에 의해 얼마간 운치가 더해졌다. 이에 그치지 않고 장이머우는 영화에 훔쳐보기/폭로, 정욕/구멍과 같은 시각 구조를 첨가했다. 그래서 서구의 문화적 콘텍스트 속에서 이 동방적인 역사 서사는 정신분석 담론을 빌어 동일시가 개입할

---

* 송응성(宋應星)이 지은 명대(明代)의 과학기술 전문서.

수 있는 지점을 확보했던 것이다.

소설을 영화로 바꾸면서 장이머우가 행한 가장 중요한 각색은 주인 공 양톈칭의 죽음이었다. 원작에서는 톈칭이 톈바이가 보내는 하루하 루의 냉혹한 시선을 참지 못해 결국 벌거벗은 채 물독에 빠져죽는다고 묘사돼 있을 뿐이다. 이것은 겸손한 사죄 의식으로, 소리 없이 이루어 진, 피로 물들지 않은 아들살해 이야기다. 그러나 영화에서는 이 무혈 의 자살이 피로 물든 모살로 바뀐다. 이는 서사 영역에서 이루어진다. 쥐더우가 "오늘 내가 너에게 다 털어 놓으마. 양톈칭 그 사람이 네 친 아빠다!"라고 공개한 후 본토의 정체성에서 나타나는 아들살해 모델 은 잠재적으로 서구 문화 시야 속의 오이디푸스/아비살해의 정경으로 바뀌었다. 장이머우는 동방의 아들살해 문화라는 역사적 담론을 성공 적으로 서구 문화의 아비살해 정경에 중첩시켰다. 옛 문물을 복원하고 역사적 표상을 시화詩化함으로써 역사적 반사의 이야기를 서구에서 유래한 정체성/오독의 문화적 틀에 성공적으로 새겨 넣었던 것이다.

성별과 종족

『국두』와 마찬가지로 『홍등』 역시 이중의 정체성에서 나타나는 역사 적 경관을 성공적으로 담아냈다. 영화 앞머리와 끝머리에 나오는 주홍 색 초서는 여름에서 그 다음 여름으로, 1년 중 사계의 변화가 이루는 시 간의 순환을 명시적으로 보여준다. 네 번째 부인 쑹롄(頌蓮)을 집에 들이 는 것부터 다섯 번째 부인 원주(文竹)를 맞이하기까지 사건은 순환적으 로 일어난다. 이 순환은 본토의 문화적 정체성에서 동방/중국 역사가 여 전히 끊임없이 반복되는 마의 순환임을 의미한다. 셋째 부인 메이산(梅 珊)의 피살과 넷째 부인 쑹롄의 실성은 루쉰이 말한 소위 역사의 '식인

『홍등』

의 잔치(吃人筵席)'와 동일한 것이다. 재미있는 것은 쑤퉁의 상당히 포
스트모던한 의미를 지닌 이 역사 고사를 펼치는 무대로 장이머우가 박
물관을 취했다는 것이다. 『홍등』에서 천(陳)씨 저택은 명실상부한 박
물관으로 고건축이자, 그 자체가 곧 한 '개'의 문물이었다. 아울러 장
이머우는 박물관, 이 전형적인 중국식 공간에 풍취와 색채로 점철된

대홍등을 더했다. 등을 켜고 끄고 덮는 행위, 장명등長明燈, 황혼녘 뜰에서 행하는, 들 침소를 정하는 의식이, 어디서 왔는지 모르는 '발바닥을 때리는' 풍속과 함께 나온다. 상당히 아이러니한 의미를 지닌 경극의 종고 소리와 애도라는 주제가 담긴, 반주와 가사 없는 여성의 허밍음과 무혈의 혹은 유혈의 학살을 주제로 하는 발랄한 동요, 그리고 황혼녘 끊이지 않고 귓가를 맴도는 발바닥을 때리는 몽둥이의 리듬이 옛 중국의 죽음의 환무와 비어있는 의식을 표현하고 있다. 이것은 동시에 옛 중국 역사 의식儀式의 관상적 성격이라는 서구적 시점을 내재화하고 있다.

또한 이것은 동방의 '하렘'에 관한 이야기이고 중국식의 '후궁' 간 다툼에 관한 이야기이다. 장이머우는 시각 구조에서 천씨 집안의 남성 주인을 생략했다. 뭇 처첩에 대한 생사여탈권을 쥔 천나리는 시종 등이나 옆모습만을 보인 채 등장하거나 혹은 화면 밖의 소리—부재한 등장인물—로 나타난다. 그래서 처첩들 사이에 일어나는 다툼과 학대는 결코 남성 주인공의 시야를 통해서 드러나지 않는다. 여성 주인공은 '객관'성을 유지하는 카메라에 의해 아름답고 처연하며 균형 잡힌 화면 구도 속에 나타난다. 이로 인해 여성은 영화 속 역사적 사건의 절대적인 주인공이자 시각적 관조의 유일한 대상이 된다. 영화의 시청각 구조는 본토적 문화 동일시와 표현 가운데 역사적 고난과 해석을 남성적인 주인/노예의 논리로부터 여성적인 가학/피학의 정경으로 성공적으로 전이시켰을 뿐만 아니라, 카메라가 제공하는 결석한 관찰자의 위치라는 허구적 위치로 서구적 시각, 서구의 남성적 시선을 기대하였다. 바로 서구의 동일시에 대한 동일시 속에서 성별과 종족 질서의 치환 규칙이 그 문화적 전략을 실현했던 것이다. 동방의 예술가가 서구의 문화라는 거울 앞에서 거울을 붙들고 스스로를 비출 때 그가 훔쳐본 것은 '여인' 의 형상이었다. '그녀' 는 서구 남성권력/주인문화가 동방과 동방의 아름다움에 대해 가졌던 기대에 정확히 영합하였으며 서구 남성 관객의 욕망의 시선에 영합하였다. 그래서 이 중국의 역사 고사는 이러한 시야와 시선에 의해 유혹적인 '평면의 나라' , 즉 동방을 그린 두루마리 그림, 혹은 채색의 상감된 병풍 안에 갇혀버렸다. 이러한 동양과 서양의 '대화' 가운데 장이머우가 동일시하고 선취한 것은 바로 성별질서에서 여성의 위치였다. 이는 자아 추방과 '헐뜯음' 이자 성공적인 상감이기도 했다.

차안과 피안의 사이

천카이거-함락과 도하

　　가장 저명한 대륙의 영화음악 작곡가 자오지핑(趙季平)은 일찍이 장이머우를 대륙 영화계의 '천재' 로, 천카이거를 5세대의 '영수' 로 부른 적이 있다(잡지『영화예술(電影藝術)』,「자오지핑 방담록(趙季平放談錄)」).[173] 80년대, 5세대가 갑자기 대륙 문화 시야에 나타나 빠른 속도로 그리고 대세를 뒤집을 수 없을 정도로 영화의 면모를 바꿔놓았을 때,『황토지』,『대열병』,『아이들의 왕』등의 작품을 잇달아 내놓은 천카이거는 당연하다는 듯이 5세대의 영수 자리를 차지해버렸다. 그러나 8·90년대 교체기에 장이머우가 서구 영화계로 진출하여 연전연승하자, 천카이거는『나의 홍위병시대(我的紅衛兵時代)』[174]라는 책을 통해 깊은 생각에 빠진 자의 추억을 보여주었을 뿐 시종 고상하고 심오한 듯 보이지만 사실은 곤란에 처한 침묵으로 일관했다. 중국을 떠

나 2년간을 미국에서 보낸 뒤 천카이거는 마침내 그리 많지 않은 외자를 끌어다 『현 위의 인생(邊走邊唱)』을 찍었다. 그러나 이 작품을 들고 칸으로 간 그는 또 다시 고배를 마셔야 했다. 만약 『아이들의 왕』과 『붉은 수수밭』이 유럽 영화제에서 얻은 상반된 성과가 대륙 예술 영화의 운명을 가늠할 수 있는 계시록이었다고 한다면, 『현 위의 인생』은 제3세계 예술가의 문화적 숙명에 물든 몇 줄기의 비극적인 색채라는 문화적 현실을 보여주었다. 사실 영화 『현 위의 인생』에서 천카이거는 입이 다물어지지 않을 정도로 놀라운, 칠보로 치장된 발코니와 종횡으로 이정표가 퍼져 있지만, 더 이상 어느 곳으로도 갈 수 없는 막다른 길을 만들어냈다. 분명 그것은 어리둥절한 채 서로 얼굴만 쳐다보는 것 같은 '시선'으로 가득했으며, 상호 충돌하고 상호 해체하는 문화적 동일시로 가득 채워져 있었다. 민족 문화와 현실적 사명감으로 충만한 천카이거는 헐리웃/디즈니의 충격 하에서 문화와 동일시에서 오는 현기증에 굴복하고 만 것이다. 혹은 이렇게 얘기할 수도 있을 것이다. 천카이거가 장이머우보다 더 가깝게 서구 문화의 거울에 자신을 비추었다고. 아니면 그가 집착한 민족 문화적 입장과 현실적 사명감에는 아마도 여전히 한漢족 문화 중심/남성 중심의 오만함이 있어서, 그로 하여금 거울 속에 보이는 '여성'의 위치와 태도에 동일시하는 것을 거부하도록 했을 것이라고.

그러나 이 오만함은 결코 문화적 영웅주의의 결별을 지탱해내기에는 충분치 못했다. 현실의 압력과 서구 세계에서의 놀라운 경험, 황금종려상에 대한 '아홉 번 실패해도 후회 없다'는 '열렬한 애정'은 이미 내재화된 동일화 과정을 실현시키고 있었다. 천카이거는 『현 위의 인생』에서 동방에서 서구로, 차안에서 피안으로 도하를 시작했다. 도하, 그것은 동시에 함락이었다.

병치와 혼재

이중적 혹은 다중적인 문화적 동일시가 장이머우의 중국적 역사 경관을 만들어냈다면, 종횡으로 교착하는 눈빛은 천카이거의 예술 세계를 산산이 찢어 놓았다. 『현 위의 인생』은 결코 천카이거가 말한 것처럼 '아주 단순한 영화'로 '사람은 한 번 살 뿐 [175]'이라는 주제를 표현한 게 아니었다. 반대로 그것은 지나치게 많은 의미를 지닌, 지나치게 복잡한 영화였다. 역사 비판 및 현실에 대한 사명감으로 인해 천카이거는 대륙의 전형적인 심근/반사소설 작가로 알려진 스톄성(史鐵生)의 명작 『삶은 현과 같다(命若琴弦)』를 선택했다.

작품에서 고독한 맹인가수는 스승으로부터, 거문고 현을 천 개를 끊어버리면 거문고 갑을 열 수 있고 그러면 시력을 되찾는 처방문을 얻을 수 있을 것이라는 말을 듣는다. 그러나 '천 개의 현을 끊고 거문고 갑을 여는' 데 필요한 70년의 시간을 보내고 그는 백지 한 장만 얻을 수 있었다. 이는 본토의 문화적 동일시 위에서 만들어진 역사를 고발한 이야기임에 틀림없다. 그러나 영화의 기이한 공간 배치, 즉 광대하고 장엄한 고비 사막과 굽이굽이 굽이치는 만 길에 이르는 황하의 거친 물결, 원초적 생명력이 넘치는 뱃사공, 신비하고 기이한 옛 나루터, 횃불로 에둘러진, 가수가 노래하는 성스러운 제단으로 인해 영화는 확실히 서사시적 풍격을 갖추었다. 본토의 우언에서 역사적 수난자인 늙은 가수는 오히려 영화에서 '선선(神神, 신 중의 신)'으로 추앙받는다. 그는 사막과 거친 파도를 두루 섭렵하였으며, 소박한 중국 민간 고사와 민요가 아닌 '과보夸父', '여왜女媧', '대우大禹' 등 민족 창세와 구원의 신화를 읊조렸다. 그러므로 이는 역사의 수난자 이야기가 아니라 선지자 이야기였으며 적어도 선지자가 말하는 이야기였다. 그리고 민족 역사 속 임의의 단락이 아닌 민족 신화의 새로운 한 페이지가 되었다. 그러나 이 역시 탈주 중 그물에 걸린 게 분명하다.

천카이거는 민족 문화만이 중요하다는 오만함 속에서 『삶은 현과 같다』라는 본토의 우언을 고쳐 썼다. 그것은 버리지 못한, 역사 비평이라는 그의 사명감을 내재적으로 해체시켰을 뿐만 아니라 영화의 잠재적 관찰자를 서구로 정의 내렸다. 게다가 『현 위의 인생』은 단지 민족적, 문화적 신화만이 아닌 구원과 문화 사도使徒의 신화였다. 그러나 문화의 이 구원력은 결코 옛 동방/중국 문화 정신이 아닌 서구 고전 담론을 복사함으로써 얻을 수 있었다. 우매한 촌민 사이에 계투械鬪가 일어났을 때 늙은 선선(신 중의 신)은 높은 곳에 올라 '인간의 노래(人之歌)'를 불러 그들을 화해시켰다. 이는 『성경·마태복음』 장면과 인도주의 계몽 담론을 혼합한 것이다. 그러나 '현과 같은 삶'의 비극적 종결 이후에도, 노인은 계속해서 소리 높여 노래를 부르는데, 그것은 동방의 『환희의 찬가』[베토벤(Ludwig van Beethoven)]였다. 사실 가수인 스승과 제자 두 사람이 사막을 돌아다니는 장면과 조형은 『성경·

사도서』속의 삽화라 할 수 있을 것이다. 그래서 '삶은 현과 같다'는 이야기와 민족문화 구원력의 신화, 동방적 표상과 서구 고전 담론의 황당한 결합, 즉 양자의 상호 충돌과 해소가 혼재되어 있다. 종횡으로 교착하는 시선 속에서 천카이거는 동과 서의 다중적 동일시라는, 존재하지 않는 틈 속으로 떨어져버렸다. 유효한 문화적 동일시는 여전히 세워지지 않았던 것이다.

감복과 '구원'

『현 위의 인생』의 몰락은 확실히 천카이거의 예술적 삶을 위급한 지경으로 몰고 갔다. 천카이거는 반드시 서구에서 성공해야 했다. 그렇지 않다면 '죽음' 만이 있을 뿐이었다. 그래서 장이머우가 '방식을 바꾼' 『귀주이야기』에서 본토적 동일시 가운데 온정어린 귀의를 만들어내기 시작하고, 현대의 '향토 중국'에 대한 서구의 기대 속에서 소박한 인정에 대한 이야기를 만들어냈을 때, 천카이거는 영화 『패왕별희(覇王別姬)』의 촬영에 들어갔다. 『현 위의 인생』에서 천카이거가 추구하는 와중에 잃어버리고 탈주 도중에 오히려 그물에 걸린 꼴이었다면, 『패왕별희』는 민족 문화를 잃어버린 이러한 상황을 확인하고 제3세계 예술가가 처한 문화적 숙명에 굴복한 결과물이었다. 후자에는 서구의 문화적 시야를 동일시하고 내재화하는 과정뿐만 아니라 특정한 전제 즉, 칸영화제의 '특색'인 영화제 심사위원들의 특정한 취미와의 동일시도 분명 담겨 있었고, 이는 『패왕별희』의 구조의 근거가 되었던 것이다. 그것은 효험 있는 한약 처방전 같은 것이었고, 또 요리에 있어 조리법을 써놓은 비법서 같은 것이었다. 또 그것은 무함마드와 산의 이야기 같았다. 만약 천카이거/중국문화가 칸을 정복하지 못한다면

『패왕별희』

칸/서구의 동방적 경관에 대한 기대가 천카이거를 정복해도 무방할 터였다. 그래서 경극 무대에 펼쳐진 작은 세계—중국 문화의 고전적 기표이자 화려하고 아름다우며 시끄럽고 적막한 동방의 생존—가 『패왕별희』에 출현했고 남자배역과 여자배역 사이에 복잡한 다툼이 일어나고 기생집 여자와 경극 배우/ '창부' 와 '배우' 간의 연정이 담기고 플롯극/삼각연예에 천카이거가 일찍이 절실한 고통을 맛보아야 했던 현·당대 중국의 정치적 풍경이 끼어든 것이었다. 이것은 전방위적이고 본질적인 내재적 유배였다. 그러나 이러한 서구적 시야 속의 동방적 경관에 대한 동일시가 일어났음을 알려주는, 여자 역학을 맡은 남성 배우 청데이(程蝶衣)의 형상은 천카이거가 굴복하는 문화적 위치를 절묘하게 상유했다. 즉, 남성이지만 역사의 폭력과 거세 속에서 그리고 문화라는 마의 거울 속에서 그는 '순수한 동방의 여성' 이라는 형상이었으며, 관상자에게 기쁨을 주고 상을 주는 사람으로 하여금 욕망하게 만드는 '남자' 였다. 특히 천카이거가 그의 남성 중심적인 방식으로 리비화(李碧華)의 원작에 나오는 청데이/돤샤오로우(段小樓)의 관계와 같은 동성애적 요소를 고쳐 쓰고 해체시켜버린 후 청데이/우희(虞姬)/양귀비(楊貴妃)는 순수한 '동방의 기이한 풍경(東方奇觀)', 대륙 비평자가 말한 '남녀추니 문화' [176]로 바뀌었다. 천카이거를 정복한 칸은 결국 천카이거에 의해 정복되었고 천카이거는 철저히 굴복하고 잃어버린 후에야 '구원을 얻을 수 있었다'. 민족 문화의 신생과 사멸, 중국 대륙의 사회 현실은 영화 서막 및 종결부에 나오는 빈 극장 밖으로 확대되었고, 이들 양자가 교차하고 이어지는 궤적을 찾기는 지난한 일이 되었다.

나비 표본

장이머우가 화려한 길을 걸었고 천카이거가 가시밭길에서 영광으로 나아갔다는 사실은 탈식민 문화의 현실을 보여준다. 민족 문화 및 표상을 서구 담론 권력에 굴복시키고 동일화시키면서 그들은 그들의 작품을 통해 서구가 가지고 있었던, 오독과 맹점으로 가득한 동방에 대한 시야를 보충하고 튼튼하게 만들었다. 그들은 현란하고 민첩한 움직임을 보이는 동방의 나비를 창조했을 뿐만 아니라 그 나비를 죽이는 못도 만들어냈다. 좁은 문을 통해 나아가면 좁고 작은 구비길이 펼쳐진다. 그들의 영화는 본토적 시야 가운데 새로운 규범과 모델, 즉 차안/동방에서 피안/서구로 가는 데 참조해야 하는 '전통'이 되었다. 골드러쉬 마냥 점점 더 많은 해외 영화제작자들이 대륙으로 몰려들었고, 점점 더 많은 5세대, 심지어 4세대 감독 및 작가들이 장이머우와 천카이거의 모델을 주목하고 실천하기 시작했다.

90년대 중국 대륙 문화 앞에는 구원을 얻는 역사적 계기가 놓여 있는가 아니면 민족 문화의 비극적 몰락이 놓여 있는가? 본토적 문화의 동일시는 새로이 이루어질 수 있을까? 천카이거와 장이머우는 벤야민이 말한 세계 문화 시장의 '문인'과 동일화되고 있으며, 형태를 갖춰가는 역사 과정에 몸을 두고 있다. 이러한 상황에서 이 질문들은 결코 필자가 대답할 수 있는 성질의 것이 아니다.

역사의 아들:
'5세대'를 다시 읽다

>>

황토지 위

1982년 중국 영화사에 나타난 첫 번째 '청년촬영제작팀'[177]
과 1983년 말과 1984년에 조용히 작품을 발표하여 흥미와 경이를 불러
일으킨 청년창작집단을 통틀어 '5세대'라고 부른다. 1979년 이후 중
국 대륙에 출현한 '사상해방, 실사구시, 모두가 앞을 바라보자'[178] '민
주의 발양과 4대 현대화의 실현'[179], '당과 국가 영도 체제의 개혁'[180]
등과 같은 구호나 정책들이 옛 중국에서 사람들을 기뻐 춤추게 했던,
문화적인 아비살해의 '비극', 즉 젊은 세대의 역사적인 '아비살해' 행
위 이후에 역사의 지표 위로 떠올랐다. 영화계에 있어 5세대는 피로 물
든 '어두운 철의 장막 시대'와 절연한 의로운 자라기보다, 항상 '해질
녘의 태양'처럼 야누스적인 양면성[181]을 지닌 자라 할 수 있다. '부수
기 어려운 철방'은 이 시기에 이미 '풍화'하여 계란으로 변하였다. 그
리고 사력을 다해 껍질을 깨고 나온 5세대는 닭에 불과했다. 대륙 영화

계에 있어 5세대의 10년(1982~1992)이라는 시간이 당대 중국 문화에 있어 매우 중요한 시간이었음에 틀림없다. 늦게야 올 수 있었던 이 세대는 바로 이 10년 동안 중국 사회에 등장해 차츰 주류로 편입되었다.[182] 그러나 그들은 적든 많든, 깊든 얕든 반역자와 충신이라는 이중적 신분 사이에서 고뇌하였다. 5세대(영화계에서는 '78학번'이라고 부름)는 그들 중에서도 대표적인 사례라 할 것이다.

시간이 '젊은' 5세대를 역사적 회고의 시야 속에 등장시켰을 때, 이들 5세대가 중국의 문화 전통과 현대 엘리트 지식인의 태도를 지닌 계승자였음은 분명했다. 그들은 매우 사려 깊고 사명감 강한 집단이었다. 게다가 '하늘의 명을 받았다'는 강한 문화적 자각 의식도 지니고 있었다. 그러나 그들은 문화적 반역과 예술적 반역의 무리가 아니라 '5·4' 정신의 적자였다. 그들의 작품은 대부분 중국 역사, 문화, 전통에 대한 깊은 애정과 원망怨望에서 비롯한 '불평의 울음(不平之鳴)'이었다. 그들이 계승한 역사/문화적 전통은 어떤 연속적이고 동질적인 민족의 경험이 아니라 중국의 근·현대사 속에서 부단히 상처받고 파괴된, 균열과 이물질의 혼재였다. 그러므로 5세대가 위풍당당하게 전당에 올라서서 세계 영화계가 그들을 '중국 영화'의 대명사로 여기게 된 이후 오늘에 이르기까지, 그들이 여전히 자국의 역사를 망각한 채 외국의 것을 맹목적으로 따르는 무리라는 비판을 받는 까닭을 이해할 수 있을 것이다. 그들은 아방가르드적 영화를 만들지 않은 대륙 영화계의 '아방가르드' 같았다.

분명히 그리고 이상하게도 당대 중국 영화사는 꽤 정연하고 명확한 '세대' 교체기—다른 연령대의, 창작 시대가 다른 예술가들로—로 구분되고 연속된다. 이는 세계 영화계에 있어서도 독특한 현상인 것 같다. 그러나 우리는 이것이 당대 중국 문화사의 가장 심각하고 본질적

『황토지』

인 특성 중 하나임을 알아야 한다. 오늘에 이르기까지 당대 중국 지식계의 여러 세대들은 모두가 시대의 아들이었다. 시대적 조우의 차이와 역사적 경험의 차이가, 다르지만 실상은 근접한, 충돌하지만 사실은 중첩되는 각 세대의 문화적 입장과 가치적 취향을 만들어냈다. 5세대와 밀접하게 연관된 중요한 역사적 사실은 '무산계급 문화대혁명'이라는 재앙을 경험한 것이었다.[183] '문화적' '재앙' 시대의 유복자인 5세대의 작품 속에는 엄격한 의미에서 문화적 반역 혹은 반反전통이라는 의미를 지닌 작품이라 할 만한 게 없음을 알 수 있다. 그러나 언어에 대한 혁명이 이데올로기 혁명을 의미한다는 입장에서 본다면, 5세대는 아마도 1983년 전후 중국 대륙을 석권했던, 문화에 관한 것을 표방했으나 실제로는 이데올로기에 관한 것이었던 대토론의 한 갈래로 볼 수도 있다. 이 토론은 『하나와 여덟』(장쥔자오, 1983), 『황토지』(천카이거, 1984), 『말도둑』(톈좡좡, 1985), 『끊어진 소리』(장쩌밍, 1984), 『흑포사건』(황젠신, 1984), 『아이들의 왕』(천카이거, 1987), 『붉은 수수밭』(장이머우, 1987), 『저녁종』(우쯔뉴, 1989)에서부터, 1989년 이후 출품된 『붉은 가마』(리사오홍, 1990), 『국두』(장이머우, 1990), 『홍등』

(장이머우, 1991), 『현위의 인생』(천카이거, 1991), 『마음의 향기』(쑨저우, 1992), 『귀주이야기』(장이머우, 1992)와 『패왕별희』(천카이거, 1993)로까지 이어진다. 이해에서 비롯되었든 오해에서 비롯되었든 '황토지'는 5세대에 공통된 족보와 형상이었다. 사실상 이 족보로는 5세대의 어떠한 인물도 명명할 수 없고 설명할 수 없음에도 말이다. 중국 영화사에서 5세대가 지니는 의의는 그들이 중국 영화계에서 영화의 미학적 혁명을 완성했다는 데 있을 것이다.

필자는 5세대가 영화라는 방식으로 중국 80년대의 역사/문화적 반사 운동에 참여했다는 사실에 더 큰 의의가 있다고 생각한다. 즉 갖가지 사회 정치적 담론에 대한 전달자가 아닌, 공전의 힘을 가진, 독특한 발언자라는 사실에 5세대의 의의가 있다는 것이다. 게다가 그들은 갑자기 개방된 역사의 시야 속에서 역사적인 동시에 미래지향적인 중국의 형상을 세계에 보여주었다. 5세대의 작품은 역사의 경계를 표시하는 이정표였다. 그것은 옛 중국의 형상―오랜 시간 동요 없던 자연 생존과 한 바퀴를 돌아 다시 출발로 돌아오는 역사 순환의 마법의 사슬이었다. 게다가 그것은 모습을 드러내지 않는 현실의 참고 시스템이었다. 즉 현실 속 현대화 과정 가운데 옛 중국의 형상은 낡았지만 여전한 힘을 발휘하는 현실 공간으로 표현되었다.

5세대의 역사적 태도는 금세기 초 '5 · 4' 신청년에 상대적으로 가까웠다. 무거운 역사적 책임과 통철한 사회적 사명감이 그들로 하여금 정체되고 오래된 전통의 사슬을 증오하고 멸시하여 힘을 다해 끊어버리도록 했다. 이 어둠이 집약된 공간에서 젊은 세대는 영원한 옛 의식의 희생물이었다. 죽어버리거나, 늙어버린 세계와 함께 사라지거나, 고통과 미망의 골짜기에서 전전할 수밖에 없었다(『황토지』, 『말도둑』, 『아이들의 왕』, 『국두』, 『붉은 가마』, 『홍등』). 다른 한편, 그들에게 이러한 역사/자연의 공간은 신세계 창조의 기점이자 유일한 의지처가 되었다. 그들은 옛 전통에 희망을 기대어 구태를 벗고 새롭게 발전해 나가려 했다. 그들은 '800리 산시(陝西)' 의 모래바람 속에서 공전의 기괴한 힘과 새 생명이 피어오르게 했고(『황토지』, 『붉은 수수밭』), 평등, 안정, 화해의 사회 문화적 윤리 질서를 중건하려고 했으며(『사냥터 자싸』(텐좡좡, 1984), 『마음의 향기』, 『귀주이야기』), 약간의 인도주의를 수혈함으로써 중국적 서술을 촉진하려고 했다(『저녁종』, 『큰 방앗간(大磨坊)』(우쯔뉴, 1990), 『현위의 인생』). '어디 한 군데도 쓸만한 데가 없는 서생' 이라는 인문적 입장과 모순적인 역사적 태도가 결합하여 5세대의 '할 수 없음을 알고서도 하는' 유가적이고 전통적인 입세의 태도를 엮어냈다. 이것이 바로 야누스적 얼굴이다. 과거를 향하고 있는 주름 가득한 얼굴과 미래를 바라보고 있는 젊은 얼굴이 함께 공존한 것이다. 그러나 이는 5세대 특유의 모순된 입장이나 문화적 경관이 아니었다. 아편전쟁 혹은 '5·4' 문화혁명 이후 줄곧 중국 문화 속에서 맴돌던 역설적 정경일 뿐이다. 현대화와 민족화라는 명제가 다시 수면 위로 부상했다. 10년간의 대재앙이었던 '무산계급 문화대혁명'

『사냥터
자싸』

의 역사적 경험과 1992년 이후 점차 가속화되고 있는 현대화 과정으로 인해 그것은 다시 강화되었다. 역사의 유령을 쫓아내면서 민족문화의 뿌리를 찾는다는 모순된 사명으로 5세대는 문화적 곤경에 처하게 된 것이다.

언어 혁명과 문화적 곤경

5세대는 신비한 색채가 풍부한, 그리고 대륙 영화에 큰 흔적을 남긴 한 획을 그려내었다. 그것은 영화 언어에 대한 공전의 자각이었다. 이것이 바로 '탐색영화(探索片)' 및 '실험영화' 라 일컬어지는 이름의 유래이다. 대륙의 영화 평론계에서 '영화 관념의 혁명' 이라 칭해지는 이들 작품은 사실은 60년대 유럽 영화계의 '영화 미학 혁명' 및 영화 언어 혁명과 유사하다 할 수 있다. 그것은 신중국의 영화 전통에 대한 반역이자 중국 영화에 대한 예술적 속죄였다. 5세대는 알몸에 가까운 영화 언어로 중국 역사에 대한 독특한 형상과 서술을 창조하였다. 이는 곧 시간에 대한 공간의 승리였다. 공전의 조형적 장력으로써 표현되어 은막을 가득 메운 것은 황토지, 붉은 토지, 대大서북지역의 황량함, 고비사막, 천정天井 혹은 감옥 같은 쓰허위안(四合院), 재난을 겪지만 아무런 변동 없는 좁은 골목이었다. 이들은 영화 속에서 중국의 자연 공간인 동시에 중국의 역사 공간으로도 표현되었다. 거대한, 오래도록 변함없는 공간 속에서 인간의 생명과 역사의 변천이나, 이야기의 흐름 속에 나타나는 슬픔과 기쁨, 만남과 헤어짐은 보잘 것 없는 것이었다. 이것들이 공간의 존재를 건드리거나 변화시킬 방법은 전무했다. 심지어 이 공간에 자신의 흔적을 남길 수도 없었다. 공간이 퇴락하는 곳에서만 유장하고 고통스러운 세월인 시간의 흔적이 비로소 드러났다.

『황토지』는 마치 응고된 것 같은 황하가 소리도 없이 추이차오를 삼켜버리고, 한한이 비장하게 그리고 절망적으로 인파를 거슬러 뛰어간 뒤의 마지막 신에서 메마르고 모래와 돌로 뒤덮인 황토지를 화면 가득 보여준다. 이때 흔들리면서 내려오는 카메라 속에는 황토지만 존

『황토지』

『말도둑』

재할 뿐, 하늘과 지평선은 사라져버린다. 이어서 황토지 위로 끝내지 못한 추이차오의 맑고 구슬픈 노랫소리가 퍼져간다. 『끊어진 소리』에서 비극적인 삶과 사투 뒤에 어우라오수(區老樞)의 음악/악보―시간의 예술이자 시간의 형상―가 창호지가 되어, 화면 속의 아름다운 배경과 무늬로 변한 것처럼, 『말도둑』에서는 목장이라는 공간에서 쫓겨난다면, 그는 아무 것도 없는 황량한 설원, 신전탑(神箭塔)과 천장대(天葬臺), 그리고 절대적인 죽음의 길 같은 퇴락한 공간을 마주할 수 있을 뿐이다. 이는 하늘과 물에 대한 토지의 승리이며, '글자'와 '노래'에 대한 '상象'의 승리이며, 생명에 대한 역사의 승리이다. 5세대의 영화에서 공간은 역사에 대한 상징인 동시에 역사적 기억에 대한 조롱이었다. 5세대의 영화는 일반적으로 스토리 중심 서사 대신 조형적 서사로

이루어지는데, 이로 인해 '경청'하는 예술이 '깨닫는' 예술로 변화한다. 5세대의 뛰어난 작품들은 재진술할 수 없거나 재진술자에 의해 고쳐 쓰인다. '흑포'는 유감스럽게도 더 이상 장기판 위에 있는 보통 장기알이 아니라 도미노패 가운데 보잘 것 없는 패일 뿐이다(『흑포사건』). 당연히 그것은 더 이상 샤오뤄부터우(小羅卜頭)가 놓아준 나비가 될 수 없을 것이다.[184] 닝샤(寧夏)의 고비사막은 이미 서사의 조형적 요소로서 더 이상 역사적 배경으로 기능하지 않는다(『하나와 여덟』).[185] 은회색의 어둡고 차가운 쓰허위안과 쓰허위안 안의 불빛이나 아직 불 붙이지 못한 홍등이 역사를 해석하고 이해하는 키워드가 되었을 뿐 아니라 기억 속의 역사 그 자체가 되었다(『홍등』).

역사/중국역사는 늘 5세대의 진정한 서술 대상이었다. 현대화 과정이라는 대륙의 사회 현실은 그들의 발판이자 기준이었다. 사람들을 현혹시키고 열광시켰던 '5·4'라는 역사적 순간과 동일한 역사적 계기를 5세대가 만들어낼 순 있었지만 그것은 갑자기 나타났다 갑자기 사라져버렸다. 1987년 급격히 가열된, 농촌에서 도시로 번진 현대화 과정을 따라서 상업화 물결과 상업문화가 갑자기 도래했다. 5세대의 우아한 예술과 그들 배후에서 뒤돌아볼 것을 종용하던 문화적 반사 운동은 신속하게 파괴되고 침몰하였다. 우뚝 솟은 현대적 빌딩 숲과 '말보로', 그리고 코카콜라의 거대한 광고물 사이에서 5세대는 이미 자신의 야누스적 이정표를 세울 만한 조그마한 공간도 찾을 수 없게 되었다. 가요계에 거세게 불어 닥친 '서북풍'[186] 근처에서 무거운 '황토지'는 돌연 글로벌화의 격랑 속에서 표류하는 섬, 심지어는 고목으로 변해버렸다.

1987~1989년 동안이라는 '역사적 감각을 잃어버린' 빈 터에 잠시 5세대 상업 영화와 도시 영화 창작 붐이 일어나 '5세대식 5세대 영화'

의 제작을 중단시켰다. 이때 '21세기 영화 찍기'[187]를 결의했던 톈좡
좡은 『말도둑』 같은 영화는 더 이상 찍지 않겠다'[188]고 단호하게 선
언하고서, 우먼(午門-옛 자금성의 정문) 앞, 붉은 담장 아래의 로큰롤

(『로큰롤 청년』, 1987)을
찍었다. 그리고 이어서
『대태감 리롄잉(大太監
李蓮英)』(1989)에 류샤
오칭(劉曉慶)과 쟝원(姜
文)을 출연시켰는데 그
것은 상업성, 스타 효과
와 타협했음을 상징하
는 5세대 영화의 표지였
다. 또한 우쯔뉴는 안개
자욱한, 기괴한 불빛이
흔들거리는 역사 영화
『환락영웅(歡樂英雄)』과

「로큰롤 청년」

『음양계(陰陽界)』(1988)를 찍어 역사적 권력 담론의 전복 속에서 영화
의 상업성에 대한 교정을 추구하였다. 항상 승리를 알리던 '복장' 장
이머우는 모험 액션물 『암호명 '재규어'』(1988)로 유일한 실패를 맛보
았다. 1987, 1988년 이 해에 젊은 감독 저우샤오원은 자신의 새로운 풍
격의 예술 영화 『그들은 젊다(他們正年輕)』(1986)가 '잠시 방영을 연
기' 하게 된 뒤, 『최후의 실성』, 『실성의 대가』를 연이어 발표하였다.
이 작품들은 또 다른 소탈함과 떠벌림으로 무거운 책임을 저야 하는
시대와 결별하고 있었다. 쑨저우의 『커피에 설탕 약간』(1987)과 장쩌
밍의 『태양우』(1987) 그리고 장쥔자오의 『호광(弧光)』(1988)을 앞세워

5세대의 도시 영화 붐이 시작되었다. 그러나 이 세 편의 영화 속에서 주인공들은 갑자기 생겨난 대도시의 주인이나 거주자라기보다, '철근과 시멘트로 된 숲'인 도시에서 길 잃은 방랑자에 가까웠다. 실제로, 급격해진 80년대의 현대화 과정 앞에서 5세대는 중국의 지식계와 마찬가지로 현대화에 호감을 가졌지만, 막상 현대화가 도래하자 섭공이 용을 만난 듯 두려워했다(葉公好龍).* 그들이 열렬히 환호하고 추구하고 추진하던 현대화는 일단 도래하자마자 일련의 놀라운 경험들로 그들을 끊임없는 묵언 속에 빠뜨렸다. '내재적으로 몇 명의 악마가 필요하'듯 도시 영화는 내재적으로 몇 명의 '새로운 인간(新人)'[189]을 필요로 했다. 그들은 죽지도 않고서 다시 살아나는 옛 중국과 신도시 사이에서 물 만난 고기와 같은 주변인인 동시에 입주자이기도 했다. 그리하여 왕쒀(王朔)의 '문제아들'이 우연히, 그리고 필연적으로 이도 저도 아닌 시대를 조롱하는 대명사가 되었다. 1988년 황졘신의 『윤회』(『물 위의 연가(浮出海面)』를 개편함), 미자산의 『문제아』(동명 소설을 개편함), 샤강(夏綱)의 『반은 화염, 반은 바다(一半是火焰, 一半是海水)』(동명 소설을 개작), 예다잉의 『심호흡(大喘氣)』(『고무인간』을 개작)이 연이어 발표되었다. 이들 작품은 5세대의 도시 영화 창작 가운데서, 끓어올랐지만 찻잔 속 태풍에 지나지 않았던 '왕쒀 현상'에 일조했다. 다시금 5세대의 창작은 선명한 이데올로기적 실천이 되어 전 사회적인 이데올로기적 환상의 제작에 참여하게 되었다. 옛 중국의 역사적 주술은 이미 노을 짙게 드리운 미망 속으로 영원히 떨어져버린 듯했다. 현대화 과정 중인 중국은 파놉티콘식의 사회 구조가 붕괴되는 가

---

* 지독히 용을 좋아하던 춘추 시대 초나라의 섭공이 어느 날 진짜 용을 만나자, 크게 놀라 도망쳤다. 여기서는 5세대와 당시 지식계가 현대화를 외치다 현대화의 실상과 마주하자 곤혹에 처하게 되었다는 사실을 표현한 것이다.

운데 여러 개의 구분된 공간으로 분열되었으며, 중국의 준 '시민사회'
는 막 형성되는 중이었다. 잇따른 1989년의 정치적 풍파로 이데올로기
적 환상은 재창조되는 와중에 사라지게 되었고, 역사와 현실은 또다시
짙은 안개 속에 가려졌다. 그리하여 5세대와 그들의 동시대인들은 모
두 역사의 갈라짐 속에서 방황하는 이들이 되었으며, 역사의 단절 속
에서 정신적으로 부유하는, 추방된 자가 되었다. 이들의 작품은 나아
가 심적인 타향살이에 대한 기록이었다. '5세대'는 사라졌다. 그러나
5세대의 '시간'에 대한 '공간'의 승리가 이미 5세대의 대륙 영화계에
대한 승리로 바뀌었음을 필자는 담담하게 주장해왔다. 모방된 '위조
품'이 시시각각 출현하였고 '탐색영화'는 이미 민중과 관료체계가 승
인할 수밖에 없는 장르(片種)가 되었으며, '장이머우'는 하나의 모델
이 되었다. 중국뿐 아니라 세계도 더 이상 작품 때문에 감독에게 관심
을 가지지 않았다. '5세대' 바로 그들이기에 그들의 작품에 관심을 가
지게 되었던 것이다.

　90년대 초 중국과 세계는 다시 5세대를 '만났다.' 그러나 이번에 역
사는 더 이상 어제와 내일의 사이에 존재하는 '무물의 진'을 가로지르
지 않았고, 더 이상 민족적 갱신, 구원 그리고 비상 같은 것도 없었다.
역사는 상호 모순되고 충돌하는 담론의 소재지가 되었다.

　천카이거는 수년간 해외에서 방랑한 뒤, 대범함과 명석함을 잃어버
렸고, 장이머우는 세계 영화계의 스타가 된 뒤, 더 이상『붉은 수수밭』
식으로 민족의 새로운 신(神)의 형상을 빚어내거나 선양하지 않았다. 톈
좡좡은 이미 오래전부터 '21세기를 위해 영화를 찍자'고 주장하지 않
고 있었다. 장쩌밍은 조국을 떠난 뒤 종적을 감추었다. 우쯔뉴는 자신
의 피로 물든 대단히 '아름다운'『큰 방앗간』을 만들어냈다. 그리하여
『현위의 인생』속 눈먼 늙은 가객은 역사적 파괴력의 상징이자 민족적

『귀주이야기』

자구自救의 새로운 신이 되었다. 광명을 허락한다는 말은 역사의 거짓
말이면서 '기독교 최후의 유혹'이기도 했다. 힘차게 흐르는 '어머니
의 강' 황하와 사멸해버린 황토지 사이에서 천카이거는 돌아보거나
앞을 내다볼 시야와 기회를 잃어버린 듯했다.

　　이 시기 재미있는 현상은 80년대 '물 없는 황하'라는 우언이 90년
대 영화 속에서 다시 거세게 일어났다는 점이다. 『국두』, 『홍등』에서
역사는 이미 나부끼는 색색의 천과 아비살해/아들살해라는 장면으로
옮겨져 연출되었다. 역사는 쓰허위안과 홍등—아름다운 중국 병풍의
상감화—으로 변해버렸다. 『붉은 가마』 속 고묘의 타락과 의식의 타
락은 모두 역사적 죄악과 역사적 구원에 대한 이중적 서술이 되었다.
마르케스의 이야기는 중국의 판본에서는 포스트모더니즘식의 초월을
상실했다.[190] 5세대는 단순하고 명료해졌으며 그들은 새롭게 이야기
와 '희극'을 포용하기 시작했다. 심지어는 '전통'도 새롭게 포용했다.
이런 의미에서 쑨저우의 『마음의 향기』와 장이머우의 『귀주이야기』

는 이들 마음의 여정에서 중간 기착지라 할 것이다. 『마음의 향기』가 보여주는 주변화된 공간에서, 그리고 쑨저우가 빚어낸 빛과 영혼의 무대에서, 할아버지와 손자라는 두 세대의 세 번에 걸친 화답 속에서, 역사와 현실, 전통과 현대는 평온하고 따뜻하게 대면하였다. 영화에서 전통이 손자의 심리적 시점으로 내화될 때, 현실은 이로 인해 구원되었다.

장이머우는 한 걸음 더 나아간 『귀주이야기』에서 5세대의 전형적인 역사 반사/규탄 식의 주제를 버렸을 뿐 아니라 5세대의 전형적인 언어 방식—시간에 대한 공간의 절대적 우세, 조형공간에 기댄 영화서사/반反서사—을 버렸다. 그리고 기록이라는 스타일—몰래카메라, 16mm 필름, 직업 연기자와 아마추어 연기자의 혼용, 방언—로 대체했고, 이로써 무형식의 형식, 무서사의 서사를 이루어냈다. 그러나 작품의 주인공 추쥐는 '하늘과 땅을 감동시킨' '두아원(竇娥冤)*과 같은 결말을 고집하지 않았다. 추쥐가 어려움을 무릅쓰고서 원한 것은 하늘의 도리와 법칙이 지켜지는 '대단원'이 아니었던 것이다. 그러므로 오래된 질서 속에서 서로 맞장구치며 호응하던 권력과 정리情理의 유희는 마침내 질서 밖 요소의 개입으로 인해 정리적으로도, 이성적으로도 어긋나게 되었던 것이다. 추쥐의 고집은 이루어지지 않았고 마을의 화기애애한 보름날 술잔치 풍경은 이로 인해 산산이 부서졌다. 장이머우는 5세대의 '과감하게 밀어붙이는 카메라' 식 언어 스타일을 버리고서 숨어서 드러나지 않는, 텍스트 속 서술자가 행동을 촉발하는 방식으로 전통과 질서의 화해를 실현하였다. 장이머우는 이로 인해 5세대의 '주

---

* 관한경(關漢卿)의 작품으로 젊은 과부 두아가 죽음의 순간에 자신의 피로 남편살해에 대한 무죄를 증명했다는 이야기이다.

변 인물'[191])이 된 것이 아니라, 주변에 머무는 것을 달갑게 받아들이던 5세대 영화를 주류로 전환시켰던 것이다. 『붉은 수수밭』은 흩날리는 거친 색채와 민족의 유사 '창세' 신화로 예술집단인 5세대의 화려한 앙코르가 되었고, 영웅을 등장시킴으로써 5세대의 시지푸스식 문화적 영웅주의 시대를 끝냈다. 장이머우는 『귀주이야기』의 격앙된 정취와 순박함으로 새로운 문화/영화문화의 국면을 그려낸 것이다.

본토와 세계

80년대에 5세대가 등장하고서 처음으로 당대 중국 문화에 대한 영화의 전면적 개입이 이루어졌고 그들이 역사/담론의 주체가 되었다는 사실은 주목할 만하다. 그러나 『황토지』, 『말도둑』, 『끊어진 소리』와 같은 5세대의 우수한 초기작품에서도 영화 서술자가 맡고 있는 담론적 주체와 역사적 주체라는 신분에 본질적이고 미묘한 균열이 나타나기 시작했다. 하나는 권력 담론에 대한 반항적 태도 속에 드러난, 일찍이 없었던 담론/역사의 주체로서 가지는 태도였고, 다른 하나는 응시하거나 탐구하는, 외재적인 태도이자 오락가락 움직이는 영화의 서사시점이었다. 그들은 '아들 세대의 예술'로, '타자' / '아버지'의 역사에 대한 절대적 거부를 표현했지만 한편, 그것은 타자/아버지/권력담론을 찬탈하여 주인의 자리를 차지한 민족문화/역사본연이자, 여전히 유토피아적인 피안 혹은 또 다른 타자일 뿐이었다. 비록 그 애초의 바람은 차안에서 피안으로 뛰어넘는 것이었지만, 실제 5세대가 행한 노력은 여전히 '5·4'의 문화적인 열곡의 차안에서 조망하는 것일 뿐이었다. 그러므로 5세대는 늘 '겹겹이 층지어진 진실'을 드러낸다. 공전

『황토지』

의 영상적 질감과 중국/중국형상의 재발견은 시종 '물질세계의 복원'이나 '반짝이는 생활의 바퀴' [192)로 나타나지 않았다. '앞뒤 분별없는 무모한' [193) 자아폭로식 카메라와 상식을 뛰어넘는 영화 프레임을 사용하는 것은 5세대의 영상 세계가 일종의 언어행위임을 폭로하는 것이었다. 즉, 그것은 비언어적 존재, 표현 불가능한 사물(5세대 대부분의 영화 속에서 이 표현의 대상은 중국 역사/문화 본연으로 설정된다)에 대한 언어적 접촉과 표현이었던 것이다. 텍스트 속의 서사인은 늘 왔다가 다시 떠나는, 문화/역사적 타자의 입장에 처해 있었다. 그들은 천카이거의 『황토지』속의 팔로군 민요수집가 구칭이며, 『아이들의 왕』 속의 '지식청년(知靑)'으로 교사 경험이 적은 시골 마을 교사 라오간 (老杆)이며, 『대열병』속의 부대에서 추방되어 열병식에 참여할 수 없게 된 전사들이었다. 게다가 톈좡좡은 아예 명백히 존재하는 '타성他性문화'인 소수민족문화를 선택했다. 그리하여 자아 폭로적인 카메라는 개입하려 하지만 내내 그러지 못하는 담론 주체/이 문화에 있어 타자의 화신이 되었다.

민족문화/역사의 재확인인 문화적 심근과 민족문화/역사의 재비판과 재부정이라는 역사적 반사, 즉 '5·4' 식의 문화적 역설 사이에는 이미 모순의 모순이 존재하고 있었다. '심근' 이든 '반사' 든, 이것은 모두 민족의 문화 역사의, 담론 주체 바깥에 존재하는 객체를 가리키는 것이었으며 담론 주체와 그 역사 주체 사이의 괴리를 의미했다. 이 괴리를 극복하려는 5세대의 노력은 분명 현대 중국의 지식인이 겪은 심각한 '내(재)적 유배' 를 재인증하는 것이었다. 5세대의 예상과 달리 그들은 출발점에서 이미 탈식민 문화의 세계적 콘텍스트에 부딪혔다. 그들이 계승한 정신적 유산은 대부분 '반半봉건, 반半식민지인 중국' 에 대한 지식계의 반란 및 반란 중의 굴복, 그리고 탈주 및 탈주 중 체포에서 비롯되었다.

1895년 이후 단속적으로 이어진 새로운 '계몽운동' 과 수차례 미뤄지고 고조되었던 현대화는 항상 '서구화(유럽화)' 를 민족 구원의 모델로 삼아왔다. 이와 함께 '혈흔이 선명한 백년의 기억' 은, 지속된 민족의 놀라운 경험 속에서 이미 타자의 시점과 모델을 내재화했다. 오늘날 갑자기 가속화된 현대화와 80년대 말에 형성된 정치 구조로 인해 탈식민 콘텍스트는 더 이상 역사적 잠재의식이나 '역사의 모략' 이 될 수 없었다. 오히려 그것은 확연히 시장과 연관되었다. 중국 문화계, 특히 영화계는 갑자기 선명하게 다가온 세계 문화 시장에서 엘리트 문화 및 전지구적인 탈식민 콘텍스트와 조우하였다. 이는 피할 수 없는 현실이 되었으며 심지어 유일한 도피로가 되었다. 반사가 심근보다 우세해진 것도, 반사를 심근이 대신한 것도 아니었다. 양자의 근거가 동시에 사라져버린 것이다. 이를 대신하여 '유럽 중심주의' 인 서구 문화에 개입하고자 하는, 주변적인 지위를 자각적으로 선택하고자 하는 양상

『푸른연』

이 나타났다. 그것은 일종의 담론/역사적 주체가 스스로 느낀 객체화 과정인 동시에 무릎 꿇은 타자의 문화적 태도이다. 장이머우와 '장이머우 영화'(『국두』, 『홍등』으로 심화된)는 그중 성공한 사례일 것이다.[194] 유사한 영화에서 여성의 내재적 시점과 카메라 언어의 모델은 탈식민 콘텍스트 가운데 성별과 종족이라는 이중적 명제를 표현하였다. 천카이거는 수차례에 걸쳐 좌절을 맛보았으나 이에 '굴하지 않고' 칸의 경쟁에 뛰어들었고 마침내 『패왕별희』로 대상을 차지하였다.[195] 정복과 함께 몰락도 진행되었다. 내재화된 서구 문화의 시점이 본토 중국 문화의 표상과 함께 탈식민 문화의 콘텍스트 속에 절묘하게 결합되었다. 중국의 민족문화와 민족의 역사는 세계 문화의 시야 속에 갑자기 등장했다가 등장한 바로 그곳에서 조용히 사라져버렸다.

90년대는 '역사'의 뒤를 이어 처음으로 '현실'이 5세대 감독의 영화 창작에 있어 주된 관심의 대상이 된 시기이다. 영혼과 문화의 '고향으로 돌아갈' 길이 막혀버리고 문명의 폭풍이 몰고 온 쓰레기가 역사를 회고하는 시야를 가린 것이다. 그 뒤 어쩔 수 없이 선택의 여지없는 '차안此岸'의 문화가 형성되어 갔다. 장이머우의 『귀주이야기』와 함께, 톈좡좡은 길고 복잡한 당대 중국사의 희비극을 아이의 시점으로 풀어내고자 했다(『푸른연(藍風箏)』, 1992년). '무산계급 문화대혁명'은 더 이상 5세대 영화에서, 가장 중요하지만 드러나지 않는 등장인물이 아니었다. 그것은 5세대 영화의 잠재적인 서사 모델도 되지 못한 채 영화의 서술 대상이 되어버렸다. 톈좡좡의 『푸른연』을 이어 『패왕별희』가 10년의 대재앙을 아름다운 색채로 그려내었다. 그리고 『귀주이야기』는 5세대로 하여금 그들의 인문적 관심을 변화시켰다. 즉 '황하를 멀리서 바라보는' 식의 민족문화에 대한 부감에서 카메라를 내려 '황토지 위의 가족'을 찍도록 한 것이다. 이 시기, 리사오홍의 『사십불혹』과 닝잉의 『즐거움을 찾아서(找樂)』, 한강(韓剛)의 『거라오 영감(葛老爺子)』, 황젠신의 『똑바로 서, 숙이지 마(站直曜, 別爬下)』 그리고 장젠야(張建亞)의 『싼마오 종군기(三毛從軍記)』가 90년대 영화 문화의 지평선을 이루었다. 본토 텍스트의 무력하지만 흥미로운 반항이자, 상업/예술 영화의 창작을 시도한, 샤강이 만든 『격정을 만나다』(1990년), 『이별 후(大撒把)』(1992년) 그리고 저우샤오원이 만든 '청춘 삼부곡' 중 2부와 3부(『청춘은 후회 없다』, 1991년, 『청춘의 충동(青春衝動)』, 1992년)는 본토의 영화시장과 영화 사이에 존재하는 심각한 갈등을 드러내었다.

기적 같은 '황야에서의 외침'과 머무를 곳 없이 떠도는 영혼을 만들어낸 뒤, 이제 화려했던 5세대는 어디로 나아가야 하는가? 그들이 이미 개혁했던 '역사' 혹은 개혁을 시도했던 역사는 어떻게 그들을 개혁할 것인가? 핏빛 새벽 속에서 홍등의 불을 밝힐 것인가 아니면 노래 부르며 유랑하면서 마음의 향기를 찾을 것인가?* 어찌되었건 5세대는 결국 성실하거나 혹은 그다지 성실하지 않은 역사의 아들이라 할 것이다.

---

　*　필자는 5세대의 대표적인 작품 제목을 빌려 그들의 미래에 대한 질문을 던지고 있다. 원제를 보자면, 『붉은 가마』는 『血色靑晨』으로 '핏빛 새벽'이 되며, 『홍등』은 『大紅燈籠高高掛』로 그 의미는 '홍등이 높이 걸리다'이다. 그리고 『현위의 인생』은 『邊走邊唱』으로 '걸으며 (혹은 방랑하며) 노래하다'이고 『마음이 향기』는 『心香』이다.

『패왕별희』:
플랫이 된 역사와
거울 속의 여인

>>

감독 : 천카이거

각색 : 리비화, 루웨이(蘆葦)

　　　 리비화의 동명 소설을 각색

촬영 : 구장웨이(顧長衛)

주연 : 장궈룽(張國榮, 청데이(程蝶衣) 분)

　　　 장펑이(張豐毅, 돤샤오러우(段小樓) 분)

　　　 궁리(鞏俐, 쥐셴(菊仙) 분)

컬러 드라마 195분

香港湯臣公司, 1993년

역사적 글쓰기

80년대 중반부터 대륙 예술 영화에서 '역사' 란 빙빙 돌면서 빠져나갈 수 없는 악몽이 되어버렸다. 그것은 눈을 똑바로 뜨고 봐야 하는 아찔한 계곡이었으며, 유령이 출몰하는 선홍색의 화려한 하늘이었다. 현실의 담론에 비해 역사적 서사는 시종 풍부하고 엄숙했으며 섬세한 층과 무한히 반복되는 정감으로 가득 차 있었다. 하지만 80년대 영화 서사에 있어 역사는 확인 가능한 구체적 연대나 시간적 연속선의 한 단락이 아니었다. 사실, '5·4' 전통 이후 역사의 본모습은 '연대年代 없이' '식인(吃人)' 이라는 두 글자를 종횡으로 써내려간 '사서' [196]로 제시되어왔다. 그러나 편년체의 역사 기록은 관변 설법에 대응한, 가려지고 단절된 '인민의 기억' 과 '승리자의 명세서' 를 가리키고 있었다. 그리하여 80년대의 역사적 글쓰기 속에서 중국의 역사는 시간적 사슬과 맞물려 진행되지 않고, 끝없는 반복과 윤회 속에 서로 겹치는 공간, '파괴할 수 없는 철방' 이거나 역사 속에 우뚝 솟은 황토지가 되었다. 역사는 천천히 쇠퇴하고 썩어가는 낡은 무대가 되었으며 연대, 사건 그리고 인생은 그 속에 차례로 상연되는 레퍼토리이자 바쁘게 오고가 제대로 보기 힘든 나그네가 되었다. 그러나 80년대 영화 서사에서 응시하는 서사인의 시선을 앗아간 것은 레퍼토리와 나그네가 아니라 바로 낡은 무대였다. 고통스러운 미련이자 저주 같은 사명인 무대 말이다.

사실 80년대 중·후반, 유사한 역사적 서사에 억눌려 있던 것은 연대에 관한 지나치게 선명한 기억이었다. 그것은 관변의 화법에 의해 농단되는 것을 거부했기에 언어로서 끄집어내기를 꺼려하던 기억이었다. 또 현실에 관한 지나치게 명확한 단언도 존재했다. 순환 속에서 쇠퇴하던 역사를 끝내려면, 중국은 누차 미루어왔던 계기 속에서 인류의/서구의 직선적인 역사의 진보로 뛰어들어야 했다. 현실에 관한 이처럼 명확한 단언은 온통 이성과 계몽 정신의 찬란한 빛을 외피로 두르고 있었다. 그러나 그것은 결코 단순하지도, 단호하지도 않았다. 문명의 파도가 휩쓸기 전의 마지막 회고적 시야인 그것은 80년대 사회 콘텍스트에서 끊임없이 머뭇거리며 옛 중국에 대한 절실한 원한과 미련을 자아내고 있었다. 그들은 크나큰 기쁨에 가득 차 이 낡은 무대는 무너지고 있으며 세기가 교체 중인 밝은 지평선상으로 침몰하고 있다고 선고해야만 하는 것 같았다. 그러나 동시에 그들은 이 무대에서 일찍이 연출되었던, 온통 중국적이고 동방적인 연극쟁이로서의 삶을 잃어버릴 것이었다. 이 때문에 1984년, 5세대가 촉발한 대륙 영화계의 영화의 '미학적 혁명' 가운데에는, 그리고 5세대의 전형적 언어 형태인 시간에 대한 공간의 승리 가운데에는, 이 같은 다원적 담론과 복잡한 정감이 새겨지게 되었다.[197] 하지만 뜻하지 않게도 5세대들은 역사적 서사에서 거짓말/연대를 추방함과 동시에, 이야기, 플롯의 가능성과 인물의 개인 생명의 체험에 대한 표현도 내쫓아버렸다. 그러나 아마도, 이와 동시에 그들이 중국/동방의 역사적 경관을 세계/서구 역사의 두루마리 그림 속으로 상감할 여백을 없애버렸다는 사실이 더 심각한 문제일 것이다. 아름답지만 정체된, 공간화된 동방적 경관은 서구의 직선적인 역사 시야, 즉 개방적 플롯 사이로 상감할 수 없는 조판일 뿐이었다. 그러나 80년대 사회적 콘텍스트 속에서 5세대가 다루려고 했던 것은 중국과 세계, 동방과 서구의 대화와 접촉이었다.

『붉은 수수밭』 가운데 '내 아버지'의 시점으로 제시되는 장면은 일본군 차량 부대를 통해 1937년이라는 정확한 연대를 보여준다. 그리하여 연대, 이야기 그리고 영웅의 등장으로 5세대는 처음 역사 서사의 문화적 곤경을 벗어날 수 있었다. 1987년『붉은 수수밭』은 베를린에서 대상을 차지하고『아이들의 왕』은 칸에서 실패를 맛본 사실이 동방과 서구 문화의 동일시와 독해의 계시록이 되었다고 한다면, 1993년, 결국 황금종려상을 가지고 돌아온『패왕별희』는 역사와 서사라는 문화적 명제에 있어 더욱 풍부한 의미를 지닌 예증이라 할 것이다. 사실 '시간에 대한 공간의 승리'라는 5세대의 영화 언어 형태의 기초를 닦은 사람 중 하나였던 천카이거는『황토지』의 발양과『아이들의 왕』의 좌절로부터『현 위의 인생』의 잡다한 혼재를 거쳐『패왕별희』의 전승 全勝에 이르기까지 고통과 굴욕의 여정을 겪어왔다. 중국의 사회적 사명과 서구의 문화적 호소 속에서, 역사적 진실과 연대/거짓말 속에서, 그리고 우언식의 역사적 장면과 플롯/인물 운명의 표현 사이에서 절망에 가까운 사투와 포위 뚫기를 시도했었다. 그리하여 마침내『패왕별희』에서, 추락했기 때문에 구원을 얻을 수 있었고, 굴복했기 때문에 면류관을 얻을 수 있었다.

『패왕별희』(이하 동일)

90년대에는 다중적인 문화적 억압이 존재했다. 시끄럽게 끓어올랐지만 적막했던 문화/상업/시장의 소용돌이 깊은 곳에서, 특정한 현실·정치가 야기한 역사적 실어증에 방해받던 천카이거에게 홍콩의 베스트셀러 작가 리비화의 소설은 소용돌이를 뚫고 가는 데 적합하기보다 표류에 더 적합한 부목浮木이 되어주었다. 리비화의 이야기를 빌어 천카이거는 중국 역사에 대한 복잡한 감정과 이미 침몰한 듯한, 상상 속 중국 문화의 본체에 대한 짝사랑을 페티시의 형식으로 억지로 응축시켰다. 더 이상 역사의 무대/공간화를 상유하지 않고 '말할 수 없이 아름다운[198] 동방의 경관과 종고 소리와 화려한 연기 및 장식 사이에 존재하는 그윽한 적막을 경극 무대의 조형으로 표현하면서 말이다. 그것은 더 이상 끝없이 절망적인 죽음의 환무나 아들살해의 정경이 아닌, 여운 긴 역사극—『패왕별희』, 영웅적 말로의 비분강개함과 전기성傳奇性, 정情과 의義, 용감한 남자와 가엾지만 아름다운 여인—에 대한 집착이었다. 영화는 옛 중국의 거울 이미지이자 죽음도 불사하는 순정과 용감한 죽음으로 인해 완전해진 거울 이미지로, 옛 중국의 인생 교훈이자 '사람이 되는 도리'인 "하늘은 스스로 돕는 자를 돕는다"[199]는 내용을 담고 있었다.

그러나 '진부한 미망의 환희를 지닌 경극인들의 이야기'[200]인 원작은 일찍이 역사의 미궁 속에서 5세대가 잃어버렸던 삶의 이야기와 시간의 사슬을 불러냈다. 연극 같은 인생의 재현과 함께 분별 가능한 역사이자 천카이거들이 끝내려고 했지만 끝낼 수 없었던 역사인 연대가 아득한 공간 속에서 또렷하게 부상했다. 페티시화한 역사적 공간을 무대로 고대 경극 그대로의 레퍼토리인 『패왕별희』가 유장한 역사 이야기의 구두점이자 메트로놈이 된 것이다. 사실 영화 『패왕별희』의 이야기 속에서 핍진하고 선명한 현·당대 중국 편년사의 단락은 잔인하기 그지없는 비극적 인생을 펼쳐 보이는 플랫에 불과했다. 그것은 더 이상 권력 담론에 대한 해체와 재건을 의미하지 않았다. 단지 연극 같은 인생의 그저 그런 색인이자 인물 간의 은원 관계를 만드는 구실에 불과했던 것이다. 이처럼 천카이거 및 그 동시대인에게 살을 에는 고통을 안겨주었던 현·당대 중국 역사는 영화에서 단지 고전극의 내용인 절망적인 '삼각연애'를 돋보이게 하는 한 폭의 플랫일 뿐이었다. 중국인의 너무나도 무거운 기억을 확인하고 짊어질 수 있었던 개개의 역사적 시간은 단지 '배경으로 투사'되어 인물들이 진정을 표출하거나 감정을 속이는 계기와 무대를 제공했을 뿐이며 인물이 겪는 고통의 순간에 난세의 비애와 숙명의 쓴맛을 더했을 뿐이었다. 예를 들어 '일본놈들'이 베이징으로 밀려들어오는 순간은 청데이가 처음 보검을 바치는 배경으로 작용할 뿐이었다.

일본 침략자의 기마부대가 청데이를 쫓아가는 돤샤오러우를 막아서는 것은 쥐셴(菊仙)이 이 틈을 타 집 대문으로 남편을 가려 뒤로 숨기고 데이를 문 밖에 내버려두는 사건의 배경에 그친다. 샤오러우가 일본군에게 덤벼들어 체포되는 것 역시 청데이가 쥐셴을 '쫓아낼' 묘책으로 작용한다. 연발로 울리는 총소리, 미친 듯이 짖어대는 경비견, 눈을 어지럽히는 탐조등, 아른거리는 달빛 등으로 표현되는, 일본군이 항일지사를 총살하는 장면의 경우, 미움을 받는 데이에게 혼란스럽고 흉악한 무대를 제공할 뿐이다. 해방군이 베이징에 들어오는 역사적 사건 또한 청데이가 두 번째로 보검을 바치는 장면에서 플랫('문화대혁명'의 잔혹한 상황에 이르자 쥐셴은 패검을 데이에게 던져줄 수 있었다)이 되어버린다. 그리고 기쁨에 젖어 있는 군악대와 온갖 고생을 다 겪은 해방군 대오 앞에다 천카이거는 샤오러우, 데이와 장(張)내시를 재회시키는데, 두 사람은 돌계단을 관객석 삼아, 장내시 양 옆에 앉아서,

현·당대 중국의 역사적 순간을 목격하는 것으로 되어 있다. 그러나 여러 곳에서 피어오르는 연무로 인해 화면의 입체감은 사라지고, 이들 세명의 모습은 편평한 화면 위로 투사된다. 이처럼, 급변하던 시기의 지난날 역사는 확장 가능성의 여지를 영원히 상실한 채, 아주 얇고 평평한 한 페이지로 압축되어버렸다. 즉, 과거 황금 시기를 누렸던 내시와 영원한 '경극쟁이'가 이 순간 함께 새로운 역사의 궤도 속으로 던져지면서 한 푼 가치도 없는 옛 역사의 구색 맞추기가 되어버린 것이다.

그래서 공간화된 역사적 형상/무대와 『패왕별희』라는 옛 그대로의 극목에 담긴 역사의 타성이, 편년사 속에 드러나는 연대와 표상을 고착화시킨 채, 옛 중국과 신세계를 뛰어넘는 삶에 대한 이야기와 함께 영화의 서사 구조 속에 병치되었다. 그리고 '연대'가 지시하는 정치 및 권력 담론, 연대가 암시하는 과다한 기억―정치적 장면과 '깊은 수렁에 빠져든 애정'[201], 기형적 사랑―과 성애 장면 등이 영화 속에 동

시에 펼쳐진다. 특정한 이데올로기의 뫼비우스의 띠처럼 상호 대립하지만 서로 부재하는 이항 대립은 병치를 통해 서로 해체된다. 이러한 이중적 병치를 통해 천카이거로 대표되는 대륙 영화계 5세대가 경험한 문화적 곤경은 성공적으로 해소될 수 있었다. 장이머우의 뒤를 이어 천카이거의 『패왕별회』가 이중적 병치를 통해 이중적 해체를 실현함으로써 80년대와 5세대의 문화 영웅주의의 침몰과 종말을 다시 한번 세상에 알렸던 것이다. 이중의 성공적인 봉합 속에서, 천카이거 스스로 끝낼 수 없었던 역사적 규탄과 역사적 반사라는 문화적 입장이 천카이거 및 동시대인의 현실 정치적 사명감을 저주처럼 둘러싼 채, 이중의 해체 속에서 슬픔과 기쁨, 만남과 헤어짐이라는 이야기 속으로 융화되었다. 무대는 더 이상 옛 중국의 죽음의 환무에 대한, 한스럽고 원망스러우며 복잡한 감정을 담아내지 않았다. 1937, 1949, 1966년이라는 연대 역시 더 이상 피와 눈물과 오점으로 물든 기억으로 제시되지 않았다. 경쾌하게 나부끼는 화려한 무대의상 같은, 중국/동방의 갖가지 표상일 뿐인 단편들이 서구의 권위적 시점 속의 동방적 경관과, 기이하고 현란하면서 잔혹하고도 감동적인 동방을 엮어내기 시작했다. 공간화된 역사/역사의 진면목과 시간화한 역사/정치 및 권력 담론이 병치 속에서 서로 해체되던 때, 그것들은 특정한, 중국 문화 콘텍스트 가운데 기의를 잃어버리고 '비어있는 기표'가 되었으며, 아울러 함께 서구적 시점 속의 '신화적 기호'인 중국을 이루어냈다. 영화에 표현된 모든 것은 지나칠 정도로 분명하게 '중국'을 가리키고 있다. 그러나 그것은 중국의 역사—진실이거나 거짓인—로 확대되지도, 중국의 현실을 보여주지도 못했다. 그 모든 것은 단지 동방적 경관, 동방의 거울성 속에 갇힌 얼룩진 거울 이미지에 지나지 않았다. 게다가 그것들은 천카이거가 미친 듯 사랑해마지 않던 칸의 메뉴에 오르기 위해 반드시 필요했던 조미료에 불과했다.

남자 · 여자 그리고 인생 이야기

영화에 나오는 경극의 인물로 분장한 시간들은 상호 중첩된 일련의 삼각연애 속으로 조직되었음에 분명했다. 돤샤오러우/청데이/쥐셴, 돤샤오러우/청데이/위안쓰예(袁四爺) 그리고 심지어는 장내시/청데이/돤샤오러우, 돤샤오러우/청데이/샤오쓰(小四)의 관계도 그러했다. 동방적인 거울성이라는 형상을 만들어내기 위해 천카이거는 리비화의 원작에 있던 기형적 연애를 이중적인 거울 이미지에 대한 사랑으로 바꾸었다. 더 이상 '한 남자가 다른 남자에게 수렁에 빠지듯 빠져드는 사랑'도 아니고, 돤샤오러우에 대한 청데이의 짝사랑도 아니었다. 그것은 '우희로 환생한' 청데이가 초패왕을 향해 보내는 충성과 정절이었다. 돤샤오러우를 향한 청데이의 바보 같은 사랑은 단지 현실로 향한 무대의 확장('미치지 않으면 살아갈 수 없다' - 돤샤오러우의 말)일 뿐이며, 우희의 정절과 '죽을 때까지 함께 하라'는 사부의 가르침에 대한 집착과 실천일 뿐이었다. 사실 서사의 표층 구조에 제시되고 있는 경극 예술에 대한 미련이 아니라 패왕에 대한 깊은 거울 이미지에 대한 사랑이 청데이가 행하는 모든 행위의 근거였다고 할 수 있다. 어릴 적 샤오더우쯔(小豆子)(어린 데이)는 극단 규율에 반항하여 극단을 뛰쳐나왔다가 명배우가 연기하는 경극을 접하게 된다. 이 장면에서 샤오더우쯔의 눈 속에 보이는 것은 화려하기 그지없는 무대 인생이나 우희의 아름다운 형상이 아니다. 그것은 시종 특정한 거울 이미지로 나오는, 등 뒤에 꽂힌 기를 휘날리는, 용맹하고 현란한 패왕이다. 이 때문에

청데이와 돤샤오러우 사이에 펼쳐지는 중요한 사건 장면은 늘 두 사람
이 분장을 하고 무대에 올라 우희와 패왕이 되었을 때 일어난다. 서로
중첩되는 삼각연애라는 상황 역시 데이가 우희로 분했거나, 적어도 아
직 분장을 닦아내지 않았을 때 빈번히 나타난다. 장내시에게 폭행당하
는 장면, 위안쓰예가 개입하는 장면, 쥐셴이 부탁하는 장면, 국민당 부
상병과 충돌하는 장면, 경극개혁 장면, 심지어는 '문혁' 장면까지 그
모두가 그러했다. 두 사람이 결별했을 때, 청데이는 『술에 취한 양귀
비(貴妃醉酒)』*, 『목단정(牧丹亭)』**, 『옥탁을 집다(拾玉鐲)』 등에 나오
는, 쓸쓸히 군왕을 기다리거나 임에 대한 생각으로 지쳐버린 여인을
홀로 연기했다. 청데이가 위안쓰예에게 굴복하여 '정절을 잃는 사건'
역시 돤샤오러우가 패왕으로 분한 뒤에 일어났다. 이것은 거울성 속
에서 들쭉날쭉 중첩하면서 아른거리는 환영이자 그림자의 사랑이라

---

* 청초 홍승(洪昇)이 지은 『장생전(長生殿)』의 '醉妃'라는 대목을 각색한 경극이다.
『장생전』은 당 현종과 양귀비의 이야기를 다룬 전기(傳奇) 작품이다.
** 명 후기 탕현조(湯顯祖)가 지은 전기이다. 사랑하는 남녀를 다룬 작품이다.

할 수 있다.

　천카이거는 쥐셴과 돤샤오러우의 속세에서의 인연이라는 또 다른
그림자의 사랑을 이에 대한 너무도 또렷한 메아리로 삼았다. 그것은
'황천패(黃天覇)와 기녀에 대한 극'(청뎨이의 말), 즉 강호의 열혈남아
와 진정을 품은 기녀에 대한 극—고전적 세속 신화—을 옮겨온 것이었
다. 그래서 쥐셴과 돤샤오러우 사이에 있어 중요한 장면인 신혼 초야
장면과 쥐셴이 유산하고 난 뒤의 장면 속에서 감독은 두 사람을 미디
엄 숏으로 잡는 고전적인 방법을 써서 침대 곁에 놓인 화장대 거울 속
의 거울 이미지로 돤샤오러우를 찍어낸다. 청뎨이와 마찬가지로 쥐셴
역시 진정으로 돤샤오러우를 소유할 수 없었다. 더 정확히 말하자면
쥐셴은 끝까지 '정정당당한 아내'가 될 수 없었다고 할 수 있다. 그녀
는 돤샤오러우로부터, 그녀가 꿈꾸었던 평범하고 당당한 '명분'을 얻
지도 못했고 보호도 받지 못했다. 그녀는 반복해서 청뎨이, 사부, 마지
막으로는 돤샤오러우 본인으로부터 그녀의 사회적 신분이 '화만루(花
滿樓)의 아가씨'임을 확인받았다. 그리고 그녀는 그러한 거울 이미지

를 안은 채 죽어갈 것이었다. 결국 그녀는 자신의 남편인 돤샤오러우로부터 기녀라고 확인받은 뒤, 붉은색 예복을 입고 '정당한' 부부의 침상 앞에서 목을 맸다.

두 남자의 기형적 연애 속에 여인을 끼워 넣었던 원작과 달리, 영화가 이중적인 거울 이미지에 대한 사랑이라는 구조 속에 이야기를 '두 여인'과 한 남자 사이의 삼각연애로 고쳐 썼다는 사실은 매우 흥미롭다. 원작에서 이 이야기는 분명 동성애 이야기였다. 그러나 영화에서 청뎨이는 세 번의 폭력적인 거세의 상황(어머니에 의해 여섯째 손가락이 잘리는 장면과 돤샤오러우(원작의 사부)에게 맞아서 입에 선혈이 낭자한 장면, 그리고 장나리에 의해 폭행당하는 장면)을 겪은 후, 기꺼이 굴복하여, 심지어는 도취된 듯 '여인'이라는 자신의 신분을 받아들인다. "저는 본래 계집아이랍니다. 사내아이는 아니지요……." 바로 이 '두 여인'과 한 남자의 삼각연애 속에서 천카이거는 자신의 역사 서사를 짜낼 수 있었다. 남자가 아닌, 이 '두 여인'이 역사의 권력 담론을 고수하고 실천하는 역할을 맡았다. 즉, 청뎨이는 '죽을 때까지 함께 하기'를 고집했고, 쥐셴은 부창부수와 가난을 무릅쓰는 정신을 받들었던 것이다. '그녀들'은 모두 역사의 권력 질서와 성별 질서가 규정한 이상적 여성을 연기했으며 이로 인해 시종 역사 진보의 바깥에 놓여 있었다. 청뎨이는 어떠한 시대와 어떠한 관객 앞에서라도 계속해서 노래 부르고 춤추며 우희, 양귀비, 두려낭(杜麗娘)*을 연기해야 했다. 일본군 앞에서, 정전되어 깜깜해진 무대 위에서, 그리고 눈처럼 쏟아지는 항일 전단 사이에서 말이다. 만약 국민당 부상병이 무대로 뛰

---

* 탕현조 『목단정(牧丹亭)』의 여주인공.
** 不知有漢, 無論魏晉.

어들지 않았고, 경극 개혁이 그가 연기할 수 있는 권리를 빼앗지 않았다면, 그는 분명 계속해서 춤추며 "한漢도 모르고 위진魏晉도 몰랐더라**"라고 노래했을 것이다. 그리고 쥐셴의 경우, 어느 양가의 부녀자와 마찬가지로 편안하게 집과 남자를 지키며 평범하고 따스한 날을 보냈을 것이다. 단지 돤샤오러우만이 홀로 진실하지만 잔인한 역사의 진전 속으로 뛰어들었다. 천카이거가 이 '두 여인'의 행동을 모두 연기처럼 꾸몄다는 사실은 흥미롭다고 생각한다. 청데이의 연기는 대부분

폭력적 거세와 예술 및 거울 이미지에의 도취로부터 비롯되고 있으며, 쥐셴의 연기는 대부분 여성적인 숙달과 교활함으로부터 나온다. 그녀는 '여인'으로서 청데이보다 훨씬 더 '여인'의 기술에 숙달되어 있었다. 호박씨를 까먹으며 결코 몰입하지 못하는 듯한 태도로 돤샤오러우의 연기를 감상하다가 '우희'가 등장할 때 극장을 나와버린 그녀는 스스로 기생의 신분을 벗어버린다. 이때 비녀를 뽑고 팔찌를 벗고 마지막으로 거침없이 꽃신을 벗어 보석 더미 위에 가볍게 떨어뜨리는 그녀의 행동은 마치 연기하는 듯하다. 그리고는 차갑기 그지없는 기생 어미의 비꼬는 말에 자신은 스스로 운명을 만들어가는 여인이라고 발랄함과 냉정함을 함께 보이며 대꾸한다. 이 꽃신은 이 장면만을 위한 도구에 그치지 않고 다음 장면의 복선이 된다. 즉, 꽃신을 벗어버림으로써 그녀는 맨발인 채 돤샤오러우의 면전에 나타나게 되었으며 기생 신분을 벗어버린 것 역시 '쫓겨난 꼴'이 되었던 것이다. 외롭고 가난하며 의지할 곳 없는 약자 같은 그녀의 모습은 정 많은 의리파 사내 돤샤오러우로 하여금 다른 선택을 할 수 없게 만들었던 것이다.

그러나 바로 '두 여인' 간의 쉼 없는 투쟁으로 인해 남성은 역사 속에서 고난을 겪게 된다. 그중 온 얼굴에 선혈이 낭자한 샤오러우가 혼란에 빠진 채 유산한 쥐셴과 경찰에 체포된 데이 사이에서 진퇴양난에 처했던 장면을 가장 전형적인 예로 들 수 있다. 또 다른 재미있는 일례로는 희극 개혁과 현대극을 토론하는 장면으로, 이때 쥐셴은 고함을 질러서 시류에 어긋나는 청데이의 발언에 동의하지 못하도록 돤샤오러우를 막아선다. 그녀가 관객석에서 던진 붉은 우산(비바람을 막는 문화적 기호)으로 인해 돤샤오러우는 결국 속마음과는 다른 말을 하게 된 것이다. 이 장면은 쥐셴이 다시 한 번 샤오러우를 구하는 동시에 그로 하여금 배반의 길로 들어서게 하는 장면이라 할 수 있다. 그러나 그녀 자신은 이로 인해 결국 비극적인 최후를 맞아야 했다. 감독은 신시대의 잔혹한 역사적 폭력을 체현하는 인물인 샤오쓰까지도 '여성 배역'을 맡게 하여 그로 하여금 우희로 분해 패왕이 두 우희를 두고 절망적 선택을 하도록 만든다. 그리고 이러한 두 우희의 등장으로 인해『패왕별희』가 주는 교훈은 더럽혀진다. 하지만 더욱 잔혹하고 황당한 장면은 '문혁'과 관련된 장면으로 한 남자를 차지하려는 두 '여인' 간의 광기가 결국 남성을 냉정하고 수치심마저 느끼지 않는 상황으로 내몰게 되는 장면이다.

　　사실 리비화의 원작은 결코 '다원적으로 결정'되거나 많은 내용이 담긴 텍스트가 아니었다. '기생은 인정이 없고, 배우는 의리가 없다'[202]는 삶에 관한 이야기이자 정절과 배신에 관한 이야기였을 뿐이다. 그러나 천카이거 영화에서 정절과 배신이라는 이 주제는 '두 여인'(데이, 쥐셴)이 남자(돤샤오러우)에게 끊임없이 요구한 만족 모르는 충성과 정절이 어떻게 배신을 불러일으키고 남자를 철저한 배신의 길로 밀어 넣게 되는가로 표현되었다. '끝까지 함께 할 것을' 지나치게 요구했기에 청데이는 거듭 돤샤오러우의 사랑과 비호를 잃어버리고 자신은 위안쓰예에게 '정절을 잃게' 된다. 자신에 대한 돤샤오러우의 정절을 요구하고 확인받고자 쥐셴은 반복해서 샤오러우로 하여금 청데이와 무대와 사부의 가르침을 버리도록, 나아가 소박한 신념을 배신하고 인간으로서의 존엄을 버리도록 만들었다. 이 배신의 길은 돤샤오러우가 데이에게 치명상을 입히고 쥐셴을 팔아버리고 배반하는 것으로 끝난다.

바로 이러한 정절과 배신이라는 주제는 천카이거로 하여금 처음으로 남자/여자를 자신의 역사 이야기 속에 쓰도록 했으며, 개인(중성에 가까우나 실은 남성인)을 역사의 대립항으로 세움으로써 영화 서사로 하여금 다시 한 번 '역사 파멸의 과정 속에서 개인은 구원받고 사면된다'는 고전적인 영화 서사 전략을 채택하게 했다. 베르톨루치식의 '개인은 역사의 인질이다'라는 주제를 통해 천카이거는 "우리는 영혼을 고문해야 하고, '전민족과 공동으로 참회'[203)를 해야 한다."는 80년대의 이데올로기적(반反이데올로기적) 명제를 해체하거나 배신하는 데 성공했다. 돤샤오러우와의 역사적 조우와 운명적 동일시(천카이거는 돤샤오러우 역할을 자신이 할까 생각했었다) 그리고 리비화의 동성애 이야기에 대한 고쳐 쓰기로 천카이거는 남성 중심주의적 서사 방식을 전달했음에 분명하다. 이러한 방식으로 인해 돤샤오러우/남성은 단지 역사 진보 과정 속의 운명과 위치에 처했고, 여인은 자신의 목적을 위해 시종 역사적 잠재의식을 짊어진 존재인 동시에 역사의 공모자가 되어버렸다. 그러나 재미있게도, 돤샤오러우에 대한 천카이거의 동일시는 그저 사회적인 동일시에 불과했다. 천카이거는 돤샤오러우에게 자신이 버릴 수 없었던, 중국 특히 당대 중국의 정치, 역사적 운명에 대한 사고 및 이 사고에 대한 배신과 고쳐 쓰기를 투사했다. 반대로 청데이의 모습에는 더 개인화된 동일시를 쏟아 부었다. 이 동일시는 분명 '여성'의 운명을 겨냥한 것도, 더더욱 동성애자의 운명을 말한 것도 아니었다. 그것은 '미치지 않으면 살 수 없다'라는, 초월적인 예술적 사명감을 갖춘 예술가인 청데이의 모습 위에 세워진 것이었다. 동시에 청데이의 형상과 운명이야말로 서구 문화라는 거울을 마주하고 있는 동방 예술가의 역사적, 문화적 운명을 담고 있다는 사실이 더 중요한 문제였다. 즉, 한 남자가 역사의 거울성 속에서 한 여성의 형상을 훔쳐본다는 것과 같은 상황 말이다. 아마 바로 이것이 포스트콜로니얼 문화의 콘텍스트 중 제3세계의 지식인/예술가가 지닌 가장 심각한 비애이자 문화적 숙명일 것이다. 세계 문화의 콘텍스트 속에서 새로운 권력과 담론 구조가 성별/종족 간의 서사 및 유희의 규칙을 규정했던 것이다.

폭력의 미궁

천카이거에게 있어 『패왕별희』는 미로 속의 역참驛站 같은 것이었다. 가장 선명한 징후 중 하나는 역사의 폭력에 대한 모순적 입장과 이중적 곤경의 표현이라 할 수 있다. 어떤 의미에서 영화 『패왕별희』는 역사의 폭력이라는 마귀가 출몰하는 미궁과 다를 바 없다고 할 수 있다. 이 작품에서 천카이거는 역사적 폭력의 상황에 사로잡혀 있는 듯했다. 그는 그것을 옛 중국의 조화롭고 유혹적인 풍경선상의 없어서는 안 될 경관으로 보았다. 동시에 그것은 5세대 및 대륙 지식인이 포기할 수 없는 고전적 입장인 역사적 폭력에 대한 규탄과 반사인 듯했다. 그래서 해방군이 베이징에 들어올 때 청데이, 돤샤오로우 및 장내

시가 함께 있는 화면은 기왕의 역사가 이어지지 못한 채 평면으로 압축되었음을 선언하는 것 같았다. '영원할 것 같았던' 위안쓰예를 사형시키면서 역사의 단절을 예시한 후, 천카이거는 역사적 폭력에 대한 서사 각도와 어조를 둘로 나눈다. 폭력/권력/질서는 옛 중국의 조화로운 풍경 속에서 우아함, 세심함, 심지어 합리와는 거리가 멀지만 한편으로는 결코 현대 중국의 비인간성, 적나라함, 흉악함과도 닮지 않은 것 같았다.

천카이거가 옛 중국의 역사적 폭력에 사로잡혀 있었다는 사실은 관(關)사부와 극단 단원들에 관한 여러 장면 속에 드러난다. 사실 영화의 가장 성공적이고 매력적인 장면은 극단에 관한 몇몇 단락들이다. 관사부의 극단은 옛 중국/원元사회에 대한 상유와 지칭이라는 역을 성공적으로 맡고 있다. 그리고 관사부는 이 큰 무대에 펼쳐진 작은 세계의, 영혼 같은 존재이자 화목한 '가정'의 엄부임에 분명했다. 천카이거가 관사부라는 이상적인 아버지의 형상을 만들어냈다는 사실은 5세대 문화가 맨 처음 지향했던 바에 대한 또 한 차례의 배신이었다.

80년대, 5세대는 역사적 폭력에 대한 규탄과 반사이자 부자 질서를 제거하는 모습으로 등장했다. 필자는 앞에서 그것을 '아들 세대의 예술'로 지칭한 바 있다. 심지어 천카이거의 미로의 시작인 『현 위의 인생』속의 '선선(神神, 신 중의 신)'의 제자 역시 부자 질서와 역사적 폭력 아래서 전전하는 '아들'의 형상을 표현한 것이었다. 늙은 선선은 결국 70년이라는 생을 다 바쳐 천 가닥의 현을 끊고 사부의 말을 실천하지만 돌아온 것은 백지 한 장뿐이었다. 이로 인해 그는 역사적 거짓말의 피해자이자 희생양이 되었다. 그러나 동시에 그 또한 스터우에게 이 거짓말을 전함으로써 여전히 역사의 사슬을 잇고자 시도하게 된다. 『패왕별희』의 관사부 및 극단과 관련된 장면에서 부자 질서에 대한 항거는 약간의 피비린내를 띤, 하지만 결국은 조화롭고 매혹적인 정경 속으로 이미 사라져버렸다. 극단이라는 원사회의 정경 속에서 관사부는 절대적 권위자이며 명실상부한 아비의 형상임에 틀림없었다. 그리고 더 이상 '어미'를 통해 이 상황이 부드러워지지도 않았다. 그는 극단 아이들을 가르치기도 하지만 그들에 대한 생사여탈권도 쥐고 있었다. 옹졸하고 매조키스트적인 대사부와 달리 관사부는 이상적인 아비이자 옛 중국의 매혹적인 경관의 핵심적인 인물이 분명했다. 동시에 그는 질서의 관리자이자 더 잔인한 폭력의 집행자였다. 미친 듯 화를 내며 폭행을 가할 때조차도 그는 여전히 존엄을 유지했다. 즉, 아이들은 스스로 벌 받는 의자로 가서 매로 쓰일 목검을 바쳐야 했으며, 누군가는 그 옆에 서서 큰 소리로 극단의 규율을 낭독하며 이 징벌의 합리성을 확인시켜야 했던 것이다. 관사부를 둘러싸고 천카이거는 역사적 폭력이라는 이중적 곤경의 추론 속으로 빠져든 것만 같았다. 그중 샤오라쯔(小癩子)의 죽음은 상당히 전형적인 일례이다. 샤오라쯔는 분명히 역사적 폭력의 희생양이었다. 그는 극단에서 받은 끝일 줄 모르는 잔혹한 징벌에 넋이 나가버렸다. 그 역시 '명배우'의 공연을 보면서 뜨거운 눈물을 흘리며 '나는 언제나 배우가 될까?'라고 자문하기도 했지만, '몇 대나 맞아야 저렇게 되나?'라는 두려움에 결국 관사부의 진노와 무절제한 매질 앞에서 마지막 콩사탕을 삼키고는 목을 맨다. 비스듬히 들어오는 눈부신 햇빛 속에 샤오라쯔의 마른 몸이 공중에서 가련하게, 의지할 것 없이 흔들리고 있었다. 관사부는 분명 이 무혈 학살의 원흉이었다. 그러나 이에 대한 규탄도 항의도 없었다. 이어지는 장면에서 관사부는 더욱 위엄 있는 모습으로 상심한 채(샤오라쯔의 죽음으로 인한 것이 아니라, 아이가 '그릇이 못되었다'라는 사실 때문에 슬픈 것이다) 아이들 앞에 서서 가장 중요한 『패왕별희』가 주는 교훈에 관한 수업을 시작한다. 우희가 조용히 죽음으로 나아가는 극장면은 '사람이 되는 도리'인 '죽을 때까지 함께 하라'와 '사람은 모름지기 스스로 도와야 한다'를 표현하는 것이다. 그리하여 샤오라쯔는 '스스로 돕다'라는 진의를 이해 못한 범례가 되었으며, 그것은 죽음이라는 대가로도 여전히 씻어낼 수 없는 '오점'이 되었던 것이다. 그러므로 샤오라쯔는 용서받을 수 없었지만 관사부와 폭력은 오히려 지체 없이 용서받을 수 있었던 것이다. 그 매조키스트적인 사부가 공언한 것은 곧 진리인 것 같았다. "남들 앞에서 귀하게 대접받으려면, 뒤에서는 대가를 치러야 하는 법이다."라는 진리 말이다. 잔혹한 징벌이 바로 '돕는' 기술이었던 것이다.

　관사부와 극단의 조화롭지만 잔혹한 정경 주위에다 천카이거는 청데이와 돤샤오러우라는 상호 대칭적인 인물형상을 내세웠다. 샤오스터우(小石頭)/돤샤오러우는 극단의 대사형으로 이러한 경관에 대한 암묵적이며 신실한 협력자이다. 머리 위로 '벽돌을 부딪혀 깨는' 잡기로 사부를 곤경에서 구해내거나 고된 훈련도 마다 않고 열심히 배우는 충성스러움과 용맹스러움을 갖추었기 때문만은 아니다. 대부분은 그가 극단의 '유희의 규칙'을 숙지하고서 그것의 완성을 위해 성심껏 혹은 즐겁게 도왔기 때문이다. 그는 늘 '매우 기쁜 모습으로' 합리적이거나 비합리적인 사부의 징벌을 위해 형구를 가져왔으며, 익살스럽거나 과장되게 고통의 비명을 지르거나 사부에게 환호를 보냈다. 반복되는 엄동설한의 눈밭에 꿇어앉아 벌 받는 것 역시 그는 당연한 사실로 받아들인다.

　천성이 '권력의 관계자'인 것 같은 샤오스터우/돤샤오러우와 반대로 샤오더우쯔(小豆子)/청데이는 시종 역사적 폭력의 학대 대상이며 '고쳐 쓰이는' 대상이었다. 그가 반항하고 인내함으로써 극단의 규율은 더 이상 조화로운 유희가 아닌 폭력임이 밝혀졌던 것이다. 생모에게 여섯 째 손가락을 칼로 잘리고 버림받는 것으로 시작되는, 샤오더우쯔에 가해진 폭력적 고쳐 쓰기는 이후 『속세를 그리다(思凡)』라는 극의 연습에서 집중적으로 표현된다. 분명히 천카이거가 만들어낸 서사 과정에서 샤오더우쯔의 신상에 일어난 것은, 단순한 남녀 배역의

결정이 아닌, 폭력적인 성별 고쳐 쓰기였다. 『속세를 그리다』의 "저는 본래 계집아이지 사내아이가 아니랍니다. 남자는 아니지요......."라는 대사가 샤오더우쯔에게서 "나는 본래 사내아이지 계집아이가 아니랍니다"로 바뀐다. 그것은 (샤오스터우가 말한 "너는 네가 여자라고 생각해야 해. 다시는 틀리지 마!"에 대한) 의식·무의식 사이의 절망적이고 고통스러운 반항이었다. 이렇게 거듭되는 가혹한 매질도 그를 변화시킬 수는 없었다. 맞아서 다친 손을 물에 담그면 불구가 된다는 말에 곧바로 손을 물에 담그는 그의 행위는 불구가 될지언정 역사적 폭력에 의해 고쳐 쓰이기를 바라지 않는 데서 비롯된 것이었다. 그러나 그는 샤오라쯔와 함께 도망치지만 무대와 무대 위의 위풍당당한 패왕

에 대한 미련 때문에 다시 돌아온다. 무대와 연기의 유혹에 굴복당하고 만 것이다. 그렇다고 해서 그가 사부와 폭력과 고쳐 쓰기에 완전히 굴복한 것은 아니었다. 용서를 빌지도 않고 소리도 내지 않으며 참고 견디는 그에게 결국 관사부는 격분하여 무소불위의 폭력을 행사한다 (이 잔혹한 장면은 샤오라쯔의 죽음으로 직접 연결된다. 사실, 청데이만이 시종 샤오라쯔를 잊지 못한다. 그가 명배우가 된 후, 영화에는 멀리서 전해오는 유장하고 처량한 '콩사탕 팔아요' 하는 소리가 두 번 나오는데, 이때 청데이의 얼굴에는 아득한 그리움이 나타난다). 그러나 고쳐 쓰기는 여전히 실현되지도 완성되지도 못한다. '계집아이'와 '사내아이'의 계속되는 '혼동'은 샤오스터우가 폭력의 실행자가 되어 사부의 담뱃대를 움켜쥐고 샤오더우쯔의 입안을 마구 쑤시는 상황까지 나아간다. 영화의 시각적 표현에서든 프로이트주의의 상징적 의미에서든, 이는 분명 강간을 뜻하는 장면이었다. 그러나 이번의 폭력은 고쳐 쓰기의 마지막 일필을 실현한다. 샤오더우쯔의 입에서 선혈이 흘러내리는 장면 후, 그는 도취된 듯 행복한 표정으로 천천히 몸을 일으켜 단아한 용태로 유창하게 '저는 본래 계집아이랍니다. 사내아이는 아니지요……'라고 내뱉는다. 이후 장내시의 강간은 폭력적인 성별 고쳐 쓰기를 고착화함과 동시에 폭력의 발원지가 역사임을 분명히 한다. 샤오더우쯔가 장내시로부터 폭행당하는 장면은 길을 잃은 폭력의 미궁 속에 처해 있던 천카이거의 복잡하고 불분명한 심리 상태가 가장 잘 드러나는 장면이다. 흰색의 휘장, 흐릿한 황금빛 역광, 반짝반짝 빛나는 유리 그릇, 마귀와 무당할미 같은 장내시 등은 폭력의 일막을 동방의 거울성 속에 놓인, 사악하지만 매혹적인 장면으로 만들었다. 샤오더우쯔는 분명 장내시가 아닌 이미 역사가 된 '역사'적 폭력에 의해 더럽혀진 것이다.―장내시는 '남근을 가지고 있지 않은, 그 본인이 바

로 남근인'[204] 존재이기 때문이다.

사실 세 번의 폭력/거세 행위 후 샤오더우쯔/청뎨이에게는 구조적인 틈 혹은 의미 있는 반전이 일어난다. 샤오스터우/돤샤오러우보다, 청뎨이가 시종 그것에 저항했지만 결국 강화된 권력 의지를 더욱 심각하고 철저하게 내화한 것이다. 그는 폭력적인 고쳐 쓰기를 받아들였을 뿐 아니라 이 고쳐 쓰인 신분을 고집하게 되었으며 폭력의 질서를 고수하게 되었다. 돤샤오러우가 아닌 바로 그가 관사부의 뜻을 받든 제자가 되었다. 이와 함께 폭력에 의해 결정된 여성 배역을 고집하고 '죽을 때까지 함께 하라'는 교훈을 지키면서 참된 역사적 진보 과정의 밖에 있기를 고집한다. 그는 '여인' 즉 거울 이미지의 여인이었기 때문에 무대와 거울 속에서만 비로소 생명 있는 존재가 될 수 있었다. 그러나 돤샤오러우는 역사의 소용돌이 속에서 수절과 배신 아니면 저항과 굴복 중에서 행동을 선택할 수 있을 뿐이었다. 청뎨이는 『패왕별희』 속의 시였지만 이 시행은 역사적 폭력에 의해 쓰인 것이었다.

무한히 반복되고 이어질 것 같았던 청뎨이라는 시행은 다시 한 번

역사적 폭력에 의해 중단된다. 역사와 폭력에 대한 영화의 담론에 다시 한 번 균열이 나타나게 된 것이다. 관사부의 죽음은 명실상부하게 한 시대의 종결과 한 세계의 침륜을 예시했다. 관사부는 어떠한 변화도 일어날 것 같지 않은 극단의 정경 속에서, 아이들에게 『임충의 야반도주 林沖夜奔』 중 '팔백만 금군의 교관' (초패왕 외의 또 다른 최후의 영웅)인 영웅적인 형상을 시범 보이다가 죽음을 맞는다. 이후 바로 데이, 샤오러우 그리고 장내시가 우연히 만나게 되는데, 이때는 천지개벽의 변화가 일어나던 해였다. 역사는 새로운 방식으로써 개인의 생명을 고쳐 쓰려 했지만, 청데이는 임대옥이 글을 태우듯 화려한 무대의 상을 태움으로써 다시 한 번 고쳐 쓰이는 것을 거부했다. 그런데 이번의 폭력은 그 잔혹함과 피비린내를 거침없이 드러내려 했으며, 더는 거울 이미지 속의 흐릿함과 조화로움으로도 부드러워지지 않을 그런 폭력이었다.

리비화의 소설이 배신에 관한 이야기라고 한다면 천카이거의 『패왕별희』는 공간화한 역사/연대 없는 역사와 시간화한 역사/편년사를 병치함으로써, 그리고 역사의 정치적 장면과 성별적 장면을 같은 무대에 세움으로써 5세대의 문화 및 예술이 초기 지향하던 바를 배신했다고 할 수 있다. 화려하고 짙은 색채의, 상심 어린 듯한 동방의 거울 이미지 속에서, 천카이거들이 깊이 사랑하고 한스러워했던 중국의 역사와 현실은 이미 진정 부재하는 존재가 되어버렸다. 순수하지만 과적된 중국의 표상은 이미 당대 중국의 현실 속으로 다다를 길도 떨어질 길도 없어졌다. 그리하여 중국의 역사는 얇고 기이한 플랫이 되었고, 중국의 현실은 서막과 결말에서 이동식 스포트라이트에 의해 비춰진 텅 빈 운동장이 되었으며, 극 엔딩 크레딧의 비어 있는, 흑색 자막의 바탕이 되었다. 천카이거는 역사와 폭력에 대한 자신의 현실적 확인과 입장을 상실했다. 비어 있는 (비非)무대에서 청데이, 돤샤오러우는 그럴 듯한 일막을 연기한다. 먼저 청데이가 농담식으로 고쳐 쓰기 했던 시간을 반전시킨다. "저는 본디 사내아이로, 계집애가 아닙니다." 그리고 이후 보검을 빼들고 우회가 목을 찌르는 장면에서 자살한다. 만약 이 순간이 역사에 대한 도착이자 성토의 순간이라 한다면, 이는 또한 역사의 거울 이미지를 완성하는 순간이기도 하다. 만약 이것이 역사가 현실로 연장되는 순간이라 한다면 현실은 오히려 빈 공백이라 할 수 있다. 천카이거의 영화 속에서 역사와 서사가 다시 한 번 손을 맞잡고 행동을 같이 하는 순간, 서사와 현실의 연결 고리는 오히려 빠져버렸다. 칸에 이어 천카이거와 『패왕별희』는 아카데미로 진군했다. 미로의 승리자는 더 이상 표류하지 않았다.

『붉은 가마』: 파괴된 의식과 문화적 양난 兩難

>>

감독 :	리사오홍
시나리오 :	샤오마오(肖毛), 리사오홍
촬영 :	청녠핑(曾念平)
주연 :	후야제(胡亞捷)-리밍광(李明光) 역
	쿵린(孔琳)-훙싱(紅杏) 역
	자오쥔(趙軍)-리핑와(李平娃) 역
	제옌(解衍)-리거우와(李狗娃) 역
	왕광취안(王光權)-조사원 역
	먀오먀오(苗苗)-융팡(永芳) 역

컬러 드라마

베이징영화제작소 1990년 출품

1992년 프랑스 낭트영화제 대상 수상

파괴된 의식

1990년이 역사라는 안개로 덮힌 해였다면, 젊은 여감독 리사오홍의 『붉은 가마』는 아직은 식별이 가능한 피의 흔적이었다. 라틴아메리카의 마술적 리얼리즘의 대가 가르시아 마르케스의 소설 『예고된 죽음의 기록(Crónica de una muerte anunciada)』[205]에서 제재를 취한 이 영화는 당시의 역사적 상황을 일컫는 실어증과 문화적 양난을 직관적으로 드러내고 있다. 1989년에 일어났던 천안문 사태라는 놀라운 경험이 90년대 초, 잠시 무언가 아득한 듯하고, 또 무언가 미해결 상태인 듯한 이때에 중국 문화를 '다시 1984년으로 회귀시켰다'[206]면, 재등장한 80년대 중기의 문화적 반사라는 명제는 이미 그 강대하고 열정적이었던 사회적 콘텍스트와 단언적인 자신감과 분명함을 상실했고, 더 복잡하거나 무거운 모습으로 드러났다.[207]

같은 해, 5세대의 저명한 촬영기사 허우용(侯咏)이 연출한 『하늘에서 피가 내리다(天出血)』[208]가 발표되었다. 이 작품은 복잡하고 혼란스런 주제로 5세대의 상호 텍스트의 연결 관계를 증명하였다. 그리고 물없는 토지, 배우자 없는 남자, 아비를 죽이는 장면, 근친상간 이야기, 다시 쓰인 역사적 장면에서의 정치적 지칭 등과 같은 80년대 중기의 고전적 서사 모티브들은 한꺼번에 범람하여 몰려오는 모래 바다 속으로 휩쓸려 들어갔다. 작품은 '하늘이 피를 흘릴' 때 떨어진다는 몇 방울의 메마른 가랑비 속에서, 비장했던 80년대와 익살스러운 이별을 고했다. '타인의 아내'에 대한 사랑과 탈옥 그리고 보물 탈취 등의 이야기가 켜켜이 중첩된 줄거리 구조는 90년대 초의 예술과 상업, 개인과 정치사회 사이의 진퇴유곡에서 어찌할 바 몰라 절망하는 이들의 모습을 보여주었다. 리사오홍의 『붉은 가마』의 경우 이러한 문화망 속에 그리고 또 그 위에 놓여 있었다. 그리하여 더 완강해진 현실주의적 태도와 더 독특하고 섬세한 예술적 재능으로 열곡의 흉측하기 이를 데 없는 문화적 단층과 직면했다.

가르시아 마르케스의 이야기는 리사오훙에게 이야깃거리를 제공하였다. 색다르고 독특한 마르케스의 사건에 기대어 그녀는 80년대 '문명과 우매'라는 고전적 명제를 다시 표현하고, 고쳐 썼다. 영화의 핵심적인 사건인 '예고된 살인 계획'은 더 이상 마술적이지 않다. 그리고 황당무계한 우연의 일치도, 잔인함도 아니다. 그것은 문명을 너무도 잔혹하게 학살한 우매였다. 주인공은 풍류 있고 호방한 부잣집 자제 산티아고*가 아니다. 영화 속 남자주인공의 이름 리밍광(李明光)은 분명 상징/문화적 기호이다. 그는 폐쇄되고 가난하며 황량한 벽촌의 유일한 민영 소학교 교사다. 그는 마을의 우매한 생존 상태에 존재하는 유일한 한 줄기 빛이며, 외부 세계를 향해 나 있는, 좁고 낡았지만 유일한 창구이며(『대중영화(大衆電影)』 등과 같은 잡지를 예약 구독하는 것을 가리킨다), 유일하게 문명을 어렴풋이 동경하는 사람이다(「나는 녹색(我是一片綠)」, 「큰 물웅덩이에서 부르는 노래(大水坑放歌)」 등의 '시 창작'). 그러나 서사적 콘텍스트 속에서 밍광은 우매와 생존을 다투는 문명의 사자가 되기에는 역부족이다. 그는 문명이 비추는 한줄기 빛이라기보다 외부의 빛을 되비추는 불완전한 존재에 불과하다. 밍광이 지닌 문화적 소양은 이미 퇴조기로 접어든 시대인 지식청년(知靑)의 하방운동**의 '부산물'에 불과하다. "옛날에 마을에 도시 학생들이 왔었는데, 밍광이 바로 그들에게서 배웠지. 지금처럼 마을 아이

---

* 산티아고는 영화의 원작 『예고된 죽음의 기록』의 남자주인공.
** 上山下鄉. 1969년 사회주의 건설에 참여하라는 마오쩌둥의 지시로 지식청년들이 산골이나 농촌으로 내려가 직접 노동에 참여하게 된 운동.

『붉은 가마』

들을 가르치면서⋯⋯."[209] 폐쇄된 산골 마을은 재난 시대의 진동 속에
서 잠시 균열을 일으켰다가 다시 더 무겁게 가라앉아 폐쇄되기 시작했
다. 그리하여 밍광의 존재는 이 벽촌 생활 가운데 기형적이고 아득한
메아리이자 화음이 맞지 않는 음표가 되어버렸다. 이런 이유로 그는
'운명' 적이지만 원작처럼 우연하게 '예고된 살인 계획'의 희생물이
되지 않고 우매가 지니는 거대한 파괴력이 행사하는 폭력의 대상이 됐
다. 홍싱(또 다른 순진하고 아름다운 희생물)이 자신의 처녀성을 증명
하지 못하자 밍광은 몇 안 되는 용의자이자 죄인의 리스트에 오른다.
우매와 전통의 생존 논리는 고소나 고발의 절차 없이 이미 스스로 모
든 심판 순서를 정해버렸다. 우매는 결국 문명을 학살하고, 암흑은 가
느다란 빛과 희망을 삼켜버렸다.

　　그러나 『붉은 가마』의 의미망 속에서 그 '살인 계획'은 이렇게 단
순하고 직접적으로 표현되지 않는다. 공포와 당황스러움과 무고함이
어려 있는 눈을 동그랗게 뜬 채 날카로운 도끼 아래 쓰러진 밍광은 확
실히 우매와 전통 세력의 희생물이다. 그러나 의미는 여기서 그치지

않는다. 다른 측면에서 보자면, 밍광 역시 전통/우매라는 생존 방식이 해체되면서 삶을 잃어버린 자다. 비록 그가 '운명'적으로 이 끊임없는 비극 속에서 유일한 죄인으로 지목되고, 다른 사람이 아닌 바로 그가 우매의 '심판' 대상이 되긴 했지만, 텍스트의 서사적 콘텍스트 속에서 밍광은 결코 자신의 피를 그 빈곤한 땅 위에다 모두 쏟아 붓지 않는다. 일련의 관련 의식儀式이 미완성되었거나 혹은 파괴됨으로 인해 밍광은 비참한 죽음을 맞이했던 것이다. 실제로 이 '살인 계획'의 이중적 의미는 영화의 프롤로그에서 분명하게 나타난다. 카메라가 지금은 마을의 소학교로 쓰이는 낡은 고묘를 새벽녘의 희미한 빛 속에서 오래도록 움직이며 잡아낸다. 그러한 카메라의 움직임 속에서 이 공간은 옛 문화와 현대문명이 결합된 곳인 양, 다른 의미를 지닌 공간으로 비춰진다. 아이들의 소란스러움이 이 옛 공간에 약간의 활력과 움직임을 부여하긴 하지만 소학교 학생이 걸친 낡은 옷에서 우리는 고묘(전통문화를 지칭)의 쇠락함을 엿볼 수 있다. 카메라가 움직임을 멈추면서, 목 없는 불상, 거대하지만 낡은 종과 이미 글씨가 흐려진 석비, 썩고 훼손된 전당殿堂이 고함소리가 들려올 때까지 하나하나 모습을 드러낸다. "큰일 났어! 리 선생님을 죽인데!" 아이들이 황급히 뛰쳐나가자, 버려져 방치된 고묘는 더 황폐하고 낡은 느낌을 전해준다.

영화에서 의식의 파괴는 홍싱의 초야에서 시작된다. 신부가 처녀란 증거이자 남자/남편의 초야권의 증거인 혈흔이 보이지 않는 순간 오래된 혼인 풍속은 붕괴된다. 여기서 남권 문화의 폭력적이거나 황당하거나 취약하거나를 논할 필요는 없다. 분명한 것은 이것이 부정의 확실한 증거가 아니라, 우매하고 시대에 뒤떨어진 편집증이자 환각일 뿐이라는 사실이다. 현대적 생존과 현대 농촌 여성의 생활은(여성 해방의 의미는 잠시 접어두자. 그리고 이는 확실히 성해방과도 별개의 문제이다) 이미 오래된 풍속이 존재할 근거를 없애버렸다. 그러나 옛 풍속이 와해된 후의 공백은 현대문명이라는 내용물로 아직 채워지지 못했다. 공백은 폐기된 게 아니라 현안으로 존재하게 되었다. 그러므로 옛 풍속의 논리에서 '아무 흔적 없는' 흰 요는 여인이 정조를 잃었음을 의미할 뿐이다. 이어질 행동은 설욕과 복수다. 파혼으로 인한 모욕을 씻어내야 한다고 생각한 것은 신랑이 아닌 신부 쪽 가족이었다. 이때 또다른 의식 혹은 마을의 풍속이 연출되어야만 한다. 신부의 아버지나 형제가 복수하겠다고 큰소리치면서 칼을 들고 소리를 지르며 '간통한 남자'를 위협하면, 마을의 장자, 즉 촌장이 민병을 이끌고 가서 복수를 외친 이에게서 흉기를 빼앗고 그를 포박하여 수감하고 나서야 풍파는 가라앉게 되어 있다. 이러한 의식이 연출됨으로써 풍속을 해친 자는 죄인이 되고 치욕을 당한 집안은 명예를 회복하고 체면을 세우게 된다. 전통적이고 효과적인 사회적 체제 속에서, 이것은 우매나 야만이나 잔인함이라기보다는 옛 생존과 연관된 의식이자 색깔을 표현해야 하는 절차이자 사전에 알려져 일어날 필요 없는 살인 계획이라 할 수 있다. 기껏해야 그것은 케케묵은 낡은 풍속이자 흉흉하지만 칼부림은 일어나지 않는 소란스런 연극일 뿐이다.

그러나 현실 사회의 변화와 전통문화의 해체, 그리고 권력 구조의 교체로 의식은 파괴된다. 리펑와와 리거우와 형제는 관례에 따라서 일을 진행한다. 홍싱을 다그쳐 '공모'의 동의를 얻자 곧바로 날카롭게 칼날을 세우고선 요란스레 소리 지르며 새벽녘에 마을의 집산지인 아침밥을 파는 가게에 자리 잡고 앉아서는 탁자에 칼을 꽂아두고 술을 퍼마신다. 그러나 가장 중요한 연결부분은 또다시 부재한다. "지금이 어느 때인데, 민병이 있긴 어디 있어?" 불려온 촌장은 펑와 형제의 칼을 '거두고' '별일 아니'라며 '그들을 집으로 보내려 할' 뿐이다. 이것은 무언중에 의식의 무효를 선언한 것인 동시에 연기는 연기일 뿐임을 확인(指認)하는 행동이다. "다들 우리가 못 할 거라고 했지", "다들 우리를 무시했어", "못 할 거라고? 그렇다면 정말 저질러버릴 거야!" 흉악한 살인은 더 이상 피할 수 없는 일이 된다. 그렇지 않다면 펑와 일가는 이중의 치욕을 감내해야 할 것이다. 이 모든 것을 씻어낼 수 있는 것은 밍광의 붉은 피밖에 없다. '미리 예고된 살인 계획'은 그리하여 이중적 의미를 지닌다. 즉, 밍광은 전통문화/우매가 요구하는 희생제의인 동시에 전통사회의 해체가 요구하는 대가임을 말이다.

문명 · 문화 · 문물

그러나 리사오훙의 명민함은 전통과 현대사회의 교체와 권력구조의 변천이 어떻게 의식의 파괴를 야기하는지, 즉 전통문화와 그 생존방식의 해체로 인해 의식을 집행하는 것이 어떻게 적나라하고 피를 좋아하는 미친 짓이 되었는지를 정확하고 독창적으로 포착한 데 있지만은 않다. 오히려 의식의 파괴가 권력의 공백을 조성한 게 아니라 이 공백을 대단히 복잡하고 풍부한 내용물로 채우고 있다는 사실을 정확하게 발견하고서 그것을 강하게 표현해냈다는 사실이 더 중요하다. 의식의 파괴란 옛것이 아직 죽지 않고 살아나려 하는 상태의 공백과 균열이 아니다. 그것은 역사라는 유령과 현대라는 마귀가 함께 출몰하여 즐기는 공간이다. 여기에서 의식의 파괴와 부활은 『붉은 가마』 속의 살인 모의 사건이 지니는 의미의 정반 양면이 된다.

『붉은 가마』의 의미망 속에서 가장 중요한 인물은 밍광이나 홍싱이나 펑와 · 거우와 형제가 아니라 바로 신랑 장창궈(張强國)다. 원작과 달리 영화에서 신랑은 더 이상 집안 좋고 신비로운 외지인이 아니다. 영화에 표현된 원元사회에서 창궤는 사람들의 주목을 받는 특이한 인물로, 고향을 떠났다 돌아온, '큰 세상이 어떤지를 본' 농촌 청년이다. 그는 '도시로 나가서 일을 하여 큰돈을 벌었다.' 그렇지만 그가 현대 문명의 대표가 되었다고 할 수는 없을 것이다. 솔직히 말해 그는 현대 사회의 유일한 권력의 의지처이자 동력이며 윤활유인 돈을 거머쥔 사람일 뿐이다. '도시 여성을 경험했던' 이 남자는 돈을 기반으로 자신의 가치 판단을 내린다. "내 아내는 우리 고향 여자여야 해." 판단에 대한 암시적인 이 대사에는 분명히 정절에 대한 요구가 내포되어 있다. 돈이라는 도깨비방망이의 요술(点化) 아래 오래된 의식은 부활하고 완성되어야 했다. 즉, 희디 흰 요 위에 반드시 처녀성을 의미하는 붉은 혈흔이 물들어 있어야 했다. 그것은 오래된 의식이 요구하는 것이라기보다는 물 쓰듯 돈을 뿌려보는 사치스런 행위라 할 수 있다. 오래된 사회 구조에서 혼인이란 항상 여인을 중개물로 하는 교환이었으며 '유통' 행위였다.

그러나 『붉은 가마』의 서사적 콘텍스트 속에서 오래된 혼인 풍속이라는 인장은 확실히 '상품에 대한 검사'의 성질을 가지고 있다. 그것은 '값에는 적당한 가치가 있어야 한다'는 사실에 대한 확인이다. 정조를 바친다는 것은 그 답례의 의미를 지닌다. 돈의 힘을 빌려 장창궤는 역사적 단절이 일어난 그곳에서 '새로운 신'의 위치에 오르게 된다. 모두가 인정하는 그의 영리함과 자신감은 연장자인 리펑와로 하여금 부끄러움과 만감의 교차 속에서 반복해서 장창궤를 '형', '큰형'으로 부르게 했다. 게다가 그는 자신의 결혼식에 마을 사람들을 위해 극단을 초청하는 한편, 백 원짜리 지폐를 연결하여 거대한 '喜' 자 두 자를 만들어서 학교를 짓는 자금으로 낸다. 우리는 장창궤가 전통문화

『붉은 가마』

속 존자의 역할을 대신하여 특정한 권력 기능을 행사하고 있음을 알 수 있다. 새벽의 참혹한 사건과 핏자국의 원흉은 사실 장창귀, 정확하게 말해서 돈이다. 그리하여 이 살인사건은 문명에 대한 우매의 살해이며 광명에 대한 어둠의 무자비한 가학이라기보다 현대생활 속에 흔히 존재하는 돈의 손으로 이루어진 죄악이라 할 것이다.

핑와 형제, 특히 핑와의 보복 행위는 가족의 명예와 체면을 위한 '단순'한 의식이 아니다. 오히려 더 큰 진실과 이익을 위한 것이라는 동기를 지니고 있다. 원작에 대한 주요한 개작 중 하나는 장창귀를 간접적이지만 유일한 감독으로 하는 새벽녘의 살인 계획에는 전사前史가 있고 그것은 그가 직접 연출한 아주 '계산'적인 매매였다는 것이다. 그는 납채 예물을 내지 않고 훙싱을 처로 맞이하는 동시에 자신의 병든 누나 슈어(秀娥)를 시집보내려, 아니 치워버리려 한다. 그리하여 그의 결혼은 가장 원시적인 혼인 형식인 '자매 교환'의 형식을 취하였다. 말주변 없는 리핑와 역시 이것이 매우 불평등하기 짝이 없는 '교환'임을 한눈에 파악하였으나 그것은 또한 36살 먹은 찢어지게 가난한 노총각이 아내를 맞을 수 있는 유일한 기회이기도 했다. 그는 비로소 가난한 농사꾼으로서는 감히 바라지 못하던 생활을 하게 되고 고생을 참고 견디며 수년간을 과부로 지내온 어머니의 바람을 들어줄 수 있게 됐다. 마을 입구의 흙 언덕 위로 한편에서는 시집보내고 한편에서는 새색시를 맞이하는 두 무리가 흥겨운 음악을 울리며 교차해 지나가는 장면은 유별나게 즐거운 분위기다. 그러나 '자매 교환'에 내재하는 원시적 혼인의 의미는 다음과 같이 전개된다. 홍싱이 '가짜'로 밝혀지면서 파혼을 맞게 되고 슈어는 강제로 집으로 돌아간다. 기쁨으로 충만하던 겹사돈이라는 표상은 일순간에 찢겨지고 매매와 교환이라는 내용이 적나라하게 폭로된다. 핑와가 슈어를 계속 가지려면 '돈을 가지고 와서 데려가!'야 했다. 그것은 당연히 불가능한 일이었다. 이 때문에 '무뢰한'으로 오해받은 밍광의 죄행은 홍싱의 정조를 뺏고 리가네 명예를 더럽혔다는 데 그치지 않는다. 그의 '행위'로 인해 핑와 일가 모두의 작고 초라한 희망과 미래가 사라졌다는 사실이 더 중요하다. 그러므로 밍광의 죽음은 의식의 파괴가 조성한 비극일 뿐 아니라 가난과 상생하는 절망이 만든 폭행에 의한 비극이기도 했다.

이제 『붉은 가마』는 더 이상 80년대의 '문명과 우매'라는 주제를 재현하지 않고 그것을 해체한다. 홍싱의 부정에 대한 확인과 파혼, 구타, 그리고 미쳐서 자살한다는 최후 등이 전통문화/우매의 잔혹함에 대한 증거라고 한다면, 이 비극을 만들고 집행한 이인 장챵궈는 서사적 콘텍스트 속에서 가엾고도 증오스런 현대문명에 대한 지칭이 된다. 밍광의 죽음은 전통과 우매가 문화를 짓밟고 뿌리 뽑은 결과이다. 그러나 그는 오히려 전통문화의 해체와 실패로 인해 목숨을 잃었다. 그리고 이 모든 것의 배후에는 돈을 추동력으로 삼고서 진군하는 현대문명이 있다. 이로써 80년대의 비슷한 주제와 달리, 현대문명이 유일한 역사적 구원의 힘이 되고 현대문화가 이 모든 것의 선구자라는 논리는 더 이상 성립되지 않는다. 현대문명과 문화를 잠재적 상호 대립의 관계에서 보자면 전자는 장챵귀와 그의 돈이며 후자는 리밍광과 소학교이다. 그러므로 문화가 힘에 부치는 대항을 하고 있음에 틀림없다. 여기에는 돈과 우매 및 전통 세력 사이의 잠재적인 공모가 존재하는 것이다. 『붉은 가마』는 이로써 90년대 초 중국 대륙 문화의 곤경 속으로 더 심각하게 파고든다. 한마디의 단언이 아닌 진술이며 약간의 곤경으로 말이다. 이렇듯 철저하게 고쳐 쓰인 비극 속에서 역사와 현실은 명명의 실어증과 혼란 속으로 더 이상 빠져버리지 않는다.

영화의 결말은 독특하다. 비극이 마침내 '완성되었다.' 밍광은 날카로운 도끼 아래 목숨을 잃고 훙싱은 물에 몸을 던진다. 리펑와는 사형에 처해지고, 리거우와는 종신형을 선고받으며, 형사 조사원은 이를 가슴아파하며 떠난다. 떠날 때 그는 이전에 밍광이 다닌 소학교인 고묘 앞을 천천히 지나간다. 아이들의 활기를 잃어버린 고묘는 더 퇴락하였고 적막이 감돈다. 그리고 학교를 잃어버린 몇몇 아이들이 그 주위를 배회한다. 낯선 두 사람이 나타나 새로운 나무 간판을 고묘의 문옆에 거는데 거기에는 '징후이사(靜慧寺) 국가 2급 보호 문물'이라 적혀 있다. 처량하고 서글픈 긴 소리 하나가 메아리치며 비극 속의 비극을 암시한다. 고묘가 더할 나위 없이 초라하긴 하지만 생기발랄하던 학교가 아닌, 죽은 문화의 유적인 '문물'이 되었음을 말이다. 이는 이중적인 사라짐의 증거다. 즉, 변화무쌍한 술수를 지닌 역사의 손이 문화/문명의 희미한 빛을 사그라뜨린 동시에 유구하고 풍부하던 역사와 전통을 단절시켰다. 문화의 문물화를 '진보'라 부를 수도 있겠지만 그것은 지나친 대가를 요구하고 있다.

서사 · 구조 · 수사

원작과 마찬가지로 영화는 시간의 역행과 시공의 교차를 서사 구조로 취하였다. 그러나 원작이 한 친구가 수십 년 후 추억하는 것으로 진행된다면, 영화는 사건 발생 직후 형사가 조사하는 과정으로 진행된다. 그러므로 조사원의 행동이 영화 속 현실 행위의 주축이다. 사실 이 사건에는 어떠한 의심도, 의문도 존재하지 않는다. 왜냐하면 사건 자체가 미리 선포된 데다가 대중이 주시하는 가운데 벌어졌기 때문이다. 흉악한 살인이 일어났다는 사실과 범인이 누군가는 의심의 여지가 없다. 그러므로 조사는 범행 동기가 무엇인가를 밝히는 데 중점을 둔다. 하지만 동기가 치욕을 씻기 위한 복수였다는 사실 역시 분명하다. 사실, 조사의 중점은 범행 동기, 즉 홍싱과 밍광 사이에 '간통'이 존재했는지의 여부를 둘러싸고 이루어진다. 여기에 원작에 대한 또 다른 중요한 개작이 이루어지는데, 원작에서는 신부 안흘라가 혼전에 틀림없이 '정조를 잃은' 것으로 설정되어 있다. 그러나 영화에서는 확인할 수 없는 풀리지 않는 수수께끼로 남는다. 영화감독의 경우 이것은 우매한 신념이 낳은 터무니없는 이야기라고 분명 생각하고 있지만 그 수수께끼를 풀어주지 않는 까닭은 그것이 작품의 주된 취지와 무관하기 때문이다.

영화 『붉은 가마』는 현실주의를 비판하는 역작으로 사건의 해결에 관한 이야기가 아님이 분명하다. 그래서 영화에서 홍싱이 '정조를 잃었'는지, 밍광이 죄가 있는지 여부를 조사하는 것은 영화의 서사 구조를 구성하는 가짜 호기심이다. 감독은 조사 과정 속에서 다의적이고 풍부한 현실의 시골 생활을 매혹적이고 감동적인 것과는 거리가 먼 현실주의적 경관으로 꾸며냈다. 영화의 서사적 측면에 있어 조사 과정은 매우 성공적이었으며 심도 깊게 이루어졌다. 조사가 밝혀낸 것은 당연히 비밀 혹은 '간통'의 여부가 아니라 밍광의 비극을 부른 심각한 사회적 원인이었다. 사실, 모든 '증인'의 증언과 그들이 밍광, 훙성의 유죄를 확인하는 방식은 『붉은 가마』가 '문명과 우매의 충돌'이라는 주제를 80년대 동류의 영화보다 훨씬 심각하게 재현하도록 한다. 그들의 증언은 마을 사람들이 흥미진진하게 혹은 관심어린 태도로 밍광의 '유죄'를 확신하고 있음을 보여준다. 독신이라는 밍광의 신분, 취미, 다른 이들과 다른 생활방식이 그가 마을에서 이질적 존재임을 확정했기 때문이다. 밍광의 낡은 집이 꽤 오랜 시간 동안 두 젊은 아가씨의 관심을 끌었음에 틀림없다. 그러나 그녀들을 유혹한 것이 밍광의 생활에 내재하는, 약간의 외부에서 온 소식(『대중영화』)과 변변치 못한 문화적 '분위기'임을 그들은 이해하려고도, 이해할 수도 없었다. 그들이 보기에 그것은 수치심 없는 이들의 미끼("한밤중에도 가다니 무슨 좋은 일이 생기겠어?")이거나, 솔직히 말하자면 음란한 무리들의 소굴과 같았다(『대중영화』에 있는 소녀의 수영복 사진). 그들의 생각은 여기에 그치지 않았다. 밍광에 대해 지닌 그들의 '일치된 생각'은 특정한 역사적 연대와 우매한 생활 속에 형성된, 지극히 심각한 문화에 대한 적의와 경멸을 만들어냈다. 농사도 잘 못 짓는 소학교 교사는 이질적 존재일 뿐 아니라 차등 촌민이며 전혀 가치 없는 폐물에 불과했다. "저것도 농사라고!" "죽자 살자 책이나 가르치려고?" "사람이 물러서 제대로 하는 일이 없어. 두세 번 하고 다 했다니." 서술자가 증인을 조사하고 범행 동기를 확인하는 시퀀스는 소리와 화면을 전도시켜 처리되고 있는데 이는 매우 흥미로운 수사 방식이다. 여러 증인들의 확실한 증언 사이에는 사건과 전혀 상관없는 듯한 화면이 나타난다. 이들 장면은 목격자인 증인이 부재하다는 것을 전제로 한다. 실제 장면의 자연광 효과와는 달리 증인의 진술 장면은 실내 장면이어서 인공적 빛의 음영 속에서 표현된다. 이것들은 증언을 제공하고 표현하기 위한 것이 아니라 소리와 화면의 전도라는 방식으로 극히 본질적이고 잠재적인 비극적 충돌을 폭로하는 것이다. 게다가 그것은 후안무치의 위증이 아닌 공인된 편견이자 우매에 대한 폭로이며 모종의 집단적 잠재의식의 표출이다.

영화 속 조사 과정은 외부인의 시점으로 느리고 섬세하게 심지어 지루하게 살인사건의 전사와 결과를 보여준다. 이는 미리 예고된 살인 계획이라는 영화의 '클라이맥스'까지 연결된다. 그러므로 영화의 서사 구조에서 보자면 살인사건은 더 이상 궁금증의 대상이 되지 못한다. 그러나 시간의 흐름에 따른 전체 서사적 시퀀스 속에서 긴장되고 이완되는 전지적 시점은 사람들을 적당하게 숨 막히게 하고 놀라게 하는 극적 긴장감을 만들어낸다. 이러한 전지적 시점은 분명 작품 전체에 잔혹한 시의가 충만하게 하는 카덴차이다.

마르케스의 소설에서 산티아고 나사르는 결국 미리 예고된 살인사건의 희생물이 되고 만다. 이것은 마술적 리얼리즘이라는 풍경의 황당한 일막이며 음험하고 사악한 인류 영혼에 대한 폭로이자 갖가지 운명의 교묘한 결합인 동시에 미묘한 심리적 동기와 기괴한 기회와 우연의 집합이라 할 수 있다. 이에 반해 『붉은 가마』에서 밍광의 죽음은 정체되었으나 변화하고 있는 사회, 붕괴되거나 고쳐 쓰이는 권력과 신념 체계 및 우매한, 주범이 없는 무의식적인 살인 집단이 공모한 필연적 결과라 할 수 있다.

밍광의 죽음이라는 시퀀스 속에서 서술자는 감정 없는 목소리로 루쉰 선생이 말한 '마비된 국민 영혼'을 끌어들인다. 이 장면에는 작품에서 가장 중요한 의식의 파괴가 포함되어 있지만 서술자는 오히려 마을 사람들의 '군상'을 힘써 표현한다. 그들이 어떻게 전형적인 '관객'의 심리로 밍광을 살해하는 펑와 형제를 방관하고 묵인하고 심지어 종용하고 있는가를 말이다. 원작과 마찬가지로 살인 계획을 '미리 예고한' 까닭은 살인 계획을 중단시키는 데 있지 실행하는 데 있지 않았다. 그러나 작중 인물들은 제각각 살인 계획의 소식을 전하는 실제 행동을 거부하게 되는데 사실 이는 살인의 실행을 촉진했다. 펑와 형제가 칼을 갈며 살인을 떠벌릴 때 마을 사람들에게 생겨난 것은 두려움이나 공포가 아닌 흥분과 재난을 은근히 기다리는, 드러나지 않은 기꺼움이었다. 사람들은 '행동'이 일어나자마자 느리게(전혀 관심 없는) 혹은 적극적으로(이미 다 알고 있다는 듯) 서로 연락을 취하고 소식을 확인하면서 '관객'이 되어 점점 모여든다. 사람들이 하룻밤 사이 '단체로 말더듬이' 병에라도 전염된 듯, 밍광에게 경고하는 말 속에서 가장 중요한 말은 계속해서 가장 중요한 순간에는 잊혀졌다("몰라도 돼, 봐 밍광 좀 봐").

영화는 원작의 '살인 당일은 햇빛 찬란한 새벽이었다. 아니 음울한 새벽이었다'는 두 가지 묘사에서 전자를 선택하였다. 그리하여 밍광은 햇빛이 밝고 따스하여 상서로운 듯한 새벽에, 군중들의 묵인 하에 아무것도 느끼지 못한 채 잔혹한 죽음을 향해 걸어간다. 이 장면은 시각적 심리적 충격이 큰, 매우 강렬한 장면이라 할 수 있다. 밍광과 펑와 형제가 만나는, 즉 살인사건이 일어나는 곳은 마을 입구에 있는 석대 옆이다. 그곳은 마을로 들어서는 좁은 길과 석대 그리고 비뚤배뚤한 계단으로 이루어진, 살해사건의 무대다. 그리고 석대 위에 모인 사람들은 '자연의 객석' 위에서 참혹한 사건을 구경하는 관객이 된다. 교과서를 팔에 끼고 평소처럼 걸어오는 밍광에게 사람들은 '희롱조'로 알아듣기 힘든 경고를 내뱉는다. "너 왜 나왔어?" "다들 네가 알고 있다던데?" "빨리 안 뛰어가? 그들이 오잖아!" 이어지는 밍광의 "무슨 일이예요?" "뭘 알고 있다구요?"라는 어리둥절한 질문에 그들은 '네 가 한 일을 생각해봐!' '네가 한 짓을……' 이라고 답한다. 이렇게 점차 고조되던 소음은 한마디 고함소리에 멈춘다. "복수다!" 이는 경고가 아닌 선고였다. 즐기려는 마음 급한 '관객' 석에서 내려진 선고 말이 다. 밍광이 부재할 때 사람들은 이미 그의 유죄를 심판하였고 유죄를 근거로 그에게 사형을 판결했던 것이다. 갑자기 소음이 사라진 순간, 밍광은 도끼와 칼을 들고서 살기등등하게 다가오는 핑와 형제를 만나 게 된다. 이 '일상' 적인 만남은 밍광에게 안전감을 느끼게 한다. 그리 하여 그는 "핑와 형이군요"라며 안도의 한숨을 내쉰다. 절망적으로 오 빠를 막으며 손을 붙들고 애원하는 훙싱을 보고서 이상하며 뭔가 무섭 다고 느끼는 순간 모든 것은 이미 끝나버렸다. 극한의 두려움 속에서 도대체 무슨 일이 일어났는지 알려고 할 때 밍광은 핑와 형제의 칼과 도끼 아래에 피를 뿜으며 쓰러진다. 고속촬영으로 보여주는 흉악한 살 인 장면은 장면 속의 잔인함과 야만스러움 그리고 황당함을 극한으로 끌어올린다. 이 장면 마지막 신에서 밍광은 너무 늦게 도착한 촌장에 게 '유언' 을 남긴다. "아저씨, 그들이……절 죽였……어요." 원작처럼 밍광의 '유언' 은 매우 적당하면서 독특한 진술구를 이룬다. 삶의 마지 막 순간에 그는 이미 자신에게 일어난 사실을 사람들에게 진술하였다. 이는 그가 사람들에게 진술한 것이라기보다는 자신에게 확인시킨 것 이라 할 수 있다. 모든 것은 그 자신을 향한 것으로 이보다 더 황당무계 할 수 없을 것이다. 그는 믿을 수도 알 수도 없었다. 또한 더 이상 믿을 필요도 알 필요도 없었다. 목소리가 끊어지는 순간 그는 이미 몸을 숙 인 채 자신의 선혈 속에 거꾸러졌다. 무고하다는 두려움에 가득 찬, 해 답을 요구하는 눈을 크게 뜨고서 말이다.

마르케스 소설은 사건으로부터 17년이 지난 뒤를 서사의 현재 시간으로 하고 있다. 당시 신랑이었던 사람이 17년 동안 안흘라에게서 온 러브레터(러브레터는 시간 순서로 배열된 리본으로 묶은 채 한 통도 뜯지 않은) 2천여 통을 가지고 그녀에게 돌아왔을 때, 즉 예고된 살인 사건으로 산티아고의 죽음은 이미 요원한 전설이 되었을 때 말이다. 그러나 영화는 이를 바꾸었다. 홍싱은 물에 몸을 던져 자살하고 핑와 형제는 법정으로 끌려간다. 핑와 형제가 공안기관에 의해 압송되는 장면은 보는 이의 가슴을 아프게 한다. 리핑와는 과부이면서 모든 자식을 잃게 될 어머니에게 마지막 말을 남긴다. "어머니, 변호사비는 구들 위 돗자리 아래에 있어요. 모자라면 사람들에게 빌리세요!" 절망한 어머니는 목이 메여 더 이상 말을 하지 못한다. 염치없는 사악함도 피를 즐기는 광기도 없고, 악당도 무뢰한도 없다. 너무도 평범한 보통 사람이 있을 뿐이고, '보통'의 선량함이 있을 뿐이며, 결코 지나치지 않는 조그만 바람만이 있을 뿐이다. 진행되는 과정에서 사라진 장창귀를 뺀, 네 명의 젊은 생명을 희생한 이 사건은 까닭 모를 참혹한 사건이었다. 원흉이라 할 만한 것도 없는데 피해자는 지나치게 많았다. 영화에서 주어진 환경 속에서는 어느 누구도 구원될 수 없었다.

옛 중국의 역사적 경관과 당대 중국의 현실주의 장면은 가르시아 마르케스 소설을 소재로 한 영화 『붉은 가마』에서 성공적으로 모였다. 이 작품은 역사의 고발이자 현실에 대한 폭로이며 역사가 교차하는 입구에 선 문화와 현실의 진퇴양난이다. 퇴로는 이미 사라졌으며 앞에는 아직 빛이 보이지 않는다. 리사오홍은 바로 이렇게 『붉은 가마』로 1990년을 표현하였다. 그리하여 우리에게 깊은 인상의 흔적을 남기는, 잊기 힘든 사회적 기록을 남겨주었다.

『붉은 폭죽, 푸른 폭죽』: 유형類型·고택古宅과 여인

>>

감독 :   허핑(何平)

시나리오 : 다잉(大鷹)

　　　　　평지차이(馮驥才)의 동명 소설을 개작

촬영 :   양룬(楊輪)

주연 :   닝징(寧靜)−'둥자'인 춘즈 역

　　　　　우강(巫剛)−뉴바오 역

　　　　　자오샤오루이(趙小銳)−만디훙 역

　　　　　가오양(高陽)−관쟈 역

컬러 드라마

香港翁氏伙伴公司

시안영화제작소 1993년 출품

본토와 유형

청년 감독 허핑은 서부영화 『솽치진의 칼잡이(雙旗鎭刀客)』로 영화계에서 이름을 알렸다.[210] 작품은 명실상부한 '서부영화' 였다. 80년대 초에 나타난 중국 '서부영화' 는 시종 경계가 모호하고 기의가 중첩되어 있는 명칭이었다. 그것은 일어서기 시작하던 시안영화제작소(西安電影制片廠)를 가리키는 말이기도 했고 서북 고원과 마을을 외경으로 하는 영화 모두를 지칭하는 말이기도 했다. 그러나 말할 필요도 없이 그것은 5세대의 초기작 『하나와 여덟』, 『황토지』, 『사냥터 자싸』, 『말 도둑』과 긴밀한 관계가 있었고 동시에 4세대의 대표작 『인생』, 『야 산』, 『오래된 우물』, 『황하의 노래』 등과도 연결되어 있었다. 그래서 서부영화는 다소간 중국 예술 영화(혹은 탐색 영화)의 대명사였다. 사실 그것의 상대적으로 안정된 내함은 '향토중국' 을 표현하는 예술 영화라는 것이었다. 하지만 소위 서부영화라는 것은 결국은 명성이 자자한, 아주 안정적인 서사 및 영상 모델을 갖춘 미국 영화의 유형 중 하나를 가리키는 명칭일 뿐이었다. 이 때문에 이러한 중국 영화의 구분법과 명칭은 모호하고 혼란스러운 것이었다. 그러나 『솽치진의 칼잡이』가 나타남으로써 이러한 혼란은 일소되었다. 이것은 시안영화제작소가 서부의 대大사막을 주요 배경으로 제작한, 향토중국에 관한 영화였다. 동시에 이것은 분명 미국 서부영화의 중국판이었다. 작품에는 서막의 비장미가 물씬 풍기는 새벽빛을 받으며 말을 몰아오거나 따뜻한 저녁놀 아래에서 말을 몰고 떠나가는 고독한 영웅이 있고, 황량하고 위기로 가득 찬 서부의 작은 마을이 있으며, 사악한 악당과 나약한 양민이 있고, 시체가 널려 있고 인기척이라고는 조금도 없는 가두 상에서 벌어지는 생사를 건 결투가 있으며, 참고 참다 결국 피로 물든 칼로

강적을 베어버리는 구원자가
있다. 서부영화는 미국의 '민
족' 신화라고 할 수 있는데,
『쌍치진의 칼잡이』는 오프닝
타이틀에서의 금홍색과 금황
색으로 가득한 화면과 거침없
이 말을 달려오는 칼잡이를 따
라 화면 밖에서 들려오는 방백
을 통해 중국 서부의 신화, 적
어도 '71년 혹은 81년 전'의 영
웅 전기 혹은 전설로 정의될 수
있었다.

『쌍지친의 칼잡이』

　　미국 서부영화와 달리 『쌍
치진의 칼잡이』에서 허핑은 중국 특유의 칼잡이로 미국의 청바지/총
잡이를 대체했고 자신이 절기를 지니고 있음을 깨닫지 못하고 있는 아
이―하이거(孩哥)―로 미국 서부영화에서 법을 넘나드는 총잡이나 유
명한 노름꾼을 대체했다. 그러나 이것은 결코 단순히 배역을 대체하거
나 '중국 특색'으로 윤색하려는 것이 아니었다. 사실 미국 서부영화의
영웅과 달리 하이거는 결코 무법자와 양민 사이의 인물이 아니었고,
전원세계의 '최후의 총잡이'가 아니었다. 다른 사람들과는 달리 '땋
은 머리를 한 더러운 아이'였고 황야에서 왔다 황야로 사라진 아이였
지만 그는 결코 진정한 외래인은 아니었다. 그와 작은 마을 사람들 사
이에는 '군도와 보습', '황야와 전원' 식의 어의상 대립이 존재하지 않
는다. 그가 쌍치진에 온 목적은 단지 양민이 되고자 하는 소망과 부친
이 남긴 바람을 실현하기 위해서였다. 그는 아내를 데리고 가고자 했

『쌍지친의 칼잡이』

다. 그는 '칼을 손에서 놓은 적은 없으나' 한 번도 피를 묻힌 적은 없었다. 이다오셴(一刀仙)의 무리가 쌍치진으로 들어올 때 그는 깃발(雙旗) 아래 단정히 앉아 있는데, 이는 결코 적들을 태연히 맞는 것은 아니었다. 단지 사상페이(沙上飛)가 약속을 어긴 상태에서 속수무책일 수밖에 없기 때문에 그랬던 것이다. 그래서 그는 서부영화의 영웅에 가깝지 않았고 헐리웃 또 다른 유형, 즉 플롯극 속의 주인공에 가까웠다. 그는 미약하고 별 볼일 없는 사람이 절망적 상황에서 영웅적 기개를 떨치며 일거에 사내대장부가 되는 인물이었다. 비록 똑같이 마을 사람들에 의해 배신을 당해 험난한 상황에 처해졌지만 하이거의 목적은 결코 악의 무리를 징벌하고 정의를 회복시키는 것이 아니라 그저 자기와 배우자의 생명을 지키기 위해 목숨을 걸고 싸우는 것뿐이었다. 영화의 서사적 콘텍스트에서 하이거가 아닌 사상페이가 악당과 구원자 사이의 외래인이었다. 그러나 후자는 오히려 고전적 신화의 구조에서는 가짜 영웅이었다. 동시에 쌍치진 사람들의 행위, 즉 마비된 채 구경하거나 위축되어 자기를 보호하는 행동을 통해 영화는 무의식중에 중국 서부영화의 반사적 주제 및 『신의 채찍(神鞭)』식의 서부영화의 전통을 드러냈다. 이로 인해 『쌍치진의 칼잡이』는 미국 서부영화를 전용한 것이 아니라 유형을 이어붙인 것이다. 바로 이 이어붙임을 통해 영화는 1991년 본토의 문화적 현실 및 그 이데올로기의 징후를 드러냈다. 사상페이를 가짜영웅으로 보여줌으로써 외래적 구원의 허망함을 선언했던 것이고, 구원은 평범한 사람을 통해서 가능하고, 용기와 힘은 우리의 마음속에 있다는 것을 말한 것이다. 그러나 이것은 민족 영웅주의를 다시 고양시키는 것이 아니었다. 그것은 개인주의의 신화 혹은 동화였다. 하이거는 결코 평범한 사람들의 무리에 속하지 않는다. 그는 단지 자신의 진정한 능력을 알지 못했을 뿐이다. 그가 스스로 깨닫지 못한 가치를 영화의 서사인은 분명히 인지하고 있다. 그래서 그는 반복해서 역광을 통해 모습을 드러내는데, 이때 그의 실루엣에 가로막혀 빛나는 빛은 신성하고 초월적인 아우라처럼 보였다. 그는 아이이자 동시에 신이었다. 자신 및 가족의 생명을 구하기 위해 쌍치진을 구하는 어린아이였다. 구원의 시간은 동시에 새로운 신이 즉위하는 시간이다. 우리가 다시 부복해야 한다면, 그 대상은 스스로를 도와 하늘의 도움을 얻은 영웅이고 우리 자신―고독하고 절망적인 개인, 집체주의 정신이 이미 파산을 겪은 후의, 당황하여 기댈 곳 없는 개인이다.

서부영화 감독 허핑에 대한 기대를 품고 있던 사람들은 『붉은 폭죽, 푸른 폭죽』에서 유사한 상실을 경험했다. 더 이상 칼과 피가 난무하고 준마가 사막을 달리지 않았다. 스크린에는 극히 고전적인 5세대식 영화의 정경이 펼쳐졌다. 고가, 선친의 유훈, 남장을 한 여인, '억압받고 금지된 생명의 욕망, 간통과 징벌, 민속과 거세. 역사적 시야에서의 옛 중국, 병적 억압 하에서 전전하고 질식하는 개인. 사람들은 영화의 정교한 화면, 능숙한 카메라 워크, 장면의 웅장함 및 총체적 제작의 우수성에 감탄하는 동시에, 은근히 어떤 싫증을 느꼈다. 『붉은 폭죽, 푸른 폭죽』은 분명히 5세대의 고전적 영화 시리즈 중 새로운 한 편일 뿐이다. 그러나 그것은 결코 단순히 5세대 영화의 정경을 그대로 옮겨 오지는 않았다. 사실 작가는 『솽치진의 칼잡이』처럼 『붉은 폭죽, 푸른 폭죽』에서 다시 한 번 본토화 유형의 영화를 시도했다. 다른 점은 관객의 설정을 따랐다는 것이고, 그것은 이미 본토적인 것이 아닌 구미적인 것이었다는 점이었다.

어떤 의미에서 영화는 여전히 미국 서부영화의 서사 구조를 유지하고 있다. 단신으로 와서, 우연히 작은 마을에 머무르게 된 외래인이 나오고, 그의 침입으로 인해 작은 마을의 질서는 전복될 위기를 맞았다. 그는 작은 마을 전체에 잠재되어 있는 사악함에 홀로 마주해야 했다. 그가 심신이 너무나 지쳐 멀리 떠나려 할 때, 작은 마을의 질서는 이미 그에 의해 바뀌어 있다. 그는 자신의 방식으로 작은 마을의 나쁜 습관을 제거하고 마을을 구원했다. 사실 하이거와 비교하여 총잡이 혹은 칼잡이가 아니더라도 뉴바오(牛寶)는 이방인, 외래자에 더 가깝고, 미국 서부영화의 영웅에 더 접근해 있다. 그는 합법과 불법 사이를 오가는 방랑자였다. 이 때문에 그는 5세대 영화 시리즈 중 '새로운' 형상이고 할 수 있다. 그는 '향토중국'에 관한 예술적 표현에서 나타난 적이 없던 인물이었다. 어떤 의미로 보더라도 뉴바오는 옛 중국의 역사적 서사에 나타났던 '전형적 형상'이 아니었다. 그는 유랑자, 혹은 유랑 예인이었다. 영화의 서사적 콘텍스트에서 그는 이로 인해, 땅에 의지해 살아가는 중국 농민이 겪어야 하는 역사적 운명을 벗어날 수 있었다. "몸뚱이 하나 믿고 그럭저럭 살아가는 놈이 어디 간들, 어디서 뭘 처먹든 무서울 게 뭐 있어?"[211] 그는 두려워하지도 않았고 또 질서에 굴복하지도 않았다. 감독은 뉴바오를 이렇게 말한다. "뉴바오를 예로 들자면, 그

『붉은 폭죽,
푸른 폭죽』
(이하 동일)

는 자유와 생명의 기호이다. 동서남북 아무 곳이나 가고 활력으로 충만
해 있으며 고정적 질서에 속박 당하려고 하지도 않는다." [212] 영화의 첫
번째 시퀀스에서 그는 가게 주인과 충돌하는데 이는 이미 그가 순종과
자리보존이라는 전통적 성품과는 거리가 멀다는 것을 보여주며, 아울
러 그가 '구경꾼' 들의 집단 바깥에서 초연해 있음을 말해준다. 분명히
그는 노예가 아니다. 그는 독립된 자유인이다. 그래서 그는 심지어 특
정한 중국 역사의 경관을 넘어서고 벗어났다. 그는 루쉰이 말한 '잠시
안정된 노예의 시대', 혹은 '노예가 되기를 원하지만 될 수 없는 시대'
와는 전혀 관계없는 사람이다. 뉴바오의 형상은 다른 면에서, 『붉은 폭
죽, 푸른 폭죽』에 이전 동류의 영화와는 다른 특징을 제공했다. 5세대
의 고전적 대표작에서도 이미, 왔다가 떠나며 전통질서에서는 용납되
지 않는 '타자' 몇몇이 출현했었다. 『황토지』의 구칭, 『아이들의 왕』의
라오간 등이 그들이다. 그러나 그들의 도래가 특정한 질서를 동요하거
나 전복시키지는 못했다. 그들은 오히려 이 질서가 너무나 굳건히 서
있어 흔들 수 없다는 것을 증명했을 뿐이다. 물론 『붉은 수수밭』에서도
질서에 반항하는 자가 나오지만, 여기에서 반란과 참월의 성공은 단지
다중적 의미에서 질서에 귀의하고 굴복하기 위한 것이었다. 『붉은 폭

죽, 푸른 폭죽』은 이와는 다르다. 영화의 결미에서 뉴바오는 완전한 실패자가 되었고, 결국은 역사적 음모의 희생양이 되었다. 그렇지만 그가 상처 입은 몸을 끌고 떠날 때 결국은 마을의 비인간적인 질서는 고쳐졌고, 춘즈(春枝)는 여자가 될 수 있는 권력, 여장을 할 수 있는 권력, 심지어 어미 노릇을 할 수 있는 권력을 영원히 얻을 수 있었다.

그러나 이것은 결국 진정한 서부영화는 아니었다. 영화의 플롯 구조에서 보면, 『붉은 폭죽, 푸른 폭죽』은 무일푼의 유랑자가 부잣집의 금지옥엽을 만난다는 플롯극에 더 접근해 있다. 후자는 제멋대로이고 방자하지만 실제는 아주 불행한 인물이다. 반대로 전자는 그의 고집과 집착, 그리고 남자의 강한 기개로 그녀를 정복하고 아울러 그녀를 '진정한' 여인으로 만들었다. 만약 헐리웃 영화라고 한다면, 이 제재는 『어느 날 밤에 생긴 일(It Happened One Night)』식의 미묘한 운치가 있는 가벼운 코미디가 될 것이다. 그러나 『붉은 폭죽, 푸른 폭죽』은 반대로 분명 상당히 무겁고 약간은 절망적인 이야기다. 이는 영화가 다시 한 번 플롯극과 서부영화의 유형을 접합했기 때문만이 아니다. 더 분명한 이유는 이 꽤 단순한 이야기가 여전히 중국 역사 경관에 새겨져 있기 때문이고, 여전히 옛 중국의 역사에 관한 서사이기 때문이다. 그래서 그것은 필연적으로 답습 혹은 반항의 방식으로써 중국 역사에 관한 담론에 연결되어 있고 필연적으로 5세대 고전 영화 시리즈 중의 새로운 한 편이 되었던 것이다.

'철방'과 여인의 이야기

20세기 초반 루쉰이 '파괴하기 어려운 철방'을 가지고 중국 봉건 역사의 정체停滯와 타성을 비유적으로 보여주었다면, 또 5세대의 '영화 언어 혁명'이 '공간의 시간에 대한 승리'를 통해 80년대 역사 문화 반사의 주제를 떠맡았다면, 80년대 중후기 대륙 문학은 이 역사적 우언에 여성 형상의 서열을 첨가했다. 이때, 심근 문학은 물 없는 토지, 짝 없는 남자 혹은 '좋은 남자는 좋은 처를 얻지 못하는데, 무뢰한은 꽃을 얻는다'라는 이야기로 폐쇄된 중국 역사의 사멸 과정을 서술했다. 반면 신경향/선봉 소설의 대표적 인물 중 하나인 쑤퉁은 피학/상호 학대의 여성 군상으로 '철방'/감옥의 역사적 경관을 채워 넣었다. 전자가 노쇠하거나 무능하거나 혹은 꼭두각시인 '남성'이 여성을 강점하는 것을 통해 역사적 우언을 완성했다면 후자는 아예 퇴락하고 있는 공간에 '갇힌' 여인을 가지고 반反인간적이고 반反생명적인 역사의 그림을 펼쳐보였다. 장이머우의 『홍등』을 경유한 쑤퉁식의 역사적 경관은 90년대 대륙 영화의 모티브 가운데 하나였다. 영화에서 천(陳)나리는 시종 측면, 등진 모습, 화면 밖의 소리 등으로 시각적으로 부재하고, 영화의 여인들은 시종 고건축물의 높은 담장 아래에 격리되어 있고 그곳에 새겨져 있다. 그리고 감옥 같은 공간이 큰 홍등에 의해 윤곽이 드러나 그 모습을 보인다. 바로 이때 천씨 집안의 거대한 저택은 할렘의 유일하고 진정한 주인이었다. 사실 『붉은 폭죽, 푸른 폭죽』은 바로 이 모티브를 재현했고 또 해체했다. 『붉은 폭죽, 푸른 폭죽』에 관한 방담에서 기자는 허핑에게 "『炮打雙燈』(원제-옮긴이)에서 '등'이 남성 생식기를 가리키는 속어이고, 영화는 이런 면에서 우의寓意를 띠는 것이 아닌가요?"라고 물었다. 허핑은 "예, 그렇습니다. 나는 중국인이 아주 억압적인 상황에서 살아가고 있고 사람의 생명은 위축되어 있다고 생각합니다. 이것은 전통문화가 인간을 가두어두는 것과 관련 있습니다. 이 영화에서 나는 한 가문이 세력을 장악하고 있는 폐쇄적인 마을을 설정하였고 전통가정문화와 사람의 자유로운 천성 사이에 일어나는 충돌을 집중적으로 표현했습니다. 남성 생식기는 사실 생명 활력의 상징이라고 볼 수 있습니다."[213]라고 답했다.

영화 『붉은 폭죽, 푸른 폭죽』에서 허핑이 여주인공의 신분을 농가의 과부에서 '폭죽업을 통해 부를 축적한 권문세가의 금지옥엽'으로 바꾼 것은 가장 중요한 각색이었다. 그래서 스크린과 시야의 중심을 차지하고 있는 이는 남장을 하고 '둥자(東家, 사장)*라고 불리는, 그렇기 때문에 성별을 갖추지 않은 '여인'이었다. 그러나 화면 밖 방백과 영화의 플롯에 보여주는 것과 같이, 이 '둥자'는 차이(蔡)씨 집안의 폭죽업과 차이씨 집안 대저택의 지배자라기보다는 '음기 충만한' 고택에 필요한 장식품과 진열물이었다. 한 여인이 차이씨 집안의 번성한 가업을 장악하고 있는 것이 아니라 차이씨 집안의 대저택이 이 여인의 소중하고 아름다운 생명을 점유하고 있는 것이었다. "그럼 둥자(사장)는 또 누구겠는가? 차이 폭죽을 관리하는 사람을 가리키는 것일 터이다. 집에는 집사(大管家)가 있고, 작업장에서는 관리자(大掌事)가 있고 마을의 폭죽공장과 각지의 가게에는 각각 지배인(掌櫃)이 있듯이, 둥자도 결국은 호칭일 뿐이다."

영화의 첫 번째 숏에서 화면 전체는 차이 집안의 낡은 저택으로 가득 채워져 있다. 열려진 좁은 문 안쪽에서 '둥자' 춘즈(春枝)의 방백이 전해온다. 심지어 부재한 천나리(『홍등』)는 더 이상 필요하지 않다. 역사의 타성과 거세력은 직접, 저택과 이승을 맴돌고 떠나지 못하는 유령, 선친의 유훈으로 화했다. 그래서 차이 집안의 저택은 괴테식 소설, 혹은 공포영화 특유의 괴기스러운 집으로서, 의지가 있고 기억을 갖고

---

* 옛날 상점의 자본을 댄 사람을 말한다.

있는 존재였다. 그것은 생명, 욕망, 인성에 비해 더 강력하게 인물의 운
명을 결정하며, 인물의 성별을 고쳐 쓰는 존재였다. 춘즈는 다시는 자
신의 이름을 갖지도, 쓰지도 못할 것이다. 그녀는 '시집가지도 못하
고' 심지어는 성별을 갖지도 못하며 평생 남장을 하고 '주인'의 역할
을 연기해야 할 것이다. 또 '둥자'라는 칭호에 걸맞게 살아야 할 것이
다. 이런 운명 모두를 결정한 것은 바로 이 저택이었다. 이 때문에 5세
대의 고전적 영화에서와 같이 차이씨 저택은 시종 영화의 중요한 배역
으로서, 어느 곳에나 존재하듯이 스크린 공간을 차지하고 있다. 그리
고 대부분 화면은 고정적인 카메라 위치, 균형적 구도에서 인물을 몇
개의 뜰을 투과하여 찍은 문과 창문에 새겨 넣었다. 중첩되어 있는 건
물과 뜰의 문은 화면 속의 화면 틀로서 기능하고, 시각적 표현에서 감
금되었다는 사실을 전달하고 상유했다. 공간은 시간을 가두고 역사는
생명을 가두었다. 대량으로 차이 저택을 보여주는 데 사용된 이동식
숏(전체 숏의 2/3에 달한다)은 결코 기대했던 것처럼 애정과 낭만의 선
율이 되지 못했고, 공간/역사에 대항하는 시간의 형상이 되지 못했다.
반대로 차이 저택 속에서 움직이는 능숙한 카메라의 운동은 고정적 숏

/공간에 대한 반항이 아닌, 공간이 상유하는 역사 담론의 보충이었다. 인물을 따라 찍은 이동식 숏에서 카메라의 시야는 끊임없이 복도의 기둥, 높은 담, 좁은 길에 의해 가려졌고 이로 인해 다른 방식으로 시간적이 아닌 공간적인 진술이 이루어졌다. 인물의 행동/운동이 아니라, 우뚝 솟은 공간이 완강하게 전경前景을 차지했고 우리/이 역사의 타자가 인물에 던지는 시야를 가로막았다. 그래서 이 로맨스의 남자 주인공은 삼엄한 공간과 반드시 싸워 이겨야 했고 그것을 넘어서야 했다. 여자 주인공을 얻기 위해 그는 역사를 향해 도전해야 했던 것이다. 영화의 첫 번째 시퀀스는 서사가 교체하는 시퀀스이다. 여자 주인공과 남자 주인공의 화면 밖 방백이 교대로 들리는 가운데 높고 거대한 차이 저택(여인의 목소리가 그 속에 숨어있다)과 거친 파도가 일렁이는 황하, 강 위의 나룻배, 강가를 오르는 남자가 교체되면서 나타난다. 이것은 내부 세계와 외부 세계의 병치이고 공간 형상과 시간 형상의 대립이다.

'단순한' 애정 플롯극이 중국 역사의 시야에 새겨질 때 중국 역사의 서사 및 담론은 필연적으로 이 애정과 플롯의 단순함에 개입하고 또 이것들을 바꿔버린다. 이로 인해 『붉은 폭죽, 푸른 폭죽』에서 남녀 주인공 사이의 애정고사는 남자 주인공 뉴바오가 여자 주인공 춘즈의 성별을 확인시키고 그것을 고쳐 쓰는 것으로 표현된다. 프로이트의 모델을 빌리지 않더라도 혹은 우언식의 독해 방식을 빌리지 않더라도, 감독의 명확한 구상과 진술에서 뉴바오('자주적 생명의 기호')는 남근(phallus) 형상으로서 공간화(여성화?)한 역사적 생존에 가해진 충격이었다. 역사 질서에 대한 도전으로서 이 애정과 성별의 확인 과정은 사실 고쳐 쓰기에 대한 고쳐 쓰기이고 비인간적 질서에 대한 전복이며 왜곡되고 매장된 '인성'과 '자연'의 깨어남과 복귀였다. 뉴바오는 처음 차이 저택에 도착해서, 그의 눈빛으로 이 전복적인 성별의 확인을 시작했다. 이때, 그의 눈빛에 나타난 것은 아직 욕망이 아니라 단순한 호기심—여자/여자주인에 대한 호기심이었다. 그러나 이 다른 눈빛은 그가 침범한 존재이고, 차이 저택의 윗사람이나 아랫사람 그리고 마을의 마비되고 위축된 사람들과는 다른 존재임을 보여주었다. 이 외래자의 눈빛은 차이 저택 및 마을 사람들에게는 당연한 규정을 거부하는 눈빛이었다. 그는 춘즈를 성별이 없거나 적어도 비성별적인 통치자/주인으로 보는 것, 비어 있는 통치자의 자리를 채워 넣는 보충물로 보는 것을 거부했다. 그는 평범하고 '정상'적인 남자가 여자에 대해 갖

는 호기심으로 춘즈의 옛 관습에 따른 남장과 사람들의 연기하는 듯한 존경을 무너뜨리고, 춘즈가 이 시선 속에서 새로이 자신의 존재와 성별을 깨달을 수 있게 만들었다. 이어서 그는 차이 저택에 소리와 소녀의 웃음소리를 가져다주었다. 다음으로 그는 자신의 붓끝을 통해 춘즈의 여성 형상(클로즈업에서 소녀의 섬세하고 떨리는 손가락이 그림 속의 여자를 어루만진다)을 '회복' 시켰고 아울러 남성의 힘으로 그녀가 자신의 '자연적' 성별을 정시하도록 강제했다. 이 모든 것은 춘즈를 놀라고 당황하게 했고, 분노하게 했으며, 그녀는 존엄을 유지하고 내심의 격정을 발산하기 위해 뉴바오에게 따귀를 올려붙였다. 그러나 바로 뒤이어 춘즈는 밤중에 촛불 아래에서 옷을 벗고 자신을 거울에 비추어보았다. 이 장면에서 미디엄 숏으로 거의 흐느끼는 듯한 반라의 여인이 화면에 잡힌다. 춘즈는 고통스러워하며 눈을 반쯤 감고 있다. 분명 그녀는 거울에 나타난 자신을 두려워하고 있는 것이다. 결국 느릿한 음악을 따라 카메라는 그녀 앞에 있는 화장거울을 비추고 거울 속에서는 모호하고 몽롱한 상이 보인다. 그러나 이 거울상은 점차 또렷해지고, 따뜻한 느낌을 주는, 거의 햇빛처럼 보이는 금색 불빛 속에서 소녀의 아름다운 얼굴과 신체가 드러난다. 춘즈는 체념한 듯 천천히 시선을 옮긴다. 이번에 그녀로 하여금 자신의 거울 속 형상을 정시하도록 강제한 것은 뉴바오가 아니라 그녀 자신이었다. 그 안에는 연인, 아름다운 십대 소녀가 있었다. 그래서 거울은 뉴바오의 시선과 등가물로서 춘즈의 진짜 성별과 형상을 보여준다. 몇 번을 뿌리치다가 결국 춘즈는 뉴바오의 품에 안겼다. 그는 한 걸음 한 걸음 그녀의 깊은 두려움과 싸워서 이겼고, 한 꺼풀 한 꺼풀 그녀의 남장을 벗겨냈다. 뉴바오가 춘즈의 순결한 젖가리개 첫 번째 단추를 풀 때 격앙된 음악이 분출하듯이 흘러나왔다. 분명히 이것은 '인성' / '자유로운 천성' 이 비

인간적인 질서를 이겼다는 사실에 대한 송가다. 춘즈는 다시 차이 저택으로 돌아갔다. 그녀는 울음을 터뜨리고는 남장을 던져버렸다. 그리고 (뉴바오의 화폭에 담겨져 있는 대로) 여장을 하고서 차이 저택 상하의 놀라움과 두려움의 시선에 모습을 드러내고는 결연히 선언했다. "모두 들어요! 나는 본래 여자란 말이에요. 난 당신들의 주인(둥자, 東家) 노릇을 하느니, 차라리 여자로 살겠어요."

춘즈에 대한 뉴바오의 더욱 본질적인 고쳐 쓰기는 이 애정 고사 중 정복과 반反정복의 '성대결'이 이루어지는 단락에서 드러난다. 춘즈는 비인간적인 봉건 질서의 희생양이지만, 동시에 이 질서의 집행자이기도 했다. 그녀는 결국은 '주인'이고 차이 폭죽에서 가장 높은 통치자이자 '아비의 이름'을 점유한 자이다. 서사적 콘텍스트에서 강제성을 띤 봉건질서는 둥자라는 말로 그녀의 이름을 지워버렸고 옛 습속에 따라 했던 남장은 그녀의 성별을 은폐했다. 뿐만 아니라 보다 내재화한 과정을 통해 본질적인 이질화가 이루어졌다. 이 성별의 이질화는 동시에 일종의 권력적 이질화였다. 그래서 뉴바오가 시선, 행동과 그림으로써 그녀의 진정한 성별을 폭로했지만, 그녀는 아직은 남장과 존경받는 지위를 버리지 못했던 것이다. 오히려 그녀는 권력을 이용해서, 혹은 적어도 그것을 빌어서 이 고쳐 쓰기를 거부했고 동시에 권력을 이용해 뉴바오를 정복하고 소유하려 했다. 그녀는 먼저 따귀를 올려붙임으로써 뉴바오의 '침범'에 징벌을 가했다. 이후에 거금을 주고 그의 문신門神 그림*과 물고기 그림(缸魚)(의심할 나위 없이 이것은 뉴바오 자신을 사들이는 것이다)을 사려고 했지만 그에게 거절당하고 만다. 그녀는 수치심에 화가 나서 뉴바오를 그녀의 영지에서 쫓아내도록 명령했지만, 이 명령은 그가 터뜨리는 폭죽에 의해 도전받았고, 그녀

는 가법에 따른 혹독한 형벌로 뉴바오를 복종시켜야 했다. 그러나 이 일련의 대결에서 패배자는 여인이었다. 결국 형틀에 묶여 있는 뉴바오가 아니라 서재에 단정히 앉아 있는 춘즈가 더 이상 이 무언 속에서 벌어진 의지의 대결을 견딜 수 없었던 것이다. 춘즈는 서재를 뛰쳐나와 나무 상자를 차서 넘어뜨리고 밧줄을 끊어버린다. 뉴바오의 폭죽이 큰 소리로 폭발하며 다시금 정적에 싸인 차이 저택을 울리던 날 춘즈는

***

* 음력 정월에 집집마다 좌우 문짝에 붙이는 '神荼'와 '鬱壘'라는 두 신의 상. 고대중한사전

거의 미칠 듯한 기쁨에 아무 것도 돌아보지 않고 뛰쳐나간다. 비록 끓어오르는 화에 어떻게 해야 할지 모르는 늙은 집사와 만디훙(滿地紅)을 가운데 두고 떨어져 있지만, 춘즈는 그녀의 눈앞에서 뉴바오가 보여준 폭죽 묘기에 편안하고 즐거운 웃음을 지을 수 있었다. 두 사람이 결합하기 전에, 뉴바오는 이미 필요한 고쳐 쓰기를 완성했던 것이다. 더 이상 그녀는 '둥자'가 아니라 춘즈였고, 소녀라면 '반드시 취해야 하는' 태도로 남자의 구애를 받아들였던 것이다. 바로 이 시퀀스 후에 영화는 '단순'한 애정 고사에서 '순수'한 역사 서사로 확장되었다. 춘즈와 뉴바오는 진정한, 반역의 공모자가 되었고 함께 철방 속 비인간적인 질서에 맞섰다.

사실 이것은 이 영화의 중요한 서사 전략의 하나였다. 애정 고사(혹은 여전히 '원元/서부영화'의 구조에 더해서)는 외부로부터, 타자의 시점으로써 '철방에서의 생애'/중국 역사의 담론을 자르고 들어가 관조할 수 있는 각도를 제공했다. 아울러 성별 질서(여기에서는 '인성'/'자유로운 천성'으로써 덧붙이는 칭호)를 회복하고 재건함으로써, 이 역사 고사가 읽힐 수 있도록 만들었다. 역사적 배경의 배치는『붉은 폭죽, 푸른 폭죽』중의 '단순'한 플롯극을 새롭게 하고 복잡하게 만들었다. 그것은 영화에 선명한 '동방적 색채'를 부여했고, 모더니즘 문화의 봉건질서에 대한 공통된 인식을 빌어 성공적으로 영화의 남성 중심적 진술을 포장했다. 이런 방식은 그 짝이 있는 법인데, 같은 해 황젠신이 영화『목인의 신부(五魁)』에서도 똑같은 서사 전략을 선보였다. 재미있는 것은 영화의 결말 부분이다. 뉴바오가 실려 있는, 나귀가 끄는 달구지가 처량하고 적막한 마을을 떠난 후, 파노라마로 차이 저택이 다시 보이고 부감식 카메라 시선에 감옥 같은 천정이 잡힌다. 그러나 서막과 달리 이번에 춘즈는 여장을 하고 있고 임신 때문인 듯 배가 불룩해 있다. 격앙된 음악을 따라 춘즈의 유쾌한 목소리가 전해온다. "근래 나는 마을로 그리 자주 가지는 못했다. 몸이 불편해서만은 아니다. 누군가 내 뱃속의 아이가 아비 없는 종자라고 말했다지. 뭐 그렇다면 그렇달 수 있겠지. 하지만 난 상관없다. 그저 아이 귀에 들어가지만 않는다면." 허핑 본인의 생각에 따른다면 이것은 낙관주의적인 결말이고, 춘즈가 '마음의 해방을 얻었다' [214]는 것을 의미하고 있다. 물론 이것만은 아니다. 분명히 뉴바오의 반항과 희생으로 춘즈는 합법적으로 여장을 하고, 여자로 살고, 어미가 될 수 있는 권력을 획득했다. 영화는 다시 한 번 어떤 단순한 비극 혹은 정극이 된 것 같았다. '쌍등을 터뜨리다(炮打雙燈)'는 단지 '음모와 애정' 이야기일 뿐이었고 역사적 우언이나 아들살해의 정경이나 생명력과 억압과는 더 이상 연관되지 않았다. 그러나 작품의 총체적 서사는 결코 이와 같지 않았다. 뉴바오는 분명 늙은 집사가 꾸민 역사적 음모의 희생양이었다. 뉴바오가 거세되어 절망에 빠져 떠난 후 춘즈는 결국 화기애애하게 여성으로 살아갔고, 어미가 되는 즐거움을 누렸다. 그녀는 연인을 고통스럽게 잃어버린, 사랑에 빠진 로맨스 이야기 속 여인이 결코 아니었다. 결론적으로 이 이야기는 비열한 여인과 음험한 역사의 공모였고, 남자는 그 속에서 단지 사욕을 실현하는 데 필요한 도구였다. 뉴바오의 도움으로 춘즈는 마주해야 했던 두 가지 난점을 손해 보지 않고 해결할 수 있었다. 그녀는 여전히 당당한 주인이었고, 권력을 보전했다. 그리고 그녀는 차이 집안 사람들과 '주위 사방 수백 리에서 그녀를 받드는' 사람들에 대한 책임을 짊어지고 있었다. 한편 동시에 그녀는 여자 주인, 어미가 되었다. 그러나 뉴바오는 황하가 얼어붙어서 우연히 온 것처럼, 치욕적인 거세로 인해 영원히 결핍한 존재가 된 자신을 부끄러워할 것이고, 스스로를 추방할 것이다. 여인은 역사와 공모했을 뿐 아니라 남자의 희생을 대가로 자신의 권력과 지위를 공고히 했다. 라캉의 논조를 빌자면 어둡고, 열등감을 가지고 있으며 결핍된 여인이 남자를 이용하여 아이―남근상의 기표―를 얻음으로써 비로소 상징단계에 진입할 수 있었던 것이다.[215]

담론 · 권력과 구조

그러나 '단순' 한 애정고사, 능숙한 카메라 워크, 호화스럽고 정교한 제작 등은 결코 이 작품을 세밀하고 정제된 서사와 우미한 정조를 지닌 작품으로 만들지는 못했다. 분명하고 선행적인 주제의 배치 역시 『붉은 폭죽, 푸른 폭죽』이 완전한 서사 및 의미 구조를 갖출 수 있도록 하지는 못했다. 사실『붉은 폭죽, 푸른 폭죽』의 본문 구조는 오점과 허점투성이다. 어떤 의미에서는 그것은 천카이거의『현 위의 인생』의 뒤를 이어 또 하나의 거대하고 과다하면서도 비어 있는 담론의 장, 형형색색의 권력 담론이 출몰하고 충돌하는 영화 공간이었다. 또 바로 이러한 의미에서『붉은 폭죽, 푸른 폭죽』은 그 자신의 단절과 혼란으로써, 90년대, 전 지구적 문화 콘텍스트 중 당대 중국 문화의 곤경을 지극히 본질적으로 드러냈다. 이 전통 중국 문화의 비극성을 폭로한 영화는 포스트콜로니얼 문화 시대에 진퇴양난에 처한 당대 중국 문화의 위치를 비극적으로 드러냈다.

우선 이것은 '등燈' ―남성 생식기―에 관한 이야기였고 '자유로운 천성', '자유 생명의 기호' [216]에 관한 이야기였으며, 생명력에 대한 상징이었다. 그래서 그것은 '애정고사', 남성의 여성에 대한 고쳐 쓰기와 정복의 이야기였다. 그러나 이것은 또한 '쌍등을 터뜨리자', 즉 거세의 이야기였다. 그래서 그 안에서는 '자연스럽게' 소위 개인과 전통 문화의 대립이 이루어졌고 서구 계몽 담론의 소위 '자유로운 천성'과 '봉건문화'의 대립이 만들어졌다. "뉴바오, 춘즈와 마을 사람들 사이의 충돌은 두 종의 생명 상태 간의 충돌이라고 볼 수 있고, 전통 문화 배경 아래의 개체와 집단 간의 충돌로 볼 수도 있다."[217] 이것은 분명히 신선한 명제와 표현은 아니다. 『붉은 폭죽, 푸른 폭죽』의 '신선'한 점이자 허점은 고전적 비극 고사인 '쌍등을 터뜨리자'와 고양된 낙관적 태도, 개인주의 영웅의 출현('좆이 다 타 없어져도 쫓아다닐 거야')[218]의 병치였다. 그래서 본질적인 의미의 틈은 영화 전체의 텍스트에서 계속해서 확대되었다. 우리가 그것을 헐리웃 '서부영화' 식의 잠재적 텍스트로 확인하고 독해한다면 철방의 서사는 분명 해체되었을 것이다. 영화의 결말에서 고전적인 동방의 아들살해 정경에서 거세된 아들이 아닌, 패해도 영광스러운 영웅, 실패할 수밖에 없는 일을 위해 싸우는 영웅이 등장했을 것이다. 그가 현존 질서에 반항하고 이를 침범한 것은 더욱 본질적인 질서화 행위였다. 뉴바오의 고집스러운 반항은 춘즈를 구원한 것만이 아니라 인성 질서를 세우고 성별 질서를 교정했던 것이다. 만약 우리가 뉴바오의 반항을 영웅주의적인 장거로 간주하고 결말에서 춘즈의 여장과 임신을 반항자의 승리로 본다면, '철방'에 관한 모든 서사와 그것을 둘러싸고 있는 모든 담론은 다시는 성립되지 않을 것이다. 소위 중국 역사 속의 봉건 질서는 결코 '파괴하기 어렵지' 않았다. 방법을 찾아 완강히 부딪힌다면 무너뜨릴 틈을 찾을 수 있었다. 그러나 이것이 영화의 의의와 구조의 전부는 아니다. '다시 찬란한 시대를 만나기 위해', '국제 영화제에 초점을 맞춰', '국제 A급 영화제에 출품할'[219] 영화를 만들려 했던 허핑은 결코, 어떤 계몽 담론을 중술하거나 헐리웃의 유형을 전용하는 것을 추구하지도 않았고 의지하지도 않았다. 그는 기이한 풍경이 되어버린 동방의 공간과 동방의 이야기를 추구했고 그것에 의지하고자 했다. 그 가운데 계몽주의 담론을 '공간의 특이성'과 '시간의 정체성'[220]으로 표현되는 '동방'의 기존 모델에 성공적으로 새겨 넣어야 했다. 이 때문에, 그는 '시대와 지리적 배경을 공허한 것으로 만들어야 했고', '국가 중점 유물 보호지' 산시(山西) 치커우(磧口)진과 산시와 산시(陝西) 경계지의 황하 나루터를 야외 촬영지로 선택해야 했으며 과부라는 여주인공의 신분을 대부호의 귀한 딸로 고칠 필요가 있었다. 이렇게 해서 허핑은 비로소 삼엄하고 신비로운 고택, 아름답지만 남장을 한 여인을 표현할 기회를 갖게 되었고, 기이한 성격으로 포장된 황당무계한 동방 문화와 동방의 정경을 만들 수 있었다. 이렇게 규정된 정경으로 인해 그는 '쌍등을 터뜨리자'라는 결말을 버릴 수 없었던 것이다. 왜냐하면 거세/아들살해의 결말만이 영화의 권위적인 예상 관객―서구의 문화적 시야에 존재하는 동방 고사에 대한 기대―을 만족시킬 수 있기 때문이었다. 그래서 유사한 낙관주의와 영웅고사는 바로 비극적 정경과 기이한 광경식의 동방 서사와 얽혀서, 서로를 해체했으며 영화의 의미 구조를 섞어버리고 아울러 분해해버리기도 했다.

게다가, 중국 역사에 관한 고전적 서사(역사/문화반사운동, 심근소설, 장이머우가 성취한 5세대 서사 모델)처럼 서구와 비교하여 '시간적으로 정체된' 중국 역사 고사의 서술에서는 여전히 여인, 모종의 가치 객체에 대한 점유와 반反점유가 기본적인 서술 사건이 되었다. 『붉은 폭죽, 푸른 폭죽』에서 이 고사는 뉴바오가 춘즈를 얻기 위해 '철방'―차이가의 대저택, 차이 집안의 대대로 내려온 집안 규범, 마을 사람들―에 반항하는 것으로 표현되었다. 그러나 영화 서사 구조에서 본질적인 간극은, 비록 춘즈가 분명 이 영화의 의미 구조에서 가치 객체

이지만, 그녀의 '주인'으로서의 신분은 오히려 극단적으로 약화되고, 그녀의 이 특정한 의미망 속의 위치를 모호하게 만들었다는 데 있다. 차이 폭죽에게 춘즈는 필수불가결한 꼭두각시였다. 그러나 그녀 자신의 운명에서 보자면 그녀는 분명히 유사한 서사 가운데 다른 여인에 비해 훨씬 자주적인 권력을 쥐고 있었다. 사실 그녀는 "부모를 일찍 여의고, 내 주인이 되어줄 이, 그 아무도 없구나" 같은 임대옥(林黛玉)*식 비탄에 잠길 필요는 없었다. 그녀가 마주한 것은 극히 '현대'적인 선택—자유와 책임—뿐이었다. 감독의 말에 따르면 "춘즈는 더욱 복잡한 인물이다. 한 사람은 속박에 반항해야 함을 점점 깨달았다. 반면 주위 수백 리 사람들은 모두 그녀 집안의 사업에 의지해서 생활하고 있다. 그래서 그녀는 가족의 사회적 책임을 짊어져야 했고 이 때문에 그녀 내면의 모순은 더욱 격화될 수밖에 없었다."[221] 서사적 콘텍스트에서 그녀가 마주한 최대의 적은 그녀 자신일 뿐이다. 그녀는 자유로이 마을을 왕래하고 뉴바오와 밀회를 나눌 수 있었는데, 그렇다면 뉴바오

---

   * 『홍루몽』 여주인공 가운데 하나.

와 함께 다른 곳으로 도망갔을 수도 있었다. 그러나 그녀를 가로막는 것은 결코 구중궁궐 같은 대가의 뜰과 높디높은 담도 아니고, 엄중한 부권父權(선친의 유훈)도 아니었다. 비록 늙은 집사가 '아비 이름'의 점유자이긴 해도 이것은 단지 자신을 낮추는, 절망적인 점유일 뿐이다. 왜냐하면 지존으로서 집사가 가진 신분도 단지 제일 높은 자리에 있는 가노일 뿐이었기 때문이다. 그래서 미국 영화 『올리버(Oliver)』의 대사를 빌어 춘즈는 "이 가족 중에서 연기하는 배역은 오필리아가 아니라 햄릿이야. 공주가 아니라 일을 맡기에는 역부족인 왕자지"라고 말했다. 춘즈가 행복을 향해 노력하는 것을 막는 장애물은 가족, 사회에 대한 의무와 책임이었다. 만약 이 인물의 심리를 설명할 수 있다면 영화는 만들어진 의미망에 의해 망가지고 전복될 것이다. 왜냐하면 이것은 이미 더 이상 '억압받는 중국인'의 문제, '전통 가족 문화와 인간의 자유로운 천성 간의 충돌'의 문제도 아니고, 더 이상 낡은 동방 특유의 '철방' 속 비극도 아니기 때문이었다. 대신 이것은 '인류'가 처한, 영원하고 '보편'적인 곤경이었다. 개인과 사회, 일신의 행복과 의무 및 책임. 만약 확실히 그렇다면 '전통적인 대저택', '역사의 원형을 보존하고 있는' '낡은 집과 큰길과 골목', 여주인공이 '남장을 한 것'은 적어도 있어도 되고 없어도 되는 '포장'일 것이다. 그리고 이것은 또 확실히 이 영화의 문제점이기도 했다. 『국두』, 『홍등』과는 달리, 동방, 옛 중국의 역사적 경관은 보편적 인성 비극, 인류 곤경의 이야기와 결코 성공적으로 결합되지 않았다. 그래서 『붉은 폭죽, 푸른 폭죽』은 90년대, 전지구화한 문화적 콘텍스트에서의, 중국 영화 문화의 곤경을 더욱 선명하게 예증했다. 그것은 동방적 서사였다. 철방 속의 여인에 관한 것이고, 욕망과 억압에 관한 것이고, 인성과 문화에 관한 것이었다. 동시에 서구 문화 시야에서 가독성을 갖춘, 고쳐 쓰기 판본이었다.

병적이고 억압적인 이야기, 문물화한 공간, 시야의 중심을 차지하고 있는 아름답지만 불행한 여인(여기에서는 남장을 한 여인). 그러나 여기에서 허핑은 더 나아갔다. 그는 이 동방 고사에 성별 질서의 재건을 보탰고 남성권력의 행사와 교정, 보편적 인류의 곤경과 개인의 선택을 덧붙였다. 과도한 동방화로 영화는 본토 문화와의 동일시 과정에서 믿음을 상실했다. 과다한, '보편적 인성'/고전 서구 담론에 대한 서술은 작품이 서구 문화 시야에서 특이성의 가치를 상실하게 했다.

이러한 의미구조의 틈 때문에 영화 서사 구조는 혼란되었고 파괴되었다. 우선, 영화 서사의 중요한 구조적 요소로서 화면 밖 방백이 영화 전체를 통해 배치되었다. 영화의 서막에서는 여자(춘즈)와 남자(뉴바오)의 방백이 교대로 들린다. 춘즈의 화면 밖 소리는 고사의 전사(그녀가 '주인'이 된 유래)를 술회한다. 뉴바오는 그가 우연히 마을에 체류하게 된 이유를 말한다. 이것은 있어도 그만 없어도 그만인 요소가 아니다. 그것은 서막에서 관객으로 하여금 애정 고사에 대해 어떤 기대를 갖도록 했으며 인물화한 서사인을 설정했다(스스로 서사 구조를 알고 있기 때문에 관객을 끌어들인다). 그것은 영화의 서사 구조—이 애정 고사가 남녀 주인공의 교차적인 시점에서 드러나는 것을 확인시켰다. 그러나 서막 이외에 뉴바오는 서사인의 목소리로 더 이상 출현하지 않고 춘즈만이 방백 중 유일한 서사인으로 영화 전체에 배치되어 있다. 이야기는 춘즈의 방백 속에 '막을 내렸다.' 한편 서사의 구조적 요소로서 춘즈의 진술은 결코 우리에게 화면이 제공하지 못한 소식—춘즈의 복잡한 내면세계, 혹은 외부인에게 알려지지 않은, 또한 외부인에게 알려지기에는 모자란 가족의 비밀 같은 것—을 제공하지 않았다. 반대로 춘즈의 어떤 화면 밖 진술들은 단지 '예시'의 방식으로써 이야기의 플롯이 담고 있는 내재적인 근심과 희극성을 파괴할 뿐이고,

소리와 화면이 겹쳐 사용된 통상적인 폐단을 만들어냈을 뿐이었다. 그러나 만약 춘즈가 애정 고사의 1인칭 서술자가 될 수 있다면 그녀는 당연히 영화 시각 구조에서 시점의 주체가 되어야 하고 적어도 시각 공간을 확인하는 어떤 '중심' 혹은 참고점[222]이 되어야 했다. 그러나 영화의 촬영 과정에서는 모든 것이 결코 이와 같지 않았다. 고전 영화에서의, 시각화한 성별 질서처럼 여인— '주인' 의 몸을 한 춘즈도 시점의 점유자가 될 수는 없었다. 반대로 그녀는 시종 남성 시점의 목격과 관조 하에 처해 있었다. 그녀는 늙은 집사와 만디훙의 감시와 정탐 하에 놓이지 않은 적이 없었다. 게다가 불시로 욕망하는, 그리고 확인하는 뉴바오의 시선에 사로잡혔고, 최종적으로 이러한 시선에 의해 수정되고 고쳐 쓰였다. 또한 그녀는 뉴바오의 시선과 동일시함으로써 비로소 거울에 스스로를 비출 수 있었고 거울 속에서 자신이 결국은 묘령의 소녀라는 것을 발견할 수 있었다. 그러나 이는 여전히 문제의 전부는 아니었다. 만약 우리가 담론 권력 구조가 사회 권력 구조와 동일 구조체라는 것을 인정한다면 춘즈는 인물화한 서사인으로서 분명 그녀의 '주인(둥자, 東家)' 으로서의 신분에 대응하고 있다. 비록 비어 있는 자리의 보충물이라고 하더라도 그녀는 필경 차이 폭죽의 지고한 권좌를 유지할 것이다. 그러나 문제는, 만약 이 담론/권력의 동일 구조를 확인했다면 전체 영화의 서사 구조와 의미 구조는 분명히 붕궤되고 전복될 것이라는 데 있다. 의심할 필요 없이, 춘즈가 철방에서 도움 받을 길이 없는 죄인이 될 때만, 뉴바오를 해방시키는 자로서, 비인간적 질서를 전복시키는 자로서 의미를 가질 수 있다. 그렇지 않다면 이것은 바로 권력 이질화에 관한 진술이 되거나 양성 간의 잔인한 유희 이야기가 될 것이다. 상호 모순적인 이중 담론 권력을 설정한 것은 분명 동서 문화 사이에 처한 허핑이 가지고 있는 남성권력 담론의 양난을 직관적으로 표현한 것이다. 이 양난의 한 쪽은 여성을 마주하고 있는, 그리고 침범과 거세에 대한 두려움으로 가득 차 있는 남성의 잠재의식이 차지하고 있다. 그것은 여인과 역사가 모의하여 남성권력을 참월하려 한다는 생각을 서사한 것이고 또 그렇게 해석한 것이었다. 다른 한 쪽은 서구와 동일시하고 영합함으로써, 혹은 서구의 남성적 시선이 기대하는 것과 동일시하고 영합함으로써 스크린을 채울 수 있었던 남성적이고 엽기적인 시야 속의 기이한 동방 문화와 동방의 아름다움이었다. 유감스럽게도 허핑은 부감식의 서구 문화 시야 속에서 여성 표상을 빌어 중국의 역사 서사를 다시 서술하고 수정하려고 시도할 때, 혼란으로 가득 찬 남성 담론과 이질적이고 곳곳에 균열이 있는 영화 텍스트를 보여주었을 뿐이다

영화 서사인의 남성권력적인 입장과 자각적 '동방 서사'로 인해 춘즈에 대한 뉴바오의 고쳐 쓰기가 완성되자 영화의 플롯은 더 이상 발전하지 못했다. 이후의 서사 단락, 특히 마지막 네 시퀀스는 뉴바오와 춘즈가 함께 가족 및 전통 문화 세력에 반항하는 이야기가 아니라 다른 담론 시스템에서 파생되어 나오는, 병렬된 네 이야기의 결말이었다. 우

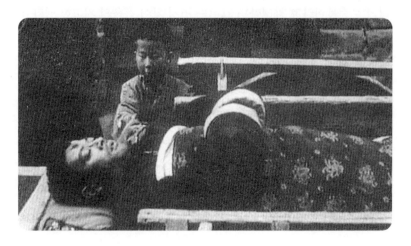

선 이전부터 잠복해 있던 서사의 한 축(만디훙과 뉴바오 사이의 충돌과 다툼)이 부상했다. 만디훙은 늙은 집사의 주구로서, 영원히 벗어나지 못할 노예로서, 뉴바오가 춘즈의 '인성'을 고쳐 쓰는 것을 방해했다. 또 플롯극에서 필요한 삼각관계에서 애매하고 모호한 꼭지점 하나를 맡았다. 사실 뉴바오가 처음 차이 저택에 왔을 때 그와 만디훙 사이에 있었던 대결은 '노비'와 '인간' 사이에 나타나는 필연적인 충돌을 보여주지만 한편으로는 삼각관계를 보여주고 있다. 전경에 만디훙과 뉴바오의 등이 보이고, 두 사람 사이로 후경에 춘즈가 균형적인 대칭을 이루고 있는데, 이는 이미 고사의 정경이 삼각관계임을 잠재적으로 확인해준다. 이 삼각관계에서 늙은 집사/만디훙이 한쪽 면을, 뉴바오가 다른 면을 차지하고 있다. 춘즈는 광명의 왕국/인성(혹은 허핑의 말로 '자유로운 천성')과 암흑의 왕국/가족문화가 차지하려 다투는 고전적 객체였다. 병렬 구조의 첫 번째는 만디훙이 뉴바오와 칼을 뽑아들어 싸우고, 이어서 그가 참패하는 것으로 끝난다. 이 결말은 뉴바오가 사내대장부의 힘, 생명력의 상징적 소유자의 힘을 가지고 있음을 증명했다.

두 번째는 더욱 전형적인, 철방 서사의 구조다. 늙은 집사, 만디훙은 사람들을 동원하여 비열하고 잔인한 학살을 꾸몄다. 그들은 살인자 집단으로 화면에 투사되었다. 곤봉을 손에 쥔 사람들의 마비되고 흉악한 표정이 거대한 화면을 가득 채우고 있고, 대문과 골목에서 살인자들이 쏟아져 나온다. 이것은 이 시퀀스가 계몽담론을 참고하여 만든 고전적인 중국의 역사적 장면이라는 것을 말해준다. 뉴바오는 위기에 처해도 두려워하지 않고 힘을 다해 저항한다. 그러나 결국 힘이 부치고 만다. 하지만, 이때 플롯극에서 필수적인 도우미인 귀여운 떠돌이 아이들이 폭죽 몇 개로 피에 굶주린 군중을 격퇴함으로써 이 단락은 싱겁게 끝을 맺었다.

세 번째 부분에서는 민속 박람처럼, 머리에 연화등을 이고 조상으로 분한 사람들이 춤을 추는 의식이 나오는데, 이 의식 후에 춘즈는 다시 한 번 가족의 힘에 굴복하여 남장을 하고 뉴바오와 결별한다. 이는 고전적 애정 비극의 결말이다. 뉴바오는 배에 올라 떠나고 거친 파도가 일렁이는 황하와 거친 역류를 거슬러 올라가는 나무배의 장관이 연출된다. 하안의 석벽에서 애인을 떠나보내는 춘즈는 여장을 하고 있다. 그 옷은 붉은 색의 신부복이다. 그녀는 스스로 결혼을 한 것이다. 갑자기 황하 양안에 수도 없이 많은 폭죽이 터져 나오고, 주위는 온통 연기와 폭죽 소리로 가득 찼다. 마치 명절에 볼 수 있는 광란의 밤 같다. 이것은 다른 형태의 혼례이고 굴복당한 자의 최후의 반항이었다. 이렇게 해서 단순한 애정고사는 완성될 수 있었고, 아울러 봉인될 수 있었다.

그러나 이 애정 비극의 구조는 허핑의 상상에서 종횡으로 교차하는 시선 및 다중적 시야를 만족시키기에는 부족하다. 그래서 뉴바오는 다시 돌아와 폭죽 시합— '쌍등을 터뜨리는' 장면을 연출해냈다. 이것은 상상 속의 서구 관객을 만족시키는 데 필요한 동방 문화, 민속의 기이한 광경이었다. 이것은 일종의 의식이자, 연기이며, 전시였다. 동시에 그것은 다시 한 번 역사 문화 반사의 주제 및 정체된 동방 민족의 비극을 보여주었다. 앞에 나오는 춘즈의 방백 및 폭죽 시합 장면에서 폭죽 시합과 좁은 문에 홀로 앉아 있는 늙은 집사가 계속해서 교차하는데 이는 이미 뉴바오의 운명에 대한 어떠한 염려나 극적 성격도 모두 해소되었다는 것을 보여준다. 그러나 결말은 여전히 동방 문화 가운데 아들살해 정경이었다. 그것은 심지어 더 이상 거세에 대한 은유가 아니라 실제 거세였다. 즉, 생명력의 표현인 '등燈'이 아니라 역사적 거세력의 폭압적 작용과 승리를 비유하는 '쌍등을 터뜨리다'라는 행위

였다. 또 하나, 만약 영화의 결말이 최종적으로 아들살해/거세의 죄행을 드러내고 규탄하는 것이라면 춘즈의 임신은 오히려 이 역사적 규탄을 다시 한 번 애매하게 만들었다. 비록 영화『붉은 폭죽, 푸른 폭죽』에 남성권력 담론이 충만해 있다 하더라도 마지막으로 승리를 얻은 것은 부권父權(혹은 여성 권력)이라는 것은 그럴 듯하게 들린다. 남성 중심의 동방 서사는, 동시에 잠재의식 중에 거세를 두려워하는 '아들'과 부권父權(및 여성 권력)에 대한 모호한 규탄으로 가득 차 있다.

『붉은 폭죽, 푸른 폭죽』은 그래서 함몰된 성지城池였다. 그것은 지름길과 틀린 길로 가득하지 않고, 곳곳이 함몰되어 남김없이 드러난 문화의 함정으로 가득했다. 그 가운데서 본토와 세계, 동방과 서구, 부권父權과 남성권력, 남성과 여성은 영화의 정교한 표상 하에서 특이한 동방의 경관을 이루지 못했고, 난잡하고 무질서해 보이지만 실은 들쑥날쑥한 운치가 있는 포스트모던과 연결되지도 못했다. 반대로 그것은 포스트콜로니얼 문화의 콘텍스트에서 제3세계 문화 및 담론을 다시 한 번 비극적으로 증명했다. 그리고 성별/종족의 유희의 미궁에서 당황해 길을 찾지 못한 남성 담론의 역사적 곤경을 보여주었다.

제3부

귀퉁이 거울성의 한

장마철:1993~1994년의 중국 영화와 문화

>>

시끌벅적한 소리들

90년대 중국 영화계는 다시 한 번 종횡으로 교차하는 권력의 눈빛/담론이 관통하는 대상이 되었다. 그리고 다중적인 중심과 주류가 지칭하고 명명하는 대상이 되었다. 즉, 이 시기는 세계적인 범위에 존재하는 갖가지 소리로 시끌벅적한 공간이었다.

90년대 초, 중국 혁명 역사의 제재인 공산당의 영도와 혁명 영웅의 전기에 관한 영화가 '주선율' 영화의 최신 형식으로 다시 주목 받고 있었다. 이들 영화는 사회주의 이데올로기와 신중국의 고전 영화 서사 유형으로서 세기말에 다시 부활한 것이다. 더불어 '오락물'인 상업 영화의 제작 역시 더 이상 부끄러운 화제가 아니었다. 1992년, 상업화의 물결이 다시 활기를 얻게 되면서 1993년, 중국영화수출입공사(中國電影輸出入公司)가 영화 제품을 통괄적으로 관리하던 시스템이 폐지되었다. 중국 영화계에 이처럼 중요한 개혁의 움직임이 나타나자, 중국 영화 제작계에 있어 가장 유혹적이면서 위험한 현실로 시장과 관객이 대두했다.

그리하여 합작 촬영과 협조 촬영의 방식으로 대륙 영화 시장으로 순조롭게 진입한 홍콩영화(예를 들자면 『황비홍(黃飛鴻)』, 『신용문객잔(新龍門客棧)』, 『영웅본색(英雄本色)』 등 '대륙적' 이라 일컫는 '쉬커(徐克)영화' 현상)가 대륙 영화 시장에서 절대적 위치를 점하게 되는 놀라운 현상이 발생하였다. 영화가 시끌벅적한 시장의 화려한 일부가 되었던 것이다. 전국에 촘촘하게 퍼져 있는, 수만 개의 영상관련 사이트(영상물의 제작, 배급, 상영을 업으로 한다)는 현행 영화관 시스템을 벗어나 해적판 헐리웃 최신작과 홍콩 영웅극, 신무협물, 청룽(成龍) 영화, 저우싱츠(周星馳) 영화 그리고 갖가지 코믹물을 CD와 비디오테이프로 만들어 전국 각지로 배급하였다. 이번의 경우, '언더그라운드' 에서 이루어진 해외 영화의 유행은 80년대와는 다른 양상을 띠었다. 그것은 더 이상 '위대한 문화적 계몽' 의 일부가 아니었다. 영화는 이제 확실히 맥도날드, 피자헛과 같은 소비방식의 하나가 되었다. 이 기간 동안 사람들의 마음을 사로잡은 것은 감상적이고 구성진 인도주의적 표현과 영화 예술에 한정되지 않았다. 사람들을 끌어당긴 것은 맥도날드 햄버거와 피자의 치즈만이 아니라 경험한 적 없는, 여러 가지로 배합된 '미국적 향기' 였다.

이러한 상업화 조류와 함께 대중문화 현상도 나타났다. 중국의 TV 방송계는 『갈망(渴望)』, 『편집부 이야기(編輯部的故事)』와 같이 우언과 비슷하고 도덕적 줄거리를 갖춘 드라마를 지나, 재빨리 『황청건(皇城根)』, 『어쨌든 널 사랑해(愛你沒商量)』, 『교토 기사(京都紀事)』, 『하이마 노래방(海馬歌舞廳)』 등과 같은 '순수 홈 시츄에이션물' 을 제작했다. 그리하여 정치적—고전적—중국 사회주의와 경제적—금전, 시장, 매표소와, 대중문화+시각적인 광경+일상생활—이데올로기가 중국 내 문화적 시야 속에서 서로 다른 권력 담론과 권력 시야를 구성하게 되었다. 그것들은 주류를 지칭하고 제조하는 각자의 방식으로 1949년에서 80년대 초에 이르는 시기를 분할하거나 찢어놓았다. 강한 호소력과 조정력을 지닌, 통일된 중국 영화계는 황당하기 그지없는 90년대 중국 문화의 풍경선 중 일부를 이루게 되었다.

그러나 이 모든 것은 결코 세계적 시야 속의 '중국 영화'가 아니었으며 글로벌 문화의 콘텍스트 속에서 부단히 증식하던 '중국 영화'에 대한 갖가지 담론과도 무관했다. 세계가 중국과 중국 영화를 주목한 이유는 그것이 갖고 있던 또 다른 찬란함과 뜨거움 때문이었다. '세계'/서구로 향하는 중국 영화의 여정은 5세대, 정확히 말하자면 장이머우, 천카이거의 이름이 붙은 예술 영화를 길잡이로 했다. 90년대 중국 영화는 세계적인 범위에서 뜻밖의 역사적 만남을 경험한 듯했으며 꼬리에 꼬리를 물고 이어지는 성대한 연회를 즐기는 듯했다.

1987년에 장이머우가 베를린영화제에서 황금곰상을 수상한 뒤, 1990년에는 그의 신작 『국두』가 베니스에 입성하였다. 비록 수상하진 못했지만 영화가 아카데미에도 출품됨으로써 중국 영화가 아카데미에서 최우수 외국어작품상을 놓고 각축을 벌인 선례를 만들었다. 장이머우가 참석할 수 없었던 상황은 해외에서 잔잔한 정치적 파란을 일으켰다. 1991년에는 장이머우의 『홍등』이 다시 베니스에 출품되어 은사자상을 수상했으며 다시 아카데미에도 출품되었다. 이번에는 검은 양복을 입은 장이머우와 은백색 치파오를 입은 궁리(鞏俐)가 화려하고 흥분으로 가득 찬, 사람들이 선망하는 해외의 성전에 당당히 모습을 드러냄으로써 장이머우 영화 속의 '중국적 형상'과는 사뭇 다른 모습을 연출하였다. 1992년, 장이머우의 『귀주이야기』가 또 다시 베니스에

『인생』

입성하여 뜨거운 갈채 속에서 금사자상을 수상하였으며, 주인공 궁리
는 홍콩 여배우 장만위(張曼玉)(『완령옥(阮玲玉)』)를 이어 여우주연상
을 수상하였다. '중국 영화'가 구미 영화제를 휩쓸었으며 장이머우는
'베니스를 구원하였다.' 그리고 베를린 영화제에서는 셰페이 감독의
『향혼녀(香魂女)』와 타이완 감독 리안(李安)의 『결혼피로연(喜宴)』이
나란히 황금곰상을 나누어 가졌다. 이처럼 고조된 카덴차 속에서 천카
이거가 홍콩 탕천공사(湯臣公司)와 함께 제작한 『패왕별희』가 칸영화
제에서 인정을 받아 유명한 여성감독 제인 캠피온(Jane Campion)의
『피아노(The Piano)』와 함께 황금종려상을 공동 수상했다. 그것은 칸
을 향한 천카이거의 짝사랑[223]이 마침내 결실을 본 것이었으며 천카이
거가 '칸을 불러 깨운 것'[224]이었다. 계속해서 『패왕별희』와 『결혼피
로연』이 동시에 아카데미에 출품되었다. 1994년, 장이머우의 『인생(活
着)』이 많은 관심 속에 칸영화제에 출품되어 심사위원상을 수상하였
고 주연을 맡았던 거여우(葛優)―그는 TV 통속 드라마에서는 못생긴
배우 축에 끼었다―는 칸영화제의 제위에 오르게 되었다. 그리고 톈좡
좡의 『푸른연』이 도쿄국제영화제에서 대상을 수상했다. 5세대 여감독

리사오훙의 『붉은 가마』와 『사십불혹』, 닝잉의 『즐거움을 찾아서』, 류
마오마오의 『잡담(雜嘴子)』이 연이어 유럽과 아시아 영화제에 출품되
었으며 수상도 하였다. 중국 대륙 영화가 빈번하게 출품되고 타이완과
홍콩의 예술 영화가 이에 호응해 서로를 자극하면서 중국 영화는 전도
양양한 미래를 꿈꾸게 되었다.

　　그리하여 1992~1993년은 세계무대에서 중국 영화의 경축일이 되
었다. 이 해는 세계 영화계에서 '중국의 해'로 불릴 만했다. 세계/서구
가 중국을 주목함으로써 광희와 희망이 가득한 분위기가 조성되었다.
그것은 80년대 사람들이 감히 꿈꾸지도 못했던 일이었다. 장이머우와
천카이거의 영화 광고물이 유럽과 미국의 대도시 영화관에 내걸렸고,
고집스럽고 보수적인 헐리웃 영화 관객들도 그들의 이름을 듣고 영화
관으로 몰려들었다. '낭만적인 중국 이야기'를 기대하면서 말이다. 세
계적 시야에서 장이머우와 천카이거는 '중국 영화', 중국 영화의 '주
류'로 일컬어졌다. 그리고 그들은 서구의 B급 영화제에서도 '중국에
대한 갈망'을 만들어냈다. 90년대는 중국 영화가 서구 세계를 '정복'
한 것 같은 해였다. 이런 찬란함 가운데 새로운 열망과 낙관적 담론이

샘솟기 시작했다. 신세기에 대한 전망 속에서, 장이머우와 천카이거의 승리는 동양 그리고 중국의 21세기의 도래를 증명하며 예언하고 있었다. 타이완의 명감독 허우샤오셴(侯孝賢)은 천카이거가 수상했던 칸영화제에서 위성TV 영화 채널 기자에게 다음과 같이 예언했다. '타이완의 자금, 홍콩의 기술, 대륙의 감독'이 중국 영화의 미래에 공전의 번영을 만들어갈 것이라고.

이런 번영에 흠집을 내진 못했지만 다소 흥을 깬 이들은 대륙 본토의 시장과 비평가 그리고 관객이었다. 그들은 번영을 만들어낸 이 영화들에 시종일관 차가운 반응과 낮은 평가를 보냈다. 1992년 말, 관방과 민간으로부터 모두 격찬을 받은 『귀주이야기』, 장궈룽이라는 명배우의 이름에 힘입어 '금지 영화'에 대한 젊은이들의 열정을 불러일으킨 『패왕별희』가 예외적인 작품일 뿐이었다. 대부분의 수상 작품은 잠시 '권내'에서만 화제를 불러일으켰을 뿐, 국내에서는 남다른 침묵이나 질타만 받았다. 사실, 장이머우와 천카이거의 영화가 보여주는 '탈식민' 문화의 정경에 대한 토론은 90년대 대륙 지식계의 중요한 화제 중 하나였다. 1992년에 장이머우의 영화가 금지령에서 풀려나자 세 편의 작품(『국두』, 『홍등』, 『귀주이야기』)은 동시에 대륙 영화 시장에 진출하여 대륙 영화 시장을 구원하는 '요정 레프리콘'이 되고자 했다. 장이머우의 작업 사진과 세 영화의 포스터가 베이징의 가장 요지인 왕푸징(王府井)과 창안(長安)가의 교차로 입구에 내걸려 막 개장되어 성업 중이던 맥도날드와 마주하게 되었다. 그러나 그곳에서 멀지 않은 광고판에는 주선율 영화였던 『천지개벽(開天闢地)』의 포스터가 걸려 있었다. 그리하여 베이징의 구도심에서 『천지개벽』과 장이머우 그리고 맥도날드가 기묘한 만남을 갖게 되었다. 장이머우와 궁리 그리고 국제영화제 수상에 대한 대규모 광고가 이루어짐으로써 『귀주이야기』는 상당한 예매율을 기록했지만, 실제로는 기대만큼 팔리지는 않았다. 오히려 완패했다는 말이 더 정확했다. 황금종려상 수상이라는 후광과 중국인의 '프랑스 문화에 대한 콤플렉스' 및 금지 영화 콤플렉스에 기댄『패왕별희』역시 대도시에서 잠시 인기를 끌었을 뿐이었다. 젊은 여류감독들의 작품은 영화종사자들과 비평계에 화젯거리를 제공했을 뿐, 관객들로부터 조금의 호응도 얻지 못한 듯 했다.

또한 1993년, 각 영화제작소의 자주적 배급을 허용한다는 정책이 발표된 뒤, 중국 영화업계는 오랜 시간을 기다린 끝에 갑자기 주어진 '자유의 구속' 앞에서 당황해서 어쩔 줄 몰라 했다. 중국 영화계의 눈 앞에 갑자기 나타난 것은 다多중심과 다多 '주류'로 인해 비정상적으로 혼란에 빠진 문화 구조와 매우 거대하지만 시스템은 전무한 영화시장이었다. 시장을 정복하고 제어하고자 하는 열망의 너울이 90년대에 조수처럼 밀려왔지만, 오래도록 쇠락했던 영화시장은 도무지 종잡을 수 없는 괴물 같았다. 1993~1994년의 대륙 영화계는 계곡 밑바닥에서 계속 추락하고 있었으며 제작은 거의 반이 중단된 상태였다. 대륙 영화는 성행하던 홍콩 상업 영화와 힘겨운 싸움을 하고 있었고, 텔레비전, 비디오, 가라오케, 전자오락실에 관객을 빼앗기고 있었다. 살얼음판을 걷던 중국 영화계는 '합작 촬영'과 '협력 촬영' 방식에서 위험 부담도 없으면서(위험 부담이 적은) 다소 이익을 남길 수 있는 가능성을 발견했다. '표를 많이 파는 것'이 제작소의 중요한 생존 방식이 되었다. 그리하여 황당하고 재미있는 상황이 나타났다. 서구(예술)영화 시장을 지향한 '5세대' 영화의 제작이 중국 영화의 수출을 구성했고, 홍콩과 타이완 및 미국 영화의 도입이 (협력 촬영, 합작 촬영의 방식을 통함으로써) 중국 영화의 수입을 구성했다는 사실이다. 양자는 모두 중국 영화 제작업의 생산 기지와 저렴한 노동력의 힘을 빌리면서도 중국의 영화는 제작하지 않은 채 더욱 힘 있게 추진되었다. '유사 영화'인 VCD, 비디오, 텔레비전 드라마, MTV, 가라오케가 번성하는 가운데, 그리고 영화와 스타에 대한 가십을 대중 매체가 대대적으로 이용하는 가운데, 중국 영화제작소는 시끄럽지만 적막한, '사랑으로부터 잊혀진 구석' 같은 존재가 되어버렸다.

벽의 안과 밖

어떤 의미에서 장이머우는 90년대 중국의 문화 영웅이라 할 수 있을 것이다. 장이머우의 거의 모든 영화가 아직 중국 대륙에서 상영 허가를 받지 못했을 때, 오히려 '영화로 국가의 위상을 알렸다' 해서 국가 노동부로부터 '메이데이노동(五一勞動)' 상을 받았다는 사실도 별 이상할 게 없다. 확실히 그는 중국 영화가 좁은 틀을 깨고서 세계로 나아가는 데 있어 선두 역할을 했음이 분명하다. 즉 '세계'와 '예술'로 통하는 길을 열었던 것이다. 그의 이야기는 치열한 문화의 전장에서 승리한 이야기이며 정복자의 이야기라 할 것이다. 그러나 다른 측면에서 보자면 그것은 피정복자의 이야기에 가까웠다. 서구 세계에 대한 중국 영화의 정복은 피정복을 전제로 한다. 다음과 같은 장이머우의 고백이 이를 대변한다. "만약 내가 스필버그(Steven Spielberg)이고 『쥬라기 공원(Jurassic Park)』으로 전 세계 시장을 점유했다면 아마도 나는 영화 콩쿠르에서 성공하지 못했을 것이다."[225] 당연히 장이머우는 스필버그가 아니다. 더 정확히 말해서 중국 감독이지 헐리웃 감독이 아니다. 그렇다면 영화 콩쿠르/영화제에서 인정을 받는 것은 그에게 필수요소였다.

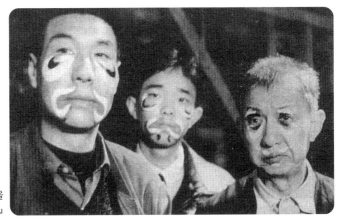
『즐거움을
찾아서』

    필자는 1987년 이루어진, 5세대의 대표작『붉은 수수밭』과『아이들
의 왕』이 서구 세계와 조우한 서로 다른 양상(간혹 역사적 조우라고도
할 수 있는)이 90년대 중국 영화인들의 계시록이 되었다고 언급했었
다. 제3세계 영화감독에게 있어 유럽 예술 영화제의 수상은 '세계로
향하기' 위해 필수적이면서도 유일한 '입장권' 이다. 그러나 모든 '우
수한 영화' 가 다 이런 영예를 누린 것은 아니었다. 셰페이 감독의『운
명의 해』가 서베를린에서 은곰상을 수상한 것과 닝잉 감독의『즐거움
을 찾아서』가 세바스티앙에서 청년감독상을 수상한 것, 그리고 6세대
감독이라고 하는 후쉐양(胡雪楊)의『남겨진 여인(留守女士)』이 카이로
에서 피라미드상을 수상한 것을 제하고는, 유럽이나 아시아의 영화제
에 출품하거나 수상한 작품은 대부분 향토적 제재를 다루었지 현대 도
시를 제재로 하지는 않았고, 또 있더라도 극히 드물었다는 사실은 곰
곰이 되새겨볼 만하다.

    특정한 역사적 연대와 정치적 요소를 떠나,『운명의 해』와『즐거움
을 찾아서』는 도시를 제재로 했지만 그 속의 주인공은 다들 전형적인
옛 중국의 거주자 형상에 가깝지, 현대 도시의 '문제아' 는 아니었다.

『남겨진 여인』

유일하게 현대 도시와 이주민을 제재로 하는 『남겨진 여인』은 이집트국제영화제라는 제3세계 영화제에서 수상하였다. 또 다른 흥미로운 사실을 필자는 인터뷰 속에서 감지할 수 있었다. 1988년의 서베를린영화제 심사위원 중 한 명이 황젠신 감독의 『윤회』와 저우샤오원 감독의 『실성의 대가』를 좋은 작품이라고 생각하면서도 표를 주지 않았던 적이 있다. 그는 두 영화가 보여준 디스코 장면과 차의 충돌 장면이 '너무도 중국적이지 않았기' 때문이라는 이유를 내세웠다. 수십 차례 중국 대륙을 오갔던 심사위원의 해설은 더욱 의미심장했다. 그는 이들 장면이야 말로 현대 중국의 현실 중 일부라는 사실을 충분히 이해하지만 유감스럽게도 '내가 우리 심사위원들 모두를 중국으로 데려갈 수는 없기' 때문이라고 했다.

중국 영화가 '세계로 나아가' 서구 영화와 동맹을 맺으려면, 중국이 서구 문화와 확연히 다른 '타자'가 되어야 한다는 사실이 전제가 되어야 한다. 이 타자는 서구 문화를 비추는 거울이며 또한 서구를 거울로 삼고서 그의 주체의 느낌을 확인하는 '타자'이다. 어떤 의미에서 보자면 서로 마주하고 선 두 거울이 끊임없이 서로를 비추는 거울성과 같은 정경과 문화의 조우야말로 90년대 중국 본토 문화의 역사적 조우라 할 것이다. '거짓이 참이 되고 때로 참도 거짓이 되는, 없음이 있음이고 있음도 없음으로 돌아가는' 그런 형세인 것이다. 달랐으며 달라야만 했다. 문화적 '타자'라는 것은 '자아'의 '타자'/이질적 존재일 뿐이다. 서구 영화제에서 성공적으로 승리를 거둔 중국 영화는 서구 문화의 자아에 존재하는 중국이라는 타자성을 드러내는 것에 바탕을 두었다. 오늘날까지 '향토 중국'이라 인정받은 영화들은 다음과 같은 두 가지 서사 모델을 따르고 있다. 하나는 루쉰이 말한 중국 역사의 '철방'이 영화 서사에서 좁은 감옥 같은 조형 공간으로 전환된 것이다. 이 기이한 동양적 공간 속에서 여인의 억압된 욕망과 상처 입은 청춘과 생명에 관한 이야기가 연출되었다. 그것은 '초월적'으로 본토와 서구라는 이중적인 문화적 확인을 뛰어넘는다. 그것은 억압과 박해 그리고 훼손된 민족역사의 우언이자 서구 시야 속의 처량하면서도 아름답고 감동적인 동양의 기이한 광경이었다. 두 번째는 현·당대 중국 역사라는 플랫 앞에서 펼쳐진, 감동적인 중국적 극영화이다(예를 들면 『푸른연』, 『패왕별희』, 『인생』 같은 것). 이번의 '중국'적인 것에 대한 확인은 더 이상 쓰허위안이나 중국의 고건축 박물관이 아니라 현·당대 중국사 속의 유명한 사건을 통해 이루어졌다. 물론 아직은 경극(『패왕별희』)이나 그림자극(『인생』) 같은 것으로 동양적 운치를 더하면서 이데올로기적 표현을 감쇄시킬 필요가 있지만 말이다. 그것은 중국 본토의 정치적, 역사적 반사의 연장이 아닌 평면화, 플랫화된 역사적 사건의 '제시'로, 개인 혹은 가족 극영화(情節劇)가 실현하는 이데올로기와 결합되었다.

장이머우와 천카이거의 영화는 정복된 정복자의 이야기가 되었다. 성공과 찬란은 그들의 서사 모델을 본토의 진정한 정복자로 만들었다. 그것은 명실상부한 모델과 규범이 되었고, 권력 담론의 멍에가 되었다. 그것은 유일하게 변별되는 '중국(영화)적 형상'의 교과서가 되어 중국 예술 영화의 '유형'을 설명했다. 장이머우의 영화는 유럽 예술 영화계 비평가들의 흥미―유럽의 인문적 전통, 중국에 대한 상상, 유럽 예술 영화의 전통이라는 척도—를 성공적으로 내재화함으로써 성공을 거둘 수 있었다. 그렇다면 이와 유사한 중국 영화들은 더 나아가 서구 시야 속의 중국에 대한 상상을 고착시켰을 뿐 아니라 중국 영화에 대한 서구 영화계의 기대와 확인도 상대적으로 고착시켰다고 할 수 있다. 그리하여 그것들은 '세계로 향하기'를 갈망하는, 예술 노선을 견지하는 대륙 영화인들(장이머우와 비교한다면 그들은 스피박(Gayatri Spivak)에서 더 멀어진다)의 본이 되어 매력적인 이정표를 세워야 했다. 장이머우와 천카이거의 90년대 작품은 어떤 의미에서는 무의식중에 새로운 문화적 벽으로서 세계가 당대 중국을 향해 던지는 눈빛을 가로막아 중국을 또다시 '볼 수 없는 도시'—이태리의 천재 작가 칼비노(Italo Calvino)의 붓끝을 통해 마르코 폴로(Marco Polo)가 말했던 '중국'—로 만들었다. 게다가 그들의 작품은 중국을 세계에 드러내려는 당대 영화인의 노력도 막아버렸다. 이는 분명 정복으로부터 등을 돌리는 과정이었다.

장이머우 영화의 다중 효과로 1993년 중국 문단과 영화계에 특이한 일들이 나타났다. 그것은 먼저 장이머우가 문단의 중요 작가(쑤퉁, 거페이(格非), 쉬란(須蘭), 자오메이(趙玫) 등)들에게 '주문하여' 측천무후를 제재로 하는 장편소설을 만들게 한 일이었다.[226] 그리하여 『측천무후(武則天)』에 관한 장편소설 다섯 권이 동시에 도서 시장에 등장했다(이 외에도 더 많은 작품이 있다. 대중스타 류샤오칭이 주연한 동명의 텔레비전 드라마로 인해 『측천무후』라는 장편이 출판되었을 뿐 아니라, 이와 함께 수많은 작가들이 유사한 소설을 창작했다). 그중 여류 작가 쉬란과 자오메이의 『측천무후』 표지에는 '장이머우가 궁리를 주연으로 찍을 거작. 두 여류작가의 혼신의 역작'이라는 광고문구가 찍혀 있었다. 장이머우가 일으킨 '측천무후' 붐은 90년대 문단의 기이한 광경이 되었다. 일은 여기에 그치지 않았다. 마찬가지로 장이머우의 주문을 받은 작가 류헝의 장편『창하의 백일몽(蒼河白日夢)』은 프랑스 영화계의 거성 제라르 드빠르디유와 궁리에게 공동 주연을 맡기려 한다는 소문으로 인해 일시에 대중매체의 가십이 되기도 했다. 장이머우 영화가 관객들로부터 차가운 대접을 받았음에도 불구하고 대중매체는 그와 궁리의 행적에 대한 갖가지 가십을 떠들어댔다. 영화를 좋아하지만 영화관을 찾지 않는 독자들 역시 이를 흥미진진하게 여겼다는 사실이 흥미롭다. 장이머우의 또 다른 '문학적 효과' 는 (쑤퉁이나 위화(余華) 같은) 유명작가가 장이머우의 '혜고' 를 입어 더 유명하게 되었고, 무명작가 역시 장이머우 덕에 유명해졌다는 것이다. 장이머우의 영화가 서구(혹은 해외)의 예술 영화 시장을 타깃으로 했다면 중국 문단에는 '장이머우' 를 타깃으로 작품을 쓴 작가들이 여럿 나타났다. 1993년의 또 다른 문학적 기관奇觀은 텔레비전 드라마 시나리오 창작과 개작이 중국 문단의 중요 작가를 '사라지게 만들었다' 는 사실이다. [227] 문학 인사들이 편찬한 「당대문학비망록(當代文學備忘錄)」[228]에 실린, '장이머우와 궁리가 90년대 중국 문단에 중요한 영향을 미쳤다' 라는 말은 생각해볼 문제다.

1993년, 역시 같은 이유로 감독 샤강이 말한 '중국 영화의 음과 양 [229]'이 형성되었다. 이 해에 5세대의 우수한 도시 영화 감독들이 모두 도시 영화 창작을 중단하고 카메라를 '향토 중국' 으로 돌렸는데 이는 흥미로우면서도 우려할 만한 사실이었다. 그중 주목할 만한 것은 가장 잘 팔린다고 생각되던 저우샤오원의 전환이었다. 그는 '실성 삼부곡(瘋狂三部曲)' (『최후의 실성』 1987년, 『실성의 대가』 1988년, 『실성의 여정(瘋狂的旅程)』 일명 『협로영호(狹路英豪)』혹은 『용등중국(龍騰中國)』이라고도 부름, 1992년)과 '청춘 삼부곡' (『그들은 젊다』 1986

『실성의 대가』(위) 『전도』(아래)

년, 『청춘은 후회 없다』 1991년, 『청춘의 충동』 1992년), 그리고 준 공포영화 『측황기(測謊器)』를 만든 뒤, 시선을 현대 중국의 한 궁핍한 산촌으로 돌려 영화 『얼모(二嫫)』를 찍어냈다. 감독 황젠신의 처녀작 『흑포사건』(1984년)은 5세대 영화이면서 또한 80년대의 가장 뛰어난 도시 영화이기도 했다. 뒤이어 그의 『전도(錯位)』(1986년), 『윤회』(1988년), 『똑바로 서, 숙이지 마』(1992년) 등도 계속해서 많은 관심을 불러일으켰다. 1993년에는 황젠신 역시 도시를 버리고 산시의 작가인 자핑야오(賈平凹)의 동명소설 『목인의 신부(五魁)』를 영화로 각색했다. 도시적 경관과 대도시를 해학적으로 표현하던 그는 자핑야오의 '누런 하늘과 넓은 땅, 상저우(商州)와 경수(涇水)와 위수(渭水)' 로 방향을 틀었던 것이다. 역시 작품 속 대도시의 소인물은 '강인한 남성과 부드러운 여성' 230)으로 바뀌었다. 늦깎이 5세대 감독(영화계에서는 '후5세대' 라 부르는 일군의 감독 중 하나) 샤강은 현대 도시 영화 『격정을 만나다』와 『이별 후』(후자로 그는 대륙 영화예술상인 금계(金鷄)상 최우수감독상을 받았다)를 발표한 뒤, 1993년 『길 잃은 배(迷舟)』를 찍을 준비에 들어갔다. 이 작품은 선봉파 소설가인 거페이의 동명소설을 각색한 것으로, 역사적 시야 속의 중국과 역사적 굴레 아래서 전전하는 삶과, 폭력과 기억 속에서 요동치는 작은 '길 잃은 배'[231]를 표현했다. 도시 소년의 이야기인『나의 구월(我的九月)』로 공허하고 적막하던 1990년에 주목 받았던 인리(尹力)는 2년이 지난 뒤 현대 농촌 생활을 표현한『살구꽃 피는 삼월(杏花三月天)』이라는 옛 비극의 현대적 버전을 만들어냈다. 작품에서 남자와 여자는 대를 이어야 한다는 초조함으로 인해 사통을 하고 배신한다. 재능 있는 여류 감독 리사오홍은 당대 도시를 제재로 한 영화『사십불혹』의 발표가 좌절되자, 1994년 쑤퉁의 소설인『붉은 연지』의 촬영을 준비한다. 이 작품은 거대한 변화 (1949년)의 경계에 처한 옛 상해의 기녀에 대한 이야기이다. 매우 아름답고 독특한, 상업적 유형의 영화『쌍치진의 칼잡이』로 찬사를 받은 허핑은 이때 신작『붉은 폭죽, 푸른 폭죽』을 발표했다. 이 작품은 유랑객이 부잣집 처녀를 사랑하게 된다는, 진부하고 단순해 보이는 이야기이지만, 소위 '철방'과도 같은 중국 역사의 경관에는 꼭 들어맞았다. 감옥 같지만 사람을 끌어당기는 매력이 있는 오래된 저택, 남장 여인과 '조상'의 유훈, 욕망과 억압, 배반과 거세의 장면, 파도가 일렁이는 황허와 연출식의 고풍스런 민속 등이 어우러져 있다.『붉은 폭죽, 푸른 폭죽』은 1993~1994년 동안, 어떤 영화보다도 더 효과적으로 당시 중국의 영화 문화가 처해 있던 동과 서 사이의 진퇴양난과 우언적 표현의 매력 및 곤경을 드러냈다고 할 수 있다. 게다가『붉은 폭죽, 푸른 폭죽』은 다른 영화들보다 더 쉽게, 성공적으로 미국 상업 영화의 배급망 속으로 들어설 수 있었다.

　마치 약속이라도 한 듯 감독들은 도시에서 향촌으로, '상업'(중국 영화 시장)에서 예술(유럽과 미주의 영화 시장)로 시선을 돌렸다. 이는 우리에게 문화적 벽의 존재를 확인시켜주었으며 장이머우와 천카이 거의 성공적인 유혹과 서구 문화에 대한 호소력을 증명해주었다. 적어도 몇몇 감독의 경우 이러한 전환은 '세계를 향해 나아가기' 위해서였거나 더 직접적으로는 자신과 작품이 국제영화제에 성공적으로 진출하기 위한 것이었다고 할 수 있다.

때로는 은폐되고 때로는 드러나는 도시

1993년을 기점으로 대중의 요란한 소리 속에서 중국의 영화 제작은 갑자기 침묵 상태로 들어섰다. 그러나 그 이면에서는 다른 형태의 흐름이 조용히 움직이고 있었다. 그 움직임 중 하나가 바로 무형의 문화적 장벽을 뚫고서 당대 중국의 도시를 표현하려는 노력이었다. 돌진하는 가운데 단절되고 가라앉던 8·90년대를 연결하는 부교 역할을 90년대의 도시 영화와 80년대 말 생겨난 '신 사실소설'이 맡았다. 그리고 그것은 중국의 세기말에 대한 기록이 되었다. 다시 말해 그들은 일종의 문화의 낙하산이 되어 광란과 우환으로 날아오르던 80년대라는 기구에서 뛰어내린 사람들이 이 낙하산을 타고서 90년대의 물질적 현실로 착륙할 수 있게 만들었던 것이다.

90년대의 도시 영화는 샤강의 『격정을 만나다』로 시작되었다. 그리고 뒤이어 그의 『이별 후』와 『갈채 보내는 이 없는(無人喝采)』이 발표되었다. 같은 시기, 리사오홍의 『사십불혹』과 저우샤오원의 『청춘은 후회 없다』, 『청춘의 충동』 그리고 황젠신의 『똑바로 서, 숙이지 마』, 『얼굴 대 얼굴, 등과 등』이 발표되었다. 이 작품들은 달라진 사회적 콘텍스트 속에서 새로운 도시 서술을 이루었다. 확실히 이들 작품

「이별 후」

은 1987~1988년 사이에 등장한 도시 영화들과는 달랐다. 더 이상 현대의 이름 없는 대도시 속에서 '어울리지 못하는' 이들의 초조한 관망도, 광란 속에 침투된 우환도, 돌아갈 '집' 없는 자의 막연한 회귀에 대한 갈망도 아니었다. 그것은 옛 도시의 가벼운 해학곡이었으며 평이하면서 다소 감상적인 온정이었다. 그리고 보통 사람의 평범하지 않은 경험이거나 혹은 평범한 생활 속에서 느끼는 영혼의 나약함과 곤경이었다.

90년대의 도시 영화에서는 소인물의 블랙 코미디가 익명화한 대도시와 '후기 공업사회'의 인파 대신 전경으로 나섰다. 영화는 구원에 대한 갈망과 속죄에 대한 가능성을 보여주려 하지 않았다. 반대로 영화는 약간의 온정과 따뜻함을 보여주려 했다. 적어도 샤강의 작품에서 사람들은 유희에서 비롯된 이러한 온정과 따스함이 진지한 갈망의 대상물이 되었다는 점에 주목했다. 그것은 영화가 선택한 영화 언어로써 모종의 '포스트모던'한 패러디를 실천한 것이 아니라, 이야기 속의 인물이 매우 성실한 태도로 '고전적 생존'을 모방한 것이었다. 우리는 아마 이런 유희에 대해 '일가를 이루었다'라 평할 수 있을 것이다. 영화에서 인물은 상상적인 회귀, 유희 속에서 얻은 생명의 타락과 온정 어린 위안 그리고 현실에 대한 어쩔 수 없는 인정을 완성한다. 『격정을 만나다』의 한 쌍은 '주인/피고용인'과 준 연인이라는 유희 가운데서 죽음을 마주하는 용기와 보잘 것 없는 비극적인 인생에서의 따스한 순간을 얻게 된다. 『이별 후』의 커플은 준 혼인관계라는 유희에서 이별과 기다림의 고독으로부터 벗어난다. 『갈채하는 이 없는』은 네 명이 얽혀서 이룬 가정의 유희에서, 결혼의 대가는 행복의 완성이 아닌 어쩔 수 없는 선택이라는 사실을 다시금 인정한다. 저우샤오원의 『청춘은 후회 없다』의 마이췬도 무의식 속에 『전장의 로맨스(戰地浪漫曲)』와 같은 유희를 창조하는데, 유희가 끝난 뒤 '청춘을 후회하지 않고' 평범한 생활로 들어간다. 재미있는 상호 텍스트적 표현은 90년대 미술계의 정치적 팝 아트* 속 작품에서 예를 찾을 수 있다. 그림은 전자게임기의 모니터 위에 뜬 유명한 게임 『혼두라(魂鬪羅 Contra)』의 인물을 '문혁의 모범극' 식 인물로 바꾸고 화면을 가로질러 Game Over라는 자막을 써놓았다. 한 게임이 끝났지만 다른 게임은 진행 중이다. 80년대 문화 영웅주의의 종결을 겪으면서 우리는 어떻게 영웅주의적 망상과 꿈을 일상생활에 대한 인정으로 전환시킬 것인가를 공통의 명제로 받아들였다. 다시 말해서 그것은 새로운 이데올로기의 합법적인 서술을 어떻게 성공적으로 일구어낼 것인가의 문제였다.

어떤 의미에서 이 시기 텔레비전 드라마의 창작은 영화 문화보다 더 효과적으로 이러한 이데올로기적 실천에 참여하고 있었다고 할 수 있다. 이러한 문화적 사실이 왕쒀가 명명한 특정한 창작 집단('하이마

---

* 문화혁명의 선동적인 광고와 서구적인 상품 광고의 이미지를 하나의 작품에 녹여내 소비 풍조에 문화가 종속되는 공허함을 표현하는 것이 그의 작품에서 드러나는 일관된 특징이다.

영상물창작센터(海馬影視創作中心)'){232}과 연계된다는 것은 분명하다. 90년대 이름을 날린 텔레비전 연속극『중독(過把癮)』이 왕쒀의 소설을 개작한 것이라는 사실은 흥미롭다. 그러나 드라마의 줄거리 전개는 80년대 왕쒀 소설에 역행한다. 새로운 서사의 시간적 순서는 이러한 문화적인, 평범한 인생을 향한 하강을 보여주었으며, 이어서 따뜻한 정을 꿈꾸는 '고뇌하는 인생'을 신성과 장엄함으로 물들였다. 이 드라마는 왕쒀의 최근작『중독은 죽음(過把癮就死)』을 출발점으로 삼아, 흉측하고 악몽 같은 결혼의 현실로 평범한 부부의 이야기를 시작했다. 이어진 80년대 중기에 『갈채하는 이 없는』이 발표되는데, 여기에서는 앞의 이야기들에서 다루어진, 필연적으로 헤어지거나 결혼에 실패한다는 결말, 혹은 '인간의 지옥'을 벗어난다는 결말이 조소로 가득한 유희의 장면, 즉 앞서 언급한 '교환결혼'의 유희로 바뀌었다. 이 드라마는 결국 왕쒀의 초기 '순정'에 대한 작품『사랑을 영원히 잃다(永失我愛)』―애처로운 사랑 이야기―로 끝을 맺는다. 주인공의 죽음이라는 결말은 텍스트의 시야를 봉쇄해 더 이상 역사와 현실로 옮겨가지 못하게 한다. 90년대 초기 비방과 찬사를 한 몸에 받았던『나는 왕쒀(我是王朔)』라는 글에서 '언정행동言情行動'{233}을 만들려 했다는 왕쒀의 공언은 또 다른 흥미를 자아낸다. 우리는 이 '언정행동'을 '환상 제조공장' 혹은 '통속문화'로 바꾸어 말할 수 있을 것이다.

90년대 첫해는 '수많은 사랑의 형태'(눈물을 흘리게 만드는 '짝사랑 드라마'를 포함하는)에 관한 이야기들이 텔레비전 화면의 대부분을 차지하면서 옛 중국 도시공간을 메우고 있었다.『사랑을 영원히 잃다』는 텔레비전 드라마『중독』의 결말이었을 뿐 아니라 감독 펑샤오강의 영화 데뷔작의 제재이기도 했다. 같은 시기에 저우샤오원은 자신의 작품에서 유일한 백일몽식 영화『청춘의 충동』을 발표했다. 예기치 않게도 영화『사랑을 영원히 잃다』의 결말은『청춘은 후회 없다』와 같은 문화적 선택을 보여준다.『청춘은 후회 없다』에서 남주인공/옛날의 영웅이 죽자, '전장의 로맨스' 역시 끝나버린다. 결말에서 로맨스의 여주인공은 영웅이 죽은 후에 평범한 약혼자와 옛정을 회복하려 한다. 그러나 우리가 다시 만난 그녀는 이미 유복자를 임신한 상태로 인간의 어머니가 되려 하고 있는 중이다.『사랑을 영원히 잃다』의 에필로그에서 카메라의 완만한 상승을 따라 죽은 남주인공의 목소리가 들린다. "사랑하는 이들이여. 난 너희를 사랑한단다. 하늘나라에서 너희를 기다리마." 하늘나라로부터 바라보는 시야에서 남주인공을 짝사랑한 두 명의 여주인공은 모두 인간의 부인이 되었고, 인간의 어머니가 되어 있다. 두 가정은 남주인공이 자신들에게 남긴 별장식 목조 건물에 모인다. 그 모습은 너무나 행복해 보인다. 다시 한 번, 매우 선명한 문화/비이데올로기화의 시도가 오히려 효과적인 이데올로기적 실천의 의미를 띠게 되었다. '위대한 서사'인 민족과 집단에 대한 꿈을 잃자 부르주아 혹은 소부르주아라는 또 다른 몽상으로 그 꿈을 대신해도 무방하게 된 것이다. 그러나 이들 작품 속에서 영원한 사랑 이야기라는 공통된 꿈만이 80년대 엘리트 문화의 궤멸이 남긴 공백을 대신하지는 않는다. 그리고 이는 텔레비전 문화에 몽환이 다시 도래한 것만을 의미하지도 않는다. 게다가 필자가 언급한 작품 속에는 이야기가 꿈/백일몽이 되는 것에 대한 확인이 포함되어 있다는 사실이 꽤나 흥미롭다. 그래서 이들 작품에서 관심을 끄는 것은 꿈이 아니라 사랑과 그리움으로 충만한 유희다. 환상이 실현되기를 바라지 않으며 현실의 구원을 바라지도 않고 오직 위로와 자기 위로를 주기 위해서 현실의 인생을 책임지고 인정하는 것이다. 저우샤오원의 논조를 따르자면 '우리 중국인은 감상에 빠질 수 없다.' [234] 80년대의 종결, 상처 그리고 경악으로부터 회복되어야 하고, 살아남은 자는 죽은 자들 뒤에서 살아가야 하며, 급변하는 현대화 과정 속에 나타나는 기울어짐과 무중력 상태를 받아들여만 한다는 90년대의 특정한 현실과 비교한다면, 감상에 빠지거나 질문하는 것은 사치가 될 수밖에 없었다. 실제로 '생활의 비이성'을 발견하고 표현하는 데 열심이었던 샤강과 현대 생활의 초조함을 시종 안타깝게 주시하던 저우샤오원 둘 다 자기 작품에 '서명'하는 것에 모호한 태도를 취하였다. 그들은 이들 작품의 촬영과 제작이 현실적으로 어쩔 수 없는 선택에서 비롯되었다고 반복해서 밝혔다. 당연히 이는 개인적이 아닌 사회적인 서사 방식이었다. 그리고 아마도 이 때문에 이들 영화는 대중문화, 상품 그리고 어셈블리라인에서 복제되어 나오는 일상생활의 이데올로기 생산품이라는 영화의 '본성'에 가까워질 수 있었을 것이다.

1987~1989년의 도시 영화에 비해 90년대의 유사한 영화들은 흥미로운 '도덕' / '비도덕' 적 서술을 담고 있다. 이전의 도시 영화 작품 속의 소탈한 주인공들은 여전히 영화 창작자가 투영하는 '도덕적 나르시시즘'(예를 들어 성적으로 혼란스런 사회 배경 앞에서 남녀주인공은 다들 일대일의 '고전적 연애' 관계를 유지한다는 식이다)에 일정정도 부합했다. 그러나 이번 도시 영화에서 영화 창작자는 인물에 대한 도덕적 평가를 거부한다. 게다가 이야기 속의 유희방식과 주인공이 '시원스럽게 떠나는' 행위는 확실히 비도덕적(반도덕은 아닌) 특징을 지닌다. 아마도 이로 인해 영화의 유희 규칙에 비공개적인 구성 부분이 존재하게 되었을 것이다. 그러나 유사한 영화에서 주인공이 비도덕적 행위로 언급한 것은 현실 생활 속에서 더 이상 금기가 아니었다. 무례로 보이는 행동도 이미 해체되어 효력을 잃은 도덕 원칙일 뿐이다. 게다가 이것이야말로 이들 텔레비전 작품이 보여주는 새롭고 효과적

인 도덕화의 실천이며 그것들이 세우고자 하는 모종의 새로운 사회적 윤리였다. 어떤 의미에서 우리는 이들 텍스트, 정확하게 말해서 『격정을 만나다』, 『이별 후』, 『편집부 이야기』, 『어쨌든 널 사랑해』에서 익히 들은 바 있는 '새로운 사람(新人)'을 만나게 되었다고 할 수 있다. 시원시원하면서 좀 황당한 인물들이지만 아마도 그들이 90년대 판 "'혁명의' 바보"라 할 수 있을 것이다. 이들은 60년대의 유명한 영웅적, 사회주의 문화의 주요한 거울상―레이펑(雷鋒) 자아의 자리잡기―이다. 이들 텔레비전 드라마의 주인공/우스운 소인물에게는 '당연히' 공리적 목적도 있으며 갖가지 우습고 불쌍한 약점도 있다. 그러나 황당무계하면서 실제로는 이타적인 사람으로서 그들은 조소당하는 이미지 아래에서 고뇌를 삼키며 '인간의 진정'을 보여준다. 이 모습은 그다지(혹은 전혀) 완벽한 인간의 모습은 아니다. 어떤 의미에서 '그'는 90년대의, 진지하고 친절한 '삼T공사(三T公司)' [235]이다. '그'는 우리를 대신해서 '걱정거리를 덜어주고' '어려움을 해결해주며' '죄를 받는다.' 샤강의 말을 빌자면, "그 작품에서 두드러진 것은 인간과 인간이 서로 의지하는 정신적 부분"이다. 왜냐하면, "이 사회에서 정신은 축소되었으며, 인간과 인간 사이의 선(善)이라는 미덕도 보기 힘들어졌기" 때문이다. [236] 다시 말해 유사한 텔레비전 작품이 어떤 사회적인 대상의 부재를 성공적으로 보충했기 때문에, 대중문화는 문화적 열곡과 상처의 경험을 건널 수 있게 하는 부교가 될 수 있었던 것이다.

다른 측면에서 보자면 90년대의 대륙 도시 영화는 여전히 때때로 우언/비우언/반우언의 다중적 함정에 빠지거나 그 속에 빠진 채 배회하고 있었다. 그리고 그 문화를 넘어서려는 노력은 여전히 가로놓인 벽에 부딪혀 때때로 부수어지고 있었다. 5세대 감독 대부분은 '포스트모던'적 '비상'을 지향하면서도, 동시에 '세계와 발맞추고' 싶다는 갈망을 갖고 있었다. 그러나 중국 영화의 '포스트모던'은 새로운 빈 기표에 더 가깝지, 현실 체험과 볼 만한 예술의 실천 및 전경은 아니었다. 반대로 사회적 우언의 서사는 오히려 충동을 스스로 멈추지 못하는 것 같았다. 대륙의 감독에게 있어 장이머우, 천카이거의 모델은 장벽이 아니라 행글라이더 같은 것이었다. 일단 타는 데 성공한다면, 탑승자는 적막과 어려움에 처한 중국 영화 제작과 영화 시장의 현상에서 벗어날 수 있으며, 흐리고 비 오는 가운데 불안스레 소요하는 장마철과 안녕을 고할 수 있을 것 같았다. 그 행글라이더가 광명과 성취(그 속에 잠재하는 돈 즉, 촬영자금과 감독의 높은 보수를 의미한다고 단언하기엔 뭣하지만)의 세계로 향할 것임은 분명했다.

그래서 5세대 감독 우쯔뉴는 선혈이 낭자한, 예술적이면서 상업적인 『환락 영웅』, 『음양계』, 『큰 방앗간』과 창백하면서 무력한 『태양산(太陽山)』에 이어 신작 『불여우(火狐)』를 만들어냈다. 작품은 당대 중국과 당대 도시, 당대인에 관한 반우언/우언이다. 이 영화는 '포스트모던'에 기대고 있지만 오히려 고전적 모더니즘으로 미끄러진 예에

『환락영웅』

부합한다. 영화에는 영화 자신에 대한 지시가 들어있다. 작품의 주인공은 영사기사 '집안' 출신 영사기사로, 영화업의 급격한 쇠락으로 인해 실직하거나 직업을 바꿔야할 위기에 처해 있다. 영화는 고전적인 영화 서사의 규칙에 대한 전복을 시도한다. 인물은 때때로 느닷없이 카메라 렌즈를 향해 독백을 한다. 영화의 이야기는 이 영화가 영화에 관한 영화임을 잠재적으로 내포하고 있지만, 영화의 내용은 주로 실업 위협에 처한 주인공이 깊은 산림으로 들어가 '불여우'를 사냥하려 한다는 것이다. 그리하여 영화의 주된 장면은 현대 도시에서 숲과 설원으로 바뀐다. 영화 내내 출현하지 않은 영상/형상인 '불여우'는 시각상으로 빈 기표가 된다. 이야기의 정경 속에서 불여우는 인물마다 각각 다른 의미를 지닌다. 오래된 금기 혹은 신성으로 지칭되거나 보기 드문 희귀상품으로 떼돈을 벌 수 있는 재산이 되기도 하며, 대단치 않은 영혼의 가치나 귀속 대상으로도 표현된다. 불여우와 여우잡이를 둘러싸고 영화는 한 편의 우언, 한 편의 당대 중국에 관한 신화가 되었다. 작품은 우쯔뉴에게 영예를 안겨주진 못했지만 그 덕에 감독은 베를린으로 날아갈 수 있었다.

리사오훙은 불만이 깊었지만 투자자와 '미리 계약한' 『엄마 다시 한 번 날 사랑해줘요(媽媽再愛我一次)』/『7일간의 사랑(Man, Woman and Child)』(『파리에서 온 사생아(巴黎來的私生子)』로 중역됨)의 중역판을 찍었다. 리사오훙은 작품을 현대 문명의 나약함과 현대인의 초조함에 관한 준 우언적 이야기로 고쳐 썼다.[237] 『목인의 신부』 이후, 황젠신은 "중국 도시 영화가 세계에 받아들여질 수 없다는 사실을 믿을 수 없다"[238]며 신작 『얼굴 대 얼굴, 등 대 등(臉對臉, 背靠背)』을 찍었다. 문화적 장벽을 확실히 뛰어넘은, 이 훌륭한 영화는 갖가지 반항과 타협 속에서 다중적 우언의 집합체를 형성하였다. 이 작품에서 감독은 당대 중국의 도시 이야기를 고묘 속으로 옮겨놓았다. '철방'에 관한, 동양적 기이한 공간에 관한 서사 모델이 결국 당대 도시 장면 속으로 뛰어든 것이다. 문화관 관장 자리를 놓고 벌이는 다툼과 늙은 부친의 대 잇기 갈망에 관한 희극이, 도시 해학곡에 무거운 우언적 내함을 부여했고, 그것은 새롭게 축소된 권력의 풍경을 보여주었다. 특정한 문화적 장벽에 대한 극복은 그 장벽을 뛰어넘기가 어렵다는 사실을 증명하였다.

　흐렸다 비 왔다를 반복하다가, 간혹 잠시 태양이 얼굴을 내미는 날이 있다. 거대한 희망에 고무되었다가 현실적 곤경에 목이 조인다. 그리고 이어지는 기대와 소동 속에서 부침을 반복한다. 장마철은 '포스트모던'한 서술 속에서 전前산업사회의 현실을 만나는 것을 가리킨다. 이 장마철은 마치 현재의 중국 영화가 처한 상황을 적절히 상유하는 듯하다.

1994년 2월

『얼모』:
현대 우언의 공간

>>

저우샤오원의 우언

5세대 감독 집단에서 저우샤오원은 별종이었다. 그는 5세대 식의 중국 역사 우언을 거의 쓰지 않았다. 반대로 그는 영화라는 빛의 마술로 이야기를 풀어나가는 데 능한 '이야기 바구니'였다. 5세대가 허공을 가로질러 세상에 나타나, '시간의 공간에 대한, 역사의 생명에 대한, 조형의 고사에 대한 승리'[239]를 통해 한 세대의 부상을 보여주었다면, 저우샤오원은 이 집단의 주변 인물임에 분명했다. 그는 이야기를 발견하는 것에 능했고, 영화 언어로 그것을 길게 펼쳐내는 데 능했다. 사실, 저우샤오원의 '출생이 불분명한' 처녀작 『그들은 젊다』[240]는 분명히 우언이었다. 그러나 동시대인들과 달리 그것은 중국의 우언이 아니라 현장 기록 스타일로 표현한 전쟁과 현대 문명에 대한 우언이었다. 이어지는 그의 상업/예술 영화 시리즈는 여전히 이러한 우언의 연장이었다. 그중 『실성의 대가』[241]는 현대 사회의 죄행과 불안, 성

저우샤오원
감독

별 차이와 내면의 어둠에 관한 우언으로 성공을 거둔 상업 영화였다. 저우샤오원은 이 작품으로 '포스트 5세대' [242]라는 칭호를 선점했다. 그러나 예술과 현 사회에 관한 우언임에 분명했던 『여름(九夏)』[243]은 완성되지 못했다. 이어 나온, 예술 영화 『흑산로(黑山路)』[244]는 중국의 역사적 풍경 속에 펼쳐진 로맨스로 현대 남성의 우언, 남성이 현대적 불안에 시달리고 분열하는 것에 관한 우언이 되었다

그래서 저우샤오원은 부단히 좌절을 맛본 우언적 글쓰기의 충동 속에서, 90년대 중국의 예술·문화·시장의 새로운 지형도에 의해 갇힌 채, 또 다시 예술 영화 창작에 뛰어들었다. 그가 역사의 손에 의해 쓰인, 세계의 문화적 콘텍스트 속에서, 매우 의식적으로 중국 우언을 쓰고자 했을 때, 그의 관심을 끈 것은 『백면화(白棉花)』, 『얼모』 등의 소설[245]이었다. 그리고 그는 최종적으로 후자를 선택했다. 중국의 예술 영화와 상업 영화의 곤경을 분명히 인지했고, 초국적 자본이 중국 영화의 작동 방식과 유희 규칙에 개입했다는 것을 알았지만, 저우샤오원은 여전히 당대 중국에 관한 이야기를 영화 소재로 선택했다. 그의 관심을 끈 이야기 속에는 성/인성에 대한 억압적 표현이 담겨 있는 게 분

『귀주 이야기』

『얼모』

명했으나, 『국두』, 『홍등』 혹은 『붉은 폭죽, 푸른 폭죽』과 달리, 그 억압은 역사와 전통 문화의 질곡에서 기인한 것만이 아니라 현대 문명 자신에 의해서 야기된 것이기도 했다. 고집 세고, 자존적인 중국 농촌 부녀자의 이야기인 『얼모』는 이 때문에 『귀주이야기』와 미묘한 차이를 드러냈다.

어떤 의미에서, 『귀주이야기』는 평극評劇*의 고전인 『양삼저의 고발(楊三姐告狀)』의 당대판이었다. 젊은 여인이 정의를 찾기 위해 '법에 호소하고자' 도시로 가는 행위는 분명 전통 사회 속 여인의 역할과 위치로서는 생각할 수 없는 일이었다. 그러나 이러한 참월은 바로 전통적인 사회 정의의 신념에 근거를 두고 있었다. 『양삼저의 고발』의 결말에서는 '살인은 목숨으로 갚아야 한다'는 '만고의 법'이 지켜졌다. 그러나 『귀주이야기』의 희극적 결말은 현대 법률의 개입이 전통적 정의 및 전통 사회의 완전함을 전복시켰음을 보여준다. 추쥐(秋菊)는 이 때문에 망연자실하여 경찰차가 멀리 가는 모습을 비참한 마음으로 주시할 뿐이다.

---

* 화베이(華北) · 둥베이(東北) 등지에서 유행하던 지방극(地方劇)의 하나. 고려대학교 중한사전

사실, 고전적인 5세대 영화에서 '현대화' 혹은 문명사회란 특이한 중국 역사, 중국 문화의 바깥에 존재하는 힘이었다. 그리고 잠재하는 권위적 시점의 소유자였고, 무형의 거대한 참조 시스템이었으며, 모종의 외래적인 구원 혹은 파멸이었다. 저우샤오원의 영화 서열에서 현대 문명이 외래의 침입자라고 한다면, 그것은 이미 근대 중국의 문을 부수고 당당하게 방으로 들어와 있었다. 그것은 저우샤오원 영화의 독특한 식민지 건축 스타일이 들어선 공간 환경(『최후의 실성』 중의 다롄(大連) 및 『실성의 대가』 중의 칭다오(青島))이었으며, 『대가(代價)』 중 란란(蘭蘭)이 폭행당하는 교회의 검은 문 혹은『흑산로』의 우언이 펼쳐지는 '양묘(洋廟)' (전자는 저우샤오원이 서사 속에서 사회적 억압의 힘을 지칭하는 데 쓰인다)였다. 아울러 그것은 당대 중국 사회생활에 내재하는 유력한 구성 부분이기도 했다. 이로 인해 당대의 중국적 우언인『얼모』는 현대화 과정과 그 속에 처한 시골과 사람을 보여주었지만 결코 전통적이고 폐쇄적인 향토중국이 '현대화'를 만난다는 이야기가 아니었다. 이야기 속에서 얼모가 집요하게 사려고 한 텔레비전은 현대 문명이 전통 중국의 생존 속으로 들어서는 시발점이 아닌, 단지 기나긴 역사와의 만남 속에 있는 '플롯' 단락의 하나일 뿐이었다.

더욱 재미있는 점은 척박과 곤궁, 민둥한 절벽, 구불구불한 산길, 적막한 산촌의 밤 등을 제외하고는 영화『얼모』가 결코 전형적 중국 향촌을 표현하지 않았다는 사실이다. 극 중 두 가정의 성인 네 명은 이미 다시는『황토지』처럼 흙에 기대 생산하고 하늘에 의지해 밥을 먹는 대중이 아니었기 때문이다. 사실, 영화에서 '샤쯔(子瞎)'는 마을 사이를 왕복하는 낡은 트럭에 의지해 '용달' 일로 마을 내에서는 제법 부자가 된 인물이다. 반면, 얼모는 가끔 주어지는 일감—광주리 짜기와 광주리 판매, 국수밀기와 판매—으로 생계를 이어간다. 이 둘 외에 우리는 영화 속에서 밭 사이를 오가는 농민이라고는 한 명도 찾아볼 수 없다. 아무도 밭을 갈지도 않고, 수확하지도 않으며 심지어는 호미를 멘 이도 보이지 않는다. 그래서 토지는 더 이상 의지할 곳도 아니고 구속하는 곳도 아니다. 영화 속 샤쯔와 얼모의 신분이 농민이라면 그들은 '땅은 떠났으되 마을은 떠나지 않은' 농민이었다. 분명한 것은 그들은 결코 고향을 떠나는 것을 두려워하지도 거부하지도 않는다는 점이다. 얼모는 떠난다는 말 한 마디 없이 항아리를 덮고, 요와 이불을 짊어지고서는 '국제반점(中國大酒店-영화에서는 國際飯店으로 나옴.-옮긴이)' 이라는 작은 음식점으로 일을 하러 떠난다. 그리고 그녀는 통가리 안에 저장된 식량을 살피는 것보다 목갑 안의 소소한 지폐 몇 푼을 셈하는 것에 더 관심을 가진다. 저우샤오원 영화의 서사적 콘텍스트에서 당대 중국과 당대 중국 농촌은 이미 '현대화' 의 도정을 한참 걸어와 너무나 지쳐 있는 공간이 되었다. '현대화' 는 유력하고 유효한 속죄의 수단도, 언젠가는 도래하겠지만 아직 도래하지 않은, 사람을 무한히 동경하게 만드는 공동의 꿈도 아니다. 오히려 그것은 명목상 더욱 번다해진 욕망 혹은 욕망의 대상代償을 환기시킬 뿐이며, 개인적인, 다른 선택의 여지가 없는, 할 수 없이 해야 하는 선택을 제공했을 뿐이다. 그것은 얼모로 하여금 잠깐 가졌던, 고집스러운 인생의 목적인 '현을 통틀어 가장 큰 텔레비전' 을 소유하고 싶은 욕망을 실현하게 했다. 이는 보잘것없는 '개인의 분투' 를 통해 이룰 수 있는 기적과도 같은 것이었다. 그러나 그것이 이루어졌다 해도, 얼모의 생활은 조금도 개선될 여지가 없었다. '화왕(畵王)' 이라는 텔레비전을 얻었지만 그것은 얼모를 기진맥진하게 만들었다. 심지어 그녀에게는 '성공' 후의 교만과 영광을 누릴 힘조차 없었다. 사실 텔레비전 옆에 기대앉아 있는 얼모는 29인치의 화왕이 내뿜는 광채보다 감동적이지 못했으며,

어울리지 않는 장식물에 더 가까웠다. 텔레비전은 그녀에게는 우승컵이 아닌, 그녀를 짓누르는 가위였다고 할 수 있다. 반대로 그녀의 남편은 이 텔레비전 덕에 지난 날 '마을의 우두머리'였었다는 일을 떠올리며 도취될 수 있었다.

어떤 의미에서 저우샤오원은 당대 중국의 우언을 쓰는 데 더 탁월했기 때문에 5세대의 주변이 될 수 있었고 별종이 될 수 있었다. 당대 중국 사회생활을 꿰뚫어보고 있었기에, 그는 '현대화' 과정에 대해 큰 기대와 환희를 가질 수도, 80년대 중국 사회에 가득했던, 무겁지만 가벼이 흩날리는 '우환의식'을 느낄 수도 없었다. 사실 『그들은 젊다』에서 『얼모』까지 이르는 저우샤오원의 작품은 시종 의식적 혹은 무의식적으로 현대 문명에 대한 심각한 염려를 담고 있었다. 그의 우언적 글쓰기에서 중국의 삶이란 '철방' 속의 감금이 아닌, 서구에서 유래한 이미 열린 '판도라의 상자'를 탈출한 악령들이 자유자재로 출몰할 수 있는 공간이었다. 그래서 영화의 문화적 콘텍스트에서 저우샤오원의 중국 우언은 상호 텍스트 망 속에 있는 반反우언에 더 가까웠다. 『귀주이야기』의 결말에는 추쥐의 얼굴에 카메라가 정지하는 장면이 나오는데, 이때 잡히는 그녀의 망연한 표정은 엄청난 놀라움 그리고 갑작스런 깨달음을 의미했다. 즉, 자신의 고집 때문에 그녀가 중시했던, 화기애애하고 정리에 맞는 화해를 영원히 이루지 못하게 되었음을 깨달았다는 것을 의미했다. 그래서 영화는 갑자기 태도를 바꿔 온정, 실의 그리고 그리움 등을 보여주었던 것이다. 이에 비해 『얼모』의 결말은 얼모가 꿈에서 깨어나 지치고 넋 나간 표정으로 텔레비전을 쳐다보는 장면으로 되어 있다. 텔레비전 브라운관은 이미 그녀의 얼굴에 더 이상 빛을 던지지 못한다. 심지어 그녀는 자신의 고집이 결코 충족되지도, 인정받지도 못했다는 것을 깨달을 필요도 없었다. 이 일은 얼모의 생활을 잠시 풍부하게 했지만 결국은 그녀의 생활과 생명에 더 깊은 상처를 남기게 되었다. 화면이 얼모에게서 방송이 끝나 흰빛이 스멀거리는 브라운관으로 교차되면서 귀를 자극하는 텔레비전의 지글거리는 소리가 사운드 트랙을 가득 메운다. 스크린 너머로 '국수 사세요' 라는 외침이 들리면서 영화는 끝난다. 이것은 앞을 내다볼 때 느끼는 막연함이다. 얼모의 앞에는 여전히 길고 적막한 산촌의 밤이 펼쳐져 있고 여전히 끝없고 변함없는 날들이 남아 있을 뿐이었다.

『얼모』 (이하 동일)

도치와 회복

영화 『얼모』는 담담한, 그다지 온정적이지 않은 작은 에피소드로 평범한 인생에 일어난 작은 파문 같은 것이었다. 그것은 고집스러운 농촌 여자가 쓸데없는 말과 괜한 화 때문에 온 마을에서 심지어 현 전체에서 가장 큰 텔레비전을 사고 싶다는 소망을 갖게 되었다는 식의 하나의 사건, 하나의 과정이었다. 그녀는 이 꿈을 위해 아까울 것이 없었다. 밤낮으로 국수를 밀어 팔았고, 집을 떠나 일을 했으며, 또 피도 팔았다. 이렇게 죽을 둥 살 둥 온갖 고생을 한 끝에 결국 '기적'을 이루어냈다.

그러나 이 에피소드의 배후에는 더 본질적인 사회의 변천 과정이 담겨 있다. 거기에는 권력 구조의 변화와 교체, 이런 변화 속에서 겪게 되는 근심과 감수, 그리고 투쟁이 포함되어 있었다. 사실 영화의 규정적인 정경으로 들어가기에 앞서 사회 변혁이라는 역사 이전의 역사가 이미 이러한 변화 과정을 추동했었다. 얼모와 텔레비전의 이야기는 이 역사 과정 속의 작은 삽입곡이 아니라 바로 역사 진보 뒤에 남겨진 효과였다. 얼모는 이러한 과정에 대한 무의식적 항의 속에서 역사의 손으로 쓴 미미한 글쓰기의 대상이자 도구가 되었다. 저우샤오원의 다른 성공작들처럼 『얼모』에도 다중적 의미와 정경의 반전 및 위치 이동 과정이 담겨 있다.

영화의 기본 정경은 '촌장'과 얼모의 집과 '샤쯔'와 슈타마(秀她媽)의 집 그리고 이 두 집안 간의 미묘한 대치, 공공연한 충돌, 은밀한 신新동맹·해체·재再동맹 등을 기초로 한다. 성공적인 상업 영화에서 떠벌림과 대범함을 보여주었던 것과는 달리 『얼모』에서 저우샤오원은 장면, 정경, 대화를 가장 단순하게, 심지어는 소박하고 진솔하게 간략화했다. 산촌 신은 마을 입구의 문루와 집 앞의 흙길을 제외하고는 바로 이웃해 서 있는 얼모와 '샤쯔'의 집으로 구성되어 있다. 샤쯔의 새로 지은 기와집과 지면에서 높다랗게 솟아오른 집터—뜰에 서면 얼모네 뜰이 하나도 남김없이 다 보이고 지붕에 올라가면 왕이 내려다보듯 이웃집의 모든 것을 내려다 볼 수 있게 되어 있는—는 이미 마을에서 누가 새로이 '귀'한 존재로 우위를 점하게 되었는가를 보여준다.

'샤쯔'는 항상 마을의 유일무이한 낡은 자동차를 몰고 매연을 내뿜으며 아침저녁으로 오고간다. 그럴 때 얼모의 남편인 '촌장'은 늘 창문과 접한 캉*에 앉아 있다. 사실 특별한 고려에 따라, 저우샤오원은 원작과 극본에 있던 '촌장'의 이름인 치핀(七品, 이것도 분명 어떤 의미를 갖는다. 칠품은 봉건 사회에서 가장 낮은 등급의 행정장관— '부모관'을 가리켰다)을 생략했다. 그래서 '촌장'이 그의 유일한 칭호가 된다. '샤쯔', 슈타마와 촌민들이 그를 존칭으로 부르는 것은 존경심이 남아 있어서가 아니다. 그것은 일종의 연민, 심지어 조롱이었다. 영화의 서사적 콘텍스트에서 이미 어떤 가치도 없는 '촌장'이라는 명칭에 대해 그는 늘 이렇게 대답한다. "촌장은 무슨? 아니야, 아니야." "진즉에 그만 뒀어." 이것은 그가 이 명칭을 소중히 여기고 있음을 말해주는 것이고 옛날의 영광에 대한 겸손함의 표현이며 때로는 일종의 교활함,

---

* '캉(炕)'. 중국 북부에 널리 퍼져 있는 난방시설이다. 직접 불을 때 달궈진 돌 위에서 잔다는 점에서는 온돌과 원리가 비슷하지만, 형태적으로는 침상으로 기능하는 부뚜막의 모습을 하고 있으며 보통 방 한쪽에 설치되어 있다. 중국 북방 지역을 배경으로 한 영화에서 쉽게 볼 수 있다.

자기 연민, 원망의 표현이기도 하다. 이 대화는 '촌장'과 타인 사이의 특수한 인사말이 되었다. 이와 동시에 늘 높은 곳에서 굽어보면서 뭐라 고함치고, 무엇인가를 씹고 있는 슈타마와 끊임없이 뜰에서 일을 하는 얼모, 그리고 두 여인 간의 끊임없는 악담과 주먹질과 발길질은 또 다른 대조를 이루고 있다. 이로부터 두 가정의 이야기는 사회적 우언의 구조를 담아내고 있다. 즉, 당대 중국 사회에서 고전적인 정치권력의 기능은 이미 금전 권력의 기능으로 대체된 것이다. "누가 비준한 거야?", "진작 법대로 처벌했어야지!" 같은 '촌장' 특유의 말은 과거에는 위풍당당하던 호통이었지만 지금은 아무도 상대하지 않는 독백 혹은 사적인 말이 되었으며, 심지어는 절망적이고 무력한 자기기만과 발산이 되었다. 두 집안 사이에는 권력 관계의 도치가 일어났으며, 새로운 사회관계에서는 부유함과 곤궁함 사이의 위협과 적의가 형성되어 있다. 얼모와 '촌장'은 늘 조심스럽고 신중하게 '샤쯔'의 도움을 거절하는데, 이는 지난날의 존엄을 지키려는 측면도 있지만 열세에 놓인 자의 자기 보호 혹은 자기 방어 심리라는 측면이 더 강했다.

당대 중국의 이 우언은 두 집안의 이야기를 통해 사회 권력 구조의 변천을 드러냈다. 그리고 더욱 세밀하고 미묘한 인간관계와 다중의 자기 반역, 상호 반역의 심리적 실마리를 바탕으로 아주 복잡한 사회적 상황을 펼쳐보였다. '샤쯔'는 경제적 지위 상승으로 인해 한 집안의 가장이 될 수 있는 권위를 얻게 되었다. "들어가!", "입 다물어!"라는 말은 아내에게 하는 일상적인 호통("그 인간이 원래 어떤 인간이었는지 알아? 가난뱅이 였다구!" — 슈타마의 원망)이 되었다. 반면 얼모와 '촌장'의 경우, "진즉에 촌장은 그만뒀다"는 사실보다 더 본질적인 권력의 기울어짐이 일어났다. 촌장은 허리를 크게 다쳐 노동 능력을 완전히 상실했을 뿐 아니라, 성적 능력마저 잃었다. 이로 인해 권력 관계는 도치되었다. 전통 사회와 남성권력 담론에서 남성의 성적 능력은 시종 사회 권력에 대한 비유이자 사회 권력과 동일구조체였다.

그러므로『얼모』에서 이러한 권력의 전이와 도치의 과정은 역사적 잠재의식을 빌어 더욱 본질적인 권력의 위기를 표현하고 있다. 이 변화 과정에서 '얼모' 는 새로운 생존의 기회, 가능성 및 현실 개조의 바람을 얻지 못했다. 오히려 상반되게도 그녀가 분투했던 애초의 의도는 원사회 질서와 가정의 사회적 지위를 회복하는 데 있었다. 그리하여 국수를 파는 행위와 남편을 위해 약을 달이는 행위 이 두 개의 기본 동작이 영화에서 최초로 그녀가 보이는 행위로 설정되었다. 그러나 얼모의 생각과는 달리 그녀의 분투와 회복을 위한 노력은 그녀로 하여금 원사회 질서의 참월자가 되게 만들었으며, 그녀의 행위로 인해 도치와 전복의 과정은 더 깊이 있게 실현되고 가속화되었다. 그녀가 주동적으로 가정에서의 성/권력 역할(남자는 바깥일을 하고, 여자는 집안일을 한다)을 뒤바꾸도록 상황이 강제했던 것이다. '촌장' 의 "넌 네가 아직도 여자처럼 보이는 줄 아냐?" 라는 타박에 얼모는 "그러는 당신은 남자고? 그럼 어째 사내구실은 못하는데?" 라고 대거리를 한다. 이웃보다 더 큰 텔레비전을 사는 것이 처음에는 단지 가정의 체면을 지키려는 것이자 지난날의 권력과 존엄에 대한 상상적 회복이었다고 한다면, 이 과정 속에서 '화왕' 텔레비전은 오히려 점점 모든 것을 압도하는 현실이 되었고 얼모 인생의 목적이 되었다. 텔레비전은 남편의 권위를 앗아갔을 뿐 아니라 실제로 얼모 자신이 비어 있지만 더없는 권력을 지닌 주인이 되게 하였다. 여기에는 더욱 대담한 참월이 숨어 있는데 그것은 "현에 단 한 대밖에 없는 거야. 현장縣長도 살 수 없다고"라는 말에서 드러난다. 그녀는 사정을 알아볼 생각도 않고 남편이 집('샤쯔'의 집보다 높은 새 집)을 지으려는 계획과 "이 나이가 되도록, 집도 한 채 못 지은 사람이 어디 있어?"라는 반문을 묵살하고 들은 체 만 체한다. 이때, 그녀는 전통 생활의 궤도에서 한참을 벗어나 있다. 그녀는 금전의 지고한 권력을 부정한다. '샤쯔'와 단호하게 결별하는 그녀의 모습은 그녀가 전통적인 도덕관과 정조관에 갇혀 있지 않고, '부엌데기가 아니라'는 사실을 보여준다. 그러나 텔레비전을 사려는 몽상은 그녀를 '샤쯔'보다 더한 배금주의자로 만들어버린다. 한 편으로, 힘겹게 남편으로서의 권력과 존엄을 지키고 그것을 강변하려 하지만 '촌장'은 오히려 전통사회구조에서 여성/약자라는 역할의 정형화된 패턴 속으로 더 깊이 빠져들게 된다. 그리하여 한 번 뒤집힌 질서가 교정되기 어려움을 다시 한 번 확인하게 된다.

그는 창에 기대 마을 입구를 훔쳐보는데, 우리는 여기서 씁쓸한 코미디를 보게 된다. 도시의 음식점에서 배불리 점심을 먹은 '샤쯔'와 얼모가 돌아왔을 때, '촌장'은 큰 대접에 산처럼 국수를 담아 정성어린 태도로 그들을 대접한다. 그들의 반응을 훔쳐보면서 나름은 '열정적인 마음으로' 한 편에 웅크려 앉아, 그들이 고통스럽게 국수를 삼키는 모습을 약간은 악의가 담긴 시선으로 바라본다. 사실 이때 그는 매우 고전적인 여성의 역할, 즉 질투심에 계략을 꾸미는 '현처'의 역할을 맡고 있다고 할 수 있다. 행위 역할의 또 다른 반전은 약을 달이는

것과 관련된 일련의 변화에서 일어난다. 얼모가 약을 달여 남편에게 약을 먹도록 강요하는 것(그 성적 능력이 회복되기를 기대하는 것)은 "약은 아직이야?"라고 남편이 약 달이는 일을 일깨우는 것으로 바뀌고—풍부한 함의와 함께 위협적인 의미도 지닌다— 이 변화는 남편이 명령하는 상황까지 이른다. "약 달여. 약한 불로 해야 잘 달여질 거야. 설탕도 좀 넣고. 약이 너무 써." 이때 '촌장'은 얼모와 '샤쯔'가 사통을 한 사실을 분명히 알고 있었다. 그러나 속 쓰리고 굴욕적인 이 사실은 결국 그에게 어떤 도덕적 우월감을 선사했고, 얼모에게 명령을 내릴 수 있는 권력을 다시 한 번 손에 쥐어주었다. 하지만 그것은 권력자의 지위를 정말 회복한 것이라기보다, 약자가 사기로 권력을 갈취하는 것과 유사했으며 전통적인 여성 역할과 지위에 대한 인정이었다고 할 수 있다. '샤쯔'가 몸을 버려가면서까지(샤쯔는 마을에서 누군가와 싸움을 벌여 큰 부상을 입고 돌아온다.-옮긴이) 얼모의 오점을 씻어주자, '촌장'의 특권 역시 사라져버렸다. 그는 모든 것을 다 알고 있었고, 기회를 잃지 않고 얼모에게 "계속 이웃해 살면서도, 넌 체면이 필요 없나 보지만, 난 여전히 체면이 중요하다고!"라고 경고하기도 했지만 다시 한 번 못 들은 체 못 본 체했다. 왜냐하면 얼모뿐 아니라 그에게 씌워져 있던 바람난 마누라를 둔 남자라는 오명도 사라졌기 때문이었다. 이때에 그는 타인의 행위를 빌어 외부인 앞에서 남자의 '체면'을 다소간 회복할 수 있었다. 얼모의 노력에 힘입어, 그리고 얼모가 온 힘을 다했기에 그는 한 집안의 가장이라는 신분을 새로이 얻을 수 있었던 것이다. 또한 '늙은 촌장'의 강개함과 권력도 잠시나마 다시 누릴 수 있었다. 그러나 이웃집에서는 '샤쯔'의 부정으로 인해 아내 슈타마가 도덕적 우위를 점하게 되었다. 그래서 '샤쯔'는 더 이상 "입 다물어!"라고 호통을 칠 수 있는 존재가 되지 못했다. 모로 가도 서울만 가면 된다고, 얼모 집에 설치된 텔레비전 안테나는 결국 '샤쯔' 집의, 넘보기 힘들던 높이를 넘어서고 압도해버렸다. 마을 사람들이 밀물처럼 얼모네로 몰려 들어가는 것을 내려다보면서 슈타마는 지난날의 우월감을 잃어버렸다. 영화 도입부의 얼모와 처지가 뒤바뀐 것이다. 자리 바꾸기 놀이를 하듯, 사람들은 영화의 결말에서 각자의 원위치로 돌아가는 듯했다. 마치 "그 속에서 순환하는 느낌에 홀렸었다"[246)]는 저우샤오원의 말처럼 말이다.

과정과 상태

사실, 영화 『얼모』를 창작할 때 저우샤오원은 세 가지 가능한 영화의 결말 사이에서 쉬이 결정을 내리지 못하고 있었다.[247)] 그 하나는 얼모가 너무 잦은 매혈로 인해 큰 병을 얻어 실명하는 것이었다. 텔레비전은 결국 얼모의 집으로 왔지만, 그녀는 두 번 다시 그 선명하고 아름다운 영상을 볼 능력을 잃어버리는 것이었다. 둘째는 '촌장'이 텔레비전을 옛날의 연극 무대로 삼아서 매일 밤 표를 팔아 보여주면서 많은 돈을 벌고 온 마을 사람들이 무대 아래로 몰려들 때 얼모만 혼자 뜰에서 국수를 뽑고 있는다는 결말이었다. 세 번째는 그가 최종적으로 선택한 영화의 결말이었다. 필자가 보기에 그것은 성공적인 선택이었다. 이 선택은 영화에 독특한 맛을 주었고 의미도 한층 깊게 만들었다. 서사적 콘텍스트에서 인물과 사건은 모종의 순환을 통해 자신의 출발점으로 돌아갔으며, 사건 과정 자체가 전달할 수 있는 의미는 더욱 풍부해지고 복잡해졌다. 앞의 두 가지 결말 중 하나를 선택했다면 어떤 의미에서 불가역적인 과정은 더 두드러졌을 것이고, 비극 혹은 아이러니

로 인해 서사적 콘텍스트 속에서 역사적 시야는 닫혀버렸을 것이며, 새로운 권력 구조의 형성이 충분히 확인되었을 것이다. 비록 그것이 서사인의 가치 판단과 사회적 입장에 의한 선택이 아님에 분명하더라도, 어쩔 수 없는 현실주의에서 비롯된 것이라 하더라도 말이다.

최종적으로 선택된 영화의 결말은 사회적 콘텍스트의 역사적 과정을 드러냈으며 그 과정에 관한 담론 및 표현의 편향과 내포에 의혹의 시선을 던져주었다. 이 새로운 '현대화' 과정 혹은 중국적 현대화 과정에서 새로운 단락이 권력을 전이시키고 고전적 권력 구조를 도치시켰음에 분명했다. 이러한 도치에 대한 반항과 회복은 그저 이 과정을 심화시키거나 그 과정 속으로 사람들을 말려들게 할 수밖에 없었다. 하지만 이 과정의 의미는 텍스트의 의미구조 속에서 애매함을 드러내고 있다. 즉, 텔레비전 때문에, 자아를 죽이고 자아를 훼손해야 했던 얼모가 그녀가 출발했던 곳으로 돌아갈 수 있었을 뿐이라는 사실이다. 그녀는 여전히, 그리고 단지 '촌장'의 처, 후쯔(虎子)의 엄마일 뿐이지 더 이상 '샤쯔'의 정부는 아니었다. 또 다른 흥미로운 점은 얼모가 '사람이 이 나이가 되도록'이라는 규칙을 깨고 집을 짓지 않고 '화왕'을 샀지만, 결말의 승리자는 얼모가 아닌 낡은 규칙이었다는 사실이다.

물을 떠야 해서 물통 위는 안 되고, 궤짝을 열어야 해서 궤짝 위도 안 되기 때문에 결국 엄청나게 큰 텔레비전은 당당하게도 방의 반인 캉하나를 차지했다. 그러나 '승리자' 얼모는 처량하고 낮은 목소리로 이렇게 자문해야 했다. "잠은 어디서 자지?" 역사의 변화가 결코 개인의 운명을 개선시키지는 못했다. 얼모의 미래라고 해봤자 비탈에 멍하니 앉아 있는 노파들 무리에 끼는 것(혹은 끼일 수밖에 없는 것)일 뿐이었다(사실 노파들은 영화에 반복적으로 나오는데, 저우샤오원이 만들어 낸 주요한 시골 풍경 중 하나이다. 그녀들은 수시로 단정히, 얼모 집안의 창유리를 틀로 해서 나타나는데 그 모습은 마치 한 폭의 '창에 그려진 꽃' 같았다). 역사의 변화는 현실을 바꾸고 싶다는 바람을 환기시켰고, 그 욕망을 만족시키거나 적어도 현실 욕망을 대리 보상할 가능성을 제공했지만, 사람·개인과 욕망을 더욱 억누르고 몰아내는 결과를 낳았다. 얼모는 생존 공간을 넓히기 위해 집요하게 텔레비전을 사려고 했지만, 이 분투의 결과 그녀의 생존 공간은 더욱 좁아졌다. 위풍당당하게 놓여 있는 화왕은 얼모 집안의 빈궁함과 패배적인 분위기를 더욱 돋보이게 했다. 영화 결말에서 캉 위에 놓인 텔레비전과 마을 사람들이 남겨 놓은, 아무렇게나 널려 있는 의자들은 실내와 화면의 사분의 삼을 차지하고 있으며, 얼모 일가는 화면 왼쪽 위의 한구석으로 밀려나 몸을 웅크린 채 잠을 자고 있다. 영화는 사회의 외진 곳인 산촌으로부터 역사 변천의 과정을 보여준 것이 아니었다. 영화는 일종의 사회적 상태, 즉 사람들은 부단히 분투하지만 벗어나지 못하고, 아마 변화할 것이며, 또 변화하고 있는 중이라는 사실을 폭로하였다. 그러나 이 변화는 아마도 사람들이 처음 지향하던 바에서 한걸음씩 벗어나고 있었을 터였다.

얼모의 욕망은 가장 큰 텔레비전을 얻는 것이었지만, 텔레비전 자체가 그녀의 진실한 목적과 바람이 이루어지는 것을 의미하지는 않는다. 더욱이 텔레비전은 중국의 시골 생활에 들어온, 후기 공업사회의 가장 중요한 기표도 아니었다. 텔레비전이 얼모 집안의 점령자이자 주인이 되었을 때, 그것은 새로운 권력의 매개로서 텍스트의 서사적 콘텍스트에서 권력의 위기와 진공을 종식시키지도 못했으며 중국 사회를 '전통이 인도하는 사회'로부터 '타자가 인도하는 사회'로 한 걸음 더 나아가게도 하지 못했다. 사실 미국 소프 드라마 『달라스(Dallas)』가 얼모의 욕망을 건드리고 환기시킨 것 이외에 저우샤오원은 의식적으로 수영 강습, 사교 영어와 아무도 이해하지 못하는 미식축구를 선택했다. 그러나 『달라스』에서 반나의 신이 다시 흘러나올 때, 얼모 집안사람들은 코를 골며 잠들어 있었다.

어떤 의미에서 저우샤오원이 영화를 위해 선택한 시각적, 청각적 풍격—중국 농민화農民畵식의 밝고 포만감을 가진 색채와 균형 잡힌 구도, 향촌 장면 중 대량의 수평 배치—은 동방적 분위기가 풍기는 중국 풍속화를 완성한 동시에, 『달라스』와는 거리가 한참 먼 중국적 생존의 그림을 그려냈다. 이 그림 안에서 얼모의 텔레비전에 대한 꿈은 더욱 더 우연적이고 허망하며 그리고 조금은 잔혹한 의미를 지닌 아이러니 같았다. 결말에서는 순백의 눈에 둘러싸인, 편안하고 적막한 농촌 마을 야경이 보인다. 텔레비전에서는 『세계 각 도시 일기 예보』가 세계 대도시의 화면을 전해주고 있다. '세계'는 이미 중국 농촌에 침입해 있었다. 그러나 여전히 이 고되고 무거운 생존을 건드릴 수는 없었다.

비록 문화적 '투기라는 의혹'[248]을 받지만, 저우샤오원은 다시 한번 현대적 우언을 썼고 당대 중국에 대한 통찰을 담았으며 위기의 영화인과 현대 남성의 생존에 대한 근심을 통해 현대문명에 대한 본질적인 의문을 던졌던 것이다.

안개 속 풍경:
'6세대'를 처음 읽다

>>

순풍을 탄 돛

90년대 중국의 드넓고 복잡한 문화 풍경선 가장자리에 갖가지 명목의 문화적 표지들이 갑자기 들어서면서 소란스러워졌다. 다시 한 번, 역행적인 세대구분법과 명명법이 90년대 포스트모더니즘 문화의 탄생을 기뻐하며 80년대의 종언을 선고했다. 그것은 비극적인 슬픔과 방황을 거부하였으며 조심스레 과거로 향하던 눈길도 거부하였다. 거기에는 어떠한 '송별회'도, '망각의 기념'도 없었다. 80년대 문화에 가득하던, 기쁨 속에 담겨 있던 '우환의식'—역사적 단절, 죽어버린 우언과 선포—은 중국이 세기의 문을 부딪혀 깨려 하는 세기의 전쟁에 호응하고 그것을 인증하기 위한 것이었다. 그리고 '세계로 향하는 중국'이라는 위대한 역사적 계기의 도래에 응답하기 위한 것이었다. 90년대의 경우, 새로운 문화적 이름인 포스트모더니즘적 풍경이 순풍을 맞은 돛단배처럼, '문화의 불모지', '문화의 섬' 그리고 '예술의 타락' 이라는 비탄어린 비판을 넘어서 '세계와 함께 나아가는 중국' 이라는 희망찬 미래로 나아가고 있었다.

그러나 파란만장했으며 급격한 변화로 요동쳤던 80년대의 문화적 풍경이 낙관주의 담론에 의지해 '세계로 나아간 중국' 의 위대한 진군이었다고 한다면, 90년대의 문화적 경관을 이루고 있던 것은 '세계와 함께 나아가고자' 하는 중국 지식계의 희망이 투영된 대상이었을 뿐 아니라, 훨씬 복잡한 동기나 염원, 욕망, 결핍의 공통된 구조이기도 했다. 90년대의 중국 문화는 여전히 권력의 멍에 아래 발버둥치고 있었는데, 이것은 여러 개의 권력 중심에서 비롯된 압박에 기인한 것이었다. 80년대 중국 문화는 풍성하고 다양했지만 결국은 '현대화', 진보, 사회의 민주화, 민족의 부강과 같은 공통된 바람을 갖고 있었으며, 진보를 방해하는 체제에 대한 저항, 그리고 거대하고 강건한 주류 이데올로기에 대한 투쟁에서도 일치를 보였다. 이에 반해 90년대는 냉전 이후의 복잡하고 애매한 이데올로기적 행위로부터 이전과는 다른 문화적 정세가 조성되었으며, 주류 이데올로기의 중심에는 끊임없는 핵분열이 일어나고 있었다. 그 분열은 글로벌 자본주의화의 진전과 이에 대한 본토주의와 민족주의의 반항에 근거했다. 초국적 자본이 본토 문화와 산업에 개입하여 세계와 본토 문화 시장의 문화 상품화 과정을 가속화하는 데서 촉발된 것이다. 그리고 포스트모더니즘 콘텍스트와 탈식민주의 추세가 본토 지식인의 역할과 글쓰기 행위를 겹겹이 포위한 것도 이에 일조했다.

사실, 90년대 중국 문화는 종횡으로 교차하는 시선에 간파당한 특정한 공간이 되어 있었다. 그것은 거울성에 더욱 근접해 있었다. 오리엔탈리즘과 옥시덴탈리즘이 서로를 비추는 가운데, 상호 대립하는 부동不同의 권력 중심이 명명하고 확인하는 가운데, 점차 다원화되면서 겹쳐지는 문화적 공간 속에서, 당대 중국 문화는 한 폭의 안개 속 풍경처럼 변해버렸다. 순조롭게 바람을 안고 가는 작은 배에 전근대적이고 현대적인 그리고 냉전시대라는 지나치게 무거운 80년대의 문화적 '유물'을 싣기는 어려웠다. 80년대의 문화 사조에 대한 수많은 명명과 '세대'에 관한 담론은 몇몇 위대한 서사의 내재적 결핍과 요구를 만족시키기 위한 것이었음에 분명했다. 또한 그것은 질서와 문화를 중건하고자 하는 시대에, 지속해서 나타난 신인의 등장과 연이은 새로운 조류의 출현이라는 문화적 현실에 대응한 것이었다. 그렇다면 90년대의 문화적 경관 속에 줄지어 선 문화적 표지와 명명 행위는, 기표를 위해 기의를 찾으려는, 기민하지만 절망적인 언어적 여정에 더 가까웠다고 할 것이다. 그리고 그것은 모종의 문화적, 담론적 권력 의지의 조작과 실천이자 유희 규칙의 모델에 더 가까웠다. 또한 특정한 '관객'의 시야를 위해 설정한 문화적 태도이자 문화적 연출에 더 가까웠다.

여기에서 필자는 90년대 문화가 낙원으로 허구화된 초토焦土임을 인정하려는 게 아니다. 사실 90년대 시작 무렵 잠시의 적막을 지나, 낯설면서도 익숙한, 곳곳에 위기가 도사려 있으면서도 생기가 넘치는 문화적 풍경이 모습을 드러냈다. 거기에는 80년대 엘리트주의가 은폐했던 주변 문화도 간혹 그림자를 비추었다. 그러나 80년대 말 류샤오펑(劉小楓)이 '유희의 세대'[249]라고 예언했던 무리들이 유희적이지 않은 태도와 방식으로 전면 등장했다는 사실이야말로 중요했다. 문화의 거울성 가운데 모습을 드러낸, 이중 혹은 다중적인 무대에서 연출되던 레퍼토리가, 종횡으로 교차하던 시선에 의해 계속해서 찢겨졌으며 모종의 권력 담론에 의해 계속해서 일치되었다. 이 레퍼토리는 끊임없이 문화에 의해 명명된, 순풍을 탄 배에 도움이 되었지만, 때로는 이 배에 약탈당하기도 했고, 그러면서도 때로는 배에 오를 자격조차 거부당했었다. 이들 레퍼토리는 그러한 문화적 현실이 되었다. 그러므로 영화계에서 '6세대'란 90년대라는 안개 속의 풍경이라 할 수 있을 것이다.

묘사

영화계의 세대구분법은 신시기 문화의 전형적 담론 중 하나이다. 80년대 중기 이후 나타난 각양각색의 '세대'에 관한 담론은 미궁 같은 신시기 문화의 미로를 알려주는 청사진 같은 것이었다. 10년이라는 짧은 기간 동안, '세대'에 관한 갖가지 이름에는 시작과 종결, 단절과 신생에 관한 수많은 선언이 따라왔다. 그것은 항상 위대한 신문화와 사회 상황이 도래할 것이라는 예언 같았다. 그러나 각 '세대'들이 역사의 무대에서 자신의 레퍼토리를 연출한 시간은 소위 '문화계의 삼일천하'와 같은 매우 짧은 시간에 불과했다. '세대'에 관한 대부분의 담론은 당대 문화의 지형도를 그려내지 못했다. 다만 그 자체가 당대 중국 문화의 중요한 경관 중 하나였다고 할 수 있을 뿐이다. 지식청년(이후 지청으로 표현) 문학에서 '3세대'가 '고난과 풍류'[250]라는 자기 연민과 자기 방치의 형상으로 등장한 얼마 뒤, '4세대'[251]가 떠벌림과 경박함으로 무장하고는 역사적 무대와 현실적 공간을 요구하였다. 그리고 그들은 홍위병(老三届) 세대를 '3세대'로 밀어올리고 '4세대'가 진정한 '지청 세대'라고 외쳐댔다. 근엄한 청년 학자들은 미로 같은 이 도면을 분명히 하고자, 그리고 지식인들의 세대구분을 위해서, '5·4세대', '해방 세대', '4·5세대', '유희 세대' 등으로 또 다른 20세기 중국 문화의 지침서를 만들었다. 시단에서는 몽롱시가 아직 제대로 뿌리 내리지 못했는데도 'Pass 베이다오(北島)'의 함성이 '신시

新詩'의 도래를 알렸다. 문단에서는 '모더니즘 문학'이 막 모습을 드러낸 상태였음에도 불구하고 아방가르드 소설이 '가짜 모더니즘'을 공격하는 와중에 벌써 중국의 포스트모더니즘 문학 논쟁이 시작되었다. 8·90년대 교체기에는 잠시 조용하더니 다시 '신상태(新狀態)' [252]니 '만생대(晚生代)'니 하는 이름들이 등장해 거울성의 포위를 뚫고자 하였다. 가요계에도 수많은 가수들이 명멸했다. 추이젠의 '아무 것도 가지지 않은 채 외치면서(在一無所有中吶喊)'가 언더그라운드에서 지상으로 모습을 드러내자마자 '포스트 추이젠'을 표방하는 로큰롤 집단이 세대교체를 이루려 하였다.

대륙 영화계의 경우, 나이가 들어서야 겨우 이름을 알린 '청년 감독'들이 1979년 힘겹게 '세상에 나왔지만', 이들은 곧 1982년, 십여 년 만에 처음 배출된 베이징영화대학(北京電影學院) 졸업생들에게 자리를 내주고 말았다. 후자는 이듬해 두각을 나타내면서 세계 영화계의 관심을 얻게 되었다. 오늘날까지도 '5세대'라는 이름을 붙인 이가 누군지 밝혀지진 않았지만, 당시 천카이거, 톈좡좡(장이머우는 1987년이 되어서야 『붉은 수수밭』으로 이름을 알린다)을 대표로 하는 일군의 젊은 감독들이 '5세대'라는 인상적인 이름을 달고 등장하였다. 거슬러 올라가 1979년에 나타난 감독들은 영화계의 4세대라 불리게 되었고, 그들의 선배(신중국영화의 창립자들)는 3세대가 되었다. 이러한 세대 구분의 근거나 유래에 대해 추궁하는 자도, 영화계의 1세대와 2세대[253]를 정의하고자 노력하는 자도 없었다. 5세대가 등장한 5년 뒤인 1987년, 5세대의 주요 작품인 천카이거의 『아이들의 왕』과 장이머우의 『붉은 수수밭』이 세상에 모습을 드러내자 '5세대는 이미 끝났다' [254]고 선언하는 자들이 나타났다. 5세대와 동시대의 또 다른 일군의 감독 및 그들의 작품을 둘러싼 '포스트 5세대' [255]라는 이름이 자주 오르내리기 시작했던 것이다.

영화계의 6세대는 그들의 선배 세대와는 많이 달랐다. 그들에게는 3세대, 4세대, 5세대와 같은 비교적 명확한 창작 집단이나 미학적 기치, 작품의 서열이 없었다. 6세대가 처음 모습을 드러냈을 때 아니 그 이전에 이미 서로 다른 문화적 갈망과 문화적 결핍이 6세대의 등장을 예고했었다. 6세대라는 이름이 '6세대'의 실제 창작보다 앞서 나타난 것이다. 게다가 오늘날까지도 6세대에 관한 담론은 여전히 기표가 기의를 찾아가는 언어적 여정의 의지에 의해 완성된, 얼룩덜룩 짜깁기된 그림일 뿐이다. 그러므로 영화계의 6세대는 갖가지 이름과 갖가지 담론, 갖가지 문화와 이데올로기에 의해 얽히고 은폐된 문화적 현실이 되었다.

6세대라는 이름과 관련되거나 중첩된, 동일한 문화적 현실을 지칭하는 또 다른 이름으로는 구미국가에서 유행한 '중국 언더그라운드 영화(中國地下電影)'와 '중국의 다른 정견을 가진 자들의 영화(中國持不同政見者電影)'가 있다. 그리고 중국 대륙의 경우, '독립영화인', '독립 창작 운동', '신다큐멘터리 운동' 그리고 베이징영화대학 '85학번'과 '87학번'(1985년, 1987년 입학한 연출과 및 기타 과의 본과생), '신영상 운동', '상태 영화'('신상태 문화'의 일례로), '신도시 영화' 등의 이름으로도 존재했다. 홍콩과 타이완의 경우, '대륙의 언더그라운드 영화'나 명쾌하게 '칠군자'(방송영화텔레비전부가 일곱 명의 영화 제작자에 대한 금령을 발표했는데, 그 속에는 5세대의 '명장'과 영화계가 주목하고 있던 '6세대' 감독이 포함되었다. 비디오 촬영 형식으로 작품을 제작한 다큐멘터리 제작자 및 심지어 비전문적 영상물과 작자도 포함되었다)라고 불렀다. 그러나 중국 문화계는 '6세대'라는 이름으로 복잡한 문화적 현실을 전복하는 쪽을 더 좋아했다.

'6세대'라는 이름은 적어도 서로 연관되고 중복되며 때론 전혀 상관없기도 한 세 종류의 영상 현상, 예술적 실천과 관계있다. 그중 하나는 90년대에 출현하여 관변의 제작시스템과 영화 검열제도 외곽에서, 개인 자금이나 구미의 문화 기금으로 영화 제작 자본을 마련한 독립 제작자들인데, 장위안(張元)의 『북경 녀석들(北京雜種)』과 왕샤오솨이(王小帥)의 『샤오둥과 샤오춘의 나날들(冬春的日子)』이 대표작이다. 다른 하나는 1989년과 1991년에 베이징영화대학을 졸업한 촉망받는 젊은 감독들이다. 기존 영화 시스템 내부에서 영화를 제작했는데, 후쉐양의 『남겨진 여인』, 러우예(婁燁)의 『주말 연인(週末情人)』 등과 같은 작품이 있다. 마지막 그룹은 89년에서 90년대로 넘어가는 시기에 탄생했다. 그들은 '위안밍위안 화가마을(圓明園畵家村)'로 세상에 이름을 알린 베이징 유랑 예술가 집단과 밀접한 연관을 지니는 다큐멘터리 제작자들이다. 다큐멘터리 창작과 제작 방식은 나아가 텔레비전 제작 내부에 존재하는, 예술 및 표현을 둘러싸고 있는 제약을 뚫고자 하는 바람과 결합하였다. 그들은 처음부터 중국의 신다큐멘터리 운동을 여는 것을 목표로, 성원들끼리 긴밀한 유대감을 지닌 예술인 집단을 형성하였다. 우원광(吳文光)의 『유랑 베이징-최후의 몽상가(流浪北京-最後的夢想者)』와 스젠(時間)의 『난 졸업했어(我畢業了)』는 그들의 창작 실천을 보여주는 지표가 되었다. 앞의 두 집단을 연결해보면, 그들은 동일한 세대로서 특정한 문화적 정세와 현실 문화와의 조우로 인해 상당히 친밀하며 상호 협조적인 창작 집단을 형성하게 되었음을 알 수 있다. 그리고 비시스템화된 제작 방식은 독립제작과 신다큐멘터리를 하나로 조합해냈다. 그러나 이는 냉전 이후 서구 문화의 요구가 투사된 것이자, 외래인의 눈에 의해 허구적으로 만들어진 연결이자, 이러한 '허구'를 무의식 혹은 의식적으로 참조하여 만들어진 피드백 반응이며,

『유랑 베이징』

자신의 비상만을 생각하는 본토 문화의 순풍을 탄 배였다는 사실이 더 중요하다고 할 것이다. 이리하여 중국의 독립영화인의 행동을 둘러싸고 우후죽순식으로 부단히 증식하는 담론들이 나타났다. 그것들은 중국 대륙의 '언더그라운드 영화', '다른 정견을 지지하는 자의 문화적 반항', 중국 대륙의 '시민사회'와 '공공 공간'의 출현, 포스트모더니즘적 실천 등등으로 그 수는 이루 헤아릴 수 없다. 이렇듯 서로 얽힌 담론들은 '과잉 기표'가 되어 끊임없이 남의 신세를 지면서 '6세대'라 불리는 문화적 현실을 둘러싸게 되었다. 그리고 새롭고 아직은 유치한 이와 같은 문화적 실천이 90년대 중국 문화의 거울성이라는 기이한 광경을 이루었다.

영화계의 '세대들'

다채로우며 순식간에 생겨났다 사라지는, 복잡하고 다원화되어가는 신시기 문화의 현실 앞에서 '세대 나누기' 식의 구분은 필연적이며 필수적인 듯하다. 어떤 의미에서는 '하늘이 만든 제국인 중국이 무너졌던' 19세기 말부터 줄곧, 중국의 근대사, 현대사, 당대사는 '대시대'에 처해 있었다고 할 수 있다. 그리고 수세대에 걸친 중국의 지식인들은 줄곧 '대시대의 자식' 역할을 맡고 있었다고 볼 수 있다. 1949년 이후 특정한 사회적, 문화적 구조로 인해 개인은 정치 운동에서 벗어날 수 없게 되었다. 이러한 사실은 사람들이 공유해야 하면서도 실제로는 인식의 일치를 이루기는 어려운 역사적 경험을 만들어냈다. 권력과 의지라는 금자탑이 쌓아지다가 금이 가 붕괴하기까지의 역사적 과정을 통해, 여러 연령대의 당대 중국인들은 공통되지만 확연히 다른 놀라운 경험과 산산 조각난 경험세계를 맛보았다. 그렇기에 정치 역사적 사건에 대한 참여와 반영의 몇 가지 양식에 근거하거나 어떤 우상이나 담론, 심지어는 몇 권의 책이나 그림, 노래의 특수하거나 신성한 의미를 근거로 하여, 당대 중국 지식인의 사회적 세대를 판정할 수도 있을 것이다.

신시기 이후, 부분 개방에서 전면 개방으로 이르는 기간 동안, 물밀듯 들어온 '20세기 서구 문화'는 서로 다른 연령대의 문화적 선택과 수용 능력으로 인하여 더 복잡한 문화적 구성을 형성하였다. 문화적 세대를 정의하는 것은 생리적 연령만이 아니다. 그것은 특정한 문화를 섭취함으로써 '양육'되는 것이며, 특정한 역사적 경험과 뼛속까지 각인되는 역사적 사건의 개입 방식에 따라 결정되기도 한다. 신시기에 나타난 수많은 문화적 세대들은 사회 문화적 현실보다, 정신적 단체에 더 가까웠다. 그것은 특정한 주류 문화 양식과 특정한 권력관계 구조를 마주하고 맺은 반역자들의 정신적 동맹으로, '주로 그들의 공시성이 아닌 그들의 공유성에 의해' 이루어진 것이었다.[256] 이런 이유로 신시기의 '세대'에 관한 여러 담론은 너무도 복잡하고 다양하여 그 속에 있는 이들이 아니면 그 참맛을 추측하기 어렵다고 할 수 있다.

　1979년 이후, 문학예술 영역의 대부분이 주류 문화와 권력 담론에 대한 전면적인 돌파 외에, 개인의 예술적 표현을 얻고자 하는 절망적인 시도였다는 점은 흥미롭다. 80년대 전기와 중기의 비이데올로기화나 개인화에 대한 노력은 세대들 간의 분명한 분포 유형만 결정지었다. 동심원적인 문화적 국면을 벗어나려는 노력은 종종 일원화된 사회와 흔들기 힘든 문화적 구조를 인증하는 결과를 낳았다. '새로운 세대'의 등장은 때론 이전 세대(이전 사람?)와 다르긴 했지만 오히려 그들 간의 닮음이 더 도드라졌다. 신시기 전체 문화사는 갖가지 세대의 이름으로 가득했지만 마구잡이식 이름 붙이기에 대한 거부와 저항도 거셌다. 어떤 세대에 귀속된다는 것은 사실 어떤 예술적 지위를 얻는다는 것을 의미했다. 게다가 그것은 원래 '바람에 흔들리는 갈대' 같았던 '개성', 또 한 번의 자아 '소멸'을 의미하는 것이 분명했다. 필자는 당대 문화의 세대구분이라는 현실뿐 아니라 신시기에 일어난 세대들의 담론에 관한 생산 기제에도 관심이 있다. 적어도 영화계에 있어서 '세대'에 관한 담론은 다른 연령대의 예술가들에 대한 구분을 의미함이 분명하다. 그러나 실제로는 그것이 다른 연령대의 영화 예술가들이 지니는 예술적 가치를 가늠하는 표준 중 하나라는 사실이 더 중요하다 (아마도 80년대 중·후기부터 지금까지의 가장 중요한 문화 예술적 표준일 것이다). 특정한 연령대의 예술가들 모두가 자신이 '소속된' 세대의 '영예'를 누릴 수 있었던 것은 결코 아니었던 것이다.

　1994년, 필자와 천샤오밍(陳曉明), 장이우(張頤武), 주웨이(朱偉)는 『중산(鐘山)』 잡지에 「새로운 열 가지 비평(新十批判書)」이라는 이름으로 '4인 대담'을 행한 바 있다. 거기에서 필자는 영화계의 '6세대'를 단호하게 부정했었다.[257) 그것은 파기하기 힘든 예술 등급과 '객관적'

예술 가치에 대한 개인적 집착에서 기인한 것이기도 했다. 필자가 보기에 당시까지 '6세대'의 영화는 매우 개별적인 작품들만이 독창적이고 색다른 영화 예술의 가치를 지니고 있을 뿐이었다. 간혹 새로운 사회적 시각과 문화적 시도가 보이긴 했지만 새로운 '세대'의 영화인으로서 그들은 아직 기존의 중국 영화 예술, 특히 5세대 영화가 보여주는 강한 도전 정신을 드러내지 못하고 있었다. 1995년, 미국에서 열린 아시아영화제에서(필자도 참석했었다) '6세대'의 신작인『우편배달부(郵差)』(허젠쥔(何建軍))가 상영되었다. 영화제 조직위원 가운데 한 사람인, 전형적인 미국인 외모의 여사가 열정어린 목소리로 '이처럼 중요한 대륙의 영화가 참가하게 된 것은 영화제의 영광입니다'라고 발표했다. 영화제에 함께 참가한,『우편배달부』보다 예술적 성취가 뛰어난 5세대 작품 황젠신의『등 대 등, 얼굴 대 얼굴』과 리사오홍의『붉은 연지』에 대해서는 이처럼 열정어린 표현을 쓰지 않았다. 그러나 그녀의 평은 그 직전에『뉴욕 포스트(New York Post)』에 발표된『우편배달부』에 대한 평론과 판박이였다. 열정적이지만 공허한 과대평가와 영화 내용에 대한 묘사 외에 영화에 관한 예술적 평가라고는 "이 작품은 5세대 영화와는 완전히 다른 작품이다"라는 것밖에 없었다. '6세대'는 5세대와 다르다. 이는 미루어 알 수 있는 사실이다. 그러나 '5세대와 다르다'라는 것이 이 영화에 관한 어떠한 사실도 설명할 수는 없다. 어떤 의미에서 보자면 이것이 곧 6세대를 둘러싼 문화적 아이러니 중 하나였다. 그러나 필자가 6세대의 존재를 부정한 그 한 편에는 사실 또 다른 낙관주의적 희망이 은연중 내포되어 있었다.

필자가 보기에, 신시기 중국 문화, 적어도 중국 영화 문화의 선명한 세대 분포는 당대 문화의 번영을 말해준다기보다 심각한 비애를 말해주었다. 그것은 탈주 중의 체포를 계속해서 보여주었고, 절망적인 돌파를 끊임없이 드러냈다. 어떤 의미에서 80년대의 가장 중요한 문화적 사실은 '문학사 다시쓰기' 였다. 그러나 그 실체는 주류와 문학 집단 밖의 개인화되고 주변화된 글쓰기에 대한 끊임없는 모색일 뿐이었다. 그것은 주류 문화 및 권위적 담론에 대해 반항하면서 동시에 주변적 글쓰기와 '개인화' 에 대한 현·당대 문화의 내재적 결핍과 갈망을 보여주었다. 그러므로 개인적인 낙관적 기대와 상상에 의하자면, 사회적 변화가 문화적 영웅주의를 분쇄시키고 난 뒤, 새로운 영화인이 영화계에 모습을 드러낼 때에는 당연히 자신과 자신의 작품을 이름으로 삼아야지 새로운 '세대' 로 자신을 명명해서는 안 되었다. 그러나 '6세대' 의 작품이 끊임없이 모습을 드러내는 가운데 분명해진 사실은, 새로운 세대의 영화인이 영화 예술 그 자체로써 5세대를 동요시키거나 그들에게 도전할 수 없다면, 6세대의 작품은 확실히 사회학 혹은 문화사적인 의의에 있어 새로운 세대로 표현될 수밖에 없다는 것이었다. 그들은 새로운, 80년대에 형성된, 주류의 문화적 서술과 5세대 예술의 아우라와 그림자를 벗어나고자 나타난 젊은 집단임에 분명했다.

도망자가 잠재의식 속에서 늘 자신이 도망쳐 나온 문을 참고하여 자신이 속할 곳을 찾듯이, 포위를 뚫은 자의 역사 역시 종종 무의식적인 모방 가운데 새로운 단락을 찾기 마련이다. 1979년, 영화계의 4세대는 구소련의 탈냉전 시대 청년 감독들의 방식을 비교적 정확하게 빌려와 무대에 등장했다. 90년대 첫해, 6세대는 5세대의 등장을 모방하면서 그리고 모방의 실패 속에서 모습을 드러냈다.

1982년, 신시기 들어 처음으로 베이징영화대학 졸업생들이 중국의 영화계에 들어왔을 때 그것은 영화계 5세대의 영광과 정복이라는 여정의 시작을 알리는 신호탄이었다. 이 학교 '78학번' 들이 실질적인 5세대의 중견과 주요 구성원을 이루었다. 그리하여 '78학번' 은 영화계에서 5세대에 대한 별명이 되었다. '청년촬영모임' [258]을 시작으로 5세대의 창작은 기본적으로 같은 학번들 간의 합작에 기대어 이루어졌다. 그들은 일시에 중국과 서구 세계의 눈을 현혹시켰다. 1979년부터 1983년까지 이 짧은 기간 동안 중국 영화계에 나타난, 위와 같은 세 차례의 세대교체는 중국과 중국에 관심을 가진 영화인들에게 흥미로운 환각을 심어주었음에 분명했다. 그것은 이처럼 빈번한 세대의 교체가 앞으로 중국 영화의 규칙이 될 것이라는 환각이었다. "지금은 몇 세대죠? 7세대인가요?"라는 질문은 외국에서 열린 관련 국제회의에서 필자가 여러 차례 받는 질문 중 하나이다. 필자가 '아직 5세대'라고 대답하면 사람들은 항상 실망스런 표정을 짓곤 한다. 그러므로 5세대가 등장한 뒤 6세대의 도래를 바라는 간절한 기대가 중국 영화계에 항상 세차게 흐르고 있었다.

두 말할 나위 없이 이러한 기대는 중국의 유일한 고등 영화교육기관인 베이징영화대학(연출학과)의 뒤 세대들에게 모아졌다. 3년이 지나 대학이 다시 전면적으로 학생을 모집했을 때, 그 기대는 더 구체적이고 집요해졌다. 6세대의 주요 인원을 이루는 '85학번'과 '87학번' 학생들 또한 이러한 기대를 깊이 내화시켰음에 분명했다. 그리하여 그들은 영화인으로서 강한 사명감과 자신감을 가지게 되었다. '85학번' 촬영과 졸업생 장위안(같은 촬영과 출신 장이머우의 뒤를 이어)이 자신의 감독 데뷔작 『엄마(媽媽)』를 발표했을 때, 6세대가 마침내 모습을 드러냈다는 은근한 기쁨이 어느새 1990년의 적막 위에 퍼져나갔다. 동시대인 중 유일한 행운아인 후쉐양은 자신의 데뷔작 『남겨진 여인』(1992년, 상하이영화제작소(上海電影制片廠))이 출품되자마자 "89년 다섯 과 동학들이 중국 영화 6세대들이다"라고 선언하였다.[259] 국제 영화계에서 6세대의 대표적 인물로 알려진 장위안은 좀 더 선명하면서도 함축적으로 다음과 같이 말했다. "'세대', 과거 우리에게도 '세대'에 대한 성공적인 경험이 있었다고 할 수 있다. 중국에서 '세대'는 뭔가 수많은 사람들의 막기 힘든 추세라는 느낌을 준다. 내 경우도 콤비들 대부분이 동학이다. 우리는 나이도 그다지 많지 않은데다 서로를 잘 안다. 그러나 난 영화는 좀 더 개인적인 일이라 생각한다. 난 내 윗세대와 달라지려고 애쓰며, 주위 사람들과도 달라지려 애쓴다. 다른 사람의 것을 닮게 되면 더 이상 그건 내 자신의 것이 될 수 없기 때문이다." 그러나 이어지는 그의 표현에는 여전히 세대 의식이 표출되었다. "우리 세대는 비교적 정열적이다."[260] 6세대 청년감독의 하나이자 베이징영화대학 87학번인 관후(管虎)는 자신의 데뷔작 『헝클어진 머리(頭髮亂了)』(원제 『더러운 사람(髒人)』, 1994년, 네이멍구영화제작소(內蒙古電影制片廠))의 타이틀을 전서체인 '八七' 자형으로 꾸몄는데, 이런 세밀한 마음씀씀이와 선명한 세대 의식은 서로 마음이 통하는 자들끼리만 느낄 수 있는 것이었다.

『헝클어진 머리』

곤경과 돌파

영화계의 간절하고도 지나친 기대와 애정 속에서 새로운 영화인들이 무대에 발을 디뎠을 때는 공교롭게도 '풍토가 확 바뀌어 있었다.' 1989년의 거대한 동요로 인해 온 중국의 문화계는 80년대의 낙관주의적이고 이상주의적인 잇단 봉우리로부터 계곡 바닥으로 떨어지는 놀라운 경험을 감내해야 했다. 왕쒀식의 섬망譫妄과 방종 말고는 문단은 갑자기 마주한 바리케이드와 상처로 인해 깊은 침묵으로 가라앉았다. 상업화라는 대조류를 타고 들어온 왕성한 통속 문화는 엘리트 문화와 예술을 마지막으로 포위하였다. 중국 영화와 무관한 유사 영화 현상(텔레비전 사업, 영상 사업)은 여전히 계획 경제 체제를 유지하고 있던 영화 산업의 위기를 가속화했다. 거센 풍파 속에서 영화 산업 특히 예술 영화는(심지어 영화제에서 수상한 작품이라 하더라도) '박스오피스의 독약' 이 되었다. 5세대 우수 감독에 대한 초국적 문화 산업 자본의 호의로 천문학적 액수의 자금이 '중국' 영화 제작에 밀려들어오기 시작했다. 그리하여 잔뜩 떠벌려진 오리엔탈리즘적 경관 속에서 더욱 위세를 떨치던 '5세대' 는 구미 예술 영화제에서 모종의 '중국 붐' 혹은 '중국 영화에 대한 갈증' 을 만들어냈다. 그러나 또 다른 신인들의 '대두' 는 '앞선 자' 들의 세찬 방해와 위협을 받아야 했다.

예술적 재질, 문화적 준비, 생활 경험의 고하나 다소와는 상관없이 6세대가 영화계에 발을 디뎠을 때는 5세대가 누렸던 시의적절이라는 행운을 갖지 못했다. 5세대가 세상에 모습을 드러내기 시작했을 때는 마침 부단히 기존의 것을 부수고 새로운 것을 창출해내던 80년대의 위대한 행군도 발걸음을 내딛기 시작하던 시기였다. 5세대는 학교 문을 나선 그해나 다음 해에 각자의 영화를 독립적으로 창작할 수 있었으며 국경을 넘어 '세계를 향해' 재빨리 나아갈 수 있었다. 그것은 중국, 나아가 세계 영화계에 있어서 기적과도 같은 사실이었다. '85학번'과 '87학번' 졸업생 대부분은 국가의 배분을 통해 통일되고 폐쇄적인 영화제작업으로 파고들기 어려웠다. 소수의 행운아들이 영화업계 종사자가 되더라도 6년에서 10년이 걸리는 촬영팀 스크립터에서 조감독 그리고 감독이 되는 아주 정상적인 과정을 밟아야만 했고 어쩌면 영원히 도제나 습작기에 머물러야 했다. 그러므로 설령 '수년 동안 고생 어린 시집살이 끝에 시어머니가 된다' 하더라도 국가의 자금으로 '자신의 영화'를 찍을 가능성은 영에 가까웠다. 그나마 이 모든 것은 그들이 속한 제작소가 그 기간 동안 문을 닫거나 파산하지 않는다는 사실을 전제로 해야 했다. 영화계 밖으로 내던져지는 운명을 감당하기 힘들었기에 그들은 다른 방식으로 5세대의 성공적 경험을 재현하고자 했다. 즉, 변경의 작은 제작소에서 출발하려던 노력이 헛되이 사라지자[261] 그들 중 대부분은 결국 베이징의 유랑 예술인 집단에 가입하거나, 아니면 텔레비전 드라마나 광고, MTV 등을 제작하면서 생활하거나, 다른 제작소에서 아르바이트를 하면서 영화에 대한 자신의 꿈을 이어갔다. 그들은 유명해지기 힘들 것이라는 초조감 속에 영상 문화권의 주변인이라는 신분으로 '베이징을 유랑'하기 시작했다.

이처럼 절망에 가까운 곤경 속에 나타난 최초의 희미한 빛은 뛰어난 6세대 감독 장위안이었다. 베이징영화대학 촬영과를 졸업한 이 젊은이는 처음부터 기존의 생활 모델과 동문들의 창작 방법을 단호하게 거부하였다. 사실, 장위안은 6세대 영화제작자 가운데 베이징 '유랑' 예술가 집단으로 가장 깊이 파고들어 투신했던 이였다. 그는 같은 학교 연출학과 출신이자 촉망받던 6세대 감독 왕샤오솨이와 공동으로 시나리오를 만들어 제작소 이용 권리*를 구매하려던 시도가 실패하자, 영화 제작 권리도 구하지 못하고 시나리오 심사도 통과하지 않은 상태에서 사영 기업으로부터 최저 제작비를 빌려 6세대 최초의 작품 『엄마』의 촬영에 들어갔다. 모든 촬영이 끝나자 그들은 그제서야 시안 영화제작소로 가서 제작소 이용 권리를 구하고 시안영화제작소의 심의를 받았다. 이 작품은 60년대 컬러 필름이 흑백 필름을 대체한 이후 중국 최초의 흑백(소량의 PAL-to-film의 컬러 현장 인터뷰 신을 포함하지만) 극영화가 되었다. 영화의 다양한 층위와 디테일한 계조階調 처리로 인해, 그리고 극단적인 현장 기록 스타일에 배어 있는 쓸쓸하고 농밀한 시적 정취로 인해 『엄마』는 중국 '최초의' 흑백 극영화라 불릴 수 있었다. 제작 경비가 한정된 까닭에, 그리고 특정한 예술과 의미의 추구—영화사상 수차례 일었던 아방가르드 운동의 재연인 듯하다— 로 인해, 영화 전편은 실경 촬영 방식을 사용하였다. 그리고 아마추어 배우를 기용하였는데 시나리오의 친옌(秦燕)이 주인공인 엄마 역을 맡았다.

'국제 장애인의 해'에 바친다는 부제를 단 이 영화는 주로 저능아의 어머니가 겪는 온갖 고생을 서술하고 있다. 그러나 다른 측면에서 우리는 이 작품을 새로운 세대의 문화적 선언이자 예술적 선언으로 볼 수 있다. 『엄마』는 분명 다른 이야기를 내포하고 있었다. 이 경우, 우리는 아들을 작품 속의 진정한 주인공으로 읽을 수 있다. 5세대의 예술은 '아들 세대의 예술'로, 그 문화적 반항과 반란의 의의는 아비의 이름/권위/질서의 확인을 전제로 하고 있다. 그러므로 그들의 예술은 '아버지'에 대한 공감을 거부하면서도 '아버지'에게 공감할 수밖에 없는 진퇴양난을 표현했다고 할 것이다. 80년대 말의 전형적인 도시 영화에

＊　廠標, 각 제작소가 보유하고 있는 극영화 촬영 제작권.

서는 형제와 자매로 이루어진 가정이 부모자녀로 이루어진 가정의 이미지를 대체했다. 하지만 그것은 벽에 높이 걸린 부모의 영정(『실성의 대가』, 『운명의 해』)이거나 멀리서 끊임없이 전해오는 어머니의 소식(『태양우』)이거나, '아버지'를 대신하는 형, 누나(『커피에 설탕 약간』, 『실성의 대가』), 성적 혼란 속에서 이루어지는 일대일의 애정 관계(『윤회』, 『커피에 설탕 약간』)일 뿐이었다. 이것들은 모두 부권父權을 깊이 내재화한 심리적 문화적 현실을 보여주었다. 이와 달리『엄마』에 숨어 있는 아들의 이야기는 저능아이자 언어장애를 겪는 남자아이를 통해 새로운 세대의 문화적 우언을 보여주었다. 저능과 우둔함은 아버지와 부권父權에 대한 거부로, 전 오이디푸스 단계의 집착으로 이해할 수 있다. 언어 장애는 상징계라는 아버지의 이름과 언어 및 문화에 대한 거부로 이해할 수 있다. 서구 종교화에서 보이는 예수 탄생 장면에서의 조명과 구도로 아들을 잡아내는 장면이 영화에는 반복적으로 등장한다. 위쪽에서 병든 아이의 몸을 비추는데, 흰 천으로 만든 보따리와 웅크린 태아와 같은 아이의 모습은 영화의 사실 기록적인 풍격과 이야기의 서사적 환경을 벗어나 있다. 이런 장면들은 어머니의 사랑에 관한 이야기인 듯한 극영화에 내재하는 반문화적 태도 혹은 새로운 세대의 문화적 우언을 보여주고 있다.

　『엄마』의 등장이 곤경 속에서 절망적으로 몸부림치던 동시대인에게 새로운 희망과 계시를 주었음에 분명했다. 게다가 장위안이라는 놀라운 예는 체제 내부에서 몸부림치거나 타협하던 사람들의 상상을 또 한 번 뛰어넘어 완전히 새로운 돌파의 길을 제시해주었다. 영화는 중국내 배급이 순조롭지 못해서 6개의 리프린트밖에 주문받지 못했다. 그러나 장위안은 처음으로 관변의 어떠한 허가나 수속을 거치지 않고 본인이 직접 영화를 들고서 프랑스 낭트로 날아가 3대륙영화제(5세대의 걸작 『황토지』 역시 이 영화제를 시작으로 '세계'로 나아갔다)에 참가했으며 이 영화제에서 비평가상과 대중상을 수상했다. 그리고 이 작품은 20여 개의 국제영화제에 참여하거나 경쟁작으로 출품되면서 사람들의 관심을 끌었고 세계를 주유할 수 있었다. 가장 직접적이고 '단순'한 방식으로, 그리고 남다른 대범함으로 장위안은 영화계에 등장했고 세계로 나아갔다. 천카이거와 장이머우의 뒤를 이어 장위안이 다시 한 번 서구인들에게 익숙한 중국 감독의 이름이 된 것이다. 중국 영화의 권위자인 유럽의 비평가 토니 랭(Tony Rayns)은 "영화 『엄마』 는 여전히 놀랍기 그지없는 오늘날 중국 영화계의 모습을 대변한다. 베이징영화대학 졸업생인 젊은 감독에 대해서는 영리하고 용감하다는 평을 주고 싶다"고 말한 바 있다. 그리고 그는 예언했다. "중국에 6세대 감독이 나타난다면 그들은 분명 흥미나 관심 면에서 5세대와 다를 것이다. 그렇다면 『엄마』는 6세대 감독의 토대가 되는 작품이 될 것이다."262)라고.

이어서 장위안은 중국 로큰롤의 무관의 제왕인 추이젠과 합작하여 그의 두 번째 컬러 영화 『북경 녀석들』 제작에 착수했다. 이 영화는 분명 동업자 혹은 친구들이 합작하여 제작한 영화였다. 그러므로 영화제작을 위해 체제 안으로 들어가거나 체제와 타협하려는 노력을 전혀 기울이지 않았다. 스스로 자금을 조금씩 모아서 독립적으로 제작하였기에 영화의 촬영 과정은 장위안의 MTV나 광고 다큐멘터리 제작과 교차적으로 진행되었다. 장위안의 MTV 작품은 미국을 비롯한 해외 각국에서 방송된 바 있는데, 그중 추이젠의 「어서 날 눈밭 위에서 멋대로 하게 해줘요(快讓我在雪地上撒点野)」가 미국 MTV 대상을 차지했다. 1993년 장원의 『북경 녀석들』이 완성되면서 그는 다시 영화를 들고 수많은 국제영화제를 돌아다니기 시작했다.

이 해, 왕샤오솨이는 직접 10만 위안을 조달하여 표준 길이의 흑백 극영화 『샤오둥과 샤오춘의 나날들』을 촬영했다. 『엄마』가 장위안에게 있어 과감하게 결단을 내려 포위를 돌파한 행동이었다고 한다면, 『샤오둥과 샤오춘의 나날들』은 그야말로 장거였다고 할 것이다. 당시 중국의 국산 극영화 최저 예산은 100만 위안이었고, 장이머우 영화의 '표준 예산'은 600만 위안, 같은 해 천카이거의 『패왕별희』는 1200만 홍콩 달러가 들었다. 왕샤오솨이의 영화는 아방가르드 예술의, 지극히 고생스런 방식으로 완성된 것이었다. 이와 함께, 또 다른 젊은 감독 허젠쥔은 동일한 방식과 유사한 자금조달 방식을 통해 흑백 영화 『연애중(懸戀)』을 찍었고, 이후 유럽 문화기금회의 도움을 받아 『우편배달부』를 찍었다. 그리고 『샤오둥과 샤오춘의 나날들』의 촬영감독이었던 우디(鄔迪)는 다른 사람과 합작하여 극영화 『황금비(黃金雨)』를 찍었다. 독립 제작이 중국 영화의 숨은 흐름을 형성하기 시작했다.

이러한 독립 제작 운동 곁에서 1991년 홀로 행운을 거머쥔 후쉐양—베이징영화대학 연출과의 졸업 작품이자 문혁시기 어린 시절의 기억을 표현한 『어린 시절 지난 일(童年往事)』로 미국 아카데미학생영화제에서 수상한 바 있으며 유명한 희극 예술가인 후웨이민(胡偉民)의 아들이기도 하다—은 처음으로 상하이영화제작소에서 독립적으로 영화를 제작할 수 있는 기회를 얻어 1992년에 데뷔작 『남겨진 여인』을 선보였다. 같은 해에 영화는 카이로국제영화제에서도 입선하여 피라미드 최우수 작품상을 받았으며 최우수 여우주연상도 함께 수상했다. 그리하여 그는 제3세계 영화제에서 대상을 받은 6세대의 첫 감독이 되었다. 후쉐양은 이어서 『사라진 청춘(湮沒的靑春)』(1994년)을 찍었고 마침내 소원하던 자신의 진정한 '데뷔작'인 『견우화(牽牛花)』(1995년)를 완성하였다. 몇 차례 고비를 넘고 번번이 심사 및 발표 과정에서 좌절을 맛보기도 했지만, 1994년 마침내 러우예의 『주말 연인』(푸젠영화제작소(福建電影制片廠), 1994년), 『위험에 빠진 소녀(危情少女)』(상하이영화제작소(上海電影制片廠), 1994년)와 관후의 『헝클어진 머리』(네이멍구영화제작소, 1994년)가 세상에 모습을 드러냈다. 1983~1986년의 5세대처럼 90년대 전반에 6세대는 갖가지 우여곡절을 겪으며 등장하였다.

공허하고 적막한 무대에서

6세대의 등장이 극영화 제작에 있어 예술 영화가 상업 문화의 철벽 같은 포위를 비장하게 돌파했음을 의미한다면, 그 선봉적인 영화 창작 방식은 관변 영화 제작 시스템에 대한 전복적 의의를 지녔었다. 아니, 더 직접적으로 표현하자면 6세대 영화감독의 문화적 태도와 창작 방식은 어느 정도 '핍박으로부터 도망쳐 모인 양산박' 같은 분위기를 띠고 있었다. 그러나 비디오 촬영 방식으로 제작한 신다큐멘터리의 촬영은 그렇지 않았다. 6세대 혹은 '중국의 언더그라운드 영화'라는 이름 하에 등장한 신다큐멘터리는 실은 요란한 주류 문화에 가려진 80년대의 주변이 모습을 드러낸 것이었다. 8·90년대 교체기의 요동치던 사회에서 주변으로 추방된 문화적 역량이 문화적 주변인과 만나서 시작한, 중심을 향한 문화적 진군이었던 것이다.

사실 80년대 중·후기, 베이징과 그 주변에 독특한 유랑 예술인 집단이 형성되기 시작했다. 그들은 대부분 베이징의 호적(戶口)도 고정적인 직업도 없었기 때문에 안정적인 수입이나 고정적인 거주지를 가지지 못했다. 80년대에 이들은 전에 없이 특이하면서 자유로운 집단을 이루었다. 이런 자유의 대가로 그들은 대다수 도시인들이 일상적으로 누리던 사회적인 체제의 보장과 안전을 누릴 수 없었다(혹은 누리는 것을 거절했다). 그들 중에는 화가(90년대 구미에 이름을 알린 '정치적 팝 아트'가 여기서 생겨났다), 로큰롤 가수, 아방가르드 시인, 예술사진 작가, 창작 중인 무명작가, 실험 극단 감독, 영화에 뜻을 두었으나 자금이 없어서 고생하고 있던 미래의 영화감독 등이 있었다. 그들은 텔레비전, 영화, 광고, 미술 설계라는 갖가지 직업에 모습을 드러내면서 고정적이지 못한 수입으로 생계와 고통스런 창작을 이어갔다. 사실 그들은 5·60년대 천재와 인재로 인해 집에서 쫓거나 기근을 피해 다른 곳으로 떠나야 했던 농민들과 같은 망류(盲流)라는 이름을 가지고 있었다. 그들의 전람회는 금지당했고 연출은 중지되었으며 임시거주지에서는 추방당해야 했다. 하지만 이보다 더 일상적으로 그들이 직면해야 했던 것은 배고픔이었다. 그러나 그들을 유랑의 길로 내몬 것은 배고픔이 아니었다. 배부름과 따스함보다 훨씬 더 신성하고 초월적인, 그다지 명료하지도 않은 몽상이 그들을 유랑의 길로 몰았다. 어떤 의미에서 이들은 신시기 이후의 진정한 '신인'들이었다고 할 수 있다. 그들은 80년대에 간헐적인 참여로 다원적으로 분열된 주류 문화의 복잡한 경관의 일부를 이루긴 했지만, 전체적으로 봐서 이는 별 볼일 없는 주변에 불과했다. 비디오 촬영 방식으로 제작한 신다큐멘터리와 그 실질적 창시자 우원광이 바로 이 대오에 있었다.

80년대 말, 우원광은 단속적으로 그리고 고된 방식으로 친구와 유랑 예술가들의 일상생활을 다큐멘터리로 제작하기 시작했다. 자신의 촬영 대상과 마찬가지로 직관에 가까운 그의 창작은 당시 어떠한 조류나 유행과도 무관했으며 심지어 그를 통해 미래의 작품에 관한 형상이나 출로도 그려낼 수 없었다. 아마도 이것이 당대 중국을 무대로 한

『유랑 베이징』

'경성지련'*이라 할 수 있을 것이다. 8·90년대 교체기의 문화적 전복과 동요가 이러한 문화적 주변 집단의 등장을 촉발했다. 우원광은 이렇게 단언했다. "나는 89년 이후 돌연 베이징이라는 무대가 비어졌다는 걸 느꼈다. 그때 나는 갑자기 극도의 흥분, 특별한 흥분 상태에 빠져들었다. 아마도 사람이 없을 때 뭔가를 해야 한다고 생각했던 것 같다."[263] 이 공허한 적막과 흥분 사이에서 우원광은 실제 영화의 12배에 해당하는 필름을 소모하고서야 『유랑 베이징』을 완성할 수 있었다. 그리고 작품에 '최후의 몽상가'라는 부제도 달았다. 우원광에게 있어 그것은 80년대에 바치는 보잘 것 없는 공물이었다. "당시 나는 80년대 이후 이 몽상의 시대가 끝날 거라고 생각했다. 몽상의 시대가 끝난다는 것은 몽상을 찾을 때 포함되는 수많은 유치한 것들이 끝난다는 것을 의미한다. 90년대는 어떠해야만 하는가? 지금으로 봐서는 행동이어야만 한다. 몽상은 구체적인 행동과 함께 해야만 한다."[264]

　신다큐멘터리의 기반을 닦은 또 다른 작품 『천안문(天安門)』은 80

＊　　장아이링의 소설.

년대 말 갑자기 모습을 드러낸 문화적 낭떠러지에 놓인 부교 혹은 80
년대의 종결에 대한 또 다른 메아리가 되었다. 젊은 감독 스졘과 천줴
(陳爵)가 제작한 대형 시리즈물 『천안문』은 사실 80년대 특유의 서사
방식의 연장이라 할 수 있다. 그것은 중앙 방송국이 제작에 참여한 『작
은 오두막(小木屋)』, 『허상』, 『공화국의 사랑(共和國之戀)』, 『장성을 바
라보다(望長城)』 등의 정론, 기록, 인터뷰, 우언 등을 섞어 병치한 대작
의 마지막 편이었다. 실제로 이들 작품은 80년대의 가장 선명한 문화
적/이데올로기적 실천이 되었다. 그것 자체가 이데올로기 국가 기제
가 작동하는 과정의 일부라고도 할 수 있을 것이다. 『유랑 베이징』과
마찬가지로 『천안문』의 제작도 1989~1990년 사이에 완성되지 못 했
다. 이것 역시 필연에 의한 것이 아닌 '우연'에 의한 것이었다. 작품의
소재는 1989년에서 취했고, 촬영은 1990~1991년까지 이어져, 단속斷
續을 거듭한 끝에 겨우 완성되었다. 영화 생산 시스템의 변화 때문이
거나, 제작자 집단의 평균 연령이 60년대 출생한 이들의 등장을 의미
하기 때문이거나, 아니면 단지 작품이 제작 완성된 특정한 시기 때문
에 『천안문』은 이전 작품들과 마찬가지로 중앙 텔레비전이 제작하고
중앙 텔레비전에서 방송될 것으로 예상되었다. 그러나 선행자와 비교
해서 작품의 의미 구조에는 명확한 치우침이 존재했다. 작품 오프닝
타이틀에 나오는, 천안문 성루에 걸린 지도자의 초상이 교체되는, 거
대하고도 그로테스크한 장면[265]은 여전히 우언적인 구도로 가득 차 있
었다. 그리고 백년 중국과 백년 풍운이라는 위대한 서사가 여전히 작
품을 꿰뚫고 있었다. 정론과 우언적 요소를 뛰어넘어 작품의 다큐멘터
리 부분은 유사한 작품에는 없는 깊이를 드러냈다. 카메라는 분명히
'하강'하고 있었다. 카메라는 성대하나 비어 있는 상상적 경관과 작별
을 고하고, 민간으로, 보통 사람에게로 다가가기 시작했던 것이다. 작

품 제작 후반부에 이르면서 작품이 관변 텔레비전 방송국에서 방송될 어떠한 여지도 더 이상 존재하지 않게 되었다. 작품은, 처음에는 주류 제작과 주류 담론이라는 부담을 지고 있었지만, 이때에는 이미 새로운 추방 의식儀式을 통해 주변으로 밀려나 있었다. 1991년, 『천안문』의 두 젊은 감독이 발기하여 '구조, 물결, 청년, 영화(SWYC) 모임'을 만들었 으며, 12월에는 '중국 신다큐멘터리 운동'을 창도하고 '베이징 신다 큐멘터리 작품연구회'[266]를 조직하였다. 1992년, 『천안문』이 독립 제 작 영화로 홍콩 영화제 아시아 영화 부문에 참가하였다. 이 무렵, 주변 집단이 행한 중심의 돌파와 새로운 추방 의식이 만들어낸 새로운 주변 이 나타나 모이기 시작했으며 십 수 명의 젊은이들이 90년대라는 특정 공간에서 비디오 영화의 방식으로 독립 제작한 신다큐멘터리를 시도 하기 시작했다.

1992년, 스젠이 양식과 대상의 표현에서 매우 독특하고 매혹적이 며, 그리고 감응력을 지닌 『난 졸업했어』를 완성하였다. 이 작품은 1992년 베이징대학교(北京大學)와 칭화대학교(淸華大學) 졸업생들의 졸업 전 7일 간을 촬영한 것으로 졸업생 인터뷰와 교정의 기록 그리고 부분적인 연출 신으로 이루어졌다. 완벽한 듯하지만 실은 허구적인 플 랫의 찢겨진 틈으로 잡다한 진실의 한 구석이 드러나는데 그것은 밀폐 된 천정에 그어진 금 같았다. 『유랑 베이징』이 시작한, 핍진하면서도 냉혹한, 현장 목격자와 같은 기록 스타일 아래 작품은 사건이나 현실을 드러내는 것에 만족하지 않았다. 작품은 더 나아가 현혹적이며 적나라 한 영혼의 풍경을 폭로하였다. 작품은 권력의 바퀴가 짓뭉갠 상처가 아 닌, 예상과는 다른 정신적 유산 및 직접적인 승계자들이 마주하고 있는 영혼의 현실을 드러냈다. 이미 역사가 된 1989년의 사회적 사건에 관한 서술에 처음으로 보통사람/개인의 시점이 나타났던 것이다.

『유랑 베이징』

　　1993년에는 우원광의 신작 『1966-나의 홍위병 시절(1966-我的紅衛兵時代)』이 세상에 모습을 드러냈다. 『유랑 베이징』의 적나라하면서 직관적이며 호소력 있는 사실 기록 스타일과 달리, 『나의 홍위병 시절』은 정교한 구조적 형식을 취하고 있었다. 작품은 '노 홍위병' 다섯 명과 진행하는 인터뷰를 중심으로 '문혁' 시기 홍위병에 관한 관변의 신문 다큐멘터리 『신문간보(新聞簡報)』의 일부를 삽입시켰다. 그리고 '眼鏡蛇(코브라)' 라는 여성 로큰롤 그룹이 연습하는 과정과 『나의 1966년(我的1966)』을 연출하는 전 과정을 평행적으로 전개시켰다. 여기에다 또 다른 독립 영화인 하오즈챵(郝志强)이 만든 '문혁' 혹은 광의의 군중 운동을 은유 대상으로 하는, 수묵 효과의 애니메이션 단편이 계속 출현하면서 메트로놈과 같은 효과를 이루었다. 이것은 '문혁'이라는 역사에 대한 추궁이나 90년대 현실과 과거 기억 사이의 대화가 아니라, 앞서 출현한 역사 서사를 개인화하는 시도라 할 수 있다. 또한 역사 속 개인의 기억에 대한 절망적인 탐색이라기보다, 역사와 기억의 표현 속에서 철저하게 이루어진 침몰과 같은 것이었다. 작품은 '1966년, 아, 나의 1966년, 붉은 색 기차 가득 실린 행복한 새끼 양들' 과 같은 로큰롤 리듬 속으로 침몰하였을 뿐 아니라, 진실과 거짓말에 의해 끊임없이 은폐되고 덧칠된 기억 속으로 침몰하였다. 인터뷰가 끝난 뒤, 카메라는 다음과 같은 재미있는 장면을 포착해 보여주었다. 당사자 중 한 명이 촬영이 끝난 줄 알고 편한 마음으로, 소중하게 보관해왔던 역사의 증인인 판황(泛黃)의 노래와 완장, 수필을 거둬들인다. 그것들은 정교하고 고풍스러운 궤짝 속으로 사라진다. 여명 무렵 순식간에 사라져버리는 꿈의 잔상처럼, 이 순간 기억과 현실 공간 사이의 부조화가 사라진다. 그리하여 '역사, 그것은 현재의 역사가 되고, 미래, 그것은 현재의 미래'[267]가 된다.

거울성의 한 장면

90년대 초, '공허하고 적막한 무대'가 우원광을 극도의 흥분 상태에 처하게 했을 때, 가장 먼저 독립 영화인의 삶을 시작한 젊은이들은 그들이 훨씬 큰 특수한 역사적 기회를 맞게 될지 전혀 의식하지 못했다. 1991년 『유랑 베이징』이 홍콩영화제에 참가하자 신다큐멘터리는 해외 각국의 관심을 불러일으키기 시작했다. 작품은 장위안의 『엄마』와 함께 새로운 중국 영화의 양식이자 중국 영화계의 '놀라운', '용기 있는 업적'으로서, 서구세계에서 비롯된 중국 영화에 대한 새로운 기대를 형성했다. 그리하여 『유랑 베이징』과 『엄마』는 십 수 개의 구미 예술 영화제를 주유하게 되었다. 세계 영화계에서 장이머우와 5세대 영화는 중국 영화에 대한 갈증과 함께 다른 모습의 중국 영화('장이머우식 모델'도, 여주인공 궁리에 대한 것도 아닌)에 대한 희망을 만들었다. 게다가 그것은 6세대라 일컬어지기도 하는 우수한 독립 영화인의 작품이 지니는 독특한 시점, 경관 그리고 매력에서 비롯된 것임에 분명했다. 그렇다면 이후 갖가지 명목을 단 90년대 문화 현상을 둘러싼 것은 번잡하기 짝이 없는 문화적 흐름이라 할 수 있을 것이다.

독립 제작 영화의 우수작이 아닌 모든 독립 제작 극영화와 대부분의 신다큐멘터리 작품 모두가 영예롭고 유혹적인 국제영화제의 오데사가 되었다는 사실은 흥미롭다. 이 영광스런 여정의 정상은 왕샤오솨이의 『샤오둥과 샤오춘의 나날들』이 차지했다. 영화는 이탈리아, 로마 등의 국제영화제에서 최우수 영화상 및 감독상을 수상했으며 뉴욕 현대 예술 박물관에도 소장되었고, 영국방송공사(BBC)의 세계 백년 영화사 백 편의 영화에도 포함되었다. 그들의 작품 가운데는 조잡하고 유치한 작품도 있었지만 구미 예술 영화제에서 영예를 안았을 뿐 아니라, 줄곧 신랄한 태도를 견지하던 서구의 저명한 예술 영화 비평가들의 찬사도 얻어냈다. 유사한 작품이 국제영화제에 입선하는 기준은 더이상 어떤 특정한, 서구적(설령 오리엔탈리즘적일 수도 있겠지만)인 문화나 예술 기준이 아니었다. 단지 그들이 중국 영화 시스템의 제작 방식과 대립적이라는 사실이 중요한 기준이 되었다. 사실 독립 제작 영화는 '철방'/옛 방 속에서 숨 막혀 죽어가는 여인의 욕망에 대한 장이머우의 이야기와 현·당대 중국사를 플랫으로 하여 펼쳐졌던 운명의 비극(톈좡좡 『푸른연』, 천카이거 『패왕별희』, 장이머우 『인생』)을 이은 세 번째 확인·변별 방식이었다. 서구는 이를 통해 다시금 중국 영화를 주목했던 것이다. 1993년, 네덜란드 로테르담영화제의 중국 측 인사가 영화제 조직국에 중국 관변이 유일하게 참가를 승인했던 황젠신이 참가 비준을 받지 못했음을 전했을 때, 조직부는 평상시와 달리 분노나 항의를 표시하지 않고 오히려 '우리는 우리가 필요한 영화를 이미 받았습니다' 라고 답했다. 그 작품은 결점은 있지만 새로운 의미가 풍부한 장위안의 『북경 녀석들』이었다. 그리고 가정용 비디오로 찍어, 후반부 작업을 했을 가능성도 없으며, 전문 영상 기준에 미달이었던 『촬영중지(停機)』도 포함되어 있었다. 게다가 이 작품은 가정/아마추어 영상 작품 부분이 아닌 '중요한 중국 영화' 중 하나로 영화제에 참가하였다.

　6세대가 취한 창작 방식과 창작 여정은 사실 헐리웃 밖 세계(특히 제3세계)의 영화에 뜻을 둔 젊은 영화인이 늘 걷게 되는 과정이었다. 우아하고 고상한 유럽영화제와 거대한 힘을 지닌 미국 영화인들이 여태껏 본 적 없는 선의와 관용을 보여주었다. 그러나 6세대를 겨냥한, 6세대의 예술 현실을 우회적으로 표현한 이름인 '언더그라운드 영화'는 때로 이 현상의 진상을 파헤치기도 했다. 6세대에 관한 중요한 구미 간행물의 비평은 영화의 예술적·문화적 성취는 거의 언급하지 않은 채, (거짓임에도 불구하고)영화의 정치적 의의를 강조했다. 약속이나 한 듯 그들은 이들 작품의 예술적 성취가 변화가 몰아닥치기 전의 동유럽 영화와 닮았다는 점에서 찾을 수 있다고 평가했다. 6세대의 작품이 주류 이데올로기와 영화의 이데올로기 작동 방식을 거부하고 90년대 중국에 있어서 어떠한 '정치적' 태도를 의미했다면, 독립 제작 방식은 확실히 중국 영화의 관변 체제에 대한 혁명적인 충돌이자 전복이었다. 또 6세대 영화인의 창작과 잠재 능력이 중국 영화의 새로운 미래를 이루었다. 그렇지만 이런 사실들은 결코 대부분의 구미영화제 혹은 비평가들이 관심을 둔 바가 아니었다. 장이머우와 장이머우식 영화가 서구인이 오래도록 지니고 있던 오리엔탈리즘의 거울 이미지를 제공하고 풍부하게 만들었듯이, 6세대가 서구에서 받은 관심은 다시 한 번 '타자'가 되어서 서구 자유주의 지식인들의 선험적인, 90년대 중국 문화 경관에 대한 기대를 보충하는 데 이용되었다. 그리고 다시 한 번 거울 이미지가 되어 서구 자유주의 지식인들이 중국의 민주, 진보, 반항, 시민사회, 주변인을 묘사하는 데 사용되었던 것이다. 그들은 6세대가 직접적으로 표현한 중국 문화의 현실을 무시하였을 뿐 아니라, 6세대 영화인의 문화적 바람도 무시하였다. 대부분의 독립 영화인들은 '언더그라운드 영화'라는 호칭을 거부했다. 장위안은 반드시 어떤 '표현'이 필요하다면 '독립 영화인'[268]이라는 호칭이 더 마음에 든다고 표한 바 있다. 우원광 역시 그들이 직면한 이중적인 문화적 반항을 명확히 표현한 바 있다. 그것은 주류 이데올로기의 억압에 대한 반항이자 제국주의 문화 패권의 해석에 대한 반항[269]이라고 말이다. 그러나 서구 세계, 즉 6세대 예찬자들이 관심을 둔 것은 작품의 사실이 아니었으며 심지어 영화의 사실도 아니었다. 그들은 영화 이외의 '사실'에 관심을 두었다. 필자는 이것이 바로 냉전 이후의 문화적 현실이라고 생각한다. 그들은 이에 감격해 6세대 영화인에게 영광을 부여한 동시에 그들의 선험적인 시각으로 6세대의 문화적 서술을 거칠게 고쳐 썼다. 어떤 의미에서 그들은 '투시력'이 풍부한 안목으로 중국 영화의 사실을 '투시'하면서, 또 다른 상상적 '중국' 위에다, 즉 비극식의 낙관적 정경 속에다 그 눈빛을 투사했는지도 모르겠다. 적어도 90년대 초, 6세대는 들끓는 '외부 세계' 속에서 그리고 적막한 중국 영화계가 처한 안개 속 풍경이 되어버렸다. 『엄마』를 제외한 '중국의 언더그라운드 영화'나 6세대의 창작을 필자는 해외 간행물이나 해외 지인들을 통해서 알게 되었다. 서구영화제나 베이징의 외국 대사관, 벗들의 좁은 방에서 그 진면목을 볼 기회를 얻을 수 있었다.

그러나 6세대의 창작은 특정한 문화적 지위를 이루었고, 특정한 문화적 태도를 갖게 되었다. 독립 영화인들은 출발부터 순조롭지 못했다. 그들의 출발은 90년대 중국 문화의 곤경을 뚫는 데서 그리고 감동적인, '가난한 연극'에 가까운, 영화 예술에 대한 짝사랑에서 시작되었다. 그러나 일부 그들의 후계자들은 이런 태도를 견지했지만 별 소득은 없는 흉내쟁이가 되어버렸다. 90년대 문화 무대에서 독립 영화인들은, 서로 충돌하던 권력 중심이 공동으로 감독한 레퍼토리 속에서 의의가 확실하고 득실이 분명한 역할을 맡고 있었다. 그 역은 흉내도 연출도 가능한 배역이었다. '장이머우식'이 중국 영화가 '세계로 향하는'데 있어 좁은 문이었다고 한다면, 독립 제작은 영화계 신인들이 서구 영화계와 각축할 수 있는 첩경이 되었던 것이다.

대화, 오독 그리고 장벽

90년대 중국 문화의 거울성 가운데 문화적 대화에 대한 노력이나 심지어는 그 성공적인 시도(동·서 대화의 시도를 최선으로 한 것)가 때때로 '문화는 교류가 불가능하다'는 현실을 확인하는 증거가 되기도 했다는 점은 매우 아이러니하다. 이는 다른 문화 간의 대화나 교류 속에 필연적으로 오독의 요소가 존재한다거나, 특정한 권력 구조에서 '평등한 대화'나 '대등한 교류'는 오로지 바람이 만들어낸 상상일 뿐이라는 사실을 의미하는 데 그치지 않는다. 그것은 문화적 약자가 대화를 하려면 먼저 문화적 강자가 가지고 있는 문화적 기대나 고유한 오독을 내재화해야 한다는 사실을 의미한다. 장이머우와 천카이거의 90년대 창작이 서구 세계에서 거둔 성공이나, 장룽(張戎)의『기러기(鴻)』와 정녠(鄭念)의『상하이에서의 생과 사(生死在上海)』가 구미에서 속된 말로 잘나간 사실은 서구 세계가 중국을 이해했기 때문에 가능했던 것이 아니었다. 오히려 그 작품들이 다시금 서구인의 동양/중국에 대한 상상을 내재화해 인증했기 때문에 가능했다 할 수 있다. 6세대의 성취는 또 다른 아이러니한 경험이었다. 서구인들은 자신의 오독을 전제로 하여 6세대 영화를 받아들였을 뿐 아니라, 그들의 오독은 중국에서 비롯된 '현실의 인증'을 반성적으로 구성했다.

'독립영화인'의 작품이 구미영화제에서 새로운 중국 영화에 대한 핫이슈를 이룸과 동시에, 중국 영화 대표단과 중국 제작 시스템 안에서 제작된 영화 작품은 독립 제작 작품이 참가하고 경쟁하는 모든 국제영화제에 참가를 금지한다는 반향을 불러일으켰다. 그리하여 복잡하면서 미묘한 긴장감이 다른 국제영화제에도 나타나기 시작했다. 이러한 '흐름'의 예를 몇 가지 들어보자. 5세대 주장 톈좡좡의 『푸른연』은 중국 내에서는 심의를 통과하지 못했지만, 1993년 도쿄영화제 경쟁부문에 참가했고, 아울러 『북경 녀석들』도 상영되었다. 이에 도쿄에 도착한 중국 영화 대표단은 이후 어떠한 관련 활동에도 참석을 금지당했다. 같은 해 장위안이 이미 크랭크 인한 영화 『닭털 같은 나날(一地鷄毛)』(류전윈(劉震云)의 동명의 중편소설을 각색한 작품)의 촬영이 중지되었다. 이어서 중국 방송영화텔레비전부가 여러 영화 간행물에다 작품명은 거론하되 제작자 이름은 거론하지 않는 방식으로 『푸른연』, 『북경 녀석들』, 『유랑 베이징』, 『난 졸업했어』, 『촬영중지』, 『샤오둥과 샤오춘의 나날들』, 『연애』 등 일곱 작품의 감독에 대한 금지령을 내렸다. 일촉즉발의 이러한 형세는 국제적인 고전적 이데올로기 투쟁의 산물임에 분명했다. 그러나 중국에서 맞이한 이러한 국면은 작품들이 서구에서 성공했던 것과 마찬가지로, 작품의 사실에 근거한 것이라기보다는 서구의 오독에 대한 반응이었다 할 수 있다. 어떤 의미에서 중국의 반응은 확실히 중국의 제작 시스템에 대한 유사한 영화들이 띠고 있던 전복적 의의에서 비롯되었을 것이다. 하지만 필자는 이들 작품의

'언더그라운드', '반정부'적 성격에 대한 해외의 명명과 정의가 더 많은 영향을 끼쳤을 것이라 생각한다. 금지령은 거꾸로 서구 영화의 오독에 의한 '진리성'을 인정하는 유력한 증거가 되었다. 아이러니하면서 흥미로운 이상한 고리를 이루면서 말이다. 이것은 이데올로기적 장벽이자 동시에 대화가 되었다. 서로에 대한 참조와 질의와 답변이 이루어졌던 것이다.

90년대 중국 문화의 콘텍스트 속에서, 6세대에 관한 또 다른 담론이 작품 혹은 영화적 사실을 둘러싸고 있었는데, 이것이 포스트모던하고 탈식민적인 시대의 문화적 반항이라는 감동적인 풍경을 그려냈다. 6세대 작품의 서사적 기교는 간혹 결점 투성이거나 실패하기도 했지만 포스트모던 이론의 범주 속에서 완전한 해석을 얻게 되었다. 그중 몇몇 작품의, 분명하면서도 유치한 모더니즘적 시도는 탈식민 이론의 '모방'과 '가져오기' 이론 속에서 제3세계 문화의 반항적 의의에 대한 완벽한 해석[270]을 얻었다. 순풍을 탄 배가 다시금 6세대의 문화적 현실에 힘입어 속도를 올리게 되었다.

'신인류' 청춘 잔혹물

일부 포스트모던 논자의 낙관적이며 독단적인 상상과는 달리, 오늘날 6세대 작품은 어느 정도 모더니즘적인 혹은 '신계몽'이라 칭할 수 있는 문화적 특징을 지니고 있다고 필자는 생각한다. 신다큐멘터리 감독 우원광은 그가 처음으로 『유랑 베이징』을 제작하겠다고 마음먹었을 때, 그에게 있어 유랑자란 '인간의 자아 각성'을 표현하는 의의를 지닌다고 언급한 바 있다. 그는 "유랑자들은 자신의 몸과 발로 길을 가기 시작했으며 자신의 대뇌로 사고하기 시작한 사람들이다. 이는 서구 휴머니즘에 있어 가장 단순하고 가장 원시적인 인간의 시작이다", "서구인들이 당연하게 받아들이는 일이 중국에서는 용기를 필요로 하는 경우가 있다'[271]고 생각했다. 장위안은 『북경 녀석들』이 표현하는 것은 '신인류'라고 밝혔다. '진정한 문예부흥은 인격의 부흥을 의미하고 개인이 자신을 어떻게 인식하느냐라는 문제가 다시 거론되는 것을 말하기'[272] 때문이다. 영화 『북경 녀석들』의 경우 '찾기'라는 행위가 전체를 관통하고 있다. '감독 역시 생활 속에서 자신의 생존 방식을 찾고 있다.' 장위안은 "우리 세대는 실패한 세대여서는 안 된다. 우리는 찾는 가운데 일어나야 하며 진정 자신을 완벽하게 만들어야 한다."[273] 인간과 인격과 휴머니즘과 문예 부흥의 배후에는 새로운 세대가 중국의 역사 무대에 등장했다는 선언이 존재했다. 이들은 영화계의 6세대만을 의미하지 않는다. 6세대라는 이름이 붙은 작품을 훑어보면, 전시대인과 다른 그들의 공통된 특징이 영화의 새로운 흐름과 '중국 신영상 운동'을 구성한 것이 아니라는 것을 파악할 수 있다. 다만 그것은 8·90년대의 사회적 전변기에 나타난 사회 문화적 페이드인이라 할 수 있다.

6세대 작품의 공통된 주제로는 먼저 도시, 즉 변화 중인 도시를 들 수 있다. 사실 그다지 많지 않은 6세대의 우수한 작품에서 중국의 도시(『북경 녀석들』 속의 베이징, 『주말 애인』 속의 상하이)는 계속해서 미루어져 오다가 마침내 수많은 권력 담론의 은폐 속에서 떠오르게 된 주제였다. 게다가 그들의 작품은 도시 유랑자인 90년대 젊은 세대 및 각양각색의 도시 주변인들에 관한 것이었다. 그리고 도시의 변천 가운데 사라져서 다시는 나타날 수 없는 유년의 기억(간혹 90년대 문화 중 특정한 '문혁'의 기억이라고 할 수 있는 어린 시절의 현상現象)에 관한 것이기도 했다. 그 가운데 6세대 영화 표상의 핵심이 된 것은 로큰롤 문화와 로큰롤 음악인들의 생활이었다. 처음 영화계에 발을 디뎠을 때 6세대들은 나이와 경력 때문에 공통적으로 성장 이야기를 표현하는 데 열중했다. 정확히 말해서 그것은 다르지만 근접한 방식으로 쓰인 '청춘 잔혹물'이었다. 언어 능력이 없는(혹은 이를 거부한) 저능아(『엄마』)나 환각에 빠진 정신병자(『연애 중』)를 상유로 했듯, 6세대의 작품과 작중 인물은 다소간 반反문화적 특징을 띠고 있다. 거부와 망연자실, 찾기와 상처 가운데 로큰롤과 로큰롤이 표현해내는 창조의 눈부신 순간이 잠시의 찬란함을 이루었다. 그들은 대도시의 가난하고 구석진 골목을 떠돌았으며 합법과 위법 사이에 끼어 있었다. 찾기와 유랑 사이에, 그리고 나약하고 민감한 것과 냉혹하고 무정한 것 사이에 있었다. 그들이 얘기하는 청춘의 이야기는 사랑 이야기라기보다는 어색한 청춘의 표현을 벗어던지고 만들어낸 '해빙 무렵의 연못' 같았다. 그중 대부분의 작품은, 주류 영화 제작 속에서는 서로 분열된 영화 작품의 사실(피서술 대상)과 영화의 사실(제작 과정과 제작 방식)을 하나로 합쳐놓은 듯 했다. 그들은 자신의 이야기를 했고 자신의 생활을 보여주었다. 그들은 더 이상 자전적인 가면무도회를 꾸미지도 않았고, 영혼은 가면을 쓴 채 고백하지도 않았다. 장위안은 다음과 같이 말한다. "우언 고사는 5세대의 주체이다. 역사를 우언으로 쓰는 그들의 작업은 단순한 작업이 아니었다. 게다가 그들은 그것을 매우 아름답게 서술해나갔다. 그러나 나의 경우 단지 객관만 있을 뿐이었고, 객관이야말로 중요한 것이었다. 나는 매일 신변의 일에 주의를 기울였지, 나와 거리가 있는 것은 보지 못했다"[274]고. 왕샤오솨이는 "이 영화(『샤오둥과 샤오춘의 나날들』)를 찍는 것은 우리 자신의 일기를 쓰는 것 같다"[275]고 말한 바 있다. 작품의 이러한 기본적 특징으로 인해 그리고 자금 부족으로 인해 초기에 그들은 아마추어 배우를 채용하거나 아니면 직접 '연기'를 하기도 했다. 우원광은 『유랑 베이징』에서 결국 등장하지는 않는 중요한 배역을 맡았고, 시나리오 담당 친옌은 『엄마』에서 엄마 역을 연기했으며, 추이젠은 『북경 녀석들』에서 황추이젠으로 분했다. 왕샤오솨이의 친구인 젊은 전위화가 류샤오둥(劉小東)과 위훙(喩紅)이 『샤오둥과 샤오춘의 나날들』의 주연을 맡았으며, 왕샤오솨이와 러우예는 상대방의 작품에 서로 출연하기도 했다. 또한 그들은 전문 직업 배우도 함께 채용했으며 심지어 '스타'도 기용했다. 왕즈원(王志文), 마샤오칭(馬曉晴), 자훙성(賈宏聲)을 함께 주연으로 기용한 『주말 연인』, 스커(史可)가 출연한 『연애 중』, 펑위안정(馮遠征) 주연의 『우편 배달부』가 그 예이다. 그러나 '동시대인'이 여전히 중요한 합작 대상의 주류였다.

장위안이 말한 '객관'과 '열정'이 아마도 6세대 서사의 양극을 이룬다고 할 수도 있을 것이다. 그들은 우언을 거부했으며 '자기 신변'의 사람과 일에만 관심을 가지고 이야기했다. 그들 작품에서 가장 눈에 띄는 것은 문화 현장식의 표현으로, 서술자가 90년대 문화 현장의 목격자 역할을 맡는(혹은 맡기를 갈망하는) 경우였다. '객관'은 영화가 목격자의 냉정함 혹은 차라리 냉혹함을 표현하는 영상 스타일을 갖도록 만들었다. 그리하여 목격자를 대신하는 카메라는 자학적이며 가학적인 방식으로 현장에 매우 가까이 다가섰다. 소름끼치는 그리고 잔혹한 시적 정취를 발출하는 영상 스타일은 6세대의 공통된 특징이 되었다. 또한 그들은 한 세대의 고백이자 호소인 양, 카메라가 기록하는 객관적인 장면과 이야기 속으로 열정을 주입하였다. 그리하여 그들의 작품에서 그들은 진정한 목격자가 될 수 없었으며 오히려 꿈속과 같은 '다원적 주체'에 가까웠다. 당연히 모든 작품이 그들이 예상한 목표에 도달한 것은 아니었다. 다수의 6세대 작품은 상처 속에서 억지스러움을 씻어버린 청춘의 고통을 표현해낼 수 없었다는 치명적 결함을 지니고 있었다. 그리고 절절한 청춘의 자기 연민을 억제하지도 못했다. 필자는 바로 자기 연민으로 충만한 이러한 정서와 나르시시즘이 『샤오둥과 샤오춘의 나날들』처럼, 그들이 처한 문화 현장을 묘사한 작품에 해를 끼쳤다고 생각한다. 6세대의 유사한 청춘 이야기 가운데 뛰어난 작품으로는 러우예의 『주말 연인』을 들 수 있다. 무성영화의 자막 기교와 고심한 것 치고는 그 흔적이 없는 유치한 구식 기법 그리고 냉혹하나 시적 정취를 지닌 사실 기록적 풍격과 서사에 있어 우연의 일치, 결말의 상투적 형식 및 적나라한 나르시시즘을 대신한 정과 연민은 6세대의 청춘 서사에 모종의 포스트모던한 의미를 부가하기도 했다.

아마도 6세대의 문화적 경력과 그들이 무대에 등장했던 특정한 연대가 그들로 하여금 시종 현실 세계의 아이러니를 표현하고 방치하도록 했으며, 끊임없이 상처와 놀라운 경험 속에서 세계의 분열을 경험하도록 했을 것이다. 간혹은 자신의 순간적 체험의 잔해를 수선하고 모으는 것을 거부할 수 없기에, 그리고 오래도록 광고와 MTV 촬영 제작에 참여하거나 종사했다는 특유의 문화적 이력 때문에, 그들은 광고 '언어'를 영화 서사에 포함시켰을 뿐 아니라 MTV 특유의 격정과 순간적인 영상, 순간적 정서, '서사적' 장면 혹은 '꿈의 잔해' 그리고 청춘 잔혹물, 목격자의 냉담하며 무관심한 눈빛이 만들어낸 롱 숏으로 새로운 서사적 풍격을 짜깁고자 했다. 그러나 이러한 유사한 풍격의 추구 역시 곧 난잡한 미사여구와 유치하고 현란한 기교가 되어버렸다. 사실 결점 투성이인 듯한 6세대의 작품도 가끔은 볼 만했다. 비슷한 시도 중 가장 뛰어난 것이 아마도 『북경 녀석들』일 것이다. 영화는 부분적 서사와 순간적 정서 그리고 파손된 신과 추이젠이 연출한 '기이한 풍경'을 무명의 도시를 떠도는 자의 시선으로 묘사된, 대도시와 허름한 골목의 긴 시퀀스에 짜깁기했다. 서사 혹은 희극적 시퀀스 이후에 보이는 카메라의 연장은 특정한 도시적 감각과 시간적 체험을 전달해주었다.

맺음말 혹은 서막

문화적 현실로서, 갖가지 담론과 갖가지 권력 중심을 둘러싼 욕망의 투사는 6세대를 90년대 문화 풍경선 상에서 안개 속 풍경으로 만들었다. 그러나 60년대에 태어난 세대인 그들에게 이는 서막이거나 삽입곡에 불과할 것이다. 새로운 현실인, 점차 형성되어는 가는 사회의 공공 공간 속에서 6세대는 이미 주변에서 주류로 위치를 옮기기 시작했다. 신다큐멘터리의 주장主將들은 날로 더 폭넓게 주류 방송국의 프로그램 제작에 뛰어들기 시작했다. 때로 그들은 그런 프로그램의 하청을 맡거나 제작자가 되기도 했다. 신다큐멘터리 특유의 영상 풍격과 문화적 호소는 이미 주류 텔레비전 프로그램의 모습을 고쳐 쓰고 있다. 중앙 방송국의 『동방시공(東方時空)』 특히나 그 속의 「생활공간(生活空間)」은 그 대표적 예이다. 5세대 감독 톈좡좡의 조직과 지도 하에 6세대 감독의 주요 구성원들이 그를 중심으로 국가의 대형 영화 기업인 베이징영화제작소(北京電影制片廠)로 모이기 시작했으며 그들의 시스템 속에서 제작을 하거나 제작을 시작했다.[276] 이에 대해 왕샤오솨이는 "처음으로 자신이 완전한 감독이라고 느꼈다"고 고백한다. 설령 그들이 계속해서 청춘 이야기(루쉐창(陸學長)의 『강철은 이렇게 단련된다(鋼鐵是這樣煉成的)』와 왕샤오솨이의 『베트남 아가씨(越南姑娘)』[277])를 써나가더라도 영화에 대한 상업성의 추구가 이미 그들의 작품 속으로 파고들기 시작했음은 분명하다. 사실상 러우예의 『위험에 빠진 소녀』는 이미 데이비드 린치식의 상업 영화였으며 리쥔(李駿)의 『상하이의 지난 일(上海往事)』은 회고의 정서 속에 또 다른 상업화의 의도를 담아낸 이야기였다. 그 역시 자신이 '주류 영화에 많이 기울었다'고 표명하였다. 러우예도 곤혹스러워 하고 있다. "요즘 갈수록 판단을 내리기 어려워진다. 안토니오니의 영화가 영화의 본질에 가까운지 아님, 청룽의 『홍번구(紅番區)』가 영화의 본질에 가까운지."[278] 구원을 얻은 것인가 굴복한 것인가? 중심으로 주변이 성공적으로 진군한 것인가 아니면 어느 곳에나 퍼져 있는 문화 산업과 시장이 주변을 삼켜버린 것인가? 새로운 세대의 영화인이 풍파가 몰아치는 중국 영화계에 활력을 불어넣을 것인가 아니면 체제의 힘이 개인 창작의 나약한 힘을 소멸시켜버릴 것인가? 필자의 맺음말이 하나의 서막이길 바랄 뿐이다.

1995년 1월

카니발의 꽃종이 : 1995
중국 영화 비망록

>>

세기말의 곤경

  80년대 중반 이래, 중국 영화는 분명 소란스럽고 복잡다단했
던 공적 공간이었다. 다중 권력과 이론 담론의 훈련장이었으며 끊임없
는 낙관적 담론에 둘러싸인, 난처한 문화적 현실이었다. 이 시기 중국
영화는 풍부한 '영화 작품의 사실'을 소유하고 있는 것 같았지만, 오
히려 '영화의 사실'을 잃어버린 상황이었다. 중국 문단이 무거운 노벨
콤플렉스에서 벗어나지 못하고 있을 때, 중국 영화는 이미 앞장서 '세
계를 향해 나아갔다.' 5세대(4세대) 작품은 세계 예술 영화계에서 각
축을 벌였고, 결국 장이머우, 천카이거, 셰페이 등이 베를린, 베니스,
칸에서 제왕의 자리를 넘보거나 최고의 자리를 차지함으로써 화려한
대미를 장식했다.
  그러나 동시에 중국 영화 산업은 계속해서 밑바닥을 헤매고 있었
고, 1983년 이래 중국 영화의 관객 수는 가슴 아플 정도로 급감하고 있

었다. 극장은 지난날의 번영을 누리지 못하고 있었고, 관객이 손을 꼽을 정도로 줄어든 상영관은 텅 비어버린 주머니 같았다. 지난날 영화의 공간이었던 곳을 비디오방, VCD방, 당구장, 카페, 디스코텍 등으로 바꾸려는, 소위 다기능화 시도만이 행해졌을 뿐이었다. 순회 상영, 주말 상영, 커플석 등이 도시의 외래인外來人 농민공(民工)과 젊은 연인들에게 따뜻하고 즐거운 공간을 제공한 것 이외에는 결코 중국 영화를 다시 일어서게 할 피로회복제가 되지는 못했다. 각 중대형 영화 제작소의 경영 상황은 더욱 참담했다.

90년대 초엽이 되자, 중국 영화를 떠받치고 있던 주요 회사들은 이미 제작소 이용 권리를 팔거나, 기재 및 장소를 대여해주거나 '노동력을 수출(합작촬영(合拍) 혹은 협동촬영(協拍))하는' 등의 활동에 의지하여 생존을 유지하는 지경에 이르렀다. 이것은 결코 사회적 '진보' 과정 속에 있는 민족 영화가 필연적으로 마주해야 하는 상황만은 아니었다. 폭풍이 몰아치던 중국 영화 산업 가까이에서 '유사 영화' 붐이 비정상적으로 일어났다. 각 텔레비전 방송국에서 영화 관련 프로그램이 속속 편성되었고, 시청자들도 큰 호응을 나타냈다. 호화 간행물을 포함한 갖가지 영화 출판물이 끊이지 않고 창간되었고, 영화는 시종 각종 통속 신문 및 주말판 신문에서 한 마디로 잘 나가던 효자 종목이었다. 중국에는 크고 작은, 다양한 국제 및 국내 영화제가 꼬리를 물고 탄생했고 다양한 개성을 갖고 있는 영화 팬들은 가요나 축구 팬들과 비교해 뒤처지지 않았다. 영화 산업이 의지하기에도 쉽지 않고, 그렇다고 금지하기도 어려운 비디오 판매망이 전국 곳곳으로 퍼져나감으로써 영화와 텔레비전 사업을 넘어서는 방대하고 복잡한 제작 · 배급 · 상영 네트워크가 형성되었다. 복사된 VCD와 비디오테이프는 폭리를 취할 수 있는 사업이었다. 12억 중국인은 극장은 끊었지만, 나름으로는 영화에 대한 충정을 표현할 길을 갖고 있었던 것이다. 중국 관객들이 궁리에는 미쳤으되 장이머우 영화는 보지 않는 것은 이것의 한 예였다. 그래서 중국 영화는 무의식중에 다시 한 번 당대 중국 문화의 징후를 드러냈던 것이다.

엘리트와 대중 사이에서

5세대가 세상에 모습을 드러냈을 때, 중국 영화계에서 '호평'을 받는 영화와 '히트'하는 영화는 물과 기름처럼 공존할 수 없었다. 우수한 예술 영화를 둘러싸고 영화인, 영화이론가들은 다양한 논의를 전개했고, 또 다양한 종류의 상도 만들었다. 그러나 일반 관객은 예술 영화는 자기 것이 아니라거나 볼 만한 가치가 없다고 생각했다. 우쯔뉴의 『저녁종』이 제로 카피라는 기록을 '세웠지만' 베를린영화제에서는 은곰상을 수상한 후, '평단의 호평'과 예술 영화제 수상은 영화 배급사 구매담당자에게는 확실히 '박스오피스에 있어서의 독'이었다. 1988년 5세대 '세 명의 사수' 중 하나였던 톈좡좡이 '21세기를 위해 찍는다'라는 비장한 생각을 버리고 상업 영화 『로큰롤 청년』을 찍자, 줄곧 톈좡좡과 인연이 없던 박스오피스 기록은 거짓말처럼 하늘로 치솟았다. 그러나 이 영화로는 (평단에서-옮긴이) '아무런 갈채도 받지 못했다.' 일찍부터 수년간 중국 박스오피스 최고 기록을 유지하고 있던 감독 류궈취안(劉國權)조차도 중국 영화에 대한 토론에 있어서는 논외의 대상이었다. '5세대식'의 5세대 영화—민족우언, 영화 예술의 전복과 자기 확인—는 중국 관객의 냉대를 받았다. 독자적으로 포위를 벗어나 중국적 '포스트모던 영화'를 실험했던 장젠야[279]의 웃음과 풍자 역시 관객의 공명을 얻지 못했다. '낡은' 문제가 다시 제기되었다. 영화는 도대체 공업/상업 시스템 속에서 원래부터 썩은 내를 풍기는 존재인가, 아니면 위대한 '제7의 예술'인가? 반면 젊은 영화인은 이런 고민에 빠져 있었다. "도대체 안토니오니의 영화가 영화의 본질에 가까운가, 아니면 청룽의 『홍번구』가 영화의 본질에 가까운가?"[280] '문화산업', '문화시장' 등은 이론가가 서구 마르크스주의 이론에서 끌어온 '신조어'였다. 그렇지만 이것들은 벌써 중국 영화인에게는 현실이었다.

동과 서 사이

8·90년대 교체기 5세대 혹은 중국 예술 영화가 궁지에 내몰렸을 때, '제우스'가 '황금비로 화해 창문을 깨고 들어왔다.' 초국적 자본의 개입이 5세대를 구원했던 것이다. '복장福將' 장이머우가 연전연승함에 따라 중국 예술 영화는 문을 열고 나라 바깥으로 나갈 수 있었다. 서구 예술 영화제에서 1993년은 '중국의 해'였다. B급 영화제는 중국 영화에 목말라했다. 아울러 『패왕별희』, 『붉은 폭죽, 푸른 폭죽』이 미국 상업 영화에 진출함으로써 중국 영화가 '세계로 나아간' 기적이 이루어졌다. 그러나 헐리웃 영화가 '팔리는 이유'는 시각적 볼거리나 플롯, 스타에만 있지 않다. 이는 '미국' 자체가 상품으로서 기능하기 때문에 가능한 것이다. 오랫동안 미지의 상태였던 중국 영화가 서구 세계에 진입할 수 있었다면 그것은 당연히 '예술' 때문만이 아니었다. 더욱 중요한 것은 그 안에 식별 가능한 '동방'이 있다는 사실이었다. 이로 인해, '오리엔탈리즘'과 '탈식민' 문화 비판이 또 하나의 서구 이론으로서 중국 문화의 시야에 들어왔을 때, 장이머우의 모델이 가장

적합한 모델이 되었다. 그러나 장이머우 모델이 서구인의 권력적 시각에 근거해 만들어진 동방인 반면, 실제 중국은 중국적인 사회 현실에서 '현대화' 혹은 세계 일체화 즉, 탈식민 전략이 급격히 추진됨에 따라 더 분명하고 더 강렬하게 '서구'를 갈망하고 있다.

80년대 내내 '세계로 나아가는 것'이 지식인 집단의 문화적인 바람이었다면, 90년대에 이르러 그것은 이미 일생생활과 상품 이데올로기(광고와 브랜드 문화)를 따라 민간에까지 파급되었다. 90년대 초『맨허튼의 중국 여인(曼哈頓的中國女人)』이 100권의 판매부수를 기록하며 대륙을 풍미하고(이것은 해외여행자가 쓴, 논픽션 형식의 픽션 '문학'을 유행시켰다), 텔레비전 연속극『뉴욕의 북경인(北京人在紐約)』이 히트를 치자, 상하이 실험 소극장의 연극들은『남겨진 여인(留守女士)』,『도쿄의 달빛(東京的月亮)』,『미국에서 온 아내(美國來的妻子)』,『조이럭 클럽(喜福會)』 등으로 다채로워졌다. 장이머우 영화가 '철방' 이야기, 여인의 욕망 및 동방의 아름다움을 매개로 했던 것처럼 이들 작품은 체류자—'신이민'—의 시점을 매개로, 그리고 서구의 기이한 풍경 및 곡절 있는 표현을 확인하고 구성하며 강화하는 동방의 신화를 매개로, 동방을 재서술한 것이었다.

체제, 시장과 이데올로기 사이에서

근 30년 세월을 영화는 '인민을 단결시키고, 인민을 교육하며, 적을 공격하고, 적을 소멸하는' '최전선의 진지'로 여겨졌다. 영화의 생산과 배급에 있어서 계획 경제와 통제에 따른 구입과 판매는 이러한 이데올로기적 요구가 실천되는 것을 보장해주었지만, 이로 인해 근 40

년간 신중국 영화의 상품적 기능은 위축되어 사라질 위기에 처하게 되었다. 신시기 이래, 문화 산업과 문화 시장이 부상함으로써 중국 영화 산업은 가장 먼저 그 충격을 받았고 쇠퇴일로를 거듭했다. 그러나 통일적인 영화 배급 및 상영 체제(중국영화배급공사(中國電影發行放映公司)의 통일천하)는 조금의 변화도 없이 중국 영화 제작업이 직접 시장과 만날 가능성을 차단했다. 80년대 끓어올랐던 '오락영화'에 관한 토론은 사실상 상품으로서의 영화의 품격과 시장 기제를 언급한 것이었지만, 그 명명 방식은 이미 그것이 여전히 영화의 기능에 대한 토론이었음을 확인시켜주었다. 바꾸어 말해, 그것은 단지 영화 작품의 사실—영화적 서사방식, 플롯 유형, 언어 모델 등등—을 언급했을 뿐 영화적 사실—영화의 공업적 시스템, 상업적 운영 및 시장 판매 전략 등—에 대해서는 말하지 않았다. 영화 제작 시스템에 대한 원망과 호소가 이어지자, 1992년 10월 방송영화텔레비전부는 영화 산업에서 아주 유명한 '3호 문건'[281]을 공포해 처음으로 영화 제작소에 직접 시장에 뛰어들 수 있는 권한을 부여했다. 즉, 성과 시의 배급공사 혹은 극장에 영화를 배급 및 상영할 수 있는 권한을 넘겨주었던 것이다. 오랜 시간 미루어오다가 드디어 중국 영화는 체제 개혁의 중요한 일보를 내딛었던 것이다. 그러나 이후 영화 산업은 조금은 잔인한 현실을 만나야 했다. 오랜 동안의 호소와 애원을 통해 결국 '자유'를 얻은 중국 영화 산업은 그들이 '황금 양털'에 다가갔음을 깨달았지만, 복잡다단한 시장의 미궁에서 그들의 길라잡이가 될 메데이아(Medeia)의 끈을 가지고 있지는 않았다.

사실 1993년 체제 개혁 후 중국 영화 제작업은 지독한 공황에 빠져들었다. 이것은 오랫동안 시장과 격리되어 있던 영화인에게 상업적인 운동 법칙과 시장 마케팅의 경험 및 상식이 전무했기 때문만은 아니다. 또 영화 산업이라는 거대한 기계를 작동시키고 원활히 굴러가게 하는 것이 '예술적 정취'가 아닌 숫자 위주의 금전적 문제라는 단순한 사실을 그들이 직시해야 했기 때문만도 아니다. 또 영화 제작업과 영화 시장 사이에서 중영공사를 대체하는 데 필수적인 중간 고리를 결하고 있다는 사실을 발견했기 때문만도 아니다. 이런 이유들 외에, 격변하는 중국 사회에서 유력하고 효과적인 '상식' 시스템과 이데올로기 작동 기제가 사라졌기 때문에 중국 영화가 예전부터 관객의 문화적 요구를 제대로 파악하지 못하고 있었다는 사실도 고려해야 한다. 영화—비록 헐리웃 영화—라도 결국은 제너럴 모터스가 생산한 포드 세단일 수만은 없었다. 영화가 가지는 상품으로서의 '우수한 성능과 품격'은 투입한 자금과 정비례해야 하지만, 더 중요하게는 유효한 동일시의 정치학에 근거해야 한다. 전변기 중국 사회의 현실에서, 이미 무너졌지만 아직 여력이 남아 있는, 지난날의 권력 담론 시스템, 정치적 변화와 금전적 유혹 사이에서 점점 금기와 경외를 상실한 세속 문화, 상품 이데올로기의 개입과 상대적 빈곤이라는 사회적 현실 사이의 장력, 끊임없이 소환되고 만들어지지만 오히려 이미 현실에서는 결핍된 사회적 중산계급 등은 일상생활의 이데올로기적 표현을 효과적으로 제공할 수 없었다. 민족의 꿈, 공동의 꿈, 개인의 꿈 등은 오늘날 중국에서는 모두 기이하고 다채로운 파편과 같아서 중국의 '드림 팩토리'에 충분한 원료를 제공하지 못하고 있다. 비록 90년대의 대중문화에서 소비의 기억, 정치적 금기와 과거의 이데올로기가 엄청난 규모와 힘을 가진 채 잠복해 있었지만, 영화 검열 제도와 신중국 영화의 '전통'적 위치는 이들 잠재적인 문화적 자원이 발굴되어 사용되는 것을 막아섰다. 홍콩 영화가 대륙에서 지속적으로 성공한 원인은 바로 그것이 성숙하고 독특한 상업 영화 형태를 갖추고 있기 때문이기도 했지만, 장기간 홍콩이 이데올로기적 '특수 지역'으로 존재했고 그래서 영화가 어떤 '비'(초)이데올로기적인 방식을 사용하여 유효한 동일시의 정치학을 포장한 덕분이기도 했다.

사실 영화만이 아니라 형성 중에 있던 당대 대중문화 역시 서사에서 필요한, '궤도 이탈자'에 대한 유효한 명명을 잃어버렸다. 다시 말해 8·90년대 점차 일상화된 이데올로기적 표현은 대중의 동일시를 최대한 이끌어내는 '적'이나 '악마'의 형상들을 제공할 길이 없었던 것이다. 만약 유효한, 일상의 이데올로기적 표현이 계급, 성별, 종족 외부에 존재하지 않는다고 하면, 80년대 '오락물'에서 보기 드문 성공의 예는 모두 만청滿清 시대를 이야기의 배경으로 한 작품에서 찾을 수 있었다.[282] 그것의 내재적인 문화적 형성 요인은 다음과 같다. 우선 청 왕조는 중국 최후의 봉건왕조로서 주류 이데올로기에서든, 모더니즘 신화에서든 분명 부패와 몰락의 상징이었다. 만청 시대는 바로 서구 열강이 막강한 함대와 무기로 중국의 문호를 강제로 개방시킨 시대였다. 민족적 상처의 기억에서 만청은 중국의 '현대화' 콤플렉스의 시발점이었다. 만청 왕조는 분명 근대 중국의 '백년 혈루사血淚史'의 원죄 같은 존재였던 것이다. 둘째, 청 왕조는 소수민족이 '대 한족'을 정복하고 통치했던 정권으로서 '이분자'/타자의 역할에 딱 어울렸다는 사실이다. 이것은 공공연한 사실이었지만, 그렇다고 대놓고 언급되지는 않았다. 역사 문화 반사 운동에서 확연히 드러나지는 않지만 실은 자명한 전제가 바로 역사와 문화의 주체로서 한족이다. 한편 청 왕조의 최후가 여인—자희태후(慈禧太后, 葉赫那拉씨)—이 남성적 세계를 무소불위의 권력으로 지배했던 역사로 그려졌다는 사실 역시 무슨 비밀처럼 감추어졌다. 그것은 대중이 수용하는 과정에서, 방금 사라져간 역사('문혁'과 장칭(江青))를 '투사'하고 있을 뿐 아니라 엘리트 문화에 비해 훨씬 거리낌 없이, '여자가 화근이다' 라는 '옛 교훈'을 다시 말하고 있는 것이다. 그러나 문제는 (영화와 텔레비전 드라마에서)청대 사극이 한때를 풍미했고 때로 신작이 나오기도 하지만, 우리가 결국 모든 이야기를 만청으로 옮겨놓을 수 없다는 데 있었다. 그래서 비록 사회가 '비어 있는 주머니' 같은 문화(영화) 시장을 제공했지만, 그리고 영화 산업이 이익을 도모할 수 있고 심지어는 폭리를 취할 수 있는 수단이 되었지만(이로 인해 90년대 비관변적이며 다양한 자금줄을 가진 민간 영화사가 우후죽순으로 설립된다), 1993년부터 1994년 사이에 영화 산업의 쇠락과 불경기는 더욱 가속화되었던 것이다.

95년 기이한 만남

만약 1995년 중국 문화를 훑어본다면 혹은 진지하게 95년 중국 문화 지형도를 그려본다면, 제일 먼저 두 광희의 장면이 나타날 것이다. 하나는 클럽화한 중국 축구, 즉 갑급 리그나 빈번한 국제 경기 및 그 배후에서 금빛을 발하는 인민폐와 관련된 장면이다. 축구장의 수만 관객의 열기와 텔레비전이 전파하는 사방 한 치의 공간에서 중국인은 새로운 사회 건설에서 필수적인, 고도로 조직화된 오락 공간을 얻은 것이다. 이것은 거국적으로, 상하 모두 함께 웃고 울며 즐길 수 있는 지속적이고 성대한 이벤트였다. 다른 하나의 광희는 오랫동안 발길을 끊었던 극장에서 찾을 수 있었다. 다기능화를 명분으로 원래의 기능을 포기했던 극장이 다시금 간판을 내걸고 사람들을 불러 들였으며, 극장과 관련된 가십이 끊이지 않고 터져 나왔다. 심지어 오랫동안 '실업' 상태였던 매표원은 '재취업' 기회를 얻을 수 있었다.

1995년 중국 영화산업은 다시 한 번 '열정을 만난' 것 같았다. 마침 그 해는 세계 영화 100년의 해였다. 그래서 구원을 바랄 수 있다는 기쁨, 잃었다 다시 찾은 의기양양함, 즐거움과 괴로움이 한 데 섞인 회구 등이 만연해 있었고, 극장과 관객의 재결합을 통해, 그렇게 즐겁지만은 않은 카니발을 만들어낼 수 있었다. 이 카니발을 구성한 것은 생생한 양막극이었다. 제1막은 40여 년간 이데올로기 장벽에 의해 금지되었다가 '수입된 대작 열 편'을 통해 중국인이 오랫동안 만나지 못했던 헐리웃 영화를 다시 보게 된 장면이다.[283] '대작'은 준 동시 상영 형식으로 수입되어 중국 영화 시장을 압도해버렸다. 놀라움과 호기심에 가득 찬 중국 관객, 적어도 도시의 관객은 헐리웃의 아름다운 풍경, 미국의 진면목을 보기 위해 다시 영화관으로 돌아갔다. 헐리웃 영화의 우수하고 성숙한 상품으로서의 품격은 오랜 굶주림으로 인해 욕망을 제어할 수 없는 중국 영화 시장을 만족시켰다. 영화는 헐리웃의 복음과 이에 호응한 관객에 힘입어 지난날의 호시절을 다시 누릴 수 있었다. 제2막은 '대작 열 편'의 수입으로 인해 중국 영화 시장이 '활성화되고', 중국 영화가 이 호기를 빌어 '다시 한 번 비상한' 장면이다. 『붉은 연지』, 『햇빛 쏟아지던 날들(陽光燦爛的日子)』 등의 작품이 잇달아 출시되었고, 국산 영화인 『붉은 앵두(紅櫻桃)』가 박스오피스에서 기적을 만들어냈다. 그래서 중국 문화계에서는 늘 넘쳐났지만, 영화계에서는 볼 수 없었던 낙관주의가 다시 피어났다. 사람들은 1995년이 중국 영화 부활의 역사적 계기가 될 것이라고 믿었던 것 같다. 문제는 '중국 영화 시장은 어디에 있는가?'에서 '중국 영화 시장의 규모는 어느 정도인가?'[284]로 이미 옮겨 가 있었다.

당대 문화사에서, 1995년 중국 영화 시장의 변화는 분명 가볍게 볼

『햇빛 쏟아지던 날들』

수 없는 의미가 있다. 강고한 이데올로기의 성이 결국 문을 열었고 헐리웃은 제한된 공간이나마 발을 들여 놓을 수 있었다. 그것은 중요한 문화적 기표로서 중국의 세계화 추진 정도를 보여주는 가늠자였다. 그것은 대일본 공사의 네온등, 고속도로 근방의 KFC, 맥도날드, 피자헛 같은 '패스트푸드점 풍경' 과 어느 곳에나 있는 헐리웃 스타의 광고판 등 익명화한 세계적 대도시에서 빠질 수 없는 경관을 갖추고 있었다. 각 도시 영화관 앞에서 펄럭이는 헐리웃의 깃발은 오랫동안 군침만 삼키고 있던 초국적 자본이 결국 직접 중국 문화 시장을 장악할 수 있게 되었음을 보여주었다. 더 흥미로운 것은 '대작 열 편' 의 수입 과정과 관련된 논쟁, 서사 및 담론이다. 이것들은 우리에게 90년대, 중국 문화의 공적 공간의 복잡성 및 주류 이데올로기의 행위 및 담론의 분기, 간극과 다원성을 보여주었다.

영웅과 시장의 소리

이번 영화의 카니발은 1994년에 막이 올랐다. 1994년 중국 방송영화텔레비전부는 1995년부터 매년 열 편 정도 '세계의 우수한 문명적 성과와 당대 영화의 예술적, 기술적 성취를 기본적으로 반영하고 있는' '좋은 영화'를 수입하기로 결정했다는 공문을 하달했다. 이 중대한 조치는 분명 당시의 핵심 담론—개혁개방, 문호를 개방하여 중국이 세계로 나아가자, '세계와 궤를 맞추자', '세기 교체기의 동서 문화 충격을 맞아들이자'—에 그 근거를 두고 있었다. 달리 보면 이 결정은 분명히 이후 중국의 문화 시장화의 유력한 동력이 될 것이었고 동시에 중국이 전 세계의 초국적 문화 산업과 시장에 문호를 개방하는 출발점이 될 것이었다. 사실 '대작 열 편'의 수입은 중국이 세계와 '궤를 맞춘' '장거'라 할 만했다. 그 의미는 시장에서 찾을 수 있었다. 그것은 수준 높고 화려한 중국 '문화'가 세계와 만난 것이 아니라 중국 문화 시장이 초국적 자본의 전 세계적 시장과 만난 것이었다. 처음에는 국제관례에 따라 수입 대작은 '박스 오피스 배분'[285] 방식을 채택했다. 대작을 따라서 효과적인 시장 판매 전략과 수단이 '수입'되었다. 『라이언 킹(The Lion King)』에 관한 홍콩의 온갖 판매 전략이 이 영화와 함께 중국에 전해졌다. 그래서 신문과 출판계를 떠들썩하게 했던 '신조어', 즉 '炒做(대대적 홍보)'가 영화인들이 제창한 용어에 스며들었고, 규모의 시장 작동 모델이 과거의 소위 '宣發(선전 배급)'을 대체했다.

이때, '영화계 내'에서 벌어진 '정명正名'과 관련된 논란은 상당한 징후적 의미를 갖고 있었다. 사실 일단 수입 작업이 진행되자, 이 결정의 집행자이자 수입 영화의 독점 운영권을 쥐고 있는 중국 영화배급공사는 '대작 열 편'을 수입 영화를 선별하는 기준으로 해석했다.[286] 그리고 헐리웃 영화(7편)와 청룽 영화(3편)의 수입이 신속하게 결정되었다. 이후, 열 편의 수입 영화를 선택하는 기준에 대한 비난은 이 '해석'의 정확성과 합법성에 초점이 맞춰졌다. 즉, '세계의 우수한 문명적 성과와 당대 영화의 예술적, 기술적 성취를 기본적으로 반영하는' '좋은 영화'에 대한 이해와 지적에 많은 이견이 생겼던 것이다. 그러나 필자가 보기에, 이 '해석'의 부당성은 결코 '예술', '심미', '가치'라는 기준과 관련된 불일치와 논쟁에 있지 않다. 대신 그것이 이 과정에 잠복해 있는 '시장'과 '이윤'의 문제를 적나라하게 드러냈다는 것에 있다. 영화 산업에서 '대작'은 명확한 개념이다. 특히 거액의 자본이 투입되고 거액의 박스오피스 이윤을 뽑아낼 수 있는 영화를 지칭하는 개념이다. 구체적으로 헐리웃에서는, 헐리웃 평균 자본금(5,400만 달러~4,000만 달러의 제작 원가와 1,400만 달러의 선전비용)을 상회하는 투자, 유명 스타로 이루어진 출연진, 수억 달러에 달하는 전 세계 박스오피스 수입을 의미한다. 바꾸어 말해 '이긴 놈이 장땡'인 시장 논리에서, '대작'은 시장 마케팅의 지표이다. '문명적 성과'니, '예술'이니 하는 것은 이것과 아무런 관련이 없다. 다음과 같은 단순한 사실 하나가 이를 말해준다. 미국―상업 영화의 대본영인 헐리웃에서 '대작'의 생산과 판매는 분명 그 기업을 받치는 지주이지만, 오랫동안 헐리웃 십대 히트작 명단에 올라 있는 영화들은 아카데미 경쟁 부분에 진출한 일이 거의 없었다는 사실 말이다. 또, 1994~1995년 중국이 수입한 외국 영화 목록에 오스트레일리아 여성 감독 제인 캠피언(Jane Campion)의 『피아노(The Piano)』가 올라 있는데, 이 영화는 천카이거의 『패왕별희』와 함께 유럽 국제예술영화제의 황금종려상을 수상하는 영예를 누렸고 아울러 중국에서 명성이 높은 아카데미영화제에서 최우수 외국어영화상을 획득했다. 그러나 '문명적 성과'와 '영화 예술'의 최고 성취를 대표한다는 의미에 부끄럽지 않은 이 작품은 '대작 열 편'의 명단에 이름을 올릴 인연은 없었다. 그래서 조용히 상영되었고 조용히 내려졌다. 수입 대작은 분명 '수천, 수만의 영화에서 고른 것'[287]이었지만 만인의 총애는 모두 '박스오피스'—최대한 이윤을 획득하는 것—에 모아졌다. 재미있게도, 오래지 않아 중영공사가 갑자기 정중히 말을 바로잡았다. 주요 간행물인 『중국영화시장(中國電影市場)』에 '본간 특집'「자신감을 갖고, 오랑캐를 배우자(樹己之自信, 師夷之長技)」 및 「'대작 열 편'을 고르는 방법에 대한 중영공사 대표이사 우멍천의 답변(就"十部大片"的提法中影公司總經理吳孟辰本刊記者問)」을 게재해, 장편의 '정명正名 분석'을 폈던 것이다. 그는 '대작'이라는 명칭이 '우리의(그들의) 작업에 대한 오해'를 불러일으켰는데, 이것은 실은 '실무자'의 입장에서 다루기 편한 '속칭'일 뿐이라고 말했다. 이어서 공식적으로, 꽤나 읽기가 어려운 "'두 기본' 수입 영화('兩個基本' 進口影片)"라는 명칭으로 바꾸어 불렀다. 그러나 결코 이로 인한 리스트상의 변화는 없었다.[288] 각종 미디어에서는 지금까지도 여전히 '대작'이라는 명실상부한 명칭을 사용하고 있다. '정명'에 얽힌 저질 코미디는 웃을 수도 없고 울 수도 없는 현실을 보여주었다. 적어도 오늘날 중국의 문화 시장에서 자본주의적 행위 논리는 곳곳에서 승전보를 울리고 있다. 그러나 이 행위 논리를 표현할 때는 오히려 '사업은 사업이다'라는 적나라함과 당당함은 피해야 했다. 그것은 반드시 복잡다단한 이데올로기 운용 과정에서 충분한 합법성 및 '문화적' 의미를 얻어야 했다. 그래서 대작 열 편의 수입은 분명 상업적 행위였지만, 그것을 가려줄 화려한 위장막이 필요했던 것이다.

모두가 좋아했던 양막극의 서막은 『더블 크라임(Double Jeopardy)』이었다. 이 작품은 베이징에서 처음 상영되었는데, 이는 '외부인에게 알려지지 않았을 뿐더러, 외부인이 주목하기에는 부족한' 작은 가십 정도의 사건이었다. 그러나 90년대 문화계의 개별적 사안으로서는 변화의 기운을 보였던 사건이었고 의미심장한 사건이었다. 1994년 10월 예고편 성격으로 수입된 헐리웃 대작이 『더블 크라임』이었다. 중국 영화공사는 '시험' 삼아 베이징시 하이뎬구(海淀區) 영화공사에 이 작품을 배급해 베이징 지역에서 상영했다. 이 시험은 즉각적으로 각급 성과 시 영화공사의 연대 저지 운동을 촉발했다. 이 운동을 벌인 측은 헐리웃 영화의 민족 영화 산업에 대한 파괴력과 이데올로기적 위협을 제기했다. 「베이징영화공사의 국산 영화 보호와 민족 영화 사업 발전을 위하여 XX부장에게 바치는 서신(北京市電影公司就保護國産影片和發展民族電影事業致XX部長的信函)」에서 다음과 같은 주장이 제기되었다. "미국 영화가 우리의 시장을 점령하게 만들었고, 중국인이 지불한 관람료로 외국 영화 업자만 배부르게 했습니다. 묻고 싶습니다. 이들(혹은 회사나 단위)을 신흥 매판으로 봐야 하겠습니까, 아니겠습니까?"[289] 『희극영화보(戲劇電影報)』특별기사 「헐리웃의 대공습, 국산 영화의 출로는 어디인가?(好萊塢大擧搶灘, 國産片路在何方?)」[290]는 미디어상의 논쟁을 촉발했다. 베이징시영화배급공사(北京市電影發行公司)와 각급 성과 시 영화공사의 문제제기는 개혁의 과도기에 일어났던 체제상의 충돌과 이익 분배상의 불평등이라는 모순을 담고 있다. 방송영화텔레비전부의 '3호 문건'을 통해 중영공사의 중국 영화 시장에 대한 독점권이 사라진 것에 환호했던 성과 시 영화공사는 중영공사가 여전히 수입 영화에 대한 독점권을 이용하여 직접적으로 극장과 연계를 갖고 시장적 의미에서 강력한 독점 세력이 되었다는 것을 발견했던 것이다. 바꾸어 말해, 『더블 크라임』의 '시험' 상영 과정에서 성과 시의 영화공사는 이 새롭고 매력적인 시장 바깥으로 내쳐졌다. 하지만 베이징시공사의 문제제기는 다른 종류의 분명한 사실을 드러냈다. 방송영화텔레비전부의 '3호 문건'은 중국 영화 제작업이 국가 독점 경영의 족쇄로부터 벗어나게 했지만, 불식간에 중국영화배급수입수출공사(中國電影發行放映輸入輸出公司)(1995년 정식으로 중국영화공사(中國電影公司)로 개명했다)가 정부의 직능부문으로서 가지고 있던 책임과 의무(이데올로기의 보루로서 기능해야 하며 근본적으로 민족 영화 산업을 경영하고 보호해야 하는 의무) 역시 제거해버렸다. 이때, '벽'이 '문'으로 바뀌었다. 급격히 추진된 영화 시장화 과정에서 국가 권력으로부터 부여받은 중영공사의 독점적 특권이 순식간에 타의 추종을 불허하는 거대한 기업 자본으로 전환되었던 것이다. 이러한 시장화 행위 자체는 정부의 특별한 비준을 통해 이루어졌으며, 비시장화한 극장 체제에 기반을 두고 있었다. 그때까지, 중국 영화산업은 '院線(시네마)'이라는 개념을 사용하지 않았다. 왜냐하면 중영공사 시스템 이외의 영화 기구나 기업이 소유하고 있는 극장은 존재하지 않았기 때문이다.

일단 중국 영화 산업이 계획경제와 일괄구입 일괄판매 체제로부터 시장화 과정으로 진입하자 필연적으로 절대적인 판매자 중심의 시장이 형성되었다. 하물며 이 중국적 독점 시장과 전 지구적인 독점 자본, 초국적 산업─헐리웃─과의 연합은 또 어떠했겠는가? 그래서 이 충돌은 『더블 크라임』을 베이징에서 조기 종영시켰지만, 대작의 수입을 막기에는 턱없이 부족한 찻잔 속 태풍이었다. 영화 『더블 크라임』은 기한대로 전국에서 상영되었을 뿐 아니라 '시간이 지난 후' 베이징으로 다시 '돌아왔다.' 중영공사는 이와 관련된 기사에서 다음과 같은 문장을 빌어 그들의 생각을 표했다. "가을을 돌고, 겨울을 지나 다시 봄이 돌아왔다."* 291)

---

* 　解盡三秋葉, 經冬復歷春.

승리자는 오만한 눈으로 내려보고 있었다. 필자가 더 흥미를 느끼는 것은 이 시간적, 공간적 이점을 잘 활용하여 높은 이윤을 얻었던 '단순'한 경제 행위가 어떤 복잡하고 화려한 언어를 통해 포장되었는가이다. 재미있게도 여기에는 저항자 각자가 공유하지만 서로 가리키는 바는 다른 담론 시스템이 존재했다. 저항자의 언사는 '문혁선전지(文革小報)'나, '위협적인 언사(危言聳聽)'로 받아들여졌고, '세상을 어지럽히지 않을까 두렵다(有惟恐天下不亂的味道)'[292] 등의 질책을 받았다. 그리고 적어도 국가민족주의의 혐의가 있다고 여겨지기도 했으며 '용을 보고 놀란 섭공'으로 비추어지기도 했다[293] 대작 수입자 역시 자신들의 입장을 말할 때는 꽤 비슷하고 익숙한 담론 시스템을 사용했다. 예를 들어 "동풍이 불어오고 전쟁의 북소리 울리는 때, 조타수와 갑판원이 대해와 사투를 벌이는 능력을 진정으로 보고 싶다",* "(1994년)11월 12일(베이징에서 『더블 크라임』 첫 상영일)은 중국 영화인이 기억할 만한 날이다",** "'영화를 위해서라면, 수도의 영화 시장을 위해서라면, 추호의 부끄러움도 없다! 내가 우리 영화인의 직업적 도덕심에 면목이 설 수 있다면, 양심에 부끄러움이 있지 않다면, 수도의 영화 관객을 대할 낯이 있다면, 다른 것은 무에 상관이겠는가!' 붉디붉은 아침 태양이 하늘 위로 솟아올라……"*** 등등.[294]

대작의 수입과 헐리웃의 진출이 만들어낸 충돌과 논쟁에서 쌍방은 사실 결코 동등한 적수는 아니었다. 대작의 수입은 충분히 정책적으로

---

* 當東風吹, 戰鼓插的時候, 眞的要看一看舵手與水手與大海搏擊的本領了.

** 11月12日是中國電影人會記得的日子.

*** '爲了電影, 爲了首都蹟電影市場, 我問心無愧! 只要我能對得起我們電影人的職業道德, 對得起良心, 對得起首都電影觀衆, 其他的, 愛怎麽着就怎麽着吧!' 一輪紅彤形的朝陽跳上了天空.

보장되었을 뿐 아니라, 80년대의 모든 사상해방, 민족 생존, 현대화와 전통 등과 관련된 논쟁들은 모두 합법적 논증으로 전화되거나 재해석되었다. 그래서 소수의 '섭공' 혹은 '의화단병義和團病' '환자'[295]들이 제기했던 질문과 비판은 다수의 간절한 바람과 열렬한 환호 속에 수입 대작이 중국 시장에 들어오는 대세를 막을 수 없었다. "관객은 최근 외국의 우수 영화를 보기를 희망한다"[296] 같은 미디어의 열정적이면서 절제된 광고성 언사 옆에는 "사상을 해방하고, 도전을 맞이하라"[297] 같은 논리적이고 예리한 선언이 함께 했다. 헐리웃 수입에 관한 논쟁에서 의식적으로 때로는 무의식적으로, 이 적나라한 상업 행위와 초국적 문화 산업의 중국 시장에 대한 진입과 점령은 개혁과 수구, 사상 해방과 구태의연이라는 장엄한 의의로 포장되었던 것이다. 1994년 11월 『더블 크라임』의 베이징 첫 상영시 영화 포스터 상단에는 아주 크게 '改革年代, 激烈論爭, 電影市場, 風險上映(개혁의 시대, 격렬한 논쟁, 영화 시장, 위험한 도전)'[298]이라는 문구가 인쇄되어 있었다. 여기의 '風險(위험)' 이라는 글자가 영화 시장의 상업적 위험이 아닌 위대하고 비장한 색채를 지닌 정치적 위험을 가리킨다는 것은 말하지 않아도 알 수 있을 것이다. 또 한 번 '상영금지 콤플렉스' 와 정치적 기억은 애초에 헐리웃 영화에는 없었던 셀링 포인트(selling point)가 되었다. 80년대의 『신성한 근심(神聖憂思錄)』이 90년대의 「공짜 관람에 대한 근심(無票入場憂思錄)」[299]으로 변한 것처럼—이는 거의 엄숙한 모방이라 할 만하다—80년대 엘리트 담론으로서의 '진보' 에 대한 신념과 모더니즘 신화를 담고 있는 유토피아에 대한 충동은 성공적으로, 시장에서의 호객소리[300]로 변질되었다. 위험한, 상업적 행위의 추진자는 스스로를 '사상해방' 의 문화적 영웅으로 만들었던 것이다.

늑대가 나타났다?

1995년 헐리웃은 중국에서 부전승을 거두었다. 그러나 수입 대작이 직접적으로 민족 영화 산업을 위협했다고 한다면(여기에서 헐리웃이 담고 있는 문화적 논리는 논하지 않기로 한다), 대작 수입자가 보기에는, 이때 오히려 중국 영화인들이 '일찍이 없던 식견과 활달함'을 보여주었다. 거듭해서 다음과 같은 전형적인 언술이 반복적으로 인용되었다. 민족 영화에 대한 '걱정'이 가득하지만, 이것은 필수적인 '진통'일 뿐이고 사지에서 살아나기 위한 필연적인 과정[301]일 뿐이다. 이것은 헐리웃을 수입하는 것은 중국 영화에 경쟁 기제를 도입하는 것이고 중국 영화는 '우수한' 환경과 '공평한' 경쟁 기제 하에서 부활할 것이다 라는 논리에 바탕을 두고 있다. 유사한 주장이 각종 미디어 시스템을 통해서 반복적으로(특히 '대작'에게는 영광의 순간이었던 1995년과 그 후에), 그리고 한순간에 이구동성으로 쏟아져 나왔다. 중국 영화가 헐리웃 영화의 수입으로 인해 화려한 새 옷을 입을 수 있었다는 것이 대표적인 논리였다. "자신감을 갖고, 오랑캐(타자)의 장기를 배운다"[302]와 같이 이익만 좇는 행위가 민족 영화 산업의 미래를 위한 행위로 받아들여졌다. 1995년 『붉은 앵두』, 『햇빛 쏟아지던 날들』 등 몇몇 중국 영화가 '다시금 찬란한 시대를 만났을' 때, 이에 반하는 서사가 시류에 맞추어 나타났다. 그 속에서 '대작' 수입자는 문화적 영웅이 되었고, 게다가 조금 황당하게도 민족 영웅이 되기까지 했다.

포장을 위한 언사들, 즉 '우환(憂患)'이니, '경쟁 기제의 도입(引進競爭機制)'이니, '사지에서 살아나다(置之死地而後生)'니 하는 것들은 분명 80년대 엘리트 담론에서 유래한 것이었다. 사실, 이런 담론들은 90년대의 현실 속에서는, 재미있는 쌍방향적 변화를 겪어야 했다. 한

편으로 이들 80년대 담론은 이미 90년대 현실에서 빠른 속도로 담론 내부의 이분자적 요소를 제거하고 수많은 '관변 논조'의 하나가 되었다. 이것들은 경천동지할 '세계와의 만남'이 요구되는 와중에 거듭 인용됨으로써 즐겁고 상서로운 '세기말'을 그려내었다. 다른 한편 형이하학적 실천은 초국적 자본의 대규모 유입으로 드러났고, 각양각색의 민족 산업의 쇠락과 잔혹한 현실은 하나하나 거듭해서 낙관주의적인 장밋빛 꿈을 깨뜨렸다. 그러나 이것은 사람들(혹은 정확히 말해 지난날의 엘리트들)이 차라리 무시하고 싶었던 현실이었다. 몹시 들썩거리고, 휘황했던 사회의 문화적 현상이 이러한 무시의 근거가 되었다.

『더블 크라임』에 이어 『트루라이즈(True Lies)』, 『홍번구』, 『라이언 킹』, 『포레스트 검프(Forrest Gump)』 등이 1995년 영화적 광희의 대열에 동참했다. 다른 사람보다 먼저 보겠다는 생각에 구름처럼 모여들었던 관객들은 '세계와 보조를 같이 했기 때문에', '다시는 2등 관객(2등 국민)이 되지 않을 것이라는' 행복한 환상을 누릴 수 있었다. 동시에 그들은 기성의 '서구(미국)에 대한 갈증'을 소비하고 이에 만족감을 느꼈다. '왕치밍(王啓明)'들(『뉴욕의 북경인』)과 같은 '길라잡이' 없이 중국인들은 헐리웃 영화를 통해 '원액 그대로의' 미국을 맛볼 수 있었던 것이다. 중국 영화 시장이 헐리웃 덕에 관객을 다시 얻은 것이 아니라 헐리웃이 결국 부분적으로(상당히 큰 부분에서) 중국 시장을 다시 얻은 것이었다. 소위 '경쟁기제의 도입', '공평한 경쟁' 및 순수한 수사적 의미에서 '아의 자신감'과 '오랑캐(타자)의 장기'는 분명히 일방적인 상상일 뿐이었다. 만약 그것을 정교한 거짓말이라고 부르지 않는다면 말이다. 필자가 보기에 여기에 '공평'과 '경쟁'은 없었다. 1995년 대작 열 편은 절대적 독점권을 가진 판매자 중심의 시장을 통해, 박스오피스 배분의 효율성과 이윤의 유혹으로 인해, 동시에 수입

『붉은 앵두』

된 대규모 판촉 방식을 통해, 1년 내 전국 거의 모든 도시의 주요 극장을 차지했고 모든 황금시간대를 장악했다. 대작의 틈새에서 『붉은 연지』, 『붉은 앵두』, 『햇빛 쏟아지던 날들』, 『트라이어드(搖啊搖, 搖到外婆橋)』 등 열 편도 안 되는 국산 영화가 그나마 '분발해 쫓아갈 뿐이었다.' 이들 작품의 '화려한 박스오피스 성적'(그중 수위는 『붉은 앵두』가 차지했는데, 4,000만 위안에 달했다. 그러나 대작 박스오피스 기록은 『홍번구』가 9,500만 위안으로 수위를 차지했고, 『트루라이즈』도 5,000만 위안에 달했다)은 '중국 영화의 찬란한 시절을 재현했다'는 주장의 근거가 되었다. 그 결과 연간 140여 편이 제작되는 중국 영화의 현실은 도외시되었다. 95년 대부분의 중국 영화는 비단 영광을 회복하지 못했을 뿐만 아니라 대작의 지속적인 공세와 판매 방식 앞에서 각 제작 단위는 비슷한 규모의 선전에 대한 부담을 무력하게 이어받아야 했고, 또 근본적으로 상영 기회조차 얻지 못했다. 95년 각 성과 시 영화 공사는 모두 수십 편에서 백 편 이상의 영화를 창고에 묵히고 있었다. 대작과 때를 맞춰 그것을 시장에 내놓는 것은, 계란으로 바위를 치는 것과 다르지 않았다. 그러나 한편으로는 실제와는 반대되는 여론 및 매체가 중국 영화 몇 편의 박스오피스상의 기적을 갖고 무궁한 낙관적 생각을 부풀리기만 했다. 마치 헐리웃의 수입이 '확실히' 중국 영화 시장을 활성화했고, 심지어는 중국 영화 산업을 '구원했으며', 이에 따라 중국 영화는 '양양한 전도를 가진' 것 같아 보였다.

그러나 앞에서 말했듯이 방송영화텔레비전부의 '3호 문건'은 중국 영화에 영화 시장으로의 길을 열어주는 것이기는 했지만, 영화 제작업 입장에서 이 길은 영화와 극장 간에 존재하는 복잡한 미로였을 뿐이지 사통팔달의 도로는 아니었다. 1993년 대작이 들어오기 전, 중국 영화 제작업은 이미 자유라는 멍에 앞에서 당황해 어찌할 바를 모르고 있었다. 만약 이 때 각 영화 제작소와 성과 시 영화공사의 중영공사가 국가 독점권에 대해 공동으로 항의했다면, 어쩌면 새로운 합종연횡으로써 중국 영화의 시장과 경쟁의 구조를 형성했을 수도 있었다(1994년 『더블 크라임』이 베이징에서 상영에 따라 일어났던 풍파의 진의는 여기에 있다). 그러나 대작 열 편의 수입은 오히려 '배분' 상의 이윤이라는 유혹을 통해 다시 한 번 성공적으로 중국 영화 시장을 '일체화시켰다.' 중국 영화 제작업이 마주하고 있는 것은 여전히 '철통같은' 통일적 세계(헐리웃과 해외 초국적 자본에 가입하는 것은 말할 것도 없다)이지 각자 자신의 재주를 보여주는 '자유시장'은 아니었다. 사실 발을 내딛지 못한 중국 영화인은 결코 과거 엘리트 지식인이 말했던 낙관적 풍경을 함께 누릴 수 없었다.

1995년 상하이영화제작소가 솔선해서 자체적으로 '동방시네마'를 세우고 십여 개 극장의 미니 시네마와 용러공사(永樂公司)를 무기로 대등하게 맞서고자 시도했다. 그러나 이 대결의 제1막은 중국 국산 영화—『트라이어드』와 『햇빛 쏟아지던 날들』— 간의 대결이 되었다. 이와 동시에 16개 국영 영화 제작소는 대작의 충격과 압박 앞에서 황급

장원 감독

히 연대해 대작과 외국 영화의 '통일 세계'로부터 중국 영화를 위한
조금의 자리라도 되찾아오려고 시도했다. 그러나 이런 사실들은 오히
려 1995년, 영화 시장의 '햇빛 쏟아지던 날들'에 드리워진 보이지 않
는 그림자였다. 1996년 초 CCTV가 제작해 반복적으로 방송한 대작 열
편의 수입에 대한 특집 프로그램은 대작의 화려함이 전국적으로 환영
받고 있으며 사람들이 열정적으로 그것에 동의를 보내고 있다고 보도
했다. 청년 감독 장젠야는 "중국인은 결국 '2등 국민이 되는' 역사를
끝냈다"고까지 말했다. 『햇빛 쏟아지던 날들』로 중국의 우수 감독 대
열에 들어선, 중국 영화의 황제 장원(姜文)은 "이전에 우리는 가상의
적과 싸우느라 영원히 이길 수 없었다. 그러나 지금은 진짜 적과 싸워
야 한다. 우리는 이길 수 있다"라고 말했다. 인터뷰한 수많은 영화인
중 단지 장이머우만이 극히 절제된 태도로 다음과 같이 말했을 뿐이
다. "이것은 좋은 일이다. 그러나 근 몇 년 내에 유럽이나 일본 영화가
처한 상황이 나타나지 않기를 바란다. 만약 그렇게 된다면 민족영화는
존재 근거를 잃어버리게 될 것이다." 재미있게도, 바로 장이머우가 이
말을 하고 있던 화면 우하단에서 『포레스트 검프』, 『라이언 킹』의 부

분 장면이 시청자의 시선을 끌어당기고 있었다. 장원은 『산롄생활주간(三聯生活週刊)』과 한 인터뷰에서 동일한 주제에 대해 아주 다양한 의견을 피력했다. 그는 헐리웃을 문밖으로 몰아내는 것이 상책은 아니라는 점을 분명히 했다. 왜냐하면 헐리웃은 환상이고 그 안에는 무한한 아름다움이 담겨 있기 때문이다. 그러나 매년 헐리웃을 위해 최우수 영화를 걸러서 중국 시장에 들여오는 것은 '스스로 손발을 묶어 다른 사람에게 자신을 때리라고 하는' 것과 다를 바 없었다. 장원이 분명히 지적하고 있는 것처럼, 헐리웃은 결코 '친선대사'가 아니라 중국 문화 시장에 오랫동안 눈독을 들이고 있던 침략자였기 때문이다. 하지만 그가 제기한 상책도 헐리웃을 배제하지는 않았다. 그는 우선 헐리웃의 상등품을 수입해 중국 관객의 영화에 대한 '입맛'을 회복시키고, 이어서 중등품, 다시 하등품을 수입해 중국 관객들의 헐리웃에 대한 흥미를 떨어뜨릴 필요가 있다고 보았다. 이를 통해 중국 영화는 이미 조성된 선善순환적 영화 시장의 빈틈에서 자리 잡을 수 있을 것이라는 것이 그의 주장이었다.[303] 만약 정말 이렇게 될 수 있다면, 필자도 양팔을 걷어붙이고 이를 알리는 일에 나설 것이다. 그러나 이 교묘한 계획은 강력한 국가 권력의 보장이 있을 때만 실현가능한 것이고, 주도면밀하고 철저한 국제 문화 전략이 수반되어야 그나마 조금씩 현실이 될 수 있는 것이다. 이를 위해서는 비시장적 기제가 반드시 전제되어야 한다. 즉, 중국 영화 시장의 선순환이 이루어지기 위해서는 반드시 유력한 국가적 통제, 거시적 조절이 선결되어야 하는 것이다. 아울러 지혜롭고 효과적이며, 상대적으로 닫혀 있는 민족 영화 시장이 전경前景으로서 존재해야 한다. 생각해보자. 현존하는 대작 수입업자가 민족 영화의 미래를 위해 고액의 이윤을 포기하고 헐리웃의 중·하급 작품을 수입할 수 있을 것인가? 그 답이 부정적이었기에 우리는 선량한 바람과 아름다운 상상이 실현되는 것을 보지 못하고 손발이 묶인 채 아무에게나 얻어맞고 있는 민족 영화 산업의 현실을 마주했던 것이다.

수입 대작에 환호하고 그것을 변호하는 사람들은 상술한 문제가 모두 개혁 과정과 체제 경질에서 발생하는 역사적 혹은 단계적 문제일 뿐이고, 일단 활기 넘치는 자유경쟁 문화 시장이 형성되기만 하면 유사한 문제들은 술술 풀릴 것이라는 논조를 견지했다. 그들의 입장에서는 모든 걱정과 항의는 근시안적인 섭공식 탄식일 뿐이고 '의화단병의 신음' 일 뿐이다. 그러나 우리가 자본주의의 역사적 과정을 거치면서 이미 충분히 성숙(만약 '과분*은 이미 끝났다' 는 논조를 펴지 않는다면)한 글로벌 시장을 무시할 수 있는가? 헐리웃이 전 지구적 승리를 거둘 수 있었던 배경과 백일하에 드러난 그 권력구조를 무시할 수 있는가? 그리고 그저 유사한 가설 속의 전제를 받아들기만 할 수 있는가? '어린아이' 도 풀 수 있는 단순한 산술로만 보더라도, 130만 위안이 평균적인 제작 원가인 중국 영화가 5,400만 달러의 헐리웃 영화와 어떻게 '공평한 경쟁' 을 할 수 있겠는가? 130만 위안의 제작 원가를 중국 영화의 '데드라인' 으로 삼아 중국 영화의 최저 원가를 두 배로 하고 아울러 '대대적인' 판촉에 필요한 경비까지 고려해 중국 영화의 평균 원가를 300만 위안(영화 『붉은 연지』의 제작 원가는 280만 위안이었다)으로 계산하고 여기에 국산 영화의 연간 제작량 150편을 곱하는 방식으로 계산한다면 중국 영화의 한 해 투자액은 4억 5천만 위안(5,421만 달러)이 된다. 즉, 현재의 영화 제작에 대한 투자를 대대적으로 늘려야, 중국 영화의 한 해 투자 총액이 간신히 중급 헐리웃 영화의 제작

---

* 瓜分은 중국을 열강이 나눠 차지한다는 뜻이다. 청말 서구 제국주의의 침략에 의해 중국이 주권을 잃고 제국주의의 필요에 따라 분할될 것이라는 공포감에서 비롯된 용어이다.

『붉은 연지』 포스터

원가와 같아질 수 있는 것이다. 이 때문에 모든 '영화의 일등급 의식', '고투자, 고생산', '생산량은 적으나 질이 우수한 국산 대작' 같은 언사들은 헐리웃과의 '공평한 경쟁'이라는 의미에서는 허튼 소리에 지나지 않는다.

헐리웃 영화를 비호하는 사람들의 또 다른 논조는 중국 영화 산업이 자금력에서 열세에 있고 여전히 역사에 국한되어 있지만, 일단 중국 경제가 급격히 발전하기만 하면, 수입 대작을 통해 '우승열패의 규율'을 뼈저리게 깨닫게 되고 아울러 '시야를 넓히고 품격을 높이며', '영화적 소질을 제고해' 강적과의 대결에서 승리할 수 있다는 것이었다. "홍콩 영화가 자유 경쟁을 통해 동남아를 강타하고 일본과 미국을 압박하지 않았는가?"[304] 좋다! 1995년 이전의 홍콩 영화를 통해 본다면 확실히 홍콩 경제의 비약적 발전과 더불어 중국 대륙을 포함해 '동남아를 강타했고', 일본을 압박했고, 간혹 미국으로 진출하기도 했다. 그러나 여기에서 '자유경쟁'이 유일한 요소인가 혹은 중요한 요소인가라는 데 대해서는 의심이 간다. 질문자의 무지에 기인한 것인지 혹은 무지한 척 해서 그런 것인지는 모르겠으나, 그는 홍콩 영화가 사실상 전 지구적 영화 문화와 영화 시장에 있어서 극단적인 예외라는 것을 간과했다. 그대들은 한국, 일본, 싱가포르 등이 영화에서 그들의 국력 신장에 부응하는 성장을 이루지 못했다는 것을 보지 않았던가? 일본은 비록 경제적 초강대국이 되었고 다른 거대 자본을 물리치고 헐리웃 대형 영화사를 구매할 수 있는 단계에까지 이르렀지만, 그들의 민족 영화 산업은 오히려 헐리웃 영화 앞에서 차례차례 후퇴를 거듭하고 연전연패하여 존립의 근거를 거의 찾을 수 없는 상황에까지 이르렀다. 일본뿐이겠는가. 민주·자유·박애 정신의 발상지이자 영화의 탄생지, 강한 민족정신으로 민족병이라는 말까지 듣는 프랑스를 보자. 프랑스의 많은 지식인들은 헐리웃에 무한한 멸시와 비웃음을 보냈다. 오늘날 프랑스는 세계 예술의 수도이자 대본영, 최후의 보루로서 인식되고 있다. 그렇지만 세계의 도시 파리, 개선문이 우뚝 솟아 있는 샹젤리제 거리 곳곳에서 우리는 맥도날드, 피자헛 간판과 뒤섞여 있는 헐리웃 영화의 광고판을 볼 수 있다. 이탈리아, 영국, 독일의 상황도 이와 다를 바 없고, 심지어는 그보다 더 심각한 상황에 처해 있다. 필자는 1991년 베이징영화대학 교원으로서 구동독에서 중심 위치에 있던 감독과 벌인 대담을 아직도 잊지 못하고 있다. 그는 조금은 자조적인 쓴웃음과 함께 시계의 날짜를 가리키며 재석자들에게 말했다. 며칠 후면 그는 실업자가 될 것이라고. 이유는 간단했다. 동구는 아주 짧은 몇 달 동안 거대한 변화를 겪어야 했다. 그 뒤 헐리웃은 이미 전 동독 영화 시장의 95%를 장악했다. 나머지 5%를 차지하기 위해 전 동서독의 영화 산업 관계자들이 경쟁했다. 바꾸어 말해, 일단 시장이 이용할 수 있는 유일한 지렛대가 되자, 수개월 사이에 지난날 이데올로기의 보루를 잃어버린 동독 영화 산업은 시종 자유경제체제 하에서 버텨왔던 서독 영화 산업과 매한가지 상황에 처했던 것이다(간혹은 서로가 서로를 죽이기도 했다).

1995년 말 필자는 『베이징 청년보(北京靑年報)』에 「늑대가 나타났다(狼來了)」라는 제목으로 기고한 적이 있다. 필자는 헐리웃 대작의 수입이 중국 영화 산업과 당대 중국 문화에 힘센 늑대들을 끌어들인 꼴이라는 것을 말하고자 했다. 하지만 필자의 마음 한 구석에는 어린아이라면 누구나 아는 이 교훈적 이야기를 역으로 이용하고 싶다는 생각이 있었다. 늑대가 나타났다는 거짓말은 잔인하고 부도덕하다. 그러나 늑대가 정말로 나타나 아이들을 잡아먹는다면 그것은 더욱 잔혹한 일이 아닐까. 어린아이가 거짓말한다고 생명을 대가로 해서야 되겠는가. 하물며 늑대가 거짓말한 아이를 잡아먹는 것이, '거짓말의 업보' 라는 교훈이 아이의 이런 행동을 반드시 막을 수 있는 것도 아니지 않는가. '늑대가 나타났다' 는 경고를 지난날 거짓말로 여겨, 들은 체 만 체한 '어른들' 이 어느 날 굶주리고 탐욕스러운 늑대 떼를 정면으로 마주할 일은 없을 것이라고 단언할 수도 없다. 거짓말하는 아이 때문에 늑대를 경계하지 않을 수 없듯이 '제국주의', '제국주의의 문화 침략' 이라는 말을 너무나 많이 들었다고, 헐리웃의 진면목을 간과할 수는 없는 것이다. 그것이 과거에는 거짓말이었다 하더라도, 지금은 늑대가 나타난 것이다. 늑대는 이미 나타났다.

기적과 진상 眞相

1995년 광희와 기적은 영화가 시장을 얻었다는 것이 아니라 시장과 초국적 자본이 유일한 승리자가 되었다는 것을 의미한다. 그 간의 모든 성패와 득실은 가장 직관적이고 믿을 수 있는 지수—돈 혹은 박스 오피스의 수치—를 통해 드러났다. 이 광희와 기적의 진정한 '감독' 과 수익자는 해외 영화사와 '대작' 수입업자였다. 그리고 진짜 주연은 '영화업자' 였다. 비록 대작이 중국에서 얻은 영광과 이윤이 헐리웃 영화의 원가에 비해서는 터럭에 불과하지만, 이는 방대한 중국 영화 시장에서 살아남기 위한 헐리웃의 덤핑 전략 가운데 하나일 뿐이었다. 재난에서 간신히 생존했다고 사람들 사이에서 호평 받은『붉은 앵두』, 『햇빛 쏟아지던 날들』, 『붉은 연지』, 『트라이어드』는 대작에 '필적한' '중국' 영화들이었다. 그중 대표적인 중국 영화의 기적은『붉은 연지』였다. 영화는 전부 중국 국내 자본으로 제작되었는데 중국 영화의 기준선을 초과한 280만 위안을 쏟아 부어, 원가의 수배에 달하는 박스오피스 수입을 거둬들었다. 나머지 세 편의 투자 금액은 평균 1,000만에서 2,000만 위안 사이였다. 중국 영화의 평균 원가와 비교하면 이 세 작품은 중국판 '대작' 혹은 '초대작'이라고까지 불릴 만하다. 그런데 재미있게도, 홍콩 회사의 약 200만 달러가 주된 투자금이었던『햇빛 쏟아지던 날들』의 중국 국내 시장 배급권은 해당 홍콩 회사가 아니라 후반부에 100여 만 위안을 투자한 장원에게 돌아갔다. 그래서 1,000만여 위안의 제작비로 완성된 영화를 중국 국내에서 배급하는 과정에서 원가 문제는 고려하지 않은 채 국내 시장에서의 이윤이 거론되는 상황이 연출되었다. 장이머우의『트라이어드』상황도 엇비슷하다. 유사한 작품을 예로 들어 중국 영화의 '투자와 수익'을 증명하려 한다면 교훈이 되기에는 분명히 부족한 면이 있다. 저투자, 고수익의 범례로 언급되는『붉은 연지』에서 높은 이윤을 벌어들였던 이가 영화 제작소나 제작자 혹은 제작비 투자자가 아니라 '민족 영화 산업을 지지하기 위해', '의연히', 근 400만 위안의 대가를 지불하고 영화를 팔아버렸다는 홍콩 자본의 대양영화사(大洋影業公司)라는 사실은 더 의미심장하다.[305] 그래서 중국 국산 영화의 이 아름다운 장면은 실은 중국 문화 시장에서 초국적 자본이 부당한 이익을 취했다는 것을 또 한 번 증명한 예가 되었던 것이다. 유일하게 고원가, 고수익을 낸 국산 영화『붉은 앵두』

는 제작 원금이 2,000여만 위안(12부작 텔레비전 드라마 『핏빛 동심(血色童心)』과 한 세트로 제작되었다)에 달했다. 영화의 배급과 상영 과정 자체에 텔레비전 연속극 같은 극적 요소가 있었고 그것에 더해 많은 가십과 대대적이고 효과적인 선전이 이어졌다. 또 먼저 보려는 사람들로 넘쳐났고 입소문도 잘 탔다. 이 모든 요인으로 영화는 세상을 뒤흔들 수 있었다. 그러나 지금까지 공개된 자료에 의하면, 정교하게 계획된 영화 배급상의 다막극이 기대한 효과를 얻은 상황에서, 이 중국판 '초대작' 이 박스오피스에서 벌어들인 수입은 4,000만 위안에 달했지만, 제작자 측은 세트로 촬영한 텔레비전 드라마가 방송되고 나서야 간신히 원금만 회수할 수 있었다고 한다. 만약 130만 위안의 투자가 중국 영화의 '데드라인의 하한선' 이라면 『붉은 앵두』의 2,000만 위안은 그 상한선일 것이다. 헐리웃의 진입으로 '중국 영화 산업의 참신한 한 페이지가 열렸다'[306]는 것은 단지 사람을 도취시키는 표상일 뿐이었다. 만일 일종의 '거짓말 효과' 가 아니라면 말이다. 그것은 우리에게 국산 영화가 헐리웃과 맞서는 낙관적인 국면보다는 중국 영화가 시장화 과정 중에서 접하는 초국적 자본의 삼투와 압력의 정도를 더 많이 보여주었다.

사례 하나 : 『붉은 앵두』

어떤 의미에서는 상업 영화의 구조를 깨닫기가 그렇게 어렵지 않다. 그러나 이러한 '원칙' 이 제자리를 찾은 듯 영화 속에서 '실행' 되었지만, 고급 유희로서의 영화의 성격 역시 사라지지는 않았다. 누구나 알고 있듯이 상업 영화(혹은 광의의 대중문화)에서 언제나 효과적

『붉은 앵두』

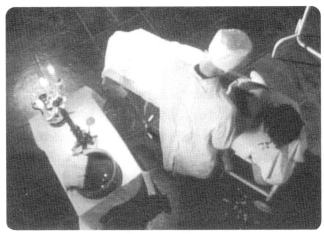

인 공식은 '폭력+섹스+개/고양이/어린아이' 이다. 그러나 폭력적이고 색정적인 표현을 어떻게 성공적으로 중국의 영화 심의 제도에서 통과시키는가, 그리고 주류 담론 모델, 예를 들어 정의니 애국주의니 하는 것에 어떻게 이것을 성공적으로 포장해 넣는가는 상당한 난제였다.

　『붉은 앵두』가 성공한 이유는 무대를 러시아로 가져갔고, 익숙한 선과 악의 대결로 옮겨놓았기 때문이다. 구소련의 '보국전쟁' 이 그 무대가 되었다. 전쟁은 특수한 상황으로서 일상에서는 용납되지 않는 많은 사건이 허용되는 무대였다. 이야기가 이국을 배경으로 전개되었기 때문에 영화는 중국 본토적인 '상식' 시스템에 혼란이 오고 효력을 상실하는 상황을 피할 수 있었고, 악마— '궤도 이탈자' —를 명명하고 지시하는 어려움을 피할 수 있었다. 이것은 또 의미적으로는 궤도의 연결이었다. 영화는 전 지구적으로 공인된 악마—나치당원들은 이 이야기의 '반동 인물' 이다—를 선택했다. 당대 중국의 복잡다단한 담론 시스템에서도 나치는 역시 인류 공적의 이미지를 갖고 있었다(중국인과 불구대천의 원수인 일본 침략자는 오히려 같은 효과를 만들어내지 못한다). 게다가 그들은 상당히 엽기적이기도 했다. 재미있는 국제적인 상호 텍스트 현상으로서, 50년대 이래 나치 및 파시스트 형상은 유럽 영화에서 기묘한 '성애화' 과정을 통해 빈번히 변태 성행위와 연결되었다(『파시스트 광도(法西斯狂徒)』, 『야간 경비(The Night Porter)』 등). 그래서 나치 형상이 출현함으로 인해 영화의 폭력적이고 색정적인 표현은 충분한 합법성을 얻을 수 있었다. 바꿔 말해, 나치 형상을 담음으로써 영화는 폭력적이고 색정적인 표현이 담고 있는 궤도 이탈과 비도덕적 성격을 효과적으로 흡수할 수 있었다. 반대로 그것 때문에 영화는 정의감으로 충만할 수 있었고 더 나아가 '끝까지' 숭고함을 유지할 수 있었다. 영화의 관객은 시종 '꿈속의 사람' 처럼 두 곳, 심지어는 여러 곳에 몸을 두었다. 『붉은 앵두』의 관객은 '파시스트적 폭력' 의 목격자, 정의의 심판자로서의 의식을 자각하면서도, 잠재의식적으로는 소녀의 몸을 훔쳐보고 거기에 문신을 뜨는—몸에 폭력을 가하는— 데서 오는 은밀한 쾌감을 즐겼던 것이다.

이국적 배경인 러시아는 영화에 '본 모습 그대로의 이국적 느낌' [307] 을 부여했고, 동시에 교묘하게 사람들의 '서구에 대한 갈증' 을 만족시

컸다. 유라시아 국가인 구소련이 근현대 이래 시종 서구와 동방 사이의 중개인 역할을 담당했던 것이다. 그리고 '고사에서 언급된 연대年代와 국가 제도' 및 플롯에서 '열사의 후예와 혁명 선배 세대의 자리 찾기를 묘사한 이야기'는 영화에 정통과 주류라는 '품질 검증' 딱지를 붙여 주었다.[308] 더욱 재미있는 것은 러시아와 구소련은 중국의 두 세대에게는 혁명과 문화의 성지로서 회구의 대상이자 미련의 대상이었다는 것이다. 영화는 다수의 장면에서 구소련의 영화 혹은 유화 예술을 끊임없이 보여주고 있다. 그래서『붉은 앵두』는 기대하지 않았던 관객, 즉 중년의 지식인들을 얻을 수 있었다. 지금 세대의 사람들은 말할 수도 없고 또 공감하기도 힘든 '혁명에 대한 회구'는 고통이 아닌 정감을 불러일으켰는데, 이는 영화가 소련의 예술적 표상을 닮았기 때문에 가능했다.

사실, 1995년 중국 영화의 순위표 앞자리에서,『붉은 앵두』만이 '유행에 의해 제작된' 소비품이라는 딱지가 붙었고 나머지『붉은 연지』,『햇빛 쏟아지던 날들』,『트라이어드』는, 다소의 차이는 있지만, 예술 및 초월적 문화 가치에 대한, 뜨거운 애정과 미련이 담겨 있는 작품으로 인식되었다.『붉은 앵두』는 그저 문화 비평 혹은 시장 분석 중 재미있는 개별 사례의 하나가 될 수 있을 뿐이었다. 영화의 제작 원가와 박스오피스 수익이 중국 영화 시장의 경계를 보여주었기 때문만이 아니라, 중국의 나치 이야기는 만청 이야기보다 재현하거나 복제하는 것이 더 어려웠기 때문이다. 필자가 보기에, 그간 다중 담론의 상호 공모와 영향, 잡다한 서술과 병치는 또 하나의 미시적 공적 공간[309]을 만들어냈는데, 그중 주선율은 우렁차게 울리는 시장의 소리였다.

사례 둘 : 『햇빛 쏟아지던 날들』

장원의 작품 『햇빛 쏟아지던 날들』은 1995년의 중요한 중국 영화 중 하나였다. 그러나 그것은 결코 입에 맞는 '붉은 앵두'는 아니었다. 이 영화는 상당히 많은 관객들이 기대했던 위로와 만족을 주지는 못했지만, 반대로 사람들에게 다소나마 강렬하고 형언하기 어려운 충격과 당혹감을 주었다. 그러나 이 작품은 결국 1995년 중국 영화 시장 순위표 앞자리에 오를 수 있었다. 『햇빛 쏟아지던 날들』의 충격과 히트는 사실 1995년 중국 영화가 영광을 회복했다는 중요한 근거 중 하나가 되었다.

필자가 보기에, 『햇빛 쏟아지던 날들』이 화려한 박스오피스 기록을 창출한 것은 1995년에 전면적으로 도입되기 시작한 마케팅 기술을 성공적으로 운용했기[310] 때문만은 아니었다. 그것은 '태생적으로' 팔릴 만한 영화였다. 우선, 영화에 '스타 효과'가 있었다. 백화상(百花獎) 최고 감독상에 빛나는 장원 감독은 전문가, 미디어, 관객에게 공히 많은 사랑을 받은, 얼마 되지 않는 연기자이자 스타이다. 그리고 『햇빛 쏟아지던 날들』의 제작에서 배급에 이르는 과정에서, 텔레비전 연속극 『뉴욕의 북경인』의 방영과 센세이션으로 인해 그는 가장 저명한 영화배우이자 동시에 누구나 아는 대중의 우상이 되어 있었다. 그래서 그가 영화를 '스스로 찍어보겠다'는 의욕을 갖기 시작한 때부터, 그의 모든 행동, 주제 선택 및 관련 분쟁은 미디어에게는 시종 잘 팔리는 가십거리였다. 영화의 원작인 『흉악한 동물(動物凶猛)』은 90년대 비난과 찬사를 한 몸에 받았던 문화계 스타이자, 1949년 이래 최초의 베스트셀러 작가였던 왕숴(王朔)의 명작이었다. 왕숴가 말 그대로 '우정출연' 함으로써, 영화의 흡인력은 더욱 높아졌다. 그리고 신시기 중국 영화계에

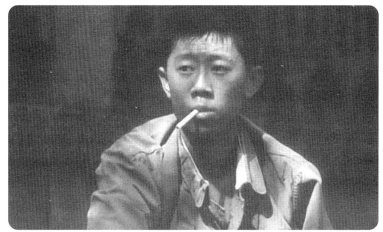

『햇빛 쏟아지던 날들』

서 유일하게 오랫동안 정상을 유지했던 여성 스타 류샤오칭이 『햇빛
쏟아지던 날들』에 '우정출연' 한 것도 영화에 미담적 색채를 더해주었
을 것이다. 또 어린 주인공 마샤오쥔(馬小軍, 때로 '작은 장원'으로 불
린다) 역을 찾는 과정에 미디어는 열광했고 대중도 그에 부화뇌동했
다. 샤위(夏雨)를 발견했을 때는, 관객들은 자신들도 참여했다는 생각

에 회심의 반응을 보였다. '(장원을)닮았다, 정말 닮았다' 라고 말하며 관객들은 미래에 대, 소 장원이 같은 영화에 출연하는 것에 대한 호기심과 기대감을 가졌다. 그리고 직업 배우가 아니었던 샤위는 결국 『햇빛 쏟아지던 날들』 단 한 편으로 베니스에서 최고의 위치에 올라섰다. 당연히 영화계와 미디어는 또 한 번 이 이야깃거리에 열광했다. '호화 군단' 이라는 진부한 표현은 이 영화에 딱 들어맞는다. 필자는 일부러라도 '스타 효과' 라는 말을 쓰고 싶다. 둘째로, '문혁' 을 배경으로 한 영화 중 다섯 손가락 안에 드는 『햇빛 쏟아지던 날들』은 심의 과정에서 모종의 방해를 받음으로써 중국 대중의 특이한 '금지' 콤플렉스를 자극했고 이는 남보다 먼저 보려는 대중의 욕구로 이어졌다. 그러나 필자가 보기에 이것들은 그저 『햇빛 쏟아지던 날들』을 둘러싼 시장의 소리와 가십에 지나지 않는다. 사실상, 대중에 영합하고 그들을 즐겁게 해주었던 '붉은 앵두' 외에, 1995년 중국 국산 영화의 판촉과 '대박' 대부분은 '문장 바깥의 노력' 을 통해 이루어졌다. 중국 영화는 결국 시장을 마주하고서, 영화에서 가장 중요한 것은 소위 '영화의 사실' ―자금, 제작, 판매―이라는 것을 '발견' 하고 '영화 작품의 사실' ―예술, 서사와 영화 언어의 구성―을 포기하거나 잃어버린 것 같았다. 대중문화를 토론하는 전제가 심미적 판단을 포기하는 것이라고 한다면, 그것을 가지고 『햇빛 쏟아지던 날들』을 토론하기에는 조금은 부족한 감이 없지 않다.

어떤 의미에서 『햇빛 쏟아지던 날들』은 결코 중국 대중에 영합―최대한 화려한 박스오피스 기록을 세우는 것―하려 한 영화가 아니라, 모든 영화인의 희망이었다. 『햇빛 쏟아지던 날들』은 때때로 주류 서사, 대중의 '상식' 및 그 '공동의 꿈' 에 대한 도발을 보여주었다. 사실상, 즉각적으로 이 영화와 자신을 동일시했던, 수많은 마샤오쥔 혹은 왕숴의 동시대인들은 그 속에서 늘 권위적 서사에 의해 가려져 있던 세월과 기억의 상처를 찾을 수 있었다. 영화를 통해 그들이 그동안 가질 수 없었던 '상상적 회구'의 느낌이 발현되고 표현될 수 있었던 것이다. 이들 외에, '마샤오쥔'의 앞 세대 혹은 뒤 세대들은 오히려 다소 영화에 대해 거리감을 갖게 되었다. 이러한 거리감은, 사람들이 비난하는 '잔혹함', '조야함' 혹은 이와는 완전히 모순적인 '평담함'에 기인한 것이 아니라, 사람들이 갖가지 상식 및 상습화된 '논조'에 근거해 만들어낸 문화적 기대의 붕괴에 기인한 것이었다. 필자가 보기에 『햇빛 쏟아지던 날들』은 갖가지 '도발'로 인해 1995년의 중요 영화 중 하나가 되었고 아울러 90년대 문화와 영화에서 특별하고 미묘한 위치를 점했던 작품이었다.

만약 '문혁의 기억이 담겨 있는 어린 날을 표현하는 것'이 90년대의 어떤 문화적 유행[311]이었다면, 그것은 사실상 새로운 문화적 요구를 의미했다. 4세대식으로 '역사적 인질을 구원하는 것'이 아니라 역사—모종의 관변 논조—에 대해 개인적 서술을 요구한 것이었다. 그것은 간혹 문화적 의미에서 새로운 세대가 등장하는 모습과 방식이었다. 『햇빛 쏟아지던 날들』의 문화적 의미 중 하나는 그것이 '문혁'의 기억에 대한 개인화한 글쓰기를 성공적으로 실현했다는 것이다. 여기에서 소위 개인화란 결코 '작가 영화' 혹은 개인의 '풍격' 상에 뜻을 두는 것이 아니다. 역사와 사회적 시점視點, 서술자 신분 및 위치와 맞물려 들어가 이를 개인적으로 표현하고, 이를 통해 서사를 주변화하거나 혹은 서사의 중심을 편향시키는 것이다.

『햇빛 쏟아지던 날들』이 독특한 이유는 '문혁' 중 베이징 거리를 떠돌았던 소년의 시점을 통해 '문혁'의 시대를 유쾌하면서도 곤란한, 즐거우면서도 고통스러운 청춘 시절로 묘사했기 때문이다. 만족스러울 정도로 개인화한 시점에서 그것은 '햇빛 쏟아지던 날들'("그 당시 하늘은 지금보다도 푸르렀고, 구름도 지금보다는 희었고, 햇빛도 지금보다는 따뜻했다. 나는 그때 비가 오지 않았던 것으로 생각한다. 우기라는 것이 없었던 것 같다. 그때 무슨 일을 했든, 기억이 나는 것 모두에 미련이 남았다. 그것들은 정말로 아름다운 것들이었다. 나는 느낌 가는 대로 이 영화를 찍었다." [312])이었고, 그것이 이 영화 특유의 밝고, 투명한 화면, 조명과 색채의 배치를 결정했다. 이 영화에서 '햇빛 쏟아

지던 것'이 여전히 아이러니한 색채를 띠고 있다면, 그것은 결코 정치적 역설('붉은 태양은 비틀어진 보조개를 새겨 넣고 있다' 같은 것)이 아니라 청춘을 돌이킬 때 느끼는 실의와 그에 따른 무력감이었다. '문혁'의 역사에 관한 '대서사'(혹은 '거대서사') 모두는 영화의 상호 텍스트적 콘텍스트로 변모했다. 고음의 나팔 소리를 따라 울려 퍼지는 높고 낭랑한 노래. 거리의 소년의 꿈과 놀이였던 '옛' 영화(『상감령(上甘岭)』혹은 『강철은 어떻게 단련되었는가(How the Steel Was Tempered)』). 청춘기 소년의 극단적이고 냉담하며 잔혹한 시선에 비친, 성인의 옹졸한 행위와 그들과의 저속하기 짝이 없는 번뇌. 이러한 개인화한 글쓰기 방식과 함께 드러난 것은 '대서사'가 가리고 있는 작

은 이야기였다. 이와 동시에 작은 이야기가 부상함으로써 주류 담론에 의해 억압된 아亞문화가 드러났다. 예컨대 영화를 통해 '문혁' 시대의 미묘한 계급의식과 사회 집단의 분포를 볼 수 있다. '안마당' 의 아이들은 우월한 홍색 특권의 향유자들이었고 '홍색 특권 계급' 의 불초자들로 구성된 '문제아' 패거리 중의 하나였다. 또 그들의 행위방식, 생활내용과 언어방식 역시 이러한 아문화의 하나였다. 무지하고 '순결' 한 성적 놀이들(拍婆子, 大圈子)', 싸움과 그것을 지칭하는 말들(約架,

碴架), 정치적 박해와 비극과는 다른 종류의 폭력. 이것들은 영화에서 사람을 전율시킬 정도로 찬란하게 묘사되었다.

　이러한 글쓰기 방식으로 인해 영화는 사실상 당대 영화에서 쉽게 볼 수 없는 '청춘 영화' 가 되었다. 그러나 그것은 우렁차고 분명하며, 낙관으로 가득 찬 주류 청춘 고사가 아니라, '청춘 잔혹물' 이었다. 한 소년이 세상과 만나는 것은 고난의 시작이었다. '그' 는 한 개인으로서 사회를 만나기 시작했지만, 사회와 인간 집단은 오히려 '그' 의 주체적 위치를 승인하기를 거부했다. 그리고 여기에 갖가지, 외부인에게 알려지지 않은, 또 외부인에게 알려지는 것이 치욕적인, 자질구레하고 씁쓸한 이야기가 있다. 그것은 무치의 뒤에 있는 염치이고, 냉담함과 희희낙락 뒤에 있는 취약함과 상처였다. 마샤오쿤은 파출소에서 '도망 나온' 후 거울 앞에서 울분을 쏟아버린다. 그가 '건달' 사이에서 패싸움에 뛰어든 것은 그의 상상이고 '거짓말'―둘 다 백일몽이다―이었다. 이것은 주인공에게는 너무나 잔혹한 절망적 상상이었다. 그는 고독하고 무료하게 아무도 없는 방문을 열어젖힌다. 그리고 『시골 기사(鄕村騎士)』라는 음악이 흘러나오는 가운데, 황혼녘 지붕 위에서 도시를 조감한다. 그것은 '해빙된 작은 연못' 같은 청춘기였다. 욕망이 떠다니고, 내막을 들여다볼 수 없는, 소란스럽고 충동적이지만, 또 연약하고 부끄러운 그런 시절이었다. 어떤 의미에서 이것은 가장 창의성이 충만한 영화적 표현이었고 또한 정신분석을 마음껏 연습할 수 있는 대상이었다. 만능열쇠로 문을 따는 재미, 특수한 '기구氣球' (콘돔-옮긴이)를 가지고 하는 은밀한 놀이, 망원경으로 보는 즐거움, 망원경을 빙빙 돌리는 통에 흐릿해진 초점에서 갑자기 시야에 들어왔다가 사라지는, 청춘의 기운이 물씬 풍기는 소녀(사진). 만약 어떤 의미에서 청춘이 일부러 꾸민 것같이 어색한 세월이라면, 그 어색함을 다 씻어버리

『햇빛 쏟아지던 날들』

는』청춘의 표현은 너무나 소중하다. 『햇빛 쏟아지던 날들』도 바로 이런 의미에서 뜻을 다하지 못한 단락이 몇 군데 있다. 예를 들어, 아주 근사한, 소년의 전형적 꿈—미란(米蘭)이 자전거 링을 쥐고 사방에서 나타나고 이 때문에 '나'는 폭로될 것이라는 두려움과 오줌을 쌀 것 같은 고통 속에서 절망적으로 도망친다— 장면 뒤는 그다지 자유자재로 구사되지는 못한, 『강철은 어떻게 단련되었는가』의 패러디였다. 그것은 마지막 수영장 시퀀스에서 무의식중에 드러난 과도한 청춘의 나르시시즘이었다.

이 '청춘 잔혹물'에서 사회적 징후의 특성이 강하게 드러나는 곳은, 영화가 청춘의 외재적 잔혹함—진짜 잔인하고 폭력적인 소년의 통과의례, 극도로 잔혹한 폭력의 분출, 강렬한 파괴욕—에 부여했던, 거의 도취적인 표상이었다. 이 강렬한 폭력적 표현과 도취는 '이야기가 전개된 시대'와 더 많이 연결되어 있다. 그것은 간혹 청춘기처럼, 하나로 모을 수는 있지만 말로는 할 수 없는, 즉 지향이 불분명한 사회적 정서와 문화적 심리를 드러내고 있다. 그것은 갑자기 다가온 빈부의 분화 앞에서, 모였지만 이름을 갖지 못한, 사회적 원한 같은 것이었다.

우언의 쇠락 : 『트라이어드』

『트라이어드』는 『국두』 이래 장이머우가 처음으로 국내외에 발표한 영화로서, 비록 여전히 상위에 랭크되었지만, 『햇빛 쏟아지던 날들』과 『붉은 앵두』의 성공에, 다소 빛이 바랬던 작품이었다. 영화의 입소문은 좋지 않았고, 심지어 '장이머우의 재주는 이게 다'라는 말이 영화계에 공공연히 떠돌기도 했다. 『트라이어드』의 실패는 '본토화'

장이머우 감독

한 판촉 방식에 대한 경고였다. 미디어상의 지속적인 노출과 가십을 통해 영화는 '상하이탄 느와르물'로 자리매김되었다. 그래서 『상해탄 (上海灘)』과 같은 홍콩 텔레비전 연속극에 근거해 사람들은 이 영화에서 폭력 조직 간의 전쟁, 살인 및 인기 댄서 같은 폭력적이고 색정적인 장면을 기대했던 것이다. 그리고 장이머우는 『귀주이야기』와 『인생』에서 두 번 '풍격을 변화' 시킨 전력이 있었기 때문에, 사람들은 의심을 품은 채 새로운 영화적 표현을 기다렸다. 몇 차례 보이는 나이트클럽에서의 궁리의 '요염한 춤'을 제외하고, 『트라이어드』는 사실 상당히 전형적인 '장이머우식 이야기'의 새로운 버전일 뿐이었다. 사람들은 무엇인가를 잃어버렸다고 생각했고, 사기를 당했다고 생각했다. 영화의 외적 노력이라고 결코 모두 효과를 볼 수 있는 것은 아니었다. 장이머우나 궁리의 앞길도 『트라이어드』에 의해 더 화려해지지는 않았다.

어떤 의미에서는 『트라이어드』는 분명 잘 만들어진, 아름다운 영화였다. 사실, 이 작품은 장이머우 개인의 창작사에서는 가장 많은 자본

『트라이어드』

(1,200만 위안)을 투자한 영화였다. 다수의 야간 신에서 풍부하고 세밀한 빛의 효과와 변화를 보이는데, 이로 인해 영화는 상당한 시적 풍취가 담긴 회구적인 느낌을 띨 수 있었다. 그것은 역사의 저녁 안개를 넘어서는 회고와 같았다. 영화는 성공하지 못한 상하이탄의 느와르물이 아니라, 근본적으로 느와르물의 품격을 갖추지 못한 작품이었다. '상하이탄'은 『홍등』에서 민국 초기라는 시기가 그랬던 것처럼 단지 '핑계거리', 즉 장이머우식 이야기에 담겨 있는 계기일 뿐이었다. 장이머우는 매우 영리하게도, 막 시골에서 도시로 온 사내아이 수이성(水生)을 서사적 콘텍스트에서 인물화한 서사적 시점으로 삼았다. 그래서 '상하이탄'은 두려움 때문에 원거리에서 방관하거나 훔쳐보는 아이의 시점을 통해 몽롱하게 보이는 안개 속 꽃처럼 드러났다. 폭력 조직에서의 은원관계나 칼이 난무하고 피가 튀는 싸움들은 반투명유리 뒤에서 흔들거리는 사람의 형상이나 한 차례 전쟁이 지나간 뒤 흘러내리는 핏자국을 통해 표현되었다. 장이머우 본인도 일찍이 이 영화에서 서사의 상업화를 추구했음을 강조했지만, 여전히 5세대 영화의 핵심

적 특징인 우언에 대한 충동을 버리지 못했다. 이런 의미에서 『트라이어드』는 너무나 익숙한 이야기, 5세대 우언의 신판본이었던 것이다. 작품은 여전히 '집안싸움' 즉, 폭력 조직 사이의 전쟁이 아니라 동일 파벌 내의 음모와 권모술수를 다루고 있다. 또 여전히 아들살해의 정경을 보여주었다. 이미 다 늙어빠진데다가 중상을 입은 노인이 혈기방장한 모반자에 승리를 거둔다. 이 작품은 여전히 사육당하고, 갇혀 있는 여인과 그 욕망의 이야기—그녀가 넷째 첩 쑹롄이든, 인기 댄서 샤오진바오(小金寶)든— 였으며 여전히 '인성'에 대한 이야기였다. 인성의 왜곡과 회복—샤오진바오의 교활함과 원한 및 무인도에서 그녀가 선한 마음을 회복하는 것—은 선량한 추이화(翠花) 아주머니에게 치명적인 재난을 가져다줄 뿐이다. 또 여전히 역사 순환에 존재하는 비극이었다. 돛대에 매달린 수이성의 시점으로 보이는 거꾸로 된 화면에서 천진무구한 샤오아자오(小阿嬌)는 분명 샤오진바오를 대신할 운명을 지닌 여자아이로 제시된다. 아울러 이것은 여전히 '아들 세대'의 방황이었다. 탕(唐) 나리에 의해 가슴 깊이 새겨진 류수(六叔)를 죽인 자에 대한 원한과 샤오진바오에 대한 동일시 및 연민 사이에서 수이성은 가야할 바를 결정하지 못했다. 『트라이어드』의 이야기가 갈대밭과 석양이 만들어낸 그림 같은 무인도로 옮겨져 서사된 것은 결국 관객이 영화에 갖고 있던 기대를 무너뜨렸다. 그렇지만 장이머우에게는 다른 선택의 여지가 없었다. 그는 폐쇄된 공간을 찾아서 중국 역사의 우언을 다시금 펼쳐야 했던 것이다. 그래서 사방이 물로 막힌 무인도는 스바리포(『붉은 수수밭』), 오래된 염색집(『국두』), 천씨 대저택(『홍등』)을 대체했던 것이고, 옛 중국의 '철방'을 상유했던 것이다.

필자가 보기에 『트라이어드』의 추락은, 장이머우가 쇠락했음을 증명한 것이 아니라 우언, 혹은 '5세대식' 서사가 쇠락했음을 증명했다.

80년대, 우언이 만들어진 시대는 그 당시의 사회적 콘텍스트 속에서 성공적으로, 사회나 적어도 지식계가 동일시한 '원 담론' 혹은 '거대 서사'를 조직했다. 그리고 이들 우언의 서사적 구성을 받치고 있었고, 아울러 잠재적으로 이들 우언이 수용되고 해석되는 길을 결정했었다. 80년대의 역사 문화적 반사는 사실상 현실 정치에 대한 비유이자 개입이었다. 이러한 무명 혹은 유명의 시대에 발생한 먼 옛날이야기는 "역사적 순환을 끝내고, '철방'을 파괴하라"는 명확한 현실적 지향을 담고 있었다. 그리고 이 지점으로부터 '인류 진보'의 위대한 과정으로 뛰어들었던 것이다. 강렬한 유토피아적 충동과 모더니즘 신화를 껴안는 열정으로 인해 이들 우언은 특유의 '낙관적 비극'이 되었다. 그러나 90년대, 특히 1993년 이래, 모더니즘은 더 이상 신화 혹은 신념이 아니었다. 대신 어떤 '포스트모던', '탈식민'적 요소에 의해 분해되어 들끓어 오르는 시정의 목소리에 섞여버렸던 것이다. '거대 서사'의 결합력은 경제적 실용주의와 공리주의功利主義의 욕망과 금전의 흐름 속에서 소실되기 시작했다. 유사한 우언은 다소 애매모호하고, 그다지 유창하지 않은 이야기로 변모되거나, 서사의 상투적 형식으로 남았다. 우언이 그 우언적 독해 가능성을 상실했을 때, 그것은 단지 이야기—피어나는 상상, '들려온 이야기'—의 향로[313]이거나 혹은 대중 신화 및 취향을 약간 고쳐 쓰거나 변주한 것일 뿐이었다. 어떤 의미에서『트라이어드』의 실패는 국내 시장 및 구전을 통해서 드러났을 뿐 아니라, 서구의 문화적 피드백과 유럽 예술 영화 시장을 통해서도 알 수 있었다. 8·90년대, 장이머우는 유사한 우언의 이중 시점 및 이중 독해의 가능성을 통해, 영화를 서구인의 동방에 대한 기대감에 성공적으로 투사하려고 했다. '철방 속의 여인'의 이야기는 만들어진 동방의 기이한 풍경이었던 것이다. 그러나『트라이어드』에서 '상하이탄'은 그저 칭호 혹은 펑계였을 뿐이었고, 지난날의 '십리양장十里洋場',* '모험가의 낙원' ―서구 세계의 '자신의' 기억 중 일부분―으로서, '동방의 기이한 풍경'의 완전함과 순정함을 해치고 있었다. 유사한 우언의 시대는 이제 종언을 고하려 했다. 만약 민족 우언을 여전히 쓰고자 한다면, 그 방식은 분명 바뀌어야 했다.

맺음말

문화 시장은 확실히 '매우 겸허한' 심리상태를 만들어냈다. 셀링 포인트가 될 수 있다면, 재난을 초래할 리 없다면, 모든 것은 폭발하는 듯한 성황을 이룸으로써, 성공의 만찬이 될 수 있을 것 같았다. 금기, 신성, 기억이 그럴 뿐 아니라, 문화적 반항과 비판 역시 이와 같았다. 1996년 베이징 영화 시장에 처음 성대한 신고식을 치른 중국 영화는 완커공사(萬科公司)가 출품한 『난릉왕(蘭陵王)』이었다. 비록 감독 후쉐화(胡雪樺)가 일찍이 갈채를 보냈던 미국 오프브로드웨이의 연극을 이식한 작품이고 "'하와이의 아들' 로렌조(Lorenzo Callender)"가 출연했지만, 영화 포스터에는 '수입 대작에 도전하는 국산 수작의 성대한 상영회'라고 쓰여 있었다.[314] 그러나 베이징 상영에서 상당한 전과를 거둔 이 영화의 실질적인 수익은 동시기 헐리웃 대작 『다이하드III (Die Hard III)』가 베이징 박스오피스에서 거둔 수입의 10분의 1에 지나지 않았다. '국산 영화를 위해 레드카펫을 깔아주었다'라는 말들이 있었고, '국산 영화의 우수작 시장을 확대한다'[315]는 승인도 있었으

---

* 외국인 조계지가 많은 상하이를 지칭하던 말.

며, 각 대도시에서 원활한 판매와 혁혁한 전과를 올렸지만, 이 작품은 박스오피스 배분 후 여전히 그 원금(2,000만 위안)의 3분의 1을 회수하기에도 벅찼다. 1995년 영화의 광희는 헐리웃의 기이한 풍경과 금전의 유입을 끌어들인 것 외에 아직 민족 영화 산업의 서광과 국산 영화의 부활을 만들어내지는 못했다. 중국 영화는 여전히 무거운 족쇄와 자유 사이에서 방황하고 있었던 것이다.

1996년 5월

빙해, 배를 집어삼키다: 중국영화 1998년

1998년

1998년은 중국 영화에 있어 기억될 만하고 또 기억되어야 하는 해이다. 1994년 이전의 쇠락과 적막에 비해, 이 해 중국 극장은 결코 조용하지 않았다. 1997년 말, 중국 최초의 신년 특집작 『갑방을방(甲方乙方)』과 청룽의 신작 『C.I.A.(我是誰)』가 힘차게 1998년 극장가의 서막을 열어젖혔다. 연말에는 펑샤오강(馮小剛)과 『갑방을방』의 성공을 따라서 일곱 편의 신년 상영작이 펑샤오강의 신작인 1999년 신년 상영작 『반드시 만나야 한다(不見不散)』를 둘러싸고서 크리스마스의 평안한 밤에 요란스레 등장해 중국 도시의 새로운 경관을 이루었다. 즉, 휘황찬란한 크리스마스 밤을 환락과 열정으로 물들였던 것이다. 1998년 연초에 헐리웃 대작 『타이타닉(Titanic)』이 '타이타닉 중난하이(中南海)로 들어서다'라는 전단표제를 단 각 신문사의 보호 아래 중국을 초토화시켰는데 그 열기는 3개월가량 지속되었다. 한편 그해 연말의 『라이언 일병 구하기(Saving Private Ryan)』는 70위안의 고가표 때문에 미디어의 비난의 표적이 되었지만, 승리의 깃발을 치켜들고서 박스오피스의 신기록 행진을 이어갔다. 여름에는 폭염 아래, 진홍색 바탕에 회고적 분위기와 낭만적 색채가 녹아 있는 『타임 투 리멤버(紅色戀人)』의 영화 포스터가 도시의 버스나 지하철 광고 그리고 각종 광고판을 장식했고, 그것은 별스러운 문화적 풍경과 저류低流를 보여주었다. 이와 동시에 근 3년에 걸쳐 제작되어 미디어의 가십란을 장식했던 천카이거의 『시황제 암살(荊軻刺秦王)』이 톈안먼(天安門) 광장의 인민대회당에서 상영되어, 5세대 감독의 영화가 처음 인민대회당 주회의장에서 상영되는 선례가 세워졌다. 근래 중국 영화계에서 활약했던 몽고족 부부 감독인 사이푸(塞夫)와 마이리스(麥麗斯)의 『군주 징기스칸(一代天驕成吉思汗)』(원제 『몽고왕사(蒙古往事)』)은 중국 국내 영화 시장의 박스오피스에서 선전했을 뿐 아니라, 각종 B급 국제 영화제에서 다수의 상을 수상했으며, 중국 영화 금계상 최우수 감독상을 받아 관변 및 중국 영화계의 권위자들로부터 인정을 받았다. 이 작품처럼 민관民官 모두로부터 환영받고, 국내외적으로 사랑받은 영화는 다년간 찾아보기 힘들었다. 이렇게 고조되는 분위기 속에서 『나 홀로 집에3(Home Alone3)』, 『딥임팩트(Deep Impact)』, 『배트맨 앤 로빈(Batman and Robin)』과 합작 영화(정확하게는 홍콩 영화)『풍운(風雲雄覇天下)』, 『도전자(挑戰者)』, 『황비홍 서역웅사(黃飛鴻之西域雄獅)』 등이 연이어 등장하였다.

그러나 이 열기 이면에서, 방대한 규모의 중국 본토 영화 산업은 고된 싸움 끝에 결국 전면적인 붕괴라는 참극을 만나야 했다. 6월, 해는 이미 반이나 지나갔지만, 촬영에 들어간 중국 영화는 열 편이 채 되지 않았고, 뒤이은 연말에는, 연간 130에서 150편 정도의 제작 능력과 80

년대 이래 100여 편 이상의 연간 제작량을 자랑하던 중국 영화가, 심의 통과 편수 40이라는 초라한 성적표를 받아야 했다.[316] 게다가 1999년에 접어들어서도 영화 생산은 호전될 기미를 전혀 보이지 않고 있었다. '봇물이 터진' 것 같은 다중의 난관과 압력으로 인해 걷잡을 수 없이 무너지기 시작했던 중국 영화 산업이 그동안 과장되게 꾸며진 게 아닌가 하는 의혹이 불거져 나왔다. 아니, 1994년 이래 '세계 영화 예술과 기술의 최고 성취'라는 라벨을 단 헐리웃 '대작 열 편'의 형식적인 진입을 절대적 지표로 삼았던, 그리고 1995년 말 영화의 이데올로기 통제에 대한 강화를 추동력으로 삼았던, 폭풍우 몰아치던 중국 영화 산업이 곳곳에 균열의 조짐을 보이다가 결국 1998년 찢어질 듯한 비명을 내지르며 산산이 부서지고 말았다고 하는 표현이 더 정확할 것이다.

빙해, 배를 집어삼키다

1998년의 중국 영화를 묘사한 필자의 '빙해, 배를 집어삼키다'라는 제목은 사람들을 놀라게 하기 위한 과장된 표현이 아니다. 이 표현은 두 가지 의미를 지닌다. 그 하나는 '온 세계와 울고 웃었던' 『타이타닉』 신드롬이 '세계로 나아가는 중국(中國走向世界)', '세계와의 만남(與世界接軌)', '세계와 발맞춰(同步于世界)' 등의 이상적인 경관과 결합하여 1998년 중국 영화의 경관을 가득 채우고 거의 가려버렸다는 사실이다. 영화는 3월 27일 전 세계 동시 개봉 방식으로 중국 영화 시장에 들어와 5월 4일까지 중국 박스오피스에서 2억 4천 만 위안을 벌어 갔다. 그것은 1997년 한 해 중국 박스오피스 수익 총액의 1/4에 해당하는 금액이었다. 5월 내내 『타이타닉』은 전국 8대 도시 박스오피스에서 수위를 이어갔고, 6,7월에는 다른 지역의 순위표에도 이름을 올렸다. 『타이타닉』이 거둔 중국 박스오피스 총수익에 대한 자료는 없지만, 관련자의 추측에 따르면, 아마도 5억에서 6억 위안 사이에 이를 것이라고 한다. 어떤 지역에서는 『타이타닉』 단 한 편의 박스오피스 수익이 전년도 총액의 50%에 달하기도 했다.[317] 잡지 『신주간(新週刊)』에서 『타이타닉』은 '올해의 영화'로 선정되었고, 영화 주제곡 『My Heart Will Go on』은 '올해의 음악'으로, 주인공 레오나르도 디카프리오와 케이트 윈슬렛은 '중국을 놀라게 한 10대 인물' 1위를 차지했다.[318] 이것은 전 세계적으로 일었던 『타이타닉』 신드롬에서 보자면 그리 놀랄 일은 아니었지만, 중국이 세계에서 손꼽힐 정도로 '시네마'라는 개념이 없는 국가이고, 전국 극장이 모두 중국 영화 배급 공사 소속(이하 중영공사)이라는 점에서 본다면 주목할 만한 일임에 틀림없었다.

1994년 영화 체제 개혁 속에서, '대작 열 편'의 수입과 배급에 관한 유일한 권리자이자 아무도 대적할 수 없는 '박스오피스의 큰손'이었던 중영공사는 성공적으로 과거의 국가 권력에서 거대 기업 자본으로 탈바꿈했다. 그러므로 헐리웃의 중국 진입은 실은 과거 국가의 영화 독점 시스템과 헐리웃의 전 세계적 영화 독점이 공모한 결과였던 것이다. '대작'은 성수기와 주요 극장을 석권했고, 중국 영화는 '하룻강아지 범 무서운 줄 모르고' 덤빌 틈조차 갖지 못했다. '문화오락비용(교육비용 포함)'이 국민 소득의 8%밖에 안 되는 제3세계 국가인 중국에서 『타이타닉』(표가 평균 80위안)이나 『라이언 일병 구하기』의 표 값은 도시 주민 월 소득의 1/4에서 1/10에 해당하는 금액이었다. 가족 모두 이 영화를 보러 갈 경우, 그 액수가 어느 정도인지 추측할 수 있을 것이다. 『타이타닉』이 전 지구 영화 산업의 '재난관련 영화'라고 한다면, 레오나르도와 톰 행크스의 연합 공세는 중국 영화를 '전멸'시키는 사건이었다. 광저우(廣州)시에서 잠깐 붐을 이루었던, 중학생을 소재로 한 중국 영화『꽃필 때, 비올 때(花季·雨季)』의 학생 우대 가격이 3위안이었고,[319] 후베이(湖北)의 영화 관객을 대상으로 한 조사에서 일반인이 수긍할 수 있는 영화표 가격이 10원이었다는[320] 점을 생각해본다면 이 상황의 의미를 이해할 수 있을 것이다. '빙해, 배를 집어삼키다' 라는 비유의 또 다른 의미는 호화 여객선이 가라앉았던 것과 똑같이 중국 영화 산업이 1998년 몰락하였다는 데서 나온 것이다. 이 침몰도『타이타닉』처럼 중국 영화 시장의 요란함과 동정 속에서 이루어졌다. 그러나 이 침몰로 사람들이 혼비백산하긴 했지만 아무런 반응도, 심지어 그 어느 누구도 가슴 아파하지도 않았다는 점에서는 타이타닉과 달랐다. 중국 영화 산업의 붕괴는 영화 관련 미디어가 건드릴 수 없는 금지 구역이었다. 중국 영화 산업에 있어 헐리웃 '대작' 의 진입을 '빙산' 이라 한다면, 1995년 이래 날로 어려워진 제작 환경은 이 '거선' 의 '내부에 존재하던 오차' 라 할 수 있다. 그러나 첨예한 대립과 충돌 속에서 서로 간에 이데올로기적 공모가 이루어졌다. 즉, '타이타닉 중난하이에 들어오다' 가 미국에 대한 열광, 소비주의 붐과 함께 헐리웃의 기관奇觀을 두드러지게 한 것이다. '반드시 철저히 개조해야 하는 대형 및 중형의 국영 기업' 인 중국 영화 산업은 사실상 이미 경영상에서 방치되고 있었다. 그리하여 '중국 영화' 는 구원받을 수 없게 되었던 것이다.

『시황제 암살』, 곤경에 빠지다

헐리웃 대작들만 중국 영화라는 황금 시장에서 재미를 독점하지는 않았다. 이들과 더불어 재미를 본 것은 '합작 영화' 라는 명목으로 들

어온 홍콩 영화와 중국 문화 자원에 도움을 준다는 이름 하에 이루어
진 초국적 자본과의 또 다른 '합작 영화'인 전형적인 '장이머우, 천카
이거 영화'였다. 90년대 초 이와 유사한 제작이 자본 및 규모에 있어
중국 국내 영화를 훨씬 뛰어넘었는데, 이들은 기본적으로 유럽의 전
통적인 의미에서의 '예술 영화'로 자리매김했다. 이들 영화는 본래부
터 유럽 국제 영화제에 뜻을 두고 제작되었으며, 구미 예술 및 상업 영
화 시장을 목표로 했다. 중국 영화 산업의 힘을 빌면서도 기본적으로
영화 생산 시스템에서 있어 '중국 영화'와는 아무런 연관이 없었던
것이다.

　1995년 이래 유사한 영화가 합작의 한 축인 중국 영화 제작 업자에
의해 중국 영화 시장에 소개되기 시작했다. 이와 동시에 1993년 화려
한 정점을 맞았다가 열기가 식기 시작했던 유럽의 중국 영화 붐과 시
장이 함께 했다. 즉, 국내 시장과 영화 자신이 자리매기기에 상당히 애
매했던 '상업성'이 장이머우들의 주목을 끌기 시작한 것이다. 1997년
'장이머우가 먼저 움직였다.' 당대 도시 영화『좋은 말로 해(有話好好
說)』의 촬영은 미디어의 폭발적 관심과 중국 영화계의 관심을 한 몸에
받았다. 하지만 유럽 영화제에서는 끈 떨어진 연 꼴이었다.

　뒤이어『풍월(風月)』을 통해 다방면에 걸쳐 참패를 경험한 후, 천카
이거는 1년의 제작 기간을 걸쳐 인민대회당에서『시황제 암살』을 처음
선보였다. 천카이거의 영화가 당 대회나 인민대회, 국가 경축 행사가
거행되던 인민대회당에서 최초로 상영되었다는 사건의 풍부한 의미
를 여기서 논하지는 않겠다. 아울러 이 상영회에 엄청난 돈이 들어갔
고, 엄청나게 많은 자가용이 모여들었으며 무장 병력의 호위가 붙여졌
다는 점, 영어와 일어 두 가지 자막이 사용된, 지나치게 호화로운 상영
회였다는 점, 그리고 이것들이 모두 90년대 중국 문화의 특색을 이루

『좋은 말로 해』

었다는 점도 더 이상 논할 필요가 없다고 생각한다. 대신 필자는 즉각
적으로 중국의 각 미디어로부터 이구동성으로 악평을 불러일으킨 이
대작의 상영회가 '중국 영화'의 또 다른 곤경을 말해준다는 사실을 언
급하고자 한다. 『현 위의 인생』 이후의 기존 작품들과 마찬가지로 천
카이거의 이 영화는 여전히 문화와 상업의 거대한 장력 사이에 놓여
있었다. 그러나 당시 '상업'이란 서구 영화제 심사위원과 예술 영화
시장의 '상업'에 다소 영합하는, 혹은 '비상업/비헐리웃'적인 '유럽/
아시아(?)의 태도'에 영합하는 것이었다. 이때, 천카이거의 문화적 사
명감은 '본토의 문화적 사명'과 '유럽의 예술적 취향' 사이의 부조화
와 충돌했으며, 나아가 헐리웃 영화보다는 본토적인 것에 기운 상업적
타협이나 추구와도 충돌했다. 이는 중국 내 영화 시장을 먹기에는 맛
이 없고 버리기엔 아까운 '계륵'으로 바라보았음을 의미했다. 이 영화
는 '중국 영화'에서 공전의 자본을 소비했다. 제작자 측은 그 액수를
밝히기를 꺼려했지만, 관련자들은 5억(일설에는 9억) 위안 이상일 것
으로 추측했다. 1995년에 발표된, 너무나 공산주의적인 중국 영화『붉

은 앵두』의 경우 중국 영화 시장의 소비 능력을 다 한다고 했을 때, 4천만 위안이 투자금을 회수할 수 있는 투자 상한선임을 보여주었다. 다시 한 번 천카이거가 "나는 문화적 사명감을 안고 있다. 나는 단순히 영화를 찍는 것이 아니다"라고 말했지만, 이 역사적 대작은 시작하자마자 『벤허(Benhur)』나 『클레오파트라(Cleopatra)』식의 웅장함을 보여주거나 추구함으로 인해 사람들로 하여금 무의식중에 헐리웃식의 유창한 서사를 기대하게 했다. 이것이 곧 영화가 처한 곤경 중 하나가 되었다. 그러나 천카이거의 '중국 문화' 혹은 '철학'에 대한, 끝날 듯 끝나지 않는 미련과 영화 언어의 풍부한 표현에 대한 열중이 항상 영화의 헐리웃식 감동의 가능성을 없애고 있었다. 만약 궁리를 유일한 여주인공으로 삼은 것이 구미 흥행 보장을 위한 것이었다면(극중 플롯의 대부분은 여주인공을 돋보이게 하기 위해서 설정되었다) 다음과 같은 사실은 중국 시장에 대한 '계륵의 심리상태'를 증명한다. 영화는 텔레비전 드라마로 인기를 얻고 있던 장펑이(張豊毅, 형가 분), 리쉐젠(李雪健, 진시황 분)을 남자 주인공으로(중간에 장원에게 형가 역을 맡기려다가 실현되지 않은 일이 있었다) 하고, 텔레비전 시청자들의 우상이었던 왕즈원을 제2의 주인공으로, '코미디 스타'인 자오번산(趙本山)을 고점리(高漸離)로 해서 촬영한 것이다. 이로 인해 영화는 죽도 밥도 아닌, 희극도 비극도 아닌 게 되었다. 천카이거는 자신에 차 있었고 기세등등했으나 결국은 상영회를 마친 후 일본에 가서 완성본에 수정을 가해야 했다. 그것은 미디어의 압력에 의한 것이기보다는 미디어를 통해 전해진 시장의 냉랭한 반응 때문이었다.

다른 각도에서 본다면 『시황제 암살』의 열기와 적막은 사실 1998년에 비등했던, '빙해가 배를 집어삼킨' 상황을 장식한 또 다른 이야깃거리 혹은 아우라라 할 수 있다. 일 년 내내 미디어의 영상 파트는 헐리웃 소식과 홍콩 스타들의 행적이 아니면 대부분 중국의 국제적 영화인들의 행적에 관한 내용으로 메워졌다. 이 역시 1998년의 '중국 영화'가 예전처럼 번영하고 있다―공전의 번영이라고 말하지 않는다면―는 시각적 가리개가 되었다(당연히 이 사이에는 또 다른 가리개가 있었다. 즉, 중국 영화가 30여 편밖에 없을 때에 8편이 중앙 부서와 위원회에서 추천한 '우수 영화'에 선정된 것이다. 이것은 논란을 용납하지 않는, 일종의 상 같은 것이었다). 타블로이드판이나 특집호에는 『시황제 암살』에 대한 기사가 자주 실렸을 뿐 아니라, 장이머우의 신작 『책상 서랍 속의 동화(一個都不能少)』와 『집으로 가는 길(我的父親母親)』, 장원의 『귀신이 온다(鬼子來了)』, 8년간의 침묵 끝에 선을 보인 쑨저우의 『아름다운 어머니(漂亮媽媽)』의 촬영과 관련된 기사들도 자주 눈에 띄었다. 이들 영화는 감독들이 국제 영화계에서 이미 한 자리를 점한 인물들이고 거액의 외자를 끌어왔다는 점에서 공통점을 지녔다. 헐리웃 영화보다는 '염가'이기는 했지만, 영화의 투자액은 이 작품들이 중국 국내 시장만이 아니라 외국 시장도 염두에 두었음을 보여주었다. 이와 유사한 영화들에 있어 중국 영화 시장은 더 이상 '계륵'도 아니었으며, '소 뒷걸음치다 쥐 잡는다'고 큰 수입을 올리기도 했다. 그래서 장이머우 신작의 여주인공 장쯔이(章子怡)(『집으로 가는 길』)는 레

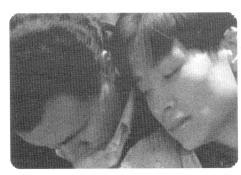 

『동궁서궁』(좌) 『귀신이 온다』(우)

저 잡지와 영화 잡지의 커버에서, 궁리와 '혼동할 만큼' 너무나 닮았으나 더 청순한 '작은 궁리'의 얼굴과 미소로 중국 영화 애호가들의 그리움을 불러일으켰다. 그러나 그녀 역시 궁리와 마찬가지로 사람들을 중국 영화 시장으로 불러들이지는 못했다. 좀 극단적으로 표현하자면, 중국 영화를 대표했던 국제적 이미지의 이들 영화인이나 영화가 중국 영화의 정경에서 도드라져 보였지만 사실 그들은 중국 영화 현실의 밖에 처해 있었다는 것이 '영화적 사실'이었다.

이밖에, 똑같이 국제 영화계에서 '중국 영화'를 대표했던 독립 영화('언더그라운드 영화'라고도 지칭된다), 예를 들어 장위안의 영화(1997년 『광장(廣場)』, 『아들(兒子)』, 『동궁서궁(東宮西宮)』), 자장커(賈樟柯)의 『소무(小武)』, 5세대의 저명한 촬영기사였던 뤼러(呂樂)의 감독 데뷔작인 『Mr. 자오(趙先生)』(홍콩 영화라는 옷을 입고 국제 영화제에 나갔다) 등은 제도 바깥에 있던, 중국 본토에서는 볼 수 없던 다른 종류의 '영화적 사실'이었다. 비록 중국 영화 '내부'에서 아직 『소무』처럼 사회 밑바닥 대중에 다가선 영화가 나오지는 않았음에 분명했지만, 『Mr. 자오』는 영화의 예술/서사 풍격에서든, 아니면 중국 영화 역

『소무』

사의 명작(이외에 불후의 명작 『작은 마을의 봄(小城之春)』이 있다)과 자각적으로 상호 텍스트 관계를 형성한다는 의미에서든, 독창성을 지닌 영화 작품이었다.

『타임 투 리멤버』와 '쯔진청(紫金城)'

1998년, 유일하게 여름 성수기를 누릴 수 있었던 중국 영화는 3,000만 위안(일설에는 2,300만 위안)을 쏟아 부은 『타임 투 리멤버』였다. 영화는 최초 상영지인 베이징에서 확실히 헐리웃 대작에 필적할 만한 '홍색 물결'을 불러일으켰다. 영화 포스터는 곳곳의 도로 광고판을 채웠고, 지하철역 구내에는 짙은 홍색 물결이 넘쳐났다. 심지어 평소 정치 광고나 공익 광고에 이용되던 광고판도 『타임 투 리멤버』 포스터에 자리를 내주었다. 만약 『대진군(大進軍)』, 『대전환(大轉折)』, 혹은 『아편전쟁(鴉片戰爭)』을 '표준'적인 '주선율 영화'로 보고, 『봉황금(鳳凰琴)』, 『쿵판썬(孔繁森)』, 『굿바이 레이펑(離開雷鋒的日子)』을 더 효과적이고 더 받아들이기 쉬운 '모범'으로 본다면, 『타임 투 리멤버』는 이들과는 일말의 관계도 없었다. 제작에서 배급까지 영화의 자리는 상업적 조작을 통해 정해졌다. '홍색' 혹은 '혁명'은 영화를 팔기 위한 상업적인 수단일 뿐, 어떤 의미에서도 영화의 내재적인 구성요소는 아니었다.

필자는 『타임 투 리멤버』가 제공하는 작품의 사실뿐 아니라 제작과 출품을 맡았던 '쯔진청영화사'를 더욱 주목하고자 한다. 구체적인 작품의 사실보다 후자야말로 1998년 중국 영화가 처한, '빙해에서 침몰하던' 당시의 영화적 사실이기 때문이었다. 사실 1993년 이후로 영화

배급 시스템이 개혁됨에 따라, 16개의 영화 제작소라는 시스템 밖에는 각종 명목의 관영, 민영 영화사가 빈번히 명멸하며 세상에 모습을 보였다 사라졌다. 그리고 영화『패왕별희』의 전 세계적인 성공(특히 중국의 미디어가 과장한 전 세계 박스오피스의 기적)은 이들 영화사가 세워지는 데 일조했다. 이 시기 영화, 텔레비전, 음향, 영상, 광고 등의 이름으로 등록한 회사들은 수백에 달했다. 그러나 이들은 대다수가 소자본 영화사였고, 자금의 한계, 국가 계획 경제 체제가 만든 영화 생산의 '제작소 이용 권리 제도', 영화 심의 및 이데올로기적 요구 등의 압박으로 인해, 텔레비전 드라마, MTV, 광고 제작을 주로 하였으며 심지어는 1920년대에 자주 볼 수 있었던 '영화 한 편 짜리 회사[一(部影)片公司]'도 되지 못했다. 이 시기, 영화 제작을 고수한 영화사 수가 손에 꼽을 정도로 줄어든 상황에서, '쯔진청'만이 경영상 참패를 면치 못하던 중국 영화업에서 독보적인 '브랜드'로 설 수 있었다. 제작소 체제 바깥에 있던 영화사를 중국 영화의 희망으로 보았던 중국인들은 '쯔진청'이 넘치는 활력으로 기존의 것을 대체해 서광을 비추어주기를 기대했다. 그러나 현실은 이처럼 간단하지 않았다.

1996년 3월 선전부와 방송영화부가 창사(長沙)에서 영화공작회의—'신중국 건립 이래 최대 규모, 최고 권위의 영화공작회의'—를 개최해 영화의 사회적 기능, 사회적 여론 환기 기능과 '건강한 기조'를 다시 강조하면서, 80년대 이래의 중국 영화 제작업의 분위기 및 구조를 일정 정도 쇄신했다. '쯔진청'은 이 회의의 직접적인 산물이었다. 국영의 대형 및 중형 기업인 영화 제작소 중심 시스템이 국가 경제 체제 개혁의 대상이자 중점 대상이었다면, '쯔진청'은 영화 제작업의 '새로운 체제, 새로운 시스템'을 갖춘 시범 케이스로 기능했다. 그것은 중국 최초의 국유 주식에 기반을 둔 영화 제작 기구였다. 그러나 조금 더 생각해보면, '쯔진청영화사'가 '천자의 발 아래'에서 뿌리를 내리고 무성한 잎과 꽃을 피울 수 있었던 것은 '새로운 체제, 새로운 시스템' 때문만은 아니었음을 알 수 있다.[321] 사실 이 신흥 영화사는 창사 '회의 후, 시위원회 선전부 대표의 직접적인 협조 하에' '베이징시방송텔레비전국과 문화국 쌍방이 공동 출자하여 세운 유한책임회사'였다. 회사의 4대 주주는 '베이징방송국(北京電視臺), 베이징극예술센터(北京劇藝術中心), 베이징영화공사(北京電影公司)와 베이징문화예술음향영상출판사(北京文化藝術音像出版社)'였다. 이는 그야말로 최상의 조합이었다고 할 수 있다. 이러한 조합은 영화와 텔레비전 드라마 제작업 간의 불필요하면서도 전자가 감당할 수 없었던 경쟁 위험을 제거했다. 즉, 베이징방송국의 광고 소득세 지출 후 남는 수입의 3%가 영화 생산에 사용되었고, 이로 인해 영화 제작의 자금 문제가 해결되었던 것이다. 게다가 '쯔진청'이 제작한 영화는 기본적으로 정치적·정책적인 보호를 받았기 때문에 지방 미디어에서 절대적인 우위를 점할 수 있었다. 여기서 지방적이라는 것은 지방의 보호와 지방에서의 독점적인 배급망을 의미한다. '쯔진청'이 중국 영화 체제 개혁의 모범이었다면, 그것은 또한 중국 문화 및 영화 시장화의 불합리를 의미하기도 했다. 소위 중국 영화 산업 체제 개혁의 핵심이라는 것은, 하나는 정(정권, 정부)경(영화 제작자)의 분리에 있었고, 다른 하나는 영화 제작자와 배급자를 분리하여 중국 영화가 시장의 의미에서 '자유 경쟁 발전'하도록 하는 데 있었다. 그러나 '쯔진청'의 실례는 이와는 전혀 다른 모습을 보여주었다. 새로운 주선율 영화 『굿바이 레어펑』 단 한 편으로 '쯔진청'은 엄청난 성공을 거두었지만,[322] 그것은 결코 새로운 정부/정치선전기구가 되었다는 것만을 의미하지 않았다. 이 성공적인 사례는 정치권력을 기업 자본과 결합시키고 나아가 기업 자본으로 전화시킨 분명한 실례였다. 새로운 최상의 조합이 이데올로기, 시장, 자본, 이익을 공유하는 측면에서 완성된 것이다. 이것이 『타임 투 리멤버』의 영화 광고가 베이징 거리 광고판에서 '중국적 사회주의를 건설하자' 등의 정치 광고를 대체할 수 있었던 수수께끼에 대한 답이 될 것이다. 이 때문에 『타임 투 리멤버』는 강력한 판촉 활동을 통해 8월 한 달간 베이징시 박스오피스에서 500만 위안을 벌어들였고, 최종적으로는 600만 위안의 매출을 기록했다. 비록 여전히 베이징 시장 마케팅 계획이 예상한 액수의 반에 불과한 액수였지만, 『타임 투 리멤버』는 이미 전국 박스오피스의 1/4을 점유했다.[323] 그러나 다른 성과 시의 경우, 이 영화는 요란하게 등장했지만 '홍색 폭풍'을 일으키지 못한 채 씩씩거리며 돌아가야 했다. 각 지역의 영화공사가 자사 영화의 박스오피스를 확보하려 하였고, 헐리웃 대작의 배급이 가져오는 고이윤을 포기하지 않으려 했기 때문이다. 그리하여 지방의 보호 장벽에 의해 내밀려나는 것은 여타 중국 영화에게는 필연적인 운명이 되었다.

'쯔진청' 류의 신형 영화사가 빙해에서 침몰 중인 배의 구명정이 될 수도 있었다. 그러나 이들 회사가 잠재적으로 가지고 있던 독점과 불공정 경쟁이라는 새로운 요소는 배의 침몰을 가속화시킬 뿐이었다.

문화 분석의 일례 : 『타임 투 리멤버』

문화 연구자 입장에서 보면, 영화 『타임 투 리멤버』는 90년대 중국 문화 경관의 황당한 풍경이기도 하지만, 그 작품의 문화적, 이데올로기적 의미는 곱씹을 만하다. 영화의 영문 제목 A Time to Remember(기억해야 하는 시간)를 우울하면서도 말썽 많던 과거에 대

『타임 투 리멤버』 (이하 동일)

한 기억을 들쑤셔본다는 의미로 해석할 경우, 작품이 그리워하는 과거란 중국 혁명이 아닌 옛 상하이와 급하게 강하 중인 '옛 헐리웃'임에 분명했다. 중국 혁명에 관한 기억을 표현한다는 측면에서 합당한 영문 이름을 붙이자면 그것은 A Time to Forget(지워야 하는 시간)이 될 것이다. '90년대를 칠한 홍색'과 '예다잉이 새롭게 해석한 혁명가'[324]는 중국 혁명사에 대한 교정이라기보다 80년대의 역사 '다시쓰기'의 여운이자 그것의 통속적 형식에 더 가깝다 할 수 있다. 심지어 그것은 90년대 초, 소비 정치의 금기, 기억 그리고 이데올로기라는 문화적 유행[325]과 달랐으며 '소비 혁명'[326]과도 다른 것이었다. '혁명'은 그 속의 꼬리표나 수단에 불과했다. 감독의 '혁명가 집안'이 '혁명'의 질적 보증서[327] 역할을 하고 있더라도 말이다.

『타임 투 리멤버』는 주선율 영화가 절대 아니었다. 그리고 '혁명' 시대를 소리 높여 이야기했지만 이 작품은 1949년 이후의 어떠한 중국 영화 서열에도 속하지 않았다. 게다가 그러한 서열의 '다시 찍기'나

흉내 내기도 아니었다. 오히려 우리는 전후 미국의 B급 영화(아마도 필름 느와르?)의 서열 속에서 이 영화의 합당한 위치를 찾을 수 있을 것이다. 실제로 『타임 투 리멤버』는 신기하고도 낯선 이야기라기보다 너무도 익숙한 영화라 할 수 있다. 영화는 전후 헐리웃 B급 영화의 서사와 영상 구조를 지니고 있다. 어두우며 신비로운, 그리고 폭력과 색

정의 '시의'가 교차하다가 최후에는 '인성'과 '사랑'이 승리하는 그런 특징 말이다. 표준 길이의 이 극영화 속에는 거센 비가 내리는 장면이 세 차례에 걸쳐 등장한다. 첫 비 내리는 밤, 아름답고 신비로운 여인이 예기치 않게 찾아와 우리의 미국인 서술자를 매혹과 재난 속으로 이끈다. 또 다른 감동적인 비 내리는 밤에는 매복과 도망 그리고 인질을 잡은 이와 이를 벗어나려는 이 사이의 충돌 속에서 적과 벗, 아버지와 딸, 정인과 정적이 차갑게 마주한다. 마지막 비 내리는 밤에는 정인들이 서로의 운명을 맞바꾼 채 이별을 맞이한다. 영화의 줄거리를 이끌어 나가는 미국인 의사와 한 쌍의 '혁명가 연인'이 이루는 삼각관계를 들지 않더라도 영화의 헐리웃 극영화식 특징은 쉬이 드러난다. 반역자, 혁명가, 잃어버리고 헤어진 아버지와 딸, 순정을 바치지만 반응 없이 돌고 도는 삼각관계와 같은 영화의 줄거리는 통속적 이야기의 필

수적 조건에 해당할 뿐 아니라, 고전적/헐리웃식 극영화의 '오래된' 구식 모델이라 할 수 있다. 당연히 '헐리웃의 유명한 시나리오와 유명 배우'가 합세한 영화[328])에 원본의 원의미가 제대로 표현되었다고 할 수는 없을 것이다.

그러나 아마도 전후 매카시즘 시대에서 베트남 전쟁에 이르는 시기

적 특색으로 인해, 당시의 헐리웃 영화가 띠고 있던 냉전 시대의 이데 올로기는 이런 우스운 혁명가, 정확하게 말해 당시 중국의 '궤도이탈 자'의 이야기를 포용하기 어려웠다. 이런 연유로 영화의 또 다른 영화 어원학적인 출처는 50년대 미국(히치콕 영화라고 직접 칭할 만한)에 서 시작하여 70년대 유럽에 성행했던 특정한 상업/예술 영화 장르(추 리영화/호러영화―정치영화)라 할 수 있다. 그 대표작으로는 70년대 일시에 이름을 알린(80년대 중국 영화권에서도 특수한 '금지영화 효 과'를 일으킨) 『야간 경비』가 있다. 이들 영화 속에는 반드시 이름을 숨긴 '불법의 무리'가 등장해 지명 수배와 추적 속에서 시시각각 위험 에 처한다. 주인공은 모종의 심리적 질환을 앓고 있거나 어두운 과거 를 지니고 있어야 하며, 그런 까닭에 비정상적인 사랑이 발생하게 된 다. 유사한 영화들의 주인공은 너나 할 것 없이 강철처럼 냉정하면서

도 사랑에는 여리다. 그리하여 '신념'과 '인성'이 잔혹한 싸움을 일으키고 '인성'의 마지막 승리는 늘 사랑하는 두 사람을 죽음으로 몰고 가는 것으로 끝맺는다. 이야기의 주인공은 2차 세계대전 시기 저항운동의 전사일 수도 있으며, 패전 이후 도망 중인 나치일 수도, 혹은 활동 중인 아일랜드공화국의 군인일 수도 있다. 결국 다른 입장과 시점 속에서 그들은 정의로운 반역자일 수도 테러분자일 수도 있는 남자들이다. '이번' 예다잉의 영화에서 '그'는 매우 주요한 지하 공산당원이 되었다. 순수한 심리적 질환은 장정의 길에서 맞은 대뇌에 남아 있는 포탄의 파편으로 변했다. 70년대 유럽에서 유행했던 유사한 영화들로 인해 미셸 푸코의 '역사와 인민의 기억'이라는 유명한 논술이 나왔던 것처럼, 그리고 이들 영화의 서열이 풍류 있고 호방하며 불가사의하지만 매우 재능 있는 '성애화'의 순수한 형상을 이루었던 것처럼—후자는 곧 예다잉이 1995년 공산주의 색채가 짙은 관객 동원에 성공한 『붉은 앵두』가 되었다—, 『타임 투 리멤버』는 유사한 모델과 50년대 헐리웃 흑백 영화에 대한 이중적인 복제가 되었다. 그리하여 폭우 속에서 (필자가 언급하지 않았던 또 하나의 비 내리는 장면인) 추추(秋秋)가 폭우로 젖은 홍기를 흔들면서 지도자인 진(靳)과 함께 30년대의 '혁명+연애' 도식을 지닌 소설식의 연설을 한 바탕 소리 높여 고취시키는 장면 외에, 우리가 목격할 수 있는 어떠한 혁명이나 행동도 존재하지 않는다. '혁명'은 사실상 분명하지만 시각적인 부재 상태에 처한 것이다. 영화에서 우리가 보는 것은 진의 조울증(간질? 피해망상?)에 의한 발작이며 발작 징후는 진이 추추를 자신의 죽은 아내—이상을 위해 헌신한 이로, 진의 기억 속에서는 자신을 위해서 죽었다—로 여긴다는 것이다. 그러나 우리는 추추가 절망적으로 진을 짝사랑한다는 사실을 알고 있다. 진이 발작을 일으킬 때 추추는 『매의 노래(鷹之歌)』를 낭송하고 몸을 바쳐 그를 위로하고 간병한다. 진이 결국 추추가 자기에게 몸을 바쳤다는 사실을 '알게' 된 후 그는 의연하게 죽음으로 걸어가는 데, 자신의 생명과 아이를 밴 추추의 생명을 맞바꾸기 위해서이다. 왜냐하면 '혁명 그자체가 로맨스'[329]이기 때문이다.

혁명 그 자체는 확실히 '로맨틱'하다. 적어도 혁명 영웅주의의 서술 속에는 낭만적 격정이 가득하다. 그러나 영화가 '역사적 진실'과 부합하는지의 여부는 차치하고서라도(예술에 있어 그것은 분명 중요한 요소가 아니다. '혁명 이야기'에 대한 수용 심리에 있어 영화와 관객 사이에 존재한 오차가 『타임 투 리멤버』가 관객을 불러 모으는 데 실패한 원인 중 하나라 하더라도 말이다) 필자는 감독이 말하는 '로맨스'가 무엇을 의미하는지 알 수가 없다. 이상주의자의 로맨스—황금의 피안에 도달하고자 집착하면서 현세의 생명을 바치는—란 말인가? 아니면 고전적 로맨스—불후의 사랑이 죽음을 싸워 이기는—란 말인가? 이도 아니면 신비한 로맨스—먼 옛날의 남색화를 찾는—란 말인가? 진에 대한 추추의 숭배가 있고 추추를 위해 진이 죽음으로 뛰어든다 하더라도 필자는 그들 사이에서 '낭만적 애정'과 연관시킬 무언가

를 찾기 힘들었으며 이야기 속의 대립 인물도 찾기 힘들었다. 그중 하나로 설정된 추추의 아버지는 딸의 생명을 구하고자 동지를 죽인 반역자가 되지만 결국은 딸의 '정의'라는 총구 아래 목숨을 잃는다. 이러한 피비린내 나는 잔인한 느낌 외에 필자는 마찬가지로 그 속에서 '로맨스'라 일컬어질 만한 어떠한 감정도 찾기 어려웠다. 오히려 이야기의 서술자인 미국인 의사 페인의 추추에 대한 원망 없는 사랑이 고전적 로맨스에 가장 가까웠다. 또한 그의 입을 통해서 '혁명'의 '로맨틱한 특징'이 확인되었다. 그러므로 필자는 푸코의 '역사와 인민의 기억'을 언급해야만 하겠다. '혁명가 집안'이라는 핏줄의 보증이 있다 하더라도, 당시의 수많은 지하 공작자들의 인터뷰에 근거했다 하더라도, 『타임 투 리멤버』가 보여주는 것은 혁명에 대한 기억이라기보다는 혁명과 고별하는 서사에 더 가까웠다. 작품은 베일 혹은 철의 장막(?)을 찢은 뒤 드러난 역사라는 '원화의 복원'이라기보다는 오히려 의도적으로 설치한 기억/인민의 기억(?)에 대한 장애물에 가까웠다.

　기억과 역사 서사의 측면에 있어서 『타임 투 리멤버』가 표현하는 것은 흥미로운 문화적 징후이다. 어떤 의미에서 그것은 순수한 '본토

영화'이며 매우 '중국적인 특색'의 피서술 대상인 중국 혁명, 중국 공산당원, 국공 양당의 피비린내 나는 투쟁을 담고 있다. 그러나 옛 혁명가의 진실된 기록에서 나왔다고 하는 이 영화는 오히려 30년대 주중 미국인의 회고록 형식을 채용하였다. 이야기의 시작이 헐리웃 영화의 장르 모델 중 하나인 본분에 만족하는 소인물이 우연히 거대한 흑막과 뜻밖의 재난 속으로 말려 들어간다는 양태에 근접하긴 하지만, 영화의 소박하면서 직업적인 휴머니스트인 미국인 의사 페인은 시종 텍스트 내부의 일인칭 관찰자인 화자일 뿐이다. 추추에 대한 사랑으로 인해 몇몇 주요한 순간의 목격자가 되며, 세 명의 주요 인물의 독백을 듣는 이가 되지만 그는 행동을 취하거나 개입하지는 않는다. 당시의 에드가 스노우(Edgar Parks Snow)와『중국의 붉은 별』처럼 중국 혁명에 대한 '객관적이고 건전한' 미국 시민의 목격과 증언이 중국 혁명의 참된 면모와 진리라는 의의를 부여할 수 있었다면,『타임 투 리멤버』에서는 일인칭 화자의 출현으로 인해, 그리고 서술된 사건이 화자의 목격과 현장 존재를 전제로 하기 때문에, 필연적으로 '혁명'의 부재를 낳았다고 할 수 있다. 그리하여 우리는 진과 추추 그리고 하오밍(皓明)이라는

세 사람의 감정과 고독한 운명을 페인의 눈을 통을 보게 된다. 자신의 이상에 충실했는가와는 상관없이 그들 모두는 잔혹한 중국 역사의 희생이 되었다. 하오밍은 딸의 생명을 지키고자 변절하여 전우를 죽이고, 무의식 상태에서 추추의 몸을 가졌던 진과 함께, 책임을 지고서 정의롭게 죽음으로 뛰어든다. 이는 '인성'이라는 논리에 상당히 근접하는 것 같다. 그러므로 다시금 페인이 중국 혁명을 증명하였다기보다, 페인에 의해 '혁명의 논리'에 대한 '보편적 인성'의 개가가 증명된 것이라 할 수 있다. 그렇기에 장궈룽(張國榮)과 타오쩌루(陶澤如)[330]의 '뒤바뀐 역할'은 그다지 도드라져 보이지 않으며(관객의 수용 습관은 잠시 접어두고) 헐리웃 시나리오라는 사실 역시 특별나 보이지 않는다.[331]

그것은 아마도 페인이라는 미국 배우가 맡은 화자의 선험적 설정으로 인한 것이겠지만, 이 외에도 본토 국산 영화임에도 불구하고, 80% 이상이 영어 대화로 이루어졌다는 영화의 기이한 특징에 의한 것이기도 하다. 익숙하지 않은 자막판 원문 영화와 중국어로 더빙된 중국 영화 시장의 측면에서 보자면 이 영화는 다소간 문화적 아이러니의 색채(영화는 실패한 뒤 시장 때문에 보통화普通話판을 만들지만 필자가 베이징 극장에서 본 것은 영어판이었다)를 띤다. 영화는 줄거리를 통해 진이 프랑스에서 유학한 바 있으며(이는 분명 그에게 '로맨틱'한 정조를 부과하기 위한 것이지만 그가 영어를 유창하게 말하는 이유가 되지는 못한다) 추추가 기독교 학교 출신이라는 사실을 알려준다. 하지만 여타 인물인 하오밍이 어떻게 그처럼 유창한, 중국식 영어의 느낌이 나지 않는 영어를 말할 수 있는지를 설명해주지는 못한다. 사실, 영화가 선택한 언어는 그 시청의 풍격과 '서로 운치 있게 어울려서' 50년대 미국의 필름 느와르의 느낌을 강화시켰다. 그러므로 영화 속 30년대 상하이의 풍모와 관객들에게 익숙한 배우들이 지닌 중국인 얼굴은 '먼 동쪽' 나라의 식민지적 정조와 색채라는 거리감으로 물들었다. 혁명의 경관은 더 이상 기이한 모습이 아니었다. 그리고 전혀 훌륭하지 못한 줄거리가 가려버린 역사적 경관이 되었다. 영화의 이중적인 결말은 서사 혹은 허구적 역사의 분명한 의도를 증명하고 있다. 그것은 미국인 의사 페인의 눈 속 비치는, 상하이 해방을 경축하는 높은 노랫소리와 춤추는 인파가, 오늘날 상하이 텔레비전 방송국의 송전탑인 '동방명주(東方明珠)'에 겹쳐지는 장면으로, 이는 마치 역사의 연장된 시야를 의미하는 듯하다. 화면이 페이드아웃한 뒤 검은 스크린 위로 자막이 나타나면서 극중 인물들의 이후 행방이 교대로 언급된다. 이는 전기나 역사극이 이야기의 '진실성'을 확인하는 고전적인 수법이다. 진실인가 허구인가? 이는 다시 기억을 고쳐 쓰고 '역사'를 재구하는 방식이다.

펑샤오강과 새해특집영화(賀歲片)

'쯔진청'이 출품한 두 번째 영화는 1998년과 1999년 펑샤오강이 출
품한 새해특집영화『갑방을방』과『반드시 만나야 한다』이다. 이들은
『타임 투 리멤버』처럼 시끄럽진 않았지만 박스오피스에서 영화 자체
로는 크게 성공한 작품들이었다.[332]

사실 펑샤오강 감독은 90년대 초 중국 문화시장에 풍미한 '하이마
영상창작센터' 혹은 '왕쉭 패밀리'의 주요한 구성원이었다. 어떤 의미
에서는 왕쉭를 중심으로 한 창작 집단인 이 집단은 텔레비전 연속극
『갈망』을 시작으로 하여 1949년 이래 중국 대중영상문화의 창시자가
되었다고 할 수 있다. 영화『격정을 만나다』와『이별 후』의 시나리오를
시작으로 그는 합작 연출한 방송관련 드라마『편집부 이야기』와 텔레
비전 연속극『뉴욕의 북경인』, 그리고 독립연출영화『사랑을 영원히
잃다』로 중국 통속영상물 제작에 있어 가장 활동적인 감독이 되었다.
이 기간 동안, 왕쉭 소설을 개작한 텔레비전 작품과 '왕쉭 패밀리'가

『반드시 만나야 한다』

창작한 기타 작품들, 즉 소위 '소가족 사람들의 사랑 이야기'[333]라 말해지는 온정과 유치한 사랑, 그리고 비꼼과 약간 쓴 맛이 가미된 가벼운 코미디 형태의 작품들이 문화 시장과 일상생활의 이데올로기에 있어서 신주류 영화/텔레비전 드라마를 구성하기 시작했다. 이들 '왕쒀 패밀리'는 최초의 중국 문화시장의 창립자이자 기득권을 지닌 단체라 할 수 있다. 그러나 그 메커니즘을 묘사하기도 파악하기도 쉽지 않은 90년대 중국 정치생활의 일례였던 '왕쒀 패밀리'는 1995년 초 다시 강화된 영상물 심의 제도 속에서 좌초되어버렸다. 왕쒀가 감독을 맡고 펑샤오강이 주연을 맡은 영화 『아빠(爸爸)』(왕쒀의 장편소설 『나는 너의 아빠(我是你爸爸)』를 각색한)는 상영권을 얻어내지 못했으며, 펑샤오강이 감독한 『지나치게 낭패 본 생활(過着狼狽不堪的生活)』은 크랭크인 후에 곧 촬영 중지되었다. 그리고 펑샤오강이 감독한 두 편의 수작 장편드라마 『사랑이 끝나다(情殤)』와 『달의 뒤쪽(月亮背面)』은 베이징에서 방영권을 얻지 못했다. 왕쒀는 매우 뜻밖에도 전에 없이 공개적인 검토 과정을 실행했으나 이 역시 '하이마' 집단에 행운을 가져다 주진 못했다. 이 기간 동안 펑샤오강은 베이징방송국에서 '화목하고 즐거운 분위기'인 『편집부 이야기』의 1997년 텔레비전 새해 특집편 감독을 맡았다. 또한 베이징 지구와 거대한 규모의 중앙 텔레비전에서 설 특집 대결 한마당을 시도했지만 이 역시 상황을 변화시키진 못했다.

정치적 비호를 받기 위해서인지 펑샤오강은 1997년 '쯔진청' 회사에 참여하였고 마침내 그의 '모진 운명'은 끝나게 되었다. 펑샤오강이 '억압받은 군인'[334]이었기에 '쯔진청'은 그를 받아들였다. 그러나 그것만은 아니었다. 비록 수차례 상영이 좌절되긴 했으나 펑샤오강은 국내의 영상시장에서 영화를 제작하는 감독 중 유일하게 사회적 투자를 순조롭게 받아온 제작자였다. 중국 영화감독 가운데 관객 심리를 잘 아는 몇 안 되는 감독 중 하나였으며, 그 자신이 제작 자금의 투자/회수라는 의식을 분명히 가지고 있었기에 투자자들로부터 꽤 좋은 평을 받고 있었던 것이다. 펑샤오강이 쯔진청 회사를 위해 처음으로 만든 작품은 1998년 새해 특집작 『갑방을방』이었다. 영화는 600만 위안의 자본을 들여 800만 위안의 순이익을 거두었는데 이는 2,400만에 가까운 막스오피스 수입을 올렸음을 의미했다. 이 작품은 사실상 전형적인 왕쉬식 이야기로, 심지어 왕쉬 소설이자 '왕쉬 영화'의 대표작인 『문제아』의 90년대 속편이라 할 수 있다. 그러나 작품은 코믹물이긴 했지만 더 이상 사회정치적 문제를 은어로 비꼬고 있지 않았다. 이 영화는 적어도 두 방면에서 당대 중국 영화의 '최초'의 자리를 차지하고 있었다. 즉, 이 영화는 1949년 이래로 특정 시기(중국 어린이영화제작소가 여름 방학을 위해 찍는 '어린이물'이나 각종 정치적 경축일에 '바치는' '중점 영화'를 제외하고)를 위해 촬영된 첫 영화라는 사실이다. 게다가 감독이 영화를 찍기 전에 수당을 책정하는 방식이 아닌, 영화의 이윤에 따라 수당을 받게 되는 '위험 분담' 방식을 선택한 첫 영화이기도 했다. 영화가 성공하면 감독의 수당도 많아질 수 있었다. 이로 인

펑샤오강/거여우

『갑방을방』

해 연말까지 새해 특집편의 촬영이 촘촘히 몰려 여덟 편의 영화가 함께 출시되는 상황[335])이 발생했다. 그러나 펑샤오강이 찍은 『반드시 만나야 한다』가 가장 인기 있었다. 이 작품은 제작 측면에서 일취월장하였을 뿐 아니라 전형적인 왕쒀의 서사로 더 기울었으며 소비/레저 문화의 특징을 더 많이 가지고 있었다.

『굿바이 레이펑』을 시작으로, 첨예하게 충돌하면서 공모를 꾀하던 관방과 민간의 이데올로기 사이에서 '쯔진청'은 여유로운 공간을 찾으려 했다. 그리고 정치상 절대적으로 안전한 상업/주류 영화의 양태를 찾고 있었다. 그리고 이 목표를 이룬 것은 예다잉이 아닌 바로 펑샤오강이었다. 펑샤오강과 그의 창작이 침몰하는 배의 한쪽에 놓인 구명정의 존재를 간혹 일깨워주었다.

문화 분석의 일례 2 : 『책상 서랍 속의 동화(一個都不能少)』

또 다른 재미있는 사실은 예전 명성에 걸맞게 1998년 중국 방송미디어의 주목을 받은 장이머우의 이 해 '대표작'이 영화가 아니라 대형 이벤트로 새롭게 모습을 바꾼 이태리 가극 『투란도트(Turandot)』였다는 사실이다. 이번의 경우 장이머우라는 이름은 '중국'이나 '중국 영화'만을 의미하진 않았다. '이관왕'[336])이라는 명성 외에도, 장이머우는 '새롭게 도약'하여 유럽 고전 예술의 최고 전당에 오르게 되었다. 그러나 굳이 확대해석하지 않더라도 『투란도트』의 '중국판'이 『붉은 수수밭』이나 『홍등』보다 더 선명하게 '오리엔탈리즘의 승리'[337])를 보여준다고 할 수 있을 것이다.

『투란도트』의 베이징 상연 전후, 장이머우에 관한 보도는 『책상 서랍 속의 동화』와 『집으로 가는 길』과 관련이 있었다. '작은 궁리'인 장쯔이의 에피소드 외에, 미디어는 『집으로 가는 길』보다 『책상 서랍 속의 동화』를 더 자주 다루었다. 그 내용은 영화의 연기자가 모두 아마추어 연기자로, 실명으로 등장하는 아이와 촌장, 민간 교사는 '자신'을 연기하였으며, 상하이 주변 노 교사의 작품을 개편한 것이라는 따위었다. 이 모든 것이 사람들로 하여금 극단적인 새로운 작품('논픽션 영화(?)'라는 것)에 대해 기대하게 했다. 장이머우의 말을 빌리자면 '적어도 『귀주이야기』류의 영화라는' 것이었다. 흥미로운 점은 『책상 서랍 속의 동화』에 대한 미디어의 뜨거운 열기가 중국 영화가 '개별 작품(影片)의 사실'을 탈피하여 '영화(電影)의 사실'로 되어가기 시작했음을 대신 보여준다는 점이다. 더 간단명료하게 말해, 작품이 스크린 속의 예술적 심미적 혹은 상업적 행위에 그치지 않고 스크린 안과 밖과 그리고 촬영 전후를 아우르는 '오페라'가 되기 시작한 것이다. 『책상 서랍 속의 동화』에 관한 국내 미디어의 보도가 계속해서 이어지자 여태껏 미디어 인터뷰를 사절하던 장이머우가 이번에는 스스로 기자회견을 청하여 솔직하고 성실하나 좀 교활한, 장이머우다운 고백을 한 것이다. "이전의 내 작품은 좀 민감한 부분이 있어서 기자를 청하기가 어려웠다. 불필요한 오보가 생길까도 두려웠다. 하지만 이번 작품은 정말 건전한 작품으로……." [338]

'건전'과 '민감' 사이의 대조는 영화의 제재와 주제 선택에 있어 충분한 현실적 합법성을 고려했음을 보여주는 것이었다. 이러한 '건전'한 기저를 실현하고자 그는 '따뜻함'과 '따뜻함이 넘치는 황금빛'으로 '냉혹함이 아닌 친절함'을 추구했으며 '미감'과 관객에 대한 친근함을 추구했다. [339] 중국 영화에 영향을 미치는 헐리웃 대작에 대해

『책상 서랍 속의 동화』

장이머우는 분명한 인식과 높은 경계심을 지닌 소수의 감독 중 하나임에 분명했다. "우리는 왜 헐리웃을 대신해서 목청 높여 홍보해주어야 하는가? 헐리웃이 들이민 흉측한 주둥이 아래서 결국 우리는 언젠가 후회하게 될 것이다."[340] 그러나 『좋은 말로 해』보다 더 건전하고 따스한 영화였던 『책상 서랍 속의 동화』는 국내 시장과 본토 관객에게로 시야를 돌렸다고 하기에는 부족했다. 작품은 여전히 국제적 콘텍스트 속에서 조정과 교정을 거친, 혹은 다소 모호하고 어찌할 바 모르는 국제적인 요구를 담고 있는 작품이었다.[341] 그리고 더 중요한 조정이 자신의 예술적 문화적 태도를 조정한 장이머우에게서 일어났다. 적어도 이번에는, 1998년 중국 영화와 방대한 중국의 문화적 콘텍스트 속에서 그가 선택한 상징적인 배역은 더 이상 궤도를 벗어나거나 선봉적이거나 비판적인 혹은 거리를 둔다는 의미를 조금도 지니지 않고 있었다. 장이머우는 다음과 같이 말했다. "우리 어린아이들을 그렇게 냉정하게 찍어서 뭐하겠는가? 미감을 환기시키는 것은 영원한 것이다. 이번

『책상 서랍 속의 동화』

에 선택한 어린이라는 제재는 비판적 현실주의를 위한 제재가 아니라 인류의 공통적인 감정인 초계급적인 것으로, 이러한 인간을 위주로 하여 인물에 접근한 것이다."[342] 그러므로 이번의 인도주의라는 담론은 더 이상 중국 역사나 현실 속의 '식인 연회'를 보여주거나 폭로하는 것과 함께 하지 않았다. 그것은 아이들, 아름다움, 온정 그리고 인류의 감정과 함께 했다. 『책상 서랍 속의 동화』속에는 사회의 건전한 여론의 방향과 '희망 공정'의 새벽빛이 함께 했으며, (아마도 부자일?)도시민의 양지良知와 아낌없는 원조도 함께 했다.

　영화의 서사 과정에 있어 이야기의 정경과 인물 행위의 동기를 이루는 현실주의적 요소라 부를 만한 중요한 요소들이 현저하게 허술해졌다는 점은 흥미롭다. 즉, 시골의 교육현황과 시골 아이들의 학업 중단과 밀접한 연관을 지니는 극도의 빈곤이라는 측면 말이다. 13세밖에 되지 않는 '대리교사' 웨이민즈(魏敏芝)는 민간 교사가 떠나면서 자신에게 한 부탁을 완강하고도 고집스럽게 그리고 충실히 지킨다. 한 명이라도 빠져서는 안 된다는 그녀 생각의 기본적 동기는 촌장과 교사가 공동으로 허락한 보수에서 비롯한다. 그녀는 '한 명이라도 빠져서는 안 된다'*는 것을 보수를 받을 수 있는 절대적 조건으로 여긴다. 그러나 이러한 논리로 전개되는 줄거리는 오히려 민즈가 '한 명이라도 빠져서는 안 돼' 라는 조건을 지키려고 도시로 가서 일하고 있던 아이를 데리고 온다는 것으로 이루어져 있다. '아이가 아이를 찾는다' 는 장이머우의 구상은 작품 속에서 이런 식으로 이루어졌다. 빈곤과 보수를 받아야 한다는 구성요소는 옅어져 장이머우식 집착으로 변모하였다. 그것은 소위 "추쥐에게는 말할 방법이 있어야 하고, 『좋은 말로 해』의 '장원' 에게는 '류신이(劉信義)' 의 손을 잘라야 한다" 는 것이었다.[343] 그러나 지나친 집착은 결코 『귀주이야기』와 같은 파란만장한 이야기 구조를 가지지도, 『좋은 말로 해』와 같은 '준아이러니' 식 정경을 이루지도 못하였다. 또한 『귀주이야기』의 이야기 구조가 지니는 복잡한 의미는 더더욱 없었다. 그러므로 이야기가 잠재적으로 포함하고 있던 현실의 고통과 어려움은 단순한 줄거리 전개라는 선적 흐름으로 변해버렸다. '고독' 한 사람들로 채워진 도시에서 한 시골아이가 그처럼 '쉽게' 인파 속에서 잃어버린 또 다른 아이를 찾는다는 것은 '하늘의 보살핌' 이자 '지극한 정성' 에 의한 것이라고 밖에 할 수 없다. 이번의 경우, 마술과도 같은 '공정한 재판관' 역은 텔레비전─권력의 매개이자 동시에 매개된 권력을 보여주는─에게 돌아갔다. 그것은 '모두가 조금씩 온정을 베푼다' 는 권선勸善의 의미를 다소 지녔으며, '좋은 사람에겐 좋은 일이 생긴다' 는 지극히 익숙한 따뜻함과 원만함도 지니고 있었다.

---

* 個都不能少. 영화의 원제이다.

그리하여 장이머우는 자신과 영화의 새로운 중심으로서의 지위를 힘들이지 않고 다시 얻어낼 수 있었다. 『귀주이야기』 때 접근하긴 했지만 도달하지는 못했던, '주선율 영화' 를 표지로 하는 중심적인 지위 말이다. 매우 드물게도 1999년 2월 26일 중앙 방송국 뉴스 네트워크가 『책상 서랍 속의 동화』의 개봉소식을 발표했다. 『책상 서랍 속의 동화』는 네트워크상에서 계획적으로 선전된 최초의 영화가 되었으며, 국산 영화로는 처음으로 '열 편의 대작' 에도 포함되었다. 청룽의 『빅타임(玻璃樽)』, 디즈니의 『뮬란(Mulan)』과 함께 1999년 연초의 삼대 '대작' (비록 『책상 서랍 속의 동화』가 장이머우의 의도적인 '적은 자본과 소규모 제작' 으로 만든 영화이긴 했지만) 중 하나가 되어 국내 시장에서 큰 성공을 거두었다. 더 흥미로운 사실은 1999년 4월 20일 『베이징청년보』가 일면에 장이머우가 프랑스 칸영화제에서 격분하여 신작 『책상 서랍 속의 동화』와 『집으로 가는 길』을 철회했다는 소식을 실었다[344]는 것이었다. 그리고 이 신문은 장이머우가 칸영화제 대표에게 보내는 정중한 글도 함께 실었다. "……제가 받아들일 수 없는 것은 중국 영화에 대해서 서구는 오랫동안 정치화된 해석 방식만 고수하는 것 같다는 사실입니다. '반정부' 적 영화로 포함시키지 않으면 '정부를 대신한 선전물' 에 포함시킨다는 거지요. 이런 단순한 개념으로 영화를 판단하다니 이 얼마나 유치하고 편향적입니까."[345] 장이머우의 이 '선언' 은 '마지막 사회주의 국가' 인 중국의 90년대 문화가 구미 세계 속에서 처해 있던 '탈냉전시대' 의 냉전 상황을 명확히 하였다. 그리고 근 10년간 유희 참여자들이 속으로는 분명히 알고 있었지만 표를 내지는 못했던 유희 규칙을 해체하였다. 하지만 장이머우가 최종적으로 발표한 이 선언은 사람들을 웃지도 울지도 못하게 만들었다. 왜냐하면 근래 들어 장이머우가 헐리웃과 유럽 국제 영화제에 대한 깨달음

촬영현장에서 장이머우

과 경계심을 표현하곤 있지만 그 자신이 동일한 유희와 동일한 규칙 그리고 논리의 가장 큰 수해자라는 사실은 의심의 여지가 없기 때문이었다. 게다가 그것은 한 번에 그치지 않았다. 구미 영화제와 서구 비평가들은 장이머우와 장이머우식 영화를 비예술적인 혹은 영화 텍스트가 직접적으로는 항의를 표하지는 않았지만 정치적 이견을 지니고 있다는 식으로까지 '독해' 해왔던 것이다. 그러던 것이 이번 칸영화제의 대표는 "장이머우의 두 신작을 '정부를 대신하는 선전물' 이라고 다시 이름 붙인다"[346]라고 했던 것이다.

빙해로 배가 침몰하였다. 구명정이 충분치 않으며 중국 영화계라는 거선을 구해낼 수 없다는 것도 분명한 사실이다. 몇몇 구명정들이 모선을 떠나기 시작했다. 이것은 비애일까 아니면 일말의 희망일까?

1999년 1월 24일 초고
1999년 4월 21일 두 번째 원고

주

1) 4세대 영화 예술가 및 그들의 작품은 분명 신시기 가장 중요한 영화적 그리고 문화적 현상의 하나이다. 소위 4세대는 단순히 연령 및 창작 연대에 근거해 나눈 예술 작가군(즉, '문화대혁명' 전이나 중에 베이징영화대학(北京電影學院)을 졸업하고, 1979년 뒤 독립하여 영화 창작에 임했던 감독들이다)은 아니다. 여기에는 특정한 영화감독들, 특정한 예술적 조류 및 특수한 풍격의 추구 등이 포함된다. 딩인난(丁蔭楠), 텅원지(滕文驥), 우이궁(吳貽弓), 황젠중(黃健中), 셰페이(謝飛), 정둥톈(鄭洞天), 장난신(張暖忻), 양옌진(楊延晉), 황수친(黃蜀芹), 우톈밍(吳天明), 옌쉐수(顏學恕), 궈바오창(郭寶昌), 루샤오야(陸小雅), 충롄원(從連文), 린훙퉁(林洪桐) 등의 영화 예술가들이 이 집단의 주요 구성원이다. 1990년 4세대 황젠중은 「第四代已經結束」을 발표했다. 사실, 80년대 중기에 4세대는 예술 집단으로서, 즉 공통의 예술적 지향을 가진 집단으로서 이미 해체되었다.

2) 장난신, 리퉈, 「論電影語言的現代化」, 『電影藝術』, 1979년 제3기.

3) 1979년 전후 중국 영화계는 바쟁의 이론에 관한 토론에 심취해 있었는데, 그의 중요한 영화 논문이 아직 다 번역되지 못한 상황이었다. 이로 인해 바쟁에 관한 인용은 대부분 2차 자료에 의존했다. 한참이 지난 후, 중국 영화인은 바쟁의 이론을 '롱 숏 이론'이라고 칭하였다. 1987년 4월에 이르러서야 사오무쥔(邵牧君)이 번역한 『電影是甚麼』가 中國電影出版社에서 출판되었다.

4) 『電影的本性-物質世界的復原』(邵牧君 譯, 中國電影出版社, 1981년 10월)은 독일 미학자 지그프리트 크라카우어(Siegfried Kracauer)의 영화이론 저작이다. 80년 대 초 바쟁 열풍이 일었을 때, 바쟁에 대해 아는 이들이 별로 없어 사람들은 늘 크라카우어와 바쟁을 함께 거론하면서 크라카우어를 통해 바쟁의 이론을 추론해냈다.

5) 『電影作爲藝術』은 독일 미학자이자 예술 심리학자인 루돌프 아른하임의 30년대 영화 저작이다. '연성영화(軟性電影)'의 제창자인 류나어우(劉吶鷗)가 1935년 『電影藝術論』이라는 제목으로 번역하여 5월에서 8월까지 『晨報ㆍ每日電影』에 연재했다. 이후 양웨중(楊躍重)이 번역하고 무인(木茵)이 교정하여 1986년 1월 中國電影出版社에서 출판하였다. 중국 영화인이게 이 책이 준 파급 효과는 매우 깊고 광범위했다.

6) 왕샤오화(王小華)는 루신화의 단편소설 『傷痕』의 여주인공이다. 1978년 발표되었는데, '상흔문학'이라는 말은 이 소설에서 그 이름을 얻었다. 송웨이(宋薇)는 루옌저우(魯彦周)의 중편소설 『天雲山傳奇』의 여주인공 중 한명이다. 1978년 작으로 발표 얼마 후에 셰진(謝晉) 감독이 이 소설을 바탕으로 동명의 영화를 제작했다.

7) 『電影藝術參考資料』, 1982년 3기 참고.

8) 러슈청(樂秀成)이 번역한 더글러스 호프스태터(Douglas Richard Hofstadter)의『GEB-一條永恒的金帶』(四川人民出版社, 1984년) 참조(우리나라에는『괴델, 에셔, 바흐: 영원한 황금노끈 (Gödel, Escher, Bach: an Eternal Golden Braid)』이라는 이름으로 소개되었음, 다이진화는 GKB로 서명을 썼으나, 이는 착오인 듯 함-옮긴이). 이 책은 80년대 초 대륙 문화계에 크고 직접적인 영향을 미쳤다. 책에는 화가 에셔의 작품이 여러 점 실려 있다. '에셔의 이상한 고리'는 스스로를 가리키거나 스스로를 둘러싸고 있는 것으로 당시에 한때를 풍미했던 비평용어다.

9) 프랑스 영화 '누벨 바그'의 대표적 인물이며 '세 명의 대표자' 중 한 명인 프랑소와 트뤼포의 데뷔작으로 세계 영화사상 고전이라 일컬어지는 명화 중 하나이다. 엔딩은 어린 주인공의 맹목적이고 절망적인 달음박질을 따라가는 롱 숏으로 이루어져 있다.

10) 5세대 영화 예술가들은 신중국 영화사에서 가장 중요한 지위를 차지한 집단이었다. 1982년 이후 베이징영화대학을 졸업해 1983년 이후 창작에 뛰어들기 시작한 일군의 청년 감독들을 일컫는다. 우수한 작품을 통해 80년대 중국 대륙의 역사/문화 반사 운동에 참여했을 뿐 아니라 작품을 통해 영화가 문학과 희곡을 추수하거나 그 하위 예술로 받아들여지는 상황을 바꾸었다. 5세대 작품이 출현함으로써 중국 영화는 세계 영화계에서 주목받을 수 있었다. 5세대의 처녀작은 장쥔자오(張軍釗) 감독의『하나와 여덟(一個和八個)』이었다. 천카이거, 장쥔자오, 후메이(胡玫), 쑨저우(孫周), 리사오훙(李少紅), 저우샤오원(周曉文), 미자산(米家山) 등이 이들 그룹에 속한다. 5세대는 그야말로 대단한 영화 예술 운동이었다. 1987년에 천카이거의『아이들의 왕(孩子王)』과 장이머우(張藝謀)의『붉은 수수밭(紅高粱)』은 5세대의 종결을 선언했다.

11) 1992년에 이르러 톈좡좡은『푸른연(藍風箏)』에서 앞장서서 '문혁'을 정면으로 서사했다. 이어서 천카이거의『패왕별희(覇王別姬)』, 장이머우의『인생(活着)』등이 정면으로 '문혁' 의 장면이 담긴 당대사를 다루었다.

12) 『광인일기』,『홀로 초췌해』는 각각 루쉰(魯迅)과 빙신(冰心)의 단편소설로 5·4시대의 명작이다.

13) 천카이거「秦國人」,『當代電影』, 1995년 3기 중 장이머우(張藝謀) 가문에 관한 묘사를 참조.『龍血樹』(또『我的紅衛兵時代』일문판,『少年凱歌』대만판), 香港天地圖書有限公司, 1992년의 부친과 '문혁' 경험에 대한 묘사 참조. 우원광(吳文光)의 다큐멘터리『1966-我的紅衛兵時代』, 1993년 중 톈좡좡(田壯壯)의 '문혁' 경험에 대한 방문 취재 부분 참조.

14) 『하나와 여덟』, 감독 장쥔자오, 촬영 장이머우, 쑤핑(蕭風), 廣西電影制片廠. 1983년 촬영을 끝냈다. 5세대의 출발점이었다. 이 작품은 처음에는 상영 허가를 받지 못했다가 1984년『황토지』가 발표된 후, 백여 군데를 수정하고서야 발표될 수 있었다.

15) 『말도둑』은 톈좡좡의 세 번째 작품이다. 西安電影制片廠, 1985년 작.『흑포사건』은 황젠신의 처녀작으로 西安電影制片廠, 1985년 제작되었다.『끊어진 소리』는 장쩌밍의 처녀작으로 珠江電影制片廠, 1985년 제작되었다.

16) 『황토지』는 '청년 영화 제작팀'이『하나와 여덟』후 두 번째로 찍은 작품이다. 감독에 천카이거, 촬영에 장이머우. 작품은 프랑스 낭트3대륙영화제에서 최우수 촬영상과 미국 하와이국제영화제에서 최우수 촬영상을 수상했다. 이로부터 5세대가 대표하는 중국 영화가 세계의 주목을 끌기 시작했다. 천카이거와『황토지』는 중국 영화의 대명사가 되었다.

17) 천카이거 · 장이머우, 「『黃土地』導演, 撮影闡釋」, 『北京電影學院學報』, 1985년 제2기.

18) 앞의 책.

19) 정둥톈 「從前有塊紅土地」, 『當代電影』, 1988년 제1기.

20) 세위안(謝園) 「아이들의 왕」에서 라오간 분), 「他叫陳凱歌」, 『當代電影』, 1993년 제1기 참조.

21) 1982년 베이징영화대학 촬영과를 졸업하고 『하나와 여덟』, 『황토지』, 『대열병(大閱兵)』 촬영감독을 역임한 후 장이머우는 『오래된 우물(老井)』(감독 우톈밍, 西安電影制片廠, 1986년)의 주연을 맡았다. 이어 독립하여 『붉은 수수밭』을 감독하였다. 영화는 베를린영화제에서 황금곰상을 수상하였고 중국 대륙 영화가 유럽 3대 예술 영화제를 석권하는 선례가 되었다.

22) 장쉬둥(張旭東) 「銀幕上的"語言"之物與"歷史之物"-對中國新電影的嘗試性把握」, 『電影藝術』, 1989년 제5기 참조.

23) 소설 『붉은 수수밭의 가족(紅高粱家族)』의 원작자 모옌(莫言)의 「影片《紅高粱》觀後雜感」, 『當代電影』, 1988년 제2기 참조.

24) 감독 톈좡좡의 말. 양핑(楊平) 「一個試圖改造觀衆的導演-與靑年導演田壯壯一席談」, 『大衆電影』, 1986년 제9기 참조.

25) 여류작가 장제(張潔)의 장편소설 『오직 하나 뿐인 태양(只有一個太陽)』, 作家出版社, 1989년 6월, 제1판.

26) 영화 『하나와 여덟』에서 중요한 플롯은 어린 조무사가 철수 도중 일본군의 손에 떨어져 엄청난 폭력을 겪게 되는 대목이다. 그녀와 같이 갔던 자는 원래 토비였던 서우옌구이(瘦煙鬼)다. 그는 하나 남은 총알로 조무사를 죽이고 일본인에 의해 사살된다. 이 플롯은 영화가 검열을 통과하지 못한 주요 원인 중 하나였다. 영화 수정판에서 이 플롯은 완전히 바뀐다. 노인 하나와 어린아이 하나가 일본인과 목숨을 걸고 싸워 승리를 쟁취하는 것으로 바뀌었다.

27) 영화 『황토지』에서 추이차오의 남편은 시종 출현하지 않고 그저 혼례에서 화면 틀로 뻗는 검은 손만이 얼굴가리개를 벗길 뿐이다.

28) 리이밍 「弑父行爲之后」, 『電影藝術』, 1989년 6기.

29) 그레마스 A. J. Greimas. 프랑스의 저명한 언어학자 구조주의 사상가, 기호학의 파리학파 창시자이다. 대표작으로는 『구조어의학(Structural Semantics: An Attempt at a Method)』, 『의미에 관하여(On Meaning: Selected Writings in Semiotic Theory)』 등이 있다.

30) 프레드릭 제임슨, 「處于跨國資本主義時代的第三世界(Third-World Literature in the Era of Multinational Capitalism)」, 장징아이(張京媛) 역, 『當代電影』, 1989년 6기.

31) 앞의 책.

32) 앞의 책.

33) 이탈리아 감독 안토니오니가 자신의 영화 『붉은 사막(The Red Desert)』에 대해 설명한 해석. Refkin Antonioni' s Visual Language, New Jersey, 1973.

34) 『역광』(딩인난 감독, 珠江電影制片廠, 1982년), 『도시 속의 마을』(텅원지 감독, 西安電影制片廠, 1982년), 『고향의 소리』(후빙류 감독, 瀟湘電影制片廠, 1983년), 『인생』(우톈밍 감독, 西安電影制片廠, 1983년).

35) 『해변』(텅원지 감독, 西安電影制片廠, 1984년), 『양가집 아녀자』(황젠중 감독, 北京電影制片廠, 1984년), 『야산』(옌쉐수 감독, 西安電影制片廠, 1984년), 『상지방 처녀 샤오샤오』(세페

이 감독, 靑年電影制片廠, 1985년), 『오래된 우물』(우톈밍 감독, 西安電影制片廠, 1986년), 『원앙루』(정동톈 감독, 靑年電影制片廠, 1986년), 『황하의 노래』(팅 원지 감독, 西安電影制片廠, 1990년).

36) 영화 『역광』 속의 방백. 시나리오 친페이춘(秦培春).

37) 리퉈의 「告別十九世紀」, 출처 미상.

38) 『해변』의 각본에서 감독이 덧붙인 주석. 『探索電影集』, 上海文藝出版社, 1988년.

39) 『해변』 각본

40) 『해변』 각본

41) 룽웨이칭(榮韋菁), 리이밍(李奕明)과 팅원지가 행한 대담 「第十一部」로 『電影藝術』에 실림. 1990년 3기.

42) 중앙인민정부는 제7차 회의를 소집하여 『중화인민공화국결혼법』을 통과시키고 강제결혼, 남존여비, 자녀 이익을 경시하는 등의 혼인제도를 폐지하고 남녀 혼인의 자유, 부녀자와 자녀의 합법적 이익을 보호하는 새로운 결혼제도를 시행하였다. 4월 30일 중앙인민정부 주석 마오쩌둥은 『중화인민공화국결혼법 시행에 관한 명령(關于施行中華人民共和國婚姻法的命令)』을 반포하고 결혼법을 5월 1일 공포, 시행하였다. 같은 날 중공중앙은 『결혼법 시행 보증에 관한 전국 공지(關于保證施行婚姻法給全國的通知)』를 공포하였다. 이 글에서는 "정확한 결혼법 시행은 중국 남녀 대중, 특히 수천 년간 지속된 야만적이고 낙후된 결혼제도 하에서 여성을 해방시킬 뿐만 아니라 새로운 결혼제도, 새로운 가정 관계, 새로운 사회생활과 사회도덕을 세울 수 있고, 이로써 신민주주의 중국의 정치 건설, 경제 건설, 문화 건설과 국방 건설의 발전을 촉진시킬 수 있다"고 지적하였다. 『중화인민공화국결혼법』, 人民出版社, 北京, 1950년, 中央人民政府法制委員會 編, 『婚姻法及其有關文件』, 人民出版社, 北京, 1950년, 『婚姻法學習資料』, 『光明日報』 편집부 선집, 『光明日報叢刊』 제1집, 『光明日報』 總管理處出版, 北京, 1950년 참조.

43) 中華全國婦女聯合會 편, 『成市婦女參加生産的經驗』, 北京新華書店出版, 1950년, 中華全國民主婦女聯合會宣教部 편, 『婦女參加生産建設的先進榜樣』, 靑年出版社. 北京, 1953년 참조.

44) 마오쩌둥이 1964년 6월 스산링(十三陵) 유람 시 청년과의 대화에서 한 말. 『毛澤東思想勝利萬歲』, 北京, 1969년, p243에서 인용.

45) 마오쩌둥의 말. 『最高指示』, 北京, 1968년, p256.

46) 징링쯔가 쓴 『史海鉤玄-武漢裸體大游行』, 崑崙出版社, 北京, 1989년 9월 초판 참조.

47) 현대문학 가운데 여성 작가 루인(盧隱), 바이웨이(白薇), 딩링(丁玲), 장아이링(張愛玲) 등의 작품을 참고하시오.

48) 中國婦聯編輯組, 『見中國女性解放資料選編』, 中國婦女出版社, 北京, 1993년 참고.

49) 감독 장수이화(張水華), 『바이마오뉘』, 1950년 東北電影制片廠.

50) 1949년에서 1955년 사이에 중국 영화의 가장 중요한 생산 기지는 상하이에서 창춘(長春)으로 옮겨갔고(둥베이영화제작소와 나중에 더 유명해진 창춘영화제작소), 주요 영화제작자들도 대다수 이전에 극영화를 제작해본 경험이 없는 '해방구 혁명 문예 공작자' 들이었다. 이로 인해 신중국 영화와 전후 40년대 중국 영화는 환연히 다른 모습을 띠었다. 1956년 11월 프랑스의 저명한 영화사학자 게오르그 사뚜어(George Sadonl)가 중국을 방문하여 3 · 40년대

중국 영화의 성과를 극찬하였는데 이것이 하나의 계기가 되었다. 이를 통해 3 · 40년대 영화가 재조명을 받았던 것이다. 이 덕분에 '신중국 영화' 의 시작과 중국 영화 전통은 일정 정도 봉합될 수 있었다.

51)　一張白紙, 沒有負擔, 好寫最新最美的文字, 好畵最新最美的圖畵. 마오쩌둥『介紹一個合作社』(1958년 4월 5일). 人民出版社, 1958년, pp1~2 참조.

52)　颯爽英姿五尺槍, 曙光初照演兵場. 中華兒女多奇志, 不愛紅裝愛武裝. 마오쩌둥, 「七絶 · 爲女民兵題照」, 『毛澤東詩詞』, 北京, 1960년, p255.

53)　필자와 멍웨(孟悅) 공저『浮出歷史地表-現代婦女文學硏究』, 河南人民出版社, 鄭州, 1989년 7월 제1판, 중 제1장과 제2장 참고.

54)　영화『홍색낭자군』중의 군복은 분명 예술적 가공물이다. 현존하는 사진 자료를 보면 제2차 국공내전 기간에 홍군 대부분은 정식 군복이 없었다. 하이난(海南) 충야(瓊崖) 종대(縱隊. 국공내전 때 중국 인미내방군 편제의 하나로 '軍(군단)' 에 해당함)의 여전사낭자군은 남겨진 유일한 사진(흑백)에서 폭이 넓은 치파오를 입고 있다. 이것은 당시 비교적 남성화된 여성 복장이었다.

55)　어떤 의미로 보자면 이것은 확실히 제1차 및 제2차 국공내전 및 항일 전쟁 중의 역사적 사실이었다. 징링쯔(竟陵子) 저『史海鉤玄-武漢裸體大遊行』pp271~235 참조.

56)　악부가사「木蘭詩」, 청대 심덕잠(沈德潛)이 편집한『古詩源』, 中華書局, 1963년 6월 초판, pp326~327 참조.

57)　경극에서 '旦' 역을 행하는 자의 하나. 무예가 높은 청 · 장년 여성으로 등에는 많은 깃발을 꽂고 있으며, 기마전을 많이 하는 편이고 중창과 춤을 함께 한다.

58)　『楊家將』. 장회소설로 작자 미상이다.『北宋志傳』에서 개편하였고, 북송의 양업(楊業)을 원형으로 해, 양계업(楊繼業)과 그의 처 여태군(余太君)을 가장으로 하는 양가장을 만들어냈다. 양가장 중 더 유명한 것은『楊家府演義』(『楊家府世代忠勇通俗演義』)인데 강사講史소설로 명나라 사람의 작품으로 전해진다. 두 책은 모두 양씨 집안의 남성 혈통, 즉 양령공(楊令公)과 그 아들 '칠랑팔호(七狼八虎)', 특히 넷째 양연소(楊延昭), 양양소의 아들 양종보(楊宗保, 목계영의 지아비), 그의 손자 양문광(楊文廣, 종보와 계영의 아들)의 남성 혈통을 중심으로 하고 있으며 '정사' 의 필체로 쓰인 야사라고 할 수 있다. 재미있는 사실은 여태군, 칠랑팔호의 처, 딸 팔저(八姐)와 구매(九妹), 손주며느리 목계영(『百歲掛帥』,『十二寡婦征西』로 별칭되는데 그 중 열두 과부)의 '양문여장((楊門女將)' 의 이야기들이 상술한 두 책에서 모두 두드러지거나 흔적조차 없다는 것이다. 양씨 집안 여자 장수 이야기 대부분은 민간 화본이나 희곡 형식에서 서술되고 점점 완전성을 갖추어갔다. 이로 인해 앞의 두 소설은 모두 문광의 아들 회옥(懷玉)이 가솔을 다 거느리고 태행산(太行山)으로 숨어들어가는 것으로 끝맺고 있다. 그러나 경극 시리즈물『楊家將』은『穆桂英掛帥』로 끝을 맺는다.

59)　경극의 유명한 극 제목, 『戰金山』이라고 한다. 남송 여성 장수이자 송의 장수 한세충(韓世忠)의 아내인 양홍옥(梁紅玉)을 다루고 있다. 건염建炎 4년(1130년) 양홍옥과 한세충 황천탕(黃天蕩)에서 금나라 군을 막는데, 양홍옥이 북을 두드리며 독전을 하여 금병을 대파하였다.

60)　경극 시리즈 극본『楊家將』에서 두 번 나오는데 전자가 말하는 것은 아비를 따라 산적 수령이 된 여성 장수 목계영이 토벌을 왔던 군관 양종보에게 반하여 그를 생포하여 산채에서

결혼하는 내용이다. 후자는 양종보가 목계영과 결혼한 후 송영宋營으로 돌아갔으나 부친이 '적진에서 결혼하여 아군을 동요시켰다'는 죄로 관가에 묶어버리고 사람들이 간언하는 것을 불허했다. 그러나 목계영이 부대를 거느리고 오자 종보를 풀어주고 황급히 장수의 인을 내줄 수밖에 없었다.

61) 경극의 유명한 제목. 당대 대장군 곽자의(郭子儀) 일가가 아주 높은 공을 세워 숙종(756~778)이 그 어린 아들 곽애(郭曖)를 부마로 삼는다. 그러나 공주는 버릇이 없어서 남편에게 군신의 예를 강제하였고 이에 곽애는 치욕감에 공주를 때리고 말았다. 그러나 황제에게 사면을 받아 공주와 부마 간의 군신례는 오히려 금지되었고 딸에게는 부부의 예를 행할 것이 요구되었다.

62) 달기는 상商 주왕(紂王)의 총비이다. 역사서와 소설에서 주왕이 달기의 황음무도함을 좋아했기 때문에 상이 멸망하는 것으로 묘사된다. 포사는 주周 유왕(幽王)의 총비로서 역사서와 전설에서 주 유왕(?~기원전 771)이 포사를 너무 귀애하여 서주를 망하게 하였다고 전한다.

63) 『孔雀東南飛』는 『古詩爲焦仲卿妻作』이라고도 한다. 아름답고 현명한 유란지(劉蘭芝)는 여강부(廬江府)의 말단 관리 초중경(焦仲卿)의 처가 되었다. 부부간 정이 깊었으나 시어머니의 핍박으로 유씨부인은 친정으로 쫓겨난다. 두 사람은 서로 수절하기로 맹세하였으나 유씨부인은 재차 오빠에 의해 시집을 가야 할 처지가 되고 이에 강에 몸을 던져 자살한다. 초중경은 이 소식을 듣고 역시 '스스로 동남쪽 나뭇가지에 목을 매어(自掛東南枝)' 둘 사이의 정을 지켜냈다. 『古詩源·卷四·漢詩』, pp82~87 참조. 『釵頭鳳』은 송대 시인 육유(陸游)의 유명한 사(詞)이다. 『耆舊續聞卷十』에 수록되어 있다. '육유는 부부간 금슬이 깊었지만 어머니의 마음에 들지 못해 아내를 내보냈다. 그러나 부부의 정은 떨어지는 것을 싫어해 나중에 따로 집을 구해 서로 만남을 계속했다. 그곳에는 아름다운 정원이 있었다. 육유가 하루는 정원에 이르자 아내가 주안상을 내 은근한 정을 보였다. 육유가 그 정에 감동해 이 사를 지어 보냈다. 아내가 이를 보고 그에 화답해……오래지 않아, 원통함 속에 죽음을 맞이했다.(放翁先詩內琴瑟甚和, 然不當母夫人意, 因出之. 夫妻之情, 實不忍離. 後適南班士名某, 家有園館之勝, 務觀一日至園中, 去婦聞之, 遣遣黃封果酒果饌, 通殷勤. 公感其情, 爲賦此詞. 其婦見而和之,…… 未幾, 怏怏而卒.' 용유생(龍楡生) 편 『唐宋名家詞選』, 上海古籍出版社, 1980년 2월 新1版, pp231~232 참조. [清沈復『浮生六記』, 현재 四卷이 존재한다. 심복과 이종사촌누이 진운(陳蕓)은 어린 시절부터 친구였는데 뒤에 부부의 연을 맺게 되었다. 금슬 좋은 부부였으나 시어미의 눈 밖에 나 쫓겨났고 가난과 병에 시달리다 죽었다. 뒷날 친구 탁당(琢堂)이 "첩을 주어, 춘몽에 빠져들었다. 이로부터 시끌하게 살아갔다. 어느 때 꿈에서 깰지를 모른 채로(贈一妾, 重入春夢. 從此援援攘攘, 又不知何時夢醒耳". 人民文學出版社, 北京, 1980년 7월 제1판 p38.

64) 『홍협』원이민(文逸民) 감독. 무성극. 友聯影片公司, 1929년.『황강의 협녀』, 천경란(陳鏗然) 감독, 友聯影片公司, 무성극. 모두 11편, 1930~1931년 제작되었다.

65) 『신녀』, 우융강(吳永剛) 감독, 무성극. 聯華影業公司, 1934년.『들장미』, 순위(孫瑜) 감독. 무성극, 聯華影業公司, 1932년 .『교차로』, 천시링(陳西苓) 감독. 明星影片公司, 1937년.『길거리 천사』, 위안무즈(袁牧之) 감독. 明星影片公司, 1937년.

66) 『신여성』, 차이추성(蔡楚生) 감독. 聯華影業公司, 1934년.

67) 『머나먼 사랑』, 천리팅(陳鯉庭) 각색·연출. 中央電影企業股分有限公司二廠, 1947년.『가

둘 수 없는 봄빛」, 어우야위첸(歐陽予倩) 각본, 왕웨이이(王爲一)·쉬타오(徐韜) 감독. 昆侖 影業公司, 1948년 .『약자, 그대의 이름은 여자』, 어우야위첸 각본, 홍선(洪深)·정샤오추(鄭 小秋) 감독. 大同電影企業公司, 1948년.

(68) 리쩌허우(李澤厚)『中國現代思想史論』, 東方出版社, 1987년 6월 참조.

(69) '5·4'를 이어 중국 여류작가 창작의 또 다른 고조기가 40년대 일본 점령지구에서 나타났다.

(70) 진관타오(金觀濤)와 류칭펑(劉靑峰)의 논문『歷史的沈思-中國封建社會結構及其長期延續 原因的探討』에서 이 개념이 가장 먼저 제기되었다. 작가는 이를 근거로 이후 갖가지 시스템 론을 전개시켜나갔다.『歷史的沈思』, 三聯書店, 1980년 12월.

(71) 장아이링(張愛玲)의 유명한 중편소설.

(72) 뤄빈지(駱賓基)『蕭紅小傳』, 黑龍江人民出版社, 哈爾濱, 1981년 11월, pp86~86, pp102~104 참조.

(73) 주젠(朱劍)『無冕影后阮玲玉』, 蘭州大學出版社, 1997년 1월, pp203~289 참조.

(74) 쑤쑤,『前世今生』, 上海文藝出版社, 1997년 3월, pp76~78.

(75) 후란청,『今生今世』하권,『民國女子』, pp273~306,『永佳嘉日』, 三三書坊, 臺北, 1990년 9 월 16일, pp471~478 참조.

(76) 관변 여성 간행물과 여성연합조직의 상용어. 여성이 사회적 책임과 가사 노동을 동시에 짊어진다는 것을 지칭함.

(77) 주젠(朱劍)『無冕影后阮玲玉』, 蘭州大學出版社, 1997년 1월, pp203~289 참조.

(78) 앞의 책, pp87~88.

(79) 『전쟁에서의 청춘』, 왕옌(王炎) 감독. 長春電影制片廠, 1959년.

(80) 마오쩌둥,『論聯合政府』,『毛澤東選集』, p1031.

(81) 『청춘의 노래』, 추이웨이 감독. 여성 작가 양모의 동명 장편소설을 개작. 北京電影制片廠, 1959년.

(82) 허샤오(何曉),「『靑春之歌』-大躍進的産兒-群英會上訪崔嵬」,『文滙報』, 1959년 12월 5일. 필자의「『靑春之歌』歷史視域中的重讀」,『電影理論與批評手冊』, 科學與技術文獻出版社, 1993년, pp199~217.

(83) 마오쩌둥,「在中國共産黨全國宣傳公會會議上的講話」, 1957년 5월 12일,『毛澤東選集』제 5권 1977년 판, p406.

(84) 마오쩌둥,「打退資産階級右派的猖狂進攻」, 1957년 7월 9일, 앞의 책 p440.

(85) 마오쩌둥,「堅定地相信群衆的大多數」, 1957년 10월 13일, 앞의 책 p492 참조.

(86) 허샤오,「『靑春之歌』-大躍進的産兒-群英會上訪崔嵬」,『文滙報』, 1959년 12월 5일.

(87) 『謝晉談藝錄』, 上海文藝出版社, 1991년 2월, pp201~204에서『홍색낭자군』남자 주인공의 애정 플롯은 여섯 차례에 걸친 수정 후 완전히 삭제되었다.

(88) 문미門楣에 내걸린 光榮人家라는 표지는 여주인공의 남편이 직업군인임을 말한다. 이처 럼 그녀는 이미 귀속처를 갖고 있으며, 또 합리적으로 그 배우자의 결석을 설명하고 있다.

(89) 장즈신은 '문혁' 기간 중 유일하게 중공 중앙에 정치적 글을 올려 '문혁' 중 종종 폭행당 한 여성 공산당원이 있음을 밝혔다. 체포되어 투옥된 후 줄곧 죄를 인정하지 않아 사형에 처 해졌으며 형 집행 전 목소리 기관을 절제당해 항의의 뜻을 표할 수 없었다.

90) 레이슈옌(雷抒燕),「小草在歌唱」,『新時期詩歌選』, 漓江出版社, 桂林, 1986년 6월, p98.

91) 1979년 이후의 문학예술 작품에서 이야기되는 정치 역사적 반사反思는 1955년을 그 상한으로 한다.

92) 진정으로 이 '셰진 모델' 혹은 셰진식의 '상상적 해결'을 완성하는 것은 1987년에 출품된 영화 『부용진(芙蓉鎭)』이다. 영화에서 여성 주인공의 역사에 대한 규탄은 한마디 외침으로 나타난다. "남자를 돌려줘!" 그러나 반면 인물에 대한 선고는 담담한 한마디이다. "아직 결혼하지 않았나 보지?"

93) 90년대부터 각 정기 간행 잡지, 특히 상업 통속 잡지는 연속적으로 '전업주부' 문제를 토론하였다. 이와 함께 국영 대·중형 기업의 개조-사유화 과정-에 따른 하강 여성 역시 가장 주목을 끄는 사회문제였다.

94) 1978년 이래 계급적 귀속이라는 의미에서의 노동 여성은 기본적으로 문학예술 언어에서 사라졌고 그것을 대신한 것은 도시 지식 여성이었다.

95) 바이시펑(白溪峰)의 연극 『風雨故人來』, 1979년 베이징에서 연출될 당시 거대한 반향과 논쟁을 불러일으켰다. 『白溪峰劇作選』, 中國戲劇出版社, 1988년 10월 제1판, p137.

96) 정예푸(鄭也夫), 『代價論--一個社會學新視覺』, 三聯書店, 1995년 4월, pp68~75.

97) 필자의「기울어진 탑: 4세대를 다시 읽다」, 『電影理論與批評手冊』, pp8~12 참조.

98) 『황토지』(천카이거 감독, 1984년), 『오래된 우물(老井)』(우톈밍 감독, 1987년), 『황하의 노래(黃河謠)』(텅원지 감독, 1990년), 『무출혈(無出血)』(허우융(侯咏) 감독, 1991년) 등에서 볼 수 있다.

99) 필자의「끊어진 다리 : 아들 세대의 예술」 참조.

100) 주마(朱瑪) 주편, 『電影手冊』, 四川大學中文係, 四川省電影發行公司, 成都, 1980년 판, p317.

101) 이 사이 여성 감독이 촬영한 '여성 제재' 영화는 다음과 같다. 왕쥔정(王君正)『산림 속의 여인(山林中頭一個女人)』1987년, 『여인·TAXI·여인(女人·TAXT·女人)』1990년, 친즈위(秦志鈺)『은행나무의 사랑(銀杏樹之戀)』1987년, 『주리아가씨(朱麗小姐)』1989년, 『독신여인(獨身女人)』1990년, 바오즈팡(鮑芝芳)『금빛 손톱(金色的指甲)』1988년, 무전녠(武珍年)『거짓말쟁이 여자의 진정(假女眞情)』1988년, 텔레비전 연속극『여인들(女人們)』1990년, 둥커나(董克娜)『누가 제삼자인가(誰是第三者)』1988년, 『여성세계(女性世界)』, 1990년. 루샤오야가 촬영한 『뜨거운 사랑(熱戀)』1989년, 왕하오웨이『집으로 가는 오솔길(村路帶我回家)』1990년, 『오, 샹쉐I(哦, 香雪)』1992년, 광춘란(廣春蘭)이 찍은 『화염산에서 온 어린 고수(火焰山來的小鼓手)』1992년 등.

102) 영화 『사오우』의 대사.

103) 샬롯 브론테(Charlott Bronte), 『Jane Eyre』 속의 미친 여인에 대한 이야기 참조. S. 길버트(Sandra M. Gilbert), 수잔 구버(Susan Guber), 『閣樓里的瘋女人(The Madwoman in the Attic)』, 『女性主義文學理論』, 후민(胡敏), 천차이샤(陳彩霞), 린수밍(林樹明) 역, 湖南文藝出版社, pp113~125 참조.

104) 『背解紅羅』, 경극과 월극 등의 여러 남방 지역 희곡 중의 유명한 극목.

105) 테레사 드 로레티(Teresa de Lauretis), 『從夢中女談起 (Through the Looking-Glass;

Women, Cinema, and Language)』, 王小文 역, 『當代電影』1988년 4기) 참조.

106) 왕인이, 『紀實和虛構-創造世界方法之一種』, 人民文學出版社, 北京, 1993년 6월 초판.

107) 자오리밍(趙麗明) 주편, 『中國女書集成——種奇特的女性文字資料總匯』「序」, pp15~17 참조.

108) Julia Kristeva, About Chinese Women.

109) 로라 멀비(Laura Mulvey), 「視覺快感與敍事性電影("Visual Pleasure and Narrative Cinema", Narrative, Apparatus, Ideology: a Film Reader)」, 저우촨지(周傳基) 역, 『影視文化』 1기, 文化藝術出版社, 北京, 1988년, 관련 논술 참조.

110) 『인간·귀신·사랑』의 이야기는 여자 예술가 페이옌링(영화 속에서는 종규(鐘逵)로 분장한)의 실제 인생역정을 원형으로 한다. 필자와 양메이후이 교수(Prof. Mayfair Yang)가 황수친 감독에 대해 얘기한 대담 『追問自我』, 『電影藝術』, 1993년 5기, 참조.

111) 어떤 의미에서 보자면 『인간·귀신·사랑』을 실제 일을 다룬 전기물로 볼 수 있다. 영화의 최초 동기는 감독이 접한 여성 희극예술가 페이옌링에 관한 보고문학에서 비롯한다. 앞의 책 참조.

112) 1995년 4월 2일 황수친 감독은 남가주 대학(University of Southern California) 영화과 주최 좌담회에서 자신의 영화에서 여성의 시점이 표현되길 바랐다고 말했다. 그것은 곧 보통의 경우 남북 방향으로 창을 뚫는데 그런 방에 동쪽으로 향하는 창을 여는 것과 같고, 그 창은 아마도 색다른 풍경을 보여줄 것이라 했다.

113) 여성 극작가 바이시펑의 유명한 연극 『風雨故人來』는 지식인인 한 모녀의 인생과 일과 애정이라는 진퇴양난에 처한 그녀들의 선택을 묘사한다. 1980년대 초 북경에서 상연될 때 남녀 모두로부터 상당히 격렬한 반향을 일으켰다. 극중의 독백 "여인은 달이 아니에요. 남자의 빛으로 자신을 반사시키지 않아요."는 도시 여성들의 입에 오르내리는 글귀가 되기도 했다. 어떤 의미에서 보자면 『風雨故人來』는 신시기 초기에 출현한 여성의 자각적인 반항의 목소리라 할 수 있다. 『風雨故人來』의 극본은 『白溪峰劇作選』, 中國戲劇出版社, 北京, 1988년 10월 초판, p137에 실려 있다.

114) 악부가사 「木蘭詩」 참조. "萬里赴戎機, 關山度若飛, 朔氣傳金柝, 寒光照鐵衣, 將軍百戰死, 壯士十年歸. ……開我東閣門, 坐我西閣床, 脫我戰時袍, 著我舊時裳, 當窓理云鬢, 對鏡帖花黃. 出門看火伴, 火伴皆驚忙: 同行十二年, 不知木蘭是女郎".

115) 호손(Nathaniel Hawthorne)의 장편소설 『주홍 글씨(The Scarlet Letter)』

116) 경극의 유명한 극목으로 장편 역사극 『楊家將』에서 나온 이야기. 송나라 대장군 양건업(楊建業, 老令公)이 군대를 이끌고 요나라를 정벌하러 갔다가 군량 부족으로 전쟁에서 패하자 자진한다는 내용으로 되어 있다. 양楊씨 집안은 장수 하나를 보내 양건업의 시신이 어디에 묻혔는지 알아보게 하는데 이 장수가 이국의 한 여관에 투숙하게 된다. 그런데 송나라를 섬기는 한인인 이 여관의 심부름꾼이 송의 장수를 이족의 장수로 오인하고, 송의 장수는 이 심부름꾼을 요나라의 간첩으로 오해한다. 서로 오인하는 가운데 서로 몰래몰래 싸우다가 결국 오해를 풀게 된다. 원래는 무축희(武丑戲, 춤과 무술 동작을 하는 무인 역할로 익살스런 언행과 몸짓을 하는 광대역-옮긴이)였으나 이후 무생희(武生戲, 무술에 뛰어난 남자 무사역-옮긴이)로 바뀐다.

117) 80년대 초중기의 역사 문화 반사 운동 가운데 심근문학, 4세대, 5세대 영화는 때때로 바보를

등장시켜 중국 전통문화의 몽매함이나 역사적인 잠재의식을 은유해냈다. 한사오궁(韓少功)의 중편소설『아빠·아빠·아빠(爸爸爸)』와 5세대 감독 장쩌밍의 영화『끊어진 소리』가 가장 대표적이다.

118) 이 인물은 심지어 엔딩 롤에서조차 '뒤통수'로 표현된다.

119)『長坂坡』는 경극의 유명한 극목으로 나관중(羅貫中)의 고전 장편소설『삼국연의(三國演義)』에서 소재를 취하였다. 유비 휘하의 대장수인 소년 영웅 조운이 긴 둑에서 조조(曹操)의 대군에 맞서 홀로 고전하면서 유비의 처 미부인과 아들 아두를 보호하는 이야기다. 즉, 민간 고사의 유명한 단락 '長坂坡求阿斗'이다.

120) 영화에서 추운이 연기하는 제갈량과 관공(관우)의 구별은 경극의 유명한 극목『群英會』와 『華容道』의 장면으로 나뉜다. 모두『삼국연의』에서 취했다.

121) 경극 중 유명한 무생희이다. 중국 고전 장편소설『說岳全傳』에서 이야기를 취했다. 남송의 명장 악비(岳飛)가 군사를 이끌고 쳐들어온 금국의 군대와 싸운 이야기로, 금군은 철갑과 연환거(골거라고도 부름)로 이들을 막는다. 송나라 장수 고총은 홀로 진을 뚫고 들어가 장창으로 골거를 뒤집는데, 십수대의 골거를 부수자 몸을 가눌 힘이 없어서 골거에 깔려 죽었다는 내용이다.

122) 소은은 경극의 유명한 극목인『打漁殺家』의 주인공이다. 중국 고전 소설인『水滸後傳』에서 고사를 취했다. 양산박의 호한들이 조정의 부름에 응한 뒤에 양산박의 영웅이었던 소은이 딸을 데리고 고향으로 돌아가 고기를 잡으며 생활했다는 이야기이다. 그러나 탐관오리의 핍박에 살길이 막막해져 탐관을 죽이고 다시 의거를 일으켰다.

123) 마서전(馬書田)의『華夏諸神』중「道敎諸神」48번째 '鍾逵', 北京燕山出版社, 1990년 2월, pp265~279 참조. 종력(宗力), 유군(劉群)이 편한『中國民間諸神』중「丙編·門神」'鍾逵' 관련 부분 참조. 이는 송대 심괄(沈括)의『夢溪筆談·補筆談』과 여러 고대 필기문을 근거로 하는데 당대 화가 오도자(吳道子)가 당현종(唐明皇)을 위해 그린 鍾逵捉鬼圖의 전설을 기록하고 있다. 전하는 바에 의하면, 당 명황(明皇)이 역산(力山)에서 환궁한 뒤, 오래도록 병이 낫질 않았는데 어느 날 꿈에 크고 작은 귀신 둘을 보게 된다. 작은 귀신 '의강독비(衣絳犢鼻)'는 양귀비(楊貴妃)의 자향주머니와 황제의 옥피리를 훔쳐서는 대전을 돌아다니고 있었는데, 모자를 쓰고 남색 옷을 입은(혹은 검은 얼굴에 수염이 가득하고 낡은 모자와 남색 도포를 입었다고도 한다) 큰 귀신이 작은 귀신을 잡아서는 눈을 파버리고 둘로 갈라버렸다. 황제가 누구냐고 묻자 종규라 답했다. 당명황이 잠에서 깨어나자 어느새 병도 나았다. 그리하여 화가 오도자에게 명을 내려 종규의 상을 그려 문신門神으로 삼았다(河北人民出版社, 石家庄, 1986년 9월 초판, pp231~241). 어떤 학자는 영화『인간·귀신·사랑』을 해석하면서 이 이야기를 끌어다 프로이드의 정신분석이론을 써서 영화와 종규 고사를 설명할 수 있다고 했다. 그의 언급 속에는 "황상의 병이 치유되는 것은 적어도 세 물건과 관련 있다. 이 세 물건은 정신분석의 배경에서 설명할 수 있다고 본다. 자향주머니는 페티시즘의 대상이고 눈은 엿보기의 기관이며 옥피리는 승화활동의 도구이다. 이 꿈은 당 현종(玄宗)이 잠재의식 속에서 문화와 성에 대한 이러한 관계를 인식하고 있었음을 암시하는 듯하다. 문명은 곧 상징적인 거세라는 관계 말이다. ……영화의 잠재의식은 우리에게 서로 모순된 관계를 펼쳐보인다. 예술상에서 거둔 추원의 성공은 생활 속의 철저한 실패를 대가로 한다. ……이 논리는 모종의 방

식으로 종규라는 형상에 표현된다. 한 여성이 자신의 부재로 인해 이러한 부재(상징적 거세)에 대한 끊임없는 추구를 행한다는 것이다. 이런 모순 관계 속에서 그 결과는 당연히 아무런 의미도 없는 헛된 것일 뿐이다. 그녀의 성공은 그녀의 실패이며 그녀의 실패는 곧 그녀의 성공이다. 그녀는 아마 모르겠지만, 그녀가 쫓아버려야 하는 것은 바로 그녀가 열렬히 바라는 것이다."(왕디(王迪) 주편, 『通向電影藝術的聖殿-北京電影學院影片分析課敎材』, p387, 中國電影出版社, 1993년 2월 초판) 필자는 이러한 해석을 인정할 수 없다. 먼저, 영화 『인간·귀신·사랑』 속의 종규 고사는 민간 종규희에서 비롯된 것으로 문인 필기 속의 종규화에 대한 전설이 아니다. 그리고 이 학자가 비록 글에서 "모든 것은 그녀(추원)가 아버지 법질서의 테두리 안에서 생활하는 데서 비롯한 것으로 이 질서는 그녀의 이중적 부재와 영원한 모순을 확정지었다. 그러나 이 질서 자체를 우리는 질문할 가치가 있다"고 밝히고 있지만, 해석자의 입론이 오히려 남성적 시점을 근거로 여류감독의 여성이야기를 해석하고 있다는 분명한 사실을 알아야 한다.

124) 영화에서 추원은 자기 집에다 종규의 가면을 붙여두는데 남편과 벗의 반대에도 무릅쓰고 종규 역할에 집착한다. 그녀의 독백 가운데는 '엄마는 세상에서 가장 좋은 남자를 연기하고 싶어'라는 표현이 있다.

125) 조설근(曹雪芹), 『紅樓夢』 32回 , 人民文學出版社, 北京, 1957년 10월 제1판, pp331~332 참조.

126) 상고 한어에서 여자가 남편의 집에 거한다는 것을 '歸(돌아가다)'라고 했으며, 여자가 시집가는 것 역시 '歸'라고 불렀다. 『詩經』 「國風·南山」에 다음과 같은 구절이 있다. '魯道有蕩, 齊子由歸'. 『周易』에도 '歸妹'라는 괘가 있다.

127) 쟝쯔룽(蔣子龍)의 소설 『차오 공장장 취임기』, 1980년. 『당대인』, 감독 황수친, 瀟湘電影制片廠, 1980년. 『피는 언제나 뜨겁다』 원옌(文彦) 감독, 北京電影制片廠, 1983년. 『공화국은 잊지 않는다』 자이쥔졔(翟俊杰), 廣西電影制片廠, 1987년.

128) 지홍전(李紅眞) 『文明與愚昧的衝突-論新時期小說的基本主題』, 浙江文藝出版社, 1986년.

129) 『도시 속의 시골』, 텅원지 감독, 西安電影制片廠, 1982년.

130) 『야마하 어물전』 장량(張良) 감독, 珠江電影制片廠, 1984년.

131) 『이웃』 정둥톈(鄭洞天) 감독, 靑年電影制片廠, 1981년.

132) 『입체 교차교(立體交叉橋)』, 류신우(劉心武) 중편소설.

133) 『대교 아래』, 바이천(白沈), 上海電影制片廠, 1983년.

134) 『전전의 미장원』, 쉬퉁쥔(許同均) 감독, 靑年電影制片廠, 1986년.

135) 『인생』 루야오(路遙)의 동명 소설을 각색한 영화. 우톈밍(吳天明) 감독, 西安電影制片廠, 1984년.

136) 『녹화수』, 『남자의 반은 여자』, 장셴량(張賢亮)의 중편소설. 『말치는 사람』, 세진이 장셴량의 소설 『영과 육(靈與肉)』을 각색한 영화. 上海電影制片廠, 1982년. 『야인』 가오싱졘(高行健)의 연극 극본, 1985년.

137) 『흑포사건』 황졘신(黃建新) 감독이 장셴량 소설 『낭만적인 흑포(浪漫的黑炮)』를 각색한 것. 西安電影制片廠, 1985년.

138) 유관 토론은 『球籍--一個世紀性選擇』, 百家出版社를 참조.

139) 중청샹(仲呈祥), 「黑炮事件的評論」, 『探索電影集』 上海文藝出版社, 1986년 12월을 참조.

140) 프레드릭 제임슨, 『後現代主義與文化理論(Postmodernism and Cultural Theories)』, 탕샤오빙(唐小兵) 역, 陝西大學出版社, 1986년 8월, p69에서 인용

141) 『도시의 가면무도회』 송쟝보(宋江波), 長春電影制片廠, 1986년.

142) 『로큰롤 청년』 톈좡좡 감독, 靑年電影制片廠, 1987년.

143) 『커피에 설탕 약간』 쑨저우 감독, 珠江電影片廠, 1987년.

144) 『태양우』 장쩌밍 감독, 珠江電影制片廠,1987년.

145) 『최후의 실성』, 『실성의 대가』, 저우샤오원 감독, 西安電影制片廠, 1987년, 1988년.

146) 1992년 華藝出版社가 출판한 『王朔文集』은 제1권 『純情卷』, 제2권 『摯情卷』, 제3권 『矯情卷』, 제4권 『諧謔卷』으로 나뉜다. 『我是王朔』, 國際文化出版公司, 1992년 6월 참조.

147) 대신 브라운(大神 Brown). God Brown은 미국의 저명한 극작가 유진 오닐의 '가면극' 의 대표작이다. 극중 지칭되는 현대 세계의 유일한 신은 '유물론의 반신(半神)-성공자' , 즉 극중 인물인 '대신 브라운' 이다.

148) 『我是王朔』 참조.

149) 왕쒀 『노는 것 만큼 신나는 것도 없다(玩的就是心跳)』, 『王朔文集』 2권 참조. 박재연 옮김, 빛샘, 서울 1992년 7월.

150) 『고무인형』, 『王朔文集』 2권.

151) 『一點兒正經也沒有』, 『王朔文集』 4권.

152) CCTV 『文化園林』 왕쒀 방담.

153) 1988년 '왕쒀 영화' 4부작은 미자산이 『문제아』를 각색한 『문제아』, 峨嵋電影制片廠. 황젠신이 『물 위의 연가』을 개작한 『윤회(輪回)』, 西安電影制片廠. 샤강(夏鋼)이 『반은 화염, 반은 바다(一半是火焰, 一半是海水)』를 각색한 동명 영화, 北京電影制片廠, 예다잉(葉大鷹)이 『고무인형』을 각색한 『헐떡거림(大喘氣)』, 珠江電影制片廠 등이다.

154) 『운명의 해』 셰페이 감독, 靑年電影片廠, 1989년.

155) 『너는 속물이 아니다』, 『王朔文集』 4권. 『편집부 이야기』, 北京電視劇制作中心, 1991년, 왕쒀는 제작 및 각색으로 참여했다.

156) 1992년 왕쒀를 이사장으로 하는 '海馬影視創作中心' 이 성립되었다. 이사회 명단에는 거의 모든 80년대 중국 대륙 문단의 주요 작가들 이름이 들어있다. 단 그중 왕쒀, 펑샤오강(馮小剛), 정샤오룽(鄭小龍) 등의 창작상 특징을 '하이마(海馬)의 특색' 으로 본다.

157) 『격정을 만나다』 정샤오룽, 펑샤오강 각색, 北京電影片廠, 1990년.

158) 『청춘은 후회 없다』 왕쒀, 저우샤오원 각색, 北京電影制片廠, 1991년.

159) 『마음의 향기』, 珠江電影制片廠, 1991년.

160) 『귀주이야기』, 류헝(劉恒) 각색, 香港銀都機構, 1992년.

161) 『사십불혹』, 류헝 각색, 北京電影制片廠, 1992년.

162) 뤄쉐잉(羅雪瑩), 「在自我反思中前進-『秋菊打官司』 導演張藝謀, 編劇劉恒放談錄」, 『向你敞開心扉』, 知識出版社, 1993년 8월.

163) 1987년 전후로 80년대의 두 번째 '도시 영화' 창작 열기가 형성되었다. 여기서 말하는 '도시 영화' 는 현대 도시를 대상으로 하는 예술 영화를 일컫는다. 대표 작품으로는 톈좡좡의 『로큰롤 청년』(1986), 쑨저우의 『커피에 설탕 약간』, 장쩌밍의 『태양우』와 1988년에 나온

'왕쉬 영화' 네 편, 그리고 1989년 셰페이의 『운명의 해』가 있다.

164) 어떤 의미에서 보자면 80년대 영화 창작에 가장 깊은 영향을 준 서구 영화 이론은 프랑스의 '영화작가론'이다. 이것은 중국 영화인으로 하여금 예술적 자아와 예술적 풍격 등의 전통적인 예술/심미가치를 추구하게 만들었다. 그래서 『피 묻은 황혼』은 도시의 폭력을 표현하고 있지만 오히려 상업 영화가 된다. 이 기간 동안 쑨저우는 또 다른 상업 영화인 『빙상정화(氷上情火)』의 주연도 맡았다.

165) 고대 로마 전설 속의 양면신으로 한쪽 얼굴은 과거를 한쪽의 얼굴은 미래를 향하고 있다. 필자와 중다펑(鍾大豊), 리이밍(李奕明)의 대담록 「電影: 雅努斯時代」, 『電影藝術』, 1988년 9기를 참조할 것.

166) 위다푸(郁達夫)의 소설로 '5·4' 시대에 봉건 가정을 뛰쳐나온 반항하는 젊은이에 대해 기술하였다. 그는 결국은 고향으로 돌아가 구식 혼인과 고향에서의 생활 속에서 마음의 안정을 찾게 된다.

167) 어떤 의미에서 보자면 이는 심근파 소설의 모티브 중 하나이다. 대표 작품으로는 모옌(莫言)의 『붉은 수수밭』이 있다.

168) 『바람과 함께 사라지다(Gone with the Wind)』에 나오는 구절을 빌려왔다. 이 구절은 스칼렛의 충성스러운 흑인 유모의 죽음을 표현한 것이다.

169) 필자의 「'世紀'的終結: 重讀張潔」, 『文藝爭鳴』, 1994년 4기 참조.

170) 1987~1989년, 천카이거는 미국, 장쩌밍은 영국, 황젠신은 오스트레일리아로 떠나갔고, 톈좡좡은 『로큰롤 청년』, 장이머우는 『암호명 재규어(代號 "美洲豹")』, 우쯔뉴는 『환락영웅(歡樂英雄)』, 『음양계(陰陽界)』, 후메이는 『총 없는 사수(無槍的槍手)』를 찍었으며, 저우샤오원은 처녀작 『그들은 젊다(他門正年輕)』가 촬영이 늦춰진 후, 『최후의 실성』, 『실성의 대가』를 찍었다. 모두 이전의 그들과는 '이가 맞지 않는' 상업영화/오락영화이다.

171) 80년대, 중국 영화인의 상상 속에 보편적으로 존재한 것은 순수예술을 지탱하는 투자는 장차 문명적인 서구사회 혹은 해외 부유층의 강개한 예술 페이트런으로부터 도래할 것이라는 생각이었다. 이것은 분명 전형적인 19세기 문화에 대한 기억 혹은 상상으로서 차이코프스키와 메이커 부인 간의 '미담' 같은 것이다. 그러나 '그들'이 진정으로 도래했을 때 사람들은 이것이 영리한, 아마 지나치게 영리한 예술 상인이라는 것을 깨닫지 않을 수 없었다.

172) 『붉은 수수밭』으로 수상한 뒤 장이머우는 베이징영화대학(北京電影學院)에서 행한 강연에서 이 말에 대해 언급했다. 한 심사위원이 즐거워하며 그의 손을 잡고서는 그에게 이런 좋은 영화를 가져와서 고마우며 그가 사람들에게 중국에도 영화가 있다는 사실을 알게 해줘 고맙다고 말했다고 한다.

173) 룽웨이징(榮韋菁), 「趙季平放談錄」, 『電影藝術』

174) 가장 먼저 일문판으로, 출판되었고 뒤이어 타이완(臺灣)과 대륙에서 『少年凱歌』라는 제목을 달고 중문판으로 출간되었다. 홍콩판 제목은 『龍血樹』이다.

175) 『每日一星:陳凱歌』, 香港衛星電視中文臺.

176) 이성으로 변장하였으나 결코 동성애자는 아닌 인물을 등장시키는 이야기가 90년대 중국대륙 및 중화권 영화에 자주 나타났다. 어떤 의미에서 이는 90년대 중국이 처한 위기의 표현이라 볼 수도 있을 것이다.

177) 광시영화제작소(廣西電影制片廠)가 만든 첫 '청년촬영제작팀'은 감독 장쥔자오, 촬영 장이머우, 샤오펑(肖風), 미술담당 허췬(何群) 등이 구성원이다. 촬영제작팀의 주요 구성원들은 대체로 베이징영화대학 1982년 졸업생(영화계에서는 78학번으로 불린다)들로 이루어졌다. 같은 해 영화 『하나와 여덟』을 만들었는데 5세대의 데뷔를 알리는 작품이다. 이후 이 영화촬영팀의 감독 장쥔자오, 촬영 샤오펑 외 주요 성원들은 천카이거와 주로 합작하여 『황토지』, 『대열병』을 찍었다. 이후 장과 천은 갈라서면서 장이머우는 처녀작 『붉은 수수밭』을 찍어 중국의 가장 중요한 감독 가운데 하나가 된다. 미술담당 허췬 역시 중요 감독 가운데 하나가 된다. 다른 촬영팀이었던 샤오펑 역시 1990년 영화 『과부의 열흘간 이야기(寡婦十日談)』(1996년에야 상영 자격을 얻게 됨)를 찍었다.

178) 덩샤오핑이 중앙공작회의 폐막식에서 한 연설로 1978년 12월 13일에 행한 것이다. 『三中全會以來重要文件選編』, 人民出版社.

179) 『人民日報』 사설, 1979년 1월 3일.

180) 덩샤오핑이 정치국 확대회의에서 한 연설 내용. 『三中全會以來重要文件選編』, 人民出版社, 1980년 8월 18일.

181) 야누스는 고대 로마의 마신馬神으로 알려져 있다. 얼굴을 두 개 가지고 있는데 하나는 과거를 향해 있고, 다른 하나는 미래를 향해 있다.

182) 1982년, 신시기에 입시제도가 부활한 뒤 1·2회 대학졸업생(소위 77·78학번)들이 사회로 진출하고 각 영역에서 주요한 역할을 맡게 되었다. 영화계의 '78학번'인 베이징영화대학 82년 졸업생들이 5세대의 주체와 중견이 된다.

183) 관련 논술로는 필자의 「끊어진 다리 : 아들 세대의 예술」을 참조할 수 있음.

184) 혁명에 관한 고전 영화 『열화 속의 영생(烈火中永生)』(감독 수이화(水華), 北京電影制片廠, 1965년)의 한 장면에서 국민당 감옥에 갇힌 죄수 '샤오뤄터우'는 장작 넣어두는 상자를 열어 그의 유일한 '놀이 친구'였던 나비 한 마리를 놓아준다. 나비는 감옥을 떠나 담장 위로 날아간다.

185) 1983년, 영화 『하나와 여덟』은 이중 시사를 함으로써 영화계에 큰 파란을 일으켰다. 이를 반대한 이들의 주장 가운데 하나는 영화의 야외촬영지로 닝샤가 선택되었는데 일본이 닝샤를 침범한 적이 없다는 것으로, 영화가 역사적 사실을 위배하고 있다고 주장했다.

186) 1988년 대중음악계에는 강건한 풍격의 서북민가식으로 개편한 가곡이 성행했다. 그중 가장 유행한 것이 『黃土高坡』였다. 이를 속칭 가요계의 '서북풍'이라 한다. 관련 논술로는 필자와 중다펑, 리이밍의 대담 「電影: 雅努斯時代」, 『電影藝術』, 1988년 9기가 있다.

187) 양펑 「田壯壯訪談錄」, 『大衆電影』, 1986년 4기.

188) 『北京青年報』, 1987년 5월 14일.

189) 이때 '신인'이라는 말은 이태리의 감독 미켈란젤로 안토니오니의 말을 빌린 것이다. 『世界電影』, 1981년 6기.

190) 영화 『붉은 가마』는 콜롬비아 작가 가르시아 마르케스의 소설 『예고된 죽음의 기록』을 개작한 것임.

191) 자오슝핑(焦雄屛), 「豪華落盡見眞淳」, 『秋菊打官司』, 臺灣萬象圖書有限公司, 1992년.

192) 80년대 전체를 걸쳐 중국 영화계에서 가장 유명한 영화 이론이자 창작자들이 정열적으로

이에 대한 토론에 참여했던 영화 이론은 '바쟁'의 '기실미학紀實美學'(이는 당시 중국에 통용되던 명칭이었다. 더 정확히는 '완전한 영화(完整電影)'라고 불렸다)이었다. 그러나 바쟁의 주요한 논문은 매우 늦게 중문으로 번역되었기에 80년대 초 많이 유행한 것은 어느 독일 영화 이론가의 관점으로 접근한 영화 이론인『電影的本性-物質世界的復原』이었다. 후자의 이론적 전제는 '영화와 사진의 친연성'이었고 영화의 아름다움은 '반짝이는 생활의 수레'를 드러낸다는 데 있다고 보았다.

193) 프랑스 영화 이론가 보드리야르(Jean Baudrillard)의『基本電影攝放機器的意識形態效果』를 참고, 논자는 드라마 중심 작품 속의 폭로적 카메라 즉 '카메라의 마구잡이식 움직임'은 은폐된 이데올로기 효과를 전복시키는 지름길의 하나라고 지적한 바 있다.

194) 장이머우의 영화는 유럽의 주요 국제영화제에서 여러 차례 수상했다. 그중『국두』와『홍등』은 미국 아카데미영화제 최우수 외국어영화상을 놓고 각축을 벌였었다.

195) 1987년 천카이거의『아이들의 왕』이 칸영화제에 출품되었으나 수상에는 실패했다. 1991년에 그는 다시『현위의 인생』으로 칸 화제에 참가하지만 또 다시 패배를 맛본다. 1993년에 이르러서야『패왕별희』로 황금종려상을 획득하였다.

196) 멍웨「蘇童的 "家史"與 "歷史"寫作」,『今天』, 1990년 2기 참조.

197) 필자의「歷史之子」,『拼圖遊戱』, 山東泰山出版社, 1999년 참조.

198) 홍콩 리비화,『覇王別姬』, 天地圖書, 1992년 5월 5판, p3.

199) 人得自個兒成全自個兒. 루쉰『광인일기』.

200) 리비화『패왕별희』, p4.

201) 리비화의『패왕별희』머리말 내용의 일부. '가없는 세월, 망망한 인해, 다른 남자를 향한 남자의 수렁에 빠져드는 사랑.'

202) 앞의 주 머리말의 일부와 동일. 이는 또한 천카이거 영화 포스터의 광고 카피이기도 하다.

203) 류자이푸(劉再復),「新時期文學的主潮」,『文滙報』, 1986년 9월 8일, 9월 16일 참조.

204) 프랑스『영화수첩』편집부,「요한 푸트허〈소년 링컨〉」참조. 중역문은『世界藝術與美學』, 제6집, 文化藝術出版社에 게재.

205) 중역본은『一件事先張揚的謀殺案』,『加西亞·馬爾克斯中短篇小說集』, 上海譯文出版社, 1982년 초판.

206)「重回1984-評影片『天出血』」,『文滙電影時報』, 1990년 11월.

207) 관련 논술은 필자의「破裂與重建的鏡城」,『先鋒』창간호.

208)『天出血』, 허우융 감독, 우치쑤(吳啓泰) 각본, 왕샤오례(王小列) 촬영, 창룽(常戎) 주연, 深圳影業公司, 1990.

209) 텍스트 속에서 상세하게 설명하지 않았던 영화 속 대화.

210) 허핑, 西安電影制片廠,『가와시마 요시코(川島芳子)』(처녀작), 1985년,『솽치진의 칼잡이』, 1991년,『붉은 폭죽, 푸른 폭죽』, 1993년.

211)『붉은 폭죽, 푸른 폭죽』의 대사. 이하 주를 붙이지 않은 인용문은 모두 영화의 대사.

212) 라오메이(老梅), 허핑 방담록,「再造輝煌-何平新片瞄準國際電影節」,『電影故事』, 1994년 2월호, p13.

213) 라오메이, 허핑방담록,「再造輝煌-何平新片?準國際電影節」

214) 선윈(沈雲), 「何平放談錄」, 『當代電影』, 1993년 3기.

215) 로라 멀비(Laura Mulvey), 「視覺快感與敍事性電影(Visual Pleasure and Narrative Cinema)」, 『影視文化』 제2기, 文化藝術出版社.

216) 「再造輝煌-何平新片瞄準國際電影節」

217) 같은 글.

218) 같은 글.

219) 같은 글.

220) 장이우(張頤武), 「後殖民語境中的張藝謀電影」, 『當代電影』, 1993년 제5기.

221) 같은 글.

222) 닉 브라운(Nick Browne), 『電影敍事修辭學(The Rhetoric of Filmic Narration)』, New Jersey University Press, 1981년.

223) 1987년 천카이거의 『아이들의 왕』이 칸영화제에 출품되었으나 수상하지 못했다. 1991년 그의 『현위의 인생』이 다시 칸에 출품되었지만 역시 수상에는 실패했다. 1992년 『패왕별희』에 이르러서야 마침내 『피아노』와 함께 황금종려상을 수상하였다.

224) '장이머우가 베니스를 구원하였다'와 '천카이거가 칸을 불러 깨웠다'는 말은 대륙 매체가 수상 소식을 전할 때 사용한 표현이다.

225) 타이완 『影響』, 1993년 7월호.

226) '주문하다'는 것은 미리 계약금을 주고서 '제재를 정한 글을 쓰도록' 하고 이를 사는 것이며, 또한 소설의 영상물 판권을 미리 구매하는 것을 말한다.

227) 소위 텔레비전 드라마 시나리오의 창작이 당대 문단을 '일망타진'했다는 말 속에 담겨있는 분명하고도 중요한 사실은 바로 돈의 문제였다. 즉 드라마 시나리오 창작의 보수가 문학 작품 원고료보다 일반적으로 높았다.

228) 『文學爭鳴』, 1993년 2기.

229) 바이샤오딩(白小丁)의 샤강, 멍주(孟朱) 인터뷰, 「夏剛電影, 無人喝采?」, 『電影藝術』, 1994년 1기.

230) 자핑야오, 「一封荒唐信」, 『當代作家面面觀』, 時代文藝出版社, 1991년 5월, p98.

231) 이 작품은 자금을 조달하지 못해서 촬영이 중단된다.

232) 『격정을 만나다』와 『이별 후』의 시나리오는 정샤오롱(鄭曉龍), 펑샤오강이 창작한 것이며, 『청춘은 후회 없다』의 시나리오는 왕쒀가, 『갈채 보내는 이 없는』은 왕쒀의 소설을 개작한 것이다. 정과 펑은 왕쒀의 명의로 세워진 하이마창작센터의 핵심 인물이다. 또한 왕쒀 소설을 바탕으로 펑샤오강은 동명의 영화를 개작, 감독하였는데(1994년) 지나치게 '독특한', 아름답고 감상적인 이야기가 되었다.

233) 王朔, 『我是王朔』, 國際文化出版公司, 北京, 1992년 6월, p36 참조.

234) 1993년 4월 5일, 필자와 저우샤오원의 대담.

235) '三T公司'는 왕쒀 중편소설 『문제아들』의 주인공이 세운 '심부름센터'이다. 소설과 동명인 관계로 영화도 한때 널리 알려졌다.

236) 「夏剛電影, 無人喝采?」, p27.

237) 1990년 타이완 영화 『엄마 다시 한 번 날 사랑해줘』는 고아가 엄마를 찾는 비극적 이야기

인데 뜻밖에도 대륙에서 매표 일위의 기록을 차지하게 된다. 여감독은 해외 투자자의 요청으로 새 판본을 촬영하는데 고아가 아빠를 찾는 이야기였다. 그러나 감독은 대륙의 유명 작가 류헝에게 시나리오 개작을 맡기고 결국 그다지 상업적이거나 선정적이지 못한 도시 영화를 찍게 되었다.

238) 1993년 2월, 시안에서 필자와 감독 황젠신이 대담한 내용.

239) 필자의 「역사의 아들 : 영화계의 5세대」, 『美學與文藝學硏究』 제1기, 首都師範大學出版社, 1993년.

240) 저우샤오원 처녀작 『그들은 젊다』, 西安電影制片廠, 1986년. 작품은 중국·베트남 분쟁을 다루었다. 영화는 검열을 통과하지 못했고 이로 인해 제작소에 경제적 손실을 가져다주었다. 『최후의 실성』, 西安電影制片廠, 1987년은 중국 갱영화로서 상영 당시 대성공을 거두었다. 그는 이로 인해 5세대에서 상업 영화 제작에 성공한 첫 번째 감독이 되었다.

241) 저우샤오원의 세 번째 영화는 경악과 공포를 특징으로 하는 범죄 영화 『실성의 대가』, 1988년, 西安電影制片廠이다.

242) 니전(倪震), 「後現代的步伐」, 『大衆電影』, 1989년 3월.

243) 1989년 저우샤오원은 다시 한 번 예술 영화의 촬영을 준비했는데 이미 완성한 극본은 『피로 세우다(血築)』(고점리(高漸離)의 진시황 암살 시도 사건)와 『여름(九夏)』(당대當代 감옥 생활 이야기)이었다. 후자는 홍콩 銀都機構의 자금으로 크랭크인했다가 1989년 7월 촬영 중지 조치로 중단 되었다.

244) 영화 제작이 중단된 후 『여름』의 촬영팀은 항일전쟁 초기의 향촌 이야기를 다룬 『흑산로』를 촬영했다. 촬영은 1990년 완료되었고, 1993년 여러 곳을 손본 끝에 상영 허가를 받았다.

245) 1993년 2월 4일 필자가 저우샤오원과 한 인터뷰.

246) 룽웨이칭, 저우샤오원 방담록, 「周曉文, 被電影磕死的導演」, 『當代電影』, 1994년 제3기.

247) 1993년 2월 4일, 필자가 저우샤오원과 진행한 방담.

248) 룽웨이징(榮韋菁), 저우샤오원 방담록, 「周曉文, 被電影磕死的導演」

249) 류샤오펑, 「關于 '五四' 一代的社會學思考札記」, 『讀書』, 1989년 5기.

250) 3세대는 지식청년(知靑) 문학이 처음 나왔을 때 '老兵(老紅衛兵)'과 '老揷(老揷隊知識靑年)' 들의 자리찾기였다. 자오웨이(趙園), 「知靑作者與知靑文學」, 『地之子-鄕村小說與農民文化』, 北京十月文藝出版社, 1992년 6월 초판, pp229~247 참조.

251) 장융제(張永杰), 청위안중(程遠忠), 『第4代人』, 東方出版社, 1988년 8월 초판.

252) 왕간(王干), 「詩性的復活-論新狀態」, 『鍾山』, 1994년 4기, 5기 참조. 장이우의 「'新狀態' 的崛起」에도 관련 내용이 있다.

253) 필자는 중국 영화계의 1세대는 중국 영화의 창립자이자 무성 영화 시대의 주요 감독인 정정추(鄭正秋), 장스촨(張石川), 순위(孫瑜)를 대표로 들 수 있다고 생각한다. 2세대는 유성 영화 시대인 1930·40년대의 중국 영화인인 차이추성(蔡楚生), 페이무(費穆)를 대표로 들 수 있을 것이다. 그들 대부분은 무성 영화 후기에 창작을 시작하여 유성 영화 시대에 전성기를 누렸다.

254) 필자의 「끊어진 다리 : 아들 세대의 예술」 참조.

255) 니전(倪震), 「后五代的步伐」, 『大衆電影』, 1989년 4기.

256) 류샤오펑(劉小楓), 「關于 '五四' 一代的社會學思考札記」

257) 『鐘山』, 1994년 5기.

258) 1982년, 廣西電影制片廠이 가장 먼저 '청년영화촬영모임' 을 창립하였는데 창단원은 같은 해 베이징영화대학을 졸업한 '78학번' 동학들로 이루어져 있다. 그들은 5세대 첫 작품 『하나와 여덟』을 만들었다. 이때부터 각 제작소는 다투어 청년영화촬영모임을 만들었고, 5세대 첫 대표작들은 이때부터 이름을 알리게 된다.

259) 『電影故事』, 1992년 11기.

260) 정샹훙(鄭向虹), 「張元訪談錄」, 『電影故事』, 1994년 5월, p9.

261) 일군의 젊은이들은 졸업과 함께 직장을 배분받을 때 광시영화제작소나 푸젠영화제작소 등 외곽의 작은 제작소로 가게 해 달라고 요구하기도 했다. 그들은 5세대가 광시나 시안의 영화 제작소에서 첫 발걸음을 내디뎠던 것처럼 되길 원했지만 5세대가 누릴 수 있었던 상황이나 제작 방식은 이미 존재하지 않았다.

262) 토니 랭, 「前景:令人震驚!」, 『音響與畵面』(1992년 런던영화제 증간). 『電影故事』, 리위안(李元) 역, 1993년 4기, p11.

263) 1993년 8월, 우원광과 필자의 대담을 기록한 글.

264) 같은 글.

265) 다큐멘터리 『천안문』의 오프닝 타이틀은 밤이다. 광장에서 기계를 조작해 천안문 성루에 걸린 마오쩌둥 주석의 거대한 초상을 바꾸고 있다. 필자는 이것이 1989년 5~6월의 일 막이라 추측한다.

266) 1992년 홍콩 영화제 팜플렛 35쪽 참조.

267) 타이완 황우란(黃寤蘭) 주편, 『當代港臺電影:1993』의 「1966-나의 홍위병 시절」에 관한 비평. 時報出版公司, 1993년.

268) 정샹훙(鄭向虹), 「獨立影人在行動-所謂北京 '地下電影' 眞相」, 『電影故事』, 1993년 5월, p4.

269) 1994년 11월 『當代電影』 편집부가 '신도시 영화'에 관해 연 토론회에서 한 발언.

270) 장이우의 「後新時期中國電影:分裂的挑戰」, 『當代電影』, 1994년 5기, pp4~11.

271) 필자와 우원광의 대담.

272) 정샹훙, 「張元訪談錄」

273) 닝다이(寧岱), 「『北京雜種』劇情簡介」, 『電影故事』, 1993년 5기, p9.

274) 정샹훙 「張元訪談錄」

275) 『電影故事』, 1993년 5기, 「冬春的日子」에 관한 부분.

276) 정샹훙, 「鋼鐵是這樣煉成的-田壯壯推出第六代導演」, 『電影故事』, 1995년 5기, pp16~17.

277) 『炎熱的城市』라고도 한다. 1997년 마침내 심의를 통과하여 발표되었을 때는 『扁担姑娘』이라고 이름을 정했다.

278) 정샹훙, 「鋼鐵是這樣煉成的-田壯壯推出第六代導演」.

279) 장젠야의 '포스트모던' 시험작은 『싼마오 종군기』(上海電影制片廠, 1992년), 『왕선생의 분신 욕망(王先生之欲火焚身)』(上海電影制片廠, 1994년)이 있다. 재미있는 것은 2·3·40년대 예첸위(葉淺予) 선생의 만화상 인물인 '왕선생' 이 윤회하듯이 시민의 사랑을 받는 영화적 제재로 돌아왔다는 것이다. 그러나 장젠야의 '왕선생' 은 오히려 이 사실을 재현하지 않았다.

280) 젊은 감독 러우예의 말. 정샹훙 「鋼鐵是這樣煉成的-田壯壯推出第六代導演」, 『電影故事』,

1995년, 제5기, pp16~17.

281) 영화계에 극히 중요하고 유명한 방송영화텔레비전부의 1993년 3호 문건은 영화 체제 개혁의 중요한 일보였다. 그 주요 내용은 다음과 같다. (1)각 제작소의 영화는 성과 시 영화 발행방영공사와 직접 연결하여 발행할 수 있다. (2)중영공사는 여전히 수입 영화를 다루는 유일한 합법 단위이다. (3)영화표 가격은 자율화한다.

282) 전형적 예는 『신의 채찍』, 『경도구협(京都球俠)』, 텔레비전 연속극 『마지막 황제(末代皇帝)』 및 갖가지 본토 쿵푸영화이다. 90년대 가장 사람들의 주목을 끈 것은 청나라 궁궐을 소재로 한 신작 텔레비전 연속극 『재상 유라과(劉羅鍋)』(1996년)였다. 이 작품은 민간 고사와 일인 만담에서 소재를 취했는데 새로운 문화적 증후를 드러냈다.

283) 1995년 들어온 '대작 열 편' 중 일곱 편은 헐리웃 영화이고 세 편은 홍콩 청룽의 영화였다.

284) 바산위(巴山雨, 필명),「國産片的市場有多大-從地質禮堂獨家首映『紅櫻桃』說起」,『中國電影市場』, 1995년 11기, pp12~13.

285) 수입한 '대작 열 편'은 국제관례에 따라 '박스오피스 배분'의 방식을 채택하여 진행되었다. 즉, 영화를 공급하는 해외 업체가 전국 박스오피스 수입의 35%를 가져가고 극장은 해당 극장 수익의 42%, 中影公司는 전국 박스오피스 수입의 12%를 가져가며 그 나머지는 중간 고리 즉, 성이나 시 영화 회사가 해당 지역 박스오피스 수입을 가져간다.

286) 사실, 근 2년 '대작'은 이미 각 미디어 시스템과 대중 사이에서 약속된 속칭으로서, 특히 中影公司가 수입한 헐리웃 영화를 일컫는다. 재미있는 사실은 '대작' 중 청룽의 영화가 포함되어 있다는 것이다. 『홍번구』는 박스오피스에서 수위를 차지하기도 했다. 그러나 사람들 사이에서는 암묵적으로 '대작'은 곧 헐리웃 영화의 대명사였다.

287) 하오젠(郝建),「義和團病的呻吟」,『讀書』, 1996년 제3기, 커버스토리.

288) 「就"十部大片"的提法中影公司總經理吳孟辰本刊記者問」,『中國電影市場』, 1995년 제4기, p9.

289) 北京市電影公司, 北京發行放映協會 주관 『業務學習』, 1994년 제4기.

290) 『戲劇電影報』, 1994년 제17기.「衝突不可避免, 改革必然成功-94中國電影機制改革要覽」, 『中國電影市場』, 1995년 1월, pp7~11 참조.

291) 「解盡三秋葉, 經冬復歷春-『亡命天涯』北京復映描寫」,『中國電影市場』, 1995년 3월.

292) 「星漢西流夜未央-『亡命天涯』北京風波紀實」,『中國電影市場』, 1995년 4기, pp15~17 참조.

293) 「絶不葉公好龍, 願與龍共舞」,『中國電影市場』, 1995년 제 2기, pp8~9 참조.

294) 「星漢西流夜未央」 참조.

295) 「義和團病的呻吟」 참조.

296) 『文滙電影時報』, 1994년 11월 7일.

297) 『中國電影周報』, 1995년 1월 20일.

298) 「星漢西流夜未央-『亡命天涯』北京風波紀實」 그림, 그림은 『더블크라임』 광고이다.

299) 『神聖憂思錄』은 80년대 수샤오캉(蘇曉康)이 쓴 정치적 성격의 장편 보고문학이다. 「無票入場憂思錄」은 『中國電影市場』 상의 단문이다. 『中國電影市場』, 1995년 제2기.

300) 「衝突不可避免, 改革必然成功」 및 「義和團病的呻吟」 두 문장에서 작자는 동시에 토플러의 『제3의 물결』-80년대 엘리트 지식인이 열중한 미래학 저서- 중의 격정적인 단락을 끌어들여 기 논점을 지지하고 있다.

301) 정둥톈(鄭洞天, 北京電影學院 교수), 「十部進口大片來了以後……」, 『中國電影市場』, 1994년 6월.

302) 『中國電影市場』, 1995년 제10기.

303) 기자가 대작 문제에 관해 장원과 행한 방담. 『三聯生活週刊』, 1995년 시험판.

304) 「義和團病的呻吟」 참조.

305) 「"分賬發行"做『紅粉』」, 『中國電影市場』, 1995년 5기, pp14~15. 「京城『紅粉』一枝獨秀-國産片面對市場的啓示」, 『中國電影市場』, 95년 제7기, pp16~17.

306) 「星漢西流夜未央」 참조.

307) 「『陽光燦爛的日子』『紅櫻桃』北京市場營銷策劃」, 『中國電影市場』, 1995년 제10기, p28.

308) 「影片質量比"妙"更重要-葉大鷹昨在本報"名人熱線"値班側記)」, 『北京晚報』, 1996년 3월 23일 제5판 『文化新聞』.

309) 「納粹集中營的中國女孩」, 「從紅色後代到納粹集中營女囚-朱敏爲孩子撰寫回憶錄」, 『中華讀書報』, 1996년 3월 20일, 초판. 「李鵬總理是『紅櫻桃』的第一個觀衆」, 『戲劇電影報』, 1996년 3월 22일, 제12기 참조.

310) 「『陽光燦爛的日子』『紅櫻桃』北京市場營銷策劃」 참조.

311) 필자의 「想像的懷舊」, 『天涯』, 1996년 제1기를 참조.

312) 황디(黃地) 방담록, 「姜文直抒胸臆」, 제7기, 『電影故事』, 1994년 제1기.

313) 상하이 여성 작가 쉬란(須蘭)의 창작담, 「古典的陽光」(p92), 「聽來的故事」(p354), 『須蘭小說選』, 上海文藝出版社, 1995년 7월, 초판.

314) 베이징시 하이뎬(海淀)극장 화보.

315) 「爲國産片鋪設"紅地毯"」, pp6~7, 「把國産精品市場做大」, pp14~15, 『中國電影市場』, 1995년 제6기, 제11기.

316) 『中國電影市場』에서 발표한 제목들을 보면 1997년 중국 영화의 연간 제작 편수는 88편(극영화, 대작 기록 영화, 합작 영화 등을 망라해서)이었다. 1998년 말까지 전체 영화계의 논쟁의 중심은 연말까지 심의를 통과한 중국 극영화가 37편에 그쳤다는 사실이었다. 중국 영화 생산이 바닥을 기고 있었던 것이다. 영화국 관리는 그러한 논리는 근거가 없다고 주장했고 1998년 영화 제작 편수도 87편이라고 말했다. 필자는 『中國電影市場』 12월호 이전에 게재된 심의 통과 영화 제목에 근거했다.

317) 웡리(翁立), 「「泰坦尼克號」: 市場現象啓示」, 『中國電影市場』 6월호, 1998년, p4와 허원진(賀文進), 「從「泰坦尼克號」票房走勢圖想到的」, 같은 책, p28 및 기타 유관 보도 및 분석 참조.

318) 「1998十大驚艶」, 『新週刊·年終特輯』, p86 참조.

319) 「誰是今年廣州電影市場大贏家」, 『中國電影市場』 10월호, 1998년, p34 참조.

320) 「我心目中的電影」, 『中國電影市場』 6월호, 1998년, p23 참조.

321) 샤오장(小江), 「目擊'紫金城現象'-北京紫金城公司采訪側記」, 『電影故事』 1998년 5월호, p220~222와 페이모(廢墨), 「'紫金城' 賺錢有術」, 『大衆電影』, 1998년 7월호, p16~19 참조.

322) 「'紫金城' 賺錢有術」에 따르면, 『굿바이 레이펑』은 400만 위안을 투자해 박스오피스에서 800만 위안을 기록했다. 이는 제작사, 배급사, 극장의 3분 체제를 고려한다면 원금 회수를 할 수 없는 상황이었지만, '주선율' 영화에서 이미 '대중의 사랑을 호평과 사랑을 받는' 영화였

고, 수많은 상을 휩쓸었다.

323) 가오쥔(高軍), 「『紅色戀人』北京營銷策劃構想」, 『中國電影市場』, 1998년 7월호, p25을 보면 '시장 예측' 부분에서 '박스오피스는 1,200만 위안 아래로 내려가지 않을 것이고 1500만 위안을 향해 돌진할 것'이라고 예상했다. 순무(隼目), 「紅色的思考」, 『中國電影市場』, 1998년 12월호, pp22~23 참조.

324) 첸중위안(錢重遠), 「九十年代的紅色-葉大鷹重新解讀革命者」, 『大衆電影』, 1998년 9월, pp16~18 참조.

325) 필자의 「救贖與消費」 참조.

326) 니전(倪震), 「消費革命」, 『三聯生活週刊』, 1998년 6기, 참조.

327) 『『紅色戀人』北京營銷策劃構想』은 예다잉이 예팅(葉挺) 장군의 손자라는 사실을 영화의 홍보 전략으로 삼았다. 『타임 투 리멤버』에 관한 홍보나 기사는 대부분 이 내용을 언급하고 있다.

328) 『『紅色戀人』北京營銷策劃構想』과 광위에(光悅), 「紅色煙塵・浪漫情懷-葉大鷹談『紅色戀人』」, 『電影故事』, 1998년 2월, pp8~9 참조. 그리고 천중위안의 「九十年代的紅色」 참조.

329) 예다잉의 말, 「紅色煙塵浪漫情懷」, p9.

330) 여기에서는 홍콩 스타 장궈롱이 뜻밖에 '혁명가' 역할을 맡았다는 사실과 배우 타오쩌루가 『하나와 여덟』에서 모함에 빠진 팔로군 지도원 왕진 역을 맡아 충성스런 공산당원의 형상을 만들어냈었다는 사실을 굳이 언급할 필요는 없을 것이다. 이후 그는 5세대 영화에서 주로 그런 역할을 맡았다. 그러나 이번의 경우 그가 맡은 역은 반역자이자 피 보기 좋아하는 국민당 특무인 하오밍이었다.

331) 「紅色煙塵, 浪漫情懷」의 소절인 '헐리웃을 놀라게 하다', p9,와 「九十年代的紅色」의 소절인 '헐리웃은 인격을 믿는다', p17 참조.

332) '紫禁城 賺錢有術'라는 글에 의하면 『甲方乙方』은 600만 위안의 자본을 들여 800만의 이윤을 얻은 영화로, 전국 매표소 집계에 따르면 2,400만 정도에 이른다고 한다. 「紅色的思考」라는 글에 의하면 『타임 투 리멤버』는 2,300만의 자본(이전의 모든 보도들은 3,000만이라고 한다)으로 2,500만의 표가 팔렸다.

333) 왕쉬의 말. 왕쉬 외, 『我是王朔』, 國際文化出版公司, 北京, 1992년 6월, p36 참조.

334) 샤오장, 「目擊 '紫禁城現象'」, p22 참조.

335) 이중 홍보 규모가 컸던 것으로는 『반드시 만나야 한다』, 『沒事偸着樂』, 『好漢三條牛』, 『男婦女主任』이 있다.

336) 유럽 삼대 영화제인 칸, 베니스, 베를린 국제 영화제 수상 여부를 가지고 붙이는 이름이다. 장이머우는 『붉은 수수밭』(1987년)으로 베를린(당시는 서베를린)영화제의 황금곰상을, 『귀주이야기』(1993년)으로 베니스영화제의 금사자상을 수상하였다.

337) 『투란도트』의 이태리 상연에 관한 리얼웨이(李爾葳)의 보도 「東方主義的勝利」, 『戲劇電影報』, 1997년 4월 21일 참조.

338) 옌베이원(嚴蓓雯), 「張藝謀返朴歸眞-新片『一個都不能少』采訪記」, 『電影故事』, 1998년 7기, p7 참조.

339) 같은 글, p8.

340) 같은 글.

341) 『책상 서랍 속의 동화』와 『집으로 가는 길』의 주제 선정은 세계 영화계에 있어서 제3세계 영화의 특징에 대한 장이머우의 새로운 인식에 의해 결정된 측면이 강했다. 즉, 적은 자본과 소규모 제작으로 이루어졌으며 근래 유럽 국제 영화제로 슬며시 들어서기 시작한, 온정이 넘쳐흐르는 이란 영화를 직접 참고한 것이다.

342) 옌베이원, 「張藝謀返朴歸眞-新片『一個都不能少』采訪記」, 『電影故事』, 1998년 7기, p8 참조.

343) 같은 글 p7.

344) 「張藝謀鄭重聲明退出戛納電影節」, 『北京靑年報』, 1999년 4월 20일, 제1면 .

345) 같은 글.

346) 같은 글.

무중풍경 중국영화문화 1978~1998

첫판 1쇄 펴낸날 2007년 5월 25일

지은이 다이진화 戴錦華
옮긴이 이현복 · 성옥례
펴낸이 강수걸
펴낸곳 산지니
등록 2005년 2월 7일 제14-49호
주소 부산광역시 연제구 거제1동 1493-2 효정빌딩 601호
전화 051-504-7070 | 팩스 051-507-7543
sanzini@sanzinibook.com
www.sanzinibook.com
편집 권경옥 · 김은경 | 제작 · 디자인 권문경
인쇄 대정인쇄

ISBN 978-89-92235-18-1 93680

값 20,000원

창조의 힘

창조의 힘

초판인쇄 2022년 8월 10일 **초판발행** 2022년 8월 20일
지은이 휴즈 먼즈 **옮긴이** 이희원
펴낸이 박성모 **펴낸곳** 소명출판 **출판등록** 제1998-000017호
주소 서울시 서초구 사임당로14길 15 서광빌딩 2층 **전화** 02-585-7840 **팩스** 02-585-7848
전자우편 somyungbooks@daum.net **홈페이지** www.somyong.co.kr

값 31,000원 ⓒ 이희원, 2022
ISBN 979-11-5905-725-0 03370

창조의

힘

휴즈 먼즈 지음
이희원 옮김
최영애 감수

동시 번역
이희원 · 박새려

CREATIVE POWER

이 도버 판본은 1958년 첫 출판된 것으로,
미국교육연극협회 아동연극분과의 후원을 받아
1929년 더블데이도란출판사의 초판본을 증보·개정한 것이다.

옮긴이 일러두기

1. 이 책에 수록된 유아부터 10대 초반까지의 어린이가 쓴 시는 대부분 박새려가, 10대 후반 청소년이 쓴 시는 대부분 옮긴이가 우리말로 옮겼다. 박새려가 옮긴 동시 제목 옆에는 *표시를 해둔다.

2. 이 책의 영어 원본에는 주석이 없다. 그러나 이 번역본은 중요한 용어, 인명, 지명, 학교명, 그 밖의 독자의 이해에 필요한 여러 사항들에 주석을 단다. 주석은 각 장별로 따로 단다. 이 책의 뒤편에 주석에 활용한 참고문헌 목록을 제공한다.

3. 우리말과 영어 사이의 큰 차이로 인해 영시의 운율(라임과 미터)을 살려 옮기지 못했다는 점을 밝혀둔다. 그러나 운율이 중요한 경우에는 주석에 간단한 설명과 함께 영어 원문을 제공한다.

4. 의미 있는 단어들의 경우, 앞에 처음 나올 때만 '위 첨자로' 영문을 넣는다. 우리말에서도 영어 발음 그대로 통용되는 단어들은 영문 표기 없이 우리말로만 쓰고, 필요시 주석을 단다. 언어유희를 보여주거나 발음을 중시하는 영어 표현은 영문 그대로 쓰거나 괄호 안에 영문을 추가한다.

5. 이 책의 저자는 강조와 고유명사를 표기하기 위해서 작은따옴표, 큰따옴표, 대문자, 이탤릭체를 혼용해서 쓰고 있다. 이 번역본에서는 강조와 고유명사를 모두 '작은따옴표'로 표기한다. 또한 저자가 강조하기 위해 이탤릭체로 쓴 문장들은 고딕체로 쓴다. 독자의 가독성을 위해 옮긴이가 '작은따옴표'로 표기하는 경우도 있다.

어린이와 청소년의 타고난 창의성이

그들의 개인 역량으로 발전될 수 있다고 믿는

위니프레드 워드[*]에게

.

차례

『창조의 힘』을 옮기며[*]

휴즈 먼즈Hughes Mearns, 1875~1965의 『창조의 힘Creative Power』은 어린이들이 느끼고 경험하는 세상을 시 형식을 통해 자유롭게 상상하고 마음껏 표현해 낼 수 있도록 그들의 잠재된 창조성을 이끌어 내는 교사의 힘을 강조한 책이다. 1929년 첫 출판된 이 책은 미국 아동청소년 연극계에서 재조명을 받으며 1958년 개정판으로 출판되었는데, 그 이후 이 책은 미국에서 시 창작, 창의 교육Creative Education, 예술교육 분야의 중요한 지침서로 자리 잡았다. 오늘날 한국에서도 이 책이 예술, 창작, 교육 분야의 귀중한 안내서가 될 뿐만 아니라, 우리의 삶 전반을 반추하고 관점의 변화를 일으킬 의미 있는 책이 될 수 있을까? 그렇게 되길 소망하면서 이 책을 우리말로 옮기며, 이 책을 읽기 전 알아두어야 할 기초사항들—휴즈 먼즈, 진보주의 교육, 존 듀이John Dewey, 1859~1952의 사상, 그리고 『창조의 힘』의 특징—을 간단히 살펴본다.

창의 교육의 선구자, 휴즈 먼즈

휴즈 먼즈는 1965년 3월 89세를 일기로 미국 뉴욕 주 비어즈빌Bearsville에서 생을 마감했다. 그 다음 날 뉴욕의 신문들은 사망기사에서 그의 뛰어난 업적을 낱낱이 보고하면서 그의 창의 교육에 대한 헌신을 매우 긍정적으로 평가했다. 휴즈 먼즈는 누구인가? 이 지면에서는 창의 교육 선구자로서의 그의 삶의 여정만 간략하게 재구성해본다.

먼즈는 필라델피아에서 태어나 그곳에서 어린 시절을 보냈다. 1893년 센트럴고등학교 졸업 후 필라델피아교원학교Philadelphia School of Pedagogy를 거쳐 1902

년 하버드대학교를 졸업했다.[1] 하버드대학교에서 먼즈는 미국 심리학의 아버지이자 찰스 퍼스Charles Sanders Pierce, 1839~1914와 함께 프래그머티즘Pragmatism의 창시자로 알려진 윌리엄 제임스William James, 1842~1910 교수를 만났으며,[2] 제임스 교수의 권유로 교육학 연구를 위해 펜실베니아대학교 박사과정에 입학했다. 그러나 먼즈는 박사학위 취득에 큰 관심이 없었다. 그는 학업 대신 모교였던 필라델피아교원학교에서 1902년에서 1920년까지 강사1902~1905와 교수1905~1920로[3] 영문학미국의 국문학과 창조적 글쓰기Creative Writing를 가르쳤다.

1917년 록펠러 가문의 재정 지원으로 컬럼비아대학교 교육대학원인 티처스 칼리지Teachers College[4] 안에 실험교육 프로그램을 운영하는 링컨학교Lincoln School가 설립되었다.[5] 먼즈는 1920년 링컨학교 교원으로 초빙되어 실험교육에 합류했으며, 여기서 1925년까지 창조적 글쓰기에 기초한 창의적 교육방법을 더욱 발전시켰다. 이 경험을 기록하고 링컨학교 학생들의 시를 수록한 먼즈의 첫 번째 책『청소년의 창조성Creative Youth』1925은 창조적 글쓰기에 관심 있는 교사들 및 교수들의 폭발적 인기를 얻었고 곧 이 분야의 중요한 안내서가 되었다.

먼즈는 창의적인 교사였을 뿐만 아니라 창조적인 작가였다. 그는 세 권의 소설,『리차드 리차드Richard Richard』1916,『비네가 성자The Vinegar Saint』1919,『마차 타고 달리다Ride in My Coach』1923를 출판했다. 그러나 그는 소설가가 아니라『청소년의 창조성』의 작가로 명성을 날리기 시작했다. 1927년 또 한권의 소설『마주쳐 극복한 위험들Lions in the Way』을 출간했지만, 이어진 (링컨학교 창의 교육 경험을 담은)『창조의 힘』초판1929과 (이후 뉴욕대학교 창의 교육 경험을 담은)『성인의 창조성The Creative Adult』1940이 미국 교육계에 미친 파급력이 그의 문학적 영향력을 압도했다.

링컨학교의 중고등학교 교장이었던 필립 W. L. 콕스Dr. Philip W. L. Cox, 1883~1975가 1923년 링컨학교를 떠나 뉴욕대학교로 자리를 옮겼다. 링컨학교에서 먼즈가 발전시켰던 창의 교육에 대해 잘 알고 있었던 콕스는 먼즈를 뉴욕대학교 교수로 초빙해 그에게 창의 교육에 몰입할 수 있는 기회를 제공했다. 먼즈는 1926년 뉴욕대학교에 창의 교육학과Department of Creative Education를 창설하고 1945년 은퇴할 때까지 창조적 글쓰기를 비롯한 창의 교육 관련 과목들을 가르쳤다.[6]

수많은 논문을 여러 학술지에 기고했던[7] 먼즈는 창의 교육 전문가로서의 연구 능력을 아낌없이 보여주었지만, 그를 잘 아는 사람들은 그를 학자 먼즈가 아니라 교육자 먼즈로 기억한다. 그는 연구에 기초하지 않은 사항들에 대해선 말하지 않았지만, 학생들이 이해하고 직관적으로 받아들일 수 있는 실제 가르침과 배움의 장면들을 하나씩 예를 들어 설명할 때 가장 설득력 있는 모습을 보여주었다. 그는 또한 서양문학 전반에 조예가 깊은 문학인이자 「안티고니시Antigonish」를 쓴 시인으로 알려졌다.[8]

문학인이자 교육자인 먼즈를 기억할 때 잊어서는 안 될 두 가지 중요한 사항이 있다. 그것은 모든 어린이의 잠재된 창의성에 대한 그의 확신과 이 확신에 근거한 경험 중심 교육이다. 그러나 이 두 가지는 20세기 초반 미국의 교육계를 지배한 진보주의 물결과 긴밀히 연결되어 있다.

진보주의 교육 – 어린이, 경험, 민주주의

이민 인구와 산업 노동자의 수가 급증했던 19세기 중반 미국은 평등 이념을 실현하고 미국인으로서의 시민의식과 애국심을 고취시키고자 동일한 교육 내용의 보편적 교육을 도입했다.[9] 매사추세츠 주 상원의원이자 교육 개혁가였던 호라스 만Horace Mann, 1796~1859의 노력에 힘입어 1850년경 평등성, 보편성, 무상의 원칙에 입각한 최초의 공립초등학교가 탄생했으며, 중등교육에 대한 요구도 이어졌다. 한 마디로 19세기 중반 미국에선 소수를 위한 이전의 사립 엘리트교육에서 평등의 이념에 입각한 공립 대중교육으로의 변화가 시작되었다. 그러나 이러한 민주적 추이와는 달리, 이 시기 미국의 학교 교육은 방법이나 내용의 측면에서 전통적인 것에서 크게 벗어나지 못했다. 즉 통제와 훈육, 암기를 위한 반복 훈련, 고전과 교과서 위주의 교육에 여전히 의존하고 있었다.[10]

일면 미국의 진보주의 교육사상은 이러한 훈육과 암송 중심의 19세기 미국 교육에 대한 반발에서 비롯되었다. 그러나 당시 유럽에서 유입된 지적 사조도 미국의 진보주의 사상의 탄생을 촉발시켰다. 과학과 인간의 이성에 대한 신뢰를 전제로 인간의 운명은 인간 스스로 개척하는 것이라고 보았던 계몽주의 사상, 자연 그대로의 상태를 왜곡하거나 억압하는 인위적인 힘을 거부하는 장 자크 루소Jean-Jacques Rousseau, 1712~1778의 자연주의 사상, 윌리엄 블레이크 William Blake, 1757~1827와 윌리엄 워즈워스William Wordsworth, 1770~1850 등 낭만주의 시인들의 어린이 예찬론, 그리고 인간을 포함한 모든 생명체는 진화한다는 찰스 다윈Charles Robert Darwin, 1809~1882의 진화론은 전통 교육에 반대하는 미국의 개혁적 교육자들의 관심을 자연 그대로의 어린이와 어린이의 성장을 돕는 자비로운 교육으로 돌리는 데 기여했다.

그러나 어린이 교육을 실천한 스위스의 요한 하인리히 페스탈로치Johann Heinrich Pestalozzi, 1746~1827와 독일의 프리드리히 프뢰벨Friedrich Froebel, 1782~1852 이 미국의 진보주의 교육자들에게 더 직접적인 영향을 끼쳤다. 루소의 교육 원리를 계승한 페스탈로치는 사랑과 모성에 근거한 모델 학교를 설립·운영함으로써 어린이 중심 교육의 본보기를 보여주었다. 유치원을 설립해 페스탈로치의 사상을 유아에게 적용시켰던 프뢰벨은 식물들이 잘 자랄 수 있는 정원 환경을 조성하는 정원사처럼 교사는 유아의 성장 환경을 조성해야 한다는 믿음을 전파했다. 어린이를 하나의 인격체로 보며, 추상적인 것보다 구체적인 것,

책보다 경험을 강조했던 페스탈로치와 프뢰벨은 미국 진보주의 교육사상의 기틀을 마련해주었다고 할 수 있다.

1830년대부터 태동하기 시작한 미국의 진보주의 교육은 19세기 후반에 이르면, 훌륭한 교사란 각기 다른 고유성을 가진 각 어린이의 필요나 관심을 파악하고 이를 토대로 친절한 방식으로 어린이의 성장을 이끄는 사람이라는 개념이 뿌리를 내리기 시작했다. 또한 교과서와 암송 중심의 교육과정이 활동activity 중심으로 바뀌어야 한다는 생각도 공론화되었다. 페스탈로치와 프뢰벨의 영향은 미국의 교육계에 실제 변화도 일으켰다. 페스탈로치의 영향으로 미국 공립학교 교사들이 대부분 여성으로 바뀌었고, 페스탈로치가 강조한 머리, 가슴, 손head, heart, hand의 결합 교육은 직업교육에 대한 요청으로 이어졌다. 또 프뢰벨의 영향으로 미국에도 유치원이 설립되었다. 하지만 19세기 말엽까지도 여전히 어린이들에게 순종을 강요하는 훈육과 암송 중심의 전통적 교육이 지배적이었다.

존 듀이의 진보주의 교육관[11]

진보주의자들은 20세기에 들어서면서 유럽에서 받아들인 새로운 사상을 경험과 실천을 강조하는 미국적 토양에 토착화시킴으로써 전통의 장벽을 뚫고 나왔다.[12] 이런 진보주의자들의 중심에 존 듀이가 있었다. 존 듀이는 제임스의 프래그머티즘을 계승하면서도 내면과 심리에 치중했던 제임스와 달리 사회에 관심을 갖고 사회변화의 기틀이 될 진보주의 교육철학을 확립했다. 듀이는 교육이란 정보와 기술을 전달하는 것이 아니라 새로운 환경에 실제 적응하는 법을 가르치는 것이므로, 교육과 삶은 통합되어야 하며 학교 교육은 현

실 생활에서 발견되는 제 문제들을 효과적으로 해결할 수 있는 능력을 제공해
야 한다고 주장했다. 이런 그의 진보주의 사상은 경험을 통한 어린이 중심 교
육으로 요약될 수 있다. 그는 지식이란 새로운 경험을 통해 '행동하면서 배우
는 것'이므로 교사는 각 어린이에게 보다 많은 자유를 주고 각 어린이의 타고
난 호기심을 격려하여 스스로 흥미를 가지고 학습하여 성장에 이르도록 도와
야 한다고 믿었다. 듀이의 교육관은 만인은 평등하다는 미국의 민주주의 사상
과도 결합되었다. 20세기 초반 산업사회에 돌입한 미국 사회는 이민노동계층
을 포함한 일반 시민 교육의 필요성에 직면했는데, 이에 발맞춰 듀이는 모든
사람이 똑같은 교육 기회를 갖고 자유롭게 상호작용하는 민주적 학교 교육의
중요성을 강조했다.

듀이는 이론가였을 뿐 아니라 실천가였다. 듀이는 1896년부터 (컬럼비아
대학교 철학과 교수로 임용되기 전인) 1904년까지 몸담았던 시카고대학교에 부인
앨리스 치프먼 여사Alice Chipman, 1868~1927와 함께 실험학교를 세우고, 프랜시
스 W. 파커Francis W. Parker, 1837~1902와 엘라 프래그 영Ella Flagg Young, 1845~1918
등 교육 개혁가들과 함께 어린이들을 가르쳤다. 듀이는 이 실험학교에서 그의
기본적인 교육 관련 아이디어들을 발전시켰다. 이러한 아이디어들은 『학교와
사회The School and Society』1899, 『아동과 교육과정The Child and the Curriculum』1902,
『내일의 학교Schools of Tomorrow』1915, 『민주주의와 교육Democracy and Education』1916,
『경험으로서의 예술Art as an Experience』1934, 『경험과 교육Experience and Education』
1938과 같은 책들과 수많은 강연과 논문을 통해 미국과 전 세계로 퍼져나갔다.

이후 교과서를 버리고 활동을 중심으로 한 듀이의 진보주의 실험교육이
미국 전역으로 퍼져나갔다. 대표적으로 시카고와 샌디에고에 세워진 프란시
스 파커 학교the Francis Parker School, 각각 1901년과 1912년 설립와, 뉴욕의 '캐롤라인 프
랫트 도시와 시골 학교Caroline Pratt's City and Country School'1914 설립의 활동 교육을

그 예로 들 수 있다. 컬럼비아대학교 교육대학원인 티처스칼리지 부설 링컨학교도 이런 전반적인 분위기에서 1917년 실험학교로 탄생했다. 휴즈 먼즈가 컬럼비아대학교의 링컨학교에서 가르친 것, 그리고 1929년 그의『창조의 힘』 초판을 듀이에게 헌정한 것은 그가 듀이가 확립한 진보주의 교육관을 공유하고 지지한다는 것을 의미한다.

듀이와 먼즈, 그리고『창조의 힘』

실험학교를 운영하긴 했지만 근본적으로 이론가요 철학가였던 듀이와 달리, 먼즈는 평생을 교실 현장에서 진보주의 교육을 실천하는 데 바쳤다. 또한 교사이자 문학가로서 먼즈는 철학자 듀이가 할 수 없었던 시 창작과 이를 바탕으로 한 창조성 함양 교육을 제안했다. 특히『창조의 힘』에서 먼즈는 1인칭 복수형인 '우리'를 넓게는 새로운 교육을 제안하는 진보주의 교육자들, 좁게는 실험학교인 링컨학교 교사들 및 운영진을 지칭하는 대명사로 쓰면서, 진보주의 교육의 방향을 제시하는 동시에 링컨학교 교육 현장의 구체적 모습을 예시했다. 그럼으로써 '여러분'으로 자주 호명되는 부모와 교사 독자에겐 교육의 연출가나 기획자가 되는 길을, 가끔 여러분으로 지칭되는 아동청소년 독자에겐 삶의 예술가가 되는 길을 안내했다.

『창조의 힘』은 먼즈가 어린이들의 창조 정신, 모험, 감수성, 유머, 그리고 그들의 타고난 시적 가락을 장려하기 위해 (다른 교사들과 함께) 노력했던 실제 경험과 흥미로운 일화들을 (때로는 타고난 창조력을 지닌 어린이들을 인용하기도 하고, 때로는 어른들의 가혹함과 거만함을 떠올리기도 하면서), 어린이들이 쓴 시편들과 함께 오케스트라 연주처럼 들려준다. 이 경험, 일화, 시가 합주해내는 오케스트라의 선율을 통해, 이 중에서도 어린이들과 함께 하는 시 창작 수업의 구체적 사례를 통해 먼즈는 '어린이는 누구나 창조의 힘creative power을 가지고 있으며, 교사는 그 어린이의 내재된 창조성을 알아보고 충분히 발현될 수 있도록 이끌어야 한다'는 메시지를 전달한다.

이 메시지의 첫 부분 '어린이는 누구나'는 먼즈가 어린이 중심 민주주의 교육을 주창한 듀이에게 빚지고 있다는 것을 분명히 보여준다. 먼즈는 시 창작뿐만 아니라 삶의 모든 것이 예술이 될 수 있다고 믿는 면에서도 듀이의 후계자이다. 먼즈는 만들기, 그림, 연극, 춤, 심지어는 운동과 사업을 통해서도 어린이의 창조성이 발현될 수 있다고 주장한다. 그러나 먼즈가 이 책에서 강조하는 '창조 정신creative spirit'[13]은 듀이의 교육 개념보다는 문학적 낭만주의 전통에 더 빚지고 있는 듯 보인다. 먼즈가 강조하는 '내면의 창조 정신'에는 '시의 원천은 외부 세상이 아니라 시인 자신의 내면정신과 감정이어야 한다'는 영국 낭만주의 시인들의 목소리가 메아리친다.[14]

먼즈와 듀이의 또 다른 차이점은 먼즈가 어린이의 창조의 힘을 알아보고 그것이 충분히 발현될 수 있도록 격려해야 한다는 교사의 임무를 어린이의 시 창작 사례들을 통해 구체적으로 예시한 데 있다. 또한 먼즈는 교사의 목표는 어린이를 시인이나 예술가로 만드는 것이 아니라 어린이의 성장을 돕는 일이므로 교사는 어린이의 어설픈 자기-표현도 수용하며 어린이를 격려해야 한다고 강조한다. 나아가 그는 교사에겐 지금까지 알려진 것보다 훨씬 나은 경험에 기초한 (예를 들어 유머와 웃음 코드의 장착이나 시 보관 서랍과 같은) 어린이의 성장에 양분을 줄 전문 기술이 필요하다고도 피력한다.

그러나 이 책이 우리 시대의 독자에게 쉽게 다가갈 수 있다면, 그것은 이 책을 기술하는 방식 때문이 아닐까 생각한다. 먼즈는 이 책에서 논리적으로 자신의 생각을 펼쳐 내지 않는다. 대신 그는 회고와 관찰 형식으로 사례들과 일화들을 통해 자신의 직접 경험과 주변 사람들의 경험을 듣고 본대로 전한다. 그런데 논리적이지 않은 이 책이 오히려 당대 미국의 진보주의 교육관은 물론 그의 창의 교육 메시지를 명쾌하게 전달한다. 예를 들어, 경험과 관찰을 바탕으로 먼즈가 이 책에서 내면의 소용돌이를 언어로 빚어내는 일이 자신의 진짜 관심사라고 고백하고, 창조성이란 어린이 내면에서 흐르는 끊이지 않는 격랑에서 유래한다고 말할 때 우리는 그가 말하는 창조 정신의 핵심에 다가간다.

또한 각종 일화를 소개할 때 삽입된 대화들은 영화 속 한 장면처럼 독자의 공감을 바로 이끌어낸다. 일례로, 나이든 여교장의 변화를 다룬 제15장('교실의 평범한 아이들')에 포함된 젊은 교사 먼즈와 나이든 여교장의 대화는 전통적 교수법을 고수했던 여교장이 어떻게 자유로운 교사로 변화되는지의 과정을 생생하게 전달한다. 그러나 이 책의 백미는 사례와 일화 사이사이에 포함시킨 어린이가 쓴 시들이다. 90편 가량의 시들은 어린이의 잠재된 창조성이 어떻게 교사의 도움을 받고 시로 표현되는지를 보여주는 구체적인 증거로서, 논리에 기대지 않고서도 이 책이 강조하는 '창조의 힘', '창조 정신', '창의 교육'이 무엇인지 파악할 수 있도록 돕는다.

이 책에서 먼즈가 무엇보다 강조하는 것은 어린이의 타고난 창조력과 어린이의 창조성을 창작으로 이끄는 교사의 힘이다. 먼즈가 이 책에서 전달하는 또 다른 핵심 사항은 창조적 글쓰기 또는 창작이 어린이의 삶 자체에서 나오는 무엇을 표현하는 것으로서, 어린이를 전문 작가가 아니라 인간이 되도록 돕는다는 생각이다. 먼즈의 이 창작 개념에 고무 받은 동시대와 그 이후 미국의 교사들은 자신들의 수업에 창조적 글쓰기를 도입했고,[15] 먼즈의 시 창작 교육을 본보기 삼아 연극이나 미술로도 창의 교육을 실천했다.[16] 마침내 창조적 글쓰기는 미국 고등학교와 대학의 정규 커리큘럼 안으로 들어가고 학문분야의 하나로 정착되었다.

지금 여기

오늘날 미국에서 학교뿐만 아니라 기업 중심으로도 '창조'나 '창조적 글쓰기'에 대한 관심이 지속되고 있지만,[17] 안타깝게도 먼즈가 의미하는 창조성 개념과는 다른 방향으로 확산되고 있다. 이런 현상은 다만 미국에만 국한된 것은 아니다. 얼마 전부터 한국 사회에도 독창적인 신기술이 자본을 창출시킨다는 믿음과 함께 '창조'나 '창의성'이란 단어가 화두로 떠올랐다. '창조 경제', '창의 교육', '창의융합대학', '창조적 혁신' 등의 용어가 신문지상을 장식하고, 크리에이터creator 직업이 각광받고, 창작 관련 학과들도 덩달아 인기 상승 중이다. 또한 '창의'나 '창조' 혹은 '크리에이티브' 같은 단어가 경영계에선 혁신적 전략이나 기발한 아이디어와 동일시되고, 문화 예술계에선 고급문화의 상징으로 여겨지고 있다. 무늬만 창조일 뿐 그 본래의 의미는 상실한 채 '크리에이티브'는 심지어 인터넷 쇼핑몰의 최신 상품의 수식어로도 등장하고 있다.

먼즈의 창조성 개념은 최근 유행하는 창조 관련 개념과 완전히 다른 것이다. 먼즈는 이 책에서 각 어린이의 개별적 감수성을 발현하는 섬세한 시 창작 과정과 그에 동반되는 창조의 힘에 초점을 둠으로써 각 개인 내면에서 유래하는 정신적 가치를 부각시킨다. 이런 맥락에서 먼즈가 의미하는 '각 개인의 내적인 힘으로서의 창조'는 우리 시대의 문화자본이나 상징자본으로 전락한 창의성을 산산조각 낼 수 있는 강력한 무기가 될 수 있을지도 모른다.

먼즈가 진단한 19세기 말 20세기 초의 교육의 제 문제들은 그의 시대에 속한 것이지만 놀라울 만큼 '지금 여기' 우리에게도 그대로 적용된다. 오늘날 한국의 교육계도 창조나 창의 관련 용어들을 끊임없이 언급하고 재생산해 내고 있지만, 학교 교육은 여전히 전통적 교육 방식에서 크게 벗어나지 못하는 실정이다. 20세기 초반 미국의 암기 중심의 교육 전통에 한 가지 대안을 제공

했던 먼즈의 이 책이 우리에게도 경종을 울려 우리가 '지금 여기서' 짚고 넘어
갈 문제들과 직면하고 미래를 준비할 기회를 제공해주기를 희망한다.

개정판을 펴내며

이 책의 첫 몇 장은 내가 컬럼비아대학교의 링컨학교에서 초기에 시도했던 실험적 창의 교육에 관한 이야기를 전한다. 이번 새 개정판에도 이 이야기를 그대로 포함시키는데, 그 이유는 창의 교육과 동떨어진 교육 환경에서 청소년의 잠자고 있는 창조력creative power을 끄집어내 지도하려는 교사라면 누구나 직면하는 어려움과 기회를 하나의 그림으로 보여주기 위함이다. 오늘날 이러한 창조력이 우리에게 해를 끼치기는커녕 오히려 도움을 준다는 사실을 의심하는 사람은 거의 없다. 그런 만큼, 지금이 나의 실험학교 경험을 전할 적절한 시점이다.

새로운 종류의 자유를 이해하려는 진지한 시도들에도 불구하고 우리는 실험 첫 해 많은 부분에서 서툴렀다. 그러나 우리 접근 방식의 참신성이 합리적이고 또 개인적으로도 보람 있는 것으로 받아들여지게 되면서, 점차 우리의 수업도 가치를 추구하기 위해 모인 여느 진지한 성인 그룹처럼 질서정연하게 운영되었다. 앞으로 수많은 사람들이 이 점에 동의하게 될 것이라 믿는다.

1958년
뉴욕주, 비어즈빌에서
휴즈 먼즈

개정판 머리말

『창조의 힘』의 재출판을 이끌었던 숨은 성공담 하나가 있다. 그것은 '어린이는 누구나 사회에 이바지할만한 훌륭한 무언가를 지니고 있으며, 이 무언가는 반드시 격려를 받고서 표현될 수 있어야 한다'는 믿음에 전념했던 사람들에 관한 이야기이다.

이 이야기는 휴즈 먼즈와 함께 시작한다. 핵의 시대가 출현하고 과학과 기술이 발전함에 따라 먼즈는 청소년의 창의적이며 인문학적 역량 함양의 필요성에 더욱 큰 관심을 갖게 되었다. 먼즈와 함께 공부했었던 학생들은 물론 위니프레드 워드 및 교육 분야 다른 지도자들에 의해 먼즈의 철학에 입문했었던 학생들도 유사한 관심을 보였다. 이러한 관심은『창조의 힘』에 대한 엄청난 요구로 이어졌고, 곧 이 책은 절판되었다. 이 책을 읽었던 사람들은 먼즈가 이 책에서 기술하는 교직 경험들이 결코 시대에 뒤쳐지지 않는다고 느꼈다. 창의성 발달을 강조하는 이 책의 기본 철학이 시대를 초월해 어느 세대의 청소년에게나 적용된다는 믿음을 강력하게 전달했던 것이다.

'미국교육연극협회'의 '아동연극분과'가 이 책 재출판 작업의 물꼬를 텄다. 전국 '아동연극분과' 대부분의 회원들은 이 책이 다른 예술분야뿐만 아니라 연극 전공자들에게 꼭 필요한 책이라고 믿었다. '미국교육연극협회'의 사무총장이었던 케네스 L. 그래험이 책임을 맡고 대규모 캠페인을 벌였다. 그는 이 책의 재출판에 대하여 특별히 '미국교육연극협회'의 '희귀도서프로젝트' 의장을 맡고 있었던 텍사스기독교대학교의 월터 볼바흐와 의논했다. 볼바흐와 그래험은 이 책의 재출판에 대해 여러 출판사에 문의한 결과 마침내 뉴욕의 도버출판사 측 헤이워드 써커 씨의 관심을 얻었다. 그래험은 '아동연극분과' 회원들에게 써커 씨와 도버출판사를 더 설득해 보자고 촉구하는 편지를 보냈다. '아동연극분과' 그룹이 보여준 열렬한 관심에 힘입어 도버출판사는 『창조의 힘』 개정판을 출판하기로 결정했다.

　이 책은 청소년의 창조 정신creative spirit이 살아 있도록 도울 뿐 아니라 그 정신을 전파해야 할 의무를 지닌 부모들, 교사들, 청소년 지도자들에게 역동적인 철학을 제공한다. 이 때문에 '미국교육연극협회', 특히 '아동연극분과'는 이 책이 세상에 다시 나오게 된 것에 감사의 마음을 전한다.

　이번 개정판 출판은 협력적 노력의 성취를 상징할 뿐 아니라, 어린이와 청소년에게 예술이 필요하다는 믿음을 강화한다는 측면에서도 매우 의미가 깊다.

1958년
워싱턴대학교
제랄딘 브레인 식스[*]

개정판 서문

　『창조의 힘』은 1929년 처음 출판되었을 때 선입견, 편견, 진부함, 평판을 깨뜨릴 만큼 엄청난 위력을 발휘했다. 마치 다이너마이트가 터진 것 같았다. 휴즈 먼즈는 컬럼비아대학교의 그 유명한 링컨학교에서 가르치고 있었다. 그는 링컨학교 디렉터 오티스 캘드웰[1]의 추천으로 교수진에 합류한 실천적 예술가 그룹 중 한 사람이었다. 해롤드 러그[2]의 글에 의하면, "그는 5년 안에 링컨학교를 바꾸어놓았고 모범적 사례들을 연속적으로 보여줌으로써 미국 전역의 학교에 창의적 혁명의 바람을 불러 일으켰다".

　다른 국어 교사들이 학생들이 배워야 할 가장 중요한 임무가 글쓰기 규칙을 따르는 일이라고 주장했던 반면에, 먼즈는 학생들에게 자신들만의 독창적인 방식으로 생각을 자유롭게 표현할 기회를 제공했다. 규칙을 까다롭게 지키고자 했던 교사들이 제자들을 모방자들로 만들고 평범한 결과물만 얻었던 반면, 먼즈는 학생들의 상상력을 자극해 그들을 시 창작으로 이끌었다. 일례로, 어느 청소년 시인이 쓴 「곡예」라는 놀라운 시의 마지막 4행을 살펴보자.

> 그 다음 그는 사람들의 칭송에 고개 숙여 인사하고
> 쾌활하고 매우 유려하게 키스를 보낸다.
> 사람들이 정말 이해했을까? 혹시 사람들은 그의 앙상한 뼈 위에 드리운
> '죽음'을 간지럽히며 즐거워했던 것은 아닐까?[3]

또 다른 예로, 「문이 열려 있다」에서 발췌된 아래 시 구절도 읽어 보자.

> 세상 밖으로 나가기 전

나는 창가에 서서 사람들의 얼굴을 바라본다.

삶이 어떠하며 세상이 어떠한지 알 것만 같다.

밖에서 돌아온 사람들은 가끔 슬퍼하거나 피곤해 한다.

그들이 전해주는 이야기가 항상 기분 좋은 것도 아니다.

하지만 밖으로 나가는 사람들은 모두 즐겁다. 그리고 그들은

저 너머의 무언가를 바라보면서 서둘러 나간다.

로버트 프로스트[4]가 "지금까지 쓰인 교직 업적에 관한 이야기들 중 최고"라고 생각했던 『창조의 힘』은 어떻게 휴즈 먼즈가 학생들에게 모험정신을 북돋아주고 그들의 타고난 재능을 발전시켰는지를 기술한다. 이 책은 주로 창조적 글쓰기에 관심을 기울인다. 그러나 다른 과목 교사들, 특히 예술 분야의 교사들도 이 책이 그림, 음악, 춤과 같은 각각의 매체에 쉽게 적용될 수 있다는 것을 간파하고, 이 책을 각자의 매체로 전환하는 작업을 할 수 있을 것이다. 이 책이 전하는 철학은 어느 분야에서나 똑같이 적용될 수 있다.

1929년 이후 초등학교의 창의 교육은 괄목할만한 발전을 이룩해 왔다. 이른바 '진보적' 학교들이 주창했던 극도의 자유는 온건한 통제 속에서 어린이의 개별 특성이 표현되도록 장려하는 방향으로 서서히 바뀌었다. 이 과정에서 그룹 협력을 지나치게 강조한 나머지 개인의 창의력을 희생시키고 순응을 강조하는 경향을 보이긴 했지만 변화해 온 것은 사실이다.

그러나 아직도 많은 교육자들이 휴즈 먼즈를 위대한 교사로 만들었던 철학과 기술을 따라잡지 못했다. 최대한 긍정적으로 표현해보아도, 어떻게 청소년들에게 다가가며 어떤 도전을 통해서 청소년들이 『청소년의 창조성』과 『창조의 힘』에 기록된 것과 같은 놀랄만한 성과들을 이뤄내는지에 대한 먼즈의 이해를 공유하는 사람들은 거의 없다. 그러나 먼즈의 책에 깃들어 있는 정신spirit은 전파력

이 강하다. 그러므로 나는 먼즈의 책을 읽은 교사라면 누구나 더욱 빈틈없고 세심한 지도자가 될 수 있을 것이라고 확신한다. 이런 가운데 "아주 오랜 세월이 지나면 휴즈 먼즈가 지금 우리에게 가르치고 있는 방식들이 널리 전파되어 우리 모두의 교육 방식이 될 것"이라고 예측했던 먼즈의 뉴욕대학교 제자의 말을 되새겨 본다.

『창조의 힘』이 의미 있을 뿐만 아니라 지속적인 힘을 발휘한다는 확실한 증거를 이 책을 접한 오늘날 대학생들의 태도에서 찾을 수 있다. 이 책은 1930년대 초반부터 줄곧 노스웨스턴대학교 나의 드라마 수업 필독서였는데, 생각해보면 그때 이후 지금까지 이 책에 대한 학생들의 관심이 감소한 적이 없었던 것 같다. 학생들은 이 책의 스타일에 매료되고, 이 책의 유머를 한껏 즐긴다. 이뿐만이 아니다. 그들은 이 책이 전하는 강력한 교육 철학에 영감을 받아, 어린이들의 숨겨진 창조 정신을 끄집어내 터트려줄 지도자가 되고 싶어 한다.

이 책을 창의 교육 분야 최고의 책으로 만들었던 이 책의 독특한 특성들 때문에, 그리고 많은 세월이 흘렀지만 이 책의 초판 발간 이후 이 책을 대신할 다른 책이 단 한 권도 출판되지 않았기 때문에, 『창조의 힘』의 이번 개정판 출간은 우리에게 큰 행운이 아닐 수 없다. 이 개정판에는 새로운 장章들이 추가되었는데,[5] 이 추가 부분은 이 책을 오래전에 읽은 애독자들과 이 책의 초판을 구하지 못했던 사람들 모두의 환영을 받을 것이다. 이 책은 '전국교육학회'의 추천으로 최근 교육계의 가장 중요한 책 20권 목록에 들어갔다. 이 사실에서 입증되듯이, 이 책의 영향력은 지속될 것이라고 확신한다.

1958년
일리노이출판사 에반스톤에서,
위니프레드 워드

청소년 시절

더없이 아름다운 청소년 시절,
나는 웃고 춤추고 노래해야 해,

머지않아 나도 나이 들어 중후해지고,
좁은 산책로를

활기 없이 거닐게 되겠지.
내가 만나는 사람들도

경직되고 편협해질 것이고,
조심해서 말하고 행동하겠지.

그러니 쉽게 알 수 있지
그들이 나처럼 어려본 적이 없었다는 것을.

선물로 줄 꽃 한 송이를 따고 싶을 때면,
나는 꽃들이 자라는 곳을 거닐다가

허리를 낮게 굽혀야 하겠지.
그러니 지금 내 키 정도가 딱 알맞아.

더없이 아름다운 청소년 시절,
내가 웃고 춤추고 노래하게 해주었으면.

에이라인 위체슬러
11학년

제1장　모험의 시작*

1

초창기 군대 시절, 가죽 닦는 비누 냄새에 익숙해졌던 무렵 어느 날 나는 우연히 독수리 계급장을 단 대령과 대면했다. 내가 대령을 만난 것은 그때가 처음이었다. 그때까지 나는 어깨 위 계급장에 따라 장교를 맞이하는 (소위들에 겐 무시하듯 웃으며 손을 흔들다가 소령들에겐 존경심을 담아 엄숙하게 고개를 숙이는) 기술을 겨우 익혔다. 하지만 간혹 중령들에 대한 이야기를 들은 적은 있어도 그들 중 어느 누구와도 마주친 적은 없었다. 그랬던 내가 독수리 계급장을 단 장교 바로 앞에 서있게 되었던 것이다.

"제자리 섯!" 나는 내 자신에게 명했다. 이어서 나는 탁 소리를 내며 구두 뒷굽을 내리치며 경례를 했는데, 하마터면 쓰고 있던 모자를 떨어트릴 뻔했다. 그는 서류에 집중하느라 눈길 한번 주지 않았다. 그래서 나는 그 자리에 그대로 경직된 차렷 자세로 서있었다.

마침내 그가 약간 놀란 표정으로 슬쩍 훑어보더니 이내 경계를 풀고 태연하게 경례 동작을 취했다. 그때 나는 그를 알아보았다. 그는 8학년 (우리나라 학제로 중학교 2학년) 때 내가 가르쳤던 소년이었다! 그래서 나는 활짝 웃었고 기쁨을 확실하게 표하고자 다시 한번 구두 뒷굽을 내리쳤다. 내가 이렇게 했던 것은, 내가 그의 당황하는 모습에서 앞에서 굽실거리는 사람이 한 때 자신의 선생이었다는 희극적 상황을 그가 서서히 이해하는 중이라는 것을 간파했기 때문이었다.

"저," 그가 어색하게 앞으로 다가오며 말했다. "저, 안녕하세요. 저기, 여기서 뭐하고 계세요?"

나는 재빨리 다시 경례를 했다. "대령님—" 내가 말을 먼저 건넸다.

"이렇게 하실 필요 없어요!" 그가 서둘러 외쳤다. "이러시면, 제가 불편하죠."

"왜 그렇지, 리차드?" 악수를 청하면서 내가 물었다.

"제자들이 오래전부터 날 못 본 척 지나치는 것도 이제는 익숙한 일인 걸 뭐."

"저기—" 그는 무슨 말을 할지 몰라 더듬거렸다. "제 선생님이셨던 분인데 어떻게 잊을 수가 있겠어요. 제겐 아직 두려운 분이기도 하고요."

"자네에게 무섭게 한 적은 없었던 것 같은데… 내가 그런 이미지였나?" 내가 물었다.

"아녜요." 그는 담뱃불을 붙이며 생각에 잠겼다. "제 기억 속의 선생님께서는 언제나 편안하게 대해주셨어요. 지금도 여전하신걸요." 그가 밝아지며 조금 전에 했던 말을 유머로 바꾸려고 애썼다. "아마 선생님을 존경했기 때문일 거예요." 그런 후 그는 V자 계급장조차 없는 내 옷소매를 훑어보고 더욱 당황스러워 했다. 그는 대령이었고 나는 대령의 계급으로부터 가장 멀리 떨어진 다른 쪽에 위치해 있었으니 그럴 만도 했다. "선생님께서는 저보다 큰 어른이셨잖아요." 그가 급하게 상황의 어색함을 덮으며 다시 말했다.

"나도 어렸지 뭐. 당시 나도 고작 열아홉 살이었고 난 자네가 생각하는 것보다 교실 안을 가득 메운 어린이들이 더 무서웠지." 내가 그에게 말했다.

"우린 그곳에서 참 즐거웠어요." 그가 사색에 잠겼다. "우린 정말 많이 웃었잖아요. 어떤 것을 배웠는지는 기억이 가물가물해도 꽤나 많이 웃고 지냈던 것만은 생생한걸요. 정말 그에 비하면, 다른 수업들은 굉장히 엄숙했었어요."

"맞아, 정말 많이 웃었지." 내가 시인했다. "아마 웃고 지냈던 일이 그곳에 있으면서 최고로 잘한 일인 것 같아. 만약 자네들과 함께 웃을 수 없었다면 난 그 일을 그만뒀을 거야. 웃음 덕분에 포기하지 않고 할 수 있었지. 사실 교직에 계속 몸담을 수 있었던 건 웃음의 힘이 컸어. 웃음으로 인해 교육에 관한 그 뭐랄까, 위대한 무언가를 발견하기 직전에 이르렀다고나 할까. 수년간 맹렬히도 달려왔지. 희망을 품고 달려 경지에 이르는 여느 열렬한 지지자들처럼. 이런 것들이 나의 열정을 더욱 강하게 자극하고 실패 경험이 좌절로 이어지지 않게 힘을 북돋워 주었어. 참, 그때―"

"대체 그 위대한 발견이 뭔가요?" 대령들이 의례 그러는 것처럼 그가 내 말을 막으며 질문했다.

"모든 생명체의 신비," 내가 말했다. "그때―"

"거대한 질서," 그가 언급했다.

"맞아." 내가 동의했다. "이 전쟁이 끝났을 때―"

그러나 이 토론은 호텔 방의 사적 공간에서도 지속되었다. 그곳에서는 대령이 훈련소 이등병과 동등한 관계를 맺고 함께 식사하는 반역 행위조차 허용되었다.

2

마침내 전쟁이 끝났다. 어느 날 나에게 일자리를 제안하는 두 개의 전보 telegram가 날아왔다. 하나는 규모가 큰 주정부의 교육감 자리였고, 다른 하나는 실험학교의 학년 담당 교사 자리였다. 우리 가족은 교육감 자리에 대해선 전혀 관심을 갖지 않았다. 우리의 모든 진지한 토론은 교사직에 모아졌다. 그들이 의미하는 실험학교란 어떤 학교일까? 전보에 암시되어 있듯이, 이 실험학교에선 정말 감독, 암송, 교과서, 시험, 교과 과정 등 전통적 체제의 구속 없이 어린이들과 활동할 수 있는 것일까?

다음 주 나는 실험적 모험을 재정적으로 후원한다는 그 유명한 '교육위원회'[1] 그룹과 뉴욕에서 점심 식사 면담을 가졌다. 나는 자유롭게 가르칠 수 있는 실험의 기회가 어느 정도 주어진다면 어린이들과 어떤 일을 할 수 있는지에 대해 내가 믿는 대로 열정적으로 말했다. 그들은 집중해서 내 말을 듣고 있었으며, 내가 흥분한 것을 보고 웃었고 나도 따라 웃었다. 그들은 나의 열의와 신념이 정말로 웃겼기 때문에 웃었다. 그들이 농담하는 것을 보고 나는 그들이 나의 태도를 구직을 위한 단순한 판매기술로 오판하지 않았다는 것을 알았다. "정말요, 전 기적을 믿습니다." 누군가가 말했다. 이어지는 그의 웃음 속 진심을 전달받은 나는 그가 성직자였을 것이라고 생각했다. 다른 누군가가 마술 같은 엄청난 묘안을 낼 수 있는지 내게 물었다. 그리고 또 다른 누군가가 말했다. "선생님의 인생이야기를 들려주실 수 있나요? 우리는 공교롭게도 선생님께서 이 땅에 태어났다는 사실만큼은 알고 있으니 그 부분은 생략하셔도 좋고요. 이분들은 까다로운 분들이거든요."

나 또한 그들의 열정을 잘못 판단하지 않았다. 그들은 명랑하게 유머를 섞어 말했지만 진지함을 결코 감추지 않았다. 그들은 나만큼이나 어린이들을 다루는 새로운 방식의 실험에 열정적이었다. 그래서 그들의 농담과 웃음이 나에게는 노래처럼 들렸다. 오래전부터 나는 아무리 진지한 말이라도 신념이나 판단이 결여된 말들은 머리에서 지워 왔다. 그러나 그날 나는 지워서는 안 되는 한마디를 들었다. 호텔의 외투 보관소에서 그들 중 한 명이 말했다. "어떤 결과가 나올지 너무 걱정 마세요. 실험학교는 말 그대로 용기 있는 부모들이 자녀들을 보내는 곳이거든요."

그날 면담이 끝난 후 실험학교 디렉터와 단둘이 있게 되었다. 나는 갑자기 의기소침해졌다. 나는 내가 말을 너무 많이 했다고 되뇌고 있었다. 무엇보다 나는 모험에 발을 들여 놓았던 것이다. 누가 결과를 보장할 수 있을까? "성과를 당장 바라시는 건 아니죠?" 내가 물었다. "제가 얘기한 '창의력' 혹은 '창조성' 발굴과 개발의 노하우들이 발휘되려면 수개월이 걸릴 수도 있어요." 그는 나에게 진지하지만 농담 섞인 눈길을 던지며 답했다. "몇 년간은 선생님께 아무것도 기대하지 않을 테니 염려 마세요." 그는 한 번도 날 재촉한 적이 없었다. 실험이 진행되는 5년 동안, 나에게는 실험실 과학자에게 허용되었던 자유, 말하자면 그 어떤 방해도 없는 완전한 자유가 주어졌다.

내가 요청한 모든 조건들이 수용되었다. 그 조건들 중 하나는 내가 반드시 8학년부터 시작해야 한다는 것이었다. 나는 "모두가 알고 있듯이 자유로운 창의적 표현은 3학년까지는 거의 아무런 방해도 받지 않고 드러나며, 4학년과 5학년 때도 학교에서 요구하는 과제 때문에 그것이 빠르게 줄어들긴 해도 여전히 꽤 많이 남아 있다. 6학년과 7학년 때는 가끔 말썽 부리는 지점에서 그것(자유로운 창의적인 표현)이 나타나지만 8학년이 되면 완전히 사라진다"라고 주장했다. 그런데 정말 창의성이 완전히 사라지는 것일까? 아니다. 그것은 숨어 있어서 외부로 드러나지 않을 뿐이다. 지금껏 학교는 창의성을 지닌 작품들의 가치를 알지 못했으며, 더 나아가 그것들을 무가치하고 때로는 부도덕한 것으로 거부해왔다. 그리하여 8학년에 이르면, 이러한 나쁜 것들 중 비밀리에 간직해왔던 하나마저도 결국 포기되고, 창의성은 영원히 소유할 수 없는 것이 되고 만다.

3

이 모든 과정을 거치면서 나는 나름 근거 있는 낙관주의로 들떠 있었다. 20년 넘게 어린이들 및 청소년들과 함께 지냈던 경험이 나에게 자신감을 부여했던 것이다. 교실과 교실 밖 그룹 활동에서 나의 주된 관심이 학습 과목이나 공부해야 하는 어떤 것에 놓인 적은 한 번도 없었다. 대신 나는 마음mind²에서 끊임없이 끓어오르는 거칠고 때론 조리에 맞지 않는 내면의 소용돌이에 관심을 가졌다. 장엄함을 표현하는 무대 위 연기, 수개월 동안 끝없이 이어지는 이야기, 가상 세계 속 권력자와의 토론, 파워power와 사랑과 증오에 대한 백일몽, 모든 법칙에 도전하는 발명품, 학교 운동장에서 개최될 대회를 위한 실제 계획, 최상의 아름다움을 표현하는 구절, 그리고 가끔은 아무 의미 없는 구절. 이러한 내면의 산물들이 나의 전문 분야였다. 서서히 좁아지기만 하는 강의 다리로 돌진하는 폭주 열차가 바로 자기 자신이라고 믿는 일, 조심스럽게 살피며 어두운 계단을 걸어 내려가고 있을 때 해골이 철커덕 소리를 내며 느리게 걸어와 길게 뻗은 하얀 팔로 등 뒤를 스쳐 지나가는 일. 이런 생각들이 소심한 어린 소년들이 공통적으로 끔찍이 무서워하는 것들이다. "머리 뒤에도 눈이 있다면 ─ " 한 소년이 내게 털어놓았다. 겉으로 드러나지 않고 표면 아래서 끝없이 흐르는 이 격랑은 나에겐 엄청난 교육적 가치를 지닌 무엇이었으며, 수많은 상황들 속에서 겪었던 실전 경험과 실패는 나에게 그 무엇의 사용에 대한 단서를 제공했다.

이 무엇의 중요성에 대한 강한 믿음을 가지고 나는 실험학교에 첫발을 내딛었다. 하지만 시인컨대 그때 나에겐 나만의 즐거움을 찾겠다는 생각밖에 없었다. 실험학교에서 가르치는 일이 나에겐 내가 가끔 청소년들과 즐기곤 했던 게임의 일종으로 여겨졌던 것이다. (물론 나는 이 사실을 한 번도 밝힌 적이 없다.) 이 실험학교에서도 압도적인 힘을 지닌 교과 과정이 대부분의 시간을 빼앗아 갔지만, 슬쩍 빠져나올 수 있는 순간들은 항상 있었다. 그런 순간들이 다가 오면 나는 교육감독관[3]이 감시하지 않는지 확인하려고 교실 문 한쪽에 시선을 고정시키곤 했다. 또한 집에 가고 싶지 않은 듯 방과 후 교실 주변에서 어슬렁거렸던 학생들은 나에게 일상적 삶의 표면 밑 세상이 어떤 것인지를 구체적으로 알려주었다.

일찍부터 나는 일상의 표면 밑에 합리적 세상이 있으며 청소년들이 어른들을 이곳으로 안내해 순수한 이성의 문을 열어주면, 생각 없던 어른들이 그동안 의지해 왔던 전통, 편견, 독단적 권위를 벗어던질 수 있다는 것을 인지했다. 많은 청소년들이 신God의 정의와 같은 혼란스러운 질문을 두고 고민하다 용기를 내 어른들에게 질문한다. 하지만 어른들은 답변을 회피하기 일쑤이며, 청소년들은 더욱 더 큰 혼란에 빠진다. 그럼에도 청소년들은 어른들을 위선이나 무지의 죄목으로 단죄하기를 꺼린다. 때로 청소년의 생각이 어른의 생각보다 더 훌륭하게 작동하는 경우가 있는데, 이때 청소년은 악의적이라는 비난을 받다가 결국 아무 도움도 받지 못한 채 자신의 내면 안으로 들어간다. 진실을 찾겠다는 열망으로 청소년은 혼란에서 벗어나기를 간절히 원하지만, 자신의 훌륭한 이상ideal이 조롱당하지 않으리라는 것을 확신할 때까지는 벗어나지 못한다.

다른 한편으로는 우표, 새의 알, 나비, 그밖에 이와 비슷한 각종 수집품을 통해서나 백과사전과 『세계 연감』[4] 등의 책에 나온 기이한 읽을거리를 통해서 풍부한 정보를 축적해온 청소년들도 있었다. 이들은 친밀한 관계를 맺고 긴장이 풀리게 되면 말문을 터트렸는데, 그 말속엔 특정 분야 연구생의 열정 비슷한 것이 있었다. 나는 이런 학생들이 '학교가 가르치는 사실들'에서는 낮은 평가를 받지만, 이와 똑같이 중요한 세상사들에 대해서는 교사들보다 더 많이 아는 경우를 자주 보았다.

재치 넘치는 새로운 아이디어에 대한 계획이나 모형을 제시하는 발명가들도 쏟아져 나왔다. 한 학생은 단순화된 모스 부호[5]를 고안해 더 싸고 빠르게 모스 부호가 사용될 수 있도록 했다. 또 다른 학생은 상대팀 선수들을 확실하게 아웃시키고 한 번의 다운[6]에 평균 4야드[7]를 보장함으로써 어느 게임에서든 충분히 이길 수 있을 미식축구전략들을 제안했다. 한 소녀는 여기 저기 떨어져 있는 분필 조각들로 놀라울 정도로 작은 조각품들을 만들 수 있었다. 한 쌍의 악동들은 엄지손가락을 흔들면서 교실에서 대화를 이어가는 방법, 즉 시험을 포함한 모든 목적에 합당한 최고의 교실 대화법을 제안했다.

그들의 깊은 마음속 리듬은 비밀이 보장되는 면담 때를 제외하곤 드러나지 않았다. 그들은 익숙한 말들은 잘도 재잘거렸지만 내면에 대해서는 놀랍도록 침묵을 지켰다. 나는 어느새 그들의 눈높이까지 내려가 그들의 비밀들이 옳고 또 훌륭하다고 여기게 되면서 많은 것을 배웠다. 나는 그들의 더 진지한 내면의 동요는 그대로 동요하도록 두었다. 그들 삶의 이 부분을 매우 소중하게 생각했기 때문에 더 이상 캐묻지 않았던 것이다. 사실 내가 배웠던 모든 것들은 저절로 알게 된 것이다.

창의적 활동creative activity은 이런 사소한 생각과 감정의 고동치는 소용돌이에서 유래한다. 그러므로 우리는 창의적 활동에 대해 알아야 한다. 또한 그것이 창조 예술의 정교한 표현으로 승화될 수 있도록 도우려면, 그것의 표현이 어설프고 서툴러도 진지하게 받아들여야 한다.

도움을 받지 못하면 창의적 활동은 창작의 영역으로까지 멀리 나아가지 못한다. 창작에는 언어, 크레용, 색깔 등등 다양한 매체들이 사용될 수 있으며, 아무리 서툴러도 각 매체를 활용하려는 시도가 항상 있는 법이다. 그러나 완전히 만족스러운 결과를 성취하지 못하거나 어른들의 노골적인 압력에 노출되거나, 위협적인 어른의 기준이 개입될 때 자기-표현의 열정은 사라진다. 물론 예외도 있다. 온갖 묵살 행위들을 누를 수 있을 정도로 탁월한 표현 충동을 운명적으로 타고난 예술가들과 사상가들이 바로 그 예외에 해당된다.

4

여기서 내가 처음에는 완전히 의식하지 못했던 중요한 사실 하나를 덧붙일 필요가 있다. 나는 처음에 청소년들에게 다가갔을 때는 가르치는 일에 거의 관심을 두지 않았다. 나의 관심은 오로지 글쓰기를 통한 개인의 자기-표현에 놓여 있었다. 나는 글을 쓰는 사람이었지 글쓰기를 가르치는 교사가 아니었다. 사실 이 두 부류 사이에는 엄청난 차이가 있다.

이 주제에 대해 한 두 마디 덧붙이는 이유는 이 주제가 매우 중요하기 때문이다. 나는 수많은 일들에 관심을 가지고 있으며 그중에는 가르치는 일도 포함된다. 하지만 이런 수많은 것들이 나의 진짜 관심사는 아니다. 이런 일들 중 어느 것을 위해서도 나는 기꺼이 한 끼의 식사를 포기하지 않으리라. 그러나 나의 진짜 관심사, 나의 삶 밑에서 소용돌이치는 내면의 소리를 언어로 빚어내는 일, 이처럼 언어로 빚을 때까지는 그 의미와 중요성에 대해 완전히 알 수 없는 내면의 소리에 대한 언어화 작업, 이것이 바로 내가 날이면 날마다 기꺼이 먹지도 자지도 않게 만드는 무엇이다. 이것의 유혹은 지독히 강렬해서 나에게 다른 해야 할 일이 생기면 나는 이것을 강제로 회피해야 한다. (어떤 이들은 마치 이것이 악마인 것처럼 "사탄아, 물러가라!"[8]고 외친다. 나 또한 가끔 이것이 사탄이라고 믿는다.) 일단 이것에 포획되어 희생 제물이 되면, 더 이상 아무 일도 할 수 없을 만큼 육체적 탈진상태에 이른다. 이러한 고통의 희생자는 대개 의지를 상실하고 유혹을 견뎌내지 못한 모든 술집주인들, 죄인들, 술고래들을 이해한다.

글쓰기가 유일한 목적이라면, 사탄이라 불리는 이 무엇의 유혹이 그렇게 나쁜 것은 아닐 것이다. 초고가 완성된 후에도 오래 동안 이 무엇은 온갖 깨어 있는 행위들과 생각들 사이에서 구불구불 감기다가 풀린다. 끊임없이 머릿속에서 수정 작업이 계속되며, 여러 번 다시 읽어야만 하며, 이후에도 수많은 추가, 삭제, 확대, 삽입 작업을 하면서 온갖 고생과 고행을 거쳐야 한다. 흥미가 사라지고 대신 혐오가 대신 그 자리를 차지하지만, 덧붙이고 재수정하는 추진력은 사라지지 않는다. 아, 의식의 큰 파도를 타고 나오는 창의적인 생각들을 빚어내는 사람들, 그들은 자신들이 흥미를 느끼고 있는 것이 무엇인지 알고, 또 아는 만큼 그것을 사랑하면서 동시에 두려워한다.

그러나 글쓰기 교사들은 훨씬 더 냉정한 사람들이다. 아무도 글쓰기 교사들의 관심이 끓어올라 비등점에 이를 것이라고 믿지 않는다. 그들이 쓴 글은 형태적으로 멋지겠지만 가슴을 뭉클하게 하는 힘은 없다. 그들은 분류와 정의를 위해 글을 쓰기 시작한다. 그들은 제유[9]를 찾아 헤매고 약강6보격[10]과 과거형의 사용을 줄이려고 한다. 그들은 소네트 형식은 반드시 14행이어야 한다고 믿는다.[11] 심지어 거장들도 2행만으로 아주 길게 소네트를 써 왔다고 예를 들어 보여주어도 (셰익스피어의 소네트 29번을 보라),[12] 그들은 결코 이해하지 못한다. 그들은 당신에게 눈을 깜박이며 자신들의 정의를 반복할 것이다. 그들은 루이스 캐럴의 『이상한 나라의 앨리스』의 무심한 제복 입은 하인을 연상시킨다.[13]

"전 여기 앉아 있겠습니다." 제복을 입은 하인이 말했다. "내일까지—"

그때 문이 열리고, 커다란 접시가 하인의 머리를 향해 곧장 날아왔다. 갑자기 요리 접시가 하인의 코끝을 스쳐 지나 바로 뒤 나무에 부딪혀 박살이 났다. 그의 코에도 상처가 났다.

"—아니면 다음 날까지도." 하인은 마치 아무 일도 일어나지 않았던 것처럼 정확하게 똑같은 톤으로 계속 말했다.

게다가 글쓰기 교사들은 자신들의 취향taste[14]에 대해 확신한다. 즉 그들은 교과서에서 모든 훌륭한 문학가들의 이름을 발견할 수 있다고 믿는다. 그들이 교과서에 실린 모든 작가들이 모든 사람들에게서 똑같이 그 진가를 인정받아야 한다고 믿는 것은 더욱 안타깝다. 여기서 그들이 강조한 '모든'이라는 말을 기억하길! 그들에겐 좋아하는 문학 작품도, 싫어하는 문학 작품도 없다. 박물관 경비원이 정십이면체[15] 수정에 대해 그 어떤 호불호도 갖지 않는 것처럼. 그들은 그 어떤 것을 위해서도 식사를 거르는 일이 없을 것이다.

나는 그들이 쉽게 여기서 퇴장하지 못하도록 그들에 대한 한 단락의 설명을 추가하고자 한다. 그들이 풍요로운 삶의 방식을 방해하는 사람이니만큼 이렇게 인장을 찍어 두어야 하며, 또 그들이 초등학교에서 대학까지의 수많은 인간적인 문학 교사들과 구별되어야 하기 때문이다. 인간적인 교사들은 문자와 그 정신spirit[16]을 결코 혼돈해 본 적이 없으며, 삶을 믿고 문학이 '바로' 삶이라는 것을 알고 있으며, 세상에서 물러났던 적도 목마른 사람들의 컵을 거절해 본 적도 없다. 그러나 글쓰기 교사들은 차갑고 수동적이며 지나치게 침착하며, 자신들만의 높은 기준과 흠잡을 데 없는 고상한 취향을 지닐 뿐이다! 그들은 언제나 권위를 더 지닌 사람들 편에 서서 신중을 기한다. 그들은 엉망진창 엉켜있는 이런저런 것들을 시간이 해결해 줄 때까지 기다린다. 그래서 그들은 언제나 수년씩 뒤처져 살며 자신들만의 하루를 생생하게 맛보지 못한다. 글쓰기 교사들의 이런 태도에는 현실에 안주하는 바리새파주의[17]가 배태되어 있다고 짐작할 수 있다. 믿을 만한 학생으로 졸업한 후 동료 교사가 된 누군가가, 교무실 구석에서 1,001번째 다음 수업을 위해 꼼꼼한 학습이 진정한 지혜처럼 빛나는 각종 표시로 가득한 교과서를 뚫어져라 쳐다보는 글쓰기 교사들을 만나면 내가 그들에 대해 말한 것이 정말 진짜라는 것을 확신하게 된다. 아, 정말이구나!

물론 내가 글쓰기 교사들에게 불공정할 수도 있다. 그러나 그렇다고 해서 달리 말할 수도 없다. 그들의 방식들은 나의 방식들이 아니며, 또 그들이 자신들을 유감스럽게 생각하지도 않기 때문이다. 그들과 그 부류의 사람들은 많은 경우 나사로에게 빵 부스러기[18] 건네는 일조차 거절해 왔다. 어린이는 이런 글쓰기 교사와 같은 부류가 아니다. 어린이는 학자가 아니라 창의적인 개인이다. 어린이는 어느 시대 어디에든 존재하는 예술가처럼 언어를 사용한다. 예술가가 자신의 매체를 그 자체의 목적을 위해서가 아니라 생각과 감정을 드러내는 표현 수단으로 사용해 왔던 것처럼. 어린이에게 언어 자체는 상대적으로 중요하지 않다. 어린이는 한결같은 비전과 진실한 감정을 품으면 저절로 적절한 표현 수단이 나타나리라고 믿는다. 어린이의 관심은 단어가 아니라 단어를 찾아 빚어내는 능력에 있다.

제2장 시 詩 보관 서랍*

1

실험학교 첫 날 나는 수업이 시작되기 전 한두 시간 동안 학생들을 관찰했다. 이 한두 시간은 자유-활동 학교의 취지를 반영하는 발전의 계기를 충분히 제공했다. 이 자율적인 시간에 와자지껄 떠드는 학생들의 모습은 마치 광란의 무리와 같았다. 쉬는 시간 총알처럼 뛰어나가는 좌충우돌 아이들의 모습, 그들의 눈은 순수하지만 자기중심적이었고 서로간의 충돌을 두려워하지 않았다. 그들 각각의 자기중심적 자아가 다른 친구들의 자기중심적 자아를 소환해, 명령하고, 지시하고, 검열해보지만, 그 어떤 관심도 받지 못했다. 시끄러운 복도에서 서성이던 교사들은 거의 입만 벙긋하며 소리 없이 말했다. 그들은 웃고는 있었지만 이런 상황을 묵묵히 지켜볼 수 밖에 없었다. 그들은 정말 용감한 사람들이었다. 게다가 내가 들은 바로는 실험 3년차인 이번 해에 교사의 삼분의 일이 새로 왔다. 그런 만큼 교사들이 학생들을 통제하기는 쉽지 않았을 것이다. 이 실험학교는 대단히 강력하고 귀중한 힘을 분출해내고는 있었지만 3년이라는 짧은 기간 동안 스스로 통제하는 질서 유지의 아름다움에 대해 가르칠 수는 없었던 듯 보였다.

운 좋게도 나는 학생들의 이런 성장 단계를 관찰한 경험이 있어서 이 상황을 충분히 이해할 수 있었다. 필라델피아의 쉐디 힐 학교에 부임해서 첫 몇

년을 보낼 때였다. 그 시절 어느 날 나는 "선생님, 조심하세요!"라고 경고하며 내가 서있는 계단 위까지 공중 부양해 몸을 던진 소년들과 부딪쳐 계단 밑으로 거의 굴러 떨어질 뻔했다. 물론 몸 중앙으로 세게 부딪히는 학생들마다 "선생님, 죄송합니다!"라고 외치긴 했다. 하긴 예의 바른 녀석들이었으니까. 쉐디힐 근무 시절 우리에게 용기를 북돋아주었던 분은 메리 프레지어였다. 그녀는 얼마 전 베데일즈,[1] 아봇홀름,[2] 그 외의 어린이의 자유에 대한 새로운 생각을 실행에 옮겼던 유럽 열두 곳에서 오랜 기간 체류하다 귀국했다. 그녀는 "어린이들은 자유를 활용하는 법을 배워야만 합니다. 이 시기는 그저 반드시 거쳐야 할 과도기일 뿐입니다. 어린이들 모두가 이 사실을 알고 있습니다. 하지만 우리가 인내심을 가지고 포기하지 않고, 옛 학교체제의 억압적 훈육으로 되돌아가지만 않는다면 어린이의 삶에서 새롭고 뛰어난 결과물을 만들어낼 수 있을 겁니다"라고 말하곤 했다.

나는 실험학교에서의 이 첫 몇 시간 동안 다른 교사들보다 더 만족스럽게 지켜볼 수 있었다. 일부 교사들은 학생들이 보여주는 온갖 무례한 행동들을 거침없이 비난하면서, 우리가 완고한 태도를 취하기 전까지는 어린이들의 자기중심적인 야만적 행위로부터 아무 결과도 얻을 수 없을 것이라고 주장했다. 나는 한 여자 아이가 열심히 뛰어갔어도 아깝게 엘리베이터를 놓치는 장면을 목격했다. 그 아이는 엘리베이터를 향해 내려오라고 소리치다 엘리베이터 문을 계속 두드렸다. 결국 상기되어 분개한 얼굴로 조용히 관찰 중인 교사들에게 소리 질렀다. "엘리베이터가 꼼짝을 안 해요! 절 태우러 올 생각이 없다고요!"라고 외친 후 쏜살같이 계단을 뛰어 올라갔다. 어떤 교사가 무슨 말을 했는데 소리가 작아서였는지 들리지 않았다. 우린 고개를 치켜들고 올려다 보았다. 그때 그 여자 아이가 반복해서 하는 말이 들렸다. "어린이들을 위한 개인 엘리베이터가 제공되어야 하는 거 아닌가요?"

이 여학생 관련 모든 일들은 결국 학생자치 위원회, 그룹 토론, 주민 회의 등등의 시스템을 거치면서 처리되었고, 마침내 사회적 질서 유지에 합당한 개인적 희생이 이해되고 합리적으로 받아들여지게 되었다. 그런 후 일시적으로 공공복지를 위험에 빠트리는 무정부주의자들이나 위협적인 개인들에게 필요시 강력한 제약이 가해졌다. 그러나 이 과도기조차도 나에겐 고무적이었다. 당시 나는 미래에 대한 희망으로 잔뜩 부풀어 있었다.

이 실험학교에 소음과 혼란이 없었던 것은 아니다. 그러나 흔히 학교에서 발견되는 일반적인 의미의 무질서는 없었다. 어린이들은 학교가 요구하는 적절한 임무를 착실히 수행했다. 어린이들은 자신들에게 도움이 될 만한 책을 읽으러 도서관으로, 또 수업을 받으러 각각의 교실로 뛰어 갔다. 그들은 또한 이 실험학교가 정해놓은 관심사에 완전히 복종하면서 체육관, 식당, 강당을 향해 뛰어갔다. 전통적 방식으로 운영되는 학교에서 특징적으로 눈에 띄곤 했던 몰래 돌아다니기, 빈둥거리기, 교사들과 학교 운영자들에게 대놓고 또는 은밀하게 저항하기, 이런 일들은 전혀 눈에 띄지 않았다. 그들의 눈은 침착하고 진지했을지라도 그들의 얼굴은 종종 뜨겁게 달아올라 상기되었다. 과잉자극의 분명한 표식으로 초조와 긴장과 같은 육체적 반응들이 나타났다. 하지만 기꺼이 임하려는 태도와 의지가 모두 올바른 방향에서 두드러졌다.

2

그다음 나는 자연스럽게 8학년 학생들이 교실로 우르르 몰려올 것에 대비했다. 그들은 가장 혼잡한 시간 타임즈 스퀘어의 지하철 군중처럼 충돌하며 몰려 들어왔다. 그래도 나는 학생들이 교실 문 안으로 들어올 때는 잠시라도 배움에 대한 냉정하고 진지한 열망의 표정을 지었다고 확신한다.

첫 번째 그룹은 나를 뜯어보는 눈으로 살피더니 학업 성취도를 높일 수 있는 교실의 명당인 맨 앞자리를 나란히 채워주었다. 그다음 그룹은 재빠른 추정 후에 교실의 뒷자리가 그들에게 가장 유리한 위치라고 결정했다. 나머지 학생들은 이 교실의 가운데 자리들을 두고 소란스럽게 다퉜다. 교실에는 일반적인 책상 대신 이동식 테이블이 마련되어 있었다. 출석 체크가 끝났다. 그러자 학생들은 이동했는데, 서로 부딪쳐 튕겨져 나왔고, 또 움켜잡는 손과 돌진하는 몸으로 이쪽저쪽으로 서로를 거칠게 떠밀었다.

뜻밖에도 어린이들은 자신들의 상충하는 차이를 순식간에 해결하고 조용하게 나를 쳐다보았다. 오늘날까지도 나는 이 어린이들의 냉정하고 편견 없는 시선을 그림처럼 기억한다. 어린이들은 정말 그랬다. 하지만 자기중심적이었고 무자비했다. 그들은 나에게 "저기, 선생님은 누구세요? 우리와 뭘 하실 건데요?"라고 말하는 듯했다. 권위에 대한 존경심은 전혀 보이지 않았고, 권위를 두려워하는 기색도 전혀 없었으며, 환영의 따뜻함을 눈곱만큼도 보여주지 않았다. 심지어 침묵조차도 다음 할 일에 대한 그들 나름의 생각을 전했다. 그들은 내가 나의 물건들과 내 자신을 드러내길 기다렸다.

내가 올바른 절차를 밟고 있다는 확신에 차 있었다고 상상한다면 큰 오산이다. 솔직히 나는 낯선 동물을 마주했을 때처럼 두려움에 사로잡혀 있었다. 20년의 교사 경험이 최악의 준비밖에 안 되는 것 같았다. 내가 이 학교 어린이들 앞에 서게 된 것은 그들 삶의 숨겨진 가능성들 중 일부를 건드리고, 그들이 가지고 있었으나 소심하거나 무지해서 꺼내 쓸 수 없었던 어떤 힘을 발견하고 끄집어내기 위해서, 한 마디로 자기다움personality을 발전시키기 위해서였다는 것을 생각하면 그렇게 느껴질 수밖에 없었다. 이런 상황에서 나는 당연히 실험학교에서의 나의 임무를 학생들에게 드러낼 수 없었고, 또 무엇이든지 내가 해야만 하는 일이 있으면 그들의 동의를 얻어야만 했다. 그래서 나는 특정 과목의 교사라는 가면을 쓰고 적절한 순간들이 오길 기다려야 했으며, 운이 닿아 나에게 다가오는 것은 무엇이든지 활용해야 했다. 나를 인도하는 것은 오로지 넘치는 신념과 모험정신밖에 없었다.

그래서인지 학생들은 나에게서 나의 임무를 발견해내지 못했다. 언제나 나는 일개 교사에 불과했고, 학교 환경이 점차 교사에게 온갖 진지한 권위를 벗어던지도록 계획되어감에 따라, 나의 교육 방식은 대개 (나를 지나치게 간섭하지 않는 교사 정도로 참아주는) 착한 소년들과 (스스로에게 만족하는) 소녀들에게 상냥하고 겸손하게 다가가는 것이었다. 한 소년이 (이 나라 거대 철도회사들 중 한 회사의 고위직이었던) 자신의 아버지가 했던 말을 나에게 은밀히 털어놓은 적이 있었다. 소년의 아버지 말에 따르면, 교사들은 모두 인생에서 실패했거나 그저 머리가 나빠 스스로 무엇인가를 이룩하지 못했던 실패한 사람들, 대개 매우 처지가 안 된 사람들이었다. 아무것도 모르는 소년은 자신도 아버지의 말에 동의했으며, 그 말을 듣는 순간 달콤함을 맛보았다고 말했다! 그러니 이 책을 읽지 않는다면 나의 실험학교 첫 제자들은 내가 그들과 함께 활동했던 5년 기간의 동기動機라 할 수 있는 창의 교육의 실험적 기획에 대해 결코 알지 못할 것이다.

3

학생들의 계속되는 침묵이 가장 당황스러웠다. 나는 내 양복 주머니 안을 더듬거리다가 우연히 로이 헬튼[3]이 얼마 전 내게 준 몇 개의 미발표 시들을 손에 넣었다. 나는 작가가 아니라 내 친구로서의 로이 헬튼에 대해 이야기했다. 어린이들은 우리 둘 사이의 개인적 이야기를 듣고서 즐거워했다. 예를 들면,

이런 이야기였다. 불운하게도 나는 항상 다른 매력은 없고 덩그러니 키만 큰 사람들과 사이좋게 지냈다. 게다가 키 큰 내 친구들은 키 큰 것을 조금도 뽐내지 않았었는데, 사람들이 모두 우릴 ____라고 생각했다. 난 일부러 더듬거렸다. "머트와 제프, 바보 2인조" 누군가가 작은 목소리로 의견을 냈다. "정확해, 그거야." 내가 말했다. 그러자 즉시 학생들과 나는 편안한 관계를 유지할 수 있었다. 학생들의 얼굴에선 차갑게 살피던 표정이 어느 정도 사라졌고, 그들은 보다 따뜻한 분위기를 감지했는지 몸을 앞으로 굽혔다.

나는 학생들에게 당시에는 미발표 원고였던 헬튼의 시, (헬튼이 직접 산악지대 사람들에게서 모은 켄터키 주 민간전승 이야기를 소재로 한)「옛 크리스마스」[4]를 읽어주었다. 이 시는 '진짜 크리스마스' 이후 열두 번째 되는 '옛 크리스마스' 날 밤, 유령이 걸어 다니다 피곤하면 집 안에 들어와 쉬라고 문을 열고 밤을 지새운 소녀의 이야기를 들려준다. 로이 헬튼의 허락을 받고 이 시를 여기에 수록한다.

이 시를 읽기 전 우리는 샐리 앤 바튼이 '옛 크리스마스' 날 유령 지킴이로서 자신의 오두막집에서 밤을 꼬박 지새웠다는 것을 알아야만 한다. 동이 트기 한 시간 전 그녀는 친구 로메이 카터가 눈길을 가로질러 자신에게 다가오고 있는 것을 바라본다. 샐리 앤은 죽마고우를 맞이하려고 문 쪽으로 간다. 하지만 그녀는 로메이 카터가 죽었다는 것, 이 장면이 딱총나무 꽃이 만개하고, "귀뚜라미가 갈대 사이에서 무릎을 꿇었던" '옛 크리스마스' 날 밤 부름을 받고 오는 유령 장면이라는 것을 알지 못한다.

옛 크리스마스이하 고딕처리는 시 제목에 해당한다
"그렇게 공기처럼 가볍게 눈 속을 가르며
　　어디서 오는 거니, 로메이 카터?
그리고 네 손에 쥔 예쁜 것들은 뭐니?

또 네가 가려는 곳은 어디니?

어서와, 친구야. 옛 크리스마스 날 아침

　　　우리 집엔 먹을 게 많지 않아.

하지만 아마 달달한 것 한입 거리와 옥수수 빵,

　　　약간의 햄과 그런 것들은 있을 거야.

하지만 들어와, 사랑하는 친구야! 샐리 앤 바튼이

　　　널 몹시 그리워하고 있잖니.

촛불을 켤 테니 기다려봐.

　　　앉아! 네가 늘 앉아 있던 곳에.

그런데 넌 오늘 아침 공기처럼 그렇게 가볍게 어딜 갔다 온 거니?”

　　　“무덤에, 샐리 앤.

저 위, 소금이 핥아낸 초원길을 따라 올라가면 있는 곳.

　　　거기서 타울비가 내 남자를 죽였어.”

“오늘 아침 타울비는 집에 없던데…

　　　촛불을 켤 수가 없어.

성냥 대가리가 너무 축축해.

　　　타다 남은 장작 불씨를 불어서 불을 켜볼게.”

“애쓰지 마. 난 너희 집에 들어가지 않을 거야.

　　　여전히 갈 길이 멀거든.”

“저 위 무덤 있는 언덕에서,

아무것도 보지 못했지, 로메이 카터?"

"거기서 뭘 보았느냐고, 샐리 앤 바튼?"

"유령들이 정말 거닐곤 했어, 지난밤에."

"딱총나무 관목이 막 꽃을 피웠고,
　　그때 달빛이 여전히 빛나고 있었어."

"맞아, 딱총나무 관목들, 그것들이 꽃을 피워, 옛 크리스마스 날엔.
　　귀뚜라미가 갈대 사이에서 무릎을 꿇고,…
다른 건 아무것도 없지 ― 저 위 무덤엔?"

"하나를 더 보았어.
내 남자를 보았어. 타울비가 쏜 총이 그의 머리를 관통했어.
　　머리에선 여전히 피가 흘러내렸어."

"그가 뭐라고 했어?"
　　　　　　"허리를 굽혀 내게 키스했어."
"그가 뭐라고 했어?"

"예수 그리스도께서. '타울비를 용서하느니라'라고 말씀하셨다고.
　　하지만 그는 다른 말도 했어.
허리를 굽혀 내게 키스했을 때 포근했다고 말했어.

그게 내가 들은 마지막 말이었어."

"오늘 아침 타울비는 집에 없어."

　"알아, 샐리 앤,
내가 초원 따라 내려오는 그를 죽였으니까.
　초원에서 타울비가 내 남자를 죽였고.
난 초원의 길 위에서 그를 만났어.
　달빛이 빠르게 희미해질 때.
난 죽은 내 남자의 소총으로,
　내려오는 그를 죽였어."

"두 발의 총 소리를 들었어."

　"두 번째는 타울비의 총소리였어.
그가 죽기 전 나를 쏘았거든.
　새벽에 우릴 발견할 거야, 샐리 앤 바튼.
난 죽어서 그 옆에 누워있어."

학생들은 딱 한 번 움직였다. 모두 이동식 테이블을 빙그르 돌려 내 곁으로 다가왔다. 그리곤 공감을 하건 하지 않건 아무 소리도 내지 않았다. 하지만 몸짓으로 모두가 한 마음이라는 것을 확실하게 전했다. 그들의 얼굴에 돌았던 소름이 조금씩 사라졌다. 내가 헬튼의 원고에서 뽑은 시들을 계속 읽어나가자 시인의 마법적 상상력이 그들의 상상력을 자극했다. 그 마법은 그들의 마음에 안식을 가져다주었고, 학교가 성장 단계를 거치면서 알게 모르게 그들에게 불러일으킨 격렬한 자극을 진정시켰다. 어색하지만 사랑스러운 친밀감이 그들에게서 나타났다. 내 앞의 얼굴들에 기이한 미소와 경이로운 표정이 돌기 시작했다. 그것은 통제에서 완전히 벗어났을 때 풋내기 소년 소녀들만이 보여줄 수 있는 표정이었다.

그러다가 어느새 읽고 있던 시의 원고 끝 부분에 다다랐다. 학생들은 기다렸다. 그런데 나에겐 그들에게 더 이상 줄 것이 남아 있지 않았다. 내 머릿속을 지우개로 지운 것도 아닌데 멍해졌다. 30분이나 남았는데, 시간을 더 이끌고 갈 자료가 없었다. 교사라면 누구나 이런 허둥지둥한 상황을 겪어봤을 것이다. 어색한 침묵이 흘렀다. 어린이들은 이런 상황에 전혀 신경 쓰는 것 같지 않았다. 그때 침묵을 깨고 한 소년이 심오한 목소리로 천천히 물었다. "'선생님께서는' 이제 뭘 가르쳐 주실 건가요?" 나는 어깨를 으쓱하며 반 학생들을 바라보았다. "이렇게 '우리가' 즐거울 때 배운다고!"[5] 나는 연민을 가장하며 말했다. 이 말 끝에 환호가 터져 나왔다. 그들의 반짝이는 눈동자를 통해 그들의 관심사는 내가 말한 내용이 아님을 알 수 있었다. 학생의 질문에 뜸 들이지 않고 뜻밖의 말"이렇게 '우리가' 즐거울 때 배운다고!"을 다시 이어나가는 자체가 그들에겐 놀라웠던 것이다. 또한 그들은 내가 진담이 아닌 재치 있는 말장난으로 응답한 것도 높이 평가해 주었다. 고백컨대 '신속하게 놀라움을 담아 말장난하기'는 매우 중요한 나만의 교육 방식들 중 하나이다.

한 소녀가 느닷없이 닦달하는 어조로 물었다. "문법을 배워야만 할까요?" 목소리의 톤은 위협적이었는데, 내가 이 학생들과의 수업에서 문법을 공부하지 않을 것임을 직감하게 했다. 적어도 나는 그들이 문법 과목을 경험했던 방식으로는 공부하지 않을 것임을 알았다. 몇 년 후 이 꼬마 숙녀는 『상투적인 것들 앞에서』라는 시집을 출간하여 대중의 찬사 속에서 출판을 거듭했다. 또 그녀의 유머 넘치는 흥미진진한 창작 시 「문법을 배우나요?」도 수많은 사람들로부터 감사와 긍정적인 평가를 받았다. "문법을 배우나요?"라는 이 질문에는 유머는 물론, 아이러니, 풍자, 비판도 담겨 있었다.

이 소녀에 대한 다른 이야기를 덧붙이려고 한다. 이 소녀는 순전히 연극적인 힘으로 반 전체 학생들을 사로잡은 적이 있었는데, 그때 나는 흥분 속에서 그 과정을 지켜보았다. 내가 추구해 왔던 것이 바로 이 소녀가 보여준 연극적인 힘이었던 만큼, 이 장면을 더욱 집중해서 관찰했던 것이다. 3년 후 마가렛 홀츠는 그녀의 이 연극적 재능을 발견하고, 그녀를 성녀 조안Joan을 소재로 한 희곡들, 즉 쉴러의 희곡과 쇼의 희곡[6]에서 발췌된 두 장면에 등장시켜 각각 독일어와 영어로 연기하도록 했다. 이 어린 배우는 쉴러와 쇼의 희곡을 연극 무대에 생동감 있게 펼쳐내는 놀라운 힘을 보여주었다. 나는 지금도 이 소녀의 무대화 능력이 당시 최고 배우의 그것보다 훌륭했다고 믿는다. 아마도 이 믿음이 그리 틀리지 않을 것이다. 그녀는 청중들이 언어의 장벽을 전혀 인식하지 못하도록 연기했다. 공연이 끝난 후 나는 소녀의 어머니에게 다가가 "정말 놀랍지 않으세요?"라며 말을 건넸다. 소녀 어머니는 고개를 끄덕였지만 "저 아이가 제 딸이… 제 딸이 맞는 거죠?"라고 속삭일 뿐 그 이상의 말을 하지 못했다.

나의 8학년 이야기로 다시 돌아가자면, 이 꼬마 숙녀의 재능에 기뻐하는 한편 나는 그녀의 연극적 천재성이 나와 학생들의 우호적 관계를 순간 깨트릴 수도 있다는 위기감을 느꼈다. 그러나 행운은 내편이었다. 행운은 수업 내내 내 곁에 머물렀다. 아니, 솔직하게 말하자면 나는 이 꼬마 숙녀가 제기한 재앙 '문법을 배우나요?'라는 질문과 마주했을 때 내가 어린이들과 문제가 생길 때마다 써왔던 확실한 자료를 다시 꺼내 썼다.

물론 나는 학생들과의 첫 수업에서 무례한 질문이 끼어들 때 밟아야 할 적절한 전통적 절차를 알고 있다. 초기 반항은 반드시 확실하게 다스려야 하고, 반항하는 학생들이 교사의 **빠른** 일격을 느끼도록 해야 한다. 윗사람의 시선으로 학생 그룹의 도전을 내리누르고 두 팔을 끼고 "너희들에게 문법 학습이 필요하다는 판단이 들면, 문법을 가르칠 것이다!"라고 말하는 것이다. 그리고 대개 이런 식으로 처리되곤 한다! 하지만 나는 3년 동안 교실에서 멀리 떨어져 있었다. 나는 바로 전날까지 군복을 입고 있었던 것이다. 그래서 아마 나는 이런 전통적 교수법을 잊었던 것 같다.

침묵 속에서 나는 눈을 창문 밖 전경에 고정시키고 이 질문에 대해 묵상했는데 이를 학생들이 알도록 했다. 즉 나는 내 생각을 말로 표현했다. "문법? 모르겠어… 내 자신도 문법을 절대 사용하지 않잖아." (곧바로 학생 그룹으로부터 웃음이 터져 나왔다. 하지만 나는 동요하지 않고 계속했다.) "물론 문법 공부는 해왔지. 또 문법을 가르쳤고 그걸 가르치는 걸 즐거워하지. 하지만 문법이 내게 무슨 도움이 됐는지는 모르겠어… 정말로 모르겠어… 나는 내가 내 가족과 내 친구들에게서 들었던 바로 그 언어로 말하고 쓰고 있으니까. 물론 곁에 올바른 가족과 올바른 친구들이 있다는 것은 중요하지… 내 말은 어쩌면 실수 덩어리인지도 몰라. 하지만 내 말이 누군가를 괴롭히는 것 같지는 않아. 학창시절을 보냈던 뉴잉글랜드[7] 지역에서 사람들은 'thought'를 'thot' 대신 'thawt'라고 발음했던 나를 놀려댔다. 하지만 그 지역 사람들이 그것 때문에 나를 조금 덜 좋아하거나 존경하는 일은 없었어. 나는 내가 쓴 글이 모범적인 글과는 거리가 멀다는 것도 알고 있어. 나는 수정하지 않고는 한 페이지도 쓸 수 없는 사람이니까. 출판하려고 할 때 나는 최고의 작품을 만들려고 온힘을 기울이지만, 그래도 편집자들이 늘 수정했지. 그런데 교사들뿐만 아니라 출판하려고 글 쓰는 사람들 모두가 나와 똑같은 이야기를 하더군. 문법? 난 문법이 훌륭한 예절, 아니면 친절함이나 이타성이나 스포츠정신 같은 것이라고 생각해. 문법은 살아가면서 활용하는 거야. 그래서 책에서 문법을 완벽하게 배울 수는 없어."

이 문제를 두고 우리 반 학생들은 열띤 토론을 벌였고, 결국 교사들에 대한 토론이나 가르침에 대한 토론으로 이어졌으며, 이에 대해서도 문법 관련 토론과 똑같이 명백한 몇 가지 진실을 이끌어 냈다. 진실은 항상 여러 가지 것들을 자극하는 힘을 지닌다. 외국어 교사들이 도입한 문법 교육 방식들에 대해서도 몇 가지 독한 비판과 똑같은 강도의 몇 가지 강력한 방어가 오고 갔다. 나는 귀 기울여 듣고 있었다. 나는 이 지점에서 평소에는 드러나지 않았던 학생들의 깊은 생각과 감정 속으로 우연히 들어갔다. 거기서 나는 학생들이 엄청난 언어의 힘을 가지고 있지만 그들에게 언어 재능이 있다고 알려주는 사람이 아무도 없었을 것이라고 생각했다. 학생들이 쓰는 언어가 일반적으로 교사들에게 칭찬받을 만한 것이 아니었으니 당연히 그랬을 것이다. 이 학생들의 언어는 일상의 생략형 구어체로서 편향적이며 반항적인 유행어이자, 문법에 맞지 않고 예의에 벗어난, 어른의 기준에서 보면 아주 부조리한 말이었다. 하지만 진정한 감정을 전달하는 도구로서는 아름다울 정도로 알맞은 말이었다.

열띤 토론으로 분위기가 뜨거워지는 동안 나는 바로 이 청소년의 언어야말로 내가 반드시 끄집어내야만 하는 재능이라는 생각에 이르렀다. 그것은 내 목적을 위해서도 친절한 평가와 여러 단계의 격려를 통해 반드시 끄집어내야 하는 것이었다. 이런 가운데 나의 생각은 '학생들에게 그들의 언어에 대한 나의 믿음을 전달해야 한다. 또 어른들이 영원히 내던져버린 말의 사용에 대한 그들의 두려움을 제거해야 한다. 그런 후에야 그들에게 (정말로 중요하지는 않은) 다른 사람들에게 해를 끼치는 요소들을 제거하는 법을 가르쳐야 한다'는 데까지 나아갔다.

청소년들이 막강한 감정들에 사로잡히는 이와 비슷한 상황이 훗날 발생했을 때 나는 그들의 생동감 넘치는 구절들을 재빨리 베껴두곤 했으며, 성공적으로 말했던 이런저런 청소년, 특히 성공적으로 말했으면서도 자신이 가진 언어의 힘에 대해 뿌리 깊이 불신하는 청소년 바로 앞으로 가서 말하곤 했다. "한번 들어봐. 네가 표현한 이 문구들은 정말 환상적이야! 오죽하면 내가 다 적어두었을까. 너의 표현력은 정말이지 너무도 특별해. 보잘 것 없는 문장도 리듬감 있게 표현을 해. 마치 시처럼. 피가 거꾸로 솟는 기분이랄까?" 또는 "넌 지금 얼마나 아름다운 표현으로 짜임새 있고 조리 있게 말했는지 아니? 네가 말했던 것을 그대로 들려줄까? 거의 시야! 감정 하나하나가 우아하고 아름답고 경이롭기까지 해. 흠 잡을 데 하나 없이 너무 훌륭해!"

이런 종류의 신뢰가 가는 말에 자극받지 않을 사람이 있을까? 아부, 그것을 어린이들은 싫어한다. 칭찬도 어린이들은 의심하기 쉽다. 하지만 이런 방식으로 전달된 그들 자신의 능력은 그들에게 스스로를 가치 있다고 평가할 수 있도록 하는 무엇이 된다. 주르댕 씨[8]는 "그런데 여기서 저는 제 인생 전부를 산문으로 말해 왔습니다. 그랬더니 아무도 그걸 알지 못했습니다!"라고 외친 바 있다.

4

이와 같은 대면 경험, 약간의 대화, 그리고 다양한 의견, 방문객들의 견해, 동료들의 제안의 요약본, 심지어는 부모님들의 불만까지도 기록으로 남겨졌다. 이 기록 작업은 한 번도 데이터가 축적되어 표준화된 적이 없었던 이 분야 연구 과제의 일환으로 이루어졌다. 이 기록 덕분에 나는 여기에 8학년과 함께 했던 실험학교 첫 수업의 마지막 몇 분을 한 폭의 완성된 그림처럼 쉽게 묘사할 수 있었다.

제3장

개인 영혼의 소리

1

"요즘엔 누구나 시를 쓰지." 나는 학생들에게 말했다.

"나도 시를 쓰고 말이야. 하지만 나 이외엔 아무도 그 시를 즐기지 않아. 나는 나의 가족들이 내 시를 좋아한다고 생각했어. 그러나 어느 날 그것이 예의에 불과했다는 것을 발견했어. 시를 짓는 흥분의 시간이 지나면 나는 가족 몇 명이 내 옆에 앉거나 서 있을 때까지 가만히 있지 못했어. 가족들이 내 곁에 모이면 나는 늘 그들에게 내 시를 읽어주었어. '정말 멋져!' 가족들은 말하곤 했지. '대단해! 제임스에게 이 시를 읽어 주었니?' 이런 반응이 나오면 나는 기운이 빠져 '저, 아뇨'라고 답하곤 했어. '지금 막 완성했잖아요.' '오, 제임스가 온다!' 그러면 제임스가 어슬렁거리며 들어와, 신기하게도 문 옆 벽에 기대선 채 멍청이가 된 듯 완전히 몰입해 내가 읽어주는 시를 경청하곤 했어. 내가 시를 다 읽으면 제임스는 흥분해서 이 말 저 말을 내뱉었고 '와우! 정말 잘 썼어! 정말 훌륭한 시야!'라고 외쳤지. 그는 언제나 똑같은 말을 했어.

그러다 어느 날 난 가족들에게 내 시 읽어주는 일을 그만두었어. 꽤 오래전 일이지. 그런데 가족들은 내가 그만두었다는 사실을 알아채지도 못 하더라고! …이로써 난 알게 됐지. 가족들의 칭찬은 그저 예의상 해준 말들이구나 하고……."

어린이들은 내 말이 인상적이었는지 무언의 동정을 표하는 듯했다. "하지만 요즘엔 누구나 시를 쓰지. 심지어 소년소녀들조차. 그럼," 내 고백의 친밀함을 덮어버리려는 듯 나는 서둘러 주제를 바꾸었다. "시 좀 넘길까?"

내가 갑자기 "시 좀 넘길까"라는 말을 던졌던 것은 학생들이 내 이야기에 격하고 애처롭게 몰입하는 것을 농담으로 막아보자는 의도에서였다. 그들은 마치 자신들도 가족의 무관심에 관한 모든 것을 알고 있는 듯이, 실로 그 이야기가 마치 자신들의 이야기인 것처럼 내 이야기에 귀 기울이고 있었다. 그러던 중 내가 느닷없이 하던 말을 끝내자 학생들이 격하게 흥분했다. 그 이유를 몰랐던 나는 내가 의도했던 것보다 훨씬 더 재미있는 무엇을 불현듯 말했던 것이 아닐까 생각했다.

학생들은 갑자기 배꼽을 잡고 웃었고, 이동식 테이블 위에 머리를 박았으며, 자제력을 잃었다. 또는 연민의 이름으로 내가 얼마나 처참하게 희극적일 수 있는지 묻기라도 하듯 힘없이 나를 올려다보았다. 뒷자리에 앉았던 한 녀석이 일어나서 이동식 테이블에 기대다가 바닥으로 미끄러졌다. (나는 왜 대부분의 학교에서 책상을 나사못으로 박아놓았는지 안다. 그건 어린이들을 넘어지지 않게 하려는 것이다.) 웃음을 참지 못한 그 녀석은 바닥에 그대로 누워서 손을 높이 쳐들고 앞뒤로 흔들며 "시 좀 넘길까!"라고 몇 번이고 중얼거렸다. 마치 그 말이 우스꽝스러움의 극치라도 되는 듯이.

나는 이 일이 벌어진 지 한참 후에야 궁금증을 풀었다. 학생들의 말에 따르면, 학생들을 통제하고자 했지만 그럴 수 없었던 전통 교육 방식의 어느 대체 교사[1]가 수업 내내 학생들을 혼내주다가 항상 "페이퍼[2] 좀 넘길까!"라는 명령조의 외침과 함께 수업을 끝내곤 했다고 한다. 학생들은 찾을 수 있는 온갖 페이퍼, 심지어 바닥에서 주운 종이 부스러기들까지도 모두 넘기곤 했는데, 매일매일 기쁘게도 그녀는 모든 것을 다 받았던 것이다! 그래서 '넘길까'라는 동사는 학생들에게 폭발적 위력을 지니게 되었다. 그러던 와중에 나의 느닷없는 '넘길까'라는 단어가 진짜 폭탄이 되어 터졌던 것이다.

"그럼, 시 좀 넘길까!"

그러나 그들이 웃느라 숨을 헐떡이며 힘없이 몸부림치는 동안, 나는 그 흥분에 전혀 동참하지 않은 세 명의 소녀들에게 주목했다. 움직이는 군중 속 높이 솟은 굴뚝처럼 꼿꼿이 서있는 이 소녀들은 셋이서만 알고 있는 은밀한 방식으로 서로를 향해 웃고 있었다. 나는 즉시 내가 첫 비밀 시인들을 포착했다는 사실을 알아챘다! 나는 그들이 글을 써 넣은, 아마도 세심하게 손으로 묶었을 빈 노트를 상상 속에 그려보았다! 미완성의 로맨스는 물론이고, 일주일 반 동안 보관된 일기, 매우 조야한 형태의 시, 로버트 루이스 스티븐슨[3]과 그들이 어린 시절에 좋아했던 시인들을 모방한 시, 그리고 어쩌면 내가 찾아 헤매던 진귀하고 훌륭한 글이 그 노트에 담겨 있을 것이다. 그들은 자신들이 쓴 것이 훌륭한 글인지 알지 못하리라. 누군가 그들에게 말해 줄 때까지는.

수업이 끝났다는 것을 알리는 벨이 울렸다. 반 학생들은 책가방을 챙긴 후 뛰어나가기 시작했다. 그들도 나에게 손을 흔들며 재빠르게 뛰어나갔다. 모두가 미소를 짓고 있었고 그들의 눈동자는 유쾌했으며 초롱초롱했다. 몇몇 학생들이 기분 좋게 "내일 뵐게요!"라고 인사했다. 이 모든 것은 교사인 내게 없으면 안 될 올바른 종류의 우정을 보여주는 확실한 징후였다.

그러나 세 명의 소녀들이 교실을 떠나려고 할 때 나는 그들에게 두 손을 내밀며 "그런데 특별히 '너희들'이 쓴 시들을 보고 싶구나"라고 말했다. 어떻게 알았냐고? 이런 탄성이 비밀리에 글을 써왔던 그들의 얼굴에 역력하게 나타났다. 심지어는 그들의 어머니들조차 이 사실을 알지 못했다. 세 명 모두 다른 사람들에게 이 사실에 대해 말하지 않았을 것이라고 자신했다. 내가 어떻게 알았을까? 그들은 그 답을 결코 찾지 못했다. 그것은 나만의 비밀이었다. 그 비밀이 지금 여기서 처음으로 활자로 유출되는 셈이다.

그들은 곧장 시를 주지 않겠다는 듯 팔짱을 끼고 씰룩거리기 시작했다. 그들 중 두 명이 낄낄댔고, 나는 곧바로 그들을 웃게 만든 장본인이 나라는 것을 알았다. 하지만 세 번째 소녀가 나를 계속 쳐다보며 말했다. "드릴 게 없어요. 선생님께는 아무것도—"

'아무것도' 이후 이어졌던 침묵이 너무 의도적이어서 나는 그 의미를 놓치지 않았다. 그것은 나를 공격하는 일격이었고, 내가 그 일격의 위력으로 움츠러들었다는 것이 겉으로 분명히 드러났다. 이러니 청소년들의 언어 사용 능력을 어찌 의심한단 말인가! 어떤 종류의 문책이건 민감하게 반응하는 나는 이것이 나의 무례함에 대한 질책이라고 느꼈다. 한 치의 의심도 없이. 어쩌면 내가 아이들에게 적대적인 무기를 절대 쓰지 않는 것은 이 때문이리라.

다행히, 나에겐 위기의 순간에 쓸 수 있는 몇 가지 후퇴 전략이 있었다. 나는 (세 명의 소녀들과의) 난처한 상황에서 벗어나 내 책상 앞으로 향했다. 그리고 맨 위 서랍을 열고 닫기 시작했다. 서랍을 열고 닫을 때마다 정말 큰 소리가 났다. 흔히 어린이들의 눈을 쳐다보는 일이 권위 있는 사람들의 방식인 것 같아 보인다. 아니, 권위 있는 사람들이 이 방식에 대해 떠들어대는 것을 보면 틀림없이 그렇다. 하지만 내가 발견해온 바로는 권위적인 방식은 창의적인 것들을 추구할 때 필요한 개인적 관계 형성의 방법이 결코 아니다. 내가 권위적인 방식이 아니라 서랍을 여닫는 방식을 택했던 것은 이 때문이다.

그녀는 "전 그걸 웃음거리로 만들려고 했던 건 아니에요"라고 말했다. 그녀는 재빨리 고쳐 말했는데, 자신의 의도치 않은 도발에 대한 민감한 반응임에 틀림없었다. (나는 "넌 어떤 일을 '했었지!'"라고 혼잣말을 하고, 서랍에 대해 진지하게 생각하며 서랍 쪽으로 고개를 돌렸다.) 그녀는 "시 좀 넘길까?"라는 내 구절에 터져 나왔던 그 웃음을 의미하며 이 말을 했다.

"그건 걱정하지 마." 내가 답했다. "날 더 잘 알게 되면 내가 그런 일을 할 사람이 아니라는 걸 알게 될 거다. 나도 글을 쓰는 사람이야. 나에게 글 쓰는 것만큼 더 흥미로운 건 세상에 없지. 난 항상 글을 써.… 이건 시를 담아두는 서랍이다." 갑작스러운 주제 변경, 그것은 언제나 훌륭한 전략이다. 아무것도 아닌 것으로 다들 웃고 있는 와중에 내가 서랍을 쾅쾅 여닫았다. "여기에 너희가 쓴 것들을 넣어두기만 하면 된다. 여왕벌의 보물처럼 지켜줄게."

"어머, 늦었어요. 체육관에 가야 해요!" 낄낄거리던 아이들 중 한 명이 소리치자, 세 명 모두 후다닥 뛰어나갔다.

나는 그리 많지는 않지만 학생들에게 접근하는 기술 몇 가지를 알고 있었다. 그러나 내가 확신하는 한 가지는, 자료를 받아 넣어 둘 장소를 마련하는 것이다. "그걸 나에게 줄래?"라고 말할 수는 없다. 누구든 어떤 사람에게 다가가서 개인적 노력의 산물을 보여주는 데는 특별한 용기가 필요하다. 물론 이런 일을 쉽게 할 수 있는 사람들도 있다. 하지만 이런 사람들은 과거에 공적을 모두 인정받았던 사람들이거나 대담하고 둔감한 사람들이다. 그리고 내 판단에 의하면, 이런 사람들은 위대한 창의성의 소유자가 아니다. 예술가들은 평가를 두려워한다. 예술가들은 자신들의 노력이 부족하다는 것을 잘 알고 있다. 예술가들은 오해받아온 경험 때문에, 한 마디로, 실패 때문에 고통 받는다. 심지어 어른들에게도, 원고를 길모퉁이 우편함에 집어넣을 때는 특별한 용기가 필요하다. 화가들은 3년간 피나는 노력으로 그린 그림들을 전시하기 위해 포장하고 소포로 부치는 세세한 일들을 처리하기 전에 용기를 잃곤 한다. 예술가에게는 대체로 현장 처리 능력이 없다. 때로 예술가에겐 이러한 중요한 기능들을 수행할 수 있는 문예대리인(또는 살림 잘하는 아내!)이 필요하다. 어른들이 이 정도라면, 어린이들의 두려움은 훨씬 더 클 것이다.

2

서랍이 작동했다. 다음 날 누군가 두 권의 두꺼운 노트를 서랍 속에 넣었다. 이어서 웃음소리와 함께 도망치는 발걸음 소리도 들렸다. 그러나 나의 첫 시선을 끌었던 작품은 오직 두 편뿐이었다는 점을 기억하기 바란다. 그리고 삼총사 중 세 번째 소녀는 자신들이 쓴 작품들이 어떤 반응을 받을지 알아보려고 기다렸다. 나는 노트를 다룰 때 정확한 평가 태도를 확실하게 유지했다. 그랬더니 넷째 날에 세 번째 소녀가 자신의 소중한 노트를 팔에 끼고서 내 책상 쪽으로 천천히 다가왔다. 그녀는 바로 "아무것도, 나에게 줄 게 없었던" 소녀였다.

나는 아주, 아주 가만히 있었다. 그녀는 마치 "제가 멍청이 바보라는 걸 알아요. 전 선생님을 잘 모르는데, 왜 이걸 제가 선생님께 제출하는지 정말 모르겠어요"라고 말하는 듯 나를 잠시 동안 쳐다보더니, 천천히 서랍을 열고 자신의 노트를 조심스럽게 다른 노트들 옆에 두었다. 나는 입이 떨어지지 않아서 그녀가 천천히 내 곁을 떠날 때까지 한 마디도 건네지 못했다.

이 세 권의 노트에서 내 눈에 띈 작품은 단 두 편뿐이었다. 다른 것들은 모두 상상의 나래를 펼쳐내지 못한 무의미하고 어설픈 시도들에 불과했다. 하지만 내 직관에 따르면 그 두 편만큼은 훌륭했고 창조성을 분명히 지니고 있었다.

한 편은 1년 전에 쓰인 자장가였다. 소녀들이 모르는 사람에게 이 작품을 보여주지 않으려했다는 것이 충분히 이해되는 놀라운 시였다! 하지만 뒤이은 페이지들에는 가치 있는 시가 한 편도 없었고, 대신 표준화된 라임rhyme을 상투적으로 모방한 시들만 가득해 처음의 빛을 잃었다. 그래도 그 한 편의 자장가는 진짜였다. 하지만 소녀들은 이 사실을 정말 알지 못했다. 그들은 무심코 창조의 본령에 다가갔으나 그 소중함을 알려주는 누군가가 없었기 때문에 그곳을 스쳐 지나갔다. 그리고는 대중적 승인을 확실하게 받고 있는 자료들을 모방하기 시작했다.

어린 소녀들의 관심을 표현한 것으로는 충분히 일반적이지만, 어떤 방식으로도 일반적이지 않은 이 놀라운 자장가를 검토해보자.

바람은 양치기*
바람은 양치기,
구름들을 몰아
파란 들판을 가로지르네.
달은 얼굴을 내밀어
모두의 뒤에서
너에게 노래하네.

그러니 잘 자, 나의 아가야.
그럼 바람이 구름을 지켜 줄 거란다.
그리고 우리는 내일 볼 수 있을 거야.
너랑 나랑
바람이 초원으로 구름을 서두르는 걸.
그리고 파란 들판에
한숨 돌리려 드러누운 구름을.

이 시가 묘사하는 상황은 익숙하다. (진정한 삶의 모든 상황들은 익숙하지 않은가!) 그러나 이 시가 상황을 그려내기 위해 창조한 언어는 세상 어떤 다른 것들과도 다르다. 심지어 시 형식도 일정한 라임과 미터meter를 가지는 정형시 패턴을 따르지 않는다.[4] 우리가 예술이라는 이름으로 부르는 결과물은 항상 이와 같은 특별한 새로움을 드러낸다. 이 시와 똑같은 것은 단 한 번도 세상에 펼쳐진 적이 없다! 우리가 우선적으로 고려할 기준이 있다면 그것은 바로 '단 한 번도 세상에 펼쳐진 적이 없다'는 것이다. 이와 같은 뛰어난 독특함을 인지할 수 있는 사람이라면, 그가 바로 사람들이 종종 무시하거나 오로지 거부하기 위해서 주목하는 세계의 문을 연 자이리라.

어린이들은 베낀 글에 대한 세상 사람들의 취향에 비교적 큰 영향을 받지 않고 자란다. 이 때문에 나는 어른들보다 어린이들이 더 쉽게 개성을 드러내는 소중한 예술품을 창작할 수 있다고 믿는다. 또 어린이들이 자신들만의 예술을 창조할 수 있는 것은 그들이 모든 창조 행위의 근원지인 비현실의 내면세계에 접근할 태세를 더 잘 갖추고 있기 때문이 아닐까 짐작해본다. 그러나 만약 그들의 창조물이 정당한 평가와 대접을 받지 못한다면, 그 내면세계의 발전은 불가능할 것이다. 그리고 만약 내면세계가 자연적인 단계를 밟으며 자라는 일이 허락되지 않는다면, 자기다움의 무엇인가가 사라질 것이다. 나의 믿음에 따르면, 개인의 정신은 세상에 한 번도 나타난 적이 없는 무엇이기 때문이다. 만약 개인의 정신이 완전하게 발전할 수 있다면, 그것은 세상을 변화시키고 세상을 유익하게 만드는 데 기여할 것이다. 나는 우리에게 창조 정신이 부여된 것은 이 때문이라고 생각한다. 하지만 안타깝게도 우리는 다른 신념에 헌신하느라 창조 정신이 완전하게 발현될 기회들을 놓쳐왔다.

일반적으로 모방자들이 칭송받는다. 우리는 모든 것들에 대해 본보기용 틀을 세운다. 우리는 지나치게 비슷한 옷을 입는다. 이런 맥락에서 우리는 남녀 모두가 한 가지 종류의 유니폼을 입는 시기에 살고 있다고 주장한 한 평론가의 말이 떠오른다. 어느 해는 사람들이 훼일 본[5]이나 피카딜 칼라[6]가 달린 옷을 입고 곧게 서거나 자신의 몸을 옷에 단단히 묶고, 다른 해에는 전반적으로 구부정하게 서서 헐렁한 옷을 입는다. 그러나 우리가 무엇을 하든지, 우리는 일치단결하여 우리 각각에게 내재한 독특한 자기다움의 흔적을 보여주는 것을 두려워한다. 우리는 대세에 따라 생각하고, 심지어는 느끼는 척도 한다.

표준화된 한 가지 형식에 대한 수요는 수만 권의 에티켓 서적들의 출판 공급으로 이어진다. 물론 이런 책들 중 몇 권은 생활에 필요한 예의바른 말을 제공하는 단계를 넘어서는 더 높은 목표를 지닌다. 하지만 대체로 이런 책들이 엄청나게 많이 팔렸다는 사실은 세상의 전반적인 흐름에 순응하고 각자의 고유한 생각과 느낌을 없애버리려는 사람들의 보편적 갈망을 나타낸다. 사람들이 느끼는 강한 수치심은 어쩌면 사회적 순응에 실패했다는 자각에서 유래하는 지도 모른다. 수많은 사람들이 인사할 때 "당신을 만나서 기쁩니다!"라는 말을 사용해 왔다. 하지만 그들은 윌리엄 리온 펠프스[7]가 「금지언어 목록」에 이 말을 포함시켰을 때야 비로소 이 인사말이 자신들의 사회적 열등감 혹은 수치심에 대한 우스꽝스러운 고백이라는 것을 알게 되었다. 이후 사람들은 이 인사말과 똑같이 우스꽝스러운 "어떻게 지내십니까!"를 폭발적으로 사용하기 시작했다. 하지만 아직도 "당신을 만나서 기쁩니다!"를 쓰는 부류를 발견할 수 있다. 그들은 운명적으로 항상 조금씩 시대에 뒤처진다. 아마도 이런 부류의 사람들 모두가 "어떻게 지내십니까!"를 습득하게 될 즈음에는 또다른 새로운 인사법이 등장할 것이다.

사람들은 일찍부터 독특한 개성을 표현하는 일이 가치 없는 일이라고 배운다. 이런 맥락에서 다른 사람들에게 비호감이 되는 확실한 방법은 자신의 개성을 있는 그대로 진실하게 표현하는 것이 아닐까 싶다. ('비호감이 된다'? '미움 받는다'가 더 나은 말일 수도 있다.) 만약 누군가가 나를 믿어 주지 않는다면, 나의 개성을 입증하는 일이 임박한 것이다. 우리는 약간의 연습을 통해 언제든 우리 내면에 고요히 흐르는 확고한 흐름, 주변의 삶에 대한 우리의 정직한 반응들이 모여 있는 흐름 속으로 들어갈 수 있다. 진실은 항상 그 내면의 흐름 속에 있다. 그곳에서 우리가 보는 대로의 진실이 일상적 삶의 표면에서 크게 들리는 모든 예의바른 합의들을 부정한다. 단 하루 만이라도 내면으로 들어가 진실을 끄집어내라. 그리고 세상이 어떻게 대하는지 보라! 이제 진실을 발견할 수 있는 개인적 감지 능력을 키울 때가 되었다! 내면으로 들어가 진실을 끄집어내는 것이 지혜로운 삶의 시작이다. 아직도 사람들이 관습적으로 세상을 살아가며 내면의 진실을 끄집어낼 만큼 무례해지길 거부하고 있지만 말이다. 그러나 내면의 진실을 벽안에 가두면 그것의 발현 가능성이 저 멀리 사라져, 결국 내면의 진실이 존재한다는 것조차 끝내 알지 못한다. 이러한 무지한 사람들이 바로 '대단히 어리석은 자들'이다. 청소년들의 내면에 울타리를 쳐 그들의 타고난 권리를 가두는 자들, 그들의 천진난만한 자기-표현을 성스럽지 못하다고 가르치는 자들도 '대단히 어리석은 자들'이다.

물론 예술가는 사회에 순응한 적이 한 번도 없다. 예술가는 언제나 유행하는 옷이 아니라 자신에게 어울리는 옷을 입는다. 또 그는 초상화가가 아니라면 사회의 힘센 신들 앞에서도 무릎을 꿇지 않는다. 예술가는 남들이 업신여기는 더러운 지역에서 살곤 하는데, 그것은 그가 더러운 지역을 좋아하기 때문이 아니라, 집주인이라는 무자비한 규범 순응자의 손아귀, 즉 '기본 생계비'의 족쇄에서 벗어날 수 있기 때문이다. 물론 그는 지저분한 것의 아름다움을 알고 있다. 하지만 그는 적절한 거리의 적절한 숫자들 사이에서 살도록 강요받은 사람들에게 요구되는 엄청나게 비싼 집세에서 벗어나기 위해서 더러운 곳에서 사는 것이다.

「바람은 양치기」가 표준화된 어른들이 무시했던 시라는 충분한 증거가 있다. 그 이유는? 아주 간단하다. 규칙이 깨졌고, 시구들이 금지된 '동음 라임'[8]을 활용해 부분적으로만 라임을 따르며, 용납할 수 없을 정도로 규칙적 미터[9]를 따르지 않으며, 동격[10]을 문법에 맞지 않게 사용하는 부인할 수 없는 어긋남을 지니고 있기 때문이다.

여러분은 이런 모든 것들을 발견하지 못했을 수도 있다. 어쩌면 어머니 역할을 도맡은 작은 소녀가 아기를 자신의 아기처럼 보살피며 아기와 함께 바람 양치기가 몰아낸 저 멀리 하늘 위 양떼구름을 바라보는 그림만 포착했을 수 있다. 그러나 이런 인상 혹은 느낌은 기본적으로 법을 시행하는 표준화된 사람의 관심사가 아니다. 이런 사람의 가방 속엔 느낌, 공감, 연민, 감정적 이해 같은 것들은 담겨 있지 않다. 그는 어떠한 경우에도 아기를 보호하기 위해 데려간 여자는 돌에 맞아 죽어야 한다고 믿으며, 그것도 양심에 따라 그렇게 믿고, 또 그것이 법이라고 생각한다.

화가들은 이 시가 그려낸 그림을 전형적인 미술학계 관점으로 인식할 것이다. 즉 예술(여기서는 미술)의 규칙들이 있으므로, 그 규칙들을 따르지 않는 예술 작품은 실패라고 생각할 것이다.

또 다른 태도는 예술적 노력이 예술의 수용자에게 무엇을 의미하는지를 물어 보는 태도이다. 즉 예술이 수용자에게 좋은 방식으로 영향을 끼치면, 그것이 바로 예술이라고 생각하는 태도를 의미한다. 만약 규칙들이 깨지면, 규칙들이 변경되어야 할 것이다. 지금 시 창작에 대해 말하고 있지만, 그림으로 예를 들어 설명해보자. 적어도 요즘엔 아무도 거의 공개적으로 세잔이나 마티스[11]가 미술 분야에서 차지하는 위치에 대해 의문을 제기하지 않을 것이다. 이 두 화가가 이미 대중적이 되었기 때문이다. 이 두 화가는 그들의 시대에 통용되던 미술학계의 모든 규칙들을 깼다. 하지만 미술학계의 규칙들이 이제는 이 두 화가가 그린 그림에 맞게 개정되는 중이다. 그리고 이젠 이것 역시 얼마나 옛날이야기인가!

청소년 지도자들은 규칙에 지나치게 집착해 왔다. 그들은 자신들의 개인적 감지 능력을 신뢰하지도, 또 그것을 개발하려는 노력도 기울이지도 않는다. 그들은 예술 작품에 대해 '이 작품이 나에게 어떻게 영향을 미치는가?'를 묻지 않고 '이 작품이 관습적으로 옳은가?'만 묻는다.

3

2절 마지막 부분에서 언급한 내용을 핵심적으로 예시하는 시가 바로 이 책 26~27페이지에 실은 「청소년 시절」이다. 이 시는 나에게 (대학 입학을 앞둔) 이 시의 저자와 나누었던 가벼운 대화를 떠올린다. 대화 도중 그녀는 "선생님, 처음 그 날을 기억하세요? 제가 쓴 것들 중 아무거나 불쑥 선생님께 내밀었던 그날이요?"라고 말을 건넸다.

"음, 생생하게 기억하지." 내가 답했다. "그때 넌 아주 작은 초등학생이었어. 우리와 함께 공부하게 된 새로 온 학생이었고. 그런데 넌 나를 만나러 3층 꼭대기까지 올라왔어. 나에게 작은 종이만 건네곤 말없이 급히 뛰어 내려갔지."

"선생님께선 그날 저를 시험하셨지요." 그녀가 모호하게 말했다. "그리고 선생님께선 그랬다는 걸 의심하지 않으셨죠."

"확실히 의심하지 않았지." 내가 다시 답했다. "이제 다 얘기해 주겠니?"

"선생님께선 아마 체격이 엄청 큰 고등학생들이 있는 3층 꼭대기까지 올라가는 일이 제겐 얼마나 어마어마한 일이었는지 모르셨을 거예요."

"아, 아니, 알았어."

"그때는 내가 새 학교에 온 지 일주일밖에 안 된 때였어. 있잖아, 네게 건넸던 짧은 시들은 사실 내가 과거 학창시절, 선생님께 제출했던 시편들이었어. 학교 신문에 내가 쓴 시들이 실리길 원했는데 그러질 못했어. 당시 날 가르치던 여선생님께서는 매정하게도 내가 제출한 시를 내 앞에서 바로 읽으시더라. 어찌나 긴장했는지 몸이 다 굳었었지. 반도 다 읽으시기 전에 선생님께서 내 시를 좋아하지 않는다는 것을 단번에 알아챘어. 선생님께선 감정표현은커녕 시편들을 그냥 내게 돌려주시더니 '이 시들은 수준 미달이구나'라고 말씀하시더라……. 그랬는데 내가 이 학교 교사가 되었어."

"그리고 선생님께선 그 시들을 이용해 저를 시험하신 거고요."

"그래. 나의 선생님께선 내 시들이 좋지 않았다고 말했지만, 나는 그것들이 훌륭하다는 것을 '알았으니까!'"

"물론 선생님께선 아셨겠지요!"

"난 널 통해서 알고 싶었어. 학교 분들이 하는 말이 진실인지, 너도 역시 그들과 똑같은 의견인지 알고 싶었던 거야."

"그런데 제가 응하지 않았던 거군요? 그런 거예요?" 그녀는 의기양양해졌다. "제가 했던 말, 기억하세요?"

"그럼 기억하지. 다음 날 너는 날 만나러 계단 아래까지 내려왔지. 그리곤 흥분해서 네가 쓴 시들에 대해서 말했어. 그런 후 우린 함께 웃었고, 즐거운 시간을 보냈어. 그런 다음 네 시들이 출판되었고, 그러자 네 시집을 읽었던 사람들 모두 네 시가 훌륭하다고 말했어. 물론 훌륭했었지. '그렇고말고!'"

나와 시인 소녀의 냉랭한 첫 만남 이후 많은 세월이 흘렀지만 그녀는 내 앞에서 여전히 긴장하고 있었다. 그래서 나는 농담을 건넸다. "네 시에서 운율이 느껴졌던가?" 속삭여 말했다. "그리고 그 시들은 아마 (긴 단어의) 첫 음절에 중간휴지caesura를 잘못 두었을 걸. 하지만 무슨 상관이냐! 우린 네 시를 좋아했고, 그것이면 우리에겐 충분했는데!"

그랬다. 그녀는 우리와 머물렀던 수년 내내 꾸준히 작품을 써냈다. 졸업반 때는 학교 잡지를 편집했고, 놀라운 서정시 「청소년 시절」을 어린 시절에 대한 작별인사로 제출했다. 이제 그 시로 관심을 돌려보자. 거기엔 여전히 청소년의 경험을 간직하고 있는 사람들에게 전하는 추억의 아름다움이 녹아 있다. 우리들에게서 청소년 시절이 영원히 사라졌기 때문에 그 아름다움은 더욱 더 아름답게 빛난다.

제4장 사랑은 가까이에서

1

앞 장에서 다루었듯이, 나는 유치한 노트의 모방작들 속에 숨어있었던 한 편의 탁월한 시, 창조 정신이 발현된 「바람은 양치기」를 발견했다. 이 한 편의 시는 다음 단계들로 나아가게 할 확신을 충분히 제공하지는 않았지만 적어도 우리 실험학교의 초기 절차가 올바르다는 것은 알려주었다. 이런 맥락에서 나는 창의적 활동을 조성해주는 학교 환경이 어떤 것인지 보여주기 위해 링컨학교 결과물들을 수록한 『청소년의 창의성』을 출간했다. 이후 나는 수천 마일을 여행하며 나와 유사한 발견을 해온 사람들을 만났다. 그리고 나는 이런 만남을 통해 어린이들에게 나타나는 풍부한 예술성이 보편적 현상이라는 것, 고무적이게도 예술이 개인성의 발현에 도움이 된다는 것을 이해하는 교사들과 교육 행정가들이 점점 늘어나고 있다는 사실을 인지했다. 수많은 컨퍼런스에서 나와 대화를 나누던 깨어난 교사들과 교육행정관들은 이윽고 나의 첫 모험들이 일반 학교에도 적용될 수 있다는 확신을 얻게 되었다.

우리(나와 깨어난 교사들과 교육행정관들)는 내면적이고 개인적인 작품의 가치를 판단할 때, 문학 비평의 관습에서 벗어나야 한다고 한 목소리로 말한다. 이미 우리는 새로운 규범의 영역 안에 들어와 있을지도 모른다. 하지만 우리와 전혀 다른 훈련을 받은 대부분의 교사들이 문학 관습을 버리는 일이 가능할까? 아마 쉽지 않을 것이다. 우리와 다른 교사들은 대본, 구두점, 철자, 시의 형식, 특히 문법에서 규범에 맞지 않는 것들을 발견하면 예민하게 반응하곤 한다. 이런 교사들은 규범에 맞느냐의 여부가 상대적으로 중요하지 않다는 것을 인식하고 규범에 맞지 않는 것을 무시할 수 있는 안목을 습득해야 한다.

미국 헌법에서도 문장 표현의 실수가 발견된다. 하지만 오직 문장의 구문을 가르치는 교사들만이 이 실수 때문에 괴로워한다. 사실 학교에서 가르치는 문법과 수사법은 언어의 지속적인 변화에 한참 뒤처져 있다. 일례로, 나의 학창 시절로 돌아가 보자. 그 시절 학생들은 2인칭 단수로 'thou'를 사용하도록 강요받았다. 믿을 수 없겠지만 당시 학생들은 "I stay, thou stayest, he stays, I am, thou art, he is,"[1]라고 말했다. 그러나 이와 같은 관습적 표현의 사용은 피할 수 없는 언어 변화에 대한 강력한 저항 행위이자, 교과서에 기록되지 않는 실제 경험을 부정하는 현상이다. 옛 방식을 고수하는 교사와 교과서 집필자의 특징은 죽어버린 과거를 숭배한다는 점이다. 오늘날에도 여전히 이러한 희극적 진부함이 발견된다. 그 대표적인 예를 최근 『더 뉴요커 *The New Yorker*』가 이곳에 재수록하게 허락해준 아래의 가벼운 시에서 찾을 수 있다.

문법학자의 아이*
밖을 보다 차가 보인다면
친구들이 멀리서 찾아와 부른다면
나는 곧장 어머니에게 외치네,
"오, 그들이 왔다네! 오, 그들이 왔다네!"

여자 남자 아이들과 나의 방에 있다면
그때, "누가 이렇게 시끄럽지?"라 듣는다면,

나는 밖으로 나가 쾌활하게
아래로 소리친다네, "우리! 우리들이오!"

선생님이 묻는다면, "누가, 부디 알려 주겠니,
다가오는 주에 생일이지?"
그리고 그게 나라면, 용맹하고 재빠르게
나는 말하네, "오, 선생님, 그건 바로 저랍니다."

하지만 빗장 잠긴 문을 급히 두드릴 때
뒤에 곰이, 셋 넷 쫓아오고
"거기 문밖에 누구요?"라 듣는다면
나는 소리칠 거다, "나요! 나! 나!"[2]

우리가 의견의 일치를 본 또 다른 사항은 어른의 관점에서 어린이가 다룰 만하다고 여겨지는 것들만 중시해서는 안 된다는 점이다. 착하고 조용하고 순종적인 어린이가 되어야 한다는 설교는 어린이에게 강압적일 수 있다. 설사 설교가 상상의 스토리 유형이라 할지라도, 또 어린이가 겉으로 설교에 큰 관심을 보인다하더라도 그럴 수 있다. ('착하고 조용하고 순종적인 어린이가 되라'와 같은) 사회적 기대가 어린이에게 큰 영향을 미친다. 창조적 삶의 본령에서 자연스럽게 나오는 것이 무엇이며 부름 받지 못하는 것이 무엇인지 우리는 아직 알지 못한다. 또 '모든 착한 어린이가 생각해야만 하는 것' 같은 압도적인 관습에 의해 소환되는 것이 무엇인지도 우리는 아직 모른다. 이런 상황에서는 열린 마음과 약간의 충격을 견딜 수 있는 능력이 가장 중요하다. 그러나 이 주제는 너무 중요해서 한 단락으로 일축해 버릴 수 없다. 이에 대해서는 나중에 더 살펴보기로 한다.

추가적으로 우리 대부분이 동의한 사항은, 우리가 어린이에게서 창의적인 것을 조금이라도 발견했을 경우 그 창의적인 것에 대한 어린이 자신의 호감을 키워주어야 한다는 점이다. 미경험자들에겐 이상해 보일지 모르지만, 어린이가 처음부터 자신의 마음이나 손으로 빚은 작품을 좋아하는 일은 흔치 않다.

여기서 가장 중요한 것은 외부의 인정이다. 여러분[3]이 어린이의 친구가 되어 어린이가 만든 창조적인 것을 좋아하고 또 좋아한다는 사실을 어린이에게 알리면, 어린이는 놀라며 "어머, 그걸 좋아하세요? 그렇다면 —"이라며 여러분을 위해 더 많은 작품을 계속 만들 것이다. 하지만 많은 경우 어린이가 끄집어낸 것은 '진짜 창조적인 것'이 아니라 예전 방식의 관습적 표현에 불과할 것이다. 그래서 여러분은 아무 말도 하지 않으며, '그것을 세상에 한 번도 없었던' 단 하나의 진귀한 작품으로 칭찬하는 일을 유보할 것이다. 그럴지라도, 알맞은 때가 오면 그때에는 어린이에게 이 놀라운 유일무이한 특성에 대해 말하라. 기다려보다가 어린이의 개인적 목소리가 한 번 더 밖으로 나오면, 그때는 칭찬을 하라. 이때 칭찬은 상투적인 것들을 좋아하는 사람들에 맞서 싸우는 가장 강력한 무기이다. "우와, 멋지다. 아무도 이렇게 표현한 적은 없었던 것 같아. 이건 정말 '너'만이 만들어낼 수 있는 말이구나!" 이런 식으로 따뜻하게 말하라.

나는 깊은 감동을 받지 않으려고 애쓰면서 오랜 기간을 기다렸다. 마침내 어느 날 다음 시구들이 펄럭이듯 내 손 안으로 날아들었다. 그것은 경탄을 살 만큼 자신감에 넘쳐 마음속 깊은 곳에 숨겨왔던 상상력을 나에게 보여주기 시작했던 초기 그룹 중 한 명의 시였다.

깊고 깊은 신비한 것들
찬란한 구름이 하늘 사이사이로 떠다닌다.

나는 저 멀리까지 따라가며 응시한다.
회색 덩어리 밑

깊고 깊은 신비한 것들이 자리한 곳까지.

아주 멋진 궁궐들과 진귀한 성들이 있고,
많은 기사들이 쉬고 있는 그곳.
왕자가 왕비를 진실로 흠모하고
들어본 적 없는 음악이 흐르는 그곳.
밤이 오자, 밤의 어둠이

날개에 작은 요정들[4]을 단
나비 떼들을 몰고 찾아온다—

그러자 밤의 꿈이 일어난다!
들어라! 은빛 종이 울려대는 소리를.

시간을 고요케 하라!

시간을 고요케 하라!

밤의 은빛 광채를 뒤로 한 채
앞으로—앞으로—공중의

요정들이 둥둥 떠나자,
오크 나무가 낮게 고개를 숙인다.

나는 화살처럼

오늘을 향해 뒤로 쏘았다.

내 환상의 땅이

　　저 멀리 휩쓸리듯 사라졌다.

　재빠르게 날아가 버린 꿈!

　어느새 회색 구름이 사라졌다.

　물론 여기서 관습의 메아리가 들린다. 하지만 이것은 어린이들이 수년 동안 관습적 규칙을 복창해 왔으며, 그들의 흔치 않은 진실한 시구들을 칭찬해 줄 사람을 곁에 두지 못했기 때문이라는 것을 기억하자. 그러나 여기엔 개성을 드러내는 분명한 가락 또한 있다. 이렇게 미묘한 어린이다운 특성이 사라지지 않고 오래 간직된 것이 놀랍다.

2

　이 기다림의 기간 동안 우리는 어린이들로부터 최악의 결과물을 받기도 한다. 우리가 위기의식을 느낄 만큼 그것이 지나치게 형편없을 때도 있다. 즉 학생들의 언어 능력이 이전의 수준 아래로 떨어져 그 유명한 군함 '로얄 조지'[5]호보다 훨씬 더 밑으로 가라앉는 현상이 종종 일어난다. 이런 위기를 헤쳐 나가려면 우리에겐 대단한 용기와 믿음이 필요하다.

　새로운 방식을 시도해 밑바닥 진흙보다 못한 것들을 흔드는 데 성공한 어머니들과 교사들은 이러한 수준저하 현상과 마주했을 때 무척 당황한다. 이럴 때 창의성을 강조해온 우리가 일시적 수준저하 현상이 충분히 알려지지 않은 성장의 필수 단계임을 알려 그들에게 얼마간 용기를 북돋아주었어야 했다. 하지만 우리는 기계에 대한 정신의 각종 승리를 축하하는데 바빴고, 또 승리의 기쁨에 도취하여 우리의 놀라운 업적을 보여주는 데 급급했다. 그리하여 이러한 어려움에 직면했을 때 주변 사람들을 격려하기는커녕 우리 스스로 우울감에 빠졌고, 이 중요한 성과 없는 기간의 느린 발전에 대해 경고하는 일도 잊었다. 의도치 않게 우리는 큰 실수를 저질렀던 것이다. 나도 이 일에 한 몫을 했으니 이제 태도를 바꿔보고자 한다. 우리는 실망의 구렁텅이에 빠지는 이와 같은 현상을 있는 그대로 직면하고 이해해야 한다. 과도기는 개혁이 일어날 때 마다 언제나 악마 역할을 한다.

그렇다면, 수준저하 현상은 아이들이 더욱 완전한 형태의 타고난 음색을 찾아 애쓰는 동안 일시적으로 쉰 소리를 내는 슬럼프 현상이라고 할 수 있다. 그러므로 꽤 오랜 시간이 지나야만 좋은 표본들을 수집할 수 있다. 창의성 발굴을 목표로 어린이들과 함께 작업하는 사람들은 백 번의 창의적 시도를 버려야 겨우 여섯 개의 '좋은 시도'를 얻을 수 있다.

그러나 그림, 조소, 시, 노래, 명쾌한 생각의 섬광(생각도 아주 고차원적인 창조적 예술이다), 그 무엇이든 단 하나의 '좋은 시도'는 그것을 찾는 데 수개월이 걸려도 그만한 가치가 있다. 우리는 이 점에 대해 대체로 합의한다. 우리는 그 하나가 다른 작품들을 낳을 것이라는 것을 안다. 그리고 두 개의 작품을 찾으면 하나를 찾은 것보다 두 배 이상의 효과를 얻고, 한 타스의 반인 여섯 개를 찾으면 보물을 찾은 것이나 다름없다고 생각한다.

이에 대한 예를 뉴욕의 '어린이 연기·디자인 학교' 연례 전시회에서 찾을 수 있다. 전시회에서 관람객들이 본 그림은 50점뿐이었다. 하지만 이 학교 디렉터는 "아, 하지만 우리가 버린 200점의 굉장한 작품들을 보셨어야 했어요!"라고 말했다.

그러나 창의성을 강조하는 우리는 나쁜 작품을 좋아한다. 만약 그것이 올바른 종류의 나쁜 작품이라면, 우리는 그것이 발전의 단계를 밟아가는 과정이라는 것을 이해하고, 기뻐하고, 감탄하고, 벽에 걸어둔다. 상상 초월의 우스꽝스러운 흔적들도 우리의 감탄을 산다. 이 사실이 '탄복할만한 성과물은 오직 완벽한 패턴뿐'이라고 배운 전통주의자들을 어리둥절하게 만든다. 그러나 우리가 고민 끝에 결국 '던져 버린' 시도들조차도 가치가 있으며 감탄을 자아내는 것이 사실이다. 마음에 안 드는 작품을 버리는 예술가는 자신이 버린 작품이 어떤 것인지 잘 알고 있으며, 그것에 대한 애정을 숨기지 않는다. 하지만 나쁜 작품의 좋은 면을 보는 법을 배우려면 시간과 많은 경험이 필요하다.

여기서 '결과 중심' 교육productive education과 '과정 중심' 교육creative education 사이의 차이를 설명할 필요가 있다. 전자는 겉보기에는 매시 정각에, 보기 좋은 패턴들을 대량으로 보여주고, 후자는 지속적으로 낮은 등급의 작품을 뭉텅이로 만들어낸다. 또 다른 눈에 띄는 (잘 들리기도 하는!) 차이는 관심과 지극 정성의 차이이다. '결과 중심'의 표준화된 제조업 종사자들이 보여주는 가장 아름다운 몰입조차도 '과정 중심'의 진정한 창작에서 나타나는 격렬한 자기 동기유발과는 비교될 수 없다. 우리 모두 솔직하게 인정하는 것처럼, 창의활동 중심 학교들이 개인의 탁월한 창조 충동을 허용할 때 상대적으로 초라한 제품을 만들어낸다. 그래서 우리는 이것저것을 주의 깊게 살펴서 '진귀한 발견물'을 찾아내야 한다.

'결과 중심' 교육과 '과정 중심' 교육, 이 두 교육 시스템 간의 또 다른 큰 차이는 시간 사용에 대한 각각의 고유한 개념이다. 이 차이는 반드시 고려되어야 하는데, 그렇지 않으면 새로운 방식을 시도하는 자들에게 실망과 우울함을 안겨줄 것이 분명하기 때문이다. 표준화된 커리큘럼 교육은 매일, 매주, 아니면 분명히 매달 '성과'를 요구한다. 그리하여 매 학기 말에 누적 점수를 수치화한다. 한편 '과정 중심' 교육은 1년 단위로, 심지어는 수년의 기간에 걸쳐 생각한다. '과정 중심' 학교는 무엇인가 개인적이고 훌륭한 것이 한 소년을 서서히 사로잡는 과정을 지켜볼 경우, 소년이 한 학기 내내 서투르고 어설픈 작품을 내놓아도 신경 쓰지 않는다. 그래도 다행스럽게도 지난 25년 동안 '결과 중심' 학교가 대중의 비판에 직면하여 교육 방식을 제법 많이 개선해 왔다. 이것은 전동 체리 피터가 체리 씨를 빼내는 것처럼 매달 아이들을 학교에서 퇴학시키고 직장으로 내보내곤 했었던 나의 어린 시절과 비교해보면 큰 변화이다.

때로 우리는 이 두 교육 시스템을 결합시켜보려는 실수를 저지를 수 있다. 창의적 측면을 열광적으로 강조하는 책이나 현대적[6] 교사의 강연을 접한 후, 일부 교사들은 교실로 돌아와 질서 지키기 랩을 하고, 아이디어를 설명한 후, 선의를 가지고 '창조 작업'을 시도한다. 하지만 그들은 다음 날 충분한 결과를 얻지 못하면 실망한다. 그들은 쉽게 '사기야!'라고 외치고 이 방식을 영원히 포기한다.

오래전, 한 단호한 여성 방문객이 나의 9학년 교실로 곧바로 들어와 학생들이 글쓰기에 몰입했다는 이유로 이의를 제기했던 적이 있었다. 그녀는 이동식 테이블 사이를 뚫고 살금살금 아이들에게 다가가 그들이 하고 있는 일을 검사해 아이들과 나를 놀라게 했다. 그리곤 "이런 글쓰기 작업을 왜 하고 있는지 알 수가 없군요!"라고 소리쳤다.

나는 그녀를 교실의 구석으로 서둘러 보내고 제발 목소리 좀 낮춰 달라고 사정했다. 다행스럽게도 어린이들은 그들만의 상상 세계 속으로 멀리 떠나 있었다. 잠시 동안 그들은 마치 마약에 취한 듯 꿈꾸며 바라보더니 다시 하던 일로 돌아갔다.

그녀는 사람들을 얼어붙게 할 정도의 권위적인 톤으로 "저는 일리노이 주에서 왔는데, 뉴욕에 머물러 있을 시간이 몇 시간밖에 안 돼요. 내일 아침에는 유럽으로 떠나야 해요. 창조적인 것을 감상하고 이해하려고 왔으니까 그것을 보여주세요!"라고 말했다.

"제가 창조적인 것을 수도꼭지처럼 틀었다 잠갔다 하길 기대하시는 건가요?" 나는 이 여성분의 전문가적 오만에 친절하게 대응하고자 애쓰며 물었다.

그녀는 "저는 블랭크 노말 대학의 언어 예술 교수 방법론 교수예요". (나는 이 직위를 내 말로 풀어 썼다. 원래 그녀가 했던 말은 이보다 훨씬 더 웃겼다.) "그러니까 저는 교수법 실천에 대해선 충분히 잘 알고 있단 말이에요. 요청컨대 이런 글쓰기 수업은 그만두시고 창의적 활동을 보여주세요."

"하지만, 친애하는 방법론 등등의 교수님," 나는 그녀에게 조용하게 말했다. "말씀하신 창의적 활동을 전 분명히 진행했는데 아침부터 내내 계셨으면서 아무것도 이해하지 못하셨나 봐요?"

"제 생각이 정확히 그거예요!" 그녀가 날카롭게 받아쳤다. "정확히 아무 일도 일어나지 않았잖아요!"

그녀는 아주 솔직담백한 사람이었다. 그러나 나중에 들었고, 그때 의심했듯이 그녀는 실제로 몸이 아팠던 안쓰러운 사람이었다. 그녀는 1년간 휴직하고 교단을 떠났다. (사람들 말로는 '과로' 때문이었다. 하지만 나는 '과도한 방법론' 때문이었을 것이라고 추정한다.)

나는 어린이들을 방해하지 않기 위해 목소리를 더 낮추었다. (어린이들은 그들의 관심을 통째로 흡수해버리는 창조 작업에 사로잡혀 있었으므로, 만약 이 분이 조금이라도 교육적 비전을 가지고 있었다면 창의적인 것들을 넘치도록 감상할 수 있었을 것이다.) 나는 "내 책상에는 성능 좋은 스톱워치가 있단다"라고 속삭이며 모닝사이드 공원 쪽으로 나 있는 창문을 가리켰다. "그 스톱워치를 가지고 지금 바로 모닝사이드 공원으로 나가보자. 한 시간 동안 풀밭에 앉아서 민들레꽃의 시간을 재보자. 째깍째깍 몇 초가 흐르는 동안 민들레꽃이 자라는 것을 관찰한 다음 돌아와서 나에게 보고해주렴. 과연 너희들은 무얼 내게 알려줄까? 정확히 아무 일도 일어나지 않았거든."

나는 책상에서 시계를 찾았다. 그리고 속삭이는 척하며 시계로 그녀를 누르려고 했다. 그러자 그녀가 나에게서 서서히 떨어졌다. 나는 그녀에게 슬며시 다가가 "밖으로 직접 나가셔서 민들레꽃의 시간을 재보세요!"라고 간청했다. 그러나 그녀는 나갈 의향이 없었다. 그녀는 말도 하지 않았다. 그녀는 심지어 교실에 머물 생각도 없는 듯했다. 그녀는 빠르게 교실을 떠났다.

우리 같이 창의성을 강조하는 교육자들은 시간의 사용에 대해 다른 생각을 가지고 있다. 또 성과에 대해서도 다르게 생각한다. 그러나 나는 우리에게 우리만의 시간을 주면, '성과' 중심의 평가에서도 우리의 교육이 전통적 학교들을 능가할 수 있다고 약속할 수 있다. 얼마 전, 내가 알고 지내던 고등학교 교장이 학과목들뿐만 아니라 사회 활동과 체육을 비롯한 다양한 방과 후 활동들의 학생 성취도 평가 결과를 나에게 보여주었다. 우리 두 사람은 유명한 '자유 활동' 초등학교에서 훈련받은 학생들이 조금 더 통제된 학교의 교과 과정을 밟아온 학생들과 비교해서 얼마나 학습 성과가 높은지에 관심을 가지고 있었다. 평가를 받은 이 '자유' 학교는 거의 완전한 형태의 창의 교육을 실행하는 학교로서 교육 과정, 학과목 교과서, 암기를 모두 없앤 곳이다. 한 마디로, 이 학교에는 수업과 숙제와 같은 그 흔한 기계적 작업이 존재하지 않는다.

이 평가에서 '자유 활동' 학교 학생들이 새롭게 낯선 방식으로 학습한 과목들을 포함해 학교생활의 모든 단계에서 상위권에 속한 것으로 드러났다. 훈련을 받아 더욱 풍요로워진 내면 자원이 그들을 모든 면에서 정상의 자리로 이끌었던 것이다.

여자 대학들 중 한 곳이 최근 학생들의 작품 관련하여 이와 유사한 보고서를 발표했다. 이 보고서에 따르면, 예비학교[7] 교육이 일반적인 대학입시 준비보다 더 창의적이었다.

3

정신의 신비로운 생명력을 일부 또는 전부 표현함으로써 그 탁월성을 인정받는 비범한 작품들은 눈에 잘 띄는 장소에 전시해 두어야 한다. 비범한 작품에 이런 환경의 혜택을 제공하느냐 마느냐의 문제를 두고 나와 나의 동료들은 우정을 나누면서도 강하게 대립했다. 나의 동료들은 나처럼 특별한 관점에서 좋은 것을 평가하면서도, 나와 달리 좋은 것과 나쁜 것을 구별하지 않고 모두 전시하려고 한다. 그들은 격려를 위해서라면 멋모르는 충실한 모방자들까지도 인정하려고 한다.

나와 나의 동료들은 논쟁을 통해 풍요로운 결실을 낳았지만, 이 점에서만은 서로 반대편에 서서 다른 의견을 고수했다. 양 편의 교육 목표가 서로 다르기 때문에 이 대립을 일거에 해소하기는 어려울 것이다. 하지만 창조란 모든 어린이들에게 자연스럽게 발생하는 행위이므로 그것을 특정 소수의 재능으로만 강조해서는 안 된다는 나의 동료들의 믿음을 정말로 받아들여야 할까? 그렇다면, 우리는 비범한 자들을 분리시켜 그들의 창작물에 관심을 갖는 일도 해서는 안 된다. 그러나 모든 어린이들의 수준을 끌어올리는 목표를 가지고 있다면, 그래서 어린이들 스스로 지금까지 좋은 것으로 받아들여졌던 창조 행위마저 열등한 것으로 폐기하도록 이끌려면, 더 나아가 탁월한 어린이들까지도 위험을 감수하고 지금은 나타나지 않은 더 높은 탁월성을 향해 도전할 수 있도록 도우려면, 우리 지도자들은 어린이들 사이에 존재하는 극명한 차이를 반드시 구별해야 한다.

비범한 개성의 표현이 열등한 것으로 무시되거나 거부되지 않아야 한다. 뿐만 아니라 우리의 사명은 창조자 어린이가 자신의 뛰어난 가치를 인지할 수 있도록 지도하는 것이다. 이를 위해 우리는 창조자 어린이에게 자신의 특별한 비범한 작품을 좋아할 수 있는 기회를 지속적으로 제공해야 한다. 또한 그것을 지속적으로 다른 어린이들의 눈과 귀로 전달해야 한다. 좋은 것과 나쁜 것이 섞여 있으면, 좋은 것인 뛰어난 특성은 사라지게 마련이다. 나쁜 것이 지배적이 되기 쉽고 특성상 좋은 것을 오염시킨다. 그러니 '가까이 있어야 사랑도 할 수 있다!'[8]는 짝짓기의 첫 번째 법칙을 기억하길 바란다!

"우린 기상천외한 창조적 작품들을 창조해 내곤 해. 그런데 그 창조 작업이 일정 단계에 오르면 멈춰버려. 우린 자네가 이룬 성과만큼 일반적으로 높은 수준의 성과를 내지 못해. 이유가 뭘까?" 내 친구들은 자주 이렇게 말한다.

이에 대해 나는 항상 "나는 학생들을 비교적 잘 다루는 편이야. 그 능력으로 항상 독창적 창작의 표식이 있는 작품들만 인정하지"라고 답한다. 여기서 명심해야 할 사항이 두 가지 더 있다. 첫째, 교사가 학생들을 능숙하게 통제하여, 통제한다는 의심을 사지 않아야 하며, 둘째, 교사는 어른의 일반적 완성도 기준에서 볼 때 어설퍼도 개인적 손길이 묻어 있는 작품에는 그 탁월성을 드러낼 장소를 반드시 마련해야 한다. 특히 모두가 볼 수 있는 장소에 그 작품을 전시해야 한다. 물론 다른 작품 제작자들을 무시한다거나 그들의 결점을 불필요하게 노출시킨다는 것은 아니다. 이 방법 이외에도 자신만의 타고난 색깔을 아직 발견하지 못한 자들을 격려하기 위한 다른 방법들이 수없이 많다는 것도 인정한다. 더 나은 것들에 대한 경험이 어느 속담의 어리석은 단언[9]처럼 경멸을 불러일으키지 않으며, 오히려 애정을 불러일으킨다. 그리고 좋은 것에 대한 진정한 앎은 언제나 열등한 것을 좋아하는 취향을 몰아낸다.

그런데 사실 나는 '취향이 있어야 낯설지만 창조 정신이 빛을 발하는 작품을 좋아할 수 있다'라는 개념과 배치되는 상황을 여러 번 목격했다. 관습적인 것들을 완전히 무시하여 대중들이 좋아하기 어려운 독특한 작품인데도 대중들이 환호하는 현상을 여러 번 목격한 것이다. 어떤 작품에 대한 인정의 파도가 한 집단에서 크게 일어나면, 그 현상이 예술적 판단 기준을 지녔다는 것을 조금도 보이지 않았던 표현력 없는 사람들까지 감동시킬 수 있다. 누구든지 여가 시간에 숙고할 수 있도록 멋지게 인쇄된 훌륭한 작품의 몇 페이지가 즉각적으로 많은 사람들의 진지한 평가를 받는 일이 벌어지곤 한다. '뭐라 말할 수 없는 그것' 즉 '창조 정신'의 힘이 단번에 대중의 심금을 울리면, 그동안 대중과 분리되어 있었던 '그것'이 마침내 대중에게 영향력을 행사할 기회를 얻는 것이다.

나의 전공 분야가 언어 예술이기 때문에 나는 창조적 글쓰기에 대한 이야기를 전한다. 그러나 여기서 창조적 글쓰기는 편의상의 예시일 뿐이다. 나는 언어 이외의 다른 매체로 작업하는 사람들이 나의 설명을 각자의 매체에 적용하는 법을 곧바로 어려움 없이 각 매체로 전환할 수 있을 것이라고 믿는다. 사실, 각자의 매체가 다르더라도 창조 정신을 가르친다는 면에서 우리 사이엔 거의 차이가 없다. 우리는 우리의 전공을 고수하려고 애쓰지 않는다. 우리는 전공의 차이를 강조하여 어린이 교육에 해를 끼치는 각 '과목' 전공자들 사이의 극복 불가능한 장벽도 가지고 있지 않다.

창조 활동을 주제로 한 연속 토론회에서 나를 가장 크게 격려해준 청중은 어느 '오이리트미Eurythmy'[10] 교사였는데, 그녀가 다음과 같은 편지를 나에게 보내왔다.

선생님께선 '오이리트미' 움직임에 대해 말씀을 하지 않으셨습니다. 추측컨대, 그건 선생님께서 움직임의 창조적 측면에 대해 경험이 없으셨기 때문일 것입니다. 하지만 '제가 본 것이라곤 귀족들이 쓴 가발밖에 없으니까요!'(그녀는 여기서 내가 이 책의 제19장 3절에 전문을 수록한 헬렌 엘리자베스의 시 「황자 폐하의 가발 제작자」를 인용한다.)[11]

그러나 (이 여교사는 명랑하게 계속 말을 이어간다), 모든 시와 그림과 조소, 모든 발명은 물론 어린이들의 모든 현명한 생각들도 제게는 그저 '오이리트미'입니다. 저는 몸과 마음의 발산을 통해 완전한 삶을 사는 것, 자기를 표현하는 것의 가치와 중요성에 대해 확신하고 있으며, 매번 이 확신으로 힘을 얻고 집을 나섭니다. 선생님과 선생님 그룹은 매 시간 마다 제 전공 분야가 얼마나 무한한 내면 자원을 가지고 있는지 증명해 주십니다. 또한 제 자신의 실험에 대해 확신하도록 해주시며, 제게 앞으로 나갈 수 있는 길을 안내하시며 의외의 혜택들과 가능성들도 제공해 주십니다. 저의 이런 말이 비판으로 여겨질까 두려워 바로 말씀드리자면, 저는 선생님의 방식을 다른 어떤 방식들보다 좋아합니다. '제 전공 쪽의 강연들은 대부분 지루합니다. 모든 강연들이 추상적인 방식으로 추상적인 것들에 대해 말할 뿐입니다.' 선생님께서 '어린이 물건'이라고 부르는 것, 즉 엉성하지만 언어, 색, 그밖에 뭔지 모르는 것으로 표현된 구체적인 결과물이 제가 몸, 마인드 컨트롤, 움직임의 관점에서 생각하는 데 도움을 줍니다. 그것이 제게 언어에서 '오이리트미'로의 전환 작업을 할 수 있도록 자극하며, 독창적으로 제 자신을 창조하고 있다는 의식을 전달합니다. 그리고 저는 이런 전환 작업을 하는 데 아무런 어려움을 느끼지 않습니다.

4

성취 불가능한 어른 기준을 따를 것을 강요받아왔던 어린이들은 대체로 활력을 잃고 침묵한다. 그러나 인내하고 기다리면, 마침내 침묵하는 수많은 어린이들에게서 우리의 격려를 받을 만한 어린이다운 특성을 지닌 진짜 작품들이 나타난다. 그리하여 결국 어린이들은 우리가 감탄하는 작품이 그들 자신만의 언어로 빚어낸 것임을 알아차리고 그 언어에 사로잡힌다. 어린이들이 조용히 있을 때 그 언어(어린이들만의 언어)는 마법을 부려 그것과 유사하게 은밀하고도 친숙한 음악을 불러일으킨다. 여기서 어린이들의 것이라면 무엇이든 친절하게 반기는 어떤 작용에 의해 그 음악이 다음 단계들로 자연스럽게 나아간다. 그러면 곧 다른 재능들도 동참하여, 그 음악이 더 확고히 자리 잡아 전반적인 찬사를 받게 하며, 차례로 그것의 강력한 전파를 돕는다.[12]

여기서 지도자의 통솔력 발휘가 중요하다. 지도자는 본능적으로, 말하자면 느낌으로써, 타고난 재능으로 빚은 작품의 질감을 알아야 한다. 정확한 때에 지도자는 '이건 진짜구나!'라고 말할 수 있어야 한다. 만약 이렇게 말하는 것이 가르침이라면, 이것이야말로 지도자의 가장 훌륭한 가르침일 것이다. 이런 경험도 없이 작품에 대해 왈가왈부하는 것은 종종 오해를 불러일으키고, 결과적으로 기괴하고 유치한 작품들만 양산할 것이다.

우리가 이 문제에 대해 진지한 관심을 갖기 오래전부터 영국의 H. 콜드웰 쿡[13]은 스스로 '작은 사람들'이라고 명명한 무수한 어린이들에게서 상상을 초월하는 창조성을 발견했다. 쿡의 말을 들어보자.

"표현의 자유와 독창성을 발휘할 수 있는 기회가 주어져야 자기다움이 발전할 수 있다… 이를 위해 교사는 학생들 각 개인의 요구에 세심하게 귀 기울여야 하며, 각각의 타고난 성향이 좌절되는 일이 없도록 주의를 기울여야 한다. 그러나 동시에 그는 학생들의 노력이 절대로 기상천외한 기상conceit,[14] 맹목적인 모방, 참신한 듯 짐짓 꾸며진 것, 단순한 바보짓 등으로 탈주하지 않도록 세심하게 지도해야 한다. 또 교사는 어린이의 작품을 보면 실제 드러난 것이건 잠재되어 있는 것이건 좋은 것을 볼 줄 아는 안목을 지녀야 한다. 즉 그는 어린이-작가의 작품에 발전의 여지가 보이면 그것이 어떤 것이든 아무런 도전을 받지 않고 통과되도록 해서는 안 되며, 또 생명력뿐만 아니라 희미하더라도 진정한 영감을 지닌 작품이라면 그 어떤 것도 부적합으로 불합격시켜서도 안 된다. 교사는 맹목적인 경직성이나 규율 등의 모든 형식적 관습을 버리고, 또 고정관념으로 공식화된 것을 절대 신뢰하지 않아야 한다. 우리에겐 매일 도입할 다른 방식이 있다."

5

좋은 것에 대한 칭찬을 통해 그룹의 발전을 이끌어 본 교사라면 누구나 성과가 매년 지난해 보다 나아지는 흥미롭지만 어리둥절한 현상과 마주친다. 새 학년을 맞이하면 처음부터 시작해야 할 것만 같지만, 예측과 달리 수업 초반의 수준이 지난 학기 수업 초반보다 향상된 것으로 드러난다. 매년 이런 현상이 반복된다. 작품의 전체적 수준이 탁월성을 향한 점진적 상승 곡선을 그으며 지속적으로 상향된다.

처음에 우리는 이런 현상이 교사의 향상된 교수법 때문에 생긴 것이라고 생각했다. 물론 교사의 향상된 교수법이 일부 작용했다는 것은 의심할 나위가 없다. 그러나 우리는 수많은 증거를 통해 수준 상승 지점에서 무슨 일이 벌어진다는 것, 즉 이 지점이 스스로 점점 더 좋은 작물을 생산해내는 개량된 토양과 비슷한 장소가 된다는 것을 알게 되었다. 다른 학교로 옮겨 처음부터 다시 시작해야 한다고 생각했던 교사들이 수준이 향상된 학생들을 만나곤 하는 것이 그 대표적 예이다.

어떤 때는 수준 향상의 원인이 벽과 선반을 장식하고 있는 이전 수업의 훌륭한 작품에서 뿜어 나오는 마법 때문인 것으로 드러난다. 관심과 열정이 사회적 접촉 기회가 상대적으로 낮은 그룹으로 확산될 때도 이런 향상 현상이 일어난다. 미리 일정 정도의 기대치를 설정해놓으면, 개별 청소년들이 변화하고 변화된 청소년들이 좀 더 어린 학생들과 함께 활동하면서 그들에게 변화의 욕망을 불러일으킨다. 또는 마음속에 은밀하게 욕구를 감춘 조금 더 어린 학생들이 미래에 성취 가능한 것에 대해 의식하고 일찍부터 그것에 대해 생각하기 시작한다. 이와 같은 '확산 현상'은 학교가 집회 시간을 어린이가 자발적으로 수행한 프로젝트 발표의 자연스러운 출구로 활용할 경우 두드러진다. 예를 들어, 연극 프로젝트에서 조금 더 어린 학생들이 조금 더 나이든 선배들의 보다 발전된 무대화 기법을 보고, 듣고, 느끼면서 마음의 동요를 느낀다면, 연극의 수준은 해가 거듭될수록 향상될 것이다. 물론 내가 말하는 연극 프로젝트란 교사의 지도는 받지만 어린이가 주도하는 작업을 의미하며, 어른의 방식으로 '과외교습'을 받아 구성한 암기 패턴의 연극을 의미하지 않는다.

이 확산 과정에서 발견되는 가장 기이한 현상은 새로 온 학생들이 신속하게 수업에 몰입하며 뒤처지지 않는다는 점이다. 처음에는 새로운 학생들의 수준이 현저하게 낮아 주변 학생들의 평균을 훨씬 밑돌 수 있다. 그러나 그들은 빠른 시간 안에 접해보지 못했던 것의 노하우를 습득하는 편이다. 한번은 우리가 더 큰 건물로 이사해서 수강 등록 학생을 두 배로 늘린 적이 있는데, 이때 사실 기반으로 암기훈련을 받은 그룹이 새로 합류했다. 대체로 두려움이나 '성적'과 같은 애태우는 보상에 의해 동기화되었던 이 그룹은 전반적으로 정신의 문제에서 가장 날 것 그대로의 태도를 보여주었다. 그들이 우리 반 학생들이 지은 시구들과 그 밖의 창의적 표현들을 보고 노골적으로 비웃는 순간 우리 반 학생들은 불안에 떨었고, 그들의 취향 부재를 천진난만하게 드러냈을 때는 더욱 더 마음을 졸였다. 우리 학생들 중 한 명의 말을 인용하면, 이 새로운 학생들은 "심지어 농담을 할 때도 1학년 수준"에 머물렀다. 이후 새 학생들은 노골적으로 수업에 대한 변화를 요청함으로써 우리를 더욱 당황하게 했다.

우리는 이 요청에 대응해 정교한 개선책들을 내놓았지만, 그들의 짜증만 불러 일으켰다. 그러나 우리는 그들의 짜증을 이해하고 기다렸고, 마침내 그들이 우리의 방식을 받아들이게 되었다. 하지만 그들은 자신들에게 마법 같은 영향력이 작동하고 있다는 것은 알아채지 못했다. 이것은 지리적 근접성이 무관심을 극복하고 서로 다른 두 그룹 간의 짝짓기를 일궈낸 또 다른 예이다. ('가까이 있어야 사랑도 할 수 있는 것'이다.) 기존 그룹과 새로 온 그룹이 지리적으로 가까이 있었기 때문에 서로 영향을 주고받으며 상호간 화합을 이룰 수 있었던 것이다.

아주 당혹스럽지는 않은 또 다른 주목할 사항은 이런 '확산 현상'이 종종 한 지점에서 뿜어져 나와 전체 공동체에 영향을 미친다는 점이다. 이 말을 하려니, '창의적 발명, 과학적 욕구, 활발한 재생regenerating living에 기초한 모든 형태의 삶은 점차 자신의 교실 바로 옆 다른 교실의 특성을 갖게 된다'는 점을 생물학자보다 더 강력하게 주장했던 어느 고등학교 생물 교사가 떠오른다. 그러나 학교를 떠나면 그 획득한 재산 (옆 교실의 특성)에서 생명이 빠져나간다. 얼마 동안 그것은 자체의 추진력으로 앞으로 나아간다. 그러다 그 속도가 서서히 둔화되고 마침내 멈춰 서, 결국 책과 교사에게서 배웠던 자리로 돌아간다.

어린이들 내면에 숨겨진 무한한 힘을 인지하고, 자기-학습에 대한 믿음을 키우고, 서투른 작품에 대한 공포를 극복하고, 또 제때에 칭찬함으로써 스스로 발견한 지혜의 엄청난 가치를 일깨워주는 학교를 만드는 데는 꽤 오랜 세월이 걸린다. 그러나 이렇게 얻은 것들이 사라지는 것은 한순간이다.

교육행정관들은 반드시 이러한 느린 진보 과정에 대해 인지해야 할 뿐 아니라, 매년 새로운 어린이들이 각 교실로 들어오지만 오랜 세월이 지나면 탁월성 성취의 관점에서 측정해도 학급과 학교가 눈에 띄게 발전할 수 있다는 점도 알아야 한다. 나는 한 초등학교에서 템페라 화법[15]의 그림이 반죽이 두껍게 발린 유아적 그림에서 높은 수준의 표현주의 단계로 서서히 발전하는 과정을 직접 지켜본 적이 있다. 표현주의적 단계인 현재 상태에 이르는 데 8년이 걸렸다. 하지만 지금은 저학년 어린이들이 힘 들이지 않고 자연스럽게 만든 작품들도 색, 구성, 상상력 발상에서 나름의 가치를 지니며 각 가정의 장식용 액자에 넣어 걸어놓기에도 부적합하지 않다.

이 점은 '정보 중심' 교육과 '취향' 교육 간 방법 차이를 설명하는 또 다른 실마리를 제공한다. 사실의 달인은 주어진 1년 동안에만 아주 멀리까지 갈 수 있다. 그의 작업은 학년-배치를 위해 사용될 수 있을 정도로 쉽게 측정될 수 있다. 그러나 학년-배치나 학년-기대치 같은 용어들은 창의력의 발전 범위를 알아보는 데는 거의 의미가 없다. 한편 취향은 삶의 문제이며, 아직까지는 그 확장의 힘을 막을 방도가 없다. 내 앞에서 아주 어린 어린이들이 에머슨의 '대령' 이론,[16] 신은 객관적 세상을 창조하기 위해 필연이어야 한다는 피히테의 주장,[17] 심지어 감각적 경험의 한계에 대한 칸트의 일반적 결론[18]마저 생각해냈다. 물론 그들만의 언어를 써서 설명했지만. 이런 창조적 생각mind은 허용만 해주면 더 멀리까지 나아갈 수 있다.

게다가, 사실 교육이 항상 반복 연습을 강조했다면, 감정 교육은 경험에 의존한다. 일반적인 교육이 주로 기억에 호소한다면, '창의 교육은 영향받는 것을 허용한다'.

이런 맥락에서, 현대적 교사가 바로 앞의 인격체들에게 미치는 자신만의 특별한 영향에 대해 말할 때, '모든 학생들에게−똑같은 것을−공부시키는−교과과정'보다 '환경'을 강조하는 이유가 명백해진다. 현대 교사가 의미하는 영향이란 모든 영향들 (예술 작품, 어린이의 수행, 그룹의 수행, 건설적인 유용한 자료들, 자유를 허용하는 조직, 통제에 대한 행정가의 태도, 창조적 삶에 대한 교사의 태도, 창의활동을 유발시키는 교사의 제안, 가능한 모든 출처의 정보)에 대한 총칭이다. 이런 영향들이 개인의 욕망과 감상에 직접 개입하고, 삶의 창조력을 자극하며, 개인에게 충격을 가해 그가 지속적으로 탁월한 행위들을 향해 전진하도록 유도한다.

　전국 각 지역을 두루 여행함으로써 나는 숨어 있는 뜻밖의 창조 정신이 드러나도록 자극하는 방법과 수단에 대해 더 분명하게 알게 되었다. 그러나 여행에서 내가 주로 본 것은 어느 지역의 학교든 최신 스타일의 옷을 걸치고 있다는 점이다. 특유의 재촉하는 방식으로 미국은 갑자기 '창조 작업'을 채택했다. 미국의 각 학교는 어린 시절에 나타나는 두 가지 확실한 자연적 욕구인 '그림 그리기'와 '글짓기'를 도입해 큰 만족을 얻었다. 물론 자기다움을 더 발전된 형태로 드러내는 좋은 결과물들도 나왔다. 하지만 내 느낌으론 학교 교사들과 교육행정관들이 이런 자연스러운 결과물에 자족할 뿐 더 이상 나아가지 않는 듯 보였다. 만약 어린이가 점토를 주먹으로 치거나, 물감을 흩뿌리거나, 시의 운율을 만들어 내기만 하면, 그것으로 학교가 교육적 의무를 끝마친 것이라고 생각하는 듯 보였다. 교장들과 교사들은 나에게 어린이들이 만든 자연 그대로의 초기 작품들을 보여주고는 어린이들에게 아무런 지시도 내리지 않았다는 점을 자신 만만하게 전하고, 만족스러운 듯 "그래요, 우리 학생들에게서도 창조적 작품이 나왔어요"라며 대화를 마쳤다.

　나는 개성을 지닌 인격체에게 기회를 제공하려는 교장들과 교사들의 이러한 시도에 전적으로 공감하며 최대한 친절하게 묻는다. "능력을 향상시키고 힘을 더 키워서, 우수한 결과물들이 나올 수 있도록 지도하는 것이 교육자의 임무가 아닌가요?"

　이번 장에서 나는 취향의 위험을 감수하고, 창의적 잠재력을 아주 큰 폭으로 증가시키는 방법, 더 정확히 말하면, 개인 내면의 깊은 심연으로부터 더 강력한 성과를 이끌어낼 수 있는 방법을 제시했다. 내가 생각하는 교사의 이미지는, 교사가 한 그룹의 최고작에 탄복했다는 것을 연극적으로 보여줌으로써, 말하자면 능수능란한 태도로 지나치게 야단스럽지 않게 최고작에 관심을 기울임으로써, 그 작품이 잘 만들어진 광고처럼 사람들 마음에 깊이 남을 수 있도록 기획하는 이미지이다.

우리는 교사가 어떤 작품이 그룹의 최고작인지 알 것이라고 가정한다. 만약 그가 그것을 알지 못한다면 그는 많은 것을 잃을 것이다. 교사가 '창의적 활동'을 찾아내고 그 결과물들을 세상 사람들에게 보여주기는 비교적 쉽다. 그러나 진정한 창의 교육이 교실 안에 정착되지 않으면, 설사 창의적 활동이 교실에서 분명하게 이뤄지고 어린이들의 흥미를 북돋는다 하더라도 유아적인 단계에 머물기 쉽다.

나는 가는 곳마다 어디서든 가장 진보적인 학교들에서조차 무시되었던 어린이들의 빛나는 작품들을 발견한다. 그런데도 여전히 많은 경우 패턴을 베끼는 학생들이 더 인정받고, 개인적 표현을 하려는 어설픈 시도들은 관심을 받지 못한다.

좋은 것과 나쁜 것을 구별할 수 있는 교사들을 확보하는 데는 시간이 필요하다. 국가 차원의 창조적 프로그램을 채택할 수도 없고, 하루 밤 사이에 성공을 일궈낼 수도 없다. 우리의 작업이 원래 천천히 진행된다는 점을 자각하고 그 사실에 기뻐해야 하며, 처음부터 너무 많은 것을 요청해서는 안 된다. 확장된 자유 속에서 얻어진 첫 결과물들이 가장 가치가 있다. 우리는 이곳저곳에서 이런 우수한 작품들을 만나게 될 것이다. 처음에 우리는 우수한 작품들이 나오게 된 것이 영재들, 사회적 혜택, 심지어는 지능지수 덕분일지도 모른다고 생각했다. 하지만 결국 우리는 우수한 작품들이 나올 수 있는 불변의 요인이 창조 정신이 나타나는 신비로운 방식 몇 가지를 이해하는 교사, 서툴러도 창조 정신의 독창적인 징후들을 알아보고 인정하는 교사임을 발견할 것이다.

6

나는 창의 교육의 모험 첫날 운 좋게도 세 명의 청소년이 쓴 시편들을 포착했다. 우리가 그것들을 최고의 찬사로써 따뜻한 영향 속으로 밀어 넣지 않았더라면, 그것들 역시 격려받지 못했던 다른 어린이-예술의 전철을 밟았을 것이다. 삶의 감정적인 측면을 표현하려고 끄적거린 이와 같은 초기 시도들에 관심을 가진 척 가장하는 것만으로도 이 세 청소년이 시와 산문을 계속 쓸 수 있는 충분한 자극제가 되었다. 이 세 명은 이후 5년 동안 계속 시와 산문을 쓸 수 있었고, 지금도 여전히 글을 쓰는 중이다. 하지만 뛰어난 출판 환경이 이 세 명의 글에 액자와 벽과 멋진 조명을 마련해 주었을 때 그들의 작품에 대한 사람들의 확신이 배가되었다.

나는 리더십이라는 의젓한 책임감이 이 세 명에게서 나타나는 것을 보았다. (물론 이 세 명은 이 사실을 감지하지 못했다.) 결국 이 세 명은 자유로운 정신을 추구하는 문예반의 중심이 되었다. 그러자 남학생들이 문예반에 합류하기 시작했고, 얼마 안 되어 여학생들의 숫자를 능가하게 되었다. 이리하여 이 세 명은 학습 능력보다 더 귀중한 자산인 리더십을 대학까지 끌고 갔다.

이 세 명뿐만 아니라 문예반 구성원 모두 (대학 입학 후) 어디서나 자리를 추구하거나 나서지 않는데도 리더로 인정받았다. 단시일에 우리는 문예반 구성원들의 소식을 (특히 투표로 대학 문예반 회장으로 선출되었다는 소식을) 예일, 하버드, 미시건, 배서,[19] 바나드[20]로부터, 그 밖에 어디에서나 듣기 시작했다.

우리와 함께 지냈던 5년의 마지막 해에, 이 세 명이 어린 시절에 쓴 시 몇 편이 나의 책 『청소년의 창의성』에 수록되어, 마침내 어둠의 세계에서 구출되었다. 청소년들이 쓴 작품들이 오로지 글에 의해서만 평가받으며 같은 세대로부터 인정받게 된 셈인데, 이것은 마치 창조적 삶의 표현이 전 세계인들의 환영을 받을 수 있다는 것을 증명하는 듯했다.

시인들은 어떤 시 형식으로도 어린이들에게서 뿜어져 나오는 형언할 수 없는 전율을 표현할 수 없다고 말한다. 또한 출판사 편집자들에 따르면, 일반적으로 차가운 태도를 보이는 성인 작가들과 대조적으로 청소년 작가들은 따뜻하게 응답한다고 한다. 일례로, 출판사 측에서 재출판을 요청했을 때 청소년들은 "우리 책들은 대중의 마음속에서 차차 희미해질 거예요. 하지만 만약 우리 작품들 중 아주 작은 부분이라도 다른 청소년들에게 전달된다면 우린 영원히 살 수 있을 거예요. 불멸을 얻게 되는 것 아닌가요!"라고 답한다고 한다.

최근 초등학생용 현대독자 시리즈에 에드나 밀레이, 유진 필드, 사라 티즈데일, 홈즈, 로제티, 프로스트, 로빈슨[21]의 시 옆에 수년의 실험기간에 우리 소년 소녀들이 썼던 시들이 나란히 실리는 놀라운 일이 벌어졌다. 그들이 개인적 시간에 혼자 쓴 것들, 쓰고 있는 것이 얼마나 가치 있을까에 대해 깊이 생각하지 않고 아무렇게나 내놓았던 것들, 실제로 지금까지 아무런 가치가 없다고 여겨진 교육 폐기물들, 이런 것들이 드디어 가치를 인정받았던 것이다. 그들이 쓴 다른 고요한 시구들이 노랫말로 채택되어 훌륭한 시인들의 작품과 함께 『새로운 목소리들을 위한 새로운 노래들』[22]에 수록되는 일도 생겼다.

최근의 기쁜 소식 하나를 추가하면, 수백 년 동안 쓰인 유명한 재미있는 시편들을 모은 문집의 발간을 앞둔 뉴욕의 월드출판사가 얼마 전 『청소년의 창조성』에 수록되었던 우리 소년 소녀들의 작품 몇 편과 나의 가벼운 시들의 재수록을 요청해왔다. 교사와 학생의 작품이 함께 권위 있는 문집에 실린다니, 참으로 감격스럽다! 재수록 작품으로 뽑힌 청소년 시편들 중에서 즐거운 시 한 편을 골라 여기서 여러분과 공유하고자 한다. 하지만 이 시를 단순히 유머러스한 시로만 여기지 말기 바란다. 이 시는 근본적으로 청소년들의 미성숙한 면들이 제 나이에 맞는 자연스러운 것임에도, 그들에게 미숙함을 끊임없이 상기시켜주는 부모님들, 교사들, 언니들에 대한 예리한 관찰 풍자이다.

조니*

조니는 편하게 있으면

늘 구부정하게 서서,

거꾸로 된 글자 J 같았다.

그러면 화난 친척들은, 말하지.

"일어서! 늘어지지 말고! 척추가 있으면 써야지!

가로등처럼 꼿꼿이, 덩굴같이 말고!"

어느 날 그들은 끔찍한 우드득 소리를 들었는데—

조니가 똑바로 섰다—그러자 그의 등이 부러졌다.[23]

제5장 단어 놀이

1

　우리의 첫 발견물들 중 한 편은 명료한 표현에 특별한 재주가 있는 소년의 시였다. 이 소년의 시는 지금까지 이 책에 예시했던 자유롭게 쓰여진 초보 단계의 시들과 전혀 닮지 않았다. 사실 이 시는 어른이 개입해 편집한 것이 아닌지 의심해 볼 만큼 세련되었으며 기교 사용의 전문성도 갖추었다. 격식 없이 이뤄진 수많은 인터뷰를 통해 이 8학년 소년이 단어를 다루는 고차원적 능력의 소유자임을 확신할 때까지 우리는 얼마동안 그의 시 기고를 미뤘다.

뽀족탑에서

주홍빛 하늘, 자주색 야자수 나무,
누더기 걸치고 애처롭게 구걸하는 거지들.

지붕과 돔 위에서 타오르는 오렌지색 불빛,
집으로 돌아오는 마차들.

실루엣을 만들며 하늘을 등진
사원, 이슬람 사원, 뽀족탑.

밤색으로 변한 주홍빛 하늘,
동쪽의 초승달.

베일로 가린 얼굴, 반짝이는 눈,
자주색 외투를 걸친 그늘진 거리.

여기저기서 어슴푸레 희미한 랜턴,
모든 곳이 온통 고요할 뿐.

들어라! 지금 연주되는 류트 소리를,
이것은 어떤 연인의 세레나데.

곧 류트 소리도 더 이상 들리지 않게 되리라―
전처럼 온통 고요할 뿐.[1]

이 시를 살펴보면, 형식은 엄격하게 관습을 따르고 있으며, 시구의 어미는 단조로우며, 라임만 맞추는 형식주의 시인들이 경험도 없는 주제에 대해 쓸 때 흔히 사용하는 과장법으로 주제를 드러낸다. 전반적으로 진실성이 결여되었다는 인상을 준다. 이 시에서 감동받는 사람은 없을 것 같다. 하지만 자세히 보면, 이 시의 단어들이 심혈을 기울이는 장인의 세심한 손길로 결합되어 있다.

나는 이 시의 저자와 첫 담소를 나눈 후 그를 '단어 놀이자'로 분류했다. '단어 놀이자'란 의미와는 별도로 단어 자체에 매료된 사람을 지칭하는 용어이다. 내가 '단어 놀이자'들에 대해 잘 아는 이유는 단 하나, 내 자신이 '단어 놀이자'이기 때문이다. 지금도 여전히 내용이 흥미를 전혀 불러일으키지 않을 때조차도 글 속 한 단어나 한 구절이 내 마음을 흔든다. 사실 나는 이 단어 놀이의 악행에 완전히 사로잡혀 소리를 위해 의미를 희생시키는 사람이 되지 않도록 경계해야 하는 사람이다. 글을 쓰는 사람들이라면 누구나 이런 상황을 알리라. 어쩌면 이러한 단어 기호에 대한 몰입이 글쓰기 재능을 발휘하는 시작점이 될 수도 있다. 심지어 어떤 작가들은 점성술의 12궁[2]에 매료되었던 어린 시절, 상형문자를 골똘히 연구했던 일, 혹은 다른 아이들이 블록을 가지고 놀 때 자신은 단어를 가지고 놀았던 일에 대해서 말한다.

나는 내 경험에 비추어 소년을 시험했다. 그러자 소년은 즉각 정답을 내놓았다. "사전을 읽어본 적이 있니?" 내가 그에게 물었다.

"네! 선생님도요?" 그는 순간 초롱초롱해졌다. 이 순간까지 그는 단어에 대한 바보 같은 관심을 지녔던 사람이 세상에 자신밖에 없다고 상상해왔으니 그럴 만도 했다.

"난 읽은 곳을 표시해 놓곤 했어." 내가 고백했다. "그리고 사전을 읽을 때도 다른 책을 읽을 때처럼 페이지를 넘겼어."

우린 각자 발견한 것들에 대해 이야기를 나눴다. 둘이 함께 좋아하는 단어는 주문을 외울 때 쓰는 단어인 '아브라카다브라'였다! 나는 집에 갈 때 '아브라카다브라'라는 말을 중얼거리곤 했다. 소년은 내가 놓쳤던 '페스티네이트'[3]란 단어를 내놓았고, 자신이 '팡파르', '시퀀', '디모우니액', '세스퀴페델리안'[4] 및 이와 비슷한 단어들도 좋아한다고 했다. 나는 '하블디호이', '프로버카티브', '프리데스티네이트'[5]를 좋아한다고 응수했다. 나는 언제나 이 낱말들을 어떻게든 글 속에 넣어 보려고 애썼으며, 넣지 못할 경우엔 행복하지 못했다.

한번은 그가 「달」이라는 4행시를 나에게 가져왔다. 4행시는 이렇게 시작한다.

시들어버린 밤의 매춘부!

의심할 나위 없이 나는 이 표현에 크게 자극받았다. 이것은 분명히 충격적인 표현이었다. 그는 내가 충격을 받았다는 것을 알고는, 요괴스러운 기쁨을 드러냈다.

"단어마다 힘이 느껴지지 않으세요?" 그가 말했다.

"그렇다고 할 수 있지." 내가 동의했다.

"저는 낮에 보이는 희미한 달을 표현하고자 했어요. 곰보 얼굴. 병자처럼 창백한 달. 달이 밤새 밖에 있다가 집으로 비틀비틀 걸어오는 것 같아요."

나는 4행시의 나머지 행들도 한자 한자 꼼꼼히 읽어 보았다.

"이걸 출판하실 거예요?" 그가 활짝 웃었다.

"'시들어버린 밤의 매춘부!'" 나는 작은 소리로 반복해 읽었다.

"얘야," 내가 말했다. "네가 나의 달을 영원히 망쳐 놓았구나!"

그는 사회적 관습을 이해했고, 그래서 곧 시에 맞는 동의어를 찾았다. 그것은 '음탕한'이란 낱말이었다. 수정된 4행시가 학교 잡지에 실렸을 때 그는 내게 조용하게 그러나 정말 확신에 찬 어조로 말했다. "처음에 썼던 단어가 더 강력했어요, 훨씬 더, 그리고 그게 더 정직했어요." 나는 이 말에 동의했다. 하지만 나는 사회적 관습의 필요성 또한 이해했다.

2

앞서 소개한 '단어 놀이' 소년이 교실의 극심한 냉랭함을 견뎌낼 수 있었던 것이 우리의 격려 때문이었는지 타고난 재능 때문이었는지 알 수 없다. 그러나 그의 시적 영감은 점점 더 풍부해졌다. 그는 여하튼 단어를 억누르며 생각을 드러내는 법을 배웠고, 그 결과 그의 시가 자체로서의 향기를 뿜어내기 시작했다. 한 번 더 강조하자면, 이런 시 자체의 향기가 바로 개인임을 드러내는 품질증명서이다! 2년이 지난 후 4월 어느 날 마침내 그는 우리에게 봄노래 한 편을 제출했다. '그곳엔' 독창성을 시험해볼만한 주제가 드디어 모습을 드러냈다! 이 봄노래가 재출판을 거듭하는 것을 보면, 이 시가 수많은 사람들을 감동시켰던 것은 분명하다.

봄의 노점상들

오, 거리에서 광채 나는 것들을

의기양양하게 뽐내는 노점상들에게 축복이 깃들었으면.

바이올렛 꽃과 수선화,

회전목마와 풍차,

밝은 색 풍선,

녹슨 선율,

회전 나무 막대에 달린 도넛!

하지만 도넛 장수는 꽈배기 도넛을 절대 팔지 않는다.

냄새만 풍겨 아이들을 한숨짓게 할 뿐이다.

풍선과 장난감도 오로지 색깔 때문에 팔린다 —

그것들은 얇고 찢어지기 쉬운 재료로 만들어 졌으니, 누가 그걸 살까?

음악도 꽃도 사고 싶은 사람이 없다.

어느 누가 동전 던져 기계 음악을 들을까?

또 어느 누가 한 시간이면 시들 꽃을 사려고 돈을 낼까?

산다면 오직 마음속의 4월을 살 뿐이다.

우리와 친해지기 오래전부터 단어 놀이를 해왔던 이 소년 시인은 자신이 단어들로부터 놀라운 결과물을 빚어낼 수 있는 재능을 지녔다는 것을 알았을 것이다. 틀림없이 그는 (그의 사기를 꺾는) 어른들 때문에 재능을 포기하는 사람이 되지 않고자 어린 시절 내내 아무도 모르게 쉼 없이 연습했을 것이다. 어떤 교사도 관심을 보여주지 않았으니 그에겐 달리 다른 방도가 없었으리라. 학교는 그에게 단어들과 매혹적인 게임을 하라고 요청하지 않았지만, 그는 단어 놀이에 빠져 밤을 지새웠다. 이 점은 주목할만한 핵심 사항이다. 짐작컨대, 학교 글쓰기 수업이 그에겐 다소 지루했을 터이니, 그가 학교에서 쓴 글들은 실수투성이였을 것이다. 학교에서 쓴 글로는 아무도 그가 단어라는 도구로 경이로운 작업을 하는 자라는 것을 짐작조차 못했을 것이다. 사실 그는 두 가지 다른 종류의 글을 쓰며 살았다. 세상에 학교가 생긴 이래 창작의 운명을 타고난 모든 작가들처럼, 그도 교사들을 위한 창백하고 특별하지 않은 글쓰기와 살아있으며 정말로 번뜩이는 아이디어로 가득 찬 자신만의 창조적 글쓰기, 이 두 가지 방식으로 글을 쓰며 지냈다.

나는 우연한 기회에 그의 학교 밖 생활을 알게 되는 행운을 얻었다. 아마 내가 그의 언어를 말할 수 있었기 때문이었으리라. 나는 그의 재능을 학교의 교실로 가져오도록 허용했다. 그러자 그의 재능이 지속적으로 성장했다. 마침내 얼마 안 되어 나는 문학계의 중요한 인사들이 그를 칭찬하느라 당당히 쏟아내는 소리를 들을 수 있었다. 이런 일이 일어나게 된 경위는 다음과 같다.

나는 몰래 그의 시 몇 편을 '전국 시 경연대회'에 보냈다. 접수된 수 천 편의 시들 중에서 그의 시 몇 편이 심사위원들 중 한 사람이었던 유명 시인 겸 평론가 위터 비너[6]의 주목을 받았다. 그의 평을 들어보자. "그의 시들은 천부적 재능 이상의 특별한 무엇까지 담고 있다. 그는 이번 대회가 찾아낸 진정한 보물이다. 사실 나는 카운티 컬렌[7]과 조지 딜론[8] 이래로 이렇게 흥미진진한 새로운 목소리를 들어본 적이 없다."

3

이것은 이 단어 놀이 소년이 아주 어렸을 때 일어난 일이다. 나는 이 소년을 발견하고 매우 기뻤다. 하지만 소년보다 나를 훨씬 더 기쁘게 해주었던 사람이 있었다. 그 사람은 사실 나를 전율시켰다. 나는 소년이 자신의 재능을 꽤 오랫동안 연마해온 후에야 소년을 만났지만, 그 사람은 소년의 재능을 오래전부터 알아보았다. 그 재능이 정말로 아주 작은 것에 불과해 보통 사람들의 눈에는 보이지 않을 했을 때부터. 그 사람은 바로 그의 어머니였다.

그녀가 내게 전한 말에 따르면, 말을 시작하면서부터 아들은 단어에 관심을 보였는데, 이것이 그녀의 편향된 눈에도 비범해 보였다는 것이다. 그러나 그녀는 자신에게조차 그것이 아들의 재능이라고 인정하기를 주저했다고 한다. "어머니들이 어떤지 아시잖아요!" 그녀는 나를 보고 웃었다. "다만 전 아들이 하는 모든 것을 좋아했어요. 엄마로서 당연한 일이죠. 제가 좋아하는 것을 아들이 자연스럽게 알게 했죠. 어쩌면 그래서는 안 되는 일이었을지도 몰라요. 그런데 전 내버려두었어요. 제가 한 일이라곤 이것 밖에 없어요. 저기 – 이게 전부예요."

어떤 때엔 그녀가 이런 말도 전해줬다. "하지만 제가 하지 않았던 일도 꽤 많아요. 예를 들면 전 절대 간섭하지 않았어요. 어쩌면 제가 좋은 어머니가 아닐지도 몰라요. 아들은 한 밤중까지 자지 않고 끄적거리고 그림을 그리고 음악을 작곡하곤 했어요. 전 그 아이가 그렇게 하도록 내버려두었어요. 아들은 목욕통 위에 칠판을 가로질러 눕혀 놓고 글 쓰고, 스케치하고, 노래를 작곡했는데,

그때 작품이 가장 활력 넘쳤어요. 거기서 아이는 몇 시간이고 끝없이 멜로디를 흥얼거리며 물을 튀기곤 했어요. 전 그렇게 그 애를 그냥 내버려두었어요!"

나는 수없이 여러 번 이와 똑같은 이야기, 말하자면 자녀의 어리석어 보이는 행동에 대한 어머니의 현명한 관심을 드러내는 이야기를 들어왔다. 항상 이런 이야기는 창조적 삶이 요동치며 표면까지 올라와 몸과 마음을 온통 점령함에 따라 수업도 무시하고, 음식도 먹지 않고, 심지어는 잠의 필요성마저 잊어버릴 만큼 욕구가 절박해질 때 나타날 수 있는 낯선 자유에 관한 이야기를 전해준다. "저는 종종 제가 잘못된 행동을 하고 있다고 생각했어요," 그의 어머니는 시인했다. "아들을 멈춰 세우지 않고 그 길로 가게 내버려두었던 행동 말이에요. 왜 그랬는지 모르겠지만, 전 아들의 사기를 북돋아 주려 했고 또 아들의 길을 방해하는 일은 절대 하지 말자는 저 나름대로의 신조가 있었어요. 이성적이지는 않았지만."

물론 이 경우, 후에 일어날 일이 입증하듯이 소년의 어머니가 옳았다. 그녀는 현명했고 자신을 드러내려 애쓰는 다른 사람들과 달랐다. (이것이 바로 그녀의 재능이다!) 그녀는 일찍이 숨어 있는 능력을 알아보고 관심을 표명하며 그것을 격려함으로써 그것이 자라날 수 있는 기회를 부여했다. 이 짧은 설명이 소년의 성장 과정을 설명하는 거의 전부이다. 하지만 이것이 핵심 포인트이다.

나는 이러한 창조성의 표현에 대해 말할 때마다 항상 다음과 같은 항의조의 질문을 받을 것에 대비한다. 부모들이 궁금해 하는 것은 내가 어린이들을 사로잡는 온갖 어리석은 변덕들에 그들을 내맡길 것인지의 여부이다. 물론 나는 그럴지 말지를 결정할 삶의 규칙을 세우지 않고 있다. 내 생각을 밝히자면, 어리석은 변덕들은 결코 어리석은 것이 아니다. 그런데 요점은 어리석은 변덕들과 그렇지 않은 변덕들을 구분할 수 있어야 한다는 것이다.

여기서 '어떻게 바보와 천재를 구별하는가!'가 중요한 문제로 부각된다.

창조적 재능의 첫 징후들은 놀랄 정도로 우둔해 보인다. 한 소년이 버리는 종이 한 구석에 만화를 그리고, 자신의 책에 나온 모든 대문자 O에다 눈과 코를 그려놓고, 신문 속 모든 만화들을 세심하게 베끼고, 공중에서 추락하는 비행기를 그려보고, 젖소들의 되새김질을 멈추게 할 만큼 오렌지색과 빨간색으로 석양 장면을 색칠하고, 그러는 사이 삶의 현실에서 진짜 해야 할 일은 모두 엉망진창이 된다고 가정해 보자.

완전히 바보 같은 일이다. 이런 일들은 처음엔 언제나 바보 같아 보인다. 심지어는 우스꽝스럽기까지 하다. 감기도 초기엔 이와 같다. 예상치 못한 상황에서 갑자기 세게 터져 나온 재채기보다 더 웃기는 일은 없을 것이다. 그리고 이보다 더 바보 같아 보이는 일도 없을 것이다.

청소년에게서 의무를 거부할 만큼 그를 완전히 몰입시키는 강력한 관심사가 발견된다면, 그것은 그의 창조성의 발현 가능성을 알려주는 중요한 징후이다. 이 징후가 (청소년의 성장을 책임지고 있는) 부모님들이나 교사들에 의해 무시되거나 업신여김을 받는 일은 없어야 할 것이다.

4

다음 시는 이 단어 놀이 소년의 후기 시집에서 발췌한 것이다. 그의 다른 시들처럼 이 시 역시 개인적 감정에 충실하고, 균형감은 물론 교정矯正의 힘을 지닌 유머까지 담고 있다. 그러나 이 시의 진실은 우리를 기습적으로 사로잡는 놀라운 힘을 발휘한다. 또 유창한 솜씨로 버무려진 이 시의 유머는 그 의미를 포착할 수 있는 위트 있는 사람들만 이해할 수 있는 고차원의 유머이다.

황혼녘의 도망자

나는 어디든 깊은 웅덩이 안에서 매복할 장소를 찾아야 한다.

그리하여 달의 관할구역에서 달아나야 한다.

그렇지 않으면 나는 곧 하인의 제복을 입게 될지도 모른다—

달의 제왕적 사랑스러움을 추종하는 하인이여!

우리 모두의 내면에 깃든 굽실거리는 무엇,

그것은 미인의 손짓과 부름에 달려 나가려고 산다.

나는 해가 지기 전에 도망쳐야 한다.

정원의 나무와 풀이 너무 크게 자라 도도해지기 전에.

가장 비천한 나무, 가장 많이 짓밟힌 풀,

이것들이 곧 왕관처럼 은빛 모자를 쓰게 될 것이다.

나는 점점 더 고요해지는 이 고요 속에서 움츠려서

운명적 독재의 전조들을 바라본다.

고등학생 시절 이 소년 시인은 엄청난 양의 글을 썼다. 학교가 강요하지 않았지만 그는 스스로 자신에게 과제를 부과해 매일 작품을 제출했다. 이 엄청난 양의 작품들에는 단순히 순간의 기쁨을 담은 개인 기념일과 지역 행사 축하 시들, 보드빌⁹ 스케치에서 따온 각종 희곡들, 그리고 노래부터 오페레타¹⁰에 이르는 각종 뮤지컬들이 포함되어 있었다. 학교에서 공연되었던 오페레타들 중 하나는 브로드웨이 히트작에 맞먹는 수의 관객을 끌어 모을 만큼 성공적이었다.

위에 소개한 시는 워크숍 기간에 쓰였기 때문에 보존 가치를 인정받지 못했다. 그래서인지 당시 아무도 이 시의 출판을 생각하지 못했다. 하지만 그는 최종 결과에 개의치 않고서, 또래 집단 이외의 다른 사람들을 기쁘게 해주려는 노력 없이 순간에 강렬하게 몰입해 글을 계속 쓰라는 격려의 말을 지속적으로 들어 왔다. 그가 졸업반 때 이 책의 366쪽에 실린 「네 개의 에덴」을 쓸 수 있었던 것은 이러한 격려 덕분이었다. 이 시는 그가 다니엘 C. 노울톤[11]의 수업에서 배운 중세 역사를 이해하기 쉽게 유쾌한 방식으로 쓴 시였다.

밤이건 낮이건, 여름이건 겨울이건, 걸어갈 때건 잠이 안 올 때건, 혼자만의 자유를 누릴 때건 점잖은 대화를 나눌 때건, 고통스러운 노력의 시간들이 하나의 그림으로 그려질 수 있다면, '창조적 삶은 고된 일을 강요하지 않는다'고 말할 수 있으며, 창조적 삶이 고통을 강요한다고 믿는 교육계 형식주의자들을 설득할 수 있을 것이다. 교육계 형식주의자들은 "그래도 학생들에게 불쾌한 일을 하라고 하지는 마십시오!"라고 끊임없이 외친다. 하지만 형식주의자들은 우리에 대해 거의 알지 못한다! 예술가, 장인, 사상가, 지도자가 입증하듯이, 스스로 기꺼이 자신을 구속하는 사람들에겐 인위적인 과제 따위는 필요하지 않다는 것을!

창의성을 강조하는 우리의 문제는 우리의 삶을 송두리째 바친 최종 결과물을 내놓을 때 힘든 노력의 증거를 모두 감춘다는 데 있다. 우리는 다른 사람들을 예술로 매혹시키고 잠재워 노력의 소산인 우리의 작품을 쉽게 솜씨 부려 만든 것에 불과하다는 착각을 불러일으킨다. 희망컨대, 우리에게 스포츠맨 정신 비슷한 것이 있어서, 전적으로 개인적이고 내밀한 우리의 고된 노동에 지루해하는 사람들, 물건들을 너무 비싸게 샀다며 투덜대기나 하는 멍청이들을 경멸할 수 있었으면—.

여기에 이 소년이 훗날 쓴 시편들 중 널리 읽혔던 두 편의 시를 수록한다.

리허설

나는 손바닥 위에 모래를 쌓아.

    그리곤 모래가 손가락 사이로 몽땅 빠져나가게 내버려두지.

손이 수동성을

    배우게 하려고.

(그는 꼭 어릴 때부터 연습해야 해.

    어떤 노래들은 불리지 않은 채 남겨두고

많은 컵들의 물도 반만

    빠지게 놔두는 걸 익히려면.)

나는 포옹할 때마다

    열정이 다 타버리기 전에 돌아서지.

마지막 포기를

    우아하게 할 수 있도록.

계약

난 멈추어서 황혼녘을 조심해야 해,

    싸인을 했으니까.

근면과 평화는

    축복받은 눈먼 자들의 것이야.

만약 그것이 단순히

    도덕적 의무나

신성한 믿음이라면…

　　나는 무심하게 무시할 수 있어.

난 세상 용어들을 조심해야 해,

　　싸인을 했으니까.

그리고 황혼녘 관련 구절에

　　밑줄이 쳐 있으니까.

제6장 거꾸로 말하기

1

어린이들을 창조적 삶으로 이끄는 법을 배우고자 하는 사명감 있는 교사들에게 (그들을 청소년의 친구가 되게 해줄) 어린 시절의 기억이 없다는 것은 매우 심각한 문제이다. 그들은 아주 오래전에 어른의 전통에 굴복했고, 개성이라곤 흔적조차 가지고 있지 않다. 내가 희망을 가지고 함께 일할 수 있는 교사들은 (이런 교사들이 아니라) 어린 시절의 개성 넘치는 자아를 자기 중심적으로 여전히 칭송하는 교사들뿐이다.

나는 자주 이런 교사들에게 나의 개인적 삶 일부를 벌거벗긴 상태 그대로 전한다. 나의 내밀한 부분이 아직도 자기-중심적인 어린 제자들의 삶만큼이나 생동감 넘치고, 억누를 수 없고, 어리석은 것일지라도 부끄러워하지 않고서. 어린이들과의 관계에서 가장 중요한 것이 소통이라고 생각하는 나에겐 자신만의 은밀한 상상을 즐기는 아이들과 소통하는 일이 비교적 쉽다. 그래서인지 나는 어린 시절 단어 놀이에 푹 빠졌었다는 내 이야기가 나처럼 창조적 활동에 빠져 있는 얼핏 바보 같은 어린이들을 이해하려는 다른 교사들에게 도움이 되었다는 말을 들어왔다. 이것을 구실 삼아 여기에 나의 개인사 하나를 전한다.

2

어머니에게서 들은 얘기로는, 나의 첫 관심은 신문의 신기한 단어들이었다고 한다. 나는 단어들에 대한 관심 때문에 아주 어린 시절부터 혼자서 책을 통해 지식을 습득했고 단어 기호들의 신비를 탐구했다. 고백컨대, 나는 지금까지도 단어에 대한 이러한 관심을 여전히 가지고 있다. 그래도 여기서 처음 이런 나의 개인적 이야기를 전한다. 나는 전문 잡지와 대중 잡지를 가리지 않고 지속적으로 글을 기고해왔다. 이런 가운데 내 작품은 (내가 그 동안 받아온 편지들이 입증하듯이) 세계 구석구석을 거의 대부분 여행했고, 그 판매부수는 수백만 부에 이르렀다. 하지만 나는 책이나 잡지에서 내 개인사를 단 한 번도 이야기하지 않았다. 책이나 잡지는 개인사를 기록하는 곳이 아니므로!

내가 여기서 단어에 대한 나의 관심을 밝히는 이유는 간단하다. 그것은 딱 한 가지 이유, 교사라는 나의 직업이 존경받을 만하다는 것을 증명하기 위해서이다. 나의 학창시절 선생님들은 절대 그렇게 생각하지 않았기 때문에 이에 대한 증명이 반드시 필요할 듯하다. 학창시절 나는 수도 없이 단어에 대한 관심 때문에 '교무실로 불려갔었고', 아슬아슬하게 퇴학을 면한 적도 두 번이나 된다. 이제는 나의 학창시절 선생님들 같은 교사가 더 이상 존재하지 않으니 누구의 감정도 해치지 않고 편하게 말 할 수 있다.

선생님들은 틀린 철자와 잘못 쓴 대문자 낌새만 보여도 얼마나 괴롭히셨는지! 그분들은 오른쪽 위 모서리에 이름을 쓴 깨끗한 종이(아무도 그곳이 이름이 있어야 할 바람직한 장소라고 생각한 적이 없지만)와 정돈된 글씨체의 세계 챔피언들이었다.

그분들은 기울어진 필기체 알파벳에 강하게 점을 찍지 않으면, 취직하기 어렵고 세상이 우리를 인정하지 않을 것이라고 말씀하셨다. 그리고 우리가 세상의 인정을 받으려고 펜을 너무 세게 누르면 잉크 얼룩을 만들 것이며, 한 번 연습에 두 번 얼룩을 만들면 교장의 체벌실[1]로 불려간다고도 하셨다. 우린 보통 체벌실에서 벌을 받고 펜글씨를 잘 쓰게 되면 즉시 취직되었고, 그러면 기쁨의 환성을 터뜨렸다.

오늘날까지도 나는 책상들 사이를 걸어다니시는 엄격한 선생님의 눈을 피해 기울어진 알파벳에 용기를 내 가볍게 점을 찍었던 일과 점을 찍지 못한 친구들의 멀리서 들리는 고함 소리에 펜을 손에 쥐고 떨었던 일을 기억한다. 지난날 공립학교는 작문과 글씨체 연습에서 세계대전 승리와 같은 성공을 거두었다.

그 시절 글씨체 연습을 최고로 생각했던 선생님들을 기억하자니 루이스 캐럴의 『거울나라의 앨리스』 중 한 문단이 생각난다.[2]

용기? 용기 훈련에서 그것만 한 것은 없다.[3]

"기운 없어 쓰러질 것 같을 때는 건초 먹는 일만 한 것은 없어."[4] 왕이 우적우적 씹으면서 앨리스에게 말했다.

"당신께 찬물을 붓는 게 더 나을 것 같은데요." 앨리스가 제안했다.

"난 '더 나은' 것이 없다고 말한 적이 없어." 왕이 대답했다.

"난 '그것만 한' 것은 없다고 말했어."[5]

3

그러나 선생님들께서 펜글씨를 강조하셨음에도 불구하고 나는 단어에 나의 첫 열정을 쏟았고 이후에도 단어가 나의 삶을 지배했다. 들어보지 못한 단어를 발견할 때의 낯선 느낌 때문에 나는 학교에 구비된 사전을 아무 데나

펴서 읽곤 했다. 나는 얼마 안 되는 돈을 외국어로 쓰인 작품 구입에 썼고, 알기 어려운 전문용어들을 바라볼 때 형언할 수 없는 평온함을 느꼈으며, 나만의 비밀문서들을 작성하기 위해 독일어를 배웠다. 여러 언어로 된 중고 성경책들도 구입했으며, 결국 문어체와 구어체를 합쳐 모두 열두 개의 비밀 언어들을 구사하게 되었다.

내가 이런 것들에 대해 말하는 이유는 단어에만 몰입하는 소년 소녀들의 숨겨진 이야기를 전하기 위해서이다. 이 소년 소녀들은 즉각적으로 다음 행의 수수께끼를 이해할 수 있을 것이다.

3 15 13 5 1 18 15 21 14 4 5 1 18 12 25
20 15 14 9 7 8 20.[6]

그리고 그들은 이것이 암호 비밀 유지를 위한 첫 번째 시도로서 답을 추측해 내기가 너무 쉽다며 웃을 것이다. 이런 암호 메시지 중 몇 개가 자신들을 이해하지 못하는 사람들 수중으로 들어가면, 그들은 해독하기 어려운 이보다 복잡한 조합들로 된 독창적 기호들을 만든다. 나와 내 친구는 그리스어[7]로 편지를 주고받았는데, 우린 그리스어를 히브리어[8]처럼 오른쪽에서 왼쪽으로 쓰거나, 중국어처럼 위에서 아래로 내려 쓰곤[9] 했다.

구어체 은어들은 일반적으로 라틴어의 부분을 생략하는 방식 이상으로는 나아가지 못한다. 즉 'Will you go with me?'의 문장에서 첫 자음을 생략한 후 같은 모음 발음을 추가해 'Ill-way, ou-yay, o-gay, ith-way, e-may?'와 같이 말하는 정도에 머문다. 하지만 복잡한 구어체를 여러 차례 시험해 보던 나에게, 어느 날 단순하지만 신비로운 말하기 방식이 떠올랐다. 신기하게도 나는 이 나만의 말하기 방식을 사람들이 자주 가지 않는 길을 혼자 걸으며 나 자신과 내밀한 대화를 소리 내서 할 때만 사용했다. 하지만 딱 한 번 흥분한 나머지 이 말로 다른 사람들을 놀라게 한 적이 있다. 이 이야기는 조금 뒤에 전한다.

언제부터인지는 모르겠지만 단어 거꾸로 읽기가 나의 습관이 되었다. 학창 시절 화난 교사들이 내뱉는 단어들이 뒤 글자부터 내 마음속에 사뿐히 떨어져 조용히 소리를 냈다. 입술이 움직였을지도 모른다. 여하튼 나는 이 방식이 큰 소리로 말하는 것보다 낫다고 생각했다. 또 나만의 내밀하고 비밀스러운 기쁨이었던 이 말하기에 누군가를 개입시키고 싶지 않았다. 그래서 교실에서 자주 언급되는 'attention!'은 즉각 'nushnetta!'로 바뀌었고, 'stop that!'은 'pots tath!', 'close books!'는 'zohlk skoob!'가 되었다.

잔소리를 지나치게 많이 퍼붓는 어른들 앞에서 아홉 살 밖에 안된 내가 '닥쳐!Shut up!'라고 소리 칠 수는 없었다. 하지만 거꾸로 발음하는 나만의 방식을 고안해내자 나는 자주 'Tush puh!'라고 혼잣말하며 흡족함을 느꼈고, 긴장도 풀 수 있었다. 지겨움이 최고조에 달했을 때 투약된 'Tush puh!'는 나에게 오늘날 심리학자들이 효과적인 정신치료제라 부르는 것이 되었던 것이다. 이 말을 사용할 때 분명히 나의 소년다운 쾌활함이 배가되었다.

나는 나의 이 언어를 '잡힌 택시Cab Caught'라고 불렀는데, 이것을 거꾸로 발음하면 '거꾸로 말하기Back Talk'이다. 거꾸로 말할 때, 거꾸로 말하는 것은 철자가 아니라 소리라는 점을 기억해야 한다. 거꾸로 소리 내기는 소리 연구로 나를 이끌었다. 나는 'Y'가 'E'와 똑같은 장모음이라는 것과 'W'가 'Coo'의 'u-'발음이라는 것을 발견했다. 거꾸로 소리를 내면 'you'는 'oo-ee'나 줄여서 'wee'로, 'was'는 'zuh-oo'로 바뀌었다. 또한 나는 'X'가 'KS'일 뿐이라는 것도 알아냈고, 첫 자 'H'가 뒤로 갈 때 ('hate'가 'tay-huh'가 되는 것처럼) 작게 'huh'라고 말하거나 묵음이 된다는 것도 깨달았다.

나는 언젠가 한 번 순회강연 중 강연장의 고요함을 뚫고 "저도 그렇게 하지요!"라고 불쑥 말해 청중들을 놀라게 한 적이 있다. 아프리카의 어느 지역 원주민들은 복수형을 만들 때 단어 뒤에 복수형 치찰음[10]을 덧붙이는 우리의 관습 대신 미리 찰칵 소리를 낸다는 아프리카 여행자의 말을 전하는 도중에 벌어진 일이었다.[11] 청중들의 웃음소리와 내 옆에 앉아 계시다가 깜짝 놀란 우리 할머니의 재빠른 "쉿!" 소리에 나는 바로 입을 다물었다.

하지만 나의 날카로운 외침 "저도 그렇게 하지요!"에 대해 궁금증을 품은 사람들이 나중에 그때 왜 그랬냐고 물었다. 그러나 여러분도 확신할 수 있듯이, 당시 나는 이 질문에 대해 어떤 대답도, 변명도 할 수 없었다. 그렇지만, '거꾸로 말하기'에서 'loof(fool)'의 복수형은 'zloof'이며 'koob(book)'의 복수형은 'skoob'이고, 'cham(match)'의 복수형은 'zitcham'이다.

4

딱 한 번 나는 '거꾸로 말하기'로 속박에서 벗어나 억눌려 왔던 나의 영혼 soul[12]을 토해낼 수 있었다. 나에겐 알려지지 않은 여러 가지 이유로 우리 가족은 짧은 기간 동안 나를 시골의 기숙학교에 보냈다. 만약 우리 가족이 무지한 가족이었다면, 기숙사 생활은 충분히 즐거운 경험이었을 것이다. 그러나 나는 아주 어린 아이의 정확한 투시력으로 기숙학교 운영자들이 나를 행복하게 해주려고 하면서도 나를 수입원으로 삼고자 한다는 것을 완벽하게 이해했다. 뿐만 아니라 나는 기숙학교의 방식이 나의 방식이 아니고 그들이 믿는 신들이 내가 믿는 신들이 아니라는 것도 첫눈에 알아 보았다. 기숙사의 낯선 가족은 말하기, 읽기, 쓰기와 같은 우리 가족이 믿었던 것들을 '죄'라고 불렀다. 빈 노트에 글을 쓰고 스케치하는 것은 시간과 종이의 낭비이기 때문에 '죄'였으며, 소설을 읽는 일, 특히 그 소설을 마룻바닥에 엎드려서 읽는 일은 거의 용서받을 수 없는 '죄'였다.

나는 내 권리를 당차게 주장했다. 그러자 곧 나는 무례와 불복의 죄를 짓게 되었다. 나는 입을 다물게 되었지만, 왜 내가 죄인인지 납득할 수 없었고 그러다 곧 고집 부린 죄로 처벌받았다. 다른 죄들까지 하나 둘 축적되자 그들은 내가 제일 좋아하는 『몬테크리스토 백작』[13]을 빼앗아갔다. 내가 할 수 있는 일이라곤 즉시 나를 집으로 데리고 가라고 어머니께 편지 쓰겠다고 소리치는 것밖에 없었다.

나는 기숙학교 사람들이 내 말에 얼굴이 핼쑥해진 것을 알아챘고, 내가 그들을 그렇게 만들었다고 판단했다. 그러나 그들은 확연히 드러나는 돈에 대한 관심보다 의로움에 대한 생각을 더 우위에 놓음으로써 나를 놀라게도 했다. 결국 그들은 배은망덕의 죄목으로 나를 보호자도 램프도 없이 3층의 내 침대로 올려 보냈다.

그러자 나는 3층으로 올라가는 구부러진 계단의 모든 구석과 휘어지는 모퉁이를 상상의 사자들, 도깨비들, 희귀한 악마들로 가득 채웠고, 매일 밤 용감하게 그들과 대적해 하나씩 궤멸시켰다. 그러나 누구의 보호도 받지 않은 어둠의 여행을 통해 나는 내가 용감하고 단호한 정복자가 될 인물이 아니라는 것을 알았다.

나는 문가에 서서 기숙학교 사람들에게 대들었다. 즉 그들의 삶의 방식이 내 방식이 아니며, 그들이 믿는 신들이 결코 나의 신들이 될 수 없다고 말했다. 나에게서 평소의 말하기 방식이 사라졌고, 충실하고 믿을 만한 옛 친구처럼 '거꾸로 말하기'가 나타나 그들을 한 방에 전멸시켰다. 급기야 그들은 급히 마을 의사를 찾아 나섰다.

나는 보복하듯 그들 한 사람 한 사람을 손가락으로 가리켰고, 분노에 휩싸여 소리쳤다. "Mad wee! I tay-huh wee! Dna wee! Dna wee!" "Law vuh we! Mad zloof! Mad zloof! Mad zloof!"[14]

"너희들을 저주해. 널 혐오해! 너도! 너도! 너도! 너희들 모두! 빌어먹을 바보 놈들! 빌어먹을 바보 같은 놈들! 빌어먹을 바보 같은 놈들!" 이런 뜻이었다.

"빌어먹을 바보 같은 놈들!"은 우리 아버지가 아버지에게 반대하는 모든 사람들을 한 마디로 칭할 때 즐겨 쓰던 말이었다.

그들은 재빨리 나를 감싸 안았고 내 이마의 열기를 식혀주었고 홍수처럼 쏟아지는 내 눈물에 위로의 말을 전했다. 의사는 사태의 심각성을 이해했고 달콤한 기분 좋은 음료를 주문했다.

그리고 그들 모두가 나와 함께 위험한 계단 위까지 올라와 갓이 달린 타오르는 램프를 들고 내 곁을 지켰다. 나는 벅차오르는 기쁨에 "Mad zloof!"라고 혼잣말을 했다.

이날 밤에 대한 나의 마지막 기억은, 내가 갑자기 침대에서 일어나 승리의 "Mad zloof!"를 외쳤고, 이어서 발작적으로 웃어대며 행복한 비명을 질렀다는 것이다.

다음 날 어머니께서 나를 데리러 오셨다. 나는 축 늘어져 힘없이 웃으며, 이렇게 떠나는 것이 참으로 안타깝다고 말했다. 간단히 말해, 나는 그때 애처로운 상황에서 내가 할 수 있는 온갖 연극적 위로의 말들을 짜내어 말했다.

나는 항상 매혹적인 언어 놀이를 경험해본 어린 시절의 나와 유사한 경험을 지닌 청소년들을 발견했으며, 위에 기술한 나의 언어 모험담에 관심을 갖지 않는 어린이는 한 번도 만난 적이 없다.

5

나는 오래된 잡지 어딘가에서 「버크셔 지껄임」이란 글을 발견했다. 이 글은 영어에 필요한 단어들을 추가시키고자 했던 세 소녀들의 이야기를 소개한다. 이 세 소녀들은 천이 닳아 구멍이 난 곳, 보이진 않지만 어떤 곳인지 궁금한 막다른 길, 이전의 고요함보다 더 고요할 때의 고요함, 또 의향은 없지만 정중한 말을 해야 할 때의 느낌을 지칭하는 단어가 필요하다고 생각했다. 그래서 이 관련한 수백 개의 단어 리스트를 만들어, 일반 단어들과 함께 자신들의 비밀 대화 책 안에 넣어두었다.

물론 우리 모두 루이스 캐럴의 『이상한 나라의 앨리스』에 나오는 혼성어[15]에 대해 알고 있다. 그러나 사실 그 외에도 기록되지 않은 이런 종류의 언어들이 수없이 많이 존재한다. 일례로, 해피Happy라는 유쾌한 이름을 지녔던 나의 어린 친구는 모국어인 영어를 말하기도 전에 자신만의 완전한 언어를 구사했다. 물론 그 아이는 영어를 알았지만, 자신이 지어낸 언어로만 답했다. 나중에도 그녀는 일생 생활에선 영어로 말했지만, 부모님과 내밀한 대화를 할 때나 잠들기 직전 졸릴 때는 진심을 다해 그녀만의 언어로 들릴 듯 말 듯 말했다. 예술가인 윌리엄 T. 슈바르츠[16]는 해피와 수많은 다정한 시간을 보내면서 그녀의 언어를 배웠다. 그런 만큼 그는 언젠가 해피의 언어에 대해 설명해야할 것이다. 나 또한 해피의 말에 종종 귀를 기울였다. 그 언어는 모든 필요를 충족시킬 만큼 완벽했다. 넘치도록 진지했고 기쁨을 전달하는 유머도 있었다.

군대 복무 중 알게 된 왓슨 대위의 여덟 살 난 딸 메리 루이즈가 나에게 '얼굴 대화'를 소개해 주었다. 그녀와 나는 오랫동안 행복한 아침 식사 시간을 보내며 그 대화법을 완벽하게 다듬었다. 그것은 얼굴의 특정한 변화나 일그러짐으로 각 글자의 철자를 만들기 때문에 빠른 대화를 할 때는 유용하지 않았다. 그러나 그것은 소리를 내지 않고 신비로운 방식으로 은밀하게 말할 수 있어서 가족은 물론 특별히 귀한 손님들 면전에서 들키지 않고 사용할 수 있는 언어였다.

나는 당시 집필 중이던 소설 『마차 타고 달리다』에서 '얼굴 대화'를 사용했다. 그러나 너무나 많은 사람들이 나에게 '얼굴 대화'의 전체 알파벳을 알려 달라고 문의해 온 만큼 여기가 그것을 처음으로 활자화해 볼 적절한 자리인 것 같다. 괄호 안의 대문자들은 이 느리게 움직이는 말 역시 단어라는 기호로 표기된다는 사실을 알려준다.

얼굴 대화[17]

A-앨리게이터악어, alligator를 발음할 때처럼 딱 소리 내고, 조용히 한 입 물기. (AND)

B-머리를 가볍게 숙이기bow. (BEAST!)

C-볼cheeks로 내뿜기. (볼을 예쁜 모양으로 둥글게 만들어서) (CAT!)

D-졸린 듯 보이는 겨울 잠 쥐dormouse 되기. (DON'T GO)

E-원숭이 표정 짓기 (E는 원숭이들이 내는 소리이므로). 꼭 다문 윗입술 뒤를 혀가 직접 밀도록 하고, 이마 꼭대기 주름 짓기.

F-찌푸리기frown. (FOLLOW!)

G-슬픔grief, 크리켓의 위켓[18]처럼 입 모양 만들기. (GO)

H-공포horror, 눈의 흰자위를 보여주지만, 입술을 얇게 만들어 입을 다물고 입 안으로 볼이 빨려 들어가게 하기. (HAVE)

I-눈eyes을 천천히 감기. (IS NOT)

J-기쁨joy, 눈을 올려 감아 거의 없어지게 하기. (WOULDN'T THAT JAR YOU!)

K-키스kiss할 때처럼 입술 오므리기. (CAKE, ANYTHING ENJOYABLE)

L-아래lower 입술 내밀기. (LIKE)

M-오만상 찌푸리기make-a-face, 경멸조로 혀끝 보이기. (WAIT A MINUTE)

N-섬세하게 소리 없이 뭔가 알아내려는 듯 코nose로 킁킁 냄새 맡기. (NO)

O-가볍게 놀라 '오!'라고 외치는 것처럼 입 크게 벌리기. (ON THE)

P-자부심pride, 턱 앞으로 내밀기. (PLAY)

Q-주름 가득한 이마와 꽉 다문 입으로 질문하는question 얼굴 표정 짓기.
   (QUICK)

R-마치 셔츠 칼라가 신경 쓰이는 것처럼 머리를 굴려roll 목에 대기. (ALL RIGHT)

S-미소 짓기smile. (SPEAK, SHOUT, SING, SNIGGER, SAY SOMETHING)

T-고함치며 이teeth 내보이기. (THANK YOU)

U-아래 입술underlip 밀어 넣기. (UNDER THE)

V-말이 꽉 조인 고삐를 헐겁게 하려고 할 때처럼 수직으로vertical 머리 쳐들기.
   (VETO, SAY NO)

W-오른쪽 눈으로 천천히 윙크하기wink. (YOU ARE WELCOME)

X-키스할 때의 입술 오므리기와 미소 짓기를 함께 하기. X는 그저 KS일 뿐이므
   로. (EXCUSE)

Y-하품하기yawn. (YES)

Z-정확한 정점zenith 바라보기. (ZERO, SAY NOTHING)

부정의 의미로 한 번 머리를 흔들면 단어의 끝을, 여러 번 머리를 흔들면
문장의 끝을 의미한다. '눈을 재빠르게 깜박거리기'는 답변을 받을 때까지의
사이, 즉 '메시지 전달 중'이라는 뜻을, 머리를 한 번 굴리는 것(R)은 좋아!All
Right!의 의미를 지닌다.

6

내 마음속 은밀한 목소리 중 일부를 이렇게 공개한다고 해서 나의 몇몇 동년
배들이 나를 높게 평가하지는 않을 것이다. 그들이 나의 또 다른 상상을 알게 되
면, 오히려 이런 공개가 나를 평가절하 시킬 것이 분명하다. 하지만 많은 똑똑한
청소년들이 나의 이런 상상에 공감을 표하고 있는 만큼 나는 나의 상상이 단순한
바보짓이 아니라고 확신한다. 나의 상상 세계에서 나의 몇몇 동년배들은 나와 같
은 또래가 아니라 노쇠한 자들, 내면의 젊은 생명이 죽은 지 오래된 자들, 무능하
면서도 책임을 맡고 덜덜 떨고 있는 노인들로 그려진다. 그러니 그들이 지키려는
위엄은 단순히 관절의 뻣뻣함으로, 그들의 침묵은 사고능력의 부재로, 그들의 엄
숙한 보수주의는 발견에 대한 단순한 두려움으로 여겨질 뿐이다. 신체 나이가 몇
살이건 청소년다운 마음은 창조적 삶의 신선하고 무한한 흐름 속에 살아 숨 쉬며
꿈틀거리는 모순적 정신을 부정하지 않는다. 그것은 또한 제멋대로 펼쳐보는 상
상이나 새로운 세상, 육체, 악마에 대한 놀라운 성찰을 바보짓으로 여기지 않는
다. 나이를 먹기 시작하는 것은 청소년 정신을 부정할 때부터이다. 어떤 사람들은
놀랄 정도로 일찍 나이를 먹고, 어떤 사람들은 아예 나이를 먹지 않는다.

살아 숨 쉬는 청소년 정신을 여전히 간직한 어른들에게 청소년들과 소통
하는 일은 어렵지 않다. 어른이건 청소년이건 같은 바보짓을 고백하는 사람들
끼리는 진정한 의미의 친구가 될 수 있다. 아마도 배운 자들, 완벽한 자들, 전
적으로 선한 자들에게 영혼이 부재하는 것은 바로 이 때문일 것이다. 아직도
나는 예수의 '나도 너를 정죄하지 아니 하노라'[19]와 같은 놀라운 고백의 의미
를 이해하는 교사를 찾아 나서야 한다.

제7장

어린이의 타고난 언어

1

나는 비밀이 있어요.

사람들-꽉-찬-세상에서

아무도 모르는.

근데 항상 기억나진 않아요.

힐다

아이들은 말을 시작하자마자 문학적 언어를 시도한다. 이 초기 몇 년 몇 개월 동안 아이들은 언어라는 어려운 매체와 씨름하며 가끔 섬광처럼 성취의 순간들을 맞이한다. 부모들은 항상 이 사실을 기억하지만 다른 사람들은 어린이들의 문학적인 말을 단순히 농담거리로 삼는다. 「어린이들의 예지가 번뜩이는 말들」이라는 제목 아래 있는 것은 무엇이든 항상 웃음을 불러일으키는 반면, 어른들의 농담은 어른 고유의 적대감이나 이해심 결핍을 드러낸다. 문학이란 단순히 독특한 자기-표현이다. 그러나 처음부터 우리는 관습적으로 자기 억제에 도달하려고 노력하며, 개인적 목소리가 없으면 문학이 존재할 수 없는데도 독특한 발언을 발견할 경우 비웃거나 꾸짖는다.

우리의 활력은 넘치지만 무지한 동력을 받으면, 어린이의 타고난 언어 재능이 짧은 시간 안에 인형이나 장난감과의 은밀한 대화 뒤로 숨거나 언어가 없는 꿈-삶의 정신적 영역에서만 활동할 가능성이 크다. (꿈-삶의 영역에서 어색하게 비틀거리며 나온 어린이는 우리에게서 어리석다는 책망을 듣기 때문이리라.) 아니면 그 재능이 소멸되어 영원히 사라진 것처럼 보일 수도 있다.

어머니들이 교사들보다 더 확실하게 이 사실을 알고 있었다. 모든 어머니들은 자신들의 아이가 신동이라는 것, 즉 아이가 무엇이든 필요할 때마다 이에 적합한 언어로 말하며, 지혜롭게 탐구하며, 누구의 도움 없이도 거의 신비에 가깝게 추론한다는 것을 알고 있다. 그러나 어머니는 아이가 아무렇게나 내뱉는 모든 말들의 충격적인 아름다움을 가슴에 품을 뿐 드러내지 않는다. 아이에게 느끼는 경이감을 말하지 않는 법을 일찍이 습득했기 때문이다. 지루한 표정, 냉소적 미소, 그녀에게 '거만한 부모'라는 꼬리표를 붙여주는 농담, 그 외의 의심 많고 편견에 가득 찬 세상 사람들의 각종 표현들이 아주 빠르게 그녀를 침묵시킨 결과이다.

그러나 어린이들의 독특한 말과 글에 대한 최근의 전 세계적 관심이 어머니들에게 용기를 북돋아 주었다. 그러자 곧 아기들의 질문, 상상, 독백, 분노, 심지어는 항의마저 기록한 귀중한 책들이 어머니들의 비밀 서랍에서 나왔다. 이러하니 나의 임무는 간단하다. 나는 이런 사실을 공개석상에서 언급하기만 하면 된다. 그러면 어머니들이 경고등이 꺼질 무렵 어두운 복도에서 나를 기다린다. 그리곤 애처롭고 소심하게 자신들이 경험한 이런저런 놀라움을 나에게 전해준다. 어머니들의 말을 들어줄 사람이 거의 없기 때문이리라. 그러면 나는 어머니들에게 세심하게 노트에 기록하라고 요청하며 말한다. "아이는 지금 자신의 진짜 자아를 표현하는 중입니다. 그러니 지금 어머니께선 나중에 아이가 컸을 때 도움이 될 만한 많은 것들을 아이에게서 찾아내야 할지도 모릅니다. 나중에 아이가 스스로를 믿지 않을 수도 있으니까요. 아이에게 자기-신뢰의 힘을 줄 수 있는 사람은 바로 어머니 당신입니다. 아시겠지만 어머니 당신이 지금까지 보고 들어오셨거든요."

내가 받은 편지는 이런 기록들로 가득 차 있다. 편지 하나를 소개하면, 어느 날 밤, 이불을 덮어주려는데, 번넬이 말하길,

*

엄마, 해님이 자러 가는 걸 봤어요?…
양털 뭉친 흰 담요를
머리 위로 끌어 올렸어요…
해님 이불도 부드럽고 하얗고 따뜻할까?
나랑 똑같을까?

번넬의 어머니는 이런 말도 적었다. "또 다른 때는 아이가 하늘 위 구름들이 하나님께 간 사람들이냐고 물었어요." 이것은 (섬뜩한 것이건 아니건) 특정 신학적 이론을 강요하지 않는 가정에서 자란 아이의 질문이었다.

어린이들에게 내면의 삶은 확실히 실재하는 것들 중 하나이다. 그레첸은 구름에 대해 생각하며 아주, 아주 천천히 읊는다.

*

난 하얀 구름이 낮게 떠 있는 걸 봐요
풀밭의 양들 같아요

난 어떤 아저씨가 구부러진 지팡이를 흔드는 걸 봐요
깊고 파란 그림자 속에서

난 집이 보여요

양치기가 사는 곳이.

    물론 이것은 문학이다. 다른 무엇이 있단 말인가? 여기엔 리듬, 구성, 독특한 고유의 통찰력, 생각과 감정의 완벽한 묘사 등 문학적 요소들이 모두 다 들어 있다. 우리가 이런 어린이들에게 언어를 가르치려고 애썼다니! 어린이들은 이미 그들의 작은 삶의 모든 목적에 적합한 언어를 가지고 있다. 그런데도 우린 종종 그것을 발견하지 못하고, 그것이 바로 우리 앞에 있어도 알아보지 못한다.

    고등학생 샌디는 갑자기 수업 시간에 단어들을 가지고 신기한 패턴을 짜기 시작했다. 물론 샌디의 패턴 짜기는 자기다움의 저 심연 아래로 사라졌다가 학교 환경에 의해 깨어나 표면으로 올라온 타고난 재능에 의한 것이었다. 학교 환경이 진실 된 자기-표현을 열렬히 환영했고, 큰 대가를 치르긴 했지만 이에 대한 사회적 동의를 얻어냈기에 샌디의 재능이 표면화될 수 있었다. 샌디 그 자신도 깜짝 놀란 것 같았다. 자신의 내면에서 나오는 정신의 목소리가 자신이 이전에 들어왔던 그 어떤 것과도 달랐기 때문이었다. 하지만 샌디의 힘과 자신감이 그 주변 사람들이 그를 보고 느끼는 기쁨에서 유래했다는 것은 분명했다. 그리고 이 소년은 우리가 보는 앞에서 눈에 띄게 어른으로 성장한 듯 보였다.

    하지만 또 다른 결과물도 나왔다. 그 원인 제공자가 샌디일 것이라는 나의 추정이 틀릴 수도 있지만, 나는 항상 샌디의 어린 남동생 잭의 눈에 샌디의 새로운 발전에 대한 가족의 강렬한 관심이 포착되었다고 느꼈다. 밤이 되어 자신감 넘치는 시간이 찾아오면 몇 시간 동안 잭은 새로운 방식으로 어머니에게 말하기 시작했다. 어느 날 샌디와 잭의 어머니가 잭의 각성에 대한 이야기를 가지고 나를 찾아 왔다. 그리곤 잭이 샌디와는 완전히 다르면서도, 자신만의 것이라는 점에서는 샌디와 똑같은 자기-표현을 시작했다는 이야기를 들려주었다.

겨울이었고 가족은 도시에 있었지만 잭은 마치 여름 별장에 와있는 것처럼 창문가 침대에서 말했다. 물론 어린이들은 이런 고요한 그림들에 제목을 달지 않는다. 하지만 잭의 어머니는 내게 보낸 편지에서 잭의 시에 「여름의 불빛」이라는 제목을 달아 놓았다.

여름의 불빛*
나는 여러 가지 불빛을
여름밤에 찾는 게 좋아요

프록스꽃[1]의 하얀 점이 좋아요
정원 안
꽃 위로 달빛이 내려요

별의 하얀 점이 좋아요
검은 하늘에서 반짝거려요

반딧불이의 하얀 점이 좋아요
숲의 끝에서
빛나고 있어요

그리고, 또
닭들이 잠 들었나 형이 보러 가면

나는 형의 등불을 봐요
정원 안에서 왔다 갔다

그리고 내가 자러 갈 때
불빛을 보는 게 좋아요, 멀리 숲속,
창문에서 돌아와요
오래된 돌집의 창문에서

그리고, 마지막으로,
엄마의 촛불 빛이 좋아요
작은 탁자 위
엄마 침대 옆에 있어요

어머니들은 청소년의 창조 정신을 드러내는 최고의 표현들을 나에게 제공해 주었다. 나는 이 책의 다른 부분에서처럼 여기서도 어머니 한 분께 경의를 표한다. 이 어머니는 어린이 예술가의 아름다운 목소리에 귀 기울였으며, 또 용기를 내어 결과물들을 우리 모두에게 전달했다. 어머니 곁에서 보냈던 고요한 순간들 중 한 순간을 노래한 아래 시에서 힐다는 우리에게 내적 삶의 본질에 대한 많은 것을 알려준다.

*

나는 비밀이 있어요 사람들－꽉－찬－세상에서 아무도 모르는
근데 항상 기억나진 않아요.
노래예요

엄마를 위한,

구름의 곱슬머리와 파란색 깃털

그리고 안개 하나

하늘을 따라 불어와요.

언젠가 내 목소리로 부른다면

엄마가 행복해할까요?

2

대부분 어린이는 자신의 언어가 아니라, 어른의 언어 형식, 생각, 이미지를 모방한 언어로 말한다. 어른은 자신의 언어를 어린이에게 최선을 다해 가르친다. 그러나 이 과정에서 어른은 흔히 어린이의 타고난 재능을 무시하거나 어린이를 엉터리 리듬, 틀에 박힌 말, 어른의 의례적 관용어, 어른이 쓴 어린이를 위한 동시와 산문으로 안내한다. 『마더 구스 전래 동요집』[2]과 스티븐슨의 아름다운 『시가 있는 어린이의 뜰』[3] 등 어른이 쓴 아동 도서들이 어린이들을 위한 훌륭한 읽기 교재로 사용되고 있다. 그러나 『마더 구스 전래 동요집』이나 『시가 있는 어린이의 뜰』과 같은 우수한 아동 도서들도 자칫 잘못 사용될 경우 어린이에게서 자기-표현의 귀중한 경험을 빼앗을 수 있다.

대체로 어린이는 초급독본[4]에 쓰인 대로 말한다. 예를 들면, 미국인의 일반적 표현인 'Look at that' 대신 어린이는 교과서에서만 볼 수 있는 유아적 표현 'See the'를 쓰거나, 자신의 맑고 아름다운 사고를 방해하는 나쁜 운율을 내뱉거나, 억지로 어른 시인의 언어를 모방하려고 애쓴다. 모방은 아무리 뛰어나도 예술이 될 수 없다. 그러나 모방하지 않는 어린이를 얼마든지 발견할 수 있다. 심지어 유아조차도 유아 고유의 언어를 지니고 있으며, 그 언어의 산물이 의심할 여지 없이 예술이라는 증거가 넘치고 넘친다.

앞서 예시한 어린이들의 시편들이 바로 그 증거이다. 이미 우리는 이 시편들을 통해 각 어린이가 적합한 시 형식을 찾으려는 노력을 하지 않고도 자연스럽게 어른이 관습적으로 '시'라고 부르는 형식으로 말하는 것을 살펴보았다. 어린이가 이처럼 자연스럽게 시를 쓸 수 있는 것은 어린이의 마음이 내면에 실재하는 무엇인가에 몰입하고 있기 때문이다. 언어는 본능적이며, 생각은 부차적이다. 어린이는 언어를 의미 있는 형식으로 빚어낸다. 마치 예술가가 외부 기준들에 대해 생각하지 않고 신속하게 자신의 매체를 다루는 것과 정확히 같은 방식으로. 어린이 시인은 자신이 시인이라는 것을 알지 못한 채 "노래에 세상과 구름에 관한 음악을 엮어낸다". 마치 어린 엘리자베스가 지혜롭게 쓴 아래 시처럼.

피리 부는 사람*
해가 개울 위로 비치고 물이 은빛으로 빛나면
바람이 모두 잠든 동굴에서
피리 부는 사람이 노래를 하나 연주한다.
그는 노래에 세상과 구름의 음악을 엮어낸다.

엘리자베스는 이 시 말고도 많은 시를 썼다. 나는 그녀의 시편들을 읽을 때마다 나도 모르는 사이 그녀가 어린 시절의 참된 목소리를 그림으로 그려준다고 생각한다. 교육이라는 이름으로 어른이 불러일으킨 폭풍우 때문에 잃어버렸던 진짜 목소리를 들려주는 것이다!

*

해가 하늘나라를 떠나고 바람이 깨어나면

피리 부는 사람의 노래가

점점 희미해진다

그림자처럼.

캣츠킬 산맥 입구 우드스탁[5]에서 진행된 밴 달 캠프Van Daal Camp 참여 소년 소녀들은 창의적 활동에 에너지를 계속 쏟아 부었다. 그랬던 유일한 이유는 캠프가 그들이 원하는 방식으로 여름방학을 보내게 해주었기 때문이다. 캠프 활동은 보트 만들기에서 시 창작까지 그 범위가 광범위했다. 그리고 한 출판사가 캠프의 중심에 자리 잡고 있는 듯 보였다. 나는 이 캠프에서 '진짜의 것'이 뽑아내는 진정한 가락을 들었다. 그리고 그 '진짜'는 캠프 참여자 누구에게나 기대될 수 있을 만큼, 자연스럽게 콸콸 쏟아져 나왔다. 어느 비오는 날 한 소년이 시를 쓴다. (여러분은 이 시를 정확하게 읽을 줄 알아야 한다. 흥겨운 "불만의 마술" 중 한 부분을 잃지 않으려면.) 물론 그다음 그는 계획을 세우고 출판 작업을 진행한다.

지붕 위를 내려치는 비

비, 비, 비, 비,

미친 듯이 요동치며 달콤하게 씨앗을 뿌리는

이 불만의 마술은 무엇일까?

한 소년의 캠프 노트에서는 낯설지만 진지한 시구들도 발견되었다. 아래 예로 든 이 소년의 시는 이유를 알 수 없는 죽음이 그의 목전까지 다가 왔던 훗날 쓰인 것이다.

그분의 정원에 핀 백합꽃들과 장미꽃들

'죽음'이 문 앞을 지나

차디찬 냉기만 남기고 떠나갈 때

나는 불을 찾았다.

'죽음'이 지나갔다. 그때 나는 그를 쳐다보았다.

그의 몸집은 컸고, 우릴 비웃는 듯 튼튼했으며,

그의 머리 위엔 오페라 모자가, 그의 발엔 더러운 신발이 씌워 있었다.

'죽음'이 지나갈 때, 나는 문을 꼭 닫고

불과 불의 온기를 끌어안으며

'죽음'의 길에서 벗어나길 소망하는 나 자신을 바라보았다.

나는 희망했다. 삶과 나누었던 우정이 완전히 소멸될 때까지는 내가

'죽음'과 절대 친해지지 않게 되기를….

하지만 무슨 상관이랴?

내가 하느님의 집 거실에서 백합꽃들과 장미꽃들과 함께 살든

그분의 정원에서 백합꽃들과 장미꽃들과 살든.

오직 예술가만이 창작품의 진가를 알 수 있다. 일반적으로 어른들은 표준화된 사람들로서 독창적인 언어 재능을 가지고 있지 않다. 우리 어른들의 목표는 베끼기 전문가 되는 것이며, 이것은 교과서와 교과 과정에 반영되어 있다. 전보 회사들이 우리에게 축하나 크리스마스 등 계절별 기원문구로 일곱 가지 표현만 제공했던 것도 바로 이러한 대중의 요구를 반영한 것이다!

이런 상황에서 어린이가 처음 쓴 '시'에 나타나는 배우지 않은 자연스러움은 안타깝게도 오로지 그것을 들을 귀와 인정할 판단력을 지닌 어른이 어린이 곁을 지킬 때만 자라날 수 있다. '우리는 무엇이든 우리가 인정하는 것만 얻는다.' 즉 '콩 심은 데 콩 나고 팥 심은 데 팥 난다'는 무서운 법을 상기하길 바란다. 우리의 기준이 관습적이면, 우리의 보살핌을 받는 예술가-어린이는 의심 한 번 품지 않고 자신의 가장 소중한 소유물을 거의 전부 포기할 것이다. 호의적인 환경 속에서 끊임없이 연습할 때만 오로지 어린이의 예술가로서의 본성이 살아남을 수 있다. 물론 이런 종류의 어린이와는 전혀 다른, 반역자 유형의 예술가가 보기 드물게 존재한다. 이런 반역자 유형은 싸우고 고통당해도 예술가로 남아있는데, 그 이유는 그가 어린이로서 보고 생각하고 느끼는 재능을 포기하지 않기 때문이다.

그러나 반역자 유형의 어린이가 정말로 자주 반항하는 것은 아니다. 이 어린이도 겉으로는 순응하는 척 하며, 자신을 완전히 이해하는 누군가 앞에서만 예외적으로 자신을 드러낸다. 그러나 다른 사람들 앞에서는 자신의 진짜 자아에 대해서 영원히 침묵한다. 어느 여교사가 한 이탈리아 소년에 관한 이야기를 전해주었다. 이 이야기에 따르면, 모든 학생들 앞에서 소년의 작품을 공표하려는 순간 여교사는 소년의 반항하는 얼굴을 포착했고 결국 소년에게 자비를 베풀어 그의 작품에 대해 말하지 않았다. 이후 여교사와 소년의 우정은 수년 동안 지속되었고, 그 기간 내내 소년은 시 창작을 멈추지 않았다. 하지만 아무도 소년이 시를 쓰고 있을 것이라고는 꿈조차 꾸지 못했다. 소년은 일종의 이교도 세계에서 살았고, 주변에서 발견되는 모든 냉정한 과학적인 것을 자신만의 신화로 옮겨 냈다. 폭풍우에 대한 교사의 설명을 듣고 소년은 아래 시를 지었다.

*

어느 날 천둥이
노래를 하나 하고 싶었어요,
그래서, 자기 나팔을 들어
강력한 돌풍을 터뜨렸죠.

천둥의 친구 비는
코러스에 끼고 싶었어요
하지만 천둥은 끼워주지 않았어요.
그래서 비는 울었어요!

사람들은 지구에서 말했어요,
"엄청난 태풍이군!"

소년이 상급 학년이 되었을 때 담임교사가 (소년과 우정을 나누었던) 여교사에게 소년이 이전에 신기한 개인적 상상들을 시로 표현한 적이 있는지 조심스럽게 물었고, 담임은 그녀에게서 그런 일이 없었다는 확신에 찬 답을 들었다. 그러는 사이 한 권의 노트가 꽉 채워졌고 소년은 노트 속 시편들을 자신을 이해했던 여교사에게만 보여주었다. 교과 과정을 통해 배운 완벽한 지진과 화산 폭발 이론에 대해 소년은 이렇게 반응했다.

*

진짜 먹보는 지구다.
우걱우걱 먹고 또 우걱우걱 먹고

지치지 않는 것 같다.

하지만 너무 열이 뜨거워질 때면
　　　지구는 폭발해서,
먹은 것들이
거대한 뱃속 밑에서 슬금슬금 기어 올라온다.

하지만 열이 식으면
자연이 지구의 배를 치료해줘서
다시 지구는
　　　우걱우걱, 우걱우걱, 우걱우걱!

여기서 시가 무엇인가의 문제를 제기해서는 안 된다. 우리는 교육적 관점에서 오로지 각 어린이의 개인적 언어의 지속성, 각 어린이의 목적에 맞는 개인적 언어의 사용, 그리고 개인적 언어가 계속 "사람―꽉―찬―세상에서 아무도 모르는 비밀"이 되어야 한다는 어린이의 요청에만 관심을 가져야 한다.

3

나의 임무는 8학년 학생들에게서 그들의 잃어버린 어린 시절 목소리를 찾는 일이었다. 그러나 넬 C. 커티스[6]는 3학년 학생들에게서 그 목소리가 샘물처럼 쏟아지는 것을 발견하는 중이었다. 초기 몇 년 동안 나와 커티스는 거의 하루도 빠짐없이 어떻게든 시간을 내 만났고, 각자의 어린이들에게서 발견한 이런저런 신기하고 강력한 말을 교환했다. 우리 두 사람은 각각의 학생들에게서 오직 "그들 목소리 아래" 간직할 뿐 다른 사람들에게는 거의 들려주지 않았던, 힐다가 우리에게 정확하게 말해주는 "사람─꽉─찬─세상에서 아무도 모르는 비밀"을 발견했다.

그러던 어느 날 넬 커티스가 절망스러운 듯 눈썹을 찌푸리며 나를 찾아왔다. 그녀는 부모와 교사 회의에서 돌아오는 길이었다. 우린 말없이 복도를 같이 걸었다. 마침내 그녀가 슬픔이 느껴지는 농담조로 "사람들이 저를, 글쎄, 재능 있는 교사라고 불렀어요!"라고 말했다. 이 말은 일종의 비난이었다. 그녀는 이 말에 분개했고, 나도 분개할 것을 알았다. 하지만 우리는 이런 비난조의 말이 우리가 매일 경험하는 것을 발견하지 못하는 교사들과 부모들의 변명이라고 이해했다. 우리는 '재능 있는 교사'라는 말이 언제나 논쟁을 차단시킬 뿐 아니라 교사들과 부모들을 '어린이를 비예술적이며 관습적인 어른으로 만들려는 영원한 투쟁의 장'으로 되돌려 보내는 데 새로운 힘을 보탠다는 것도 알았다. 우린 이 말을 혐오했다.

"지금 당장 선생님께서 저와 함께 가주셨으면 해요." 넬 커티스가 단호하게 말했다. "3학년 교실에서 약 30분간 수업을 진행할 예정인데요. 선생님께서 함께 가 주셔서 저를 주의 깊게 살펴봐주셨으면 좋겠어요. 다른 사람들에겐 없는 저만의 특별한 수업 '요령'이 있는지 한 번 봐주시면 안 될까요?"

나는 자세히 살펴보겠다고 흔쾌히 수락했다. 교실 입구에서 그녀가 나에게 고개를 돌리며 말했다. "곧 추수감사절이에요. 학생들이 추수감사절에 대해 말할 수 있을 것 같아요. 음, 자신들만의 방식으로요. 학생들의 말은 뭐가 됐든 놀라울 것 같아요. 어린이들만이 가진 그 멋은 항상 뛰어나잖아요."

그녀는 깊은 생각에 잠겨 교실로 걸어 들어갔다. 하지만 그녀는 전문가인 양 반 학생들을 쳐다보거나 그들의 주의를 환기시키는 일을 단 한 번도 하지 않았다. 그녀는 실제로 창밖을 바라보는 듯했다. 그러다 생각에 잠긴 듯 '추수 감사절'이란 단어를 툭 내뱉었다.

그런 후 그녀는 마치 그녀 자신에게 묻듯이, 넬 커티스라는 이름을 지닌 자신이 무엇에 감사해야 하는지 궁금해진다고 말했다. 그녀는 정말로 궁금해 했다. 그리고 그녀는 이 말을 너무나도 훌륭하게 해냈다. 이 말은 진정한 호기심 자극제였다. 그녀의 말은 문제를 끄집어내는 방식으로 반 학생들을 장악하는 전통적 방식과는 다른 말로서 동료인 나조차 경계를 완전히 풀게 했다. 그것은 함께 머물 의향이 없었던 어떤 그룹 앞에서 어정쩡하게 서 있던 나를 멈춰 세웠으며, 감사해야 할 것이 무엇일까에 대해 나까지 궁금하게 만들었다. 그러는 사이 우리는 우리 앞의 작은 몸들 내면에서도 이런 생각이 일어나고 있다는 것을 거의 직감적으로 알 수 있었다.

그런 다음 그녀는 아무 말도 하지 않았다. 한편 그녀는 생각에 잠긴 채 모닝사이드 공원의 벌거벗은 나무들과 풀로 덮인 작은 언덕들을 계속 응시했다. 그녀를 알고 있던 어린이들과 함께 그녀는 침묵을 두려워하지 않았다. 그녀는 작은 체구의 어린이들에게 침묵이 얼마나 큰 가치를 부여하는지 제대로 이해하고 있었다. 어린이들은 천천히 생각했다. 그리고 그 순간의 마력은 어린이들뿐만 아니라 나도 생각으로 빠져들게 할 정도로 대단했다.

마침내 나는 '내가 나이 들어 내 자신과 진실하게 대면할 수 있게 된 것이 얼마나 감사한 일인가'라는 생각에 이르렀다. 그때 어떤 소년이 '목소리 아래의' 깊은 생각을 말했고 또 다른 소년들도 한 명씩 뒤따라 말했다.

나는 커티스 반 어린이들이 우리에게 익숙한 교실의 말, 즉 또래 친구들 앞에서 읊어대는 높고 단조로운 톤의 말을 사용하지 않고 있다는 것을 즉시 알아챘다. 그들은 자기 성찰의 내용에 대해 낮고 느린 박자의 만족스러운 음절로 대화를 나누고 있었다. 커티스는 이런 일을 어린이들이 할 수 있도록, 즉 어린이들이 그들 자신의 것이 아닌 관습적인 것들을 버리도록 이끌었다. (만약 이 것이 재능이라면, 우리도 이 재능을 최대한 활용해야 하리라!) 그러나 여기서 반드시 말해야 할 사항은 '비록 그녀라 하더라도 학생들과 처음 대면할 때부터 이런 일을 할 수 있었던 것은 아니었다'는 점이다. 아주 긴 시간이 지난 후에야 어린이들은 그녀에게 익숙해졌다. 그녀가 그들이 비밀로 간직한 채 거의 말하지 않았던 자기다움의 목소리를 받아들이고 인정해 감에 따라, 그들은 새로워서 낯설기만 한 기준들에 대한 두려움을 조금 씩 없애고, 깊이 만족하며 자신들만의 확실한 말하기 방식을 키워나갈 수 있었다. 그런 후 이날처럼 어느 날 무심코 그녀가 교실에 나타나기만 해도, 그것 자체가 그들에게는 수줍은 자아에게 목소리를 내라는 신호가 되었다.

그녀는 아무도 방해받지 않도록 정말로 그림자처럼 칠판 앞으로 이동했다. 어린학생들은 사이사이 편안하고 긴 침묵을 이어가면서 천천히 계속 이야기를 나누었다. 그동안 그녀가 뒤로 돌아 칠판 위에 읽어내기 어려운 그녀만의 속기체로 휘갈겨 썼다.

이어졌던 15분가량 동안 그녀는 등을 돌리고 어린 학생들의 얼굴을 거의 쳐다보지 않았다. 딱 한 번 그녀는 어깨 너머로 나에게 얼굴을 찡긋 해 보였는데, 그것은 내 느낌으로는, 그녀의 눈에서 흐르는 뭐라 설명할 수 없는 눈물을 흘리지 않으려는 당찬 시도였다. 나도 눈물을 참으려고 그녀를 따라 등을 돌렸다. 이곳의 어린 양들이 자신들 말에 깃든 단순한 아름다움이 얼마나 우리 어른들의 심금을 울릴 수 있는지 결코 이해하지 못하리라는 생각이 나를 벅차오르게 했다.

종이 울리자 그녀는 칠판에 쓰던 일을 멈추고 멀찍이 떨어져 섰다. "칠판을 이대로 관리해 줄 친구가 필요해요." 그녀가 말했다. 두 어린 소녀가 다 안다는 듯 앞으로 나와, 분필로 꾹 눌러쓴 엄청난 양의 이해할 수 없는 글 옆에

섰다. 다음 순간 교실 문 앞에 누군가 나타나자 어린이들은 열을 지어 옥상 운동장으로 줄지어 나갔다. 칠판 지킴이들은 사과를 꺼내 우적우적 깨물어 먹었다. 그들은 커티스가 노트를 가져와 그것을 완벽하게 그대로 베껴낼 때까지 칠판을 지켜야 한다는 것을 알고 있었다.

합의한 대로, 다음 날에도 나는 그녀의 '요령'을 관찰하기 위해 그녀의 교실로 갔다. 명확한 필사체로 커티스는 칠판 위에 어린이들의 표현들을 적었는데, 각 어린이 저자의 이름도 밝혔다. 어린이들은 이 글들을 여러 번 반복해서 읽은 후 최고의 것을 고르고, 어떤 것이 다른 친구들의 것과 결합될 수 있는지를 결정하고, 이곳저곳을 생략하고 또 추가했다. 커티스는 말을 거의 한 마디도 하지 않았다. 그녀는 취향을 훈련시킬 때 판단을 강요하는 사람이 아니었다. 안타깝게도 나는 지면 부족으로 어린이들이 조용히 결정을 따르는 과정이나 냉정한 의견 충돌을 거친 후 결국 타협하는 과정을 이곳에 기록할 수 없다.

결국 이 과정이 아래와 같은 '추수감사절' 찬가가 되었다. 이 찬가는 어른의 제안을 전혀 받지 않은 어린이들만의 작품이다. 시간의 제약 때문에 커티스와 다른 교사들이 어린이들이 함께 쓴 부분들을 결합하고 내용별로 나누어 전체 시를 구성했다. 3학년 학생들은 이렇게 만든 시를 추수감사절 기념식에 헌정했다.

추수감사절의 찬송가*

I

우리는 우리를 둘러싼 아름다운 들판에 감사해요

우리는 우리에게 마련된 곡식들과 채소들과 과일들에 감사해요

그리고 우리는 우리 주변 자라나는 나무들과 꽃들에 감사해요

II

우리는 우리에게 떨어지는 비와 빛을 내려주는 태양에 감사해요

우리는 높이 솟은 산들과 우리에게 쉴 곳과 아름다움을 선사하는 바위들을 주신 하나님께 감사해요

우리는 우리 위 하늘과 우리 아래 땅, 그리고 땅과 하늘 사이를 나는 새들에게 감사해요

III

우리는 돛을 만들 헝겊과 물 위로 항해 할 배를 만들어주는 나무에 감사해요

우리는 흐르는 작은 시냇물에 감사해요

우리는 우리가 배를 타고 나가게 해주는 올라오는 파도에 감사해요

우리는 물고기가 사는 바다에 감사해요

우리는 땅 위에 살아 있는 모든 생명체를 주신 하나님께 감사해요

IV

우리는 우리를 따스하게 해주는 불에 감사해요

우리는 따뜻한 옷과 침대와 우리가 살 수 있는 집에 감사해요

우리는 배울 수 있는 학교에 감사해요

V

우리는 우리 주변 모든 아름다움과 사랑에 감사해요

우리는 땅 위에 주님께서 마련해 놓으신 모든 것들에 대해 감사해요

일주일이나 그보다 조금 더 지난 어느 날, 초등학교 '추수감사절 기념식'

이 열렸고, 커튼이 내려진 거의 아무 장식도 없는 무대 양끝에 두 개의 커다란 촛불이 타올랐다. 3학년 어린이들 중 뽑힌 그룹이 한 명씩 무대에 올라 위의 시에 적힌 대로 자신들의 목소리로 우리에게 감사함을 전했다. 이것은 우리의 심장을 강하게 두드렸고, 듣는 이에 따라서는 종교적이기까지 했다.

4

어린이에게 자신만의 타고난 언어 재능을 발전시킬 수 있는 기회가 제공된다면, 어린이는 시를 짓거나 다른 문학적 창작을 시도하는 데 어려움이 없을 것이다. 이번 장은 이 메시지를 전하는 매우 중요한 장이었다. 물론 이 메시지만 다룬 것은 아니었지만 말이다.

제8장 고백

1

강연이 끝나는 오후면 매번 나를 정거장까지 태워주었던 한 젊은 어머니가 기억난다. 그녀는 슬하에 5살 난 사내아이를 두었다고 하면서도 한 번도 아들에 관한 이야기를 하지 않았다. 하지만 그녀 내면의 힘차게 뛰는 맥박 속에는 아들이 매일 보여주는 경이로움, 힘, 신비밖에 없다는 것이 나에겐 명백해 보였다. 그녀는 자신을 과대평가하는 사람은 아니었지만 젊은 어머니로서 자부심이 대단했다. 아들에 대한 사랑을 드러낼 때 발생할 결과에 대한 두려움이 그녀의 눈가에 조심스럽게 드러났는데, 그것은 그녀가 똑똑했고 모성의 각종 허상에 대해 모두 알고 있었기 때문이었다.

그러던 어느 날 그녀는 나에게서 신뢰의 기운을 감지했는지 방어막을 한 꺼풀 풀었고, 나를 통해 아주 작게라도 자신이 잘못하고 있다는 이야기를 들으면 모든 자신감을 철회할 준비가 되어 있다며 느릿한 어투로 조심스럽게 말을 건넸다. "물론 제 아들은 이것저것에 대해 말해요. 선생님께서 그런 일이 있으면 옮겨 써보라 조언해주셨잖아요. …저기, 아들이 어제 밤 잠들기 직전 뭔가를 말하더라고요. 그래서 옮겨 쓴 후 가져와봤어요."

나는 관심을 가지고 그 섬세한 표현들에 귀를 기울였다. 그것은 정신을 전달하는 진정한 언어였다. 내가 그것의 완벽성에 대해, 즉 변경시키거나 생략하고 싶은 단어가 하나도 없다고, 누가 뭐래도 신비로울 만큼 효율적이고 틀림없는 예술가의 재료 사용 능력과 신속한 충격의 힘을 보여준다고 조용히 이야기를 하자 그녀의 얼굴이 상기되었다. 나는 그녀가 보는 앞에서 그 아이가 쓴 단어들을 라임과 미터를 따르지 않는 자유시의 불규칙한 행들 속에 넣어 다시 한번 더 베껴 보았다. "이럴 수 있는 것은 이것이 '시'이기 때문입니다." 내가 말했다.

이 말은 시 분야 거장이 할만한 온갖 말들을 연상시키면서 그녀를 전율시켰다. 나는 그녀가 그럴 것이라는 것을 알았다. 하지만 그녀는 무심하게 미소 짓는 태도를 유지했다. "시라고요!" 그녀가 들릴 듯 말 듯 웃었다. "하지만 라임이 맞지 않잖아요."

"오!" 나는 놀란 척했다. "어머니께선 시가 반드시 라임을 맞추어야 된다고 믿는 분들과 한 무리는 아니시죠? 수백 년을 지켜온 라임도 있지만 고작 이틀 전에 창안된 라임도 있다고요. 이걸 모르셨나요? 게다가 고도의 지능에 이른 완벽하게 높은 수준의 지성을 지닌 사람들에 의해서만 창조될 수 있다는 것도 모르시고요? 수천 년 동안 인류는 당신 아들이 이렇게 자연스럽게 사용한 바로 그 강력한 매체로 훌륭하게 표현해 왔어요. 다윗의 「시편」[1]은 아주 오래된 시 형식으로 쓰였지요. 라임이라는 것은 놀라운 것이긴 하지만 불필요한 장식이죠. 숙련된 예술가들에 의해 활용되었을 때 라임은 틀림없이 위대하죠. 하지만 그저 기술적이기만 한 사람의 손에 들어가면 그것은 미약한 것에 불과하며 또 자주 정신의 방해물이 되고요."

다른 한 번은 그녀가 내게 다른 것들을 보여주었는데, 그중에는 아래와 같은 친밀한 시구들도 있었다.

*

별들이 뭔지 알아요, 엄마?

하나님이 풀어놓은 빛이래.

그래서 어두워도 난

무섭지 않아요.

"아들이 잠들기 전에 말한 구절들이에요." 그녀가 비밀을 전했다.

그때 즈음 우린 서로 잘 아는 사이가 되어 있었다. "한참 그럴 때죠." 빠져들게 만드는 그녀의 관심을 놀려대며 내가 농담을 던졌다. "잠들기 직전이라. 에너지 넘치시는 존경스러운 어머님, 그때는 어머니의 시간이기도 하죠. 아이를 품에 두고 계시잖아요. 아이가 엄마에게 자신의 가장 귀중한 생각들을 건네고 있으니 그걸 아실 거예요. 하지만 지금 곁에 두고 있는 것에 대해 더 살펴봐야 해요. 언제나 품안의 자식은 아니잖아요. 아이들은 자라면서 서서히 빠져나가죠. 반드시 그러죠. 대게 사내아이들은 여덟 살에 빠져나가고 여자 아이들은 열 살까지 머물기도 하고요. 하지만 그들은 틀림없이 각자 자신의 관심사를 찾아 떠나죠. 소년은 너무나 흥미로워 눈을 뗄 수 없는 남자의 일을 떠맡기 위해, 소녀는 성숙한 여성이 되기 위한 자신만의 내면으로 떠나요. 어머니들은 처음부터 이 일을 준비하고 받아들여야 해요. 이것이 자연의 이치이니까요. 하지만 지금은 아이가 어머니의 뜰 안에 있잖아요. 잠을 청하는 시간엔 더 그렇죠. 아이랑 어머니만의 아기자기한 상상의 시간이 언제까지 이어질 거라 생각하시나요? 이 내밀한 상상의 시간이 그치면 그건 아이가 어머니 곁을 떠났다는 신호지요."

우린 이런 이야기를 나눴다. 그녀는 약간은 두려워했고 완전히 믿지 않았다. 나는 그녀에게 겁을 주지 않으려고 진실을 너무 많이 말하진 않았다. 하지만 나는 그때 어린 아들 딸들이 이미 품에서 빠져나갔다는 것을 모르는 어머니들 생각을 하고 있었다. 나는 가끔 원인 모를 공포가 어머니들을 사로잡는 것을 관찰해왔다. 그럴 때 어머니들은 대개 서둘러 어린 소년을 데리고 와 볼을 비비며 "엄마 많이 사랑하지? 그렇지, 내 새끼"라고 속삭인다.

어머니를 사랑하고 있다는 사실에 반쯤은 의문을 표하지만, 그 의문을 의식의 맨 꼭대기 표층까지 올리지 못한 아이는 몸부림치다 포기한다. "네, 엄마"라고 말하곤 하는데, 그건 아무런 감정도 없는 말이다.

"그럼 엄마한테 뽀뽀" 그녀는 사정한다.

나는 소년이 의무를 지키듯이 알 수 없는 의식을 수행하고, 이런 터무니없는 압력으로부터 해방되어 자신만의 삶 속 진짜 관심사들을 향해 달려가는 것을 목격해왔다. 아, 사랑은 강요될 수 없으며, 청소년들은 머물러 있지 않으리라.

이렇게 깊은 문제까지 다루게 되었으니 나는 이 시점에서 자녀들의 비밀을 확보하는 문제에 대한 잘못된 해석에 대해 어머니들에게 경고할 의무가 있다. 그런데 내가 지금 말하려는 것이 자연이 어머니들께 신비롭게 모성을 부여했다는 사실에 대해 격렬히 저항하는 것이라며 공분을 살 수도 있다. 이런 상황에서 나는 여러 가지 방식으로 이 경고의 의무를 회피할 수도 있다. 그러나 나의 의무가 어머니들이 아니라 어린이들에게 놓여 있고, 나의 목표가 어린이들이 육체적, 심리적mental, 정신적spiritual[2] 생명력을 박탈당하지 않도록 하는 것인 만큼, 나는 비난을 듣더라도 말하고자 한다. 강한 어머니들이 자식들을 탐욕스럽게 소유하는 일에 자신들의 삶 전부를 바칠 때 어린이들은 생명력을 빼앗긴다고. 『은빛 끈』[3]에서 풍자하는 강한 소유욕을 지닌 어머니들이 우리 주변에 걱정스러울 만큼 많으니 주의해야 된다고.

소년 소녀들은 반드시 자신들만의 독립적인 삶을 살아야 한다. 그들이 독립적인 삶을 살아야 하는 것이 옳고 도덕적으로도 중요하다. 이 권리를 인정하지 않고 그들의 삶에 과도하게 개입하는 어머니는 어린 자식을 부당하게 다루는 것이다. 물론 아이가 어머니에게 고백할 수 있는 기회는 제공되어야 하지만, 그렇다고 고백이 강요되어서는 안 된다. 또한 어머니는 오로지 자신의 개인적 행복을 얻기 위해 아이에게 캐물어서도 안 된다. 나는 지금 어머니와 아이가 어떻게 건강한 관계를 유지하는가에 대해 말하고 있는데, 혹시 내가 어머니들의 손에 무기를 쥐어주는 것은 아닌지 걱정이 앞선다. '어머니의 보살핌'이라는 이기적이고 억제되지 않은 열광적 축제를 위해 자신들의 삶을 기꺼이 희생시킬 어머니들이 아닌가? 나는 이런 어머니들이 자녀들의 삶 전체에 끼치는 파괴적인 영향력에 대해 잘 알고 있다.

어머니들이 잠들기 직전에 살금살금 자녀들에게 기어가는 장면, 그리고 아마도 내가 이번 장에서 폭로하고 있기 때문에, 어머니들이 어린이들의 마음을 달래는 교묘한 방식으로 그들의 비밀을 얻으려는 장면을 생각할 때마다 나는 공포에 사로잡힌다. 그래도 내가 위에서 불쾌한 두 문단을 추가해 약간 수정을 가했으니 안심은 된다.

굳이 말할 필요도 없지만, 나는 이 경고조의 이야기가 위에서 언급한 소년 시인의 어머니와 나눈 대화에서 유래한 것이 아니라는 점을 덧붙이고자 한다. 현대적 사고방식을 지닌 이 소년 시인의 어머니에겐 이런 주의가 필요 없었다. 하지만 그녀에게도 쉽게 마주칠 수 있는 위험이 없는 것은 아니었다. 나는 강한 어머니의 파괴성에 대해 누구보다 잘 알고 있는 그녀가 지나치게 무관심해지거나 친밀함을 거부하는 방향으로 나아갈까봐 걱정했다.

나는 자신들만의 완벽한 삶을 지켜내는 어머니들이 있다며 다음과 같이 그녀에게 말했다. "성장 단계의 초기 몇 년 동안 어른과 비밀을 나눌 수 있는 작지만 확실한 관계가 구축되고 강화되면, 어린이는 성인이 되어도 여전히 다시 한번 정신의 힘을 회복할 수 있다. 그런데 이 힘이 나올 수 있을 때는 오로지 어린이의 내밀한 삶의 영역 안으로 아무런 갈등 없이 혹은 아무렇지도 않게 들어가는 어른이 어린이 곁에 있을 때뿐이다. 그 어른은 바로 비밀의 시간을 꾸짖음, 훈계, 교육조차 입장할 수 없는 시간으로 비축해둔 어머니이다. 이런 어머니는 그 어떤 경우에도, 심지어는 자신의 영혼 구원이 절실히 필요할 때조차도 아이의 말에 귀 기울인다"라고.

나는 소년 시인의 시구들을 다시 읽었다. "이 시구들에 대해 어떻게 생각하세요?" 내가 물었다.

"아름답고 말고요." 그녀가 답했다.

"그게 전부예요?"

"시적이에요."

"오, 네, 바로 그거예요." 내가 말했다. "이 시구들은 시에 대한 제 생각을 완전히 만족시켜줘요. 하지만 또 다른 무언가가 있어요. 설마 아이의 생각을 잘 아는 어머니께서 그걸 모르실 리가?"

"제가 모르는 것이 뭐죠?"

"어머니에게 뭔가를 고백하고 있는데요." 내가 말했다. "아이에겐 자부심 강한 남자의 특징이 아주 많아요. 그래서 자신이 어둠을 두려워하고 있다는 것을 시의 언어로도 인정하지 못해요. 어머니가 직접적으로 물으시면 아인 아마도 인정하지 않을 거예요. 그의 비밀들을 지키려면 그래서는 안 돼요. 하지만 똑같은 것을 또 말할 거예요. 아이가 이렇게 타고난 언어로 말할 때 그 말은 중요해요. 어떤 어린이는 이 고비를 잘 뚫고 지나가죠. 다른 어린이에겐 공포가 되어 삶을 살아가면서도 기억 속에 장애가 될 수 있어요. 만약 아이가 어머니 곁에 있기를 원한다면 옆방에서 건네는 어머니의 목소리라도 또, 멀리서 비치는 불빛으로라도 반드시 아이를 더 보듬어주셔야 해요. 그런데 만약 아이가 더 오래 어머니 곁에 있길 원한다면 머무르시되 어머니 생각을 말하시거나 이미 네 마음을 다 안다는 식의 그 어떤 작은 내색도 하지 마세요."

2

최고 상태에 이른 어린이 예술은 본질적으로 고백의 형식을 띤 무엇이다. 어린이 예술은 최고에 이르면 감상자를 개인적 생각과 감정의 내밀함 속으로 바로 안내한다. 추측컨대, 대부분의 훌륭한 예술은 고백적이며, 모방하거나 포즈를 취하거나 감추려고 시도하는 예술은 실패작일 것이다. 그런데 어린이는 일찍이 자신이 속한 세계가정과 학교가 모방할 때나 자신이 아닌 다른 누군가로 포즈를 취할 때 칭찬한다는 것을 알고, 자신을 감추는 것이 최선이라고 생각한다.

어디든 어린이들과 함께 하는 창조 작업이 번성하는 곳에 가면 나는 대화의 문을 활짝 열어 놓고, 어린이들의 표현되지 않은 은밀한 자아들을 편드는 여교사를 찾아 나선다. 그녀는 대체로 어린이들이 진지하게 말하면 그것이 무엇이든 반대하지 않는다. 그녀는 마치 새와 친해질 때처럼 어린이들에게 점점 더 가까이 다가선다. 그리하여 대화가 고백으로 발전되면 대체로 그녀는 재능이라고 불리는 놀라운 결과들을 확보한다.

그런데 이런 식으로 교사가 발견한 어린이 자료들은 출판물을 통해서나 그 어떤 식으로든 세상에 공개되기가 쉽지 않다. 심지어는 고등학교 졸업반 학생들에게서도 '사적인 것! 절대 보면 안 되는 것!'이라는 표시와 함께 봉인된 자료들을 내가 얼마나 자주 받았던가? 여기서 학교의 필수 요건과 갈등하는 상황이 벌어진다. 학교는 학생의 작품은 공개되어 적절한 공적 비판의 대상이 되어야 한다고 상정한다. 그러나 창조적 삶이 그에 합당한 생명 유지의 힘을 지니려면, 가끔 자신만의 내밀한 사유지에서 풀을 뜯어 먹을 수 있어야 한다. 비밀이란 대중에게 소리치면 안 되는 것이고, 청소년의 첫 번째 중요한 창조 행위는 은밀하며 고백적이다.

있는 그대로 말하면, 소통의 문이 열려 있어도 자기-표현의 최고 순간이 단숨에 나타나지는 않는다. 친밀성에는 단계들이 있으며, 각각의 단계는 이전 단계보다 조금 더 친밀하고 (각 단계마다 나름의 언어도 있다), 또 마지막 단계 너머에는 영원히 표현되지 못할 것들이 남아 있다. 나는 어린 학생들과 친밀한 관계를 맺어왔지만 항상 우연한 기회에 그들이 나에게 보여주지 않았던 놀라운 자료들을 접했다. 단짝에게 생일선물로 보내려고 쓴 일련의 시, 단 한 사람만 빼고 누구나 읽을 수 있는 아주 개인적인 연애 시 모음, 그리고 일기라는 제목을 단 온갖 종류의 글과 내밀한 사적 성찰을 담은 노트 등은 우연히 발견한 것들이지 어린이들이 직접 나에게 제출했던 것이 아니다. 주저 없이 다른 사람들에게 공개된 것과 내밀한 글 사이에는 큰 차이가 없어 보일 때도 있다. 그러나 저자들에겐 이 두 가지는 완전히 다른 것이다.

3

표면 아래 깊숙한 곳에서 좋은 광석을 찾고자 심연을 탐색하는 사람들은 그 안의 위험 요소들과 마주친다. 그들이 숨겨진 것들의 작동원리를 완전하게 이해할 수 없기 때문이리라. 또 그 숨겨진 비밀이 불신을 야기하거나 끝없는 회환을 불러일으킬 수 있기 때문이기도 하리라. 6학년 소녀의 슬픔과 관련된 (내가 잊고 싶은) 장면에서 그 단적인 예를 찾을 수 있다. 우리 교사들 편에서 최선의 노력을 기울였지만 이 어린 여자 어린이는 몇 달 동안 끔찍한 경험을 떨쳐내지 못했다. 우리가 그 아이의 작은 시편들 옆에 그녀의 이름을 써넣었다는 단 한 가지 이유 때문에!

내가 그동안 모았던 창조적 결과물들은 모방물이 아니기 때문에, 즉 누구도 흉내 낼 수 없는 개인의 삶에 확고하게 뿌리를 두고 있기 때문에 빛이 난다. 각 작품은 각각 나름의 비밀을 가지고 있기 때문에 귀중한 것이다. 지금까지 나는 오랫동안 진짜와 가짜를 가려내는 법을 알고자 노력해왔고 점차 진짜와 가짜를 더 잘 가려낼 수 있게 되었다. 또한 이 배움의 과정에서 개인적으로 나의 탐구의 본질을 깨닫는 미묘한 경험도 여러 번 해왔다.

이러한 탐구 과정에서 어느날 나는 최고의 시편을 찾았다. 그것은 저자가 나에게 직접 준 것이 아니었다. 나는 그 시를 저자가 그녀의 친한 친구에게 보낸 편지에서 베꼈다. 그럼에도 나는 그녀가 출판을 승인했다고 믿었다. 결국 이 일은 내가 여기서 설명할 수 있는 것보다 훨씬 더 심각한 결과를 초래했다.

내가 발견한 어린 여학생의 시는 놀라운 힘을 보여주었다. 이전의 방식과 다르게 이야기를 신속하게 직접 낭송해주는 그 시의 전개 방식이 내가 귀중한 발견에 이르렀음을 깨닫게 했다. 여러분도 짐작하듯이, 나는 수집가의 열정으로 창조 정신을 새롭게 드러내는 작품들을 끊임없이 찾아다녔는데, 그러던 어느 날 운이 좋게 이 시를 발견했던 것이다. (내가 이렇게 나의 열정적 탐색에 대해 전하는 것은 아마도 불안한 자료를 다루면서 저지른 나의 실수를 변명하기 위한 것이리라.) 다음 날 복도에서 이 시의 저자인 어린 숙녀와 마주쳤을 때 나는 흥분해서 나의 놀라움을 전했다. 하지만 이때 나는 나의 말이 저자에게 어떤 영향을 미치는지 관찰하는 데 소홀했다.

내가 말을 하는 동안 그녀는 침묵을 지키다가 "선생님께서 그걸 좋아하셨단 말이에요?"라고만 물었다.

나의 진심어린 칭찬이 그녀에게 영향을 준 것 같아 보이지 않았다. 또래 다른 친구들에 비해 월등하게 뛰어난 균형과 통제의 재능을 타고난 그녀에게 교사의 칭찬은 특별한 일이 아니었다. 하지만 그녀는 마침내 나의 따스함 때문이었는지 감동받고 말을 꺼냈다. "제가 아니었던 것 같아요.… 하지만 제가 쓴 건 확실해요. 한밤중에 자다가 갑자기 깨어나서 쓰기 시작한 거예요. 순식간에 일어난 일이에요. 아무 생각 없이 끄적거리다 바로 잠이 들었어요. 아침에 일어나자마자 수정은 좀 봤어요. 이런 신기한 경험을 했다는 자체가 믿어지지 않아요. 아직 놀란 것에서 벗어날 수가 없어요."

나는 그런 일이 흔히 일어나는 것은 아니지만 잘 알려진 현상이라며 그녀를 안심시켰다. 나는 그녀에게 내 문집에 수록된 비슷한 사례들도 전했다. "내 생각엔 말이다. 일상적 삶에서 족쇄가 사라졌을 때 정신이 말을 거는 듯해. 그렇기 때문에 충격적으로 다가오는 것이지. 그건 스스로를 드러낸 자아야."

"바로 그거예요." 그녀가 말했다. "전 알아요."

나는 그 작품의 출판에 대해 말했다.

그녀는 깜짝 놀라 나를 쳐다보았다. 하지만 나는 그녀의 지속적인 응시, 특히 "선생님 판단에 맡길게요"라고 천천히 말하고는 급히 뛰어나갈 때의 응시를 출판 수락으로 받아들일 만큼 우둔했다.

몇 주가 흐른 후 그녀의 시가 실린 잡지가 도착했다. 지금도 나는 잡지에 실렸기 때문에 그녀의 시가 우리의 창조적 글쓰기 모험의 대표적 성과물이 되었다고 생각한다. 하지만 그녀는 복도에 서 있다가, 나에게 인사를 하는 대신 "선생님께서 그걸 출판하시리라고는 생각도 못했어요!"라고 말했다. 그녀의 얼굴엔 놀라움과 분노가 타오르고 있었다. "다른 사람도 아니고… 선생님께서…" 그녀는 단순하지만 칼로 찌르는 것처럼 단호하게 말했다.

나는 당황했고 출판을 하게 된 상황을 설명하려고 했다. 그러나 내가 말을 꺼내기도 전에 그녀가 먼저 아무래도 자신이 학교를 떠나야만 할 것 같다고 말했다.

그녀의 당돌한 말에 나는 내 자신을 진정시켜야 했다. "기다려라." 내가 말했다. "괴로워 보이는 것은 알겠는데 그 외엔 네가 하는 말을 한마디도 이해할 수가 없구나. 무슨 말이야? 내 말을 들어봐. 아, 지금 막 기억이 났다. 내가 이 시를 출판하겠다는 말에 넌 동의했어. 기억 안나니?" 나는 내 기억을 찾아 나섰다. "네가 바로 이 자리에서 말했어. '선생님 판단에 맡길게요'라고."

"전 선생님께서 판단력을 지니셨다고 생각했어요." 이것은 내가 쉽게 잊을 수 없는 답변이었다. "이미 물은 엎질러진 거죠. 전 떠나야만 해요!"

"그렇다면 며칠 동안 떠나 있어라." 나는 그녀를 진정시키려고 안간 힘을 쓰며 말했다. "그 후에 내가 예측했던 일이 일어나는지 한번 보자꾸나. 이와 같은 강력한 시들을 뿜어낸 내면 자원의 일부가 아마도 네 경험 속에 있을 거야. 너는 그것이 시를 통해 독자들에게 다 발각되었다고만 생각하는구나. 동시에 시들이 너의 모든 것을 폭로한다고 생각하는 거고! 음, 시들은 단순히 그렇게 보여주지 않아. 난 몇 주간 네가 매일같이 쓴 시들을 다 읽어보았다. 읽으면서 이게 누구의 경험이고 누구의 이야기구나라는 생각은 하나도 해본 적이 없다."

그녀는 믿지 못하는 눈치였다. 두려움이 조금씩 줄어들겠지 하는 마음으로 나는 계속해서 말을 이어갔다.

"나는 네가 이 페이지들에 적어놓은 객관적이거나 개인과 상관없는 신비로운 이야기 이외에는 아무것도 모른다. 이런 방식이 진짜 훌륭한 예술 작품의 방식이란 걸 모르니? 개인적 고통이 작품의 근원일 경우가 흔하긴 하지만, 작품 자체는 비밀스러운 그 근원의 흔적조차 떨쳐버린 객관적 예술품으로 보편적인 것이야. 그것은 피와 신경으로 빚어졌기 때문에 더욱더 귀중한 것이고. 원한다면 하루 정도 떠나 있어라. 하지만 네가 다시 돌아오면 이곳의 우리 모두 언제든 기뻐할 게다. 내 말을 꼭 믿길 바래. 넌 우리 모두 사랑하고 존중하도록 배워온 바로 그 예술로 최고 승리의 깃발을 든 거야!"

오늘 날까지도 나는 그 놀라운 시구들에서 출구를 찾은 억압이 무엇인지 알지 못한다. 또 시를 읽으면서 시에 숨어있는 억압이 무엇일까 짐작해보려는 독자가 있었을까 의문도 든다. 이 소녀는 곧 자신의 비밀이 안전하게 지켜졌다는 믿음을 받아들였다. 그녀는 내 예언이 실현되는 것을 지켜보았고, 또 자신의 시가 다른 사람들의 가슴 속에서 사랑받는 애장품이 되는 과정을 보며 시인으로서의 특별한 만족감도 얻었다.

1, 2년이 지나 졸업을 앞두고[4] 졸업반 학생들은 투표를 통해 그녀의 「당신은 산 위에 서 있습니다」를 창조적 노력이 빛나는 최고작으로 뽑아 『졸업작품집』에 수록하기로 결정했다. 나는 교정쇄를 읽느라 몰두해 있는 그녀를 잠깐 볼 기회가 있었다.

"것 봐라. 결국은 출판하잖니." 내가 그녀를 조롱했다. "내 앞에 있는 사람이 얼마 전에 그렇게 날 꾸짖었던 그 사람 맞니?"

"오," 그녀는 웃으며 날 쳐다보고 대수롭지 않다는 듯 손을 흔들었다. "그날은 제가 '매우' 어렸던 것으로 기억해주세요."

교정하려고 몸을 숙이는 그녀에게서 시에 대한 자부심이 잔잔하게 드러났는데, 그것은 나에게 그녀가 마침내 완성된 예술가의 보호 무기를 획득했음을 입증해 주었다. 우리는 시, 그림, 그 외의 어떤 매체로건 은밀한 경험에서 나온 것을 바탕으로 작품을 창조한다. 그러나 경험의 결과라 하더라도 작품이 비개인적이고 보편적으로 타당하면 아무도 그것이 어디서 나온 것인지 근원을 알 수 없는 법이다.

이 시의 청소년다운 표현에 감탄했던 수많은 사람들은 이 시를 인간의 성취 불가능한 이상ideal을 묘사한 상상적 그림으로 흡족하게 받아 들였다. (세월이 흐르면서 우리 실험학교 교사들은 이상적 비전과 그것을 추구하려는 노력이 매우 중요하고 또 그 자체로 필요한 것이자 더 바랄 것이 없는 것이며 스스로 특유의 보상을 얻는다는 것을 알게 되면서 용기를 얻었다.) 그러나 이 시에는 단순한 산문적 요약을 넘어서는 무엇이 있다. 게다가 정신에서 흘러나온 신비로운 목소리는 그것을 표현한 예술가조차 충분히 이해할 수 없는 그 무엇을 전한다.

이 시는 약간의 편집 가지치기를 통해 개선될 수 있다는 것이 확실하지만 나는 그녀가 쓰고 사랑했던 그대로를 선호한다. 여기에 그녀가 쓴 대로의 시를 수록한다.

당신이 산 위에 서 있습니다
당신이 산 위에 서 있습니다.
당신 뒤에서 아침마다 해가 더 일찍 뜨는 것은
해가 당신께 예배드리는 일을 참고 기다릴 수 없어서입니다.

사람들이 알 수 있는 가장 밝은 빛에 기대어 윤곽이 드러나니
당신은 더욱 더 밝게 빛납니다.
사람들에게 필요한 영광은
당신의 황금 머리카락에 가볍게 닿을 듯 말 듯 하지만,
곧고 강하고 유연한 그 은총,
호랑이 같은 그 민첩함, 그리고 당신의 사지에 깃든
한 살배기 수사슴의 부드러움을 더 선명하게 볼 수 있게 합니다.

겸손하게, 흠모하듯, 해가 당신의 영광스러운 머리 위를 지나
밤의 사랑을 위해 마침내 당신 곁을 떠나야 할 때

해는 당신이 서 있는 곳에 가장 사랑스러운 빛을 보냅니다.

그러자 붉은 금빛 광선들이

당신 눈에서 빛나는 확고한 목표에 깊이를 더해주고

당신 마음mind의 민첩함과 예리함을

더욱 따뜻하고 튼튼하게 해주며

당신 가슴heart의 신비를

더 헤아릴 수 없게 만듭니다.

그리고 당신은 산 위에 서서 멀리 바라봅니다, 언제나 멀리,

마을과 성당 첨탑들 너머까지

바다가 당신의 발에 입 맞추려고 조바심 내며,

육지를 뜯어내는 그곳까지.

마침내 바다가 목표지점에 도달하게 될 때도

당신은 바다를 맞이하려고 거기에 여전히 서 있을 것입니다.

당신은 변함이 없기 때문입니다.

때로 당신은 천국을 바라봅니다.

그곳은 당신에게서 아주 멀지 않습니다.

성스러운 도시의 주민들이

진주 벽에 기대어 당신을 부릅니다.

때로 당신은 옆을 바라볼 것입니다.

그곳에선 들새 한 마리가 당신의 어깨위에 둥지를 틀거나,

암사슴이 새끼 사슴들과 함께 두려워하지 않고

당신의 손을 조금씩 갉아먹을 것입니다.

그리고 거기서 당신은 언제나 우정과 보호를 발견합니다.

하지만 당신은 아래를 내려다보지 않습니다.

내가 그곳, 당신의 산기슭에서 무릎을 꿇고 있기 때문입니다.

내 가슴으로부터 끝없이 맑은 물이 용솟음 쳐 흘러나옵니다.

그러면 나는 그걸 수정 그릇에 담아서

당신께 바치려고 떠받들고 있습니다.

당신의 광채가 그걸 다 흡수할 때까지.

그런 후 나는 그릇을 다시 채웁니다.

나는 산 위 어두운 소나무들 사이로 하늘을 올려다보면서

날마다, 해마다, 거기서 무릎을 꿇고 있습니다.

나는 당신을 볼 수 없습니다. 하지만 나에게 숲은 절대 어둡지 않습니다.

그리고 산도 절대 쌀쌀맞게 굴지 않습니다.

당신이 산꼭대기에 있다는 것을 내가 알고 있기 때문입니다.

영겁이 지나고 또 지나도 나는 나의 끝없이 흐르는 생명수를 당신께 바치면서

거기서 무릎 꿇고 있을 것입니다.

그리고 당신은 언제나 그것을 받으실 것입니다.

나는 때로 의문을 품을지도 모릅니다.

내 공물이 멈추면,

당신의 아름다움, 당신의 광채가 시들지는 않을까?

하지만 나는 알고 있습니다. 내 공물이 결코 멈추지 않을 것을.

그리고 당신의 아름다움이 변함없는 것이라는 것도.

그러니 한 두 영겁이 지나도 나는 더 이상 의문을 품지 않을 것입니다.
그리고 오로지 당신을 향해 내 그릇을 더욱 변함없이 들고 있을 것입니다.

어느 날 어느 여행자가 내가 무릎 꿇고 있는 작은 빈터를 지나갈 것입니다.
그는 사람이라면 누구나 요구하는
나의 물 한 그릇을 요청할 것입니다.

그러면 나는 웃으며 고개를 저을 것입니다.
그 사람은 한 모금만 달라고 애걸할 것입니다.
다른 어떤 물도 그의 갈증을 해소할 수 없기 때문일 것입니다.
하지만 안 됩니다. 그 사람은 입이 마른 채 떠나야 합니다.
마침내 내 가슴의 샘도 마르게 될 것이기 때문입니다.
그리고 당신, 산 위에 서 있는 당신께서 모든 걸 다 취하셨습니다.

창조적 삶의 결실을 공유함으로써 열리게 된 어린이들과의 소통— 그것
은 우리를 겉으로는 고요해 보이는 그들 내면의 폭풍우 지역으로 안내한다.
오랜 경험은 우리에게 고요해 보이는 상황의 내면을 알려주는 몇몇 지표를 읽
어내는 법을 알려준다. 예를 들면, 미소 띤 얼굴은 내면의 패배, 심지어는 절망
까지 방어해주는 완벽한 가면일 수 있다는 것, 화내는 것이 항상 분노의 증거
가 아니며 오히려 억압된 사랑의 징표라는 것, 그리고 혼자서도 충분히 잘살
수 있다는 오만한 태도는 애처롭게도 내면의 허약함과 소심함의 표식일 수 있
다는 것을 알게 된다. 이런 식으로 우리는 책에는 한 번도 쓰인 적 없는 아동심
리학을 접한다. 아동심리학에 따르면, 하품은 졸음을 나타내는 표시가 전혀
아니며 경각심과 걱정스러운 불안의 징후일 수 있으며 (일례로, 긴장되는 농구 경

기의 중요한 시점에 하품하는 것처럼), 무관심은 죄를 가리는 표정이고, 얼굴 붉힘은 순진함의 발로일 수 있다.

우리 반 학생들이 노래를 원곡 그대로 활기차게 부르고 있었을 때였다. 수업을 참관하던 행정감독관이 나에게 질문을 던졌다. "죄송하지만, 선생님께선 무슨 과목을 담당하고 계시죠?" 생각해보면, 그때 농담처럼 했던 내 대답은 정확했다. "전 특정 과목을 가르치지 않습니다. 효과 높은 상담을 기대해도 좋은 정신과의사가 있다면, 그 사람이 바로 저일 것 같습니다만"라고 답했다. 나는 군대에 있을 때 근 2년 동안 정신과의사인 아서 헤링[5]의 일일 지도를 받으며 정신병동에서 심리사로 지냈다. 이 경험이 아마도 어린이 삶에 관한 나의 관점을 형성하는 데 도움이 되었을 것이다.

이 문제를 충격적 경고로까지 강조하지 않기 위해 빨리 말하고 싶은 것이 있다. 나에겐 어린이의 은폐된 폭풍을 수차례 경험하고 또 그 폭풍으로 인해 가끔 일어나는 비극적 결과나 결연한 비극적 시도를 목격했을 때 우리가 해야 할 일이 무엇인지 말해야 할 의무가 있다. 우리는 위에 언급한 것 같은 어린이의 연극적[6] 태도를 발견했을 때 그래도 늦지 않게 발견한 것이 행운이라고 여기며, 어린이에게 고통과 심적 괴로움을 안겨주는 불균형한 연극적 삶을 진지하게 다룰 수 있어야 한다. 이때 정신의학이 큰 도움이 된다. 왜냐하면 정신의학의 최우선 과제는 완전한 공감과 이해로 고통받는 사람의 자신감을 회복시켜준 후 문제를 야기한 작은 사건과 전체 삶 사이의 관계를 설명하는 일이기 때문이다. 정신의학은 당사자에게 벌어진 사건이 인간이라면 누구나 겪는 일반적 고통의 하나라는 것을 현명한 방식으로 차근차근 알려준다. 다시 말해, 정신의학의 임무는 문제를 발생시킨 작은 사건을 아주 사소한 것으로 만듦으로써 그것의 중요성을 없애는 일이다.

4

정신과의사는 모든 분야의 실무자들처럼 사례로부터 배운다. 사례를 통해 책에 아직 적혀있지 않은 다양한 삶과 삶의 방식을 발견할 수 있다! 우리는 세금에서 사회 복지까지에 이르는 인간관계의 각 분야에서 사례를 발견한다. 어린이가 주어진 조건하에서 어떻게 반응하고 성장하는지도 책을 통해서가 아니라 실제 어린이들을 탐구함으로써 알 수 있다. 그러니 책에 의존하는 심리학자와 사회학자는 환자를 만난 적이 없거나 환자들이 모두 사망한 의사와 거의 같은 셈이다! 책 중심 학자는 학습 과정을 다루는 교과서 혹은 최근의 놀라운 난센스를 반영한 『사춘기 이전 그룹에서 듣는 사회학적 반응』과 같은 책을 집필한다. 그러나 그가 책에서 쓰는 말이 종전처럼 진지하게 받아들여지지 않는다.

교육의 실천이란 관찰되고 기록되어야 할 무엇이며, 자유 학교 환경에서 오랜 기간에 걸쳐 얻은 풍성한 경험만이 관찰과 기록의 기술을 제공할 수 있다. 그리고 교육 환경이 너무 빠르게 변화하는 요즘 같은 시기에는 5년만 자리에서 떠나 있어도 현장 경험을 통해 실제로 아는 사람들의 현명한 관찰과 기록을 이해하는 데 부적합한 사람이 될 수도 있다.

이 중요한 문제에 대한 무지를 드러내는 확실한 신호 또는 방어는, 새로운 창의 교육의 흥미로운 발견에 관한 토론 도중에 어린이들을 '하고 싶은 대로 하도록 내버려두기'를 신뢰할 수 없다고 큰 소리로 외치는 일이다. 이런 발언은 억눌렸던 창조력을 해방시키는 오늘날의 새로운 교육 현장을 잘 알고 있는 사람들에게는 실망스럽기 그지없다. 이런 말을 들으면 할 수 있는 일이 아무것도 없다. 이렇게 말하는 사람은 25여 년 동안 어린이 교육에서 어떤 일이 벌어져 와는지에 대해 알지 못한다는 것을 스스로 고백하는 것과 다름없다.

그는 앞으로도 알지 못할 것이다. 이런 사람이 안전한 행정고위직에 앉아 있을 때 교사직을 맡으면, 그것은 정말 고문을 받는 것과 같을 것이다. 특히 빛을 보았음에도 어둠 속을 자신만만하게 걷고 있는 이런 사람의 휘하에서 일할 수밖에 없는 사람들은 매일 매일 좌절을 경험할 것이다. 오, 어쩌면 그렇게 자신만만할까!

나는 다음과 같이 예측한다. 우리가 성공한다면, 그것은 사례들을 알고 직접 어린이들과 함께 작업하는 진정한 의미의 권위자들, 즉 잘 된 작품을 현명하게 관찰하고 그 교육적 의미를 이해하는 눈과 마음을 지닌 사람들을 통해서일 것이라고.

5

내 노트에 적힌 생생한 사례들을 그대로 전하고 싶다. 그러나 개인 사생활 보호를 위해 개인정보를 감추어야 하므로 그 사례들을 그대로 수록하기가 쉽지만은 않다. 그래도 여기에 한 가지 사례를 들어본다.

연극 한 편이 리허설 중이었다. 단순히 공주와 귀족들과 귀부인들 관련 동화를 소재로 다룬 연극이었다. 연극 한 편이 부자연스럽게 격식에 맞추어 진행 중이었는데, 불 꺼진 텅 빈 극장에 앉아있었던 우리에겐 우스꽝스럽고 어색하기 짝이 없었다. 그래도 왕좌를 둘러싼 행렬에서 흔들거리던 어릿광대가 한순간에 몸을 던져 앞으로 뛰어나와 팬터마임 광대 짓으로 우리 모두에게 기쁨을 선사했다.

바로 그 순간 어리석어 보였던 리허설이 살아났고, 모두가 그것을 느꼈다. 연출을 맡았던 몇몇 교사들과 연극에 참여했던 배우들 스스로도 그렇게 느꼈다. 배우들은 즉각 생기를 얻었고, 무대에서 섬광처럼 한순간만은 '옛날 옛적'의 위풍당당하고 우아한 시절의 삶을 실제로 살았다. 공주는 왕좌까지 이어진 세 계단을 오르면서 관객에게 미소를 지었는데, 그 자체가 빛을 발했다. 어릿광대는 움직임 한 번 없이 공주의 승인을 받는 분위기를 만들어낸 후 몇 번의 재빠른 발걸음으로 익살스러운 모습을 얼마간 보여주었다. 그런 다음 맡은 극중 역할로 되돌아온 그는 앞으로 걸어 나와 공주 앞에 무릎을 꿇었다. 그리곤 얼굴을 들어 공주에게 충성스러운 숭배의 표정을 지었다.

그 후 몇 초의 침묵이 흘렀다. 그때 내가 조용하게 말했다. "녀석, 연기 '참 잘 하는군!'"

리허설은 계속되었다. 배우들이 각자의 역할로 무대 위를 걸어 다니고 믿기 어려운 대사들을 암송했다. 재미도 생기도 없이 움직이는 배우들의 동작이 연속되었다. 그 이외엔 무대 위에서 아무 일도 일어나지 않았다.

거의 모두가 떠났다. 그때 우리 그룹 중 한 명이 "저기 어둠 속 벤치 위에 누군가 있어요. 소년이군요. 서럽게 흐느껴 울고 있어요"라고 말했다. 이 말을 듣자마자 어느 새 나는 그곳에 가 있었다. 벤치 위엔 어릿광대 역을 맡았던 소년이 앉아 있었다. 하지만 내가 다가오는 것을 보자 소년은 도망쳤다. 나는 무대 뒤 어두운 계단을 내려가, 소품들과 무대 잡동사니들이 쌓여있는 지하 창고까지 소년을 뒤쫓아 갔다. 거기서 나는 버려진 무대 의상들과 헤진 넝마더미 위에 누워 있는 소년을 발견했다. 그는 가련하게도 참을 수 없는 눈물을 토해내며 고통에 몸부림치고 있었다. 전기불이 희미하게 우리 두 사람 위에서 타올랐다.

나는 한참 동안 침묵 속에서 소년을 지켜보았다. 나는 단 한 번 이렇게 말했다. "이 녀석아, 실컷 울고 다 끝내버려. 우리 모두 어떻게든 시스템에서 벗어나려고 할 때 이런 일들을 겪는단다. 그 이유는 모르겠어. 어쩌면 넌 믿지 않겠지만, 어른들도 이런 일을 겪어. 오로지 그들만이 이 사실을 인정하지 않으려하지. 한때 나도 똑같은 일을 겪었어. 그렇게 오래전도 아니야. 나 또한 이 사실을 어느 누구에게도 말하지 않겠지만. 네가 정말 행복할 때도 가끔 이런 일이 생길 거야. 흥미로운 일이지. 나도 어딘가로 자리를 박차고 나가 목이 터져라 울었어. 그러고 나니 기분이 훨씬 나아지더구나. 내 생각엔 말이야. 모두가 그래."

이것 역시 정신의학적 접근이다. 상대에게 똑같은 약점을 고백함으로써 그 약점이 정상이며 누구에게나 가능한 일이라는 것을 증명하는 방법이다. 여러분도 알다시피, 세상엔 크게 불안해하고 두려워할 것이 아무것도 없다.

소년의 발작이 수그러들기 시작할 때 나는 생각에 잠겨 마치 혼잣말을 하듯이 말했다. "네가 무엇 때문에 울었는지 궁금해서 생각해 보았어. 아, 내가 그게 무엇인지 짐작해낸 것 같구나! 넌 네 자신을 알고 있니? 생각해 봐. 흔히 네 눈물 같은 것은 가장 터무니없는 것들 때문에 나오곤 하지. 네가 짐작한 것을 말해볼래? 그럼 나도 말해줄게. ……장담컨대 난 그게 무엇인지 알아냈어!"

잠시 동안의 침묵을 깨고 그가 말했다. "선생님께서 절 칭찬해주셨을 때였어요."

"맞아!" 내가 소리쳤다. "내 짐작도 바로 그거였어!" 이번 것은 아주 많이 웃기진 않았어. 내가 너를 위해 열심히 뭔가 했다면 넌 뭔가를 기대했겠지. 하지만 그런 일이 없었으니 넌 아무 기대도 안했을 거야. 그런데 갑자기 칭찬을 받은 거야! 이러니 정말이지, 우리 인생만큼 웃기는 게 없는 것 같아!"

"선생님의 칭찬이 제게 충격을 주었어요. 정신을 잃게 할 정도로요." 그가 말했다. "만약 칭찬해 주시지 않았더라면, 전 그냥 잘 지내고 있을 거예요."

정신과의사들은 이런 무너짐 현상을 '파멸감'[7]이라고 부른다. 잘못된 치료가 이 증상을 불러일으킬 수 있다. 그러나 이 경우엔 이 증상이 기대하지 못했던 갑작스러운 나의 인정 때문에 나타났다. 우린 함께 냄새나는 넝마 위에 대자로 누워 한두 차례 억지웃음을 지었다. 소년은 그간 받았던 각종 오해, 자신의 위치를 찾으려는 시도, 우는 사람이 아니라 웃기는 사람이 되고 싶은 욕망, 그리고 실패에 대해 나에게 이야기했다. "반 아이들이 항상 저를 어릿광대로 뽑아요." 그가 말했다. "만장일치로 뽑혔죠. 언제나.… 제가 수업시간에 질문을 하면, 아이들이 웃어요. 그러면 저도 그게 정말 재미있는 양 웃죠. 제가 무언가 제안하거나 아이디어를 내도, 아이들은 웃어요. 그럼 저는 까불며 그런 척하죠. 전 당연히 웃음을 주는 재미있는 사람이 되어야 했어요. 가끔 제가 암송하려고 일어나면 제가 입을 벙긋 하기도 전에 아이들이 웃어요. 그러면 전 활짝 웃으며 바보 연기를 해요, 그저, 아이들을 놀리려는 거죠. 그럼 선생님들은 저를 교실에서 쫓아내요. 웃기고 재미있다는 이유 때문에요!" 소년은 다시 거의 무너져 내릴 뻔했다. 그리고 정말 놀라울 정도로 뼈아픈 말을 던졌다. "그런데 저는 살면서 재미있었던 적이 한 번도 없었어요!"

여기 내 앞에 우리 학교 최고의 재사, 예리할 만큼 총명한 풍자가, 신속하게 반어적으로 비꼬아 말할 줄 아는 소년이 있었다. 그는 이미 누구나 부러워할 명성도 얻었고, 선생님들은 물론 반 친구들로부터도 타고난 유머 감각의 소유자라는 칭송도 듣고 있었다. 그런데 그런 소년이 살면서 재미있었던 적이 한 번도 없었다는 생각을 마음에 품고 있었다! 모든 웃음이 소년의 진지한 욕망에 대한 오해였던 셈이다. 반 학생들이 이 소년을 어릿광대라고 부르며 그를 영예롭게 해주고자 했던 것이 그의 가슴을 거의 찢어지게 했던 것이다! 그의 우스운 표정들, 흉내 낼 수 없는 몸짓들, 엄청나게 파괴적인 재담들, 모두 허세였고, 순전히 방어반응이었다! 이것은 믿을 수 없지만 틀림없는 사실이었다.

소년과 나는 이 부분에 대해 대화를 나눴다. 그러자 소년의 옛 정신이 돌아왔다. 그가 반복적으로 웃기 시작했다. "녀석," 내가 말했다. "넌 '정말' 웃기는 녀석이야! 넌 지금까지 내가 만났던 사람들 중 제일 웃겨! 그런데 넌 네가 가진 타고난 재능을 알지 못해! 알기 쉬운 일이건만, 넌 네 재능이 세상에서 얼마나 희귀하고 세상이 그것을 얼마나 갈망하는지 깨닫지 못하는구나. 네 재능을 믿어봐. 네 재능은 동시에 줄줄이 일어난다는 거야. 함께 따라오는 재능이 없으면 사실 네 유머는 바보짓에 불과하지. 하지만 넌 진지함과 민첩한 재치, 이 두 가지를 다 가지고 있어. 이 한 쌍의 재능이 유머와 잘 합쳐지면, 네가 상상조차 못했던 세상을 얻게 될 거야. 네가 어떤 선택을 하던 상관없어. 감히 단언컨대, 앞으로 너의 진지함과 슬기로운 재치가 힘을 합쳐 너를 위해 세상의 어려운 문들이란 문은 다 열어 줄 거야."

나는 (이 사례에서 명백히 나타나는) 다음 단계가 무엇인지 알고 싶은 사람들을 위해 과제 하나를 제안했다. 사실 나는 소년과의 면담이 진행되는 기간 중에 혹시 필요할 수도 있다는 생각으로 이 과제를 미리 준비했다.

나의 과제란 진지하고 지적인 사람들은 물론 또래 그룹들로부터 인정을 받을 만한 이 소년의 작품을 심혈을 기울여 찾아보는 일이었다. 우리는 얼마 안 되어 개성이 현저하게 드러나는 그의 4행시를 발견했다. 내가 그 시에 칭찬을 쏟아 붓자 곧 다른 사람들의 감탄이 이어졌다. 더 많은 칭찬의 말이 쏟아져 나왔다. 칭찬은 계속되었고, 결국 소년에겐 새로운 명성이 생겼다. 후에 나는 그가 잡지 그룹의 리더가 된 것을 보았다. 고학년들은 그를 대등한 동료로 받아들였고, 저학년들은 그의 탁월성을 인정하고 그에게 합당한 존경을 표했다. '그러자' 그의 타고난 유머가 얼마나 찬란하게 꽃을 피웠던가!

이 소년의 간단한 4행시는 우리 마음속에 담아두고 싶은 즐겁고 색다른 그림을 제공하고, 더 나아가 소년도 완전히 알지 못했던 광대한 상징적 진실을 묘사한다. 말하자면, 소심한 청소년이 직면한 어두운 미래부터 "고독한, 혼들리는 밤의 어둠" 속 인류 자체의 두려운 상황까지의 폭넓은 삶의 진실을 상징적으로 드러낸다. 훌륭한 지도자가 반드시 갖추어야 할 능력 중 하나가 바로 이러한 무의식적 상징에 민감하게 반응하는 일이다. 탁월한 문학 작품은 상징으로 가득 차 있으며, 상징 없이는 어떤 훌륭함도 예술도 존재할 수 없다. 여기에 그의 4행시를 소개한다.

등불*

오, 씻지 않은 굴뚝을 가진 그을린 등불이여,

외롭고, 요동치는 밤의 어둠 속에서

끊기는 리듬으로 흔들리며

마차의 덜컥거림에 박자 맞추네.

제9장 연극이 바로 열쇠

1

무대 연극, 장식, 춤, 즉흥연기, 가장假裝, 인상적인 대사, 노래, 팬터마임, 성격 투영性 投影, 자아 억제 기술은 물론 악의惡意에서조차, 모든 예술이 한데 뭉쳐 하나가 된다. 함께 살아가는 예술, 상상을 통한 창조적 예술 등 수백의 다른 예술들에서도 모든 예술이 하나로 결합한다. 이 때문에 연극은 아동교육에서 절대로 빠질 수 없다.

어린이들이 연극에 참여하면 눈에 띄는 결과를 얻는다. 연극은 억압되거나 탐색되지 않아서 영원히 잃어버릴 수도 있는 자연적인 힘의 발산을 돕는 지름길이다. 어색하고 눈에 띄지 않는 소녀도 단순한 춤을 통해 마치 애벌레가 나비로 변하는 것처럼 매력 넘치는 자기다운 인물로 변신하고, 균형이 잡힌 상태에서 비상하듯 생동감 있는 모습을 영원히 유지할 수 있다. 연극이 발산하는 힘의 영향을 받으면 말더듬이 소년조차 수년 동안의 낯가림을 깨부술 수 있다.

이와 같은 주장은 아동연극 관련자들이나 교육적 목적을 위해서 겉모습과 행동의 변화를 활용해온 우리에게는 새로운 이야기가 아니다. 우리가 관찰해 온 바에 의하면, 유아들조차 연극을 통해 세상을 해석하는 새로운 비전을 얻을 수 있다. (이것은 일반적으로 알려진 사항은 아니다.) 그리고 이 새로운 비전은 언제나 도덕적으로 선한 편에 선다. 악역을 연기하면서도 내면의 악을 물리치는 사람만이 멋진 악역을 연기해낼 수 있다. 다른 사람들은 몰라도 우리는 도덕이 아니라 연극이 우리를 도덕적인 삶으로 이끌고 그것에 영원히 충성을 맹세하게 만든다는 것도 알고 있다.

창조적 글쓰기와 다른 일들이 여가 시간을 차지하기 전 연극은 항상 나의 교육 프로그램의 일부였다. 디렉터나 교육행정관 등 윗사람들은 나의 방과 후 연극 활동이 하찮은 에너지 낭비일 뿐이라고 단언했다. 그분들 중 한 분은 나를 엄하게 꾸짖기까지 했다. 그러나 나는 일찍이 아이디어가 연극으로 발전할 때 자극받는 영적 교감이 교육 프로그램에서 서로 대치하는 청소년과 어른 사이의 장벽을 무너뜨린다는 사실을 발견했다.

시간이 지남에 따라 나의 수업 방식이 차차 받아들여졌다. 젊은 시절 나는 문법, 세제곱근, 라틴어, 철학, 그 외의 열두 가지의 다양한 교과목들을 가르쳤지만, 어떤 과목을 가르치든 항상 연극을 도입하여 배우가 된 학생들과 동료애를 나누는 나만의 장점을 발휘했다. 좋아하기 때문에 야외 스포츠나 다른 방과 후 활동을 가르치는 교사라면 누구나 이런 개인적인 관계맺음의 가치를 알고 있다. 이런 맥락에서 교사의 힘과 교사의 영향력을 공개적으로 강조할 필요가 있다.

물론 유익한 교육 도구로서의 연극에 대한 나의 생각은 오래전 내가 필라델피아 '플레이즈 앤 프레이어즈 극단'[1]에서 〈콘 아모레〉의 연극배우이자 제작자로서 밤낮으로 힘든 시간을 보내면서 더욱 강화되었다. 우리에겐 아늑한 우리만의 극장과 연극 미참여 단원들 중에서 엄격하게 선발한 우리를 자극하는 관객도 있었다. 우리는 토요일이면 밤새도록 리허설을 했다. 새벽녘이 되어서야 겨우 리허설을 멈추었고 커피와 번bun으로 아침 식사를 때웠으며, 일요일에도 대부분 리허설을 지속했다. 때로 우리는 지역 자선 단체를 돕기 위해 클럽 하우스 밖으로 나가 정규 극장에서 공연을 하거나, 흥겨운 마음으로 레퍼토리를 가지고 지역 밖 무대로도 향했다. 기억해보면, 이따금 가족 같은 세 명의 단원들과 함께 했던 그 때 그 순간들보다 더 행복했던 순간은 없었던 것 같다.

훗날 연극은 나의 청소년 교육 프로그램에 자연스럽게 동반되었다. 회고해 보면 당시에는 전혀 인정받지 못했던 연극 공연이 결국 내가 전문가로서의 뛰어난 기량을 가질 수 있는 발판이 되었다. 그때 나는 '최고의 연극이란 우리 모두가 함께 작업함으로써 우리 자신을 창조하는 연극'임을 발견했다.

나는 10대 후반 청소년 그룹과 함께 당시 심리학계의 발견인 '행동이나 말로 표현된 모든 것에는 심오한 무의식적 암시가 숨겨져 있다'는 단순한 아이디어를 가지고 연극을 시작했던 적이 있다. 새로운 심리학 교수 역을 맡을 사람이 필요했다. 나이 들어 보이는 비주얼의 소년이 자연스럽게 이 역할을 맡았다. 첫 출발이니만큼 나는 순전히 난센스로만 되어 있는 나의 4행시를 내놓았고, 교수 역을 맡은 소년을 불러 내 시의 숨겨진 의미를 밝혀보라고 했다. 그가 해냈다. 다른 학생들이 의견을 내고 있는 가운데, 소년은 내 시가 우리의 숨겨진 열망 중 십여 가지를 건드리는 중요한 의미를 가지고 있음을 밝혀냈다. 그리고 그 열망은 성적sexual이거나 대체로 애무와 관련된다고 설명했다. 나는 이때 주로 편집자와 검열자로만 일했다. 결과적으로 이 작업은 우리 지역의 아마추어 히트작이 되었다.

공연을 꽤 여러 번 거듭하는 과정에서 대본이 계속 수정되자, 연극은 점차 통일성을 지닌 최고의 형태로 발전했다. 참여 청소년들도 덩달아 발전 중이었으며, 그들도 이 사실을 알았다. 그들은 우리가 힘을 합쳐 만들어낸 연극적 창조물이 성공하는 것을 보고 기쁨에 넘쳤다. 또 그들은 자신들의 내면에서 이전에는 꿈도 꿔보지 못했던 새로운 능력들을 발견하고 있는 중이었다. 이것이 그들의 교사에게도 배움의 경험이 되었다는 것은 의심할 나위가 없다.

당시에는 깨닫지 못했지만, 나의 미래 교육의 핵심이 여기에 있었다.

또 다른 재미있고 신기한 결과도 나왔다. 이 모든 것을 출발시킨 나의 이 난센스 4행시가 프랭크린 P. 애덤스의 유명한 칼럼 「전망 탑」[2]에 실린 후, 여러 사람들에 의해 연속적으로 인용되면서 말 그대로 세계를 여행하게 되었던 것이다. 이것은 작곡가 버나드 해니헌이 이 시를 가사로 한 히트곡 〈그곳에 없는 작은 남자〉를 발표하기 수년 전의 일이었다. 여러분도 이 4행시를 어디선가 읽었을 것이다.

> 계단을 오르면서
> 그곳에 없는 남자를 만났다.
> 그는 오늘도 거기에 없었다. ─
> 그가 저 멀리 다른 곳에 있었으면, '있었으면'.[3]

이 10대 후반 그룹이 여러 짧은 연극에서 활용한 테크닉은 이후 수년 동안 우리 연극의 기본 테크닉으로 자리 잡았다. 우리는 이 테크닉을 활용한 연극을 대사를 쳐주지 않는다는 의미에서 '즉흥극'이라고 불렀다. 어느 날 어떤 방문객이 왜 그렇게 이름을 지었느냐고 물었을 때, 그룹의 익살꾼 소년은 진지한 척하며 익살스럽게 "아무도 대사를 쳐주지 않거든요"라고 답했다.[4]

한참 후 이번에는 고등학교 졸업반 그룹이 짐작조차 못했던 재능들을 끄집어내는 데 연극이 발휘하는 거의 기적 같은 힘을 한번 더 보여주었다. 11월경 고등학교의 크리스마스 축하 행사를 위해 무엇을 할까 생각하며 준비할 때, 몇몇 여학생들이 흥분된 킥킥거림 속에서 나에게 속삭였다. "애나 춤 보고 싶어요!" 애나가 화들짝 놀라며 부정했다. "여자탈의실에서 춤추는 것도 보았는걸요." 그들은 본 것들을 폭로했다. "악 쓰며 소리도 질렀대요." 애나는 겁에 질려 울기 직전이어서 무척이나 조심스러웠다. 하지만 나는 귓속말로 되받아쳤다. "방과 후에 회관에 내려가 한번 시험해 보자꾸나." 내가 본 애나는 자유분방한 여느 청소년들과는 달리 굉장히 수줍고 최대한 존재감을 드러내지 않으려 애쓰는 것처럼 보였다. "우리들만 있는 거 맞죠? 다른 사람들이 절대로 보지 않게 해주세요." 그녀가 사정했다. 난 괜찮으니 걱정 말라 답을 했고 그녀는 여자 친구들이 문 앞에서 살펴봐줄 것을 요구했다. "그러니까 절대 남자들이 보면 안 돼요." 그녀가 설명했다. 여자 친구들 중 하나가 나와서 피아노를 연주했다.

애나는 집안 어른들과 함께 의무적으로 관람했던 안무가 마사 그레이엄[5]과 하냐 홈[6]이 고안한 현대 무용을 흉내 내서 보여주려고 했다. 하지만 그녀가 우리에게 보여주었던 것은 결코 단순한 흉내 내기가 아니었다. 그것은 엄격하게 통제된 행위에서 방출되는 젊음, 빠르게 변화하는 움직임, 동작의 아름다움으로 표현되는 그녀 자신만의 무엇이었다. 억눌림에 움츠려들었던 그녀의 이전 형체가 느슨해지며 기지개를 펴듯 커졌다. 나는 그녀가 작다고 생각해 왔다. 음악이 파도처럼 일렁이자 내 앞에 선 그녀는 키가 쑥 자란 것처럼 보였다.

나는 그녀가 춤을 다 추고 상기된 표정으로 무대를 내려왔을 때를 기다렸다가 말을 건넸다. "애나, 정말 멋졌어! 네 춤은 현대 무용을 단순히 흉내 낸 것이 절대 아냐. 그것은 무언가에 구애받지 않고 즐거움을 추구하는 것 같은 너만의 스타일, 너만의 무대였어. 놀랍고도 생생한 그 무엇이랄까… 더 해보자."

리허설은 계속되었고, 애나가 클라이맥스 지점에 등장하는 것에 모두가 동의했다. 남학생들이 그녀 주변으로 몰려들어 그녀의 가운에 반짝이는 크리스마스트리 장식 다는 일을 도왔고, 투표를 통해 그녀를 크리스마스 쇼의 최고 일인자로 선정했다.

몇 주 후 나는 애나를 만났다. 그때 애나는 감탄하는 청소년 무리 한가운데 꼿꼿한 자세로 자신감을 뽐내며 서 있었다. 나는 고학년 남학생 리더에게 조용히 물었다. "애나가 아름답구나, 그렇지 않니?" 내 말에 그가 동의했다. "난 이전엔 애나에게 거의 주목하지 못했어." 내가 말했다. "애나는 누구나 다 알고 있듯이 많이 수줍고 내성적이었어. 그랬던 애나의 변화를 넌 어떻게 생각하니?" "춤의 힘이죠." 그가 빨리 답했다. "애나는 연극 무대에 선 이후로 전혀 다른 사람으로 변했어요."

그렇다. 이것이 교육이다. 이것 말고 무엇이랴? 일반 학교의 교육 과정에서는 이런 종류의 교육을 찾을 수 없을 것이다. 이것은 실험학교가 제공했던 자기-표현의 기회가 가져다 준 귀중한 보물이다. 이제까지 내성적이며 실패한 것 같았던 한 개인이 청소년 시절의 어색함을 한순간에 훌쩍 벗어던지고, 걸음걸이, 자세, 말 등에 성숙을 입혀 발전해나가고 있었다. 나는 보물을 발견했던 것이다.

나는 좋은 의도를 가지고는 있지만 상상력이 부족한 동료 교사들로부터 엄한 질책을 받아왔다. 그들은 내가 청소년들과 함께 이런 시시한 모험으로 시간을 낭비한다고 비난했다. 나는 이런 말을 들을 때마다 속으로 생각한다. "당신들이 만약 내 눈앞의 청소년이었다면 그럴듯한 연극 무대에 세워 절망의 타래를 푸는 방법을 터득하게 했을 거야. 그럴 수만 있었다면, 당신들의 보는 눈이 지금과는 판이하게 달라졌겠지. 우리가 청소년들과 하는 일에 대해 세심하게 느끼고 관대한 마음으로 그 진가를 알아볼 참된 눈을 가질 수 있었을 거야." 하나도 특별한 데가 없는 평범한 연극에서 배우가 되어 다른 사람이 되는 것, 정말로 그 사람으로 '존재하는' 것, 그것만으로도 그를 헤아릴 수 없을 정도로 영원히 자유롭게 만든다. 하지만 나의 근엄한 친구들 중 몇몇의 경우엔 한 편의 연극 참가만으로는 충분하지 않으리라.

제10장 방해꾼 악마

1

캐롤라인 자크리[1]의 중학교 수업에서 시가 폭발적으로 쏟아져 나왔다. 이것은 성공적인 교사의 지도를 받고 나온 과제물의 수준을 넘어서는 무엇이었다. 진심에서 즉흥적으로 우러나온 이와 같은 시적 분출은 모든 사람의 관심을 사로잡았다. 물론 자크리는 아주 오랫동안 준비했고, 이 전면적 폭발은 그 준비에 따른 결과였다. 시 수확물이 갑자기 터져 나와 꽃을 피웠고, 등사판[2] 잡지가 출현했고, 학생들 중 관리자들과 편집자들이 나서서 진두지휘를 맡았다. 모든 구성원이 갑자기 진지한 시 창작 바이러스에 전염된 것 같았다.

한 예리한 소년만이 혼자 떨어져 있었다. 자신의 주변에서 벌어지는 흥미진진한 일들을 주시하며 그는 자신의 뇌리 속에 들어온 첫 난센스를 무심한 유머에 버무려 자유롭게 휘갈겨 썼다. 그리고 일일이 베껴서 학생 편집부에 건넸다. 신중한 논의 끝에 출판이 결정 났고 그는 너무 흐뭇한 나머지 밖으로 나가 혼자 씩 웃었다.

이런 구체적인 얘기들은 나중에 알게 된 것이다. 그래서 나는 여기서 이리저리 고민하며 수정했을 소년의 초고가 오랜 시간 끝에야 웃음코드를 제대로 끄집어낼 수 있었다는 점을 반드시 전해야 한다. 사실 그는 초고가 완벽한 속임수로 내보여질 단계에 이를 때까지 며칠 내내 작품을 마음속으로만 간직했다.

등사판 잡지가 출간되던 날 소년은 자신의 작품에 몰입한 독자들을 관찰했다. 이번에 그의 농담의 대상은 자기중심적인 편집자들이었다. 소년은 잠시 후 누군가가 자신의 작품을 읽고선 자신을 쳐다보며 비웃을 것이라 생각했지만 비웃는 자는 없었다. 슬그머니 쳐다보더니 모두 떠들썩한 상태에 여념이 없었다. 이는 소년이 쓴 멋진 시에 대한 인정의 표시였다! '반 전체를 압도적으로 사로잡은 최고작들 중 하나'라는 것이 전반적인 평이었다. 교사도 이 평에 맞장구쳤다!

소년은 혼자 또 씩 웃었다. 이제 농담의 대상은 자신의 시를 읽은 독자 모두였다. 자크리도 포함되었다. "아니 뭐라는 거지, 거의 생각이란 걸 하지 않고 휘갈겨 썼던 것인데. '시'라니! 사람들은 시와 대마초의 차이를 구별하지 못해. 이렇게 전반적으로 부는 시 열풍은 완전 무의미해. 오, 마구 쏟아지는 시들을 들어보란 말이야!" (우리는 나중에 그에게서 이와 같은 주장을 들었다.) 소년은 사람들을 '장악했고' 그 사실을 증명할 수 있었다. (나는 그가 친구 한 명을 목격자로서 자신의 음모에 가담시켰다고 믿는다.) 하지만 그의 작품에 흥분한 사람들이 매우 진지한 태도로 감탄을 표하자 그도 더 이상 그들을 농담의 대상으로 여기지 않게 되었다. 사실, 사람들은 그의 첫 항변을 그저 철없는 겸손쯤으로 여기고 그의 입을 막았다.

소년은 소위 시라고 불리는 것을 혼자서만 읽으며 지냈다. 그는 그들 면전에서 비웃고 싶은 욕망을 거의 감추지 못했다. 그에게 자신이 휘갈겨 쓴 이 시는 실제로 아무런 의미도 없는 시였다! 그러나 시간이 지나면서 그는 점차 사방에서 인용되기 시작한 그의 시구들에 귀 기울여야만 했다. 사람들이 대단히 좋아해서 큰 소리로 읽고 또 읽는 그 시구들에. 특히 한 구절이 시를 소리 내 읽는 사람들에게 큰 만족을 주었다. 그 구절은 학생들이 뛰어다니는 복도에서 큰 소리로 거듭 읽혔고 또 수많은 교실에서 은밀하게 속삭임으로 들렸다.

*

둥… 둥… 둥…

텅 빈 대나무 북의 등에다.

이 시는 이집트 왕의 아들 아키브의 이야기를 전한다. 아키브가

*

두 둠 둔 강가에 누워있네,

회색-초록빛 모래 위에 누워있네

이집트의,

이집트의 회색-초록 모래 위에.[3]

아키브가 오일 팜 나무 아래서 게으르게 기지개를 피며 콧노래로 불렀던,

*

… 우케카담에 바치는 노래,

그가 잠들 때까지, 6월의 중순에,

악어의 가락에 맞춰 노래 부르며,

나일강 속 꼬리를 두드릴 때.

못생긴 악어의 가락에 맞춰,

둥… 둥… 둥…

텅 빈 대나무 북의 등에다.[4]

그다음 "흙을 뭉개고 흙 묻은 풀을 짓이기고… 개울의 찬물에 얼굴을 씻

은 후 살며시 조심스러운 표정으로 발걸음을 옮겨 내려오는" 우케카담에 대한 아키브의 꿈이 이어진다.

*

그가 갈고리 같은 손 사이로 곡식들을 흩뿌릴 때,
이집트 땅 위 부는 바람에 맞춰
곡식들을 흩뿌릴 때.

그리고 잠이 든 이집트 왕의 아들 아키브는 꿈을 꾸었다. 꿈속에서 달이 하늘 위에 갑자기 나타났다.

*

… 내동댕이쳐지고
깊은 밤 내내 파도와 싸우는
폭풍 속 바다 위의 배처럼.
그러다 그는 악어를 향한 달빛의 떨림을 보았다
악어가 나일강에 꼬리를 두드릴 때.
둥… 둥… 둥…
텅 빈 대나무 북의 등에다.

이 신비롭고 기묘한 이야기를 계속 읽고 싶다면, 이 시 전체를『청소년의 창조성』에서 찾아 읽기 바란다. 이 시는 많은 소년 소녀들의 상상의 세계를 사로잡았다. 청소년들은 이 시를 통해 놀라울 정도로 실감나는 상상의 나래를 펼쳤다. 이 시가 이런저런 계획 없이 신속하게 쓴 시라는 사실은 이 시의 가치와 아무

관계가 없다. 이 시의 저자가 이 시를 과소평가했다는 것은 우리의 최고작이 자주 자신에 의해 평가받지 못한다는 것을 알려주는 또 하나의 증거일 뿐이다.

이 일화에서 가장 재미있는 사건은 이 (중학교) 졸업반 학생들이 등사판 정기 간행 잡지에 수록할 작품으로 「아키브, 이집트 왕의 아들」을 선정하고 이 시에 대한 따뜻한 지지의 글을 온전히 두 페이지에 걸쳐 정성스럽게 썼을 때 일어났다. 이 어린 저자는 이제 웃음의 대상은 학교 전체라고 생각했다. 그래서 소년은 자신의 이야기가 전교생 모두를 속였다고 말했다.

이름이 쌤인 이 소년이 모두가 속아 넘어갔다고 몇몇 친구들을 설득할 수 있었을 즈음, 무엇인가 반란의 시작 비슷한 것이 자크리의 반 시 그룹에서 일어났다. 의심의 여지 없는 격렬한 논쟁이 시작되었다. 만약 이 순간 누군가가 '시란 무엇인가'에 대한 토론을 하자고 제안했더라면, 그 제안은 만장일치로 통과되었을 정도의 열기가 느껴졌다. 이와 같은 강렬한 순간은 자크리의 문학 프로젝트 분위기에서 특징적으로 나타나는 현상이다. 자크리의 수업에선 프로젝트를 통해 자연스럽게 길러지는 다양성보다 더 중요한 것은 없어 보였다. 자크리는 어린이의 인생 전체를 사로잡을 만한 자료의 씨앗을 심는 기술의 명수였다. 그러나 이 지점에서 그녀는 어린이들이 너무 뜨겁게 달아올라 시 창작이 올바른 방향으로 인도되지 못할까봐 약간 두려웠다. 그래서 나와 자크리는 이러한 어려움을 극복하고 모두에게 좋은 결과를 가져올 수 있는 방향과 방식을 논의하기 위한 둘만의 은밀한 회의를 시작했다.

결국 나는 자크리의 수업에 초대되어 내 입장에서 학생들에게 쌤의 일화를 전했다. 소년 저자 쌤에게 그가 의도하지는 않았지만 정말 훌륭한 시를 썼다는 것을 증명해주기 위함이었다. 나는 내 말에 귀 기울이는 어린 학생들에게 쌤의 시를 읽어주고 왜 우리 어른들이 이것을 학교 시 그룹의 최고작으로 여기게 되었는지를 설명했다. 우리는 쌤과 결론 없는 논쟁을 벌이는 중이었다. 두 명의 선생님이

한 학생에게 공부를 잘했다고 애써 설득하며, 실제로 그에게 높은 점수를 줄 테니 받아달라고 애원하고 있는 셈이었으니, 참으로 즐거웠다! 이것이 바로 새로운 교육이 만들어낸 충격적인 장면인 것이다.

시 읽기를 마치자, 청소년들에게서 한결같은 박수가 지속적으로 쏟아졌다. 소년 저자에게 보내는 박수임이 분명했다.

고요하고 엄숙한 상태에서도 박수가 쏟아져 나오자 나는 소년에게 미소를 지었다.

"고마운 충격이지?" 내가 그에게 조용히 물었다. "반 친구들의 뜨거운 박수 말이야?"

쌤은 자신 앞의 책상 위에 한 팔을 대고 의자에 낮게 주저앉았다. "네," 그가 솔직하게 인정했다. "친구들이 제 시를 좋아해주는 것도 좋고 선생님께서 낭독해주시니 마치 무엇인가를 암시하고 있는 것 같기도 해요. 하지만 아무 의미 없이 쓴 거예요."

"네가 무슨 말을 하는지 알고 있다." 내가 말했다. "그러나 의미를 두려고만 하는 것이 시일까? 「아키브」가 매혹적인 것은 그것이 그려낸 그림 때문이다. 그 시는 섬뜩하게 기괴하고, 심지어 소름끼치는 그림들의 연속이거든. 못생긴 악어라! 그게 나에게 오싹한 전율을 가져다준다. 그리고 시를 읽고 난 후에도 오래 동안 그 전율이 계속 되고. 내가 밤에 악어가

둥… 둥… 둥…
텅 빈 대나무 북의 등에다

두드리는 모습을 보는 거지. 「노 수부의 노래」와 정확히 똑같이. 「노 수부의 노래」가 무슨 의미를 지녔는지 정말로 아는 사람이 있을까? 난 심지어 저자인

콜리지[5]도 몰랐다고 믿는 사람들 중 한 사람이고말고! 하지만 콜리지의 그림들은 그 시를 읽는 사람에겐 충분히 즐거우면서도 영원한 공포를 전달한다."

갑자기 그 소년 옆의 체격이 큰 소녀가 일어나 "쌤, 넌 네 시가 좋다는 걸 '알고 있어'!"라고 말하곤 쿵 소리와 함께 의자에 앉았다. 교실 학생들이 다시 박수를 쳤고 이것으로 이 문제는 해결된 것 같았다.

2

틀림없이 무엇인가가 우리의 살아있는 자아를 움켜잡는다. 최고의 것을 사랑하지 않는 무엇인가가 존재한다. 모든 예술가들(대체로 화가, 작가, 공예작가나 조각가)은 보이지 않고 알려지지 않는 이 방해꾼의 정체를 안다. 그리고 예술가라면 누구나 어느 시점에서 영원할 것 같은 이 방해꾼의 경계를 풀어 던져버릴 비결을 찾는다. 어떤 사람들은 끝없이 파이프 담배를 피우면서 아무 생각도 안하는 척할 것이다. 그런 후 아주 빠르게 돌진한다! 그들은 갑자기 방향을 틀어 일하기 시작하고 (정말로 약간은 멍청한) '이 방해꾼 녀석'이 무슨 일이 일어났는지 발견하기 전에 미리 많은 일을 처리해 놓는다. 또 다른 몇몇 사람들은 왔다 갔다 걷거나 흔들의자에 앉아야만 한다. 어떤 사람들은 자신이 평소엔 들어갈 수 없는 마법의 장소, 예를 들면, 목욕통 같은 곳을 찾는다. 그리고 침대에서 일해야만 하는 사람들도 있다. 마크 트웨인이 이런 부류의 사람들 중 한 사람이었다. 또는 하이킹을 가거나, 메리 로버츠 라인하트처럼 평범한 일상을 암시하는 것이 전혀 없는 마을에서 집필실을 구한다.[6]

시간 역시 중요하다. 어떤 사람들은 자정이 넘을 때까지는 작업할 수 없다. 또 새벽에 시작하는 사람들도 있다.

완벽한 자기-표현을 방해할 방해꾼이 거의 존재하지 않을 시간을 찾아 한밤중에 갑자기 깨어나는 사람들도 있다. 이런 사람들의 경험은 이미 우리 앞에 여러 번 모습을 드러낸 바 있다. 쌤의 「아키브, 이집트 왕의 아들」은 방해꾼의 관심을 다른 곳으로 돌리는 또 다른 무의식적 책략이다. 쌤은 자신이 다른 사람들을 속여 바보로 만들고 있다고 생각했지만, 오히려 그는 자신을 속여 바보로 만들었다. 만약 쌤이 진지하게 글을 쓰려고 했다면 고군분투할 수밖에 없었을 것이고, 그렇다면 십중팔구 그가 묘사한 상상력이 풍부한 자유로운 흐름의 그림들이 나타나지 못했을 것이다. 유일한 길은 아니지만 노력하지 않는 것도 성공적으로 창조의 영역으로 들어갈 수 있는 여러 갈래의 길들 중 하나이다.

노력하지 않는다! 이것은 도덕적인 사람들이 쏟아내는 온갖 교훈들과 싸우는 창조적 삶의 방식이다! 착한 어린 소년은 정확한 시간에 일어나, 늘 하라는 대로 하고, 다른 사람들 말에 귀 기울이고, 내면으로부터 암시될 수 있는 어떤 생각의 자극제도 스스로 무시한다. 그는 언제나 최선을 다하고, 빈둥거리지 않고, 200칼로리의 시금치[7] 등의 음식을 꼬박꼬박 정시에 먹고, 누가 말을 걸지 않으면 말하지 않고, 가치 있는 모든 것에 관심 있는 척하고, 각 과목에 정확하게 동등한 관심을 두고 예습하고, 인간이라는 종의 특징적 칭얼거림 하나 없이 정확히 제시간에 잠자리에 든다.

이 그림이 암시하는 것은 시계이다. 그러고 보면, 어른들은 자신들이 편하고자 이런 시계 같은 어린이들을 정성을 다해 키워온 셈이다. 하지만 우리는 오로지 창의적이지 않은 어린이들만 시계처럼 키울 수 있었다. 자유로운 정신을 수호하고자 투쟁했던 자기주장이 강한 반항아들을 다룰 때는 실패했다. 이 반항아들의 시계 같지 않은 기질을 더 잘 이해했더라면 우리는 실패하지 않았을 것이다.

이런 사항들에 대한 독자의 이해를 돕는 것이 이 책의 목표이다. 물론 나는 이 책을 쓰고 있는 지금도 이 세상엔 우리가 발견한 탁월한 것들이 중요하지 않다고 생각하는 사람들이 정말 많다는 사실을 확인한다. 그러나 나는 인류의 진보는 오로지 여기에 기록하는 것과 같은 탁월한 것들에 대한 관심을 통해서만 가능하다고 생각한다. 지난날 우리는 가엾이 떨고 있는 노파들을 피하기도 하고 겁에 질린 약한 사람들을 때리곤 했지만, 우리는 이제 더 이상 그렇게 하지 않는다는 것이 그 증거이다.

3

나는 쎔의 창조적 능력에 대한 우리의 진지한 고찰이 그에게 실제로 자신의 내면에서 일어나는 일이 무엇인지 알게 해주었다고 믿는다. 만약 그것이 사실이라면, 그것은 학교가 그를 위해 해준 최고의 가르침들 중 하나였을 것이다. 우리는 쎔이 상당한 양의 글을 썼지만, 우리에게 읽을 수 있게 허락한 것은 아주 극소수에 불과하다는 점에 주목했다. 틀림없이 쎔은 마음속에 그려진 형상들을 그대로 복사해 휘갈겨 시로 쓰면서 개인적으로 상당히 만족스러웠을 것이다.

다른 사람들에게서 들은 이야기이지만, 쎔은 훗날 어느 시기에 종교적 경험에 사로잡혔다. 그때 그가 쓴 분량은 엄청났다. 그의 극소수의 기고 시들 중 하나가 '심판의 날'을 다루는 것을 보면, '심판의 날'이라는 냉엄한 현실이 분명히 그의 상상에 영향을 끼쳤던 것 같다. '압축적으로 그림처럼 보여주는 언어 재능과 빼어난 상상력을 가진 개성적 시인'이라는 그에 대한 우리의 평가가 틀리지 않았다는 것을 입증하기 위해서, 나는 그의 이 시를 소개하는 데 두세 페이지의 지면을 할애한다.

주님의 재림

I

새로이 다가오는 날의

영광에 빛을 비추는

힘찬 빛줄기 속에

갑자기 구름들이 나타났다.

천사들이 노래했고

사람들이 환호했고

소떼들이 달렸고

말들이 뒷다리로 섰다.

지옥 같은 불구덩이 속은

온통 대 혼란이었고,

교회 뾰족탑 위에서는

오래된 십자가가 불타올랐다.

그 사이 주변 모두가

불타는 붉은색으로 변했고

불꽃과 번개와

무서운 천둥소리도 뒤따랐다.

II

아우성치는

군중들 사이

진홍빛 구름 위에

그리스도가 걸어 나왔다.

아이보리 왕관을 쓰고

사랑에 지친 얼굴과

흐르는 은총의

피 흘리는 가슴을 지닌 그가.

III

구름 모퉁이에서

밖을 엿보던 악마가

주님을 향해 활짝 웃다가

비웃듯 고개를 숙였다.

그러자 사람들이 황소 울음소리를 내며

우렁차게 외쳤다.

"꺼져라, 악마 놈!

이놈 염소 뿔 달린 바보 녀석아!

지옥으로 꺼져,

유황불 들끓는 곳으로 물러가라!"

그리고 교회 뾰족 탑 위에서

오래된 십자가가 불타올랐다.

IV

그러자 숨겨진 재산을 찾으려고

부자들이 급하게 뛰어들었고,

술주정뱅이들은 악마의

건강을 기리며 술을 마셨다.

몇몇 사람들은 두려움에

지은 죄를 회개하고

자신들의 머리카락을 잘랐지만,

천사가 팬[8] 신의 피리로

각 착한 사람의

오두막 옆에서

어떻게 연주했는지는

까마득히 알지 못했다.

V

갑자기 성인들이

두 쌍씩

갈색 빛 회색 암말을

타고 달려 왔다.

그들은 앞으로, 앞으로,

다 타버린 땅 위

영원히 바싹 말라버린 곳 너머로

하루 종일 행진했다.

금빛 사다리 위로!

금빛 문을 통과해서!

다른 사람들도 그분들 뒤를 따랐지만

너무 늦었다.

VI

땅이 말라 갈라졌다.

우주 속으로 내던져졌다.…

주님께서 오셔서 은총을 베풀고 가셨다.

내면에서 강하게 휘몰아치던 진정으로 도덕적인 감정이 위와 같은 시로 표현되었다는 것을 어찌 의심할 수 있으랴? 그런데도 일부 엄격한 도덕주의자들은 의심한다. 도덕주의자들은 어린이들에게 생각할 기회를 제공한다며 우리를 혐오하고, 나아가 우리가 세상 모든 악의 원인이라고까지 비난한다. 그 다음 그들은 그들의 관점에서 가장 현대적이라고 여겨지는 교육 사상의 견본을 제시한다. 이때 그들은 자신들이 보여주는 행동이 정신의학적으로 '퇴행'이라 불리는 것임을 거의 인지하지 못한다.

현재에 의해 패배당하면, 퇴행은 현재에 역행해 미움 받던 과거를 옹호한다. 누구나 퇴행의 시기에 접어들 수 있으니 퇴행에 대해 자비를 베풀지 않을 수 없다. 누구에게나 늙으면 퇴행 현상이 나타나고, 또 나이와 상관없이 누구나 현재의 좌절 때문에 퇴행하고, 리더십을 잃은 내성적인 사람들의 탈출구가 결국 퇴행이니 말이다.

퇴행하는 자들 중에서 가장 위험한 사람들은, 좀 더 새로운 사상에 의해서나 대거 밀려오는 젊은 지도자들에 의해서 패배를 맛본 나이 많은 지도자들이다. 그들은 한 때 새로운 사상의 주창자였지만, 이제 그들을 환호했던 군중은 사라지고 없다. 그러나 보수적 시각을 취하는 무지한 사람들이 그들을 환호하는 새로운 군중으로 즉각 소환될 수 있다. 새로운 군중의 환호를 받고자 퇴행하는 자들은 그동안 주장해온 대로 "젊은 세대에게 필요한 것은 신에 대한 두려움을 몸에 묶어둘 전통의 끈입니다!"라고 설교한다. 하지만 그들이 할 수 있는 말이라곤 오로지 이것밖에 없다. 강연회에 참석한 똑똑한 어머니들이 이런 설교에 침묵으로 응답하니 그들도 별 도리가 없는 것이다. 어머니들은 이런 무차별적인 일반화가 어떤 도움도 되지 않으며 오히려 어리석은 자들에게 힘을 주고 잔인한 자들을 무장시킬 것이라는 것을 잘 알고 있다.

똑똑한 소수로부터 인정받고 싶은 간절한 마음에 퇴행하는 자들은 자신들이 퇴행적이 아니라고 항변한다. 하지만 그들이 제안한 학교 프로그램을 분석해보면, 자신들이 혐오한다고 말했던 학교 제도를 그대로 베낀 것에 불과하다. 퇴행하는 자들이 합리화하는 다음 주장들을 살펴보고 판단해보기 바란다. 그들에 따르면, 첫째, 학교의 소유물인 학생들이 정확하게 똑같아야 모두 미국인이 될 수 있으므로 학교는 모든 학생들에게 똑같은 과목을 가르쳐야 한다. 둘째, 교수법이 '부드럽고 말랑말랑'해서는 안 되기 때문에 가르치는 과목이 매우 어려워야 한다. 셋째, 각 어린이가 세상에 일어났던 모든 것을 (언어로!) 알지 못하면 세상이 사라지는 것이나 다름없으므로, 학습 과목은 오로지 암기해야 할 사실들로만 채워져야 한다.

그들에게 교육이란 어린이를 돕는 것이 아니라 어린이의 머릿속을 빽빽이 채우는 것이다.

하지만 인정하지는 않지만 때로 퇴행하는 자들도 현재의 상황을 정확하게 파악한다. 내가 이런 퇴행 유형의 인물을 4행시로 묘사해 보았다. 이 4행시를 처음 실었던 『콜리어스』[9] 허락을 받고 이곳에 옮겨본다.

완벽한 반동주의자
의자에 앉으려고 할 때
바닥이 없다는 것을 '알았다.'
다리도 없고 등받이도 없다는 것도. 하지만 '그냥 앉았다.'
이와 같은 사소한 것들은 무시하면서.

제11장 시란 자신에게 말할 때 (피어난다)

1

이번 장은 어떻게 어린이에게 내면에 잠재된 창의성을 알려줄 것인가의 문제를 다룬다. 그러나 이에 앞서 예술교육의 핵심 사항 한 가지를 살펴보고자 한다. 우리는 다양한 시도와 수많은 실수를 통해서 훌륭한 교육법이란 단순히 효과를 거두는 것이라는 것을 배웠다. 일례로, 우리가 어린이들을 작지만 성숙한 개인들로 다루면, 그리하여 어린이의 창작품이 사회적으로 나쁜 영향을 끼치지 않고 많은 감상자들로부터 좋은 평가를 받으면, 이것이 바로 어린이들을 다루는 훌륭한 태도라는 것을 알게 되었다. 또한 어린이들이 인정을 통해 점점 더 좋은 결과물을 내고, 한 번의 작품 전시로 다음번의 더 나은 작품 전시를 열망하게 된다면, 또 직접 돕는 것이 어린이들의 통찰을 연기시킬 터이므로 도움 되는 설명을 제공하지 않고 그들 스스로 고군분투하게 하는 것이 가르침이 된다면, 이런 여러 방식들이 교육 현장에서 그 가치를 입증한다면, 바로 이런 것들이 훌륭한 교육법이라는 것도 습득했다.

이런 생각을 함께 나누던 우리 그룹은 어느 날 유아들의 독창적인 이야기와 시 창작을 지금까지의 그 어떤 것보다도 훨씬 더 강렬하게 자극하는 듯 보이는 단순한 문구를 발견했다. 그것은 이번 장의 제목에 반영된 "시란 자신에게 말할 때"라는 구절이다. 이 시의 정의에 반대하는 사람은 누구든 논박 불가능한 확고한 입장을 가져야 할 것이다. 또 누군가 이 문구를 문법에 맞지 않는 문장이라는 이유로 거부한다면, 이 문구 저자의 동의를 받아내야 할 것이다. 우리의 관심은 문학과 예술을 가르치는 데 있다. 그런데 엄밀하게 말해서 우리의 관심은 문학 또는 예술에 있지 않고, 인간의 열망을 보여주는 두 개의 다른 영역인 문학과 예술을 동시에 가르치는 데 있다. "시란 자신에게 말할 때"라는 문법적으로 부정확한 (문학적) 문구가 통했다! 이 문구가 문학과 예술을 동시에 작동시켰다. 이 문학적인 문구가 좋은 시적 결과물, 즉 시라는 창작예술을 낳았으므로, 우리는 이 문구에 '훌륭하다'는 라벨을 붙였다.

이제 우리의 이야기로 돌아가자. 나는 특별히 표현력이 부족한 4학년 학생들에게서 잠자고 있는 창조적 관심을 일깨울 수 있는지 알아보고자 전문가 교사 그룹과 공동 작업을 착수했다. 우리의 합의 사항은 '짧게 말해야 한다, 그리고 반 학생들이 귀 기울일만하다고 생각하는 시간보다 단 1분도 더 길게 말해서는 안 된다'는 것이었다. 4학년 학생들의 특성을 파악한 후 우리는 최고의 성과를 낼 수 있는 시간은 4분에서 8분이라는 사실을 받아들였다. 그러나 실제 수업에서 우리는 14분 동안이나 어린이들을 높은 수준의 집중 상태로 이끌 수 있었다.

우리는 어린이들에게 자신만의 세계를 발견했던 다른 어린이들의 작품을 읽어주자고 동의한 것 이외에는 특별한 계획을 가지고 있지 않았다. 나는 어린이들에게 힐다 콘클링 어린이의 '달님'에 관한 시부터 시작해, 힐다가 어떻게 나비, 껍데기를 우산처럼 쓴 달팽이, 꽃, 사람들이 걸으면 아파서 신음했던 오래된 다리, 구름, 저 먼 곳의 언덕으로 이뤄진 자신의 사랑스러운 세계에 대해 혼잣말을 했는지에 대해 말했다. 나는 힐다의 어머니가 조용한 친구로서 자주 그녀 곁을 지켰고, 때로는 힐다가 소리 내서 말한 것을 노트에 적었다고도 전했다.

"여러분은 혼잣말을 해본 적이 있나요?" 내가 최대한 조심스럽게 물었다. 나는 웃음이 터져 나올 것에 대비했지만, 엄숙하게 침묵이 이어졌다. 한 깊은 목소리의 소년이 권위적으로 "네"라고 말할 때까지는 그랬다. 미소, 묵인의 웅성거림, 고개의 끄덕임을 확인한 나는 "물론, 우리 모두가 그렇게 하지요"라고 말했다. 그리고 바로 내 자신도 놀랄 말을 덧붙였다. 어른들 앞이라면 분명히 하지 않았을, 내 자신도 사실이라고 완전히 믿지 않는 "시란 자신에게 말할 때"라는 구절을 말이다.

즉각 어린이들에게서 긴장감이 사라진 것 같았다. 어린이들은 틀림없이 시의 어려운 신비가 마침내 밝혀진 것에 기뻐하고 있었다.

나는 어린이들에게 그들 나이에 맞는 말로 제안했다. 다음번에 혼잣말을 하게 되었을 때 친구나 선생님 또는 어머니께 혼잣말한 것을 적어달라고 부탁하거나 스스로 적어보라고.

그런 다음 나는 어린이들이 피로감이나 관심 부족을 드러낼까 경계하면서 그들 또래 소년 소녀들이 쓴 다른 시들을 한 편씩 읽어 내려갔다.

나는 어린이들에게 「지렁이가 걷는 법」이라는 소년의 시를 읽어주었다. 이 시는 소년이 말했던 것을 여교사가 받아 적은 후 『학급 문집－우리들의 시 모음』에 수록했던 시이다. 디키라는 소년은 정원의 지렁이가 나름 먼 거리를 기어가는 모습을 관찰해 왔다. 소년은 이것을 기억했고 또 자주 이것에 대해 생각했다. 그래서 그는 훌륭한 친구였던 여교사에게 이것에 대해 말했고 그녀는 이것을 기록했다. 아래가 여교사가 기록한 시이다.

지렁이가 걷는 법*
어떤 지렁이들은 발이 없다.
지렁이는 자기 몸을 밀어 나오고,

그리고 밀어 들어오고,

그리고 밀어 나오고,

그리고 밀어 들어오고,

그리고 그렇게 사이좋게 다닌다—

그들은 발이 없기 때문이다.

그런 다음 나는 어린이들에게 7살 제니가 학교 운동장에서 그네 타며 혼잣말 하는 것을 제니의 선생님이 우연히 들었다는 이야기도 들려주었다. 특히 어린이들은 아래 묘사한 제니의 이야기에 즐거워했다. 제니의 선생님은 창문 가에서 제니를 바라보고 있다가 제니가 말하는 것을 적어서 제니에게 다시 읽어주었고 이에 제니가 행복해 했다. 이 일이 제니를 격려했고, 그녀는 계속 혼자 노래를 불렀다. 몇 년 후 자신만의 언어를 쓸 수 있게 되었을 즈음 제니는 그동안 혼자서 불러왔던 노래를 언어로 담아 모든 사람들에게 행복을 전했고 또 그들의 마음이 애국심으로 가득 차게 해주었다. 이 시는 제니가 강한 바람 속에서 힘차게 휘날리는 깃발을 바라보며 쓴 시이다.

"이 시는 아주 신기한 노래란다." 내가 4학년 학생들에게 강력하게 말했다. "이 넓은 세상에서 국기에 대해서 이런 단어들을 생각한 사람이 이제껏 없었으니까. 하지만 제니가 이렇게 써주니 우리 모두가 기쁘고 자랑스러운 마음을 지니게 되었단다. 제니의 노래를 들어보자.

빨간색, 하얀색 그리고 파란색*

소를 한 마리 봤어,

빨간색.

어디? 여기 곳곳에?

아니, 숨어있어.

왜 그러고 있는 거야?

연한 우유.

왜 그러고 있는 거야?

우유.

옥수수를 한 알 봤어,

하얀색.

어디? 여기 곳곳에?

아니, 낱알 안에.

왜 그러고 있는 거야?

빵, 빵.

왜 그러고 있는 거야?

빵.

새를 한 마리 봤어,

파란색.

어디? 여기 곳곳에?

아니, 날고 있어.

왜 그러고 있는 거야?

행복! 행복!

왜 그러고 있는 거야?

행복!

제니의 시는 여름날의 활기찬 바람에 펄럭이는 '옛 영광'과 같았다. "다음 번 여러분이 이 시를 읽을 때는 하늘 위를 쳐다보아라." 내가 어린 4학년 어린 이들에게 말했다. "그러면 '행복!' '행복!' 노래 부르는 소리를 듣게 될 거야."

어린 마샬은 무엇인가에 대해 생각하고 생각했다. 하지만 그가 생각하는 그 무엇은 세상에 존재하는 물건이 아니었다. 그는 계속 자신에게 "조금만 더 버텨!"라고 말했다. 그런 다음 그 이유를 알려주었다.

*

난 계속 걸어가요.
무엇이든 끝이 있다는 걸 알아요.
무릎이 약해지고,
발은 지쳐가고,
하지만 내 심장은 혼자 계속 말해요.

"조금만 더 버텨! hold on!"
먼지 덮인 길!
진흙투성이 거리!
야유하는 사람들,
날 보고 비웃어요.

난 성을 떠올려요
이 길의 끝에 가면 있을.
그리고 난 계속 말해요,
"조금만 더 버텨!"

어린이들은 이 시를 좋아했다. 그래서 나는 그들에게 마샬이 "조금만 더 버텨!"라는 말에서 시를 끝낸 것이 멋지다는 내 생각을 말해줄 수 있었다. "조금만 더 버텨Hold On"는 강한 발음의 두 단어 'Hold'와 'On'으로 이루어져서[1] 빨리 말할 수 없다. 그래서 오히려 이 단어가 마음속에 남는다. 게다가 시의 마지막 행에 이 두 단어가 한 번 더 나타나니 더욱 기억에 남는다. "조금만 더 버텨!"

"때때로, 너희들이 자신에게 말할 때" 나는 어린이들에게 말했다. "단어들의 발음이 바로 너희들이 생각하고 있는 것과 비슷할 때가 있단다. 예를 들면, 조지는 모래밭에 누워서 바다가 만들어 내는 소리에 귀 기울이며 자신에게 말하곤 했어. 조지는 그것을 굉장히 자주 말해 왔기 때문에 후에 그걸 기억해 친한 친구에게 말했고. 이렇게 해서 내가 그 시를 읽게 되었단다. 이 시가 무슨 뜻인지는 나에게 물어보지 말거라. 조지 자신도 그걸 알까 의문이 드니까. 하지만 이 시의 소리는 꼭 어느 멋진 여름 날 파도치는 소리 같단다. 말려 올라와 파도로 부서지다가 다시 쉬이 소리를 내며 바다로 돌아가는 그 소리 말이다. 특히 강한 S 발음들에 귀 기울이면서 이 시의 모든 소리들을 들어보자."

*

내 마음은 바다,

그, 바다는,

배들도 있어요, 보이지 않을 만큼 멀리,

그리고 아래에는 물고기도

난 영영 모르겠죠.

그리고 지금 난 볼 거예요,

그리고 지금 난 들을 거예요,

바다가 만드는 소리를 난 들을 거예요,

만드는, 바다가 만드는,

아무도 모르지만 난 알죠,

바다가 만드는 소리,

만드는, 바다가 만드는.[2]

나의 어린 청중들의 큰 관심을 끌었던 것은 5살 난 캐롤라인의 혼잣말을 어느 멋진 청취자 친구가 그 자리에서 받아 적었던 시였다. 캐롤라인의 성장 속도가 너무 빨라서 그녀의 어머니는 캐롤라인에게 늘 새 신발을 사주어야 했다. 하지만 캐롤라인은 헌 신발을 좋아했다. 아래 시는 캐롤라인의 친구가 캐롤라인이 말하는 대로 듣고 적은 것이다. "나는 그 친구가 캐롤라인의 어머니였다고 생각하는데," 내가 의견을 냈다. "그렇게 생각 안 하니?" 그러자 모두 웃음으로 합창하며 "네!"라고 답했다.

잘 가, 내 작은 신발*

잘 가, 내 작은 신발,

다시 널 보지 못할 거야.

넌 날 아프게 했거든

난 자라서 이제 큰 아이가 되었어.

학교 갈 때도 널 신었고,

놀 때도 널 신었고,

커다란 구멍이 날 때까지 질질 끌기도 했는데,

그런데 이젠 – 다시 널 보지 못할 거야.

잘 가, 내 작은 신발,

안녕!

우리는 아프리카에 대해 공부했던 다른 4학년 학생의 이야기를 어린이들에게 전함으로써 분위기를 전환했다. 흥미진진한 부분은 전쟁 중 수 마일 떨어진 곳에서 적군의 출몰을 신속하게 경고하는 드럼 소리의 묘사였다. 한 학생이 혼잣말을 했는데 너무 크게 말해서 모두가 들을 수 있었다. 하고 있는 일에 관계없이 학생들 모두가 그의 말에 일제히 멈추고 귀를 기울였다. 그것은 「경고」라는 시였다.

경고*
저 멀리에서 – 쾅, 쾅, 쾅!

키 크고, 힘 센 아프리카 남자가
미림바로 이상하고 묘한 음악을 연주한다.
여자들은 즐겁게 떠들며,
갈대 바구니를 만들고 있고,
자그만 검은 아기들은 놀고 있다.

멈춰! 들어봐! 들어봐!
저 멀리에서 – 쾅, 쾅, 쾅!

"소름이 끼치도록 무섭지 않니?" 내 의견에 어린이들이 동의했다.
어린이들이 피곤한 내색을 겉으로 드러내지는 않았지만 더 이상은 참지 못한다는 것을 알았던 나는 마지막에 쓰려고 아껴두었던 셜리 미크의 시를 가져왔다. 먼저 어린이들에게 우리 누구나 단체 여행을 가면 여행에 대해 글을 쓰곤 한다는 점을 상기시켜 주었다. 글은 여행 기간에 대해 생각했던 것이나 상상했던 것일 수도 있고, 또 함께 보낸 즐거운 시간에 대해 생각해보다가 떠오른 것일 수도 있다는 말도 덧붙였다. "너희 나이 가량의 몇몇 소년 소녀들이." 내가 말했다. "실제론 6학년들이었다. 하지만 너희도 머지않아 곧 6학년이 될 거니까. 어쨌든, 이 소년 소녀들이 그 유명한 초고층 건물들을 보려고 선생님과 함께 뉴욕 여행을 떠났다. 여기에 한 소년의 시를 소개한다. 초고층 건물들 중에서도 가장 높은 엠파이어스테이트 빌딩³에 관한 시란다."

왕*

그것은 한 가지 생각에서 자라나
그렇게 그곳에 서 있다.
높고 우아하게,
강철과 시멘트의 왕
우뚝 솟은 자리에서 고결하게 내려다본다
멀리 뻗어 나간 자신의 왕국을.

저기, 위를 쳐다보라.
푸른 안개의 천국 안에
칭송받기를 기다리는
완성된 초고층 빌딩이 서 있다.

그것은 한 생각에서 자라나

그렇게 그곳에 서 있다!

어린이들은 이 시에 깊은 감명을 받았다. 그래서 내가 그들에게 다 같이 마지막 두 줄을 반복해 읽어보자고 제안했다.

그것은 한 생각에서 자라나
그렇게 그곳에 서 있다!

그때부터 줄곧, 우리의 4학년 어린이들은 자신의 이야기를 시로 짓기 시작했다. 그들은 보통의 미국 어린이들보다 훨씬 더 많은 시를 지었다.

우리는 '시란 자신에게 말할 때'라는 아이디어와 문구를 다른 초등학교 교사들에게 전달했는데, 그들도 우리와 비슷한 결과를 보고해왔다. 훗날 뉴욕 주 교육담당부서의 요청에 따라, 나는 초등학생들에게 개인 이야기에 기초한 시 창작 방법을 생생하게 들려주는 음반[4]을 준비했다. 뉴욕 주 교육담당부서는 뉴욕 주 시골학교 특별교육 실험에서 이 음반을 활용했는데, 우리는 시골학교 교사들에게서 고무적인 보고를 계속 받을 수 있었다. 이 교사들이 전하는 말에 따르면, 어린이들이 반복해서 듣길 원했던 이 음반은 즉각적으로 어린이들로 하여금 개인적 이야기를 쓰도록 자극했으며, 교사도 이 음반 덕분에 마침내 어린이들을 위한 시 창작 수업이 어떤 것인지 이해하게 되었다고 한다.

만약 어느 날 자신도 모르게 혼자 중얼대는 자신을 발견하면, 놀라지 말고 그것이 정신과 상담을 예약할 일도 아니라는 것을 기억하길 바란다. 그것이 바로 시일지도 모른다.

2

우리는 1절에서 소개한 방식들을 매우 소중하게 여긴다. 어린이 스스로 자신이 다양한 능력의 소유자임을 믿게 할 방법에 대해 아무도 완벽하게 알지 못하고, 그나마 이에 대해 알 수 있는 확실한 길은 언제고 시도해보는 길이기 때문이다. 하지만 우리가 시도해보고 약간의 성공을 거두었던 방법을 우리의 신념과 모험을 공유하지 않은 사람들에게 설명하기란 사실상 거의 불가능하다.

나는 교육에 관한 이론서들이 우리의 시도를 설명하는 데 거의 도움이 되지 않는다는 사실을 알게 되었다. 물론 나름의 소임을 다 하고 있는 이론서들을 폄하할 생각은 없다. 그러나 어린이들의 시 창작 과정을 설명할 때 타고난 재능을 신비롭게 펼쳐내는 어린이 예술가를 그림처럼 묘사하는 일이 가장 중요하다고 생각한다. 예를 들면, '시는 마치 발견되지 않은 별들과 같다'와 같은 즉흥적 시구에서 '시'라는 꽃이 완전하게 피어난다. 또 "나는 최대한 생각하고 생각해요. '왜 저는 단풍나무가 길가에 서 있는 걸 보지 못했을까요?'와 같은 고요한 목소리에서 개인의 미학적 발견이 드러난다. 이 두 인용문은 어린이들의 타고난 재능인 '혼잣말'하며 생각하고 느끼는 능력에 대한 이해와 공감으로 가득 찬 플로라 안스타인의 『시의 모험』스탠포드대 출판부[5]에서 발췌한 것이다.

물론 책은 유용하다. 그러나 어린이의 예술 감각을 키워 자신만의 독특한 창작력을 의식할 수 있게 해주는 책으로서는, 측정 가능한 조사를 바탕으로 한 학술 보고서보다는 소설처럼 쓰인 책이 좋다. 소설 기법을 활용한 책은 옛날 이야기책처럼 상상을 불러일으키는 종이에서 독자가 각 인물을 만나 그 인물의 개인적 경험을 공유하게 해주며, 이로써 독자의 마음을 강력하게 두드린다. 여러분이 지금 읽고 있는 이 책도 이와 같은 책들 중 하나이다. 소설적 기법으로 쓰인 이런 책에서는 대화의 나무가 무럭무럭 자라고, 기억 속에 인물들이 그림처럼 남는다. 그리하여 독자는 사실이 아니라 감정에 굴복한다. 독자는 그 순간 들려주는 이야기 속에서 산다.

3

어린이에게 자신의 타고난 능력을 믿게 하려면 그에게 생각이나 감정을 자유롭게 표현할 수 있는 시간을 제공해야 한다. 어른의 눈높이에서 볼 때 낮은 수준의 결과물이 나온다 하더라도 반드시 그래야 한다. 자유와 믿음 사이의 올바른 관계가 어떤 것인지 예시하는 책 『어린이의 세계를 탐구하며』애플톤[6]에서, 헬렌 파크허스트가 가장 반사회적인 경험조차 편견 없이 고백되고 자유롭게 토론될 수 있는 장이 마련되어야 한다고 피력한 것처럼 말이다.

도로시 바루크가 쓴 책들은 모두 유익하다. 25년 전에 출판되었으나 지금은 절판된 『고집쟁이 늙은이들과 그 부류들』[7]은 특별히 우리에게 도움이 된다. 출판 이후 세월이 많이 흘렀지만 이 책은 아직도 오늘 아침 신문처럼 현대적이다.

여기서 나는 시 자체가 뿜어내는 즐거움 때문에 『고집쟁이 늙은이들과 그 부류들』에서 뽑은 시 한 편으로 '생각하고, 리듬에 맞춰 시를 짓고, 편견 없이 판단하는' 유아의 타고난 재능을 예시하고자 한다. 어린이의 자신에 대한 신뢰감 형성을 시도하기에 앞서, 우리는 '생각하기, 시 창작하기, 편견 없이 판단하기' 능력이 구체적으로 어떤 것인지 알아야하기 때문이다. 이 발췌 시는 어린이가 우리에게 가르쳐 주는 빛나는 진실로서, '인종 차별이란 우리의 타고난 생각이 아니라 선조들에 의해 우리에게 부과된 것'임을 명확히 알려준다.

이 작은 시는 도로시 바루크의 '이야기들' 중 한 편이다. 바루크는 이 시를 그녀 옆에서 놀고 있는 유아의 '혼잣말'을 그녀의 노란색 판에 받아 적었다. 아래에 소개한 이 시의 이탤릭체 부분은 수백 명의 청중들에게 들려주었던 나의 읽기 방식을 그대로 보여주기 위한 나만의 표시이다.

네 살의 낸시가 물을 나르는 흑인을 바라본다. 그가 자신을 향해 다가오자 낸시는 놀이를 잠시 멈추고 그에 대해 궁금해 한다. 그는 나이가 많고 아주 검다. 도로시 바루크는 노란색 판을 들고 아이 곁에 서 있다. 흑인이 다정한 눈길로 낸시가 모래밭에서 만들고 있는 것을 내려다본다. 그러자 낸시가 얼굴을 쳐들고 잠시 그의 얼굴을 훑어보곤 묻는다.

　　*

아저씨 어떻게 까매졌어요?
(흑인의 얼굴에도 생각하는 기색이 떠오른다.
하지만 그는 지혜로워서 대답하지 않는다.)

얼굴이

햇빛에

너무 많이 타서

까맣게

된 건가요?

(그는 빠르게 동의하며 고개를 끄덕인다.)

그리고 아저씨 몸도

전부 다―

까매요?

(그는 천천히 무겁게 동의한다는 몸짓을 한다.)

그리고 나도 만약 햇빛에 너무 오래 있으면
까매질까요?

*(그는 아이 말에 동의하며 부드럽게 웃는다. 까매질 수 있다는 말에 기쁘고 들뜬 낸시
가 외친다.)*

아저씨처럼요!

(그는 그 감탄을 자아내는 아이 앞에서 고개를 숙인다.)

25년 전 어린이가 보여준 위와 같은 천재적인 생각은 놀라움을 자아낸
다. 이 시는 어른이 손을 댄 것 같다는 혐의를 받긴 하지만, 그래도 독창적인
이 시가 세상의 주목을 받은 이후 이와 비슷한 안내서들이 신뢰를 얻으며 성장
했으며 그 수량도 증가했다. 수천 권의 안내서들이 쏟아져 나왔는데, 그 수천
권을 다 합쳐야만 내가 열광하는 『우리 각자 안의 예술가』판테온 하우스, 뉴욕[8]에 필
적할 수 있을 것이다. 이 책은 뉴욕대학교 영재아동상담센터의 미술 스튜디오
작업에 관한 플로렌스 케인의 이야기를 전한다. 이 책의 내용은 그래픽 아트
의 자기-표현에 국한되었지만 이 책이 전하는 심리학적 암시들은 다른 예술
분야에도 심오한 시사점을 제공한다. 이 책은 일러스트를 통해 우리 모두가
가지고 있지만 동면중인 잠재력을 어른들뿐만 아니라 청소년들이 어떻게 자
각하는지를 알려준다. 이 책의 거의 200여 개에 달하는 (대부분 총천연색으로 된)
일러스트들은 스튜디오의 격려 분위기 속에서 참가자들이 전하는 따뜻한 이
야기들을 생생하게 그림으로 담아낸 것이다. 뉴욕대학교 영재아동상담센터의

창시자이자 디렉터인 하비 조보[9]의 현명하고 이해심 가득한 환영의 서문도 이 책을 더욱 돋보이게 한다.

어린이의 천진난만한 예술 작품들을 발견하고 기록해온 사람들은 개인의 솔직한 표현이 주변 사람들의 심기를 불필요하게 건드린다는 점을 잘 알고 있다. 이 때문에 그들은 자신을 드러내는 표현들이 호의적이고 완전히 통제된 환경에서 성장하고 발전할 기회를 갖도록 준비한다.

완전하게 통제된 환경을 묘사해보자. 어린이들에게 그들의 판단과 상상을 바탕으로 아이디어, 사물, 구절, 그림을 창조할 기회를 부여한다. 그러면 어린이들은 스스로에게 질서의 규율을 부과하고 모두의 승인을 받는다. 이때 어린이 그룹은 교장이 의미하는 방식으로 '질서'를 유지하며, 그룹 각 구성원 또한 정해진 학습시간을 훨씬 넘어 자기-주도 학습에 몰두한다. 이처럼 정신의 자연스럽고 건전한 요구가 충족될 때, 어린이들은 어른들의 면모와 침착함을 취하게 된다.

제12장 타고난 시인과 라임rhyme의 장인

1

앞서 우리는 어린이들이 종종 타고난 언어 능력을 발휘하지 못하고 침묵하는 것은 '라임을 맞추어야 시'라는 어른들의 순진한 믿음 때문이라고 주장했다. 하지만 이것은 위험한 주제라서 주의해서 다룰 필요가 있다. 창조적 삶이 출현하는 이 중요한 단계에 대한 내 강의에 발끈하는 나이든 분들의 심기를 건드리지 않기 위해서라도 반드시 그래야 한다. 서부의 어느 편집자는 나를 『마더 구스 전래 동요집』에 반대하는 사람으로 몰아세우기까지 했다. 하지만 이 동요집이야말로 나의 영원한 기쁨 중 하나인 만큼, 당당히 밝히건대 나는 결코 『마더 구스 전래 동요집』에 반대하지 않는다.

비밀스러운 관계가 형성되면 유아들은 자신들의 타고난 언어로 솔직하게 마음을 전한다. 나는 이런 때 나온 유아들의 말이 훌륭하지 않은 경우를 본 적이 없다. 그것을 산문이라 부르거나 시라 부르거나, 분류는 중요하지 않다. 그것은 리듬감 있는 억양, 올바른 단어 선택의 감각, 의도된 강조만을 위한 올바른 단어의 선택, 선택한 단어들의 불가사의할 정도로 올바른 배치 등 시의 구성 요소를 모두 갖추고 있지만, 라임은 거의 맞추지 않는다. 나를 비롯한 많은 사람들에게 이런 어린이의 타고난 언어는 소홀히 다룰 수 없는 소중한 것이다. 이것은 반드시 장려되어야 하고, 꺼내져야 하며, 견고하고, 아름답고, 힘차게 자라도록 허용되어야 한다.

학교 교육을 받지 않은 유아들의 말이 이제야 기록되기 시작했다. 어머니들과 교사들이 유아들의 말을 기록하는 중이고, 우리의 귀도 그 말의 미묘한 아름다움을 포착하게 되었다. 특별히 힐다와 그녀의 천부적 가락을 『어린 소녀의 시편들』과 『바람의 신발』[1] 두 권의 동시집에 보존해 줌으로써 유아 언어의 아름다움을 알게 해 준 힐다 어머니에게 다시 한번 감사의 마음을 전한다. 앞에서도 말했지만, 신비로울 정도로 확신에 찬 힐다의 낱말들이 힐다의 어머니 콘클링 여사에 의해 수년 동안 기록되었다. 그 덕분에 우리는 바로 우리 눈앞에서 어린 소녀가 무심코 타고난 언어로 내뱉는 말을 생생하게 들을 수 있다. 힐다의 말은 우리가 예술이라고 부르는 것과 똑같은 신비로운 반응을 이끌어낸다. 그녀는 거의 라임을 맞추지 않는다. 하지만 아무도 힐다의 시를 읽으면서 이것이 시일까 의문을 표하지 않는다.

힐다의 모든 작품들은 진정한 아름다움을 지니며, 힐다가 열 살 무렵에 쓴 몇 편은 설명 불가능한 어린이의 지혜와 때로는 거의 예언적이라 할 수 있는 통찰마저 드러낸다. 그녀의 시편들 중 한 편은 어머니들이 눈물 흘리지 않고서 끝까지 읽을 수 없을 만큼 심오한 인상을 남긴다. 아무것도 모르는 힐다가 이 시에서 어린 소녀가 자라서 떠날 피할 수 없는 시기에 대해 분명하게 말하기 때문이다. (우리 중 몇몇은 이미 이런 가슴 아픈 일을 겪었을 것이다.) 아래에 소개하는 힐다의 아름다운 그림을 따라가노라면 우리의 마음이 뭉클해진다. 어머니가 부르는 자장가를 들으며 잠든 힐다가 솔방울을 주머니에 넣고, 이전처럼 분홍 모래를 손가락 사이에 끼우고 우리에게 돌아온다. 또 우리에게 "황금 꿩의 깃털"에 대해 이야기하려고 다시금 그녀 자신에게 돌아온다.

돌아올게요. *

당신께 돌아올 거예요

바다, 강, 햇살 가득한 초원, 비밀을 간직한 계곡에서.

손에 가득 빛과 꽃을 쥐고

돌아올게요.

햇살로 꼬아 만든 개울이

제 손가락에 매달려 있을 거예요.

제 마음heart이 깨어날 것이며…

제 모든 생각과 기쁨이 당신께 전달될 거예요.

이곳저곳 여행하며 주웠던 것들,

바닷가나 소나무 숲에서 발견한 것들을

가지고 돌아올게요.

제 주머니엔 솔방울을 넣고,

제 손가락들 사이엔 분홍 모래 알갱이들을 끼워놓고서.

당신께 황금 꿩의 깃털에 대해 말할 거예요.

당신께 해초 같은 별들에 대해 말할 거예요.

제 머리카락 사이에선 달빛이 반짝거릴 거예요…

저를 알아보실 거죠?

석양이 등 돌리고 멀리 가버렸을 때 돌아올게요.

그러면 당신께서 엉켜 있는 달들을 풀어주실 것이고

그러면 저를 졸리게 만들고

침대에 누이실 거예요.

또 다른 어머니도 다섯 살 난 딸의 말을 받아 적었다. 이것도 졸음이 오는 시간에 적은 것이다. 우리는 하루 종일 놀고 난 소녀가 얼마나 피곤한지 이해하고 그녀에게 연민의 마음을 품는다. 우리는 어린 소녀의 작은 두 다리가 지친 몸을 더 이상 지탱할 수 없을 것 같다는 생각에 그녀를 품안에 안는다. 그러면 작은 양 팔이 툭 쳐져 대롱대롱 매달린다. 어린 소녀는 우리에게 자신의 삶에서 나온 여러 이미지들, 즉 영원한 하늘나라의, 세월을 견뎌낸 돌의, 밤에 지상 존재들이 내는 소리의, 그리고 아침 세상 표정의 이미지들을 전달해 준다. 소녀는 노래한다.

*

피곤해요

항상 앉아만 있는

게으른 돌멩이처럼 피곤해요.

밤이나 낮이나 자지 않는

하늘처럼 피곤해요.

거미줄과 함께하는 아침에도

개구리들 노래하는 저녁에도 깨어 있잖아요.

내 입장을 확실하게 지지해주는 마벨 마운트시어의 『노래하는 청소년』[2]은 이 시와 비슷한 시들을 모아 놓은 시 문집이다. 어린이들의 아름다운 언어가, 즉 그들이 가지고 있지만 우리가 무시했던 언어가 이 책에서 황홀하게 빛난다. 한 소녀는 페가수스[3] 신화를 접하고는 그녀의 개인적 사랑과 이해를 노래한다.

페가수스*

골짜기와 계곡 위를 배회하는

내 마음heart 속 소중한 페가수스,

그런 날개 달린 말은 한 번도 본 적이 없어.

그는 깨끗한 연못에서 물을 마시고

자신의 날개를 펴.

아주 큰 흰 새처럼

양털 같은 구름들과

푸른 하늘을 뚫고 비행하려고.

자유로운 그에겐

그 어떤 주인도, 채찍도, 박차도 없어.

3학년 소년이 어느 날 밤 일이 끝난 후 지친 채 집으로 돌아온 아버지, 저녁조차 기다리지 못하고 곧장 잠자리로 향했던 아버지를 냉정하게 묘사한다. 이런 아버지의 모습에 소년은 크게 마음이 상했던 것 같다. 오랫동안 생각한 소년은 선생님께 아래와 같이 천천히 말했다.

*

나는 한 남자가 걸어가는 걸 봤어요.

아주 '멀리' 걸어갔어요.

남자가 집으로 돌아왔을 때

그는 '정말' 피곤했어요!

정말로 '피곤했어요!'

침대로 갔어요 그는

침대로… 침대로.

캐롤라인 프랫트의 '도시와 시골 학교'[4] 프로그램에서 열 살 그룹에 속한 윌리엄 만 핀크가 시 한 편을 나에게 제출했다.

*

나는 파이프가 돌아가는

넬슨의 곡식 창고에 있고 싶어요

그러면 축축한 옥수수가 등을 타고 내려와

내 발 위로 떠오를 거예요.

캐롤라인 프랫트는 나에게 「웅변가」라는 시를 (내가 이 시를 소중하게 생각할 것이라 믿었던지) 크리스마스 선물로 보냈다. 이 시에서 똑똑한 열세 살 어린이가 대통령선거 때와 같은 우스꽝스러운 순간에 드러나는 인간의 기괴한 (혹은 교활한) 행동을 응시한다. 두 연의 마지막 두 행에 대한 다양한 해석이 말해주듯이, 이 시는 애매모호하여 한 마디로 설명하기 어렵다. 처음에 나는 이 시를 단순한 질문의 시로 읽었다. 그러나 다시 읽으며 나는 '정신 나간' 사람은 웅변가가 아니라 독자와 나를 포함한 군중이므로, 이 시는 무슨 일을 할 것인지 정확하게 아는 영리하고 기발한 악동 웅변가를 암시하는 시일 것이라고 생각했다.

웅변가*

그는 군중 위 높이 서서

소리 지르고 물고 늘어져요.

그가 반항적으로 고함치자

그의 사나운 목소리는 공기를 찢었어요.

군중은 고개를 끄덕이고,

웅변가는 땀을 흘리고,

그는 엉망이에요. 정신 나간 게 분명해요!

정말 그럴까요?

한 시간, 두 시간, 그는 팔을 미친 듯이 내젓고,

눈은 이글거려요….

군중은 천천히, 천천히 사라져요.

웅변가는 땀을 흘리고, 그는 엉망이에요.

정신 나간 게 '분명해요!'

정말 '그럴까요?'

가끔 우리가 발견한 시들이 너무 개인적이어서 일반 대중에게 읽어줄 수 없을 때도 있다. 그렇지만 이런 개인적인 시들을 통해 우리는 창작자의 개인적인 만족을 위한 예술, 즉 '예술 자체를 위한 예술'에 대해 알게 되었다. 지금 내 앞에 있는 시가 이런 종류의 시이다. 이 시는 여기서는 설명할 수 없을 이유로 소중하다. 전체 의미를 분명히 알 수는 없지만, 낯선 아름다움이 완전히 마음에 와 닿는다.

나는 들어요*

나는 혼자 서 있어요.

나는 혼자 서 있어요, 전부 알 수 있어요

한 걸음, 한 걸음, 한 걸음의
내 마음mind을.

나는 들어요—
높은 음의 북소리를
당신은 내게서 막을 수 없어요—
나는 내 마음이 들려요.

나는 기도했고 나는 기도하고 있어요,
하지만 당신은 절대 모를 거예요.
내 마음을.

열한 살의 메리 앤은 우리에게 시골의 여름날 저녁 소리들을 모아서 아름답게 전달한다.

소 방울소리*
멀리, 저 멀리, 계곡 아래서
소 방울 짤랑이는 소리가 들려요.
점점 가까워지면, 암소가 자기 송아지를 불러요.
날카롭게 개 짖는 소리가 퍼지고,
그 후에 낮은 목소리가 불러요,
"이리 와! 이리 와!"

자주 강한 느낌에서 놀라운 효과의 말이 나온다. 한 교사의 편지에 따르면, "교육감의 지시로 우리 반 학생들은 크리스마스 시나 이야기 몇 편을 지역 신문에 보내야 했어요. 제가 선생님께 보여드리는 시 「예수의 탄생」의 저자인 소녀는 최근 어머니를 여의었어요. 소녀의 슬픔이 너무 커서 저는 그녀에게 얼마 동안 함께 보내자고 말했어요. 그러던 어느 날 밤 소녀가 저를 깨워 자신이 크리스마스 시로 생각할 수 있는 유일한 시구는 '죽은 자를 위한 몰약 향유'라고 말하더군요. 저는 아이를 위로한 후 시에 대해선 잊고 잠을 자라고 간곡하게 말했어요. 다음 날 소녀는 제 책상 위에 이 시구들을 가져다 놓았어요. 누구도 이 시구들이 실제 표현하는 감정적 힘의 크기를 짐작하지 못할 거예요".

어린이들은 일반적으로 개성을 드러내지 않고 관습에 따라 라임을 맞춘다. 그런데 아래에 인용하는 소녀의 시 마지막 부분에서 그녀는 라임을 맞추지 않은 자신만의 언어로 개인적인 것을 완전히 억제하면서도 슬픔을 쏟아낸다.

베들레헴의 짚더미에서
'왕'이 태어나셨다,
그리고 동방의 지혜로운 사람들이
선물들을 가져왔다—
황금, 유향, 그리고 몰약 향유—
왕에겐 황금을,
성직자에겐 유향을,
그리고 죽은 자들에겐 몰약 향유를
죽은 자들을 위한 몰약 향유!

'아기 그리스도'가 미소 짓는다,

'그' 위에 드리워질 십자가의 그림자가

아직은 찾아오지 않았으므로.

우리가 궁극적으로 얻고자 하는 것이 (이곳저곳 특별 그룹에서 발견하는) 우수작이라면, 우리가 반드시 공감하면서 다뤄야 할 부분은 바로 이와 같이 확실하게 드러나는 타고난 언어 능력이다. 우수작은 더 이상 '천재'나 '엄선된 어린이들'에게서 나오지 않을 것이며, 수줍은 어린이들 중에게서 나올 가능성이 더 크다. 하지만 타고난 언어는 처음에는 순전히 개인적인 욕구 충족을 위해 사용된다는 점을 알아 두어야 한다. 지금까지 예시한 시들 중에서 힐다의 시만 예외로 하고 거의 대부분의 시는 저자의 충만한 감정을 모든 사람들에게 충분히 전달하지 못한다. 예를 들면, 우리는 지친 아버지에 대해 알지 못하면 소년의 시를 이해하지 못한다. 또 「예수의 탄생」에 감춰진 슬픔에 대해 알지 못하면 이 시를 읽으며 완전히 감동받지 못한다. 이런 맥락에서 무엇보다 중요한 것은 어린이들을 있는 그대로 받아들이고, 단어 사용법을 배우기 위한 긴 여행길에 오른 그들의 개인적 가치를 아는 것이다.

1학년부터 12학년까지 초중고 학생들을 모두 가르쳤던 뉴욕 브롱스빌의 한 공립학교[5]는 학생들의 타고난 가락에 깊은 관심을 가졌다. 이 학교 학생들의 아주 다른 종류의 시 세 편을 여기에 소개한다.

할머니

몇몇 나이 드신 분들은

감자 같아요.

파삭파삭하고,

눈이 있지만 보지 못해요.

우리 할머니는

사과 같아요.

인생의 가을이 가져다주는

온갖 기쁨을 다 지니셨어요.

12학년

비오는 밤들

비가 계속 내려요.

거리가 온통 빛나고요.

리무진 한 대가 젖은 벽돌 길 위로

씽씽, 붕붕 소리를 내며

미끄러져 와요.

고등학생 소녀 두 명이

이름 새겨진 우비를 걸치고

길을 건너요.

그때 정육점 주인의 포드 자동차가

덜커덩 지나가며

소녀들에게 물을 튀겨요.

소녀들은 낄낄 깔깔 배꼽이 빠지도록 웃어요.

10학년

저녁 기도

얇은 촛대 끝이 별처럼 빛났다.

석양 속에서

스테인드글라스 창 밑에서

아치들 쪽으로 빛을 보내며—

흐릿하게.

내 영혼이 고요한 음악과 함께

떨린다.

내 마음이 더듬어 찾아간다.

황혼 속에서—

불안하게.

12학년

여기서 우리의 토론 주제는 시, 시인, 문학이 아니라 성장 수단으로서의 자기-표현이다. 라임에 깃든 미묘한 톤을 언어로 연주하는 음악의 기억나지 않은 부분이자 진실한 감정의 근원적 투영으로 사용하는 것은 전적으로 가치 있는 일이다. 누가 이걸 의심하랴? 그러나 단순히 라임만 맞춘다면, 이 목표에 도달하지 못할 것이다. 우리는 심지어 이 목표를 성취하는 데도 관심이 없다. 어린이를 전문 시인으로 키우는 일은 또 다른 문제이기 때문이다. (이 책의 저자로서 나는 어린이를 전문 시인으로 키우는 일에 최소한의 관심도 없다.) 심지어 나는 라임이 정신을 최고로 표현하려는 어린이를 방해한다면, 라임 맞추기의 관습에도 반대한다.

다음 시구에서 젊은 인쇄공이 친구의 귀환을 열정적으로 축하한다. 이때 인쇄공의 폭발적 감정이 진동 하나 잃지 않고 그대로 독자에게 전달된다. 만약 라임을 맞추려고 애썼다면 인쇄공은 진실하지 못한 마음을 인위적으로 전하는 데 그쳤을 것이다.

네가 왔을 때*

네가 왔을 때, 친구야,

집으로 돌아왔을 때,

나는 들뜬 기쁨으로 가득 찼어.

내 맥박은 빠르게 고동쳤지. 인쇄기가 가게에서 돌아가고

내가 최대로 전력을 올리자 기계는 내 마음과 보조를 맞추었어.

모두가 보고 외치길,

"어디에 불이 났지, 저긴가!"

어디에 불이 났지!"

그리고 내가 소리쳤어, 거리의 과일 장수처럼,

"내 심장에, 이 악마들아!

내 심장에!"

2

우리는 한 소년이 보다 자유로운 그룹과 함께 머무르는 것을 허락하지 않았다. 언어의 기계적인 측면에서 드러난 그의 단점들이 우리의 실험에 너무 위험해 보였기 때문이었다. 소년은 자유 수업 시간에 다른 친구들과 함께 작업하게 해달라고 간청하면서 혼자 쓴 몇 작품을 제출했다. 하지만 우리는 소년이 (일반 학교 방식으로 훈련과 시험을 도입한) 특별반에서 대부분의 시간을 보내도록 조치했다. 그 당시 우리는 그와 함께 지내면서 위험을 감수할 만큼 충분한 지식을 갖추지 못했다.

그러나 사실 나는 처음부터 그가 잠재적 언어 능력을 가지고 있으며, 이

미 그 사용법까지 알고 있다고 확신했다.

나는 소년과 많은 이야기를 나누었다. 나는 그에게서 글을 쓰려는 끈질긴 충동과 성공에 대한 단호한 의지를 감지했다. 나는 그의 내면에서 뛰고 있으며, 앞으로도 거부되지 않고 계속 뛸 맥박을 느꼈다. 나는 그의 언어 능력을 보여주는 확실한 증거로서 그가 9학년 때 쓴 시를 여기에 소개한다. 나는 이 시를 단순히 뛰어난 시의 예로서가 아니라 이번 장에서 다루는 타고난 언어 능력에 대한 여분의 예로서 제시한다. 무엇보다 이 시를 소개하는 것은 우리 현대 교육자들이 무엇을 말하고 있는지 알고 싶어 하는 사람들에게 도움을 주기 위해서이다.

천상의 골치 아픈 일

아무도 불쌍하고 늙은 바울 성자가

무슨 일을 하는지 이해하지 못한다.

하지만, 우리가 그곳에 갔을 때—

우리가 그곳에 간다면

무슨 일이 일어날지 우리 모두 걱정한다.

……

몇 사람이 그곳에 갔던 것은 분명하다.

지난번 한 무리가

실크 옷 입고 살랑 살랑,

담배 악취 풍기며

천상의 놀이터에서 몰려와,

파도처럼 불쌍한 회색 머리 바울을 뒤덮었으니까.

'그 사람들은' 자신들이 그곳에 있었을 때

왜 그 미천한, 면도도 하지 않은 목수가 입장 허가를 받게 되었는지
알려달라고 물었다.

그러자 바울이, 딱 한 번, 불같이 화를 냈다.
그리고 맹세했다. 불평했던 사람들을 모두
문밖으로 밀쳐내
지옥으로 던져 버리겠다고.
곧바로 자비를 베풀어달라는
눈물과 울음이 이어졌다.

하지만, 그들은 아래로 내던져졌다.
그 면도 안한 목수—그리고 나
두 사람만 빼고 모두 다,
난 심판 테이블 밑에 숨어 있었다.

나이 든 사람들은 대부분 "실크 옷 입고 살랑 살랑, 담배 악취 풍기며"의
의미를 놓칠 것이다. 특히 학자들은 "악취 풍기며"란 단어가 천상을 표현하기
에 부적절한 단어라며 비난할 것이다. 하지만 담배 피우지 않는 어린 소년의
관점에서 보면, 이 단어는 우리 최고 엘리트 사회를 묘사하는 정확한 단어로
서 그곳의 냄새까지 그대로 전달한다.

우리 학생들 중 한 소년이 당시로선 치료 가능성이 거의 없는 병에 걸렸
다. 우리 모두 절망에 빠졌다. 하지만 소년은 뛰는 가슴과 유머로 자신의 운명
을 견뎌냄으로써 우리를 부끄럽게 했다. 불안한 기다림의 몇 주 동안 그는 엄
청난 양의 시를 썼다. 그는 여전히 건재하며, 지금은 과학자로서 높은 지위를

차지하고 있다. 하지만 아래 시를 읽어보면, 왜 내가 그때 이 경쾌한 노래를 출판하지 않았는지 이해할 수 있을 것이다.

궁금해

내 마음은 새와 같아, 새,

오, 내 마음은 새와 같아

　　　적갈색 쑥국화[6] 장난감을 가진!

이 세상은 새장과 같아, 새장,

오, 이 세상은 새장과 같아

　　　적갈색 쑥국화 장난감을 가진!

그것이 나를 꽉 잡고 있어, 날 꽉 잡고 있어,

오, 그것이 날 꽉 잡고 있어

　　　적갈색 쑥국화 장난감을 가진!

하지만 그것은 내 마음mind을 잡을 수 없어, 내 마음을,

오, 그것은 내 마음을 잡을 수 없어

　　　적갈색 쑥국화 장난감을 가진!

내 마음은 석양의 구름들을 뚫고 솟아올라, 석양의 구름들을,

오, 내 마음은 석양의 구름들을 뚫고 솟아올라

　　　적갈색 쑥국화 장난감을 가진!

그러나 나는 빠르게 이 세상으로, 이 세상으로,

오, 나는 빠르게 이 세상으로 향해

　　　적갈색 쑥국화 장난감을 가진!

만약 내 마음도 그렇다면, 어떻게 하지? 어떻게 하지?

오, 내 마음도 그렇다면, 어떻게 하지?

　　　적갈색 쑥국화 장난감을 가진!

그의 전공분야는 과학이었다. 그는 자신의 삶을 조용히 과학에 바쳤다. 그러니 과학을 주제로 라임을 맞추며 언어 놀이를 하는 것이 그에겐 자연스러운 일이었다. 생명에 위협이 닥쳤을 때조차 그는 지구에서 가장 거대한 동물 화석에 관한 즐거운 농담을 전했다.

티라노사우루스[7]

폭군적인 파충류들의 왕, 그는 코에서 꼬리까지의 길이가 47피트이고 맨발로 섰을 때의 키는 20피트이며, 길이가 6인치되는 이빨을 가졌다. 또한 그는 지금까지 지구를 저주했던 가장 큰 육식동물이었다. 그가 말한다.

난 아주 큰 회색 공룡

내 턱은 진흙과 핏덩이로 뒤범벅이었고

무게는 100톤 이상 나갔다.

난 한때 세상을 지배했다.

그래도 난 화사한 자주색 망토가 아니라

겉이 오돌오돌한 회색 가죽피만 걸쳤다.

내가 찾았던 유일한 음식은
일주일 동안 부패되어
정말로 사랑스러운 냄새를 풍겼던
고기 종류였다.

아! 그때여, 그 시간이여!
나는 턱과 강한 힘으로 지구를 지배했다.
삼켜먹을 수 있는 썩은 고기도 정말 풍부했다.

하지만 지체하지 않고 신속했던 작은 포유동물들,
그것들의 외형은 작았고, 그것들의 고기는 향기로웠고,
그것들은 토탄 길에서 뛰어다니고 미끄러지듯 잘도 다녔다.

그것들은 내가 어디를 가든 나를 조롱했고,
그것들은 내가 절름발이가 될 때까지 내 발톱을 갉아먹었다.
그렇게 해서 그것들은 나를 게임에서 밀쳐냈다.

그래서 이 박물관에 내 유해가 장관을 이루며
누워 있다. 그러니 이제는 늪의 이구아노돈[8]을 쫓으며.
절대 뛰놀지 못한다.

한 때는 나였던 화석 뼈들을

그 작은 포유동물들이 보러 왔다.

그리고 낄낄거리는 그 어린 것들이 기뻐하며 손가락질을 한다.

3

뮤리엘은 지금 열네 살이지만 자신만의 독특한 개성을 생각과 감정으로 표현하는 예술가의 확실한 감각을 가지고 있다. 다양한 분야에 걸친 폭넓은 그녀의 독서는 그녀의 뚜렷한 개인적 목소리를 더욱 강화시켰다. 어린 시절 내내 그녀는 라임 없이 타고난 언어 재능을 발휘했는데, 세월의 흐름에 따라 그녀의 시에 우아함과 다양성까지 더해졌다. 그녀에겐 전통적 라임 법칙에 대해 가르쳐준 교사가 없었던 듯도 하고, 더욱 그럴 듯한 추측을 해보면, 그녀가 본능적으로 타고난 자신의 취향에 만족하는 높은 자긍심의 소유자였기 때문에 단지 소리 효과만 강조하는 교사는 그녀의 관심조차 얻을 수 없었던 것 같다.

자신만의 것으로 발전시킨 이 소녀의 언어에 대해 가정과 학교 주위의 영향력 있는 사람들이 조금 더 이해하게 된다면. 그녀의 작품이 수많은 청소년들을 경이롭게 사로잡을 것 같다는 생각이 든다. 여기에 그녀의 자기다움을 드러내는 많은 다양한 표현물 중 「11월의 낮과 밤」을 뽑아 싣는다.

11월의 낮과 밤

I

갈색의 죽은 잎사귀들은

도시 위를 무기력하게

맴도는 새떼들이다. 한 무리의 참새 떼들
고대의 춤을 추며
빙빙 돌며 발끝을 뱅글 돌린다.…
회색 빛 고요한 도시의
갈색, 찢어진 옷.

II

물푸레나무의 가늘고 검은 손가락이
사별의 아픔 속에서 바람을 빗질한다.
물푸레나무는 바람 속을 헤매며
자신의 남편인 봄을 찾아 나선
어둡고 외로운 창문이다.
떨리는 손가락으로 바람 속을 헤매며
고독 속에서 애도한다.

III

회색빛 작은 언니, 돌아와 우리에게로,
자작나무의 회색 유령아,
돌아와 우리에게로,
너보다 나이 많은 친척들에게로.
우린 쥐똥나무의 아주 나이 많은 아주머니들,
우린 소나무들,
수염달린 아저씨들,
우린 오래된 오크 나무들.

네 어린 동생들인 단풍나무들이

너를 위해 울고 있다.

회색빛 작은 언니, 돌아와 우리에게로,

자작나무의 창백한 작은 유령아.

IV

오늘 아침 창문에

서리가 끼었다. 깊게 고개 숙인 갈대들의

은색 패턴이 섬세하게 그어진 철판,

그리고 문틀 위에 흩뿌려져 있는

두껍고 기상천외한 모양의 고사리들.

겨울을 알리는 나이 지긋한 영광의 표식,

틀림없는 겨울의 징조.

V

지금 떠 있는 달은

9월의 달처럼 (장미 덩굴 위를 비추었던) 초승달이 아니다.

또 6월 중순의 달처럼

햇빛인 양 빛을 비추는 커다란 구체도 아니다.

이 달은 반달일 뿐,

11월의 반달,

도시 위에 높이 떠서,

겨울을 기다린다.

VI

바람은 건방진 허풍쟁이,

자신의 어머니인 대지의

죽은 얼굴을 거만한 입술로 만지려고

잠시 입 다물고 있다가,

부활에 대한

그 옛날 옛적의 약속을 슬프게 속삭인다.

그는 막 하얀 산골짜기와

입 맞추고 돌아왔다.

하지만 입술에 미소를 머금고

웃으며, 그리고 맹세코,

봄이 언제나처럼 올 것이라 약속한다.

그가 흥청망청 놀고 난 후

어두운 죽음의 방으로

들어가야 한다는 것은 낯선 조롱이다.

VII

어떤 이교도 신도 이런 들판에서는 춤추지 않는다.

하지만 가을의 분노와

겨울의 숨결이

과수원에서 만났다.

들판은

황량하고, 어린 아카시아 나무는

죽음의 웃음에 감각을 잃고 얼어붙었다.

11월엔 어떤 이교도 신도 춤추지 않는다.

VIII

이런 것들이 가을의 마음heart이다.

서서히 지는 낮,

모든 자연의 애도,

꽃이 시들어버린 후

회색빛 돌길의

어둠 속 불 켜진 창문과

부주의한 아이들의 웃음소리.

4

만약 선생님들과 어머니들이 라임을 제외한 시의 모든 요소들을 제거하려고 그렇게 열심히 노력하지 않았더라면, 더 자연스럽고 더 나은 언어가 나타나 발전할 수 있었을 것이다. 대다수의 유아 교사들에게 시란 단지 소리 효과를 지닌 노래를 의미했다. 그들은 자신들도 모르게 처음부터 유아들의 자유로운 표현을 막았다.

중서부 지방의 놀랍도록 자유로운 어느 학교에서 나는 시를 짓고 있는 여자 어린이 옆에 앉아 있었다. 그런 환경에서 시 짓기는 자연스러운 일이었다. 하지만 그녀는 '나무들'이란 단어를 선택했지만 결국 그녀의 작은 생각을 버리도록 강요받고는, 얼어붙은 것들에 맞지 않는 어색한 표현으로 시를 끝맺었다. 강요에 의해 자신의 내면에서 나오는 가장 내밀한 글자들을 라임만 맞춘 우스꽝스러운 시로 옮기는 장면을 상상해 보라!

한편 나는 나와 같은 건물에서 방과 후 '문예창작 클럽' 활동을 통해 어린이의 타고난 언어의 산출물들을 수집 중인 초등학교 고학년 교사를 만났다. 나는 그와 함께 그가 모은 비밀스러운 사적인 자료들을 검토하면서 한 시간 조금 넘는 시간을 보냈다. 여기에 그때의 자료들 중 아무 것이나 한 편을 골라 싣는다. 이 시는 다시 한번 표현에 대한 갈구는 항상 가슴 속 깊은 절박한 욕구의 분출이지만 개인사는 아주 작은 부분만 전한다는 것을 알려준다.

노력했던 많은 일들에서 완전한 성공을 거둔 적이 없는 어린 소녀가 오랫동안 우울한 시간을 보내고 있었다. (그녀의 노력은 은밀한 것이었으며, 실패도 마찬가지로 비밀에 붙여졌다.) 그녀는 오로지 그녀가 얻을 수 있는 평화만을 추구했다. 그녀는 시도하는 일을 포기했고 세상의 흐름에 따라 떠다녔다. 그때 그녀는 조용히 명상하며 온전히 한 시간 동안을 앉아 있다가, 시를 썼다.

하나 떠오른 생각*

나는 지금까지 방황했어요.

하지만 더 이상 방황하지 않을 거예요,

내 어머니의 정원에서

쉴 곳을 찾았기에.

이 시는 그녀가 그해 썼던 다른 시들과도 완전히 다르다. 우린 그녀의 다른 작품들 모두를 훑어보았는데, 이 시는 특별히 평범하고 표현력도 부족하다. 때로 정신이 깊은 구덩이에 빠진 죄수처럼 도와달라고 외치는 듯하다. 하지만 아무 소리도 들리지 않는다. 저 아래서 심연의 문이 열리고 닫힐 때 들리는 외침소리 이외에는.

제13장 **라임을 맞춘 시**

1

전국 어디서든 확신에 찬 1학년 담당 교사들은 시 창작 수업을 활기차게 펼친다. 그런데 이 교사들의 수업이 나에겐 본능도, 독창성도, 어린이에 대한 지식도 없는 '표준화'된 수업에 불과해 보인다. 나에겐 이 젊은 교사들이 열의를 갖고 수업에 임하고는 있지만 제작자들이 아니라 단지 유통업자들로 보일 뿐이다. 이런 교사들을 보면, 한방에 효과를 보는 방식을 최고로 여기는 몇몇 교사양성학교[1]들을 의심의 눈초리로 바라보며 경계해야 한다는 생각이 든다.

예민한 독자의 생각이나 감정을 건드릴 수도 있겠지만 위험을 감수하고 이런 교사들의 수업에서 나온 작품들을 샘플로 제시하고자 한다. 이것들은 이 제껏 내가 수집해온 학교 결과물들과 거의 똑같다. "음, 제 생각에 선생님께서 좋아하실 것 같아요. 1학년 학생들과 함께 하는 시 수업에서 저희가 하고 있는 일을 보시면 말이에요." 어느 것 하나 나무랄 것 없어 보이는 젊고 건강한 사랑스러운 교사들이 활짝 웃으며 아이들의 작품들을 내게 건넸다. 아래에 그대로 옮겨보았다.

1학년 학생들이 쓴 시들[2]

나에겐 박쥐가 있었다
그것은 모자 속에서
쥐와 함께 살았다

I had a bat
Who lived in a hat
With a rat

헨리 F.

나에겐 공이 있다
그것이 벽 위에서 춤을 추었다

I have a ball
Who danced on the wall

엘리자베스 R.

작은 쥐가
양철집을 가졌다

A little mouse
Had a tin house

루이즈 T.

나에겐 작은 수퇘지가 있었다
그것은 통나무 위에서 춤췄고
늪에 빠졌고
개와 부딪혔다

I had a little hog
He danced on a log
He fell off in a bog
And hit a dog

노엘 S.

나에겐 자동차 한 대가 있다
그것은 멀리까지 간다

I have a car
It goes far

조세프 G.

나에겐 고양이가 한 마리 있다　　　　I have a cat

그것의 이름은 팻이다　　　　　　　　Her name is Pat

　　　　　　　　　　　　　　　　　　　　　　　제인 T.

황소가 있었는데　　　　　　　　　　There was an ox

상자 속으로 덜컹 빠졌다　　　　　　Bumped into a box

　　　　　　　　　　　　　　　　　　　　　　　로버트 T.

난 잠을 자러 갔고　　　　　　　　　I went to sleep

작은 소리로 말했다　　　　　　　　　Said a little sheep

　　　　　　　　　　　　　　　　　　　　　　　스탠리 S.

내가 나무 곁으로 갔다　　　　　　　I came to a tree

그것이 내 몸위로 쓰러졌다　　　　　It fell on me

　　　　　　　　　　　　　　　　　　　　　　　로지 V.

한 남자가 있었다　　　　　　　　　There was a man

그가 냄비 속으로 뛰어들어갔다　　He jumped in a pan

　　　　　　　　　　　　　　　　　　　　　　　플로라 D.

감자 한 개가 있었다　　　　　　　　There was a potato

그것이 토마토와 입 맞추었다　　　　He kissed a tomato

　　　　　　　　　　　　　　　　　　　　　　　글래디스 C.

나에겐 돼지 한 마리가 있었다	I had a pig
그것이 무화과를 한 개 먹었고	He ate a fig
그리고 졸랑거렸다	And did a jig

해롤드 E.

2

대부분의 어린이들은 시를 쓸 때 라임을 맞춰야 한다는 문학적 관습의 힘에 억눌려 자신들이 뿜어낼 수 있는 최고의 언어 사용을 주저한다. 가끔 재치 있는 어린이들이 이런 관습을 따르지 않고 자신의 목소리를 내는 것을 보면 놀라울 따름이다. 자신들에게 장착된 최상의 사고思考에 가해지는 제약에도 불구하고 어떻게든 조금이나마 더 나은 면을 보여주려 했던 칭찬할만한 작품들 몇 편을 여기에 예시한다. 간혹 웃음꼬리만 올렸다 이내 내리게 하는 작품들도 있긴 하지만 아래에 예로 든 시들을 살펴보면 리듬감이 강한 라임과 제한된 단어 선택이란 틀에서 벗어나려는 뚜렷한 의지가 감지된다.

진실*

읽기, 쓰기, 바느질 배우기.
하지만 여자 아이가 실제로 '좋아하는' 건
남자 친구 잡기.

4학년

잠*

의자에 앉아

　신나게 다리를 흔들었다.

돌아봤더니 ―

　'어느새 다음 날이었다!'[3]

4살

아래 시는 어린이 저자 메리 버지니아 해리스의 책 『푸른 구슬과 호박 보석』[4]에서 발췌한 것이다.

궁금해*

천사들이 무엇을 할지 궁금하다,

　기나긴 하루 동안.

왜 하늘이 파란색인지 궁금하다,

　또 왜 비가 올 때면 회색인지.

비가 어디서 오는지 궁금하다,

　그리고 차가 어떻게 엉금엉금 움직이는지,

그리고 큰 몸집의 일꾼들이

　어떻게 크고 커다란 벽을 세우는지.

4학년

아래 시에는 기상천외한 가장假裝과 오늘날의 할로윈인 옛 만성절[5] 전야의 으스스한 공포가 가득하다.

할로윈*

웃음소리, 불꽃이 반짝
어둠 속에 사람들이 ─
　　할로윈이다!

불빛 하나, 외치는 소리,
그리고 더 많이, 밖으로,
　　할로윈이다!

나뭇잎 사이 움직임,
유령이 숨 쉬고,
　　할로윈이다!

천사와 악마devil가
서로 예의 갖추고civil,
　　할로윈이다!

　　　　　　　　　　　　　　　　　　　　　　6학년

대장장이*

텅, 텅, 텅
두드리는 것이 대장장이의 일
하루 종일 작은 의자에 앉아
텅텅 두드리며
시간을 보낸다.

텅, 텅, 텅

말발굽 바닥에 밑창을 대고

천천히, 천천히 시간을 들여

그는 모든 발굽을 살펴본다.

들어 올리고, 내려놓고,

텅, 텅, 텅, 텅.

8학년

*

난 당근이 몇 개 있었어요.

　정원에서 자랐어요.

난 당근을 뽑았어요

　뽑혀도 괜찮은지 묻지 않고 말이에요.

1학년

아이들은 선생님께 "이 시를 읽으시면 어지러울 것이라"고 말했다.

회전목마*6

정말

즐겁게merry 우린 돌며go round on

회전목마merry-go-round를 타고 빙글빙글,

위로 아래로

들리는 음악소리

환호하는 선율

돌고 그리고 돌고go round and round

그리고 돌고 그리고 돌면서round and round.

8학년

지미*

꼬마 지미는 종이 있었어요.

그는 종을 치러 가다 넘어졌어요.

그리고 넘어져서 울어 버렸대요.

하지만, '어쨌든', 그는 종을 쳤답니다!

3학년

바닷가*

내가 바닷가로 내려갔을 때

그리고 파도가 내 손까지 밀려왔을 때,

아름다운 태양은 햇빛을 내려주었고,

바닷가는 반짝이는 마을처럼 보였다.

내가 가만히 꿈을 꿀 때,

작은 배들이 안으로 들어와

항구를 넓게 채울 만큼

서 있었다, 병정들처럼, 옆으로 나란히.

9살

꼬마 소녀가 12개의 낱말들을 원하는 자리에 아래 시에서처럼 정확하게 배치했더니 놀라운 효과가 나타났다.

언젠가[7]

언젠가

제인은 가질

거예요, 그녀의

소원은

무지개가

그녀의

줄넘기가

되는 거예요.

10살

오 세상에! 정말 중요해요!*

나를 방해하지 마렴

  부디 부탁할게!

나는 할 일이 아주 많단다.

  집도 청소해야 하고

  옷도 빨아야 하고

그리고 양고기 스튜도 끓여야 해!

경험이 쌓으면서 나는 라임을 맞춘 아주 어린 아이들이 쓴 시에 의구심을 품게 되었다. 라임을 맞춘 시는 어린이의 언어로 쓴 것이 아니다. 그것은 기껏해야 어른이 쓴 글의 모방물이거나, 어른에게 기쁨을 주고 싶은 어린이의 순수한 마음을 어른이 치켜세운 결과이다. 환상적인 생각들이 가득 쌓여있는 자신만의 풍족한 창고에 한 번이라도 가본 어린이는 절대로 다른 사람의 창고에서 빌리지 않는다.

캐서린 바부르[8]의 학급 꼬마 여자아이들 중 한 명이 놀랍도록 심오한 4행시를 우리에게 제출했다. 그 자체로 완전하며, 라임을 정말로 잘 맞추고 있어서 더욱 두드러진다.

*

신에겐 꽃의 정원이 있어서
기쁨이나 사랑 같은 것들이 자란다.
신에겐 부엌의 정원도 있는데
꼭 있어야 할 필수품들이 자란다.[9]

별의 나라*[10]
저 작은 별이 보이지 않나요?
저 위 멀리, 멀리에 있는?

저 너머에 올라가고 싶지 않나요?
은빛 머리의 여왕을 보러,
꼬리 없는 고양이를 보러,
양동이 나르는 뱀을 보러,
귀 없는 토끼를 보러,
눈물 흘리는 괴물을 보러?
오, 저 너머에 올라가고 싶지 않나요?

은빛 머리 여왕을 보러?

12살

노팅엄셔의 기사*

나는 노팅엄셔의 기사에 대해 들었다.

　옛날 옛적에 살았던,

그리고 그는 언제나 사슴을 사냥했다

　용맹하고 멋진 부하와 함께.

때때로 그는 왕과 함께 나갔고

　그리고 때때로 혼자 나갔다.

반지 같은 달무리 지는 밤이면

　그는 판판한 돌 위에 자는 걸 좋아했다.

5학년

뉴저지주 웨스트우드의 H. Z.가 쓴 아래 시는 모든 음악적 요소들을 정확한 자리에 놓는 보기 드문 재능을 보여준다.

신의 공방*11

4월! 그리고 빛나는 언덕 위

　아주 오래된 탄생의 기적이여,

보라! 신이 수선화를 만들고 있다

　대지의 모루 위에서.

7학년

3

고등학생들이라 하더라도 문장의 종속절에서 라임을 맞추기란 어려운 법이다. 그러나 미리 생각해둔 유머에서 라임이 스스로 뽐내며 나오게 내버려 둘 때 그들은 최고의 멋진 라임을 뽑아낸다. 뉴저지주 몽크레어[12]의 베아트리스 스콧의 창작 수업에서 터져 나온 유쾌한 작은 시들이 예시하는 것처럼.

교회에서 그림 그리기[13]

나는 교회에서 예배 중에 그림 그리기를 좋아한다.
  (하지만 사람들은 찡그린다. 그들은 이런 일 하는 게 옳지 않다고 생각하니까.)
그러나 엄마는 신경 쓰시지 않는다. 내가 소리만 내지 않는다면,
  그리고 엄마 옆에, 아주 꽉, 달라붙어 있으면.
한번은 '엄마가' 돼지를 그리셨다. 작은 꼬불꼬불한 꼬리와
  쫑긋 선 귀와 '고약한' 웃기는 코를 가진 돼지를.
우린 둘 다 웃지 않으려고 애썼지만, 내가 너무 '흐르는 강물처럼 끊이지 않고' 낄낄거려서,
  엄마는 날 내보내 '야만' 했다. 그저 그렇게만 했다.

언젠가[14]

아무도 내 진가를 알아보지 못해.
사람들은 지나갈 때, 말하곤 해.
"이 녀석아!"라며 어떻게든 평범한 말투로
마치 내가 멋진 생각을 하지 못하는 것처럼.
자기네들도 그런 멋진 생각을 하지 못하면서.

언젠가 내 생각은 그들이 '어머, 안녕하세요?'라고
인사하고픈 마음이 들게 할 거야. —그땐 내가 죽었을 때지.

한때 난 사랑스러운 남자를 알았다[15]
대머리 남자들은 나에게 연민을 느끼도록 자극한다.
내가 한숨짓지 않고서
또 소금 눈물 빼내지 않고서
대머리 남자를 만나는 일은 흔치 않다.

그 이유를 여러분에게 말해주련다. 한때 난 사랑스러운
한 남자를 알았다. 그의 눈을 파랬고
(한쪽 눈이 파랬다) 그리고 그의 정수리 위에서는
머리카락 한 가락이 자라고 있었다. 그러나 어느 날 밤 늦게—

"제 애인이 되어 줄래요?" 그가 나에게 말했다.
나는 뛸 듯이 기뻤지만, "저기,
내일이 수요일이니까—토요일에
될지 말지를 말해줄게요"라고 답했다.

(아시겠지만, 난 진짜로는 그를 내 애인으로 삼을 생각이었다.
하지만 그것은 큰 소리로 말할 사항이 아니다.
내가 잘못했다는 것을 인정한다. 하지만 그때 내가 어떻게
지금 내가 아는 것을 모두 다 알 수 있느냐고.)

그는 한숨지었다. (그것은 정말로 잔인한 일이었다.

그래서 나는 후회한다. 이것이 바로 여러분에게

이 슬픈 노래를 불러주는 이유이다.) 그는 모자를 눌러 쓰고,

창백한 미소를 머금고 내 아파트를 떠났다.

곧바로 그는 엘리베이터 아래로 떨어졌다.

("취해서 그랬다"고 몇몇이 말했다) 난 잘 알고 있다.

그럴 가능성이 있다고 해도,

그는 나 때문에 자살했다는 것을.

대머리 남자들은 나에게 연민을 느끼도록 자극한다.

내가 한숨짓지 않고서

또 소금 눈물을 빼내지 않고서

대머리 남자를 만나는 일은 혼치 않다.

나는 경험을 살려 라임을 정확하게 맞추어 강력한 리듬을 드러내는 시는 신뢰하지 않기로 했다. 어린이가 전적으로 혼자 쓴 시에서는 자유로운 리듬이 춤추기 마련이다. 아무리 에너지 넘치는 어른이라 하더라도 어린이에게 리듬을 주입할 수는 없는 법이다! 아래 수록한 소년이 긴 숨을 쉬면서 천천히 말할 때 받아 적은 긴 독백 시의 한 부분이 보여주는 것처럼, 바로 우리 눈앞에서 구두로 시가 지어지면 우린 이 사실을 더욱 확신하게 된다. 이 시는 3학년 교실 작업대 바로 뒤에 있다고 상상한 가상의 땅을 노래한다.

*

'높은 바위'가 있다.

내가 배들과 이야기 하는 곳,

그리고 그곳의 풀밭이

내가 잠을 자거나,

구름을 바라보는 곳.

쉬거나 서둘러

큰 경주에 나가

온 세상을 달리는 구름을.

앞 장에서 나는 두려움 섞인 경고조로 라임 관련 이야기를 시작했는데, 같은 경고로 이 논의를 끝맺고자 한다. 나는 라임을 잘 맞추지 못하는 것에 열등감을 가진 사람들이 가장 염려스럽다. 이런 사람들은 상대방의 생각을 수용할 수 없는 듯하다. 단어들이 이런 사람들을 자극할지는 몰라도 그를 아이디어가 아니라 광기로 이끈다.

이런 부류의 사람들은 내가 (나의 유일한 관심사이지만 그동안 무시되었던) 어린이 언어의 가치를 중요한 논쟁 주제로 삼을 때마다 나에게 항의해 왔다. 이런 가운데 나는 '라임'이라는 단어가 '거짓말쟁이'라는 단어처럼 싸움을 불러 일으키는 단어라는 것을 알게 되었다. 언젠가 차분한 성품을 지닌 사람이 그 이유를 말 해주길 바란다!

이런 항의에 대한 나의 의견을 다음과 같이 진술해 기록과 증거로 남기고자 한다. 나는 라임 맞추기의 관습에 반대하지 않는다고, 나는 라임이 시를 장식하는 멋진 표현의 일부라고 믿는다고, 나는 어린이들이 자연스럽게 라임을 맞추는 것을 막지 않을 것이라고, 나 또한 라임을 맞추며 어린이들을 즐겁게 해주는 루이스 캐럴, 로버트 스티븐슨, 앨런 알렉산더 밀른[16] 등의 아동 작가들에게서 기쁨을 찾는다고.

나는 내 평생의 비밀스런 즐거움은 나의 사상과 정서를 라임이 잘 맞는 언어로 표현하는 가벼운 시 창작이라는 고백도 마다하지 않을 것이다. 그 시들 중 일부는 인쇄되어서 국내외 문집들과 인용 모음집들에 실려 있다. 그중 몇 편은 최근 모던 라이브러리판 데이비드 맥코드의『유머러스하고 재치 있는 영미 시 문집』[17]에 수록되어 다시 한번 꽃을 피웠다. 여러분, 이 정도면 내가 라임 맞추기에 반대한다는 혐의에서 벗어날 수 있겠지요?

이 단순한 문제를 한층 더 그럴듯해 보이는 반대 의견들로 복잡하게 만들지 않아야 한다. 그러려면 아주 어린 아이들이 타고난 언어로 라임을 맞추며 자신들을 분명하게 표현한 시들을 소개할 지면이 필요하다. 물론 이 지면에 예시하는 어린이 시들 중 일부는 누군가 읽거나 불러주는 것을 충실히 받아 적은 것이다.

어린이는 자신에게 어울리는 라임을 찾아 그것을 사용할 수도 있고 그렇지 않을 수도 있다. 어린이는 라임에 대해 깊이 생각하지도, 라임이 항상 필수적이라고 믿지도 않는다. 그러므로 어린이는 라임을 맞추기 위해 되지도 않는 운율을 무리하게 타면서 상상력을 방해하는 일은 거의 하지 않는다. 라임은 각 어린이가 만들어내고 싶은 효과에 달렸다. (어린이가 이 효과에 대해서 깊이 생각한다는 말은 아니다.) 자주 어린이는 (윌리엄 셰익스피어처럼) 라임이 있는 시구들과 라임이 없는 시구들을 섞으며, 가끔은 최고를 능가하는 좋은 소리를 만든다.

캘리포니아 주의 오하이 밸리 학교[18]에서 넬 커티스가 여덟 살 어린이 한 명에 대해 적어 보냈다. "그 꼬마 녀석이 아침에 저를 찾아와 말하더군요. '제 마음속에 시가 한 편 자라고 있어요. 전 이 시를 언제 쓸 수 있는 걸까요? 어젯밤에 불이 꺼질 때까지 한참 생각했어요.' 이 시야말로 지금까지 쓰인 것들 중 감정 표현이 가장 솔직한 시 아닌가요?" 그녀가 덧붙였다. "이 소년에 대한 표현으로는 말이에요."

여러분은 왜 우리가 이런 성과물에 관심을 갖는지 단번에 알 수 있을 것이다. 우리가 관심을 갖는 것은 성과물이 시이기 때문에 또는 시가 아니기 때문이 아니다. 솔직히 우리는 산출물 그 자체에 그렇게 큰 관심이 없다. 우리의 관심은 진정한 자기-표현에서 비롯된 자기다움의 성장이 얼마나 중요한가에 놓여 있다. 앞에 언급한 소년의 '가장 솔직한 시'를 여기에 소개한다.

그랬으면 좋겠다*

내가 엔진이었으면 좋겠다.

철로를 달려가는

그리고 가끔

난 커다란 종을 울릴 거다.

내가 굴착기였으면 좋겠다.

흙을 파는

난 다치지 않고

무거운 양도 들어 올릴 거다.

아니, 난 철로를 달려가는

엔진이 되고 싶지 않아.

아니, 난 흙을 파는

굴착기가 되고 싶지 않아.

대신 바다 위

배의 밧줄들 사이에서

밑의 짐칸에서

아니면 열린 바다를 보면서

내가 언제나 자유롭다는 것을 알고 싶다.

그리고 항상

뱃머리 밑은

파도들이 높이 달려 차고

난 뱃사람이

언제나 기뻐한다는 걸 알겠지.

아래 인용 시는 생각이나 감정을 희생시키지 않으면서도 라임을 맞춘 일곱 살 어린이의 시이다. "그 아이가 아주 유쾌한 미소를 지으며 제게 이 시를 전해주었어요"라고 커티스가 말했다.

배*

배 한 척이 항해하고 있었다

　　바다 위에서

　　바다 위에서

선원 한 명이 손을 흔들었다

　　나에게

　　나에게

나도 흔들었다

　　기뻐서

　　기뻐서

무엇이 청소년 목소리의 진실한 표현이며 무엇이 아닌지를 두고 싸우는 사람들에게 휴전을 제안하는 의미로, H. E. M의 훌륭한 시를 여기에 소개하면서 이번 장을 마무리하고자 한다. 이 시를 읽으며 서로의 입장을 이해하길 바란다. 이 시는 에반더 촤일즈의 『학생 시 문집』[19] 시리즈 한 호에 수록된 것이다.

신중한 4월

내가 4월을 잘 보내고 안전하게 돌아올 수만 있다면,

또 내 눈을 무심하고 냉정하게 지켜내고

또 내 꿈을 입 밖에 내지 않고

가슴속에다 단단하고 확실하게 붙들어 놓는다면,

이번 4월은 다른 4월들과 다르리라.

이번 4월은 평화롭고 고요하리라. 그러면 나는

올해의 나머지 달들도 가볍게 밟고 지나갈 수 있으리라—

하지만, 오, 내 가슴이 다시 높이 뛰어 오른다!

제14장 모방하는 어린 시인들

1

　나는 라임에 대해 더 이상 깊이 논의할 생각이 없다. 그 대신 고질적으로 라임 맞추기에만 취한 청소년들에게 더 나은 작품을 뽑아내려면 어떠한 발전이 필요한지에 대해 일러주고자 한다.

　나는 이제 막 고학년 학생들이 쓴 수천 편이 넘는 시편들을 모두 다 읽었다. 모두가 명성이 자자한 여러 학교 잡지에 실렸던 것들이다. 그중에는 별 볼일 없는 시들도 많았지만, 쉽게 개선될 수 있는 시들도 꽤 있었다. 나는 시를 한층 업그레이드시킬 수 있는 방법 하나를 알고 있다. 하지만 가끔 교실의 시인들은 이런 개선 사항에 대해 듣고 싶어 하지 않는다. 수정하고 개선하라는 말은 그들의 마음을 아프게 한다. 그러나 나는 청소년 시기에 이런 아픈 수술 과정을 묵묵히 견뎌내야만 자연스럽게 더 나은 작품을 쓸 수 있다고 자신한다. 물론 일부 청소년들의 경우 시를 다시 쓰지 않겠다고 할 수도 있다. 예술적으로 성장하는 방법 중 하나가 자기-표현을 통해서이기 때문에 이런 불행한 일이 벌어지면 안 된다. 또 자만심이나 아픔, 그 밖의 사회적 공포에 대한 두려움 때문에 시 창작과 같은 건강하고 자연스러운 행동을 멈추는 일은 청소년들에게 해롭기 그지없다. 그러나 청소년들과 함께 보냈던 내 경험이 지속적으로 입증하는 것처럼, 청소년 시인들이 중압감만 이겨낼 수만 있다면 자신의 내면에 있을 것이라고 짐작조차 못했던 뜻밖의 힘과 마주칠 것이며, 그로 인해 이후에는 정말로 놀라운 작품을 내놓을 것이다. 다른 사람들이 그랬던 것처럼.

나는 항상 친절하고 가벼운 농을 던지듯이 청소년들에게 그들의 작품이 남의 것을 베낀 것이라고 말하기 시작한다. 예를 들면, 그들이 사용한 라임이 다른 사람들의 것이라고 말한다. 그러면서 먼저 첫 몇 페이지에서 뽑아낸 moon과 June, showers와 flowers, vain과 pain, sky와 high, brook과 nook, shades와 glades, hark와 lark, spring과 sing과 같은 것들을 나열한다. 이와 같은 라임 맞추기는 우리의 고조할머니가 피나포어 앞치마[1]를 두르고 있었을 때부터 유행했던 관습이다. 시에 이런 관례가 존재한다는 것 자체가 보다 격조 높은 시의 톤에 익숙해진 사람들에게는 평범함의 고백으로 여겨진다. 그리고 탁월한 생각과 감정에 의해 고양되지 않으면 라임 맞추기는 참으로 고통스러운 일이다.

더 나아가, 그들의 라임은 가장 강조되는 지점인 완성된 구절의 끝에 배치되어, 귀를 지속적으로 강타하는 단조로운 효과를 자아낸다. 좋은 시에서 라임은 코믹한 효과가 제대로 의도되지 않는 한 그렇게 격렬하게 강조되지 않는다. 오히려 좋은 시를 읽을 때 우리는 전혀 라임을 인지하지 못한다. 좋은 시는 중요한 함축성을 지닐 때만 라임을 맞춘다.

내가 학생들로부터 웃음을 이끌어낼 수 있으면, 그것은 모든 것이 순조롭게 진행된다는 것을 의미한다. 학생들이 웃으면 나는 그들에게 그들의 문구도 베낀 것이라고 말해준다. 그들의 모든 개울은 잔잔하게 일렁이며, 그들의 모든 호수는 은빛이며 (그들의 달도 은빛이다), 그들의 나무는 가볍게 속삭인다. 이때 연상되는 것이 무엇이냐고? 미풍인가? 맞다! 그들의 비는 언제나 두들겨 부수거나 혹은 빗발치듯 쏟아진다. 그들이 묘사한 저녁 그림자는 자줏빛이며, 그들의 쑥독새는 장엄한 밤에 부드럽게 구슬픈 가락을 부른다(나는 그들에게 매섭게 말한다. 나의 쑥독새는 건강하고 낙관적인 바보여서, 언덕 위에 올라가 있는 여자 친구에게 "'네가' 이리 와"라고 소리치고, 여자 친구는 "네가 '이리' 와!"라고 받아친다고. 그럼 몇 시간이고 그들은 이 말이 사랑스러운지 끈질기게 따라 한다. "'네가' 이리 와" "네가 '이리' 와!" "'네가' 이리 와" "네가 '이리' 와!" 그러고 나면 그들은 절대 다른 곳으로는 가지 않는다. 이 사실이 '나'를 슬프게 한다. 아니, 내 말 뜻은, '내'가 슬픈 것이 아니라, '나를' 슬프게 한다는 말이다. 새벽 1시 경에 내가 그들의 덤불에다 돌을 내던지며 소리친다고 하자. 그때가 장엄한 밤이냐고? 절대 아니다. 장엄한 밤만 '아니면' 무엇이든 다 된다).

이제 우리의 어린 시인들에게로 돌아가 보자. 시인의 불꽃 그림자는 춤추고, 시인의 황혼은 희미해지고, 시인의 키 큰 여인들은 위풍당당하고, 시인의 작은 여자 친구는 뛰어놀며, 시인의 눈은 깜박깜박 빛나고, 시인의 모든 미소는 악동 같으며, 시인의 모든 웃음은 즐겁다.

내가 이런 작업을 하는 이유는 내가 이런 소년 소녀들을 좋아하고, 그들을 믿고, 그들이 보기 드물게 훌륭한 그룹이기 때문이다. 그들에게 대한 나의 이러한 호감을 말없이 자연스럽게 전달할 수 있어야 하므로 나는 그들에게 다음과 같이 말한다. 어린 시절 거의 모든 훌륭한 산문 작가들이 시인이었으나 많은 것을 배운 후에야 비로소 최고작을 쓰고 확고한 자리를 잡을 수 있었다고. 또 작가가 배워야 할 가장 중요한 것들 중 하나는 그 자신만의 훌륭한 작품이 결코 다른 누군가의 훌륭한 작품과 비슷해서는 안 된다는 것이라고.

나는 어린이들에게 계속 말한다. 작가들이 배워야 할 두 번째 사항은 비판을 견뎌내는 일이라고. 이때 비판은 단순한 실수의 발견을 의미하지 않는다. 내가 말하는 비판이란 잘못된 부분을 지적하고 즉각적으로 어떻게 수정하는지를 알려주는 행위를 의미한다. 나는 "여러분은 선의의 타격을 맞을 준비가 되어 있습니까?"라고 그들에게 묻는다. 만약 내가 친절하고 정확하게 접근했다면, 누군가는 분명히 "쏴보시죠!"라고 말하리라.

"그럼, 너희가 쓴 시편들을 책상 위에 올려놓아라"라고 말한 후 나는 다음 절과 같은 현명한 방법으로 그것들을 공격한다.

2

여러분은 라임과 시구와 시 형식뿐만 아니라 아이디어도 베낀다.

이 점에 대해 생각해 보자. 이렇게 말한 다음 나는 여러분이 전혀 생각이라곤 하지 않는다고 비난한다. 증명해보라고? 오, 그건 쉬운 일이다! 아래 내용이 바로 그 증거이다.

봄이라는 단어가 떠오를 때, 여러분은 마치 봄이 곧 올 것처럼, 잔디밭에서 콩콩 뛰는 로빈새를 생각한다. 여러분은 생각하고 생각한다. 그리곤 "로빈새가 잔디밭에서 콩콩 뛰어"라고 흥분해서 쓴다. 로빈새가 실제 잔디밭에서 뛰건 말건, 여러분이 정말 로빈새를 본 적이 있든 말든, 여러분이 잔디밭을 본적이 있든 말든 그렇게 쓴다.

로빈새에 대한 여러분의 고정적인 이미지를 보면 봄에 다른 새들이 없다는 생각이 든다. 그러나 나는 박새, 솜털 뒤엎은 딱따구리, 유럽의 찌르레기도 이곳에 살고 있다는 것을 안다. 이런 다양한 새들은 겨울 내내 이 지역 주변에서 머문다. 오색방울새는 지금 자신의 부드러운 털을 올리브색에서 활기찬 금빛으로 바꾸고 있다. 또 이번 주만 해도 붉은색 날개의 지빠귀 네 마리가 나의 봄을 옆으로 비켜두고 소복하게 내린 눈 속에서 시끄럽게 울었다. 푸른새, 찌르레기, 피비새는 숨어서 지금이 자기 계절이라 주장하는 여름을 감시하느라 바쁘다. 초원의 종달새가 막 도착해 자신의 첫 노래를 연습 중이지만, 봄의 참새는 이미 한창 재잘대고 있다. 나는 내 앞에 펼쳐진 겨울 풍경에서, 찾으려고 애쓰지 않는데도 슬픔에 젖은 비둘기와 솔새, 그리고 아직은 북쪽으로 날아가지 않은 검은 방울새 한두 마리를 발견한다.

하지만 여러분은 내가 언급한 것들을 머릿속에 넣어두고 있지 않다! 그래서 창문 밖을 풍부한 감성으로 응시하며, 창문가에 놓인 깡통의 가장 자리에서 참새 여섯 마리가 싸우고 있는데도 "로빈새가 잔디밭에서 통통 뛰어"라고 노래한다.

아주 오래전 어느 진정한 시인이 자신의 앞마당 잔디에서 실제로 콩콩 뛰었던 진짜 로빈새에 대해 노래했다. 그러자 교과서 집필자들이 그것을 유아용 초급독본에 수록했다. 학교에 입학할 무렵 여러분이 읽는 첫 글이 쉰 살 먹는 로빈새에 관한 흥미진진한 이야기였던 것이다. 여러분은 집에 오자마자 숨 가쁘게 로빈새 이야기를 어머니와 누이에게, 이후에는 모든 사람들에게 전하며 성장해왔다. 이렇게 해서 마침내 여러분은 여러분이 로빈새 이야기를 창조해냈다고 생각하기 시작했다.

얼마 동안 쌀먹이새가 로빈새를 몰아내고 유행했다. 하지만 이유는 모르겠지만 쌀먹이새는 오래 가지 않았다.

또 가을이 오면 여러분은 연필을 손에 쥐고 독창적인 시적 사고를 이렇게 풀어낼 것이다. "모든 나뭇잎들이 떨어지고 있다!"라고.

그러나 이것은 여러분이 누군가에게로부터 은연중 받아들인 또 다른 놀라운 생각이다. 만약 스스로의 힘으로 나뭇잎의 낙하에 대해 생각했더라면, 여러분은 나뭇잎들이 가을에 떨어지지 않는다는 것을 관찰했을 것이다. 즉 나뭇잎들은 여러분이 바라보는 동안 눈에 띌 정도로 떨어지지 않는다. 나뭇잎들은 아마도 여러분이 방안에 있을 때 폭풍우 속에서, 아니면 대부분의 경우 상당히 강한 바람이 부는 밤이나 이른 아침에 떨어진다. 정말 놀라운 것은 나뭇잎들이 어떻게든 땅에 떨어진다는 사실이다. 이 모든 일이 너무도 은밀하게 이뤄져서 그것 자체가 신비이다.

가을이라고 모든 나뭇잎들이 떨어지는 것이 아니다. 오크나뭇잎들 중 몇 잎들은 겨울바람에도 꿋꿋하게 붙어있지 않던가? 7월에 떠나는 나뭇잎들이 있는가 하면 12월까지 가지를 꽉 쥐고 있는 나뭇잎들도 있다. 참고로 내 달력에선 7월과 12월이 가을이 아니다.

내가 보기엔 여러분은 전혀 생각을 하고 있지 않았던 것이다. 특정 단어들은 항상 여러분이 다른 사람들로부터 들은 단편적인 정보를 상기시킨다. 일례로, '가을fall'이란 단어는 나뭇잎들이 '떨어진다falling'는 것을 암시한다. 그런데 나뭇잎이 실제 떨어지든 말든 여러분은 그냥 아무 생각 없이 쓴다. 또한 이 단어는 슬프고 우울한 나날들을 암시하기도 하는데, 이 역시 우리네 할아버지들이 살았던 시대의 슬픈 눈을 지닌 시인들에게서 빌려온 위조된 감정일 뿐이다.

하지만 여러분이 포획한 대표적 아이디어는 겨울에 관한 아이디어이다. 겨울이라는 단어를 말하기만 해도 교실의 시인은 역사 교과서 가장자리에 낙서를 한다. "겨울에 나무들이 모두 발가벗는다!"라고.

물론 겨울나무들은 전혀 발가벗고 있지 않다. 겨울나무들은 아름답게 옷을 입고 있다. 그럼에도 불구하고 겨울에 모든 나무들이 발가벗는다고 지속적으로 이야기한다면, 그것은 여러분이 실제로 겨울나무를 들여다 본 적도, 또 겨울나무들의 놀라운 아름다움을 본 적도 없다는 말을 의미한다. 살아 있는 겨울나무는 하늘로 뻗은 자신의 공간을 무수한 잔가지와 여름에는 숨겨져 있었던 순으로 채운다. 잔가지와 순은 거의 대부분 겨울나무에 어울리는 옷을 입히려고 겨울 한철만 세상에 나온 것처럼 보인다. 나무가 경이롭게도 균형과 대칭을 보여주는 때는 바로 겨울, 무질서하게 얽혀있던 나뭇잎들이 사라졌을 때이다. 하지만 관찰하는 눈이 그리는 겨울나무는 항상 회색 레이스를 걸친 힘센 팔과 다리로만 구성된다. 그리고 겨울이 지나가기 오래전부터 나뭇잎들은 갈색과 구릿빛과 심지어는 초록색의 미묘한 색조를 띤다. 가끔 겨울나무들 중에서도 갈대들은 눈에 띌 정도로, 눈 덮인 풍경을 노란색 꽃의 은은한 빛으로 밝혀준다. 예술가들은 이런 겨울나무의 모습을 알며 그 모습을 물감으로 다채롭게 표현하고자 한다. 또한 그들은 잎이 떨어지고 가지만 앙상하게 남은 겨울나무가 불쌍하다거나 외롭다고 암시하지 않는다.

여러분은 알고 싶은 사람의 솔직한 호기심으로 바깥 세계를 바라보지 않았다. 바깥세상을 주의를 기울여 들여다 볼 생각은 하지 않고 그것을 둘러싼 그럴싸한 입소문들을 진실인 것처럼 받아들여 온 것이다. 여러분은 북풍에 대해 쓰지만 북풍이 실제 자연에선 보기 드문 현상으로 거의 신화로만 언급된다는 것을 알지 못한다. 물론 여러분은 전승되어 내려오는 노래와 글에서 북풍에 관한 아이디어를 얻었다("북풍이 부니 눈이 오겠구나"[2] 등등). 종달새와 나이팅게일에 관한 아이디어는 오래전에 쓰인 영국의 시편들[3]에서 뽑아왔다. 아니, 전통적으로 내려오는 영국 시의 모든 부분을 베꼈다고 말하는 편이 더 나을 것이다.

그러나 여러분의 진짜 표절은 느낌의 세계, 여러분도 속해 있는 인간 세상과 관련된다. 느낌에 대해 쓸 때, 여러분은 바로 여러분 귀 옆에서 외쳐대는 증거들을 놓친다. 공포의 감정이 자주 냉정한 침묵의 가면을 쓰고 있는데도 여러분은 그것이 떨림이나 흥분된 뛰어오름으로 표현된다고 생각한다. 여러분은 울음이란 단어를 약함이나 패배의 징표라고 생각한다. 또한 내리뜬 눈이 죄를 고백하는 것이라고 생각한다. 여러분은 겁쟁이들의 얼굴이 창백하다고 생각한다. 여러분은 분개가 흔히 소심함을 드러낼 뿐인데도 대담성이나 심지어 분노의 표출이라고 생각한다. 여러분은 성격 좋고 웃는 즐거운 녀석들이 걱정이나 우울에서 벗어났다고 생각한다. 여러분은 무언가에 대해 생각한다. 하지만 그 무엇에 대해 깊게 생각하거나 고심하지는 않는다.

나의 소중한 어린 친구들이여, 산책을 하라. 그리고 주변 세상을 바라보라. 세상을 처음 보는 것처럼 바라보라. 동료들을 바라볼 때도 "위트가 있고 감탄을 자아내는 능력이 있네. 특별해 보이는 사람이네" 하고 관찰하며 처음 마주하는 느낌으로 대해보길 바란다. 그리고 재미있고, 감탄을 자아내는 자신을 아주 자세히 들여다보라. 중요한 주제들에 대해 이전에 알고 있던 것들을 모두 과감하게 잊고, 읽고 알게 된 모든 일에 호기심과 의문을 가져라. 그래야만 생각이란 것이 시작된다. 생각을 새롭게 다시 시작한다면 그 어느 것이 눈앞에 펼쳐져도 재미있고 감탄스럽게 볼 수 있으며 내 자신만의 생각대로 술술 풀어나갈 수 있다.

나는 여러분에게 관심이 많으며, 그런 만큼 여러분을 믿으며, 여러분이 잘되길 바란다는 것을 입증했다고 생각하는데, 정말 이해가 되었을까? 여러분이 다시 생각을 제로세팅에 놓는다면 더 명쾌하게 이해할 수 있을 것이다.

제15장 교실의 평범한 아이들

1

나는 백 명에 달하는 선생님들로 이루어진 규모가 큰 스터디 그룹에서 나이 지긋한 한 여성분의 강한 얼굴을 놓칠 수 없었다. 그녀는 교육에서 창조적 삶이 가능한가에 관한 나의 열정적 설명이나 우리가 '발견물'이라고 부르는, 젊은 교사들이 매일 가져왔던 흥미진진한 자료들의 영향을 받지 않고서도 몇 주 동안 우리와 함께했다. 시, 그림, 점토조상, 모형물, 무대장치, 목공예, 주석 공예, 리놀륨 인쇄물—이런 '발견물'들과 청소년의 정신이 발현된 다른 작품들을 보여주어도 이 나이 지긋하신 숙녀 분은 항상 침착했고 유쾌하면서도 냉정함을 유지하는 모습이었다.

웅변적이고 유머러스한 그녀의 눈은 반짝였다. 그 눈은 항상 나에게 응답했고 나를 두 배로 열심히 일하도록 강요했다. 종종 그 눈은 내가 나를 웃음거리로 만들었을 뿐이라는 느낌으로 나를 압도했다. 나는 그녀의 평온한 태연자약함을 몰아내려고 남몰래 애썼다. 그러나 겨울 내내 수업이 끝날 때까지도 그러지 못했다.

나는 그녀에 대한 몇 가지 사실을 쉽게 알아냈다. 그녀가 어느 마을의 교실이 하나뿐인 작은 학교를 운영해 왔다는 것,[1] 온화하지만 완벽한 독재자라는 것, 그녀의 학교에서 어린이들은 하루 5시간 동안 조용히 앉아서 '무엇인가를 배웠다'는 것, 만약 어린이들이 그날 배울 것을 배우지 못하면 더 오래 남아 있어야 한다는 것, 그녀의 교실에서 교육과정은 미국의 헌법 다음으로 신성하다는 것, 그리고 마을 사람들과 어린이들이 그녀를 두려워하고, 존경하고, 복종하고, 숭앙하지만 가능하면 그녀를 피한다는 것.

그녀의 강력한 마력은 나에게도 영향을 미치기 시작했다. 그러나 그 당시 나는 위압적 여성들에 의해 쉽게 기가 죽곤 했던 터라, 나도 그녀의 마을 사람들과 아이들처럼 똑같이 두려워했고, 존경했고, 복종했고, 숭앙했고, 피했다. 하지만 그녀는 이의를 제기하면서 나를 괴롭혔다.

어느 날 모두가 떠나고 교실에 그녀만 혼자 남았다. 나이 들었지만 당당하고 아름다운 얼굴에서 풍기는 건강한 삶의 흔적과 은근한 미소가 그녀에 대한 반감을 완화시켰다. 나는 천천히 숨을 들이쉬며 오래전 방과 후 윗분들이 나를 붙잡아 두었던 생각을 떨쳐버리려고 애썼다.

"젊은이에겐 정말 알 수 없는 매력이 있어요." 매정하고 쌀쌀한 말투였다. 하지만 그 말에는 솔직한 친근함이 배어있었다.

"'젊은이'라고 불러주시니 감사합니다." 내가 말했다.

"젊다는 것은 단순히 상대적이에요." 그녀가 응수했다. "나보다 한참 젊지요. 젊은 그대가 나를 교육계의 자유주의자가 되도록 유도하고 있사옵니다!"[2]

"천하만국의 모든 권세와 영광을 보여드리겠나이다."[3] 나는 그녀의 바울[4]에게 간청하는 마귀 역할을 맡았다.

그녀의 눈이 빛나고 있었다. 그녀는 생각을 활발하게 주고받는 논쟁을 정말 좋아했다. 하지만, 아, 그녀의 나중 고백에 따르면, 그녀의 상대들은 그녀에게 재미를 제공할 만큼 오랫동안 논쟁하지 못했다. 그녀는 자신의 존재가 불러일으킬 두려움에 대해 잘 알고 있었고 그 두려움을 자신의 목적을 위해 매번 사용했다. 하지만 그녀는 자신을 피해 달아나는 사람들을 모두 혐오했다. 그리고 자신처럼 튼튼한 힘과 에너지를 지닌 사람들과 동반자가 되기를 갈망했다.

"아시겠지만 당신의 그 인용은 정확하지 않을걸요." 그녀가 미소 지었다. "정확하게 인용하면, '천하만국과 그 영광'이죠. 하지만 나는 당신의 부정확한 인용이 부정확함의 가치에 대해 설교하기 위한 것이라는 것도 알고 있죠."

"제가 기억하는 것은 마귀가 자신의 목적을 위해서만 성경을 정확하게 인용할 수 있다는 것뿐이죠." 내가 말했다. "그래서 전 정확함과 부정확함을 나누는 이런 일에서 특별히 큰 기쁨을 느끼지 못해요."

"정말 마귀처럼 말하는 군요, 정말로요!"

이런 식으로 우리는 농담을 나눴고 아주 친밀해 졌다. 하지만 그녀는 재빨리 화제를 우리의 주제로 돌렸다. "우리 학교엔 창의적인 천재들이 존재하지 않아요." 그녀가 말했다. "학생들을 몇 주 동안 관찰했어요. 평범하고 자연스러운, 한마디로 개성 없는 아이들로 구성된 그룹이에요. 그러니 내가 젊은 선생에게 제공할 창조적인 작품은 앞으로도 없을 거란 얘기예요."

"선생님께서 학교를 직접 통솔하고 관리하시나요?" 내가 물었다.

"물론이죠."

"교장이신가요?"

"교장으로 고용되었죠."

"선생님께서 가르치시는 것을 아이들이 곧잘 따라가나요?"

"곧잘?" 그녀가 나를 비웃었다. "젊은이가 얘기하는 '곧잘' 보다는 더 높은 교육을 지향하고 있어요!"

"그렇다면," 내가 고쳐 말했다. "아이들이 선생님의 기대만큼 해내나요?"

"정확하게 그렇죠. 처음에는 안 해도, 두 번째엔 하죠. 두 번째에 안 하면, 세 번째엔 하고요. 이런 식이죠. 절대 도망갈 수 없어요. 이런 식으로 나는 내 결과물을 얻어요. 난 친절한 사람이 되고 싶지만, 굳건하고 단호해요. 그런데 내가 말하고 싶은 것은, 그게 효력을 발휘해서 결국 내가 바라던 것을 얻는다는 것이죠."

"질서정연하고, 순종적인 어린이들이죠?"

"그래요."

"자신들이 배운 내용을 아나요?

"결국에는."

"조용하고 공손하고요?"

"언제든 우리 교실로 한번 와서 보세요!" 자만심에 찬 말이었다.

"평범하고, 자연스러운, 한마디로 개성이 없는 아이들로 구성된 그룹을요?"

"그래요."

"창조성을 전혀 꽃피울 수 없는 그룹을요?"

"꽃 피울 수는 없죠."

나는 기다렸다가 엄숙한 어조로 인용했다. "'하나님이 이르시되 우리의 형상을 따라 우리 모양대로 우리가 사람을 만들고. 하나님이 자기 형상 곧 하나님의 형상대로 사람을 창조하시고.'"[5]

그녀는 그것에 대해 곰곰이 생각했다. 그러면서 믿을 수 없다는 듯 나를 뚫어져라 바라보며 뭔가를 알아내려 했다.

"하지만 선생님께선 선생님의 형상대로 아이들을 창조하는 일에서 완전히 성공하시진 못하셨어요." 내가 말을 이어나갔다. "어린이들은 선생님을 좋아하고 선생님을 믿어요. 또 틀림없이 올바름에 대한 선생님의 개념을 본보기 삼아 살려고 애쓰고 있어요. 그러나 그들 내면에는 무질서한, 꿈틀거리는 반항적인 무엇이 존재해요. 그것이 바로 그들의 창조적 자아들인 셈이죠. 선생님이 무엇이라 부르든 어린이들의 개성, 즉 자기다움이 있다는 말이지요. 그것은 그들이 평생 살면서 반드시 가지고 살아야만 하는 핵심이며, 세상이라는 전쟁터에서 그들을 구원해줄 뿐 아니라 그들에게 세상의 자리를 제공할 유일한 것이죠. 선생님께선 그들을 선생님의 형상대로 만드는 데 전적으로 성공하시진 못하셨어요. ……하지만 아시다시피, 하나님조차도 실패했다고들 하잖아요."

잠시 후 그녀는 논쟁을 다시 불러들이곤, 세상은 순종적인 사람들, 생각하지 않는 사람들, 창조적이지 않은 사람들, 노동자들을 원한다고 논박했다.

나는 동의했다. 맞는 말이다. 대다수의 대중은 다른 사람들의 마음을 사는 낮은 직종을 찾을 것이며, 불가피하게 창의적인 사람들이 대중을 지배하고 그들에게 작은 임금을 지불한다. 절망적인 경제적 노예제 비슷한 것이 대다수의 인류를 기다리고 있다.

고백컨대, 나는 모두에게 답을 찾아 줄 만큼 충분히 알지 못한다. 그러나 나는 나의 길로 들어선 소수를 위한 길은 알고 있다. 그 길엔 노예처럼 굽실거리는 군중을 위한 장소는 마련되어 있지 않지만, 창의적 지도자들이 나타나길 기다리는 넓은 공간이 있다. 나는 나의 길에 들어선 어린이 각 개인의 정신을 소환하고 그 힘을 키워줌으로써 속박에서 벗어날 수 있도록 돕고자 한다. 비록 소환 과정에 우려스러운 위험이 숨어있을지라도, 나는 어린이 각 개인의 정신에 말을 건다. 가끔 나의 상상 세계에서는 주변 환경에 굴복하지 않는 내면의 강력한 반항아가 흙으로 기적을 빚어내는 창조자로, 또 하나님이 자신의 형상대로 창조한 하나님의 이미지[6]로 나타난다. 나는 하나님은 실패하지 않는다고 생각한다. 하나님의 의미를 계속 놓치는 자는 '우리'이다.

2

우리는 여러 번에 걸쳐 만났는데 그것은 서로에게 큰 기쁨과 이득이 되었다. 한동안 그녀는 내가 그녀의 창조 정신을 소환해 생각하고 느끼고 행동할 수 있도록 해주려고 공을 들이고 있다는 사실과 그녀의 독자적 자기다움 중에서 개발되지 않은 강점을 찾아 싸움을 걸고 있다는 사실을 꽤나 의식했다. 그녀는 다음과 같은 내 전략의 일부를 인지했다. 그녀가 그녀 자신에 대한 믿음마저 뛰어넘을 수 있는 능력의 소유자라는 것을 내가 신뢰한다는 것, 이런저런 비범한 생각을 표현하는 그녀의 내면 활동에 대한 증거를 내가 제시한다는 것, 그리고 새로운 일을 시도하기에는 너무 늙었다는 그녀의 근거 없는 생각을 내가 폭로하고 있다는 것을.

그녀는 나에게 그녀의 반 학생들을 특별히 봐줄 수 있냐고 요청해왔다. 나는 그녀의 제안에 심사숙고 후 몇 가지 생각들을 정리해서 가겠다고 약속했다. 그러나 나는 그녀에게 매 상황에 적용 가능한 확실한 방법이란 없으며, 우리 중 누구도 독단적이 될 만큼 충분히 알 수 없다고 경고했다.

그리고 다시 그녀를 만나서, 혹시 반 학생들을 향해 모두 주목하라고 했을 때 무언가를 끄적거린다거나 그림을 그리는 등 유독 눈에 띄는 학생이 있냐고 물었다.

"지속적으로 그런 행동을 했던 학생은 없었던 것 같은데요." 그녀가 단호하게 말했다.

"네, 분명 그랬을 것 같네요." 내가 동의했다. "그래도 바로 주목하지 않고 잠깐이나마 그런 행동을 한 학생은 있었죠?"

"네. 생각해보니 있었던 것 같네요." 그녀는 말이 위압적일 때조차도 언제나 침착했고 상냥했다. "나쁜 습관들 중 하나이긴 하지만, 해야 할 일이 있을 때 장난을 치거나 빈둥거리는 일을 근절하는 것이 제 임무에요. 나는 어린이들에게 학교 일에 온통 주의를 기울여야 한다고, 집중해야 한다고 가르쳐요. 엄하게 감시하지 않으면 아이들의 어리석은 마음이 이리저리 헤매게 될 거예요. 나는 학생 모두가 책상을 깨끗이 치워야 하고, 낙서하거나 그림 그리고 싶은 유혹을 떨쳐버려야 한다는 규율을 만들었죠. 네, 몇몇 아이들은 잠시 동안 자신들의 의견을 굽히지 않죠. 하지만 — 결국 아이들은 내가 자신들보다 훨씬 힘이 센 것을 깨달아요. 그들은 곧 모든 것을 포기하는 것이 낫다는 걸 알아차리죠. 오, 젊은이, 확신컨대 내 교실에선 난센스란 통하지 않아요. 그리고 어린이들은 내 방식을 따르게끔 특별 교육을 받죠. 그 아이들이 학교에서 공부할 때가 더 행복하도록 말이에요."

"저기, 저는 지금 선생님께 약간의 난센스를 허락해달라고 요청하는 거예요."

"난센스요!" 그녀는 내 말을 그대로 반복해 말했는데, 이런 자신의 깔끔한 말대꾸에 몹시 기뻐했다.

"제게 선생님 반 아이들 중 보다 재능 있고 창의적인 사고를 지닌 친구들을 파악하는 법이 없냐고 물으셨잖아요. 그래서 이건 제가 선생님께 드리는 작은 팁이에요. 다음번 수업하실 때 몰래 무언가를 끄적거린다거나 그림을 그리는 어린이, 그러니까 제 말은 선생님께서 공부에 집중하라고 얘기하는데도 재차 호명을 하게끔 하는 학생이 보이면 꼭 눈여겨보세요 — ."

"뭐, 그쯤이야!" 그녀가 신속하게 답했다. "알겠어요. 젊은 우리 선생께서 시키는 대로 한 번 해보죠. 주목할게요! 특별하게!"

"선생님께서 제게 도와달라고 요청하셨죠?"

"그래요." 그녀는 사과를 하며 상냥한 말투로 말했다. "선생님의 재미나는 난센스를 가지고 해봐요."

"저쪽 그룹에서" 내가 그녀에게 말했다. "우린 예술가들과 작가들을 찾고 있어요. 다른 그룹 어린이들은 이미 패배당해 항복했거든요. 아실 테지만, (어린이들과 씨름하는 다른 교사들처럼) 선생님께선 어린 학생들에게 너무 엄격하세요. 그래서 어린이들은 포기하고 하라는 대로 하는 데서, 즉 자신의 것이 아닌 다른 누군가의 것을 창조하는 데서 행복을 찾아요. 하지만 선생님 면전에서도 게릴라 전투를 지속적으로 벌이는 어린이들은 창조에 대한 엄청난 충동을 지니고 있죠. 결국 그들도 포기할 테지만. 그런데도 더 오래 싸우고 말썽을 피우게 되면, 그런 어린이들은 선생님 학교에선 문제 사례들이 되겠지요."

"말 안 듣는 모든 학생들이 예술의 재능이 뛰어나단 말로 들리는군요." 그녀가 중간에 끼어들었다.

"모두가 예술가죠." 내가 답했다. "창조하는 자는 누구나 예술가에요. 사람치고 창조하지 않은 사람이 있을까요?" 이 대화도 하나의 예술 작품인 셈이죠. 평상시의 말에는 좀처럼 나타나지 않는, 살아있는 생각을 빚어내는 내면의 마음이 우리의 대화 뒤에 있어요. 살아 있는 것들은 늘 몸을 굽혀 대지의 흙으로 어떤 형상을 만들어 그것에 생명의 숨결을 불어넣어요. 이 행위는 거의 무無의 상태에서 이뤄진 것이든, 완전한 자기-표현의 자유를 획득한 후의 행위이든 노예처럼 다른 사람의 뜻을 따르는 것과는 달라요. 독립은 이 행위를 부르는 또 다른 이름이지요. 세상의 가장 위대한 전쟁들은 항상 독립을 위해 싸워왔거든요. 이것은 한 개인에게 깃든 중요한 무엇이며, 우리는 그 무엇을 존중하기 위해 항상 주의를 기울여야 해요. 그렇지 않으면 우리는 개인이 가진 최고의 가치에 악영향을 줄 수 있죠. 창조적 예술가들이 매 순간 살아 숨 쉬는 존재들이라면, 현금출납원들과 타자수들은 그렇지 않지요."

"그러면 나도 예술가네요!" 그녀가 말했다. "젊은인 내게 나에 대한 멋지고 만족스러운 생각을 하게 해줘요. 젊은이 말 뜻대로, 나는 나라고 생각해요.

하지만 내가 누군가에게 이런 믿음을 준 적이 있었을까 의문이 드는군요."

"난 어린이들을 현금출납원이 되도록 해요. 오, 그래요! 또 재봉틀이 되게 하고, 누름버튼, 화물 트럭, 축음기 레코드판이 되게 해요." 그녀의 생각이 계속 활발하게 움직였다. "기계 달린 인형들도 되게 하구요. 음, 맞아요, 짙게 채색된 인형들이요!"

"지금 우리의 대화야말로 창의적인 사고와 표현을 촉진하는 최고의 것이 아닌가요?" 자신의 이미지에 흥분하고 있는 그녀에게 내가 갑자기 물었다. "이와 같은 마음의 상호 작용, 좋은 대화의 주고받음은 우리에게 배어있는 최고의 예술성이죠."

"의심의 여지가 없어요." 그녀가 동의했다. "좋은 이야기를 나누면 가끔 배고파 죽을 지경이 돼요. 사실 내가 살고 있는 마을에선 좋은 대화를 나누지 못해요. 배고파 죽을 지경이 되다니! 나의 부족함과 사람들과의 충돌로 인해 난 점점 혹독해졌어요. 나는―" 자존심이 센 그녀는 더 이상 말을 잇지 못했다.

"그럼 누군가가 선생님이 정말 원하시는 것을 막는다고 가정해볼까요?" 나는 우리가 잠시 물러나 있었던 주제로 슬쩍 그녀의 관심을 돌리면서 물었다. 그러나 그녀의 열의가 내 앞으로 쏜살같이 달려와 내 논의를 막아섰다.

"나는 언제나 저지당해요. 설교를 들을 때 난 내가 반대하는 것들과 동의하는 것들을 일어나서 큰 소리로 말하고 싶어요. 시장에서, 특히 별로 좋지 않은 물건을 터무니없는 가격으로 파는 마을 시장에서 내 의견을 말하고 싶어요. 하지만 항상 저지당하죠. 생각해보면 저지당하는 것이 좋은 일이기도 해요. 나는 동네 길거리를 종종걸음치며 손짓발짓하는 늙은 할머니가 되고 싶진 않아요. 내가 통제라는 해독제를 알게 된 것에 대해 주님께 감사드려요."

"통제가 필요해요." 내가 동의했다. "우리 모두 통제하는 법을 배워야 해요. 최고의 예술성을 보여주는 표식이 바로 통제죠. 창조력이 낭비되는 것을 허용해서는 절대로 안 돼요. 창조력은 지시를 받아야 해요. 속도를 늦추도록 하고, 필요할 땐 멈추게 하고, 한계점까지 가게 놔두고, 사라지게 하고, 널리 퍼지게 해야지요. 그러나 그 지시가 창조적 예술가 자신에게서 나오는 것이어야 해요. 그게 아니면 그는 기계 또는 노예나 다름없어요. 통제는 가장 중요한 학문 주제들 중 하나이지만, 제가 아는 바로는 그 어떤 교육 과정 속에도 포함되지 않았어요. 그러나 이 주제는 또 다른 이야기이니 다음 기회로 미루고, 선생님의 작은 반항아들 이야기로 돌아가요."

"반항아들이 오랫동안 반항아들로 남아 있지 않아요. 그건 확실해요. 내가 그들을 통제하니까요."

"그래요. 선생님은 그렇게 하시고 계시죠. 바로 이 이유 때문에 선생님께서는 반항아들에게서 한 번도 좋은 것을 찾지 못했던 거예요. 또 학생들에게서 창조성의 징후를 발견하지 못하셨던 것도 이 때문이고요. 그것은 항상 교실 학생들에게 존재해요. 그런데 선생님께서 그것을 밟아 없애고, 쫓아내고 감춰왔던 거죠. 저는 지금 마구 낙서를 하고 스케치를 즐겼던 어린이들 중에서 우리의 첫 번째 창조적 어린이를 찾았다고 말씀드리는 거예요."

그녀가 중간에 끼어들고자 했지만, 나는 그녀에게 내 말을 들어달라고 간청했다. "다음에 선생님의 작은 반항아들 중 한 명이 선생님께 반항하면, 그 아이가 무슨 짓을 하든 내버려 두세요. 그리고 반항이 끝나면 그 아이에게 기분 좋게 다가가서 하고 있는 일이 무엇인지 물어 보세요. 하지만 이런 일을 어떻게 하는지에 대해 수업을 한번 받으시는 것이 나을 듯해요. 수업을 받지 않으시면, 선생님께선 어린 반항아를 두렵게 만들어 쫓아낼 거예요."

"어떤 수업이요?" 그녀는 정말 모른다는 표정으로 질문했다.

"어떻게 어린이에게 개인적 질문을 던지는가에 대한 수업이요." 내가 대답했다.

"내가 가르친 세월이 얼만데, 그러한 방법 하나 모를까 봐요?" 그녀가 쏘아붙였다.

"선생님께서 아이들 입장에 서서 그들을 위한 질문을 던져본 적이 있다고 생각하세요?" 내가 응수했다.

그녀가 내 말에 발끈했지만, 나는 말을 이어갔다. "교실에서 우리가 던지는 모든 질문들은 우리에게 복종하지 않는 위반자들을 발견하고 벌주려는 무례하고 스포츠맨 정신이 결여된 퀴즈들이에요. 우리는 손에 책을 들고 질문을 하면서 학생들에겐 책을 덮으라고 요청해요. 거의 스포츠맨 정신이 없는 셈이죠! 우리는 이미 답을 알고 있는 문제만 질문으로 던져요. 우리의 위대한 게임은 어린이들의 무지를 폭로하는 것이니까요. 그러니 전문가 그룹이라는 우리가 농담집이나 길거리 책들에서 혐오 대상이 되거나 희화화되는 것은 놀랄 일도 아니죠. 제 말씀을 드리자면, 전 수년 동안 제 자신이 모르거나 어린이가 답할 수 있는 것이 아니면, 아예 질문을 던지지 않았어요. 이런 질문들을 던질 때는 말의 톤부터 달라져야 해요. 일상적인 교실의 심문이나 취조식의 톤보다 기분 좋고 인간적인 친밀함을 느끼는 톤으로요. 그러니 선생님께선 새로운 기술을 배워 그걸 실제로 교실에서 적용해보셔야 해요. 또 정말로 알고자 하는 사람의 톤으로 어떻게 질문해야 하는지도 배워야 할 거예요. 저는 선생님께서 '조지, 그림 그리니? 네가 그린 것을 한 번 볼 수 없을까?'라고 말씀하실 수 있을지 궁금해요. 제 말은 조지를 죄의식으로 고통 받지 않게 않으면서 말씀하실 수 있어야 한다는 거예요."

"나도 궁금하네요." 그녀가 웃었다.

"거울 앞에서 연습해보시면 좋을 것 같아요."

"내 의욕을 완전히 꺾고 싶은 거죠?" 그녀가 물었다. 정말로 아름다운 미소가 뒤따랐다. 매우 지적이면서도 온화한 미소였다.

"그거예요!" 내가 외쳤다. "선생님만의 이 웃음이요. 어린이들에게 다가가 진실된 질문을 던지는 방법이 바로 이 모습이라고 생각해요. 따스한 시선으로 아이들을 바라보고 그들의 감정을 살피며 사랑과 배려로 다가선다면 어느 누가 선생님을 거역할 수 있을까요?"

3

그녀는 활기 띤 표정으로 자리를 떠났다. 열정과 패기가 넘치는 모습이었다. 물론 나는 그녀의 제한된 삶 속의 창조적 본능을 활용했다. 늙은 나이임에도 보관해 두었던 어린이 자료에서 무엇인가를 꺼내 '만들' 수 있다는 생각 자체가 그녀 내면의 새로운 삶에 불을 지폈다. 그녀는 이전에 시도된 적이 없는 곳을 향해 탐험을 떠났다. 그녀를 보면서 실제 나이가 몇 살이건 상관없이 모험을 즐길 수 있는 사람들만이 오로지 젊음의 정신을 간직할 수 있다는 생각을 하게 되었다.

"창조의 첫 걸음을 뗀 엉뚱한 어린이 한 명을 찾았어요!" 나를 다시 만났을 때 그녀가 한 말이었다. "지난번 얘기한 것이 이것이라면 이거예요!" 반신반의하며 보여준 것은 꾸깃꾸깃한 종이 위에 어딘가에서 베껴 그려낸 듯 보이는 만화였다. 아니, 유명 만화들 속 인물들을 잘 기억해 낸 것이라고 말하는 편이 나을 것이다. 그것은 파란색 줄이 쳐진 공책의 회색 빛 낱장들 위에 연필로 그린 것이었다. 연필이 자주 부러져 생긴 구멍들도 가끔 있었다.

그것은 그림 충동을 보여주는 아주 평범한 작품이었다. 나는 소년 두 명 중 한 명은 가끔 이런 그림을 그린다고 생각한다. 그런데 그녀가 이런 작품을 놀랄만한 새로운 것으로 들고 온 것이다. 모든 예술가는 이런 것이나 이와 비숫한 무엇인가에서 시작한다. 그러나 이 초기 예술가가 신문이나 잡지, 또는 책의 한 면을 어설프게 베끼는 단계에 계속 머물러 있으면, 그는 막다른 길에 도달할 것이다. 성장하려면 그의 예술은 이 단계에서 벗어나야 하며, 자신의 경험에서 무언가를 모으기 시작해야 한다. 여하튼 그녀는 개인적 관심이 임무나 의무, 또는 두려움보다 훨씬 강력한 어린이 한 명을 포착했다.

나는 (그녀가 발견한) 소년이 빠르고 확실하게 선을 그었다는 것은 그가 꽤 오랫동안 자기 주도 학습을 통해 선긋기 방식을 습득했다는 사실을 확실히 드러낸다고 설명했다. 그리고 소년에게 화판, 도화지, 부드러운 연필, 그리고 가능하다면 나중엔 유성 연필 등의 더 좋은 자료들을 마련해 주라고 요청했다.

"유성 연필이요?" 그녀가 물었다. "그럼 그 아이는 그다음엔 제 립스틱을 사용하겠다고 할걸요."

"안 될 게 뭐에요?" 내가 속삭였다.

"젊은이—" 그녀가 말하기 시작했다. 하지만 그녀의 두 눈에선 저돌적인 빛이 돌았다. 짓궂은 도전의 눈빛을 내게 전했던 것이다. 그러자 우리 둘 다 뭐라 설명할 수 없는 폭소를 터뜨렸다.

웃음을 그치고 마침내 우리는 우리의 소년 이야기로 돌아갔다. 나는 소년을 교실 가장자리에 앉힐 것을 요청했다. 그것은 단지 그녀를 방해하지 않기 위해서였다. 그녀는 암송 시간에 벙어리가 되어서는 몰입하지 않고 다른 행동을 하는 학생들에게 익숙하지 않았다. 또한 읽기 수업에서 소년에게 삽화가의 역할을 맡기라고 요청했다. 물론 소년에게 삽화를 그릴 수 있는 더 좋은 자료들을 제공해야 한다고도 덧붙였다. 그녀는 신경 써서 그렇게 하겠다고 말했다. 우리가 지금껏 발견한 바에 따르면, 결과물이 공식적으로 인정받을 때 작품의 수준이 엄청나게 상승한다. 그러므로 이 방식을 도입할 경우, 소년은 본보기로 삼았던 사랑하는 신문 만화로부터 벗어나 자기 자신에게로 향할 것이다.

소년이 이후에 제출한 성과물은 우리 두 사람에게 놀라움을 안겨주었다. 어설프긴 해도 시인 헨리 워즈워스 롱펠로의 『에반젤린』[7]을 삽화로 그린 아름답고 꿈같은 그림들이 나왔던 것이다. 이 그림들은 이제까지는 철자가 완벽한 글, 완벽한 지도map, 완벽한 수학 시험지를 넣어두었던 칠판 바로 위 상자 안에 보관되었다.

우리가 예측했던 대로 그녀의 교실에선 다른 예술가들도 자연스럽게 나왔다. 올바른 작품에 대한 교사의 인정은 마치 비옥한 땅에 내리는 비와 같다. 인정의 분위기가 만들어지면, 비밀리에 연습해 오고 있었지만 너무 수줍어서 (혹은 너무 똑똑해서!) 자신들의 작품을 학교로 가져오는 모험을 단행할 수 없었던 어린 예술가들이 대거 등장하는 법이다. 한 명의 예술가가 등장하면, 시도해 본 적은 없지만 예술이라는 세속의 신에 헌신하려는 자들이 계속 나타나 그 뒤를 잇는다.

이렇게 해서 창조의 신봉자들을 찾아나서는 그녀의 즐거운 과업이 시작되었다. 어느 날 그녀가 내게 와서 이렇게 말했다. "우리 반 녀석들 중 한 명이 캐비넷을 만들어요. 그 녀석은 지하에 자신의 가게도 열었어요. 접합을 최고로 잘해요. 그 녀석 아버지는 이발사인데 아들이 어디서 배워서 나무를 그렇게 잘 다루는지 모르겠다고 말해요. 소년의 아버지 말씀으로는 아들이 늘 도구에 관심을 가지고 있었대요. 그 녀석은 학교에선 그냥 착한 소년이라, 그러리라고 상상해 본 적이 없었어요. 반 아이들 몇몇이 이 녀석에 대해 말해 줘서 그때야 '감탄하면서 녀석의 지하실로 내려갔죠'. 아름다운 물건들이었어요! 시계처럼 딱 들어맞는 서랍을 가진 작은 상자들. 그 아인 라커 칠도 경탄을 불러일으킬 만큼 잘해요! …그 아인 늘 거기에 있었어요. 그런데도 내가 그걸 몰랐던 거예요! 내가 몰랐다는 사실이 훨씬 더 믿기 힘들어요. 무심한 척 가장하고 있었지만 사실 나는 우리 반 아이들에 대해 아주 잘 알고 있다고 생각했으니까요."

객원 교사로서 그녀를 잘 알고 있던 내 제자 한 명이 다음 해 아래와 같은 편지를 보내왔다.

"그녀는 존경스럽지만 무서운 분에서 '어둠 속에서 빛나는 기쁨의 빛'으로 변모했습니다. 그녀의 교실을 짓누르던 무거운 엄숙함은 완전히 사라졌습니다. (나도 비슷한 경험을 해서 이 과정을 잘 알고 있다.) 그러자 바로 과거의 규율도 사라졌습니다. 그녀의 교실과 규율은 나란히 옆에 있을 수 없습니다. 그리고 그녀의 교실은 학교 물건들이 아니라 어린이 물건들로 살아 숨 쉬고 있습니다. 저는 선생님께서도 제 뜻이 무엇인지 이해할 것이라 생각합니다. 그녀는 템페라 화법으로 그린 놀라운 큰 그림 몇 점을 발견했습니다. 물감이 멋지게 퍼져 있었습니다! 그녀는 그것들 중 하나를 골라 경이로운 목공예 기술을 지닌 소년이 만든 액자에 넣어 그녀의 책상 바로 위에 걸어두었습니다. …그리고 마을 사람들도 단순한 존경을 넘어서 그녀를 숭배하게 되었습니다. 그러니 그녀에게 영향을 미친 소중한 '그것'의 효과를 생각해 보세요! 단칼에 12년의 세월을 잘라낸 그것의 힘!"

4

이번 절에선 한 지역에만 국한된 이야기가 아닌 이야기를 전하고자 한다. 어느 잡지 편집자가 어느 여고생의 시편들을 나에게 보내왔다. 출판을 고려하고 있던 편집자는 그것들이 정말 그 여고생의 작품이라고 생각하는지 내게 물었다. 그 시편들에 나타난 전문가적 성숙도는 의구심을 불러일으킬 만했다. 하지만 우리는 구직자에 대해 문의할 때처럼 학교 측에 조심스럽게 그녀의 능력에 대해 질문하는 편지를 보냈다. 물론 우리는 그녀의 시편들에 대해선 언급하지 않고 그녀의 국어 수업 활동에 대해서만 문의했다. "우리는 그녀가 학교 밖에서 그림 그리는 데 관심이 있다는 것은 알았지만 국어 실력이 탁월했다는 기억은 없습니다"라는 답변을 받았다. 그러자 우리의 모든 궁금증이 환하게 밝혀졌다.

후에 이 여고생의 시편들은 출판되었고 이것이 그녀에게 명성 비슷한 무엇을 선사했다. 어느 날 그녀는 편집자의 초대를 받고 낭독회에서 작품 몇 편을 읽었다. 낭독회가 끝나고 저녁 식사 때 나는 낭송가로서 그녀가 보여준 엄청난 힘에 대해 칭찬의 말을 전했다. "시인들은 대개 낭송의 재주가 없는데," 내가 그녀에게 말했다. "학생은 쓰는 재능과 낭송하는 재능 두 가지를 다 가졌어요."

그녀가 다음과 같이 말했다.

낭송할 때 뭔가 재미있어요. 그리고 시를 쓰는 것도 마찬가지고요. 아무도 제가 시를 쓴다는 것을 몰랐어요. 저의 가장 친한 친구조차도요. 저는 친구들이 제 출판물을 발견할 때까지 제 작품이 출판되었다는 말을 아무에게도 하지 않았어요. 얼마 후 저는 학교가 성과라고 부르는 제 작품에 자부심을 갖기 시작했다는 것을 알아챘어요. 물론 학교 측이 그 성과를 위해 했던 일은 아무것도 없었죠. 하지만 저는 선생님들을 좋아했기에 그분들이 그러도록 내버려 두었어요. 아무에게도 해를 입히는 일이 아니었으니까요. 몇 선생님들이 저를 바라보는 걸 보면 거의 코미디를 보는 것 같았어요. '저 아이가 쓴 작품을 주시하라!'와 같은 시선이 느껴졌어요. 그러다가 선생님들 중 한 분(여선생님)이 제 이번 낭송회 소식을 들으셨어요. 제가 그 일을 모르게 하려고 최선을 다했는데도 알려졌어요. 그 여선생님께서 저를 불렀어요. 제게 시 낭송 프로그램을 가져오라고 말씀하셨어요.

제가 아무것도 의심하지 않는 바보였다는 것을 아세요? 그래요, 저는 제 시편들을 가져다 드렸어요. 저는 그분을 정말 많이 좋아해요. 그분께서 제게 정말 도움을 많이 주셨고 저 또한 많은 것을 배웠어요. 그러나 내 시들, 그것들에 대해선 물론 그분께서도 아무것도 해주신 게 없어요. 아무도 도움을 주지 않았죠.

그분께서 제게 프로그램의 첫 시를 읽어보라고 했어요. 그 시를 저는 오늘 읽지 않았어요. 저는 그 시를 다시는 읽을 수 없을 거예요. 제가 그 시를 다 읽고 나자 그분께서 자신도 그 시를 읽겠다고 말씀하셨고 그 시를 읽으셨어요. 가장 우아한 방식으로요, 그리고 정말로 세상을 다 품을 것 같은 몸짓까지 곁들여서 말이에요! 심지어 그분께선 제게 낭송하는 법을 가르치시려고 애쓰셨어요. 정말 끔찍했어요! 저는 그냥 어떻게 해야 될지 몰랐어요. 하지만 그 시가 영원히 못 쓰게 되었다는 것만은 알았어요. 저는 도저히 그분이 다른 시들을 읽게 '놔둘 수가 없었어요'. 그분이 좋은 의도에서 그랬다는 건 알아요. 하지만……. (그녀는 절망의 몸짓을 지었다) 그래서 저는 웅크리고서 두 손으로 배를 잡고 신음했어요. '아파요', '참을 수 없이 아파요!'라고 말하고는 제 시 뭉치들을 움켜쥐고 그걸로 배를 쳤어요. 전 기차 시간이 될 때까지 교실에 있었어요. 이 얘기 재미있죠? 저를 위해 제 시를 읽을 수 있다고 생각하다니! 물론 그 여선생님께선 제 시에 대해 아무것도 알 수 없으셨죠. 지금도 저 이외엔 아무도 알 수 없어요. 혹시 알 수 있는 것일까요?

이것이 바로 정규 교육의 파괴적인 위협에서 도망친 똑똑한 현대 어린이-예술가의 모습이다!

제16장 세제곱근과 분사의 독립 주격

1

내가 어렸을 때부터 잘 알고 지내던 중요한 그룹의 청소년들이 이제는 모두 성인이 되었다. 그들은 학교를 떠나자 곧 세상의 위계질서에서 나를 제쳤다. 한 제자는 군대에서 나보다 계급이 높았고, 또 다른 제자는 내가 고용된 교육 기관의 고위직에 올랐다. 편집자가 되어 내 원고를 거절할 지위에 오른 제자도 있었고, 결혼 계약서를 작성해주며 내 문제를 완전히 책임져준 제자도 있었다. 계약서 작성에서 나는 제2당사자에 불과했다.

이런 제자들이 내 마음에 드는 소년 소녀에 불과했을 시절 내가 그들에 대해 가지고 있었던 선명한 영상을 기억할 때마다, 나는 그들이 운명적으로 걸어갔던 길을 그때 내가 예측할 수 있었는지 스스로에게 묻는다. 이에 대해 나는 항상 "예측할 수 없었다. 내겐 앞을 내다보는 기술이 없었다"라고 답한다. 그다음에 나는 "어린 시절 이들은 나에게 그 무엇이든 단서를 줄 만한 특별한 능력을 가지고 있었을까?"라고 자문해본다. 이 질문에 대해서도 나는 항상 "그렇다, 보여주었다. 하지만 내겐 그것들을 발견할 기술이 없었다"라고 답한다.

이러한 치열한 자기-점검이 나에게 또 다른 사항들도 고백하게 한다. 내가 처음 교단에 섰을 때 나는 그 소년 소녀들이 처음부터 가졌으며 그것들을 사용함으로써 각종 장애물을 극복해 가며 발전시켰던 창조성을 알지 못했다고. 더구나 나는 창조적 재능들을 가졌다는 이유 때문에 알게 모르게 그들을 과소평가하고 가끔은 비난도 주저하지 않았던 집단의 일원이기까지 했다. 성인이 된 몇몇 제자들이 최근 알려준 바에 의하면, 그들은 어린 시절 학교의 권위적 힘이 너무 강력해서 내면의 본능적인 힘을 억누르려고 노력했으며, 심지어 본능적인 힘을 가지고 있다는 것에 죄책감까지 느꼈다고 한다. 무엇보다 그들은 그들 자신의 성향을 따르면 바보같이 시간을 낭비하게 될 뿐만 아니라 종국에는 그렇게 한 것을 후회할 것이라고 확신하는 우리를 믿었다고 한다.

기억하겠지만, 우리는 초창기에 학생들에게 매우 친절하게 대했고 공감을 표했을 뿐 아니라 그들을 지지했다. 그러나 당시 우리는 우리가 말하고 있는 것이 무엇인지 알지 못했다는 사실이 이제는 자명하게 밝혀졌다.

얼마나 많은 어린이들이 우리의 충고를 따르며 우리가 부과한 과제를 열심히 하지 않고 시를 휘갈겨 쓰거나 책의 가장자리에 재미있는 그림을 그리거나, 공부시간에 야구를 하거나, 판지, 나무, 철을 이용해 복잡한 장비를 만들거나 심지어는 하는 일없이 빈둥거리며 백일몽을 꾸고 싶은 불가항력적인 욕구를 포기했었는지, 이런 것들에 대해 우리는 결코 알지 못할 것이다. 하지만 우리는 극소수의 어린이들은 너무 강렬해서 도저히 거부할 수 없는, 소위 말해서 사악한 욕구를 발견했다는 것, 또 그들은 고집스럽게 아무도 모르게 오로지 자신의 심장에서 우러나는 욕구들에 따라 삶을 이어왔다는 것은 잘 알고 있다. 더 나아가 우리는 그들이 처음에는 '실패'했지만 (몇 명은 자신만의 삶을 살면서 우리가 제공하는 매일 매일의 긴 수업을 준비할 수 없다는 이유로 학교까지 포기했다.) 나중엔 그들이 선택한 직업의 높은 자리까지 올라갔다는 것도 잘 알고 있다.

그들은 우리와 함께 할 때는 '실패'했지만, 우리가 그들의 천부적인 천재성을 알아보지 못했으니 진짜 실패자는 우리였다고 할 수 있다. 우리는 가끔 그들의 천재성에 주목하긴 했지만, 우리의 의무가 그들의 천부적 천재성을 질책하는 것이라고 믿었다.

2

천부적 천재성을 지닌 소수의 학생들 중 열네 살 소녀 한 명이 생각난다. 그녀는 신기할 정도로 나이에 비해 성숙했는데, 우리의 수업 주제인 세제곱근, 분사의 독립주격,[1] 심장의 심방관, 네덜란드 령 기아나[2]의 수출품, 고등법원의 조직, 스펜서 식 서체,[3] 존 퀸시 애덤스[4]의 행정부에 대한 우리의 강조에도 불구하고 자신의 관심사가 아닌 것에는 결코 관심을 보이지 않았다.

소녀는 조용히 노트에 스케치하며 시간을 보냈다. 그녀가 그림에 관심을 가지고 있다는 것은 명백했지만 우리는 그녀의 작품을 인정하지 않았다. 그것은 그녀가 스풀spool의 '도면과 입면도'라든가 나무 육면체 투시도를 중심으로 한 우리식 드로잉에 관심을 보이지 않았기 때문이었다. 결국 그녀는 포기했고 우리 곁을 떠났다. 그녀가 선택할 수 있었던 유일한 길인 고등학교나 사범학교, 혹은 대학의 진학을 포기했던 것이다. 또 그녀는 우리가 건네는 충고나 도움의 말을 한 마디도 받지 않고 오로지 스케치북하고만 시간을 보냈다. 당시 우리는 그녀의 타고난 재능에 대해 아무것도 알지 못했다.

소녀에 대한 나의 유일한 기억은 그녀의 침묵이다. 나에겐 그녀가 말없이 학교에서 보내는 길고 지루한 시간을 인내와 온순함으로 견뎌내는 모습만 떠오른다. 그녀에 대한 소식을 내가 다시 듣게 되었을 때 그녀는 초상화 분야에서 장래가 촉망되는 젊은 예술가들 중 한 명으로 언급되고 있었다. 얼마 후 그녀는 그 유명한 탐방미술장학금의 수혜자로 신문 칼럼에 등장했다.

이후 곧 우리 모두는 미술계의 권위자가 그녀의 작품에 대해 쓴 비평을 읽고 놀라움을 금치 못했다. 그 비평에 따르면, "그녀는 예술가로서의 보기 드문 재능을 타고났다. 그녀는 안목을 지닌 사람들에게는 어린 시절에도 명확히 드러나는 재능의 소유자이다". 그리고 드디어 우리는 전적으로 그녀의 초상화들만 전시하는 그녀의 '원맨쇼'를 접했다. 거기서 우리는 주변 관람객들이 쑥덕이는 말 속에서 그녀의 작품에 아낌없는 찬사를 보냈던 이런저런 거장들의 이야기를 들었다.

우리 중 누구도 "안목을 지닌 사람들에게는 어린 시절에도 명확히 들어나는" 재능을 포착할 안목을 갖지 못했다. 하지만 나중에 알게 된 일이지만, 윌리엄 메리트 체이스[5]가 대단위 미술 수업에서 그녀가 그린 초기 스케치들을 보자마자 그녀의 재능을 알아보았다고 한다. 그녀만의 특출한 가치를 그녀에게 알려줌으로써 계속 그림을 그릴 수 있도록 용기를 주었던 사람은 우리가 아니라 체이스 씨였다.

그녀는 우리 주제에 적합한 체이스 씨의 일화를 나에게 전해 주었다. 체이스는 학생들의 작품에 대해선 타협을 모르는 단호한 비평가였으며, 진지한 의미에서 회화 예술과 관계되지 않는 사람들에게는 절대 시간을 허비하지 않았다. 그의 학생들 대부분이 체이스에게서 완전한 패배감을 느낄 만큼 비난을 받았다. 하지만 체이스는 그녀의 작품에 대해선 한동안 침묵을 지켰고 그녀의 작품을 보지 못한 척 지나쳤다. 그러던 어느 날 오후 체이스는 1분 내내 그녀 뒤에 서 있었다. 그녀는 일격이 가해질 것을 기다렸다. 그녀의 손이 정말 격하게 떨렸다. 도저히 작품을 그릴 수가 없을 지경에 이르렀고 결국 그녀는 떨림을 감당하지 못하고 손을 툭 떨어트렸다.

체이스는 말없이 시작했다. 하지만 그녀는 기량부족이 가장 역력하게 드러난 사례를 발견할 경우 말을 하지 않는 그의 공격 방식을 알고 있었다. "어디서 미술을 배웠니?" 그가 무심하게 물었다.

그녀는 어렵게 숨을 고르고 미술학교라는 곳을 다닌 적이 없다고 겨우 말했다. "그거 참 고맙구나." 체이스는 단지 지시를 내리듯이 그녀에게 침착하게 조언했다. 그녀의 말에 따르면, 체이스가 그녀의 그림을 꼼꼼하게 살펴보면서 침묵을 이어갔을 때가 그녀 평생 최악의 순간이었으며, 익사하는 것보다 더 무서웠다고 한다.

마침내 그가 말했다. "너는 어떤 누구도 갖지 않은 무엇, 네가 어디서도 배우지 않은 너만의 무엇을 가지고 있다. 그것은 절대 어디서 배워서 얻을 수 있는 것이 아니란다. 자 이제 네가 여길 떠났으면 한다." 체이스는 자신의 모든 영향력을 발휘해 그녀에게 유럽 탐방장학금을 확보해주었다. "네가 알아야 할 첫 번째 사항은" 그는 아까와 달리 약간 흥분되어 계속 말을 이어나갔다. "너도 나중엔 다른 모든 사람들처럼 그림을 그리게 될 것이라는 거야." 그는 경멸하듯이 손을 쓸었다. 그다음엔 정말로 강렬하게 말했다. "'점점 나빠지지', 너도 '나처럼' 그리기 시작할 수도 있지."

다른 회화 교사들처럼 윌리엄 체이스 씨는 정규교육에서 요구하는 모방과 복종의 위험을 알고 있었다. 더 나아가 그는 우리와 다른 교육적 태도를 유지했고, 우리가 알지 못하는 교사로서의 능숙한 자질까지 겸비했다. 그는 어린이의 서투른 노력들 속에서도 미래에 펼쳐질 힘과 탁월성의 가능성을 인지할 수 있었던 것이다.

그러나 이 문제에 대해 우리가 알지 못했다고 우리 자신을 너무 비난해서는 안 된다. 우리 교사들이 어린이들을 가르치는 전문가들인 만큼, 그리고 이 전문 기술에 필요한 우리만의 고유한 능력들을 외워서 학위를 딴 만큼, 우리가 전공과목에 대해 더 많이 알고 우리의 학생들에 대해선 덜 아는 것이 당연한 일일 수 있다. 그러나 천부적 재능을 지닌 어린이의 삶이 세제곱근이나 분사의 독립 주격보다 더 중요하다는 것만큼은 결코 잊어서는 안 된다.

나는 죄책감을 느낀다는 것을 기꺼이 인정한다. 그러나 나의 죄책감은 자신에 대한 믿음을 홀로 고집스럽게 밀고 나갔던 이 소녀 때문이 아니라 내가 더 '안목을 가지고 있었다면' 도왔을 수백 명의 다른 어린이들 때문에 생긴 것이다.

3

이제 또 다른 소년의 이야기를 해볼까 한다. 이 소년은 눈에 띌 정도로 일상사에 무심한 면에서 앞 절의 소녀와 동일하다. 어느 누구의 방해도 받지 않길 바라는 조용한 친구라는 것도 소녀의 경우와 같다. 그에 대해 평을 하자면, 반짝이지 않는 착한 소년일 뿐이었다. 그가 혹시 학교 밖의 관심사를 가진 적이 있었냐는 질문을 받으면, 나는 "혹시나 하고 살펴보았지만 그 아이는 그냥 건강한 신체의 소극적인 남자 아이일 뿐입니다"라고 말했을 것이다. 한 마디를 더 덧붙일 수 있다면, "아 참, 그 아인 야구를 해요. 그 때문에 가끔 학교 숙제를 안 해올 때도 있었어요"라고 말할 것이다.

그러나 소년 자신보다도 나이가 그리 많지 않은 젊은 교사는 다르게 생각했다. 이 젊은 교사는 "보기 드문 뛰어난 사람들에게만 나타나는 눈, 귀 (그렇다, 귀!), 근육, 두뇌의 특별한 조합이 그에게서 발견됩니다. 이 열두 살 소년이 그걸 가졌단 말입니다!"라고 주장하며 야구 선수로서 그가 가진 특별한 재능을 언급하며 우리를 계속 귀찮게 했다.

기억해보면, 우리 중 누구도 이 젊은 교사의 열정에 주의를 기울이지 않았다. 야구는 우리의 일일 수업 시간표에 포함되지 않았다. 흔히 젊은 교사들은 학생들의 이런저런 특이점을 과도하게 좋아해 흔들리지만 얼마 후 이런 열병에서 벗어난다고 생각했던 우리는 우리의 세제곱근과 독립 주격 학습의 실생활로 돌아갔다.

1년 후 이 젊은 교사가 학교 간 야구 경기를 개최했다. (그는 교육 전문가로서 자신을 훈련시키기 위해 대학의 강의를 수강하는 대신 언제나 방과 후 청소년들과 어울렸다.) 그리고 그는 대단한 수완을 발휘해 야구계 거장을 학교로 초대해 경기 중인 소년들을 관찰토록 했다. 그런데 한 눈에 보아도 알 수 있는 이 야구계의 거장(거장의 이름을 여기서 언급하지는 않겠지만, 그는 수천의 팬들이 즉각 알아볼 수 있는 거장이었다.)이 2루를 차지한 열세 살 소년이 보기 드문 창의성을 타고난 선수라고 선포했다.

"저 소년이 방망이를 이리 저리 부드럽게 휘두르는 것 좀 보십시오." 그가 말했다. "그러니까 저 소년이 항상 정확하게 균형을 맞추는 겁니다. 방망이가 흔들릴 때 그는 공이 맞춰질지 아닌지를 직감합니다. 공이 방망이에 탁 소리를 내며 부딪칠 때 그의 귀가 그에게 그 공이 어디로 떨어질지를 알려주고요. 그의 리듬은 완벽한 타이밍을 타고 있었기 때문에 그는 공이 떨어질 정확한 지점을 향해 미리 출발할 수 있었던 것입니다. 그리고 그는 1번 타자에게 정확히 던질 수 있는 동작으로 공을 잡음으로써 에너지 손실도 막았습니다. 그가 어떻게 공을 줍자마자 자동적으로 일어나 자세를 잡고 단 1초도 불필요하게 낭비하지 않고서 공을 던지는지 보십시오!"

이것이 야구 거장이 관찰한 내용의 요점이라고 기억한다. 5년 후에 소년은 이 야구 거장 팀의 월드 시리즈 선수로 뛰었다. (이 거장은 선수들을 어릴 때 발굴하는 것으로 명성을 날렸다.) 이후 소년은 이 월드 시리즈에 덧붙여 다른 월드 시리즈에도 계속 참가해 경력을 쌓았다.

그건 그렇고, 소년의 천부적 가능성에 대해 정말 지속적으로 우리를 성가시게 했던 젊은 교사도 당시 나름의 특별한 천재성을 보여주고 있었다. 그렇지만 분명히 그도 우리 중 어느 누구도 당시에는 야구 거장과 같은 생각을 하지 못했다. 이후 이 젊은 교사는 문제아들과 그들을 문제아들로 만드는 부적절한 사회 조직을 자신의 평생 학습 분야로 택해 공부했다. 그는 현재 이 주제에 대한 권위 있는 책들의 저자이며, 어린이의 지속적 발전을 가로막는 사회 환경을 연구하고 바로잡으려는 한 전국 규모 학회의 수석사무관이다.

천부적 재능을 지닌 어린이들을 알아볼 안목을 지닌 교사를 만나기는 쉽지 않지 않다. 그러나 안목을 지닌 교사들만이 알 수 없는 미래를 헤쳐 나갈 소년 소녀들에게 용기를 줄 수 있다. 하지만 이 장에서의 나의 목표가 수업에 관심이 없는 소년 소녀들이 모두 성공할 수 있다고 말하려는 것도, 전문분야 지식을 수업에 가져오려는 성실한 교사들을 꾸짖으려는 것도 아니다. 내가 말하고 싶은 것은 '우리 각 개인에겐 무엇이든 한 가지씩 재능이 있다. 그러나 우리는 이 재능을 우리 힘으로 발견해야 한다'는 것이다. 이것은 교사와 학생이 함께 깨달아야 할 위대한 진실이다. 그리고 우리는 몇몇 우리 선배들이 했던 우울한 예언에 실망해서는 안 된다. 그들에겐 그들이 생각하는 것만큼의 '안목'이 없었을 수도 있다.

제17장 창조적인 사업

1

오랫동안 나는 평범한 방식으로 평범한 것들을 가르쳐 왔다. 또 초등학교는 물론 고등학교에서도 오랜 경험을 쌓았던 나는 소년 소녀들에 대해 알아야 할 모든 것을 거의 다 알고 있다고 믿었다. 나는 착한 소년 소녀들이란 내가 수업 시간에 하라고 한 공부를 하는 학생들이며, 나쁜 소년 소녀들이란 나의 수업에 전혀 신경 쓰지 않고 독립적으로 행동하는 어린 악당들이라고 판단했다. 여하튼 착한 학생들은 나에게서 미소와 좋은 점수를 받았고, 그 외 학생들은 뭐가 뭔지 모르는 것을 받았다. 하지만 흥미롭게도 결국 나는 거의 언제나 악동들을 좋아하는 내 자신을 발견했다.

어느 날 멍청한 자신에게 매우 만족하는 듯 보이는 한 나쁜 학생이 내 눈을 사로잡았고, 그로부터 나의 새로운 삶이 시작되었다. 그를 관찰할 때마다 나는 그가 소처럼 멍청하다고 생각했다. 그의 걱정 많은 아버지가 얼마 전 나를 찾아 왔고, 이미 나는 걱정 가득한 그의 어머니와도 이야기를 나눴다. 소년은 거의 모든 과목에서 낙제점수를 받았는데, 그는 이에 대한 적절한 이유를 댈 수 없었다. 그의 부모님은 두 분 다 굉장히 고통스러워했다. 하지만 소년은 겉으로는 이에 대해 개의치 않는 듯했다.

그의 어머니가 나에게 "제 아이가 제정신이 아니라고 생각하세요?"라고 물었던 기억이 난다. 나는 그때 제정신을 잃으려면 그 이전에 제정신이 있어야 한다고 생각했다. 그러나 나는 그의 어머니께 내 생각을 드러내지는 않았다. 일찍이 나는 그런 것들을 어머니들께 말하지 않는 법을 배웠던 것이다.

교실에서 학생들이 창작에 몰입하고 있었던 어느 특별한 날 나에게 그를 관찰할 기회가 찾아왔다. 그때 나는 그가 거의 한 시간 동안 미동도 하지 않고 가만히 앉아 있었다는 점에 주목했다. 나는 그의 이름을 불러 수업에서 해야 할 일을 하게 했어야 했다. 그것이 당연한 일이었지만 나는 그렇게 하지 않았다. 나는 그에게 해 줄 적절하거나 유용한 말을 생각해낼 수 없었다. 그래서 나는 혼잣말을 했다. "심지어 움직이지도 못할 만큼 멍청한 황소군!"

그래도 나는 녀석을 좋아했다. "황소"라고 혼잣말을 했을지는 몰라도, 마침내 소년이 조금 움직여 내 쪽을 흘깃 바라보았을 때 그에게 기분 좋게 웃어 주었다. 하지만 그는 내 웃음에 웃음으로 답하지 않았다. 이 사실이 나에게 섬뜩한 감정을 불러일으켰다. 그의 눈에는 답하려는 기색이 조금도 나타나지 않았다. 그는 생선 대가리처럼 무신경하고 죽은 듯이 앉아 있었다.

그 당시 나는 이것이 단순히 우둔함을 입증하는 또 다른 증거라고 생각했다. 그러나 나중에 이 모든 것의 원인을 알게 되었다. 사실 그의 행동은 우둔함과는 거리가 멀었다. 몇 달 동안 소년은 어떤 큰 생각에 정신이 팔려 있었던 것이다. 그 큰 생각이 문자 그대로 그의 온 마음을 사로잡았다. 더 나은 이름을 생각할 수 없어서 나는 언제나 그것을 창조적인 사업이라고 불러왔다. 그것은 전례 없이 큰 규모로 물건들을 사서 어리석을 만큼 아주 낮은 가격으로 파는 것과 관계된 일이었다. 하지만 훗날 몇몇 미국의 유명 부자들의 재산도 이와 똑같은 방식으로 축적되었다는 점을 기억하기 바란다.

그의 생각은 그의 내면으로 점점 뻗어나가 마침내 그의 모든 생각을 사로잡았다. 그러자 그에게 수업에서 배우는 것들이 점차 중요하지 않게 되었다.

그의 생각은 엄청난 집중력을 요했다. 매일 새로운 문제들이 떠올랐고, 그 문제들 중 한 문제의 부분을 해결하는 일도 때로는 몇 주 동안의 치열한 사고를 필요로 했다. 그는 해결되지 않은 듯해도 그것이 작은 문제일 경우는 옆으로 치우고 그 사이 다른 미해결의 문제들을 차례로 재고했다. 이렇게 해서 어려운 국면에서 벗어나곤 했는데, 그것만으로도 충분히 다음 번 시도에서 쉽고 간단하게 해결의 길을 찾을 수 있었다. 어떤 경우들은 며칠 동안 엉킨 상태로 있던 복잡한 것들이 한순간에 해결되었다. 마치 떠오르는 영감처럼 외부의 어떤 힘이 명확한 메시지를 보내는 것처럼. 나는 오랜 세월이 지난 후에 그에게서 이런 모든 이야기를 들었다.

이와 같은 고도로 지적인 과정이 그의 뇌리 속에서 진행되는 동안 소년은 겉으로는 나무 이미지로 보였다. 당시 우리 학교에서도 교사들은 대개 학생을 참여시키지 않고 교사 중심의 수업을 진행했는데, 이것은 그의 창조적인 사업을 위해서는 다행스러운 일이었다. 이러고 보면 학교의 각 교실은[1] 소년의 마음과 비슷한 유형의 마음이 작동하기에 그리 나쁜 장소가 아닌 셈이다. 그러나 학교의 천편일률적인 교사들에겐 이따금씩 멈춰서 질문으로 학생들을 교란시키는 방해꾼 습성이 있었다. 그래서 뉴멕시코 구리 광부들과 보헤미아 장난감 노동자들과의 협상을 의미하는 엄청난 규모의 구매와 관련하여 관세, 물류 이송, 조립, 유통의 문제들을 고민하고 있는 와중에, 우리의 소년은 갑자기 "티글라트-필레세르[2] 다음 앗시리아 지도자는 누구지?" 혹은 "혹시 알고 있니, 윌리엄, i-어근의 세 번째 어형 변화의 전형적 격-어미가 뭐지?"[3]와 같은 엉뚱한 질문의 공격을 받았다.

소년이 수업에 놀라운 관심을 보이면서 앞으로 몸을 내밀고 나를 직시한 적이 딱 한 번 있었다. 그때 내가 그를 도우려 했었다는 기억이 떠오른다. "윌리엄," 내가 말했다. "학교 숙제가 아닌 무언가에 대해 골똘히 생각해본 적 있니? 뭐 예컨대 네가 관심이 있는 것이라든가 편지나 이야기를 읽고 시를 써봤다거나 혹은 네 자신을 위해서 하고 싶은 어떤 것에 대해 말이야?"

소년은 미동도 없이 나를 빤히 계속 쳐다보았다. 나는 질문을 반복했다. 그러나 오직 반 학생들의 두 번째 웃음만이 그를 구름 속에서 끄집어냈다.

그는 벌을 받으려고 일어섰다. 그의 눈에서 빛이 사라졌고, 구부정하게 서 있는 그의 몸엔 지루한 기색이 역력했다. 그는 전반적으로 전형적인 학급 바보의 모습을 보여주고 있었다. 즐거워하는 학급의 군중이 그를 미끼로 낚지 못하도록 나는 몇 가지 교육적 방책을 동원했다.

"질문을 듣지 못했어요," 그가 웅얼거렸다. 그는 늘 하던 대로 똑같은 답을 반복해 말했다. 그러면 반 학생들은 그의 답변을 장난쯤으로 여기고 '와' 하고 함성을 질렀다.

나는 상냥한 톤으로 그를 안심시키면서 재차 질문했다. "윌리엄, 무엇이든 네가 진짜로 네 스스로 하고 싶은 것에 대해 써 본 적이 있니? 정말로 너의 관심을 사로잡는 무엇인가에 대해서."

"네, 선생님." 그가 무신경하게 말했다.

"무엇에 관한 것이었니?" 내가 부드럽게 물었다.

"탱크와 큰 통에 가득 담긴 기름, 페인트, 니스의 가격표를 베껴보았어요." 그가 답했다.

윌리엄이 답을 하자 반 아이들이 유쾌하게 떠들기 시작했다. 윌리엄도 결국 반 친구들의 흥겨움에 합세했다.

이 사건 이후 그에 대한 모든 사람들의 평가가 높아졌다. 우리 모두 그를 유머가 넘치는 사람으로 여기게 되었다. 하지만 그때도 우리는 그를 제대로 판단하지 못했다. 그의 가격표는 원자재 가격과 운송 가격에 대한 특혜운임을 통해 수백만 달러의 이득을 취했던 한 회사의 비밀계약서를 몰래 베낀 것이었다. 사무원으로 일하고 있었던 그의 친구가 점심시간 동안 그에게 계약서를 베낄 수 있게 해주었다. 계약서 서류의 모든 작은 부분들이 그를 흥분 또는 초조의 감정으로 휩싸이게 했다. 발각되는 날엔 그의 친구는 즉각 해고될 것이며, 그에겐 법적 문제가 발생할 수 있었기 때문이었다.

당연한 일이지만, 우리는 이런 정보를 수업 시간에 얻을 수 없었다. 윌리엄은 더 이상 말을 하지 않고서 앉았고, 학급의 바보에서 학급의 웃기는 사람으로 갑자기 승격된 것에 만족하는 듯했다.

2

몇 주 후에 윌리엄은 부모님께 취직했다고 말했다. 그의 일터는 전국적으로 잘 알려진 체인점의 지하였다. 그 일로 얼마를 벌 것 같으냐는 질문에 그는 그것에 대해 알아보지 않았다는 특색 있는 답변을 내놓았다. 하지만 그는 1주에 4달러 이상 벌 수 없을 것 같다고도 말했다.

윌리엄이 했던 모든 일은 정확히 우리의 지식이 얼마나 빈약한지를 지적하는 것처럼 보인다.

윌리엄은 학교에서 꿈꾸고 있었고 공부하지 않았다. 하지만 그는 사업에 관해서는 공부했고 꿈꾸지 않았다. 그는 자신의 보잘 것 없는 분야 내의 모든 운영에 대해서 숙달하고, 주어진 임무를 수행하기 위해 무섭게 돌진했다. 이것이 그에게 즉각적인 결과물을 가져다주었다. 학교가 공부 잘하는 학생들을 알아보고 그들에게 점수를 부여하듯이, 사업도 그 분야의 똑똑한 소년들을 알아보고 점수를 매긴다. 단 점수 매기는 일이 더 큰 일자리와 더 많은 봉급이라는 자극적인 형식을 취한다. 윌리엄은 체인점들 중 한 곳의 지하실에서 시작해서 마침내 이 체인점 계열사의 관리자가 되었다.

윌리엄의 답변을 전하기 전에 다음 이야기를 덧붙이고자 한다. 스토리 작가에게 묻는 가장 흔한 질문은 작가가 그려낸 인물들의 원형인 실존 인물들이 누구냐에 관한 것이다. 대다수의 독자들은 이야기 속 인물들이 작가의 친구들과 지인들을 그저 이름과 주소만 바꿔 조심스럽게 그려낸 초상화인양 생각하는 듯하다. 하지만 그렇게 하는 일은 작가에게 전혀 흥미롭지 않다. 또 만약 작가가 그런 종류의 일을 한다면, 작가에겐 꽤 많은 어려움이 뒤따를 것이다. 그리고 그렇게 하는 것이 작가의 친구들과 지인들에게도 흥미로운 일이 아닌 것만은 확실하다!

사실 작가는 친밀하게 아는 사람들을 잘 그려낼 수 없다. 작가에게 최고의 자료는 우연히 만나 알게 된 사람, 때론 그저 우연히 지나치는 모르는 사람이다. 그러나 그때에도 작가에게 필요한 것은 오직 힌트나 암시, 말하자면 그의 창조적 자아의 신비로운 힘을 흔들 수 있는 무엇뿐이다. 나머지는 순전히 창작이다.

어둠 속에서 흘러나온 낱말 하나가 완성된 소설의 첫 출발일 수 있다. 지나가는 사람의 몸짓 하나나 웃음 한 번이 강력한 이야기의 시초가 될 수 있다. 클립해서 모아둔 신문 기사가 모험 이야기에 필요한 모든 것을 제공할 수 있다. 작가는 창작의 원형이 되는 자료가 아니라 창작 그 자체에 자부심을 느낀다는 점을 기억하기 바란다.

3

작가들과 예술가들은 자신들은 내가 앞 절 뒷부분에서 말한 모든 것을 이해하지만, 대중은 그 의미를 알지 못한다는 사실에 은밀히 동의할 것이다. 이것을 염두에 두고 이제 나는 윌리엄이 창조적 예술가였다고 주장하고자 한다. 예술가 윌리엄은 자신 내면의 신비에 대해 알았고 그것을 존중했다. 그리고 그는 훗날 자신에게 충분한 보상을 해줄 직업을 찾아 나서도록 그를 출발시켰던 것이 무엇인지 정확하게 알고 있었다.

윌리엄이 아버지와 함께 신발을 사러 갔다가 기다리는 동안 우연히 들었던 대화의 한 부분을 적어본다. 잘 차려입은 사무직의 두 남자가, 우리가 흔히 쓰는 대다수 생필품의 도매물가와 마지막 소매물가 사이에는 엄청나게 큰 차이가 있어 수익을 올릴 수 있다는 것을 실례를 들며 이야기를 나누고 있었다. 이 두 남자는 엄청나게 많은 양을 사서 현재 시장 가격보다 훨씬 낮은 가격으로 팔 용기 있는 사람들이 행운을 맞이할 것이라는 이론도 내놓았다. 그들은 이런 과정에 숨어있는 노다지를 발견했던 회사들의 예도 생생하게 전해주었다.

그때 이후 윌리엄의 마음은 이와 관련된 문제들에 꽂히게 되었다. 그는 가격과 유통을 다룬 모든 것을 읽었다. 상상 속에서 그는 한 상품이 원자재에서 소비자의 수표[4]에 도달하는 생산의 모든 단계들을 조절하고 통제하는 환상적인 삶을 살았다. 이러하니 자연스럽게 그에겐 학교 책들과 씨름하는 생활이 시들해졌고 지루하게 여겨졌다.

체인점들 중 한 곳의 지하에 취직한 것을 포함해 그가 성공적으로 추구했던 계획의 모든 기본적 요소들은 그가 마지막 학년 내내 기거했던 아찔한 환상 세계 속에서 만들어졌다. 그가 나에게 확신에 찬 어조로 말한 바에 의하면, 활발하게 생각했던 긴 시간 동안 그가 직면했던 거의 모든 문제들을 실제 사업

현장에서 다시 만나게 되었다고 한다. 또 그의 훗날 기록은 그가 진지하게 꿈꾸면서 시도했던 문제 해결의 방식들은 실제로는 상식에서 벗어난 길들이었다고 전한다.

4

영업하는 사람들은 월급쟁이와 창조적인 사람 둘로 나뉜다. 윌리엄은 작은 월급일지언정 안전한 길을 걷는 틀에 박힌 월급쟁이들을 경멸하는 유형에 속한다. 그는 낡은 기존의 것들을 신기한 새로운 것들로 바꾸어 놓은 창조적인 발명가 유형에 속했다.

그는 낡은 것으로부터 새로운 것을 창조해내는 행위를 할 때 예술가가 보여주는 격정적 집중력을 그대로 지니고 있었다. 창조적 행위를 벌이는 이러한 집중의 시기에 그는 멍청하다는 비난을 들을 위험을 감수했을 것이다. 그러나 결국 그는 모두가 조언을 들으러 찾아가는 현명한 사람이 되었다. 그의 그룹 내에서도 그의 이름 자체가 탁월한 지성의 상징인 양 불리고 있다.

제18장 명청한 고집쟁이들*

1

10대 후반에 이르면 청소년은 타고난 자기-표현을 저지하는 방해물과 직면한다. 즉 개인적인 일에 대해 말하고 싶은 욕구와 이러한 자기 노출에 대한 당황스러운 공포 사이의 충돌을 경험한다.

어머니들은 어린 숙녀가 된 자신들의 딸들에게 무슨 일이 '벌어지고 있는지' 궁금해 한다. 교사들은 수업에 대한 지루한 무관심, 고집 피우기, 혹은 직접적인 과민한 반응이 10대 후반 학생들에게서 가끔 나타난다고 보고한다. 이시기는 단지 자신에게 몰입하는 자연스러운 기간일 뿐이며, 고백이나 적어도 얼마간의 고백 비슷한 것을 쏟아내는 일이 반드시 필요한 시기이다. 그런데 아무도 이 시기에 어떤 일이 벌어지는지 짐작하지 못하는 듯하다. (우리 모두가 이 시기를 거쳐 왔음에도 불구하고!)

'나는 어떤 가치를 지닌 사람일까?' '나에게 무슨 일이 일어날까?' '살면서 나는 어떤 일을 해야 할까?' 10대 후반 청소년들은 외부의 도움 없이는 답을 찾을 수 없는 이러한 질문들로 고민한다. 이것보다 더 우울한, 정말 위험한 질문들도 가끔 나온다. 가령, 그들은 때로 '모든 사람들이 믿는 것처럼 나는 아무것도 잘 하는 것이 없는 사람일까?' '나에겐 이 거대한 이기적 경쟁 사회에서 어딘가에 도달할 희망이 전혀 없는 것일까?' '여하튼 산다는 것이 무슨 소용이 있을까?'라는 질문을 던지며 괴로워한다.

　이 자연스럽고 건강한 단계에 대해 설명을 듣고 나면 어머니들과 교사들은 어리둥절해 하고 마음에 상처도 입는다. 그래서 어머니들은 애처롭게 묻는다. "왜 내 딸이 내게 올 수 없었던 걸까?" 아니면 "내 아들은 내가 이해하고 공감해줄 것을 확신했을 텐데!"

　어머니들과 사랑하는 친구들이 항상 이렇게 애처롭게 말하지는 않을 것이다. 이 문제가 애정의 문제나 공감적 이해의 문제가 아니기 때문이다. 나의 추측은, 청소년은 자신 내면의 질문들을 외부에 말하고 싶어 하지만 다시는 보지 않을 사람에게 말하는 것을 선호하며, 또 말을 한다는 것이 중요하지만 말을 하고 난 후에는 다 잊고 싶어 한다는 점이다. 친구란 내가 약했던 순간을 상기시켜주는 불편한 존재일 수 있기 때문이리라.

　이런 맥락에서 고민에 빠진 10대 후반 청소년에게 안심이 될 만한 확실한 방법 하나를 소개하자면, 그것은 완전히 모르는 사람에게 편지쓰기이다. 그러나 모르는 사람은 청소년 관련사에 관심을 보이는 공적인 사람, 예를 들면, 멀리 떨어진 교회의 목사나 책의 저자 같은 사람이어야 할 것이다.

　마침 나는 고민에 빠진 두 명의 청소년으로부터 창조성의 표현 관련 나의 연구에 도움이 될 만한 편지를 받았는데, 그 일부를 발췌해 여기에 수록한다. 하나는 억누를 수 없는 타고난 재능 때문에 우울감에 빠진 한 소년의 편지이고, 다른 하나는 전통적 교육 과정이 자신의 창조적 욕구에 맞지 않는다는 것을 발견한 한 소녀의 편지이다. 각 편지에 대한 나의 답장은 각 편지 바로 다음에 싣는다.

　10대 후반 청소년들이 그들이 속해 있는 세상과 관련하여 그들 자신을 이해하려는 이러한 진심 어린 시도(모르는 사람인 나에게 보낸 청소년들의 진심어린 편지)의 유형들을 다 모으면 한 권의 책이 될 수도 있을 것이다. 그러나 여기서 나는 친한 사람들이 답을 제공할 수 없는 두 통의 편지만 수록한다. 이 두 편지는 청소년 문제의 대조적 특성을 예시한다.

이런 편지들이 몇 개의 그룹으로 간단하게 분류될 수는 있다. 하지만 증기선 회사 경영과 같은 남성적 직업을 준비하고 싶은 소녀(그녀의 아버지가 선장이다)의 욕구부터, 떨어져있는 부모님의 상황을 완벽하게 파악한 후 부모님을 결별에서 구하고자 하는 소년의 욕구에 이르기까지 다양한 청소년의 욕구를 담고 있는 편지들 하나하나가 각기 다른 방식으로 우리에게 놀라움을 안겨주었다.

그러나 각별히 눈에 띄는 사실은 어디서나 생각하는 청소년들은 심각한 삶을, 때로는 비극적인 삶을 숨긴 채 살고 있으며 학교와 가정의 시스템이 이 문제를 처리할 준비가 되어 있지 않다는 점이다.

그런데 이 사실을 아무도 믿지 않는 듯하다. 어머니들, 교사들, 그리고 친구들은 특히 이런 사실에 둔감하다. 그들은 어설프거나 말이 없는 청소년들에 대해서 즉석판단을 내리는 일을 멈추지 않는데, 공개 석상에서조차 자신들의 이러한 조잡한 취향을 드러낸다. 즉석에서 받아 적은 그들의 말을 그대로 여기에 적어본다. "마리는 사랑스럽고 울적한 '멍청한 고집쟁이'가 되는 중인가 봐요. 항상 '책을 읽고 있어요'. 그러니 절대 우리 '나머지' 사람들처럼 어리석지 않고 사교적이지 않고요. 여러분도, '멍청한 고집쟁이가 되어 보시지 않을래요?' '자,' 여러분의 의자를 원 안으로 끌어당겨 보세요! 망설이지 말고 '멍청한 고집쟁이'가 되어 보세요!" 이 말은 친절하고, 기분 좋은 농담조의 말인 것은 확실하지만 무지를 드러내는 잔인한 말이다.

하지만 나에게 전달된 편지들은 전반적으로 청소년들이 '멍청한 고집쟁이'라는 인상을 주지 않았다. 편지 속의 청소년들은 명랑하고, 깨어 있으며, 예리한 재치마저 지닌 듯 보였다. 편지 속의 그들은 언제나 지성과 사회적 확신을 행동으로 보여주듯 형식주의를 던져버린다. 또한 편지에서 그들은 그들의 동반자인 서투름에서 완전히 벗어나 잠재된 창조적 생명력을 터트리고 유려한 표현의 힘을 마음껏 뽐낸다. 나아가 편지에서 그들은 자주 농담을 매개로 일상의 가면을 벗고 고백한다. 그러나 그들은 그들의 사유 능력을 아무도 믿지 않을 것임을 알고 있기에 항상 자신들의 정체성을 숨겨달라고 간청한다.

누구든지 이 10대 후반 청소년들의 비밀스러운 삶에 도달하는 기술을 습득하기 위해 노력을 기울인다면 인간적인 가치를 지닌 무엇을 발견할 것이다. 그 첫 단계는 우리가 위대한 인간적 가치를 믿어야 한다는 것이다. 그다음 모든 사람이 그것을 가지고 있다는 것을 믿어야 한다. 심지어 바보 같아 보이는 자들도 그것을 가지고 있다는 것을. 그리고 특별히 바보 같아 보이는 어눌한 '멍청한 고집쟁이들'에게서 그것이 가장 강력하고 가장 훌륭하게 빛날 수 있다는 것을 믿어야 한다.

2

일리노이주의 로버트 S가 보낸 편지이다.

저는 늘 교실에서 불려나가요. 저희 선생님께서는 제게 '영리해지려고 노력해봐라' 하고 말씀하세요. 그럼 전 '그런 노력을 하지 않아도 저는 이미 똑똑하답니다'라고 웃으며 대답을 하죠. 그런데 선생님은 그런 말을 싫어하세요. 제 딴엔 재치 있게 넘어가보려 했던 상황이었는데 그런 것들이 선생님의 짜증을 불러온 것 같아요. 그리곤 전 어느새 교장실에 서 있게 되죠. 저희 선생님께서도 다른 분들처럼 미소를 띠어주시면 정말 좋을 텐데 그러시지 않으니 전 그 부분이 정말 슬프고 갑갑해요. 전 정말 저희 선생님의 수업을 좋아해서 최선을 다한다고 생각하는데… 그래서 선생님 수업 시간에 늘 머물고 싶은데 말이죠.

때로 저는 조용히 있기로 결심해요. 하지만 무엇인가가 항상 마음속에서 일어나고 그럼 전 결심했던 걸 까먹어요. 그 알 수 없는 무엇은 그냥, 특히 제가 기분이 좋다고 느낄 때면 용솟음쳐요. 먼즈 선생님께선 아마 기분이 좋을 때 그 무엇이 어떻게 용솟음치는지 아실 거예요.

저는 저희 선생님께서 칠판에 쓰실 때 실수하시는 것 말고 또 다른 실수를 하시는 걸 알게 될 때 최대한 예의를 갖추려고 했어요. 그런데 그때 선생님께서 말씀하셨어요. "이런, 내가 이 부분에서 실수를 했다는 '생각이 드는구나'." 이 말에 제가 "'알고 있어요.' 그러실 수 있죠"라고 대답했죠. 선생님께선 제 말에 대해선 잘 넘어가셨지만, 그리고 한동안은 절 긴장하게 만드셨죠. 그래서 저는 선생님께 문제 해결을 위한 새로운 방법을 제안했어요. 그랬더니 선생님께선 빈정거리는 말투로 '꼬박꼬박 가르치려 드는 것을 보니 네 장래희망은 선생님인가 보구나'라고 말씀하셨어요. 그래서 저는 '선생님이 될 수 있을지도 몰라요. 제가 정규직을 찾을 수 없다면요'. '또 벌 받을 수밖에 없겠구나' 했죠. 전 종종걸음으로 알아서 교장실로 향했어요.

하지만 저희 선생님께선 때로 꽤 너그러우세요. 선생님께선 정말 실수를 잘 하셔요. 그래서 한 번은 "로버트, '네가' 수학을 절반(1/2)만 못하는 것은 아냐"라고 말씀하셨죠. 그래서 저는 "선생님께선 1/4만 나빠요"라고 말했는데, 선생님께선 괜찮다고 받아주셨어요. 그런 후 선생님께서 좋아하시는 네-머리로-혼자-푸는 문제들을 내주시며 웃으셨어요. 선생님께선 이렇게 말씀하셨어요. "그가 8야드를 갔다가 뒤돌아서 온 거리의 1/4을 뒤로 갔어. 거기서 태클을 당해서 공을 놓쳤어. 그 말은 그가 공을 다시 잡았을 때 6야드 뒤로 갔다는 것이고 그런 후-" '후위 공격수'[1] 제가 얼른 말했어요. 그러자 모두 웃었고 선생님도 웃으셨어요.

어쩌면 이것이 똑똑한 것일 수도 있어요. 모르겠어요. 그러나 제가 정말 알고 있는 한 가지는 제가 똑똑해지려고 '노력할' 필요가 없다는 것이죠.

언제나 그렇듯 전 그 생각만 하면 기분이 엉망이 돼요.

답장

해롤드의 사례가 네게 관심을 불러일으킬 거야. 해롤드는 지금은 유명한 사람이지만, 난 그를 소년시절에 알았어. 너만 했을 때.

어린 시절에 알았던 사람들과 이야기를 할 때 나는 그들이 항상 지니고 있던 그 무엇을 바탕으로 성공을 일궈냈다는 증거를 꽤 많이 찾아. 그런데 그 무엇에는 세 가지 특성이 있어. 즉 그 무엇은 성공한 사람들이 즐겼던 것이며, 그들이 쉽게 했던 것이고, 많은 어른들이 과소평가했던 것이야. 그것은 심지어 그들 자신들도 대수롭지 않게 생각했던 것이어서 여기에 네 번째를 추가하자면, 그들도 어린 시절 그것의 진짜 가치를 알지 못했고 그것을 가치 없는 것으로 생각했다는 거지.

네 나이 정도였을 때 해롤드는 터무니없는 방식으로 말장난치고 말을 비틀어 말했어. 그는 지독한 골칫거리였지. 그 앞에선 그 어떤 것에 관해서도 진지한 토론이 불가능했으니까. 역사책a history book이 여자애 것이면 그는 그 책을 her-sterry라고 불렀어. (여기서 나는 그가 발음하는 대로 쓰고 있어.) 한편 자신의 책엔 my-sterry라는 별명을 붙였어. 그는 '내 my-sterry를 집에 두고 왔는데, 네 your-sterry를 빌려주고 잭의 his-sterry에서 눈을 뗄 수 있니?' 혹은 그는 자기가 쓴 misspelling라는 단어를 가리키며, 친구에게 '네가 misspelling의 철자를 잘못 써서 mispelling이 되었다면, 아직도 잘못된 철자misspelling를 쓰고 있는 거니?'라고 물었어. 아니면 이기적으로 뭔가를 움켜잡은 친구에게 '넌 돼지 학문p-i-g-ography에서 높은 점수를 받을 거야'라고 말하곤 했지.

말이 긴 초청 연사가 언젠가 한번 '세상의 일곱 가지 경이로운 것들'에 대해 강연을 했어. 시간이 다 되었다는 벨이 울렸지만 연사는 벨 소리에 신경 쓰지 않고 계속 말했어. 계속해서. 교사들이 일어나서 연사 뒤로 가서 들썩이는 청소년들에게 조용히 예의바르게 들으라고 눈을 치켜세웠어. 연사는 강연을 계속 했지. 마침내, 그분이 말했어. '자, 어린이들, 제가 세상의 일곱 가지 경이로운 것들wonders에 대해 여러분들에게 말했어요. 그럼 여덟 번째 경이로운 것은 무엇일까요? 누가 말해줄래요?' 해롤드가 손을 들고 "제가 궁금해하는wonder 것은 우리가 언제쯤 밖으로 나갈까? 입니다"라고 말했지.

자연스럽게 해롤드는 교장실의 생각하는 의자에 앉는 일이 잦았지. 그 시절 해롤드는 정말 공포에 사로잡힌 작은 애였어. 대개 교장은 겁먹은 청소년에게 연민을 느끼고 그를 해방시켜주곤 하지. 그러나 어느 날 오후였어. 교장은 연민을 거둔 채 마지막으로 한 번만 소년을 치료해보자고 결심했어. 당시에 치료한다는 것은 등나무 회초리로 세게 열 대를 내려치는 것을 의미했어.

"부모님께서 왜 너를 이곳에 보냈지?" 교장이 빠르게 물었어. "버릇없는 짓을 더 많이 하라고 보내셨던 것 같은데."

"맞아요, 교장 선생님." 하얀 얼굴이 솔직하고 정정당당하게 위를 향했어.

교장은 그 솔직한 답변을 듣고 누그러졌어. 그래서 '왜 보내셨지?'라고 조금 더 부드럽게 물었어.

"저희 선생님 말씀에 의하면, 제가 무슨 일로 선생님을 화나게 했다고 해요. 저희 선생님께선 화가 점점 더 나셔서 더 크게 말하셨죠. '내가 널 교장선생님께 보내면, 넌 뭐라 말할 거니?'라고요. 그래서 전 웃으며 시선을 내렸지만 여전히 떨면서 말했어요. '저 – 저기'라고요."

"음", 교장 선생님께서 친절하게 물었어. "넌 뭐라고 대답했니?"

"'저기, 회초리 맞고 바뀔 거예요switched!'²라고요. 그 말에 모두가 웃었고, 그래서 저희 반 선생님께서 저를 교장실로 보냈던 거예요."

두 사람은 서로를 바라보며 크게 웃었어. 마침내 교장이 말했어.

"음, 그래 넌 회초리를 맞고 바뀔 거야—네가 이런 식의 말을 했다는 소리를 또다시 듣게 되면 그때는 말이야. 웃기면서 말대꾸하는 행동을 자제해야 된다. 그 말대꾸 때문에 반 학생들이 웃고 선생님이 방해받거나 네가 교실에서 쫓겨나잖니. 만약 네가 나와 함께 그 노력을 할 수 없다면, 나를 위해 할 수 있는 일은 없다고 봐야지. 이게 무슨 말인지 이해하지?"

소년의 얼굴에 혈색이 돌아오기 시작했어. 심한 공포에서 아슬아슬하게 탈출했다는 걸 의미했지. "네, 교장 선생님," 그는 고개를 들고 고맙다는 듯이 미소를 지었어. "만약 제가 입을 다물지 않으면 교장 선생님께서 다물게 해주세요."

오늘날에도 회의석상에서 또는 입법기관이나 국회의 소위원회 앞에서 일부 중역들이 어려운 거래를 성공적으로 성사시키고 싶을 때, 해롤드를 부르곤 해. 내 짐작이지만, 해롤드가 기획한 것이 다른 누구의 것보다 더 낫지는 않아. 대부분의 경우 그는 다른 사업가들의 아이디어를 활용하는 편이야. 하지만 그의 재치 있는 말과 재미있는 말 비틀기는 간단하게 반대 의견을 녹여낼 온기를 어느 모임에나 불어넣어주지. 그는 제안을 성공시키기에 앞서 사람들이 그에게 우호적으로 대할 수 있는 분위기를 만들어. 그는 가장 엄숙한 사업 제안서도 조미료를 쳐 맛난 요리로 만드는 법을 알고 있어. 그리고 물론 저녁 식사 후엔 연사로서 보기 드문 기쁨을 전달하고말고.

로버트 S., 넌 어쩌면 언어라는 고도로 인위적인 것을 공격과 방어를 위한 즉각적 활용기제로 변경시킬 수 있는 위대한 천부적 능력의 소유자인지도 몰라. 그 뒤엔 언제나 특별하게 활성화된 두뇌가 있어. 그것에 유머 감각까지 덧붙여지면 크게 보탬이 되어 재능이 발현되는 거야. 이와 같은 최고의 재능은 극히 드물어서 사람들은 이것을 높이 칭송하곤 하지.

최고의 재능은 분명히 위험 요소들을 지녀. 그래서 그것은 건강하고 무해

한 유머의 예리한 날을 잃어서는 절대 안 돼. 그러나 만약 그 예리한 날이 너무 깊게 베면, 천부적 재능이라 해도 세상에 전혀 도움이 되지 못할 거야. 나의 아주 친한 친구들 중에 이런 언어 재능을 가진 친구가 있었어. 그는 높이 올라갔어. 하지만 그는 쓰라리게 베는 데 자신의 재능을 사용하기 시작했고 결국 실패했어. 친구들조차 그를 피하기 시작했지. 그의 친구들은 자기들이 언제든 그의 놀라운 화살촉의 목표물이 될지도 모른다는 것을 알고 있었고 그래서 항상 불안했던 거야. 나는 그가 저녁 식사의 주빈이었던 유럽에서 막 돌아온, 잔돈change까지 세는 것으로 악명 높았던 구두쇠 부자를 어떻게 소개했는지 또렷이 기억해. "오늘 저녁의 유일한 연사는" 그가 말했어. "우리의 존경하는 손님이십니다. 손님께서는 '내가 1파운드짜리 금화와 한 벌의 셔츠를 가지고 유럽에 갔었지만 어떻게 전혀 변화하지change 않았는지'에 대해 연설하실 겁니다."

세월이 지나고 나서 우리 모두 그날 저녁이 내 친구의 경력에 종지부를 찍었던 날이었다는 데 의견을 모았지.

로버트 S, 넌 네 재능을 잘 활용하면 한 번 공연으로 수백만 달러를 벌게 될 수도 있어. 또 그 재능이 앞으로 나아가는 매 갈림길마다 널 좌절시킬 수도 있고.

하지만 누구도 그 재능이 강력하고 풍요로운 개인적 소유물이 아니라고 널 설득할 수는 없어.

3

다음은 매사추세츠주의 F. V. B.가 보낸 편지이다.

방금 선생님께 보내는 여덟 페이지 편지를 썼다가 찢어버렸어요. 선생님을 위해서 간결하고 개인적인 편지를 써볼게요.

저는 매일 다섯 시간 반 동안 학교에 가 있어요. 과외로 대략 두 시간 공부를 더 하고요. 학교의 높으신 분들은 대학입학자격시험을 통과하려면 우리가 하루 두 시간씩 선생님 감독 하에 과외로 공부해야만 한다고 말해 오셨어요. 좋아요! 아침, 오후, 밤 온통 공부만 해요. 환영할만한 일이죠! 하지만 다른 일들은 어떻게 되는 거죠?

대학에 가기 위해서 저는 다른 모든 것들을 포기해야 하며 '제 자신을 찾을 여유'도 갖지 못해요. 저는 제 시간과 능력을 몽땅 공부하는 데 바치는데, 사실 전 공부에 관심이 전혀 없어요. 제게 대학이 가치 있는 곳일까요?

학교에 계신 분들은 우리에게 학교 다니는 시기가 인격 형성기이며, 아무것도 결정되지 않은 기간이자 우리가 곰곰이 생각해야 하는 기간이며, 우리의 미래 삶의 굉장히 많은 부분이 결정되는 기간이라고 말해요. 그런 다음 그분들께서 우리가 반드시 따라야 하는 교육과정을 짜줘요. 하지만 직장을 약속하는 세분화된 과목들을 탐구할 시간은 주지는 않아요.

저는 노래 부르는 것을 좋아해요. 하지만 대학입학 준비를 하면 노래 연습을 할 시간을 내기 어려워요. 저는 종이 한 뭉치에 놀랄만한 독창적인 생각의 덮개를 씌우길 좋아하고 그러길 열망해요. 하지만, 제겐 시간이 없어요!

이 모든 것 관련하여 질문 드리자면, 저에겐, 한 분야의 특정 과목이나 고등학교 졸업 후의 흥미로운 일자리가 대학 진학보다 더 의미가 있는 것 아닐까요?

저는 제가 게으르지 않다고 생각해요. 이해해 주세요. 저는 제 성격 형성과 결국엔 행복을 얻는 데 가장 도움이 될 과목을 공부하고 싶어요.

답장

답장하기가 참 어렵구나. 이런 솔직한 질문들을 마주하면 어른들은 대개 일반화를 시도하며 얼버무려 말하곤 하지. 청소년들에게 진실을 말해주는 걸 두려워 해서지. 산타클로스의 경우도 그래. 아주 어린 시절부터 어른들은 강렬한 지적 호기심에서 아이들이 답을 달라고 간절히 외칠 때마다 문제를 일으키지 않을 만한 안전한 신화들을 던져주었지. 그들의 주장에 따르면, 진실한 답변은 오해받을 것이 확실하고, 심지어 일부 어린이들을 잘못된 결정으로 몰아가는 수단으로 작용할 수도 있고, 나아가 일부 생각 없는 어른들의 분노를 사게 될 수 있다고 해. 이런 모든 위험을 감수하고 내 나름의 답을 줄게.

먼저 몇 가지 불편한 사실들을 파헤쳐 보자. 대학의 전통적인 목적은 학자, 즉 박식한 사람을 배출하는 일이지. '역사'는 역사가나 적어도 역사학 교수를 만들려는 목적으로 대학에 개설되는 과목이고, '대학 화학'은 전문 화학자가 되고자 하는 사람에 맞춰 구성되었어. '문학' 과목의 목적은 문학 작품의 전 범위에 대하여 역사적이고 비판적인 학문적 지식을 제공하는 일이고. 다른 과목도 비슷하지.

인간의 삶을 이해하는 여러 방식들에 대해 호기심을 가졌던 학생으로서 나는 수학의 한 분야인 미분학의 의미를 알고자 했었던 것으로 기억해. 아마 나는 이런 질문을 했었을 거야. 미분학은 무엇에 관한 것일까? 미분학이 하는 일은 무엇일까? 이런 단순한 질문들에 대한 답을 얻기 위해 나는 미분학 관련 과목 전부를 수강해야 했어. 하지만 미분학의 목적은 내가 전혀 되고 싶지 않는 무엇, 즉 미분학 분야의 전문 기술자, 학자, 지식인을 양성하는 것이었어. 예를 들어 볼게. 삼각법은 인간의 생각하는 마음의 총명성과 관련하여 매력적인 것들을 나에게 펼쳐보여 주었어. 삼각법을 알게 됨으로써 나는 인간에게 접근 불가능한 땅을 어떻게 측량할 수 있는지, 어떻게 숨겨진 바다 밑 위치를 찾는지, 어떻게 아주 멀리 떨어져 있는 별들의 거리를 측정하는지 알 수 있었어. 하지만 이 매력을 얻기 위해서 나는 기술 전공자가 듣는 삼각법 과목까지

수강해야만 했어.

또 다른 불편한 사실은 훌륭한 학문과 훌륭한 가르침이 반드시 비례하지 않는다는 점이야. 철학자이자 현자인 산타야나[3]가 내게 한 번 말한 걸 들어보렴. "가르치는 것과 학문 사이엔 필연적 연관 관계가 없다. 사실 이 둘은 반대이다. 민감한 학자는 종종 학생들을 가르쳐야 한다는 무례한 요구에 상처를 입는다. 학자들이 가르치는 주요한 이유는 학문이란 '타고나는 것'이 아니기 때문이다."

유치원 도입과 함께 시작된 교육의 해방을 위한 오랜 투쟁이 이제는 고등 교육에까지 이르게 되었어. 최근 변화하는 대학을 두고 논쟁도 가열되고 있고. 조만간 우리가 꿈꿔온 모든 꿈이 실현될 거야. 하지만 그렇게 되기까진 시간이 걸리고, F. V. B., 네가 지금 바로 답을 얻길 원할 것이니 답을 일단 해보련다.

글쎄다, 마음의 위안처로서, 또 최종적으로는 공동체 내에서 자신을 표현하기 위해 창조성에 의지하고자 하는 너나 너와 비슷한 사람들은 어떻게 살아야 할까? 네가 아주 분명하게 알고 있듯이, 처음에는 갈등에 직면하지. 창조적 삶이란 내면에서 빚어지는 것이고, 학자의 삶이란 외부 자료들로 지어지는 것이니까. 너는 예술가 유형이야. 예술가는 그동안 학자들의 학교에서 편안하게 지내지 못했어. 네가 예술가라면, 짐작컨대 대학은 네게 제공해 줄 것이 아주 작은 것밖에 없을 거야. 또 그 작은 것도 엄청난 희생을 치러야 얻을 수 있는 것이고. 내가 유명한 창조적 예술가들에게서 듣는 가장 흔한 이야기는 그들이 대학 학문의 편견에 맞섰던 쓰라린 투쟁사지.

그래도 공정하게 말하자면, 네가 대학 4년 동안 큰 좌절감을 겪지 않고 학자의 삶을 살 수 있다면, 대학에서 가치 있는 무엇인가를 뽑아낼 수 있다고 말할 수밖에 없어. 네가 학자가 되지 않는다 하더라도 말이야. 이 문제에 대해 더 확대해서 논의할 충분한 지면이 없구나. 그래서 나는 대학에서 가치 있는 무엇인가를 얻을 수 있다는 말이 맞다고 내 독단으로 말하려고 해. 예술가라 할지라도 학자로서의 삶을 잠시 사는 것이 전적으로 낭비는 아닐 거야. 학문이 인간 내면의 힘을 가로막는 불쾌한 것을 요구한다고 해서 학문을 비웃는 자는 예술의 세계에서 들려오는 소리에 귀를 열지 못하기 쉽고.

하지만 너뿐 아니라 너와 비슷한 유형의 학생들에게 일반적으로 적용될 수 있는 말이 있어. 다음과 같이 말해볼 생각이야. 만약 네가 학자를 키워내는 대학에 가야 한다면, 예술가 유형에게 친화적이며, 삶에 대한 창의적 태도를 발전시키는 다양한 길과 방법을 실험할 만큼 충분히 열린 사고를 하는 대학을 선택하라고. 차라리, 너의 창조적 재능에 가장 가까운 대학인 음악대학이나 미술대학을 선택하는 것이 나을 것이라고. 아무 대학이나 가려고 하는 대중의 일반적 추세를 거부하라고. 모든 대학에 대학 요람을 보내달라고 요청하고, 가리지 말고 이곳저곳 여러 사람들에게 문의하라고. 보다 새로운 신념을 지닌 대학 관련 정보를 밤낮으로 찾아봄으로써 학문을 목표로 삼는 몇몇 학교들이 있는 반면, 정신적spiritual이고 창조적인 힘의 폭넓은 배양을 통해 지혜와 확장된 삶의 길이 열린다고 생각하는 다른 학교들이 있다는 것을 인지하라고. 그런 학교들이 더 많다면 얼마나 좋을까!

제19장 내사 Introjection*

1

　현재의 우리 모습은 압박에 의해서 형성된 것이다. 출생 직후 바로 압박이 시작된다. 정신과의사들은 사회적 환경이 우리를 압박하는 이런 과정을 '내사introjection'라고 부른다. 우리 모두 '내사'의 희생자들이다. 우리는 어떻게 지금의 우리가 되었는지 알지 못한다. 우리는 가족이 '우리의 내면에 투사한 것', 즉 '내사'한 것이다. 그래서 우리는 가족과 비슷하게 말하고 걷고 생각하고, 가족의 불합리한 정치적 신념을 위해 싸우고, 계급 또는 인종에 대한 이런저런 가족의 편견을 이어받고, 가족이 전통적으로 믿는 신들 앞에서 몸을 굽힌다. 태어나면서부터 '내사'된 우리 아이들은 우리에게 의지해 앞날의 직업을 준비하고, 학교와 사회는 그것을 완성한다.

　우리가 '내사 되지 않은' 자연 상태의 아이를 본 적이 없을 것이라고 생각해보는 일은 적어도 흥미롭다. 만약 이것이 사실이라면, 아이들에 대해 모든 것을 아는 것이 본업인 부모들과 선생님들은 아마도 아이들에 대해 아무것도 알지 못할 것이다. 한 번도 본 적이 없는 무엇인가에 대해 지혜롭게 말할 수는 없는 법이므로. 그런데도 나는 "그런 말씀은 말도 안 돼요, 제 자신도 어린이였어요. 전 제가 어린이란 동물에 대해 무엇인가 안다고 생각해요"라는 말을 자주 듣는다. 하지만 여러분이 정말 어린이였던 적이 있을까? 여러분도 내사된 인간에 불과하지 않을까?

그러나 최근 타고난 그대로의 진정한 어린이의 모습이 흐릿하게나마 엿
보인다. 이런 현상은 부분적으로 가정과 학교의 '내사' 환경에 느리긴 하지만
변화의 바람이 불었기 때문이다. 압박의 한 형태인 잔소리가 조금씩 사라지면
서 새로운 유형의 어린이가 자연스럽게 등장했고, 타고난 그대로의 진정한 어
린이를 찾아서 기회를 제공하는 새로운 유형의 부모와 교사도 함께 나타났다.

2

이 문제로 깊이 들어가기 전에, 어린이들에 대해 안다고 생각하는 사람
들, 소위 관찰한 어린이가 내사된 것이 아니라 자연적 생명체라고 믿는 사람
들에게 질문을 던지고자 한다. '놀이 중인 여섯 살 어린이들에 대한 일반적 이
미지가, 몰려다니며 소란피우고, 뜀박질하고, 자기 것을 얻고자 날카롭게 외
치는 무리의 이미지이거나 이성적 사고를 거의 할 수 없고, 언어 수준이 낮아
훌륭하거나 아름다운 것을 거의 감지 못하는 아이들의 이미지인가요?'라고.

확실치는 않지만, 이런 이미지가 내사된 어린이에 대한 정확한 이미지이
다. 그러나 이것은 타고난 그대로의 진정한 어린이의 모습은 아니다. 과잉 흥
분, 이기적 탐욕, 초조한 질주를 허용하는 환경에서 어린이는 우리 모두가 잘
아는 어린이로 성장한다. 그러나 다행스럽게도 몇몇 사려 깊은 부모들과 교사
들이 모든 측면에서 위에 열거한 어린이 모습과 정반대의 것을 기대하는 환경
을 어린이들에게 제공하고자 애써 왔다.

나는 이러한 새로운 환경에서 네다섯 살 유아들이 어른들처럼 신중하게
천천히 움직이는 것을 관찰한 적이 있다. 작업에 몰두하고 있을 때 아이들 그

룹에서 웅성거리는 소리가 들렸지만, 예민한 노인들조차 소음이라 생각할 수 없는 소리였다. 목소리 톤은 낮았으며 말은 차분했다. 훗날 탐욕과 재물 축적으로 발전될 수도 있는, 옆 사람에게 신경질적으로 달려드는 행동이나 불안에 찬 두려움은 전혀 찾아볼 수 없었다.

어린이들이 오랫동안 계획된 생각을 조용히 합리적으로 추론한다는 것이 더 놀라웠다. 그들의 추론은 우리의 추론과 다르지 않았다. 우리의 추론이 겉으로 조금 더 합리적인 사고에 근거하고, 또 반복된 편견들 사이의 부딪힘이 덜 하다는 점을 제외하면 그랬다.

이제 나는 여러분을 새로운 생각의 현대적 흐름에 발맞추지 못하는 작은 도시의 고등학교 교사들에게로 안내하려고 한다. 한 연사가 교사들에게 자립적이고 풍부한 내면 자원을 지닌 청소년에 대한 희망찬 전망을 전한다. 교사들은 예의를 갖추고 듣고는 있지만 감동은 받지 않는다. 경직된 여교사들 중 소수만 열심히 듣는다. 남교사들은 뒷좌석을 차지하고, 팔다리를 대자로 뻗고 바닥을 내려다보거나 곁눈질하며 지루한 옆얼굴을 보여준다. 그들 대부분이 늙고 지쳤으나 깐깐해 보인다. 그들은 고등학교 청소년들에 관한 이야기를 듣고 있다. 깊이 생각하고, 성취하기 어렵다 하더라도 그 결과물을 얻는 일이 좋아서 열심히 공부하고, 자유롭고 따뜻한 언어로 말하고, 훌륭한 것들을 존중하고, 가장 훌륭한 사람들의 경탄과 기쁨을 불러일으킬 구절을 써 내는 소년 소녀들에 대한 이야기를. 그래도 그들은 여전히 감동받지 않는다. 그들은 자신들이 고등학생들에 대해 잘 알고 있다고 생각한다. 사실 그들이 알고 있는 것이란 기껏해야 학생들을 취업시키고, 이들 중 말썽꾸러기들을 확실하게 복종시키며, 외국어 학습에서 모국어로는 단 한 번의 연습도 하지 못하게 하는 노하우들이다.

나는 왜 지치고 확신 없는 이런 사람들이 이 회의에 왔는지 궁금해 하며,

그들의 동료 중 한 사람이 지각 확인용 출석부를 들고 문 앞에 서 있는 것을 바라본다. 그들은 학교 수업을 면제받고서 '교사회의'에 참석했던 것이다. 만약 그들의 꺼려하는 몸뚱이를 저 문안으로 밀어 넣지 않으면 그들은 그날 치 쥐꼬리만 한 수당을 받지 못할 것이다. 하루 종일 그들은 강연을 들었다. 아침엔 세 분 연사의 강연을, 오후엔 두 분 연사의 강연을 끔찍이도 싫었지만 들었다!

그들은 30분 남짓한 중학생들의 연극에서 안도감을 얻는다. 연극이 시작되자 둔감한 여교사들과 뚱뚱한 남교사들이 잠에서 깨어난다. 연극이 끝나자 그들은 진심을 다해 박수를 친다. "정말 좋았어!"라고 말하곤, 다른 연사의 강연을 견뎌내는 일로 돌아간다.

나도 연극을 관람한다. 훌륭한 연극은 아니다. 아니, 형편없기 이를 데 없다. 이해하지 못하는 어른의 말을 길게 암송할 뿐이다. 그냥 대사를 조용하게 읽고 있다는 느낌을 받는다. 속삭이는 소리로만 들릴 뿐 연극적인 대화로 전달되지 않는다. 예를 들면 다음과 같다.

신화라도 되듯이 '산업'이라는 글자를 새겨 넣은 넓은 밴드를 두르고 무대로 나온 소녀가 "저는 노동의 정신입니다. 현대 문명의 그 다양한 수많은 직업들 중에서"라고 외친다. 소녀의 얼굴은 엄숙한 공포로 굳어있고, 눈은 내면에서 겁에 질린 것처럼 보인다. 온 생각을 단어에 모으고 있는 소녀의 날카로운 고음 노래에는 자신을 표현하는 의미가 조금도 담겨 있지 않다. "산업에 대해 말하자면, 이 도시는 전국 기술직 고용의 64%를 차지합니다. 이것에 대해 저와 다섯 명의 수행원들을 (다섯 명의 소년 소녀들이 겁에 질린 채 서 있는 무대 뒤쪽을 향해 갑자기 손짓하며) 대표해 여러분께 말씀드리고 우리가 무엇을 할 수 있는지 보여드리고자 합니다. 얘들아, 어서 나와!"

갑자기 땀 흘리며 결심한 듯 무대로 나온 아이들은 무시무시한 대사를 외쳐댄다. 작은 아이부터 시작한다. "저는 석탄을 파고 산업의 바퀴를 계속 움직이게 하는 광부예요." 상상의 도구를 상상의 천장에 대고 석탄 캐는 연기를 한다. "저는 세 가지 종류의 석탄을 캐내요. 딱딱한 석탄으로서 가정집 난방에 가장 귀중한 무연탄, 부드러운 석탄으로서 산업용인 역청탄, 그리고 딱딱한 석탄과 부드러운 석탄의 중간으로서 난로와 쇠살 대에 필요한 촉탄, 이 세 가지 석탄을 캐요." 그리고 다른 다섯 명의 어린이들도 각자에게 배정된 사실들을 흠잡을 데 없이 읊는다.

그런 후 광부 역의 아이가 마치 곧 자살을 공포하는 사람처럼 침을 꿀떡 삼키며 말한다. "우린 이제 춤을 출 거예요. 최고의 노동자는 행복한 노동자라는 걸 보여주려고요."

정말이지 도무지 믿음이 가질 않게 대사를 읊어대고 있으니, 안쓰럽기 짝이 없다! 이 어색한 어린이들은 무대 밖 축음기에서 흘러나오는 나즈막한 음악에 맞춰 이리저리 걷고 뛰고 돌고 솟아올랐다. 아이들의 얼굴은 긴장되어 있었고 소름끼칠 만큼 짜인 대로 연기하고 있었다. 무대에 오른 아이들은 틀림없이 노동자로 보이긴 했다. 그러나 사실 그들은 행복해 보이지 않았다. 한 녀석은 연기할 때마다 숫자를 세서 모든 것을 다 드러냈다. 그의 움직이는 입술이 모두를 향해 계속 "하나, 둘, 셋, 넷! 하나, 둘, 셋, 넷!"을 외쳤다.

연극은 계속되었다. 다른 그룹들이 뒤이어 들어왔다. 유머도 없었고, 한순간도 건강한 어린이가 발산할 수 있는 아름다움을 보여주지 못했다. 몇 가지 다른 사람들의 말과, 몇 가지 다른 사람들의 생각을 전달할 뿐이었다. 통제받고 있는 모든 몸짓과 발걸음이 마치 암송과 춤으로 표현하는 교과서 수업 같았다.

언어와 몸을 활용한 엄청난 암송 시연이 끝났고, 박수갈채를 받았다. 박수에 대한 보답의 기회라도 마련하려는지 갑자기 커튼이 올라갔다. 그러자 커튼이 올라갈 것을 예상치 못했던 무대 위 여섯 명이 깜짝 놀랐다. 이 상황은 이 무대 위 어린이들이 준비하고 연습했던 것이 아니었다. 놀란 아이들은 건강한 웃음을 지으며 급히 뛰어 나왔다. 사이드 커튼 자락에 얽혀든 아이들은 흥겨워 서로의 이름을 불렀고, 빠져 나오려고 장애물을 이리저리 던졌고, 마침내 각자 탈출구를 찾았다. 이 어린이들의 몸부림이 이 연극에서 유일하게 자연스러운 장면이었다. 매력적이었고 정말 아름다웠다. 그들의 몸은 사랑스런 포즈를 취하고 있었는데, 특히 커튼의 긴 주름을 잡고 몸부림치는 동안 움직이는 그들의 팔은 더욱 사랑스러워 보였다. 그들의 유쾌한 얼굴은 환희로 매력을 분출했고, 그들의 목소리는 어린이들 고유의 고운 음색으로 들렸다. 한쪽에서 다른 쪽으로 뛰어가는 그들의 몸이 돌연 리듬을 타는 일도 지속되었다. 이것은 분명히 연극적 보물이었다!

나는 나중에 아이들에게 그들에게 강요된 공연의 바보 같은 인위성을 인식했었는지 물었다. 그들은 아무런 생각도 하지 않았다. 단지 작품을 무대에 올렸다는 것에 자부심을 느끼며 자신들을 연극적 성공사례로 여기고 있었다. 녹초가 된 연출 교사가 축하를 받기 위해 앞으로 나왔다. "열심히 준비했어요." 그녀가 말했다. "우리가 얼마나 열심히 했는지 상상도 못하실 거예요."

몇 주 동안 이 연극이 내 앞에서 아른거렸다. 겁에 질린 긴장된 얼굴들, 날카로운 웅변조의 대사들, 엄숙한 춤, 그리고 "하나, 둘, 셋, 넷"을 알리는 소년의 입술. 그들은 그들만의 말에 깃든 연극적 힘, 특히 즉흥극을 할 때의 힘에 대해서 아무런 생각도 하지 못했다. 아마 그들은 자신들의 몸이 움직일 때 타고난 그대로 아름다울 수 있다는 것을 믿지 못할 것이다. 그들은 산업경제학 교사의 땀에 젖은 논문보다 세상에 대한 그들 자신의 생각이 훨씬 더 감동적이고 더 설득력 있게 표현될 수 있다는 것을 상상도 못할 것이다.

그들은 다른 또래 아이들이 어른의 격식적인 언어 흔적이 전혀 없는 희곡과 오페레타를 직접 쓰고 작곡했으며, 직접 그 작품들을 무대에도 올렸다는 사실을 믿지 않을 것이다. (흔히 이런 작품들은 쓰이는 것이 아니라 리허설의 연극적 자극에 의해 감동받을 때 "어린이들 스스로의 힘으로" 창작된다.) 또한 이런 아이들이 자신들의 기분에 맞춰 춤을 고안하고 추었다는 것, 그리고 리허설이건 마지막 공연이건 매 순간 최고의 기쁨을 만끽했다는 것도 믿지 않을 것이다. 그들도 그들의 교사들도 이런 어린이들을 이제껏 본 적이 없으니, 다른 각도의 교육 환경에서 태어나 자란 다른 또래 어린이들이 자연스럽게 뿜어내는 힘을 믿기 어려울 것이다.

3

이러한 새로운 환경이 낳은 가장 놀라운 결과는 아마 어린이들의 언어 사용 솜씨일 것이다. 평생 동안 감정과 생각을 말로 적절하게 표현하기 위해 애쓰는 우리와 달리, 새로운 환경에 놓인 어린이들은 공부도 노력도 하지 않았는데도 우리와 동등한 때로는 우리보다 우월한 언어 능력을 보여준다. 한번은 내가 나의 학창시절 국어 선생님께 지인의 어린 제자 몇 명이 힘들이지 않고 내던지듯 쓴 시들을 보여드렸던 적이 있다. 그때 선생님께선 어린이들이 쓴 시편들을 읽으시고는 "이건 가짜야"라며 돌려주셨다. "내가 써도 이렇게 잘 쓰진 못했을 거야."

좋은 환경에서 자란 어린이가 예술가의 모습을 보여줄 때, 어린이가 매체를 완벽하게 다루면 우린 처음엔 그의 훌륭한 능력을 믿지 못한다. 마치 시 전체를 가짜로 간단히 요약했던 나의 솔직한 국어 선생님처럼. 하지만 계속되는 유사한 경험이 결국 우리를 어린이에 대한 근원적인 믿음으로 이끈다. 즉 우리는 어린이 예술가에게서 단어들이 놀랄 만큼 능숙하게 나와 우리가 관습적으로 성숙하다고 생각하는 패턴에 맞춰 스스로 자리를 잡으며, 때로는 놀랄 정도로 높은 곳까지 올라갈 수 있다는 것을 믿게 된다.

열네 살의 헬렌 엘리자베스는 원고 포트폴리오를 가지고 있다. 그녀의 어머니가 그 포트폴리오를 나에게 보여주었는데, 그 내용이 정말 믿기 어려울 만큼 놀라웠다. 그녀의 가정환경이 시가 자연스럽게 나올 수 있는, 널리 여행을 다니는 문학적 분위기였다는 것을 알기 전까지는 그랬다. 그녀는 이렇게 쓴다.

알록달록한 마음과 방랑에 대한 얼룩무늬 사랑을
품은 남자를 나에게 보내주세요.
그럼 우린 바람 타고 여행하며
고향으로 돌아올 생각 따윈 절대 하지 않을 거예요.

"알록달록한 마음과 방랑에 대한 얼룩말 무늬 사랑을 품은" 남자의 이미지는 시를 읽은 직후부터 몇 달 동안 나의 알록달록한 마음속을 방랑했다. 엘리자베스와 같은 청소년들에게 자유를 제공하면, 그들은 세상에서 가장 놀랍고 참신한 것들로 보답한다. 일례로, 엘리자베스가 묘사한 요정 나라 밖의 무시무시한 광경을 살펴보자. 시동들은 여왕 폐하가 명령한 백합꽃을 따려고 용감하게 나서지만, 겁먹고 안전한 해안으로 물러난다. 아래 시에 묘사된 위협을 따라가다 보면 시동들이 왜 겁을 먹었는지 이해할 수 있다.

이기심*
그건 '내' 백합꽃이다! 마음대로
그 꽃을 꺾어갈 수 없어. 내가 지키고 있으니까—

나의 금빛 인어들이 너흴 유혹할 거야!

나의 크고 검은 뱀들이 너흴 물어버릴 거야!

나의 모래 늪이 너흴 끌어내릴 거야!

그리고 난 너희가 익사한 걸 보고 웃을 거야!

거대한 황소개구리가 낮은 음의 자장가를 부르고,

부드러운 올챙이들이 미끄러져

누운 너희 시체 옆을 기어가겠지!

　　이 어리석은 것들아,

가서 여왕에게 전해라 이건 '나의' 백합꽃이라고!

　　그들의 상상 활동의 폭이 얼마나 넓은지 보여주기 위해 나는 헬렌 엘리자베스의 다양한 시 창고에서 소네트, 발라드, 노래 등 온갖 것을 모두 꺼내 보여주고 싶지만 아래 시만 추가적으로 인용한다.

황제 폐하의 가발 제작자

제인은 걷곤 했다 (길게 드리워진 경멸)

접시꽃 길의 자갈밭을.

한번은 그녀가 장인匠人의 평민적인 외모를 지닌

얼굴에 반점이 가득 한 남자를 만났다.

그의 버클 달린 발은 지그 춤jig을 추었다.

하지만 그는 황제 폐하의 가발을 만드는 장인이었다.

"저기, 혹시 아시나요," 제인이 윙크하며 물었다.

"황혼 무렵 하늘 색깔이 무슨 색일까요?"

"아가씨, 그것에 대해 말하자면, 수천 개의 가발 색깔이라 할 수 있죠!
제가 본 것이라곤 귀족들이 쓴 가발밖에 없으니까요"

나에게 또 다른 묶음을 보여준 분은 미리엄의 어머니였다. (미리엄도 열네
살이다.) 그 다발 중에서 뽑은 시 한 편은 지위 높은 귀족들 옆에서 우아하고 당
당하게 걷는 한 인물을 묘사한다. 미리엄의 시를 읽어보자.

여왕의 분장사

여왕이 짙은 향기 드리운 궁전에

사랑스럽게 모습을 드러낸다.

그녀는 세상 구석구석을 돌며

각 구석의 추악함을 감추는 '왕족'의 옅은 안개에 덮여 있다.

여왕의 눈은 오직 '아름다움'만 보아야 한다.

"분장사!"라고 시종이 부르자,

시종들의 뒤를 따라 큰 상자들을 들고

여왕의 내실로 들어가는 -

분장사.

그는 그의 앞에 앉아 있는 한 여자를 본다.

그리고 한 시간 후면 그는 여왕의 곁을 떠날 것이다.

분장사는 여왕을 바라본다. 그가 보는 사람은
궁정의 '육중함' 속에서 옅은 안개 같은
푸른 초록빛 차림으로 앉아 있는 귀부인,
그의 뛰어난 예술 창작품이다.

분장사는 알고 있다.
그녀가 여왕의 가면을 쓰고
여왕의 옷을 입고 있는
일개 평민 여성임을.
하지만 그는 충성스럽고, 말이 없다.

청소년 마음 풍경의 다양한 특성을 다시 한번 보여주기 위해 나는 미리엄의 원고 중에서 위의 시와는 완전히 다른 그림과 감정을 담은 시를 한 편 더 소개한다.

해질녘에 그들이 나를 불렀다
나는 어둠 속으로 사라지는 당신을 눈으로 좇습니다.
뭔가를 시도하고 따라가기에는 너무 늦었습니다.

나는 우리가 함께 들판을 가로질러 걸었을 때의 당신 모습을 기억합니다.
당신은 나보다 더 빨리 걸었고 내가 당신을 따라잡는 동안 매번 조금씩 기다렸습니다.
당신은 자주 멈춰서 꽃을 땄습니다.
하지만 당신은 곧 꽃이 싫어져서 아무렇게나 옆으로 던졌습니다.

어린애같은 비현실적인 것들로 나를 즐겁게 해주려고 했던 다른 사람들도 있었습니다.

그러나 당신은 내가 완전히 이해할 수 없었던 것들에 대해 말해주었습니다.

조용히, 나는 당신이 말했던 모든 것에 대해 생각했고, 당신의 뜻도 알아냈습니다.

당신은 아름다움이란 내면과 관계되었다고 말했습니다.

마치 황혼이 매몰차게 인간미 없는 낮의 밝음과 연결된 것처럼.

당신은 각각의 삶들은 하찮고 덧없지만,

삶은 실재하는 것이라고 말했습니다.

최근에 당신은 거의 말을 하지 않고 혼자 지냈습니다.

나는 자주 당신이 밤에 샘터 옆에 앉아 있는 것을 보았습니다.

밤에 빛이 비친 샘물을 응시하면서.

나는 당신 곁으로 가까이 다가가 당신의 이름을 불렀습니다.

당신은 내 말을 거의 듣지 못했습니다.

그러나 딱 한 번 갑자기 고개를 돌리며 말했습니다.

"너도 나이가 들면, 물에 비친 달이 달보다 더 아름다워 보일 거야."

오늘 아침 당신은 나에게 아무 말도 하지 않았습니다.

당신은 내 볼을 만졌습니다. —나는 당신의 손이 떨리는 것을 느낄 수 있었습니다. —

그리고 나에게 입을 맞추었습니다. 그리곤 주먹을 꽉 쥐고, 집 밖으로 걸어 나갔습니다.

사람들 말로는 당신이 온종일 풀밭에 미동 없이 앉아 있다가,

해질녘이 되자 일어나 서쪽으로 걸어가기 시작했다고 합니다.

그다음 그들은 나를 불렀습니다.

나는 지금 여기에 있습니다. 하지만 내가 볼 수 있는 것이라곤 저 멀리 흐릿하게 보이는 형상뿐입니다.

나는 엷은 안개 그림자 속으로 걸어가는 당신을 눈으로 좇습니다.

어린이들은 놀라운 매력을 발산하며 우리가 한 번도 들어보지 못한 제약 없는 언어의 세계로 미끄러져 우리에게 기쁨을 선사한다. 아래 네 살 어린이가 보여주는 매우 철학적인 노력이 보여주는 것처럼.

모든 것은 또 다른 무엇

오 수건과 목욕통

그리고 목욕통과 비누,

그리고 비누는 지방이었고,

그리고 지방은 돼지였고,

그리고 돼지는 겨였고,

그리고 겨는 소시지를 만들고,

그리고 사람은 소시지를 먹고.

그리고 하나님은 사람을 낳는다.

이 마지막 시는 마벨 몽시에르가 편집한 어린이 시 창고 『노래하는 청소년』[1]에서 발췌한 것이다. 몽시에르의 모음집뿐 아니라, 초기 퍼스 학교 『놀이 책』 시리즈 중 『숙제와 목마』와 『연극 놀이 기법』이 미국에서도 출판되었다.[2] 또한 뉴욕 '캐롤라인 프랫트의 도시와 시골 학교'[3]의 모든 출판물 (네 살 어린이들의 1년간 기록을 담은 『책 이전』, 『열두 살 어린이들과 함께한 모험─실험적 실천』, 일곱 살 어린이들의 기록, 그리고 『여덟 살의 상인들』)[4]이 출간되어 이 분야 연구자들에게 귀중한 자료를 제공했다. 유아들의 초기 몇 년에 관한 새로운 정보들로 가득 찬 해리엇 M. 존슨의 『유아원 어린이들』[5]도 출간되었다.

자유로운 어린이들의 창조물들을 모아놓은 이런 책들은 시대를 초월해 여전히 우리의 호기심을 불러일으킨다. 최근 발간된 귀중한 세 권의 책 (헬렌 파크허스트의 『어린이의 세계를 탐구하며』, 플로렌스 케인의 『우리 각자 안의 예술가』,[6] 그리고 그래디스 앤드류의 『어린이들을 위한 창조적 동작』)[7]도 어린이 삶의 비밀스러운 영역으로 깊숙이 들어가 환영받고 어린이의 삶에 지속적으로 영향을 끼쳤다. 이 중에서도 특히 매력적인 사진들을 삽입한 앤드류 박사의 책은, 미술, 음악, 언어, 과학, 그 외 모든 학교 교과목에서 어린이들이 자기-표현 욕구를 발전시킬 수 있도록 돕는 리듬 기반의 창조적인 동작법을 소개하는 흥미로운 책이다. 이 책은 50년이 지난 후에도 지속적으로 유효하고 시대에 뒤처지지 않을 것만 같다.

그리고 바로 오늘 아침 나의 오랜 친구 테드 말론이 편집한 개성이 풍부하고 상쾌한 『캠프파이어 소녀들이 쓴 시들』[8] 최근호가 도착했다.

제20장 정신의 성장을 돕는 음식

1

조용하게 읽든 소리 내어 읽든 연극적으로 책을 읽어보는 일은 창조적인 삶에 영양분을 제공한다. '읽기'는 정신을 자라나게 하는 비타민이 풍부한 건강식이다. 부족한 섭취나 학교의 혐오스러운 식단 때문에 '읽기'라는 영양식의 활력소를 얻지 못한 사람은 훗날 수명이 단축된 삶을 살며 위험에 직면할 수 있다.

만약 '읽기'가 더욱 풍성한 삶을 약속해주는 음식이라면, 부모와 교사는 '읽기'와 관련하여 무엇인가를 해야 한다. 나는 책을 읽지 않는 어린이와 어른 모두를 책 읽기의 세계로 유혹하는 방법을 알고 있다. 그러나 여기서 이 문제를 다루는 것이 망설여진다. 정신에 대한 정신의 반응이자 실제로 공연performance인 '읽기'를 심각한 오해 없이 활자로 설명하는 것이 사실상 불가능하기 때문이다.

읽기를 설명하는 일에 대한 불안감을 완전히 떨쳐내긴 어렵다. 그래도 나는 말하련다. 글을 읽어줄 때 나는 어떤 글이든 연극적으로 읽는 것을 주저하지 않는다고. 그럼으로써 어른이건 어린이건 '읽기'라는 창조적 세계로 안내한다고. 사실 나는 읽으면서 연극화할 수 없는 글이라면, 누구에게도 글을 읽어줄 수 없다. 우리가 읽은 글의 진가를 알아보거나 드러난 진가를 다른 사람들도 확인하게끔 하려면, 우리가 읽고 있는 그것과 하나가 되어야 한다. 만약 읽는 글이 슬프면, 우리는 반드시 슬퍼야 한다. 만약 읽는 글이 흥겨우면, 우리는 반드시 흥겨워야 한다. 만약 읽는 글이 사랑을 이야기하면, 우리도 반드시 사랑해야 한다. 읽는 글이 리듬을 타고 뛰어 오르고 춤추고 노래하면, 우리도 리듬을 타고 뛰어 오르고 춤추고 노래해야만 한다. 우리는 진심으로 이런 일들을 함으로써 쓰인 단어와 하나가 되어야 한다. (이런 말을 하는 나는 엉뚱한 바보로 오해받을 수 있다. 하지만 서둘러 전하자면, 나는 바보가 되지 않는 데 성공했다.) 만약 글 중 어떤 부분이 보고 듣는 연기를 제안하는 쪽으로 탈주하면 (하지만 여러분이 읽은 글을 모두 연기로 탈주시키지 않기를!), 우리의 정신은 새로운 힘을 얻고, 날카롭게 꿰뚫어보고, 보이지 않는 세계의 주인들과 함께 보고 말한다.

예술에 대한 고차원적 감상에는 항상 연극화가 수반된다. 그 예술이 문학과 관련된 것이건, 역사나 지리와 관련된 것이건 상관없다. 서부의 작은 아이들이 손에 손을 맞잡고 반원 모양으로 서서 자신들을 고향 캘리포니아 땅을 인자하게 내려다보는 위대한 시에라 산맥[1]으로 여기고, 또 그 산맥이 고향 땅을 밤낮으로 병충해, 폭풍, 사막의 가뭄으로부터 영원히 보호한다고 생각하고, 그러면서 살며시 몸을 흔들며 땅을 보호하는 산언덕의 웅장한 힘에 관한 낭송시를 부르는 모습을 본 적이 있다. 나는 어린이들의 상상력에 감동을 받고, 그들이 한때 자신들과 하나였던 산과 평생 친밀성을 느낄 것이며 이 사실 때문에 앞으로 더 나은 사람들이 될 것이라고 확신한다. 이 어린이들뿐만 아니라, 상상의 계곡에서 노래하고 춤추며 친구 이름을 부르듯 산들의 이름을 부르고, 자신들을 오렌지꽃, 사과꽃, 복숭아밭, 밀밭, 포도밭 등으로 명명하는 다른 아이들도 그들의 아름다운 땅에 항상 감사하는 마음을 품으며 자랐을 것이라고 생각한다.

모든 위대한 문학은 연극적이다. 바로 이 사실 때문에 문학은 문학이 된다.

문학은 그 자체가 연극적이다. 문학은 항상 독자가 배우가 되는 연극인만큼, 다른 학습 분야보다 연극 효과를 내기 위한 소도구와 분장을 덜 필요로 한다. 아섭게도 사실 나는 검토 중인 시를 간단히 삼켜버리고 가끔은 그것을 희화화시키는 연극화演劇化만 관찰해왔다. 그렇다하더라도 문학 작품을 배우처럼 연극적으로 읽는 것은 문학에 대한 진정한 앎을 보다 용이하게 해주는 유일한 방법이다. 책을 읽으며 연극화하는 목적은 책이 전하는 정신을 밖으로 끌어내 조용히 공연을 펼치게 함으로써 독자의 자의식을 덜어내고, 독자를 올바른 진동으로 흔들리게 하기 위함이다. 이런 이유로 독자는 가끔 극단의 1인 배우가 되어야 한다. 하지만 아직도 뇌리에 남아 있는 통탄스러운 기억들! 교실, 유치원, 라디오에서 들렸던 잘못된 배역으로 잘못된 방식으로 읽어내는 연극적 목소리!

　　역할 연기를 시도하는 교사나 부모의 연극화건, 스스로 만들어낸 연극에서 '읽기'를 넘어서 살아있음을 보여주는 어린이의 연극화건, '읽기'에서 연극화를 시도하는 목적은 창조 정신이 적절하게 (말하자면 조화를 이루면서) 진동하도록 하는 데 있다. 어린이는 대체로 문제를 일으키지 않는다. 어린이의 창조 정신에 다가가기는 비교적 쉽다. 심지어 한 번의 접촉만으로도 어린이의 창조 정신을 끄집어낼 수 있다. 이 어린 친구를 예술의 한 분야와 조화시키는 일은 쉽다. 가상의 땅으로 오라고 손짓해 불러내야 할 사람은 오직 어른들뿐이다.

　　나이가 든 사람일수록 손짓해 불러내기가 점점 더 어려워진다. 생존경쟁이 우리를 굳게 만들고, 우리 눈가에 암울한 주름을 긋고, 우리의 입을 틀어막고, 우리 안의 최악의 것들을 끄집어내고 더 나은 것들은 응고시킨다. 우리가 관찰하지 않으면, 또 간곡히 바라지 않으면, 창조 정신은 우리 내부에서 사라지거나 우리 존재의 구석진 곳에 땅다람쥐[2]처럼 숨어있을지도 모른다. 그것은 그 깊은 웅덩이에서 나오고 싶어 자신의 그림자만 봐도 날아오르려 애쓰지만 나오지 못한다. 그러나 이런 때야 말로 (책을 읽는) 독자의 예술이 더할 나위 없이 훌륭한 (평소의 자신과 완전히 다른 역할을 맡은) 배우의 예술로 변화할 시점이다. 나의 신념을 밝히자면, 우리가 삶을 연극으로 표현하며 삶의 다양한 것들에 대한 환호와 흥미를 붙이면, 우리의 숨어 있던 정신이 유혹에 이끌려 다시 나타날 수 있다.

이런 식으로 우리는 우리의 숨어있는 정신이 부름을 받고 자라나고 일어서도록 가르칠 수 있다. 우리는 우리의 의지로써 나이와 맞설 수 있다. 우리는 자신 있게 소리칠 수도 있다. "맹세코! 나의 빛이 꺼지지 않게 하리라! 그렇게 하지 않으리라! 명랑해지고 싶으면 나는 명랑한 척하고, 명랑한 기운을 띠고, 명랑함을 연기할 것이다. 나는 내 역할을 아주 진실되게 연기하리라! 적어도 나는 내면에선 절대 늙지 않으리라!"라고. 문학은 우리 안의 영원한 젊음을 소환해 영속시킨다. 문학은 '지나간 시절'에 대한 끊임없는 도전이다.

다시 한번 순전히 내 자신의 경험에 근거해 한층 더 망설이면서 덧붙일 말이 있다. 독자가 문학뿐만 아니라 인생도 연극적임을 더 열렬하게 믿으면 도움을 받을 수 있다는 말을. 나에게 매일 매일은 사건으로 꽉 채워진, 놀라운 대화로 살아있으며, 배꼽 빠지도록 웃기는 재미로 가득 찬 연극, 즉 일종의 희비극이다. 그것은 슬픔으로 그늘지곤 하지만, 환상적 여행을 떠나기도 한다. 그리고 항상 거기엔 행복하게 끝나는 로맨스나 아예 끝나지 않아 더 큰 행복을 안겨주는 로맨스가 존재한다! 나는 대사제부터 광대에 이르는 온갖 역할을 다 맡는다.

합리적 관점을 취하는 많은 사람들은 청소년들을 영적 경험[3]으로 이끄는 이런 생각들이 타당하지 않다고 여길지도 모른다. 그러나 젊어지는 데 지나치게 늦은 때란 없다.

2

한 어머니가 편지로 열두 살 난 아들의 심각한 문제에 대한 개인 상담을 요청했다. 나는 그녀의 은밀한 고백을 들어줄 마음의 준비를 하고 편지를 읽기 시작했다. 그러나 편지엔 불안에 찬 거의 울먹이는 고함소리밖에 없었다. 그녀는 "내 아들은 『모터보트 소년들』[4]이외엔 아무것도 안 읽어요. 그 책 시리즈를 줄줄이 다 읽고 나면 시리즈 전체를 다시 읽기 시작해요. 이 일을 어떻게 '해야' 되죠?"라고 외쳤다.

나의 답변은 그녀를 전혀 기쁘게 하지 않았다. 나는 "그런 일이라면 어머니께서 하셔야 할 일이 아무것도 없습니다. 그것은 정상적이며 건강하다는 표시입니다. 어쨌든 그가 읽었다는 데 감사하십시오"라며 확신에 찬 말투를 썼다.

"하지만 우린 문학 가족이에요!" 그녀는 내 가벼운 태도에 짜증이 났는지 날카롭게 외쳤다. "우린 최고의 책들을 읽어요. 제 아들은 온갖 책들에 둘러싸여 있어요. 그런데도 『모터보트 소년들』이외엔 아무 데도 눈길 한번 주지 않는 거예요. 우린 그 아이가 그 책을 읽지 못하게 하려고 벌도 내려 보았고 돈도 줘 보았어요."

그녀는 문학적 어머니들의 공통된 걱정을 대변했다. 즉 대부분의 문학적 어머니들처럼 그녀도 문학 취향이 정상적 성장의 문제라는 것, 성인기의 취향뿐 아니라 청소년기의 취향도 있다는 것, 그리고 모든 자라나는 것들처럼 취향도 우리 마음대로 뿌리째 뽑거나 옮겨 심으면 위험하다는 것을 이해하지 못하는 듯했다. 문학적인 어머니들과 교사들은 일반적으로 어린이들이 성장 단계에 맞는 책을 읽을 때 불안해한다. 그래서 그들은 그들이 해롭다고 생각하는 것을 제거하고자 처벌이나 보상을 도입한다.

그래서 상담 초기에 나는 이 걱정 많은 어머니의 잘못된 두려움을 해체하는 작업을 진행했다. 나는 이 일을 확신을 가지고 할 수 있었는데, 그것은 몇 년 동안 우리 그룹이 초등학교 1학년부터 고등학교 졸업반까지 전 학년에 걸친 상당수 어린이들의 독서 취향의 발전에 대해 연구해 왔기 때문이다. 때마침 나는 그 어떤 높은 수준에서 보아도 매우 만족스러운, 고학년 그룹을 대상으로 한 '즐거움을 위한 독서' 기획을 앞두고 있었다. 게다가 나는 이 실험 대상 학생들이 열두 살 때 읽었던 독서 기록도 가지고 있었다. 그래서 나는 이 걱정 많은 문학적 어머니에게 『캠프파이어 소녀들의 농담과 장난』[5]을 읽었던 소녀들과 『필리핀의 보이스카우트 단원들』[6]을 읽었던 소년들이 어떻게 5년 후에 조지 미레디스[7]의 『이기주의자』와 조지 버나드 쇼의 『시저와 클레오파트라』[8]에서 꾸밈없는 기쁨을 느끼게 되는지를 증명해 보여줄 수 있었다.

이 문학적 어머니에게 확실한 증거를 제시하는 일은 어렵지 않았다고 기억한다. 이후 그녀는 점차 그녀의 아들에 대한 우리의 신념이 옳다는 것을 발견했다. 그녀의 아들은 적절한 시기에 『모터보트 소년들』 시리즈에서 빠져 나왔다. 그녀는 어느 날 학교로 찾아와 기쁨에 넘쳐 우리에게 전했다. 아들이 가족 모임에서 아직 읽기를 고려하지 않았던 세 권의 책, 플렉커의 『하싼』, 스티븐의 『금 항아리』, 모리오의 『에어리얼』[9]에 대해서 아주 열정적으로 장광설을 늘어놓았다고. 이 세 권의 책은 어머니들의 높은 야심을 충족시킬 만큼 충분히 문학적인 책이었다. 그녀는 미소 지으며 말했다. "그 아인 우리가 즉각 그 세 권을 구입하지 못한 것에 약간 약이 올랐던 듯해요. 우리의 부족함을 보상하려는 듯, 조금은 안달이 난 듯했어요."

"아-하!"내가 답했다. 그러자 그녀는 죄책감을 드러내며 나를 향해 활짝 웃었다.

3

　어린이들의 독서 취향 연구에서 우리는 다양한 시점에 각 어린이가 좋아하는 책을 무작위로 뽑았다. 그룹의 취향에 대한 단면을 얻는 가장 간단한 방법은 마지막으로 읽은 몇 권의 책과 현재 읽고 있는 책의 제목을 확보하는 것이다. 물론 (읽은 책의 제목을 대는 일과 같은) 어린이들의 사적인 고백을 들을 때, 우리 교사 연구자들은 올바른 태도를 취하여 어린이들이 포즈를 취하지 않고 우리에 대한 두려움을 갖지 않도록 해야 한다. 우리는 수년 동안 독서를 의무화하지 않았으며, 손으로 만든 한정판 책에 무관심한 척했듯이 형편없는 책들도 꾸며낸 무관심한 태도로 환영해왔기 때문에 항상 유리한 위치에 설 수 있었다.

　우리의 실험의 목적은 건강한 아이들이 '우리가 의도적으로 설정한 유혹적인 책 환경에서' 선택의 자유가 완벽하게 제공될 경우 실제로 어떤 책을 골라 읽는지 알아보는 데 있었다. 그러나 우리는 우리의 도움을 받지 못한 어린이들이 어떤 책을 좋아하는가의 주제에는 관심이 없었다.

　이러한 조사에서 거의 변함없이 7학년 어린이들은 청소년 작품이나 인정받은 저자들의 모험담이나 어린이를 다룬 책에 열광한다는 점과, 학년이 올라갈수록 점차 그들의 관심이 탁월한 작가들 쪽으로 기운다는 점이 나타났다. 내 앞에 있는 리스트 중 하나를 살펴보면, 7학년 학생들이 읽은 책 제목의 56%가 청소년물로서, 『밥, 전쟁의 아들』과 『보물섬』[10]과 같은 문학적인 것들과 『용감한 소년들』[11]과 『캠프파이어 소녀들』과 같은 비문학적인 것들로 균등하게 양분된다. 청소년물은 9학년이 되면 28%로, 11학년에 이르면 2%로 떨어지고, 12학년이 되면 아무도 청소년물을 읽지 않는다.

　이제 인정받은 작가들과 탁월한 현대 작품들을 살펴보자. 7학년 학생들의 리스트 중 약 삼분의 일이 높은 수준으로 분류된 책들인데, 이것은 주로 뒤마, 키플링, 매리앗, 디킨즈, 쿠퍼, 도일[12]과 같은 인정받은 작가들이 읽기 쉬운 모험담을 엄청나게 많이 썼기 때문이다. 그러나 높은 수준으로 분류된 이런 책들이 9학년 학생의 '즐거움을 위한 읽기' 리스트의 65%를 차지하며, 12학년에 이르면 자율적 독서는 거의 전적으로, 즉 90% 넘게, 훌륭하고 성숙한 수준의 책들로 구성된다.

전체 그룹의 책 선호도에 대한 일반적 견해가 이처럼 빨리 포착됨으로써 우리는 다른 흥미로운 정보도 얻을 수 있었다. 예를 들면, 우리는 대부분의 7학년 독자들을 매혹시키는 책의 '유형'은 비문학적 청소년물이며, 9학년과 10학년은 키플링 이전의 인정받은 작가들에게, 11학년은 키플링 이후의 인정받은 작가들 (예를 들면, 키플링, 콘라드, 메이스필드, 쇼, 배리, 싱, 스티븐슨, 무디, 프로스트[13])에게, 12학년은 동시대의 주요 작가들에게 끌린다는 점을 알게 되었다.

4

그러나 우리링컨학교 교사들과 운영진는 어린이들의 성장을 지켜보는 일 그 이상의 무엇인가를 해냈다. 또 우리는 힘, 인내심, 충동 제어 능력을 높이기 위해서 의식적으로 노력했다. 그러므로 어린이들이 시간이 지나면 성장한다는 것을 발견하는 데 5년의 실험기간을 보냈다는 것이 우리의 주요 최종 발표 내용이 되지는 않을 것이다. 아마도 이 5년의 기간은 우리가 '까꿍 놀이[14] 이론'에 입각해 어린이들의 독서를 지도한 시기가 될 것이다. 그들을 내버려 두면, 그들이 '모두' 문학적 꼬리를 흔들며 집으로 돌아올 것이라고 장담할 수는 없다. 물론 그들이 그럴 수도 있다! 그러나 내가 한 여성분이 고안한 '할머니 이론'보다는 '까꿍 놀이 이론'을 선호한다는 것은 분명하다. 기억하겠지만, 그 여성분은 어리석게도 어린이들을 모두 흠씬 때려주고 침대로 보냈을 때 만족을 느꼈다.

어린이들과 함께 하는 작업에서 우리가 최고의 결과물을 얻었을 때는 내가 지속적으로 『마더 구스 전래 동요집』에 기고했던 동요가 암시하는 '느림보 맨디 이론'을 적용했을 때였다. 내가 기고한 동요를 인용해본다.

*

느림보 맨디 양,

　　그녀의 아기들이 뚱뚱하진 않았다네.

다만 그들은 언제나

　　닿지 않는 걸 잡으려했지.

맨디 양이 항아리에 크림을 담아

　　선반 꼭대기 위에 두었지만,

바로 옆 사다리도

　　그리고 자물쇠에 열쇠도 같이 두었다네.

'느림보 맨디 이론'은 길게 풀어 쓰자면 한 권의 책이 될 정도지만, 여기서는 5년간의 실험을 통해 알게 된 것만 독단적으로 진술하고자 한다. 청소년이라는 변덕스럽고 예측 불가능한 대상과 함께 생활하면서 내가 배운 것이 독단주의를 없애는 일이었지만 말이다.

아마 나의 첫 번째 독단적 주장은 '절대 독단적이지 말라. 그리고 절대 우월감을 갖지 말라'이다. 취향을 조롱하는 행위는 아무리 좋게 보아도 야비하고, 확실히 무익한 일이다. 취향은 취향이며 어떤 수준에서든 존중되어야 한다.

두 번째로, 취향은 포화와 과다의 단계를 거치며 성장한다. 모든 『모터보트』시리즈물을 네 번씩 다 읽은 소년은 자연스럽게 약간 나은 단계의 책을 읽을 준비가 된 자신을 발견한다.

세 번째로, 책은 아주 정확한 순간에 가까이 있어야 한다. 훌륭한 도서관과 (다른 누구도 아닌) 앤 T. 이튼[15]이라는 재능 있는 사서가 없었다면, 우리의 발전이 심각하게 느려졌을 것을 고려하면, 이 점은 더욱 중요하다.

네 번째로, 모터보트 추종자가 자물쇠를 열고 다음 단계로 올라가도록 돕는 책은 어른의 관점에서나 문학적 판단에서 정말로 훌륭한 것일 필요가 없다. 물론 '할머니 이론'의 추종자는 이런 책을 쓰레기로 여기며 창문 밖으로 던질 것이다. 그러나 이 할머니 이론가가 이렇게 행동하는 것은 취향이란 바닥에서 지붕꼭대기로 한 번에 도약할 수 있는 것이라고 믿기 때문이다. (나는 항상 그녀가 자녀들을 거대한 장화 꼭대기로 던져 올린다고 상상한다. 아시다시피 그녀는 계단이 생겨나기 이전 시대에 살았다.) 어린이들의 취향에 대한 연구는 '어린이들이 열등한 책을 읽는 여러 단계들을 거쳐 (교사들이 관습적으로 거의 감동을 받지 않고서 열광해온) 높은 문학적 수준의 책을 읽는 단계'에 이르는 삼각형의 경사면 같은 성장선을 보여준다.

다섯 번째로, 독서를 제안하는 유혹적 분위기가 되도록이면 어린이들에 의해 자발적으로 만들어져야 한다. 한 어린이의 솔직한 열정은 다른 어린이에게 그가 읽고 있는 책이 읽어볼 만한 가치가 있는 책이라는 것을 쉽게 납득시킬 것이다. 한편 어머니나 교사의 아주 매력적인 미소와 '쓴 약이 몸에 좋다'는 식으로 달래는 투의 들뜬 목소리는 통찰력 있는 청소년에겐 폭탄 세일 광고처럼 속이 훤히 들여다보일 뿐이다.

여섯 번째로, 교사들, 어머니들, 여자가정교사들, 수녀님들[16]은 정직의 미덕을 키워야 한다. 우리 모두 우리가 진짜 좋아하는 책이 무엇인지 밝히기를 두려워한다. 우리는 세상 사람들이 최고작으로 여기는 작품이 적어도 우리에겐 종종 최악 작품이라는 것을 마음속 깊이 알고 있을 때도 그것의 위대함을 옹호한다. 진실을 말하자면, 우리는 청소년에 대한 우리의 영향력이 사라질까 두려워한다. 그러나 미학적 관점에서만 보자면, 우리의 영향력이 이미 오래전에 사라졌기 때문에 이 점에 대해선 걱정할 필요가 없다. 그리고 청소년들이 가장 싫어하는 것이 위선과 가식이므로, 우리가 우리의 개인적 취향을 감추는 일을 멈추어야 우리의 사라진 영향력을 되찾을 수 있다.

5

'느림보 맨디 이론'의 대부분은 어린이 기준과 부합하지 않는 몇 가지 어른 기준을 제거하는 일과 관련된다. 청소년이 좋아하는 것을 판별하는 유일한 판관은 청소년이기 때문이다. 이 이론을 다룰 때 주의할 또 다른 중요한 사항은 우리가 청소년 독서에 대한 개인적 반응을 기록할 때 정직해야 한다는 것이다. 청소년은 우리의 기록이 정직한지 아닌지를 쉽게 판별해내며, 기록할 때 교훈이 필요하다고도 생각하지 않는다. 하지만 어른이 이런 일을 해내는 것은 힘들며, 실패할 확률도 매우 높다.

우리 어른들에겐 깊이 뿌리박힌 포즈 취하는 습관이 있다. 그 습관이 완전히 체회體化되어 우리 중엔 자신이 포즈를 취하고 있다는 사실을 자각하는 사람도 거의 없는 듯하다. (우리에 대해 공정하게 말하면 그렇다.) 따라서 '느림보 맨디 이론'은 어린이들의 수업이 아니라 어른들의 수업에서 먼저 시작되어야 한다. 힘들겠지만 첫 1년간 어른들의 수업은 "솔직하게, 나만의 즐거움을 위해서 어떤 책을 읽을 것인가?"라는 질문에 답하는 수업이 되어야 한다. 이 질문에 답하는 데만 1년이 전부 소요될 것이다. 하지만 1년이 지나도 끝까지 들키지 않을 거짓말쟁이들이 수두룩할 것이다.

　이 과목은 교사들, 교장들, 교육감들, 교과서 집필자들, 출판사들, 교육과정 기획자들, 대학입시 심사위원들 (오, 대학 입시 심사위원들을 빠트리지 말자.) 그리고, 마지막으로, 여자가정교사들, 수녀님들, 문학적 어머니들에게 필수 과목이 되어야 한다.

제21장 나사 조이듯 압박하는 학교 환경

1

창조적 삶에 관한 이 이야기는 우호적인 분위기에서이긴 하더라도 제도권 학교들에 도전한다. 그런 만큼 우리는 상당수 공·사립 교육 기관의 고도로 기계적인 조직 내의 실제 조건들을 직시해야 한다. 물론 개인적으로 나는 최근 학교 전반에 확산되어 있는 밝은 전망에 고무되어 있다. 나는 여러 그룹들의 초청을 받고 전국을 여행하고 얼마 전 돌아왔으며, 여행 동안 거의 2만 명가량의 사람들과 개인적 친분을 맺었다. 무엇보다 창조 정신이 결실을 맺을 것이라는 나의 믿음에 대한 그들의 따뜻한 환영은 최근 교육 추세에 대한 나의 기쁨을 배가시켜 주었다. 게다가 이느 해인가 윌리엄 보선이 하루 일과를 마치고 먼 곳에서 온 3천 명의 시카고 교사들 앞으로 나를 데리고 갔던 기억을 하노라면, 그들의 솔직한 관심과 지적인 웃음이 생각나 가슴이 뛴다. 그러한 관심과 웃음은 내가 올바른 방향에서 교육적 관심을 보여주었다는 명증한 증거로서 나에게는 보물처럼 소중하다.

하지만 젊은 교사들과 경험이 풍부한 예술가 교사들은 나에게 이와는 다른 환경, 말하자면 창조적 삶이 펼쳐질 기회가 제공되지 않는 학교의 조건들에 대해 지속적으로 말한다. 이들 중 몇몇은 학교의 조건들이 문제가 아니고 자신들이 실패한 것이라고 잘못 진단하며 지나치게 걱정한다. 이런 교사들의 우울한 감정에 내재된 거대한 '악'을 제거하기 위해 나는 (어린이들에게 했던) 정신과의사 역할을 다시 한번 맡고자 한다.

나는 그들에게 말한다. "그런 조건들이라면 여러분이 할 수 있는 일이 거의 없어요. 여러분이 교실을 담당하는 일개 교사에 불과하다면 여러분이 무슨 일을 하겠어요? 여러분 학교의 행정을 맡으신 분들뿐만 아니라 지역사회 사람들, 심지어 학생들조차 자유로운 삶에 반대할 것이라면 말이에요. 힘내시고 작은 범위에서 소수의 어린이들에게 다가갈 수 있다는 것에 그저 감사하세요. 여러분이 당면하고 있는 문제는 교실 수업과는 아무 관련이 없어요. 그것은 여러분의 작은 세상 전반을 포함하는 사회적 문제이니까요. 무슨 일을 하느니, 차라리 야만적인 부족을 초대해서 각 사람의 코에 끼워있는 링을 빼내는 것이 차라리 더 낫지요!"

미국과 같은 거대한 나라에선 모든 곳이 똑같은 속도로 나아가지 않는다. 어떤 그룹 안에서는 격분한 어머니의 외침소리가 들리고, 어린이가 제멋대로 몸을 흔들면 어린이의 뺨을 세게 때리는 어머니의 손도 관찰된다. 어머니의 이와 같은 행동은 정말로 잔인한 것인데도 어린이들이 그것을 유익하고 필수불가결한 삶의 일부로 받아들이는 듯하다. 이런 어머니들이 많이 살고 있는 마을에서 교사들과 교육 책임자들이 좀 더 자비로운 방법으로 어린이에게서 결과를 얻어내기란 어려울 것이다. 분명히 어린이들은 자비롭게 다가가려고 노력하는 교육자들을 처음에는 존경하지 않을 것이다. 어린이들에게서 존경과 순종의 마음을 모두 받아낸 안젤로 파트리[1] 같은 예외적인 교사도 있긴 하다. 하지만 안타깝게도 안젤로 파트리 같은 교사는 많지 않다.

실례를 보여주기 위해 나의 동료 교수가 제공한 장면 하나를 그의 허가를 받아 여기에 수록한다. 교사가 된 그의 제자의 편지이다.

선생님, 작년 블랭크에서 '지리학 방법론' 선생님 수업을 들었던 작가 기억하세요? 제가 그 작가에요. 저는 아주 특이한 상황에 처해 있어요. 제가 꼭 질겨서 도저히 갉아먹을 수 없는 듯한 거대한 치즈 앞의 생쥐 같아요. 선생님 도움이 꼭 필요하고 또 정말 선생님 도움을 절실히 원해요.

저는 블랭크학교의 교사로 임용되어 100% 외국인 반을 맡게 되었어요. 어린이들의 가정은 대부분 아주 불행해요. 조금 더 불행한 어린이들이 드문드문 있고요. 이곳 어린이들의 가정에는 구타와 발카기, 욕설, 불결함, 기생충을 비롯한 그 외의 여러 불행들이 혼합되어 있어요. 어쩌면 선생님께서도 블랭크 학교의 이런 실정을 아실 거예요.

제 '일'은 5학년과 6학년에게 30분짜리 지리 수업을 하루에 열 번 하는 것이에요. 3개월마다 더 높은 단계의 수업을 하죠. 특별히 5C 반은 주state 지도를 강조하며 미국의 동북부를 '다루어'. 5B 반은 미국 북부 중앙, 남부 고원과 서부 주들을 다루며, 5A와 6C 반은 남아메리카와 유럽을 섭렵하고, 6B와 6C 반은 유럽과 아시아를 다루며, 모두 석 달 안에 끝나요. 그러고 나면 학생들은 시험에 '통과'해야 되지요. 저는 여덟 개 반 학생들을 위해서 맥머리와 파킨스[2]의 책 두 권만 마련했어요. 이것 이외에 다른 책은 사용하지 않아요.

이곳 어린이들의 해석은 제한적이에요. 경험한 것이라곤 동네 길가에서 놀았던 것 밖에 없으니까요. 다른 것은 아무것도 기대할 수 없어요. 이곳에선 책을 읽는 아이들이 거의 없어요. 혹 읽는다하더라도 타블로이드 신문[3]만 읽어요. 아이들은 살인사건들이나 범죄에 대해선 최신 소식도 다 알아요. 선생님께서도 짐작하시겠지만, 큰 분이 나서서 이 상황을 처리해야 해요.

아이들은 첫 부임한 저를 백 가지 방식으로, 구슬이나 종이뭉치 공, 혹은 고무공을 한 다스씩 던지면서 시험했어요. 여기저기서 아이들은 웃고, 떠들고, 싸우고, 반항했어요. 아이들은 '제 맘에 들려는' 반응을 전혀 보여주지 않았어요. 아마 암소도 이 아이들 보단 나을 거예요.

아홉 살짜리 작은 아이가 IQ 60 이하의 덩치가 큰 아이들과 섞여 있었어요. 제겐 모든 아이들의 흥미를 동시에 끌만한 말을 하거나 보여줄 수 있는 것이 하나도 없었어요. 아이들은 악의가 없을 때도 제가 가진 어떤 것도 원하지 않았어요. 결국 저는 큰 막대기를 허공에 휘둘러서 아이들을 주목시켰어요. 지금 전 정말 최대한 열심히 500% 노력하고 있어요. 조금 나아졌지만, 이건 제가 원하는 것과는 거리가 한참 멀어요. 한 반에 아홉 살부터 열다섯 살까지의 각양각색의 학생들 마흔 다섯 명과 함께 하는 일은 제게 엄청나게 큰일인 듯 해요.

제가 선생님께 이곳에서 수년간 근무했던 한 여교사 이야기를 해드리면, 선생님께선 어쩌면 제가 반대하는 것이 무엇인지 아실지도 모르겠어요. 그분은 서른여덟의 나이에 거의 미쳐서 지금 요양원에 계셔요. 그 뒤에 온 교사도 6주 후에 그만두었고요. 사람들 말로는 여교사들보다 남교사들이 더 어려운 시간을 보낸다고 해요.

상황이 이러해요. 무엇이 문제일까요? 선생님 생각은 어떠세요? 우리 시스템이 모두 잘못된 것인가요? 아이들이 필요로 하는 것은 무엇인가요? 아이들의 버릇없는 행동이 문제인가요? 아니면 아이들이 필요한 것을 받지 못한 것에 대해 저항하는 것인가요? 저희 교장 선생님은 대단히 동정심이 많으시고 인간적이시며 친절하신 분이세요. 그분께선 모자라거나 느린 학생들을 위해 학생 수가 적은 학급과 기회부여 학급이 필요하다고 생각하세요. 그런데 우린 그 두 개를 다 만들 수 없어요. 저는 '반드시' 성공적으로 제가 맡은 일을 해내서 교장선생님을 도와야 된다는 느낌을 받아요. 교장선생님께선 제가 떠나면 이 학교는 저만큼 좋은 교사를 구할 수 없을 거라고 말씀하시곤 해요. 그래도 전 만족할 수 없어요. 문제를 일으키는 아이들의 반항, 나쁜 버릇, 부주의, 불안 증상은 제 삶을 비참하게 만들어요.

어떻게 하면 어린이가 원하는 것을 찾을까요? 만약 찾는다면, 그것을 어떻게 다루어야 할까요? 저는 간단한 재료들도 얻을 수 없어요. 깡통에 붙어 있는 라벨들을 떼어오라고 학생들에게 요청해보았어요. 알고 보니, 아이들이 매일 똑같은 것을 먹고 있었던 거예요. 토마토, 너무 익은 올리브, 콩, 지금까지 약 스무 개 정도의 음식 리스트를 모았어요.

오로지 '제' 잘못이라고 (이 학교에 오기 전에도 지리를 가르쳤지만 한 번도 학생들이 이런 식으로 반항하는 것을 본 적이 없어요), 제가 무능하고 지리 수업을 할 만큼 충분히 큰 사람이 아니라고 가정하고, 제가 어떻게 해야 하는지에 대해 말씀해 주실 수 있으세요? 어떤 의견이든 상관없어요. 그러시면 기꺼이 보답해 드리고 선생님께 영광도 돌려드릴 거예요.

이런 상황에 처해서 저는 지금 거의 나아가지 못하고 있어요. 그렇지만 이건 포기와는 거리가 멀어요. 올바른 길로만 들어서면 저는 차츰 속도를 낼 거예요. 그건 그렇고, 어제 저는 모든 학급에서 미시시피 강의 홍수에 대해 가르쳤어요. '저 혼자' 말하고 혼자 지도를 그리면서 수업은 온통 제 독무대였어요. 아이들은 듣기만 했고요. 그런데 그 아이들이 '정말' 들었어요. 이것이 지리를 가르치는 것인가요? 저는 학생들을 집중시켰어요. 하지만 밤이 되니 목이 아파왔고, '이제 무엇을 해야 할까?'라는 오래된 질문과 다시 마주쳤어요.

선생님께서 바쁘시다는 것을 알아요. 선생님께서 정말 인간적이시고, 또 누군가 저를 도울 사람이 있다면 그분이 바로 선생님이시라는 것도 알고 있기 때문에 선생님께 편지 쓸 생각을 했어요. 제게 시간을 내주실 수 있으세요?

이 편지의 내용은 누구든 어린이들의 학급을 맡아본 자의 가슴을 찢어지게 한다. 이런 내용을 알려준 용감한 젊은 여교사에게 연민을 느끼지만, 알다시피 문제는 그녀가 아니라 지역사회 전반에 놓여 있다. 물론 여교사가 몸담고 있는 학교 조직은 개인의 요구에도, 지역사회의 요구에도 맞지 않는다. 여기서 우리가 해야 할 일이 무엇인지 말하게 되면 긴 이야기가 되겠지만, 이것은 누구나 듣지 않아도 아는 이야기이므로 생략한다.

사회적 조건이 나쁘다고 말할 때 우리가 흔히 듣는 답변은 "지역사회보다 더 혹독하게 어린이들을 훈련시켜 보면 어떨까요?"이다. "아이들은 정말 행실이 좋지 않아요." 한 교장이 나에게 말했다. "그래서 우린 나사를 조이듯 아이들을 압박해요. 그러면 아이들이 아주 나쁘게 행동하지는 않아요." 나의 관찰에 따르면, 그는 오랫동안 학생들을 압박하면서 우리가 흔히 군대에서 '단단하게 삶아진'**4** 사람이라고 부르는 잔혹한 사람으로 바뀌었다.

어느 젊은 교사도 정확히 이와 똑같은 경험을 담은 편지를 보내왔다.

현재 대부분의 학교 교육을 있는 그대로 묘사하라고 하면, 잔인하다고 말할 수밖에 없어요. 저는 학교 교육의 장점을 하나도 찾을 수 없어요. 다행스럽게도 어린이들은 어른이 될 때까지는 우리의 잔혹함이 어느 정도인지 깨닫지 못하는 것 같아요. 그들은 어른이 된 후 상황에 의해 자신들도 똑같이 어른 세계의 끔찍한 횡포 속 한 자리를 차지하게 되면 그때야 비로소 그 잔혹함을 알게 되죠.

제게는 이 세상에 어린이들만큼 경이롭거나 아름다운 존재는 없는 것 같아요. 이런 어린이들을 우리가 얼마나 학대하고 있는지요! 자라나는 작은 근육을 아프도록 늘리고 본능을 통제하라고 강요하고 있어요. 미래의 건강이 좌우될 수 있는데, 아름답고 작은 몸들이 이런 훈련에 맡겨지다니요!

물론 잘못된 일이죠. 하지만 불쌍한 일개 여교사가 규제만 가득한 학교에서 무슨 일을 할 수 있나요? 그녀는 주변 모든 것의 강요에 의해, 가만히 못 있는, 호기심 가득한 사랑스러운 어린이들의 작은 두 손을 펴지 못하게 하려고 미친 듯이 노력을 기울여요. 그렇게 하지 않으면 어린이들이 학교가 나쁜 짓이라 부르는 행동을 하게 될 것이니까요. 그녀는 '연필을 내려요! 두 손을 꼭 잡아요!'라는 말을 하루에

백 번씩 말해요. 그 말이 무의미한 소리가 될 때까지, 의도와는 다른 말을 하게 되고 농담을 걸어 와도 웃을 힘조차 남아 있지 않을 때까지요.

어떤 다른 할 일이 있나요? 콜드웰 쿡은 어린이들이 조용히 앉아있지 않고서도 배울 수 있다고 생각해요. 그리고 그의 주장은 틀림없이 옳아요. (그녀는 자신이 읽은 콜드웰 쿡의 책『연극 놀이 기법』[5]을 언급하는 중이다.) 하지만 여교사는 복도 끝 교장실에 거주하는 매우 저속하고 천박한 분이 모든 것이 '완벽한 질서' 속에서 이뤄지고 있는지 확인하기 위해 아무 때나 걸어와 교실 문창 너머로 훔쳐본다는 사실을 자각하죠.

선생님께선 정말 교장과 싸울 수 없어요. 그분은 타협할 수 없는 경직성과 침묵만을 인정하는 규율 실천이 곧 교육이라는 생각에 확고히 뿌리박고 있으니까요.

내가 이 편지를 교사들에게 읽어줄 때마다 항상 인정한다는 의미의 함성이 터져 나온다. 그리고 나는 이러한 어린이 통제 현상이 어디서든 흔히 발견될 수 있다고 확신한다.

이러한 통제적 교육 기관을 인수해 새로운 방식의 변화를 꾀하려는 실험적 교육자라면 누구나 어려움에 직면할 것이다. 아마도 이런 학교의 절반인 고학년 어린이들과는 아무 일도 할 수 없기 때문에 그들이 졸업하기를 기다려야만 할 것이다. 누군가가 학교 절차에 얼굴을 찌푸릴 만큼 충분히 용감하다 하더라도, 변화의 과도기는 길 것이며 그 사이 나온 결과물의 수준이 매우 불만족스러워 지역사회의 항의도 이어질 것이다. 예전 교육 방식에서 새로운 교육 방식으로 정비하는 데 대략 5년 정도 걸린다. 5년이나 걸리는데, 규율을 중시하는 교육행정관들 중 지역사회 어린이의 궁극적인 이익을 위해 명성과 때로는 직업까지 걸고 일을 하겠다고 나서는 사람이 있을까? 규율을 강조하는 교육행정관이라면 당연히 자신의 명성과 직함을 잃게 될 일을 시도하지 않을 것이다. 특히 그는 그의 노고에 대해 대중의 감사를 받을 리가 만무하다고 생각하며 절대 위험을 감수하지 않을 것이다.

그럼에도 불구하고, 모든 전향적인 교육감들은 자신들의 가장 중요한 임무가 교육 관련 새로운 아이디어들을 수용하고 실천하기에 앞서 그것들에 대한 지역사회의 승인을 얻는 일이라고 생각한다. 이것이 바로 공립학교의 교육행정관을 평가하는 기준이기도 하다. 하지만 (교육위원회를 포함한) 지역사회 단체들은 최고의 전문적 사고에 뒤처져 있는 것으로 악명 높다. 그들은 끊임없이 재촉을 받아야만 겨우 앞으로 나아갈 수 있다.

새로운 아이디어를 수용하는 일은 어렵고 위험한 일이어서 교육행정관들이 회피하기 쉽다. 하지만 나와 친한 교육감들 중에는 교육감 직책을 위태롭게 하면서까지, 매일 지역주민들에게 '무엇이 자녀 교육에 최선인지'에 대해 설명하는 어려운 과업에 도전하는 분들이 있다. 이런 분들은 어떤 경우에는 자신뿐만 아니라 가족의 안전에 위험이 닥칠 것도 감수한다. 일반 대중에게는 대체로 알려지지 않은 심각한 전쟁이, 공교육의 전반적 수준을 높이기 위해 선교사처럼 낙후 지역으로 간 용기 있는 분들에 의해 벌어지고 있는 것이다.

어느 가을 나는 탄광촌대로에서 이런 부류의 교육감 한 분 옆에 서 있었다. 한 무리의 시무룩한 남자들이 위협적으로 이 분의 주변을 둘러싸고 있었다. 어느 모로 보나 두려움 없고 똑똑한 행정가였던 이 분이 이 지역의 교육감이 된 것은 현대적 학교 시스템의 이점을 이 낙후지역에 가져오고자 했던 진보적 교육위원회의 추천에 의해서였다. 그러나 성급한 마을 사람들은 새 교육감과 친분을 쌓기도 전에 그를 공격하기 시작했다.

그들의 선동으로 학생들이 반대 시위를 벌였다. 그들은 학생들에게 모욕적인 현수막을 들고 가두행진을 벌이도록 사주했다. 신임 교육감은 어렵게 어린이들을 학교로 돌려보냈다. 하지만 지하에서 일어난 일련의 중상모략이 다시 한번 반대 목소리를 격화시켰다. 그중 일부는 아주 악랄하고 비판적인 것이었다. 그들은 교육위원회에 그를 해임해 달라고 청원했고, 내가 이곳에 도착한 시점에 그 결정을 기다리고 있었다. 물론 위원회가 만장일치로 신임 교육감을 지지할 것이라는 것은 아무도 의심하지 않았다. 그래서인지 어느 날 밤이든 그가 차를 몰고 집에 갈 때 총살당할 것이라는 공개적인 협박이 가해졌다. 마을 사람들은 이것을 단순히 협박을 흉내 낸 것에 불과하다고 생각하지 않았다.

이 신임 교육감은 하루 종일 군중 속을 헤집고 다니며 한 사람씩 만났다. 자주 그는 담배를 건네며 온화하게 논쟁 중단의 뜻을 전했다. 그리고 항상 미소를 띠고 귀를 기울였으며, 예의를 갖추고 관대하게 대했다. 교육위원회가 근처 건물 한 곳에서 심각한 회의를 개최하고 있는 동안 그는 반대파 지도자들을 만나고 있었다.

"제게 반대하고 있는 것 하나만 말씀해 주세요, 노스 씨." 그가 키 큰 광부에게 말했다. (나는 이 사람들의 실제 이름을 기억하지 못하므로 가명을 사용한다.) 광부가 어색하게 몸을 움직였고, 폭도들은 앞으로 바짝 다가섰다. 생각지 못했던 대결이 벌어졌다. 하지만 이것은 교육감이 의도한 대결이었다. 교육감은 담배를 권하면서 자신도 담배 끝을 입에 물었다. 광부는 주저했지만 담배를 받아 물었다. 이런 미국식의 주고받음은 협상의 개시를 알리는 좋은 신호였다.

"좋소!" 키 큰 광부가 제안을 과감히 받아들였다. "허나 제가 한 말씀 드리겠소!" 그리곤 신임 교육감이 올버니[6] 교육감 시절 벌였다고 추정되는 불법 행위에 대한 충격적인 이야기를 이어나갔다. 두 사람의 주변으로 군중이 몰려들었지만, 두 사람은 약간 거리를 두고 떨어져 서로를 엄숙하게 바라보았다.

광부가 독주하며 점점 더 비난의 수위를 높여가자, 교육감은 천천히 고개를 숙이고 땅을 살폈다. 이 장면은 군중에게 '정의가 검거한 죄'라는 만족스러운 그림을 제공했다. 하지만 광부의 긴 이야기가 끝나자 교육감은 고개를 들고 웃음을 억제했지만 생기 넘치는 얼굴을 드러냈다. 그가 말했다. "만약 제가 평생 한 번도 올버니에 가 본 적이 없다고 말한다면, 달라지는 게 있을까요, 노스 씨?" 이어진 그의 온화한 웃음은 노스 씨의 자신감마저 흔들어놓았다.

군중은 노스 씨가 당황한 것을 목격했다. 군중은 노스 씨가 "글쎄, 사람들이 그렇게 말하더군요"라고 중얼거리며 물고 있던 담배 연기를 힘차게 내뿜는 것을 보았다. 이 모든 것이 패배를 뜻하는 훌륭한 미국인의 제스처였다.

"좋아요, 노스 씨." 교육감은 노스 씨 곁을 떠나며 친절하게 말했다. "당신과 저는 이런 대화를 견뎌내고 웃어버릴 수 있지만, 우리의 모든 시간을 이런 일에 다 써버릴 수는 없어요. 학교에는 보살펴야 할 어린이들이 있어요. 그것만으로도 큰 일이에요! 안녕히 계세요, 노스 씨!"

교육감은 또 다른 반대자에게는 이렇게 말했다. "조지, 그런 말은 어리석은 노파라면 누구나 10초 안에 할 수 있는 말이지만, 제가 모든 증거를 모아서 그 말이 모두 악랄한 거짓말이라는 것을 확실히 보여주기까지는 3주나 걸려요. 누구나 그런 말을 할 수 있어요. 제게 시간을 주면 이 모든 비난이 더러운 거짓임을 증명할게요. 제가 전쟁 중 징집기피자였다는 이야기가 떠돌고 있지만, 저도 몇 주 동안이나 군대 곁을 지켰어요! 이건 정말 중요한 이야기에요! 그리고 우리 국민들 중 더 일찍 참전했거나, 더 오래 전쟁터를 지켰거나, 혹은 더 많은 전쟁 임무를 찾아 나섰던 자가 없었다고 말하는 사람, 그런 사람이 멍청한 것 아닐까요?"

조지가 물었다. "하지만 왜 사람들이 이 일로 야단법석 떨고 있을 때 전쟁에 참여했다는 사실을 말하지 않았죠?"

교육감은 몸을 꼿꼿이 세웠고 모든 면에서 전사처럼 보였다. "누구든 제게 직접 오셨다면 진실을 말씀해 드렸을 거예요. 저는 회의가 있는 곳 어디든 뛰어가 개인적으로 저와 상관없는 비난에 답하진 않지요. 저는 재향군인회가 저에 대해 발악하며 열변을 토하게 내버려두었어요. 그중 한 사람이 제게 와서 제 전쟁 기록을 요청할 때까지는 말이에요. 그 사람이 제게 와서 물었을 때야 저는 말했어요. 조지, 당신과 똑같이 그 사람도 내가 왜 이런저런 일을 부정하지 않았는지 알고 싶어 했고, 그 이유를 말해주었어요. 그러자 그가 악수를 청하며 말하더군요. '맹세코, 당신이 옳아요.'" 이 말을 마친 교육감은 완전히 호전적 어조를 버리고 말했다. "여하튼 제가 옳아요. 이것은 제 개인적인 싸움이 아니에요. 사람들이 나에 대해 뭐라 하든지 그게 무슨 상관이죠? 우리에겐 보살펴야 할 어린이들이 있는데 말이에요. 이것이 진짜 싸움이고, 이 싸움에서 승리하려면 우리는 협력해야 해요. 조지, 제게 시간을 주시면, 제가 이 싸움에서도 승리할게요. 정정당당하게 싸워요, 조지, 그리고 제게도 절반의 기회는 주시지요."

추악한 무리들이 달려들었다. 듣기론, 그 사람들은 근처에서 파업 중인 광부들이라고 했다. 그들 중 한 명이 "우린 당신 자동차와 당신이 밤에 다니는 길을 잘 알고 있소. 언젠가 우리가 당신을 잡을 것이오"라고 말했다. 그러자 교육감은 미소를 지은 후 무장 해제하듯 악의 없이 신속하게 답했다. "그래요, 청년들. 이 일을 끝내고나면 항상 천천히 운전할게요!" 그들은 멋쩍은 듯이, 어리둥절해서 빠져나갔다. 그렇다 하더라도 그들은 보기 흉했다.

최근 마을에서 벌어진 분노 폭발의 표면적 원인은 학교의 특정 규정들을 지키지 않은 아이들을 즉시 체벌하도록 했던 오래된 규칙을 새 교육감이 수정하도록 지시한 데 있었다. 그러나 진보적인 것이라면 무엇이든 무조건 반대하자는 것이 진짜 원인이었다.

그날 밤 우리가 알게 된 두 가지 사항은, 지역신문이 '독자를 사로잡는 읽을거리'로 교육위원회 측의 교육감 해임 거부를 알리는 내용을 여덟 단짜리 굵은 글씨 머리기사로 실었다는 것과 이제 '그날 길거리 개별 캠페인이 이 사안에 얼마나 영향을 미쳤는가'가 쟁점이 되었다는 것이었다. 우리는 교육감 자택 거실에 함께 앉아 이 관련 사항 전체에 대해 철저히 논의했다.

교육감의 용감한 아내는 그날 밤 부부가 마을을 떠나지 않으면 자녀들 눈을 뽑을 것이며, 그들 집이 어딘지 찾아내겠다고 위협하는 남자들의 전화를 받았다는 말을 내게 전했다.

하지만 그녀는 이어서 "이것은 어린이들 모두를 위한 싸움이고, 대부분의 사람들이 우리 편이에요. 일부를 제외한 이 지역 사람들은 대체로 정말 좋은 사람들이에요. 그분들이 한동안 우리 주변을 지켜주겠다고 해요. 교육위원회 분들도, 우리가 지금 떠나면 이곳의 교육감 자리를 수락할만한 다른 훌륭한 사람을 절대 모실 수 없다며 우리에게 머물러달라고 간청했어요. 제 남편과 저는 이 문제에 대해 깊이 논의했고, 이곳에 남기로 결심했어요"라고 말했다.

최근 들려오는 소식은 그가 자신에게 반대하는 중요한 그룹 사람들을 설득시켰다는 것, 그리고 최근 그가 한 건물에 들어서자 이전에 투쟁에 참가했던 학생들이 그를 응원했다는 것이다. 그가 여러 달 동안 기다려야 한다고 생각했던 개선사항들이 정말 놀라운 묵인 하에 채택되었다. 그는 건강을 최우선으로 하는 종합계획에 따라 조용히 학교 운동 '팀들'을 축소했으며 대신 모든 학생들을 위한 다양한 게임들을 도입했다. 또 훈련된 체육인이 '우승만을 목표로 하는 코치'를 대신할 수 있도록 했다. 최근 그는 공공정신을 지닌 한 시민을 설득해 이 지역의 모든 학교에 넓은 운동장을 제공하도록 했다. 그는 신속하게 움직이면서도 지역사회와 함께 공개적으로 일했고, 지역사회는 희망적 분위기에서 그의 전문가적 손길에 응답하고 그와 보조를 맞추는 중이다.

사회 발전을 위한 사심 없는 싸움에 대한 위의 묘사는 전국의 교육계 종사자들에게 용기를 북돋아줄 것이다. 각 분야의 모든 영웅적 행위가 각 특정 집단의 위상을 높이는 것처럼, 이 묘사도 교육계 종사자들의 위상을 높여준다.

그동안 지속적으로 나타났던 교육 분야의 이기적 게으름과 무감각을 만회하기 위해서는 위에서 예시한 교육감이 공교육계에서 보여준 것과 같은 희생이 반드시 필요하다.

　다른 편지에 적힌 다른 장면을 살펴보자. 나는 위에서 기술한 것과 비슷한 어려움을 전하는 편지들을 지속적으로 받고 있다. 대부분의 편지들은 옳은 길이 무엇인지 알고 그에 따라 미래를 계획했지만 교육 당국의 허가를 받지 못해 최고의 교육을 실천할 수 없었던 수많은 초등학교 교사들이 보내온 것들이다. 아래는 이 중 한 장면이다.

　우리 초등학교의 집회 시간을 묘사해 볼게요. 먼저, 삼사십 명의 아주 작은 악동들로 구성된 각 반 학생들이 줄 지어 들어와요. 몇몇은 쿵쿵 소리 내며 걸어오고, 몇몇은 별 생각 없이 어슬렁거리며 걸어와요. 입술을 꽉 다문 근엄한 표정의 여교사가 각 줄 앞에서 손뼉을 쳐요. '왼쪽! 오른쪽! 왼쪽! 오른쪽!'

　어린이들은 서로 밀치며 자신들의 자리를 찾아가선 요란하게 책을 치워요. 교사가 앉아서 손을 모으라고 어린이들에게 소리쳐요.

　침묵이 이어지고 아무도 절대 움직이지 않아요. 고개를 아주 조금 돌리거나, 손을 들어 머리카락 몇 가닥을 치우는 어린이들은 모든 사람들 앞에서 교사의 호된 꾸지람을 듣거나, 때론 돌진하는 교사가 그들 몸을 덮치거나 심하게 흔드는 일도 생길 수도 있으니까요. 가련한 아기들. 코를 닦고 싶어도 닦을 수 없다는 것은 고통이지요.

　모든 부분에 완전한 고요가 찾아오면, 선생님들 중 한 분이 연단에 오르고, 피아노로 화음이 연주되고, 작은 아이들이 일어나서 국기에 경례를 해요. 그런 다음 아이들은 성경의 한 구절을 한 자도 놓치지 않고 경청하느라 괴로움을 당하는데, 저는 선생님 자신이 그 구절을 이해하지 못하거나, 전에 한 번도 지금의 방식으로 읽어본 적이 없을 것이라고 확신해요.

어떻게 어린이들이 그것을 견뎌내는지 저는 알 수 없어요. 어떤 어린이도 감히 옆 사람에게 말을 걸지 못하는데, 선생님들은 강당 한 쪽에 모여 잡담을 해요. 그러는 동안 이번 주 사회자 선생님이 열변을 토하고 고함치고 어린이들이 완벽한 질서를 유지하게 해요. 어린이들은 싫어하는 많은 노래들을 불러요. 노래를 부르지 않아도 된다고 한다면 부르지 않을 노래들을요.

웃는 것은 죄 짓는 일이에요. 저는 조회 시간에 어떤 선생님이 어린이 한 명을 심하게 흔드는 것을 보았어요. 작은 어린이에게 예절에 대해 이렇게 알려주더군요. '넌 (흔든다) 정말 (흔든다) 아예 (흔든다, 흔든다, 흔든다) 버릇이라곤 없구나?! (흔들다가 세게 밀친다.)'

선생님들 중 한 분이 어린이들에게 오로지 선생님들만 웃을 권리가 있다고 알려주었어요.

오, 존 듀이,[7] 이와 같은 환경에 놓인 가련한 여교사가 무슨 일을 할 수 있나요!

오늘날에도 어린이들이 실제로 이런 환경에서 공부한다는 것은 믿을 수 없어 보인다. 세상에, 이런 환경은 50여 년 전 내가 고통 받으며 공부했던 교도소 비슷한 교실과 정확하게 같다. 나는 근육질의 힘세고 지배적인 허수아비 같은 선생님들을 기억한다. 그리고 훨씬 더 힘세고 더 근육질인 선생님이 유리 칸 뒤 사무실에 상주했는데, 거기선 하루 종일 체벌이 지속된 듯했다. 스캔들이 터졌다. 한 여선생님이 식료품 가게 유부남의 무릎에 앉아 (추정컨대) 키스를 하다가 잡혔다는 내용이었다. 그러나 학교의 어떤 소년도 이런 이야기를 믿지 않으려고 했다!

더 자비로운 어린이 교육 방법에 대해 온 노력을 기울여 설명하고, 또 그 방법을 실천한 온갖 성공 사례를 보여주었음에도 불구하고, 이와 같은 터무니없고 부정한 교육기관들이 아직도 주정부의 재정 보조금을 타고 있다. 이런 일이 어떻게 가능할 수 있을까? 사업가인 에드워드 여맨즈 씨는 보이지 않는 곳에서 어떤 일이 일어나고 있는지 알아보기 위해 여러 학교들을 직접 방문했다. 그는 절망스럽지만 내가 앞서 기술한 것과 같은 무지한 독재 행위를 종종 발견했다고 보고했다. 이런 학교의 교사들을 만나 보면, 고객과의 가격 흥정을 포기하지 못한 대상인大商人이나 피 뽑기의 달인인 무능한 중세 유럽의 의사[8]와 같은 인상을 준다. 이 때문에 우리는 여전히 새로운 교육법을 설명하고 규율적인 학교를 풍자하고 조롱해야 한다.

어린이 교육의 전진을 막아서는 가장 큰 방해꾼은, 전문적 연구가 인내하면서 제안한 모든 개선사항에 반대하고 '부드럽고 말랑말랑한 교육법'이 잘못된 교육법이라고 고함치는 남자들이다. 우리가 이런 남자들을 지목하는 것은 이들이 남성의 지배 심리를 거의 완벽하게 보여주기 때문이다. 물론 논리를 공부하는 학생이라면 누구나 알고 있듯이, '부드럽고 말랑말랑한 교육법'이란 부당하게 사용된 일종의 인신공격 용어[9]이다. 그러나 이런 류의 캐치프레이즈처럼 이 용어도 무식한 자들과 직무상 둔감한 자들에게 그 효력을 발휘한다. 신기하게도 이런 남자들의 주장은 마취 수술에 반대하던 수년 전 남성들의 외침과 유사하다. 마취 수술 반대 외침의 메아리가 아직도 몇몇 외진 시골구석에서 조금씩 들리는데, 수년 전 외침과 똑같은 남성적 가혹함을 드러낸다. 마취 반대자들은 여자와 어린이를 다루는 자신들의 잔인한 방식을 합리화하기 위해 '세면대 제거'와 '16시간 동안 가족과 떨어지기'[10]가 문명의 단단함을 말랑말랑하게 만들어 결과적으로 문명의 비도덕화를 가져올 것이라고 주장했다. 오늘날과 마찬가지로 마취에 반대했을 당시에도 남자들은 청소년들에게 작은 폭력을 가하면서 '피와 철'(무력)을 외쳤다. 오늘날처럼 그때도 그들은 목적 없이 가혹하게 대하기, 어려움 가중시키기, 인위적으로 고통 부과하기, 이유없이 청소년 방해하기 등의 효력을 믿었던 것 같다. 마치 못마땅하게 트집 잡는 일에 어떤 특별한 미덕이 있기나 하는 것처럼! 이러하니 왜 그들이 그들 집 위에다 지붕을 얹고 또 앞좌석 밑에 용수철을 넣는 것을 허용했는지, 왜 그들이 계속해서 중앙난방과 위생시설배관이 주는 이득을 보고 있는지 궁금할 지경이다.

물론 자연스럽고 적절한 고된 일은 건강한 삶의 유지에 도움이 된다. 적절하게 고된 일은 제 기능을 다하는 경우 게임의 다른 제한 규칙처럼 환영할만하다. 만약 삶에서 완전히 고역과 수고가 사라진다면 우리는 일부러라도 몇 가지 고역과 수고를 발명해야 할 것이다. (다행스럽게도 이런 일은 이루어질 수 없다.) '고난, 어려움, 고단한 투쟁, 이런 것들은 자기-수양과 자기-절제라는 더 큰 목적에 비추어 제대로 이해되면 새로운 교육을 살찌우는 양식이 될 수 있다.'

그러나 이와 같은 보다 확장된 목적은 가혹한 사람들의 관심사가 아닌 듯하다. 그들은 어린이가 강렬하고 건강한 관심에서 선택한 좋은 것은 무엇이든 다 철폐하고자 한다. 그들에게 어린이의 자유로운 선택은 사악함을 판결하는 기준이다. 부모나 교사는 어린이가 올바른 선택이라는 위대한 순간에 도달할 수 있도록 수개월 동안 노력하겠지만, '부드럽고 말랑말랑한 교육법'을 시행하는 순간에만 승리를 거둘 수 있다.

여하튼, 성경의 산상수훈은 '부드럽고 말랑말랑한 교육법'이며, 이에 반해 루시타니아 호 침몰[11]은 '부드러운 말랑말랑한 교육법'이 아니다.

2

요사이 나는 진보적 그룹이 직면하는 일반적인 문제들을 상담하며 즐거운 시간을 보내는 중이다. 그러다보니 우리가 지지하는 진보주의 운동을 악의적으로 방해하는 고문拷問의 훈육이 여전히 교육현장에 남아있다는 사실을 종종 잊곤 한다. 대학의 제자들이 그 사실을 상기시켜줄 때에야 나는 비로소 현실을 직시한다. 그러나 나는 가끔 매우 기계적으로 운영되는 학교에 들러 그곳 최고의 암송 교사를 소개받고, 때로는 그 암송 수업 전체를 기록한다. 암송 수업이 없는 사고력 중심학교 지지자들이 읽어보면 무척 재미있어 할 내용의 수업을. 암송은 보다 새로운 그룹이 어린이에게 중요하다고 생각하는 결과를 얻는 데 전혀 도움이 되지 않는다. 때문에 사고력 중심 학교의 관점에서 볼 때 암송은 쓸모없는 시간 낭비에 불과하다.

예를 들어보자. 나는 친한 내 친구가 교장인 학교를 방문했을 때 그 친구에게서 "'암송 전문 교사'를 소개해주고 말고. 더구나 그녀는 뛰어난 암송 전문 교사야. 이 분야 최고라고 자신 있게 말할 만큼"이라는 반응을 얻었다. 나를 그녀의 교실로 안내하는 내 친구의 발걸음에서 자부심이 느껴졌다.

사랑스러운 젊은 여교사가 건강한 미소를 머금고 학생들 앞에 서 있었다. 그 미소가 나에게도 영향력을 행사했다는 것은 확연했다. 교장으로서 내 친구는 그녀가 나에게 미친 영향력을 확인하고자 나를 관찰하고 있었다. 그리고 속삭였다. "엄청나게 매력적이라고 내가 말하지 않았나!" 아름답고 지적으로도 깨어있었다는 것이 내 생각이었다. 한눈에 보아도 교실의 지저분하고 촌스러운 옷차림의 평범한 도시 소년들이 그녀를 열성스럽게 따르는 비굴한 노예들이라는 것을 알 수 있었다.

그녀는 다섯 쪽에 이르는 역사 암송 수업의 준비 단계로 먼저 학생들에게 퀴즈형식의 필기 시험을 치르게 했다. 그녀는 암송에 할당된 시간의 매 분마다 다섯 쪽 분량 중 어디까지 읽어야 하는지를 알려주는 일정을 짜고 있었으므로 이따금 손목시계를 힐끗 보았다. 하지만 그녀는 차가웠다. 조심스러웠지만, 차가웠다. 누구나 그녀가 차분하게 정해진 일정에 따라 수업을 끝까지 마칠 것이라는 것을 알았다. 그리고 그녀는 완전히 사랑스러웠다.

시험지들이 복도 쪽으로 모아지고, 줄지어 서있던 지정 조교들이 시험지를 모았다. 이것 자체가 효율적일 뿐 아니라 고요한 기계적 행위였다. 그러자 곧 암송 수업이 시작되었다. 그녀가 고개를 한 번 끄덕이자 학생들이 책을 모두 덮었고, 또 한 번 끄덕이고 불안한 미소를 짓자 그들은 책을 모두 조용히 책상 밑으로 넣었다. (당연한 일이지만 나는 아래 예시에서 그녀 반 학생들의 실제 이름을 사용하지 않았다.)

"맥칸, 공화당의 확실한 리더는 누구였지?" 그녀가 질문을 던졌다. 그녀의 목소리는 편안했고 정말로 매력적이었다. 온화한 미소가 맥칸의 마음을 움직였다. 맥칸은 잠시 질문을 받고 당황한 듯했지만 용케 "애덤스"[12]라고 말했다.

"맥카시?" 그녀가 애절하게 말했다. 맥칸은 일그러진 패배한 표정으로 의자 안으로 미끄러졌다. 맥카시가 일어나서 추측한 답을 내놓았다. "해밀튼?"[13] 이 답은 너무도 명백하게 추측에 불과했으므로 그녀는 그에게 활짝 웃어 주었다. 그리고 이어 말했다. "맥클루어?"

맥클루어는 이제 답을 확신했다. 오직 제퍼슨[14]만 남았기 때문이었다. 그래서 그가 "제퍼슨"이라고 말했고, "맞아!"로 보상받았다.

그녀가 크게 기뻐하며 "맞아!"라고 말하자 반 학생들이 모두 긴장을 푸는 것 같았다.

그런 후 그녀는 다시 시작했다. "맥러플린, 연방주의자의 진짜 리더는 누구였지?"

"애덤스" 맥러플린이 말했다.

"다시!" 그녀가 말했다. 모두 다 알고 있듯이 이 말은 누군가가 멍청하다는 것을 의미했다. 반 전체 학생들의 움직임과 그녀의 가벼운 웃음이 이를 입증했다. 그녀는 눈썹만 치켜 올리며 겨우 웃음을 참고 있었다. "맨리, 연방주의자의 진짜 리더는 누구였지?"

맨리가 답했다. "제퍼슨."

"만?" 그녀가 말했다.

만은 "애덤스"라는 의견을 냈다.

"침착해라!" 그녀가 꾸짖었다. "우린 이번엔 연방주의자 이야기 중이야. 매너스?"

나는 그녀가 아무에게도 두 번째 기회를 주지 않는다는 것, 또 비밀리에 손에 감춘 작은 노트에 뭔가를 기록하고 있다는 것을 알아챘다. 나 또한 그녀가 던진 질문들의 답을 단 하나도 알지 못했다. 그러니 그녀가 내 이름을 부르지 않았던 것이 얼마나 고마운 일이었던지!

매너스가 일어나 빈정대듯 "해밀턴"이라고 답하면서 모든 다른 멍청이들에 대해서는 혐오감을, 부수적으로 그 사랑스러운 선생님에 대해선 충성심을 알렸다.

"맞아!"라고 답하며 그녀는 매너스가 충분히 보답 받았다고 확신할 정도로 매너스를 관대하게 바라보았다. 목덜미 짧은 머리카락 사이로 피가 솟고 있었지만 매너스는 훌륭한 스포츠 게임에서처럼 여교사의 따뜻한 시선을 한결같은 침착함으로 보답했다. 학생들 누구나 그와 자리를 바꾸는데 1달러 은화[15]를 내놓았을 것이다. 확신컨대, 이때가 매너스 역사상 가장 위대한 순간들 중 하나였을 것이다.

내키지 않았지만 그녀는 손목시계를 힐끗 쳐다보며 물었다, "왜 해밀턴은 대통령직에 나설 당대표로 선출되지 못했지? 그가 너무 ____ 때문인데, 마뉴엘, 뭐지?"

"대중적이었어요," 마뉴엘이 외쳤다. 그는 자신의 답이 맞는 답이라고 확신했고 이미 자신을 월계관 수여 시선의 수혜자라고 여겼다.

"마치?" 그녀는 냉정하게 그에게서 고개를 돌리고 계속 진행했다.

침묵이 흘렀다.

"마르쿠스 B.?"

아무 답이 없었다.

"마르쿠스 L.?"

마찬가지였다.

"마르쿠스 S.?"

"대중의 인기를 받지 못해서요."

"맞아! 애덤스는 몇 표 차이로 이겼지, 메리골드?"

"68표요."

"마르크스?"

"168표요."

"마쉬?"

소심하게 질문조로 답했다. "158명인가요?"

여교사는 속력을 높이더니 분노를 표했고, 학생들은 두려워했다. "마르크스?" "매티슨?" "매톨드?" "메이어?" 빠르게 질문을 이어나갔다. 그런 후 그녀는 아주 창백한 작은 러시아 소년 앞에 흡족하게 섰다. 2, 3초 동안 그의 답을 기다리면서 그녀는 반 학생들에게 자신감을 과시했다. 그 작은 소년도 똑같이 자신만만하게 미소로 답했다. 이것은 주목하지 않을 수 없는 장면이었다. 이어서 그녀가 부드럽게 반복하며 천천히 말했다. "마주르크레위츠? 애덤스는 몇 표 차이로 이겼지?"

"세 표요." 마주르크레위츠가 조용히 답했다.

이 답은 큰 웃음을 불러일으켰다. 학생들은 최우수 소년이 실수를 했다고 생각했다. 반 학생들은 계속 웃었다. 여교사는 학생들이 웃게 내버려두었다. 하지만 그녀는 작은 러시아 소년에게 빛나는 미소를 보냈다. 학생들의 웃음이 수그러들었고 모두 의아한 듯 침묵했다.

그녀가 "맞아!"라고 말하곤 학생들 모두를 유쾌한 바보 무리인 것처럼 상 냥하게 바라보았다. "투표 결과는 애덤스 71표, 제퍼슨 68표였어. 그러니 애 덤스가 세 표 차이로 이겼지. "모두 귀를 쫑긋 세우고 잘 들어라!"[16]

학생들에게서 웃음이 다시 터져 나왔다. 그들에게 농담이 던져졌으니까! 누군가가 손을 귀까지 올려서 흔들어대, 여교사의 절묘한 당나귀 관련 암시가 강조될 수 있도록 했다. 이리하여 학생들은 긴장의 순간을 떨쳐버리고 팔다리 를 편안하게 폈다.

여교사는 허리를 아주 약간 펴고 조용히 말했다. "똑바로!" 곧 이 중립적 인 말이 학생들을 집중시켰다. 학생들 모두 다리를 모으고 몸을 꼿꼿이 세우 고, 똑바로 앞을 바라보았다.

"이 행정부의 가장 기분 나쁜 법들은 뭐지, 메트카프?" 그녀는 질문을 재 개했다.

메트카프는 심혈을 기울여 참여했던 학습의 한 부분으로 돌진하기 시작 했다. "1796년부터 1799년에 있었던 프랑스와의 단절 관련법이에요. 새 대통 령이 업무를 시작하자마자 곧 뉴스가 도착했는데 —"

"미한?" 여교사가 끼어들어 승리를 예감하던 메트카프의 꿈을 산산조각 냈다. 그녀는 혼란스러워하는 메트카프에게 한참 고개를 돌려 바라본 후 미소 를 띠며 "귀를 쫑긋 세우고 잘 들어라! '기분 나쁜' 법들이라고 말했잖아"라고 속삭였다.

미한은 답을 알지 못했다. 마인츠도 알지 못했다. 멜비도 몰랐다. 멜처가 겨우 일어났다가 다시 앉았다. 멀원은 꼼짝도 하지 않았다. 메트지트지스키가 "1798년 만들어진 이민법과 소요죄 법[17]이에요"라고 말했고 감사하게도 "맞 아!"라는 답을 들었다.

여교사는 질문을 던졌다. "그 법들은 뭐지, 간단하게 말해볼래?" 그녀는 밀러 A, 밀러 B, 밀러 D에게 물었고, 이들 모두 "그 법들은 저기 —"라고만 답했다. 그러나 그녀가 맨 앞줄 마이너에게 가보니 마이너는 얼굴을 찌푸리고 자신만의 생각에 잠겨선 위를 쳐다보고 있었다. "자고 있다니!" 그녀가 이렇게 다른 학생들에게 전하자 마이너는 벌떡 일어섰다. "이민법과 소요죄법이 뭐였지?" 그녀는 장난스럽게 반복해 말했지만 마이너는 고개를 저었다. 그녀는 분명히 출석부의 가장 어려운 부분을 극복했다는 것에 안도하며 고개를 돌렸다. 그리고 다른 학생을 불렀다. "미니스?"

미니스는 모두가 완전한 암송이라고 인정할 만큼 빠른 속도로 외워 나갔다. "이민법은 대통령이 판단하기에 미국의 평화와 안전에 위험하다고 판단되는 외국인들이면 누구에게든 미국 밖으로 떠나도록 명령할 수 있는 권한을 대통령에게 부여하는 법입니다. 소요죄법은 누구든 의도를 가지고 불법적인 방식으로 정부의 조치에 반대하거나, 어떤 법이든 그것의 실행을 방해하거나, 정부 관리를 모방하는 사람을 단죄하는 법입니다."

"맞아! '모방하는 것imitate'이 아니라 '위협하는 것intimidate'이야… 맞아! 맞지 않니, 마이너? ……아직도 자고 있다니!"

즐거운 한 순간이었지만, 백일몽에서 빠져나온 마이너는 자신이 여교사의 농담 대상이 되었다는 것을 발견하곤, 얼굴을 찌푸렸다. 하지만 그녀가 계속해서 그에게 다정하게 관심을 보이자 미소를 지었다.

손목시계에서 빠르게 톡 소리가 나자, "똑바로!"라고 외치며 여교사는 재빨리 앞으로 돌진했다. 인정을 받으려는 누군가가 손을 들고 흔들었다. 그러나 그녀는 손목시계에 시선을 고정하고 버지니아와 켄터키 결의안[18] 관련 문제들 사이를 항해하고 있었다. 몬로, 몽고메리, 무디, 무니, 모란, 무어가 어느 정도 혹은 약간의 도움을 주었다. 그러나 손을 들었던 학생의 손이 여전히 말할 기회를 허락해 달라고 간청하는 듯 들려있었다. 모르간 B, 모르간 C, 모리슨과 모스티노가 시련을 겪은 후에야 그녀는 정말로 뭔가를 말하고 싶어 하는 소년에게로 향했다.

"이제 네 차례다." 여교사가 그에게 말했다. 그래도 그가 애원하듯 팔을 휘두르자 그녀가 말했다. "좋아, 빨리 말해봐. 진도를 맞춰야 하니까."

"이민법과 소요죄법 말인데요," 그는 헐떡이며 달려가듯 말했다. "우리 아버지 말씀인데요, 그게 우리나라가 오늘날 사회주의자들을 선출할 때 적용하는 법과 똑같대요. 우리 정부는 사회주의자들이 의회에서 자리를 차지하지 못하게 하고, 정부가 생각하기에 그들이 옳지 않은 일을 한다고 생각하면 그들을 쫓아내거나 말하지 못하게 한다고 해요, 우리 아버지 말씀에 따르면요 —"

"그만." 그녀가 더 이상 말을 하지 못하게 막았다. "우린 지금 그 문제로 파고 들어갈 시간이 없어." 여교사가 교과서를 기본으로 단계별로 준비한 질문들을 계속 던지자, 수업의 각 학생들은 두 번씩 답변할 차례를 가졌다. 이 복습에서 모든 실수들을 만회할 추가 기회가 부여되었다.

이 복습 활동은 멋진 암송 교육 장면을 제공했다. 갑자기 그녀는 질문을 던지며 속도를 냈다. 조금 더 신중하게 던졌던 처음의 질문들과 정확히 똑같은 질문들이 계속 던져졌다. 질문은 실패처럼 보였던 많은 답들이 성공하는 것처럼 보일 때까지 계속되었다.

그러나 어떤 유혹으로도 마이너를 사로잡혀 있는 꿈에서 빠져나오게 할 수 없었다. 여교사는 그를 반복적으로 깨웠지만, 그녀의 숙련된 기술도 애덤스, 해밀튼, 제퍼슨 외 몇 사람이 벌였던 오래전의 정당 논쟁[19]의 중요성을 그에게 설득시킬 수 없었다. 수업 마지막에 그녀는 마이너를 학급의 유일한 낙오자로 발표했다.

그는 건강하고 지적인 소년처럼 보였다. 온전히 내 관심은 이 소년과 매력적인 젊은 여성의 마법에서조차 초연히 떨어져 나오게 했던 그의 치열한 생각에 쏠렸다.

가끔 손을 드는 학생들이 있었지만, 여교사는 자신을 방해하는 일을 절대 허용하지 않을 강렬한 시선으로 학생들을 지배했다.

그녀는 남은 1분 동안 여전히 미소를 지으며 A, B, C 학점을 받았던 학생들과 유일한 낙오자인 마이너의 이름을 불렀다. "다음 숙제는" 그녀가 발표했다. 그러나 나는 그녀가 "그다음 다섯 페이지이다"라고 말할 때까지 어떤 학생도 필기하려고 하지 않는 것에 놀랐다.

멀리서 학교 벨 소리가 울렸다. "주목!"이라고 말하고, 이 말에 재빨리 반응하지 못한 몇 명에게 "귀를 쫑긋 세우고 잘 들어라!"라고 덧붙였다. "일어서! ……돌아서! ……행진!" 군대에 다녀온 사람으로서 나는 학생들이 정말 열을 맞춰 행진을 잘한다고 생각했다. 그러나 이 지휘관은 만족하지 않았다. "무니, 나와!, 모란, 나와! 모르건 B 나와!" 그녀는 소리쳤다.

세 학생들은 의자에 앉아 행복한 듯 활짝 웃으며 그녀를 바라보았다. 선생님을 오래 보게 되는 것이 행운이라고 생각하면서. 장난기 어린 애정을 보내면서 그녀는 그들에게 부드럽게 명령했다. "주목!… 일어서!… 돌아서!… 행진!" 이 말에 세 학생들은 고양이처럼 조용하면서도 군인처럼 정확하게 움직였다.

마지막 학생이 교실 문을 나가자 위층에서 벨이 울렸다. 다섯 페이지의 학습을 마쳤고, 모두가 퀴즈를 치렀고, 다음 수업을 위한 학습 계획안이 발표되었고, 모두가 눈 깜짝할 사이에 밖으로 나갔다. 수업 내용이 아닌 다른 관심사에 흥미를 보이며 들떠 있는 청소년들의 수업 방해 같은 것은 당연히 없었다.

3

"내가 자네에게 말하지 않았던가!" 나의 교장 친구가 말했다. "그 여교사, 정말 보기 드물게 비범하지 않나?"

"그래." 내가 동의했다.

"그녀는 우리 학교에서 가장 인기가 많은 교사야." 그가 말했다.

"그녀는 나의 인기를 얻는 데도 큰 어려움이 없었지." 내가 말했다.

우린 교장실에서 다른 문제들에 대해 대화를 나눴다. 그러나 그와는 창조적 삶과 암송과의 관계나 어떤 것이든 삶에 대해 논의할 최소한의 희망조차 없어 보였다.

교장이 인기 많고 사랑스러운 여교사의 경이로운 통솔력을 칭송하며 이야기를 이어나가는 동안, 나는 내가 알고 있는, 타자의 강한 의지에 완전히 복종하지 않음으로써 자신만의 목소리를 찾은 소년에 대해 생각하고 있었다.

역사 암송 수업을 되새기고 있자니, 또 다른 소년의 단어들이 내 머릿속을 스쳐 지나갔다. 소년의 교사였던 로이 헬튼은 소년에게 말로 표현할 수 없는 놀라운 것들을 밖으로 끄집어내 쌓을 수 있는 기회를 제공했다. 그래서 소년은 조심스럽게 그의 내면 안 고요한 삶의 중심에 도달했고 지혜로워질 수 있었다. 상기한 역사 암송 수업 학생들의 나이쯤에, 그들처럼 의심의 여지없이 내일을 위해 배워야 할 역사 수업을 받고서 소년 W. K. F.는 아래 시구들을 썼다. 이 시를 읽기 전 그가 영국에서 어린 시절을 보냈으며, 종달새와 야생 산사나무[20]가 그가 경험한 자연의 일부였음을 알아야 할 것이다.

지혜[21]

나에게 물어봐요, 전쟁에 참여했던 나에게 피에 대해서.

나에게 물어봐요, 봄의 초원이 어떤 모습인지,

나에게 요청해요. 신비로운 별들과

희미하게 빛나는 하얀 달을 상상으로 불러오라고.

달콤한 야생 클로버 꿀을 맛보는 야생벌들,

베어나갈 준비를 마친 키 큰 풀잎들의 소곤거림,

종달새의 명랑한 노래, 그리고 흩날리는 눈과 같이

언덕위에 툭툭 퍼져 있는 산사나무.

먼 곳에서 고동치며 귀향하는 아름다운 배들,

철석거리는 파도에서 산산이 부서지는 우윳빛 광채

여자들 얼굴의 겸손한 아름다움과 슬픔,

내게 물어봐요, 이런 것들에 대해서.

오늘 혹은 이후로도 계속, 아름다움이

침묵을 지키지 않고 큰 외침처럼 심장을 향해 뛰어오를 때,

역사 밖으로 흘러나온 죽은 자들의 목소리들이

웃음의 메아리로만 들린다.

제22장 청소년 힘의 보존

1

우리가 청소년에 대해 거의 아무것도 모른다는 사실이 교육에 관한 모든 논의의 출발점이 되어야 한다. 청소년에 관한 어떤 일을 시도하려면 우리가 청소년에 대해 거의 아무것도 모른다는 점을 가장 먼저 기억해야 한다. 청소년에 대해 완벽하게 알고 있다는 보편적 가설을 받아들일 경우 시작부터 이 문제의 진전이 이뤄질 수 없기 때문이다.

우리는 우리가 겪었던 일을 어떻게든 잊는다. 그런데 잊었다고 할 수 있을까? 알지 못했던 것은 아닐까? 어린 시절에 우리는 삶의 법칙을 알지 못했으며, 어른이 되어서는 관습적 편견들을 그대로 전수받고 살아갈 뿐이다.

우리의 기억은 우리에게 거의 관습적인 어른의 그림만 보여주기 때문에 거짓 기억일 수 있다. 이 거짓 기억에 따르면, 청소년은 측은하고, 어리석고, 약하며, 종종 경멸적이다. 또 문명의 각 시대마다 어른 입장의 거짓 기억이 청소년에 대한 전통적인 적개심을 키워왔다. 그러나 어른과 청소년의 적대적 관계를 구체적으로 설명하는 것은 나의 임무가 아니다. 이 문제는 프로이트 학파에게 맡기는 것이 좋을 것이다.

"심술궂은 어른과 청소년은 함께 지낼 수 없다"는 옛 노래 가사가 떠오른다. 그렇다. 어른과 청소년은 함께 지낼 수 없다. 어른과 청소년 사이의 대립이야말로 가장 오래된 전쟁이며, 모든 전쟁들과 마찬가지로 어리석은 깊은 오해에 근거한다.

사실, 청소년 시기에 청소년은 자기 자신을 이해할 만큼 자신에 대해 알지 못한다. 청소년은 어른의 것들을 욕망하도록 훈련받았기 때문에 자기 자신에 대해 알고 싶어 하지도 않는다. 청소년의 이상ideal은 자라서 남자답고, 여자다워지는 일이다. 청소년은 커가면서 어른의 우쭐거림과 속임수를 채택하고, 어린 시절의 죄[1]에서 벗어나기 위해 열정적으로 노력하고, 스스로를 부정하고, 자신의 가치를 부인한다. 이런 현상은 어린 시절에 가해지는 사회적 압박에서 벗어나고자 청소년이 성년기에 접어들기를 열망하기 때문에 발생한다. 정규 교육은 이런 사회적 압박의 조직화인 셈이며, 세상도 정규 교육만큼이나 청소년에게 어마어마한 압박을 가한다.

우리는 어린 시절을 과소평가한다. 우리 농담의 대부분이 어린 시절을 깎아내리는 내용을 담고 있는 것을 보면 이 점을 잘 알 수 있다. 일례로, 우리는 어린이의 의지는 고집이며, 어린이의 분노는 언짢음이며, 어린이의 예술성은 빈둥거림이며, 어린이의 시는 어리석음이며, 어린이의 열정은 소음, 어린이의 열애는 심지어 풋사랑에 불과한 것이라고 여긴다. 우리는 어린이가 지닌 모든 자연스러운 특성들에 오명을 씌운다. 우리는 어린이가 어른을 흉내 낼 때만 칭찬한다. 따라서 어린이 또는 청소년이 자신을 방어하지 않고 적대적인 어른의 말에 신속하게 동의하는 것은 놀랄 일이 아니다.

물론 청소년은 편견 없이 그의 말을 들어주면 자신에 대해 아주 잘 설명할 수 있다. 그러나 우리는 청소년에게 그런 기회를 거의 제공하지 않는다. 청소년이 첫 번째 진실된 말을 하면 모든 사회의 세력들이 즉각 무장하고, 그에게 무례함에서 저속함에 이르기까지 어떤 혐의든 덮어씌운다. 청소년의 재담은 '말대답'으로, 혹시 그 재담이 우리 자신의 재담보다 더 기발할 경우엔 건방

짐으로 여겨져 어른들의 분노를 산다. 어른들은 과학적 탐구와 같은 최고의 정신으로부터 자극받고 나온 청소년의 질문들에 대해선 침묵한다. 또는 그런 질문들을 교묘하게 회피하거나 청소년 측의 거짓으로 받아 넘기는 전략을 쓴다. 신비롭지만 다루기에 민감한 인간의 육체적, 정신적 특성에 대한 설명을 듣고자 하는 훌륭한 욕구에서 나온 질문들, 즉 경제적 진리, 종교적 진리, 도덕적 진리 추구의 질문들에 대해서도 어른들은 같은 방식으로 처리한다.

　　대체로 어른들은 청소년들에게 강한 영향력을 행사하며 겁을 준다. 나는 어른들에 의해 심리적 마비 상태에 이른 청소년들을 자주 목격해 왔다. 나는 여러 번 이질적인 어른의 존재만으로도 한순간에 매우 지적인 예술가 어린이가 어설픈 바보로 변모하는 것도 지켜보았다. 흥미로운 것은 흔히 어린이에게 압박을 가하는 어른이 성인이 되면서 떠나보낸 자신의 어린 시절에 대해 알지 못하는 미소 짓는 마음씨 좋은 사람이라는 점이다. 이런 어른들 중 누군가가 청소년과 청소년의 방식에 대해 안다고 말할 때, 나는 조사이어 로이스[2]가 가장 좋아하는 교실 비유, "교실은 마치 자신의 그림자를 찾아 세계를 돌아다니는 아크 등불[3]과 같다"라는 말을 떠올린다.

　　아, 안타까운 일이지만, 대개 교사들은 이런 식으로 청소년들을 경직시키고 그들의 자연스러운 것들을 걷어낸다. 그런데 오만한 교사들이 아니라 학생들의 동의를 받고 규정된 교실과 교과서 일과를 성공적으로 수행하는 총명하고, 관대하고, 유능한 교사들이 이런 행동을 한다는 것은 아이러니컬하다. 이런 교사들은 빛을 환히 비춘다. 그러나 어쩌면 빛을 너무 환히 비추기 때문에 그림자를 결코 보지 못하는지도 모른다.

　　심지어 아동기를 전공하는 교수들조차 지금 상태로선 그림자를 보지 못할 것이다. 내가 생각하는 것처럼 청소년 영역으로 들어가려면 어른에겐 '침묵하기'와 '나서지 않기'라는 특별한 덕목이 필요하다. 청소년 영역으로 진입하려는 어른은 잠수복 차림으로 열대 바다 밑으로 내려갔던 윌리엄 비브[4]처럼, 교란의 진동이 없는 생명체가 되어야만 한다. 청소년의 현상을 관찰하고 기록하기를 원한다 해도 상관이 부하에게 하는 것 같은 직접적인 조언은 하지 않는 것이 좋다. 또 어린이를 다룰 때 훈계, 꾸짖음, 벌칙뿐만 아니라 비웃음이나 어린이를 깎아내리는 어른의 재치있는 말도 끼어들게 해서는 안 된다. (대개 이런 일들이 어린이들의 기를 죽이기 위해 공공장소에서 벌어진다.) 이런 일들을 행하는 것은 마치 윌리엄 비브가 그의 평온한 물고기들의 세상에 작살을 던지는 것과 다름없다.

우리 중 몇몇은 분명히 어린이 세계 속에 잠겨 보았다. 하지만 흔히 그 속에 부분적으로만 잠겨 보았고, 그 속에 완전히 빠져 있었던 경우는 아주 드물었다. 그리고 우리는 심해를 관찰할 때처럼 느리고 나서지 않는 방식을 사용했을 때 성공했다. 만약 우리의 기록 자료가 조금이나마 가치가 있다면, 그것은 우리가 믿을 수 없을 정도로 느리게 움직이는 법을 배웠기 때문이며, 또 우리가 단 한 번도 작살을 사용하지 않았기 때문이다.

2

'작살교수론'이라고 불리는 것에 의해서 청소년이 한때 뿜어냈던 언어의 힘이 사라진다. 몇 년 동안 나는 '국어를 잘 못한다'는 공식 딱지가 붙은 아이들과 친밀해지려고 노력해왔다. 전반적으로 이렇게 분류된 학생들은 교사들의 만장일치의 낮은 평가를 받아들이며 스스로 무능하다고 확신한다. 사실 냉혹할 정도로 과학적이고 개별 특성을 반영하지 못하는 '비교 척도'는 개인을 충분히 평가할 수 없다. 그런데도 교사들이 만장일치의 점수를 매겼다는 자체가 매우 놀랍다. 이러한 상황에서 청소년들은 자연스럽게 자기 보호 차원에서 국어 교사 앞에서 가능한 한 그들의 글이나 구술 작품을 노출시키지 않으려 한다.

청소년들과 친근한 대화를 나누다 보면 그들에게서 "전 국어를 잘 못해요"라는 말을 듣곤 한다. 이 말은 내적 고민의 표시인데, 때로는 교사의 관심을 (청소년들의 관점에선 교사의 관심이 좋은 점수로 이어지지 않을 것이기 때문에) 피해 보려는 애처로운 시도이기도 하다.

"음, 내 자신도 국어를 잘 못하지." 나는 종종 이렇게 말한다. 그러면 나는 어떻게든 그들을 설득시킬 수 있다. "나 또한 철자를 완벽하게 쓰지 못해. 나도 가끔 틀려." 나는 그들에게 진심을 다해 말한다. 그리고 "내가 처음 쓴 글은 항상 엉망진창이고, 수없이 고쳐 쓴 후에야 비로소 다른 사람이 내 뜻을 이해할 수 있도록 간단하게 말할 수 있단다"라고도 말한다.

바로 이런 말이 청소년들의 관심을 사로잡았다. 그러나 내가 나의 학창시절에 대해 (그들과 똑같은 학창시절에 대해) 또 내가 청소년 시절 교사가 요구하는 방식으로 글을 쓰면서 겪었던 어려움에 대해 말할 때면, 나는 거의 그들과 하나가 된다. 그들은 두려움 없이 나의 잠수복 주변을 수영하고, 그들의 알록달록한 색들을 과시하고, 자연스럽게 몸에서 거품을 뿜어내며, 경이롭고도 우아하게 지느러미를 흔들어댄다.[5]

'국어를 잘 못하는' 청소년들이 과제물을 제출하면 나는 그들의 글을 '수정하지' 않는다. 이것은 그들이 과거에 수정 의례를 충분히 거쳤지만 분명히 그 의례가 고마운 마음으로 이어지지 않았다는 나의 판단에 따른 결정이다. 대신 나는 그들의 글에서 그들이 전하고자 하는 아이디어, 사고, 그림, 감정, 주장을 찾는다. 그리고 그것이 무엇이든 칭찬하려고 애쓴다. 그리고 대개 나는 칭찬할 수 있다. 왜냐하면 '국어를 잘 못한다'는 평가를 받은 글이 오히려 사람들의 마음을 끌 만큼 매혹적인 측면들을 보여주는 경우가 흔하기 때문이다. 이 점은 내가 끊임없이 의문을 제기해온 기이한 부분이다. 대체로 '국어를 잘 못한다'는 청소년들은 관습에 얽매이지 않고서 생각할 뿐 아니라, 타고난 발명의 재능과 예술적 가치에 대한 본능적인 감정을 지니고 있다. 아마도 이 때문에 맨 처음 그들을 가르쳤던 교사들이 관례를 지키려는 산문적 열정의 발로인 '수정'을 통해 그들의 독창성을 없애버리려고 했을 것이다. 이런 환경에서 이 특별한 청소년들은 교사의 시야에서 벗어나는 법을 배웠고, 결국 훈련의 모든 기회를 잃어버렸다. 아니, 어쩌면 훈련의 상실이 그들의 진정한 이득이었을 수도 있다! 나는 부득이 '국어를 잘 못하는 자들이 축복받은 자들이다'라고 말할 수밖에 없다. 그들은 자신들의 눈으로만 볼 것이므로.

그래서 나는 사고, 감정, 이미지를 그것들에 꼭 맞는 말로 옮겨놓은 글들, 즉 배운 적 없는 재능 때문에 형편없이 휘갈겨 쓰인 글들을 주의 깊게 들여다보곤 한다. 그러다 나는 엄청나게 길게 쓴 거의 문맹 수준의 글 속에서 나의 첫 보물을 찾았다. 이것이 나에게 창작 원리의 실마리를 제공했다.

어떤 강한 감정이 한 청소년 작가를 자신의 부족했던 순간을 망각시킬 정도로 계속 몰아붙였다. 나는 그의 글을 읽어가면서 그 안에서 뿜어 나오는 아무 장식 없는 이야기의 대략적 그림자를 발견했다. 그것은 나를 프랑스 포도밭으로, 농부들이 일을 멈추고 무릎을 꿇고, 십자가를 긋고, 말에게 물을 주고, 잡담을 나누는 도로변의 사원으로 데리고 갔다. 나는 거기서 음흉한 시선과 움츠림과 경솔한 미신을 보았고, 사람과 짐승에 관한 상스러운 유머를 들었다. 또 늪지대 웅덩이에 가득 찬 가축의 분뇨, 손상된 성모 마리아 상도 보았다. 잠시 후에 나는, 몇 년 만에 고향으로 돌아온 낯선 사람의 눈을 통해 성모자애[6] 언덕 기슭의 '평화 웅덩이'[7] 이미지인 그의 소년 시절 모습도 보았다.

그의 이야기 속 아이디어를 열정적으로 받아들이자 그의 형편없는 글이 문제가 되지 않았다. 당시 나는 엉망진창인 그의 글 형식에 대해서 아무 말도

하지 않았다. 그런데도 그 문제가 사라져버렸다. 그냥 그의 곁을 떠났다. 마치 개종할 때 경험하는 경이로운 정화가 일어난 것 같았다. 얼마 후 이 청소년 저자는 문학적 명성이 자자한 잡지에 등장했다. 이후 그는 여러 잡지들에 투고하며 자신의 길을 열어갔으며, 현재는 놀라운 힘을 지닌 소설가로 활동 중이다. 또한 그는 모더니즘 운동[8]을 주도하는 기억할만한 시집들 중 한 곳에 시를 기고했고, 해외특파원으로서도 평판을 얻었다. 그는 청소년 시절의 대부분을 학교에서 보냈지만 어떤 교사도 그의 타고난 힘을 알아채지 못했다.

이 이야기와 연관되어 대학 입학 후 바로 대학을 떠났던 나의 사랑스러운 소년들이 생각난다. 그들은 대학의 교·강사들이 오직 어떻게 말하는가에만 관심을 둘뿐 무엇을 말해야 되는지에는 관심을 두지 않는다며 대학을 그만두었다. 그들에게 대학 교·강사들의 유일한 관심사는 형식, 아이디어의 옷, 말로써 표현되는 예절인 듯 보였다. 이런 형식에 대한 관심으로 인해 대학의 교·강사들은 조각상 같은 냉정함을 유지한다. 형식은 감동받지 않고도 주목할 수 있는 것이기 때문이리라. 한 소년의 발언에 따르면, "교·강사들을 감동시킬 수 없어요. 『주홍 글자』[9]를 보여주어도 그분들은 감동하지 않아요". 그들은 감동받으려고 읽지 않는다. 그들은 사냥 의식의 신성함은 간과하고 그 의례적 형식에만 몰두하는 어리석은 사냥꾼들인 셈이다.

또 다른 소년이 말했다. "저는 다섯 편의 이야기를 제출했는데, 모두 합쳐서 열 군데를 수정을 받았어요. 세 군데는 철자, 한 군데는 단락 설정, 여섯 군데는 구두점이었어요. 그저 교정을 봐준 것에 불과했어요. 저는 교정을 받으러 대학에 들어간 것이 아니에요. 그래서 학교를 떠났어요." 내가 읽어본 그의 이야기들 중 세 편이 나중에 출판되었으니, 그가 당시 어떻게 몇 사람의 인정도 받지 못했는지 이해하기 어렵다. 이 소년은 현재 책 세 권의 저자이며, 그의 네 번째 책이 현재 출판 중에 있다!

우리 학교 잡지에 실린 학생들의 산문들 중에서 아낌없는 칭찬의 말이 쏟아졌던 작품은 자신들의 결함을 너무 의식해 잘 표현하지 못한 청소년들이 쓴 두 편의 스토리였다. 처음에 이 학생들은 내 앞에 서면 얼어붙었다. 그래서 나는 그들에게 아무것도 요구하지 않고 기다리기로 했다. 나는 독일 사람들이 조용히 바다 속을 떠다녔을 때 보다[10] 훨씬 더 고요하게 기다렸다. 마치 바다 심연의 산호 조각 위를 떠다녔던 윌리엄 비브처럼. 최종 결과물인 두 개의 성과물 중 한 편은 두 달을 기다린 끝에, 다른 한 편은 여섯 달을 기다려서 받았다. 주변 사람들의 노력을 만족스럽게 지켜보면서 이 학생들은 두려움을 덜어내고 한때 억압받고 묶어두었던 희망과 자신감을 조금씩 펼쳐내기 시작했다. 이렇게 된 것은 그들이 단 한 번도 위협적인 손이 솟아오르는 것도 보지 못했고, 심지어 작살의 그림자조차 보지 못했기 때문이었다.

3

그러면 유창한 언어 능력을 지닌 학생들은 어떠할까? 그들의 타고난 재능의 완벽한 표현을 가로막는 방해물이 없는 것 같다고? 글쎄, 그럴까? 그들 또한 강력한 가로막을 곁에 두고 있다. 그들 대다수가 그것의 존재를 인지하지 못할 뿐이다. 그들은 교사가 허용하는 전통적 훈련을 만족스럽게 수행하여 높은 성적, 우등상장, 그 외 각종 규칙 준수의 우수인증서를 받으며 탁월성을 드러낸다.

그러나 규칙이나 훈련의 틀에 오랫동안 머물면 그들도 곧 그들을 또래 친구들과 구별시키는 타고난 힘을 포기할 수 있다. 이런 탁월한 언어 예술가들은 두드러지게 탁월함을 드러낸다. 그들의 스타일은 고유한 그들만의 특성을 지녀 그 어떤 다른 사람의 것과도 같지 않다. 그렇다하더라도 오랫동안 지속적으로 정형화된 양식으로 표현할 경우, 심지어 그들마저도 규범을 따르지 않는 예술가-자아를 내면에서 소환하는 일을 싫어하게 될 수 있다.

그다음으로, 교사나 청소년 지도자는 청소년이 표현하는 대상이나 내용에 제한을 두지 말아야 한다. 이 말은 우리 청소년 지도자들이 충격에 대비해야 한다는 의미이기도 하다. 청소년은 풍자와 캐리커처 재주를 발휘해 풍자나 회화화로 창조적 표현의 첫 발을 뗄지도 모른다. 우리를 풍자하거나 희화화한다는 말이다! 품위, 존경, 유머에 대해서뿐만 아니라 존경심에 대해서도 청소년과 우리는 다른 생각을 가지고 있다. 이것은 만고불변의 법칙이다. 그러나 청소년이 지닌 최고의 힘을 끌어내고 강화시키려면 우리는 그를 이 풍자와 희화화의 단계에 멈춰 서게 해서는 안 된다. 그렇다고 청소년에게 품위, 존중, 유머, 존경심이 부족하다고 여길 필요도 없다. 반대로, 우리는 청소년이 충성과 진지한 관심을 받칠 만한 것, 혹은 애착을 가질 만한 것을 우리에게 온 마음을 다해 보여주려고 할 때 그러한 시도를 너그럽게 봐주어야 한다. 그러나 사실 우리는 청소년의 가장 신성한 영역에서 그에게 잔인한 농담과 거만하기 짝이 없는 경멸의 말을 던져왔다. 그런데 우리가 청소년에게 비웃음이나 수치심을 불러일으키는 말을 던지는 것은 그를 때려눕히는 행위를 (곧 사라질 진부한 말로써) 합리화하는 것에 다름없다.

여러분도 알고 있듯이, 이것은 청소년과 어른의 각기 다른 기준에서 비롯된 갈등이라고 볼 수 있다. 나는 지금 청소년이 자신만의 예술을 표현할 수 있어야 한다고 제안하는 중이지만, 우리가 먼저 마음을 열어야 한다. 그래야 청소년과 어른의 다른 기준이 무엇인지 알 수 있다. 내 판단으론, 아름다움과 진리에 대한 본능이 결여된 청소년이란 존재하지 않는다. 사실 아름다움과 진리와 같은 오래된 근원적인 것들의 영역에서는 청소년의 힘이 어른의 힘보다 탁월한 경우가 더 많다.

허용된다면, 청소년은 어른이 흔히 금지했던 많은 문제들, 즉 사랑, 죽음, 그리고

달, 별, 태양,
왕국들, 갈레온들,[11] 캐러밴들,[12]
그리고 지옥과 신과 네 명의 대천사들

에 대해 표현할 것이다. 또 허용된다면, 청소년은 우리의 관점을 취하는 일을 멈추고, 스스로 모험을 떠날 것이다. 우리가 '적합하다'고 선정한 주제들 ('내가 보냈던 방학 또는 매튜 아놀드[13]의 시'와 같은 주제들)을 선택한 후 우리가 규정한 방식대로 다루는 것은 모방의 길이다. 그것은 결코 예술가가 걷는 길이 아니다. 그것은 청소년의 힘을 억압하는 길이지 보존하는 길이 아니다. 청소년에 겐 "달, 별, 태양, 왕국들, 갈레온들, 캐러밴들"에 대해, 심지어는 "지옥과 신과 네 명의 대천사들"에 대해서도 할 말이 아주 많다. 그리고 일단 말하고 나면 청소년은 더 이상 이전의 청소년으로 되돌아가지 않을 것이다. 한 번 이끌어 보았던 사람은, 그 반대의 격언[14]이 있음에도 불구하고, 다시는 복종하는 추종자로서의 안락한 삶을 살지 않는다. 일단 독창성의 심연에 접근하면, 결코 자진해서 순종적인 모방의 가난으로 되돌아가지 않을 것이다. 모든 정상적인 청소년에게는 훼손되지 않은 엘도라도[15]가 존재한다.

한 사랑하는 아이의 죽음으로 설명할 길 없는 고통에 휩싸인 한 어린 소녀가 이렇게 읊는다.

시계제조공의 노래

루비 조각들과 철재 조각들

용수철과 바퀴들과 복잡하게 얽힌 형제들

내 벽난로 선반 위에서 째깍거린다.

화려하게 장식되거나 예쁘거나 평범한 시계들,

못생긴, 특이한, 또 못생긴 시계들,

각각의 시계는 내 것, 그것을 만든 자는 바로 나이다.

나는 각각의 시계에 기름칠 하고, 그것의 먼지를 털어내고, 그것을 사랑하고, 그것

을 보살피고,

그것의 태엽을 감는 일을 절대로, 절대로 잊지 않는다.

내 곁 아주 가까이에 있는 또 다른 시계 제조공,

그에겐 하늘에서 하늘까지 뻗은 벽난로 선반이 있다.

그는 자연 그대로 억제되지 않은 예술의

황홀경 속에서 시계 하나를 만들 수 있다.

그것을 평범한 시계들 가운데 놓고 나면

'그'는 다시는 그 시계 생각을 하지 않는다.

그러면 그것은 '그'의 벽난로 선반 위에서 계속 째깍거린다.

어떤 시계도 스스로 멈출 수 없으므로.

내 벽난로 선반의 치수는 5피트가 조금 넘는다.

그리고 '그'의 선반의 치수는 해안에서 해안에 이를 만큼 끝없다.

하지만 시계를 만들 때마다 나는 똑같이 정성스러운 손길로 만든다,

그리고 각각의 시계는 나에게서 똑같은 사랑의 보살핌을 받는다.—

그리고 이런 점에서, 어쩌면, 나는 '그'보다 더 위대하다.

위 시의 저자인 소녀는 수년 동안 질책의 두려움 없이 (심지어 질책에 대한 암시조차 없이) 자신의 지혜로운 감정을 표현할 수 있게 해주는 환경에서 자랐다. 그렇지 않았더라면, 그녀는 이렇게 독립적으로, 이렇게 평온하고 의젓하게 글을 쓸 수 없었을 것이다. 우리는 그녀가 절망의 순간을 용감하고 정직하게 맞닥뜨렸기 때문에 세월과 함께 그녀에게 찾아온 경외심과 이해심이 더욱 확고부동해질 수 있었다고 확신한다.

또한 교실과 학교가 한 소년의 기발한 재치, 판단, 취향에 우호적인 환경을 오랫동안 제공하지 않았다면, 그가 아래와 같이 격식을 차리지 않은 시를 다니엘 C. 노울튼[16]의 역사 수업 시간에 제출하지 못했을 것이다.

네 개의 에덴동산 – 중세의 전설

지쳐서 일곱 번째 감람석 벽에

　　　기대고 서 있었던 바울 성자가

정신을 바짝 차리고 일어났다. 그의 시야에 저 멀리서 중세 시대 남자 네 명이

　　　걸어오는 모습이 들어왔다.

맨 앞에 선, 높은 지위의 영주가 침착하게

　　　진주로 장식된 대문을 향해 성큼성큼 걸어왔다.

마치 이 낙원이 자신이 구입한

　　　자신만의 거대한 영지인 것처럼.

두 번째로, 가장 자비로운 주교가

     화려한 장식의 벨벳 옷을 입고 뒤뚱뒤뚱 걸어왔다.

와인에 재운 자고새 구이가

     양심적 경건함의 일부라는 걸 충분히 입증하며.

세 번째로, 농노가 타고난 팔자대로 터벅터벅 걸어왔다.

     그리곤 하늘 위에 놓인 천국의 성곽들을 바라보며

두려운 듯 외쳤다. "자수정 덩어리들을 저 높이 들어 올리려면

     하느님껜 농노들이 반드시 필요할 거예요!"

네 번째로, 무리 중 마지막인 수도승이 멈칫거리며 다가왔다.

     낙원에도 벽이 있다는 것이 분명하다는···

사실을 확인하고 슬펐기 때문이었다.

     그렇다, 심지어는 수도원과 똑같은 벽을 지녔다!

바울 성자가 존경의 표시로 자신의 후광을 기울이며,

     "환영합니다. 경들께 기쁜 소식을 전합니다."

"영원의 시간을 보내실 곳으로

     낙원의 어느 지역을 선택하시겠습니까?"라고 말했다.

"저는 제 성채에 신물이 났습니다." 영주가 말했다.

     "제게 농노의 소박한 오두막집을 주십시오.

그리고 제가 자연과 더불어 살게 해주십시오." 그가 간청했다.

     초목에서 수확한 것으로 검소하게 살 수 있도록!"

"제 거만함은 속임수일 뿐입니다." 주교가 말했다.

　"그러니 저 혼자서 수도승처럼 살게 해 주십시오.

전 제 향기로운 깃털 침대를 포기할 것입니다.

　수도원의 돌바닥 위에서 잘 수 있도록."

봉건제의 멍에를 두른 농노가 반항조로 외쳤다.

　"바울 성자님, 제게 저것을 내려주소서."

그리곤 양단으로 장식된 영주의 망토를 손가락으로 가리켰다.

　"그리고 제게 벼랑 끝에 세워진 성채도 주소서!"

"제 편협한 신념을 발가벗겨 확연히 드러나게 하는 건"

　수도승이 공언했다. "정말 싫습니다."

"오, 제가 주교처럼 탐욕을 부려

　제 허리의 장식에 자고새 한 마리를 더 매달 수 있게 하소서!"

***

그러자 각각의 요청은 즉각 허락받았는데,

　이 네 명의 중세의 신사들이

천당에 가게 되었는지 지옥에 가게 되었는지

　우리로선 알 수 없다.

위에 예시한 두 편의 기고 시는 우리에게 충격을 안겨줄 수도 있다. 그러나 우연히 알게 된 바에 의하면, 오래전부터 이 두 소년 소녀의 친구들인 부모들과 교사들은 지혜로워서인지 편의를 위해서였는지 자신들의 충격 지수를 낮추기로 합의했다.

서둘러 덧붙여 말하자면, 우리 어른이 청소년에게서 충격을 받지 않아야 한다는 것은 아니다. 내가 정말 강조하고 싶은 것은, 첫째, 교사나 부모가 청소년에게 취향의 실수를 허용했을 때만 청소년이 건강한 취향을 가질 수 있으며, 둘째, 청소년이 자신의 힘에 대한 자신감을 가지고 있을 때만 그가 그 힘을 키울 수 있다는 점이다. 그리고 청소년이 청소년 전문가인 우리에게 가장 나쁜 부분을 감춤으로써 그것이 사회의 악으로 발전하게 하는 것보다는 그 나쁜 부분을 노출하도록 이끄는 것이 훨씬 낫다.

여기서 취향 논쟁을 구체적으로 보여주는 다음 시를 표결에 부칠 수도 있다. 반갑게 웃으며 아래 시와 같은 패러디parody 시를 받아들여야 할까? 아니면 그러지 말아야 할까? 어른들 중 한 부류는 고개를 저었지만 또 다른 부류는 시를 출판하는 데 표를 던졌다. 어른들 사이에선 의견이 갈렸지만, 청소년들은 만장일치로 이 짧은 시에 환호를 보냈다.

이 시를 읽기 전, 우리는 당시 학교에선 디저트 파티 열풍이 불고 있었고, 파티의 각 주최자는 자신만의 실험적 디저트를 만들고 있었다는 점을 알아야 한다. 디저트 파티 열풍 속에서 병에서 회복 중인 한 어린 소녀가 소파에서 다음과 같이 썼다.

오, 오회 오

오 사발 그릇, 난 널 움켜 쥘 수 없어!

　부드럽고 하얀 도자기 테두리를 지닌 너,

　네 내용물은 약간은 좋지 않아,

그리고 나는, 이 여름 날, 아파서 쳐져 있고

괴로워서 소리만 질러, 축 늘어져서 말이야.

　사발 그릇, 사발 그릇, 난 널 움켜 쥘 수 없어!

오래전부터 뭔가 잘못되었다는 것을 알았어,

　하지만 이것만은 몰랐어!

　구토로 나를 산산조각 낸

대 혼돈이 이곳에 있다는 것을—주님, 정말 두려워요

주님께서 올해는 좋은 디저트를 너무 많이 만들어주셨어요!

　영혼이 나에게서 빠져나왔어요… 달그락 거리는 것은

　아무것도 떨어지지 않았으면… 제발 친구가 아무도 오지 않았으면!

　평소에는 어른의 품위와 취향 기준에 의해 짓눌려 있던 다른 태도들 (아이러니, 풍자, 유머 등)도 시 형식을 갖추자 위의 시와 똑같은 흥겨움을 뿜어냈다. 진술한 자기애, 때론 형제애이고 때론 형제애가 아닌 타인에 대한 사랑, 정통 사상을 뒤흔드는 불온한 철학적 탐구에 대한 찬미를 다룬 시들이 궤도에서 벗어난 즐거움을 표현한 것이다. 이 중에서도 아이러니한 동정을 위장한 악당을 묘사한 시가 가장 눈에 띈다. 아래 시가 확실하게 보여주듯이, 일반적으로 글자 그대로 시를 읽는 데 익숙해진 어른은 숨어있는 아이러니와 가장의 의미를 놓치곤 한다.

은둔자*

시간은 붙잡기 어려운 것,

그러나 난 감사를 모르는 세상에

도움을 주고 봉사하러 애쓰며

낭비하지 않는다.

그 대신, 부주의한 네로Nero[17]가 되어

아무것도 모르듯,

삐걱거리는 바이올린을 연주한다

불타는 세상에서.

또 다른 예는 자신을 바라보는 사람이 아무도 없을 것이라고 생각한 사랑스러운 어린 소녀의 시이다. 이 시에서 소녀의 상상력은 일시적으로 지조를 저버리는 생각(그리고 그 생각을 넘어서는 무엇과 함께!)과 놀이를 벌인다. 이 시를 읽어보자.

반대 인력*

나의 사랑하는 사람은 대양 너머에 있어!

나의 사랑하는 사람은 바다 너머에 있어!

난 서로 떨어진 장거리 감정에 질렸어

그러니 ― 세 시에 하일러 가게 앞에서 만나자.

전통 교육제도에 반대할 때 우리는 생각 없는 관례주의자들이 교육계의 지배적 위치를 차지하는 것에 반대한다. 하지만 우리 모두가 알고 있듯이, 가르치는 과목의 궁극적 함의를 이해한 비전을 가진 교사의 지도하에서라면, 정규 교육도 창조적 삶의 뿌리를 흔들며 황홀하게 살아나서 올바른 욕망을 일깨우며 강력한 힘을 뿜어낼 수 있다. 물론 이러한 비전을 가진 교사 밑에서 공부할 수 있는 기회는 흔치 않다. 하지만 일단 이러한 교사의 영향권에 들어가게 되면 어떤 의미에서 학생들은 영원히 과학자, 역사가, 수학자, 철학자, 예술가, 혹은 문학인이 될 수 있다. 교육 과정이나 교과서에 나온 주제나 논리적인 방법에 의존했을 때는 이와 같은 마술적 변신이 가능할 수 없었다. 또 비전을 가진 교사들과 똑같은 자료를 사용했어도 다른 교사들은 같은 결과를 산출하지 못했다. 따라서 학생들의 변신을 가능하게 했던 불변의 요인은, 가르치는 과목을 그 자체의 목적으로서가 아니라 (오직 현명한 교사만이 이해할 수 있는) 보다 큰 목적을 위한 수단으로 여기는 교사, 즉 통찰력과 비전을 지닌 교사라고 할 수 있다.

　이제 통찰력과 비전을 지녔던 예외적인 교사들에게 경의를 표할 차례이다. 그 훌륭한 교사들의 이름을 열거하자면, 앨버트 헨리 스미스, 조지 팔머, 윌리엄 제임스, 유고 문스터버그, 찰스 T. 코페랜드, 조사이어 로이스, 조지 샨타야나, 그리고 나중 대학원에서 만났던 펠릭스 X. 쉘링, 조지 스튜어트 풀러튼, 코넬리우스 웨이간트, 클래런스 그리핀 촤일드, 그리고 윌리엄 로맨 뉴볼드[18]를 들 수 있다. 그들이 우리에게 학자로서의 가르침을 넘어서 제공한 것, 개인적 관계맺음으로 우리 안에 심어준 것에 대해서 지극한 존경의 마음을 보낸다.

　새로운 학교 프로그램은 '청소년 힘의 보존'을 주요 방침의 하나로 삼고 새로운 수업 기법을 활용하는 새로운 교사들을 지지해줄 새로운 교육행정관들이 대거 등장할 날을 기다리고 있다. 그러나 우리가 교사를 학자 층에서 선발하는 일을 완전히 중단할 때까지는, 또 우리가 행정 능력의 유일한 평가 잣

대가 연구 능력이라고 주장하는 한, 이렇게 새롭게 변화된 사람들이 엄청난 숫자로 등장하지는 않을 것이다.

우리는 1학년 어린이들을 가르칠 교사로 석사학위 보유자만을 선발하려고 한다.[19] 그러나 석사학위가 여러분이나 나의 여섯 살짜리 자녀의 삶의 뿌리를 돌보는 기술을 보장해 주지는 않는다. 또 교육감이 최고의 전문적 성과를 내기 위해 반드시 스스로 학문적으로 준비할 필요도 없다. 그러나 우리는 교육감에게 사직하고, (선별한 10개 도시의 초등학교 교실의 x그룹과 y그룹을 대상으로, 모자란 학생들, 지능지수, 시험 성적의 9단위 중 하위 1/4의 중간 값 간의 다양한 상관계수를 계산하는) 사실-조사에 기반한 석사학위 논문을 쓰면서 생애 최고의 생산적인 시간을 보내라고 강요한다.

석사학위 논문 작성과 같은 이 마지막 훈련이 여러분에게 공립학교 행정관의 자격요건으로서 지나치게 학술적이고, 믿을 수 없고, 터무니없어 보인다면, 루이스 캐럴의 『이상한 나라의 앨리스』의 앨리스처럼, 신조어로 진정한 교육행정가의 모습을 묘사해 볼까 한다. '학술적 박식함을 행동으로 보여주는 자learneder', '믿을 수 없는 것들을 행하는 자incredible', '터무니없는 것들을 행하는 자preposterouser'라고.[20]

제23장 신(God)의 모든 자식들

1

신의 모든 자식들이 날개를 사용할 수 없다는 것을 기억하고 나서야 나는 극작가 유진 오닐[1]의 희곡 제목 '신의 모든 자식들은 날개를 가졌다'[2]를 이번 장의 제목으로 삼고자 했던 계획을 거두었다. 내가 방문했던 많은 학교들은 현대적 쾌활함으로 넘쳐나고 겉으로는 학생들이 묵묵히 학교 방침을 따르는 듯했다. 그러나 나에겐 그곳들이 신의 자식들의 날개가 고통 없이 서서히 제거되는 장소들로 보였다. 이와 같은 학교 방문을 통해 나는 일반적으로 학교에서는 '날아가기'에 대해 아무것도 모르는 학생들이 높은 점수를 받으며, 발을 땅에 딛고 있는 학생들에게만 미래로 향하는 발전의 문이 열려있다는 사실을 확인했다. 여기저기서 창조 정신이 파닥파닥 날갯짓을 시도하지만, 이런 시도가 교사나 교육행정관의 전폭적인 지지를 얻는 일은 거의 없다. 학생들은 이런 현실을 잘 알고 있으며, 숨어서 날갯짓을 연습한다.

창조 정신은 활자, 점토, 캔버스로 만든 작품을 넘어서는 그 무엇이다. 그것은 춤, 리듬이 깃든 삶, 웃음, 번뜩이는 마음속 섬광, 통제의 힘, 행동의 신속성, 쓰이지 않은 시, 말 없는 노래이다. 또 그것은 더욱 풍요로운 삶에 보이진 않지만 살아있는 세포를 덧붙이는 삶이다. 어른의 관점에서 미흡해 보여도 창조 정신이 담긴 그림, 시, 점토 등 어린이의 작품들을 공공전시관에 전시해보

자. 전시는 나름 쓸모가 있다. 전시 작품들 자체에 우리가 열렬한 관심을 보내지는 않겠지만, 전시장의 작품들을 활용해 우리가 불신자창조 정신을 믿지 않는 사람가 진정한 신들의 사원창조 정신을 기리는 전시회에서 잠시 어슬렁거리도록 유혹할 수 있기 때문이다. 나는 우리의 논쟁 방식이 불신자를 감동시킬 수 없는 반면, 전시회를 통한 은혜로운 예배는 불신자를 믿음으로 이끌 수 있다고 믿는다. 따라서 나는 불신자에게 말을 걸고 창조 정신과 그것의 다양한 표현에 대해 말한다. 또 믿음은 있으나 그 믿음을 더욱 키우고자 하는 사람들에게도 말을 건다.

유아들에게서 조금 더 쉽게 창조 충동을 발견하지만, 책이나 레시피 없이도 항상 알맞게 빵을 굽는 부인에게서도 창조 충동을 발견할 수 있다. 자신의 형태와 선의 개념에 따라 찬장을 만드는 목수, 자유자재로 세일즈 광고의 문구를 만드는 회사원, 판사와 배심원의 분위기를 한껏 활용하는 변호사, 모두가 자신도 모르는 사이에 창조 충동을 발현한다. 나의 진정한 연애편지는 나의 본능적 예술성을 완벽하게 표현한 것이며, 우리 어른들의 온갖 교류 방식도 창조 정신을 소환한 것이다. 우리의 삶은 우리의 창조력에 비례해서 예술적일 수도 있고 따분할 수도 있다.

그러나 대체로 어른들에겐 날개가 없다. 관습, 지역사회의 금기, 기계적인 생활, 오랜 학교 교육, 이런 무언가가 내면의 정신을 고정시키거나 그 주변에 단단한 벽을 쌓아 놓았기 때문일 것이다. 그러므로 최고 상태의 창조 정신을 보려면 어린이들에게로 향해야 한다. 단 강요받지 않는 자유로운 어린이들에게로 향해야 할 것이다.

외면적으로 창조 정신은 조화롭고, 눈, 손, 몸의 근육과 마음을 결합시키고, 세속에서 벗어난 욕망의 대상에 집중한다. 하지만 그것은 종종 특정 정보나 기술의 요구에 직면했을 때 좌절을 맛본다. 특정 정보나 기술은 창조 정신이 극복해야 할 방해물이다. 이 방해물을 확실하게 극복하지 못하면 욕망이 성취될 수 없고 이에 따라 창조 정신도 소멸된다. 또한 현명한 교사가 가까이에 있다가 바로 적절한 도움을 줄 전략적인 장소도 마련되어야 한다. 그러나 이 문제에 대한 논의는 나중으로 미룬다. 지금 우리의 관심사는 창조 정신의 외면 모습이다. 창조 정신 속에서 몸과 마음이 조화를 이룬다. 또 창조 정신 속에서 가치 있는 작업과 필요한 매체 ─ 붓, 물감, 언어, 나무, 금속, 점토, 악기, 블록, 각본, 도구, 기계 ─ 가 밀접하게 결합한다.

창조 정신의 나무는 우리가 놀이라고 부르는 곳에서 가장 잘 자라난다. 그러나 놀이가 악에 물들었다고 생각하는 우리의 종교적 유산을 고려하여, 나는 서둘러 모든 면에서 일의 특징을 지니는 놀이를 예시하고자 한다. 5년 연속의 나비 수집을 통한 과(科)와 종(種), 서식지, 환경, 번식, 문화 등에 대한 실용적 지식 축적, 다른 수집가 및 외국 판매중개인과의 서신 교환, 수백 명의 어린이들과 어른들 앞에서 생각을 요하는 수집 준비과정에 대한 구두 발표, 실전 경험을 토대로 한 토론 이끌기, 이런 일련의 활동들은 일이자 동시에 놀이라 할 수 있다. 보다 구체적인 또 다른 예를 들어보자. 생물학적 표본에 대한 연구를 접한 한 초등학생 소년이 처음에는 박물관으로, 그다음에는 (우즈 홀[3]과 같은) 여름학교에 가고, 결국 그의 모든 취미활동이 자신도 모르는 사이 학생의 역할을 훨씬 넘어서게 된다. 그래서 한 조류학자는 훗날 해양생물학자가 될 것이 틀림없어 보이는 이 소년과 동료로서 이야기를 나누어야 할 뿐 아니라, 소년이 특별히 관심을 가진 과학 분야에서는 소년의 의견을 따라야 한다고 주장하기에 이른다. 예를 더 들어보자. 한 초등학교 소년이 마을 쓰레기 더미에서 발견한 돼지기름 깡통과 자선바자에서 주운 잡동사니들로 광학기구와 영화촬영 카메라를 만들고, 또 어떤 청년 예술가는 저축과 수익, 상업차입금의 경비를 악착같이 모아 오천 달러나 되는 작업실을 직접 짓는다.

전문가적 안목이 있는 사람이라면, 이런 종류의 각종 활동을 대학을 포함

한 모든 교실에서 쉽게 찾을 수 있다. '올바른 학문은 항상 창조적 예술이기 때문이다.'

공교육과 분명하게 구별되는 이와 같은 각 창조적 활동을 묶는 공통 요소는 활동 참여자의 마음속에서 일어나는 '활동 욕구'이다. 창조적 활동에 대한 욕구는 그것을 성취하기 위한 나름의 방법을 찾으며, 시간, 공간, 기구, 교사나 교육행정관에 의해 거의 중단되지 않는다. 창조 욕구를 지닌 개인이 그의 내면을 사로잡는 어떤 것에 대한 관심을 드러내는 일은 거의 없지만 말이다. 이런 점에서 창조적 활동 욕구는 지배 민족 치하의 정복당한 민족의 상황과 유사하다.

심지어 이런 때에 개인의 창조적 활동 욕구는 어리석음을 가장할 수도 있다. 그가 어리석음의 가면을 쓰는 것은 동정심 없는 자들과 오만하고 무감각한 자들에게 자신의 내면을 고백하지 않기 위한 신중한 결정이다. 하지만 우호적이지 않은 질문을 받으면 창조적 활동 욕구는 가면 쓰기 단계를 넘어 그 욕구 자체를 부정하고, 그럼으로써 서투름과 비전문성의 수준에 머무르다 어른 세상의 도덕에 얽매이게 될 수도 있다.

2

창조 정신이 작동하고 있을 때 몸과 마음이 본능적으로 조화를 이루어 원하는 결과를 확보할 뿐만 아니라 언어 예술의 수준도 월등하게 상승한다. 암송 시간에 머뭇거리거나, 학교 '작문' 수업에서 절망적일 만큼 미흡한 글을 쓰는 어린이가, 장난감 모터보트나 라디오 제작, 만화 그리기, 연극 참여 등과 같은 조금이라도 자기-주도적인 예술 활동에 몰입할 때는 영감을 받은 전문가처럼 인상적으로 말할 수 있다. 이때 여러분은 어린이는 어린이만의 언어와 관용구로 표현한다는 것을 인지하고, 어린이에게 그로선 성취 불가능한 어른의 완벽함을 요구해서는 안 된다.

여러분이 금지시키는 유형이 아니라면 여러분은 어린이에게 질문을 던질 것이다. 이때 여러분이 어린이의 올바른 리드미컬한 말에 귀 기울이면, 어린이의 타고난 언어 감각에 여러분이 경탄하는 이유를 자각할 것이다. 그러고 나면 여러분은 어린이에겐 낯선 어른 언어를 사용함으로써 어린이의 말을 비판하고 막는 일을 거두고, 교사로서 어린이의 (어린이의 언어에 명백히 드러나는) 재능을 활용하지 않았던 이유가 무엇일까 궁금해 할 것이다.

'우리가 정말 좋아하는 일은 우리에게 끈기를 가르쳐주지 않는다'라고 주장하는 사람들이 있다. 그러나 창조적 활동에 몰두하는 어린이들의 끈기에 필적할 자가 있을까? 좋아하는 이야기나 게임에 지속적인 관심을 가져달라는 자녀들의 요구에 발맞춰보려 했던 어머니 아버지에게 물어보라! 그들이 스스로 시작한 일은 하루 종일 해도 끝나지 않는다. 그것은 완성된 목표에 도달할 때까지 하루도 거르지 않고 계속된다.

캐서린 킬러[4]의 교실을 장식하는 2학년 어린이들의 놀라운 그림들은 앉은 자리에서 한 번에 그린 것이 아니었다. 그것들은 나날이 발전했다. 캐서린이 나에게 가을 과수원을 채색한 수채화의 확연한 변화 과정 (어떤 과정을 거쳐 집과 나무들과 먼 언덕이 서서히 그림 속 현재 위치에 있게 되었는지)에 대해 말한 후 어느 날 아침 수줍은 목소리의 소녀가 털어놓았던 이야기를 들려주었다. "어제 밤 침대에서 생각해 보았어요. 그런 다음 땅바닥에 떨어진 사과뿐만 아니라 나무 위에 달린 사과를 그렸던 거예요. 사과들이 모두 다 떨어질 수는 없는 거잖아요? 그리고 빨간 사과가 너무 예뻐서 더 그리고 싶었어요."

또 다른 교사는 뜻밖의 소식통으로부터 들은 최근 링컨 기념식의 놀라운 연설에 대해 전해주었다. 그의 말에 따르면, "처음으로 진지하게 대중 앞에 모습을 드러낸 자리였는데도 소년은 훈련된 연사의 겸허함으로 그렇게 쉽고 능숙하게 연설했던 거예요. 우린 소년이 여러 주 동안 여러 도서관에서 공부했다는 것을 알아냈어요. 그 아인 참고문헌 작성에 집중하고 있었는데, 사실 참고문헌 작성은 실험학교를 도입하기 전의 전통적 학교에서도 교사가 감히 과제로 내줄 수 없는 것이었죠! 그리고 아무도 소년이 참고문헌을 작성하고 있었다는 것을 알지 못했어요! 그는 전문 연구생처럼 자료에 대해 충분히 알고 있었어요. 그러고 침착하게 완벽한 지식에서 나온 이야기를 전했죠. 학교 측은 이 소년이 한 일에 너무 감격한 나머지 소년을 학생회의 가장 책임감 있는 자리에 추천하고자 해요! 모두가 탐내는 자리이자, 다재다능한 최고 능력자가 아니면 할 수 없는 학생회장으로요".

"그리고 아무도 그가 그 작업 중이라는 것을 알지 못했어요!" 이것은 우리가 놓쳐서는 안 되는 사항이다. 어린이 예술가와 어른 예술가는 몰래 작업한다는 면에서 하나이다. 어린이 예술가도 어른 예술가와 똑같은 수줍음, 외부 사람들의 입에서 나온 잘못된 단어가 자신의 그림을 망칠까 두려워하는 마음, 아이디어를 제안하는 것조차 작품이 완성되기까지는 위험하다는 생각에 사로잡혀 있다.

그리고 비난, 어리석은 오해, (부모님들과 선생님들, 나이든 수녀님과 여자가정교사들이 주의해야 할) 잔소리, (수많은 유망한 캔버스를 무색하게 만드는) '무감각하게 어깨 너머로 보기'뿐만 아니라 아첨도 어린이 예술가의 기분을 상하게 할 수 있고, 나아가 그의 영감까지 산산 조각낼 수 있다. 예술가와 어린이는 자신과 비슷한 사람들 사이에선 얼마든지 유쾌하게 작업하지만, 작품의 완성도를 확보하기 위해 작업이 충분히 완료될 때까지는 구경꾼들로부터 숨는다. 그래서 예술가와 어린이는 자신만의 방, 스튜디오, 작업장을 가져야 한다. 일부 학교가 예술 활동을 정규수업시간 외에 배치하고 (이 때문에 가끔 교사들은 어린이의 예술 작업에 대해 전혀 알지 못했다.), 특별히 창조성을 존중하는 학교가 어린이 예술가를 외부인의 차가운 시선으로부터 보호해 왔던 것은 이 때문이다.

나는 우드스턱 마을의 한 유명인이 자신에게 칭찬을 쏟아내는 무지한 그룹을 향해 "저는 빨간 헛간을 그리고 있습니다. 하지만 무엇을 그리고 있느냐고 물으시면 저는 일주일 동안 낚시를 가야 할 것입니다"라고 말하는 것을 들었다. 그는 주변을 맴도는 사람들의 무감각한 무례함에 격분하며 씁쓸해했지만, 구경꾼들이 내뱉는 말이라곤 "이 분은 정말이지 '포복절도할 정도로' 웃겨요! 당신이 그리고 있는 것을 '좋아'하지 않는다고요! 이건 여러분도 그릴 수 있는 헛간 아닌가요? 나는 그게 정말 좋거든요!" 뿐이었다. 그러자 그는 하던 작업을 접으면서 절망적으로 말했다. "갑니다! 낚시하러 갑니다!"

그러나 적절한 순간에 어린이 예술가는 어른 예술가처럼 칭찬받기를 원한다. 그들도 '비평'이라는 것을 받고 싶어한다. "어머," 킬러의 어린 소년들 중 한 명이 소리쳤다. "선생님께선 제 것을 벽에 걸어 놓지 않으셨어요!" 소년에게 이 시간은 고문 받는 순간 같았다. 킬러는 천천히 소년의 그림을 가져왔다. (이때 그녀는 골똘하게 생각했음에 틀림없다.) 그리고 그것을 다시 바라보았다. "네가 충분히 그렸다는 생각이 들지 않았어." 킬러가 설명했다. 하지만 진짜 아무것도 모르는 체했다. "여기엔 빈 공간이 정말 많구나." 그녀는 사색에 잠겼다. 그리곤 다른 아이들의 그림들을 바라보았다. 소년도 바라보았고, 이해했다. "조금 더 그렸더라면 좋았을 텐데!" 열정적인 소년에게 갑자기 아이디어가 번뜩였고 그는 이 영감에 대해 말했다. 그리고 그는 교사의 평가에 만족한 듯 자리를 떴다.

그러나 다른 경우엔, 어린이 예술가는 전문 예술가처럼 칭찬을 해주면 실망한다. 여러분이 그의 그림을 벽에 걸어두면 그는 상심한다. "그것으로는 충분하지 않아요"라며 그는 괴로움을 토로하고 그 자리를 대신할 더 나은 것을 만들기 위해 온 힘을 기울여 노력을 계속해 나간다.

3

그렇다면, 창조 정신이란 자기다움이라는 신비로운 땅속에서 청하지 않았는데도 흘러나오는 급류라고 하겠다. 이 급류가 나무, 색깔, 직물, 점토, 소리, 단어로 무엇인가를 직조한다. 이것이 바로 춤추고, 노래하고, 연극 무대 위에 오르도록 이끄는 것이며, 작은 아이를 심오한 연구로 몰아가거나 온 힘을 다해 어려운 구덩이 속으로 파고들어가게 하는 무엇이다. 이것의 방식은 확실하고, 이것의 결과물은 아름답다.

나는 어린이 예술가의 의식적인 목적이 아름다움이라고 말하지는 않을 것이다. 어린이는 무언가를 내놓아야 한다는 내면의 필요에 의해 움직이는 듯하다. 아름다워질 것이라는 것은 어린이의 관심사가 아니다. 최적의 상태에서 어린이의 충동은 지각, 사고, 감지 활동 중인 그의 내면세계에 이미 존재하는 (또는 거의 준비된) 어떤 것을 외부세계로 옮겨놓고자 한다. 어린이 예술가는 옮겨진 것이 그가 상상한 것과 최종적으로 비슷한지를 살펴보고 성패를 측정한다.

최고의 순간에 이를 때 어린이 예술가는 정확히 무엇을 해야 할지 아는 듯하다. 근육들이 정확한 터치, 선 긋기, 입으로 불기에 완벽하게 조화를 이루며 흔들린다. 그림을 그릴 때는 두려움 없이 붓을 휘두르고, 도자기를 만들 때는 주저 없이 엄지손가락으로 구멍을 뚫고 그곳에 패치를 덧대어 메운다. 이런 점에서 어린이 예술가는 전문 화가와 똑같은 리듬을 탄다. 경험을 쌓으며 두려움을 덜어낸 전문 화가는 섬광처럼 반짝이는 내면의 요구를 만족시키기 위해 자신의 본능을 믿으며 수평과 균형을 맞추고, 매체와 재료를 신속히 조정해 나간다. 어린이 예술가도 전문 화가와 비슷한 방식으로 작품을 만든다.

여기서 비교적 현대적인 발견이라 할 '예술가로서의 어린이' 개념이 원시 미술의 아름다움을 발견한 바로 그 시점에 등장했다는 것을 강조할 필요가 있다. 어린이는 진정한 원시인이다. 어린이 예술가에겐 가르침이 거의, 아니, 전혀 필요하지 않다. 그러나 그에겐 반드시 재료가 있어야 하며, 주변 사람들이 그의 노력을 가치 있는 무엇으로 바라볼 수 있어야 한다. 어린이 예술가는 비난에 쉽게 반응하는 편이라, 주변의 군림하는 자들이 명령하면 그의 귀중한 예술 활동을 포기한다. 이 경우 우리는 자연이 준 가장 은혜로운 선물들 중 하나를 잃게 된다. 고대건 현대건 원시부족의 예술은 우리 어린이들의 배운 적 없는 예술과 정확히 똑같다. 오늘날 우리는 아프리카, 멕시코, 이집트, 남태평양 지역에서 발견되는 '자연 그대로의' 토속적 예술, 즉 원시부족의 기예를 보여주는 흔적을 모두 소중히 간직한다. 이에 발맞춰 우리 교육 지도자들도 우리의 '자연 그대로의' 산물인 어린이들의 작품에 담긴 가치를 기쁨 속에서 재발견하고 이해해야 할 것이다.

어린이 예술이 아름답다는 사실을 부정할 수 없다. 다행히 우리는 예술의 아름다움을 정당화할 필요가 없는 시대에 살고 있다. 아름다움의 효용성에 의문을 제기하는 사람들이 여전히 있기는 하나 미국 생활에서 아름다움이 중요하다는 인식이 끝없이 확장되는 추세인지라, 우리는 완성된 어린이 예술품의 아름다움에 대해 더 이상 고민하지 않는다. 그러나 정보 제공, 과제 부여, '고통스러운 인위적인 훈련' 관련 퇴색된 이론을 여전히 고수하는 (종종 교육계의 권력자들인) 금욕주의자들의 요구를 충족시키기 위해서는 이에 관한 추가 논의가 어느 정도 필요하다.

우리는 새로운 학교가 제공하는 정신 함양의 기회를 통해 청소년이 의존적이고 불안한 상태에서 벗어나 독립적인 힘을 지니며 성장하는 것을 지켜보았다. 그랬던 터라 우리 모두는 교육 현장에서 아름다운 예술품의 창조보다 더 중요한 것은 새로운 자유에서 나온 결과물임을 확신하게 되었다. 자기다움 personality은 촉촉한 땅에 떨어진 마른 씨앗의 샘솟는 확신으로 발전한다. 먼저 성격character이 등장하고, 그것과 함께 명령하고 지시하기 보다는 듣고 기다리게 만드는 확실한 판단력을 지닌 지혜knowledge가 나타난다. 그러면 우리에겐 위선일 수 있지만 청소년에겐 위선이 아닌 취향taste이 형성되고, 자신감이 정신spirit 속으로 들어가 번창한다. 기존 교육제도의 공인된 도구들인 두려움과 당혹감이 자신감을 낳은 적이 없었으니, 이 얼마나 대조적인가! 이어서 새로운 갈망, 새로운 욕구, 새로운 만족감이 뒤따른다. 그리고 이런 것들이 바로 교육이 먹고 사는 양식이다.

창조 정신의 함양은 장래의 위대한 예술가들, 학자들, 사상가들을 탄생시킨다. 이것이 바로 비범함을 만들어내는 비법이다.

역사상 혹은 현대의 지도자들에 대해 조사해보면, 그들 모두 학교의 방해에도 불구하고 창조 정신을 함양시켰던 사람들이었다는 사실을 알게 된다. 그들이 학교 수업을 마음에 새기지 않았던 이유는 무엇일까? 시대를 초월해 인간을 이끌었던 위대한 사람들은 학교 교육을 능가할 만큼 태생적으로 뛰어난 사람들이거나 영리하게 학교 교육을 자신들의 필요에 맞게 바꿔놓았던 사람들이었다. 하지만 우리가 기억할 점은 그들이 자유를 얻기 위해 강한 의지로써 투쟁해 왔다는 점이다. 반면 대중은 그들과 같은 강한 의지를 갖지 못했다. 대중의 이야기를 써보면, 그것은 날개를 조금 펄럭여보다가 관습을 수용한 자들의 이야기가 될 것이다.

새로운 교육은 정신의 신비한 힘을 사용하는 법을 가르친다. 그 사용법을 배우면, 누구든 스스로 말 그대로 삶이 요구하는 모든 필수 사항에 대처할 수 있게 된다. 누구도 창조 정신의 힘이 어디에서 나오는지 알지 못한다. 하지만 그것의 근원지가 우리 내면이라는 것은 의심할 나위가 없다. 이 점에서 창조 정신은 심장박동과 유사하다. 창조 정신은 우리의 또 다른 심장이다. 우리가 창조 정신에게 우리를 위해 뛸 기회를 제공하면 그것은 우리를 살아 숨 쉬게 해줄 것이다. 그것은 고요해질 수도 있는데, 그렇게 되면 우리에게 더 이상 생명이 없는 것이나 다름없다.

어린이 본성의 이러한 측면을 고려해서 어린이들을 다루어온 우리는 회의할 때 교육 전문용어 사용을 피한다. 우리가 가르치는 교실이 우리 주변의 군인 같은 사람들의 리듬과는 완전히 다른 리듬에 맞춰져 있기 때문이다. 우리는 또한 학생들의 작품에 대해 절망적으로 말하는 법이 없으며, 학생들의 다양한 노력의 산물들을 상호 교환한다. 우리는 세상을 가득 메운 각종 정보들을 소중하게 여기지 않는다. 또한 어른이 되면 필요할 것으로 예측되는 '기술들'도 높이 평가하지 않는다. (어느 과목이든 30년 된 교과서가 여실히 입증하듯이 기술들이 필요할 것이라는 예측은 완전히 빗나갔다.) 게다가 우리는 요즘 유행하는 훈련 심리학(강압적으로 '일정 횟수를 연습시키면 평생 즐겁게 계속할 것'이라고 주장하는 심리학)에도 매력을 느끼지 못한다. 우리는 이 심리학을 가볍게 뉴잉글랜드 청교도주의[5]에 편승한 일종의 교리주의로 분류한다. 이와 관련하여 군복무 중 우리 부대원들이 켄터키 문맹 산악인들에게 어깨에 총을 대고 총 쏘는 법을 가르쳐달라며, 마치 그 방식이 유일한 총 쏘기 방식인 것처럼 고집을 부렸던 일이 기억난다. 그들은 엉덩이에서 총을 쏘아 깡충 뛰어가는 토끼의 수염도 뽑아낼 수 있을 실력을 지녔는데도 우리 부대원들은 고집을 부렸던 것이다!

우리는 만날 때마다 언제나 열띤 논쟁을 벌이지만 친근하고 다정하게 말한다. 아마 이것은 인간에게 매우 중요한 문제에서 실수하지 않으려는 우리의 조심스러운 태도 때문일 것이다. 예를 들면, 어느 '자연주의' 그룹이 모든 것이 자연에 의존하고 있다는 개념을 기반으로 교육이란 필요 없다는 '성장론'을 완전히 신뢰하면, 우리 그룹은 그 그룹과 즐거운 논쟁을 벌인다. 모든 시인들이 말해주듯이, 자연은 경이롭다. 하지만 우리 그룹은 자연을 전적으로 신뢰하지 않는다. 우리 그룹은 자연은 정령처럼 신비로운 세계로 우리를 안내하기도 하지만 음탕하고 교활하다고 생각한다. 나아가 우리 그룹은 우리가 자연에게서 어떤 도움과 어떤 간섭을 기대할 수 있는지 알아야 한다는 전제 하에, 자연은 우리에게 이로워야 한다고 주장한다.

청소년 시에 관한 책을 써온 나는 지금도 전국 각지에서 시 묶음들을 꾸준히 받고 있는 중이다. 동봉된 편지들의 논지는 한 마디로 "어떤 교육도 받지 않은 제 아이들이 무슨 일을 했는지 보세요!"이다. 그러나 이런 논지와는 달리, 이 편지들은 어린이들에게 가야 할 길을 지적해 줄 누군가가 필요하다는 점을 분명히 드러낸다. 나는 이런 어린이들에게 연민을 느낀다. '어린이들에게 시에 무엇을 써야 하는지 말하지 말라! 이것은 하늘과 시가 금지하는 일이다!'라고들 한다. 하지만 편지를 읽으면서 나는 어린이들에게 지난날의 스타일로, 심지어는 그보다 이전 스타일로 계속 글을 쓰는 것을 절대 허용해서는 안 된다는 확고한 신념을 갖게 되었다. 강조해 다시 말하면, 우리는 침묵을 지킬 것이 아니라 온화한 말로써 어린이들이 그들의 베낀 글, 진부한 구절, 유치한 상투적 표현에 대해 알도록 이끌면서 최고의 것만 인정하는 태도를 유지해야 한다. 우리에게 필요한 것은 오직 최고의 것만을 인정하는 가르침의 예술이다.

만약 새로운 교육이 유쾌하고 자유로운 환경에서 어린이들의 성장을 돕는 것뿐이었다면, 나는 교사직을 던져 버렸을 것이다. 나는 내가 가진 전문 기술이 어린이들의 건강한 성장을 돕는 데 꼭 필요한 무엇이라고 생각한다.

특히 이 말은 소묘, 물감칠. 색칠 작업에서 사실로 드러나곤 한다. 어린이들은 아주 잘 그리기도 하고 아주 못 그리기도 한다. 만약 그들에게 잘 그리는 것과 못 그리는 것의 차이를 설명해주는 사람이 없다면, 그 차이를 식별하는 예술적 판단력인 그들의 취향이 성숙의 단계에 이르지 못할 수도 있다.[6] 비취빛 옥과 같은 자연이 그들을 도울 수도 있지만 돕지 않을 수도 있다. 어린이들은 심지어 다른 사람들의 작품을 베끼거나 더 나쁘게는 다른 사람들 자체를 베끼기 위해서 내면에서 확실하게 우러나오는 본능적 창조 정신의 목소리를 외면할 수도 있다.

교사는 어린이를 올바른 길로 이끌 만큼 충분히 알고 있어야 한다. 그러나 어린이를 제대로 아는 교사가 없다는 것이 우리의 현실이다. 교육 분야에서 학문은 연기 자욱한 불에 불과하고, 교육학 석사학위는 깨달음의 빛을 정확하게 비추지 못한다. 예를 들어 보자. 어린이들은 대체로 매우 만족한다. 하지만 그들은 만족하다가도 지금보다 더 나은 결과물이 곧바로 나오기를 원한다. 사실 더 나은 작품을 경험하는 것만큼 확실하게 수준이 떨어지는 작품에 대한 혐오감을 불러일으키는 것은 없다. 이런 만큼 교사는 더 나은 작품을 그들에게 보여주어야 한다.

그러나 어린이가 지나치게 좋은 것을 경험해서는 안 된다. (이 시점에서 사회의 표준을 그대로 따르는 교사는 문학과 미술의 '고전 작품들'을 제시한다.) 어느 면에서 새로운 교사는 교사라기보다 예술가에 더 가깝다. 그는 더 좋은 것에 대해, 더 좋은 것이 사람에게 미치는 영향에 대해, 나아가 어린이의 삶에 더 좋은 것을 넣어주는 방법을 알아야 한다. 그래야 더 좋은 것이 완전히 받아들여질 수 있다. 이것은 정말 중요하다!

이외에 새로운 교사는 어린이들이 실제로 필요로 하는 것이 무엇인지 파악하고 도움을 주어야 한다. 어린이들은 효과적인 리놀륨 블록을 어떻게 만드는지, 또는 다른 색깔과 접촉할 때 변하는 색상을 어떻게 다룰 것인지와 같은 재료 취급의 어려움으로 인해 주저한다. 그들은 크레용, 목탄, 유성연필, 먹물, 접착제를 사용하는 법, 인쇄를 위한 삽화 확대 기술 등 수없이 많은 것들에 대해 알고 싶어 한다. 그러므로 교사의 새로운 임무들 중 하나는 이와 같은 것들 혹은 그 외의 다양한 문제들에 대한 어린이들의 호기심을 자극한 다음, 재료들과 요청받은 도움을 제공하는 일이다.

교사가 교육 환경의 중요한 요소라는 생각을 받아들이지 않으면, 어린이들이 충분히 성장할 수 없고 그럴 수 있는 환경도 충분히 조성되지 못한다. 표준을 따르는 교장이 지금까지 기대해왔던 것을 능가하는 풍부한 결과가 어린이들에게서 나올 수 있다. 또 실험학교에서 어린이 교육을 선도하는 자들에게서도 더욱 풍요로운 결과를 기대할 수 있을 것이다. 그런 만큼 재능 있는 예술가-교사가 대거 등장해야 비로소 풍부한 양의 결과물이 쏟아져 나올 수 있다.

고대 그리스의 특징을 지닌 무엇인가가 다시 교육으로 돌아오고 있다. 고대 그리스 사람들이 추구했던 아름다움과 그들의 힘은 언제나 스스로 취향을 함양시킨 결과였지 정보의 노예가 됨으로써 얻은 것이 아니었다. 그들은 춤추고 노래하고 끝없이 이야기하고, 춤, 노래, 이야기에 내재한 최고의 리듬에 맞춰 몸과 마음을 움직였다. 그리고 춤, 노래, 이야기와 같은 무형의 것들을 통해 인간 이해의 한계를 탐구했다. 하지만 그들은 지구가 둥그렇다는 것을 알지 못했으며, 마다가스카르의 수도가 안타나나리보[7]라는 것을 발견하는 것에도 관심이 없었다.

정보와 지식은 교육에서 항상 부차적이다. 특히 최고의 지성들은 그렇다고 생각한다. 정보와 지식 자체를 목적으로 삼는 자는 진정한 학자가 아니며 학자인 척 하는 자이다. 교육계 지도자들은 이 차이(부차적인 것으로서의 정보와 지식과 목적으로서의 정보와 지식 간의 차이)를 이해하고 있으며, 초등교육뿐만 아니라 고등교육에서도 이 차이에 대한 앎이 필수적이라고 믿는다. 로웰[8] 하버드대학교 총장은 뉴욕 주 상공 회의소 앞에서 다음과 같이 말한 바 있다.

"대학에서 목표로 삼는 정신적 사고력의 함양은 물질적 감각으로 느끼고 지각할 수 없는 것들을 파악하는 상상력 훈련이다. 그것은 단순히 지식 전달의 목적을 갖지 않는다.

'우리가 진정으로 원하는 것은 학식이 아니라 내면의 풍요로운 자원이다.' 크고 작은 물건들을 창조하는 예술은 문제 해결 능력이 아니다. 이상하게 들릴지 모르지만, 진정한 삶의 예술이란 해결해야 할 문제가 무엇인지 알아내는 일이다. 해결해야 할 문제가 무엇인지 알 수 있는 사람이 진실로 삶에 공헌하는 자이다.

'설명된 문제를 해결하도록 누군가를 훈련시키는 일은 비교적 쉽다.' 하지만 새로운 문제를 찾아내 그것을 설명할 수 있는 사람이 진정한 의미에서 진보를 향해 나아가는 사람이다. 이 말은 어느 분야에서나 적용될 수 있다. 여러분 모두 '여러분 분야에서 여러분이 원하는 사람은, 해야 할 것과 하지 않아야 할 것을 인지하는 자라는 것'을 알고 있다. 일단 인지하고 나면 그 실행 방법을 알아내는 문제는 비교적 간단하다."

4

우리는 전문 학회에 모여서 위의 절에서 언급한 사항들과 그 외의 다른 문제들에 대해 논의한다. 학회에서 우리는 일반적으로 '자유로운 어린이들'이 자기다움의 표현에서뿐 아니라 전통적 학교의 영역에서도 통제된 어린이들을 능가한다는 사실을 실험교육에 대한 특별 옹호 발언으로 삼지는 않는다. 그렇긴 해도 관심이 있다면, 위네트카 학군[9] 교육감 위시번의 증거자료를 살펴보면서 자유로운 어린이들이 통제된 어린이들을 능가한다는 사실에 주목하기 바란다. 그래야 하는 이유는 이 사실이 학부모들뿐만 아니라 교육 조직과 행정을 통제하는 고위관리자들에게 큰 영향을 미치기 때문이다. 우리는 표준화된 시험 결과를 가지고도 논쟁에서 이길 수도 있다. (그리고 우리는 논쟁에서 이기는 것을 경멸하지 않는다.) 그러나 우리의 주된 관심사는 이 사실이 아니라 우리의 교육 방식이 청소년의 마음과 정신에 미치는 교육 효과이다.

청소년이 관심을 보일 때 적절하게 동기를 부여해주면, 유익한 지식 습득이 뒤따른다는 것은 부인할 수 없는 사실이다. 나는 초등학생들이 책을 읽고 박물관을 찾아가 과학이라는 이름의 위엄을 갖춘 연구(자료 축적, 자료 선택의 판단, 자료의 기능적 사용을 필요로 하며, 그 결과물들이 황홀하게도 우리가 살고 있는 세계의 현재와 과거에 대한 지속 가능한 정보를 제공하는 연구)를 협력적 그룹 내에서 수행하는 것을 관찰해 왔다. 또한 최대한 꾸준히 '파고 들어가는' 방식으로 학생들의 라틴어 능력을 신장시킨 수업에 대해서도 잘 알고 있다. 하지만 안타깝게도, 한 유능한 학교 조직이 강렬한 관심을 보이며 이와 같은 연구에 동기를 부여하는 데 성공했다는 것을 발견했을 때 기분 나빠 하는 사람들이 여전히 존재한다.

한때 느림보 대학생들이었으나 로스쿨이나 의과대학, 공과대학에서 평생직을 찾은, 누가 뭐래도 '시간이 오래 걸리는 고된 일을 하는 자들'에 대해 우리 모두 익히 알고 있다. 몇몇 기계와 전기 관련 대기업에 다니는 나와 친분을 맺고 있는 젊은이들은 가장 낮고, 가장 더러우며, 가장 적은 월급을 받는 일들에 아낌없이 그들의 밤낮을 바치고 있다. 그들은 어려운 일들을 피하지 않고 자발적으로 찾아나서는데, 그것은 총명한 그들이 그렇게 하는 것이 산업의 복잡한 정보와 기술을 숙달하는 유일한 방법이라고 생각하기 때문이다. 그리고 그들은 그 열정적 헌신으로 향후 얻게 될 관리와 영업 능력을 이해함으로써 더욱 동기를 부여받는다.

발명가 에디슨[10]과 그와 같은 부류의 사람들에게 지적으로 동기를 부여함으로써 그들이 평생 동안 노력하게 한 정신이 바로 우리가 강조하는 정신이다. 이 정신은 실제 마주치는 어려움들에도 주저하지 않는 힘을 부여하며 또 결과적으로 정보도 충분히 갖추게 해준다.

우리의 창조적 접근법이 성공할 수 있었던 것은 무엇보다 청소년의 간절한 열망의 손에 지식의 도구를 맡겼기 때문이다. 새로운 교육이 도입됨에 따라 '사실' 전달자로서의 교사와 학생 관계가 역전되었고, 이에 발맞춰 우리는 교사로서 우리의 위치에 대해 고민하기 시작했다. 기존 제도권 학교의 '사실' 전달자 교사가 항상 학생들에게 채찍질을 했다면, 우리는 우리의 자극 때문에 청소년이 육체적 한계를 넘어서까지 작업을 지속할까봐 걱정했다. 청소년들이 진정으로 자기-동기화된 추진력을 갖기 시작했던 반면, 학교는 그들에게 밖으로 나가 놀라고 강요했다. 그러자 학교의 요구를 따르기 위해 청소년들의 작업을 막아야 하는 것이 우리의 심각한 문제가 되었다. 우리는 이전과는 반대 방향에서 동기를 부여할 방법, 즉 청소년이 작업을 멈추고 휴식하고 잠을 잘 수 있는 방법을 모색하기 위해 종종 부모들과 비밀회의를 가졌다.

일부 나이 드신 교육자들은 우리가 유용한 지식이라는 세계 유산의 획득에 소홀하다고 비난한다. 그러나 이런 식으로 우리와 다투는 것은 단순히 경험 부족을 드러내거나 잘못된 생각을 전하는 것에 불과하다. 개인이 홀로 문명이 제공하는 모든 지식을 저장하고 있을 필요가 있을까? 플라톤[11]이 세계의 조종사였던 고대 그리스 시대로부터 지금까지 세계를 하나로 묶어 왔던 각각의 사실들은 각 전문가 그룹에게 골고루 분배되어 연구되어 왔다. 만물의 본성을 고려할 때 반드시 이렇게 되어야 한다. 그럼에도 어리석게도 정규 교육은 항상 모든 지식을 교과 과정에 몰아넣으려고만 했다.

제24장 새로운 학습

1

우리는 전통적 학습이 전반적으로 어떤 것인지 잘 알고 있다. 전통적 학습은 고정된 교과 과정, 단일 교과서, 같은 시간에 모두가 함께 배우고 암송하는 수업으로 구성되어 있으며, 그 학습 자료는 특정 관점에서 선택한 과거와 현재의 (대부분 과거의) 외부 정보 등 일상적 삶과는 동떨어진 것이다. 여기서 나는 이런 낡은 교육 체계와 방식에 대해선 언급하지 않을 것이다. 어쨌든 전통적 학습은 학자 유형을 키워내는 데 놀랍도록 성공적이었고, 여전히 중요한 용도로 쓰이고 있다.

여기서 나의 관심은 정규 공립학교 교육에서 무시되어 왔던 새로운 학습, 즉 '체험-학습, 연구-학습, 나눔-학습, 창의적 학습'에 놓여 있다.

'체험-학습'이란 활동할 장소로 직접 찾아감으로써 직접 눈과 귀로 보고 들을 때의 배움이다. 단순히 듣거나 읽는 대신에 무슨 일이든 스스로 할 때, 그리고 체험 현장에서 책이나 교사의 도움을 받지 않고 바로 판단하게 될 때 얻게 되는 배움이다.

멕시코 여행 안내서를 공부하는 일은 전적으로 전통적인 학습일 것이다. 하지만 멕시코를 여행하는 일은 '체험-학습'이며, 전통적인 학습으로 멕시코를 공부하는 것보다 더 풍부한 학습 결과를 가져다 줄 것이다. 어린이들은 시민사회의 윤리를 책에서 배울 수 있다. 하지만 준비를 거치고 전문적인 지도를 받으며 공동체를 탐구하면 시민을 향상시키는 데 더욱 힘을 발휘하고 더 큰 영향력을 지닌 경험적 배움(체험-학습)을 얻을 수 있다. 이런 탐구를 통해 어린이들은 밀접한 관계를 맺고 살았으면서도 그동안 보지 못했던 것들을 사회적 삶의 거시적 관계망 속에서 보게 되며, 더 나아가 처음으로 비판적이 될 수 있다. 어린이들의 질문이 고집스럽게 점점 더 지적으로 발전하는데, 이것은 어린이들이 교육의 첫 목표라고 할 수 있는 정신적 성장의 길을 걷고 있다는 신호이다. 그리고 결국 그들은 관찰하거나 질문하는 법을 배운 적이 없는 멍청한 이웃집 어른들보다 훨씬 더 현명해진다.

무엇보다 지도자와 함께 하는 '체험-학습'은 대부분 바로 효과적인 행동 패턴으로 이어진다. 좋은 행동이라는 결과가 뒤따르지 않으면 지식은 무용지물로 남기 쉽다. 보통 가이드 여행이나 소풍을 갔다온 어린이들은 뭔가 하고 싶은 마음을 갖는다.

체험 이후의 활동은 만들기의 형태를 취하기도 하고, 토론과 더 발전된 체험의 형태를 취하기도 하며, 열성적인 청소년들의 경우에는 종종 책과 잡지 읽기의 형태를 띤다. 이리하여 '연구-학습'이 시작된다.

그러나 '연구-학습'은 그룹 차원이나 개별적으로 무엇인가를 성취하려는 진정한 열망에 바탕을 둔 학교 활동의 자연스러운 결과이기도 하다. 지식이 필요할 때마다 제일 먼저 떠오르는 생각은 책을 읽는 것이다. 이때 도서관과 '도서 코너'가 친절한 도우미 역할을 맡으며 영향력을 발휘한다.

예를 들면, 어린이는 초창기 스페인 탐험가들이 어떻게 옷을 입었는지, 오늘날 인디언들이 어떤 모습인지, 어떻게 도시의 물이 정화되며 어떻게 먼 산에서 물을 끌어오는지, 어떻게 사람들이 바다 밑 잠수함에서 숨 쉬는지 알아보기 위해 책을 읽는다.

어른들처럼 어린이들도 책에서 항상 원하는 결과를 얻는 것은 아니다. 결실 없는 지루한 독서를 했던 한 5학년 그룹은 그들이 발견할 수 없었던, (아무도 발견할 수 없었을) '미국의 순례자 아버지들[1]이 실제 어떻게 서로 대화를 나누었는지'에 대한 답을 다른 방식을 통해 찾았다. 그들은 우리가 보관하고 있는 문서들은 현실에서 사용 불가능한 시적 연설이나 딱딱한 문어체 연설의 기록일 뿐이라고 결론지었다. 그런 후 그들은 작은 연극을 공연하기로 결정하고 연극을 위한 언어, 말하자면 한때는 친근하고 유쾌했지만 과거의 존경받는 사람들과 연관된 듯한 위엄을 드러내는 조용한 구어체 대화를 창조해냈다.

전통적인 학습보다 '체험-학습'과 '연구-학습'이 그 다루는 지식의 범위가 훨씬 더 넓다. 예를 들어, '체험-학습'과 '연구-학습'은 위생에 대한 연구에서부터, 로마의 하수구와 최근의 장티푸스 전염병 연구까지, 또 고대 인간과 동물의 매장 의식에서부터 현대의 미생물 탐색자들의 흥미진진한 이야기까지 모든 범주의 문제들에 관심을 갖는다.

그리고 이 모든 방대한 학습의 탐색은 나눔의 과정에 의해 모든 사람의 경험 안으로 녹아 들어간다. '나눔-학습'은 모든 구성원이 결국 각 어린이나 각 그룹이 개별적으로 조사해온 것을 알게 하는 강력한 힘을 지닌다. 즉 '간절한 열망과 가치 있음의 느낌이라는 마법의 촉매가 '나눔-학습'을 고수하게 한다'. 엄격한 학습 방식에서 벗어나 힘든 노동을 수반하더라도 전문가-지도자와 함께 실험적 '연구-학습'에 참여하는 사람들이, 더 많이 배우고, 더 오래 그 배움을 유지하고, 더 유익하게 배운다는 증거가 최근 넘쳐나고 있다. 나누며 학습한 사람들이 기초과목들에서뿐만 아니라 전문 학술 분야에서도 나누며 학습하지 않았던 어린이들을 훨씬 능가한다는 사실이 시험에서도 드러났다. 라틴어, 현대 유럽어, 수학, 과학 시험 점수도 예외는 아니다. 라이트스톤[2] 시험 보고서는 초등학교 수준에서는 물론이고 고등학교 수준에서도 이와 똑같은 결과가 나타난다고 전한다.

또 다른 학습은 단순한 자기-표현에 기초한 것으로 '창의적 학습'으로 불린다. 이 학습은 간접적이어서 눈에 띄지 않는 경우가 많고, 자기 자신을 완전히 몰입시키는 작업을 수반한다.

친구에게 쓴 편지, 시, 파티 계획, 소묘나 색칠, 집단 의견에 영향 받지 않는 결정, 조리가 없을 뿐 아니라 심지어 환상적인 상상, 삶과 사람들에 대한 생각 등 손이나 마음으로 빚어낸 독특한 개인적 산물은 모두 창작이다. 그것의 창의성 유무는 독창성을 드러내는 표식에 의해 판별될 수 있다. 진정한 의미에서 창조적인 손이나 마음으로 만들어낸 산물은 누구도 모방할 수 없는 개성의 표현이다. 어쩌면 여러분은 여러분 나이 또래들처럼 말하고 웃을 것이다. 하지만 만약 여러분이 더 창조적이라면 여러분은 여러분처럼 말하고 웃을 것이다. 이 넓은 세상에 진정한 의미에서 창조적인 여러분과 똑같은 사람은 없다.

세상에는 운명적으로 예술가로 태어난 사람들이 있다. 더위, 추위, 어두운 밤, 출판사의 거절 통지서, 비평가들의 비웃음, 그 어느 것도 운명적 예술가의 창조적 표현을 멈추게 할 수 없다. 이런 운명적 예술가를 제외한 여러분이나 나처럼 평범한 사람은 도움받지 않으면 더 멀리 더 나은 창조적 모험을 향해 전진하기 어렵다.

2

여러분은 계속해서 글을 잘 쓸 수 있을지도 모른다. (이것은 거의 모든 사람들이 가지고 있는 타고난 재능이다.) 하지만 전문가의 도움이 없다면, 더 나은 글과 조금 더 나은 글을 쓰지 못할 수도 있다. 우리가 글을 더 나은 글로 발전시키는 방식을 알게 된 만큼, 훗날 교사들이 '창의적 학습'의 발전 과정을 이해할 수 있도록 그 단계들을 간단하게 알려주고자 한다. 각 단계는 1) 수용, 2) 인정, 3) 비판, 4) 규칙에 대한 간접 교육, 5) '천재적인 작품에 다가가는 그 무엇'인 예술적 탁월성 성취의 기적이다.

수용. 서툴러도 각각의 독창적 노력을 보여주는 결과물을 받을 때, 우리는 오로지 그것이 개인적이고 진실한 의미를 담고 있는지만 묻는다. 이럴 때 두려움을 없애고 성공에 대한 희망을 전달하며, 또 경이롭게도 새로운 창조 욕구를 자극할 수 있다.

인정. 우리는 각각의 독창적 노력의 산물에서 우리가 좋아하는 무엇인가를 찾는다. 이 탐색 과정은 단순한 아첨 행위는 아니지만, 그렇다고 구별 작업이 포함되지 않는 것은 아니다. 우리는 오로지 독창적인 요소만 인정하며, 다른 사람들의 작품에서 읽고 듣거나 관찰한 것을 그대로 모방한 작품은 인정하지 않는다. 그리고 인정 행위의 강도는 작품에 따라 달라야 하며, 또 항상 드물게 이뤄져야 한다. 이 단계에서 수정을 의미하는 지시가 내려져서는 안 되는데, 이런 지시 행위가 좌절감을 안겨주기 때문이다.

비판. 상호간 신뢰가 형성되었을 때, 인정한다는 사실을 강하게 전달한 다음 비판을 가하면 거의 항상 도움이 된다. 그러나 비판하기에 좋은 두 지점이 있다. 그 두 지점은 기술 부족으로 낙담할 때의 '내려간 순간' (플로렌스 케인[3]이 발견한 지점)과 새로운 창조적 모험에 대한 열정이 식고 난 후 찾아오는 '냉정한 순간'이다. 이런 냉정한 순간에 이르면 학생들은 자라나는 창조 충동을 꺾지 않고서도 강한 비난을 견딜 수 있다. 그때가 되면 그들은 이전 작품이 진짜 자신의 것이 아닌 것 같다고 생각한다. 그러나 지금 막 떠오르는 중인 새로운 충동의 경우엔 사정이 다르다. 그것은 우리의 애정 어린 관심을 모두 다 흡수한다. 그때 비판하는 것은 도움이 되지 않으며 오히려 파괴적일 수 있다.

간접 교육. 창조 예술 분야에서 최고의 가르침은 눈에 띄지 않는 간접적인 방식을 띤다. 학습자의 작품이 기본 규칙들을 완벽하게 활용한다는 것을 보여 주기 전에는 우리는 보통 작품 구성과 디자인의 기본 규칙들에 대해 언급하지 않는다. 그러다 몇 명이 어느 학습자의 작품을 보려고 주변에 모이면 그때 우리는 그것을 지적하고, 그것에 대해 기뻐하며 그것에 이름을 붙인다. 우리의 반응은 "네가 얼마나 잘 했는지 보아라!"이다. 그리고 우리는 거의 확신에 차서 이렇게 말한다. "거기서, 넌 두개의 긴 음을 완벽한 '스판디spondee'[4]로 만들어, 정확히 나타나야 하는 곳인 시구 끝에 배치했구나. '스판디'에 대해 들어본 적 없지? 조화, 균형, 긴장, 불협화음, 디자인 등에 관한 책에 나오는 모든 규칙들은 사람들이 자연스럽게 잘하는 것을 관찰한 자들에 의해 만들어졌지. 우린 그 규칙들에 대해 어느 누구한테도 가르칠 필요가 없어. 우린 그저 방금 네가 한 것처럼 확실히 자리를 잡은 규칙을 누군가 직접 보여줄 때까지 기다릴 뿐이지. 하지만 그것이 무엇인지 아는 것은 좋은 일이지. 언젠가 다시 이와 같은 효과를 다시 내고 싶을지도 모르니까. 그럴 때 넌 '스판디'를 기억하고 그것을 의도적으로 사용하게 될 거야. 이것이 바로 훌륭한 장인적 기술, 즉 본능과 경험, 응용지식이 결합되어 생긴 기술이지."

우리는 예술 규칙을 배우기 위해 대학에 갈 때까지 기다릴 필요가 없다. 그때는 그것을 배우기엔 너무 늦은 시기일 수 있다. 유아들이 본능적인 기교를 발휘하여 쓴 대부분의 작품에도 규칙이 발견된다. 다섯 살 어린 소녀가 처음으로 봄을 관찰하는 듯하다. 그녀는 또한 마음속에 그녀가 처음 기억한 겨울의 풍경도 간직하고 있다. 조용히 그녀는 새로 싹튼 풀잎들과 잎이 없는 나무들을 바라보며 "바위투성이 낡은 땅이 새 녹색 코트를 입었네Rocky old earth has a new green coat"라고 천천히 말한다. 그녀는 쓸모없는 단어를 사용하지 않고 'rocky'와 'earth'와 같은 불협화음[5]을 이루는 크고 무거운 단어들과 마찬가지로 불협화음인 'old'라는 단어를 함께 제시한다. 이때 이 세 단어들이 느린 박자의 밝은 시구 'new green coat'[6]와 대조를 이룬다. 그녀는 불협화음, 대조, 리듬, 클라이맥스, 그리고 압축의 규칙을 잘 지키고 있다. (이 시구의 8개 단어들은 전문적 기술로 능숙하게 배치되어 조화롭게 어우러진다.) 뿐만 아니라 그녀는 구어체 언어에서는 오래전부터 사용되었으나, 최근의 교과서 저자들이 언급하지 않거나 이름 붙인 적 없는 문학 장치, 즉 점점 약하게 끝나는 세 개의 긴 음 'new green coat'을 사용한다. 문법학자들은 로마 시대부터 내려오는 정의 그대로 '스판디'를 문학용어 리스트에 올려놓았다. 하지만 두 개 이상의 강하고 긴 끝음에 대해서는 기록하지 않았다. 추측컨대, 이것은 아마 문법학자들이 살아 있는 언어가 아니라 책에서 죽은 언어를 배웠기 때문일 것이다.

언젠가 책에 의존하는 수사학자들은 어린이들이 이미 알고 있는 네 개의 강하고 긴 음, 다섯 개와 여섯 개의 강하고 긴 음마저 발견하리라. 클라이맥스의 강한 효과들을 낼 때 시인들은 이런 긴 음들을 이미 사용한 바 있다. 일례로, 셰익스피어는 엄청난 공포의 감정을 불러일으키는 죽음에 대해 인상 깊게 전하고 싶을 때 한 행에 열 개의 강하고 긴 음을 사용했다. "시간의 날랜 발을 잡아끌 수 있는 강인한 손은 과연 있는가?"[7]

이제 **기적**을 다룰 차례이다. 나는 이 단계를 타고난 창조의 힘을 소환하는 다섯 단계 중 마지막 단계로 보고, 기적이라는 이름을 붙였다. 순수하게 자기를 표현하는 진정성 있는 시도를 모두 '수용'할 때 상호 신뢰에 바탕을 둔 소통의 길이 열린다. 이때가 되면 보다 진실한 자료의 '인정'과 불안감을 안겨주지 않는 자연스러운 '비판'이 가능하다. 그리고 '간접 교육'이 자극적인 효과를 발휘하면, 순간 참신하고 독창적인 구절과 강력한 힘을 지닌 시의 행이 반짝 떠오른다.

내가 예를 든 분야는 시이지만, 모든 예술에서 이와 똑같은 현상이 나타난다. 학생 화가는 갑자기 다른 화가들을 흉내 내는 일을 멈추고, 학생 작곡가는 갑자기 자신만의 독특한 방식으로 마디들을 작곡하고, 어린이는 과학자의 냉정하고 편견 없는 판단을 발전시키며, 또 다른 어린이는 역사책을 제쳐두고 진정한 역사학자처럼 사건들을 해석한다. 이와 같은 높은 성취의 갑작스러운 출현이 바로 우리가 '기적'이라고 부르는 것이다.

우리는 개성을 드러내는 작품을 통해 자기-실현이 완성되는 개별 예술성의 출현 지점까지의 각 단계를 차근차근 설명할 수 있다. 그러나 이 '기적'에 대해서만은 설명할 수 없다. 우린 이런 기적이 왜, 어떻게 나타나는지 완전하게 알지 못한다. 우리가 아는 것은, 이 책에서 제시된 것과 같은 방식을 적용할 때 어느 날 개인이 자신만의 독특한 목소리로 말한다는 것, 더 나아가, '한 사람으로부터 시작된 이 현상이 전염되어 그룹 전체를 탁월한 자기-표현으로 이끈다는 것', 그런 후에는 항상 앞으로 나아가고 항상 최고조에 달한다는 것뿐이다.

3

이제 이 모든 것을 교사들에게 적용할 때가 되었다. 교사들이 시대에 발맞춰 나가려면 새로운 학습 방법을 직접 경험해야 한다. 하지만 모든 시험과 진급이 여전히 전통적인 학습에 기초하고 있으므로 앞으로 나아가는 것이 막혔다는 그들의 항변도 인정해야 한다. 그들의 지식은 그들이 교육 현장에서 실제로 할 수 있는 것이 아니라 시험으로 검증되고 있다. 시험에 통과하기 위해 그들은 중등교육의 7대 기본원칙을 외워야 한다. 그러나 그들이 이 7대 원칙을 현장에서 조금이라도 활용하는지에 대해서 묻는 검증 절차는 없다.

하지만 시험이라는 부적절한 절차에도 불구하고, 제한된 교과 과정에서 벗어나 자유롭게 새로운 교육을 시도하는 사례들이 우리 주위에서 종종 발견된다. 예를 들면, 책을 기반으로 한 연구에 몰두했던 심리학자가 책에서 벗어나 인간 행동에 대한 임상 연구로 관심을 돌리는 중이다. 또 경각심을 가진 젊은 교사들은 롱펠로의 『에반젤린』[8]을 읽으며 생애 최고의 세월을 보내는 것을 거부하는 중이며, 더 나아가 1900년 이후 출판된 방대한 문학 작품들조차 배제하고자 한다. 교사와 학생이 함께 진보적 과학의 새로운 분야로 뛰어든 경우도 있다. 뉴욕 브루클린 P. S. 208번지에서 한 초등학생 그룹이 교사와 함께 새로운 설파 약물[9]에 관한 연구를 진행하고 있다. 다른 한편에선 청소년과 교사가 함께 새로운 관점에서 미래 사회에 대해 전례 없는 결론을 내리고, 역사와 경제학을 재점검하고 다시 쓰고 있다. 또한 그들은 힘을 합쳐 우리의 교육 개념을 혁명적으로 바꾸는 중이다. 30개 중고등학교가 참여한 '8학년 학습' 연구가 그 대표적 예이다. 또 그들은 우리가 항상 만족스럽게 민주주의라고 불러온 것의 새로운 의미와 가능성에 대해 냉철하게 탐구하고 있다.

그러나 어린이들과 교사들이 함께 힘을 모아 실천 중인 이러한 새로운 학습 방식은 전통적인 학습을 소홀히 하지 않는다. 그들의 목적은 단지 전통적인 학습이 교육에서 독점적인 자리를 덜 차지하도록 하는 것이다. 지금 나는 내 의견을 전하는 것이 아니라 미국 교육의 분명한 추세를 보고하는 중이다. 이러한 새로운 학습은 초등학교에서 고등학교에 이르는 전국의 모든 공립학교에서, '체험-학습, 연구-학습, 나눔-학습, 창의적 학습'의 형태로 눈에 띌 정도로 활기차게 이뤄지고 있다. 요즘 학생들은 교과서에서 배우기도 하지만, 관찰하고, 조사하고, 질문하면서도 배운다. 또한 자신이 연구하고 있는 주제에 관한 자료들을 통해서도 배우고, 발견한 내용을 반 학생들에게 발표하고, 손으로 무엇인가를 만들고, 타고난 상상력, 창작력, 예술성을 이용하여 자기-표현을 하면서도 배운다.

전통적인 학습은 정보와 두뇌 훈련을 강조해 왔다. 우리도 정보를 얻고 두뇌를 훈련시키기 위해 전통적인 학습 방법을 여전히 사용한다. 그러나 새로운 학습은 개성과 그것의 힘찬 성장과 힘을 강조한다. 한편에서는 배워야 할 것들에 관심을 갖는다면, 다른 편에서는 학습자에게 무슨 일이 일어나고 있는지에 관심을 둔다. 둘 다 좋은 방법이기 때문에 이 둘 사이에 충돌이 있어서는 안 된다. 이 점을 꼭 기억하기 바란다.

초등학교에서는 꽤 많은 다양한 새로운 학습 방법들이 제 자리를 잡고 성장하는 중이다. 일례로, 요즘 사물의 느낌과 사물 조작의 능숙한 솜씨에서 유래하는 촉각 학습이 떠오르고 있다. 이것은 『아동 교육』[10] 학술지가 펴낸 「어린이도 만들 수 있다」라는 제목의 팸플릿에 아름답고 설득력 있게 예시되어 있다. 이 팸플릿에는 숙련된 교사들이 A. 아델 루돌프 씨의 편집 도움을 받고 한데 모은 자료들이 실려 있는데, 이에 대한 자세한 내용은 다음 장에서 다루기로 한다. 나는 문학이나 예술 분야에서 주로 활동해 왔지만 '만들기' 분야에서도 동일한 창조적 결과물이 나올 수 있다고 믿는다. 어린이들은 만들기를 통해 빠르게 한결 더 성숙한 태도를 취하게 되며, 자기-주도적인 아이디어들을 발현시킨다. 또 만들어진 사물 그 자체보다는 새로운 모험을 시도할 준비를 갖춘 자기다움의 표현을 더 중시하는 최종 결과물을 만들어낼 수 있다.

이번 장에서는 강력하고 지속적인 관심을 불러일으키는 활동들을 강조했다. 사회적으로 유익한 활동에 깊은 관심을 가지고 선한 영향력을 펼치는 것은 그것이 무엇이든 아무리 강조해도 지나치지 않는다. 좋은 관심사들은 사회적으로 나쁜 관심사들의 유혹을 차단하고 더 나아가 그것의 싹을 자를 수도 있다. 이런 측면에서 보면 청소년 비행을 두고 벌어지는 싸움은, (학교와 가정이 많은 것들을 희생하여 발전시키려고 하는) 품위 있는 활동들에 대한 지나친 몰입과 (학교와 가정이 오래전 통제력을 잃은) 청소년들의 매력적 행동 사이의 싸움인 셈이다.

제25장　창조적인 손

1

　이번 장에서는 『아동 교육』 팸플릿에 설득력 있게 예시된 '만들기' 교육에 대해 조금 더 자세하게 설명하고자 한다.

　만들기는 초등교육의 중요하고 필수적인 단계이다. 또한 어린이들에게 매우 자연스러운 단계이기도 하다. 만들기는 다양한 관심을 불러일으키고 즉각적인 반응을 자극하고, 나아가 그 반응을 더 큰 관심들로 확장시킨다. 이 노력에 전체 어린이가 스스로를 던진다. 전체 어린이가 앞에 놓인 만들기 작업에 완전히 몰입한다. 만들기 이외의 다른 학습 프로젝트에서는 모든 어린이들이 이렇게 지속적으로 협력하는 일이 거의 포착되지 않는다.

　그러나 우리는 어린이를 만들기와 같은 매혹적인 프로그램에 자발적으로 참여시키는 일이 우리 일의 전부였다면, 우리의 노력에 전적으로 만족하지 못했을 것이다. 전문가로서 우리는 이 만들기를 통해 어린이의 중요한 능력들이 발휘된다는 사실에 주목한다. 열거해 보면 그 중요한 능력들이란, 상상하기, 느끼기, 발명의 창의력 발휘하기, 장애 극복의 새로운 방법 발견하기, 그리고 끝으로 (도움이 되는 지도 아래) 어린이가 만족할 수 있는 완성된 형태 얻기이다.

　만들기란 인간의 주요한 성취라 부르는 영역에서 이뤄지는 기본적 행위로서, 또래 집단이 가치 있다고 생각하는 무언가를 만들 때의 몸과 마음의 지속적인 통제이다.

우리는 어린이가 경험하는 소재가 다양할수록 생각을 표현할 때 자신감을 가진다는 점에 주목한다. 어린이들은 그들이 사용하는 언어와 그들이 이해하지만 사용하지 않는 어른의 언어, 이 두 가지 언어를 사용한다. 하지만 우리가 그들의 관심을 완전히 사로잡는 작업에 대해 그들과 이야기하면, 그들은 바로 조금 더 성숙한 말을 사용해야 한다고 느낀다. 때가 되면 자연스럽게 어린이들이 어른의 언어를 쓰는 단계에 이를 것이지만, 능숙하고 친절한 지도를 받은 만들기 작업은 그들의 언어 성장을 가속화시킬 수 있다. 그런 경우 어린이들은 어른의 단어들을 사용하여 설명하거나 질문할 것이다. 말하자면, 강력한 필요성이 그들을 몰아붙인 것이므로, 그들은 빠르게 또 자연스럽게 어른의 언어 규범을 받아들일 것이다.

또한 만드는 어린이에겐 성숙한 태도가 동반될 수 있다. 어린이의 주변에는 항상 만들어야 하는 것들이 있기 마련이다. 그렇기 때문에 우리는 단지 어린이가 그것들을 보고, 이해하고, 사용하는 법을 배울 수 있도록 돕기만 하면 된다. 우리는 최근 떠오르는 어린이 통제 기술들을 익히면서는 전적으로 보람을 느끼지 못한다. 우리는 어린이 같고 심지어 유치하기까지 한 행동을 보다 훌륭한 무엇(생각 없는 충동을 통제하거나 잘 계획된 목표를 향해 꾸준히 일하는 조용한 끈기)으로 점진적으로 변화시킬 때 보람을 느낀다.

모든 학교 활동에는 만들 것들이 있다. 식민지 시대[1] 조상들에 관한 글을 읽고, 엄숙한 촛불의 중요성에 감명을 받았던 어린이들의 예를 살펴보자. 밤에 실제로 사용할 수 있는 다른 불빛이 없었기 때문에 식민지 시대 사람들은 집에서 양초를 만들어야 했다. 지난 시대의 이 필수품에 대한 생생한 감각을 얻기 위해 고민하던 어린이들은 양초를 만들어 보자는 생각을 떠올렸다. (물론 이때 교사가 교묘하게 어린이들 모르게 그들을 지도했다.) 곧 어린이들은 양초 만드는 방법을 연구한 후 양초를 만들었다. 그 작업은 길고 힘들었다. 얼마 후 어린이들은 어두운 방에서 자신들이 만든 수제 양초에 불을 밝혔고, 상상의 나래를 펴며 아직 개척되지 않은 새로운 나라의 겨울밤을 보냈다.

곧 다가올 미인대회 용 탬버린, 방울, 북 만들기가 소리에 대한 경험으로 이어질 수도 있다. 이 소리 경험이 독창적인 노래의 작곡이나 비슷한 악기를 사용한 다른 문화권 연구로, 또 실로폰과 현악기 제작으로도 확대될 수 있다.

가게에서 파는 가면들보다 어린이들이 직접 만든 가면들이 더 매력적이고 더 흥을 북돋아 할로윈 축제의 기쁨을 배가시킬 수 있다. 또 다른 경우 어린이들은 물레바퀴와 풍차를 만들어 보면서 인간의 한정된 능력을 보충하기 위해 자연력을 사용했던 경험의 한 부분을 다시 경험해 보고, 자연력이 역사의 흐름 속에서 어떤 역할을 해왔는지 엿볼 수 있다.

이렇게 오늘날 어린이들은 조금이나마 새로운 학습(체험-학습, 연구-학습, 나눔-학습, 상상, 발명, 실험에 기반한 창의적 학습)을 현장에서 체험한다. 이것이 바로 창의 교육이다.

나는 언어와 시각예술 분야에서 주로 활동해왔지만 만들기를 통해서도 똑같은 창조적 결과물이 나올 수 있다는 것을 여기서 재확인한다. 만들기를 통해서 작업자는 빠르게 성숙한 태도를 취하고, 흡입력이 강한 관심사를 가지며, 더 참신하고 탁월한 자기-주도적 아이디어들을 만나게 된다. 그러므로 만들기의 최종 결과물은 단순히 만들어진 물건이 아니라 '확장되어 새로운 모험을 시도할 준비를 갖춘 자기다움'이다.

『아동 교육』학술지 팸플릿이 상세하게 설명하듯이, 이런 수업 방식이 보고되는 곳 어디에서든 활력 넘치는 자아로부터 개성을 펼쳐내는 의욕적인 교사들을 발견한다. 이런 교사들 덕분으로 어린이들의 창조 작업이 가능할 수 있었다. 그런데도 우리 사회는 으레 그렇다는 듯 창의 교육에 헌신하는 교사들을 인정하지 않았다. 그러나 이와 같은 교사들은 근본적으로 창의적인 사람들이다.

'창의적인 교사의 도움 없이 이 분야에서 우수한 성과를 내기란 불가능하다.' 교사란 학생들의 모든 활동이 지속될 수 있도록 교묘하게 지도하는 교실의 연출가이다. 그는 우수한 학생의 괄목할만한 성과에 대해 아첨하지 않고 정직하게 감탄하는 모습을 보여줄 것이다. 그는 느린 학습자에게 인내심은 보여줄지언정, 형편없는 작업은 인정하지 않을 것이다. 그는 올바른 방향으로 꾸준히 나아가고 있다고 판단되는 어린이가 어려움에 처할 때, 세심하게 반응해야 어린이가 성공적으로 해낼 것이라는 확신 때문에 종종 어린이에게 도움의 손길을 뻗지 않을 것이다. 이와 같은 교사의 성숙한 언어 사용, 취향, 교사라는 숭고한 직업에 대한 자부심, 내면에서 우러나오는 진짜 관심사, 그 외에 그를 자기다움을 갖춘 영향력 있는 사람으로 만드는 요소들—이 모든 것들에 대해 어린이들은 알지 못할 것이다. 하지만 이런 것들은 항상 어린이들에게 영향을 미친다.

제26장 청소년은 청소년을 부른다

1

이 책은 편의상 어린이들의 시 작업을 주로 다루었다. 그렇지만 어린이의 창조력에 대한 나의 의견들은 산문 창작에도 똑같이 적용될 수 있다. 내가 시 창작물을 예시했던 이유는 단 하나, 예증으로 사용하기엔 어린이들이 쓴 산문의 분량이 너무 많았기 때문이다.

컬럼비아대학교 티처스 칼리지 출판물인 『링컨학교 시, 이야기, 에세이』[1]에 수록된 작품들은 모두 학생들이 자발적으로 기고했던 글이다. 수업 과제용으로 제출된 작품은 한 편도 이 모음집에 수록되지 않았다. 기고된 글들 중에는 최종적으로 마무리되어가는 과정에서 교사의 검토도 있었을 것이고, 그룹 토의의 주제로 채택된 것도 있었을 것이다. 그러나 확실한 것은 그것들이 결코 누군가의 강요로 이루어진 것이 아니라는 점이다.

이런 글들을 한데 묶어 문집으로 발간했던 것은 책 형식의 학교 발간물이 어떻게 잠재 능력을 끌어내는 데 활용될 수 있는지를 보여주고, 또 그 잠재 능력을 훌륭한 업적으로 이끌어내기 위해서였다. 나아가 이와 같은 순수한 투고들이 자극적인 힘으로서 또래 친구들에게 영향을 미친다는 것을 보여주려는 목적도 있었다. 청소년은 청소년을 부른다. 결코 어른들이 따라갈 수 없는, 영감을 주는 영향력으로써.

다른 학교 교사들이 이 한정판 책『링컨 학교 시, 이야기, 에세이』을 신속하게 받아들이는 것을 보고, 우리는 그들에게 왜 이 책을 사용하는지 물었다. 그들의 거의 만장일치에 가까운 대답은, 이 책은 교실에서 가장 많이 읽혀 손때가 많이 묻은 책으로서 (문학적 성향의 학생들은 물론 표현을 잘 못하는 학생들을 포함한) 모든 학생들이 관심을 갖고 앞다퉈 찾는 책이었으며, 더욱이 끝없이 여러 번 읽어나가면서도 학생들은 그 책에서 지루함을 느끼기는커녕 지속된 흥미를 보였다는 것이다.

많은 교사들과 부모들의 말에 의하면, 이 책이 지금까지 자기 자신을 발견하지 못한 소년 소녀들의 영감을 불러일으켰으며, 이 책을 접한 소년 소녀들은 거의 대부분 창작에 도전했다고 한다. 특히 우리는 그들에게 이 책을 읽은 후 청소년들이 쓴 창작품에 혹시 모방의 흔적이 있었는지도 물었다. 그들은 대체로 거의 그런 적이 없었다고 답했다. 이는 창조성 자체가 두드려져 울림을 전한 것이며 그것의 진동은 언제나 타고난 특별함까지 이끌어냈다는 것을 의미한다.

창조적 충동을 자극하는 데 관심을 둔 교사들과 학부모들이 눈여겨봐야 할 중요한 점이 여기에 있다. 어른들이 쓴, 심지어 베스트셀러에 올랐던 책들도 젊은 또래들이 쓴 작품만큼 청소년들의 창조력을 자극하지 못한다. 청소년들은 "이 글들은 내 또래들이 쓰고 싶어서 쓴 것들이다. 게다가 그들은 쓰고 싶은 대로 썼다. 나에게도 내 나름대로 쓰고 싶은 것이 있고, 또 나는 나만의 방식으로 쓸 것이다. 이 친구들이 재미있게 썼다면 나라고 쓰지 못할 이유가 있을까?"라고 혼자 되뇌일지도 모른다.

창조적인 청소년들의 탁월한 작품을 통해 다른 청소년들의 창조 충동을 자극하는 일은 매우 중요하다. 그러나 그 탁월한 작품을 활용할 때 우리가 실망하는 경우가 더 많다는 점도 직시해야 한다. 링컨학교 학생들의 이야기들과

에세이들을 읽어본 학생 누구든 수록된 산문들의 독창성을 그대로 베끼는 단계에 머물 수 있고, 교사가 약간의 지침을 주지 않으면 진정한 독창성이 무엇인지 배우지 못할 수도 있다. 이런 맥락에서 나는 산문을 쓸 때 어떤 경우엔 작품을 쓰지 못하게 제약을 가하고 다른 경우엔 작품을 쓰도록 지도하는지를 예로 보여줌으로써 도움을 주고자 한다.

우리가 받았던 초기 산문들은 대체로 모방작들이었는데, 우리는 그것들을 모두 다 따뜻하게 받아들이지 않았다. 초기의 산문들은 대부분 창조적 삶에 대한 어떠한 암시나 자극에 의거하지 않은 그럴싸한 것들, 생명력이라곤 전혀 없는 '최신 소설' 모방작들에 불과했다. 그래서 우리는 그들만이 지니고 있는 삶에 대한 글감을 갖고 쓰게 될 때를 기다리며 흥분을 아껴두었다. 그리고 우리는 그들의 최고 작품이 주변과 내면의 세계에 대한 그들의 개인적인 해석에 기초할 것이기 때문에 다른 누구의 작품과도 다른 것이어야 하며, 따라서 '최고 작품은 이전에 세상에 없었던 무엇'일 것이라는 우리의 기준을 다시 한번 제시했다.

오랜 기다림 끝에 이러한 우리의 방식이 청소년들을 개인적 경험에 대한 성찰로 이끌고 훌륭한 결과물들도 낳았다. 이 시기 우리가 에너지를 쏟아 부었던 부분은, 각 개별 학생이 각자 삶의 일상적 사건들이야말로 생동감 있게 살아있으며 심지어 극적이어서 흥미로울 뿐만 아니라 진지하게 묘사할 가치가 있는 것들이라고 믿게 하는 작업이었다. 나는 평범한 일상에서 감동적인 소재를 잘 뽑아내는 것의 중요성을 일깨워주기 위해 나의 일상스토리들을 끊임없이 늘어놓았다. 학생들은 종종 내가 과장의 명수라도 된다는 듯 "선생님께는 항상 무슨 일이 일어나는군요"라고 말하곤 했고, 나는 "나에겐 항상 무슨 일이 일어나지"라고 되받아쳤다. 그런 후 나는 나에게 일어나는 그 '무슨 일'을 포착하기 위해 내가 했던 일을 구체적인 예를 통해 보여주곤 했다.

이리하여 학생들은 어떤 멋진 결혼식을 '표제 기사'로 다루려다가 '이야기 없음. 신랑이 나타나지 않았음'이라고 간단하게 편집장에게 알렸던 젊은 기자에 대한 오래전 신문 기사의 핵심을 어렵지 않게 파악할 수 있었다.

우리는 다른 지역에서 살아본 학생들에게 자신만의 경험에 대해 써보라고 강하게 권유했다. 그리하여 몇몇 학생들은 콘스탄티노플[2]에서 1년 동안 살았거나, 부모님과 함께 군부대에서 지냈거나, 오랜 기간 애리조나 목장에서 보냈거나, 산타도밍고[3]의 푸에블로 인디언마을을 방문했거나, 기숙학교에서 1년을 보냈던 경험담을 글에 담아냈다. 이렇게 외국이나 다른 지역에서 살다 온 학생들이 묘사한 장면들은 무엇인가 알고 있는 것들에 대한 이야기를 전했다. 그 이야기들 속 등장인물들은 실제로 만나고 이해한 사람들이었으며, 의견과 관점도 삶의 개인적 접촉에서 비롯된 것이었다.

이런 경험에 기초한 산문에는 항상 확신의 인장이 찍혀 있다. 경험에서 인용할 때 사람들은 자신감이 없어서 외부의 권위에 기대는 일을 절대 하지 않는다. 젊은 어부는 무심하지만 확신에 찬 태도로 수백 마리씩 떼를 지어 다니는 라파예트와 동갈 방어, 도망치는 맨헤이든[4]을 때리는 푸른 물고기 떼, 낚시대, 낚시 배의 배전, 낚시 배를 지키는 해변 경비원들에 대한 이야기를 전한다. 젊은 군인은 지휘관, 청동 제대 버튼, 부대 경비초소, 나팔을 불며 깃발에 경례하기에 대해 거침없이 써나간다. 외국인 여자 기숙사 사감인 메힘 양의 오그라든 삶이 역겨움을 불러일으킬 정도로 실제 삶처럼 묘사된다. 실제 경험에서 나왔으므로 소년은 학교 스케줄에 포함된 학급 회의의 무성의함과 방만함에 대해 정확히 기록한다. 어느 남서부 지방 울타리 안의 말, 모래폭풍 맞으며 춤추는 푸에블로족,[5] 누나와 누나의 여자 친구들을 괴롭히는 어린 남자동생들, 이런 것들은 의심의 여지없이 살아있는 묘사이다.

아무도 자신이 쓰고 있는 것이 무엇인지 알게 될 때까지는 글을 쓸 수 없다. 정말로 안다는 것은, 그것을 단지 정보로서가 아니라 자신의 일부가 된 살아낸 무엇으로서 안다는 것을 의미한다. 각 개인은 크건 작건 자신의 영역을 지니며, 그 영역에 대해선 권위를 가지고 말할 수 있다. 그리고 현명하게 잘 가꾸고 다듬으면 그 영역이 엄청나게 확장될 수도 있다. 누구나 할 이야기를 가지고 있다. 세상 사람들이 정말로 듣고 싶어 하는 각 개인의 유일무이한 이야기를. 만약 교사들이 그 이야기를 알 수 있다면, 그것은 그들에게 정말 행운이다. 글쓰기 교사가 청소년에게 건넬 수 있는 가장 멋진 도움은 바로 이런 개인적 이야기를 담은 아름다운 글을 발견하는 것이다. 청소년이 최종 작품을 제출하면, 교사는 그 글이 아름다운 글인지 아닌지 시험할 수 있다. 교사는 그 글 속에 탄탄한 근거, 필연적으로 옳은 방향으로 발전되어 실제 인물처럼 살아있는 인물들, 권위 있는 지식에 근거한 논평, 그리고 확신을 보여주는 원숙한 서술이 있는지를 확인함으로써 그 글이 지닌 아름다움의 유무를 판별할 수 있다.

더 나아가, 우리는 학생들이 제출한 글들 중 몇 편은 창작자의 머리에서 완전히 무르익어 나온 글이 아니라는 점을 파악해야 한다. 어떤 글들은 처음 몇 단락에서만 창의성이 나타나는데, 바로 이 지점이 주의 깊은 지도자가 개입할 곳이다. 글쓰기 지도교사는 묘사된 몇 문장들 안에 감춰진 큰 것의 향을 맡을 수 있는 예리한 감각을 지녀야 한다.

『링컨학교 시, 이야기, 에세이』에 수록된 작품들 중 최고라고 평가되는 이야기 한 편은 지금은 글의 한가운데 배치된 한두 단락에서 시작되었다! 이 글을 처음 읽었을 때 나는 더 많은 것을 알고 싶은 마음에 글의 앞으로 되돌아갔다. "이전에 무슨 일이 일어났지?" 이전에 무슨 일이 일어났는지를 알게 되었을 때, 나는 더욱더 간절히 "이후엔 무슨 일이 일어났지?"를 묻고 싶어 다시 돌아왔다. 그런 후 나는 글의 저자에게 이렇게 말했다. "이 부분이 이야기의 좋은 시작점이구나. 그런데 이 부분에서 나타날 수 있는 명장면을 한 문장으로 요약했다는 것이 좀 아쉽구나. 흠, 이 표현에 더 풍성하게 살을 붙일만한 내용들이 있을 것 같은데……" 그러자 그는 명장면의 세세한 부분들에 대해 열변을 토했다. 나는 소리쳤다. "어서! 지금 말한 것들을 그대로 빨리 적어보렴. 대화뿐만 아니라 그 밖에 모든 것들을 다 말이지. 아주 좋아. 표현이 죄다 살아있어. 이렇게 고조된 상태에서 재빨리 옮겨야만 해. 이면지에라도 적어보렴. 내가 최종 본에 넣어볼게." 몇 개의 '명장면들'도 정확히 같은 방식으로 확장되었다. 우리는 그것들을 결합시키거나 여기저기 조각들을 붙여 넣었다. 그것은 저자가 기쁨에 넘쳐 주장한 것처럼 최종적으로 놀랄만한 길이의 멋진 책으로 출시되기 전에는 '엉망진창' 그 자체였다. "휴!" 이틀 동안의 타이핑 작업을 마친 뒤 "그렇게 많이 쓴 줄 몰랐어!"라고 작가는 외쳤다.

이 과정은 엄청난 시간이 걸린다. 그러나 나는 이 과정이야말로 청소년의 창조 정신이 최대한 발휘되도록 유인하고, 더 나아가 창의적 사고력을 지닌 청소년을 더욱 향상시키는 나만의 레퍼토리 중 가장 좋은 방법이라고 생각한다. 그러나 그 어떤 때도 글쓰기 지도교사는 무엇이 쓰여야 하는지에 대해 청소년 작가에게 알려주지 않아야 한다. 교사는 단지 추상적 진술 혹은 (아마추어 작가들이 경험의 대체물로 내놓기 쉬운) 경험의 요약을 그림처럼 묘사하거나 연극적으로 확장할 것을 요구할 뿐이다.

그리고 물론, 청소년들이 쓴 이야기 중 일부는 전혀 '일어나지' 않았던 일에 관한 것이다. 우리는 순수한 상상력으로 쓴 글을 다른 산문들과 정확히 같은 방식으로 다룬다.

2

여기서 나는 나의 마법 가방에서 다른 하나를 꺼내야 한다는 것을 알고 있지만, 다음 두 가지 이유로 망설인다. 첫째, 청소년들이 이 다른 하나의 마법이 어떻게 작동하는지 알게 되면 그 효력을 잃을 수 있고, 둘째, 그것의 공개가 일부 여교사들을 화나게 할 수 있기 때문이다. 이유는 알 수 없지만, 이에 관련한 이야기를 할 때마다 여교사들은 자주 비난의 목소리를 낸다거나 회의에서도 불편한 모습을 보이다 발끈하며 회의장을 떠난다. 이런 반응들은 예민한 영혼의 소유자인 나에게, 특히 여자들과 어린이들을 기쁘게 하는 것이 인생의 즐거움인 나에게 정말 괴로운 일이다. 그러나 나에게 의무는 무엇보다 중요하며, 언제나 그렇듯이 영혼은 고통을 받아야 한다. 그러니 고통을 받더라도 나는 이 이야기를 전해야만 한다.

여러분이 교사라면 복도에서 한 청소년을 불러 세웠던 적이 분명 있을 것이다. 여러분이 지적했던 그의 활기 없는 몇 단락에도 화제가 될 만한 글감이나 영감이 있다는 말을 전하기 위한 방식으로. 여러분은 재빨리 "이 얘기 전에 무슨 일이 있지 않았어?" 또 "이 다음에 무슨 일이 있었는지 한 번 생각해볼래?" 이와 같은 질문을 던진다. 그러면 청소년이 이 교사의 질문이 전하는 생각을 전수받고 동요하기 시작한다. 여러분이 사람을 잘 낚는 자라면, '동요'라고 알려진 균형의 어긋남에 대해 알 것이다. 그러나 여러분은 '동요'가 확실한지 확신할 때까지 기다려야 한다. 소년이나 소녀가 넘쳐흐르는 뜨거운 단어들에 의해 내면의 화산이 해소될 때까지는 밤이건 낮이건, 다른 수업을 받고 있건 아니건 편하게 쉬지 못한다는 것을 확신할 때, 그때 — 여러분은 극도의 친밀성을 담은 흥분되지만 조용한 목소리로 이렇게 말하는 것이다. "철자법이나 대문자 또 쉼표와 세미콜론에 대해서는 잠시 신경을 꺼봐. 네 머릿속에 아이디어들이 마구 피어날 때 무조건 종이를 꺼내서 막 적어 내려가는 거야. 관련이 있든 없든 다른 것을 생각할 겨를도 없을 만큼 일단 손이 가는대로 다 써보는 거야. 그리고 우리가 쉼표와 세미콜론이란 양념을 그 완성된 글 위에 뿌리는 거지. 마치 스테이크에 특제 소스와 시즈닝을 더하는 것처럼! 구두점이나 철자 그 어떤 것에도 신경 쓰지 말고 해봐. 이 정도 글이면 정말 최고야. 양념을 쳐서 마무리 하는 것은 내 역할이야. 어서 써내려 가봐!"

그리고 나중에 여러분은 최고조에 달한 청소년의 글에 양념을 쳐준다. 바로 그 앞에서. 콤마, 세미콜론, 인용 부호를 치며 여러분은 그에게 왜 여러분이 그렇게 하는지를 보여주는 것이다. 이때 보여준다는 것을 꼭 기억했으면 한다. 그런 다음에는 그를 차가운 교과서로부터 떼어내는 것이 좋다. 어린이들의 숭고함을 고려한 책이란 거의 존재하지 않기 때문이다. 그에게 보여줘라. 꾸짖지 말고, 잔소리하지 말고, 위협하지 마라. 그냥 보여줘라.

하지만 청소년이 창조 활동에 사로잡혀 있지 않으면, 이런 보여주기 단계는 무의미하다. 또 창조 활동이 몰입의 단계에서 벗어난다면 여러분은 그 청소년이 다시 동요할 때까지 보여주기 단계를 잠시 접어둬야 한다. 요점은 단순히 노동력을 절약하자는 것이다. 일단 청소년이 창작의 흥분에 사로잡히면, 그는 찰나의 순간에 모든 문제에서 벗어날 수 있다.

그러나 요점을 놓치지 말기 바란다. 창작의 기계적 측면을 이렇게 웃어넘기며 지나치게 경시하는 것은, 청소년의 창작 능력 부족에 대한 두려움을 떨쳐버리기 위한 것이라는 점을 기억하자. 때문에 여러분의 어조는 개인적으로 청소년의 글 한 조각에서 발견되는 모든 쉼표들에 대해 조금도 개의치 않는다는 것을 보여주어야 한다. (물론 여러분은 개의치 않는다.) 이렇게 하는 것은 여러분의 일에서 '금지의 악마'를 완전히 몰아내는 일과 다름없다. '마음껏 써봐라!'라고 강조하는 것이 청소년의 마음을 편안하게 해준다. 바위를 쳐 물을 쏟아지게 한 아론[6]의 지팡이도 멍청해 보이는 자들에게서 유창한 글을 이끌어내는 이 단순한 정신의학적 마법에 비하면 아무것도 아니다.

(이제 존경받는 신사 숙녀 분들이 보내온 분개에 찬 편지들을 읽어볼 때가 되었다. 그들은 내가 현대라는 이름의 비틀거리는 문명의 마지막 버팀목을 빼냈다고 발표할 것이다! 하긴, 지속되는 동안 현대 문명은 나름 괜찮은 작은 문명이긴 '했다')

3

지금까지 나를 기준이 낮은 사람으로서 노출시켰으니 (나는 종종 구원의 목적을 위해 술집주인들이나 죄인들 수준까지 내려가기도 했다.) 다음과 같은 고백을 보태는 것이 좋을 듯하다. 고백건대, 나는 가능성이 엿보이는 청소년들에게는 (창의성에 대한 외적 증거를 찾을 수 없어도) 그들에게 창조력이 잠재되어 있다는 믿음을 의도적으로 심어준다. 많은 사람들은 이런 절차가 부도덕하다고 생각할지도 모른다. 이것이 하지만 (나만의 실리적인 방어 전략이겠지만) 거의 기적을 불러온다.

사실 나는 청소년들과 소통을 자주 하는 편이지만 아무 때나 모든 것을 다 말해주지는 않는다. "할 말이 있어 보이는데? 음, 네 자신에 대한 확신이 없는 건가? 그래도 뭔가 할 말이 있어 보이는구나. 내면 깊숙한 곳에 자리하고 있는 것을 꺼내는 게 어려울 때도 있지. 아마 넌 살짝 끄집어내려다가도 그게 답이 아닐 수 있다는 판단을 했을지도 몰라. 하지만 그 생각과는 정 반대로 내면에 깊이 자리 잡은 욕망을 표면으로 드러내는 것 자체가 신비를 불러올 수도 있어. 그것은 드물고 매우 귀한 것이기에 세상 사람들이 그것을 가치 있게 생각하고 높은 가격을 매기기도 하지. 내면의 발견이라는 위대한 일을 성취한 사람은 많지 않아. 또 그 위대한 발견을 대담하게 *끄*집어내거나 그럴 용기를 가진 사람도 많지 않지.

아마도 넌 네 깊은 내면에서 배회하는 그런 생각들과 상상들을 그저 어리석은 것이라고 생각했을 거야. 하지만 그것들은 어리석지 않아. 오히려 감각의 극치일지도 몰라. 아마도 넌 그런 생각들과 상상들에 대해 부*끄*러워해 왔겠지만, 오히려 그것들이 자랑스러워할만한 무엇일 수도 있어.

네겐 말하고자 하는 무엇이 있어. 너만의 무엇. 그걸 말하려고 노력해봐. 네가 가지고 있는 진정한 생각이나 느낌이라면 어느 것도 부*끄*러워하지 말고, 네 자신을 과소평가하지 마. 남들이 어떻게 생각하느냐에 대한 것은 생각할 필요도 없고 그러기에 두려움도 느낄 필요가 없지. 자기 내면의 두려움이 너의 최대의 적이야. 혼잣말로 너 자신에게 말을 걸어보렴. 세상 어느 누구도 하지 않았던 너 자신에게 보내는 말의 선물을 말이야.

사람들이 주변에서 이야기할 때, 너는 종종 너만의 개인적인 관점을 갖지 않니? 가끔은 생각만 해도 너무 끔찍한 어떤 것? 그것이 네가 해야 할 말일 수도 있고, 그 일부일 수도 있어. 온갖 황당한 상황에 처한 자신의 모습을 상상해본 적이 없니? 바로 그 상상이 그것일 수 있고, 그 일부일 수도 있어.

내면에서 이끈 말들이 너무 커서 아무리 *끄*집어내도 끝이 없겠지. 근데 말이다. 그건 아무도 모른다. 네 평생 계속해서 일어날 수도 있는 일이지만 다른 한편으론 애초에 꺼내지도 못하고 그냥 남겨두는 경우도 있어. 한 번에 오직 한 부분만 나오거든. 하지만 넌 그 부분을 네 밖으로 *끄*집어내야 해. 그것이 가장 좋은 부분은 아닐 테지만, 반드시 그것이 먼저 나와야 해. 일단 그것이 나오기 시작되면 점점 더 많은 것들이 따라 나올 거야. 그리고 그것은 더 나아지고 나아질 거야. 아니, 나아졌다 나빠졌다가, 다시 나아졌다 나빠졌다 나아진다고 말하는 편이 더 나은 표현일거야. 그것은 기복이 매우 심해. 하지만 전반적으로 볼 때는 항상 나아져.

네겐 말해야 할 무엇, 아주 중요한 무엇이 있어. 하지만 네게 그 자체는 그것에 대한 말이 네게 지닐 의미의 반만큼도 중요하지 않아. 만약 네가 네 내면의 독특하고 가치 있는 소유물을 찾는 법을 배워 네 안에서 그것의 일부만이라도 꺼낼 수 있다면, 네 자신의 개인적 힘은 놀랄 정도로 성장할 거야. 그러니까 일찌감치 한 번 찾아봐. 그것에 시동을 거는 것은 너야. 그게 네가 성장하는 길이기도 하고.

네겐 말을 해야 할 무엇이 있어. 그것이 무엇인지 찾아 봐. 시작은 여기서부터야. 일단 시동이 걸리면, 그것은 평생 동안 너와 함께 할 거야. 넌 교육이 할 수 있는 모든 것을 스스로 할 거야. 그 깊고 강력한 자아가 네 안에서 일어나 자리 잡게 되기를 격려하면서.

물론 네가 말해야 하는 것이 언어가 아닌 다른 매체에 담길 수도 있어. 예를 들어, 스케치나 디자인, 음악의 작곡이나 해석적인 연주, 춤, 걷기, 태도, 목소리의 톤, 웃음, 수용 가능한 사회적 행동, 연극적 묘사, 소리 내어 읽기, 손으로 만드는 공예 전반 등 다양한 매체로 표현할 수 있어. 자신을 표현하고, 그 결과를 받아들이고, 그 경험을 통해 배우는 것을 배우라. 이것이 자기다움을 성장시키는 방법이고 말고."

4

산문을 쓰는 일반적인 방식은 쓰고 난 후 반복해서 수정하는 것이다. 그렇더라도 모든 오류를 고치거나 무질서하게 펼쳐진 문장들을 모두 바로잡으려는 시도는 하지 않는다. 절대 그렇게 하지 않는다! 산문을 쓸 때의 기준은 교과서 집필 기준과 매우 다르다. 우리가 중시할 판단 기준은 오직 관심 있는 독자에게 미치는 영향뿐이다. 평범한 수사학 책에서처럼 문장의 완벽함을 추구하면, 현장에서 느끼는 예술성의 맛과 매력이 완전히 사라질 수 있다. 불완전성의 아름다움! 수사학적으로 완벽한 책들은 이 불완전성의 아름다움에 대해 알지 못한다. 수사학적으로 완벽한 책을 신봉하는 사람들이 오히려 더 모른다. 선천적으로 예의가 바른 어린이들과 예의범절을 완벽하게 지키지만 예의가 없는 어린이들은 다르다. 그러나 규칙을 잘 지키는 올바른 예절과 좋은 예절, 틀린 것이 없는 올바른 영어와 좋은 영어 사이의 차이를 감지하지 못하는 사람들은 아무리 설명을 해주어도 올바른 것과 좋은 것이 어떻게 다른지 파악하지 못한다.

어린 시절 영국에 머물렀을 때 나는 표지에 '더 나은 부류의 사람들과 친밀한 관계를 맺고 싶어 하는 여왕 폐하 소유의 하녀들과 집사들, 그리고 그 보다 높은 직책의 하인들, 적절하게 표현하면 만 명의 열망가들'이라고 쓰여 있는 책을 진지하게 탐독하는 부엌 하녀를 본 적이 있다. 만 명이라니! 이 책에는 이와 비슷한 불완전한 영어 표현들로 가득하다. 그리고 상업적 의도로 출판된 듯 보이는 이 책은 창조성의 상실이 무엇인지도 명확히 보여준다.

사실 그동안 우리의 가르침은 (불완전해서 아름다운 창의적인 것과 위의 책에 드러나는 것처럼 불완전하며 창의적이지 못한 것을 구별하게 할 만큼) 명확하지 못했다. 창작하는 동료로서 만난 우리는 예술의 가치와 효과에 대해 함께 토의한다. 또 우리는 창작하는 사람들이기 때문에 일반 교사들이 악의적일 정도로 엄격한 부분에서 관대한 편이다. 이는 작가로서 우리가 이야기, 에세이, 시가 발표 가능한 형태에 도달하기 전에 일반적으로 거쳐야하는 단계들에 대해 알고 있기 때문이다. 처음에 분명하지 않은 생각들이 떠오르고, 그다음엔 그 생각을 읽을 수 없을 만큼 조잡하고 엉성하게 종이에 쓰려는 시도들이 이어지고, 그런 다음, 십중팔구, 첫 부분보다 끝부분이, 또는 시작이나 끝이 없이 중간 부분이 완성된 상태로 나타나는 일이 생긴다. 그다음엔 처음에는 생각조차 해 보지 못했을 전체가 드러나면 이와 비례를 맞추기 위해 일부를 잘라 내거나 확장시키는 작업이 진행된다.

교사들은 스스로 글을 쓰지 않는 한, 흔히 창작의 이런 면을 알지 못한다. 따라서 그들은 초고 제출 시 완성품을 요구하거나, 어린이 청소년 예술가의 모든 에너지를 대본, 철자법, 구두점, 여백, 깨끗한 종이 등을 완벽하게 마무리하는 일에 쏟게 하곤 한다. 아니면 그들은 교과서에서만 배운 너무 뻔한 생각을 가지고 있어서 상상력을 많이 요구하는 창작 영역에서조차 뻔한 패턴을 따를 것을 요구할지도 모른다. 아마도 성공한 작가들이 그들이 학창시절 받았던 국어 수업에 대해 거의 언급하지 않는 것은 이런 이유들 때문일 것이다!

교사는 학생들이 제출한 글의 임시 지지대[7]를 방해물로 오인하고 시비를 걸지 말아야 한다. 또한 그러한 지지대 구조가 어떻게 세워져야 하는지에 대한 고정된 하나의 개념을 가져서도 안 된다.

나는 교사의 길에 놓인 각종 장애물이 무엇인지 이해하고 이 책을 집필하기 시작했다. 그리고 이 책의 어디서도 어려운 난관에서 빠져나오는 길이 오직 하나뿐이라고 말하지 않으려고 노력했다. (내 생각에는 그렇다. 아마 넌지시 알린 적도 없을 것이다.) 그러므로 이 책의 어느 부분에서도 내가 낙관주의적 흥분 속에서 내 방식이 완벽하거나 절대 틀리지 않는다거나 혹은 어떤 시점에서도 반박의 여지가 없다는 인상을 전달하지 않았기를 바란다. 혹여 이 책에서 이런 것들 중 하나라도 발견된다면, 나는 내 전달 방식에 문제가 있었다는 것을 인정해야 할 것이다.

5

이제 교사에게 필요한 기술에 대한 좁은 논의에서 이 책의 더 큰 고려사항인 청소년들의 강력하고 소중한 에너지 방출의 문제로 돌아가기 위해, 우리는 억압뿐만 아니라 자유도 위험하다는 것을 기꺼이 인정해야 한다. 오래전에 해롤드 러그와 앤 슈마커는『아동중심학교』[8]에서 현대 학교의 목적과 그것의 불가피한 단점 이해를 바탕으로 현대 학교에 탐색적인 비판을 가했다. 이러한 비판을 받아들여야 이 책이 전하는 이야기가 완성된다. 그러나 더 큰 의미의 자유를 확보하고자 했던 우리 부모들과 교사들은 우리 현대 교육의 비판적 측면에 대해 침묵해 왔다. 그것은 청소년에게 적대적인 세력들이 여전히 강력한 힘을 발휘하고, 우리가 공연히 싸움을 걸어 그들의 힘을 키워줄 필요가 없다는 판단 때문이었다. 생각해보면, 우리의 반대파들과 우리는 서로를 비판함으로써 서로의 힘을 키워 왔다. 이런 의미에서 우리의 힘을 키워준 우리 반대파들에게 경의를 표한다. 게다가 그들은 오랜 경험을 통해 우리가 폐기했지만 우리가 위험에 빠지지 않기 위해선 실제로 필요했었던 많은 것들을 완벽하게 다듬어주기까지 했다. 그러나 우리는 그들과 다르다. 우리는 그들이 사용한 도구들을 사용하지만, 도구들을 숭배하는 그들의 길을 결코 따르지 않는다.

한 마디 덧붙이자면, 이 책은 나만의 특정하고 제한된 관점에서 어린이의 삶을 개관한다. 이 책은 교육 전체에 대해 이야기하려는 시도를 하지 않을 뿐더러, 이 책의 관점과 동등하게 가치 있는 또 다른 관점이 있다는 점을 기꺼이 인정한다. 이 책의 목표는 단순히 정신적 성장이라는 매혹적인 신비로써 오랜 경험을 통해 힘들게 쌓아온 이전 지식에 새로운 지식을 보태는 것이다.

제27장 우리 각각의 재능

1

나는 아주 오래전 소년 딱지를 벗자마자 도시 문법학교 고학년[1] 수업을 맡았다. 나를 마주한 얼굴들은 마치 무감각을 장착한 로봇 같았다. 내가 교사라는 것은 우리 반 아이들에겐 신선한 충격이었을 것이다. 사실 당시 초등학교 교실에서 남자 선생님을 만난다는 것은 '세상에 이런 일'이와 같았다.

새로운 교사를 만나는 그들의 긴장을 풀기 위해, 나는 그들과 내 자신의 무지에 대한 농담을 건넸다. 아이들이 웃긴 했지만 큰 웃음은 아니었다. 내가 그들에게 무엇을 가르쳐야 하는지 물었더니, 그들은 과목 이름 몇 개를 언급했다. "오, 좋아요, 그럼 생리학이요." 한 작은 소녀가 대화의 물꼬를 트며 불쑥 말했다.

"그게 뭐니?" 내가 물었다.

웃음이 이어졌지만, 즐겁고 친근했다. "뼈에 관한 것이에요. 피와 장과 위에 관한 것이기도 하고요." 그녀는 빠르게 답을 알려주었다.

"웩!" 나는 역겹다는 액션을 취하며 말을 가로막았다. 이것이 그들에게 큰 기쁨을 주었다. 나는 곰곰이 생각한 후 말했다. "생리학이라고? 난 그 단어 철자[2]도 잘 모르는데." 그러자 그들은 정말로 웃었다. 웃음이 함성이 되고 비명이 되었다.

나이 지긋한 여교사가 교실 안으로 머리를 들이밀고 물었다. "무슨 문제라도 생겼나요?"

"저기, 아무 일도 아니에요." 내가 답했다.

"웃음소리를 들었어요." 그녀가 화난 목소리로 딱딱거리며 말했다. "이 학교의 교실에선 웃음소리는 허용되지 않습니다!" 이렇게 말하곤 그녀는 갑자기 문을 쾅 닫고 나갔다.

아이들의 억압된 영혼이 통쾌한 웃음과 함께 터져 나왔다. 마침내 우리가 웃다가 흘린 즐거운 눈물을 닦으며 진정하게 되었을 때, 반 아이들과 나는 아주 친밀한 관계를 맺고 있었다.

서로에 대해 알아가는 수업 시간 내내 우리는 더 많은 웃음을 터뜨렸지만 수업이 끝날 무렵, 아이들의 웃음이 잠잠해지고 건강한 젊음의 혈기가 얼굴에서 사라졌다. 나는 어린이들에게 뭔가 걱정거리가 있다는 것을 감지했고, 그들에게 왜 그런지 이유를 물었다. 월별 '품행' 성적에 대한 우려와 학년말 시험에 통과하지 못하면 어쩌나 하는 걱정, 이 두 가지가 아이들의 고민거리였다. 몇몇 어린이들은 품행 점수가 조금이라도 떨어지면 집에서 심한 꾸중을 듣는다는 이야기를 했다. 나는 분개했고, 즉시 그들에게 우리 반에서는 어떤 학생도 '좋다' 이하의 품행 성적을 받지 않게 될 것이라고 장담했다. 이 말의 효과는 상당했다. 아이들의 작은 삶에서 큰 짐이 덜어졌고 동시에 그들은 실제로 '좋은' 품행을 보여주었다.

시험도 내 방식대로 처리할 것이며 내가 시험의 단독 책임을 지겠다고 약속했다. 암송 발표회는 나중에 열렸는데, 암송을 잘하지 못하는 자를 들춰내기 위해서가 아니라, 어린이들이 더 잘 배우기 위해 필요한 것이 무엇인지 발견하기 위해서 열렸다. 그 시절 암송은 거의 모두 엄격한 '주입식 암기' 활동이었다. 일례로, 미국 헌법의 대부분을 정확히 암기하는 일과 '1드램 액체는 몇 미님[3]인지 혹은 4퍼치는 몇 평방 야드'[4] 인지 알아내는 어렵고 터무니없는 일이었다. 교육과정에는 세제곱근, 이등변 삼각형의 정확한 철자isosceles triangle를 포함해서 이등변 삼각형의 특징들과 직각 삼각형 빗변의 그 유명한 제곱 문제[5]가 포함되었다. 그리고 우리는 분사의 독립주격, 원급,[6] 환유,[7] 제유, 구문, 시의 라임 규칙 등에 대한 교과서 정의를 알아야만 했다.

어린이들과의 약속을 지켜나가면서, 나는 결국 어린이들이 이런 것들뿐만 아니라 다른 학습 주제들도 일상생활의 경험과는 동떨어진 것이라고 생각하고 있다는 사실에 주목했다. 우리는 '선거인들은 그들 각자의 주에서 모일 것이다'('여기서' 각자respective이지 존경받는다respected[8]가 '아니다!')와 같은 문구와 진짜 어려운 고어로 된 문장인 '이들 선거인들 중 적어도 한 명은 선거인들과 같은 주의 거주민이어서는 안 될 것이다'[9]를 정말 열심히 연습했다. 우리는 시험관들이 이 18세기 표현이외의 그 어떤 다른 표현도 수용하지 않을 것이라는 것을 알고 있었다.

나는 이 첫 시간을 마치고 교실을 떠나는 한 무리의 학생들에게 "함께했던 시간 진심으로 즐거웠어"라고 말했다. 그들도 나와 같은 의견이라고 답했다. 한 소년이 불쑥 말했다. "우리가 처음에 왜 그렇게 크게 웃었는지 아세요? 선생님께서 웃으셨기 때문이에요. 저희는 선생님들께서 웃으시는 것을 본 적이 없었거든요." 나는 그 문제에 대해 곰곰이 생각해 보다가 마침내 "그렇구나. 이제 와서 생각해 보니 나도 본 적이 없었어"라고 말했다.

내가 '방과 후 남아 있을' 장소를 마련해주지 못했기 때문이었는지, 소년 소녀들은 수업을 마친 후 내 책상 주변을 맴돌며 그들의 진짜 관심사들에 대해 끊임없이 말했다. 학교 과제와 아무 관련이 없는 이야기였음은 두말할 필요가 없다. 그들은 가끔씩 끊기는 솔직한 재잘거림에 온통 자신들을 쏟아 넣곤 했는데, 그것이 완전히 나를 사로잡았다. 나는 이 아이들의 재잘거림 속에서 동기, 목적, 어린이 가치에 대한 신비로운 심리학 데이터를 수집할 수 있었다. 하지만 언제나 웃음이 모든 분위기를 압도했다. 아이들은 매일 청소부의 먼지 때문에 할 수 없이 집에 가야 할 때까지 내 곁에 머물렀고, 그때 나는 내가 무엇인가 배우고 있다는 사실에 전율을 느꼈다. 어린이들은 마치 내 책상 주변이 억눌린 생각과 감정을 터트리는 정신과의사의 소파인 양 거침없이 쏟아냈다. 그러나 그들이 터트려낸 것들 중 나의 청소년 시절과 비슷한 것은 거의 없었다. 그때 나는 누구도 자신의 어린 시절을 기억하지 못할 것이라고 생각했다. 그리고 누군가의 마음속에 간직된 그림은 욕망의 반영이자 자존심이 무의식적으로 그린 것이라고도 생각했다.

나의 첫웃음에 아이들은 나를 믿게 되었고 나와 우정도 나누기 시작했다. 나는 어린이들 모두가 학기말 시험과 관련 없는 것들의 정답마저 알게 될 때까지 웃음을 고수함으로써 그들에게 보답했다. 다른 학교들은 공부를 잘하는 최고 학생들만 고등학교 시험[10]을 치르는 것을 허락했지만 나는 우리 반 학생들 모두가 시험을 치를 수 있게 했고 그들 모두 통과했다.

이 방과 후 만남에서 나는 뜻밖의 재능을 지닌 보물 같은 어린이들을 여러 명 발견했다. 한 소년은 빠른 덧셈 방식을 고안해냈다. 그는 칠판에다 일렬로 숫자들을 빨리 쓰고 바로 숫자들의 합계를 계산해낼 수 있었다. 절대 음감을 가진 소년도 만났다. 그는 피아노에 등을 지고도 피아노가 내는 음을 모두 다 맞출 수 있었다. 그의 말에 따르면, 그는 심지어 피아노가 반 음정 맞지 않는 것을 감안해서 음을 맞추었다. 학급의 여러 활동들과 사회 관계망을 조용히 장악하고 우리 사이에 기분 좋은 소속감을 쌓아주었던 어린 소녀도 있었다. 나는 단지 그녀의 전파력 강한 다정함의 결과들을 받아들이기만 하면 되었다. 몇 년이 흐른 후 나는 그녀의 이 재능이 더 큰 사회와 시민 단체들에서 발휘되는 것을 목격했다.

내가 아는 바로는 최근 '친밀한 관계 맺기'가 갑자기 새로운 교육 심리학의 자료로 부상했다. 하지만 나는 일찍이 교육계에 발을 들여놓은 이래 줄곧 (초등학교 저학년부터 고등학교를 거쳐 대학원에 이르는 각 교육 현장에서) '친밀한 관계 맺기'를 실천해왔다. '친밀한 관계 맺기'는 어떤 과목을 공부하든 동반되는 것이지만 그 어떤 과목과도 다르다.

'친밀한 관계 맺기'를 통해 발견되는, 교육 현장에 항상 존재하는 인간적인 현상들을 열거해 보자. 웃음의 유혹에 이끌려야만 은신처에서 나올 수 있는 타고난 친밀성, 불안감의 표현인 어색함, 자기-고백적 사소한 것들에 대한 몰입 (사소한 것들이 전혀 사소한 것이 아닐 수도 있다.), 서툴지만 훌륭한 자기-표현을 지우개로 싹 지우는 어른들에 대한 조롱, 질책하는 사람들에게조차 존경을 갈구하는 마음, 관습적인 어른의 수락보다 더 가치 있는 청소년의 성숙한 결론, 높은 예술적 감각을 보여주는 단순한 작품, 어린이의 잠재력을 보장해주는 어른과의 접촉, 사소한 일에도 새로운 애정을 불러일으키고 자기-신뢰를 강화시키는 조용한 칭찬의 말, 교묘하게 잘 심어지면 영원히 힘을 자라나게 할 규제적인 생각, 모든 사회관계에서 중요한 선한 유머와 정직한 관용.

이것들 이외에도 열거할 것들이 무궁무진하다. 마음과 정신이 어떻게 작용하는지_심리학, 그리고 어떻게 마음과 정신이 가치 있게 영향을 받고 지도받을 수 있는지_교육학에 대한 우리의 이해력이 점차 높아지고 있다. 일례로, 이제 우리는 친밀성 또는 불친절의 파동이 눈, 목소리 톤, 몸과 정신을 통해 전달된다는 것을 알게 되었다. 말 한마디 없이 이 파동으로 모든 의사소통을 종결시킬 수 있고, 또 다른 사람에게 희망과 자발적인 마음을 불러일으킬 수도 있다. 이것은 학습과 아무 상관이 없고 오로지 학습하는 사람이 실제 어떤 인품을 지닌 사람인지와 관련이 있다.

그리고 정통 교육 심리학 분야에 속하는 수천 가지 다른 상황들 중에서 우리가 감히 생략할 수 없는 것들이 있다. 첫째, 청소년들을 악행에 대한 위험한 초기 관심에서 벗어나게 하는 올바른 행동에 대한 강한 관심 유발, 둘째, 창조력의 서투른 초기 표현들의 잠재 가치를 알아볼 수 있는 교육 지도자의 능력과 그러한 표현력의 추가적 발전을 장려하는 절차들, 셋째, 문학, 음악, 각종 미술 분야에서 더 나은 자료들을 천천히 도입함으로써 얻게 되는 (무의식적 차원의) 더 나은 것에 대한 점진적 수용과 이에 따른 더 높은 취향의 도출.

나는 심리학 분야의 상기 기술한 주제들을 공부하고, 관련 강의들을 수강하고, 관련 책들을 읽음으로써 공식적으로 심리학자로서 한 자리를 차지하게 되었다. 그러나 나는 이러한 연구를 통해서는 심리학의 본질인 (내가 스스로 어린이들, 청소년들, 어른들과 함께 하루하루 살아가면서 이해하고 사용해야 한다고 다짐했던) 그 고동치고 활력 넘치는 힘을 거의 발견하지 못했다. 사실 『청소년의 창의성』에서 『성인의 창의성』에 이르는 나의 저서들은 심리학 중 이러한 비교적 미개척 된 분야의 성과와 성취를 기록한 것이다.

아, 안타깝게도 너무나 많은 교사들이 (그리고 너무나 많은 교수들도) 자신들이 공부했던 책으로부터 결코 떠나려 하지 않는 듯하다. 하지만 오직 책에서 멀리 떠날 때만 학습 도구들이 연마되고 개인적 모험을 위한 준비가 가능해진다. 창조적 교사란 혼자만의 배움에 머무르지 않고 고유의 창조력을 전파하여 타인을 변화시킬 수 있는 능력을 보여주는 자이다. 만약 그가 다른 사람의 연구를 반복하는 데 머물고, 자신만의 가르침을 제공할 수 없다면, 그의 가르침은 아주 중요한 것으로 남지 않을 것이다.

좋은 가르침이란 단순히 가르치는 것만은 아니다. 그것은 다른 사람에게 영향을 끼치는 예술이기도 하다. 본래 그것의 임무는 통찰력, 느낌, 사고라는 타고난 재능들을 발굴하고 확장시키는 일이다.

2

내가 일찍이 발견했던 사실 하나는 천재로 태어난 어린이는 거의 없지만, 각각의 어린이들 모두가 훗날 그들을 특별한 존재로 만들어줄 재능을 지니고 있다는 점이다. 지금도 재능을 지닌 수천의 사람들이 인정을 기다리고 있다! 예를 들면, 수준 높고 유능한 스포츠 관련 직종에 종사자들, 곤충학이나 우표 수집과 같은 학교 요구 이외의 것에 특별한 관심을 지닌 자들, 장식이나 디자인 재능을 지닌 자들, 가정주부 능력을 타고난 자들이 인정받기를 간절히 원하고 있다. 자신의 일에 너무 열중해서 중요한 공부를 소홀히 하는 청소년 발명가도, 도구 다루기에 능숙한 청소년도 책에서 지식을 얻는 사람들의 속물적 근성으로부터 그를 보호해 줄 어른의 인정을 필요로 한다.

어린 시절부터 누군가 이들 곁에서 천부적으로 타고난 이들의 재능을 관찰하고 키워 주어야 한다. 하지만 타고난 재능을 알아보는 것만으로는 충분하지 않다. 이 재능이 밖으로 나올 수 있도록 거듭 유도해야 한다. 인정의 분위기 속에서 이 재능이 성장할 수 있는 기회가 제공되어 사회적 비난에 의해 그것이 사라지지 않도록 보호해야 한다. 공정한 소년은 친구들 사이에서 '마음 약한 자'로 불릴지도 모른다. 목소리가 작은 소녀는 어른의 호감을 얻으려고 포즈를 취한다는 비난에 직면할 수 있다. 풋내기 학자는 '책벌레'라는 별명으로 기가 꺾이고, 유머 능력이 출중한 청소년은 문제아로 억압받을 수 있다. 대부분의 어른들은 이런 소년 소녀들을 보호하지 못하고 오로지 성공에 필수적이라고 여겨지는 몇 가지 특성들만 격려함으로써 각 어린이가 내면에 지니고 있는 온갖 종류의 재능에 해를 입혀왔다.

중요하지 않아 보이는 재능이 삶에서 가장 유용한 것일 때가 꽤 있다. 의사가 되는 데는 자신감을 전달하는 능력이 때로 의학적 기술보다 더 나은 자질이 될 수 있다. 또 정의에 대한 열정적 사랑은 어린이의 지나친 대담함으로 여겨져 단념되기 쉽지만, 이것이 변호사의 성공에 간단한 증거 자료 준비보다 더 큰 도움이 될 수 있다.

이러한 발견은 나에게 감춰졌던 어린 시절의 희망과 기쁨의 영역으로 들어가는 길을 열어주었고, 이 덕분으로 몇 년 후 나는 비슷한 생각을 하는 교사들과 함께 숨겨진 능력을 발견하고 장려하는 특별사립학교의 설립을 도울 수 있었다. 이 학교에서 우리는 쉬는 시간에 어린이들을 지켜보곤 했는데, 평소 우리가 주목했던 그들의 나쁜 특성들 때문이 아니라, 자유롭게 놀 때 가장 잘 드러나는 그들의 장점들 때문이었다.

쉬는 시간에 새로 입학한 소년인 듯한 작은 소년이 철문 옆에서 작은 소리로 울고 있다. 같이 놀던 친구들에게서 약간 떨어져 있던 소녀가 그 소년 앞에 무릎을 꿇고 그의 눈물을 닦아준 후 옆에 머물다가 쉬는 시간이 끝나자 미소 짓는 그를 교실로 데리고온다. 이 장면을 지켜보는 일은 먼 미래의 성격, 감정, 행동에 대한 무엇에 대해 알려준다. 또한 이것은 현명한 교육 지도자가 지금 해야 할 일들이 무엇인지 알려준다.

이런 상황에서 5학년인 이 소년의 교사는 수업 시간에 말이 없는 그에게 '바보'라는 꼬리표를 붙여주었다. 나는 우연한 기회에 재미로 하는 야구 게임에서 포수를 맡은 그가 풍요롭고, 공격적이고, 가공할 파괴력을 지닌 어휘를 사용하는 것을 지켜보았다. 그는 팀을 결속시켰고 본루 뒤에서 계속 독설을 퍼부어 경기의 승리를 이끌었다. 나는 그에게 그 게임에 대해 글로 설명해 달라고 부탁했는데, 그만의 다채로운 언어로 써야 한다고 강조했다. 나는 경기에서 궁지에 몰렸을 때 그가 했던 말을 장난기 빼고 진지하게 인용하면서, 그에게 내가 의미하는 바를 정확하게 전했다.

나는 그가 쓴 글을 읽어내려가며 그가 '동정심 없는 전통적 바로잡기 교육' 때문에 침묵으로 내몰렸던 천부적으로 유창한 소년이라는 것을 발견했다. 그래서 나는 이야기를 전달하는 그의 거친 방식이 바로 그의 장점이라고 그를 설득했다. 한두 해가 지나자 그의 글 속에 거친 말이 사라졌다. 훗날 이 '바보' 소년은 대학 입학시험들을 볼 때도 어려움을 겪지 않았다. 교육에서 '인정'은 '스스로-교육'의 힘을 키우는 강력한 자극제이다.

그래서 나는 어떻게 하면 아이들에게 내재된 의외의 재능을 발견하느냐는 부모님들의 질문에 냉정한 관찰을 통해서라고 답한다. 어린이들을 결국 되어야만 하는 사람으로 만들려는 시도를 최소화하고, 지금 그들이 정말 누구인지 아는 실제적인 일을 시작하라. 책망하는 눈과 위압적인 명령을 버리고, 그 빈자리를 개인적 욕망이나 관심이 배제된 관찰로 대체하라. 마치 이들이 다른 사람들의 자녀라고 생각하면서.

몇 권의 저명한 책을 출간했던 한 저자의 글에 따르면, 내가 이 소년의 어린 시절에 중요한 영향을 미쳤다고 한다. 내가 했던 유일한 일은 소년이 매일 쏟아내는 글을 받아주었던 것뿐이었다. '나에게는 쓰고자 하는 그의 강렬한 열망이 재능처럼 보였다.' 그래서 나는 넘치도록 써 나가는 그의 초기 창작열에 방해되는 것은 어떠한 일도 하지 않았다. 가벼운 팁 정도 주는 것 또한 나중에 충분히 해 나갈 수 있는 작업이라 생각했던 것이다. 그 순간 그에게 필요한 것은 격려였다.

어린이들을 감시하기 위한 가장 좋은 시간은 소풍 갈 때, 밖에서 놀고 있을 때, 공공장소나 파티장에 있을 때, 집에서 편하게 보내고 있을 때와 같이 그들이 경계를 풀고 있을 때이다. 이런 때에 진심 어린 나눔, 역경에 맞서는 투지, 천부적 리더십, 어리고 약한 자들에 대한 돌봄, 쾌활함, 계획에 대한 관심 등 우리가 간과해온 그들의 재능이 드러난다.

이러한 이유로 부모들은 자녀들이 학교에서 높은 점수를 받는 것만큼이나 보이 스카우트와 걸 스카우트,[11] 캠프파이어 소녀들,[12] 4-H 클럽[13] 등에 관심을 가져야 한다. 중요한 것은 어린이들을 다양한 활동과 관심사에 노출시키는 등 그들의 타고난 재능이 스스로 드러날 수 있는 기회를 최대한 제공하는 것이다.

적성을 발견하고 장려하는 일 이외에도, 적성의 역량을 강화시킬 기회가 마련되어야 한다는 것은 두말할 나위도 없다. 현명한 부모라면 이런 기회들이 가까운 곳에 있다는 것을 발견하리라. 하지만 안타깝게도 간혹 자신의 일까지 그만두고서 (심지어 자동차도 집에 세워두고) 자녀의 탐구를 돕는 데 온 힘을 쏟으며 어린아이처럼 행동하는 부모들도 있다. 어린이의 탐구가 암석, 뱀, 혹은 단어를 찾는 일일 수도 있고, 화학에서 어떤 비밀을 찾는 (집안을 뒤흔드는) 엄청난 탐구일 수도 있다. 그러나 그 탐구가 무엇이든지 간에, 발전하도록 그냥 놔두어라. 관여하지 마라.

우리가 반드시 경고해야 할 사항은 어린이의 숨겨진 재능을 발견하려면 어른이 기존의 행동 패턴을 바꿔야 한다는 점이다. 어렵겠지만, 어른이 자기-지우기를 실천해야 곧바로 어린이를 밖으로 끌어낼 수 있다. 어린이는 자신과 주변 사람들에 대해 생각하고 나름의 가치 있는 결론을 내린다. 이러한 어린이의 판단을 소중하게 생각하는 부모가 되어 어린이에게서 뜻밖의 재능이 나타나 자라는 것을 보는 즐거움을 누리고 싶다면, 비판을 자제해야 한다. 침묵하며 듣기만 하는 것, 특히 자녀들이 하는 말에 침묵을 지키기는 어렵다. 하지만 이 게임의 매력은 노력을 충분히 기울여도 좋을 만큼 가치가 있다.

교육자의 전반적 관심이 재능 있는 어린이를 발견하는 것에 대한 진지한 고려 쪽으로 서서히 바뀌었다. 특히 뉴욕 시의 윌리엄 젠센과 캘리포니아 롱비치의 테런 프리즈와 같은 교육감들이 이 중요성에 대해 강조해 왔다. 노스웨스턴 대학교의 폴 위티와 뉴욕 대학교의 하비 조보 같은 교육학 전공 교수들은 귀중한 논문을 기고했다. 오늘날의 교육 관련 뉴스를 보면, 조셉 저스트만, 어빙 로지, 도로시 W. 노리스, 월터 B 바브, 마리온 시펄이 이 주제에 대한 흥미로운 기사를 쓰고 있다. 또한 앨리스 V. 켈리허와 위니프레드 워드가 활기찬 '워크샵'을 개최함으로써 이 관련 희소식을 도처에 퍼트리는 중이다.[14]

3

이번 장의 일부는 『리더스 다이제스트』[15]의 편집자들이 내게 정식으로 요청해서 쓰게 된 기사를 수정한 것이다. 『리더스 다이제스트』의 광범위한 영향을 통해, 어린이의 뜻밖의 재능에 관한 나의 메시지는 캐나다의 프랑스어에서 브라질의 포르투갈어, 핀란드어에서 일본어에 이르는 아메리카, 유럽, 아시아의 십여 개 언어로 번역되었다. 이후 세계 각지에서 보내온 동감을 표하는 진심어린 답변은 나에게 다음과 같은 확신을 준다. 거의 50년 동안 어린이들과 어른들을 가르친 우리의 경험을 토대로 쓴 이 책이 한 개인의 의견에 머무는 것이 아니라 (오랫동안 억압받아온 각 지역) 수많은 사람들의 희망과 비전을 대변한다고.

소소하긴 하지만 이와 비슷한 반응이 『아동 교육』에 기고했던 같은 주제의 내 논문 몇 단락에 대한 언급이나 인용을 통해 예기치 않게 쏟아져 나왔다. 이 몇 특정 단락은 여러 해가 지나도 계속 인용되고 거듭 활자화되었다. 편지에서뿐만 아니라 나의 전체 작품을 읽은 독자와의 만남에서도 이 몇 단락에 대한 따뜻한 언급이 있었다. 다양한 방식으로 이뤄진 이러한 언급은 그 몇 단락을 이끌어냈던 오랜 관찰과 노트 작성의 견실성을 입증하는 또 다른 증거이다.

논문의 몇 단락이 반복되어 인용된 것 자체가 특정 단어들의 배열이 때로 큰 힘을 발휘하여, 일상적인 사건들의 창조적인 가능성을 관찰토록 유도한다는 것을 알려주었다. 이것은 또 다른 효과도 가져왔다. 교사들과 부모들의 말에 따르면, 나의 몇 단락을 통해 그들은 어린이들뿐만 아니라 어른들의 뜻밖의 재능까지도 주의 깊게 열정을 바쳐 찾게 되었다고 한다. 그래서 나는 반복되어 인용되어 왔던 그 몇 단락을 재소환해 이 책의 결론으로 삼고자 한다. 우리 각자는 모두 재능을 가지고 있다.

어설픈 행동에 자주 감춰지곤 하는 예절의 재능, 말이 상처를 줄 수 있을 때 침묵을 지키는 재능, 소유욕이 많은 사람들이 나서는 동안 물러날 줄 아는 재능, 당파적인 열기 속에서도 냉정한 결론을 내릴 수 있는 재능, 소수자들을 이해할 수 있는 재능, 그리고 어린이들을 이해할 줄 아는 매우 특별한 재능이 있다.

불안한 심장 박동을 진정시키는 조용한 말의 재능, 난처하고 곤란한 사람들이 삶을 견딜 수 있도록 자신을 낮추는 사회적 품위의 재능, 청소년들뿐만 아니라 우리들에게 필요한, 무가치한 소유물들에 대한 애착 속에서 자주 잃어버리곤 하는, 함께 살아가는 재능이 있다.

집단정신을 가치 있는 노력으로 끌어올릴 수 있는 재능, 싸울 수 있는 재능, 한 가지를 피할 수 있는 재능, 투지로 밀고 나가는 재능, 고통을 인내하는 재능이 있다. 또 꾸준한 거북이의 재능, 교활한 여우의 재능, 충직한 개의 재능, 쾌활하게 노래하는 참새의 재능, 움직임의 아름다움을 지닌 백조의 재능이 있다.

참고문헌

김성훈, 「세계화 시대에 존 듀이 다시 읽기─세계화, 민주주의, 그리고 교육」, 『교육철학』 35, 2006.

김연희, 「미적 교육의 관점에서 본 존 듀이의 미학」, 『미학』 78, 2014.

김종원, 「근대 경험론 전통에서의 미학의 전개─샤프츠베리, 허치슨, 흄을 중심으로」, 『철학논집』 65, 2021.

듀이, 존, 김성숙·이귀학 역, 『민주주의와 교육/철학의 개조』, 동서문화사, 2016.

_____, 박철홍 역, 『경험으로서 예술』 1·2권, 나남, 2016.

_____, 김진희 역, 『자유주의와 사회적 실천』, 책세상, 2018.

_____, 엄태동 역, 『존 듀이의 경험과 교육』(제2판), 피와이메이트, 2019.

드워킨, 마틴, 황정숙 역, 『존 듀이 교육론』, 씨아이알, 2013.

이성호, 「미국적 교육의 태동과 성장─제1차 세계대전부터 현재까지」, 『미국학』 20, 1997.

_____, 「미국 공교육의 형성과 전개─식민 시대부터 제1차 세계대전까지」, 『미국학』 19, 1996.

_____, 「유럽의 전통과 미국적 교육의 모색」, 『미국학』 21, 1998.

_____, 「존 듀이(John Dewey)의 사회 철학─민주주의, 학교, 그리고 자본주의」, 『아시아교육연구』 4.2, 2003.

최연희·정준영, 『문화비평과 미학』, 방송통신대 출판문화원, 2007.

Buttenwieser, Peter Lehman, "The Lincoln School and Its Times, 1917-1948", Columbia University Dissertation, 1969.

Certain, C. C., "A Course of Study in Creative Writing for the Grades", *The Elementary English Review* 12.8, 1935.

Cremin, Lawrence A., "John Dewey and the Progressive-Education Movement, 1915-1952", *The School Review* 67.2, 1959.

Duff, John Carr, "Hughes Mearns : Pioneer in Creative Education", *The Clearing House* 40.7, 1966.

Gilles, Emily, "Billy Mearns : Friend and Teacher", *Childhood Education* 45.7, 1969.

Groves, Ruth, "Poetry : Its Place in the School Curriculum", *The Elementary School Journal* 44.5, 1944.

Herbert, Joy Marie, "Creative Writing in the Progressive Era : A Study of Hughes Mearns, Martha Peck Porter, Alvina Treut Burrows and Colleagues, and Flora Arnstein", *Dissertation*, Northwestern University Dissertation, 1977.

Housh, Snow Longley, "The Creative Side of Teaching Poetry", *The English Journal* 20.4, 1931.

Labaree, David, "An Uneasy Relationship : The History of Teacher Education in the University", *Who Decides Who Becomes a Teacher? Schools of Education as Sites of Resistance*, Eds. Julie Gorlewski and Eve Tuck, New York : Routledge, 2018.

Larrick, Nancy, "Readings that Made a Difference : Three Friends", *Journal of Reading* 23.3, 1979.

Lynch, James M., "What is the Activity School?", *The Elementary School Journal* 36.5, 1936.

Mearns, Hughes, "Freeing the Creative Spirit", *The High School Journal* 9.2/3, 1926.

_____, "A Note on Ordinary Folks", *Junior-Senior High School Clearing House* 4.3, 1930.

_____, "Cultivating Self-Expression in English", *Junior-Senior High School Clearing House* 5.1, 1930.

_____, "Educating the New Child", *The North American Review* 230, 1930.

_____, "Language Artists in the Primary Grades", *Childhood Education* 12.1, 1936.

_____, "Trust in Their Own Ability", *Childhood Education* 28.1, 1951.

Meister, Morris, "Obituary : Otis William Caldwell 1869-1947", *Science* 106, 1947.

Myers, D. G., "The Rise of Creative Writing", *Journal of the History of Ideas* 54. 2, 1993.

Nicolson, Helen, *Theatre, Education and Performance*, New York : Palgrave Macmillan, 2011.

Ogletree, Earl J., "Eurythmy : A Therapeutic Art of Movement", *Journal of Special Education* 10.3, 1976.

Pearly, Alexandria, "An Extremely Pleasant New Kind of World' : Hughes Mearns and the Open-Access Approach to Creative Writing", *New Writing* 10.3, 2013.

Perrillo, Joanna, "Between the School and the Academy : The Struggle to Promote Teacher Research at Columbia University's Lincoln School, 1917-1935", *History of Education Quarterly* 56.1, 2016.

_____, "The Popularization of High School Poetry Instruction, 1920-1940", *Research in the Teaching of English* 50.1, 2015.

Reese, William F., "The Origins of Progressive Education", *History of Education Quarterly* 41, 2001.

Shaw, Fannie B., "A Modern Concept of Education", *American Journal of Public Health* 27, 1937.

Stewart, Annarrah Lee, "Freedom with Direction : An Experiment in Stimulating the Writing of Verse", *The English Journal* 19.5, 1930.

Wiginton, Joseph Andrew, "Winifred Ward : Progressively Queer", *Youth Theatre Journal* 26.2, 2012.

Wissels, Paul, "Finding the Bird in the Bush, or, 'the material that appears' : Rethinking the 'Creative' in Teaching 'Creative Writing'", *English in Africa* 45.2, 2018.

http://c250.columbia.eud/dkkv/extracts/0743_dewey1.html

http://genius.com/Hughes-mearns-antigonish-annotated

http://ushistoryscene.com/article/rise-of-public-education

http://www.britannica.com/art/eurythmics

http://www.faqs.org/childhood/Fa-Gr/Grammar-School.html

http://www.infoplease.com/encyclopedia/social-science/education/concepts/teach-training/history-in-th e-united-states

http://www.waldorf.or.kr/html/introduce.php

https://education.stateuniversity.com/pages/2182/Lincoln-School.html

https://en.wikipedia.org/wiki/Antigonish_(poem)

https://en.wikipedia.org/wiki/Caning

https://en.wikipedia.org/wiki/Central_High_School_(Philadelphia)

http://en.wikipedia.org/wiki/Dalcroz_eurythmics

https://en.wikipedia.org/wiki/Eurythmy

https://en.wikipedia.org/wiki/General_Education_Board

https://en.wikipedia.org/wiki/Horace_Mann

https://en.wikipedia.org/wiki/John_Dewey

https://en.wikipedia.org/wiki/New_Lincoln_School

https://en.wikipedia.org/wiki/Normal_school

https://en.wikipedia.org/wiki/Pragmatism

https://en.wikipedia.org/wiki/Rudolf_Steiner

https://en.wikipedia.org/wiki/Soul

https://en.wikipedia.org/wiki/Waldorf_education

https://en.wikipedia.org/wiki/William_James

https://iep.utm.edu/a-taste/

https://ko.wikipedia.org/wiki/%EB%B0%9C%EB%8F%84%EB%A5%B4%ED%94%84_%EA%B5
%90%EC%9C%A1

https://plato.stanford.edu/entries/hume-aesthetics/

https://plato.stanford.edu/entries/pragmatism/

https://rockfound.rockarch.org/general_education_board

https://www.tc.columbia.edu/

주석

*   Winifred Louise Ward(1884~1975). 노스웨스턴대학교(Northwestern University) 드라마 학과 교수 역임. 1924년 아동청소년을 위한 '연극놀이(creative drama)' 수업을 처음으로 개설했으며, 아동청소년 극단과 아동청소년 연극협회를 창설했다. 저서로 *Creative Dramatics*(1930), *Theater for Children*(1939), *Playmaking With Children*(1947) 등이 있다. 1930년대 미국의 진보교육에 뿌리를 둔 그녀의 교육 철학은 여러 면에서 이 책의 저자 먼즈의 철학과 상통한다. 먼즈와 워드는 각기 다른 매체(각각 창조적 글쓰기와 연극놀이)를 통해 어린이들의 창의성을 끄집어내는 작업에 헌신했다.

『창조의 힘』을 옮기며

*   이 번역본은 1958년 『창조의 힘(*Creative Power*)』 개정판에 의거한다. 이 글은 이 책의 참고문헌 자료에 의거해 작성되었으며, 특별한 경우를 제외하곤 따로 인용 표기를 하지 않는다. 또한 휴즈 먼즈의 삶을 기술할 때 자서전이나 전기 등 자료 부족으로 그의 공적인 삶을 중심으로 기술했음을 밝혀둔다.

1   필라델피아교원학교(Philadelphia School of Pedagogy)는 센트럴고등학교(Central High School) 졸업자들 중 교사가 되고자 하는 남학생들을 위한 특별 프로그램이었다. 참고로, 필라델피아에는 필라델피아여자고등학교에서 발전된 여학생을 위한 사범학교(Normal school)도 있었다. 이 책 제27장에 따르면, 먼즈는 고등학교 졸업 직후 얼마간 교사직에 머물다가 하버드대학교에 진학했던 것 같다.

2   종종 실용주의로도 통용되고 있지만 여기서는 '프래그머티즘'으로 번역한다. 프래그머티즘(Pragmatism)은 1870년 무렵 찰스 퍼스와 윌리엄 제임스에 의해 시작되어 존 듀이(John Dewey, 1859~1952)에게 계승되어 발전된 미국의 철학 이론으로, 사상, 개념, 진리가 현 상황에 비추어 모색되어 행동으로 이어져야 한다고 주창한다. 『존 듀이의 경험과 교육』, 169~175쪽, 드워킨 10쪽 참조.

3   먼즈가 이 책의 제2장 3절과 제8장 3절에서 밝힌 바에 의하면, 그의 군대 복무 기간은 약 3년(약 1917년부터 1920년까지)이었으며 이때 군대 병원에서 정신과의사를 도왔다. 그러나 이 군대 복무 기간에도 교수직을 유지했던 것 같다.

4   컬럼비아대학교 '티처스 칼리지'는 미국에서 가장 오래된 교육대학원으로서, 'Graduate School of Education' 대신 'Teachers College'라는 이름을 쓴다. 이는 1887년 키친스쿨(Kitchen school)에서 발전한 뉴욕의 '티처스 칼리지'(전신은 교사양성학교로 1892년 명칭 변경)가 컬럼비아대학교와 통합한 후, 1898년 컬럼비아대학교의 교육대학원이 된 역사를 반영한 결정인 듯하다.

5   링컨학교는 1917년 '교육위원회(The General Education Board)'에 의해 컬럼비아대학교 '티처스 칼리지'에 세워진 유치원부터 12학년까지의 교육과 연구를 병행하는 실험학교로 1940년까지 운영되었다. 미국에서 가장 진보적인 교수법과 아이디어를 전파하는 학교로서 당시 교육 엘리트들이 그 중심에 있었다. '교육위원회'는 1902년 록펠러 가문의 자금 지원을 통해 (인종, 성, 종교를 구별하지 않는 평등한 미국 교육을 목표로) 세워진 단체이다. 실험교육에 관심을 갖고 링컨학교를 설립했지만 이 위원회는 주로 고등교육과 의과대학 발전, 낙후한 남부 학교 개혁을 지원했다. 1960년 록펠러 재단에 흡수되었다.

6   1926년 먼즈가 창설한 창의 교육학과는 그의 은퇴와 함께 1946년 문을 닫았다. Gilles의 설명

에 따르면, 창의 교육학과를 책임지고 이끌어갈 교수가 없었던 것이 그 이유였다.

7 'Google Scholar'에서 휴즈 먼즈의 논문 목록을 찾을 수 있다. 이 중 이 책과 관련된 일부만 참고문헌 목록에 적어 넣었다.

8 1899년 먼즈가 하버드대학교 재학 시절 수업에 제출한 희곡 The Psyco-ed에 포함된 시 "Anti-gonish"(이 시는 이 책 제9장에 수록되어 있음)는 대중들에게 널리 알려졌다. 노바스코샤 (Nova Scotia) 지역 전래 유령 이야기를 들려주는 이 4행시는 1910년 먼즈의 아마추어 극단 무대에 처음 소개된 뒤 1922년 한 신문사 칼럼에 소개되어 인기를 얻었고 1939년 헨리 애덤슨 (Harold Adamson)에 의해 〈The Little Man Who Wasn't There〉라는 대중가요로 번안되었다. 이후 이 시는 먼즈가 제9장에서 밝히듯이 법학, 의학을 비롯한 각 분야의 글에서 수없이 인용되며 대중문화의 한 부분이 되었다. 먼즈 자신은 어린이들의 창의력을 높이기 위해, 난센스로 이뤄진 이 시를 활용했다. 이 시의 원문은 제9장 주석 3 참조.

9 19세기 중반 이전까지 미국 교육은 가정, 종교 단체, 지역사회 중심으로 이루어진 상류층 중심의 교육이었다. 상류층은 식민지 시대엔 가정과 종교 단체를 중심으로, 18세기부터는 지역사회에 세워진 사립학교에 보내거나 가정교사를 고용하여 자녀 교육을 시켰다. 차츰 작은 마을에 부인들이 가르치는 작은 사설학교가 세워지고 종교단체도 대중을 위한 학교를 운영하게 되면서 상류층이 아닌 사람들도 교육을 받을 수 있는 기회가 늘어났다. Labree 참고.

10 Reese에 따르면, 암송, 교과서, 가혹한 훈련 등을 비판했던 호라스 만(Horace Mann)조차도 1845년 어린이들이 교과서에서 배운 사실들을 잘 외우고 있는지의 여부로 학업 수준을 평가하는 보스턴의 시험 제도를 승인했다. 남북전쟁이 끝난 1870년대에도 교과서, 암송, 훈련이 학교 교육의 중요한 요소였다.

11 이 절의 듀이와 그의 진보주의 교육에 대한 설명은, 이 분야 비전공자로서 옮긴이가 존 듀이의 『민주주의와 교육』, 『자유주의와 사회적 실천』, 『경험과 교육』, 『경험으로서 예술』, 그리고 참고문헌 목록에 넣은 진보주의 관련 몇몇 논문들을 읽고 간략하게 요약한 것이다.

12 초기 식민지 시대부터 미국에 정착한 사람들은 자유와 평등의 건국이념 하에 신대륙에서 자연환경을 극복하고 인디언과 싸우며 땅을 개척해 나갔다. 이런 과정에서 미국인들은 새롭게 직면하는 문제들을 해결하는 실천력을 강조했다. 유럽의 진보 사상은 미국의 이런 실천 정신과 결합되어 미국 진보주의의 토대가 되었다.

13 창조 정신에 대해서는 본문 제1장 4절 주석 16 439쪽 참조

14 영국 낭만주의 시인들의 특징들 중 하나는 시를 개인의 상상력과 독창적인 감정 표현으로 본 점이다. 일례로, 윌리엄 워즈워스(William Wordsworth)는 시를 '강력한 감정의 자연스러운/ 자발적인 넘쳐흐름'으로 정의했다.

15 Perrillo에 따르면, 먼즈가 창조적 글쓰기를 도입한 이후 1920년대와 1930년대 고등학교에서 시 창작 수업이 유행했다. 동시대 교사들의 창조적 글쓰기 경험에 대해서는 Certain와 Housh 참조. 이 중에서 안스타인(Flora J. Arstein, 1885~1910)이 가장 먼즈와 비슷한 관점에서 창조적 글쓰기를 가르쳤다. 먼즈는 안스타인에 대해 이 책 제11장 2절에 언급한다.(제11장 주석 5 참조) Meyers에 따르면 1931년까지 41개의 대학들도 창조적 글쓰기를 정규 교과목으로 도입했다.

16 먼즈가 이 책을 헌정하고 이 책의 서문을 쓴 위니프리드 워드(Winnfred Ward)의 '연극놀이'(Creative Drama)나 1896년 파슨스학교(The New School Parsons)를 세운 체이스(William Merritt Chase, 1849~1916)와 후에 이 학교를 이끈 프랭크 알바 파슨스(Frank Alvah Parsons, 1854~1908)의 미술 교육이 대표적 예이다. 이들은 모두 진보주의자들로서 먼즈가 창조적 글쓰기를 가지고 했던 일을 각각 연극과 미술 분야에서 실천했다.

17 20세기와 21세기 학교 내 창작 프로그램의 유행과 열풍에 대해서는 Perrillo, Meyers, Pearly의 글 참조.

개정판 서문

* Geraldine Brain Siks(1912~2005). 워싱턴대학교(University of Washington)에서 드라마를 가르쳤으며 위니프레드 워드의 뒤를 이어 아동청소년 연극과 '연극놀이'(creative drama)에 관심을 가졌다. 대표 저술로 *Creative Dramatics : An Art for Children*(1958), *Drama with Children*(1977) 등이 있다.

1 Otis William Caldwell(1869~1947). 시카고대학교에서 식물학을 가르쳤던 그는 1917년 컬럼비아대학교 링컨학교의 첫 디렉터가 된 후 우수 교수진 초빙과 새로운 교육과정 개발에 힘썼다. 어린이와 청소년 과학 교육에도 열정을 쏟았다.

2 Harold Ordway Rugg(1886~1960). 시카고대학교에서 심리학, 사회학, 교육학을 가르쳤던 그는 1920년 컬럼비아대학교 티처스 칼리지로 옮겨 1900년대 초반 미국의 진보교육 운동을 이끌었다. 그의 *Man and His Changing Society*(1929)는 1940년대까지 미국 고등학교 통합 사회 교과서로 널리 사용되었다.

3 여기서 처음 영시가 소개되므로 영시의 형식을 간단히 설명한다. 영시는 전통적으로 라임(rhyme)과 미터(meter)의 규칙을 중시한다. '라임'이란 시 행의 끝에 규칙적으로 같은 음을 달아 소리의 리듬을 만드는 것이며, '미터'란 음절의 강약으로 구성된 음보(foot)의 반복으로 박자의 리듬을 만드는 것이다. 영시에서 가장 흔한 미터는 '약강5음보(Iambic pentameter)', 즉 5개(penta)의 'iambic foot(약강음보)'로 구성된 미터이다. 물론 영시에는 라임과 미터를 지키지 않는 자유시(free verse)와 라임 없이 미터만 지키는 무운시(blank verse)도 있다. 하지만 적어도 20세기 초반까지는 영시에서 라임과 미터는 매우 중요한 요소였다. 이 시에도 라임과 미터가 규칙적으로 나타난다. 격행으로 라임을 맞추며, 각 행은 '약강5음보' 미터를 지킨다. 이를 보여주기 위해 원문을 제공한다.

Then bowing when their lauded act is ended.
And tossing kisses, jaunty and so glib,
I wonder if they really comprehended
They've tickled Death along his bony rib?

4 Robert Frost(1874~1963). 뉴잉글랜드 농촌 생활을 사실적으로 그려내며 철학적 주제들을 전달한 세계적으로 널리 알려진 미국 시인으로 퓰리처상을 4회 수상했다.

제1장 | 모험의 시작

* 이 개정판에서 먼즈는 1929년 초판 1부에서 2개의 장을 빼고, 5개의 장을 새로 써 추가했다. 대신 초판 2부에 수록되었던 고등학생들이 쓴 산문들을 모두 뺐다.

1 '교육위원회가 실험교육에 관심을 갖고 링컨학교를 설립했다. 『창조의 힘』을 옮기며」 참조.

2 그리스어 'nous(지성, 이해)'를 어원으로 하는 'mind'는 개인 내면의 복합적인 작용(느끼고, 인지하고, 생각하고, 의지하고, 이성적으로 추론하기 등)에 대한 통칭이다. 'mind'는 'soul', 'spirit', 'heart', 'sense'와 구별된다. 이 책에서 이런 용어들이 중요하므로, Merriam-Webster, Oxford, Cambridge 영어사전을 토대로 아래와 같이 표로 정리해본다.

	영적/초월적 영역		지성적/이성적 영역	정서적/감성적 영역	감각적/육체적 영역
	개인 너머의			개인 고유의	
우리말	영혼, 혼, 넋		정신, 얼	마음	감각, 감지
영어	Soul	Spirit	Mind	Heart	Sense
참고	Thought(개인의 이성적 영역인 생각)와 Will(개인의 이성과 정서의 결합인 의지)-Mind에 포함				

위 표에 따르면, 'mind'는 '지성적/이성적' 영역과 '정서적/감성적' 영역의 중간에 위치한다.

또 개인을 넘어서는 'soul'과 'spirit'과 달리 'mind'는 'heart'와 함께 '개인 고유'의 요소이다. 'mind'는 우리말로 '정신, 마음, 생각, 의지, 내면' 등 다양하게 번역될 수 있지만, 이 책에서는 대체로 '마음'으로 번역한다. 'spirit'과 'soul'에 대해서는 각각 제1장 주석 16, 제6장 주석 11에서 더 자세히 다룬다.

3   supervising officer : 'supervisor'와 동의어. 유아원부터 대학까지 미국의 학교는 수업 참관 등의 교육과 행정을 책임지는 'supervisor'를 둔다. 때로 교장이 'supervisor'를 겸한다.

4   세계의 각 주제에 관한 정보를 담은 참고 도서로 1868년부터 1875년까지는 매년 발간되었고 한동안 중단되었다가 1886년 이후 지금까지 매년 발간되고 있다.

5   모스식 전신 부호. Samuel Finley Breese(1791~1872)가 발견한 전신 부호로 짧은 발신 전류와 긴 발신 전류를 점(dots)과 대쉬(dashes)로 표기한 것.

6   미식축구의 공격 기회. 공격 팀은 4번의 공격 기회를 갖는데, 4번의 공격 기회 안에 10야드를 전진하면 또다시 4번의 공격 기회를 얻게 된다.

7   1야드(yard)는 3피트(feet) 36인치(inch)로 0.9144 미터(meter), 1미터는 약 1.0936야드이다.

8   라틴어 'Agage, Sathanas'의 번역. 'Sathanas'는 '사탄(Satan)', 'Apage'는 '물러나라'의 의미로 가톨릭에서 '사탄아 물러나라!'로 통용된다.

9   synecdoche : 제유. 사물의 한 부분으로써 그 사물 전체를 가리키거나, 그 반대로 전체로써 부분을 가리키는 비유법.

10   alexandrine : 1행에 6개의 '약강(iambic)' 미터가 반복되는 '약강6보격' 미터(iambic hexa meter)를 의미한다. '알렉산드린' 대신 '약강6보격'으로 옮긴다.

11   소네트(Sonnet)는 13세기경 이탈리아의 페트라르크(Petrarch)에 의해 유행되었던 14행 정형시로 16세기경 영국으로 전해져, 영국 시를 대표하는 '약강5보격'의 14행시가 되었다. 여기서 영시의 중요 형식인 소네트를 예를 든 것은 소네트 형식에만 매달리는 글쓰기 교사를 비판하기 위함이다.

12   소네트 시집과 37편의 희곡을 시로 쓴 영국의 대문호 셰익스피어(William Shakespeare, 1564~1616)의 소네트 29번은 (ABAB CDCD EFEF GG 라임을 지키는) 14행 소네트이다. 그러므로 괄호 안의 셰익스피어 소네트 29번을 2행만으로도 길게 쓴 소네트의 예로 든 것은 일반적 관점이 아니다. 옮긴이의 판단으로는 먼즈가 셰익스피어 소네트의 14행을 2행을 7번 길게 늘여 놓은 것(AB, AB, CD, CD, EF, EF, GG)으로 설명하는 새로운 시각을 제시하는 듯하다.

13   이 문장은 먼즈의 원문에는 없는 문장으로 이해를 돕기 위해 옮긴이가 추가한 것이다. 먼즈는 이 문장 바로 아래에 아무 표기 없이 루이스 캐럴(Lewis Carroll, 1832~1898)의 『이상한 나라의 앨리스(Alice's Adventures in the Wonderland)』(1865)에서 발췌한 제복 입은 하인의 말을 인용하여 일상에 극도로 무심한 자와 냉정한 글쓰기 교사를 비교한다.

14   여기서 '취향(taste)'이란 내적 감관(inner sense)을 통해 아름다운 것들을 알아보는 개인의 심미적 능력을 의미한다. 먼즈는 제23장 3절에서 취향을 '예술적 판단력'이라고 정의한다. 먼즈는 대체로 18세기 영국의 로크(John Lock, 1632~1704), 샤프츠베리(Anthony Asley Cooper, 3rd Earl of Shaftesbury, 1671~1713), 허치슨(Francis Hutcheson, 1694~1746), 버크(Edmund Burke, 1728~1797), 흄(David Hume, 1710~1773)이 주창한 경험주의적 취미론(theory of taste)의 관점에서 '취향' 개념을 사용하는 듯하다. 이 취미론에 따르면, '취향'이란 내적인 감관을 통해 대상을 지각하는 주관적 즐거움으로서, 이해관계에서 벗어난 관조적 즐거움이다. 최연희·정준영, 61~62쪽 참조.

15   한 개의 꼭짓점에 세 개의 면이 만나고, 총 열두 개의 정오각형 면으로 이루어진 다면체로 다른 모양과 달리 우주적 특수성을 지닌다.

16   '생명의 숨결'을 뜻하는 그리스어 'pneuma'가 어원인 'spirit'은 'psyche(soul)'와 구별되며,

이 장의 주석 2의 표가 보여주는 대로 '영적/초월적' 측면과 '지성적/이성적' 측면에 걸쳐 있으며, '정신', '영혼', '얼', '혼령', '정령' 등 다양한 뜻을 지닌다. 이 책에서 먼즈는 'spirit'을 '개인 내면의 본성적 흐름인 신비로운 에너지'의 뜻으로 사용하는 듯하다. 이를 반영해 'spirit'을 대부분 '정신(情神)'으로 옮긴다.

17 기독교의 바리새파 사람들의 지나치게 엄격한 형식주의에서 유래한 말로, (종교적) 형식주의와 위선을 뜻한다.

18 〈누가복음〉 16장 19절~28절. 이 성경 구절에 따르면, 나사로(Lazarus)는 종기투성이의 몸으로 부자의 식탁에서 떨어지는 빵부스러기로 허기를 채운다.

제2장 | 시(詩) 보관 서랍

* 이번 장의 제목은 「시 보관 서랍(The Poetry Drawer)」이지만, 시 보관 서랍 일화는 제3장에 나온다.

1 Bedales : 1893년 영국의 John Haden Badley(1865~1967)가 빅토리아 시대의 억압적 교육 체제에 반발해 Hampshire에 세운 남녀공학 독립학교.

2 Abbotssholme : 1899년 영국의 Ceeil Reddie(1858~1932)가 Derbyshire에 세운 진보주의적 학교. 체육, 놀이, 예술, 언어, 과학을 가르쳤고, 다양한 종교를 인정하는 종교 교육과 자연친화적 교육을 실시했다.

3 Roy Helton(1886~1977), 미국의 시인이자 소설가. 교육가와 행정가로도 활동했다.

4 Old Christmas : 줄리안 달력(Julian Calendar)에 의거한 크리스마스로, 아일랜드 가톨릭교도들이 지키는 크리스마스. 현 달력으로는 1월 6일.

5 교실에서 즐거운 시간을 보내고 있는 바로 이 시점에 학생이 수업 내용에 관해 질문하는 것이 안쓰럽다는 의미를 전하는 재치 있는 유머이다.

6 성녀 조안은 프랑스의 잔 다르크(Jeanne d'Arc, 1412~1431)로 오를레앙의 성처녀(la Pucelle d'Orléans)라고도 불린다. 하느님의 계시를 받아 17세에 백년전쟁(1337년부터 1453년까지 116년이라는 기간 동안 벌어진 영국과 프랑스 사이의 전쟁)에 참전해 프랑스군을 승리로 이끌었으나 영국은 그녀를 반역과 이단의 혐의를 씌워 화형에 처했다. 잔 다르크를 소재로 한 희곡들 중 여기에 언급한 독일의 프리드리히 쉴러(Friedrich von Schiller, 1759~1805)의 『오를레앙의 처녀(Die Jungfrau von Orleans)』(1801)와 아일랜드의 조지 버나드 쇼(Geroge Bernard Shaw, 1856~1950)의 『성녀 조안(St. Joan)』(1923)이 유명하다.

7 New England : 17세기 초 첫 영국 청교도들이 정착했던 메사추세츠주, 뉴햄프셔주 등 미국의 동북부 대서양 연안 지역.

8 프랑스 극작가 몰리에르(Molière, 1622~1673)의 1670년 희극 발레 『서민 귀족(Le Bourgeois gentilhomme)』의 주인공. 극중에서 그는 귀족이 되고자 귀족의 생활양식과 행동을 모방한다. 그러나 그는 자신이 귀족과 달리 평생 산문으로만 말했던 사실을 알고서 탄식한다.

제3장 | 개인 영혼의 소리

1 여러 이유로 수업을 일시적으로 하지 못하는 교사 대신 가르치는 임시 교사.

2 페이퍼(paper)는 '종이'와 '에세이' 두 가지 뜻을 지닌다. 학생들은 이 이중의 의미를 활용해 자신들이 쓴 에세이 대신 종이를 제출함으로써 대체 교사를 조롱했다.

3 Robert Louis Stevenson(1850~1894), 영국의 소설가이자 시인. 어린이들도 읽을 수 있는 소설 『보물섬(Treasure Ireland)』(1883)과 『지킬 박사와 하이드 씨(The Strange Case of Dr. Jekyll and Mr. Hyde)』(1886), 동시집 『시가 있는 어린이의 뜰(A Child's Garden of Verses)』(1885)이 대표작이다. 여기서는 이 동시집에 실린 그의 동시들을 의미한다.

4 정형시 패턴을 따르지 않는 것은 아래 이 시의 원문을 보면 알 수 있다. 이 시에 대해서는 64~65

쪽 먼즈의 설명 참조.

The wind is a shepherd;	So sleep, my baby,
He drives his clouds	And the wind will keep the clouds,
Across a field of blue.	And we'll look at them tomorrow,
The moon puts her face up	Me and you,
Behind them now	As you hurries them through meadows
And sings a song to you.	And they lay them down to rest
	In a field of blue.

5 whalebone : 패션 용어. 고래수염으로, 옷을 빳빳하게 하거나 조일 때 사용된다.

6 piccaill/pikadill : 패션 용어. 16세기 후반과 17세기 초반에 유행했던 넓은 컷워크 레이스, 또는 이러한 칼라를 고정시키는 데 사용되는 지지대. 남성용 와이셔츠 칼라에 단추를 달아 고정시킨 것도 피카딜 칼라의 일종이다.

7 William Lyon Phelps(1865~1943), 미국의 작가, 비평가, 학자로 예일대 교수 역임. 처음으로 현대소설 강좌를 대학에 개설했다.

8 identical rhyme : 소리와 의미가 똑같은 단어를 두 번 반복하는 것을 말한다. 주석 4에 원문을 제공한 바대로 영시에서 1연의 clouds와 2연의 clouds가 그 예이다.

9 주석 4에 제공된 영시 참조.

10 appositive : 어떤 것을 설명하거나 그 동일성을 알려주기 위해 명사나 대명사 옆에 다시 써넣은 명사나 대명사.

11 폴 세잔(Paul Cézanne, 1839~1906), 현대 미술의 아버지로 불리는 프랑스 화가. 앙리 마티스(Henri Émile-Benoit Matisse, 1869~1954), 프랑스의 20세기 야수파 화가.

제4장 | 사랑은 가까이에서

1 'thou'는 단수 주어 'you'를 의미하는 고어 문어체이며, 'stay'에 붙은 어미 'est'도 고어 문어체 어미이다. 'art'는 'are'의 고어 문어체이다.

2 정확한 라임과 미터에 의거한 정형시이자 문법적으로도 정확하게 표현하는 시이지만 창의성이 발견되지 않는 시이다. 1연만 영문으로 제공한다.

When looking out I see a car
Of friends come calling from afar,
I cry to Mother right away,
"Oh, that is they! Oh, that is they!"

3 이 책의 독자인 '여러분'은 여기서는 교사들이나 부모들이다. 하지만 이 책에서 때로 여러분은 학생들을 지칭한다.

4 brownies : 스코틀랜드 전설에서 밤에 나타나서 몰래 농가의 일을 도와준다는 작은 요정.

5 1782년 8월 29일 400여 명의 승객을 태운 영국의 군함 로얄 조지(Royal George)호가 침몰했다.

6 여기서뿐 아니라 이 책 전반에 걸쳐 '현대적' 교사 혹은 '현대' 교육은 학문, 책, 전통, 이론, 추상 중심의 전통적 교육에서 벗어나 일상의 문제들을 다루며 개인의 발전과 사회 발전을 이루고자 하는 진보주의 교육자 혹은 교육을 의미한다.

7 Preliminary School : 대학 입학 전 재능 있는 중, 고등학교 학생들을 위해 운영하는 특별 프로그램. 일반적으로 시험에 통과하거나 자격을 갖춘 학생들에게만 예비학교 입학을 허락한다. 우리에게 잘 알려진 예비학교로 줄리아드 예비학교가 있다.

8 학생들이 가까운 곳에서 볼 수 있도록 좋은 작품을 전시할 때 학생들이 그 작품을 좋아할 수 있으며, 그 좋은 작품과 비슷한 좋은 작품들을 만들 수 있다는 의미에서 한 말이다.

9 더 나은 것의 경험이 경멸을 불러일으킨다는 내용일 것으로 추정되는 이 속담이 구체적으로 무엇인지 저자가 밝히지 않고 있으며, 옮긴이도 그 속담을 찾지 못했다.

10 여기서 먼즈가 'Eurythmics'로 잘못 쓰고 있지만 내용상 '오이리트미(Eurythmy)'이다. '오이리트미'는 우리나라에서 독일어인 '오이리트미'로 알려져 영어 발음이 아니라 독일어 발음 '오이리트미'로 옮긴다. '오이리트미'는 1912년 오스트리아의 철학자이자 교육자인 루돌프 스타이너(Rudolf Steiner, 1861~1925)가 창안한 동작 예술이다. 이것은 내면의 소리를 몸으로 나타내는 것으로, 말을 할 때의 공기 흐름을 팔과 몸의 움직임을 통해 보여주는 훈련 예술이다. 이런 의미에서 '오이리트미'는 몸과 마음의 관계와 인간과 우주의 관계를 고려하는 정신 수련인 셈이다. '오이리트미'는 슈타이너가 시작한 발도르프 교육(Waldorf Education, 개별 학생의 정신, 영혼, 신체의 조화를 꾀하는 교육)의 중요한 부분으로 활용되고 있지만 스위스 음악가 달크로즈(Émile Jaques Dalcroze, 1865~1950)가 도입한 'Eurythmics'와는 다르다. 'Eurythmics'는 멜로디에 맞추어 춤추는 형식으로 음악 교육을 위해 도입된 것이다. Earl J. Ogletree 참조.

11 이 여교사는 먼즈의 『창조의 힘』 초판을 읽었던 것 같다. 그녀는 이 개정판 19장 3절에 소개된 헬렌 엘리자베스의 시를 인용해 가발 제작자가 가발 색깔로 하늘의 색깔을 정확히 표현했듯이, '오이리트미'로 먼즈가 말하는 창조성을 정확히 표현할 수 있다고 말한다.

12 이 부분을 쉽게 설명하면, 다음과 같다. 어린이들은 자신들만의 언어를 음악처럼 연주한다. 그러면 어린이다운 특성을 지닌 시가 자연스럽게 나오고, 또 다른 재능(예를 들면 리듬감이나 상상력 등)이 합세해 훌륭한 작품으로 발전한다. 이후 그 작품은 찬사를 받고 강력한 힘으로 전파된다.

13 Henry Caldwell Cook(1886~1939), 영국의 교육가이자 *The Play Way : An Essay in Educational Method*(1917)의 저자. 그는 미국의 진보주의 교육자들이 교육에 도입하기 훨씬 이전부터 드라마를 캠브리지(Cambridge)의 퍼스학교(Perse School)의 언어 교육에 드라마를 도입했다.

14 서로 전혀 관련성이 없어 보이는 두 사물이나 개념을 연결시키는 기발한 비유법. 존 던(John Donne, 1572~1631) 등 영국의 17세기 형이상학파 시인들이 자주 사용했다.

15 안료에 달걀노른자와 물을 섞어 그리는 기법.

16 Ralph Waldo Emerson(1803~1882), 미국의 초절주의자. 그에게 '대령(Oversoul)'이란 모든 존재를 통합하는 구심력으로서의 우주적 영혼을 뜻한다.

17 Johann Gottlieb Fichte(1762~1814), 독일의 관념론을 대표하는 철학가. 그는 절대 존재 혹은 신의 존재를 믿었다.

18 Immanuel Kant(1724~1804), 독일 관념철학의 기반을 확립한 철학가. 그는 종래의 합리주의나 경험주의적 인식의 한계를 극복하는 선험주의 인식론을 주창했다.

19 Vassar College : 미국 뉴욕주 Poughkeepsie에 위치한 사립 교양대학(Liberal Arts College, 학부 교육에 집중하며 절반 이상의 학위를 인문학 분야에 수여하는 대학). 1861년 설립된 미국의 첫 여성 고등교육기관으로, 1969년 혼성교육을 도입했다.

20 Barnard College : 뉴욕 맨해튼에 위치한 사립 여자 사립 교양대학. 전 세계에서 가장 오래된 여자대학 가운데 하나이다.

21 에드라 밀레이(Edna St. Vincent Millay, 1892~1950) : 미국의 여성 시인이자 극작가.
유진 필드(Eugene Field Sr., 1850~1895) : 미국의 아동 시인.
사라 티즈데일(Sara Teasdale, 1884~1933) : 미국의 시인.
홈즈(Edwin Arlington Robinson, 1869~1935) : 미국의 시인.
로제티(Christina Georgina Rossetti, 1830~1894) : 영국의 여성 시인.
로빈슨(Edwin Arlington Robinson, 1869~1935) : 미국의 시인.
프로스트(Robert Frost, 1874~1963) : 미국의 시인.

22 *New Songs for New Voices*. 루이스 운터메이어(Louis Untermeyer)와 클라라와 데이비드 만네스

(Clara and David Mannes)가 편집했던 1928년 출판 시집. 이 책의 일러스트는 페기 베이컨 (Peggy Bacon)이 그렸다.

23 이 시는 couplet 라임(각 행의 끝 음이 두 행씩 반복되는 라임. aa, bb, cc, dd)을 정확히 맞춘 시이다. 라임을 맞춘 시도 훌륭하다는 것을 보여주는 시로, 영문은 다음과 같다.

Johnny used to find content
In standing always rather bent,
Like an inverted letter J.
His angry relatives would say,
"Stand up! Don't slouch! You've got a spine!
"Stand like a lamppost, not a vine!"
One day they heard an awful crack–
He'd stood up straight– it broke his back.

제5장 | 단어 놀이

1 아래 영문에서 보듯이 이 시도 couplet 라임을 정확히 맞추고 있다. 일부만 인용한다.
Scarlet skies, purple palms,
Ragged beggars whine for alms.

Orange glow on roof and dome,
Caravans returning home.

Temple, mosque, minaret
'Gainst the sky in silhouette. …

2 백양, 황소, 쌍둥이, 큰 게, 사자, 처녀, 천칭, 전갈, 궁수, 염소, 물병 등 12개의 별자리.

3 abdacadabra : 일종의 주문
festinate : 급속한, 성급한

4 fanfare : 대대적인 축하
sequin : 반짝거리도록 옷에 장식으로 붙이는 작고 동그란 금속편
demoniac : 귀신의, 미치광이
sesquipedalian : 대단히 긴 단어, 길고 어려운 말

5 hobbledehoy : 덩치만 크고 눈치 없는 풋내기
provocative : 도발적인
predestinate : 예정된, 운명의

6 Harold Witter Bynner(1881~1968), 필명이 Emanuel Morgan인 미국의 시인, 평론가, 번역가.

7 Countee Cullen(1903~1946), 미국의 시인, 소설가, 아동문학가, 극작가. 할렘 르네상스 (1920~30년대 뉴욕의 할렘 지역에서 꽃피운 첫 번째 미국 흑인 문예/예술 운동) 시기에 활발히 활동했다.

8 George Hill Dillon(1906~1968), 미국의 편집자이자 시인. 1937년부터 1949년까지 *Poetry* 잡 지의 편집장으로 활동했다.

9 vaudeville : 버라이어티 쇼 비슷한 것으로 노래, 춤, 곡예, 촌극 등이 포함된 가벼운 희극.

10 operetta : 보통 희극적인 주제의 짧은 오페라.

11 Daniel C. Knowleton. 1933년 발간된 두 권의 역사서 *Our Beginnings in the Past*와 *Our Past in Western Europe*의 저자.

제6장 | 거꾸로 말하기

1 19세기 말 먼즈의 학창 시절, 교장은 체벌실에서 등나무 회초리로 학생들의 엉덩이나 손바닥을 때렸다. 1977년 학생 체벌 금지법이 통과되어 이후 남부를 제외한 미국 대부분의 주에서 체벌이 금지되었다.

2 이 문장은 본문에 없는 문장으로 이 문장 아래 『거울나라의 앨리스(*Through the Looking Glass*)』 (1871)에서 발췌된 문장들의 이해를 돕기 위해 옮긴이가 추가한 것이다.

3 루이스 캐럴의 『거울나라의 앨리스』, 7장의 한 문장을 활용한 문장이다. 원문은 "For training in courage there is nothing like it"이다.

4 원문은 "There's nothing like eating hay when you're faint"으로 『거울나라의 앨리스』 7장에서 발췌된 부분이다. 이 문장의 맥락은 괄호 안과 같다. (왕이 배가 고파 메신저가 건네준 샌드위치 두 개를 다 먹는다. 왕은 샌드위치를 더 달라고 하지만 메신저는 샌드위치를 포장한 건초밖에 없다고 말한다. 그러자 왕은 건초를 달라고 요청한 후 받아서 씹어 먹는다. 왕은 우스꽝스럽게 건초를 씹어 먹으면서 진지하게 단어 한 자 한 자에 주의를 기울이며 말한다.) 저자는 글자나 글씨체에 집착하는 선생님들의 난센스를 왕과 앨리스의 대화에 빗대어 설명한다.

5 글자 자체에 집착하는 난센스의 예. 바로 위의 문장과 이 문장의 영문을 제공한다. "I didn't say there was nothing better." "I said there was nothing like it."

6 알파벳 순서를 숫자로 표현한 것으로, 영어로 쓰면 "Come around early tonight"이다.

7 헬라어, 헬라스어 또는 희랍어라고도 부른다. 현존하는 오래된 언어들 중 하나, 알파(A, α), 베타(B, β), 감마(Γ, γ), 델타(Δ, δ)… 등이 그 예이다.

8 히브리어는 고대 유대인(히브리인)의 모어로 사용되었던 고전 히브리어(성서 히브리어)와 현재 이스라엘의 공용어인 현대 히브리어가 있다. 이 언어는 아랍어와 비슷하게, 오른쪽에서 왼쪽으로 쓴다.

9 영문은 "from bottom to top"로 "from top to bottom"을 출판사나 먼즈가 실수로 잘못 쓴 것 같다. "from top to bottom"으로 바꾸어 옮겼다.

10 영어 음성학에서 치찰음은 sip과 zip에 쓰인 [s]와 [z] 같은 음을 말한다. 즉 복수형을 만들 때 's'를 붙여 [s]와 [z] 같은 음을 내는 것을 의미한다.

11 한 단어가 복수형임을 미리 알리는 어느 아프리카어의 발음 방식은 일종의 '거꾸로 말하기'이므로, 강연자(저자)는 '저도 거꾸로 말합니다'라고 말한 것이다. '거꾸로 말하기'에서도 한 단어가 복수형임을 미리 말한다.

12 'soul'은 'spirit'이나 'mind'처럼 그 뜻이 다양하다. 사전이 정의한 'soul'의 여러 의미들 중 주요한 두 가지는 ① 육체와 구별되는 정신적인 생명, ② 인간을 포함한 모든 살아 있는 것들이다. 대체로 이 책에서 soul은 ①의 뜻이며, '영혼'으로 옮긴다. 그러나 'soul'이 ②의 뜻일 때는 인간으로 번역한다.

13 19세기 프랑스 소설가 아버지 알렉상드르 뒤마(Alexandre Dumas père, 1802~1870)의 1845년 소설로 프랑스 원어명은 *Le Comte de Monte-Cristo*.

14 "Damn you! I hate you! And you! and you! And you! All of you! Damn fools! Damn fools! Damn fools!"의 거꾸로 말하기.

15 portmanteau word : motor와 hotel을 결합해 만든 motel처럼 한 단어의 앞부분과 다른 단어의 끝부분을 결합하여 만든 단어.

16 William T. Schwarz(1878~1935?), *Club Men in Caricature*(1901)의 저자.

17 A~Z까지의 알파벳 첫 자가 어느 영어 단어에서 왔는지를 표시해야 하므로 괄호 안에 영문을 제시한다. 뒤 괄호 안의 대문자들은 얼굴 대화 표기 문자이므로 그대로 영문으로 쓴다.

18 croquet wicket : 크리켓 용어로, 필드 중앙에 약 20m 간격으로 세운 쪽문 비슷한 것.

19 「요한복음」8장 11절. 예수가 간음한 여자에게 한 말로서, 원문은 "Then neither do I condemn you"이다.

제7장 | 어린이의 타고난 언어

1 phlox : 줄기는 땅을 기고 마디에서 뿌리가 나오며 각 색깔의 큰 술 모양의 꽃이 피는 꽃고비과 초목. 미국 동부가 원산지.

2 *Mother Goose* : 18세기 초 프랑스 Charles Perrault의 전래동화집이 영어로 *Tales of My Mother Goose*로 번역되어 영어권에 등장했다. 이후 영국 전승 동요들이 18세기 후반 *Mother Goose's Melody* 라는 제목으로 집대성되었다. 이후부터 *Mother Goose*는 영국과 미국에서 '전래 동요집'의 의미로 통용되었다.

3 스티븐슨(Robert Louis Stevenson)이 어린이들을 위해 쓴 시 문집. 영문은 *A Child's Garden of Verses*. 제3장 주석 3 참조.

4 primer : 유아용 첫 알파벳 책 또는 무엇이든 가장 기초적인 책.

5 캐츠킬산맥(The Catskills)은 더 큰 애팔래치아산맥(The Applachians)의 일부로 뉴욕주의 남동 부에 위치한다. 캐츠킬산맥 입구 마을 우드스톡(Woodstock)은 1969년 우드스탁 락 페스티벌이 열렸던 곳이기도 하지만, 이 책은 그 이전에 쓰였으므로 우스터 락 페스티벌과는 무관하다.

6 Nell C. Curtis. 먼즈와 함께 링컨학교에서 가르친 교사로 *Boats : Adventures in Boat Making by Third Grade Children and Their Teacher*(1927)의 저자.

제8장 | 고백

1 〈시편〉은 150편으로 이뤄졌다. 저자는 다윗 왕으로 알려져 다윗의 〈시편〉으로 불리지만 다른 저자가 쓴 것도 일부 있다.

2 일반적으로 'mental'은 우리말로 '정신적'으로 번역된다. 그러나 이 책에서 'mind'를 주로 '마음'으로, 'spirit'은 '정신'으로 옮기고 있으므로, 'mental'은 심리적으로 'spiritual'은 '정신적'으로 옮긴다.

3 *The Silver Cord : A Comedy in Three Acts*. 미국의 극작가이자 영화대본 작가인 Sidney Coe Howard(1891–1939)의 1926년 희극. 1926~7년 시즌에 232회 공연해 성공했고, 1933년에는 영화화되었다. 이 극은 당시 프로이트(Sigmund Freud, 1856~1939)에 대한 대중의 관심을 반영해 아들에 대한 강렬한 소유욕을 보이는 어머니를 풍자한다.

4 이 6학년 여학생은 2년 후 8학년이 되었을 것이다. 미국의 학제는 학군마다 다르지만 대체로 5학년이나 6학년부터 8학년까지가 중학교이고, 9학년부터 12학년까지가 고등학교이므로 여기 서는 중학교 졸업을 의미한다.

5 Arthur P. Herring, 1875~1928.

6 여기서 연극은 무대 위의 연극이 아니라, 한 사람이 자신의 진짜 모습을 감추고 짐짓 다른 인물 인양 가면을 쓰는 것을 의미한다.

7 crash : 정신의학 용어로, 암페타민, 히로뽕 같은 중추신경자극제 금단 증상으로 매우 심각하여 '파멸감'이라고 불린다. 우울증을 동반하며 자극제에 대한 강렬한 갈망이 생기고 자살위험성도 높 다. 그러나 이 맥락에선 약물금단 증상이 아닌 매우 강한 우울증을 의미한다.

제9장 | 연극이 바로 열쇠

1 Plays and Players : 1911년 필라델피아에 설립된 미국에서 가장 오래된 전문 극단들 중 하나. con amore : 이탈리어로서 '부드럽게, 애정을 담아서'의 뜻이다.

2 Franklin P. Adams(1881~1960), 신문 칼럼니스트. 그는 *New-York Tribune* 신문 칼럼 「전망 탑

(The Conning Tower)」으로 유명했다.

3   Bernard D. Hanighen(1908~1976)이 먼즈의 유명한 시를 노래가사로 썼다. 먼즈의 이 유명한 시 영문을 제공한다.
As I was going up the stair
I met a man who wasn't there
He wasn't there again today-
I wish, I wish, he'd stay away.

4   Impromptu Plays : 'Impromptu'는 배우가 대사를 잊었을 때 '대사를 상기시킨다 혹은 대사를 쳐 준다'의 뜻인 'promt'에서 유래했으므로, '대사를 쳐주지 않는 극, 즉흥 연극'을 의미한다.

5   Martha Graham, 1894~1991.

6   Hanya Holm, 1893~1992.

제10장 | 방해꾼 악마

1   Caroline Beaumont Zachry(1894~1945), 먼즈와 함께 링컨학교에서 가르쳤던 교사. 컬럼비아대학교에서 박사학위를 받은 후 1930년대 비엔나로 건너가 융(Karl Jung, 1875~1961)의 문하에서 심리학을 공부했다. 이후 진보적 학교의 중등부 커리큘럼 개발에 힘썼고 죽기 전까지 쟈크리 인성 발전 연구소 디렉터로 일했다.

2   여러 장을 한꺼번에 복사하는 옛날 인쇄 방식.

3   이 시는 의성어와 동음 반복으로 소리 효과를 낸다. 라임도 비교적 잘 지킨다. 이를 보여주기 위해 이 부분의 영문을 제공한다.
Tum… tum… tum…
On the back of a hollow bamboo drum.

Lay by the river Do Dum Dun
Lay on the gray-green sands
Of Egypt land,
On Egypt's gray-green sand.

4   의성어, 반복, 라임을 통한 소리 효과를 보여주기 위해 이 부분도 영문을 제공한다.
…a song to the Ukeadahm
Till he fell asleep, in the middle of June,
Singing away to the crododile's tune,
To the tune of the ugly crocodile,
As it beat its tail in the river Nile,
Tum… tum… tum…
On the back of a hollow bamboo drum.

5   Samuel Taylor Coleridge(1772~1834), 영국의 낭만주의 시인이자 비평가. 그는 1789년 워즈워스(William Wordsworth)와 함께 *Lyrical Ballads*(1789)를 발간해 영국낭만주의 시 전통을 수립했다. 「노 수부의 노래(The Rime of the Ancient Mariner)」는 죄와 고통의 오랜 바다 여행에서 돌아온 선원의 경험담을 노래하며, 생생한 이미지와 묘사로 공포의 감정을 불러일으킨다.

6   마크 트웨인(Mark Twain, 1835~1910)은 『톰 소여의 모험(*The Adventures of Tom Sawyer*)』(1876)과 『허클베리핀의 모험(*The Adventures of Huckleberry Finn*)』(1884)을 쓴 19세기 미국의 대표적 소설가이며, 메리 로버츠 라인하트(Mary Roberts Rinehart, 1876~1958)는 미국의 Agataha Christie(1890~1976)라고 불리는 소설가이다.

7　1929년 미국의 한 신문에 연재되던 만화(저자 Elzie Crisler Segar, 1894~1938)에 처음 등장했던 뽀빠이(Popeye)는 시금치만 먹으면 힘이 세져 악당을 물리치는 캐릭터로 발전했는데, 이후 시금치는 전 세계 어린이의 건강 음식의 상징이 되었다.

8　Pan : 그리스 신화에 나오는 목신. 상반신은 사람 모습이나 염소의 다리와 뿔을 가지고 있으며, 음악과 무용을 좋아한다.

9　*The Collier's* : 1888년 Peter Fenelon Collier가 창간한 그림이 있는 주간 잡지. 1905년 축약판으로 전환했고 1957년 폐간되었다.

제11장 | 시란 자신에게 말할 때 (피어난다)

1　"Hold on!"에서 'Hold'와 'on' 두 단어 모두 강한 악센트를 지닌다.

2　S 등의 소리효과에 의거한 시이므로 영문을 제공한다.

My mind a sea is,
Is, a sea is;
Ships are there, too far to see,
And fish below
I'll never know.

And now I'll watch,
And now I'll hear,
I'll hear the sound the sea makes,
Makes, the sea makes;
No one knows but me
The sound the sea makes,
Makes, the sea makes.

3　The Empire State Building : 미국 뉴욕 맨해튼에 1931년에 지어진 고딕 양식의 건물. 1970년까지 세계에서 가장 높은 빌딩이었으나 현재는 뉴욕에서 7번째로 높은 빌딩.

4　축음기용 레코드판.

5　Flora Jacobi Arnstein(1885~1990)의 *Adventures in Poetry*(1951). 안스타인은 1918년 창조적 예술을 장려하는 진보적 실험학교 Presidio Open Air School(현재는 Presidio Hill School)을 샌프란시스코에 열었다.

6　헬렌 파크허스트(Helen Parkhust, 1885~1973)의 *Exploring the Child's World*(1951). 그녀는 미국의 교육가로서 발달심리학자 피아제(Jean Piaget, 1896~1980), 진보주의 교육가이자 철학자 존 듀이(John Dewey), 교육 개혁가 호라스 만(Horace Mann) 등과 함께 어린이의 전인적 발전을 강조했다.

7　도로시 바루크(Dorothy Walter Baruch, 1899~1962)의 *Blimps & Such*(1932). 교육가, 심리학자, 아동작가였던 그녀가 2살 반에서 4살 반 사이 유아들의 짧은 이야기들을 그림과 함께 모은 책. 그녀는 어린이의 감정적 발전이 육체적, 지적 발전과 연결되었다고 믿었고, 어린이의 건강한 감정적 발전과 언어 습득에 큰 관심을 가졌다.

8　플로렌스 케인(Florence Cane, 1882~1952)이 25년간의 경험을 기반으로 쓴 *The Artist in Each of Us*(1951). 케인은 교육과 미술 치료를 연결시킨 표현 치료술 분야의 대모이다.

9　Harvey Zorbach, 1896~1965.

제12장 | 타고난 시인과 라임(rhyme)의 장인

1   힐다 콩클링(Hilda Conkling, 1910~1986)의 어머니가 그녀가 4살에서 10살 사이에 쓴 시를 모아 출판한 *Poems by a Little Girl*(1920)과 *Shoes of the Wind*(1922).

2   Mabel Mountsier(1871~1976), 컬럼비아대학교에서 석사 학위를 받은 후 수년 동안 옥스퍼드대학에서 공부했던 교사. 그녀가 편집한 책 『노래하는 청소년』의 영문명은 *Singing Youth : An Anthology of Poems by Children*(1927).

3   Peagsus : 그리스 신화에서 시신(詩神) 뮤즈가 타는, 날개 달린 말.

4   The City and Country School : 미국의 진보적인 교육개혁가 캐롤라인 프랫(Caroline Pratt, 1867~1954)가 1914년 뉴욕 그리니치빌리지에 설립한 2세에서 13세까지의 어린이를 위한 진보적인 유치원 및 초등학교. 『『창조의 힘』을 옮기며』 존 듀이 설명 부분 13~15쪽 참조.

5   에반더 촤일즈(Evander Childs)가 교장이었던 뉴욕 브롱스빌(Bronxville)에 위치한 실험적 공립학교.

6   "rancy"와 "tansy". 과학자만이 알 수 있는 전문용어들. 'rancy'의 어원인 'rance'는 벨기에가 원산지인 청색과 백색 무늬가 있는 적갈색 대리석. 'tansy'는 쑥국화나 그 잎.

7   이 시는 과학적 단어를 활용하며, 라임을 잘 맞추고 있다. 영문을 일부 제공한다.

I was a great grey Dinosaur
My jaws were caked with mud and gore
And I weighed our hundred tons or more…

They mocked at me where'er I came;
They gnawed my toes till I was lame,
And so they put me out of the game.

So my remains repose in pomp
In this museum and never romp
After Iguanodons in the swamp

8   이구아노돈(Iguanodon)은 백악기 전기에 살았던 공룡으로 몸길이는 9~10m, 몸무게는 4~5t 이다.

제13장 | 라임을 맞춘 시

1   Teachers Training School : 19세기 중반 공립초등학교가 보편화되면서 학생 수가 급증하자 고등학교 졸업생들을 교사로 양성하기 위해 세워진 학교. 교사양성학교가 세워진 이후 곧 고등학교 졸업생들을 교사로 양성하기 위한 주립 '사범학교(normal school)'도 출범했다. 미국의 첫 공립 교사양성학교는 1823년 사뮤엘 홀(Samuel Read Hall)에 의해 버몬트주 콘코드(Concord)에, 주 정부가 지원하는 사범학교는 호라스 만(Horace Mann)에 의해 1839년 매사추세츠주 렉싱턴(Lexington)에 처음 세워졌다. 이후 1910년까지 사범학교의 수는 180개로 늘어났다. 따라서 먼즈가 활동할 시점의 교사양성학교는 대부분 사범학교였을 것이다. (물론 다양한 유형의 교사양성학교가 여전히 존재했을 것이지만.) 그러나 1910년 이후 점차 사범학교는 '티처스 칼리지(Teachers College)'로 전환하는 단계를 거쳐 다른 학문도 가르치는 '사립 교양대학(Liberal Arts College)'이나 '주립대학(State College)'으로, 나중에는 주립대학교(State University)로 발전했다. Labree와 영문 wikipedia 'normal school' 참조.

2   이 시들은 그저 각 행의 끝 음의 라임만 맞추고 있는 시들이다. 이를 보여주기 위해 오른쪽에 영문을 제공한다.

3 관습의 영향을 받지 않은 네 살 어린이의 시를 보여주기 위해 영문을 제공한다.

Sitting on the chair
Swing my legs so gay :
When I turned around—
It was the next day!

4 Mary Virginia Harriss의 *Blue Beads and Amber : a Child's Book of Verses*(1923).

5 All Saint's Eve : 만성절 전야(10월 31일)로 흔히 할로윈으로 불린다. 만성절은 11월 1일에 기리는 천국에 있는 모든 성인들을 기리는 기독교의 대축일이다.

6 이 시는 "Merry-Go-Round(회전목마)"의 'Merry', 'Go', 'Round' 세 단어를 동음이의어로 활용한다.

7 12개의 낱말로 된 이 시의 영문은 아래와 같다.

Some day
Jane shall
Have, she
Hopes,
Rainbows
For her
Skipping
Ropes.

8 Katharine Barbour. 문맥상 링컨학교 교사로 추정된다.

9 라임을 잘 맞춘다는 것을 보여주기 위해 영문을 제공한다.

God keeps a flower garden
Of joys and loves and things like these;
He has a kitchen garden, too,
Of terrible necessities.

10 이 시는 couplet 라임을 지닌 시의 예로 처음 몇 행의 영문을 제공한다.

Don't you see that little star?
Way up there so far, so far?

Wouldn't you like to be up there
To see the queen with her silver hair,
To see the cats that have no tails,
To see the snakes that carry pails,

11 이 시의 라임과 음악적 요소를 위해 영문을 제공한다.

April! and on the shining hills
The ancient miracle of birth;
Lo! God is forging daffodils
Upon the anvil of the earth.

12 Monclair, New Jersey : 뉴욕에서 약 40분 정도 떨어진 뉴저지주의 소도시.

13 이 시는 격 행으로 라임을 맞춘다. 그러나 정확하게 규칙적인 라임은 아니다. 이 시의 마지막 4줄의 영문을 제공한다.

Once *Mummy* drew a pig with a little twisty tail.
And stand-up ears and a *nawful* funny snout.

We both tried not to laugh, but I got so *streamly* giggly
That Mummy simply had to take me out.

14 이 시는 첫 행만 제외하고 couplet으로 라임을 맞춘다.
I'm not appreciated.
When folks pass, they say
"'Lo, kid!" in any ordinary way
As if maybe I didn't have fine
Schemes they haven't. And someday mine
Will make them wish they'd said
"Why, how d' you do!"—when I'm dead.

15 이 시는 격 행으로 라임을 맞추고 있다. 1연만 영문으로 제공한다.
Once I knew a lovely man
Bald men stir me to sympathy :
It is not often that I see
One that I do not sigh
And wipe a salt tear from my eye.

16 루이스 캐럴(Lewis Carroll), 로버트 스티븐슨(Robert Louis Stevenson), 앨런 알렉산더 밀른(Alan Alexander Milne, 1882~1956), 세 작가가 모두 영국의 아동문학가이다. 캐럴은 제6장 주석 3, 스티븐슨은 제3장 주석 3, 제7장 주석 3 참조.

17 맥코드(David Tompson Watson McCord)가 편집한 *What Cheer : An Anthology of American and British Humorous and Witty Verse*(1945).

18 Ojai Valley School : 1911년 진보적 교육 개혁가들에 의해 캘리포니아주 오하이에 세워진 사립기숙학교로, 전인교육과 경험을 통한 배움을 강조한다. 유치원부터 12학년까지의 교육을 제공한다.

19 뉴욕 브롱스빌(Bronxville) 공립학교(실험 학교) 교장이었던 에반더 촤일즈(Evander Childs)는 학생들의 시를 모아 시리즈로 『학생 시 문집(*Anthology of Student Verse*)』을 발간했다. 제12장 주석 5 참조.

제14장 | 모방하는 어린 시인들

1 pinafore: 긴 앞치마(소매 없는 원피스 같은 모양)로 옛날 영국과 미국의 여자들이 입던 옷.

2 〈The North Wind Doth Blow〉로 전래 동요 중 하나이다.

3 종달새를 노래한 영국 시로는 19세기 크리스타니 로제티(Christina Rossetti, 1830~1894)의 "Summer"와 윌리엄 셰익스피어의 시들이 있으며, 나이팅게일을 노래한 영국 시로는 17세기 존 밀튼(John Milton, 1608~1674)의 "To the Nightingale"과 19세기 존 키츠(John Keats, 1795~1821)의 "Ode to a Nightingale" 등이 있다.

제15장 | 교실의 평범한 아이들

1 19세기 중반 공립학교가 보편화되었지만 여전히 작은 마을에는 개인이 혼자 가르치는 작은 학교들이 있었다. 흔히 이런 학교의 교장이 여성이라서 'dame school'이라고 불렸다.

2 시적 고어체를 쓰면서 유머를 전하고 있으므로, 이를 반영해 극존칭으로 옮겼다.

3 이 구절은 〈마태복음〉 4장 8절 예수가 시험받을 때 마귀가 산꼭대기에서 예수에게 한 말, "all the kingdoms of the world and their glory(천하만국과 그 영광)"의 부정확한 인용이다. 게다가 이 말은 마귀가 바울이 아니라 예수에게 한 말이므로, 뒤이은 마귀 역할을 맡아 바울에게

간청했다는 말도 부정확하다.

4　바울(Paul, 5~64/67 혹은 2~63)은 초기 기독교의 사도로, 초창기 기독교를 박해했으나 회심 후 신약성서의 주요 부분인 서신을 저술했다. 바울은 개신교에서 부르는 이름이고 천주교에서는 바오로, 성공회에서는 바울로로 불린다.

5　〈창세기〉 1장 26~27절.

6　앞에서 인용한 〈창세기〉 1장 27절을 먼즈가 자신의 말로 다시 써서 인용한 것.

7　Henry Wadsworth Longfellow(1807~1882)의 *Evengeline : A Tale of Arcadie*(1847).

제16장 | 세제곱근과 분사의 독립 주격

1　문법 용어. 'She being away, I can do nothing' 같은 분사 구문에서 'She'가 독립 주격.

2　네덜란드령 기아나는 1667년부터 1954년까지 현재의 수리남에 존재했던 네덜란드의 식민지. 수리남은 남아메리카에 있는 공화국으로, 동쪽으로는 프랑스령 기아나, 서쪽으로는 기아나, 남쪽으로는 브라질, 북쪽으로는 대서양과 접하는 소국이다.

3　스펜서 체란 둥글게 오른쪽으로 기운 서체로, 타자기의 광범위한 채택 이전인 대략 1850년에서 1925년까지 비즈니스 서신을 위한 미국의 표준 서체이다. 일례로 코카콜라 로고가 스펜서체이다.

4　John Quincy Adams(1767~1848), 미국의 6대 대통령(1825-1829).

5　William Merritt Chase(1849~1916), 미국 화가이자 교사. 파슨스디자인학교(Parsons School of Design)의 전신인 체이스학교(Chase School)의 설립자이다.

제17장 | 창조적인 사업

1　미국의 중학교 이상의 학교에선 학생들이 각 과목을 배울 때 각 선생님의 교실로 이동한다.

2　Tiglath-Pileser : 기원전 745~727년 신-앗시리아를 통치한 티글라트 필레세르 3세로, 신-앗시리아 제국에 비교적 발전된 군사 정치 제도를 도입한 왕. 신-앗시리아는 기원전 911년부터 609년까지 존속했고 철기를 최초로 사용했던 메소포타미아 지역(현재 이란, 이라크 북부 지역)의 제국.

3　이 질문 문장에 나온 어근, 어형 변화, 격-어미는 모두 문법 용어이다. 예를 들면, 'wait'의 어근은 'wait'로 수, 격, 시제에 따라 'waits', 'waited' 등으로 변화한다. 어형 변화는 명사, 형용사, 대명사가 성·수·격에 따라 어형 혹은 어미를 변화시키는 것이며, 격-어미는 성, 수, 격에 따른 명사와 형용사의 어미변화를 말한다. 영어에는 어형 변화와 격-어미가 특별히 없으므로, 이 질문은 라틴어 등 유럽 언어 수업 중에 나온 질문으로 추측된다.

4　카드가 활성화되기 전, 20세기 내내 미국인들은 물건을 살 때 일반적으로 개인 수표로 거래했다.

제18장 | 멍청한 고집쟁이들

*　Dumppiddyfetchets : 이 낱말은 먼즈의 합성 신조어이다. 네이버 파파고에 따르면, 'dumppiddy'는 '얼빠진, 정신이 없는, 멍한'의 뜻을, 'fetchet'은 '쐐기를 박다'의 뜻을 지닌다. 구글의 어원에 따르면, 'fetchet'은 '성실하지만 뻣뻣하고 융통성 없는, 고집이 있는'을 암시한다. 이 둘을 합쳐보면 '멍청한 고집쟁이'의 뜻인 듯하다.

1　fullback : 미식축구에서 후위공격수인 풀백은 골키퍼 앞에 서서 상대팀이 골을 넣는 것을 방해하는 선수.

2　'switched'는 한 소리에 두 의미를 지닌 펀(pun)이다. 영어 'switch'는 ① 바뀌다, ② 휘어지는 나뭇가지나 회초리의 두 의미를 지닌다. 이 두 의미를 담아 번역한다.

3　George Santayana, 1863~1952.

제19장 | 내사(Introjection)

* 심리학에 따르면, 내사(introjection)는 프로이트(Sigmund Freud)가 제안한 여러 방어 기제 중 하나로, 한 사람이 다른 사람의 생각이나 목소리를 내면화할 때 생기는 과정이다. 자신의 생각이나 목소리를 다른 사람들에게 주입시키는 투사(projection)의 반대이다.

1 Mabel Mountsier(1871~1976), *Singing Youth: An Anthology of Poems by Children*(1927). 제12장 주석 2 참조.

2 *Playbooks* : William Henry Denham Rouse(1863~1950)와 Henry Caldwell Cook이 편집한 영국 케임브리지 퍼스 학교 작품 모음집으로 1912년부터 총 6권이 시리즈로 출판되었다. 이 시리즈는 주로 어린이들의 희곡과 시를 모아 출판했지만 작가 미상의 『숙제와 목마(*Homework and Hobbyhorse*)』와 Caldwell Cook의 대표작 『연극 놀이 기법(*The Play Way*)』도 포함되었다. 제4장 주석 13 참조.

3 "The City and Country School." 캐롤라인 프랫트(Caroline Pratt)가 설립한 진보적인 유치원 및 초등학교. 제12장 주석 4 참조.

4 『책 이전』, 『열두 살 어린이들과의 모험─실험적 실천』, 『여덟 살의 상인들』의 각 영문 이름은 Caroline Pratt과 Jessie Stanton 편집의 *Before Books*(2006), Leila Stott 편집의 *Adventuring with Twelve Year Olds : Experimental Practice*(1927)과 *Eight Year Old Merchants*(1928)이다.

5 Harriet M. Johnson(1867~1934). 그녀는 유아교육의 개척자로 미국에 처음 유아원 설립을 제안했다. 그녀의 *Children in The Nursery School*(1928)은 유아교육에서 연극의 중요성을 피력한다.

6 Helen Parkhust, *Exploring the Child World*(1951); Florence Cane, *The Artist in Each of Us*(1925). 제11장 주석 6, 8 참조.

7 Gladys Andrews의 *Creative Rhythmic Movement for Children*(1958).

8 Ted Malone의 *Poems by Camp Fire Girls*. 매년 'Camp Fire Girls'에 참가한 어린이들이 쓴 시들을 모아 출판한 모음집. 'Camp Fire Girls of America'는 1910년 'Boy Scouts of America'의 자매 조직으로 탄생해 1975년 소년들을 포함시키는 'Camp Fire Boys and Girls'가 되었고, 2001년에는 'Camp Fire'가 되었다. 이 단체는 캠핑과 야외활동을 통해 어린이들에게 자신감과 리더십을 증진시키는 목적을 지니고 있다.

제20장 | 정신의 성장을 돕는 음식

1 여기서 시에라(Sierra)산맥은 미국 캘리포니아주와 네바다주 경계를 이루는 가파른 산맥인 시에라네바다(Sierra Nevada)산맥을 일컫는다.

2 ground hog : 땅을 파는 동물로 우드척 혹은 땅다람쥐로 불린다.

3 the communion of the saints : 가톨릭 종교 용어로, 죽은 자들을 포함한 모든 기독교인들의 정신적 유대를 뜻하며 '모든 성인의 통공(通功)'으로 불린다. 그러나 여기선 종교적 관점을 배제한 정신적 경험을 의미하므로, '영적 경험'으로 옮긴다.

4 *Motor Boat Boys* : 루이스 아룬델(Louis Arundel)이 쓴 소년들을 위한 모험담 시리즈로, 여섯 명의 10대 소년들이 다양한 수로에서 벌이는 모험을 다룬다. 이 시리즈물은 1912년부터 1915년 사이에 나왔다.

5 Hildegard G. Frey가 쓴 청소년물로 1917년 발간되었다. Ted Malone이 매년 'Camp Fire Girls'에 참가한 어린이들이 쓴 시들을 모아 출판한 모음집 『캠프파이어 소녀들』 시리즈 중 한 권이다. 제19장 주석 8 참조.

6 G. Harvey Ralphson이 쓴 보이스카우트 모험담 시리즈의 한 권으로 1911년 발간되었다.

7 George Meredith(1828~1909), 영국의 빅토리아 시대 소설가이자 시인. 자기중심적인 성격으로 여성관계에서 실패하는 과정을 그린 장편 소설 『이기주의자(*The Egoist*)』(1879) 등 18편의

소설을 쓰고 여러 편의 시집을 발간했다.

8 George Bernard Shaw(1856~1950), 아일랜드의 극작가. 그는 1925년 노벨문학상을 수상했으며 총 60여 편의 희곡을 썼다. 『시저와 클레오파트라(*Caesar and Cleopatra*)』(1898)는 로마 시대 역사적 인물 시저(Julius Caesar)와 클레오파트라(Cleopatra) 사이의 허구적 이야기를 극화한 희곡이다. 제2장 주석 6 참조.

9 영국의 소설가이자 극작가인 플레커(James Elroy Flecker, 1884~1915)의 희곡 *Hassan*(1922), 아일랜드 작가 스티븐스(James Stephens, 1880~1950)의 만화 소설 *The Crock of Gold*(1912, 철학, 아일랜드 민속, '성별의 전투'가 혼합된 민담, 총 6권), 프랑스 작가 모리오(André Maurois, 1985~1967)의 영국시인 Percy Bysshe Shelly 전기, *Ariel or the Life of Shelley*(1923, 1924년 Ella D'Archy에 의해 영어로 번역됨).

10 영국 소설가 Alfred Ollivant(1874~1927)의 『밥, 전쟁의 아들(*Bob, Son of Battle*)』(1898)은 영국과 미국에서 유명했던 아동 소설이다. 스티븐슨(Robert Louise Stevenson)의 『보물섬(*Treasure Island*)』(1883)은 원래 1881년부터 1882년까지 어린이 잡지 *Young Folks*에 연재했던 아동 소설이다. 스티븐슨에 대해서는 제3장 주석 3, 제7장 주석 3, 제13장 주석 16 참조.

11 『용감한 소년들(*The Rover Boys*)』은 Edward Stratemeyer(1862-1930)가 가명 Arthur M. Winfield으로 쓴 인기 있는 청소년 시리즈물이다. 장난꾸러기 청소년들의 모험담으로 1899년에서 1926년 사이 30권의 시리즈물이 출판되었다.

12 이들 인정받은 작가들은 다음과 같다. 뒤마(Alexandre Dumas père, 1802~1870), 키플링(Joseph Rudyard Kipling, 1865~1936), 매리앳(Frederick Marryat, 1792~1848), 디킨즈(Charles Dickens, 1812~1870), 쿠퍼(James Fenimore Cooper, 1789~1851), 도일(Arthur Conan Doyle, 1859~1930). 뒤마는 프랑스 작가, 키플링, 매리앳, 디킨즈, 도일은 영국 작가, 쿠퍼는 미국 작가이다. 이들은 주로 소설가로 활동했으나 모험담이나 동화책도 상당히 많이 썼다.

13 키플링은 바로 위 주석 참조. 콘라드(Joseph Conrad, 1857~1924), 메이스필드(John Masefield, 1878~1967), 쇼(George Bernard Shaw, 1856~1950), 배리(James Matthew Barrie, 1860~1937), 싱(John Millington Synge, 1871~1909), 스티븐슨(Wallace Stevenson, 1879~1955), 무디(William Vaughn Moody, 1869~1910), 프로스트(Robert Frost, 1874~1963). 키플링, 콘라드, 메이스필드, 배리, 스티븐슨은 영국 작가, 쇼와 싱은 아일랜드 작가, 무디와 프로스트는 미국 작가이다. 키플링, 콘라드, 스티븐슨은 주로 소설가로, 쇼, 싱, 무디는 극작가로, 프로스트는 시인으로 활동했다. 메이스필드는 시와 동화책을 썼고, 배리는 소설과 희곡을 썼으며 동화책 *Peter Pan*의 작가로 유명하다.

14 bopeep : 숨어 있다가 까꿍 나타나 아이를 놀래주는 놀이. 어린이들을 조용히 관찰하다가 나타나 새로운 방식으로 지도하는 교사들의 지도 방식.

15 Anne T. Eaton(1881~1971), 저자이자 어린이 사서. *New York Times Book Review* 어린이 분과 편집장을 역임했던 그녀는 링컨학교에 도서관을 도입했다.

16 19세기와 20세기 초반 미국의 부유한 가정에서는 영국의 빅토리아 시대처럼 가정교사를 고용하여 자녀들을 교육시키곤 했다. 또한 가톨릭 수녀들이 기숙학교의 교사를 겸하는 경우도 많았다.

제21장 | 나사 조이듯 압박하는 학교 환경

1 Angelo Patri(1876~1965), 5살 때 이탈리아에서 이민 온 미국의 교육자. 1898년에서 1908까지 뉴욕에서 학생들을 가르쳤던 그는 이탈리아 태생으로는 처음으로 1908년부터 1913년까지 공립학교장을, 1913년부터는 뉴욕 브롱스빌 공립학교장을 역임했다. 존 듀이(John Dewey)의 영향을 받아 책 밖의 교육을 중시했다.

2 맥머리(Frank M. McMurry)와 파킨스(A. E. Parkins)는 *Elementary Geography － Part One I & Part*

2(1923)와 *Advanced Geography – Part 1 & Part 2*(1927)를 집필했다. 여기서는 5, 6학년용 책이므로 *Elementary Geography*일 가능성이 높다.

3   Tabloide : 흥미 위주의 짤막한 기사에 유명인의 사진과 가십을 크게 싣는 가십 수준의 신문.

4   hard-boiled : 감정을 드러내지 않는 사람이나 문체를 일컫는 형용사.

5   Henry Caldwell Cook, *The Play Way : An Essay in Educational Method*(1917). 제4장 주석 13, 제19장 주석 2 참조.

6   Albany : 미국 뉴욕주의 주도.

7   듀이에 대해서는 옮긴이의 『『창조의 힘』을 옮기며』 참조.

8   cupper and leecher : "cupper"는 피를 뽑는 의사를 지칭하며, "leecher"는 아무것도 주는 것 없는 기생충 같은 의사를 뜻한다. 두 단어를 결합해보면 피를 뽑아 치료했지만 제대로 치료하지 못했던 중세 시대 유럽 의사들을 뜻하는 듯하다.

9   ad hominem : 라틴어 문학 용어로, 특정인의 주장을 반박하는 대신 그의 인격을 모독하거나 훼손하는 말.

10   마취제가 도입되면서 가족이 환자의 몸을 붙들고 칼을 베지 않아도 되니, 피를 닦는 세면대가 필요 없게 되었고 가족도 환자 곁에 있을 필요가 없었다.

11   제1차 세계대전 시기 미국이 중립을 유지했던 1915년 5월 7일, 영국의 대서양 정기선 루시타니아호(the Lusitania)가 독일 잠수함의 공격으로 침몰되어 미국인 승객 128명이 사망했다.

12   John Adams(1735~1826), 미국의 2대 대통령으로 1797년부터 1801년까지 재임. 존 퀸시 애덤스(John Quincy Adams, 1773~1841), 존 애덤스의 아들로 6대 대통령으로, 1825년부터 1829년까지 재임했다. 여기서 둘 중 어느 대통령을 언급한 것인지 알 수 없다.

13   Alexander Hamilton(1755 혹은 1757~1804), 미국 건국과 1787년 미국 헌법제정에 공헌한 정치가. 조지 워싱턴(George Washington, 1732~1799)과 뜻을 같이하는 연방주의자로 토머스 제퍼슨(Thomas Jefferson, 1743~1825)을 비롯한 반 연방주의자와 대립했다.

14   Thomas Jefferson, 미국의 정치인으로 3번째 미국 대통령(1801~1809)이자 미국 독립선언서의 기초자. 그는 해밀튼과 연방주의 논쟁을 벌였다.

15   1달러 은화 동전. 지폐 1달러보다 훨씬 더 가치가 있는 귀중한 것으로 1794년 처음 만들어졌고, 2011년 이후부터는 수집가용으로만 사용된다.

16   여기서 귀에 대한 언급은 바보나 얼간이를 상징하는 당나귀를 상기시킨다. 이 말을 통해 여교사는 학생들이 바보 같다는 의미를 암묵적으로 전한다.

17   The Alien and Sedition Acts. : 이민법(The Alien Act)은 이민자가 미국 시민이 되는 것을 막기 위한 법이며, 소요죄법(The Sedition Act)은 대중이 정부에 반대하는 것을 막기 위한 법이다. 이 두 법의 일부는 2, 3년 후 폐기되었다.

18   Virginia and Kentucky Resolutions : 1798년과 1799년에 마련한 이 결의안으로 버지니아와 켄터키 주 의회는 연방 정부의 이민법과 소요죄법이 위헌이라는 입장을 취했다.

19   미국의 초대 대통령 조지 워싱턴의 첫 번째 임기 시에 두개의 정당이 존재했다. 하나는 재무장관 알렉산더 해밀턴(Alexander Hamilton)이 이끄는 연방당(Federalist)이었고, 또 하나는 토마스 제퍼슨(Thomas Jefferson)이 지도자였던 공화당(Republican)이었다. 해밀턴과 연방당은 막강한 권한을 가진 대통령과 사법부를 중심으로 한 강력한 중앙 정부를 원했다. 이들은 민주주의를 폭도들의 통치라며 반대했다. 제퍼슨을 중심으로 한 공화당은 정부를 수립한다는 점에서 헌법을 지지했지만 미국인들을 위한 보다 많은 민주주의를 요구했다. 해밀턴과 제퍼슨은 신문을 통해 논쟁을 지속했다.

20   작은 나무로 날카로운 가시를 지니고 있으며, 흰색이나 핑크색 꽃을 피운다.

21   아름다운 자연과 대비시켜 전쟁의 비극을 다루는 이 시는 라임을 정확하게 맞춘 시이다. 이를

보여주기 위해 이 시의 1연과 4연의 영문을 제공한다.

Ask me of blood, I who have been to the wars,
Ask me of the way the meadow looks in the spring,
Ask me of conjure up the mystical stars
And the white moon glimmering; …

When beauty leaps to the heart like a great cry
Not to be stilled today or ever after,
The voices of dead men out of history
Are only an echo of laughter.

제22장 | 청소년 힘의 보존

1   오이디푸스 콤플렉스 등 프로이트식의 콤플렉스를 연상시킨다.

2   Josiah Royce(1855~1916), 미국의 철학자. 그는 절대적 이상주의 철학을 설파했다. 윌리엄 제임스(William James)의 친구이지만, 실용주의자인 제임스와 달리 이상주의자였다.

3   arc light : 아주 밝은 전깃불. 너무 빛이 밝아서 그림자를 보지 못한다는 의미를 강조하기 위해 이 비유를 쓴 듯하다.

4   Charles William Beebe(1877~1962), 미국 자연주의자, 조류학자, 해양생물학자, 곤충학자, 탐험가 및 작가. 그는 바닷속 깊이 잠수해 그곳의 생물체를 조사했다.

5   저자는 이 부분에서 자신을 앞서 소개한 잠수복을 입고 바다에 뛰어든 비브(Charles William Beebe)에, 학생들을 바다 심연의 물고기들에 비유한다.

6   Lady of Mercy : 13세기에서 16세기 기독교 예술의 소재. 보통 성모마리아의 긴 옷자락 아래 보호를 요청하며 모여든 사람들로 형상화된다. 여기선 어느 언덕 기슭을 지칭하는 고유명사이지만 상징적이다.

7   Pool of Peace : 현재 벨기에에 위치한 제1차 세계대전 전쟁 기념 터. 전쟁터 지명을 이미지로 형상화하고 있는 듯하다.

8   에즈라 파운드(Ezra Pound, 1885~1972)와 T. S. 엘리엇(T. S. Eliot, 1888~1965)이 주도한 모더니즘 시 운동. 모더니즘 시는 감정을 배제하고 객관적인 이미지로 표현한다.

9   The Scarlet Letter : 1850년 미국의 소설가 너새니엘 호손(Nathaniel Hawthorne, 1804~1864)이 발표한 소설로 헤스터와 목사 딤즈데일의 간통 문제를 다루며 청교도주의를 비판한다.

10   독일군이 바다 심연에서 조용히 기다렸다가 영국의 루시타니아호(the Lusitania)를 공격했던 사건을 상기시킨다.

11   galleons : 15~17세기에 사용되던 스페인의 대형 범선들.

12   caravans : 사막을 건너는 대상인의 마차들.

13   Matthew Arnold(1822~1888), 영국의 시인이자 비평가.

14   저자는 이 관련 격언이 무엇인지 말하지 않아, 어떤 격언인지 알 수 없다.

15   El Dorado : 남미 아마존 강변에 있다고 상상되었던 황금향(鄕)을 일컫는 스페인어로 이상세계를 의미한다.

16   노울튼(Daniel C. Knowlton)은 *Our Beginnings in the Past*와 *Our Past in Western Europe*의 저자. 제5장 주석 11 참조.

17   네로(Nero, 37~68), 로마의 폭군 황제. 의붓동생, 어머니, 아내를 독살한 그는 64년 기름 창고 사고로 로마에 대화재가 발생해 민심이 혼란스러워지자, 기독교에 책임을 덮어씌워 기독교도를 대학살 했다. 불타는 세상은 이를 암시하는 듯하다.

18 Albert Henry Smythe(1861~1947) : 아일랜드 태생 캐나다 저널리스트, 시인. 신지학운동가.
George Herbert Palmer(1842~1933) : 하버드대학 종교와 도덕 철학 교수, *The Odyssey* 영어 번역자.
William James(1842~1910) : 철학자/심리학자로 실용주의 철학의 확립자.
Felix E. Schelling(1858~1945) : 영문학자.
Hugo Münsterberg (1863~1916) : 심리학자.
Charles T. Copeland(1860~1952) : 시인/영문학자.
Josiah Royce(1855~1916) : 철학자.
George Santayana(1863~1952) : 철학자/시인/평론가.
George S. Fullerton(1859~1925) : 철학자/심리학자.
Cornelius Weygandt(1871~1957) : 영문학자.
Clarence G. Child(1864~1948) : 중세문학자/취미수학자.
William R. Newbold (1865~1926) : 철학자.
추가적으로 윌리엄 제임스 (William James)는 「『크리에이티브 파워』를 옮기며」, 조사이어 로이스(Josiah Royce)는 제22장 1절, 조지 샨타야나 (George Santayana)는 제18장 2절 참조.
19 여기서 '우리'는 실험학교 교사들 및 행정관들을 의미하는 듯하다. 일반 초중등학교의 경우 석사학위를 필요로 하지 않는다.
20 learneder, incredibler, preposterouser : 'learned, incredible, preposterous'에 'er'를 붙여 만든 신조어이다.

제23장 | 신(God)의 모든 자식들

1 Eugene O'Neill, 1888~1953.
2 이 제목은 유진 오닐(Eugene O'Neill)의 표현주의 극*All God's Chillun Got Wings*(1924)에서 유래한 것이다. 오닐은 이 희곡을 옛 흑인 영가에서 영감을 받아 썼다.
3 1930년 매사추세츠주 우즈 홀(Woods Hole)에 세워진 비영리 해양연구센터로 바다 연구, 탐험 교육을 담당한다. 현재는 세계를 주도하는 해양연구센터로, WHOI(Woods Hole Oscenographic Institution)로 불린다.
4 Katharine Louise Keelor(1886~1965), 링컨학교에서 먼즈와 함께 근무했던 교사이자 *Curriculum Studies in the Second Grade*(1925)를 비롯한 여러 책의 저자.
5 뉴잉글랜드(New England)에 정착한 초기 청교도들은 청교도 교리를 지나치게 엄격하게 지키며 놀이와 예술을 배척했다. 교리에 집착한 청교도주의는 위선적 삶과 현실과 괴리된 교조주의로 전락해 비판받았다.
6 여기서 먼즈는 취향(taste)에 대해 정의를 내리고 있다. 그에 따르면, 취향이란 잘한 것과 못한 것을 구별하는 예술적 판단력이다.
7 Madagascar : 아프리카 남동의 섬·공화국이며 수도는 안타나나리보(Antananarivo)이다.
8 Abbott Lawrence Lowell(1856~1943), 1909년부터 1933년까지 하버드대학교 총장 역임. 그의 교육 개혁은 미국 전체 교육에 큰 영향을 미쳤다.
9 일리노이주 쿡 카운티 위네트카(Winnetka)에 위치한 초중고 학교들.
10 Thomas Alva Edison, 1847~1931.
11 Platon(BC 428/427 또는 BC 424~BC 348/347), 소크라테스의 제자이자 서양철학의 근간을 마련했던 고대 그리스의 철학자이자 사상가.

제24장 | 새로운 학습

1 The Pilgrim Fathers : 1620년 메이플라워(Mayflower)호를 타고 오늘날의 매사추세츠주 플리머스(Plymouth)에 정착한 영국 청교도들로서 미국인의 첫 조상들.

2 Wrightstone Tests : 뉴욕 부교육감을 역임했던 라이트스톤(Dr. J. Wayne Wrightstone, 1904~1986)이 만든 시험.

3 Florence Cane, *The Artist in Each of Us*(1951)의 작가. 그녀는 예술가는 기술에 의존해서는 안 되며, 자신의 감정을 표현과 창조의 원천으로 삼아야 한다는 신념으로 예술 교육에 헌신했다. 제11장 주석 8 참조.

4 spondee : 시의 강강격 혹은 장장격 음보(foot). 즉, 시에서 연속적인 두 개의 강하고 긴 끝 음절로 구성된 음보.

5 dissonance : 거친 청각 효과를 만들어 내기 위해 조화롭지 않은 단어, 구 또는 음절을 의도적으로 사용하는 문학 장치. 여기서 'rocky, old, earth' 사이에는 리듬이 없으며, 'rocky'와 'earth'는 발음이 매우 거칠 뿐만 아니라 봄을 묘사하기에는 거대한 단어들로 전통적 관점에선 조화롭지 않아 보일 수 있다.

6 "a new green coat"는 느리게 발음되며 강한 악센트를 지닌다.

7 죽음으로 향한 날랜 발을 막을 수 있는 것은 오로지 시뿐이라고 노래하는 셰익스피어의 소네트 65번의 이 시행은 10음절 모두 강하고 길게 발음된다. 영문은 "Or what strong hand can hold his swift foot back?"이다.

8 Henry Wadsworth Longfellow(1807~1882)의 *Evengeline : A Tale of Arcadie*(1847). 제15장 3절에서도 언급한 바 있다.

9 설파 약물(sulfa drugs)은 sulfanilamide의 간략형으로, 세균성 질환에 특효가 있는 약물.

10 *Childhood Education* : 1924년부터 발간된 어린이 교육 관련 학술지로 현재도 발간 중이다.

제25장 | 창조적인 손

1 미국의 식민지 시대란 일반적으로 16세기 초반 영국이 미 동부지역에 13개의 식민지를 건설했던 시절부터 미국이 독립한 1776년까지를 일컫는다.

제26장 | 청소년은 청소년을 부른다

1 링컨학교가 1923년 펴낸 책으로 영문명은 *Lincoln Verse, Story, and Essay*.

2 Constantinople : 터키의 수도 이스탄불의 옛 이름.

3 Santa Domingo : 카리브해 섬의 도미니카공화국의 수도.

4 라파예트(lafayettes) : 1824년 라파예트 호가 들어온 때 엄청나게 많은 수의 이 물고기가 뉴욕 어부들에 의해 잡힌 이후 이름이 라파예트가 되었다.
동갈방어(pilot fish) : 전갱잇과의 육식성 바닷물고기.
맨헤이든(menhaden) : 청어과 바닷물고기.

5 Pueblos : 미국 원주민 인디언의 한 종족.

6 〈민수기〉 20장 10~11절. 이 구절은 모세(Moses)와 그의 형 아론(Aaron)이 먹을 것이 없는 군중들을 위해 지팡이로 바위를 두드리니 물이 쏟아져 나왔다는 이야기를 전한다.

7 scaffolding : 그림을 그리거나 높은 빌딩을 지을 때 장대와 널빤지를 이용해 만든 임시 지지대 혹은 가설물. 여기서는 학생들이 초고에서 대략 만들어 놓은 글의 틀 혹은 구조를 의미한다.

8 러그(Harold Rugg, 1886~1960)와 슈마커(Ann Shumaker, 1899~1935)가 저술한 책 *The Child Centered School : An Appraisal of the New Education*(1928).

제27장 | 우리 각각의 재능

1   여기서 문법학교(grammar school) 고학년은 문맥상 8학년(우리나라 학제로 중학교 2학년)으로 보인다. 이번 장의 2절에 언급된 8학년에 치르는 고등학교 입학시험이 그 근거이다. 미국에서 문법학교는 초등학교와 중학교를 합친 형태로, 흔히 초등학교로 분류된다. 이 단락에서 문법학교가 초등학교로 언급되는 것은 이 때문이다. 문법학교의 간략한 역사는 다음과 같다. 문법학교는 중세와 르네상스 시기 영국에서 라틴어를 가르치기 위해 설립되었던 학교로 빅토리아 시대에 중등학교로 재정립되었다. 현재 영국에는 시험을 치르고 우수한 입학생을 받는 몇 곳의 문법학교만 남아 있다. 초기 식민지 시기 미국도 라틴어 문법학교를 설립해 엘리트 교육을 실시했다. 그러나 19세기에 이르면 문법학교는 대학 입시를 준비시키는 학교로 변화하고, 종종 5학년부터 8학년까지를 중학교 혹은 문법학교로 불렀다. 20세기에는 초등학교와 중학교를 합쳐서 문법학교라고 칭하게 되었다.

2   생리학의 철자는 'Physiology'이다.

3   드램(drachm, dram)과 미님(minim)은 미국에서 각각 액체의 부피를 재는 단위. 액체 1드램은 1/8온스(ounce)이며, 액체 1미님은 1/60드램.

4   평방 야드(Square Yard)와 퍼치(Perch)는 면적을 재는 단위로, 1퍼치는 18평방 피트(feet sq).

5   기하학의 피타고라스 정리, 즉 직각삼각형의 빗변의 제곱이 두 직각변의 제곱의 합과 같다는 정리.

6   영문법 용어. 형용사나 부사의 비교격과 최상급에 반대되는 기본형.

7   metonymy : 어떤 낱말 대신에 그것을 연상시키는 다른 낱말을 쓰는 비유법. '미국 대통령' 대신에 '백악관'을 쓰는 것이 그 예이다.

8   'respective'와 'respected'의 철자가 비슷하므로 두 단어를 혼동하지 말 것을 강조하는 말이다.

9   '각주의 선거인단 중 적어도 한 명은 다른 주 출신이어야 한다'는 뜻을 18세기 문어체로 쓴 것.

10 고등학교 배치고사(the High School Placement Test, HSPT)를 의미하는 듯하다. 이 배치고사는 고등학교에 입학하는 학생들을 선발하고 배치하기 위해 8학년 때 보는 시험이다. 주로 사립고등학교에서 이 시험으로 입학 여부와 장학금을 결정한다.

11 the Scouts : 소년 소녀의 몸과 정신을 단련하여 사회에 건설적인 역할을 할 수 있게 하려는 세계적인 청소년 운동 단체, 영국 육군 중장 로버트 베이든 파월이 제1회 스카우트 캠프를 실시한 1907년에 결성되었다.

12 Camp Fire Girls of America : 1910년 'Boy Scouts of America'의 자매 조직으로 탄생했다. 캠프와 야외 활동 프로그램을 운영한다.

13 4-H : 청소년들의 잠재력을 완전하게 표출하도록 돕고 청소년 발전 분야를 증진시키기 위해 1902년 창설된 조직으로 이 이름은 'Head, Heart, Hands, and Health'의 첫 자에서 왔다.

14 이 단락에 소개된 인물들의 영어명을 순서대로 쓰면 다음과 같다. William Jansen, Theron Freese, Paul Witty, Harvey Zorbaugh, Joseph Justman, Irving Lorge, Dorothy W. Norris, Walter B. Berbe, Mario Scheifele, Alice V. Keliher, Winnifred Ward.

15 *The Reader's Digest* : 1922년 창간된 미국의 일반적 관심사를 다루는 가정용 잡지. 1년에 12회 발간되며 미국에서 가장 잘 팔리는 잡지들 중 하나이다.

옮긴이 후기와 감사의 말

휴즈 먼즈의 『창조의 힘』을 번역하는 데 근 4년이 걸렸다. 오랜 시간이 걸린 데는 나름의 이유가 있다. 무엇보다 이 책을 이해하는 데 필수적인 19세기 말과 20세기 초 미국교육, 진보주의 교육철학, 유럽과 미국의 지적 배경, 예술 이론 등에 대한 다양한 지식을 얻고, 각 분야 용어들의 의미를 확인하는 기나긴 과정을 거쳐야 했기 때문이다. 또한 우리에게 잘 알려지지 않은 수많은 지명, 인명, 작가명, 도서명의 정보를 파악하고, 먼즈의 매우 복잡하고 때로는 비유와 유머로 버무려진 문장을 의미를 정확하게 전달하면서도 알기 쉬운 현대 우리말로 옮기는 작업도 오랜 시간을 필요로 했다. 그러나 나에게 가장 힘들었던 작업은 어린이들의 시를 그들의 시각을 반영하는 그들의 언어로 풀어내 다시 쓰는 일이었다. 비교문학과 문화를 전공하고 어린이 문화에 관심을 가진 대학생 박새려의 도움으로 어린이의 시각과 언어를 어느 정도 되살려보긴 했지만 여전히 어린이들의 시편들이 어른의 시선과 언어로 오염되었을까 걱정이 앞선다. 그러나 이 책을 번역하는 가운데 얻게 된 배움과 깨어남의 기쁨이 이런 여러 고충들을 넘어설 수 있는 힘이 되어 이 책의 번역을 마칠 수 있었다.

나의 전공이 아닌 분야의 책을 옮기면서 나름대로 많은 노력을 기울였음에도 불구하고 의도치 않은 꽤 많은 실수들이 발견될 것이라 생각한다. 이 점에 대해 여러분의 이해와 선처를 미리 부탁드린다. 또한 이의를 제기할만한 용어 번역들도 꽤 있을 것이다. 이 점에 대해 미리 양해를 부탁드리며, 용어들의 우리말 번역은 잠정적인 것으로 앞으로 수정 가능하다는 점도 밝혀두고자 한다.

이제 이 책이 번역되기까지 도움을 준 여러분들께 감사의 말을 전할 차례이다. 먼저 나에게 먼즈의 이 소중한 책을 소개해주고 번역할 기회를 준 한국종합예술학교 연극원 아동청소년연극전공과정의 최영애 교수에게 무한한 감사의 마음을 보낸다. 다음으로 이 책에 수록된 시들 중 조금 더 어린 아이들의 시들을 어린이의 눈높이에서 어린이들의 목소리로 옮겨낸 대학생 박새려와 이 책의 일화들과 사례들 속 흥미진진한 대화들을 더욱 생동감 있는 우리말로 되살려준 방송작가 한가을에게 아낌없는 고마움을 전하고 싶다. 이어서 연극놀이 전문가 양혜정의 사려 깊고 날카로운 코멘트와 다양한 관점에서 이 책의 중요성을 일깨워준 (과학 관련 교육을 하고 있는) 유정아 교수를 포함한 '이음' 멤버들의 의견이 이 번역에 실질적으로 큰 도움이 되었음을 고백한다. 메모나 대화 형식으로 도움을 준 양혜정과 '이음' 멤버들에게 커다란 고마움을 전한다. 끝으로 이 책의 번역본 출판을 선뜻 허락해준 소명출판 박성모 대표님, 그 외 소명출판 관계자들께도 깊이 감사드린다.

2022년 여름
공릉에서
이희원

『창조의 힘』을 감수(監修)하며

　　창의creativity란 무엇일까? 어떻게 길러지는 것일까? 지금은 일상처럼 되어버린 그래서 아이러니하게도 식상해진 창의란 단어를 우리가 제대로 이해하고 있는가 생각해본다. 대부분 창의의 산물이라고 띠우는 결과물에만 관심을 가지고 열광할 뿐이다. 이런 상황에서 무엇이 그것을 가능하게 하는가의 과정creative process에 대한 고찰은 부재한다. 이 책이 쓰인 20세기 초 미국 교육의 상황도 같았다. 틀에 박힌 결과 중심의 교육이 주를 이루었으며 아동청소년의 시선이 배제된 교육과정은 개선될 틈이 없었다. 당시 등장한 먼즈의 『창조의 힘』은 새로운 교육방식에 대한 혁신적인 생각을 담고 있다. 한 명의 선생님이 학교 교육을 통해 어린이 청소년의 능력을 최대한 끌어낸 놀라운 과정을 보여준 것이다. 먼즈는 기존의 교육이 바뀌어야 하며 특히 교육을 담당하는 행정관, 교사, 학부모들이 모두 변화를 받아들이고 새로운 길을 모색할 수 있어야 한다고 경험한 실제 사례들을 통해 강조한다.

　　나는 미국에서 아동청소년 연극을 공부할 때 먼즈의 『창조의 힘』을 처음 접했다. 20세기 초 예술교육에 혁신적인 영향을 준 이 먼즈의 저서가 아동청소년이 바라보고 경험하는 세상을 들여다보는 소중한 기회가 되었다. 한국에 가면 한 때 어린이였던 모두에게 이 책을 꼭 소개하고 싶었다. 이후 연극원 전문사대학원 과정 아동청소년연극 전공 수업을 진행하며 학생들과 이 책을 함께 읽어보려고 시도했다. 하지만 영어가 익숙하지 않은 한국 학생들에게 1920~30년대 영어 저서로 수업하는 것은 쉽지 않았다. 보충 설명하는 것만으로는 부족했다.

이번에 이희원 교수의 도움으로 먼즈의 『창조의 힘』을 번역하게 되면서, 21세기 한국에 사는 독자들에게 이 책이 여전히 의미가 있을까 다시 한번 생각해 보았다. 그러나 아동청소년 교육에 있어 우리는 아직도 먼즈가 살던 20세기 초와 다르지 않은 시대에 살고 있다. 무엇보다 더 중요한 것은 아동청소년이 경험하는 세상과 그들의 시선이 교육과정에서 배제되지 않고 중심이 될 수 있도록 교육이 변화해야 한다는 것이다. 그리고 그것이 각 개인의 창의력creative power을 가꾸는 길이다. 그런 의미에서 이희원 교수가 그 시대적 배경과 교육의 새로운 접근 방법에 대한 학문적 호기심을 가지고 충실하게 번역하며 그 의미를 담아내고자 노력해 주었다. 이 교수의 정성스런 노고에 감사와 박수를 보낸다.

학생들뿐만 아니라 교사들, 예술가들, 학부모들이 이 번역본을 읽을 수 있다면, 아동청소년 대상의 교육방식에 대해 성찰해볼 기회를 갖고 또한 예술이 삶에 끼칠 수 있는 영향을 새롭게 발견하게 되기를 기대해 본다.

최영애(한국예술종합학교 연극원 교수)